KB169614

세계사 I

THE PENGUIN HISTORY OF THE WORLD

by J. M. Roberts, O. A. Westad

Copyright © J. M. Roberts, 1976, 1980, 1992, 2002, 2004
Revisions copyright © O. A. Westad, 2007, 2013
Translation copyright © 2015 by Kachi Publishing Co., Ltd.
All rights reserved.
This edition published by arrangement with PFD(Peters Fraser & Dunlop)
through Shinwon Agency Co.

이 책은 신원 에이전시를 통한 저작권자와의 독점계약으로 (주)까치글방에서
출간되었습니다. 저작권법에 의해서 한국 내에서 보호를 받는 저작물이므로
무단전재와 복제를 금합니다.

편집, 교정 _ 이인순(李仁順)

세계사 I

저자 / J. M. 로버츠, O. A. 베스타
역자 / 노경덕 외
발행처 / 까치글방
발행인 / 박후영
주소 / 서울시 용산구 서빙고로 67, 파크타워 103동 1003호
전화 / 02 · 735 · 8998, 736 · 7768
팩시밀리 / 02 · 723 · 4591
홈페이지 / www.kachibooks.co.kr
전자우편 / kachibooks@gmail.com
등록번호 / 1-528
등록일 / 1977. 8. 5
초판 1쇄 발행일 / 2015. 8. 10
    3쇄 발행일 / 2019. 1. 10
값 / 뒤표지에 쓰여 있음
ISBN 978-89-7291-589-8 94900
       978-89-7291-588-1 94900 (전2권)

이 도서의 국립중앙도서관 출판예정도서목록(CIP)은 서지정보유통지원시스템 홈페이
지(http://seoji.nl.go.kr)와 국가자료공동목록시스템(http://www.nl.go.kr/kolisnet)에서 이
용하실 수 있습니다. (CIP 제어번호 : CIP2015019939)

세계사 I

J. M. 로버츠, O. A. 베스타

노경덕 외 옮김

까치

역자 약력(가나다순)

권윤경(權倫鯨) / 서울대학교 서양사학과를 졸업하고, 동대학원 서양사학과에서 석사학위를 취득한 후, 미국 시카고 대학교 사학과에서 박사학위를 받았다. 현재 창원대학교 인문과학연구소 학술연구교수로 재직 중이다. 근대 프랑스사 전공으로 주로 프랑스 식민주의, 대서양 노예제와 노예제 폐지운동, 아이티 혁명, 인종주의, 기억의 정치, 탈식민주의 등을 연구하고 있다. *France's Lost Empires*(2011), *Abolitionist Places*(2013), 『세계 각국의 역사 논쟁』(2014) 등의 책에 공저자로 참여했으며, 『프랑스사연구』, 『서양사론』, 『사회와 역사』 등의 학술잡지에 수 편의 논문을 발표했다.

노경덕(盧璟德) / 서울대학교 역사교육과를 졸업하고, 동대학원 서양사학과에서 석사학위를 취득한 후, 미국 시카고 대학교 사학과에서 박사학위를 받았다. 현재 광주과학기술원(GIST) 기초교육학부 조교수로 재직 중이다. 소련 정치사, 냉전사 그리고 사회주의 사상사를 전공하고 있다. 주요 논문으로 "Rethinking the Varga Controversy, 1941-1953," 「스탈린 시대 소련의 대외관계, 1926-1953: 해석사」, 「냉전사와 소련연구」 등이 있다.

박재욱(朴在旭) / 서울대학교 서양사학과를 졸업하고, 동대학원 서양사학과에서 석사 및 박사 학위를 받았다. 현재 세종대학교 교양학부 초빙교수로 재직 중이다. 고대 그리스사 전공으로, 특히 스파르타 역사를 연구하고 있다. 번역서로 『고대 그리스, 그리스인』, 『펠로폰네소스 전쟁사』(공역), 『투퀴디데스, 역사를 다시 쓰다』 등이 있다.

윤영휘(尹泳輝) / 연세대학교 법학과를 졸업하고, 서울대학교 서양사학과에서 석사학위를 취득한 후, 영국 워릭 대학교에서 역사학 박사학위를 받았다. 현재 광주대학교 학술연구교수로 재직 중이다. 주요 논문으로 "The Spread of Antislavery Sentiment through Proslavery Tracts in the Transatlantic Evangelical Community, 1740s-1770s"(2012년도 미국교회사협회 Sidney E. Mead Prize 수상 논문) 외 다수가 있으며, 번역서로 『국가와 기억』(공역)이 있다.

이미미(李美薇) / 서울대학교 역사교육과를 졸업하고, 동대학원 사회과교육 역사전공으로 석사학위를 취득한 후, 미국 미시간 대학교에서 박사학위를 받았다. 미국 아이오와 주립대학 조교수와 한국교육과정평가원 부연구위원을 거쳐 현재 홍익대학교 사범대학 역사교육과 조교수로 재직 중이다. 주요 논문으로는 "Promoting Historical Thinking Using the Explicit Reasoning Text", 「교사의 지식, 왜 중요한가: 역사 교사 양성과 재교육에 있어서의 지식 문제 고찰」, 「역사 속 소수자 수업, 무엇을 가르칠 것인가?」 등이 있다.

이정하(李正夏) / 한림대학교 사학과를 졸업하고, 서울대학교 서양사학과에서 석사학위를 취득한 후, 미국 시카고 대학교 사학과에서 박사학위를 받았다. 현재 서울대와 성신여대에 출강중이다. 소련 군사사를 전공하고 있다. 논문으로 「K.E. 보로쉴로프와 적군(赤軍) 기병대: 기술결정론에 대한 반론」이 있다.

최용(崔龍) / 부산대학교 국제학과를 졸업하고, 미국 캘리포니아 대학교(샌디에이고 소재)에서 국제관계학 석사학위를 취득한 후, 런던정경대학의 국제사학과에서 박사학위를 받았다. 현재 한국외국어대학교 국제학부 강사로 재직 중이다. "The First Nuclear Crisis in Korean Peninsula, 1976-77", "Re-thinking Normalization between the ROK and PRC in the Early 1990s: The South Korean Perspective" 등의 논문이 있다.

I권 차례

II권 차례

한국어판 서문

『세계사』의 한국어판 서문을 쓰게 되어 크게 기쁘다. 한국어 독자들이 이제 이 책을 읽을 수 있게 되었다는 점을 알고 나는 커다란 희열감을 느낀다. 아마도 이 책의 첫 창작자인 존 로버츠 역시 생존해 있었다면 그렇게 느꼈을 것이다. 이 책이 국제적으로 알려지게 된 것을 비롯한 이에 대한 모든 칭송은 그의 천재성과 앞을 내다보는 통찰력 덕택이다. 다만 특정 주제들에서 로버츠는 오늘날 우리와는 달리 모든 정보를 이용할 수 없었고, 나는 이런 주제들에서 다소나마 이 책의 질을 향상시킨 것뿐이다. 이 점이 나의 유일한 기여이다.

세계사에서 한국의 역할은 매우 중요하다. 한국은 전체 동아시아 지역 내에서 독특한 문명을 발달시켰고, 철학, 예술, 기술의 발전에 큰 기여를 했다. 우리 시대에, 한국의 비극은 (첫 번째로는 피점령국가로서, 그리고 분단국가로서) 국제 및 지구적 문제들을 결정짓는 것 중의 하나였고 지금도 그렇다. 이 책의 다음 판을 쓰게 될 때는 내가 분석하려는 세계 사건들의 모자이크 안에 한국사가 더 충분히 반영되기를 희망해본다.

O. A. 베스타

제6판 서문

존 로버츠는 놀랄 만한 역사가였다. 그의 한 권짜리 세계사는 아마도 영어로 출판된 것 중에 최상의 작업이 아닌가 한다. 내가 십대 때 작은 마을에서 자라며 이 책을 처음 읽었을 때, 나는 이 책이 포괄하고 있는 범위에 충격을 받았었다. 로버츠는 역사를 상술할 뿐만 아니라, 이를 전해준다. 그는 인류 발전의 큰 개요를 제시한다. 그 개요를 끌고 나아가는 큰 이야기들의 방향을 놓치지 않으면서 말이다. 그는 예기치 않았던 것, 갑작스런 벗어남들, 그 이전에 지나간 것과 쉽게 맞아떨어지지 않기 때문에 설명이 필요한 것에 대한 안목을 가지고 있었다. 그는 변화하고 변형을 일으킬 수 있는 인간의 능력을 깊게 믿은 반면, 역사를 목적론적으로 만들지 않았으며, 우리 역사의 한 부분이 단지 하나의 가능한 결과를 시사한다고 믿지 않았다. 로버츠는 역사의 복잡성을 이해할 뿐만 아니라, 가능한 더 많은 사람들이 오늘날 우리가 살고 있는 세상을 만들어낸 것에 대해서 성찰해볼 기회를 가질 수 있도록 이를 간단하게 전해야 할 필요성을 인식했다. 요컨대, 그는 내가 되고 싶었던 유형의 역사가였다.

따라서 그로부터 많은 시간이 흐른 후 펭귄 출판사가 나에게 로버츠의 걸작을 전면 개정하는 제6판을 써달라고 했을 때 정말 기뻤다. 존 로버츠가 세상을 떠난 뒤인 2007년에, 나는 갱신된 제5판을 썼다. 그것은 정말 어려운 과업이었다. 왜냐하면 나의 작업은 로버츠가 2003년 사망하기 직전까지 만들어놓은 미완성 교정본에다가 작은 조각들을 덧붙이는 일로 채워져야 했기 때문이었다. 그 작업을 하면서 나는 전면 개정판을 쓰고 싶어졌다. 이 개정판은 로버츠의 의도들에 가능한 한 충실하면서도, 우리의 역사 지식을 원작 작업 당시에 그가 인지할 수 없었던 방향들로 끌고 나아갔다. 따라서 독자들이 지금 읽고 있는 것은 하나의 업데이트 훨씬 이상의 것이다. 제6판은 새로운 지식과 새로운 해석들에 입각해서 로버츠의 텍스트를 개작한 것이다. 나는 이것이 새로운 세기의 새로운 세계사가 되리라고 희망한다.

이 책의 초판은 로버츠가 1960년대부터 후반 작업을 시작하여 1976년에 나왔다. 초판은 나오자마자 영국과 미국에서 모두 호평을 받았고, 일부 평자들은 그때 이미 이 책을 '걸작'이자 '우리 시대의 독보적인 세계사'라고 불렀다. 일부는 이 책이 더 넓은 독자층을 끌어당기기에는 너무도 '학문적'이라고 보았다(한 평자는 그것이 자신의 대학교의 학부 수업들을 위해서는 너무 어렵다고 느꼈다). 당대의 분위기에 따라서 또다른 이들은 이 책이 너무 '엘리트주의적'이며 또는 지나치게 서양의 대두에 초점을 맞추고 있다고 비판하기도 했다. 그러나 전반적인 독자 대중은 로버츠의 종합 및 구성력을 높게 평가했다. 그의 『세계사』는 출판 직후부터 베스트셀러가 되었고, 그 이후로 50만 부 이상의 판매고를 올렸다. 이 책을 오늘날 출판되어 있는 세계사 중 가장 지배적인 것으로 만든 것은 평자들이 아니라 독자들이었다.

존 로버츠는 그가 살고 작업했던 영국에서의 역사 연구 발전의 몇몇 단계들을 거치면서 계속해서 그의 『세계사』를 개정했다. 비록 그 개정들에서 눈에 띄는 조처들이 있기는 했지만, 그의 관점은 크게 변하지 않았다. 비유럽 세계의 역사는 그에게 점점 더 중요해졌고, 초기 근대(그리고 특히 16세기)도 마찬가지였다. 로버츠는 나이가 들면서 젊은 시절보다는 아마도 문화적 차이들과 역사의 열린 결말들에 대해서 덜 사로잡혔던 것 같다. 그러나 이것들은 근본적인 변화들은 아니었다. 제1판과 제5판 사이에 그 텍스트의 대부분은 온전히 그대로 남아 있었다.

경외하는 텍스트를 개정하는 작업은 그 원저자와의 끊임없는 (그리고 매우 즐거운) 대화를 수반한다. 로버츠와 나는 역사를 대하는 대부분의 접근법들에서 동의한다. 즉, 일반적인 것이 특수한 것보다 우위에 두어져야 할 필요가 있다는 점, 그리고 오늘날 우리에게 계속해서 영향을 미치는 역사적 과정들이 그렇지 않은 것들(심지어 그것들이 그 당시에는 중요했다고 하더라도)보다 더 큰 중요성을 가지고 있다는 점에서 그렇다. 로버츠는 이 점을 제5판 서문에서 잘 표현하고 있다.

나는 처음부터 가장 넓고 깊은 영향을 주었던 일반적 작용들의 요소들을 (그것들이 식별되는 곳에서) 인식하고자 했지, 전통적으로 중요하다고 여겨온 주제들의 이야기들을 단순히 다시 수집하려고 하지 않았다. 나는 세부적인 것들을 피하고, 대신에 미래에 상당한 유산들을 남기면서, 가장 많은 인류에게 영향을 미쳤던 주요 역사적 과정들을 정리하고, 그것들의 상대적 규모와 서로 간의 관계들을 보여주기를 원했다. 나는 모든 주요 국가들의 연속된 역사들, 또는 인간 행동의 모든 분야들을 쓰려고 하지 않았고, 과거 사실들을 총망라해서 보여주는 공간은 백과사전이라고 믿는다.……

나는 우리가 잘 아는 것들보다는 중요한 것으로 보이는 문제들을 강조하려고 노력해왔다. 따라서 루이 14세의 시대는 그가 프랑스와 유럽의 역사에서 아무리 두드러진다고 해도, 이를테면 중국 혁명보다 간단히 넘어갈 수 있다.

일반적인 것, 주요한 것, 본질적인 것. 이것들이 로버츠의 세계사의 핵심 측면들이었고, 나는 그것들이 그에게 초점이었던 만큼 나에게도 초점으로 남기를 바란다.

우리가 동의하지 않을 때는(대부분 역사에 대한 우리 이해의 새로운 발견들이 이를 야기했다), 대화는 의견의 차이로 변하고 대개는 나의 의견이 받아들여졌다(비록 순전한 완고함을 통해서 그의 의견도 간혹 관철되기는 했지만). 예를 들면, 우리 모두는 16세기부터 20세기까지의 세계사는 서양의 대두에 의해서 지배된다고 믿는다. 그러나 우리는 이 '대도약'의 뿌리들에 대해서는 의견이 다르다. 로버츠는 그 뿌리들의 중대한 부분들은 깊이 고대로 돌아가서 찾아야 한다고 믿은 반면, 나는 그것의 주요 가지들이 기원후 두 번째 천년기 중반부의 지표면에 훨씬 더 가깝게 있다고 생각한다. 그러나 수정의 측면에서 볼 때, 이런 특정 부분에서의 의견 차이가 만든 실질적인 결과들은 아주 적었다. 즉, 내가 그리스 로마에 대한 로버츠의 텍스트를 수정할 때, 나의 생각,

즉 19세기 유럽 사회들의 우위가 고대에서 기원한 발전들에 의해서 야기되었다고 내가 생각하는지 아닌지는 영향을 미치지 않았던 것이다.

제6판에서 내가 주요하게 수정한 것들은 다음과 같다. 나는 지난 10년간 이루어진 지구의 초기 인간 생활에 대한 고고학 및 인류학 지식의 놀라운 성과들을 포함시키기 위해서 제1부의 일부를 다시 썼다. 나는 제2부부터 제4부까지 인도와 중국을 확장해서 다루었다. 나는 제4부와 제6부에서 주요 이주 패턴에 대한 새로운 지식들을 추가했고, 중앙 유라시아, 초기 이슬람 그리고 후기 비잔티움 제국에 관한 논의를 수정했다. 그리고 나는 제7부와 제8부에서 과학, 기술, 경제 문제들의 역사를 이전보다 크게 다루었다. 마지막으로 나는 오늘날 우리가 알게 된 지식에 기초하여, 여성과 젊은이들의 사회 및 문화적 역할들을 적절한 부분에서 추가로 제시했다. 물론 나는 역사의 새로운 해석들과 새로운 지식은 끊임없이 더해질 것이고, 아마도 과거보다는 현재에 더 빠른 속도로 그렇게 될 것이라는 점(자주 이야기되듯이, 역사는 과거에 그러했던 것이 아니다)을 인식하고 있다. 그러나 수많은 변하지 않는 것들은 인류 역사의 위대한 통합 요소들로서 그대로 남는다. 예를 들면, 로버츠와 나는 인간 문화들끼리의 교류와 관계 맺기는 그들 사이의 대립보다 일반적으로 더 중요했으며, 이 패턴은 미래에도 계속될 것이라는 점에 동의한다. 다시 제5판의 서문을 보면 로버츠는 이렇게 말한다.

사건들의 의미에 대한 새로운 해석들은 항상 우리에게 주어진다. 예를 들면, 현재 진행 중인 것으로 여겨지는 문명의 충돌에 관한 많은 이야기들이 최근에 들려온 바 있다. 물론 이런 주장은 지난 몇십 년 동안 이슬람 세계가 보여준 특유성과 새로운 흥분감 모두를 새롭게 인식했던 데에 크게 영향을 받은 것이다. 나는 이 견해를 부적합하고 지나치게 비관적인 것으로서 거부하는 나 자신의 이유를 보여준 바 있다. 그러나 그 누구도 느슨한 의미에서 '서양'이라고 불리는 곳과 많은 이슬람 사회들 사이에 점증하는 여러 긴장들이 실제로 존재한다는 점을 인정하지 않을 수 없다. 의식적인 의도가 있거나, 또는 무의식적으로, 때로는 심지어 우연적으로, 서양의 심각하게 거슬리는 영향들은 지난 수 세기 동안 다른 문명들을 혼란시키고 교란시켜왔으며, 이슬람은 그중 하나였을 뿐이다('세계화'라는 관념은 지난 몇 년간 사용된 의미로만은 단연코 이해되지 않을 것이다).

존 로버츠는 그의 『세계사』를 어떻게 민족들과 개인들이 상호작용했는지, 그리고 어떻게 그런 상호작용들이 항상 하나 이상의 결과를 낳았던 의미와 중요성의 연결망들이 되었는지를 이해하는 하나의 수단으로 만들려고 했다. 나는 나의 이 개정판도 그 목적에 기여하기를 바란다. 역사 학습이 가능한 많은 사람들에게 의미 있는 것이 되려면, 짧은 기간이 아니라 긴 기간을 강조하고 변화를 향한 인간의 끊임없는 가능성을 이해할 필요가 있다.

2012년 7월

O. A. 베스타 교수

제 1 부

선사

역사의 시작은 언제인가? '처음부터'라고 대답하고 싶지만, 이렇듯 명백한 답은 오히려 도움이 되지 않는 경우가 많다. 스위스의 위대한 역사가가 지적했듯이, 역사는 처음부터 시작할 수 없는 유일한 학문이다. 우리는 인류의 흔적을 따라서 척추동물의 등장, 또는 광합성 작용을 하는 세포처럼 생명이 탄생한 시점까지 거슬러 올라갈 수 있다. 나아가 우리가 살고 있는 행성을 형성한 상상조차 힘든 사건이나 우주의 기원까지 거슬러 올라갈 수도 있다. 그러나 이는 '역사'가 아니다.

여기서 우리는 상식의 도움을 받을 수 있다. 곧, 역사는 인류의 이야기이다. 인류가 한 일, 고통받은 일, 즐거웠던 일의 이야기이다. 인류에게는 역사가 있지만, 개와 고양이에게는 역사가 없다. 혹여 역사가가 기후의 변화나 질병의 전파에 관해서 서술한다고 하더라도, 이는 결국 인간들이 다른 인간들과 어떤 다른 방식으로 살았는지(혹은 죽었는지)에 대한 이해를 돕기 위한 것이다.

결국 역사의 시작을 가려내기 위해서는 인류가 먼 과거의 그늘에서 첫 발을 내딛던 때를 구별해내야 한다. 그러나 이것이 말처럼 간단한 작업은 아니다. 우선, 우리가 무엇을 찾아야 하는지를 알아야 하지만, '원인(猿人)'이나 '잃어버린 고리'를 둘러싼 수많은 논쟁에서 확인할 수 있듯이, 관찰 가능한 특징을 통해서 인류를 분별하려는 기존의 수많은 시도는 임의적이거나 제한적인 것으로 판명되곤 했다. 생리학적 검사가 자료 분별에 도움을 주기는 하지만, 인류인지 아닌지를 판명해주지는 않는다. 이는 인류에 대한 정의를 내리는 문제이기 때문에 언제든 의견 불일치의 소지가 있다 혹자는 인류의 고유성이 언어에 있다고 하지만, 몇몇 영장류는 인류와 유사한 음성을 내는 기관을 가지고 있다. 음성을 내는 기관을 통해서 소리를 만들고, 그 소리가 신호를 의미한다면, 이러한 신호와 언어는 어떤 차이가 있는가? 널리 알려진 또다른 정의는 인간이 도구를 제작한다는 것이다. 그러나 수많은 관찰 결과, 이 또한 흔들리고 있다.

인류의 고유성은 특정한 능력이나 신체적 특징에 기인하는 것이 아니라, 인류가 이러한 능력과 특징을 가지고 무엇을 했는가에 있다. 이것이 바로 역사이다. 인류 고유의 업적은 상당한 수준의 활동과 창의력, 그리고 변화를 만들어낼 수 있는 축적된 능력이다. 모든 동물은 삶의 방식이 있으며, 이러한 삶의 방식은 나름의 복잡성을 가지기 때문에 문화라고 부를 수 있다. 그러나 인류의 문화만이 진보한다. 인류의 문화는 문화 안에서의 의식적인 선택과 결정에 의해서 구성되어왔으며, 우연이나 자연으로부터의 압력에 의해서 또는 인간이 활용해왔던 경험이나 지식의 축적에 의해서도 구성되어왔다. 환경을 지배할 수 있는 유일한 방법이었던 유전(遺傳)과 행동의 전승이라는 고리를 의식적인 선택을 통해서 깨뜨리면서 인류의 역사가 시작했던 것이다. 물론 인류는 제한된 범위 내에서만 역사를 만들 수 있었다. 지금은 그 범위가 많이 넓어졌지만, 한때는 그 범위가 매우 좁아서 자연결정론으로부터 첫발을 내딛은 인류의 진화를 식별하는 것이 불가능할 정도였다. 그렇기 때문에 상당한 기간이 명확하지 않은 상태로 남아 있다. 이는 증거가 파편적으로만 존재하기 때문이기도 하고, 우리가 정말로 찾고자 하는 것이 무엇인지 확실하지 않기 때문이기도 하다.

1

토대

역사의 뿌리는 현생 인류 출현 이전의 과거에 있으며, 이것이 언제부터인지를 파악하는 것은 상당히 어렵지만 중요한 일이다. 100년을 1분으로 기록하는 커다란 시계를 상상해보면, 유럽인들이 아메리카 대륙에 정착한 것은 불과 5분 전의 일이다. 그보다 15분 전 기독교가 등장했다. 약 1시간 전 사람들이 메소포타미아 남부에 정착했고, 메소포타미아인들은 우리가 아는 한 가장 오래된 문명을 일구었다. 이는 물론 문자가 기록되기 훨씬 이전의 일이다. 이 시계에 따르면, 사람들이 과거에 대한 기록을 남기기 시작한 것은 1시간이 채 되지 않는다. 기록을 남기기 시작한 시점으로부터 6-7시간 전, 근대 생리학 측면에서 인류라고 할 수 있는 존재가 처음으로 서유럽에 등장한다. 그보다 약 2-3주일 전에 인류의 몇몇 특성을 가진 생명체의 흔적이 나타나기 시작한다. 물론 인류의 진화에 이러한 존재가 얼마나 기여했는지에 대한 논쟁은 아직 지속되고 있다.

인류의 기원을 이해하기 위해서 얼마나 더 암흑 속으로 걸어들어가야 하는지에 대해서는 의견이 분분하다. 그러나 큰 시간의 단위를 고려할 필요는 있다. 비록 정확한 사실을 짚어낼 수는 없지만, 이후 일어난 일에 상당한 영향을 준 많은 사건들이 이 시기에 일어났기 때문이다. 인류는 특정한 가능성과 한계를 가진 채 역사시대로 넘어가는데, 이러한 가능성과 한계는 아주 옛날(인류의 특성을 가진 존재가 살았다고 알려진 약 450만 년 전보다도 더 이전)에 정해진 것이기 때문이다. 비록 우리의 주된 관심사는 아니지만, 이러한 시간이 경과하는 동안 영장류 중에서 인류만이 변화를 일구어내기 때문에, 이 시기 인류가 가졌던 이점과 약점을 이해할 필요가 있다. 우리가 인류의 신체적,

정신적 면모라고 파악하고 있는 것이 당시 거의 결정된 상태였다. 결정되었다고 함은 어떤 가능성은 이미 배제되었고, 어떤 가능성은 잔류했다는 의미에서이다. 우리가 살펴보아야 할 중요한 지점은 바로 인류가 영장류에서 갈라져나오는 진화 단계이다. 왜냐하면 바로 이 지점에서 우리는 역사라는 기차역을 찾아서 기차에서 내릴 준비를 하기 때문이다. 바로 이 지점에서 인류 업적의 첫 번째 단계라고 일컬어지는, 주변 환경에 미친 긍정적이고 의식적인 영향력을 찾아볼 수 있기 때문이다.

이러한 이야기의 토대는 바로 지구이다. 식물과 동물 화석, 지질학적 형태나 지층에 기록된 변화는 수억 년에 걸친 거대한 규모의 드라마를 들려주고 있다. 이 기간 동안 세계는 여러 차례 알아볼 수 없을 정도로 변했다. 균열이 생겼다가 닫혔으며, 해안이 올라왔다가 내려가고, 상당한 넓이의 영역이 오래전 멸종된 식물로 뒤덮였던 적도 있다. 수많은 식물과 동물의 종이 나타났고 번성했다. 그리고 대부분은 멸종되었다. 그러나 이러한 '극적인' 사건들은 믿을 수 없을 정도로 천천히 일어났다. 어떤 사건은 수백만 년을 지속했고, 가장 빠른 사건에도 몇백 년이 걸렸다. 3주일 정도를 사는 나비가 계절의 변화를 인지하지 못하듯, 당대 존재들은 그와 같은 변화를 감지하지 못했다. 그러나 지구는 점차 서로 다른 종이 살아가는 서식지의 집합체로 자리를 잡았다. 동시에 생물학적 진화도 믿지 못할 정도로 천천히 진행되었다.

변화를 불러온 선두주자는 기후였다. 약 6,500만 년 전경 오랫동안 지속되던 온난한 기후가 끝나가고 있었다. 당시에는 거대한 파충류가 번성했고, 남극 대륙이 오스트레일리아 대륙에서 분리되었다. 지구상에 빙하는 없었다. 기온이 점차 내려가면서 거대한 파충류의 서식지는 제한되었으며, 파충류는 이러한 변화에 적응하지 못했다. 결국 파충류는 멸종하게 되는데, 파충류의 멸종은 상당한 크기의 소행성의 충돌로 인해서 순식간에 일어났다. 이러한 기후의 변화는 약 2억 년 전 또는 그 이전에 나타났던 개체로부터 이어져온 몇몇 포유류와 같은 다른 종의 동물에게는 적합한 환경을 제공했다. 이들은 이후 지구의 상당 부분을 접수했다. 중간중간 휴지기가 있었고 우연에 따른 선택도 있었으나, 이들은 인류를 포함한 포유류로 진화했고 세계에 퍼져나갔다.

거칠게나마 요약하면, 이러한 진화는 천문학적 요인과 화산 폭발이나 소행성 충돌과 같은 여러 우연적 요인에 의해서 수백만 년 전에 결정되었을 것이다. 무엇보다도 기후가 중요한 요인이었을 것이며, 이러한 변화는 태양과 지구의 관계적 위치 변화나 단기적 상황에 기인했다. 되풀이되는 기온의 변화에 의해서 패턴이 나타나며, 기온 저하와 건조함과 같은 극단적 기후는 다른 발달의 가능성을 막아버렸다. 이와는 반대로, 특정 지역에서는 온화한 기후 속에서 특정 종이 번성했고 새로운 서식지가 펼쳐졌다. 이러한 기나긴 과정의 하위 구분 중 우리에게 중요한 구분은 최근의 일이다. 여기서 최근이란 선사시대에 비추어 최근이라는 의미로 약 400만 년 전 일이다. 이전에 비해서 매우 급격하고 격렬한 기후변화가 이때 나타났다. 여기서 '급격하다'는 것은 어디까지나 비교적인 의미에서일 뿐, 변화는 수만 년에 걸쳐 일어났다. 과거 수백만 년에 걸쳐 일어나던 변화에 비해서 속도에서 상당한 차이가 있었다.

학자들은 북반구의 넓은 지역(대부분의 유럽, 아메리카 대륙에서는 남쪽으로 현재 뉴욕까지에 해당하는 지역)을 1마일 이상 두께의 얼음으로 뒤덮으며 5만 년 내지 10만 년 정도씩 지속되던 '빙하기(氷河期, Ice Age)'에 대해서 논하곤 한다. 약 300만 년 전 최초의 빙기(glaciation) 이후 17개에서 19개에 이르는 빙기(정확한 숫자에 대해서는 논쟁이 있다)를 논하기도 한다. 우리는 현재 1만여 년 전에 끝난 마지막 빙기 이후에 찾아온 온난기(溫暖期)에 살고 있다. 빙기가 미친 영향은 모든 대양과 대륙에서 뚜렷이 나타나며, 빙기는 선사 연대기의 기초를 형성한다. 빙하기라는 외부 요인을 인류의 진화와 연관시켜볼 수 있다.

빙하기를 통해서 선사시대의 생명 및 생명의 진화에 기후가 얼마나 결정적이었는지를 쉽게 알 수 있다. 그러나 기후로 인한 극적인 영향력을 너무 강조해서는 안 된다. 빙기의 시작은 결정적이며 나아가서 엄청난 재앙이 될 수 있다. 상당수의 사람들은 아직도 수십만 년 전 빙하가 긁고 파고 지나간 곳에 살고 있다. 빙하가 물러간 뒤 빙하가 녹아내리면서 일어났던 침수 역시 극지 기후에 적응하여 형성되었던 서식지 등에 국지적으로 엄청난 피해를 주었을 것이다. 그러나 기회 역시 제공했다. 빙기가 끝날 때마다, 새로운 종이 빙하가 사라진 지역으로 퍼져나갔다. 빙기는 이렇듯 직접적 영향을 주었던 지역뿐 아니라, 진화라는 전 세계에 걸친 이야기에서 보다 중요한 역할을 했다. 얼음이 얼었다 녹았다 하는 속에서 환경의 변화가 일어났고, 그 결과는 결정적 영향력을 가지게 되었다. 한 예로 건조화의 진행과 풀밭이 퍼져나가는 것 모두 새로운 지역에서 생존할 수 있는 종의 가능성을 변화시켰다. 두 발로 직립할 수 있는 경우 더욱 그러했다. 이러한 종들 가운데 몇몇이 인류의 진화와 연관이 되며, 여태껏 알려진 바에 의하면 진화의 주된 무대는 빙하와는 거리가 멀었던 아프리카였다.

가뭄에 의한 피해를 고려할 때, 기후는 오늘날에도 매우 중요하다고 볼 수 있다. 그러나 비록 수백만의 사람들에게 영향을 준다고 하더라도 선사시대 기후가 세계지형과 식량수급 측면에서 초래했던 변화만큼 근본적이지는 않다. 최근까지도 인류가 어디에서 살며, 어떻게 살아야 하는지는 기후에 의해서 결정되곤 했다. 그렇기 때문에 기술은 매우 중요했다(지금도 그렇다). 물고기를 잡거나 불을 만드는 기술을 통해서 넓은 의미에서 인류에 속하는 종족은 새로운 환경으로 나아갈 수 있었다. 여러 서식지에서 식량을 채집할 수 있는 기회는 다양한 음식을 섭취할 수 있게 해주었고, 채집과 수렵에서 사냥, 그리고 농경으로 나아가게 해주었다. 곧 빙하기 훨씬 이전, 심지어 인류의 조상이 나타나기도 전에, 기후는 선택이라는 과정을 통해서 인류가 활동할 무대와 유전적 특성을 형성해나갔던 것이다.

이 당시에 관한 증거가 많지는 않지만(갈수록 많아지기는 한다), 존재하는 증거를 면밀히 살펴보기에 앞서 뒤를 한번 더 돌아볼 필요는 있다. 약 1억 년 전, 원시 포유류(哺乳類)에는 크게 두 종류가 있었다. 설치류(齧齒類)와 비슷한 일부는 지상에서, 나머지 일부는 나무에서 살았다. 이런 방법으로 자원경쟁을 줄일 수 있었고, 각각으로부터의 계통은 오늘날까지 이어지고 있다. 나무에 살던 포유류 중에 원원류(原猿類, prosimian)가 있다. 원원류는 영장류(靈長類)의 조상으로, 우리는 원원류의 후손 중 하나이다.

여기서 '조상(祖上)'은 특별한 의미로 쓰였다기보다는, 넓은 의미에서 조상에 속한다는 뜻에서 사용한 용어이다. 원원류에서 우리에 이르기까지 수백만 세대가 지났으며, 진화론적 측면에서 막다른 골목도 여러 번 나타났다. 그럼에도 불구하고 확인 가능한 가장 먼 우리의 조상이 나무에서 살았다는 것은 중요하다. 왜냐하면 그 다음 진화 단계로 이어진 유전적 특성은 숲에서 일어나는 불확실한 일들과 우연에 대처하는 데에 가장 적합한 것이었기 때문이다. 이러한 환경 속에서 학습 능력은 무엇보다 중요했다. 유전 요인을 통해서 깊은 숲 속에서 일어나는 예상하기 힘들고 갑작스런 위험 또는 쉽게 식별하기 힘든 패턴이나 기만적인 요인에 대처하거나 적응할 수 있는 존재만이 살아남을 수 있었다. 사고에 대처하지 못하는 종은 멸종되었다. (일반적 의미에서) 번성했던 종은 이후 손가락이 된 기다란 부분이 있었으며, 다른 손가락과 방향이 다른 엄지손가락을 가지고 있었다. 또한 앞서나가던 유인원(類人猿)은 3차원 시각을 발달시켜나갔으며, 후각의 중요성은 쇠퇴했다.

원원류의 크기는 작았다. 원원류 과(科)의 하나인 나무두더지는 아직도 존재하며, 원원류가 어떤 모습이었을지에 대한 정보를 주고 있다. 나무두더지는 원숭이와는 큰 차이가 있으며, 인류와는 더 큰 차이가 있다. 그러나 나무두더지는 수백만 년에 걸쳐 인류의 존재를 가능하게 한 특성을 가지고 있었다. 당시의 지형은 다른 존재와의 접촉을 제한하거나 고립시켜 차별화를 향상시켰다는 측면에서 이와 같은 존재의 진화에 큰 영향을 주었다.

변화가 빨리 일어나지는 않았다. 그러나 지형학적 원인으로 환경이 구분되기 시작하여 고립되는 구역이 생겼고, 차츰 근대 포유류의 조상이라고 인식할 수 있는 존재가 나타나기 시작했다. 최초의 원숭이나 유인원도 이때 등장했다. 원숭이나 유인원이 6,000만 년 이전에 나타났던 것으로 보이지는 않는다.

원숭이나 유인원은 진화의 발걸음을 그대로 보여준다. 두 계통 모두 이전 존재들에 비해서 뛰어난 조작 능력을 보여주었다. 크기가 다르고 몸놀림이 다른 여러 종이 이로부터 진화했다. 생리학적, 정신적 측면에서의 진화는 명확하지 않다. 시력이 나아지고, 입체적 시각의 발달과 마찬가지로 조작 능력이 향상되었다는 것은 의식이 증대되었다는 것을 의미하는 듯하다. 아마 이들 중 몇몇은 색깔도 구분할 수 있었을 것이다. 최초 영장류의 뇌는 이전 존재에 비해서 훨씬 더 복잡했을 것이며 크기도 물론 컸을 것이다. 어느 지점에서인가 이들 중 몇몇 종의 뇌가 더 복잡해지고 신체 능력이 발달하면서 더 이상 세계를 구분 불가능한 덩어리로 간주하지 않고, 하나의 대상으로 여기게 되었을 것이다. 그것이 언제였건 간에 바로 그 시점부터 세계에 자동적 반응을 하는 것이 아닌, 세계정복을 향한 발걸음을 내딛게 되었던 것이다.

약 2,500만 년 내지 3,000만 년 전, 건조화가 진행되며 숲이 줄어들고 숲으로부터 얻을 수 있는 자원이 줄어들면서 자원을 둘러싼 경쟁이 치열해졌다. 숲과 초원이 만나는 접경지역에서는 환경으로 인한 도전과 기회가 동시에 존재했다. 숲 서식지를 지킬 수 있을 만큼 강하지 않았던 몇몇 영장류는 그래도 유전적 요소 덕에 먹을 것을 찾아서 사바나에 진입할 수 있었다. 이들은 도전에 응했고, 그에 따른 기회를 누릴 수 있었다. 이들은 미미하나마 인간과 유사한 자세와 움직임을 가지고 있었을 것이다. 직립 자세와 두 발로 걸을 수 있는 능력으로 인해서 이들은 식량 등의 짐을 들고 옮길 수 있었다. 사방으로 열려 있는 위험천만의 사바나를 탐험하고 여기에서 얻은 자원을 주거지로 가지고 올 수 있었다. 대부분의 동물은 먹을 것을 찾은 곳에서 이를 해치운다. 그러나 인류는 다르다. 이외에도 움직이거나 싸우는 데에 앞다리를 사용할 수 있었다는 것은 수많은 가능성을 의미한다. 첫 번째 '도구'가 무엇이었는지 확인할 수는 없으나, 인류가 아닌 영장류가 손에 잡힌 물건을 집어들어 자신에게 다가오지 못하도록 휘두르거나 무기로 사용하거나 먹을 것을 찾거나 탐색하는 데에 사용하는 것이 목도되곤 한다.

인류와 대형 유인원이 함께 속해 있는 생물학적 계통의 흔적을 살펴보는 것은 매우 중요하다. 비록 파편적이지만, 1,500만 년 전 또는 1,600만 년 전에 아프리카, 유럽, 아시아에는 매우 성공적인 종이 퍼져 살았다는 증거가 남아 있다. 이들은 아마도 나무 위에서 거주했을 것이며, 몸집이 크지 않았을 것이다. 무게는 40파운드 정도 나갔을 것이다. 불행히도 현존하는 증거에 비추어 보면, 이들은 매우 고립적으로 존재한다. 조상이 누구인지, 후손이 누구인지 직접적으로 알 수는 없으나 영장류가 진화를 거쳐 갈라져나오는 가운데 이들 후손 중의 하나가 약 500만 년 전쯤에 이르러 호미니드(hominid)라고 불리게 된다. 호미니드의 한 줄기는 대형 유인원과 침팬지로, 다른 한 줄기는 인류로 이어진다. 인류로 이어지는 줄기명이 호미닌(hominin)이다. 두 집단이 갈라지는 과정은 몇백만 년 이상이라는 상당한 시간을 두고 진행되었을 것이며 이 과정에서 다른 계통과의 교배가 수없이 일어났을 것이다. 또한 이 과정에서 지질학적 또는 지리학적 변화로 인해서 수많은 새로운 진화 양상이 진행되거나 멈추어버렸을 것이다.

현존하는 호미닌 화석 중 가장 오래된 화석은 이후 동아프리카와 남동아프리카의 넓은 지역에 걸쳐 나타나게 되는 작은 크기의 호미니드 조상과 관련이 있을 수도 있고, 그렇지 않을 수도 있다. 이들은 오스트랄로피테쿠스(*Australopithecus*)에 속한다. 가장 오래된 부분화석은 약 400만 년 이전으로 알려져 있다. 완전한 모양의 두개골과 거의 완벽한 뼈화석은 1998년 요하네스버그 인근에서 발견되었는데, 가장 오래된 부분화석보다 약 50만 년가량 '젊으며' 선사시대의 시간 개념에 비추어볼 때, 이전까지 가장 완벽하다고 했었던 '루시(Lucy)'와 큰 시간적 격차가 없다. 다른 오스트랄로피테쿠스 종에 대한 증거는 케냐라든지 트란스발에서도 찾을 수 있고, 200만 년의 기간에 걸쳐 나타나며, 고고학적 사고에 큰 영향을 주었다. 1970년 이래, 오스트랄로피테쿠스의 발견으로 인해서 인류의 기원을 찾기 위한 노력에는 300만 년이라는 시간이 추가되었다. 아직도 불확실한 것은 많고 논쟁은 지속되고 있으나, 인간이라는 종에게 공통된 조상이 있었다면 이 속(屬)에 속하는 종이었을 것이다. 오스트랄로피테쿠스와 오스트랄로피테쿠스의 '동시대인'(적당한 용어가 없어서 쓰는 말이다)에 이르면 유인원, 인간과 흡사한 유인원, 인간의 특징을 가진 다른 존재들이 가장 발달한 상태로 나타나게 되며, 인류의 기원을 찾고자 하는 시도는 더 어려워지게 된다. 아직도 수많은 발견이 이루어지는 중이다.

오스트랄로피테쿠스에 관한 증거는 많은 편에 속한다. 그러나 이 시대에는 다른 오스트랄로피테쿠스 종과 더불어 호모(*Homo*) 속명이 붙는 인간과 보다 흡사한 존재 역시 살고 있었다. 호모 속은 분명 오스트랄로피테쿠스와 연관성이 있다. 그러나 약 200만 년 전부터 아프리카 특정 지역에서 나타난 증거에 기초해보면, 호모 속과 오스트랄로피테쿠스 사이에 뚜렷한 구분이 있다. 호모 속의 조상으로 추정되는 존재의 경우, 방사능 연구 결과에 따르면, 호모 속이 등장하기 약 150만 년 이전부터 존재했던 것으로 보인다.

　이는 전문가들이 현존하는 파편적 증거를 두고 논쟁을 거듭하는 주제로 (200만여 년 전 호미니드에 관한 모든 증거는 커다란 식탁 위에 늘어놓을 수 있다), 일반인들은 이에 대해서 일방적인 하나의 견해를 고집할 필요는 없을 것이다. 그럼에도 불구하고 인간에게 나타나는 몇몇 특징이 약 200만 년 전에 이미 어느 정도 존재했음은 분명하다. 예를 들면, 현대 인간보다는 작지만 오스트랄로피테쿠스에 속한 존재들은 다리뼈를 가지고 있었으며, 유인원보다는 인간과 같은 발을 가지고 있었다. 이들은 또한 직립했고 유인원과 달리, 달리거나 상당한 거리에 걸쳐 짐을 나를 수 있었다. 이들은 또한 인간처럼 손가락 끝이 평평해져가고 있었다. 비록 인류의 직접적인 조상은 호미니드 중 다른 가지에 속하지만, 그렇다고 하더라도 인간의 체격과 유사한 점이 많았다.

　최초의 도구는 호모 속에 속하는 초기 구성원들의 작품이다. 도구의 사용은 인간만의 특징이 아니다. 그러나 도구의 제작은 인간의 특징이라고 오랜 기간 동안 여겨져왔다. 도구의 제작 단계는, 환경을 극복하고 생활을 이루어나가는 중요한 단계이다. 현존하는 가장 오래된 도구는 에티오피아에서 발견된 도구로 약 250만 년 전 제작된 것으로 추정된다. 돌을 쳐내서 편(片)을 생성하여 날카로운 면을 얻는 투박한 방식으로 만들어졌다. 이들은 의도적으로 돌을 들고 다녔던 것 같고, 돌을 가려서 도구를 만들던 장소로 가지고 갔던 것 같다. 생각을 해서 도구를 만들기 시작한 것이다. 구석기시대 전반에 걸쳐 돌을 깨뜨리는 방식을 통해서 만든 도구가 발견된다. 약 100만 년 전 요르단 계곡에서 이러한 석기가 사용되었다. 선사시대인과 이들의 조상 그리고 이들의 전파와 문화에 관한 가장 많은 증거가 남겨진 곳은 아프리카이다. 탄자니아의 올두바이 계곡에서는 확인 가능한 최초의 건축이 발견된다. 바로 190만 년 전에 만들어진 돌로 쌓은 바람막이이다. 또한 여기에서는 동물의 골수와 뇌를 꺼내 먹기 위해서 뼈를 부순 흔적이 존재하는데, 이를 통해서 육식을 했다는 사실도 알 수 있다.

　돌이나 고기를 올두바이 유적으로 가져왔다는 것을 볼 때, 먹이를 찾는 데에 필요한 상당한 시간 동안 어미에게 잘 매달려 있는 다른 유인원의 새끼들과 달리, 초기 호미닌의 새끼들은 어미에게 잘 매달려 있지 못했던 것이 아니었을까라고 추정해볼 수 있다. 올두바이는 인간 주거지의 최초 흔적일 수도 있다. 영장류 중에 남성이 먹이를 찾아서 가지고 오는 동안 여성과 아이들이 주로 머무는 주거지를 확보하고 있는 것은 인간뿐이다. 이러한 주거지는 흐릿하지만 경제적 역할에서의 성적 분화의 윤곽을 보여준다. 또한 먹이를 구한 그 자리에서 배고픔을 해결하기 위해서 먹어치우지 않고 다른 곳에 있는 가족을 위해서 먹이를 보존하는 행위는 계획이라든지 숙고와 같은 모습을 보여주고 있다. 사냥을 했는지, 동물 시체에서 먹이를 구했는지(최근 알게 된 바로는 오스트랄로피테쿠스가 그랬다고 한다)는 다른 문제지만, 올두바이에서는 상당히 초기부터 육식을 했다.

이렇듯 흥미로운 증거가 있지만, 확실한 사실은 얼마 되지 않으며 그나마 사실 간의 연결 고리는 거의 없다. 동아프리카가 인류의 탄생을 가능하게 한 전형적인 조건을 갖추고 있었다고 결론을 내릴 수는 없다. 초기 호미닌이 동아프리카에 존재할 수 있었고, 또 동아프리카에 유물이 남아 있을 수 있는 조건이 맞았기 때문에 우리가 동아프리카에 대해서 알 수 있는 것이기 때문이다. 몇몇 증거에 비추어 호미닌이 인류의 직접적인 조상이라고 볼 수 있지만, 이와 같은 사실을 확신할 수는 없다. 이들은 단지 인류 이전에 나타났던 존재일 수도 있다. 그러나 이들은 우리가 인류와 종종 연관시키곤 하는 진화의 측면에서 놀라울 정도의 창조적 효율성을 보여주고 있으며 원인(猿人, ape-men)과 같은 범주를 상정할 필요가 없음을 방증한다. 우리가 처음으로 도구를 사용하기 시작했던 호모 하빌리스(*Homo habilis*)와 직접적 연관이 있다는 사실에 반론을 제기할 학자는 많지 않다.

또한 주거지가 생김으로써 생물학적 생존이 좀더 쉬워졌을 것이다. 아프거나 사고를 당했을 때 쉬거나 회복을 할 수도 있었을 것이며, 자연선택에 의한 진화의 과장을 살짝 빗겨나가기도 했을 것이다. 이는 이후 100만 년 정도에 걸쳐 호모 속이 세계 곳곳에 흔적을 남기게 된 것을 설명해주기도 한다. 그러나 한 종이 퍼져나간 것인지, 아니면 각지에서 유사한 종이 생겨난 것인지는 확실하지 않다. 도구 제작은 동아프리카로부터 아시아와 인도(어쩌면 유럽)로 퍼져나갔다고 본다. 세계 각지에 호미닌이 남긴 유적은 변화하는 상황에 대처하는 뛰어난 능력을 보여준다. 그러나 어떻게 해서 갑자기(선사시대의 시간 개념에서) 이런 능력을 갖추게 되었고, 아프리카와 아시아로 이들이 퍼져나가게 되었는지에 대해서는 아는 바가 없다. 인간들은 남극을 제외한 모든 대륙을 차지하게 되는데, 인간 이전 그 어떤 포유동물도 이렇게 넓은 지역에 성공적으로 정착하지 못했다.

인간 진화의 다음 단계는 육체적인 측면에서의 변화이다. 500만 년 전 호미닌과 유인원 같은 존재가 갈라지게 된 후, 오스트랄로피테쿠스보다 2배 큰 뇌를 가진 호미닌이 출현하기까지 200만 년이 걸렸다. 호모 에렉투스(*Homo erectus*)에 이르면, 인류의 진화에서 가장 중요한 단계 중의 하나는 이미 이루어져 있었다. 호모 에렉투스는 약 100만 년 전 이미 넓은 지역에 성공적으로 퍼져나가 있었으며, 유럽과 아시아로도 퍼져나갔다. 현재까지 알려진 가장 오래된 호모 에렉투스는 약 150만 년 전에 살았던 것으로 보인다. 인도네시아에 남아 있는 최후의 흔적을 통해서 볼 때, 현생 인류가 지구 곳곳에 퍼진 이후로도 1만 년에서 1만5,000년 이상까지도 생존했던 것으로 보인다. 따라서 호모 에렉투스는 이전 종에 비해서 훨씬 더 넓은 지역을 활용할 줄 알았으며 현재로서는 현생 인류인 호모 사피엔스(*Homo sapiens*)보다 오랜 기간 지구에서 삶을 살았다.

남아 있는 증거에 기초해보면, 호모 에렉투스는 아프리카에서 출현하여 유럽과 아시아로 퍼져나갔던 것으로 보인다. 호모 에렉투스가 처음 발견된 곳은 유럽과 아시아이다. 화석 이외에도 호모 에렉투스의 자취를 짐작하게 해주는 특별한 도구가 있는데, 바로 돌로 만든 주먹도끼이다. 주먹도끼는 큼직한 동물의 가죽을 벗기거나 토막을 내는 데에 쓰였던 것으로 보인다(도끼로 쓰였던 것 같지는 않지만, 주먹도끼라는 명칭이 붙여졌다). 호모 에렉투스가 유전적인 면에서 상당히 성공적이었던 것에는 의심의 여지가 없다.

호모 에렉투스에 속하는 한 종은 상당히 오랫동안 살아남았다. 아프리카 밖으로 퍼져나갔던 호모 에렉투스가 현생 인류의 직접적인 조상이라고 생각하는 학자는 거의 없으나, 그럼에도 불구하고 호모 에렉투스와 우리 사이에 명확한 구분은 존재하지 않는다(종종 간과되곤 하지만, 선사시대를 통틀어 명확한 구분이란 없다). 호모 에렉투스 중에는 직립보행이라는 특징에 더하여, 우리와 비슷한 크기의 뇌를 가진 존재도 있었다. 비록 뇌에 대해서 아직 모르는 것이 많지만, 몸 크기에 비례한 뇌의 크기와 지능 간에는 상관관계가 있는 듯하다. 따라서 뇌의 크기가 커지는 것은 중요하며, 인간의 특징이 서서히 발달해가는 데에서 큰 발걸음이라고 볼 수 있다.

뇌가 커짐에 따라서 두개골도 커지고 다른 변화도 잇달았다. 출생 전 크기가 커짐에 따라서 머리가 큰 새끼를 낳을 수 있도록 여성의 골반에 변화가 생겼으며, 출생 후 성체(成體)에 이르기까지 더 오랜 시간이 걸리게 되었다. 그러나 여성의 생리적 진화만으로는 새끼가 신체적 성숙에 이르게 할 수 없었다. 인간의 아이는 출생 이후에도 오랜 기간 엄마의 보살핌이 필요하다. 늘어난 유아기와 미성숙함은 의존성이 높아졌다는 말이 되기도 한다. 이러한 존재가 스스로 먹을 것을 찾을 수 있게 되기에는 오랜 기간이 걸린다. 미성숙기가 연장된 것은 아마 초기 호모 에렉투스부터일 것이다. 이런 모습은 현재 젊은 이들이 경험하게 되는 오랜 고등교육 기간으로 나타나기도 한다.

이러한 생물학적 변화로 인해서 새끼를 많이 낳는 것보다 새끼를 잘 돌보고 양육하는 것이 종족의 번식에서 중요하게 되었다. 그 결과 성별에 따른 역할 분화는 더욱 명확하게 진행되었다. 먹이를 찾는 기술이 보다 정교해지고 먹이를 찾는 이들 간의 끈질기고 고된 노력이 요구되어가던 시기에, 여성은 출산과 양육으로 인해서 먹이 찾기에 참여하지 못하게 되었다. 정신적인 측면의 변화도 상당히 중요했다. 유아기가 길어지면서 개인이 강조되기 시작했다. 학습과 기억이 점점 더 중요해졌고, 기술이 복잡해져가는 사회 상황으로 인해서 이러한 경향은 더 가속화되었을 것이다. 이 지점에서 진행되고 있는 사실을 이해하는 것은 더 어려워진다(이전에도 확실했던 것은 아니지만 말이다). 호미니드의 유전으로 인한 행동이 학습으로 인한 영향을 받기 시작하기 때문이다. 이는 자연적, 육체적으로 타고나는 자질로부터 전통과 문화로 넘어가는 것이며, 결국 의식적으로 조정을 해나가게 되는 문턱에 이르는 것이다. 그러나 이러한 변화가 정확히 언제 시작되는지를 명시하기는 어렵다.

또 하나의 중요한 생리학적 변화는 여성의 발정기가 사라지는 것이다. 언제 일어났는지는 모르지만, 발정기가 사라진 후에 다른 동물에 비해서 여성의 섹스 리듬은 큰 차이가 나타나게 된다. 발정기가 완전히 사라진 동물은 인간뿐이다. 발정기가 사라진 것과 유아기가 길어진 것 사이의 진화론적 연결은 상당히 명확하다. 여성 호미닌이 발정기로 인해서 일상생활을 유지하지 못할 경우, 호미닌 새끼는 간헐적으로나마 돌봄을 받지 못해서 생존에 문제가 생길 수 있었을 것이다. 따라서 발정기를 없애버리는 유전계통의 선택은 종족의 생존에 필요한 것이었다. 이와 같은 변화는 의식적으로 일어날 수 없는 것으로 100만 년 내지 150만 년가량의 시간이 필요했을 것이다.

이러한 변화는 큰 시사점을 가진다. 여성의 성적 매력이 증가하고 짝짓기가 언제든 가능해짐에 따라서, 짝짓기에서 개인 선택의 중요성이 높아졌다. 짝짓기는 더 이상 자연의 리듬에 따라서 형성되지 않았다. 여기가 바로 성적 사랑이라는 매우 모호한 개념이 형성되기 시작하는 바로 그 시점인 것이다. 길어진 유아 의존기와 함께 개별 선택의 새로운 가능성은 인류에게 아버지, 어머니, 자식이라는 안정되고 지속 가능한 가족이라는 독특한 제도를 이끌어냈다. 성적으로는 성숙했으나 사회적으로는 미성숙한 젊은 남성이 성적인 면에서 언제든 수용 가능한 여성과 가족관계로 오랜 시간을 보내게 된 데에서 근친상간의 금기(세계 곳곳에 존재하는 금기이지만, 금기시되는 관계는 조금씩 다를 수 있다)가 비롯되었다고 보는 사람들도 있다.

증거를 통해서 파악할 수 있는 데에는 한계가 있기 때문에 논지를 전개하면서 조심스러운 부분이 있다. 더구나 지금 다루고 있는 증거들은 신체적, 정신적, 기술적 진화를 하는 데에 필요한 것으로 오랜 기간에 걸쳐 생성되었다. 가장 초기 형태의 호모 에렉투스는 후기 형태와 매우 달랐으며, 후기 호모 에렉투스 중 일부는 다음 단계에 나타난 호미닌의 초기 형태로 분류되기도 한다. 그러나 호모 에렉투스가 위세를 떨치던 시절에 호미닌에게 나타났던 변화는 인류의 진화에서 매우 중요하다고들 한다. 비록 우리가 보기에는 인상적이지 않을지라도, 호모 에렉투스는 이전과는 달리 환경을 조작하는 능력을

주요 호미니드 화석이 발견된 유적지
■ 보다 발전된 문명을 이룬 곳

갖추고 있었다. 호모 에렉투스의 문화적 전통을 엿볼 수 있게 해주는 주먹도끼 외에 후기 호모 에렉투스는 현존하는 가장 오래된 주거지(나뭇가지와 석판과 동물가죽으로 바닥을 깐, 때로는 50피트에 이르기도 하는 막집)와 최초의 나무로 만든 조각, 나무로 만든 화살촉, 나무로 만든 저장기와 대접을 남겼다. 이 정도 규모의 유물과 유적을 남겼다는 것에서 새로운 수준의 정신적 능력을 엿볼 수 있다. 몇몇 학자들은 여기에서 훨씬 더 나아간 주장을 제기하기도 한다. 단순한 형태와 삼각형, 타원의 반복이나 수많은 석기도구를 통해서 볼 때, 이들이 규칙적인 형태를 만들기 위해서 특별히 신경을 쓴 흔적이 있다는 것이다. 이러한 노력을 통해서 어느 정도까지는 효율을 높일 수 있었겠지만, 들어간 노력에 비해서 향상된 효율은 미미했다. 곧 효율을 목적으로 한 행위가 아니었다는 것이다. 여기에 최초의 예술적 감각이 표현되고 있었던 것은 아닐까?

선사시기에 기술적인 측면에서나 문화적인 측면에서나 가장 큰 진보는 불의 사용이라고 볼 수 있다. 불을 사용한 최초의 흔적은 중국에 있으며, 대략 30만 년에서 50만 년 전 사이의 일이라고 추정해왔다. 그러나 트란스발에서 새로 발견된 증거에 기초하여 일부 학자들은 이보다 훨씬 이전부터 불의 사용이 이루어졌으리라고 생각하게 되었다. 호모 에렉투스는 불을 피우지 못했고, 이후 나타난 존재도 상당한 시간이 흐르기까지 불을 피우지 못했던 것 같다. 비록 불을 피우지는 못했지만 호모 에렉투스가 불을 사용할 줄 알았다는 데에는 이견의 여지가 없다. 불의 사용이 얼마나 중요한 것이었는지에 관해서는 이후 다양한 지역의 설화를 통해서도 알 수 있다. 전설적 존재나 상상 속의 동물이 불을 쟁취하는 내용이 수많은 설화에 등장하기 때문이다. 여기에는 초자연적인 질서를 엎어버린다는 내용이 암시되어 있다. 그리스의 영웅 프로메테우스는 신들로부터 불을 훔쳐온다. 확고한 증거는 없지만, 천연 가스나 화산활동을 통해서 인류가 처음으로 불을 얻게 된 것은 아니었는지 하는 생각을 하게 해주는 대목이다. 문화적인 측면에서건 경제적, 사회적, 기술적 측면에서건 불은 혁명적인 도구였다. 다시 한번 강조하지만, 선사시대의 '혁명'은 엄청난 시간이 걸렸던 것이다. 불로 인해서 온기와 빛을 얻었으며 춥고 어두운 지역까지 주거환경을 확장할 수 있었다. 단적인 예가 동굴에서 살게 된 것이다. 불을 이용해서 동물을 동굴에서 밀어내고, 동굴로 다시 들어오지 못하게 할 수 있었다(여기에서 불을 이용한 사냥의 싹이 텄을지도 모른다). 기술도 진보할 수 있었다. 불을 이용해서 화살촉을 더 단단하게 만들 수 있었고, 요리가 가능해졌으며, 식물의 씨처럼 소화가 어려운 음식이나 맛이 없고 씁쓸한 식물도 먹을 수 있게 되었다. 이를 통해서 다양한 식물을 보다 잘 살피게 되었을 것이고, 의식하지 못하는 와중에 식물학의 발달을 초래했다.

불은 정신력에도 영향을 주었다. 불의 사용은 의식적으로 억제하고 제한하는 능력을 강화하는 또 하나의 요인으로 작용했다. 요리하는 데에 사용하는 불에서 얻을 수 있었던 빛과 온기로부터 오는 심리적 영향 또한 있었다. 어둠이 내린 후 화로 주변에 모여 앉아서, 혼란스럽고 적대적인 바깥 세상과는 대비되는 작지만 의미 있는 공동체를 느낄 수 있었을 것이다. 또한 (기원은 아직 잘 모르지만) 이러한 집단 간 상호작용 속에서 언어가 발달하게 되었을 것이다. 집단의 구조 역시 정교화되었을 것이다. 어느 지점에서 불을 가지고 있는 사람과 불을 잘 다룰 줄 아는 사람이 등장했을 것이며, 삶과 죽음을 관장하는 신비롭고 중요한 존재가 등장했을 것이다. 불을 가지고 다니거나 수호하는 사람이 생겼을 것이며, 불을 수호할 필요에 의해서 이들이 장인(匠人)이 되었을 것이다. 그러나 이러한 새로운 권력은 인류를 자유롭게 하는 경향이 있었다. 불로 인해서 밤과 낮의 경계가 옅어졌으며, 계절의 구분 역시 약화되었다. 불 없이 지내던 존재들을 구속하던 자연 리듬을 더 깨뜨려나가고 있었던 것이다. 갈수록 지루한 일상을 벗어나게 되었고, 의식적인 행위를 보다 많이 하게 되었다. 여가활동이라고 짐작되는 흔적도 보인다.

큰 짐승을 사냥하게 된 것 역시 호모 에렉투스가 이룬 큰 성과 중의 하나이다. 죽은 동물의 고기를 먹던 것에서 식물에서만 섭생을 취하던 초식성 호미니드를 잡식성으로 변화하게 만든 단초를 찾을 수 있을 것이다. 육식을 통해서 이들은 상당한 양의 단백질을 얻을 수 있었다. 또한 육식을 하게 되면서 끊임없이 먹어야 할 필요가 사라졌고, 보다 효율적인 노력의 분배가 가능해졌다. 먹이를 그 자리에서 먹어치우지 않고 차후를 위해서 주거지로 가지고 갔던 것에서 의식적인 통제력을 갖추고 있었음을 엿볼 수 있다. 고고학 기록이 시작하는 그 시점에 올두바이에서는 코끼리와 기린과 버팔로의 죽은 고기를 먹었던 듯하나, 이보다 작은 동물의 뼈다귀가 훨씬 더 많이 남아 있다. 그러나 30만 년 전쯤이 되면, 상황은 많이 바뀌게 된다.

이때는 오스트랄로피테쿠스와 이에 가까운 존재들이 좀더 크고 효율적인 호모 에렉투스로 대체되던 시점이다. 새로운 먹잇감은 풍부한 먹을거리뿐 아니라 새로운 환경을 가지고 오기도 했다. 육식이 보편화되려면 사냥감을 쫓아 옮겨다녀야 했던 것이다. 호미닌이 다른 종에 의존적이 되어가면서, 새로운 영역을 탐색하게 되었고 새로운 주거지를 개척하게 되었다. 맘모스나 코뿔소를 사냥할 수 있는 곳을 찾아나서게 되었기 때문이다.

이러한 지식은 학습을 필요로 했고, 지식의 전수를 필요로 했다. 커다란 동물의 덫을 만들고, 죽이고, 토막을 내는 기술은 이전의 기술과는 매우 다른 것이었기 때문이다. 더구나 이는 협업(協業)을 요구하는 기술이었다. 많은 구성원이 있어야지만, 사냥감을 죽이기 좋은 장소(몸집이 큰 동물이 허둥댈 수 있는 늪지나 벼랑, 아니면 사냥꾼을 안전하게 지킬 수 있는 곳)로 사냥감을 몰고 가는 복잡한 작업을 행할 수 있었다. 사냥감을 몰고 가는 데에는 아마 불을 사용했을 것이며, 자연적으로 형성된 덫 이외의 무기는 거의 없었을 것이다. 일단 동물을 죽인 뒤 처리는 더 곤란했을 것이다. 나무와 돌과 부싯돌밖에는 없었기 때문에 죽은 동물의 시체를 자르고 거주지까지 옮겨가기가 쉽지 않았을 것이다. 일단 거주지로 먹잇감을 가져온 후에는 여가활동이 가능해졌을 것이다. 왜냐하면 작은 먹잇감을 찾아서 지속적으로 나돌아다니지 않더라도 영양섭취를 할 수 있었기 때문이다.

이 시기는 말할 필요 없이 중요한 시기이다. 진화에는 몇백만 년이 걸린다는 점을 고려했을 때, 변화의 속도가 훨씬 더 빨라지고 있었다. 물론 이후 사회의 기준으로 보면, 믿기 어려울 정도로 느리기는 했지만 말이다. 이 당시 존재는 우리에게 익숙한 인류는 아니다. 그러나 인류와 유사한 점이 많아졌으며, 지구 최고의 포식자로서의 싹을 틔우고 있었다. 복잡한 협업을 요구하는 사냥체계를 넘어선, 한 세대로부터 다음 세대로 지식을 전승한다는 의미에서의 사회다운 사회의 흔적도 나타나기 시작한다. 유전의 변형과 자연선택을 넘어서 문화와 전통이 변화의 주된 요인으로 호미닌 사이에서 자리잡기 시작했다. 진화를 보다 앞당길 수 있었던 이들은 효율적인 기술을 가장 잘 '기억'할 수 있는 집단이었다. 경험의 중요성은 매우 컸다. 왜냐하면 성공 가능성을 찾아내는 것을 실험이나 분석(근대 사회에서는 이 방법을 점차 많이 사용한다)이 아닌 경험에 의존하고 있었기 때문이다. 이 사실만으로도 연장자와 경험이 많은 자의 중요성이 커질 수밖에 없었다. 이들은 일의 과정이나 일을 하는 성공적인 방법을 알고 있었고, 거주지의 등장이라든지 큰 동물의 사냥이 이루어지는 속에서 이를 보다 쉽게 지속할 수 있었다. 물론 이들의 나이가 아주 많지는 않았을 것이다. 당시에는 40세 이상의 수명을 누리기가 힘들었다.

나아가 기억을 잘 유지할 뿐 아니라 언어를 통해서 기억에 대해서 반성할 수 있는 집단이 자연선택에서 이점을 가지고 있었다. 선사시대의 언어에 대해서 우리는 많은 것을 알고 있지 못하다. 근대적 언어는 호모 에렉투스가 사라지고 나서도 한참의 시간이 지난 후에 나타났다. 그러나 사냥을 하는 데에서 어떤 방식으로건 의사소통은 이루어졌을 것이며, 모든 영장류는 의미를 가진 신호를 사용한다. 초기 호미닌의 의사소통 방식은 영원히 밝혀지지 않을 수도 있다. 그러나 다른 동물과 마찬가지로 재배열이 가능한 소리 단위를 만들어 사용했을 가능성이 높다. 이를 통해서 여러 다른 의미를 가진 신호를 만들 수 있었고, 어쩌면 원시 형태의 문법이 나타났을 수 있다. 확실한 사실은 경험을 축적하고, 기술을 연습하며, 언어를 통해서 생각을 정교화할 수 있는 집단이 나타나면서 진화의 속도가 가속화되었다는 것이다. 다시 한번 강조하지만 선사시대의 한 사건을 다른 사건으로부터 분리하는 것은 어려운 일이다. 시력이 좋아지고, 세계를 여러 분리 가능한 대상으로 인식하여 상대할 수 있는 신체 능력이 향상되며, 사용할 줄 아는 도구가 늘어나게 된 수십만 년의 기간 동안 언어의 진화 역시 동시적으로 이루어졌다. 이 모든 발달은 정신력의 향상에 기여했으며, 그러던 어느 순간 개념화가 가능해지고 추상적인 사고가 나타나기 시작했다.

물론 호미닌의 행동에 관해서 자신 있게 말할 수 있는 것은 지극히 소수의 사실에 지나지 않으며, 정확하게 확인할 수 있는 사실은 이보다도 더 적다. 따라서 마치 안개 속에서 움직이는 것과 같이, 때로는 인류와 같아 보이고, 때로는 인류와 같아 보이지 않는 존재들을 파악해나가는 것이다. 바깥 세상을 인식하는 그들의 사고는 우리와는 전혀 달랐다고 확신할 수 있다. 그러나 호모 에렉투스의 특징을 살펴볼 때, 인류를 닮은 특징이 명백하게 나타나기는 한다. 신체적인 측면에서 호모 에렉투스의 뇌는 우리와 엇비슷한 크기이다. 호모 에렉투스는 (단일 기술적 전통을 넘어선) 도구를 만들고, 주거지를 세웠으며, 불을 사용하여 자연이 제공하는 은신처를 탈환하고, 사냥을 하며 먹이를 찾으러 다녔다. 또한 집단으로 행동했으며 복잡한 행위를 할 수 있는 규율이 있었고 언어를 통해서 생각을 교환할 수도 있었다. 이러한 사냥 집단의 가장 기초적인 생물학적 단위는, 주거지를 가지고 있었고 여러 활동에서 성적 분화가 일어나고 있었다는 점에서 핵가족의 원시적 형태로 파악할 수 있다. 또한 불을 소유한 자라든지 채집자 또는 연장자와 같이 사회의 경험 저장소와 같은 역할을 했던 이들은 다른 이의 노동을 통해서 지원을 받았으며, 자연히 사회조직의 복잡화 역시 나타나고 있었을 것이다. 협업을 통해서 얻은 먹이를 공유하는 체제 역시 있었을 것이다. 정확하게 선사시대의 언제 이런 사건들이 일어났는지를 알아낸다고 한들 큰 도움이 되지는 않을 것이다. 중요한 것은 이러한 사건 없이는 이후에 등장하는 인류의 역사가 등장하지 않았을 것이라는 점이다. 호모 에렉투스의 아프리카 친척 격이었던 좀더 크고 복잡한 뇌를 가지고 있었던 존재가 바로 호모 사피엔스였으며, 호모 사피엔스는 진화를 거듭하며 그간의 성과와 전통을 더욱 발달시켜나갔다. 호모 사피엔스를 인류라고 명명하건 명명하지 않건, 그것은 그렇게 중요한 문제가 아니다.

2

호모 사피엔스

호모 사피엔스(*Homo sapiens*)의 등장은 중요하다. 비록 원시적이기는 하지만 인류의 모습을 찾아볼 수 있기 때문이다. 그러나 이 역시 구체적이지는 않다. 호모 사피엔스의 등장은 서사의 끝이자 본격적인 극의 시작이지만, 이 극이 언제 시작하는지를 정확하게 짚어내기는 어렵다. 이는 한 시점이라기보다는 하나의 과정이며, 이 과정은 모든 지역에서 같은 단계를 거치지는 않았다. 시점을 파악하는 데에 도움을 주는 초기 인류의 유물이 몇 가지 있기는 하다. 그중 몇몇 유물은 다른 호미닌과 10만 년 이상 기간에 걸쳐 겹치기도 한다. 또 몇몇은 시작점을 잘못 알려주거나 종착점을 잘못 알려줄 가능성도 있다. 인류의 진화는 상당히 선택적이었기 때문이다. 이전에 비해서야 진화의 속도가 빨라졌지만, 진화는 여전히 천천히 진행되었다. 이는 20만 년 이상 걸리는 과정이었을 것이며, 우리의 진정한 '조상'이 언제 등장했는지를 정확히 파악하기는 어렵다(최초의 인류가 아프리카에서 등장했다는 점에 대해서는 거의 확신을 하고 있다). 생리학적, 기술적, 정신적인 측면에서 호모 에렉투스와 호모 사피엔스를 구분하는 것은 어떻게 정의를 내리냐의 문제이다. 이는 엄청나게 오랜 기간에 걸친 사건이었으며, 당시 여러 종과 호모 사피엔스가 지구상에 함께 존재하고 있었기 때문이다.

초기 인류의 화석은 엄청난 논쟁을 불러왔다. 간빙기(間氷期)인 25만 년 전부터 18만 년 전 사이의 온난기에 새로운 존재인 인류가 유라시아로 건너온 데에는 의심의 여지가 없다. 당시는 지금과 기후가 매우 달라서 반(半)열대기후였던 템스 강 계곡에서는 코끼리들이 살았고, 라인 강에서는 하마가 수영을 했다. '스완즈컴(Swanscombe)' 두개골은 영국의 스완즈컴에서 발견되어 그 지역의 이름을 따서 명명되었고, 약 1,300cc 용량의 큰 뇌를 가지고 있었다고 보이지만 기타 다른 측면에서는 근대 인류와 유사성이 많지 않다. 이들은 아마 호모 하이델베르겐시스(*Homo Heidelbergensis*, 독일 하이델베르크[Heidelberg] 시에서 발견되었기 때문에 이러한 이름을 얻었다)의 한 종류였을 것이라고 생각된다. 이들은 호모 에렉투스의 후손 중 하나로 네안데르탈인과 우리(아프리카에서 출현한 형태) 모두의 조상이었을 것이다. 이들은 아프리카와 유라시아로 빠르게 퍼져나갔으며, 이전 존재와 비견되지 않는 수준의 발달을 이루었다. 이들은 최초로 불을 만드는 법을 터득하게 되었고, 불을 다루게 되면서 인류의 발달을 크게 진행시킬 수 있었다.

빙하기가 시작되며 휴지기(休止期)가 왔다. 약 13만 년 전 휴지기가 끝나고 온난기가 다시 시작하면서 인류의 흔적이 다시 나타난다. 이러한 증거가 무엇을 의미하는지에 대해서는 논쟁이 있으나, 이즈음 큰 발전이 있었다는 것을 부정하기는 어렵다. 이 시기부터 완벽하지는 않지만 어느 정도의 기록이 존재한다. 인류는 약 10만 년 전 유럽에 살았다. 도르도뉴 지역에 있는 동굴에는 인류의 출현 이후 5만 년에 걸쳐 인류가 살던 흔적이 간간이 나온다. 이들은 온난한 간빙기에 나타난 최초 흔적으로부터 마지막 빙하기의 중반까지 흔적을 남기고 있어서, 엄청난 기후변화를 견뎌냈음을 알 수 있다. 이 시기 동굴 근방에 다양한 종이 출현하고 멸종했던 것에 비추어볼 때, 이러한 지속성은 매우 인상적이다. 이렇게 살아남는 이들의 문화는 매우 유용한 측면을 갖추고 있는 동시에 새로운 환경에 적응하는 뛰어난 능력을 갖추고 있었을 것이다.

우리와 유사점이 많지만, 이들은 생리학적 측면에서 현재 인류와는 분명히 구분이 된다. 독일 네안데르탈(Neanderthal)에서 이들의 유해가 최초로 발견되었기 때문에 이들은 네안데르탈인(Neanderthals)이라고 명명되었다. 두개골이 희한하게 생긴 관계로, 상당히 오랫동안 지능이 현저히 떨어지는 인간의 두개골로 오인되었다. 진화 과정에서 우리의 사촌 격인 이들에 대해서는 꽤 많은 것이 알려져 있다. 세 구의 유골에서 채취한 유전자 정보를 가지고 과학자들은 2010년에 네안데르탈인의 게놈 지도를 완성했다. 호모 네안데르탈렌시스(*Homo Neanderthalensis*, 네안데르탈인의 학명이다)는 약 50만 년 전 아프리카로부터 퍼져나온 데에서 기원을 찾을 수 있다. 유전변형 단계를 몇 차례 거친 네안데르탈인 이전 단계의 유해가 약 20만 년 전 유럽에서 발견되었다. 유럽 지역의 네안데르탈인은 인류가 속한 호모 사피엔스와 병존하며 발달했다. 네안데르탈인과 유사한 초기 인류는 아시아로 퍼져나가서 멀리는 중국에까지 이르렀다. 아주 성공적인 종이었음이 분명하다.

네안데르탈인과 현재 인류의 조상은 약 35만 년 전 아프리카에서부터 그 길을 달리하기 시작한다. 이 시기에 이르면 일부는 유라시아에 정착하기 시작했으며, 10만 년 전에 이르면 네안데르탈류의 유물은 유라시아 전역에서 찾아볼 수 있게 된다. 다양한 기술과 형태 또한 나타난다. 전문가들이 해부학적인 측면에서 근대적이라고 평가하는 네안데르탈인은 직립보행을 했고, 큰 뇌를 가지고 있었다. 이는 진화론적인 측면에서 큰 변화였다. 더구나 완전히 파악하거나 측정하는 데에는 어려움이 있으나, 이들은 새로운 단계의 사고 단계를 가지고 있었다. 단적인 예가 환경을 극복하기 위한 기술의 사용이다. 이들은 가죽을 벗기는 도구를 이용해서 가죽으로 옷을 만들어 입었다(전해지는 유물은 없다. 옷을 입은 상태로 발견된 가장 오래된 유골은 러시아에서 발견된 것으로 약 3만5,000년 전 유골로 추정된다). 이것만으로도 충분히 중요한 발전이지만, 네안데르탈인의 장례 문화에는 더욱 시선을 끄는 면이 있다. 고고학적 측면에서는 묻는다는 행위 자체가 매우 중대하다. 고대사회의 유물 때문에 무덤이 중요하기 때문이다. 그러나 네안데르탈인의 무덤은 유물보다 더 많은 것을 보여준다. 의식이나 행사가 있었다는 훌륭한 증거를 제공하기 때문이다.

증거가 충분하지 않기 때문에, 추측이 무한한 상상으로 뻗어나가지 않도록 하는 것이 때로는 쉽지 않다. 사마르칸트 근처에 묻힌 네안데르탈 아이의 무덤에서 발견된 뿔로 엮은 고리는 초기 토테미즘으로 설명이 가능하다. 빙하기가 다시 시작되며 집단 간 상호작용이 중요해졌고, 이로 인해서 나타난 개인에 대한 새로운 각성이 보다 주의 깊은 장례에 영향을 준 것은 아닌가라고 추측하는 이들도 있다. 집단의 구성원이 죽었을 때의 상실감은 이전에 비해서 커졌을 것이다. 죽기 몇 년 전 오른팔이 절단되었던 네안데르탈인의 유골이 발견된 바 있다. 팔이 없던 네안데르탈인은 다른 구성원에게 매우 의존적일 수밖에 없었을 것이며, 장애에도 불구하고 집단의 지원을 받아서 몇 년간을 살아남았을 것이다.

의식화된 장례가 사후세계에 대한 지각을 암시한다고 주장하고 싶지만, 이는 너무 앞서나가는 것이다. 만일 이것이 사실이라면, 호미닌이 추상적으로 생각할 수 있는 능력에 엄청난 변화가 온 것이며, 가장 오랫동안 지속해온 신화(곧 생은 환상이고, 실재는 보이지 않는 다른 곳에 존재하며, 보이는 것이 전부가 아니라는 신화)의 기원에 해당하는 사건일 것이다. 이렇게까지 멀리 나가지는 않더라도 중요한 변화가 일어나고 있다는 데에 동의를 구하는 것은 어렵지 않다. 네안데르탈인의 동굴에서 엿볼 수 있는 동물을 이용한 의식에 기초해보면, 상당한 주의를 기울인 장례의식은 환경을 주도하고자 하는 노력의 새로운 단계로 볼 수 있다. 이들은 답을 필요로 하는 질문을 분별할 수 있는 지적 능력을 갖추게 되었고, 하나의 답으로서 의식을 만들었을 것이다. 조금씩, 잠정적으로, 다소 거칠게 인간의 사고는 발달하고 있었고, 탐험 중 가장 위대한 탐험은 시작되었다.

후기 단계의 네안데르탈인은 발달된 집단을 형성했다. 아픈 자를 돌보고 죽은 자를 묻었으며, 작은 무리를 지어 효율적으로 협동하며, 같이 사냥을 하고, 의사소통 수단을 갖추었다. 10만 년 전 무렵 지역적 다양성이 나타나기 시작한다. DNA를 통해서 볼 때, 유럽에 살던 집단은 다른 집단에 비해서 연한 피부색을 띠었고, 중앙 유라시아에서는 네안데르탈인과 유전학적으로 구분되는 데니소바인(Denisovans)이 출현했다. 네안데르탈인은 또한 전쟁을 수행했다는 최초의 증거를 남기고 있다. 이는 상대방의 고기를 먹는 풍습(cannibalism)과 연결되어 있었던 것으로 보인다. 이후 나타난 사회와 비교해볼 때, 이러한 풍습에서는 영혼이나 정신에 대한 어느 정도의 개념화가 나타났던 것으로 보인다. 때로는 마술적이거나 정신적인 능력을 얻기 위해서 이러한 풍습이 행해졌던 것으로 보인다.

이러한 성공에도 불구하고 6만 년 전 무렵 네안데르탈인은 쇠락의 길을 걷게 된다. 비록 널리 퍼져 지배적인 위치를 점했으나 세계를 얻지는 못했던 것이다. 기후변화가 큰 몫을 했을 것이며, 네안데르탈인의 사냥방식도 한몫을 했을 것이다. 네안데르탈인은 큰 동물의 사냥에 집중하며 상당히 위험한 삶을 살았으나, 투자 대비 효율은 그다지 크지 않았던 것 같다. 맘모스 사냥에서 치명적인 상처를 입어서 죽은 수많은 젊은 네안데르탈인의 유골이 이를 입증해준다. 가족 집단이 모두 같이 사냥에 전념해야 했기 때문에 작업의 분화나 학습이 이루어질 충분한 시간이 없었을 것이다. 결국 아프리카에서 출현한 우리의 조상이자 그들의 유전적 사촌인 호모 사피엔스와의 경쟁에서 네안데르탈인은 밀려나게 되었다.

6만 년 전 아프리카에서부터 세계로 퍼져나가면서 우리는 네안데르탈인뿐 아니라 당시 세계 각지에서 살던 다른 모든 인류의 승계자가 되었다. 이들과 유사한 인류 유전자를 우리는 아직도 어느 정도 가지고 있다. 호모 사피엔스와 우리가 네안데르탈인이라고 지칭하는 집단은 상호교배를 했고, 현재 우리 DNA의 약 4퍼센트는 네안데르탈인에서 기원한다. 그렇다면 현재 인류의 조상은 네안데르탈인뿐 아니라 존재 여부를 확인할 수 없는 다른 존재와도 상호교배를 했을까? 우리 조상이 아프리카를 떠난 후, 어떤 집단과 어디에서 교배를 했는지 그리고 교배의 결과는 무엇인지를 밝히기 위해서는 많은 시간이 걸릴 것이다. 이 분야가 바로 선사시대 연구 중에서 가장 흥미로운 분야이며, 현재 인류의 삶을 이해하는 데에 중요한 역할을 할 것이다. 네안데르탈인 게놈 지도를 통해서, 병균과 싸우는 유전자를 인류 이외의 종으로부터 받아들였다는 사실을 확인할 수 있었다. 일부 연구자는 다른 인류 집단과 상호교배를 함으로써 '혼합으로 인한 활기'를 얻게 되었고, 인류가 남극을 제외한 지구 전역으로 퍼져나가는 데에 도움을 주었다고 주장한다.

호모 사피엔스는 기원전 16만 년 무렵 아프리카에 처음 등장한 이후, 10만 년의 세월이 지난 후 유라시아 전역으로 퍼져나갔고, 결국 전 세계로 퍼져나갔다는 점에서 매우 성공적이었다. 호모 사피엔스의 기원은 분명 아프리카이다. 현재 지구에 살고 있는 모든 남성을 약 6만 년 전 동아프리카 지역에 살았던 존재와 연결지을 수 있다. 이들은 네안데르탈인보다 얼굴이 작고, 두개골이 가벼우며, 골절 부위가 똑바른 특징을 갖추고 있어서 해부학적 측면에서 현재의 인류와 유사하다. 처음에는 소수 인원이 레반트를 거쳐 중동으로 이동했고, 해안가를 따라서 동아시아와 동남 아시아로 이동하여 기원전 5만 년 무렵 오스트레일리아에 도달했다. 유럽으로도 퍼져나가서 몇천 년간을 네안데르탈인과 함께 지냈다. 기원전 1만5000년 무렵에는 지금의 베링 해협을 이어주던 다리와 같은 기능을 하던 땅을 건너 아메리카 대륙에 입성했다.

호모 사피엔스는 아프리카를 떠나기 전, 상당히 오랜 기간의 발달 과정을 거쳤다. 이들은 아프리카를 떠난 이후보다 아프리카에서 보낸 기간이 더욱 길다. 지난 10만 년 동안 인류는 지구를 지배하는 종족이 되기 위한 수단을 천천히 개발해왔다. 이 모든 것이 직선적으로 발달하지는 않았다. 우리 조상은 수적으로 많지 않았고, 당대의 다른 종에 비해서도 불안정한 존재였다. 한 학자는 이러한 존재를 빗대어 깜빡이는 작은 촛불이라고 했다. 인류는 학습을 할 수 있었음에도 불구하고, 대재앙에 가까운 사건들로 인해서 대부분의 시도는 진전되지 못했다. 그러나 10만 년 전 그 어느 순간 동아프리카의 호모 사피엔스는 중요한 전환점을 맞이하게 되면서, 혁신이 축적되었고 집단 간 상호작용은 지속되었다. 이러한 변화는 언어의 발달과도 연관이 있을 것이다. 비록 아주 초보적인 수준에서일지라도 언어는 학습과 기억을 가능하게 만들기 때문이다. 약 6만5,000년 전 아프리카에는 복잡한 도구, 장거리 이동수단, 행사와 의식, 그물, 덫, 낚시 도구, 요리도구, 막집과 같이 인류가 생활을 확장해나가는 데에 필요한 모든 수단이 갖추어져 있었다. 부분적으로는 다른 인류 집단과의 상호작용으로부터 영향을 받았다. 아프리카로부터 출발하기 이전과 출발한 이후 모두 인류의 발달에는 '병목' 현상이 나타나는데, 인구수가 줄어드는 경우, 그 수가 몇천 명에 불과한 경우도 있었다. 그러나 어떤 형태로건 인류는 지속되었다.

호모 사피엔스가 왜 이 시기에, 이러한 형태로 퍼져나가게 되었는지에 대한 이유에 대해서는 추측만 있을 뿐이며, 고고학자들은 화석기록 해석에 아직 조심스럽다. 논지가 가지고 있는 한계점을 충분히 설명하지 않은 상태에서, 일정 시기에 아프리카를 떠난 소수의 집단이 우리의 조상이었다고 주장하기를 꺼려하는 학자들도 있다. 그럼에도 불구하고 약 5만 년 전부터 마지막 빙하기가 끝나는 기원전 9000년경 사이의 기간에 이르면 많은 학자들이 인류와 관련된 충분한 증거가 존재한다는 데에 동의한다. 이 시기는 흔히 '상기' 구석기시대*로 분류되는데, 구석기라는 명칭은 그리스어의 '오래된 돌'에서 유래했다. 유사한 용어인 '석기시대'와 완전히는 아니라도 거의 일치하는데, 선사시대의 혼란스런 용어들이 그러하듯이, 명확한 제한을 두지 않고 이러한 용어를 사용하는 데에는 어려움이 있다.

'상기'와 '하기' 구석기시대의 구분은 쉽다. 지층에서 가장 위에 있는 층이 가장 최근에 만들어진 것이며, 여기에서 발견된 화석과 유물이 이보다 아래에 있는 지층에서 출토된 것보다 최근에 만들어졌다는 점에 기초한 구분이다. 따라서 하기 구석기시대**는 상기 구석기시대보다 오래된 시대를 의미한다. 구석기시대의 남아 있는 유물은 거의 대부분 돌로 만들어졌다. 금속으로 만든 것은 없었다. 로마 시대 시인인 루크레티우스가 명명했듯이, 금속의 등장은 청동기시대와 철기시대를 열게 된다.

이는 문화적, 기술적 측면의 명칭이다. 이러한 시대 명칭은 인류의 활동에 우리의 시선을 집중시킨다는 장점이 있다. 한때는 돌로 도구와 무기를 만들었고, 이후 청동을, 나아가서 철을 사용했던 것이다. 그러나 이러한 명칭에는 단점도 있다. 엄청나게 오랜 기간 동안 남아 있는 증거의 대부분이 돌로 만든 유물인데, 이 기간의 대부분은 호미니드가 살던 시기이다. 호미니드는 인류의 특징을 다양한 정도로 갖추고 있었으나, 모든 특징을 가지고 있지는 않았다. 따라서 상당수의 석기는 사람이 만든 것이 아니었다. 또한 유럽 고고학 성과에 기초한 용어이기 때문에, 세계 각지의 증거가 축적되면서 잘 들어맞지 않는 부분도 생겼다. 마지막 단점은 유럽에서조차 시대를 구분하는 데에서 중요한 지점들을 희석시킨다는 것이다. 이러한 문제점에서 더 정교한 시대 구분이 나타나게 되었다.

학자들은 석기시대를 (순서대로) '하기', '중기', '상기' 구석기(舊石器,

---

* Upper Palaeolithic은 흔히 후기 구석기 시대라고 번역되지만, 용어 설명과 관련한 원 저서의 내용을 충실히 살리고자 하는 의도에서 상기 구석기 시대로 번역했다/역주
** 전기 구석기 시대에 해당한다/역주

Palaeolithic)로 나누고, 다음으로 중석기(中石器, Mesolithic), 신석기(新石器, Neolithic)로 나눈다. 유럽에서는 마지막 빙하기가 끝나는 시기까지를 구석기라고 명명하여 혼선의 여지를 남기기도 하는데, 이는 단순히 연대기에 의한 구분법이다. 유럽에서 호모 사피엔스는 상기 구석기시대가 시작하는 무렵에 등장한다. 유럽에서는 또한 호모 사피엔스의 유골이 다량 발견되었고, 이에 기초한 종의 구분이 오랫동안 이어졌다.

유럽에서는 이 시기를 대상으로 문화를 순서대로 분류하고 카테고리화하려는 노력이 상당히 진행되었다. 기후는 대체로 추운 편이었으나 항상 그렇지는 않았다. 약 2만 년 전 기온이 급격히 저하되는 등 중요한 변동이 있었다. 사회가 진화하는 데에서 기후변화는 여전히 결정적인 힘을 가지고 있었다. 아마 3만 년 전 무렵 기후변화로 인해서 아시아로부터 아메리카 대륙으로의 인류의 이동이 일어났을 것이다. 얼음 위를 건넜거나, 아니면 지금의 바닷물이 얼어 있어서 수위가 내려간 관계로 해저가 노출되어 있었을 것이다. 이들은 몇천 년간에 걸쳐 사냥감을 따라서 인류가 거주하지 않던 대륙의 남쪽으로 이동해갔다. 아메리카 대륙의 최초 거주민도 이주민이었던 셈이다. 그러나 빙하가 사라지면서 해안가와 길 그리고 식량공급에 큰 변화가 생겼다. 물론 이러한 변화는 계획되어왔던 변화이나, 이번의 변화에는 큰 차이점이 있었다. 인류가 이 변화의 한가운데에 있었다. 환경변화에 대응하기 위해서 새로운 자원과 늘어난 자원을 사용할 수 있는 지능을 갖춘 존재가 나타난 것이다. 환경을 제어하려는 인류의 의식적인 행위가 지속적으로 효율성을 높여가는 와중에 역사의 변화가 진행되었다.

초기 인류의 도구와 무기로 판단하건대, 이는 상당히 무게 있는 주장이다. 그러나 이전 존재와 비교해볼 때, 초기 인류는 상당히 넓은 범위에 걸치는 능력을 갖추고 있었다. 호모 사피엔스의 기본적 도구는 돌이었으나 이전 도구에 비해서 훨씬 더 다양한 목적을 수행할 수 있었고, 이전에 비해서 다른 방식으로 제작되었다. 주의 깊게 선택한 단단한 돌멩이로 쳐내어 편을 만드는 방식으로 도구 제작이 이루어졌다. 석기도구가 다양화되고 정교화하면서 인류의 진화가 가속화되고 있었음을 알 수 있다. 상기 구석기시대에 들어서면서 도구나 무기를 만드는 데에 나무, 부싯돌과 더불어 뼈와 뿔 또한 사용하게 되었다. 이는 새로운 생산방식의 가능성을 제시하고 있다. 뼈로 만든 바늘을 가지고 보다 정교한 옷을 만들 수 있었고, 돌을 부딪쳐 편을 쳐내는 기술이 발달함에 따라서, 아주 얇은 편을 쳐내는 기술이 발달하게 되었다. 너무 얇아서 효용성이 떨어질 정도였다. 인류가 처음으로 만든 재료인 뼛가루를 섞은 진흙도 이때 등장한다. 무기도 한층 향상되었다. 상기 구석기시대 말기 즈음에 이르면 무기 끝에 작은 돌을 다는 경우가 늘고, 그 모양도 점차 규칙적으로 변화하는데, 이로부터 무기 끝이 보다 복잡해지고 있음을 알 수 있다. 이 시대에는 창, 활, 화살, 작살이 등장하는데, 처음에는 포유동물 사냥을 위해서 사용되었고, 나아가서는 물고기를 잡는 데에 사용되었다. 물고기 사냥은 사냥의 범위가 수중으로까지 확장된 것을 보여주며, 결국 자원을 확장해나갔음을 보여준다. 이 시기보다 훨씬 더 이전 시기인 지금으로부터 약 60만 년 전 호미닌은 중국 및 다른 지역에서 연체동물을 먹이로 채집했었다. 이 시기에는 작살이나 그물이나 끈을 가지고 물속에 있는 새롭고 풍부한 먹잇감을 획득할 수 있었고(부분적으로는 빙하기 말기의 기온변화로 생겨난 먹이이기도 하다), 사냥에서 보다 성과를 올리게 되었다. 빙하기가 끝난 후 생긴 숲이나 순록과 야생동물의 존재를 배우면서, 이러한 먹잇감에 대한 의존성이 높아진 것도 한몫을 했을 것이다.

상기 구석기시대 인류가 남긴 가장 훌륭하고 신비로운 기록인 당시의 예술은 이런 생활상을 뒷받침한다. 상기 구석기시대의 예술은 현존하는 인류 예술 중 최초의 기록이라고 상당 부분 확신할 수 있다. 초기 인류나 인류와 유사한 존재들도 진흙에 그림을 그리거나 몸에 칠을 하거나 박자감 있게 춤을 추거나 특정한 양식으로 꽃을 뿌리곤 했을 것이나, 이러한 행위에 대해서 남아 있는 기록이 하나도 없기 때문에 이를 알 수 없다. 약 4만 년에서 6만 년 전 어떤 존재는 황토를 비축하기도 했으나 그 목적이 무엇인지는 알 수가 없다. 네안데르탈인의 무덤에 있는 돌에 새겨진 두 개의 자국을 가장 오래된 예술품이라고 주장하기도 하지만, 예술이라는 확신을 주는 증거는 유럽 동굴 벽에 그려진 벽화이다. 최초의 벽화는 약 3만 년 전에 나타나는데, 그 수는 짧은 시간

안에 급격하게 증가한다. 그리고 어떤 경고나 징조도 없이 거의 성숙한 상태의 의식적으로 생산된 예술작품이 등장하게 된다. 이러한 예술작품은 수천 년간 지속되다가 사라진다. 뚜렷한 조상이 없었듯이 후손도 남기지 않았다. 후손은 남기지 않았지만, 요즘에도 사용하는 예술작품 제작의 기초적인 과정은 비슷하게 사용되었던 것으로 추정된다.

공간과 시간이 집중되어 있기 때문에 이 시기에 어떤 사건이 있었던 것은 아닌가라는 생각을 하게 된다. 아프리카의 동굴에는 2만7,000년 전으로 거슬러 올라가는 선사시대의 벽화와 조각이 수없이 많으며, 이러한 벽화와 조각은 영국의 빅토리아 여왕 시기까지 계속 생산되었다. 오스트레일리아의 최초 벽화는 2만 년 정도를 거슬러 올라간다. 구석기시대 예술은 유럽에 한정된 것은 아니었으나, 유럽 이외의 지역에서 발견된 예술품에 대한 연구는 간헐적으로 진행되었다. 따라서 다른 지역의 벽화가 어느 시기에 그려진 것인지에 대해서 자세히 알지 못하며, 다른 지역에 비해서 유럽 벽화가 더 잘 보존된 이유 역시 알려진 바가 없다. 게다가 사라진 것이 무엇인지도 잘 알지 못한다. 연구가 불가능한 몸짓이나 소리, 그리고 오랜 시간이 지나면 사라져버리는 소재로 만든 물건에 대해서는 알 수가 없다. 이런 모든 제한된 조건에도 불구하고 상기 구석기시대 서유럽의 예술의 독특함은 매우 인상적이다.

최근 연구에 의하면, 우리가 이전에 생각했던 것보다 유럽의 넓은 지역에 예술품이 흩어져 있음을 알 수 있다. 2008년에는 약 4만 년 전에 만들어진 것으로 보이는 (사람들이 풍요의 상징이라고 여기는) 풍만한 가슴을 가진 여인상이 독일 동쪽 지역에서 발굴되었다. 프랑스 남서부나 에스파냐 북부에서도 돌이나 뼈 또는 진흙으로 만든 상(像)이나 장식이 된 물건(대개 도구나 무기), 벽화와 동굴 지붕이 발굴되었다. 이런 동굴에서는 (물건 장식에서도) 동물을 주제로 한 경우가 매우 많았다. 동굴 벽화와 관련된 일련의 모든 것 중에서 이러한 동물 문양은 학자의 관심을 가장 사로잡았다. 당연히도 대다수의 동물은 사냥경제의 핵심에 있던 것들이었다. 적어도 프랑스 동굴에서는 그려진 순서에도 특정한 의미가 담겨 있었던 듯싶다. 그러나 이런 주장을 더 전개시키는 데에는 어려움이 있다. 이후 시대에는 글자로 나타내던 의미를 상기 구석기시대에는 그림으로 나타내야 했다. 그러나 그림에 정확히 어떤 의미가 담긴 것인지는 아직 명확하지 않다. 벽화가 종교나 마술과 연관이 있었을 가능성은 있다. 아프리카의 돌에 그려진 그림을 볼 때, 마술이나 샤머니즘과의 상당한 연관성을 가지고 있다고 볼 수 있다. 또한 유럽의 동굴 벽화가 멀리 떨어져 찾기 어려운 곳에 그려져 있었다는 사실만으로도 이 그림을 그렸을 때나 지켜볼 때에 특별한 의식이 존재했음을 방증하고 있다(어두운 구석에서 그림을 그리기 위해서는 인공 빛이 반드시 필요했다). 네안데르탈인의 장례에서는 종교의 기원을 엿볼 수 있다. 상기 구석기시대 사람들에게서는 이러한 특징이 보다 확실해진다. 예술작품에 기초해볼 때, 이러한 추론을 반박하기가 어려울 정도이다. 동굴 벽화와 같은 예술은 조직화된 종교의 최초 흔적일 수 있다.

유럽에서 발견된 인류의 예술적 초기 성과의 등장, 성숙, 종말은 오랜 기간에 걸쳐 나타난다. 4만5,000년 전 뼈나 상아로 장식이 되고 여러 색을 쓴 작품이 등장한다. 그후로 4,000년에서 5,000년이 흐른 뒤, 최초의 형상이 등장한다. 바로 연달아서 색깔이 입혀지고 조각이 새겨진 동굴에 자리한 '성역(聖域, sanctuary)'이 등장하며 선사시대 예술적 성과의 최고봉에 이른다. 이러한 성역들에는 동물들이 등장하며, 의미를 알 수 없는 기호가 반복적으로 보인다. 이후 예술적 성과가 많이 나타나는 시기가 한 5,000년간 지속된다. 내용과 형식의 일관성이라는 측면에서는 놀라울 정도로 긴 시간 동안 지속되었다고 볼 수 있다. 5,000년이라는 오랜 시간은 사실 이 땅에서의 문명의 역사만큼 긴 시간이다. 이 시기 전통이 변화하는 데에 얼마나 오랜 시간이 걸렸는지, 외부로부터의 영향력이 얼마나 적었는지를 잘 보여준다고 하겠다. 또한 선사 문화가 지역적으로 얼마나 고립되어 있었는지도 보여준다. 우리가 알고 있는 한, 이 예술의 마지막 국면은 기원전 9000년 무렵이다. 수사슴이 다른 동물을 점점 대체하게 되고(빙하가 사라지면서 맘모스나 순록이 점차 사라지게 되었다는 데에 의심의 여지가 없다) 화려하게 장식된 도구와 무기가 반짝하고 나타나더니, 유럽 최초의 예술의 전성기는 막을 내리게 된다. 그후에 이어진 시대에는 규모나 질에서 훨씬 수준이 낮은 유물만이 발견된다. 이 시기에 남아 있는 유물 중 가장 훌륭한 것이 장식된 자갈돌 몇 개뿐이다. 이전 시대와 같은 예술은 6,000년 후에나 다시 만나볼 수 있다.

이러한 성과가 왜 갑자기 쇠락하게 되었는지에 대해서는 알려진 것이 별로 없다. 전체적으로 희뿌옇던 상기 구석기시대에 어둠이 갑자기 확 내려버린 격이다. 여기서 갑자기란 물론 몇천 년에 걸쳤다는 이야기이다. 그럼에도 불구하고 이전과 이후를 비교할 때, 양자 간의 차이는 가히 충격적이다. 따라서 상대적으로 갑작스런 멸종은 무슨 일이 있었던 것인지에 대한 상당한 의문을 남긴다. 언제 이러한 일이 일어났는지 정확한 날짜도 알 수 없으며, 일이 일어난 순서조차도 모른다. 이는 분명 1-2년 사이에 일어난 일은 아니다. 오랜 기간 예술활동이 천천히 줄어들더니 끝나버린 것이다. 일부 학자들은 기후변화 탓이라고 주장한다. 동굴 예술은 사냥을 주로 했던 이들이 큰 짐승의 이동이나 번성을 기약하기 위한 노력의 일환으로 만들었었다는 것이다. 그러나 마지막 빙하기가 끝나며 순록이 점차 사라져갔고, 인류는 이러한 상황을 조정하기 위한 새로운 방법과 마술을 찾아 헤매기 시작했다. 그러나 빙하가 점점 더 사라지면서 이들이 성공적으로 적응했던 환경은 사라졌다. 환경이 완전히 변하여 자연을 변화시키고자 하는 희망도 사라졌다. 그러나 호모 사피엔스는 무기력하지 않았다. 오히려 호모 사피엔스의 적응력은 강했고, 새로운 도전에 적응해나갔다. 그러나 인류 최초의 예술은 더 이상 찾아보기 어렵게 되었으며 이러한 문화적 빈곤화는 적응의 결과였다.

이러한 추론이 상상에 근거한 점이 있다는 것은 쉽게 지적할 수 있다. 그럼에도 불구하고 당시 예술이 거둔 성과는 놀라울 정도이다. 당시 동굴 벽화의 연속된 그림을 일컬어 구석기 세계의 '성당들'이라고 부르곤 한다. 인류가 초기에 이룩했던 것에 비교해본다면, 수준이나 규모의 면에서 이런 은유는 합당하다. 최초의 놀라운 예술의 등장과 함께, 호미니드와의 격차가 많이 벌어졌으며 인류의 사고가 어떤 영향력을 가지는가에 대한 명백한 증거가 생겨났다.

상기 구석기시대에는 또한 중요한 유전적 변화가 일어났다고 알려져 있다. 진화란 정신적이자 사회적 현상이란 점 역시 분명해졌다. 현재까지 이어지고 있는 주요한 인종 구분은 상기 구석기시대 말기에 거의 결정되었던 것 같다.

지역과 기후에 따라서 피부색과 머리칼의 특성, 두개골 모양이나 얼굴 윤곽이 구분되어갔다. 중국에서 출토된 호모 사피엔스 유물 중 가장 오래된 유물에서는 아시아계 지역적 특성을 잘 살펴볼 수 있다. 기원전 1만 년 무렵, 유럽 문명이 세계를 지배하며 새로운 편재를 이루게 되는 기원후 1500년까지 해당 지역을 지배할 주요 지역 집단이 형성된다. 세계는 구석기시대에 채워지기 시작했다. 이전까지 인류가 발을 딛지 않았던 대륙에도 진입을 하게 되었던 것이다.

5만 년 전 인류는 이미 오스트레일리아에 도착했고, 거의 같은 시기에 유럽에 도달했다. 이들은 중동으로부터 해안가를 따라왔던 이들의 후손이었으며, 이 과정에서 단백질이 풍부한 해산물을 채집하는 기술에 능숙해졌다. 이들은 아마 새로운 대륙으로 이동하기 위해서 배를 사용했을 것이다. 물론 당시 인도네시아 군도의 해수면은 지금보다 훨씬 더 낮아서 곳곳에 해저가 드러나 있었고 바다는 잠잠했을 것이다. 섬과 섬을 잇는 티모르 해와 반다 해를 지나서 오스트레일리아에 도착한 후, 이들은 상당히 빨리 퍼져나갔을 것이다. 식물이 무성한 환경은 이들에게 적합했을 것이다. 커다란 호수와 강도 있어서 거대한 웜뱃처럼 생긴 유대목과의 자이고마투루스(Zygomaturus, 크기는 현대 피그미 하마 정도가 되었다)나 무게가 450파운드 나가는 캥거루인 프로콥토돈(Procoptodon)과 같이 지금은 멸종했으나 사냥하여 먹을 수 있는 동물도 많았을 것이다.

새로운 세계정복은 훨씬 이후에 시작된다. 약 1만7,000년 전 아시아계 사람들이 소규모의 연계된 여러 집단으로 구성되어 알래스카와 북아시아 사이의 이어진 땅을 건너 아메리카에 도착했다. 이들은 지난 수천 년간 시베리아 남쪽 알타이 산맥과 아무르 계곡 사이 지역에서 발달한 도구와 기술을 가지고 왔다. 이들은 처음에는 해안가를 따라서 그리고 나중에는 내륙으로 빠르게 아메리카 대륙에 퍼져나갔다. 최초의 아메리카 대륙인은 곧 배를 만드는 법을 터득했다. 또 어떤 이들은 맘모스와 마스토돈 사냥에 전문가가 되었다. 칠레에 살던 최초 인간의 거주 흔적은 기원전 1만1000년까지 거슬러 올라간다. 현재 미국 중서부와 대서양 연안지역 또한 비슷한 시기에 인간이 거주하게 되었다.

호모 사피엔스는 마지막 빙하기가 끝나갈 무렵에 이미 모험을 즐기고 있었던 듯 보인다. 이들이 진출하지 않은 곳은 남극 대륙밖에 없었다(인류는 1895년이 되어서야 남극에 도달한다). 그러나 상기 구석기시대에 인구밀도는 높지 않았다. 네안데르탈인이 살던 당시, 프랑스에는 약 2만 명이 살았던 것으로 추정된다. 그러던 것이 약 2만 년 전에 5만여 명으로 늘어났던 것으로 보인다. 당시 전 세계 인구는 약 1,000만 명으로 추산된다. 한 학자는 '짐승 떼 속의 인간 사막'이라는 표현을 쓰기도 했다. 이들은 사냥과 채집을 했으며 한 가정을 먹여살리기 위해서는 상당한 규모의 땅이 필요했다. 호모 사피엔스는 주변 상황만 괜찮으면 훌륭한 사냥가이며 채집가였다. 새로운 증거에 따르면, 호모 사피엔스는 네안데르탈인에 비교해서 다른 종과의 교배가 10배에 이르렀다. 그럼에도 불구하고 인구는 적은 편이었고, 세계는 넓었다.

인구가 적었기 때문에 문화적 변화는 느렸다. 비록 구석기시대에 가속화된 진보가 있었고, 인류는 훨씬 더 다양한 일을 할 수 있게 되었으나, 아직도 지리적 방해물이나 사회적 구분을 넘어 배운 것을 전하는 데에는 수천 년의 시간이 걸렸다. 평생 동안 다른 집단이나 부족 또는 문화에 속한 사람과의 교류 없이 살기도 했다. 호모 사피엔스로 이루어진 집단 사이에 존재하던 여러 다양성은 문화적 구별이라는 새로운 역사시대를 열게 된다. 이는 인류의 다양성을 증대시키는 데에도 역할을 했으며, 최근의 기술적, 정치적 영향으로 인해서 이러한 구별이 희석되기까지 존재했다.

상기 구석기시대 집단에 대해서 알려진 바는 많지 않다. 이들 집단은 이전에 비해서 크기가 컸고 보다 정착된 생활을 이루었다. 현존하는 가장 오래된 초기 건물은 체코 공화국과 슬로바키아 공화국 및 러시아 남부에 살던 상기 구석기 사냥꾼의 거주지이다. 기원전 1만 년 무렵 프랑스에서는 400명에서 600명 정도를 수용할 수 있는 밀집된 주거지도 나타나지만, 고고학 기록에 비추어볼 때, 이런 예는 흔하지 않다. 부족과 비슷한 존재도 있었던 것 같지만, 그 조직이나 그 안의 계급에 대해서 논하는 것은 불가능하다. 그러나 사냥이 보다 정교화되고 기술이 점점 더 필요해지면서 구석기시대의 성적 분화가 지속적으로 진행되었으리라는 점은 분명하다. 여자들은 정착지에서 식물채집을 했을 수도 있다.

비록 흐릿하기는 하지만, 구석기시대가 끝나갈 무렵 지구는 우리가 상당
정도 알아볼 수 있는 형상을 띠게 된다. 이후 지형학적 변화가 더 일어나기는
하지만(예를 들면, 영국 해협이 나타난 것은 기원전 7000년경이다), 기원전
9000년부터 지형 측면에서는 비교적 안정화가 이루어져 우리가 현재 살고
있는 세계의 주요 지형은 크게 변화하지 않았다. 이는 호모 사피엔스의 세계
였다. 나무에서 살던 영장류의 후손은 도구를 제작하고, 자연 소재를 이용하
여 주거지를 만들고, 불을 사용하며, 동물을 사냥하고 이용하며, 자연의 리듬
으로부터 어느 정도 독립을 일구어냈다. 이러한 변화는 상당한 수준의 협업이
가능한 사회조직을 가능하게 했다. 필요에 의해서 남성과 여성 간의 경제적
분화가 일어났다. 물적 요인을 다루는 와중에 언어에 의한 의사전달이 촉발되
었으며, 종교에 뿌리를 둔 의식이나 개념, 나아가서 예술이 탄생하게 되었다.
상기 구석기시대의 인류가 음력(陰曆)을 가지고 있었다는 주장도 있다. 선사
시대가 저물어갈 무렵의 인류는 개념화가 가능했으며, 지능을 갖추었고, 나와
분리된 대상을 인식하며 추상화하는 능력을 가지고 있었다. 따라서 선사시대
의 마지막이자 가장 진전된 발명이 농경이었다는 점은 그다지 놀랍지 않다.

3

문명의 가능성

인간은 자신이 만든 문명보다 적어도 20배는 오래된 존재이다. 마지막 빙하기가 끝나며 인간은 문명시대로 진전하게 되었고, 문명은 역사시대의 서곡(序曲)이다. 엄청난 변화가 꼬리를 물었던 5,000-6,000년간 가장 중요했던 것은 식량의 공급을 늘리는 것이었다. 최근 3세기간 진행된 산업화 이전까지 식량 문제만큼 인간의 발달을 가속화시키고 폭넓은 영향력을 행사했던 것은 없다.

선사시대의 종말을 결정짓는 변화들을 일컬어 한 학자는 '신석기 혁명(新石器革命, Neolithic revolution)'이라고 불렀다. 오해의 여지가 있는 용어 문제가 여기에 또 존재한다. 고고학자들은 구석기, 중석기, 그 이후의 신석기라는 구분을 사용한다(혹자는 돌로 만든 유물과 청동으로 만든 유물을 섞어 쓰던 시기를 네 번째 시기로 구분하여 금석병용기[金石竝用期, Chalcolithic]라고 부른다). 구석기와 중석기 사이의 구분은 전문가들이나 관심을 가지는 구분이다. 이 모든 용어는 문화적 사실을 설명하는 것으로, 점차 확장되어간 자원과 자원을 다루는 능력에 관한 증거의 순서를 보여준다. 여기에서 '신석기'라는 용어에는 특별한 주의를 기울여야 한다. 신석기를 가장 좁게 그리고 가장 정확하게 규정하면, 있는 그대로의 돌이나 깨뜨린 돌을 사용하던 것에서 돌을 연마하거나 갈아서 도구를 만들어 썼다는 의미를 가진다(다른 기준을 추가하기도 한다). 이러한 변화를 놓고 보면, 혁명은커녕 석기시대 학자들이 왜 그렇게 '신석기 혁명'에 흥분을 하는지 선뜻 이해하기 힘들다. '신석기 혁명'이라는 어구는 지금도 사용되지만, 그 의미가 명확한 것은 아니다. 왜냐하면 매우 다른 여러 가지 사건을 한 용어 안에 담고 있기 때문이다. 비록 지역적으로 다양하게 나타나기는 했으나, 이는 매우 중요하고 복잡한 변화를 밝히려는 시도이기 때문에 그 의미를 분명히 평가할 필요가 있다.

아무리 한정된 기술을 기준으로 삼는다고 할지라도 신석기시대 인간 발달의 시작, 성장, 쇠락은 모든 장소에서 같은 시기에 이루어지지 않았다. 한 지역에서는 다른 지역에 비해서 몇천 년이 더 지속되는가 하면, 또다른 지역에서는 이전의 문화와 겹쳐지며 깔끔하게 구분되는 선이 없이 문화적 변화가 이루어지는 신비로운 구역이 존재할 뿐이다. 그리고 모든 사회가 동등한 기술과 자원을 갖추고 있었던 것도 아니다. 몇몇 사회는 도자기 제작방법이나 연마한 돌을 이용한 도구를 발견하고, 다른 사회는 가축을 길들이고 곡물을 재배하기 시작한다. 천천히 진행되었다는 것은 하나의 규칙이었다. 문자 문명이 도래할 무렵, 모든 사회가 같은 수준에 도달했던 것도 아니다. 그럼에도 불구하고 신석기 문화는 문명이 나타나는 기반이며 문명이 나타날 수 있는 전제조건을 제공한다. 비록 시대명은 잘 다듬어진 석기도구에서 유래했으나 진정한 신석기시대는 그 이상을 의미하는 것이다.

'혁명'이라는 용어도 부연설명을 필요로 한다. 지형학적 변화가 있었던 마지막 시대이자 진화가 매우 천천히 이루어지던 홍적세(洪積世, Pleistocene)를 지나서 가속화가 붙기 시작한 선사시대에 접어들었지만, 여전히 분명한 구분은 존재하지 않는다. 이후 역사시대에도 분명한 구분은 많지 않다. 이전 시기와 구분을 짓고자 노력하더라도 과거를 완전히 떨쳐낼 수 있는 사회는 거의 없다. 이 시기에 나타난 것은 혁명이라는 용어가 암시하듯이 아주 갑작스럽거나 새로운 시작이 아니었다. 매우 천천히 진행되었으나 인간 행동과 조직에 엄청난 변화가 나타났던 것이며, 이러한 변화는 점점 더 세계의 많은 지역들로 퍼져나갔다. 이 시기는 여러 중요한 변화로 이루어져 있기 때문에, 우리는 이를 하나의 단일한 시대로 인식하는 것이다.

상기 구석기시대 말기에 이르면, 인간은 우리에게 익숙한 신체적 형상을 가지게 된다. 영양 상태가 좋아지면서 인간의 위상이나 수명이 늘어난 지역을 중심으로 키나 몸무게에서 변화가 생겼다. 구석기시대에는 남성이건 여성이건 모두 40세에 이르기 힘들었으며, 40세에 이르렀다고 하더라도 지금의 우리가 보기에는 나이에 비해서 늙어 보이고 관절염, 류머티즘, 사고로 인한 부러진 뼈, 썩은 이 등으로 상당히 비참한 삶을 살았다. 이러한 상황은 차차 향상될 것이었다. 먹는 음식이 변해가면서 인간의 얼굴 모습 또한 점차 진화해갔다(앵글로-색슨족은 아랫니와 윗니가 딱 맞았었으나 1066년에 이르러 윗니가 아랫니보다 앞으로 나오게 된다. 이는 탄수화물 섭취가 늘어남에 따라서 나타난 현상으로, 이후 영국인들의 모습에 큰 영향을 주게 된 변화였다).

인간의 신체적 형상은 각기 다른 대륙에서 다른 모습으로 나타났다. 그러나 능력에서 차이가 나타났다고 보기는 어렵다. 세계 각지에서 호모 사피엔스는 빙하기가 사라져가는 데에 따른 기후와 지형학적 대변화에 잘 적응해가고 있었다. 어느 정도의 규모와 지속성을 가졌던 인간의 정착, 기술의 정교화, 언어의 발달, 예술의 등장 등의 변화는 문명으로 결정화되었다. 문명의 탄생은 이보다 더 많은 것을 필요로 했는데, 무엇보다도 일상적 필요를 넘어서는 경제적 잉여가 있어야 했다.

당시의 사냥과 채집 경제 아래에서 경제적 잉여는 특수 지역에서 가끔 나타나는 경우를 빼고는 거의 불가능했다. 그러나 약 1만 년 전까지 인간은 이러한 상황에 국한되어 있었다. 경제적 잉여를 가능하게 한 것은 농경의 발명이었다.

농경의 중요성은 매우 커서, '농업혁명(農業革命, farming revolution)'이라든지 '식량채집 혁명(食糧採集革命, food-gathering revolution)'과 같이 의미가 분명한 강한 표현이 쓰이곤 한다. 이와 같은 용어는 신석기시대 문명이 나타날 수 있었던 요인을 선별하여 보여준다. 신석기시대에도 몇몇 사회에서는 금속에 대한 지식이 퍼져나가기는 했지만, 사회를 바꿀 만큼 근본적이지는 않았다. 농경은 인간의 생존과 관련된 조건을 진정 혁명적으로 바꾸어버렸기 때문에, 신석기를 생각하는 데에서 농경을 가장 중요하게 생각할 필요가 있다. 신석기는 '사냥 중심 생활방식의 종말과 전적으로 금속을 사용하는 경제의 도입 사이의 시대로, 농경이 시작되어 유럽, 아시아, 북아프리카로 천천히 움직이는 물결처럼 퍼져나가던 시기'라고 요약된 바 있다.

농경의 핵심은 곡식을 재배하고 가축을 사육하는 것이다. 농경이 어떻게

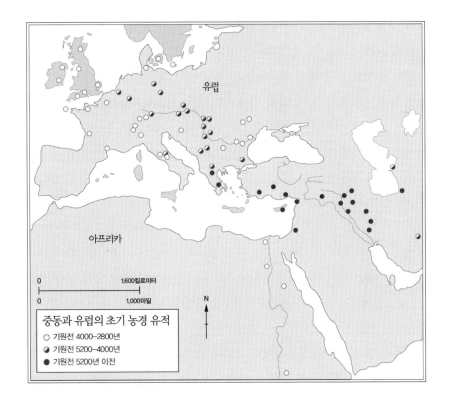

중동과 유럽의 초기 농경 유적

○ 기원전 4000–2800년
◐ 기원전 5200–4000년
● 기원전 5200년 이전

유럽

아프리카

0   1,600킬로미터
0   1,000마일

N

시작되고 언제 어디에서 시작되었는지는 밝혀지지 않았다. 농경 역시 환경의
영향을 받았을 것이며, 어떤 이들은 빙하가 점차 사라져가며 드러난 초원 위에
서 짐승을 사냥했을 것이며, 또 어떤 이들은 식용 가능한 식물과 물고기가
많은 비옥한 강 유역이나 해안가 후미를 이용하는 기술을 발달시켜갔을 것이
다. 대체적으로 동물 사육에서 후일 아메리카라고 불리는 대륙에 비해서 아프
리카나 유라시아의 사정이 좀더 좋았다. 농경은 자연히 여러 곳에서 여러 형태
로 나타나기 시작했다. 현존하는 가장 오래된 곳은 중국의 양쯔 강과 황허
유역으로 조와 쌀 재배의 원시적인 수준을 보여주며, 시기는 기원전 9000년
직후로 보인다. 최근 200–300년 전까지에 이르는 몇천 년에 걸친 시간 동안
인간의 식량공급은 선사시대에 발견된 방법을 통해서 이루어졌다. 새로운 땅
을 일구고, 종을 살피고 선택함으로써 종의 질을 향상시켜갔고, 모를 옮겨
심거나, 땅을 파고, 물을 빼거나 물을 대는 등 노동력을 더하기도 했다. 화학비

료나 근대 유전공학으로 인해서 큰 변화가 나타나기까지는 이러한 방법으로 천천히 그리고 꾸준히 증가하는 인구의 증가를 소화할 수 있었다.

중국의 양쯔 강과 황허 강 사이의 지아후에서 최근 출토된 유물과 유적은 초기 농경사회에 한 줄기 빛을 던져주고 있다. 고고학자들은 45곳의 집터와 적어도 기원전 7000년 무렵의 것으로 추정되는 수천 점의 유물을 발견했다. 삽이나 낫 그리고 다른 농경에 사용하는 도구가 발굴되었으며, 이러한 유물들로 미루어보건대, 상당히 발달한 쌀 재배가 지아후에서 이루어졌음을 짐작해볼 수 있다. 쌀 농사는 중국 중부의 한 지역에서 시작되었던 듯하고, 바로 여기에서 최초의 문명 중 일부가 생겨나게 되었으며, 아시아의 다른 지역으로 퍼져나가게 되었다. 중국에서 출토된 고고학적 증거는 곡식의 재배와 인간의 사고의 향상 사이의 상관관계를 보여준다. 농부들이 정착하여 모여 살게 되었고, 비료를 만드는 지식 등이 지속적으로 학습될 수 있었으며, 나중에는 더 확산되어나갔다.

비록 농경은 아시아에서 비롯되었으나 중동과 아나톨리아의 유물이 많이 보존된 데다가, 학자들의 노력이 더해져서 중동과 아나톨리아의 초기 농경에 대해서는 알려진 바가 훨씬 더 많다. 어떤 측면에서건 중동에는 주목할 필요가 있다. 환경 조건에서건 증거 측면에서건, 이후 '비옥한 초승달(Fertile Crescent)'이라고 부르게 된 지역이 중요한데, 비옥한 초승달 지역이란 이집트 북부에서 팔레스타인과 레반트, 아나톨리아를 거쳐 이란과 남부 카스피해 사이의 언덕에 이르는 아치형 지역으로, 현재 이라크에 속해 있는 메소포타미아 계곡을 포함한다. 약 5,000년 전 기후 덕에 푸른 풀이 무성했던 이곳의 모습과 현재의 모습은 상당히 다르다. 당시에는 야생 보리와 밀 비슷한 곡물이 터키 남부에서 자랐고, 야생 밀인 에머(emmer)가 요르단 계곡에서 자랐다. 역사시대에 이르도록 이집트에는 비가 충분히 내려 큰 짐승을 사냥할수 있었으며, 기원전 1000년 무렵까지 시리아 숲에는 코끼리가 거닐었다. 이 지역을 둘러싸고 있는 사막에 비해서는 지금도 이곳은 비옥하다고 할 수 있지만, 선사시대에는 상황이 더 좋았다. 이후 인간이 재배하게 되는 작물의 조상 격인 곡류가 이 지역에서 발견된다. 재배를 했다는 흔적을 찾기는 어렵지만, 기원전 9500년경 소(小)아시아에서 야생 곡류를 수확했다는 증거는 찾을 수 있다. 빙하기 이후 나타났던 산림화로 인한 도전이 있었으나 심각하지는 않았던 듯싶다. 인구가 늘어 사냥과 채집에 필요한 공간이 비좁아지면서 생활공간을 넓히려는 시도가 있었을 것이다. 새로운 식량재배와 수확 관련 기술이 이 지역으로부터 유럽으로 퍼져나갔는데, 대략 기원전 7000년 무렵의 일이다. 물론 이 지역은 다른 지역과의 접촉이 비교적 쉬운 지역이었다. 이란의 남서부 지역에서 발견된 날을 세운 도구는 기원전 8000년경의 유물로 추정된다. 도구의 재료는 아나톨리아 지방의 흑요석이었다. 그러나 확산을 통해서만 진척이 이루어진 것은 아니었다. 아메리카 대륙에서의 농경은 바깥으로부터의 기술의 유입 없이도 출현했다.

사냥에서 유목(遊牧)으로의 변화와 비교해볼 때, 야생 곡물의 채집에서 곡물의 재배 및 수확으로의 전환은 조금 더 큰 변화였다고 할 수 있다. 그럼에도 불구하고 가축의 사육은 상당한 영향력을 가지고 왔다. 양을 사육했다는 첫 번째 증거는 이라크 북부에 남아 있는데, 기원전 9000년 무렵으로 추정된다. 저지 소(Jersey cow)와 같은 동물은 가끔 사냥꾼을 만날 뿐, 풀이 우거진 언덕을 몇천 년간 거닐며 살았다. 당시 돼지는 세계 곳곳에 있었으나 양이나 염소는 소아시아와 아시아에 특히 많았다. 인류는 동물을 체계적으로 이용하는 것으로부터 번식을 통제하게 됨으로써 경제적, 기술적 혁신을 이끌었다. 동물로부터 얻은 가죽과 털은 새로운 가능성을 열어주었으며, 우유를 가지고 낙농을 시작했다. 동물을 교통수단이나 견인수단으로도 사용하게 되었다. 또한 양계(養鷄)도 시작했다.

인류의 발달에서, 이러한 변화가 미치는 영향을 단순하게 설명할 수 있는 단계는 이미 지났다. 농경의 등장과 함께, 인류의 역사가 펼쳐질 무대가 한순간 펼쳐지기 시작한 것이다. 인류가 환경을 엄청나게 변화시키기 시작한 최초의 사건이었다. 사냥과 채집을 하던 사회에서는 한 가족을 부양하기 위해서 넓은 지역의 땅이 필요했다. 그러나 원시 농경사회에서는 25에이커면 충분했다. 인구성장의 측면에서만 보더라도 엄청난 가속화가 가능해졌다. 식량이 완전히 또는 어느 정도라도 확보되었다는 확신으로 인해서 정착생활이 더 굳건해질 수 있었다. 보다 많은 사람들이 좁은 지역에 모여살 수 있게 되면서 진정한 마을이 나타났다. 식량생산에 종사하지 않는 전문가가 생겨날 수 있었고, 이들은 기술을 연마할 수 있었다. 기원전 9000년 이전, 예리코(Jericho, 요르단 강 서안의 도시)에는 마을이 있었다(신전도 있었던 듯하다). 약 1,000여 년이 지난 후에는 꽤 튼튼한 벽을 갖춘 진흙과 벽돌로 만든 집들이 8-10에이커에 걸쳐 펼쳐졌다.

초기 농경사회의 사회조직과 행동을 식별하기 위해서는 이로부터 꽤 오랜 시간이 지나야 한다. 지금과 마찬가지로 당시에는 지역적으로 분화된 집단이 상당한 영향력을 가졌던 것 같다. 신체적인 측면에서 인류는 보다 통일성을 갖추게 되었으나, 문화적으로는 서로 다른 문제와 서로 다른 자원을 사용하면서 더욱 다양해졌다. 마지막 빙하가 사라져버린 뒤 여러 종의 호모 사피엔스는 남겨진 주변 조건에 놀라울 정도로 적응했다. 또한 이전 존재들과는 다르게 다양한 경험을 축적해나갔다. 대부분 고립되어 있었으나 정착된 전통 속에서 살았고, 일상은 매우 중요했다. 구석기시대를 거치며 천천히 발달한 문화나 인종 구분 또한 이러한 상황 속에서 더 고착화될 수 있었다. 역사시대에 들어서면서 인구가 증가되고, 의사소통이 빨라지고, 교역이 진행되면서 이러한 지역적 특성은 쉽사리 무너져내렸다. 이런 변화가 일어나는 데에는 길어야 1만 년 정도가 걸렸다. 새로운 농경사회에서는 역할부담이 증가하고 새로운 집단규율이 시행되었을 것이다. 어떤 이들은 여가를 보다 많이 즐길 수 있었을 것이다(식량생산을 하던 이들은 여가를 많이 즐길 수 없었을 것이다). 사회적 분화는 보다 명확하게 진행되었다. 사회적 분화가 나타난 것은 잉여로 인해서 물물교환이 가능해지고 나아가서 교역이 이루어지게 되는 등의 새로운 가능성과도 연관이 있을 수 있다.

잉여로 인해서 사냥 다음으로 오래된 인간의 활동 또한 시작되었다. 바로 전쟁이었다. 사냥은 오랫동안 왕들의 스포츠였으며, 동물 정복은 조각과 전설로 남아 있는 초기 위인의 특성이기도 했다. 그러나 침략과 정복을 통해서 인력과 물건을 얻을 수 있었기 때문에 사냥보다 더 매력적이었을 것이다. 또한 몇 세기에 걸쳐 지속되어온 갈등, 바로 유목민과 정착민 사이의 갈등도

이 지점에서 발생한다. 곡물과 가축을 인간 침략자로부터 지키기 위해서 정치적 권력이 생겨났을 것이다. 귀족제도의 희미한 뿌리 역시 사냥과 채집을 하던 이들이 농경 때문에 한 지역에 묶인 정착민을 성공적으로 착취하며 노예화한 데에서 엿볼 수 있다. 비록 선사시대에는 법도 없고 잔인했으나 이를 제어하는 요인도 존재했다. 세계는 아직 인간으로 채워지지 않았다. 따라서 사냥과 채집에 종사하던 이들이 농경인으로 바뀌는 과정은 폭력을 수반하지는 않았다. 농경이 진행되기 전 유럽은 땅이 넓고 인구가 적었기 때문에 투쟁의 흔적은 많이 발견되지 않는다. 시간이 한참 지난 후에야 늘어나는 인구와 농경 관련 자원의 압력으로 경쟁이 늘게 되었을 것이다.

길게 본다면, 금속은 농경만큼 많은 변화를 가져왔다. 그러나 시간은 더 오래 걸렸다. 금속이 소개된 직후의 변화는 농경에 비해서 속도도 느렸고, 근본적인 변화를 가져오지도 않았다. 아마도 처음 발견된 원광(原鑛)이 많지도 않았고 여기저기 흩어져 있었기 때문일 것이다. 최초로 사용하기 시작한 금속은 구리이다. 구리를 처음 사용하기 시작했다는 사실은 금속시대를 열었던 시대라는 의미에서 오랫동안 사용해온 '청동기시대'라는 용어의 매력도를 떨어뜨리기는 한다. 기원전 7000-6000년 무렵에 아나톨리아의 카탈 후약에서는 구리를 가열하지 않은 채 두드려서 제련했다. 가장 오래된 금속 유물은 이집트에서 발견된 기원전 4000년경 두드려서 만든 구리 핀이다. 구리와 주석을 섞어 청동을 만드는 기술을 터득하면서 상대적으로 쉬운 주물을 통해서 날카로운 날을 얻을 수 있게 되었다. 기원전 3000년경 메소포타미아에서는 청동을 사용했다. 청동으로 많은 것을 만들 수 있었고, 청동으로 인해서 여러 다른 결과가 도출되기도 했다. 한 예가 광석 원광의 중요성이 높아진 것이다. 이로 인해서 교역, 시장, 도로의 중요성 또한 높아졌다. 일부 문화가 문명에 접어든 이후 사용되기 시작한 철로 인해서 더 복잡한 변화가 생겨났다. 여기에서도 엿볼 수 있듯이, 역사시대와 선사시대는 깔끔하게 나누어지지 않는다. 군사적인 측면에서 철의 가치는 확연하다. 그러나 농경도구로서도 매우 중요했다. 먼 훗날의 일이지만, 철의 사용으로 인해서 생활공간과 식량을 생산할 수 있는 토양의 범위를 넓힐 수 있었다. 나무와 풀을 아무리 열심히 베고 불태

워도 신석기시대의 돌로 만든 주먹도끼나 사슴뿔, 나뭇가지를 이용해서는 토양을 제대로 일구기 힘들었다. 땅을 뒤엎고 깊게 팔 수 있었던 것은 동물의 힘을 이용하게 되고 철제도구를 사용하게 되었을 때의 일이다. 중동의 경우 기원전 3000년 무렵 이러한 변화가 나타났다.

변화는 통역과 상호작용으로 인해서 상당히 빨리 진행되기 시작한다. 비록 몇몇 지역에서는 수천 년이 걸리기는 하지만, 선사시기에 비추어볼 때 빨리 진행되었다고 볼 수 있다. 이러한 과정이 진행되는 와중에 최초의 문명이 탄생했다. 선사시대를 연구하는 학자들은 문명이 한 곳에서 시작해서 다른 곳으로 퍼져나갔는지, 아니면 여러 곳에서 독립적으로 동시 다발적으로 나타난 것인지를 가지고 논쟁하곤 했다. 그러나 문명이 출현하게 된 매우 복잡한 배경으로 인해서 이 같은 논쟁은 시간과 에너지 낭비라고 판명되었다. 충분한 전제 조건을 달지 않는 한, 양쪽 견해 모두 근거가 없다고 볼 수 있기 때문이다. 딱 한 곳에서만 새로운 현상을 가능하게 한 조건이 무르익었다가 이후 다른 곳으로 단순히 확산되었다는 주장이나, 서로 다른 지리적 조건과 기후와 문화적 전통 속에서 똑같은 혁신이 똑같이 나타났다는 주장 모두 있을 법하지 않다. 그러나 많은 요인이 집중되면서 어느 순간 중동에서는 새로운 발달이 가장 활발하게 진행되었으며 명확해지는 것을 볼 수 있다. 유사한 발전이 다른 곳에서 일어나지 않았다는 것은 아니다. 토기는 기원전 1만 년 무렵에 일본에서 처음 만들어진 것으로 추정되며, 아메리카 대륙은 구세계로부터 철저히 고립되어 있었음에도 불구하고, 농경이 기원전 5000년 즈음에 나타났다.

선사시대의 종말은 다소 불분명하며, 깔끔하게 떨어지지 않는다. 다시 한 번 강조하지만, 선사와 역사 간의 구분은 명확하지 않다. 선사의 끝이자 최초 문명의 시작점에서 인간사회는 보다 분화되었으며, 다양한 환경을 이용하는 데에서 그리고 그런 환경 속에서 살아남는 데에서 그 어느 때보다 성공적이었다. 몇몇 사회는 역사시대로 지속되었다. 일본 북쪽 지방의 아이누족이 멸종한 것은 지난 세기의 일이다. 아이누족은 약 1만5,000년 전의 삶과 비슷한 생활방식을 가지고 있었다고 한다. 16세기에 북아메리카로 건너갔던 영국인과 프랑스인은 1만여 년 전 그들의 조상과 같은 방식으로 사냥하고 채집하던 이들을 맞닥뜨렸다. 마야 문명의 등장으로 아메리카 대륙의 선사시대가 끝나기 이전에 플라톤과 아리스토텔레스가 나타났다가 사라졌으며, 에스키모와 오스트레일리아 원주민의 선사시대는 19세기까지 지속되었다.

이토록 상호연결된 상태에서 단일연도로 시대를 구분하는 것은 큰 도움이 되지 않는다. 그러나 문명이 가지는 특징은 분명하다. 기원전 6000년 또는 5000년 무렵 문명생활의 핵심적인 구성 요소를 모두 갖춘 곳은 두 곳이 있었다. 이들의 뿌리는 유전적 진화라는 천천히 움직이는 리듬이 대세를 이루던 시기까지 수십만 년을 거슬러 올라간다. 상기 구석기시대에는 문화가 중요해지면서 변화의 속도가 조금 빨라졌으나, 이후 시기와 비교했을 때에는 크게 눈에 띄지 않는다. 문명으로 인해서 인간과 환경을 지배하고 조직하는 새로운 시대가 열리게 되었던 것이다. 문명은 정신적, 기술적 자원의 축적을 토대로 성립했으며, 변형을 거듭하며 변화 과정을 가속화했다. 이후 환경의 기술적 제어, 정신적 측면의 정교화, 사회조직의 변화, 부의 축적, 인구의 증가라는 모든 분야에서 발달이 빨리 진행되었다.

이를 바라보는 관점을 잘 정립하는 것은 매우 중요하다. 근대인의 시각에서 볼 때, 유럽의 중세는 길고 긴 비활동 시기로 비추어질 수 있다. 중세를 전공한 역사학자는 이러한 주장에 동조하지 않겠지만, 현대의 급속한 변화와 중세 사회의 상대적으로 느린 변화를 인상적으로 지켜본 21세기 현대인은 카롤루스 대제 시기의 로마네스크(Romanesque) 양식으로부터 15세기 프랑스의 플랑부아양(Flamboyant) 양식까지의 예술의 변화를 보며 500-600년간 예술에 혁명적 변화가 나타났다고 생각할 것이다. 또한 상기 구석기시대에는 이보다 10배는 더 긴 기간 동안 이렇다 할 변화를 보이지 않는다고 생각할 것이다. 초기 도구 발달사를 통해서 볼 수 있듯이, 이전의 발달속도는 더 느렸다. 이런 맥락 속에서 근본적인 변화를 파악하는 것은 매우 어렵다. 우리가 알고 있는 한, 초기 홍적세기에 나타났던 중대한 생리학적 변화에 필적할 변화는 지난 1만2,000년간 없었다. 이러한 변화는 얼마 되지 않는 화석에 기록으로 남아 있는데, 물론 이는 수십만 년에 걸쳐 일어났다.

우리는 이 장을 시작하면서 자연과 인간의 변화속도가 다름을 논한 바 있다. 인류는 점점 더 인류를 위한 선택을 하고 있다. 선사시대에조차 인간의 변화는 의식적인 적응이었다. 이는 역사시대로 이어지며, 보다 강화되어간다. 의식에 관한 이야기가 인간 이야기에서 가장 중요한 이유가 바로 여기에 있다. 천천히 진행되던 유전(遺傳)의 발전의 흐름이 깨졌던 오래전 그 순간, 모든 것이 가능해졌다. 인류가 탄생하던 순간부터 유전과 환경은 존재했다. 이두 가지를 완전히 구분하는 것은 불가능할 것이다. 그러나 인간이 만든 문화와 전통은 점점 더 변화를 견인해가고 있었다.

부인할 수 없는 이러한 사실에 균형을 더하기 위해서 두 가지를 고려할 필요가 있다. 첫 번째, 인간은 상기 구석기시대 이후로 천성적 능력에서 큰 변화를 보이지 않았다. 약 4만 년간 인간의 신체는 근본적인 측면에서 변화하지 않았고, 인간의 정신적 능력 또한 크게 변화한 것 같지 않다. 이전 시기와 비교해볼 때, 4만 년은 짧은 시기라서 유전적 변화가 충분히 일어나기는 힘들다. 선사시대 이후로 인간이 상당히 빠른 시간 안에 이러한 것을 이룰 수 있었던 것은 간단히 설명될 수 있다. 우선 인간이 많아졌으며, 이보다 더 중요한 사실로는 인간의 업적은 본질적으로 축적된다는 점에 있다. 인류의 업적은 복잡다단한 관심사를 축적한 토대 위에서 이루어졌다. 원시사회에서는 이렇듯 축적된 무엇인가를 기초로 하지 못했다. 인간의 위대함을 더욱 경외롭게 만드는 사실이다.

비록 첫 번째에 다소 추측의 여지가 있다고 할지라도, 두 번째에는 추측의 여지가 없다. 두 번째, 유전자로 인해서 호모 사피엔스는 이전에는 존재하지 않던 진화를 이루는 의식적인 변화를 달성할 수 있었을 뿐 아니라, 자신을 제어하고 한계를 인식할 줄 알았다. 20세기에 나타났던 비이성적인 행동을 볼 때, 우리 운명을 의식적으로 제어하는 능력이 크지 않음을 볼 수 있다. 우리는 자연선택에 의해서 인간만의 독특한 특성을 가지게 되었던 것처럼, 아직 자연에서 완전히 자유롭지 못한 존재이다. 자연으로부터의 유산을 인간이 스스로 진화해온 측면과 분리하여 생각하기는 매우 힘들다. 이는 아직도 우리의 예술적, 정의적 삶에 많은 영향을 미치고 있다. 인간은 천부적인 이원성(二元性)을 가지고 살아가야 하는 존재이다. 우리의 삶을 관통하는 철학과 종교와 신화는 이러한 천부적인 이원성을 어떻게 이해할 것인가의 문제를 다루고 있는 동시에 이러한 문제에 기초하여 형성되었다. 선사에서 역사로 넘어가는 이 기로에서 반드시 기억해야 할 점이 한 가지 있다. 바로 어느 정도 쉽게 극복할 수 있었던 선사시대의 지형이나 기후 문제에 비해서, 이러한 이원성을 제어하는 것은 매우 힘들다는 점이다. 이러한 어려움에도 불구하고 역사가 시작하는 시점에는 변화의 주체로서 인간이 서 있었다.

제 2 부

문명

1만 년 전의 세계는 지금과 같은 모습이었다. 대륙의 경계는 지금과 엇비슷했고 주된 자연적 지형과 의사소통이 이루어질 수 있는 통로도 유사했다. 마지막 빙하기 이전 수십만 년에 이르는 기간 동안 기후가 격변했던 것에 비해서는 기후 또한 안정적이었다. 이후로는 단기간의 기후변화가 있었을 뿐이며, 대부분의 변화가 인간으로 인해서 초래되는 시대(우리가 살고 있는 시대)가 찾아온다.

문명은 이러한 변화를 가속화시켰다. 한 역사가에 따르면 적어도 7가지 문명이 출현하는데, 이는 곧 인간의 기술과 자연 요소가 특정한 방식으로 섞임으로써 새로운 생활방식이 가능해진 7가지 경우가 있었다는 것이다. 모든 문명의 시작은 3,000여 년간의 시간대에 포진해 있기는 하지만, 모든 문명이 동시적으로 일어나거나 성공적이지는 않다(3,000년이란 시간은 선사시대의 기준으로 볼 때는 그야말로 짧은 시간이다). 문명들은 서로 매우 다른 양상을 보였으며, 몇몇은 유려한 업적을 남기며 지속된 반면, 몇몇은 반짝했다가 사라지기도 했다. 그러나 이전 시기에 비교해보면, 문명의 등장 이후의 변화속도나 규모는 놀라운 발전을 보여주고 있다.

초기 문명의 일부는 현재 우리가 살고 있는 세계의 기초이기도 하다. 반면 일부 문명은 현존하는 유물을 보며 상상 정도나 할 수 있을 뿐, 우리의 현재 생활에는 아무런 영향을 미치지 못하고 있기도 하다. 그럼에도 불구하고 초기 문명은 집단적으로 현재까지의 세계 문화의 지도를 결정했다. 비록 당시의 사고나 사회조직이나 기술 측면에서의 업적은 기억되지 못할지라도, 이로부터 도출된 전통이 지속되었기 때문이다. 기원전 3500년부터 기원전 500년 사이에 자리를 잡은 초기 문명은 세계사 최초의 주요한 시대 구획을 하게 되었다.

1

초기의 문명화된 삶

옛날 옛적부터 요르단 강 서안의 예리코에는 상당한 크기의 오아시스를 채우는 마르지 않는 샘이 있었다. 지난 1만여 년간 사람들이 이 지역에서 계속해서 살았던 데에는 이유가 있는 것이다. 선사시대 말기로 가면 농부들이 모여들었으며, 그 수는 2,000-3,000명에 이르렀으리라고 추정된다. 기원전 6000년 이전에 이미 관개(灌漑)에 이용되었다고 생각되는 큰 저수지가 있었다. 또한 엄청난 크기의 돌로 만든 탑이 있는데, 방어를 위해서 만들어진 것으로 오랜 세월에 걸쳐 보수된 흔적이 있다. 예리코의 거주민들에게는 지켜야 할 것이 있었음이 분명하며, 이는 바로 재산이었다. 예리코는 상당한 중요성을 가진 곳이었다.

이 모든 것에도 불구하고 예리코가 문명의 시작은 아니다. 문명이라고 명명하기에는 부족한 요소가 많기 때문이다. 문명의 시대로 접어드는 이 시점에서 과연 문명이란 무엇인지를 생각해볼 필요가 있다. 이는 상당히 어려운 작업으로, 최초의 인류의 탄생이 언제인지를 정확히 짚어 이야기하기 어려웠던 것에 비견해볼 수 있다. 변화가 일어났던 회색 국면을 파악하는 것은 가능하지만, 정확히 어느 시기를 구분점으로 삼을지는 명확하지 않다. 기원전 5000년경 서아시아와 동아시아 대다수의 농경지역에서는 궁극적으로 문명을 가능하게 해줄 잉여물을 생산하기 시작했다. 상당히 복잡한 종교 행위를 했다는 증거를 남긴 경우도 있었고, 신석기시대 가장 널리 퍼져 있었던 예술의 하나인 정교하게 색칠한 토기를 남기기도 했다. 기원전 6000년 무렵 예리코보다 조금 뒤에 발달하기 시작한 터키의 카탈 후약에서는 벽돌 만들기가 성행했다. 그러나 의식이나 예술 또는 특정 기술이 존재하는가 그렇지 않은가를 가지고 문명

여부를 단정할 수는 없다. 물론 인간이 한 지역에 모여 살고 있었는지도 충분한 근거는 아니다.

'학식 있는 사람'의 경우와 마찬가지라고 생각할 수 있다. 학식 있는 사람을 보면 학식이 있다고 알아볼 수 있지만, 모든 사람이 학식 있는 사람을 알아보지는 못하며, 공식적인 자격 기준(예를 들면, 대학 학위)이 필수적이라거나 틀림없는 지표로 간주하기도 힘들다. '문명(文明, civilization)'을 규정하는 데에서 사전적 정의 역시 큰 도움이 되지 않는다. 『옥스퍼드 영어사전(*Oxford English Dictionary*)』은 틀린 내용을 담고 있지는 않으나, 너무 조심스러운 정의를 사용하여 크게 도움이 되지 않는다. 『옥스퍼드 영어사전』에서는 문명을 '발달된 또는 선진화된 인간사회'라고 정의하고 있다. 따라서 얼마나 발달해야 발달한 것이고, 얼마나 선진화되어야 선진화된 것인지 그리고 어떤 면에서 그러한지를 결정할 필요가 있다.

어떤 이들은 문명화된 사회는 비문명화된 사회와 다르다고 하는데, 문명화된 사회가 문자와 도시와 기념비적 건물을 가지고 있기 때문이라고 한다. 그러나 합의를 모으기는 힘들며, 단일한 기준에 너무 의존하지 않는 편이 안전할 것이다. 의심의 여지가 있거나 문명에 약간 못 미치는 사례가 아닌, 모두가 문명이라고 인정한 사례가 가지는 공통점은 바로 복잡성(複雜性, complexity)이다. 매우 부유했던 원시사회에 비교해볼 때도, 문명사회는 훨씬 더 정교하며, 인간의 행동과 경험이 매우 다양해지는 양상을 취한다. 어느 정도 수준의 문화적 잠재성과 어느 정도의 잉여자원이 축적된 상태에서 나타나는 인간 존재의 창조적 상호작용 상태를 일컫는 것이 바로 문명이다. 문명은 인간의 발달 능력을 새로운 단계로 끌어올렸고, 문명 이후의 발달은 스스로 지속 가능해졌다. 우선 사례를 살펴보도록 하자.

기원전 제4천년기* 중에 문명이 시작하므로 이 시점에서 연대를 한번 정리할 필요가 있다. 최초의 인식 가능한 문명은 메소포타미아에서 나타난다. 그 다음 사례는 이집트로, 메소포타미아에 비해서 약간 후대인 기원전 3100

---

* 기원전 제4천년기는 기원전 4000년부터 기원전 3001년까지를 일컫는다/역주

년경에 문명이 발달했다. 약 1,000년 뒤에 지중해 서쪽의 크레타 섬에서 '미노스' 문명이 출현했다. 이때부터 문명의 출현 순서는 크게 고려할 필요가 없다. 이미 여러 문명이 상호작용을 통한 복합체를 형성하고 있었기 때문이다. 기원전 2500년경 인도에서는 또 하나의 문명이 나타나고 문자를 사용했다. 중국에서의 최초의 문명은 이보다 약간 후대인 기원전 2000년경에 등장한다. 이보다 뒤에 메조아메리카에서 문명이 나타난다. 기원전 1500년에 이르면, 메조아메리카 문명 정도만이 고립된 상황에서 진행되고 있다고 볼 수 있다. 이후 나타나는 문명 중에는 다른 문명의 자극이나 충격 혹은 영향을 받지 않고 나타난 경우가 없다. 따라서 기초적인 밑그림은 이 정도로 충분하다고 볼 수 있다.

여기에서 다룰 최초의 문명을 일반화하기는 매우 어렵다. 최초의 문명들은 비문명사회와 비교해서는 매우 높은 수준이나, 전반적으로 낮은 수준의 기술을 갖추고 있었다. 따라서 우리 문명과 비교하면, 환경에 의해서 형태나 발달이 결정되는 경우가 많았다. 그러나 지리적 조건이라는 한계에 도전하기 시작했음은 엿볼 수 있다. 당시 세계지형은 오늘날과 대부분 비슷하다. 대륙의 형태는 지금과 같았으며 의사소통을 가로막는 방해물이나 의사소통을 가능하게 해주는 통로도 유사했다. 그러나 기술이 진보하면서 이를 이용하거나 뛰어넘는 능력이 향상되어갔다. 초기 항해에 많은 영향을 주었던 조류나 풍향은 당시로부터 크게 변화하지 않았다. 기원전 제2천년기에도 인간들은 조류나 풍향을 이용하거나 이러한 자연적 영향을 벗어나고자 노력했다.

매우 이른 시기부터도 인간의 교류가 상당했음을 추측해볼 수 있게 만들어주는 대목이다. 그러므로 각기 다른 장소에서 문명이 표준화할 수 있는 방식으로 출현했다고 주장하는 것은 현명하지 못한 처사이다. 문명이 발생하는 데에 보다 이로운 조건, 예를 들면 강 유역과 같은 환경이 있다는 주장이 제기되기도 한다. 물론 강 유역의 비옥하고 일구기 쉬운 토양으로 인해서 많은 농경인구를 뒷받침하기 쉬웠고 이후 최초의 도시 형성을 이룰 수 있었다. 메소포타미아, 이집트, 인더스 강, 중국의 경우가 그렇다. 그러나 강 유역과 떨어진 곳에서 도시와 문명이 출현하기도 했다. 메조아메리카나 크레타의 미노스, 그리스가 이러한 예이다. 크레타나 그리스는 외부의 영향을 받았을 가능성이 크다. 그러나 이집트나 인더스 강 유역 역시 초기부터 메소포타미아와의 상호작용 속에서 진화했다. 문명 간의 교류가 존재했다는 증거를 검토하며, 문명을 가능하게 한 하나의 중심 원천을 밝히려는 시도가 몇 년 전에 있었다. 이러한 시도는 더 이상 힘을 얻지 못하고 있다. 고립 속에서 출현한 아메리카 문명을 설명하지 못하는 어려움이 있을 뿐 아니라, 방사성탄소(放射性炭素, radio-carbon)를 이용한 연대측정 기술이 발달했음에도 불구하고 문명의 확산이 일어난 순서나 연대를 파악하는 데에 큰 어려움이 있기 때문이다.

문명 출현에 대한 가장 그럴듯한 답은 한 장소에서 여러 요인이 결집되면서 이후 문명이라고 명명될 밀도 있는 무엇인가가 축적되어 나타났다는 것이다. 그러나 서로 다른 환경, 외부로부터의 서로 다른 영향, 과거로부터의 서로 다른 문화적 유산을 통해서 세계 각지에 있던 인간들이 같은 속도나 같은 목적으로 움직이지 않았음을 알 수 있다. 사회적 '진화'가 표준적 형태로 진행되었다는 주장은, 문명이 공통된 문명의 원천으로부터 '확산'이 되었다는 주장보다도 먼저 기각되었다. 지리적 환경은 분명 중요했고 농경 잉여물의 생산은 반드시 필요했다. 또한 환경을 이용하거나 환경의 제약에 도전하려는 인간의 능력 또한 중요했다. 전통이 중요했던 만큼 외부와의 접촉도 중요했다. 얼핏 보았을 때 중국은 외부와 거의 단절되었던 것으로 보이나 접촉 가능성은 존재했다. 따라서 서로 다른 사회에서 문명을 가능하게 하는 요인을 충족하게 되는 방식을 정연하게 요약하기는 힘들다.

문명의 출현방식보다는 초기 문명의 일반적인 특징을 설명하는 것이 쉬운 편이다. 그러나 여기에도 절대적이거나 보편적인 주장은 존재하지 않는다. 경험을 담거나 사용하는 데에 매우 유용한 문자가 존재하지 않았던 문명도 있었다. 기계적 기술은 모든 문명에서 고르게 나타나지 않는다. 메조아메리카인들은 동물이나 바퀴의 도움 없이 건축을 했고, 중국인들은 유럽인들보다 1,500년 앞서 철 주물 기술을 갖추고 있었다. 또한 모든 문명이 같은 패턴으로 성장하지도 않았다. 이렇듯 초기 문명은 성공 측면에서는 말할 것도 없이 유지력 측면에서조차 큰 차이를 보였다.

그럼에도 불구하고 초기 문명은 이후 출현하는 문명들과 마찬가지로 인간사(人間事)의 규모를 긍정적으로 변화시켰다. 초기 문명으로 인해서 보다 많은 남성과 여성의 협동이 가능하게 되었다. 많은 사람들을 한 장소로 모이게 함으로써 이루어진 것이다. '문명'의 라틴어 기원을 살피면, 도시화와 연관이 있다. 종교적 중심지나 시장을 중심으로 모여 살던 밀도 높은 농경 마을로부터 진정한 도시로 넘어가는 시점을 짚어내려는 작업은 다소 무모하다고 볼 수 있다. 그러나 다른 그 무엇보다도 도시가 문명 출현의 결정적인 요소이며 그 어떤 환경보다 혁신을 이끌어내는 환경을 제공했다고 주장하는 것은 적절하다. 농경으로 인한 부의 잉여는 도시에서 문명화된 삶의 다른 특성을 이끌어냈다. 복잡한 종교의 구조를 정교화하는 사제계층의 출현을 가능하게 했고, 경제적 기능을 넘어서는 거대한 건물 축조를 가능하게 했으며, 문학 서술로까지 이어졌다. 소비에 필요한 자원보다 훨씬 더 많은 자원이 제공되며 새로운 형태의 사업과 경험이 축적되었다. 이렇게 축적된 문화는 점진적으로 세계를 변화시키는 효율적인 도구로 작동하기 시작했다.

이 가운데 눈에 띄는 특징이 한 가지 있다. 세계 각기 다른 지역의 인간들이 서로 다른 양상을 나타내기 시작했다는 점이다. 초기 문명에 나타나는 가장 명확한 사실은 문명의 형식이 모두 다르다는 것이다. 그러나 이러한 사실이 워낙 명확하기 때문에 우리는 이를 종종 간과하곤 한다. 문명의 출현은 보다 다양해진 시대를 열어주었다. 의복, 건축, 기술, 행동, 사회 형태, 사고가 다양해졌던 것이다. 이러한 다양성의 뿌리는 선사시대에 있다. 서로 다른 생활양식, 존재양상, 사고양식, 신체적 특성이 선사시대부터 존재했기 때문이다. 그러나 이것이 환경과 같은 자연의 영향이라고만 치부할 수는 없다. 문명의 창조적 힘 자체도 간과할 수 없기 때문이다. 20세기 서구 기술이 지배적 위치에 오르면서 이러한 다양성은 점차 감소하기 시작했다. 초기 문명으로부터 우리가 살고 있는 현재에 이르기까지, 우리가 미처 인지하지 못하고 있더라도, 대안적 형식의 사회는 늘 존재했다.

다양성을 모두 파악하기는 어렵다. 어떤 경우에는 다양성이 존재했다는 사실을 확인하는 정도에 그치곤 한다. 문명의 초기 단계에는 인간의 사고에 대한 증거가 많이 남아 있지 않다. 예술 상징이나 문학에 표현된 몇몇 아이디어 정도가 전부이기도 하다. 이 안에는 세계가 어떻게 만들어졌는지에 대한 가정이 깃들어 있다. 비록 사람들이 인지하지 못한 경우에도 말이다(역사를 통해서 사람들은 종종 자신에 대해서 인지하지 못하는 것을 발견하곤 한다). 많은 경우 이를 알아낼 방법은 없다. 문명이 형성되기 시작하던 초기 단계에 인간의 생활세계를 규정하던 형태를 파악하기 시작한다고 하더라도 우리를 휘감고 있는 시대착오주의라는 위험에 빠지지 않기 위해서는 끊임없이 상상하는 노력이 필요하다. 문자가 존재했다고 하더라도, 우리와 일면 비슷하면서 일면 매우 달랐던 문자를 창조한 사람들이 했던 생각들을 파악하기는 어렵다.

서로 다른 문화가 빚어내는 효과는 아시아 서부와 지중해 동부에서 명확하게 나타난다. 이곳에서는 3,000-4,000년에 걸쳐 인종 간 교류가 지속되며 인류의 역사가 시작하게 되는데, 이곳의 문화는 풍부해지는 동시에 단절되기도 했다. 비옥한 초승달 지역은 역사시대 동안 여러 문화의 집합지로서 정착민뿐 아니라 비옥한 초승달 지역을 거쳐가는 사람들의 사상과 경험이 쏟아져 들어왔다가 흘러나가는 곳이었다. 이를 통해서 오늘날에도 인간의 사고와 관습의 뿌리인 제도, 언어, 믿음이 활발히 교류되고 있다.

왜 이런 양상을 취하게 되었는지를 설명할 수는 없으나, 근본적인 이유는 인구과잉일 것이라고 추정되곤 한다. 지구의 전체 인구가 8,000-9,000만 명이라고 추정되는 기원전 4000년 무렵을 일컬어 인구과잉이라는 용어를 사용하는 것이 다소 모순적으로 느껴질 수 있다. 현재 독일의 인구 정도이기 때문이다. 그후 4,000년간 인구는 50퍼센트가 증가하여 지구 인구는 약 1억3,000만 명에 이르게 된다. 당시 1년간 늘어난 인구는 현재 우리의 관점에서는 증가로 느껴지지 않을 수준이다. 이는 자연세계를 이용하는 능력의 향상이 상대적으로 느렸고, 선사시대에 비교할 때 문명이라는 새로운 가능성이 인구와 부를 증대시켰음을 보여준다.

취약한 수준의 잉여자원에 기초했기 때문에 후대의 기준에 비추어보면 이러한 성장은 여전히 경미했다. 그러나 이렇듯 잉여자원이 취약했기 때문에 인구과잉설이 설득력을 가지게 된다. 가뭄 또는 건조화로 인해서 한 지역의

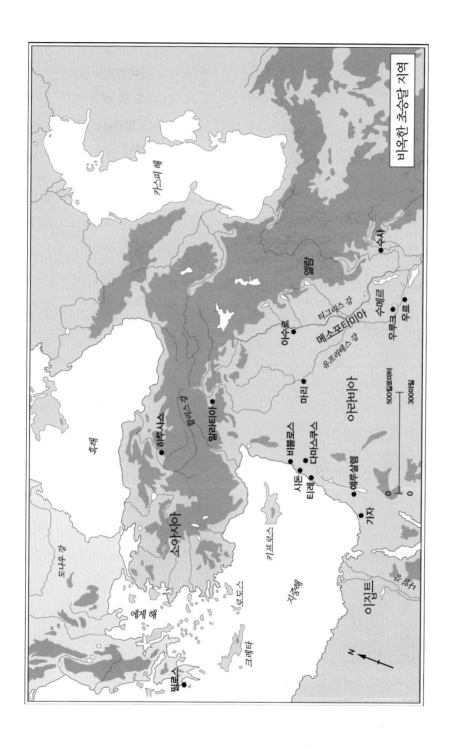

비옥한 초승달 지역

식량생산 능력은 급격히 그리고 갑자기 저하될 수 있었다. 다른 지역으로부터 식량을 손쉽게 조달하는 것은 수천 년 이후에나 가능한 일이었다. 가뭄이나 건조화로 인한 직접적인 결과는 기근이었을 것이나 더 중요한 결과물도 있었다. 식량생산의 문제는 초기 역사를 움직이는 주된 원동력이었다. 기후변화는 이때까지도 결정적인 요인이었으나, 보다 국지적이며 특정한 방법으로 작동했다. 가뭄, 재앙 수준의 폭풍, 몇십 년간에 걸친 기온의 상승 또는 하락으로 인간의 이주가 시작되고, 서로 다른 전통을 가진 사람들이 만나는 과정에서 문명이 출현했다. 충돌과 협력 속에서 인간들은 서로 배우고 인간사회의 잠재력을 향상시킬 수 있었다.

초기 역사시대 주체들의 피부는 연한 색이었고 유럽에서 출현했다(캅카스 인종이라는 혼란을 야기하는 용어로 불리기도 한다). 지역을 중심으로 볼 때 호모 사피엔스 집단은 크게 세 가지로 나눌 수 있는데, 유럽은 아프리카와 아시아와 더불어, 호모 사피엔스의 3대 주요 지역 집단 중 하나이다. 지역이 아닌 언어적 차이로 집단을 구분하려는 시도 또한 있었다. 초기 문명시대 비옥한 초승달 지역 사람들은 언어학적으로 사하라 북부와 북동 아프리카에서부터 발달한 '햄족(Hamitic)'이거나, 아라비아 반도의 '셈족(Semitic)', 러시아 남부로부터 기원전 4000년경 유럽과 이란에까지 이른 '인도-유럽어족(Indo-European)'이나 그루지야의 진정한 '캅카스어족(Caucasian)'에 속했다. 이와 같은 분류는 추측에 의한 것이다. 그러나 이로부터 비옥한 초승달 지역과 그 주변 지역 초기 역사의 등장인물에 대해서 배울 수 있는 바가 있다. 이들의 역사적 중심지는 모두 일찍이 농경과 문명이 등장했던 지역에 위치하고 있다. 사람들이 잘 정착한 지역의 부(富)는 주변 사람들을 끌어들였을 것이다.

기원전 4000년에 이르면, 대부분의 비옥한 초승달 지역에는 사람이 살고 있었고, 이후 이 지역에서 3,000년간 일어난 일은 초기 문명의 틀을 제공했다. 셈족이 대략 이 시기에 비옥한 초승달 지역으로 진입했던 것으로 보이며, 기원전 제3천년기 중반까지(문명이 출현한 이후로 한참 뒤이다) 이 지역의 인구압력은 증가했다. 이들은 티그리스 강과 유프라테스 강 중앙지대인 메소포타미아 가운데에 잘 정착했다. 셈족과 메소포타미아 고지대에 자리잡은 다른 집단

간의 상호작용 및 경쟁은 여러 학자들이 이 지역의 초기사 연구에서 주목했던 주제이다. 기원전 2000년에 이르면, 인도-유럽어족 집단 또한 두 방향에서 이 지역으로 진입한다. 이들 중 하나가 유럽으로부터 아나톨리아로 밀고 들어온 히타이트인이다. 동쪽에서는 이란인이 들어왔다.

기원전 2000년에서 기원전 1500년 사이에 이들은 셈족 및 초승달 지역의 다른 이들과 분쟁하고 또 섞이게 된다. 햄족과 셈족의 접촉은 초기 이집트 정치사와도 관계가 있다. 이러한 시나리오는 물론 아주 분명한 것은 아니며, 고대 이 지역의 기초적인 작동양식을 알려주는 정도의 가치만 가지고 있다. (뒤에서 논의하겠지만) 세부 사항은 아직도 확실하지 않으며, 이 당시 인간들의 이주를 어떻게 설명할지에 대해서 알려진 바는 아직 많지 않다. 그 원인이 무엇이었건 간에, 인간의 이주를 배경으로 삼아서 최초의 문명이 출현했고 번성해나갔다.

2

고대 메소포타미아

가장 문명다운 문명이라고 볼 수 있는 사례는 메소포타미아 남부 티그리스 강과 유프라테스 강 유역의 700마일가량 길게 뻗어 있는 땅에서 처음 발생했다. 이 비옥한 초승달 지역의 끝 부분은 신석기시대 농경 마을이 밀집된 지역이었다. 모든 마을 가운데 가장 오래된 정착지는 남쪽 끝에 자리했던 것으로 보인다. 이 최남단 지역은 내륙지방으로부터의 수백 년에 걸친 배수와 해마다 발생하는 홍수가 옮겨다놓은 퇴적물 덕에 매우 비옥한 토양이 형성되어 있었다. 급수가 지속적으로 안전하게 유지되었다는 가정하에, 다른 지역보다 농경이 훨씬 더 쉬웠을 환경이다. 실제로도 그랬다. 강우량이 적고 불규칙하기는 했지만, 강바닥이 대개 주위 평원의 해발고도보다 높았기 때문이다. 기원전 2500년경 남부 메소포타미아의 곡물 수확량은 오늘날 캐나다 최상급 밀밭의 수확량에 뒤지지 않았을 것이라고 추산된다. 그렇다면 일상 소비량보다 더 많은 양의 곡식을 수확했을 가능성이 있다는 뜻이고, 이러한 식량과잉은 필연적으로 도시생활의 출현을 야기했다. 더욱이 인근 해역에서 물고기를 잡을 수도 있었다.

이러한 환경은 기회인 동시에 도전이었다. 티그리스 강과 유프라테스 강은 갑자기 경로를 바꾸곤 했다. 따라서 늪이 많고 높이가 낮은 삼각주 지역을 제방과 배수로를 건설하여 홍수 때의 최고 수위보다 높게 유지해야 했고, 물을 빼내기 위해서 운하를 건설해야만 했다. 이 지역에 농가를 처음 지으면서 갈대와 진흙으로 지반을 높게 만들어 그 위에 짓도록 한 기술은 수천 년이 흐른 후에도 메소포타미아 지방에서 여전히 사용되었다. 어려움을 강점으로 만든 이러한 지역들은 비옥한 지대에 밀집되었다. 그러나 배수로와 관개용수로의 관리는 집단적으로 수행될 필요가 있었다. 따라서 간척을 위한 사회조직이 생겨나게 되었다. 방식이 어떠했든 간에, 늪지를 옥토(沃土)로 만든 것으로는 최초였고, 이러한 업적은 인간 상호작용의 새로운 복잡성을 그대로 나타내는 것이었다.

인구가 증가함에 따라서 식량재배를 위해서 더 많은 토지를 경작하게 되었다. 늪지를 농지로 일구고자 하는 일념은 늪지로 인해서 떨어져 살던 여러 마을의 사람들을 한데 모이게 했다. 저마다 다른 관개 수요로 인해서 흩어져 살던 사람들이 이보다 더 일찍 서로를 접촉했을 수도 있다. 사람들은 서로 싸울지 협동할지를 선택해야 했다. 어떤 쪽을 선택하든 추가적인 사회조직과 권력의 새로운 중심이 뒤따라야 했다. 이 과정에서 자기 방어와 주변 환경의 관리를 위해서 당시까지보다 더 큰 단위로 집단을 형성하게 된 것은 자연스러운 결과였다. 홍수나 적의 침입에 대비해서 주변에 진흙 벽을 둘렀던 도시가 이제는 수위보다 높은 지반 위에 건설된 것이 하나의 물리적 결과이다. 지역의 종교적 권위자의 사원이 이런 지형 위에 지어진 것은 당연해 보인다. 종교적 사원은 선택받은 곳이었고, 종교적 권위자는 공동체의 권위를 업고 권한을 행사했다. 권력은 제사장(祭司長)을 통해서 행해졌는데, 제사장은 경쟁을 통해서 신권정치(神權統治)의 통치자가 되었다.

확실히는 알 수 없으나 이와 비슷한 어떤 요인 때문에 기원전 제4천년기와 제3천년기에 다른 지역과 메소포타미아 남부지방 간의 차이가 생겼다고 추측해볼 수 있다. 토기 및 이 지역에 특징적인 사원에서 발견된 증거를 통해서 볼 때, 메소포타미아는 신석기시대의 아나톨리아, 아시리아 및 이란 문화와 접촉이 있었음을 알 수 있다. 이로부터 중동 지역이 성립되기 시작했다. 이 지역은 많은 공통점을 가지고 있었다. 그러나 한 작은 지역에서만 읍락 생활의 유형이 빠르게 생겨나서 진화했다. 이를 배경으로 최초의 진정한 도시생활이 탄생했고, 이는 곧 수메르 문명으로 최초의 문명이라고 인정되었다.

수메르는 메소포타미아 남부지방을 일컫는 옛 지명으로, 당시에는 오늘날의 해안보다 남쪽으로 약 100마일 쯤 들어와 있었다. 이 지역에 살던 사람들은 남서지역의 셈족보다 북서지역의 사람들과 더 비슷했을 것으로 추측된다. 이러한 기원에서 살펴보면 수메르인들은 티그리스 강 반대편에 살던 그들의 북쪽 이웃인 엘람인들과 비슷했다. 수메르인(수메르어를 사용했던 사람들이 후대에 수메르인이라고 일컬어진다)이 언제 이 지역에 왔는지에 대해서는 학계의 의견이 나뉜다. 기원전 4000년 무렵부터 이 지역에 살고 있었을지도 모르나 시기가 크게 문제되지는 않는다. 문명화된 수메르는 토착민들까지 포함하는 등 다양한 민족이 섞여 있어서 외래 요소와 토착 요소가 혼합된 문화를 가진 지역이었다고 알려져 있기 때문이다.

수메르 문명은 뿌리가 깊다. 수메르인들은 오랜 시간 동안 주변 지역의 사람들과 크게 다르지 않은 삶의 방식을 공유했다. 그들은 촌락에 살았고 지속적으로 운영된 종교 중심지가 여러 곳이 있었다. 에리두라고 불리는 곳에 위치한 이러한 종교 중심지 중의 한 곳은 기원전 5000년경에 건설된 것으로 추정된다. 역사시대에도 이 종교 중심지는 꾸준히 발달하여 기원전 제4천년기 중반에는 사원이 세워지게 되었다. 비록 현재는 단(壇)만 남아 있지만 일부 학자에 의하면 이것은 메소포타미아의 건축을 보여주는 기념비적인 독창적 사례이다. 이러한 종교 중심지는 지역주민들의 수요에 의해서 시작되었다. 이는 진정한 의미에서의 도시는 아니었지만, 종교의식과 순례의 장소였다. 상주인구는 없었을지 모르지만 이후에 도시들이 이 종교 중심지를 중심으로 결정되었고, 이는 고대 메소포타미아에서 밀접했던 제정관계(祭政關係)를 잘 설명해준다. 기원전 3000년보다 훨씬 이전 시기에도 상당히 큰 사원들이 종교 중심지에 존재했다. 우루크(Uruk, 『성경』에서는 에렉[Erech]이라고 불린다)에 특히 인상적인 사원이 있었는데, 세련된 장식과 진흙 벽돌로 만든 지름 8피트의 기둥이 인상적이었다.

문명화되기 전의 메소포타미아와 역사시대를 연결하는 중요한 증거 중의 하나는 토기이다. 토기는 이 당시 신석기시대의 발전과는 질적인 측면에서 다른, 문화적으로 중요한 무엇인가가 진전되고 있었다는 최초의 단서 중 하나를 제공한다. 우루크 토기라고 불리는 것들은 보통 이전 시기의 토기보다 더 투박하고 단조롭다. 사실 우루크 토기들은 돌림판(바퀴가 이러한 용도로 사용된 최초의 예이다)을 이용해서 대량생산되었고, 이것은 그 토기들이 생산되었을 때 이미 전문적인 장인 집단이 존재했음을 강하게 시사한다. 이러한 체계는 자신들이 제작한 토기와 맞바꿀 수 있었던 잉여물을 뒷받침해주는 농업 때문에 유지될 수 있었을 것이다. 이러한 변화와 함께 수메르 문명이 시작되었다.

수메르 문명은 약 1,300년간(대략 기원전 3300년부터 2000년까지) 지속된다. 이는 카롤루스 시대로부터 지금까지에 이르는 시간과 대략 비슷하다. 수메르 문명 초기에 문자가 발명되었다. 증기가 발전되기 이전 시대로 국한해볼 때, 농업의 발명에 필적할 만한 중요성을 가지는 발명으로는 문자의 발명이 유일하다. 문자의 발명 이후 현재에 이르기까지 절반 정도의 기간 동안에는 점토에 문자를 써넣었다. 작은 원통에 그림을 새겨서 점토판에 대고 누르던 데에서 문자의 발명으로 나아갔던 것이다. 토기는 쇠퇴했을지 모르지만 이 원통들은 메소포타미아의 위대한 예술적 업적 중 하나였다. 초기 문자는 상형문자(象形文字)나 단순화된 그림의 형태(비묘사적 의사소통 방식으로의 한 단계 진보)로 점토판에 새겨졌고, 갈대 줄기로 새긴 후에 구운 경우가 많았다. 최초의 문자는 수메르어로 되어 있으며 각서, 물건 목록, 영수증 등을 기록했다. 수메르인들은 경제적 중요성을 강조했고, 이 당시 문자는 이어진 내용으로 해석되지는 않는다. 이러한 초기 문자는 천천히 쐐기문자로 진화했다. 잘라진 갈대의 쐐기 모양의 부분을 점토에 찍어 자국을 배열하는 방식이다. 이로써 상형문자와의 분리가 완전해졌다. 기호와 기호의 집합이 이 단계에 등장하여 음운 또는 음절 요소를 의미하게 되었다. 그리고 모든 기호는 동일한 기본 요소의 결합으로 이루어져 있었다. 쐐기문자는 기호를 사용한 방식으로서, 당시까지 사용되었던 의사소통의 방식 중 가장 융통성 있는 방식이었다. 수메르에 이러한 문자가 자리잡은 것은 기원전 3000년 직후이다.

수메르어에 대해서는 많은 것이 알려져 있다. 수메르인들이 사용했던 일부 단어는 지금까지도 보존되고 있다. 한 예가 '알코올(alcohol)'의 원형에 해당하는 단어이다(최초의 맥주 제조법도 이 당시 나왔다). 그러나 수메르어에서 가장 주목할 점은 바로 기록 형태이다. 읽고 쓸 줄 아는 능력이 그때까지 완벽히 정착되지는 못했지만 상당히 안정적이었음에는 틀림이 없다. 문자는 한편으로는 새로운 방식의 의사소통 가능성을 제공했고, 다른 한편으로는 구전(口傳)과 더불어 기록을 통한 논의를 가능하게 했기 때문에 관습이 안정되어갔다. 국가가 성장하는 데에 핵심적인 관개, 곡물 재배, 저장의 복잡한 절차도 간단해질 수 있었다. 문자는 자원의 효율적 운용에 도움이 되었다. 또한 문자는 왕의 통치권을 뒷받침했으며, 문자를 처음 접하고 사용했던 사제와의 연결을 강화했다. 사제의 문자 사용이 원통 인장의 사용과 연관이 있다는 점은 흥미롭다. 사원에서 농작물 수확량을 증명하기 위해서 원통 인장을 사용했기 때문에 나타난 현상이다. 아마도 고대인들은 할당된 일정 생산량을 사원에 바치면서 필요한 원료와 음식을 받았을 것이며, 사원에서는 그러한 자원의 중앙집중적 재분배 절차를 기록했던 것 같다.

문자의 발명은 이런 수준의 기록을 넘어서 역사가들이 과거를 접할 수 있는 통로를 열어주었다. 인류는 마침내 사고를 구체적인 형태로 남길 수 있게 되었다. 이는 물리적인 발전인 동시에 사고방식의 발전이었다. 이 발전은 문자로 문헌을 남길 수 있었기 때문에 가능했다. 현존하는 가장 오래된 이야기는 「길가메시 서사시(Epic of Gilgamesh)」이다. 서사시가 완성된 것은 기원전 7세기이지만, 처음 나타난 것은 수메르 시기부터였다. 기록은 기원전 2000년경 이후에 이루어졌다고 생각된다. 길가메시는 우루크를 지배하던 실존인물이다. 또한 그는 세계문학에 등장하는 첫 번째 인간이자 영웅이기 때문에 여기에서 반드시 소개되어야 할 인물이다. 「길가메시 서사시」 중 현대 독자들이 가장 주목하는 부분은 대홍수 발생으로 인한 인류의 전멸과 방주를 만들어 유일하게 생존했던 한 가족에 대한 이야기일 것이다. 홍수의 물이 빠지고 나면 그 한 가족으로부터 새로운 인류가 등장하게 된다. 「길가메시 서사시」 중 가장 오래된 버전에는 이 내용이 기록되어 있지 않지만, 중동 지역 버전에는 많이 등장한다. 의심의 여지없이 홍수는 취약했던 관개시설을 유지하는 데에 막대한 문제를 일으켰을 것이고, 메소포타미아 저지대는 항상 이 문제를 겪었을 것이다. 홍수는 아마 가장 일반적인 재해였을 것이며, 이로부터 수메르 종교의 핵심인 비관적 운명론이 조성되었을 것이다.

이와 같은 침울한 분위기가 서사시 전반을 지배한다. 길가메시는 신은 승리하고 인간은 죽어야 한다는 신들의 철칙에 맞서 자신의 주장을 펼치면서 많은 일들을 했다. 그러나 끝내 길가메시는 숨을 거두어야만 했다.

초승달과 같은 영웅들, 그 지혜로운 인간들은 그들만의 흥망성쇠가 있다. 인류는 말할 것이다. '이와 같은 힘과 세력으로 통치했던 자가 그 말고도 있었던가?' 어두운 달, 그림자의 달, 그래서 그가 없는 곳에는 빛도 없다. 오 길가메시, 이것이 너의 꿈의 의미였다. 너에게는 왕위가 주어졌고, 그것이 너의 운명이었다. 불사(不死)의 삶은 너의 운명이 아니었음이라.

이러한 분위기와 종교성 외에도, 이 서사시에는 고대 메소포타미아의 신들에 대한 정보가 많이 담겨 있다. 그러나 실존인물 길가메시의 삶을 알아보는 것은 고사하고, 이 서사시에서는 역사를 유추하기도 어렵다. 되풀이되던 홍수에 대한 풍부한 증거자료들이 남아 있음에도 불구하고, 고고학적 의미에서 대재앙을 가져왔던 그 홍수를 식별하려는 시도는 아직까지 설득력을 갖추지 못하고 있다. 결과적으로는 바다에서부터 육지가 드러났을 것이고, 세계 창조가 이루어졌을 것이다. 『히브리 성경』에서도 신의 뜻에 의해서 바다에서 땅이 드러나며, 학식 있는 유럽인들은 1,000여 년에 걸쳐 이러한 설명을 받아들였다. 우리 생활의 상당히 많은 부분에 수메르인의 신화적 사고와 과거 기록이 반영되어 있다는 것은 상당히 놀라운 일이다. 그러나 이는 단지 추정에 지나지 않는다. 「길가메시 서사시」와 『성경』에 나오는 노아의 방주 이야기 사이에 부정하기 힘든 긴밀한 연관관계가 있다고 확인하는 정도에 만족할 따름이다.

이는 역사의 중심점이 메소포타미아 상부로 이동한 이후에도 지속적으로 수메르인의 영향력이 중동으로 전파되었을 가능성을 시사한다. 「길가메시 서사시」의 여러 버전과 부분들 그리고 앞에서 다루었던 이야기는 기원전 제2천년기에 이 지역을 다스렸던 민족들의 공문서와 기록에 등장한다. 비록 현대에 재발견될 때까지 잊혀진 적이 있었지만, 유럽의 작가들이 그리스 전통을 인봉하고 독자들이 이를 이해하리라고 간주했듯이, 길가메시는 2,000여 년간 많은 민족문학에서 끊임없이 다루어졌다. 서로마 제국의 멸망 이후에 발생한 지역 단위 문화의 혼란 속에서도 지식인들 사이에서 라틴어가 계속 살아남은 것처럼, 수메르어 또한 사원 및 서기(書記)를 양성하는 학교를 통해서 수천 년 동안 유지되었다. 이러한 비교는 의미가 있는데, 문학과 언어적 전통은 세계를 바라보는 다양한 관점을 부여하거나 제한하기 때문이다. 곧, 문학과 언어적 전통은 역사적 산물이다.

아마도 수메르 언어 덕에 보전되고 있는 사상 중에서 가장 중요한 것은 종교에 관한 부분일 것이다. 우르나 우르크와 같은 도시는 각종 사상의 온상 이었다. 이러한 사상들은 기원전 제2천년기와 제1천년기 동안 중동에서 다른 종교로 변화되었고, 4,000년이 흐른 뒤에는 인지할 수 없는 여러 가지 형태로 세계적인 영향력을 가지게 되었다. 예를 들면, 「길가메시 서사시」에는 엔키두 (Enkidu)라는 이상적인 자연의 창조물로서의 인간이 나온다. 순수한 엔키두 가 타락한 이유는 성적인 것으로, 매춘부의 유혹 때문이었다. 비록 이를 통해 서 엔키두는 결과적으로 문명화되었지만, 자연과의 행복한 유대를 잃게 되었 다. 이와 같은 암시는 문학을 통해서 다른 사회나 후대 사회의 신화에서도 자주 찾아볼 수 있다. 인간은 제물(祭物), 점토인형, 신전이나 사원의 평면도 등 잘 알려지지 않은 유적에 숨어 있던 의미를 문학을 통해서 명시적으로 만 들기 시작했다. 수메르 초기에 이르면, 이전 시기에 비해서 훨씬 더 복잡하고 상세하게 묘사된 초자연적 존재에 대한 담론이 등장한다. 사원은 초기 도시의 중심이었고, 점차 더 커졌으며, 화려한 모습으로 바뀌었다(선조의 봉분을 둘 러싸면서 새로운 사원을 짓는 전통 때문에 나타난 현상이기도 하다). 풍년을 보장받기 위해서 제물을 바쳤고, 제례는 후일 더 정교해져갔다. 티그리스에서 북쪽으로 300마일 떨어진 아수르에는 훨씬 더 큰 사원들이 지어졌다. 레바논 산 편백나무와 아나톨리아산 구리로 지어진 사원도 발견되었다.

이 시기의 그 어떤 고대사회도 종교에 이처럼 막대한 지위를 주거나 종교를 지원하기 위해서 이처럼 많은 공동자원을 유용하지 않았다. 아마 이는 고대의 그 어떤 사회에 비해서도 수메르가 신에게 의존적인 사회였기 때문일 것이다. 고대의 메소포타미아 하부는 편평하고 단조로운 갯벌, 습지, 호수 등의 지형을 갖추고 있었다. 인간이 머물 듯이 신이 머물 만한 산은 없었다. 그저 텅 빈 하늘뿐이었으며, 가차 없는 여름의 태양, 피할 수 없는 거친 바람, 불가항력의 홍수와 가뭄으로 인한 좌절이 있을 뿐이었다. 신들은 이러한 자연 안에 존재했다. 그리고 평지에 두드러진 '높은 곳', 『성경』의 바벨 탑으로 기억되는 벽돌로 지어진 탑이나 지구라트에 살았다. 따라서 수메르인들이 신을 위해서 노동하기 위해서 창조된 존재로 인간을 생각한 것은 놀랍지 않다.

기원전 2250년경, 자연의 요소와 자연의 힘을 의인화하는 신들의 판테온이 수메르에서 생겨났다. 판테온은 메소포타미아 종교의 근간과 신학의 시초를 알리게 되었다. 본래 각 도시는 특정한 신을 가지고 있었다. 추측컨대, 도시 간 권력투쟁으로 인해서 이 신들은 결국 계급이 나뉘었다. 이러한 계급화는 인간이 바라보는 인간사회를 반영하기도 했고 반대로 영향을 주기도 했다. 메소포타미아 신은 인간의 형태로 묘사되어 있다. 공기의 신, 물의 신, 쟁기의 신처럼 각 신들에게는 특별한 일이나 역할이 주어졌다. 이슈타르(Ishtar, 후에 셈어 이름으로 알려짐)는 사랑과 출산의 여신이었으나 또한 전쟁의 여신이기도 했다. 계급의 가장 위에는 아누(Anu), 엔릴(Enlil), 엔키(Enki)라는 세 남신이 있었는데, 이들의 역할을 개별적으로 구분하기는 어렵다. 아누는 신들의 아버지였다. 엔릴은 공기의 신으로서 없어서는 안 되는 가장 중요한 신이었다. 엔키는 지혜와 달콤한 물의 신이었는데, 달콤한 물이란 수메르어로 삶을 의미했다. 엔키는 스승이었으며 생명을 주는 존재였고, 엔릴이 만든 질서를 유지하는 존재였다.

이 신들은 공들여 준비한 제사를 통해서 인간이 자신들에게 속죄하고 복종하기를 원했다. 인간들이 이러한 의식을 행하고 착하게 사는 것에 대한 보상으로 신들은 풍요와 긴 수명을 주었지만 그 이상은 주지 않았다. 불확실성 속에 살던 메소포타미아인들은 자신들을 보호해줄 무엇인가에 다가가고 싶어했다. 인간은 변덕스러운 우주 안에서 불안을 해소하기 위해서 신에게 의존했다. 메소포타미아인들은 환경을 통제하고 싶어했다. 갑작스런 홍수와 먼지폭풍에 저항할 수 있기를 원했고, 신들의 결혼식과 창조를 재현하는 성대한 봄 축제를 해마다 열어서 계절이 계속 순환할 수 있기를 기원했다. 그들은 이러한 노력으로 이듬해를 살 수 있다고 믿었다. 이런 기본적인 노력들을 개념화한 것이 (메소포타미아인들은 이렇게 생각하지 않았겠지만) 신이라는 존재로 나타났다.

후일 인간은 피할 수 없는 죽음에 대한 공포를 극복하기 위해서 종교의 도움을 받았다. 그러나 수메르인이나 수메르의 종교적 관념을 물려받았던 사람들은 종교로부터 죽음의 공포에 대한 위안을 거의 받지 못했던 듯싶다. 지금까지 우리가 파악하기로는 그들은 사후세계를 우울하고 슬픈 곳으로 생각했다. 그들은 사후세계를 '어두컴컴한 집 안에서 밥 대신 먼지를 먹고 고기 대신 흙을 먹으며, 날개 달린 새처럼 깃털로 된 옷을 입고, 먼지와 침묵만이 문 너머에 있는 곳'으로 묘사했다. 이는 나중에 스올(Sheol), 즉 지옥이라는 개념의 기원이 된다. 사실상의 자살을 담고 있는 의식도 적어도 한 개 이상 존재했다. 기원전 제3천년기 중반의 수메르 왕과 왕비의 수행원들은 일종의 최면제를 마신 후에, 무덤에 따라가서 같이 묻혔다. 이 의식으로부터 수메르인들이 사후세계에서도 수행원들과 보석이 이승에서만큼 중요한 가치를 가진다고 생각했음을 알 수 있다.

수메르 종교에는 중요한 정치적 요소가 있었다. 수메르에서 모든 토지는 궁극적으로 신들의 소유였고, 전쟁군주 또는 사제장 역할을 했던 왕이라는 존재는 신들의 종교적 대리인일 뿐이었다. 물론 어떤 인간도 왕을 심판할 수는 없었다. 종교적 대리인이라는 지위는 사제계층의 출현을 의미했다. 사제계층은 그 지위만으로도 경제적 특권을 가졌는데, 이 경제적 특권을 통해서 특화된 기술과 지식을 기를 수 있었다. 또한 암기와 쐐기문자 필사(筆寫)를 바탕으로 한 체계화된 교육제도를 처음으로 만든 것도 수메르인들이었다.

수메르 종교에서 파생된 부산물 중 또다른 하나는 인간의 모습을 본뜬 예술적 형상이 최초로 등장했다는 것이다. 특히 마리와 같은 종교 중심지에서는 종교의식을 하는 인간의 형상을 그리는 것을 선호했던 것으로 보인다. 때로는 종교의식 행렬의 모습을 묘사했고, 이는 회화의 주요 장르 중의 하나로 자리 잡았다. 전쟁과 동물의 세계도 중요한 회화 장르로 꼽힌다. 일부 학자들은 초기 수메르인의 초상화에서 더 심오한 의미를 읽어내곤 하는데, 놀라운 문명을 이룬 메소포타미아인들의 탁월성과 성공의 원동력이 되었던 심리학적 요소가 초상화를 그리는 양식에 반영되어 있다는 것이다. 그러나 이는 추정에 머물고 있다. 수메르 예술에서 최초로 발견되는 또다른 것은 우리가 몰랐던 고대인들의 일상생활이다. 수메르인과 주변인들과의 광범위한 접촉과 이들 간의 구조적 유사성을 고려했을 때, 넓은 범위에 펼쳐진 고대 중동 지역의 삶의 모습을 충분히 유추할 수 있다.

인장, 조각상, 회화를 보면, 수메르인은 일종의 털(염소 가죽 또는 양 가죽?)로 된 치마를 걸친 사람들로 묘사된다. 여성들은 치마를 한쪽 어깨에 걸쳐서 늘어뜨려 입고 있는 모습으로 나타난다. 항상 그렇지는 않지만, 남자는 수염을 깨끗하게 깎은 경우가 많다. 군인들은 같은 의상을 입고 있으며 무기를 들고 있고 끝이 뾰족한 가죽 모자를 쓰고 있는 특징이 있었다. 여가생활이나 옷을 제외한 소지품 중 남겨진 유물을 통해서 사치를 부렸던 모습도 엿볼 수 있다. 사치의 목적은 지위를 나타내기 위함이었는데, 이로부터 사회가 점차 복잡해지고 있었음을 알 수 있다. 술잔치를 묘사한 그림 역시 전해지는데, 손에 컵을 들고 안락의자에 앉아 있는 남성 무리를 음악가가 즐겁게 해주고 있다. 이러한 순간을 통해서 볼 때, 수메르인들이 과거의 먼 존재로만 여겨지지는 않는다.

수메르인의 결혼에는 후대 사회들에도 친숙한 모습이 많이 있었다. 결혼에서 가장 중요한 것은 신부 가족의 동의였다. 만족스럽게 합의가 이루어지면, 봉인된 계약서에 기록을 함으로써 일부일처제의 가족이 이루어지게 된다. 가족의 우두머리는 가부장적 남편이었고 이 남편은 친족과 노예를 관장했다. 근래까지 세계 각지에서 많이 관찰되는 유형이다. 그러나 미묘하지만 흥미로운 차이가 있다. 법적, 문학적 증거에 따르면, 수메르 여성들은 아주 옛날이었음에도 불구하고 후대 중동 사회의 여성들보다 탄압을 덜 받았던 것으로 추측된다. 이 점에서 셈족과 비셈족이 나뉜다. 신들에 관한 수메르 이야기를 보면, 위험한 그리고 때로는 경외로운 여성의 성적 매력을 매우 의식하고 있었음을 추측할 수 있다. 수메르인들은 열정에 관해서 처음으로 기록했다. 이러한 사항을 제도와 연관짓는 것은 쉽지 않으나, 수메르 법은 여성을 소유물로 여기지 않았다. 수메르 법은 여성에게 중요한 권리를 부여했고, 심지어 자유인 남성의 자식을 낳은 노예 어머니는 법에 의해서 일정 정도 보호를 받았다. 남성뿐만 아니라 여성도 이혼을 주도할 수 있었으며, 이혼한 아내도 공정한 대우를 받을 수 있었다. 아내의 간통은 죽음으로 처벌받고 남편은 그렇지 않았으나, 이러한 차이는 상속과 재산 측면에서 이해할 수 있다. 메소포타미아 법에서 처녀성을 강조하고 여자들에게 베일을 씌우기 시작한 것은 꽤 오랜 시간이 지난 후였다. 이는 여성에 대한 태도가 더 경직되어가고 그들의 역할을 더 제한하고 있었음을 보여준다.

수메르인들은 기술적으로 대단히 창의적이었으며, 그 덕에 다른 민족들이 많은 혜택을 받곤 했다. 수메르 법의 영향력은 이후 시대까지도 그 흔적이 남아 있다. 수메르인들은 기호뿐만 아니라 위치로 숫자를 표현하는 기술을 정립함으로써 수학의 기초를 마련했고(예를 들면, 소수점의 위치에 따라서 우리가 1을 1, 1/10, 10 또는 다른 숫자로 해석할 수 있는 것처럼), 원을 여섯 등분하는 방법을 고안했다. 비록 사용하지는 않았지만 십진법도 알고 있었다. 「길가메시 서사시」에서는 주 7일의 개념이 발견되기도 한다.

독립된 문명으로서의 막을 내릴 무렵, 수메르인들은 큰 무리를 지어 생활하는 것을 배웠는데, 한 도시의 경우 3만6,000명의 남자가 살았던 것으로 전해진다. 이로 인해서 건축기술의 수요가 굉장히 높았으며, 기념비적인 구조물을 짓기 위한 건축기술의 수요가 더욱더 높아졌다. 돌이 충분하지 않았기 때문에 메소포타미아 남부에서는 진흙을 바른 갈대로 건물을 지었고, 이후에는 진흙을 햇볕에 말려 벽돌을 만들어 사용했다. 수메르 시대 말기에 메소포타미아의 벽돌기술은 기둥과 테라스가 있는 큰 건물들을 지을 만큼 발전했다. 수메르인이 건설한 가장 위대한 구조물인 우르 지역의 지구라트는 100피트가 넘는 높이의 상층과 가로 200피트, 세로 150피트의 토대로 이루어져 있다. 최초의 돌림판이 우르에서 발견되었는데, 이는 인류가 처음으로 회전운동을 사용한 방식이다. 이로 인한 토기의 대규모 생산은 여성의 일로 여겨지던 토기 제작을 남성의 일로 전환하게 만들었다. 얼마 지나지 않은 기원전 3000년경에는 바퀴가 운송수단으로 사용되었다. 수메르인의 또다른 발명품은 유리였다. 기원전 제3천년기 초반에는 전문 장인에 의해서 청동 주조가 이루어졌다.

이러한 혁신은 또다른 질문을 낳는다. 이들은 원료를 어디에서 구했을까? 메소포타미아 남부에는 금속이 없었다. 게다가 이전의 신석기시대에는 농경에 필요한 부싯돌과 흑요석을 다른 곳에서 들여왔을 것이다. 여기에는 분명히 해외의 넓은 네트워크가 배경으로 존재한다. 특히 레반트 및 시리아 지역과 교류가 있었으며, 꽤 멀지만 페르시아 만 아래쪽의 이란 및 바레인 지역과도 교류가 있었다. 기원전 2000년 이전, 메소포타미아는 비록 간접적이지만 물건들을 인더스 문명으로부터 입수했다. 기록(기원전 2000년 이전 인도와의 접촉을 보여주는 증거)을 통해서 알 수 있듯이, 국제무역이 서서히 싹트면서 이미 상호의존이라는 중요한 패턴이 형성되고 있었다. 기원전 제3천년기 중반 중동의 주석이 바닥났을 때, 메소포타미아의 무기는 청동이 아닌 순수 구리로 만들어지게 되었다.

메소포타미아 문명이 유지될 수 있었던 것은 아주 오래전부터 정교하고 풍부했던 농업이 기반이 되었기 때문이다. 보리, 밀, 기장, 깨를 대규모로 경작했다. 그중 보리가 주요 작물이었을 터인데, 고대 메소포타미아에서 알코올이 존재했다는 증거가 자주 발견되는 이유가 바로 이 보리 때문이다. 농사짓기 쉬운 옥토로 이루어진 범람원에서는 집약적 경작을 하는 데에 선진 농기구가 필요하지 않았다. 이 지역에서 주요했던 발전은 관개기술과 통치체제의 성장이었다. 이러한 기술은 천천히 축적되어 1,500년 역사에 걸친 수메르 문명의 증거로 남아 있다.

여태까지의 논의에서는 이 1,500년이라는 긴 시간이 마치 변화가 없었던 것처럼 치부되곤 했다. 그러나 이는 사실이 아니다. 고대에는 변화가 굉장히 느리게 일어났기 때문에 매우 정적인 시대였음이 분명하지만, 메소포타미아인들에게 이 시간은 15세기에 걸친 위대한 변화였고, 진정한 의미에서의 역사이다. 학자들이 이 시대에 관한 많은 것들을 복원했으나, 상당 부분이 아직 논쟁 중이어서 불분명한 상태이고 시기도 정확하지 않은 것들이 많아서, 이 자리에서 자세하게 설명하기는 힘들다. 현재 시점에서 필요한 것은 메소포타미아 문명 초기를 후기 시대와 연결하고 동시대 다른 곳에서는 어떤 일들이 일어났는지를 살피는 것이다.

　수메르 역사는 크게 세 단계로 구분될 수 있다. 첫 번째는 기원전 3360년에서 기원전 2400년까지로, 고대라고 불린다. 당시의 서사시는 도시국가 간의 전쟁을 소재로 하며 번영과 쇠락을 다루고 있다. 요새가 구축된 도시나 바퀴를 군사기술에 적용해서 만든 어설픈 사륜전차를 통해서 전쟁이 있었음을 알 수 있다. 900여 년에 이르는 이 시대의 중반 무렵, 지역 왕조가 성공적으로 자리잡기 시작했다. 수메르 사회는 원래 일종의 대표를 가지고 있었던 것으로 보이며 민주주의의 단초가 엿보이기도 한다. 그러나 규모가 커지면서 사제로서의 통치자와는 구별되는 왕이 출현했다. 아마도 그들은 전시에 병력을 지휘하기 위해서 도시에서 선발된 후, 위급 상황이 끝난 이후에도 세력을 포기하지 않음으로써 권력을 차지하게 되었을 것이다. 이러한 과정 속에서 왕조가 나타났고 서로 전투를 벌였다. 이와 같이 영향력이 큰 개인의 갑작스러운 등장은 새로운 시대의 출현을 알렸다.

　셈족 도시인 아카드의 왕 사르곤 1세는 기원전 2334년에 메소포타미아를 정복했고 아카드의 패권시대를 열었다. 아카드에는 사르곤 1세로 추정되는 두상(頭像)이 남아 있다. 이 두상이 사르곤 1세가 맞다면, 이는 최초의 왕실 모습을 기록한 유물 중 하나일 것이다. 사르곤 1세는 제국을 건설한 수많은 군주들 중 최초의 군주였다. 사르곤 1세의 군대는 이집트와 에티오피아에까지 이르렀을 것으로 추정되며 수메르를 세상에 내보인 것 또한 그였다. 아카드는 수메르로부터 쐐기문자를 도입하기도 했다. 사르곤은 한 도시국가를 다른 도시국가보다 우월한 위치에 놓는 방식으로 통치를 하지는 않았다. 오히려 여러 도시국가들의 통합을 추구했다. 사르곤 왕조는 수천 년 동안 외부로부터 강 유역 문명을 압박했던 존재였다. 수메르 문화에서 그들이 원하는 것을 선택적으로 계승했고, 이는 새로운 양식의 수메르 예술을 낳았다.

　아카드 제국의 성립이 수메르의 종말을 고한 것은 아니었다. 오히려 수메르의 두 번째 시대를 열었다. 이 시기는 비록 아주 짧은 기간이었지만, 조직에서 새로운 단계를 띤다는 점에서 의의가 있다. 사르곤 왕조기가 되면 진정한 의미에서의 국가가 등장한다. 이전 수메르 시기에 등장했던 세속과 종교의 분리는 아주 중요했다. 초자연적 믿음이 일상 전반에 퍼져 있기는 했지만, 일반인과 사제는 구분되었다. 수메르 도시의 사원 옆에 있는 궁전이 이러한 분리의 명확한 증거이다. 궁전 안에 사는 사람에게도 신의 권위가 깃들어 있다는 것을 보여준다.

고대 도시의 권위자들이 왕이 되는 과정은 잘 알려져 있지 않지만, 직업군대의 진화가 일정 역할을 했을 것이다. 우르 제국의 기념물에는 창으로 무장한 겹겹이 줄지어 서 있는 잘 훈련된 보병대가 조각되어 있다. 아카드에서는 초기 군사화가 절정에 다다르게 된다. 사르곤은 궁전 안에서 5,400명의 군인의 식사를 주재하기도 했다고 한다. 이것은 의심의 여지없이 권력 위에 권력을 형성했던 과정이 끝났음을 보여준다. 사르곤 왕조가 행했던 정복은 이를 유지시킬 수 있는 토대를 제공했다. 그러나 그 시초는 메소포타미아의 특수한 상황과 필요에 기인했을 수도 있다. 인구가 늘어감에 따라서 관개와 농업용수 공급이 더 많이 필요해졌고, 왕의 가장 중요한 의무 중 하나는 이러한 사업을 가능하게 해주는 노동력을 운용하는 일이었을 것이다. 노동력을 운용하는 과정에서 군대를 꾸리는 것 또한 가능했으며, 무기가 더욱 발전함에 따라서 직업군대의 등장도 앞당겨졌다. 아카드 성공의 한 요인은 그들의 신무기였던 나무와 동물의 뿔로 만든 활에 있었다.

아카드 제국의 패권은 비교적 단명했다. 아카드 제국은 200년 후 사르곤 1세의 증손자의 통치기에 구티족이라고 불리는 민족에 의해서 멸망했고, 학자들이 '신(新)수메르'라고 부르는 수메르의 마지막 시기가 시작되었다. 기원전 2000년까지 약 200여 년 동안 패권은 다시 수메르인에게 넘어갔다. 이 시기의 중심지는 우르였으며, 우르 제3왕조의 첫 번째 왕(실질적 의미를 파악하기는 힘들지만)은 자신을 수메르와 아카드의 왕이라고 칭했다. 이 단계의 수메르 예술은 왕자의 권한을 칭송하는 새로운 경향을 나타낸다. 이전 시대에 인기 있던, 두상 등을 남기는 전통은 이 시기에 거의 사라졌다. 사원이 다시 지어졌고, 전보다 웅장하게 잘 지어졌다. 그리고 왕들도 그들의 위엄을 지구라트를 통해서 표현하려는 양상을 나타냈다. 행정문서를 보면, 아카드의 유산 또한 강력했음을 알 수 있다. 신수메르 문화는 수메르적 특성을 많이 띠며,

이와 같이 수메르를 이으려고 했던 것은 아마도 강력한 왕권을 향한 열망이 반영된 것으로 보인다. 우르의 왕에게 공물을 바치던 주(州)들은 티그리스 하류의 엘람 국경에 위치한 수사에서 레바논 연안의 비블로스까지 걸쳐 있었다.

문명을 이룩한 첫 번째 민족이 이렇게 저물어가고 있었다. 물론 그들이 완전히 사라진 것은 아니었지만, 그들만의 특성은 메소포타미아와 중동의 일반적 역사에 흡수되어 사라져버렸다. 그들은 대단히 창조적인 시대를 살았고, 그 때문에 우리는 비교적 좁은 지역에 많은 관심을 쏟아왔다. 이후 역사의 지평은 확대된다. 국경 부근에는 적들이 많았다. 기원전 2000년경 엘람인이 당도했고 우르 제국은 멸망했다. 어떻게 그렇게 되었는지에 대해서는 학자들도 알지 못한다. 1,000여 년 동안 두 종족 사이에 간헐적인 적대감이 있어왔기 때문이며, 산악지대에 매장되어 있던 많은 광물을 확보할 수 있는 이란을 통제하려는 움직임의 결과라고 생각하는 사람들도 있다. 어쨌거나 우르는 멸망했다. 우르가 사라지면서 수메르의 독특한 전통도 여러 문명 속으로 편입되었다. 이후 수메르의 전통은 이따금씩 다른 문화에서 포착된다. 수메르 이전 종족이 수메르 문화의 기반이 되었던 것처럼 15세기에 걸친 시간 동안 수메르는 메소포타미아 문명의 기반을 쌓았다. 수메르 문화는 기록, 건축, 정의와 율법, 수학의 시작, 종교적 전통을 낳았다. 이것은 대단한 업적이며 다른 많은 것들의 기원이라고 할 수 있다. 메소포타미아 전통은 오랜 기간 유지되었지만 모든 면에서 수메르 유산의 손길이 닿아 있었다.

수메르인이 그들의 문명을 쌓아올리는 동안에도, 수메르 문화는 다른 곳에 영향을 미쳤다. 비옥한 초승달 지역 전역에 새로운 왕국과 민족이 생겨나기 시작했다. 그들은 남부지역의 영향과 우르 제국의 영향을 받았으며, 그들만의 필요에 의해서 움직이기도 했다. 문명의 확산은 매우 빨리 일어나고 있었다. 그렇기 때문에 이 시기의 주요 과정을 명료하게 분류하고 상술하기는 어렵다. 더구나 중동 지역에서는 대단히 많은 민족이 오랫동안 움직여다니며 살았다. 이들이 이주한 이유에 대해서는 자세히 알려져 있지 않다. 아카드인도 이렇게 이주한 종족 중의 하나로, 셈족이 많이 살던 아라비아에서 메소포타미아로 이동해왔다. 아카드인을 멸망시켰던 구티족은 북방민족이었다. 가장 번성한 민족은 셈계의 아모리인으로서, 그들의 세력은 널리 퍼져 있었고, 엘람인이 우르 제국을 멸망시킬 때 도움을 주기도 했다. 아모리인은 아시리아, 메소포타미아 상부, 다마스쿠스, 바빌론, 그리고 팔레스타인에 이르는 지역에 정착했다. 수메르가 있었던 메소포타미아 남부는 엘람인과 분쟁을 계속했다. 아나톨리아에는 히타이트인이 자리했는데, 히타이트인은 인도-유럽어족으로서 기원전 제3천년기에 발칸 반도에서 건너온 집단이었다. 이러한 거대한 혼란의 가장자리에 또 하나의 고대 문명인 이집트가 있었고, 이란 지역에 들어가서 자리잡은 인도-유럽계 집단들이 있었다. 이 시기는 대혼란의 시기였다. 많은 집단이 사방에서 밀려들어오던, 마치 소용돌이와도 같은 시대였다. 일정한 양식을 찾기는 점점 더 어려워졌다.

후세에 이름을 남길, 메소포타미아에서 새롭게 출현한 바빌로니아 제국은 이러한 카오스에서 구분점이 된다. 함무라비(재위 기원전 1792-1750)는 바빌로니아 왕들 가운데 한 명으로, 바빌로니아와 관련하여 잘 알려진 이름이다. 함무라비 법전만으로도 그는 역사에 남았을 것이다. 그가 만든 법전은 '눈에는 눈'이라는 가장 오래된 법 원칙을 내세우고 있다. 또한 그는 메소포타미아 전역을 통일한 최초의 지배자이기도 했다. 비록 바빌로니아 제국이 오랜 기간 유지되지는 못했지만, 수도인 바빌론은 남부지역 셈족의 상징적 중심으로 이어졌다. 바빌로니아 제국의 등장은 우르 제국의 붕괴에 뒤따른 혼란의 시기에 아모리인에 속하는 한 부족이 거둔 승리에서 시작한다. 함무라비 왕은 기원전 1792년에 통치자가 되었던 것 같다. 그의 후계자는 기원전 1600년경까지 바빌로니아를 유지했다. 그후 히타이트인이 바빌로니아 제국을 멸망시켰다. 메소포타미아는 또다시 사방에서 흘러들어온 경쟁관계에 있는 민족에 의해서 분할되었다.

고대 바빌로니아 제국 절정기 시대의 영토는 수메르 지역과 북페르시아 만에서부터 메소포타미아 상부지역인 아시리아에까지 이르렀다. 함무라비 왕은 티그리스 강 유역의 니네베와 니므루드 그리고 유프라테스 강 위쪽에 위치한 도시인 마리를 통치했고, 알레포 부근까지 그 영향력이 미쳤다. 세로로는 700마일 이상이며 가로로는 100마일에 이르는 이 영역은 실로 위대한 국가였으며, 우르 제국이 공물을 거두어들이는 데에 그쳤던 것에 비추어볼 때, 바빌로니아 제국은 이 시대 이 지역에 등장한 최고의 국가라고도 할 수 있다. 바빌로니아 제국은 정교한 행정체계를 갖추고 있었다. 비록 우연적 요소가 가미되어 있기는 하지만, 함무라비 법전은 유명세를 떨칠 만한 유물이다. 과거의 법전들이 지금 단지 파편들로만 남아 있는 데에 반해서, 함무라비 법전은 돌에 새겨져 사원의 정원에 공개된 채로 보존되었다. 함무라비 법전은 노동임금, 이혼, 의료비 등을 꼼꼼히 다루었고, 282개 조항으로 이루어져 분량이나 체계 면에서 이전 법전에 비해서 충실한 법전이었다. 함무라비 법전의 법은 함무라비가 제정한 것은 아니었고, 현행법을 묶어 편찬한 것이었다. 즉 함무라비 법전은 이전에 존재했던 규율들을 잘 엮어놓은 결과물이며, 함무라비가 법 조항들을 창조한 것은 아니었다. 이러한 관습법의 존재가 메소포타미아 역사가 지속될 수 있었던 한 요인이었다.

법전의 주된 관심사는 가족, 토지, 상업이었던 것으로 보인다. 법전을 살펴보면, 친족관계나 지역 공동체, 촌장의 지배 등에 좌우되던 때보다 사회가 많이 진보해 있음을 알 수 있다. 함무라비 시대 이전에 이미 사원에 사법체계가 존재했고 종교와는 거리를 둔 법정에 재판권이 있었다. 종교성을 띠지 않는 세속적 법정에는 지역의 명망가들이 있었고, 이들로부터의 청원과 항소가 수도 바빌론으로 그리고 왕에게로 전해졌다. 함무라비 법전이 새겨진 비석 첫머리에는 법의 공표를 통해서 공정성을 담보하고자 함을 밝히고 있다.

억울하게 억압받은 자여
내 동상 앞으로 나와
내 비석의 내용을 주의 깊게 읽으라.

유감스럽게도 함무라비 법전의 형벌은 수메르 관습법에 비해서는 가혹해진 듯싶다. 그러나 여성에 관한 법률과 같은 측면에서는 수메르 관습법이 바빌로니아 시대에도 이어졌다.

사유재산과 관련한 조항에는 노예와 관련된 법도 있다. 다른 고대 문명들이나 이후 시기에서처럼, 바빌로니아 역시 노예제에 의존했다. 노예제가 정복전쟁에서 기원했다는 것은 거의 확실하다. 역사시대 초기에 전쟁의 패자, 여자, 아이들을 기다리고 있는 운명은 노예가 되는 것이었다. 고대 바빌로니아 제국 시기에 이미 정규 노예시장이 존재했고, 일정하게 형성된 가격에 거래가 이루어졌다. 정기적인 거래가 있었다는 뜻이다. 특정 지역의 노예들은 질이 높다고 여겨졌기 때문에 가격이 높게 책정되기도 했다. 노예주인이 노예에 대해서 가지고 있는 소유권은 거의 완전했지만, 일부 노예는 상업에 종사하거나 심지어 스스로도 노예를 소유하는 등 상당한 자유를 누렸다. 부족하게나마 법적인 권리도 존재했다.

우리는 당연하게 여기는, 노예제는 정당화할 수 없다는 가정이 통용되지 않는 세계에서 노예제가 어떤 것이었는지를 가늠하기는 어렵다. 노예들이 해야 했던 일들의 다양성을 고려했을 때 일반론은 무력화된다. 노예들이 대부분 힘든 삶을 살았다고 하나 대부분의 평민들 역시 그러했다. 그렇다고 해도 기원전 제3천년기 중반, 우르의 '황금률(黃金律)'이나 1,500년 후 아시리아의 석제 부조에 이르는 수많은 유적들을 통해서 볼 때, 정복왕들 앞에 포로로 끌려와서 노예가 되어버린 사람들의 삶에 대해서는 동정할 수밖에 없다. 고대 세계의 문명은 사람이 사람을 착취하는 것에 의존했다. 당시 이러한 노예제를 잔인하게 생각하지 않았다면, 아마도 그 방법 이외에 대안이 없었기 때문일 것이다.

바빌로니아 문명은 머지않아서 장엄함의 전설이 된다. 세속적이고 부도덕한 향락과 소비의 도시라는 바빌론의 이미지는 후대(신바빌로니아)에 나타났지만, 바빌로니아 문명의 규모와 부유함을 대변하는 것이다. 이러한 부유함에 관한 신화가 사실이었음은 많은 유물로 증명된다. 심지어 초대 바빌로니아 제국의 유물도 많이 남아 있다. 마리의 거대궁전이 좋은 예이다. 이 궁전에는 40피트 두께의 벽으로 둘러싸인 정원이 있었고, 300개 정도의 방이 있었으며, 역청(瀝靑)으로 덮인 30피트 깊이의 배수관이 있었다. 이 궁전은 가로 150야드, 세로 200야드 이상의 면적을 차지했고, 왕이 누렸던 권위의 최고의 상징이었다. 여기에서도 이 시기 통치체제가 행한 상업을 상세히 기록한 수많은 점토판이 발견되었다.

이전의 왕국이나 이후의 왕국에 비해서 초대 바빌로니아 제국 시기는 많은 점토판을 남기고 있다. 이로 인해서 1,000년 전 유럽 국가들보다 바빌로니아 문명에 대해서 더 많이 알 수 있다. 이 점토판들은 바빌로니아 시대의 정신적 삶에 대해서도 알려준다. 「길가메시 서사시」가 오늘날 우리에게 알려진 형태로 나타나는 것도 이 시기이다. 바빌로니아인들은 쐐기문자에 음절 형태를 부여하여 문자 사용에서의 유연성과 유용성을 크게 높였다. 점성술은 자연관찰의 진보를 가져왔다. 점성술은 다른 신화(오해)를 남기기도 했는데, 바로 '칼데아(종종 바빌로니아인들을 잘못 부르는 이름)의 지혜(신탁)'이다. 별을 관찰해서 운명을 알아내려고 한 바빌로니아인들은 천문학을 발달시켰고, 중요한 관찰을 대표적인 문화유산 형태로 남겼다. 이는 우르에서 아주 오래전 처음 시작되었고, 경험이 축적되는 데에 수 세기가 걸렸지만, 기원전 1000년 무렵에는 일식(日蝕)의 예측이 가능해졌다. 200-300년이 흐른 후에는 태양과 일부 행성의 경로를 상당히 정확하게 파악할 수 있었다. 이는 바빌로니아 수학을 반영한 과학적 전통으로, 원이 360도라든지 1시간이 60분이라는 등 수메르의 60진법으로 우리에게도 전해졌다. 바빌로니아인들은 또한 실질적으로 유용한 수학적 사실을 표로 정리하고 대수학적 기하학 연마에 노력을 쏟았고, 시간의 흐름을 측정하는 가장 오래된 도구인 해시계를 발명한 것으로 추정된다.

천문학은 신전에서 천체운동을 관찰하면서 시작되었는데, 이를 통해서 풍요와 파종에 관한 축제의 도래를 알렸다. 이런 점에서 바빌로니아 종교는 수메르 전통과 유사성을 가지고 있었다. 오래된 도시들처럼 바빌론도 마르두크(Marduk)라는 지역 수호신이 있었는데, 마르두크는 메소포타미아 지역의 신들을 경쟁에서 점차 밀어냈다. 물론 이 과정에는 오랜 시간이 걸렸다. 함무라비는 아누와 엔릴(수메르 신들)이 메소포타미아 판테온의 상석을 마르두크에게 바쳤다고 했고, 그가 사람들을 이롭게 하려고 모든 사람들을 지배하도록 했다고 말했다. 연이은 사건들(마르두크의 동상이 침략자들에 의해서 약탈되기도 했다)로 인해서 마르두크의 지위가 흐려지기도 했지만, 기원전 12세기 이후에 마르두크의 지위는 확고부동했다. 한편 기원전 제1천년기까지도 바빌로니아 예배 용어, 신의 이름 등에 수메르어가 사용되면서 수메르 전통이 영향을 미쳤다. 바빌로니아의 창세 신화는 수메르의 창세 신화처럼 젖은 쓰레기('토사[silt]'라는 뜻의 이름을 가진 신도 있었다)에서 세계가 창조되었으며, 신들의 노예로서 인간이 창조되었다는 것으로 시작한다. 한 버전에서는 신이 진흙으로 벽돌을 만들 듯이 진흙을 가지고 인간을 빚어낸다. 바빌로니아는 절대왕정에 비견할 수 있는 세계였다. 왕은 신과 같은 권력을 행사했고, 궁전을 짓기 위해서 백성을 부렸고, 관료계급 제도를 유지했다.

함무라비의 업적은 그리 오래 유지되지 못했다. 함무라비 제국을 완성하기도 전에 일어났던 북부 메소포타미아의 사건들은 새로운 힘의 출현을 의미했다. 함무라비는 우르의 지배권 끝자락에 위치한 아시리아에 건국되었던 아모리인들의 왕국을 정복했다. 그러나 이는 일시적 성과였다. 이후 갈등은 1,000여 년간 지속되는데, 결국 아시리아가 바빌로니아에 상당한 압박을 가하게 된다. 메소포타미아 역사의 구심점이 구 수메르 지역 북쪽으로 이동한 것이다. 기원전 제3천년기 초반 아나톨리아에서 세력을 기르고 있던 히타이트인들이 서서히 진보했다. 이 시기 동안 그들은 쐐기문자를 차용하여, 자신들의 인도-유럽어에 적용했으며, 기원전 1700년경에 이르면 시리아로부터 흑해에 이르는 땅을 지배했다. 그후 히타이트 왕 중의 한 명이 남쪽으로 방향을 돌려서 아카드의 옛 영토 정도로 축소되었던 바빌로니아를 공격했다. 이 왕의 후계자는 완전정복을 위해서 전쟁을 계속했고, 바빌로니아는 함락되고 약탈당했으며, 함무라비의 왕조는 종말을 맞이했다. 그러나 히타이트인들은 물러서게 되고 이후 4세기 동안 다른 민족들이 메소포타미아의 패권을 다투는데, 이 시기에 대해서는 알려진 바가 많지 않다. 다만 이 시기 동안 아시리아와 바빌로니아가 완전히 구분되기 시작했다는 것은 분명하다.

기원전 1162년, 엘람인은 마르두크 동상을 또다시 바빌론에서 약탈했다. 이때부터 매우 혼란한 시기가 이어지며 세계사의 중심은 메소포타미아를 벗어난다. 아시리아 제국은 이어지지만, 아시리아의 배경은 기원전 12-13세기에 밀려들어온 이주민으로 이들은 수메르보다 다른 문명과 보다 직접적이고 많은 교류를 하고 있었다. 그럼에도 불구하고 정복자와 이주자 모두가 수메르 문명의 토대를 딛고 일어섰다. 기원전 1000년 무렵 혼란스러운 세계정치에 말려들었던 중동 지역은 기술적, 지적, 법적, 학문적 측면 모두에서 인류 최초 문명의 발상지였다. 이들의 유산은 변형된 형태로 다른 문명으로 전해졌다.

3

고대 이집트

　메소포타미아에서만 문명이 발생했던 것은 아니지만, 지속력이나 특징의 측면에서 이와 맞설 수 있는 사례는 이집트 문명이 유일하다. 멸망 이후 수천 년이 지나서도 나일 강 유역의 문명 유적은 인류를 매혹시켰고 상상력을 자극했다. 심지어 그리스인들조차 반인반수(半人半獸)의 신이 다스리는 땅에 매료되었고, 사람들은 피라미드 배열로부터 초자연적 중요성을 알아내기 위해서 시간을 할애했다. 고대 이집트는 가시적인 거대한 유적이었다.

　이집트에는 유적이 많이 남아 있어서 메소포타미아에 비해서 알려진 바가 많다. 다른 측면에서도 메소포타미아와 이집트 문명 간에는 중요한 차이가 있다. 수메르 문명이 처음 나타났기 때문에, 이집트는 수메르의 경험과 사례에서 도움을 받을 수 있었다. 이집트 문명이 수메르 문명의 도움을 받았다는 것이 정확히 무엇을 의미하는지에 대해서는 많은 학자들의 논의가 진행되었다. 메소포타미아의 기여도는 초기 이집트 예술의 모티브, 기록에 사용된 원통인장, 벽돌을 이용한 기록소 건물의 건축기술, 그림을 이용한 글쓰기인 이집트 상형문자에서 엿볼 수 있다. 일찍부터 이집트와 메소포타미아 사이에 중요한 연결이 있었다는 것은 명백하지만, 그들의 첫 만남이 어떻게 그리고 왜 일어났는지는 알려지지 않았다. 문명의 접촉에 대한 고고학적 증거는 기원전 제4천 년기부터 찾아볼 수 있으며, 수메르의 영향력은 나일 강 삼각주에 정착하면서부터 나타나기 시작했다. 이집트 문명은 나일 강 북쪽인 삼각주를 중심으로 하여 이집트 역사를 다른 어떤 문명의 중심지와도 다르게 바꾸어놓았다.

　이집트는 나일 강과 나일 강 주변의 사막으로 이루어져 있다. 이집트는 강에 의해서 삶이 유지되는 나라였다. 선사시대의 나일 강은 아마 600마일에 이르는 습지였을 것이고 삼각주를 제외하면 너비가 몇 마일밖에 되지 않았을 것이다. 매년 나타났던 강의 범람은 경제의 기본적 메커니즘이었고, 강 유역 사람들의 삶의 리듬을 설정해주었다. 매년 퇴적되는 진흙에서 농경이 뿌리내리기 시작했지만 최초의 공동체는 불안정했을 것이고, 많은 이들의 삶의 대부분이 삼각주로 쓸려나가곤 했을 것이다. 현존하는 유물은 홍수지역의 가장자리에 살았거나 암석지대 또는 골짜기 지대에 살았던 사람들이 만들고 사용했던 것들이다. 기원전 4000년 이전 이집트인들은 중대한 기후변화가 진행되고 있음을 깨닫기 시작했다. 사막으로부터 모래가 유입되었고, 건조화가 진행되었다. 기초적인 농경기술을 가지고 있던 이 지역 사람들은 홍수지대의 비옥한 흙에서 농사를 지어나갈 수 있었다.

따라서 시작부터 나일 강은 이집트에 삶을 가져다준 존재였다. 늪지를 땅으로 만들어야 했던 수메르처럼 위험하고 불안정한 불모지가 주어졌던 것이 아니라, 끊임없이 혜택을 주는 자비로운 신과 같은 역할을 했다. 빠르고 풍요로운 수확을 가능하게 하고, 인구폭발이 일어날 수 있게 하는 환경이었으며, 이집트의 인구와 자연자원을 증가시켰다. 그렇지만 기원전 제4천년기에 이루어졌다고 생각되는 접촉의 흔적에서 볼 수 있듯이, 수메르의 경험은 촉진제로 작용했을 수 있다. 나일 강 유역에는 문명의 가능성이 상당히 존재했고, 외부의 자극 없이도 문명이 발생할 수 있었을 것이다. 최소한 이집트 문명이 처음 등장했을 때, 그것이 상당히 독특했고 다른 그 어떤 곳에서도 찾아볼 수 없는 형태였음은 명백하다.

이 문명의 가장 깊은 뿌리를 캐내기 위해서는 고고학과 후대 전통을 동원해야 한다. 고고학자들은 신석기시대 상(上)이집트(남쪽, 곧 나일 강 상류)에 살던 사람들의 흔적을 발견했다. 기원전 5000년부터 사람들은 사냥, 낚시, 채집을 했고 마침내 강 유역에 정착하여 살아갔다. 시장을 중심으로 마을을 꾸렸고 동물을 상징이나 토템으로 사용하는 씨족에 속해 있었다. 이는 이집트 정치집단의 기초가 되었고, 씨족사회를 이끌던 씨족장의 등장과 함께 나타났다.

초기 단계부터 이집트 사람들은 상당히 중요한 기술적 성취를 이루었다. 물론 고대 중동의 농경에 견줄 정도는 아니지만 말이다. 이집트인들은 파피루스 배를 만들 줄 알았고, 현무암처럼 단단한 물질을 다룰 줄 알았으며, 구리를 두드려서 일상생활에 필요한 작은 물건들을 만들 수 있었다. 이집트인들은 상당한 발전을 이루었고, (당시의 장신구로부터 짐작해보건대) 계급이나 지위의 구별이 있었다. 기원전 제4천년기 중반에 이르면서 외부의 영향력이 커지기 시작하며, 북쪽인 삼각주 지역에서는 다른 지역과의 교환과 접촉의 빈도가 배로 증가한다. 특히 이 시대의 예술에는 메소포타미아가 많이 등장한다. 사냥과 간헐적 농사는 본격적 농경으로 전환되기 시작하며, 예술에서는 얕은 돋을새김이 나타나는데, 이것은 후에 이집트의 전통에서 매우 중요한 역할을 하게 된다. 또한 구리 제품이 보다 많이 등장한다. 이 모든 것은 대부분 갑자기 등장하는 것처럼 보이며, 정치구조 또한 예외는 아니다.

정치구조는 이중적이라고 볼 수 있다. 기원전 제4천년기 중에 남과 북, 곧 상하 이집트의 두 왕국이 합쳐진다. 이집트에는 수메르와는 달리 도시국가가 없었다. 이집트는 문명 전 단계에서 바로 넓은 지역을 다스리는 통치체제 단계로 이동한다. 이집트의 초기 마을들은 농부들의 시장터였다. 농업 공동체와 씨족들은 나중에 주(州)의 기초가 되는 집단들로 합쳐진다. 이집트는 메소포타미아보다 700년 앞서 정치적 결합체를 이루지만, 후대에 이르러서도 굉장히 제한적인 형태의 도시만이 나타날 뿐이다.

기원전 3200년까지 두 개의 이집트에 걸친 왕에 대해서 알려진 바는 거의 없다. 그렇지만 이들이 많은 집단의 사람들을 통치하며 힘을 강화하기 위해서 애쓰던 시대의 최종적인 승리자였으리라고 추측해볼 수 있다. 이 시기에 기록문화가 시작되었고, 왕권강화에서 기록은 중요한 역할을 했을 것이다. 이집트 역사의 시작은 기록과 함께 시작하며, 자연히 수메르보다 연속적 역사를 파악하기가 쉬운 편이다. 이집트에서는 행정이나 회계 관련 기록뿐 아니라, 후대에 전할 기념물이나 유물에 남긴 사건 기록 또한 이루어졌다.

기원전 3200년 무렵의 기록에 의하면, 상이집트의 위대한 왕인 메네스가 북쪽을 정복했다고 한다. 이집트는 큰 국가로 통합되었고, 아부심벨까지의 강 유역을 다스렸다. 왕국은 점차 강력해지고 영역은 커졌다. 내토 빙애를 받기도 했지만, 이는 고대 그리스와 로마 문명의 시대로까지 이어질 문명의

왕조	
I-II	초기 왕조 약 기원전 3000-2686년
III-VIII	고왕국 기원전 2686-2160년
IX-XI	제1중간기 기원전 2160-2055년
XII-XIV	중왕국 기원전 2055-1650년
XV-XVII	제2중간기 기원전 1650-1550년
XVIII-XX	신왕국 기원전 1550-1069년

시작이었다. 거의 3,000년 동안(기독교 등장 이후 지금까지의 기간의 1.5배에 해당하는 시간이다), 이집트는 역사적 결합체였으며 경이로움의 대상이자 감탄의 중심이었다. 많은 일들이 일어났고 그 모두를 파악하는 것은 불가능하다. 그렇지만 이집트 문명의 안정성과 지속적인 힘은 이집트가 겪었던 우여곡절보다 더 인상적이다.

간략히 말해서, 문명의 전성기는 기원전 1000년경 막을 내린다. 그전까지 이집트 역사는 5개의 큰 전통적 구간으로 나눌 수 있다. 그중 3개는 고왕국, 중왕국, 신왕국으로 불린다. 다른 2개는 제1중간기, 제2중간기라고 불린다. 세 '왕국' 시기는 전성기 또는 통합정부 시기라고 부를 수 있다. 두 종류의 중간기는 외부적, 내부적 요인에 의해서 약해지고 타락했던 시기들이다. 전체적으로 볼 때 층층이 나뉜 케이크에 비유할 수 있는데, 세 개의 다른 맛을 가진 층과 층 사이의 잼으로 구성되어 있다고 볼 수 있다.

물론 이런 방식이 이집트 역사를 이해하는 유일하거나 최선의 방식은 결코 아니다. 객관적인 기준을 제시할 수 있다는 장점 때문에, 많은 학자들은 이집트 연대기를 31왕조로 구분하곤 한다. 해결하기 쉽지 않은 논쟁을 피할 수 있기 때문이다. 예를 들면, 첫 번째 왕조를 '고왕국' 시기로 분류해야 하는지, 아니면 구분하여 상고시대로 해야 하는지와 같은 문제나, 중간기의 시작과 끝을 언제로 잡아야 하는지와 같은 문제가 여기에 해당한다. 초기 왕조 시기를 구분한다는 전제하에, 5개의 시기 구분이 우리의 목적에 충분히 적절하다고 볼 수 있다. 최근 사용하는 이집트 연대의 날짜 구분 표기와 왕조의 표기는 위와 같다.

여기에서는 메소포타미아와 마찬가지로, 이집트 국경 밖에서 시작된 일련의 격변의 영향을 받았던 시기까지를 다루고 있다. 흔히 사용되는 '위기'라는 표현이 어울리는 시기까지라고 할 수 있다. 고대 이집트의 전통이 종말에 이르기까지는 이로부터도 수 세기가 더 걸렸다. 일부 이집트인들은 파라오 시대부터의 이집트 정체성이 지금까지도 이어지고 있다고 주장하기도 한다. 그렇지만 기원전 제1천년기 초반쯤에서 이야기를 끊어가는 것이 여러 가지로 편리하다. 이 시기가 되면, 이집트의 위대한 업적은 이미 모두 나타났기 때문이다.

이집트는 무엇보다도 군주제에 입각한 국가를 중심에 두고 있었다. 국가 자체가 이집트 문명을 표현했다. 이집트는 멤피스를 중심으로 했는데, 멤피스는 메네스 시절에 건설되기 시작했으며, 고왕국의 수도였다. 후일 등장한 신왕국의 수도는 테베였는데, 수도가 불확실한 시기도 있었다. 멤피스와 테베는 거대한 종교적 중심지였고, 궁전의 집합소였다. 여기에서는 진정한 도시 문화가 발전하지는 않았다. 초기 시대에 도시의 부재는 정치적으로도 중요했다. 이집트의 왕은 수메르에서처럼 도시국가에서 도시국가를 대표할 인물로 등장하지 않았다. 또한 이집트 왕은 모든 인간을 다스리는 신의 계시를 받드는 존재도 아니었다. 이집트 왕은 신과 백성 사이의 중개자였다. 이집트에서는 왕권과 종교의 대립을 찾아볼 수 없다. 파라오는 신의 종이 아닌 신에 비견되는 존재였기 때문이다.

신왕국에 들어서야 '파라오(pharaoh)'라는 호칭이 왕에게 붙여지기 시작했다. 그전까지 파라오는 왕의 거주지와 법원을 지칭했다. 이집트의 왕들은 고대 세계에서 눈에 띌 만한 권력을 휘둘렀다. 초기 기록에는 이집트 왕의 권력이 상당히 과장되게 묘사되어 있다. 이는 선사시대 왕들이 성공적인 농업을 통해서 얻은 권력으로, 이 특별한 권력은 후대 왕에게 상속되었다. 일부 아프리카 왕은 아직까지도 기우제 등을 통해서 이런 힘을 행사하고 있다. 사람들은 파라오가 매년 사람들의 삶의 흥망(興亡)을 결정한다고 믿었다. 이집트 왕이 주재하던 제례 중 우리가 알고 있는 초기 제례는 풍요, 관개, 개간과 관련이 있다. 메네스에 관한 가장 오래된 표상은 메네스가 수로를 건설하는 모습을 나타내고 있다.

고왕국에서 왕은 토지의 절대적 주인이었다. 왕은 신의 후손으로 통하게 되고, 토지의 본래 주인으로 인식되었다. 왕은 오시리스(Osiris)의 아들인 호루스(Horus), 즉 신이 되었고 질서를 지배하는 권력자였다. 파라오가 선호하는 것이 정의이고, 파라오가 싫어하는 것이 악이다. 그는 전지전능하기 때문에 파라오를 이끌어줄 수 있는 법은 필요하지 않다. 중왕국 시대까지 오직 파라오에게만 사후세계가 가능했다. 이집트는 다른 어떤 청동기 국가들보다도 신적인 존재가 왕 안에 있다고 믿는 성육신(成肉身)을 강조했으며, 철이 유입되면서 새로운 왕국이 나타날 때까지도 이를 절대적인 믿음으로 받아들였다. 그러나 외부의 침략으로 이집트에 재앙이 찾아오면서, 파라오가 세계의 신이라고 믿는 것이 불가능해졌다.

그러나 이미 오래전 이집트 국가는 또 하나의 제도화를 이루었는데, 바로 정교한 관료체계의 구체화였다. 관료제의 정점에는 귀족관리들이 있었고, 이들 중 소수는 파라오에 맞먹을 만큼 화려한 장례를 치르곤 했다. 이보다 권력이 약했던 가문들은 정교해진 통치체제에 필요했던 수천 명의 서기관 역할을 맡았다. 이러한 관료제 기풍은 서기관으로 성공하기 위한 덕목을 열거했던 문학작품에서 찾아볼 수 있다. 학업, 절제, 신중, 상관(上官)에 대한 존경, 무게나 측정, 재산과 법률양식을 중히 여김 등이 이에 해당했다. 서기관들은 테베의 특별학교에서 훈련받았으며, 이곳은 다양한 서기관들이 가르침을 받은 전통적 장소였을 뿐 아니라 조사관, 건축관, 회계사 등의 양성 장소이기도 했다.

이러한 방식의 관료제가 자리잡았던 국가에서 대다수 거주민은 소작농이었다. 소작농의 삶은 편안하지 못했다. 국가에 노역을 제공하고 귀족과 관료제, 종교를 위해서도 잉여물을 바쳐야 했다. 그렇지만 땅은 비옥했고 관개기술의 발전은 왕조가 나타나기 전 시기에 이미 이루어져 있었다(대규모 노동력 동원의 사례로는 최초의 사례 중 하나일 것이며, 이와 같은 규모의 노동력 동원은 이후 이집트 통치체제의 큰 특징 가운데 하나로 남게 된다). 주된 곡물은 채소, 보리, 밀이었다. 고왕국에서는 가축을 농사에 이용했다. 약간의 변화만 있을 뿐, 농업은 현재까지도 이집트의 근간을 이루고 있다. 로마 제국의 곡물창고 역할을 충분히 해낼 수 있는 정도였다.

이러한 농업의 발달 이외에도 돌을 사용한 거대한 규모의 공공노역은 이집트만의 특징이었다. 고대 이집트의 집과 농장 건물은 왕조가 성립되기 이전부터 사용했던 진흙 벽돌로 지어졌으나, 진흙 벽돌은 지속성이 떨어지는 편이었다. 궁전, 무덤, 파라오의 기념비는 나일 강 유역에서 흔히 찾아볼 수 있었던 돌을 사용했다. 초기에는 구리로 만든 도구, 이후에는 청동도구로 조각했지만, 고도화된 기술을 사용한 것은 아니었다. 이집트인들은 돌 기둥을 발명했지만, 이집트의 사회나 행정 측면에 비교해볼 때, 건축기술이 뛰어나지는 않았다. 이집트인은 전례 없이 밀도 높은 노역을 동원했다. 서기관의 지휘 아래 수천 명의 노예들과 징집병, 때로는 군대가 동원되어 건물을 지을 거대한 규모의 재료들을 제자리에 놓고 자르는 일을 수행했다. 막대와 썰매 같은 기초적인 도구와 지면의 경사를 이용해서, 지금 보기에도 경이로운 건축물을 만들었다.

이러한 건축물은 제3왕조부터 시작되었다. 가장 유명한 것은 왕의 무덤인 피라미드로, 멤피스 근처인 사카라에 위치해 있다. 그중 '계단식 피라미드(Step Pyramid)'는 왕의 재상이었던 임호텝(이름이 기록된 최초의 건축가)의 걸작으로 알려져 있다. 그의 작품은 매우 인상적이며, 왕조가 가지고 있던 신적 권력의 증거로 보인다. 이로부터 약 100여 년이 흐른 후, 15톤에 달하는 돌을 사용해서 쿠푸의 피라미드를 만들기 시작했다. 이 시기(제4왕조기)에 기자의 거대한 피라미드도 완성되었다. 쿠푸의 피라미드는 건설에만 20년이 걸렸다. 기록에는 10만 명이 고용되었다고 알려져 있지만, 이는 과장된 숫자였을 것이며 실제로는 수천 명이 고용되었을 것이라고 추측된다. 또한 5-6톤에 달하는 거대한 암석을 500마일이나 떨어진 곳에서 가지고 왔다는 전설이 전해진다. 가로와 세로는 750피트에 달하는데, 차이는 단 8인치로 0.09퍼센트의 오차만이 나타나는 완벽하게 시공된 거대한 공사였다. 피라미드는 파라오 국가의 힘과 자신감의 상징이다. 그러나 이는 왕이 사후세계에 거주할 장소였을 뿐이다. 다른 건축물로는 사원, 궁전, 왕가의 골짜기가 있다.

거대한 규모의 공공노역은 이집트인들이 후세에 남긴 가장 큰 유물이었다(비유적 측면에서건 사실적 측면에서건 말이다). 이러한 유물을 살펴볼 때, 후세인들이 이집트인을 위대한 과학자로 생각한 것은 당연한 것이다. 정교한 수학적 지식이나 과학적 기술을 사용하지 않고 이렇게 거대한 유적을 만들어 냈다는 것은, 믿기 어렵지만 사실이다. 이집트의 측량이 상당히 발달하기는 했어도, 기초수학 이상이 공학에 적용되기 시작한 것은 현대에 들어서이다. 피라미드의 건설에는 고급수학이 필요하지 않았다는 것이다. 부피와 무게를 정확하게 잴 필요가 있었고, 이집트 수학자들은 이를 이루어냈다. 후세 사람들이 어떻게 생각하건 간에, 현대 수학자들은 수학이론 측면에서 그들이 위대한 업적을 세웠다고 생각하지 않으며, 바빌로니아와 이집트의 예술을 연결시키지 않는다. 이집트는 소수점을 사용하기도 했지만, 후세 수학자들이 생각할 때, 이집트인이 남긴 유일한 중요한 업적은 분수(分數)의 발명이다.

크게 발달하지 않았던 이집트 초기 단계의 수학을 통해서 이집트 천문학이 왜 많이 발달하지 않았는지를 잘 알 수 있다. 다소 역설적이게도 후대인들은 이집트 천문학이 매우 발달했다고 생각한다. 이집트인의 관찰력은 나일 강의 범람을 예상할 수 있을 정도로 정확하기는 했지만, 천문학 이론은 바빌로니아 인에 비해서 한참 뒤떨어져 있었다. 이집트의 천문학은 수 세기 동안 점성술 가들의 존경을 받았지만, 과학적 가치는 낮으며 예측은 매우 단기적이었다. 이집트 천문학에서 가장 뛰어났던 업적은 달력이었다. 이는 태양력(太陽曆) 으로, 이집트인들은 1년을 365와 4분의 1일로 설정한 최초의 사람들이었으며, 1년을 12개월로 나누고, 10일을 1주일로 하여 1개월을 3주일로 나누었으며, 연말에 5일의 여분을 두었다. 프랑스 혁명가들은 1793년의 기독교 달력보다 이집트 달력이 더 합리적이라고 생각하여 이를 부활시켰었다.

달력은 별 관찰에 기초하여 만들어졌지만, 달력 제작의 동기는 이집트 삶의 중심이었던 나일 강의 범람에 기인했을 것이다. 달력은 이집트 농부들에게 씨 뿌리는 시기, 홍수기, 수확기라는 세 계절로 구성된 1년을 제시했고, 각각의 계절은 대략 4개월 정도였다. 이와 같은 나일 강의 끝없는 주기는 이외에도 이집트인들에게 깊은 영향을 미쳤다.

고대 이집트 종교생활의 견고함과 구조는 다른 이들에게도 영향을 미쳤다. 헤로도토스는 그리스 신의 이름이 이집트에서 비롯되었다고 믿었다. 헤로도토스의 생각은 틀렸지만, 이런 생각을 했다는 사실은 매우 흥미롭다. 후일

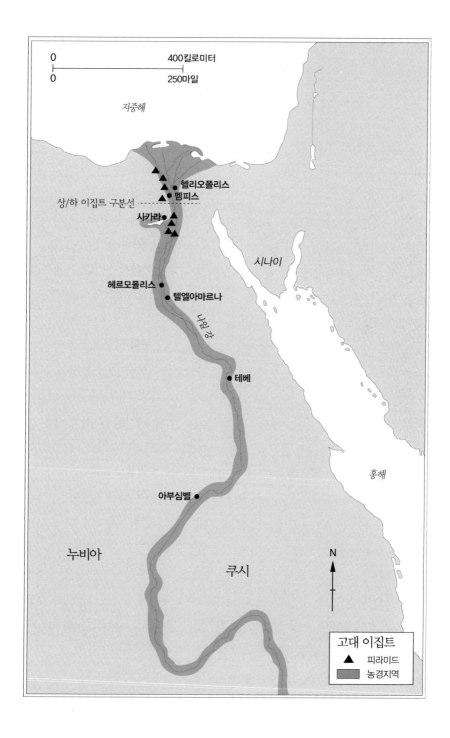

지중해

헬리오폴리스

멤피스

상/하 이집트 구분선

사카라

헤르모폴리스

텔엘아마르나

나일강

시나이

테베

홍해

아부심벨

누비아

쿠시

N

고대 이집트

▲ 피라미드

농경지역

0

0

400킬로미터

250마일

로마 황제는 이집트 신을 섬기는 행위를 위협 요인으로 간주해서 금지했으나 로마인들은 결국 이를 용인하게 되었다. 그 정도로 이집트 종교는 매력적이었다. 또한 이집트 종교는 다른 이집트 문명처럼 이집트 왕조가 멸망한 이후에도 활기차게 이어졌다.

그러나 여전히 이해하기 힘든 부분이 남아 있다. 위에서 언급한 '활기'라는 용어에는 오해의 여지가 있다. 고대 이집트의 종교는 현재의 교회처럼 독립적인 구조로 이해된 것이 아니라, 인체의 순환체계만큼이나 생활 속에서 당연시되었다. 물론 특정한 제례나 장소와 연결된 사제가 있었고, 고왕국 시기 몇몇 사제는 화려한 무덤에 묻힐 만큼 높은 직위를 가지고 있었다. 그러나 종교사원은 제례를 올리는 곳일 뿐 아니라 경제기관이자 저장소였다. 대다수의 사제들은 제례를 올리는 의무에 더하여 서기관, 행정가, 관료직을 수행했다. 이들은 후세의 성직자와는 차이가 있었다.

이집트 종교는 역동적이고 활기찬 사회적 힘이라기보다는 변하지 않는 우주의 여러 부분을 관장함으로써 현실을 직시하는 방법이라고 보아야 한다. 우리가 다른 시대를 평가하는 데에서 당연시하며 사용하는 개념이나 구분이 당시 사람들의 머릿속에는 존재하지 않았다는 점을 명심해야 한다. 예를 들면, 고대 이집트인들에게 종교와 마술의 경계는 중요하지 않았다. 이집트 종교에서 마술은 암적인 존재로 항상 존재해왔다. 비록 이러한 주장이 가치판단적 요소가 강하게 드러나기는 하지만, 이집트에서의 마술과 종교의 관계를 잘 드러내주기는 한다. 고대 이집트에 존재하지 않았던 구분 중 또 하나는 사물과 명칭에 관한 것이다. 고대 이집트인들에게 명칭은 곧 사물이었다. 우리는 명칭과 실재를 구분하여 생각하는 반면에, 이집트인에게 명칭은 실재이며 실재는 명칭이었다. 이집트인들은 물고기가 물속에 살 듯이, 상징주의(象徵主義) 속에 살았고 이를 당연하게 생각했다. 그러므로 이집트를 연구할 때는 고도로 비상징적인 문화에 기초한 우리의 여러 가정(假定)을 깨고 이집트인들을 이해해야 한다.

고대 이집트에서의 종교의 역할과 의미를 살펴보기 위해서는 이집트의 세계관을 고려해야 한다. 이집트 문명의 전체 기간 동안 이집트인들은 종교를 통해서 다양한 일상 경험을 관통하는 변치 않는 사후세계를 갈망했다. 나일 강의 영향을 여기에서도 발견할 수 있다. 매년 나일 강은 모든 것을 쓸어가고 새로운 것을 창조했지만, 나일 강의 범람 주기는 계속적이고 변하지 않았으며 우주 리듬의 집합체였다. 인간에게 가장 큰 위협은 죽음이었으며, 죽음은 부패와 변질로 표상되었다. 박물관에 잘 보존된 무덤 속 유품이나 미라에서 엿볼 수 있듯이 이집트 종교는 시작부터 죽음과 깊은 연관이 있었다. 중왕국 시대에는 왕뿐만 아니라 모든 사람이 사후세계를 기대할 수 있다고 믿었다. 이집트인들은 제례와 상징을 통해서 원칙적으로 변하지 않는 사후세계에 대한 확신을 가지고 본인들의 사후세계를 준비했다. 이처럼 사후세계에 대한 이집트인들의 시각은 메소포타미아인들의 음울한 시각과는 달랐다. 이집트인들은 그 안에서 행복해질 수 있었다.

오랜 기간 동안 엄청난 인원에게 사후세계와 같은 결과를 보장해주어야 했기 때문에, 이집트 종교는 영웅적 특징을 띠게 된다. 정교한 장례나 미라를 만드는 데에 바쳐진 정성들을 볼 때, 이러한 주장에 수긍하게 된다. 이러한 특징이 가장 확실히 발현된 것이 피라미드의 건설과 미라 제작이다. 중왕국에서는 왕의 장례를 시행하고 미라를 만드는 데에 70일이 걸렸다.

이집트인들은 죽은 후에 인간은 오시리스 앞에서 재판을 받게 된다고 믿었다. 만약 피고가 선했다면 그는 오시리스의 왕국에서 살 것이고, 그렇지 않았다면 그는 절반은 악어이고 절반은 하마의 모습을 한 괴이한 파괴자에게 넘겨질 것이었다. 그러나 오시리스에게만 충성해야 하는 것은 아니었다. 이집트에는 대략 2,000명의 신이 존재했으며, 몇몇 중요한 제례가 있었다. 이들 중 다수는 선사시대의 동물을 숭배하던 신앙에서 유래했다. 독수리 신인 호루스는 왕조의 신이기도 했으며, 기원전 제4천년기 정체불명의 침입자들의 영향으로 역사에 등장한 듯하다. 이러한 동물들은 천천히 불완전한 인간의 모습으로 변화해갔고, 예술가들은 이를 사람 몸에 동물 머리를 단 모습으로 형상화했다. 이러한 토템 생물체들은 파라오가 정치적 목적을 위해서 통합을 시도하면서 새로운 양식으로 재배열되었다. 호루스는 파라오의 몸속에 있다고 여겨진 태양신인 아몬-레(Amon-Re)와 결합되었다. 이후 호루스는 오시리스의 아들로 여겨졌고 그의 배우자는 이시스(Isis)로 불렸다. 창조와 사랑의 신이었던 이시스는 이집트 신들 가운데 가장 오래된 신이라고 여겨지는데(아마 원왕조 시대까지 거슬러 올라가야 할 것이다), 신석기시대 중동 지역 어디에나 존재했던 여신의 하나였다. 이시스는 오랫동안 지속되었고, 아기 호루스를 안고 있는 이시스의 이미지는 성모 마리아의 이미지로 기독교로까지 이어졌다.

이집트 예술에서 신은 상당히 중요한 주제로 다루어지지만, 이외에 다른 주제도 다루었다. 이집트 예술은 근본적 상징주의에 기초해 있었으나, 표현양식에서는 관습을 따랐다. 2,000여 년에 이르는 이집트 예술 초기에는 아름답고 단순한 모습으로, 보다 농익은 문화가 발달한 시기에는 친숙하고 매력적인 모습으로 나타났다. 이집트 예술은 매일매일의 일상적이고 현실적인 모습의 묘사를 가능하게 했다. 농사, 낚시, 사냥이라는 전원적인 주제가 예술 안에 나타나 있으며, 일하는 장인의 모습이나 서기관 생활을 표현한 경우도 있다. 그렇지만 이집트 예술에서 가장 눈에 띄는 것은 내용이나 기술이 아닌, 오랜 기간 지속되었던 양식이다. 약 2,000년 동안 예술가들은 고전적인 전통 아래에서 만족스럽게 일할 수 있었다. 그 기원은 수메르에서 연유했을 수도 있고, 다른 문화의 영향이었을 수도 있다. 그러나 이집트 고유 문화의 강력함과 견실성은 결코 흔들리지 않았다. 이것은 고대 당시 이집트를 방문한 사람들에게 가장 두드러지게 나타나 보이는 모습이었을 것이며, 이집트 예술은 위대한 작품으로 보였을 것이다. 상기 구석기시대를 제외한다면, 이집트는 전체 예술사에서 가장 길고도 우수한 역사를 가지고 있다.

이집트 문화는 다른 문화로 이식되지는 않았다. 그리스인들은 이집트로부터 기둥을 차용해갔을 것이다. 이렇듯 다른 지역의 예술가와 건축가들이 이집트의 건축물에 매혹되어 이를 모방하고자 했지만, 성공적이었을 때조차도 모방은 피상적인 수준에 머물거나 이집트 본래의 특성과는 다른 모습을 나타냈다. 이집트의 이런 고유성은 다른 문화에서 뿌리를 내리지 않았다. 둥근 기둥, 스핑크스, 가구에 아로새겨진 뱀 문양, 오벨리스크 등이 여기저기 등장할 뿐이다. 이후 세계에 지대한 영향을 미쳤던 것은 바로 이집트의 인체비율에 대한 법칙이다. 이는 후일 그리스인을 통해서 전파되었으며, 레오나르도 등의 유럽 예술가들은 이집트 예술양식의 측면이 아닌 이론의 측면에서 영향을 받았다.

또 하나의 중요한 이집트의 예술적 업적은 캘리그래피(calligraphy, 서예)이다. 물론 캘리그래피가 이집트에만 유일하게 나타났던 것은 아니지만, 이집트 예술사에서 상당히 중요한 의미를 가진다. 이집트인들은 의도적으로 수메르인들의 표음방식을 차용했지만 쐐기문자는 차용하지 않았던 것으로 보이며, 스스로 자신들의 상형문자를 발명했다. 메소포타미아 지역의 문자를 다른 방식으로 구성해서 사용하는 방식이 아니라, 동물의 모양에서 착안한 상형문자를 취했다. 이것은 쐐기문자보다는 형태적인 면에서 훨씬 더 장식적이고 화려했지만, 상형문자 모두를 익히는 것은 쉽지 않았다. 최초의 상형문자는 기원전 3000년 이전에 등장한다. 마지막으로 사용되었던 것은 기원후 394년으로 기록되어 있다. 즉 거의 4,000년간 지속되었다. 그러나 마지막으로 사용된 후, 1,450년간 이를 해독할 수 있는 사람은 존재하지 않았다. 나폴레옹의 군대가 이집트로 진격할 때 함께했던 고고학자가 '로제타 스톤(Rosetta stone)'을 발견하여 프랑스로 가져간 후에야 한 프랑스 학자가 비로소 비문을 해독할 수 있었다.

고대에는 상형문자를 읽을 수 있는 능력이 사제계급에 국한되었고, 따라서 문자해독은 직업적 비밀로 다루어졌다. 선왕조 시대부터 상형문자는 역사를 기록하기 위해서 사용되었고, 제1왕조기에 파피루스가 발명됨으로써 상형문자의 확대 재생산에 공헌하게 된다(갈대 심을 격자로 배열한 후에 꾹꾹 눌러서 한 장으로 만들었다). 파피루스의 발명은 상형문자 자체보다 더 세계에 큰 영향을 미치게 되었다. 파피루스는 동물가죽보다 비용이 적게 들었고 점토판이나 석판보다 사용하기 편리했다. 일반적인 서신 교환에 사용되었고, 중동 지역의 기록수단이 되었다. 파피루스는 이후 극동 아시아에서 지중해 지역으로 종이 만드는 법이 전해진 기독교 시대까지 계속 사용되었다. 사실 종이(paper)라는 영어 단어 자체가 파피루스(papyrus)에서 기원한 것이기도 하다. 파피루스가 발명되고 난 뒤, 이를 길게 이어붙여서 최초로 책이라는 형태가 만들어졌다. 고대에 대해서 알려진 상당 부분은 사실 이집트의 파피루스에 기록된 것에 의한다.

의심의 여지없이, 이집트 사제나 마술사의 용맹스런 행위나 정치적 업적을 구현한 예술은 이집트의 위용을 잘 보여준다. 그러나 당시 다른 문명과 비교해보면, 이와 같은 모습이 유난히 풍부했다거나 수용적이었다고 보이지는 않는다. 이집트의 기술 자체가 전혀 오류가 없다거나 해석이 쉽다고 볼 수 있는 것도 아니다. 오히려 사람들은 이후 새로운 기술을 받아들이기를 꺼려하고 새로운 혁신을 만들지 않으려는 경향을 보였다. 문자의 발명 이후, 석기 건축이 거의 유일한 문화적 혁신이었다. 파피루스와 바퀴가 제1왕조 시기부터 사용되었지만, 메소포타미아의 발명품인 두레박을 받아들이는 데에는 2,000여 년이 걸렸다. 물론 이집트는 물시계를 발명했고, 물시계는 진보를 거듭하며 1,000여 년간 사용되었다. 아마도 나일 강이 제공하는 변함없는 풍요라는 조건 아래에서 변화 없이 반복되는 양상이 지속성을 제공했던 듯하다.

의술(醫術)에서는 반박할 수 없는 고유성이 있었고, 상당한 성취를 이루는데, 적어도 고왕국 시기까지 거슬러 올라간다. 기원전 1000년경 즈음 이집트의 예술에서의 탁월성은 국제적으로 잘 알려진 상태였다. 이집트의 의술은 주술(呪術)로부터 완전히 구분될 수는 없지만, 합리성이라는 특성과 순수하게 경험적으로 관찰한다는 과학적 측면이 존재했다. 당시 의술은 피임술(避妊術)에 관한 지식 또한 포함했다. 후대 역사에 미친 간접적인 공헌 역시 상당했는데, 우리가 알고 있는 약물과 식물에 관한 약학(藥學)은 이집트인들에 의해서 정립되어 이집트인들로부터 전해졌다. 이는 그리스인들을 거쳐서 중세 유럽의 과학자에게 전해졌다. 피마자유만큼 효과가 있는 치료약을 사용하기 시작한 것은 상당히 의미 있는 일이다.

이러한 내용에 기초하여 이집트인들의 건강에 대해서 추론하는 것은 다른 문제이다. 이집트인들은 메소포타미아 사람들과는 달리, 술을 과도하게 마시는 것에 대해서 큰 경각심을 가졌던 것 같지 않다. 그러나 이러한 사실에서 결론을 쉽게 이끌어낼 수 있는 것은 아니다. 일부 학자들은 그 당시 이집트의 유아사망률이 매우 높았으며, 몇몇 성인병이 있었다고 주장한다. 그러나 현존 미라를 살펴보았을 때 구루병(佝僂病)이나 매독(梅毒)이 발견된 경우는 없었다. 반면에 현재 이집트에도 광범위하게 퍼져 있는 주혈흡충증(住血吸蟲症)이라는 질병은 기원전 제2천년기에도 있었던 것으로 보인다. 그렇지만 그 어떤 내용도 이집트의 의술 시행에 대한 전면적인 정보라고 공언할 수 없다. 그럼에도 불구하고 이집트는 우리에게 가장 오래된 의학에 대한 기록을 제공한다. 약 처방과 치료 기록 및 증거는 이집트인들이 다양한 조합의 치료술을 사용할 줄 알았음을 보여준다. 현대를 제외한 과거의 어떤 주요 문명과 비교해보아도 그와 유사한 수준이었음을 알 수 있다. 그리고 상당 기간 그 중점은 관장(灌腸)에 있었다. 물론 기후가 맞아떨어졌던 측면을 간과할 수는 없지만, 미라를 만드는 과정을 통해서 보존술이 상당히 발전하기도 했다. 기묘하게도 이런 기술의 결과물이 후에 치료약으로 사용되기도 했는데, 수 세기 동안 미라를 가루로 만들어 여러 가지 질병의 약으로 쓰기도 했다. 또한 일부 이집트인들이 원시적인 피임술을 고안하고 사용했다는 것도 흥미롭다. 피임술을 통해서 인구 과부하와 영아 살해의 위험을 줄이는 데에 효과가 있었는지는 알려져 있지 않다.

대부분의 이집트인들은 소작농이었고, 메소포타미아 사람들보다는 도시화가 덜 되어 있었다. 문학이나 예술작품에 드러나는 이집트인의 생활모습을 보면, 시골에서 사는 사람들이 주를 이루었고 도시나 사원은 주거지보다는 제례를 행하는 등 특별한 장소로 이용되었다. 고대 이집트는 테베나 멤피스와 같은 몇몇 행정중심 지역을 제외하고는 마을과 시장으로 이루어졌다. 가난한 이들의 삶은 어려웠지만 항상 그랬던 것은 아니다. 부역은 그중 가장 큰 부담이었을 것이다. 농토를 비옥하게 만들어주던 나일 강 범람기에는 파라오가 노역의 징집을 명하지 않고 소작농들은 느긋하게 시간을 보낼 수 있었다. 다양한 기술자를 보유했던 복잡하고 다채로운 사회를 뒷받침할 수 있을 정도로 농업적 기초는 탄탄했다. 우리는 조각과 미술 등의 유적을 통해서 그 당시 메소포타미아 사회보다는 이집트인들의 다양한 활동에 대해서 더 잘 알고 있다. 노예제 역시 존재했지만, 소작농을 대상으로 한 노역징집이 더 기초적인 사회제도였다.

후대인들은 이집트 여성의 유혹적 면모를 논하곤 한다. 다른 사례와 더불어, 이는 당시 이집트 여성들이 다른 지역의 여성들보다 독립적이고 사회적 입지가 더 나았다는 인상을 주기도 한다. 재판정에 선 여성을 묘사하는 예술 작품을 한 예로 살펴보자. 이 여성은 섬세하고 비치는 이집트 리넨으로 만든 옷을 입고, 보석으로 치장하고, 화장을 꼼꼼히 하고 있다. 여기에 과도한 의미를 부여해서는 안 되겠지만, 이를 통해서 당시 이집트 지배계층 여성들이 어떤 대접을 받는지를 대강 파악할 수 있으며, 이집트 여성의 위엄과 독립성을 알 수 있다. 여러 귀족층의 남녀나 파라오, 왕비들의 사이를 묘사한 작품들은 기원전 제1천년기 이전 고대 중동의 여타 지역에서는 볼 수 없는 성적 친밀성을 드러내고, 남녀 간의 감정적 대등성을 나타내는 것으로 보인다. 사실 이와 같은 묘사가 우연이라고 말하기는 어렵다.

여러 미술과 조각 작품에서 나타나는 아름답고 매혹적인 여성들의 모습은 다른 지역에서는 드물게 나타나는 여성으로서의 정치적 권력을 반영하는 것일지도 모르겠다. 왕좌는 이론적으로 또는 실질적으로 여성의 계보를 통해서 이어지기도 했다. 재산을 상속받은 여자가 남편에게 상속 권한을 부여할 수 있었으며, 이로 인해서 공주의 결혼은 여러 우려를 낳곤 했다. 그래서 많은 왕족들이 형제자매 간에 결혼을 하게 되었는데, 이로부터 바람직하지 않은 유전적 결과가 도출되지는 않았다. 몇몇 파라오는 딸과 결혼하기도 했는데, 성스러운 혈통을 보존하기 위해서라기보다는(이는 첩을 맞아들임으로써도 충분히 달성될 수 있었다) 다른 사람이 딸과 결혼하는 것을 막기 위해서였을 것이다. 이러한 요소로 인해서 왕족 여성은 상당한 영향력을 가지고 있었다. 따라서 이들 중 몇몇은 상당한 권력을 구가하기도 했고 한 여성은 실제로 왕좌를 차지하기도 했는데, 스스로를 파라오라고 칭하고 남자처럼 옷을 입고 수염을 단 채 제례에 나서기도 했다. 이는 상당히 혁명적인 사건으로, 반감 없이 이를 수용하기는 어려웠던 듯하다.

이집트 신전에서 찾아볼 수 있는 이시스 숭배와 관련된 여성성 역시 시사하는 바가 있다. 문학과 예술작품은 귀족이 아닌 아내와 어머니에 대해서도 존중과 경의를 강조했다. 애정문학이나 가정의 모습을 그리는 작품에서는 그 당시 사회에서 이상적으로 간주되는 기준이 나타나는 동시에 부드러운 에로

티시즘, 격식을 따지지 않으며 안정적이고 긴장되지 않은 분위기, 남성과 여성 간의 감정적 대등성 등이 등장한다. 일부 여성은 글을 읽고 쓸 줄 알았다. 심지어 여성 서기관을 지칭하는 이집트어 단어도 있었고, 두 명의 사례가 기록되어 있기도 하지만, 여성 사제나 매춘부를 제외하면 여성에게 문이 열려 있는 직업은 많지 않았다. 부유한 여성은 재산을 소유할 수 있었으며, 이들의 법적 권리는 많은 부분에서 수메르의 여성들과 유사한 정도였다. 이집트 문명의 기간이 상당히 길기 때문에 이러한 부분들을 일반화하기는 쉽지 않다. 그러나 고대 이집트에서 발견되는 이와 같은 증거에 기초해보면, 이집트 사회는 여성이 개인적 표현을 할 수 있는 분위기의 사회였으며, 이는 현대 이전의 여타 다른 사회에서는 찾아보기 어려운 특징이다.

현재 시점에서 뒤돌아볼 때, 인상적인 부분은 이집트 문명의 견실성과 물질적 부유함이다. 오랜 기간 동안 이집트의 물질적 부유함이 지속되었기 때문에, 외부세계와의 관계나 나일 강 유역 권력관계의 변천과 같은 맥락 속에서 이러한 부유함과 견실성을 파악하는 데에 어려움이 있다. 고왕국만 놓고 보아도 설명해야 하는 기간은 상당히 길다. 미국 역사의 2.5배에 이르는 기간인데, 이 긴 기간 동안 많은 일들이 발생했기 때문에 하나의 큰 줄기로 이를 설명하기란 거의 불가능하다. 그렇지만 고왕국 말기 팔레스타인 지역으로 몇 번의 연속적인 원정이 있었던 것을 제외하면, 이웃국가와의 관계는 특별히 주목할 만한 것이 없다. 이어진 제1중간기에는 위치가 뒤바뀌어 이집트가 침략의 당사자가 아닌 침략의 대상이 되기도 했다. 이 시기에는 이집트의 대내적 불안정과 분열로 인해서 아시아로부터 온 침략자들이 나일 강 하류에 자리를 잡을 수 있었다. 이 시기와 관련하여 '귀족들은 시름에 잠겼고 빈자들은 기쁨에 겨워한다.……온 나라가 비참한 상태이다.……외지인들이 이집트로 침입한다'라는 다소 이상한 문구가 전해진다. 경쟁 왕조들이 현재 카이로 부근에 등장하기도 했다. 결과적으로 멤피스에 대한 통제가 느슨해졌다.

이집트 역사에서 그 다음으로 위대한 시기는 바로 아메넴헤트 1세(재위 기원전 1991-1962)로 시작되는 중왕국이다. 아메넴헤트 1세는 수도 테베를 중심으로 왕국을 재통일했다. 기원전 2000년 이후 약 250년간 이집트는 회복기를 보냈다. 회복기라는 것은 제1중간기에 대조된다는 의미에서 붙여진 것이다. 중왕국 시대에는 사회질서와 사회통합이 보다 강조되었다. 파라오의 지위에서도 이전 시대와의 차이점이 생겼다. 즉 파라오 자체가 신이며 신의 후손일 뿐 아니라 다른 신이 추종하는 위치에 있다는 것이다. 비록 힘든 시기가 도래하여 인간들이 의구심을 품게 된다고 하더라도 파라오는 신이었기 때문에, 이에 기초한 사회질서에는 변함이 있을 수 없었다. 당시에 영토의 확장과 물질적인 성장이 있었다는 사실도 알 수 있다. 상당한 범위의 나일 강 늪지 개간이 이루어졌다. 첫 번째와 세 번째 대홍수 사이에 남쪽으로는 누비아를 정복했고 그곳의 금광을 완전히 채굴했다. 조금 더 남쪽으로 내려간 지역에서도 이집트의 식민지를 찾아볼 수 있는데, 이곳은 나중에 쿠시(Kush)라고 불리는 아프리카 왕국이 된 지역이다. 교역은 더욱 진척되었고, 시나이의 구리광산 채굴이 재개되었다. 신학적인 변화도 뒤따라서 이어졌는데, 아몬-레 신을 중심으로 제례가 재편되었으며 이는 정치적 통합의 영향으로 인한 것이었다. 그렇지만 중왕국은 왕조 간 경쟁과 정치적 갈등 속에서 막을 내리게 된다.

약 100년간의 제2중간기는 이전보다 상당히 위협적이었던 외부인의 침입을 큰 특징으로 한다. 이들은 힉소스인으로, 철로 만든 전차를 내세운 아시아계로 추정된다. 이들에 대해서는 많이 알려져 있지 않다. 이들은 이집트의 관습과 사회방식을 받아들였고, 초기에는 이집트 관료제를 유지하기도 했지만 여기에 동화되지는 않았다. 제18왕조기 이집트인들은 힉소스족을 내쫓았고, 신왕국 시대로 나아가게 되었다. 이 시기에 이집트인들은 쫓겨난 힉소스족의 본거지가 있던 남쪽 가나안 지역을 쫓아가서 정복하고, 현재 시리아와 팔레스타인 지역의 대부분을 차지한다. 이는 신왕국 시대 초기의 중요한 업적이다.

신왕국이 정점에 달했을 때에는 국제적으로 상당히 이름을 떨쳤으며, 다양하고 많은 기념물을 남겼다. 이는 힉소스의 지배가 이집트에 카타르시스적이며 밑거름이 되는 영향을 주었다고 주장할 수 있는 기반이 되기도 한다. 제18왕조기에 문화의 중흥이 일어났고, 전차(戰車)와 같은 아시아에서 온 군사기술이 발달했으며, 가장 큰 변화로 왕권의 재편이 나타났다. 그 당시 여왕이었던 하트셉수트가 매장된 사원을 보면, 당시 이집트 교역이 상당히 확장되었음을 알 수 있다. 다음 세기에도 하트셉수트의 후계자였던 투트모세 3세에 의해서 이집트의 영광이 지속되어, 유프라테스 강 유역까지 진출하게 되었다. 공물과 노예가 들어오고 아시아 공주들과 혼인을 맺었다는 내용이 기록된 유적들이 남아 있다. 그뿐 아니라 이집트 신전 장식이 새로운 양식을 취하며 화려해졌다. 이 시기는 이집트의 새로운 예술 중흥기로 간주된다. 또한 이집트의 예술은 이 당시 크레타 섬 등 외부의 영향 또한 받게 된다.

신왕국 말기로 가면서 남아 있는 수많은 외부와의 접촉에 대한 기록은 새로운 점을 시사한다. 이집트 권력의 맥락이 이미 크게 바뀐 것이다. 투트모세 3세가 정복하기 위해서 17년을 보낸 레반트 해안이 이와 관련한 중요한 지역이다. 이집트는 미탄니 왕국이 지배했던 넓은 영역을 정복하지 못했다. 미탄니족은 시리아 동부와 메소포타미아 북부를 차지하고 있었다. 투트모세 3세의 후계자들은 전략을 수정하여, 이집트 파라오와 미탄니 공주와의 결혼을 추진했고 이 지역 이집트인들의 이권을 보호하기 위해서 미탄니인들과의 우호적인 관계를 유지했다. 이집트는 오랜 기간 이어온 스스로에 대한 고립정책을 바꾸어야 했다. 그러나 이 시기 미탄니는 북쪽 히타이트인으로부터 상당한 압박을 받게 된다. 히타이트인은 기원전 제2천년기 후반에 야심 찬 열망과 활동을 통해서 중동 세계를 조각냈다.

이 과정 초기에 신왕국은 여러 지역을 선점하게 되는데, 이러한 사실은 아멘호테프 3세와 아멘호테프 4세의 치세 기간(기원전 1400-1362년경) 동안 주고받은 외교서신을 통해서 확인할 수 있다. 이는 현존하는 최초의 외교서신이다. 이 시기 초반 이집트의 위세와 번영이 정점에 달했다. 바로 이때가 테베의 가장 융성한 시기였다고 하겠다. 아멘호테프는 이제까지의 무덤 중 가장 넓은 무덤에 안장되었다. 안타깝게도 무덤에서 현존하는 유물은 그리스인이 후에 불렀던 이름인 멤논(그들이 에티오피아인이라고 생각한 전설적인 영웅)의 거상의 일부에 불과하다.

아멘호테프 4세는 기원전 1379년 그의 아버지를 뒤이어 왕위에 올랐다. 그는 태양신 아톤(Aton)을 숭배하는 유일신교를 고대 종교로 되돌려놓으려는 종교혁명을 시도하기도 했다. 그의 진정성을 강조하기 위해서 그는 이름을 아크나톤(Akhnaton)으로 바꾸고 테베로부터 300마일 북쪽에 아마르나라는 새로운 도시를 건설했다. 지붕이 없어 태양의 빛에 활짝 열려 있던 신전이 새로운 종교의 중심부가 되었다. 아크나톤의 진정성과 부친에 대한 충성심에는 의심의 여지가 없었지만, 이집트의 종교적 보수주의 아래에서 그의 시도는 애초에 실패할 운명이었다. 이와 같은 지속적인 변화의 노력 뒤에는 정치적인 계산이 자리하고 있었다. 아마 그는 아몬-레의 사제에 의해서 찬탈된 권력을 되찾으려고 했던 것 같다. 이를 어떻게 설명하든지 간에, 종교개혁으로 인해서 촉발된 반대세력이 아멘호테프 4세에게 역풍으로 몰아치게 된다. 그러는 와중에 히타이트인으로부터의 압력으로 인해서 이집트의 속국은 긴장을 이어 나가게 된다. 아크나톤은 기원전 1372년 히타이트인에게 유프라테스 강 서쪽 지역을 모두 잃은 미탄니국을 보호하지 못했고, 약 30년 후 미탄니국 멸망의 전조가 되는 내전에서도 손을 쓰지 못했다. 이집트 세력권은 무너지고 있었다. 공식적으로 왕명을 적은 목록에서 아크나톤이 제외된 데에는 종교적 원인 이외에도 다른 이유가 있을 것이다.

아크나톤의 후계자는 고대 이집트에서 가장 잘 알려진 이름을 채택하여 사용했다. 아멘호테프 4세는 태양신 아몬(Amon)의 숭배에 대한 흔적을 없애기 위해서 스스로 이름을 아크나톤으로 바꾸었으나, 그의 사위이자 후계자였던 투탕카텐은 아몬 숭배의 회복과 종교개혁 시도의 실패를 강조하기 위해서 이름을 투탕카멘(Tutankhamen)으로 바꾸었다. 투탕카멘이 이집트를 다스린 기간은 짧고, 인상적인 업적을 남기지 않았음에도 불구하고, 왕가의 골짜기에 성대한 규모로 매장된 연유는 여기에 있을 것이다.

투탕카멘이 사망한 시기로부터 200년 후 신왕국은 막을 내렸다. 국운의 쇠락 흐름이 잠시 멈춘 순간은 있었으나, 국운의 쇠락 자체를 멈출 수는 없었다. 일례로 투탕카멘의 미망인은 히타이트의 왕자와 결혼을 준비하기도 했는데 예정된 결혼식 전에 살해되었다. 이후의 왕들은 빼앗긴 땅을 회복하려고 노력했고, 때로 성공하기도 했다. 이러한 영토수복의 흐름은 팔레스타인 지역 주위에서 벌어졌으며 파라오들은 히타이트와 그외 다른 민족들의 공주들과 혼인정책을 펼쳤다. 그러나 또다른 적이 등장했고, 히타이트와의 교류정책은 더 이상 방위수단이 될 수 없었다. 에게 해 연안 사람들이 들고 일어났는데, 이집트 기록을 보면 에게 섬이 '사람들을 마구 쏟아냈으며 누구도 그에 맞서 영토를 지켜내지 못했다'고 기록하고 있다. 에게 해 연안 사람들은 결국 진압 되었으나 그 과정이 쉽지는 않았다.

역사적 사건의 본질과 정확성을 확인하기는 어려우나, 미래에 큰 의미를 가진 사건이 이즈음 발생한다. 몇 세기 후 편찬된 이집트 종교 기록에 따르면, 스스로를 '히브리인'이라고 지칭하는 소규모의 셈족인들이 그들의 지도자 모 세를 따라서 삼각주를 떠나 시나이 사막으로 간 것이다. 기원전 1150년부터 국내의 분열에 대한 징후도 다양하게 나타난다. 람세스 3세는 후궁들의 음모 로 인하여 사망한다. 람세스 3세는 일정 정도의 성공적 결과를 내서, 멸망으 로 흘러가는 이집트의 국운을 상쇄시키고자 했던 마지막 왕이다. 람세스 3세 의 후계자들이 통치했던 시기에는 경제적 불안정에 관한 기록이 남아 있다. 테베 지역에 자리한 왕족 무덤의 약탈로 대표되는 불길한 신성모독의 징후가 연이어 발생했다. 사제와 관리들이 권력을 차지했고, 마지막 왕조인 제20왕조 의 람세스 11세는 왕궁에 갇힌 상태나 다름없는 존재가 되었다. 이집트의 제 왕적 권력이 막을 내린 것이다. 히타이트 역시 같은 상황이었고, 기원전 제2 천년기 말에 여타 다른 제국들 역시 마찬가지 상황이었다. 이집트 권력뿐 아 니라 이집트를 뒷받침하던 주변 세계들 역시 저물어가고 있었다.

고대 전체에 영향을 미친 변화에서 이집트의 쇠락에 대한 설명을 찾아야 함은 의심의 여지가 없다. 그러나 신왕국 말기에 이집트 문명 전반에 자리했 던 취약성이 드러났다는 것을 부인하기는 어렵다.

언뜻 보아서는 이를 구분하기가 쉽지 않다. 수백 년이 아닌 천년 단위의 위대한 이집트의 문화유산들과 역사를 고려할 때, 비판적이거나 회의적인 생 각은 쉽게 들지 않는다. 그러나 이집트 문명의 창조적인 측면은 궁극에는 이 상한 방향으로 흘러갔던 것 같다. 어마어마한 노동력이 결국 뛰어난 문관들 아래에 집결되었고, 그 결과로 인류의 역사가 이제껏 목도한 것들 가운데 가 장 대단한 무덤을 만들어냈다. 뛰어난 솜씨의 숙련공들이 고용되어 걸작에 가까운 무덤 부장품을 만들었다. 복잡하고 미묘한 언어와 편리한 도구를 이용해서 글을 쓸 수 있었던 교육받은 엘리트들은 수많은 기록을 남겼으나, 그리스나 유대처럼 세계에 공헌할 철학적 또는 종교적 사상을 남기지는 못했다. 이렇듯 뛰어난 역작들을 꿰뚫어볼 때 결국 공허한 빈곤이 자리함을 부인하기 어렵다.

고대 이집트 문명의 지속성은 다른 측면에서 그 원인을 찾아보아야 할 것이다. 이집트 문명은 장엄하며 오랜 세월 동안 지속되었다. 적어도 두 번의 쇠퇴가 있었지만 이를 극복했고 크게 변하지 않았다. 그 정도 규모의 회복이나 생존은 역사적으로 의미 있는 성공이다. 아직 잘 설명되지 않는 부분은 왜 이집트가 그 정도에서 멈추었어야 했느냐에 관한 것이다. 이집트의 군사력과 경제력은 종국에는 세계적 차원에서 의미 있는 영향을 주지 못했다. 그 화려한 문명은 오랜 기간 지속되었음에도 불구하고 외부로 성공적으로 퍼져나가지 않았다. 이는 아마 이집트의 생존이 환경에 의존한 바가 컸기 때문일 수 있다. 근본적인 변화 없이 오래 지속할 수 있는 체제를 만든 것이 성공이라면, 외부의 침입이 적었던 다른 지역에서도 이와 같은 고대 문명의 성립이 가능했을 것이다. 이런 점에서는 중국 역시 엄청난 지속성을 보여준다.

이 시대의 사회문화적인 변화가 얼마나 느리고 알아채기 어려웠는지를 기억하는 것 역시 중요하다. 우리는 변화에 매우 익숙해져 있기 때문에 현 시대 이전의 성공적인 사회체계가 가졌던 거대한 타성적인 흐름을 이해하는 것이 쉽지는 않다. 고대에는 혁신의 원천이 지금보다 훨씬 더 적었고 우연적인 성격을 나타내곤 했다. 선사시대와 비교할 때, 고대 이집트 역사는 빠르게 진행되었다고 할 수 있다. 그러나 메네스에서 투트모세 3세에 이르는 이집트의 일상생활은 거의 변화 없이 천천히 진행되었다. 메네스에서 투트모세 3세에 이르는 기간은 대략 1,500년에 달하는데, 로마 제국 멸망 이후 현재까지에 해당하는 기간이다. 이러한 사회에서 변화는 갑작스럽거나 어마어마한 규모의 자연재해나 침략, 정복을 통해서 가능했다. 그러나 나일 강은 안정적이었고, 중동의 전쟁지역과는 거리가 멀었으며, 다른 민족의 이동에 의해서는 이따금씩만 영향을 받을 따름이었다. 따라서 우리가 당연하게 받아들이는 기술적이고 경제적인 힘의 압박에 의한 변화는 느리게 진행될 수밖에 없었다. 틀에 박힌 양식의 반복이 문화적 전통의 핵심을 이루는 사회에서 지적인 자극은 많이 출현하지 않았다.

이집트 역사의 본질을 이해하려고 할 때, 거대한 나일 강으로 돌아가고자 하는 유혹을 벗어나기는 어렵다. 나일 강은 너무도 현저해서 오히려 그 굉장하고도 독특한 영향력이 간과될 가능성도 있을 것이다. 수 세기 간에 걸친 비옥한 초승달 지역을 둘러싼 갈등을 배경으로(결국 이러한 갈등이 세계의 지도를 결정하게 된다), 이집트의 역사는 수천 년간 이어졌다. 이는 한편으로는 냉혹하지만 다른 한편으로는 한없이 은혜로운 나일 강의 범람에 의한 것이다. 나일 강에 감사해하는, 그러나 수동적이었던 이집트인들은 나일 강 강둑에 모여서 나일 강이 주는 풍요를 받아들였다. 풍요를 맞이하면서 이집트인들은 삶에서 진정한 문제라고 생각했던 죽음의 준비에 대한 생각을 잠시 미루어 둘 수 있었다.

4

침입자와 침략자

메소포타미아와 이집트는 중동 역사의 기초이다. 상당히 오랜 기간 동안 이 두 거대한 문명은 지배적이었으며, 편의상 어느 정도 독립적으로 다룰 수 있다. 그러나 당시 이 지역에 두 문명만 있었던 것은 아니다. 세계에는 더 많은 문명이 있었다. 기원전 2000년 직후, 사람들의 이동으로 인해서 이들 문명으로부터 새로운 패턴이 형성되고 있었다. 그로부터 1,000년 후, 다른 문명의 중심지가 생겼으며 이 중심지들은 역사시대에 진입해 있었다.

역사가에게는 안 된 일이지만, 비옥한 초승달 지역에서조차 단순하고 명확하며 통일된 이야기를 찾기는 어렵다. 비옥한 초승달 지역은 세계의 다른 지역에 비해서, 창의적이고 역동적인 모습을 오랜 기간 동안 보여준 바 있다. 멀고 먼 기원전 제2천년기부터 제국들이 연달아 나타난 기원전 9세기까지 혼란스러운 변화가 존재할 뿐이다. 이러한 혼란 사이사이의 격변과 재배열은 개략적으로 보여주기도 힘들며 설명하기는 더욱 힘들다. 다행히도 이러한 세부 사항들을 속속들이 여기에서 밝힐 필요는 없다. 역사는 빠르게 진행되었으며, 문명으로 인해서 인간은 새로운 기회를 얻었다. 따라서 당시 사건 속에 매몰되기보다는 변화를 가져왔던 원동력이 무엇이었는지를 이해하려고 노력하는 것이 보다 유용할 것이다.

가장 명확하게 드러나는 변화의 원동력은 인간의 대규모 이동이다. 기원전 2000년 이후 약 1,000여 년간 이동의 근본적 패턴은 변하지 않았으며 주된 등장 인종도 변하지 않는다. 기초적인 원동력은 인도-유럽어족이 비옥한 초승달 지역의 동쪽과 서쪽에서 가한 압력으로부터 생겨난 것이었다. 이 당시 인도-유럽어족은 보다 다양해지고 수도 늘어났다. 그러나 여기에서 구체적인 이름을 거론할 필요는 없다. 이들 중 일부는 그리스의 기원과 연결되기도 한다. 동시에 셈족은 메소포타미아를 두고 인도-유럽어족과 갈등을 빚었다. 이들은 또한 시나이, 팔레스타인, 레반트를 두고 이집트 및 '바다 사람들'과 분쟁했다. 이란에서는 북쪽 지역에 또 하나의 집단이 성립된다. 이로부터 고대 제국 중 가장 강성한 제국이 탄생하게 되는데, 바로 6세기 페르시아이다. 또 다른 한 부류는 인도로 진입한다. 이러한 이동을 통해서 몇백 년에 걸친 제국과 왕국 변화양상의 상당 부분을 설명할 수 있다. 근대의 시간 개념에 비추어 보면, 일부는 상당 기간 지속되었다. 캅카스의 카시트(Kassite)라고 불리던 세력은 기원전 1600년경부터 바빌론을 4세기 반 동안 다스렸다. 이는 영국이 해외제국을 유지했던 기간에 필적하는 것이다. 그러나 이집트의 기준에 비추어보면, 이는 순간에 불과하다. 오늘 태어나서 내일 사라진 격이기 때문이다.

당시 제국과 왕국이 이렇듯 취약했던 것이 놀랍지는 않다. 인간의 이동에 의한 혁명적 효과를 증폭시키는 여러 다른 힘들이 작동하고 있었기 때문이다. 그중 많은 영향을 주었던 것 중의 하나는 군사기술의 향상이다. 기원전 2000년경 메소포타미아에서는 요새화와 포위작전이 상당한 수준에 도달했던 것으로 보인다. 이러한 기술은 문명의 언저리에 있던 인도-유럽어족 중 최근까지도 떠돌아다니던 종족을 보호해주었다. 아마 이러한 연유에서 이들은 전쟁기술을 혁명적으로 향상시킬 수 있었다. 그러나 이들이 포위작전을 연마하는 데에는 꽤 오랜 시간이 걸렸다. 바퀴 두 개가 달린 전차와 기병의 등장은 열린 공간에서의 전투양상을 크게 변화시켰다. 강 유역에서 말은 귀했으며, 왕이나 지도자 정도가 소유하는 귀중한 존재였다. 따라서 야만인들은 군사적 및 심리적 측면에서 우위를 점할 수 있었다. 시간이 흘러서 전차는 중동의 모든 왕국의 군대에서 사용되었다. 무시할 수 없는 중요한 무기였던 것이다. 이집트인은 힉소스를 축출할 때, 힉소스인이 이집트를 정복할 때 사용했던 전차를 사용했다.

말을 타게 되면서 전쟁의 양상도 바뀌었다. 기병은 말을 타고 다닐 뿐 아니라 말 위에서 싸우기도 한다. 말을 탄 채로 활 또는 창을 다루는 것은 매우 고난도 기술이기 때문에, 이를 익히는 데에는 많은 시간이 걸렸다. 말 타기는 이란 고지대로부터 전해진 것으로, 이란에서는 이르면 기원전 2000년 무렵부터 말을 탔던 것으로 보인다. 중동과 에게 해 연안으로 퍼져나가는 데에는 채 1,000년이 걸리지 않았다. 기원전 1000년 이후에는 무장한 기수가 나타났고 무게와 추동력에서 보병을 제압했다. 무장한 기병이 중요시되었던 길고 긴 시대의 시작이었다. 물론 기병이 최대 가치를 발현한 것은 말 안장 양쪽에 달린 등자(鐙子)가 개발되어 말을 완벽하게 제어할 수 있게 된 몇백 년 이후의 일이다.

기원전 제2천년기에 철로 만든 전차의 부품이 나타났으며, 테 모양의 바퀴가 나왔다. 군사적 측면에서 금속 사용의 장점은 분명하기 때문에 중동과 중동을 넘어선 지역으로 금속 사용이 빠르게 퍼져나갔던 것은 놀라운 일이 아니다. 철자원을 가지고 있던 이들이 이를 제한하고자 노력했음에도 불구하고 일어난 일이다. 바로 히타이트인들의 이야기이다. 히타이트가 쇠락한 후, 철은 더욱 빨리 보급되었다. 무기를 만들기에 더 효율적이었기 때문일 뿐 아니라 철광석이 많지는 않았으나 구리나 주석에 비해서는 구하기 쉬웠기 때문이다. 철의 보급은 군사적 변화뿐 아니라 경제적 변화도 크게 자극했다. 농경에 철을 사용하면, 나무나 돌로는 일굴 수 없었던 땅을 경작할 수 있었다. 그러나 모든 것이 철로 빠르게 대체되지는 않았다. 기원전 1000년경에야 철은 청동을 서서히 대체하기 시작했고, 속도에서는 지역마다 차이가 있었다.

금속자원에 대한 요구를 통해서, 또다른 혁신인 새롭고 갈수록 복잡해진 지역 간 장거리 무역을 설명할 수 있다. 이는 기원전 제2천년기 말까지 고대 세계에 일정 정도의 통일성을 부여했던 복잡한 상호작용의 하나이다. 예를 들면, 매우 중요한 상품이었던 주석은 아프가니스탄으로부터 '제조' 중심지인 메소포타미아와 아나톨리아로 수입되었다. 많이 거래된 또다른 상품 중의 하나로 키프로스의 구리를 들 수 있는데, 구리에 대한 수요로 인해서 유럽의 중요성이 더 커졌다. 기원전 4000년 이전에도 발칸 지역의 광산은 구리를 찾기 위해서 60-70피트 지하로 내려가기도 했다. 몇몇 유럽 지역 사람들이 후일 높은 수준의 금속 다루는 기술, 특히 넓은 청동판재를 두드리는 기술과 철을 주조하는 기술(높은 온도에서 주조할 수 있게 되기 전까지 철은 청동보다 훨씬 더 다루기 힘든 금속이었다)을 갖춘 것은, 따라서 그다지 놀랄 일이 아니다.

장거리 무역은 교통의 발전을 가져왔다. 마차를 끌기 위해서 처음에는 당나귀를 활용했고, 기원전 제2천년기 중반 낙타를 사육하기 시작하면서 아시아와 아라비아 반도와의 대상무역(隊商貿易, caravan trade)이 가능해졌다. 대상무역은 이후 오래 지속되었으며, 물을 구할 수 없는 사막이라는 환경을 개척하게 해주었다. 이는 가능하지 않으리라고 생각되던 일이었다. 유목민을 제외한 다른 이들은 바퀴 달린 이동수단을 한정된 지역에서만 사용했던 듯싶다. 당시 도로 상태가 워낙 좋지 않았기 때문이다. 초기 수레를 끄는 데에는 소나 당나귀를 사용했으며, 메소포타미아에서는 기원전 3000년경에, 시리아에서는 기원전 2250년경에, 아나톨리아에서는 200-300년경 후에, 그리스 본토에서는 기원전 1500년경에 수레가 사용되었던 듯하다.

짐이 많을 경우, 수상 운송이 육지 운송에 비해서 비용이 적게 들었다. 후일 증기기관차가 사용되기까지 경제적인 측면에서 이는 지속되었다. 대상무역을 통해서 아라비아 반도 남부의 해안가로부터 고무와 수지를 메소포타미아와 이집트로 실어나르기 이전에, 홍해를 건너 이러한 물건을 실어나르는 배가 있었으며 상인들은 에게 해를 건너 무역을 했다. 자연히 교통수단의 가장 중요한 진보는 해양기술에서 나타났다.

신석기인들도 통나무배를 이용해서 상당히 긴 바다 항해를 했으며, 기원전 제7천년기에도 항해를 했다는 증거가 남아 있다. 제3왕조의 이집트인들은 돛단배로 항해를 했으며, 돛대와 돛의 사용은 인간 에너지를 넘어선 항해의 시작을 알렸다. 삭구(索具)는 2,000년에 걸쳐 점차적으로 향상되었다. 바람을 보다 잘 이용하는 데에 필요한 이물과 고물을 만들었다고 보기도 하지만, 대부분의 고대의 배는 정사각 돛을 갖추고 있었다. 이 때문에 바다를 이용할 때에는 풍향이 결정적인 요인으로 작용했다. 바람 이외에 사용 가능한 에너지는 사람밖에 없었다. 노는 일찍이 발명되었고, 긴 바다 항해나 배를 조정하는 데에 주된 동력을 제공했다. 노는 전쟁에서 자주 쓰였을 가능성이 높다. 또한 상인이라고 부를 수 있는 사람들이 항해를 하는 데에도 이용되었을 것이다.

기원전 1300년에 이르면 200개 이상의 구리 잉곳을 실은 배가 동지중해를 건너다녔고, 몇백 년 후에 이 배들은 방수가 되는 갑판을 갖추게 되었다.

최근에도 물물교환이 이루어지지만, 고대 무역의 대부분은 물물교환이었다. 그러나 화폐의 발명과 함께 무역에 큰 발전이 왔다. 기원전 2000년 이전 메소포타미아에서는 곡물이나 은을 기준으로 가치를 부여했던 듯하다. 청동기시대 후기 지중해 지역에서는 구리 잉곳을 화폐 단위로 사용했던 것 같다. 공식적 인증이 부착된 최초의 교환수단은 기원전 제3천년기 후반에 카파도키아에서 발견된 은 잉곳이다. 이것이야말로 진정한 금속화폐이다. 화폐는 중요하며 여러 곳으로 퍼져나가지만, 은본위제(銀本位制)에 기초한 최초의 동전은 기원전 8세기에 이르러서야 아시리아인에 의해서 발명된다. 정교화된 통화 단위(메소포타미아는 일찍이 신용제도와 교환체제를 갖추고 있었다)는 무역 향상에 도움이 되지만 필수불가결한 요소는 아니다. 고대 세계의 사람들은 화폐 없이도 살 수 있었다. 전설적인 기술과 총명함을 갖추었다고 알려진 무역에 종사하던 페니키아인은 기원전 6세기까지 화폐를 사용하지 않았다. 중앙집중적 경제와 엄청난 부를 자랑하던 이집트가 화폐를 도입한 것은 페니키아의 화폐 사용으로부터 200여 년 이후의 일이다. 금속무역을 많이 하던 켈트족은 그로부터 200년이 지나서 화폐를 사용했다.

이와 같은 초기 단계의 공동체 간 경제교류에 관해서 확신을 가지고 일반화하는 것에는 상당한 위험이 따른다. 역사시대에 접어들면, 물자의 교류 가운데 경제적 이익을 목적으로 하지 않는 경우도 나타나게 된다. 공물, 지배자 간 주고받았던 상징적이거나 외교적인 선물 그리고 봉납(捧納)이 이러한 예이다. 지나친 확신은 금물이지만, 9세기까지 중국 제국의 대외무역은 다른 나라와의 공물무역의 형태를 취했다. 또한 무덤에 그려진 벽화로 판단하건대, 이집트의 파라오 역시 에게 해 지역과 비슷한 형태의 무역을 했던 것 같다. 고대 세계에서는 특정 무게를 가진 그릇이나 동일한 크기의 반지와 같이 표준화할 수 있는 물건을 교환했을 텐데, 이는 일정 정도 화폐의 특성을 보여준다고 할 수 있다. 때로는 이러한 물건이 상당히 유용하기도 했으며, 때로는 그저 기념품으로 사용되기도 했다. 확실한 것은 물물의 이동이 늘어났으며, 이로 인해서 결국 우리가 무역이라고 개념화하는 이윤을 창출하는 교환이 이루어 지게 되었다는 것이다.

새로운 마을은 이러한 변화에 도움을 주었다. 옛 중동의 전 지역에서 새로 운 마을들이 생겨나는데, 인구증가의 영향이 있었던 것은 말할 필요도 없다. 새로운 마을에서는 농경의 기회를 성공적으로 살렸고, 또한 기생(寄生)을 가 능하게 했다. 『구약성경』을 보면 도시로부터 촌사람이 격리되기 시작하는 양 상이 서술되어 있다. 도시생활은 강력한 문화적 창조와 문명의 가속화를 가능 하게 했다. 문명이 가속화되었다는 표지의 하나가 문자가 퍼져나간 것이다. 기원전 2000년, 문자는 아직 강 유역 문명과 그 영향권에 한정되어 있었다. 쐐기문자는 메소포타미아로 퍼져나갔고 2-3개 언어가 쐐기문자를 사용했다. 이집트는 기념물에 상형문자를 사용했고 파피루스에 일상적으로 단순화된 형 태의 신관 서체를 사용했다. 그러나 약 1,000년의 시간이 흐른 후, 변화가 나타났다. 중동과 크레타 섬, 그리스 전 지역에서 글자를 익힌 식자(識者)를 찾아볼 수 있었다. 쐐기문자는 여러 다른 언어로 나타나는데, 심지어 이집트 통치체제도 외교용으로 쐐기문자를 사용하기도 했다. 다른 문자 역시 개발되 었다. 크레타 섬에서 쓰인 문자의 하나는 근대의 문턱에까지 이른다고 볼 수 있다. 기원전 1500년 무렵 사실상의 그리스어를 쓰던 사람들을 보여주기 때 문이다. 기원전 800년경 페니키아어는 셈어 알파벳을 차용하여 서구 문학 서 술의 기초를 마련한다.

역사를 특정 국가에 지나치게 주목하여 살필 경우, 이와 같은 변화는 식별 하기 어려울 수 있다. 그러나 일반적인 경향과 늘어난 접촉에도 불구하고, 개별 국가와 국민 역시 나름의 특성을 나타내게 되었다. 문자는 전통을 뿌리 내리게 하며 전통은 공유된 의식을 표출시킨다. 아마 부족과 부족민 역시 정 체성을 가지고 있었을 것이다. 그러나 국가라는 보다 지속적이며 제도화된 형태 속에서 이와 같은 의식은 보다 강화되었다. 제국이 쪼개져서 보다 작동 가능한 단위가 되는 것은 수메르에서부터 오늘날에 이르기까지 자주 나타난 다. 그러나 어떤 때에는 전통의 핵으로 계속해서 작동하게 된다. 기원전 제2 천년기에도 국가는 보다 강고해졌고 지속력이 향상되어갔다. 그러나 국민에 대한 광범위하고 계속적인 관리를 하지는 못했고, 이는 근대에 이르러서야 완전히 이루어지게 된다. 그럼에도 불구하고 통치의 규칙성이나 권력의 제도화가 심대해지는 경향성이 가장 오래된 고대 기록에서도 나타난다. 왕은 관료를 자신의 주위에 둘러세웠으며, 세금을 걷는 이들은 보다 큰 사업을 찾아다녔다. 법이 여기저기에서 나타나기 시작하며, 법이 나타난 곳에서는 (비록 암묵적인 경우도 있지만) 개인의 권력이 제한되고 법을 만드는 이의 권력이 늘어나는 현상을 보인다. 나아가서 국가는 군사적 권력을 가지는데, 기원전 1000년에 이르면, 상설 전문군대를 먹이고, 무기를 조달하고, 운영하게 된다.

이러한 상황과 함께 통치제도와 사회제도는 초기 문명 단계를 벗어나게 된다. 보다 손쉬워진 상호교류와 서로 좋은 영향을 주었던 세계보편주의에도 불구하고 사회는 다양한 양상을 보이게 된다. 가장 눈에 띄는 다양성은 종교이다. 고전시대 이전에도 단순화된 유일신 체제가 나타나기도 하지만, 가장 명확하게 나타나는 사실은 지역적이며 특화된 여러 신들을 모신 거대하고 다양한 신전들이다. 이 여러 신들은 다른 신들과 공존하며, 간혹 특별한 지위를 가진 한 신에 대해서 질투를 하는 경우도 있다.

문화의 다른 측면에서도 차이점이 나타나기도 한다. 문명이 시작되기 전 예술은 이미 자율적인 활동으로 자리를 잡았다. 예술이 종교나 마술과 반드시 연관된 것은 아니었다. 최초의 문학은 앞에서 언급한 바 있으며, 문학과 다른 인간 사고와 관련하여 새로운 현상이 나타나고 있었다. 유흥이 시작되었던 것으로 보이며, 메소포타미아, 이집트, 크레타에서는 보드 게임이 나타났다. 도박도 이미 시작되었다. 왕과 귀족은 열정적으로 사냥에 임했고, 궁궐에서는 악사와 무용수가 등장하는 연회가 있었다. 스포츠로는 권투가 청동기시대까지 거슬러 올라가는 듯싶다. 권투가 행해졌다고 보이는 크레타 섬은 상당히 독특한 스포츠인 수소 뛰어넘기 역시 행해졌다.

다른 지역에 비해서 연대에 크게 신경을 쓸 필요가 없다. 정확한 날짜를 안다고 할지라도 날짜 역시 크게 중요하지 않다. 지금까지 살펴본 지역에서의 개별 문명은 크게 중요하지 않다. 왜냐하면 개별적인 독립 문명이라고 하기에는 상호작용이 지나치게 강했기 때문이다. 그러나 기원전 1500년에서 800년에 이르는 시기 동안 큰 변화가 일어나는데, 최초의 거대한 두 문명을 살피다가 이를 놓쳐서는 안 된다. 기원전 1000년경 혼란스럽고 험한 기류가 흐르던 중동과 지중해 동부에서 수메르나 이집트 고왕국과는 다른 새로운 세계가 열리기 시작했다. 바로 에게 해 문명이었다.

문화의 새로운 상호작용 속에서 중동 주변부 사람들에게 많은 변화가 나타났으나, 에게 해 섬의 문명은 다른 지역과 마찬가지로 신석기 문화에 뿌리를 두었다. 그리스의 최초 금속 유물은 구리로 만든 구슬로, 기원전 4700년경 유물로 알려져 있다. 유럽뿐 아니라 아시아의 영향도 받은 것 같다. 크레타는 그리스의 섬 중 가장 큰 섬이다. 크레타 섬에는 기원전 2000년이 되기 몇백 년 전부터 기본적인 형태를 가진 마을이 나타나는데, 이는 신석기시대부터 계속 살아왔던 진보적인 이들에 의한 것이었다. 아나톨리아와의 접촉을 통해서 진보가 이루어졌을 수 있지만 물증이 확실하지는 않다. 크레타인들은 혼자 힘으로 문명에 도달했을 수도 있다. 어쨌든 간에 약 1,000년 동안 이들은 집을 짓고 무덤을 만들었으며, 이들의 문화는 독특했고 형식에서의 변화가 크지는 않았다. 기원전 2500년경 해변가를 따라서 돌과 벽돌로 지어진 주목할 만한 마을이 생겨났다. 마을 주민들은 금속을 제조할 줄 알았고 멋있는 인장과 보석을 만들었다. 이 단계에서 크레타인은 그리스 본토나 소아시아와 많은 문화를 공유했다. 크레타인은 에게 해 공동체와 물물을 교환했다. 그러다가 변화가 나타나는데, 약 500년의 시간이 흐른 후 이들은 훌륭한 궁궐을 짓기 시작한다. 우리가 '미노스' 문명이라고 부르는 문명의 건축물들이다. 가장 웅장한 건축물은 크노소스 궁전으로 기원전 1900년경에 세워졌다. 근처 섬에 이와 유사한 사례는 없으며, 미노스 문명은 에게 해 지역 거의 대부분에 걸쳐 문화적 헤게모니를 행사했다.

'미노스(Minos)'는 상당히 흥미로운 이름이다. 전설 속에 존재하는 미노스 왕의 이름을 딴 것인데, 미노스 왕은 실존 인물이 아닐 가능성도 있다. 후일 그리스인들은 미노스 왕을 크레타 섬 크노소스 궁전에 살던 위대한 왕이었으며 신들과 교섭하고 태양신의 딸인 파시파에와 결혼했다고 말한다. 파시파에가 낳은 괴물이 미노타우로스였는데, 미노타우로스는 미궁에 살면서 그리스에서 공물로 바친 젊은 남녀를 먹어치웠고, 그리스의 영웅 테세우스는 미궁으로 들어가서 미노타우로스를 해치운다. 이 전설은 매우 의미심장하고 암시적이어서 많은 학자들이 관심을 가진 바 있다. 크레타 문명을 밝히는 데에 도움을 줄 수 있다는 것이었다. 그러나 미노스 왕이 실존했다는 증거는 없다. 전설에서와 같은 미노스라는 이름을 가진 왕이 한 명 이상일 수도 있고 크레타의 지배자를 일컫는 직함일 수도 있다. 미노스 왕은 아서 왕처럼 역사의 경계 밖에 있으나, 신화 속의 아주 흥미로운 존재이다.

따라서 미노스 문명이란 청동기시대 크레타 섬에 살았던 사람들의 문명을 말한다. 다른 뜻은 없다고 볼 수 있다. 미노스 문명은 600년간 지속되었고, 이에 관한 개략적인 역사만을 파악할 수 있다. 마을에 살던 사람들은 크노소스에 살던 군주에게 어느 정도 의존하며 살았다. 300-400년간 이들은 번성했으며 이집트, 소아시아, 그리스 본토와 물물교환을 하고 농경을 통해서 독자적으로 생존했다. 이를 통해서 미노스 문명이 발전할 수 있었는지도 모른다. 당시 크레타 섬은 다른 섬들이나 그리스 본토에 비해서 지중해 지역 농경의 주된 작물인 올리브와 포도의 작황이 좋은 편이었다. 이는 지금도 마찬가지이다. 양 또한 많이 키웠고 양모를 수출했던 듯하다. 어떤 형태로든 간에 크레타는 신석기 말기에 농경에서 중요한 진보를 경험하게 된다. 곡물 생산에서뿐아니라 올리브와 포도 재배에서도 말이다. 올리브와 포도는 곡물 재배가 불가능한 지역에서도 가능했고, 이를 통해서 지중해 생활의 가능성이 크게 변화되었으며, 인구증가가 즉시 나타났다. 이 새로운 인력 자원을 기초로 많은 것들을 이룰 수 있었으나, 보다 복잡해진 농경과 농산물을 처리하기 위한 조직과 통치체제에 대한 새로운 수요 역시 등장했다.

이와 같은 설명이 미노스 문명의 출현에 대한 설명으로 충분했건 그렇지 않건 간에 미노스 문명의 절정은 기원전 1600년경에 찾아온다. 그리고 이로부터 100여 년 후, 미노스 궁전은 파괴된다. 이러한 종말을 둘러싼 미스터리는 상당히 흥미롭다. 거의 비슷한 시기에 에게 해 섬의 주요 마을도 화재로 파괴되었다. 과거에도 지진 피해가 있던 지역이기 때문에 지진의 영향이었을 수도 있다. 최근에는 테라 섬의 화산 폭발이 비슷한 시기에 있었다는 연구 결과도 나왔다. 70마일 떨어진 크레타 섬은 지진과 해일 피해를 입었을 수 있고 화산재가 크레타의 밭을 뒤덮었을 수 있다. 몇몇 학자들은 궁전에 살던 지배자에 대한 봉기가 일어났을 것이라고 주장하기도 한다. 또 몇몇은 새로운 침입의 흔적이 있다고 주장하거나 바다 사람들이 침략을 해서 정치권력을 파괴하고 새로운 거주민은 남기지 않았다고 주장하기도 한다. 그 어떤 주장도 확실하지는 않다. 여러 추론은 가능하나 남아 있는 증거에 비추어볼 때 가장 타당한 설명은 테라 섬의 자연재앙으로 인해서 미노스 문명이 피해를 입었다는 것이다.

원인이 무엇이었건 간에, 미노스 문명의 끝이 크레타 섬 초기 문명의 끝은 아니었다. 크노소스는 이후 100년간 그리스 본토 사람들의 차지였다. 상당한 번영이 지속되었음에도 불구하고, 크레타 섬 토종 문명의 우세는 끝이 나고 말았다. 크노소스는 한동안 번성했으나 기원전 14세기 초 이 역시 불에 타버렸다. 이전에도 크노소스 궁전이 피해를 입은 적은 있었다. 그러나 이번에는 재건되지 않았고, 이렇게 초기 크레타 문명은 종말을 고한다.

다행히도 미노스 문명의 세부 사항들을 이해하는 것에 비해서 그 특성을 파악하는 것은 쉽다. 가장 명확한 특성은 바다와의 밀접한 연관이다. 미노스인은 다른 이들이 자연환경을 이용하듯 바다를 이용했다. 그 결과 교류를 통한 문명 가속화의 가능성을 보여주는 물물(物物)과 사고(思考)의 교환을 이루었다. 기원전 1550년 이전 미노스인은 시리아인과 밀접한 관계를 가졌고 서쪽으로는 시칠리아까지 무역을 했다. 어쩌면 이보다 더 멀리 교역을 했는지도 모른다. 미노스인의 물건을 대서양 연안으로까지 가져간 이들도 있었다. 이보다 더 중요한 것은 그리스 본토로의 진입이다. 미노스인은 최초 문명에서 파생된 물물과 사고가 청동기시대 유럽으로 흘러들어가는 가장 중요한 단일 파이프 역할을 했을 것이다. 기원전 제2천년기에 크레타 문물은 이집트에 등장하며, 신왕국의 예술은 크레타의 영향을 보여준다. 어떤 학자는 이집트인이 크노소스에 거주하며 사무를 보기도 했다고 믿는다. 또한 미노스인은 이집트인과 연합하여 힉소스와 싸웠다고도 한다. 크레타의 화병과 금속 제품은 소아시아 여러 곳에서 발견된다. 남아 있는 유물이 이 정도이고, 이외에 목재, 포도, 기름, 나무, 금속 화병, 아편도 미노스인을 통해서 본토로 넘어갔다고 보는 사람도 있다. 그리고 소아시아로부터는 금속을, 이집트로부터는 알라바스터(설화석고)를, 리비아로부터는 타조 알을 가지고 왔다. 상당히 복잡한 교역이 이루어지는 세계였다.

농경의 번영과 함께 자연재해에 견딜 수 있는 보다 강고한 문명이 가능해졌다. 크노소스 궁전을 여러 차례 재건한 것에서도 이를 알 수 있다. 궁전은 미노스 문명의 가장 훌륭한 유적이나, 마을 또한 훌륭한 건축물의 하나로 물이 빠지는 파이프와 하수 처리가 정교했다. 이는 상당한 수준의 기술적 진보로, 크노소스 궁전 건축 초기 단계의 목욕탕과 변기 시설은 로마 시대 이전까지 뛰어넘을 자가 없었다. 다른 문화적 진보는 이보다 덜 실용적이었다. 미노스 문명 절정기의 예술은 위대한 유산으로, 바다 건너 이집트와 그리스에도 영향을 미쳤다.

고고학을 통해서 미노스의 종교세계에 대한 증거를 얻을 수 있는데, 문서가 존재하지 않았기 때문에 많은 정보를 얻기는 힘들다. 미노스인은 신과 여신을 표현했으나 이들이 누구인지를 파악하기는 어렵다. 제물을 바치던 행사, 지리적으로 높은 곳에 위치한 성역, 양날 도끼, 여성상을 중심에 놓은 미노스 컬트(이 여성과 다른 신적 존재와의 관계는 아직 풀리지 않았다)를 넘어서서 미노스인이 행했던 의식을 꿰뚫어보기는 어렵다. 이 여성은 어쩌면 신석기 풍요의 상징일 수도 있다. 여성성의 표현으로 여러 차례 나타나며 후일 아스타르테와 아프로디테로 이어진다.

미노스 사회의 정치구조는 명확하지 않다. 궁전은 왕족의 주거지였을 뿐만 아니라 경제의 중심지이기도 했다. 일종의 거대한 장(場)으로, 지배자가 재분배를 하는 진보된 형태의 교환이 이루어진 곳 정도로 이해할 수 있을 것이다. 궁전은 또한 신전이었다. 그러나 요새는 아니었다. 미노스 문명이 절정에 이르렀을 때, 궁전은 매우 조직화된 구조의 중심이었으며 이는 아시아의 영향을 받은 것일 수 있다. 당시 교역을 하던 사람들을 통해서 이집트나 메소포타미아의 문명에 관한 지식이 들어왔을 것이다. 미노스 통치체제가 어떠했을지에 대해서는 행정 기록을 담고 있는 수천 장의 점토판을 참고할 수 있다. 이로부터 견고한 위계와 체계화된 행정을 엿볼 수 있지만 실제가 어땠는지를 알기는 어렵다. 미노스 통치체제가 얼마나 효율적이었는지는 알 수 없으나, 남아 있는 기록에서 미노스 통치체제의 목표가 무엇이었는지를 엿볼 수는 있다. 미노스 문명은 후일의 그리스보다도 긴밀하고 정교한 관리감독을 추구했으며, 이는 아시아 제국이나 이집트와 비견해볼 수 있다.

청동기시대가 끝나가는 혼란기에 등장했던 유럽 본토로부터의 성공적인 침략에서 이 문명을 가능하게 만들었던 조건이 사라져가고 있었음을 알 수 있다. 크레타는 오랜 동안 경쟁세력이라고 할 만한 존재가 없었다. 이집트인은 아마 바빴을 것이고, 북쪽으로부터의 위협은 상당 기간 존재하지 않았다. 그러나 이러한 상황은 점차 바뀌기 시작했다. 본토로부터의 혼란은 이미 여러 차례 등장했던 '인도-유럽어족'으로부터 초래되었다. 일부는 크노소스가 몰락한 뒤 크레타로 들어왔다. 이들은 저지대를 성공적으로 경작했으며 미노스인과 미노스인의 몰락한 문화를 작고 외진 곳으로 몰아넣어 세계사의 무대에서 사라지게 만들었다.

이보다 불과 200-300년 이전, 크레타 문화는 그리스에서 헤게모니를 가지다시피 했고, 이로 인해서 그리스에서 잃어버린 황금의 땅으로 신비롭게 기억되곤 했다. 미노스 문화가 본토로 직접적으로 유입된 것은 기원전 1800년대와 1700년대로, 아티카와 펠로폰네소스에 마을과 도시를 세운 아카이아인에 의해서였다(아카이아인이라는 이름은 초기 그리스어를 사용하던 사람들에게 붙여진 이름이다). 이곳은 아시아와 오랫동안 교류를 하던 지역이었고, 이곳에 거주하던 이들은 후일 그리스의 상징이 된 마을의 높은 지역의 요새화, 다른 말로 아크로폴리스(acropolis)에 기여한 바 있다. 이주민들이 말과 전차를 가지고 오기는 했으나, 이들의 문화가 피정복민의 문화에 비해서 월등하지는 않았다. 크레타인에 비하면 이들은 야만인이었으며 자신만의 예술을 가지고 있지도 못했다. 폭력이나 전쟁에 대해서는 크레타인에 비해서 민감해서(바다로 인해서 침략을 저지하는 장점을 누린 바가 없었던 데다가 이들이 살던 본토로부터 지속적인 압력이 있었기 때문에 이는 당연했다) 도시의 요새화에 힘쓰고 성을 축조했다. 이들의 문화에는 군사적 요소가 있었다. 후일 그리스

도시국가가 자리잡을 곳에 터를 닦기도 했다. 아테네와 필로스가 그 예이다. 크기는 크지 않아서 가장 큰 경우도 인구가 수천 명에 지나지 않았다. 이 가운데 가장 중요한 것이 미케네이며, 기원전 제2천년기 중반 청동기시대 그리스에 널리 퍼져나간 문명은 미케네 문명이라고 명명되었다.

미케네에는 금이 풍부했고, 미노스 예술의 영향을 많이 받은 훌륭한 유물을 남겼다. 또한 그리스와 본토의 선주민 문화 간의 진정한 융합을 보여준다. 미케네의 제도는 가부장제에 기초한 것으로 보이나, 가부장제를 넘어서기도 했다. 크노소스에서 발견된 점토판과 기원전 1200년경 펠로폰네소스 서부에 위치한 필로스 유물에 나타난 관료제는 크레타로부터 본토로의 변화의 물결을 보여준다. 일정 규모를 갖춘 도시에는 왕이 있었다. 군사적 능력을 갖춘 지주 및 토착민이었던 소작인과 노예를 지배하던 미케네의 왕은 일종의 왕 연합체의 우두머리였던 것 같다. 히타이트 외교 기록을 통해서 미케네 시대의 그리스에 일종의 정치적 통합성이 있었음을 알 수 있다. 필로스 점토판에 의하면, 공동체 생활에 대한 세밀한 감독과 지배가 나타나는데, 관리들 간에 구분이 있었으며, 보다 근본적으로 노예와 자유민이 구분되었다. 이러한 구분이 실제로 어떤 의미를 가지고 있었는지에 대해서는 아직 알려진 바가 없다. 또한 크레타에서처럼 왕족 중심이었다는 것 이외에는 미케네 문화의 경제적 삶이 어떠했는지에 대해서도 알려진 바가 많지 않다.

그 물질적 토대가 무엇이었든 간에, 미케네에서 꽃을 피운 문화는 기원전 1400년에 이르면 그리스 본토 전역과 수많은 섬으로 퍼져나가게 된다. 비록 그리스 방언에서 오는 차이는 지속되어 고전기까지 언어로 인한 구분이 가능했지만, 전체적으로 하나의 문화를 이루기는 했다. 지중해에서 미케네는 크레타가 가지고 있던 무역에서의 우월성을 점할 수 있었다. 레반트에 무역 거점이 있었고 히타이트 왕들은 이들을 강력한 세력으로 대접했다. 때로 미케네의 도자기 수출이 미노스를 대체했고 미노스 정착지가 미케네화된 경우도 있었다.

제국(帝國, empire)이라는 용어를 사용할 수 있다면, 미케네 제국은 기원전 1500년과 1400년대에 절정에 달했다. 이집트의 약세와 히타이트의 몰락을 틈타서 성장했다. 강력한 세력이 쇠퇴하면서 무역으로 힘을 키운 작은 세력이 중요한 세력으로 거듭날 수 있었던 것이다. 미케네 식민지가 소아시아에 들어섰으며, 아시아와의 무역, 특히 흑해 입구에 위치한 트로이와의 무역이 번성했다. 그러나 기원전 1300년부터 쇠락의 기운이 엿보인다. 전쟁이 하나의 원인이었을 수 있다. 기원전 1300년 말에 아카이아인들은 이집트 공격에 힘을 썼으며, 트로이 포위공격으로 잘 알려진 대규모 공격은 기원전 1200년 무렵으로 알려져 있다. 이러한 사건들의 배경은 미케네 도시에서 있었던 일련의 왕조 대변동이다.

에게 해에 암흑기(Dark Ages)가 드리워지고 있었으며, 이 시기는 당시 중동만큼이나 모호하다. 트로이가 함락되었을 때, 이미 그리스 본토로 새로운 야만인의 침입이 시작되었다. 기원전 13세기 말, 위대한 미케네 문명의 중심 중 몇몇은 지진이나 침략으로 인해서 멸망했으며, 최초의 그리스는 연결되지 않은 마을로 남겨지게 되었다. 하나의 단일체로서의 미케네 문명은 붕괴했지만 미케네 문명지가 모두 쇠락한 것은 아니었다. 적어도 모두 완전히 쇠락하지는 않았다. 기원전 1000년경 어느 정도 부흥이 되는 듯한 움직임이 나타난다. 전설로 전해지는 이야기에서는 특별히 도리스인을 언급한다. 활기차고 대담했던 도리스인은 헤라클레스의 자손으로 사람들에게 기억되고 있다. 후일의 그리스 방언에 기초하여 이러한 초기 침략자를 추론하는 것은 매우 위험한 일이지만, 전해지는 전통은 이들 침략자가 도리스어를 쓰는 자였다고 하며, 도리스어는 고전시대까지 방언으로 이어진다. 학자들은 이 경우 전통을 신뢰할 만하다고 여기고 있다. 후일 도시국가가 된 스파르타와 아고스에 도리스 공동체가 자리를 잡았다.

이 모호한 시대에 새로운 문명에 도움을 준 이들이 또 있다. 가장 성공적이었던 이들은 '이오니아식' 그리스어를 쓰는 암흑기의 이오니아인들이다. 아티카(미케네의 뒤를 이은 침략자를 견뎌내거나 동화시켰던 아테네인이 있던 곳)에서 출현하여, 이오니아인은 키클라데스와 오늘날 터키의 에게 해 연안인 이오니아에 뿌리를 내렸다. 이주민으로서 또 해적으로서 이들은 해안가나 해안가 근처 마을을 점령하거나 직접 마을을 세웠다. 이러한 마을은 차후 바다 사람들의 도시국가가 된다. 이들이 선택한 곳은 대부분 미케네인들이 차지했었던 지역이다. 한 예로, 이들은 스미르나에 정착해 있던 그리스인을 쫓아내기도 했다.

부분적인 증거밖에 없기 때문에, 이는 분명 상당히 혼란스러운 양상을 띤다. 그러나 이러한 혼란 속에서 청동기시대 에게인이 공유한 문명의 통일성이 느린 속도이지만 다시금 등장하게 된다. 초기에는 수백 년에 걸친 단절과 특수한 사례가 나타나며, 한때 세계적이었던 사회에 지방적 특색이 나타나게 된다. 무역은 지연되었고, 아시아와의 연계는 줄어들었다. 이렇게 빈 공간을 메운 것은 인간의 이동이었다. 이로부터 새로운 문화가 창출되는 데에는 수백 년이 걸렸으나 이러한 변화는 미래 그리스 세계의 토대를 구축해나갔다.

문명화된 삶은 즉각적으로는 상당한 후퇴를 경험했고, 이를 통해서 고대의 문명이 얼마나 확고하지 않은 것이었는지를 잘 알 수 있다. 기원전 1100-1000년경의 인구감소가 대표적이다. 이는 상당히 넓은 지역에 걸쳐 나타났다. 일부 학자는 전염병 혹은 발칸과 에게의 농경 가능지역의 감소를 가져올 정도의 기후변화를 그 원인으로 보기도 한다. 원인이 무엇이었건 간에, 우아함과 기술력 또한 쇠락했다. 단단한 보석류의 조각이나 프레스코 화, 섬세한 도자기 제작이 모두 자취를 감추었다. 문화적 연속성은 정신적인 것에 한정되었던 듯하며, 노래나 신화, 종교적 개념을 들 수 있다.

글로 남겨진 『일리아스(Ilias)』나 『오디세이아(Odysseia)』에는 이러한 혼란스러운 시기에 관한 언급이 거의 없다. 『일리아스』나 『오디세이아』는 암송을 통해서 세대에서 세대로 전해진 내용을 담고 있으며, 당대인이 살던 사건을 설명하고자 했다. 후일 호메로스라는 한 명의 시인으로 저자가 굳어지기는 했지만 말이다. 『일리아스』의 중심 내용에 해당하는 트로이 공격이 아카이아인들의 소아시아 정착지에 대한 주도적 면모를 보여준다고 하더라도, 여기에서의 주된 관심사는 아니다. 비록 의도된 바는 아니었을지라도 여기에는 사회적, 개념적 정보가 우연히도 약간 남아 있다. 호메로스는 미케네 왕이 강력했다는 인상을 남기고 있지만, 이 역시 암흑기가 끝나는 지점인 기원전 8세기경의 일이다. 호메로스의 시에 나타나는 사회는 아시아의 지배자처럼 정규군을 지휘하거나 관료를 감독하는 것이 아니라 야만적인 군사 지도자가 이끄는 사회이다. 호메로스의 왕은 위대한 귀족 중 고귀한 자이며 대가(大家)의 수장이다. 왕의 권위는 왕과 거의 동등한 지위를 가진 호전적인 이들의 권력으로 제어되며, 왕의 권위를 어느 정도 관철시키는가에 따라서 나타났다. 왕의 삶은 고되고 혹독했다. 호메로스의 시는 원시사회를 아주 잠깐씩 보여주는데, 이는 여전히 혼란스럽기 짝이 없다. 어느 정도 정착되어가고는 있으나 미케네만큼 진보하지는 않았으며 앞으로 다가올 그리스와는 거리가 먼 것이었다.

몇백 년에 걸친 혼란기를 뚫고 출현한 새로운 문명은 동양과 재개된 교류의 영향을 많이 받았다. 헬레네스(Hellenes, 그리스 침략자들이 선행했던 이들과 자신들을 차별하여 붙인 이름)가 주변 섬들과 아시아 본토로 퍼져나간 것이 매우 주요했다. 헬레네스는 두 문화 간의 많은 접촉 지점을 만들어주었다. 그러나 헬레네스가 아시아와 유럽 사이의 유일한 고리는 아니었다. 문명의 씨앗은 세계사의 중개자, 곧 위대한 무역인에 의해서도 퍼져나가고 있었다.

바다 사람들의 하나인 페니키아인은 전설로 전해지는 것만큼은 아니지만, 상당히 긴 역사와 다수의 사건에 관련이 있다. 페니키아인들은 기원전 2700년경에 티레에 도달했다고 주장하는데, 이는 도리스 왕이 헤라클레스의 후손이라는 주장과 마찬가지로 취급할 수 있다. 어찌되었건, 이들은 현재 레바논 해안가에 기원전 제2천년기에 정착했으며, 이집트인들은 향나무를 페니키아인들로부터 수입했다. 페니키아인들은 셈족 사람들이다. 홍해의 아랍인들과 마찬가지로 페니키아인들은 지리적 특성에 따라서 내륙으로 들어가기보다는 해상으로 진출하게 되었다. 페니키아인들은 좁다란 해안가에 살았고, 이곳은 아프리카와 아시아 사이의 소통이 이루어지던 역사적 장소였다. 이들의 정착지 뒤에 위치한 배후지는 넓지 않았고, 농경자원이 많지 않았으며, 산으로부터 이어진 언덕이 해변가까지 이어졌기 때문에 해안가 정착지들끼리 단합이 쉽지 않았다. 이후 성립한 그리스 도시국가도 유사한 경험을 하면서 바다로 나아가는데, 두 경우 모두 이러한 경험의 결과로 무역뿐 아니라 식민지를 개척하게 된다.

페니키아인은 히브리, 이집트, 히타이트의 영향력 아래에 차례로 놓인 바 있다. 이집트, 미케네, 히타이트 제국의 쇠락 이후 페니키아가 두각을 나타낸 것은 우연이 아니다. 페니키아인도 다른 이들이 쇠퇴하는 속에서 번성해나갔던 것이다. 미노스인의 강성했던 무역시대가 막을 내리고도 한참이 지난 기원전 1000년 이후, 페니키아인의 도시인 비블로스, 티레, 시돈이 황금시대를 맞이하게 된다. 『성경』에는 솔로몬 성전의 건축과 관련해서 페니키아인의 중요성이 설명되고 있다. "열왕기상" 5장 6절에서 솔로몬은 '당신도 알거니와 우리 중에는 시돈 사람처럼 벌목을 잘하는 자가 없나이다'라고 말하고 이에 맞는 금액을 지불했다. 고대 작가들은 무역 및 식민지와 관련한 페니키아인의 명성을 종종 강조했다. 페니키아인은 지중해 지역에서 대서양으로 나아가 해안가를 따라서 무역을 행한 최초의 사람들이었다. 페니키아인은 장거리 항해에 능숙하여 다른 이들은 생각조차 불가능한 거리를 항해할 수 있었다.

이들은 또한 팔 수 있는 물건을 찾아다녔고 장거리 무역기술을 키워나갔다. 이들이 취급한 염색약은 매우 유명했으며 천, 나무, 유리, 노예를 취급했다. 상업적 필요에 의해서 페니키아인의 창의성이 더욱 발달했음은 당연지사이다. 비블로스(그리스인들은 후일 책의 이름을 이 도시 이름에서 따온다)에서는 이후 그리스인이 차용한 알파벳이 발명되었다. 이는 문해율을 높일 수 있는 중요한 사건이었다. 그러나 현재까지 전해지는 페니키아 문학작품은 없다. 페니키아 예술은 아시아와 이집트 모델을 빌려오거나 베낀 중재 양상을 보여준다. 이는 고객의 요구에 부응하고자 나타났던 현상일 수도 있다.

페니키아인은 무역에 종사했고 초기에는 해외 정착지를 필요로 하지 않았다. 그러나 점차 식민지와 무역소를 이용했는데, 때로는 미케네인들이 교역했던 지역을 그대로 이용하기도 했다. 멀리는 지중해 초입을 넘어선 카디스에 세운 가디르와 현재 모로코 에사우이라 지역의 모가도르가 있었다. 이는 지중해와 대서양 무역을 연결하고 은과 주석 물량을 안정화하기 위해서였다. 지중해 연안을 따라서 약 25곳의 항구를 이용했으며 최초의 항구는 기원전 9세기 말에 키프로스의 키티오(현재의 라르나카)에 자리하고 있었다. 식민지들은 시칠리아처럼 초기 페니키아의 상업활동을 따라하기도 했다.

독립기 이후인 기원전 제1천년기 초기 페니키아 도시국가가 겪었던 혼란스러운 시대는 식민지에서도 잘 드러난다. 기원전 7세기 시돈은 철저히 패배했고, 티레 왕의 딸들은 아시리아의 아슈르바니팔(재위 기원전 668-627)의 하렘으로 끌려갔다. 페니키아는 이후 지중해의 다른 지역 식민지 정도에 한정되었다. 서쪽에서 그리스 식민지가 늘어가는 것은 페니키아로서는 우려스러운 일이었다. 영국의 주석이나 에스파냐의 은과 같은 금속의 공급을 위협했기 때문이다. 약 100년 전 페니키아가 카르타고에 식민지를 세운 이유를 여기서 엿볼 수 있다. 카르타고는 티레나 시돈보다 훨씬 더 강한 영향력을 가졌고 독자적인 식민지를 건립했다. 카르타고는 페니키아인을 가능하게 했던 기원이 쇠퇴하고 난 이후에도 강성하게 지속되었다.

페니키아인이 문명의 교류에 가장 핵심적인 역할을 했으나, 페니키아인 이외에도 영향을 준 집단이 있었다. 미케네인은 문화의 확산에 공헌했고, 헬레네스는 에게 해 주변을 뒤섞어놓았다. 크레타인은 이들보다도 더 많은 일을 했는데, 문화의 중심지에서 위대한 문화를 차용했을 뿐 아니라 이를 확산하기 전에 재창조했다. 크레타인은 보다 빨리 변화하는 세계를 형성하는 데에 도움을 주었다. 이로부터 초래된 의도하지 않았던 결과 중의 하나가 유럽 내륙에 자극을 주었다는 것이다. 탐험가들과 탐사가들은 광물을 찾아서 잘 알려지지 않았던 유럽 내륙으로 들어갔다. 기원전 제2천년기에 이미 보다 복잡해질 사회에 대한 미래의 징후들이 보이기 시작한다. 미케네에서 발견된 구슬은 발트 해 연안에서 산출된 호박(琥珀)을 이용하여 영국에서 제조된 것이었다. 무역은 비록 느린 속도지만 계속되었고, 고립을 탈출하여 사람들 간의 관계를 변화시키고 세계에 새로운 형상을 덧입히고 있었다. 그러나 에게 해에서 일어나고 있던 인종이 뒤섞이는 이야기에 이를 연결시키기는 어렵다. 기원전 제2천년기부터의 복잡한 아시아 역사와의 연결은 더욱 어렵다.

세계사적 시각에서 크노소스의 멸망으로부터 약 800년간의 중동의 역사는 매우 혼란스럽다. 이는 세계의 가장 잘 정비된 농경지역에서 천천히 성장하는 부를 누가 지배하는가를 둘러싼 분쟁이었기 때문이며(일어났다가 사라진 제국들은 중동의 경계인 사막이나 스텝 지역에서 정복을 정당화할 수 있는 자원을 찾을 수 없었다), 이러한 분쟁 속에서 일관된 이야기를 찾기는 매우 어렵다. 침략자는 빨리 들어왔다가 빨리 사라졌으며, 몇몇은 새로운 공동체를 남기기도 했고 무너뜨린 제도를 대체할 새로운 제도를 만들기도 했다. 짧은 시간에 전개된 변화는 갑작스러웠으며 자주 있는 일이 아니었기 때문에 이를 이해하기는 어려웠을 것이다. 집이 불에 타거나 아내나 딸이 강간을 당하고, 아들이 끌려가서 노예가 되거나 새로운 지배자가 더 높은 세금을 물릴 것이라고 공표를 하는 일은 갑작스럽게 찾아왔을 것이며 자주 일어나는 일은 아니었다.

대륙에서 떠돌아다니던 사람들은 오래된 통치 중심지나 인구가 몰리는 곳, 그리고 강력하고 영향력 있는 정치구조나 행정, 종교, 교육에서 다층적 전문가가 존재하는 지역 내에서 움직였다. 이는 새로운 인구의 유입에도 불구하고 에게 해 지역에서 형성되었던 것들이 잊혀지지 않고 유지된 이유를 설명해준다. 이 지역 상당수의 야만인들이 문명과 이미 접촉을 했던 경험이 있다는 점 또한 보수적인 힘으로 작용했다. 이와 같은 두 가지의 힘은 장기적인 측면에서 문화의 확산을 도왔고 혼란스럽지만 보다 문명화되고 상호연결된 대규모의 중동 세계주의를 만들어냈다.

이러한 변화는 상당히 일찍 시작하여, 히타이트인이 소아시아에 도달하는 기원전 제2천년기 초기에 시작한다. 이들은 중동에는 새로 나타난 사람들로, 유라시아 서쪽 스텝 지역의 인도-유럽어족이었으며 언어와 문화에서 다른 점이 있었다. 그러나 이들은 원시적 야만인은 아니었다. 히타이트인은 자기들 나름의 법체계를 가지고 있었으며 바빌론으로부터 배울 수 있는 것을 많이 배운 상태였다. 이들은 아시아에서 철을 독점하다시피 했다. 철은 농경에 중요했다. 요새화 기술과 전차 기술까지 숙달한 히타이트인은 군사력에서 우위를 점하게 되는데, 이집트와 메소포타미아에 이는 재앙이었다. 바빌론을 멸망시킨 기원전 1590년의 침략은 첫 번째 히타이트 '제국'의 절정이었다. 이후 쇠락과 모호함의 시대가 열렸다.

기원전 1400년 초반, 히타이트 세력에 르네상스가 찾아왔다. 이는 두 번째이자 더욱 찬란했던 절정기로, 히타이트는 지중해 연안에서 페르시아 만까지 세력을 떨쳤다. 이집트를 제외한 비옥한 초승달 지역 전부를 지배했으며, 미케네와 지속적으로 전투를 하며 이집트를 성공적으로 위협했다. 그러나 다른 제국과 마찬가지로 히타이트도 100여 년이 지나자 쇠락하여 기원전 1200년경 종말을 맞이했다. 히타이트 세력의 몰락과 이집트 기록에 있는 '바다 사람들'의 공격은 우연이라고 보기에는 신기할 정도로 시기가 잘 맞아떨어진다. 히타이트의 정복자는 트라케(트라키아) 출신의 프리지아인이라는 인도-유럽 어족으로, 후일 그리스 문화에 상당한 영향을 미친다.

'바다 사람들'은 당시 지역의 움직임을 알려주는 중요한 세력이다. 이들은 철로 무장했으며 기원 전 12세기에 시작하여 동지중해 유역을 약탈하고 시리아와 레반트 도시를 침략했다. 이들 중 일부는 미케네에서 온 '피난민'으로 도데카네스 제도로 갔다가 키프로스로 이동해갔을 것이다. 이들 중 한 집단이 기원전 1175년경 가나안 땅에 정착한 필리스틴(Philistine)으로, 현재까지도 이 옛날 이름에서 유래한 이름인 팔레스타인(Palestine)을 사용하고 있다. 바다 사람들로 인해서 가장 큰 피해를 입은 것은 이집트인이었다. 2,000년 후 북해의 바이킹처럼, 해상의 침략자와 침입자들은 지속적으로 삼각주로 쳐들어왔으며 패배에 굴하지 않았다. 이들은 한때 파라오로부터 삼각주를 탈취하기도 했고, 이집트는 상당한 긴장 속에 놓였다. 기원전 11세기 초반, 이집트는 두 왕국으로 갈라진다. 이집트의 적은 바다 사람들에 국한되지 않았다. 리비아의 함대가 나타나서 삼각주를 약탈하기도 했다. 물론 이집트는 이들을 물리치기는 했다. 이때 남부에서는 큰 문제가 없었으나, 기원전 1000년 무렵 수단에서 독립왕국이 들어서며 후일 문제를 일으킨다. 조류처럼 밀려드는 야만인들은 미케네를 쇠락시켰던 것처럼 중동의 오래된 구조를 허물어가고 있었다.

한 줄기로 설명하기에는 너무 복잡하고 모호한 시대에 들어섰다는 점을 분명히 하기에 충분한 사실을 늘어놓은 듯하다. 다행히도 이 혼란 속에 두 가지 줄기가 나타나기 시작한다. 첫째는 되풀이되던 테마가 재등장한 것으로, 지속적인 메소포타미아 전통의 영향이 최종 국면에 들어섰다는 점이다. 두 번째는 다소 새로운 것으로 시작 시기는 명확하지 않다. 사건의 시작 시기는 사건이 일어난 지 수백 년이 지난 후의 기록을 통해서 추정만이 가능하다. 이 사건은 아마 바다 사람들과 이집트 사람들 사이의 갈등 시기에 나타났을 것이다. 언제, 어떻게 나타났건 간에 이집트인들이 히브리인이라고 불렸고, 후일 유대인이라고 불리게 되는 사람들이 이집트를 떠나며 세계사의 전환점이 등장했다.

몇 세기에 걸쳐 많은 이들이 기독교의 탄생 이전의 인류사는 유대인의 역사이며 유대인이 남긴 다른 사람들의 역사라고 여겼다. 『구약성경』에는 유대인과 다른 사람들의 역사가 기록되어 있으며, 이는 기독교와 인쇄기술에 힘입어 여러 언어로 번역되어 세계 곳곳에 퍼져나갔다. 유대인은 추상적인 개념으로서의 신을 최초로 구체화했고, 신의 존재를 이미지로 형상화하는 것을 금지했다. 역사상 이토록 미미한 기원과 별 볼일 없는 자원을 가진 사람들이 이처럼 지대한 영향을 미쳤던 적은 없다. 이들의 기원은 아직까지도 확실하지가 않다.

이들은 셈족 계열로 아라비아의 유목민족이었다. 이 유목민족은 그들이 기원한 장소에서 가까운 비옥한 초승달의 옥토로 진입하고자 하는, 선사시대부터 이어진 경향성을 가지고 있었다. 주목해야 할 첫 단계는 족장 시대로 『성경』의 아브라함, 이삭, 야곱으로 체화되어 있다. 『성경』에 언급된 위대하고 전설적인 존재들이 실제로 존재했다는 것을 부정할 만한 충분한 근거는 없다. 이들이 실존했다면 기원전 1800년 무렵일 것이며, 우르가 끝나고 이어진 혼란기를 배경으로 했을 것이다. 『성경』에는 아브라함이 우르에서 가나안으로 왔다고 서술하고 있는데, 이는 상당히 가능성이 있고 아모리인과 다른 부족의 해산에 관해서 알려진 사실과도 충돌하지 않는다. 그들 중에서 아브라함의 자손으로 알려진 자들이 '히브리인'이 되었고, 이는 '떠돌이'라는 뜻으로 이집트 기록상 기원전 14-13세기 이전에는 나타나지 않는다. 이는 히브리인들이 가나안 땅에 정착하고 한참이 지난 후이다.

『성경』에서 아브라함의 사람들을 확실히 식별할 수 있는 것은 가나안 땅에 도착한 후이다. 이들은 목축인으로, 부족사회를 구성했으며, 우물과 목초 때문에 이웃이나 친척과 분쟁했다. 가뭄과 굶주림을 벗어나기 위해서 중동 지역을 또다시 떠돌아다녔을 수도 있었다. 이들 중 한 집단은 이집트로 갔다고 하는데 이는 아마 기원전 17세기 초반이었을 것이다. 『성경』에는 야곱의 가족으로 기술되고 있다. 『구약성경』에 따르면, 야곱의 아들인 요셉이 이집트 파라오의 총애를 받게 된다. 이 시기는 힉소스 왕조 시대라고 추정되는데, 이는 대규모 사건으로 인해서 이집트 관료제 아래에서도 외국인이 조명을 받을 수 있었을 것이기 때문이다. 이는 충분히 가능한 추측이지만, 이를 뒷받침하거나 반박할 증거는 없다.

이로부터 1,000-3,000년 뒤에 일어난 사건만 아니라면, 이 모든 것은 전문 역사가를 제외한 그 누구의 관심거리도 되지 않았을 것이다. 전 세계의 운명은 기독교와 이슬람 문명에 휩쓸리게 되는데, 기독교와 이슬람 문명은 모두 근원 파악조차 쉽지 않은 셈족 집단의 종교적 전통에 뿌리를 둔 것이었다. 메소포타미아와 이집트 제국의 지배자의 시각에서는 이들이 몇백 년 동안 지배했던 수많은 다른 떠돌이 종족과 크게 구별이 가지도 않는 존재였다. 그러나 히브리인은 독특한 종교적 비전을 갖추었고, 이는 다른 종족과의 큰 차이점이었다.

고대 중동에서 유일신이 보다 각광받을 수 있는 가능성은 존재했다. 대격변이나 대재앙 다음에는 지역 신의 영향력을 의심하게 되기 때문이다. 이러한 재앙은 바빌로니아 제국 이후 여러 차례 나타났다. 아크나톤의 종교적 혁신이나 마르두크 전통이 점차 강성해진 것도 이러한 도전에 대한 대응으로 볼 수 있다. 그러나 히브리인과 히브리인의 종교를 믿었던 이들만이 다신교와 지역주의를 넘어선 일관되고 타협하지 않는 유일신 체계를 기원전 7세기 이전에 완성했다. 정련화의 첫 단계는 이스라엘 사람들(야곱의 자손들)이 부족의 신이자 질투심도 가지고 있는 하느님인 야훼에게만 충성했고, 야훼는 야훼의 사람들을 약속의 땅인 가나안으로 이끈다는 약속을 했으며, 아브라함을 우르에서부터 가나안으로 이끌었다는 것이다. 가나안 땅은 현재까지도 해당 인종의 열망으로 자리하고 있다. 약속이야말로 핵심적인 개념이다. 이스라엘은 하나를 이행하면, 기대되는 바가 따를 것이라고 믿었다. 이는 메소포타미아나 이집트의 종교 기류와는 맥을 달리하는 것이었다.

이스라엘 종교가 발달하면서, 야훼는 초월적 신이 되었다. "시편"에는 '주 (Lord)께서 그 성전에 계시니 주의 보좌는 하늘에 있음이여'라고 나온다. 신은 모든 것을 창조했으나 자신의 창조물로부터 독립적으로 존재했다. "시편"에는 '내가 주의 영을 떠나 어디로 가며 주의 앞에서 어디로 피하리이까'란 구절도 있다. 야훼의 창조적 능력은 유대인과 메소포타미아 전통을 갈라놓는 구분선이었다. 야훼는 이스라엘 사람들에게 후일 기독교에서 말하는 '세상의 만물을 만드신 만물의 창조주'였다. 더구나 야훼는 그의 형상을 본떠서 노예가 아닌 동반자로서 인간을 만들었다. 인간이야말로 야훼의 창조적 능력을 최대한 발휘한 것으로 야훼와 마찬가지로 선과 악을 구분할 수 있었다. 또한 인간은 야훼의 본성에 기준을 둔 도덕적 세상에서 살았다. 야훼만이 선이며, 인간이 만든 법은 야훼의 뜻을 따르기도, 따르지 않기도 했다. 야훼만이 옳고 그름과 정의를 분간할 수 있다.

『성경』 그대로를 받아들일 수는 없으나, 유대인 역사의 많은 부분에 대한 유일한 증거로서 『성경』을 존중할 필요가 있다. 『성경』은 다른 사료로부터 찾을 수 있거나 추론할 수 있는 많은 자료를 포함하고 있다. 고고학의 도움은 히브리인이 가나안에 도착한 다음부터 받을 수 있다. "여호수아서"에 나온 정복 이야기는 기원전 13세기 가나안 도시가 파괴되었다는 증거와 들어맞는다. 가나안 문화와 종교에 관해서 밝혀진 사실들 역시 『성경』에 기록된 그 지역의 문화와 다신주의로 인해서 히브리인들이 고생했던 것과 들어맞는다. 기원전 12세기 내내 두 개의 종교적 전통과 두 집단은 팔레스타인을 두고 갈등하게 되는데, 이는 이집트의 영향력이 쇠락했음을 보여준다. 이집트가 강성했더라면 소수의 셈족인이 이 중요한 지역을 차지하는 것을 그냥 보고 있지만은 않았을 것이기 때문이다. 히브리인은 다른 유목부족과의 동맹을 이끌어냈던 것 같다. 이와 같은 동맹의 핵은 바로 야훼였다. 정착을 한 후, 부족 간 분쟁은 있었으나 모두 야훼를 섬겼으며, 한동안 이러한 종교가 이들을 묶어주는 유일한 수단이었다. 이스라엘의 유일한 정치제도는 바로 부족에 따른 구획이었다.

기원전 1000년 무렵 히브리 왕이 출현하면서 예언자 또한 나타난다. 히브리 최초의 왕인 사울과 사울의 뒤를 이은 다윗에게 기름을 부어준 자(곧 이들을 임명한 자)가 바로 예언자 사무엘이었다. 『성경』에 따르면, 사울 왕이 재임하는 동안 이스라엘에는 철로 만든 무기가 없었다. 필리스틴인이 철기를 단속하여 자신들의 우위를 지키고자 했기 때문이다. 그럼에도 불구하고 유대인은 적으로부터 철기를 다루는 법을 배우게 된다. 유대어에서 '칼'과 '투구'를 뜻하는 용어는 모두 필리스틴어에 그 뿌리를 두고 있다. 당시 보습은 없었으나, 만약 있었다고 하더라도 두들겨서 검으로 만들었을 것이다. 사울이 시작한 것을 다윗이 끝내게 되는데, 『구약성경』에 나오는 모든 인물들 중에서 강점에서나 약점에서나 다윗에게 가장 믿음이 간다. 다윗이 실존했다는 고고학적 증거는 없으나 아직까지도 다윗은 세계문학 속에서 위대한 존재이며 2,000여 년이라는 시간 동안 왕들의 모범이 되어왔다.

그러나 다윗의 아들이자 후계자인 솔로몬이야말로 이스라엘을 국제무대에 각인시킨 최초의 왕이다. 전차를 완비한 군대를 만들고, 에돔인에게 대항해서 남쪽으로 원정을 떠났으며, 페니키아와 동맹을 맺고 해군을 만들었다. 솔로몬 왕은 정복을 진행해갔으며 이스라엘은 번성했다. '솔로몬이 하수[유프라테스]에서부터 블레셋 사람들의 땅[필리스틴]에 이르기까지와 애굽[이집트] 지경에 미치기까지의 모든 나라를 다스리므로……솔로몬의 사는 동안에 유다와 이스라엘이 단에서부터 브엘세바에 이르기까지 각기 포도나무 아래와 무화과나무 아래서 안연히 살았더라'("열왕기상" 4장 21, 25절). 솔로몬 왕은 강한 자의 위력이 쇠퇴하는 시기에 약한 자가 취할 수 있는 가능성을 사용했다. 솔로몬 치하에서 이스라엘이 부강했던 것은 다른 오래된 제국들이 쇠퇴하기 시작했다는 또다른 증거이다. 『구약성경』의 모호한 투쟁 기록 속의 정치적 세계를 구성했던, 그러나 지금은 잊혀진 시리아나 레반트인들의 성공담도 이와 들어맞는다.

부족에 기초한 종교는 히브리인이 정착한 가나안 땅의 풍요를 비는 제의나 농경민의 다신주의로 인해서 오염이 되지 않았다. 이스라엘은 위대한 왕의 업적으로 길이 기억되기보다는 예언자들이 세운 도덕적 기준으로 기억될 것이었다. 이 예언자들은 종교를 도덕과 연결시켰고, 이것은 유대교뿐 아니라 기독교와 이슬람교에서도 뚜렷이 나타난다. 예언자들은 야훼를 섬기는 전통을 보편적이며 정의롭고 자비로우며 죄 앞에서는 단호하나 회개하는 자는 언제든 다시 받아들이는 신의 숭배로 진화시켰다. 이것이야말로 중동 지역에서의 종교 문화의 절정이었다. 이후 종교는 지역이나 부족으로부터 분리될 수 있었다. 예언자들은 또한 사회적 부조리를 맹렬히 지적했다. 아모스, 이사야, 예레미야는 특권을 가진 종교계층을 비하하기도 했다. 이들은 신 앞에서 모든 인간은 평등하다고 주장했으며 왕이 마음대로 행동해서는 안 된다고 설파했다. 또한 인간에게 주어진, 인간의 권위와는 독립적인 도덕률을 내세웠다.

기원전 722년 아시리아인들이 이스라엘을 침략하자, 대부분의 히브리 부족은 이 지역을 떠나서 역사에서 사라지게 되었다. 유다 왕국이 가장 오래 버텼다. 유다 왕국은 규모가 조금 작았고, 다른 큰 나라로 가는 길목에서 비켜서 있었다. 이스라엘의 성벽과 신전이 바빌로니아 군대에 짓밟히던 기원전 587년까지 유다 왕국은 지속되었다. 유다인들 역시 강제이주를 당하는데, 많은 이들이 바빌론으로 끌려갔다. 바빌론 유수(幽囚)라는 엄청난 경험은 매우 중요하며 영향력이 있어서, 이 경험을 통해서 현재도 생생히 살아 있고 추적이 가능한 전통의 적자이자 전파자로서의 유대인이 등장한다고 할 수 있다. 위대한 제국들이 다시금 메소포타미아에 자리를 잡고 문명의 마지막 꽃을 피우기 시작했다. 유대인 국가가 출현할 수 있었던 상황은 이제는 사라졌다. 그러나 유대인들은 종교를 통해서 이러한 쇠퇴가 그들 국가 정체성의 종말을 의미하는 것은 아니라는 확신을 얻을 수 있었다.

함무라비 시대 이후로 메소포타미아 계곡 사람들은 이동해다니는 사람들의 압력을 받아왔다. 상당히 오랜 기간 히타이트와 미탄니의 압박을 받았고 때로 이들 외 다른 이들이 아수르와 바빌론을 다스리기도 했다. 시간이 흘러 히타이트 역시 쇠락하자, 오랜 기간 고대 메소포타미아를 지배하는 군사적 세력이 존재하지 않았다. 학자들이 아르메니안이라고 부르는 호전적인 셈족이 아시리아 왕을 200여 년간 귀찮게 했다. 200여 년은 미국이라는 나라의 전체 역사에 해당한다. 이 셈족 중 한 집단인 칼데아는 이후 바빌로니아에 그 이름을 남기게 되는데, 여기에서는 고대 세계의 정치가 엉성했다는 것 이외에는 딱히 주목할 필요가 없다.

기원전 9세기에 들어서 메소포타미아는 혼란 속에서 빠져나오기 시작한다. 『구약성경』에 따르면 아시리아 군대는 시리아와 유대인 왕국을 다시 공격한다. 그들은 여러 차례 성공적으로 아시리아인의 공격을 물리쳤으나 아시리아의 군대는 계속해서 쳐들어왔고 결국 시리아와 유대인 왕국을 정복했다. 이것이 바로 중동사의 새롭고 중요하지만 즐겁지 않은 국면의 시작이다. 새로운 아시리아 제국이 형성되고 있었다. 기원전 8세기에는 정점으로 달려갔고, 고대 중심지였던 아수르를 대체한 티그리스 상류의 니네베는 메소포타미아 역사의 초점이 되었다. 아시리아는 다른 제국들과는 달리 통합되어 있었다. 아시리아는 땅을 나누어주거나 조공을 받는 제도에 기대지 않았다. 원래 있던 지배자를 밀어내고 아시리아 통치자를 지역으로 보냈다. 거주민마저 밀어내기도 했다. 많이 사용하던 방식이 강제이주였다. 이스라엘의 10지파가 가장 널리 알려진 피해자들이다.

아시리아의 확장은 지속적이고 무자비한 승리와 함께 가능했다. 기원전 729년 바빌론의 함락은 아시리아의 가장 큰 승리였다. 아시리아 군대는 곧 이스라엘을 멸망시켰고, 이집트를 침략했다. 이집트의 왕을 상(上)이집트에 한정시킨 채 삼각주를 병합했다. 키프로스는 투항했고, 시칠리아와 시리아는 정복되었다. 기원전 646년 아시리아는 엘람 지역을 정복하게 되는데, 잇단 정복 중 마지막으로 중요한 정복이었다. 중동 전역에 걸쳐서 이는 큰 결과를 가져왔다. 전 지역에 걸친 체계화된 통치체제와 법이 처음으로 적용되었다. 징집된 병사와 강제이주된 인구는 지역주의를 희석시켰다. 또 아람어가 공용어로 널리 쓰였다. 새로운 차원의 세계주의가 아시리아 시대와 함께 가능하게 되었다.

이와 같은 권력을 기리기 위해서 명백한 위용을 나타내는 건축물이 건립되었다. 사르곤 2세(재위 기원전 721-705)는 니네베 근처 코르사바드에 큰 궁전을 건립했는데, 이 궁전은 0.5마일에 걸쳐 지어졌으며, 궁전에 새겨진 부조를 이어놓은 길이는 1마일을 넘었다. 정복을 통한 산물로 풍요롭고 장대한 궁전을 유지할 수 있었다. 아슈르바니팔 역시 테베로부터 니네베로 가지고 온 오벨리스크를 포함한 건축물을 남겼지만, 그가 남긴 유물 중 가장 훌륭한 유물은 도서관을 위해서 제작한 점토판 모음이다. 그는 학술과 골동품 등에 조예가 깊었다. 점토판에는 당시 구할 수 있었던 고대 메소포타미아 기록과 문학에 관한 모든 자료를 담았다. 이를 통해서 수메르어를 번역한 「길가메시 서사시」의 완전체를 포함한 메소포타미아 문학에 관한 많은 것을 알 수 있다. 이러한 문학 자료 및 다른 자료에서 이 문명의 기저에 흐르던 사상을 파악할 수 있다. 아시리아 왕이 사냥꾼으로 표현되던 것으로부터 전사(戰士)로서의 왕의 이미지를 엿볼 수 있다. 이는 또한 멀지 않은 과거였던 수메르 시대의 영웅이었던 자연의 정복자로서 정체성을 획득하고자 했던 시도에서 나타난 표현이었을 수도 있다.

아시리아 왕의 위대한 업적을 기리는 기념비의 부조에는 약탈, 노예화, 형벌, 고문, 강제이주 같은 위와는 사뭇 다른 이야기 역시 반복적으로 나타난다. 아시리아 제국은 정복과 위협을 기초로 했고, 당대 최고의 군대를 창조했다. 아시리아는 남성 모두를 징집하고 군대를 철제 무기로 무장했다. 그때까지는 함락이 불가능했던 성벽을 무너뜨릴 포와 기병 역시 갖추고 있었다. 군대는 여러 종류의 무기를 갖추고 있었으며, 종교적 열정마저 갖추어져 있었을 것이다. 아수르 신은 전투로 나가는 군대 위에 떠 있는 것으로 표현되며, 왕들은 아수르를 믿지 않는 자들 앞에서 승리를 신에게 보고했다.

아시리아 제국의 전성기는 빨리 찾아왔고, 그후 쇠락했다. 아시리아는 영국 근대사가인 폴 케네디가 제국의 과잉 확장이라고 명명한 개념의 첫 번째 예일 텐데, 아시리아 왕들은 아시리아인의 수에 비해서 지나친 부담을 주었다. 아슈르바니팔이 세상을 떠난 이듬해, 제국은 무너지기 시작하는데, 그 첫 번째 징후가 바빌론에서의 반란이다. 칼데아인이 반란을 지지했고, 이들의 이웃인 메데 왕국(현재 이란의 주된 사람들) 역시 반란을 지지했다. 역사의 주된 세력으로 이들이 등장하는 것은 상당히 중요한 변화이다. 메데인은 북쪽으로부터의 야만인의 침입, 곧 캅카스에서 이란으로 쳐들어오던(같은 시기에 유럽 쪽 흑해 연안을 침공하기도 했다) 스키타이인의 침입으로 정신이 팔려 있었다. 스키타이인들은 기병으로, 말을 타고 활을 가지고 싸웠다. 이들은 중앙 아시아의 유목민족으로, 세계사적 측면에서 중앙 아시아에서 서아시아로 들어온 최초의 주된 세력이었다. 스키타이인과 메데인이 힘을 합치면서 아시리아는 구석으로 밀리는 양상을 취하며 바빌로니아는 다시 한번 독립을 얻게 된다. 기원전 612년 니네베가 함락되며 아시리아는 역사에서 자취를 감추게 된다.

바빌로니아의 왕이었던 네부카드네자르는 이 기회를 잡아서 메소포타미아 문명의 반짝하는 짧은 부흥기를 이루어냈다. 그는 후대의 상상을 자극했던 바빌로니아의 마지막 제국을 이루었다. 이 제국은 수에즈에서 홍해, 시리아에서부터 메소포타미아와 고대 엘람 왕국(당시 이란 왕조인 아케메네스가 다스리고 있었다)의 경계를 가로질렀다. 다른 무엇보다도 네부카드네자르는 유대인 반란이 일어났던 기원전 587년 예루살렘을 멸망시키고 유다 부족을 생포했다. 그리고 이들로 하여금 다른 포로들과 마찬가지로 바빌로니아 수도를 치장하는 노동에 종사하게 했다. 바빌로니아의 '공중 정원'은 세계 7대 불가사의로 꼽힌다. 베를린의 페르가몬 박물관에 아직도 전시되어 있는 이슈타르의 문은 그 웅장함을 잘 보여준다. 네부카드네자르는 당대의 위대한 왕이었고, 아마 그때까지를 통틀어서 가장 위대한 왕이었을 것이다.

제국은 마르두크를 섬겼으며, 이 무렵 마르두크 숭배는 절정에 달했다. 매년 열렸던 새해를 맞이하는 축제에서는 메소포타미아의 모든 신들(지역 신전의 모든 우상과 조각상)을 강과 운하를 이용해서 운반한 후, 마르두크의 신전에서 마르두크를 알현하고 그의 우월성을 인정하게 했다. 이들은 4분의 3마일가량의 행렬을 따라서 진행하거나(아마 고대의 길들 중에서는 가장 멋진 길이었을 것이다) 유프라테스 강을 따라서 신전 가까이에서 내려 신을 조각한 상 앞으로 이동을 했다. 약 200여 년 후, 헤로도토스는 이 조각상이 2.75톤의 금으로 만들어졌다고 기록했다. 헤로도토스의 기록에 과장은 있었겠지만, 그렇다고 해도 이는 의심의 여지없이 장대한 광경이었을 것이다. 신전을 중심으로 하는 전 세계의 운명을 신들이 논의했고 이후 1년의 운명이 결정되었다. 신학은 정치적 현실을 반영했다. 창조의 드라마를 재현하는 것은 마르두크의 영원한 권위를 다시 한번 승인하는 것이자 바빌론의 절대왕정을 승인하는 것이었다. 세상의 질서를 보장하는 책임이 왕에게 있었고 이러한 질서를 보장하는 권위 또한 가지고 있었다.

이는 메소포타미아 전통의 마지막 번성으로 곧 쇠락하고 만다. 네부카드네자르의 후계자의 치하에서는 점점 그 영역이 줄어들었다. 기원전 539년 동쪽으로부터 새로운 정복자가 나타나는데, 이들이 바로 아케메네스가 이끌었던 페르시아인이다. 위대한 장관에서 흙더미로의 전환은 순식간이었다. "다니엘서"는 이 종말을 다음과 같이 기록하고 있다. '그날 밤에 칼데아 왕인 벨사살이 살해당했고 메데인인 다리우스가 왕국을 차지했다.'("다니엘서" 5장 30-31절) 불행히도 이 기록은 사건이 일어난 지 300년 후의 기록으로 사실은 이와는 조금 달랐다. 벨사살은 "다니엘서"에 기록되어 있듯이 네부카드네자르의 아들도, 후계자도 아니었다. 바빌론을 정복한 왕은 키루스였다. 그럼에도 불구하고 유대 전통은 극적이면서도 통찰력 있는 진실을 담고 있다. 만일 역사적 전환점이 있다면 바로 이 지점이기 때문이다. 수메르로부터 이어지는 메소포타미아의 독립적인 전통은 여기에서 끝나게 된다. 새로운 세상이 열리는 바로 그 지점에 우리가 서 있는 것이다. 한 유대 시인은 『구약성경』 "이사야"에서 '그대들이여 조용히 앉으라, 암흑으로 나아가라. 칼데아의 딸들이여, 그대들은 이제 더 이상 왕국의 여인으로 불리우지 않으리'("이사야" 47장 5절)라고 기록하고 있다.

5

남아시아에서의 문명의 시작

기원전 제3천년기 중반에 이르면, 인도에는 메소포타미아와 이집트보다 더 화려하고 오래 지속되며 거대한 영향권을 형성하게 될 전통문화의 기초가 마련된다. 고대 인도는 문학, 종교 및 전통양식을 통해서 지금까지도 매우 직접적인 의미에서 접근이 가능한 대상이다. 기원전 1000년에 형성된 카스트 제도는 여전히 수백만 명의 생활에 영향을 미치고 있다. 또한 신석기시대에서부터 이어져온 각종 신과 여신을 여전히 마을의 신사(神祠)에서 숭배하고 있다.

어떤 측면에서 고대 인도의 문명은 그 어떤 문명보다 우리에게 가까이 존재하고 있다. 인도인들의 생활관습이 잘 보존된 예는 무수히 많고, 그외에도 이 지역에는 많은 다른 것들이 남아서 전해지고 있다. 인도에서는 위대한 사상과 전통이 생성되었고 퍼져나갔다. 인도인들의 삶은 매우 다양하지만, 그 크기나 환경을 고려할 때 하나로 이해하는 것이 가능하다. 크기 면에서는 거의 유럽과 같고, 기후, 지형, 수확작물에 따라서 명확하게 지역이 구분된다.

인도 북부에는 인더스와 갠지스라는 두 개의 큰 강이 있고, 그 사이에는 사막과 불모지가 있으며, 남부에는 대부분이 숲으로 우거진 데칸이라는 고원지대가 있다. 역사가 기록되기 시작할 무렵, 이미 인도의 인종적 다양성은 복잡해져 있었다. 학자들은 인도-유럽어족과 드라비다어족에 기반한 수많은 언어를 사용하는 이들을 크게 6개의 어족으로 분류한다. 인도의 풍요로운 농경 환경에 매료되어 많은 다른 종족들이 이후 인도로 이주하여 정착했다. 이런 이유 때문에 하나의 초점을 찾기는 어렵다.

그러나 인도 역사는 외부로부터의 영향을 흡수하여 변환하는 엄청난 힘을 가지고 있다는 점에서는 일관성을 유지해왔다. 고고학 또는 오랜 기간 구술로 전해지다가 기록된 사료를 통해서 파악할 수 있는 불확실한 초기 단계의 역사를 탐구할 때, 이런 사실로부터 도움을 받을 수 있다. 인도의 대부분 지역이 지리적으로 외부로부터 고립되어 있었다는 사실도 또 하나의 단초를 제공한다. 그 크기와 다양성에도 불구하고 16-17세기에 바닷길이 열릴 때까지 인도는 가끔 외부인의 침입을 받았을 뿐이다. 물론 이런 침입을 피할 수는 없었으나, 북부와 북서부는 세계에서 가장 높은 산맥으로 보호를 받았고, 동부는 밀림으로 막혀 있었다. 인도라는 거대한 삼각형의 아래쪽 두 변은 인도양으로 둘러싸여 있었다. 이러한 자연지형으로 인해서, 외부와의 의사소통은 간신히 유지되거나 제한되었으며, 인도 특유의 기후가 형성되었다. 인도 대부분의 지역이 적도에 위치하는 것은 아니지만, 인도는 열대기후의 특성을 보인다. 산맥들이 중앙 아시아의 차가운 바람을 막아주고, 긴 해안으로 인해서 많은 비를 머금은 구름들이 대양에서 밀려들어오기 때문이다. 이러한 비구름은 산맥으로 인해서 북쪽 경계를 벗어나지 못한다. 1년 중 가장 더운 기간에 비를 가져다주는 몬순은 매년 정기적으로 발생함으로써 기후 측면에서 시계 역할을 했으며, 지금까지도 농경중심 사회의 중심적인 역할을 하고 있다.

비록 근대 이전까지는 외부의 영향을 덜 받았지만, 인도의 북서부 경계지역은 다른 지역에 비해서 외부의 영향에 보다 열려 있었다. 발루치스탄과 국경 통로 지역은 17세기까지 인도와 외부인들이 서로 부딪치게 되는 가장 중요한 지역에 해당한다. 근대에 들어와서 중국과의 접촉이 최초로 발생한 곳도 이 우회경로였다(비록 메르카토르 도법에서 나타나는 정도의 우회경로는 아니지만 말이다). 인도 문명이 처음 형성될 시기에 이 북서부 지역은 때로 외부의 영향을 받았다. 인도 문명이 어떻게 시작했는지에 대해서는 많이 알려져 있지 않지만, 수메르와 이집트 문명이 인도 문명에 앞선다는 것은 확실하다. 아카드 왕국의 사르곤 1세의 메소포타미아 기록에는 '멜루하'와의 접촉이 언급되어 있는데, 이는 여행자가 인도에 들어섰을 때 접하게 되는 첫 번째 지역인 인더스 강 유역의 충적평야로 생각된다. 이보다 더 서쪽에서 인도-유럽어족이 역사를 만들어가기 시작할 무렵, 숲이 우거진 이곳에서는 최초의 인도 문명이 싹트고 있었다. 인도 문명의 발생에는 아마도 하나가 아닌 여러 자극들이 동시에 작동했을 것이다.

중동 지역보다 인도에서 농업이 더 늦게 시작되었다는 증거 또한 존재한다. 농경 역시 북서쪽 지방에서 그 기원을 엿볼 수 있다. 기원전 6000년경 발루치 스탄에는 농사를 지었던 고고학적 흔적이 남아 있다. 그로부터 3,000년 후 충적평야에 정착생활의 흔적과 다른 강 유역 문화에 버금가는 것들이 나타나기 시작했다. 원판을 회전시켜 만든 도자기나 구리를 사용한 흔적들이 발견되기 시작했다. 이집트와 수메르에서와 같이 진정한 문명은 아니지만, 농경 정착생활이 점진적으로 증가하는 징후가 나타난다. 메소포타미아로부터 직접적으로 영향을 받았을 가능성도 있으며, 적어도 북쪽에서 넘어온 새로운 종족들에 의해서 어느 정도 영향을 받았던 것으로 보인다. 인도가 생성되던 초창기의 다양한 인종 구성을 볼 때 이러한 추측이 가능하지만, 단정짓기는 매우 어렵다.

마침내 문명화된 삶으로 접어들었을 때, 그 변화는 놀라운 것이었다. 한 학자는 이를 일컬어 문화적 '폭발'이라고 했다. (메소포타미아의 태양열로 말린 진흙 벽돌과 대조적으로) 불로 구워 벽돌을 만드는 기술의 발명이라는 중요한 기술적 진보가 있었고, 이 기술을 통해서 자연석이 부족한 평야지역의 홍수를 조절할 수 있게 되었다. 그 과정이 어떻게 진행되었든 간에, 결과적으로 인더스 강 유역에 수메르나 이집트보다 넓은 25만 제곱마일에 이르는 놀라운 문명이 형성되었다.

인더스의 지류에 위치한 하라파라는 도시가 중요한 유적지 중의 하나여서, 인더스 문명은 '하라파 문명'이라고 부르기도 한다. 그외에 모헨조다로를 비롯한 3곳의 다른 중요 유적지가 알려져 있다. 이들 유적지에서는 이집트와 메소포타미아에 버금가는 수준의 고도로 조직적이고 집단행동을 잘 규제한 사회의 유품들이 발견되었다. 도시에는 큰 곡물창고가 있었고 상당히 넓은 지역에서 표준화된 도량형이 사용되었던 것으로 보인다. 기원전 2600년 무렵 고도로 발전된 문화가 형성되었으며, 기원전 제2천년기에 쇠퇴하기 전까지 약 600년 정도는 거의 변화 없이 지속되었다.

대표적인 두 개의 도시에는 각각 3만 명 이상이 살았고, 이러한 규모의 인구를 유지할 수 있을 정도로 농업이 발전했음을 알 수 있다. 이 지역이 후대에는 불모지로 변하지만, 이 당시에는 그렇지 않았다는 사실도 알 수 있다. 모헨조다로와 하라파 시는 둘레가 2마일에서 21마일에 이르렀다. 건물에서 보이는 일관성과 복잡성에서 고도의 행정 및 조직력을 엿볼 수 있다. 두 도시는 각각 요새와 주거지역으로 나뉘어져 있었고, 주택들은 격자 형태로 배열되었으며, 표준 크기의 벽돌로 지어졌다. 정교하고 효과적으로 만들어진 배수체계와 주택 내부구조를 보면 목욕과 청결에 매우 신경을 썼음을 알 수 있다. 하라파의 일부 거리에는 모든 집들에 화장실이 하나씩 있다. 인도 종교에서 특징적인 요소 중의 하나이며 힌두교도들에게 여전히 중요한 목욕재개 의식을 이 시기와 연결하는 것이 결코 허황된 생각만은 아닐 것이다.

이 두 도시의 사람들은 멀리까지 교역을 하며 꽤 복잡한 경제활동을 하고 살았다. 모헨조다로에서 남쪽으로 400마일 떨어진 곳에 위치한 로탈에는 1마일 정도 길이의 운하를 통해서 바다로 연결되는 거대한 조선소가 있었는데, 이는 페르시아 만을 거쳐 북으로는 메소포타미아까지 이루어진 교류의 중요성을 보여준다. 하라파 도시에는 먼 지역의 재료를 숙련된 기술을 이용하여 제조한 후에 이것을 다시 먼 지역으로 교역한 전문 장인들이 존재했다. 인도 문명에서는 최초로 무명천이 사용되었을 뿐만 아니라, 로탈에서 발견된 밧줄로 묶고 인장으로 봉한 수출용 화물상자를 무명천으로 쌀 만큼 널리 쓰였다. 이 인장들은 하라파 사람들이 읽고 쓸 수 있었음을 보여주는 좋은 증거의 일부이다. 도자기 파편에 새겨진 글자 또한 인도인들의 문자에 관한 최초의 흔적을 제공한다. 인장은 약 2,500개 정도가 남아 있는데, 하라파의 사상에 대한 좋은 단서를 제공한다. 인장에 새겨진 상형문자는 오른쪽에서 왼쪽으로 쓰여 있으며 동물들이 가끔 인장에 등장하는데, 1년을 6으로 나눈 여섯 계절을 의미한다고 해석되기도 한다. 인장에 남겨진 많은 '단어'는 아직 해석이 되지 않고 있다. 그러나 인도 남부에서 아직 사용하고 있는 드라비다어와 유사한 것이라고 추측된다.

인더스에서 유래된 사상과 기술은 신드, 펀자브, 구자라트 서부해안을 따라서 아래로 퍼져나갔다. 이렇게 퍼져나가는 과정에는 수백 년이 소요되었으

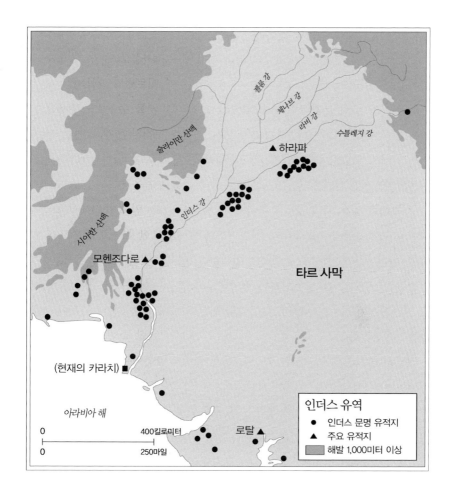

지도 내 라벨:
- 젤룸 강
- 체나브 강
- 라비 강
- 수틀레지 강
- 슐라이만 산맥
- ▲ 하라파
- 인더스 강
- 시아한 산맥
- 모헨조다로 ▲
- 타르 사막
- (현재의 카라치) ■
- 아라비아 해
- 0   400킬로미터
- 0   250마일
- 로탈 ▲

인더스 유역
- ● 인더스 문명 유적지
- ▲ 주요 유적지
- 해발 1,000미터 이상

며(몇몇 지역은 현재 바다 밑에 잠겨 있다), 고고학 증거를 보면 상당히 혼란스러운 면모를 띠고 있어서 일정한 패턴이 있었다고 보기 어렵다. 영향력이 미치지 못했던 곳(갠지스 강 유역이 그러한데, 이곳 또한 충적지로 상당한 인구를 먹여살릴 수 있었으며 남동부에 위치했다)은 이와는 다른 문화적 과정을 거쳤다. 그러나 그다지 탁월한 업적을 남기지는 못했다. 인도 문화는 다른 영향을 받기도 했다. 중국의 영향을 받은 흔적이 남아 있으나 확신을 하기는 어렵다. 예를 들면, 쌀농사는 인도 갠지스 강 유역에서 시작했다. 확실하지는 않지만, 기원전 3000년경부터 쌀을 재배했던 중국이나 동남 아시아에서 전래되었을 수 있다. 약 2,000여 년이 지난 후, 북쪽 지방 대부분 지역에서 인도의 주식이 된 쌀을 재배하게 되었다.

　최초의 인도 문명이 언제쯤 쇠락하기 시작했는지는 대략적으로 추측할 수 있어도, 왜 쇠락하기 시작했는지는 알 수 없다. 인더스 강의 심한 홍수로 인해서 인더스 강의 물길이 많이 바뀌어서 안정되지 못한 상태였던 농경의 균형을 무너뜨렸을 수 있다. 하라파 건물을 짓는 데에 필요했던 벽돌을 굽기 위한 가마의 원료로 나무를 베면서 숲이 파괴되었을 수도 있다. 그러나 어쩌면 다른 영향도 있었을 수 있다. 모헨조다로 거리에서는 해골이 발견되는데, 그 자리에서 죽은 사람들의 유골이라고 추측된다. 하라파 문명의 종말은 기원전 1750년경인데, 이 시기는 인도 역사의 위대하고 창조적인 세력 중의 하나인 '아리안족'의 침입과 우연히도 일치한다. 역사학자들은 아리안 침입으로 인해서 인더스 강 유역의 도시가 멸망했다는 설을 지지하지는 않는다. 아마도 지나친 남용과 자연재해로 이미 황폐해진 지역에 새로운 이주자들이 들어왔을 것이다.

　엄밀히 말하면, '아리안족'은 '인도-유럽어족'과 마찬가지로 언어적인 분류에 해당한다. 그럼에도 불구하고 관습적으로 그리고 편의적으로 기원전 2000년 이후 구세계의 일부 지역에서 고대사의 역동성을 일구어냈던 한 집단을 일컫는 용어로 사용해왔다. 다른 인도-유럽어족이 이란으로 이동하던 시기인 기원전 1750년경 힌두쿠시로부터 인도로 상당한 인구가 유입되었다. 이 시기는 인더스 강 유역과 펀자브 지방 깊숙이 이주민의 물결이 밀려들던 때로, 이들은 갠지스 상류에까지 이르렀다. 이주민들은 인더스 강 유역 문명을 박살내기는 했으나 원주민을 말살시키지는 않았다. 아리안족이 청동으로 만든 무기로 무장하고 말을 타고 전차를 끌고 온 전사이자 유목민이어서 이 과정이 상당히 폭력적이기는 했으나, 이들은 종국에는 정착을 했고 원주민은 자신의 종교와 생활습관을 유지한 채로 이주민과 더불어 살았다. 이후 나타난 융합과 관련된 고고학적 증거는 상당히 많다. 비록 제한적이기는 하지만, 이는 인도 사회에 특징적인 문화의 동화를 보여주는 초기 사례라고 할 수 있다. 나아가 이는 힌두교의 놀라운 포화 능력으로 나타나게 된다.

　아리안족은 하라파 문명을 뛰어넘는 문화를 인도로 가져오지는 않았다. 에게 해로 진출했던 인도-유럽어족도 마찬가지였다. 예를 들면, 문자의 사용은 사라졌고, 기원전 제1천년기 중반까지는 다시 출현하지 않았다. 도시도 재창조되지만, 인더스 강 유역에서와 같은 정교함을 갖추지는 못했다. 대신에 아리안족은 서서히 유목민 습성을 잃어가기 시작했고, 농경생활에 정착해가며 남동 지역으로 마을을 늘려갔다. 이와 같은 과정에는 몇백 년이 소모되었다. 철기가 유입된 후에야 갠지스 강 유역은 완전히 식민화되었다. 철기로 인해서 농경은 훨씬 더 쉬워졌다. 북부 평야의 개척과 더불어 침입자들은 인도 역사에 종교적, 사회적 측면에서 두 가지 큰 영향을 미치게 된다.

아리안족은 인도 문명의 핵심을 구성하는 종교의 기초를 닦게 된다. 이는 희생이라는 개념에 중점을 두고 있다. 희생을 통해서 신이 태초에 이루어낸 창조의 과정을 무한히 반복할 수 있다고 보았다. 불의 신인 아그니(Agni)의 희생적 불꽃을 통해서 인간이 신에게 닿을 수 있었기 때문에 아그니는 매우 중요했다. 이러한 의식을 관장하던 브라만들은 매우 중요하고 상당한 위치를 점했다. 신은 많았는데, 이들 중 두 신이 가장 중요했다. 그중 하나는 바루나(Varuna)로 천국의 신이자 자연질서를 주관하는 신이며 정의를 구현하는 신이었다. 인드라(Indra)는 전쟁의 신으로, 매년 용을 죽임으로써 천국의 물이 흘러나오게 하는데, 이것이 바로 매해 오는 몬순의 시작이었다. 이 모든 것은 『리그베다(Rig-Veda)』를 통해서 알 수 있다. 『리그베다』는 희생의식 중에 암송되는 수천 편 이상의 시를 모아놓은 것으로 기원전 1000년경에 처음으로 편찬되었다고 하나, 그보다 몇백 년 이전이라는 긴 시간 동안 축적된 것이다. 『리그베다』는 인도 종교뿐 아니라 아리안 사회에 관한 가장 중요한 사료 중의 하나이다.

『리그베다』는 아리안 문화의 원래 모습이나 초기 단계 모습이 아닌, 인도에 정착한 후의 아리안 문화를 담고 있는 것으로 보인다. 구술 전통을 서술로 옮겼던 호메로스의 시와 같으나, 역사적 사료로 활용하기는 더 쉬운 편이다. 『리그베다』에 부여되었던 신성함으로 인해서 있던 그대로 암송되었기 때문에, 1300년에 이르러서야 기록되었음에도 불구하고 원형 그대로 보존되었다고 추정된다. 베다어로 된 후일의 시 및 산문과 함께 『리그베다』는 인도의 아리안 문화를 연구하는 데에 가장 훌륭한 사료이다. 인더스 강 유역 도시에서 사용했던 벽돌에 비해서 덜 견고한 재료를 사용하여 마을과 신전을 지었기 때문에 고고학은 큰 도움이 되지 않는다.

『리그베다』에는 호메로스의 세계와 연관된, 곧 청동기 시대의 야만인에 관한 언급도 있다. 고고학자들은 하라파 문명의 도시 파괴에 관한 구절을 확인할 수 있다고 주장한다. 『리그베다』에 철에 대한 언급은 없으며, 인도에 철이 유입된 것은 기원전 1000년 이후라고 여겨진다(언제, 어디에서 철이 유입되었는지와 관련해서는 이견이 존재한다). 『리그베다』의 배경은 인더스 강 서쪽 유역에서 갠지스에 이르며, 이 지역에는 아리안족과 어두운 피부색의 소유자인 원주민이 살고 있었다. 이들 사회의 기초 단위는 가족과 부족이었다. 이들이 남긴 것 중에서 가장 지속성이 있었던 것은 포르투갈인들이 후일 '카스트(caste)'라고 명명한 아리안의 사회구조였다.

카스트라는 넓고 복잡한 주제의 초기사와 그 영향력을 확신을 가지고 설명하기는 어렵다. 카스트 제도는 명문화되면서 견고하고 바뀌기 힘든 구조로 자리를 잡았다. 그러나 이는 카스트가 출현하고 몇백 년이 지난 뒤의 일로, 그 이전의 카스트는 유연하고 변화가 가능한 제도였다. 카스트의 뿌리는 정착 농경사회의 기본적인 계급분화에 있는 것으로 판단되며, 전사 귀족(kshatriya[크샤트리아]), 성직자(brahman[브라만]), 농민(vaishya[바이샤])이 있었다. 이는 아리안 사회의 초기 계급분화 단계로 각 계급 사이는 배타적이지 않아서 계급 간의 이동이 가능했다. 초기 시대에 배타적이었던 구분은 아리안과 비(非)아리안 간의 구분에 한정되는데, 당시 인도의 원주민을 일컫던 용어로는 다사(dasa)가 있으며, 후일 '노예'라는 의미를 가지게 되었다. 직업과 관련된 기존 카테고리에 비아리안을 의미하는 네 번째 카테고리가 추가되는데, 이것이 추가된 이유는 인종적 순수성을 지키기 위한 것이었다고 생각된다. 이 네 번째 카테고리가 수드라(shudra)로 '깨끗하지 않은'이라는 의미에 더하여 베다어로 된 시를 공부하거나 들을 수 없는 자라는 의미가 있었다.

이러한 구조는 이후 계속 정교화되었다. 사회가 복잡화됨에 따라서 그리고 본래의 삼계급구조 사회 내에서 이동이 일어나게 됨에 따라서 세분화가 진행되었다. 가장 높은 계급인 브라만은 중요한 역할을 했다. 토지 소유자와 상인이 농민과 구분되어 바이샤라고 불리고, 수드라는 경작민이 되었다. 결혼과 음식이 계급에 따라서 정해졌다. 이러한 과정이 진행되며 우리가 알고 있는 카스트 제도가 자리를 잡았다. 수많은 카스트와 하위 카스트가 제도 내에서 출현했다. 카스트에 따라서 지켜야 할 것과 이행해야 할 것이 인도 사회를 이끌어가는 규칙으로 작용하게 되었고, 많은 인도인의 삶에 가장 큰 영향력을 미치게 되었다고 할 수 있다. 근대에 이르면 자티스(jatis)라고 하는 수천 개의 지역 단위 카스트가 나타나는데, 결혼도 카스트 내에서 하고 음식도 카스트 내의 사람이 만든 것만 먹는 카스트의 규칙을 따랐다. 또한 카스트에 따라서 한 기술이나 직종을 가지게 되었다. 이러한 연유에서 (전통적 부족, 가족, 지연 등의 연결이나 부의 분배의 측면에서도) 현재로까지 이어지는 인도 사회의 권력구조는 공식적인 정치체제나 중앙의 권력보다 많은 면모를 살펴야 한다.

초기 시대에 아리안 부족사회는 군사기술을 토대로 출현했던 왕을 무너뜨렸다. 그러나 점차 이들 중 일부는 신성한 권위를 획득해나갔는데, 브라만 카스트와의 조화로운 균형 속에서만 가능했던 일이다. 그러나 이것이 유일한 정치적 패턴은 아니었으며, 아리안들이 모두 이러한 변화를 받아들였던 것도 아니다. 기원전 600년경 초기 인도 정치사의 세부 사항들이 전설과 신화에 바탕하여 희미하게나마 드러나기 시작할 때, 북쪽 언덕 지역에 군주정이 아닌 정치체제와 갠지스 강 유역의 군주정이라는 두 가지 정치 공동체가 탄생한다. 아리안들이 동쪽과 남쪽으로 천천히 수백 년간 가한 압력의 결과로, 이 기간 동안 평화로운 정착과 상호 간의 결혼이 이루어졌다. 이 기간 동안 아리안족이 지배하는 인도의 중심지는 펀자브 지방에서 갠지스 강 유역으로 이동해갔고 아리안 문화는 그 지역 사람들에게로 스며들었다.

베다 시대의 왕국이 저물어갈 무렵, 확실한 것 한 가지는 인도 북부에 문화적 단일체가 성립되었다는 것이다. 갠지스 강 유역은 기원전 7세기 무렵 인도 인구의 중심지였다. 도시 발달의 제1시대를 시장과 수공업의 중심지 발달이라고 본다면, 특수한 기술을 갖춘 장인들을 불러모았다는 점에 비추어 인도 도시의 제2시대가 여기에서 열렸다고 볼 수 있다. 보다 큰 규모의, 무기가 잘 갖추어진 군대와 더불어 넓은 평야는 정치 단위의 통합에 호의적이었다. 기원전 7세기 말 무렵, 인도 북부에는 16개 왕국이 있었으나 신화만 가지고는 이들 왕국이 어떻게 성립되었으며, 서로 어떤 관계에 있었는지를 밝히기 어렵다. 그럼에도 불구하고 동전을 발행했고 문자가 있었던 점으로 미루어, 보다 견고하고 규칙성을 가지는 통치체제가 존재했다고 볼 수 있다.

인도사 기록 중 가장 오래된 기록인 브라만 기록에 이러한 과정이 잠깐 언급이 된다. 브라만 기록은 아리안 문화가 갠지스 강 유역을 지배하던 당시 작성되었다(기원전 800년에서 600년 사이). 이후 기록을 보면 더 많은 내용과 연관된 사람들 이름이 등장한다. 무엇보다도 인도의 위대한 서사시인『라마야나(Rāmāyana)』와 『마하바라타(Mahābhārata)』를 참고할 수 있다. 현존하는 기록은 기원전 400년에서 기원후 400년까지 계속하여 수정한 결과이기 때문에 이를 해석하는 것은 쉽지 않다. 결과적으로 남쪽 비하르에서 일어나서 인도 최초의 역사적 제국의 핵심에 서게 되는 마가다 왕국과 같은 왕국의 정치적, 행정적 실재를 파악하기는 힘들다. 다른 각도에서 볼 때(이것이 더 중요할 수도 있는데) 갠지스는 이미 중요한 지역으로, 갠지스의 문화적 우월성은 인도 문명의 중심이며 미래 힌두스탄의 중심임을 확실하게 했다.

베다어로 된 기록과 아리안 문자 사료가 매우 풍부하기 때문에, 우리는 종종 인도 남부의 존재를 간과하곤 한다. 문자로 된 증거는 이 시기 북쪽 지방 역사에 한정되어 있다. 고고학이나 역사학 연구 역시 인도 북부에 집중되어 있다. 고대에 관해서는 남부보다 북부에 관해서 알려진 것이 많다. 그렇지만 이와 같은 북부로의 집중을 우연으로만 치부하지 않는 설명도 가능하다. 고고학적 증거에 따르면, 이 초기 시기에는 인더스 근방 지역과 나머지 인도 지역 사이에 분명하고 지속적인 문화적 격차가 존재했다. 계몽(이런 표현을 써도 된다면)은 북쪽으로부터 도래했다. 남부에 있는 현대의 미소레를 볼 것 같으면, 하라파 시대에 금속을 사용했다는 증거가 없다. 그러나 소나 양을 사육했던 것 같기는 하다. 청동과 구리는 아리안족이 북쪽에 도착하고 난 후에야 사용되기 시작했다. 인더스를 벗어나면 금속 조각도 없고, 인장도 없으며, 테라코타 상도 그 수가 훨씬 더 적다. 카슈미르와 벵골 동부에는 중국 남부와 강한 유사성을 띠는 석기시대 문화와 관련된 증거가 뚜렷하다. 그러나 인도 문화가 어떤 문화의 영향을 받고 어떤 지리적 제한 속에서 발달했든지 간에, 초기 하라파와 아리안 문명은 상당히 지배적이었다. 이들 문명은 점차 벵골과 갠지스 강 유역으로 퍼져나갔으며, 구자라트 방향 서부해안으로도 그리고 인도 중앙 고원지대로도 퍼져나갔다. 이는 암흑기의 패턴이었고, 역사시대에 이르러서도 상황이 그다지 밝아지지는 않는다. 드라비다어가 남부에서 살아남은 것은 이 지역이 얼마나 고립되어 있었는지를 보여준다.

지형으로 많은 것을 설명할 수 있는데, 데칸 고원은 정글에 뒤덮인 산인 빈디야 산맥으로 인해서 북부와 단절되어 있다. 내부적으로도 남부는 연결되어 있지 않고 언덕이 많아서 북쪽의 넓은 평야에서와 같이 큰 국가가 들어서기에 좋은 조건이 아니었다. 인도 남부는 분열되었고, 접근성이 떨어졌기 때문에 남부에 사는 사람들은 부족시대의 사냥과 채집 문화를 지속했다. 지형 조건에 따라서 몇몇 이들은 바다로 눈을 돌리게 되었다. 이는 농경이 주를 이루었던 북부와 대비되는 또 하나의 차이점이다.

지금까지 묘사한 변화로 인해서 수백만 명의 사람들이 영향을 받았을 것이다. 고대 인구 추정치는 신뢰도가 낮다는 악평이 자자하다. 기원전 400년 무렵의 인도 인구는 2,500만 명으로, 당시 세계인구의 4분의 1로 추정된다. 인도 초기사는 고대의 많은 사람들에게 영향을 주었다는 점보다는, 당시보다 훨씬 수가 많은 오늘날의 사람들의 생활에 아직도 영향을 주는 패턴을 형성했다는 데에 그 중요성이 있다. 고전적 힌두 사상은 기원전 제1천년기에 결정화되었다. 이와 함께 인도는 최초의 세계 종교인 불교를 탄생시켰다. 불교는 아시아의 상당히 넓은 지역에 영향을 미치게 된다. 사람은 자신이 할 수 있다고 믿는 것에 따라서 하는 일이 달라진다. 이런 점에서 국가나 경제의 형성보다 문화야말로 인도사의 핵심이며, 인도 문화에서 종교는 매우 중요했다.

인도 종교와 철학적 융합의 뿌리는 상당히 깊은 곳으로까지 들어간다. 오늘날 힌두신전에서 대중적인 것은 시바(Shiva)로, 시바의 숭배는 풍요로움을 강조하는 초기 관습을 하나로 묶어주었다. 모헨조다로에서 발견된 인장에는 초기 시바로 추정되는 모습이 나타나며, 근대 신전에서 종종 보이는 시바 신의 상징인 남근상을 닮은 돌이 하라파 문명의 도시에서 발견되고 있다. 따라서 시바 숭배가 세계에서 가장 오래된 종교적 관습이라는 추정도 있다. 시바 신은 아리안족의 중요한 특성을 많이 받아들였으나, 아리안족 등장 이전에 나타났으며, 다재다능한 권력을 가진 존재로서 21세기에도 존경의 대상으로 남아 있다. 인더스 문명으로부터 유일하게 전해지는 것이 시바에 한정되지는 않는다. 하라파 문명의 다른 인장에서도 여신과 수소를 중심에 둔 종교세계를 엿볼 수 있다. 수소는 현재까지도 이어져 인도 전 지역 수많은 마을 사당에는 난디(Nandi)가 있다(의회당의 선거용 상징으로 현대에 다시 태어나서 최근 많이 사용되고 있기도 하다).

최근 힌두교의 또다른 초점인 비시누(Vishinu)는 아리안 문화의 영향을 보다 많이 보여준다. 비시누는 오늘날 수백에 이르는 힌두신전의 지역 신과 여신에 합류했다. 그러나 비시누를 아리안 문화가 힌두교에 준 유일하거나 가장 큰 영향이라고 보기는 어렵다. 하라파 문명 시대(또는 하라파 문명 이전 시대)부터 어떤 문화가 계승되었건 간에, 힌두교의 철학적 전통은 베다 종교에 뿌리를 두고 있고 이는 아리안의 문화적 전통이다. 오늘날까지 산스크리트어는 종교학습 언어로 인종적 차이를 뛰어넘어 사용되며, 드라비다어를 쓰는 남부도 북부의 브라만 승려들도 모두 이를 사용한다. 산스크리트어는 문화를 융합시켰고, 산스크리트어와 결부된 종교 역시 문화의 융합에 기여했다. 베다어로 쓰인 시는 원시 동물숭배 사상보다 추상적이며 철학적인 종교 사상 체계의 핵을 제공했다. 아리안들의 믿음은 지옥과 천국과 같은 개념으로부터 인간이 하는 행동으로 인해서 운명이 결정된다는 믿음으로 진화해갔다. 거대하고 모든 것을 포괄하는 사고의 구조가 서서히 출현했으며, 나아가 모든 것이 거대한 존재 관계망으로 얽힌 세계관이 나타났다. 이렇게 거대한 하나의 전체 속에서 영혼은 여러 다른 형태로 이동하며 존재의 크기가 커지기도 작아지기도 하고, 카스트 간을 넘나들기도 하며, 인간세계와 동물세계를 오가기도 한다. 환생과 업보에 따른 환생 형태의 결정은 정죄와 부활, 일시적이거나 우연적이거나 표면적인 것으로부터의 해방, 창조적 원칙인 브라마(Brahma)라는 절대적 존재와 영혼의 정체성에 대한 믿음과 연결되어 있다.

믿는 자의 의무는 번역이 거의 불가능한 개념인 다르마(Dharma)의 준수에 있다. 다르마는 서구 사회의 정의에 관한 자연법 사상과 존경과 복종의 의무 개념을 포함하고 있다.

이러한 발달에는 오랜 시간이 걸렸다. 본래 베다 전통이 고전 힌두교로 변화하는 과정은 모호하고 복잡하다. 이와 같은 초기 진화 과정의 중심에는 브라만이 있었고, 브라만은 베다 종교의 희생의식에서 핵심적인 역할을 했기 때문에 오랫동안 종교사상을 주관해왔다. 브라만 계급은 다른 계급과의 격리와 특권 유지에 종교적 권위를 이용해왔던 것으로 보인다. 브라만을 살해하는 것은 가장 중대한 죄가 되었으며, 왕조차도 브라만을 제어할 수 없었다. 그러나 이후 초기 시대의 구세계의 신들과 화해를 하게 된 듯하다. 아리안족이 아닌 승려가 브라만 계급으로 진입하면서 시바 숭배가 후대로 이어질 수 있었고, 대중성을 획득하게 되었다고 보는 견해가 있다.

기원전 700년경의 기록인 신성한 『우파니샤드(Upanishad)』는 보다 철학적인 종교로의 이행에 중요한 전환점을 제공한다. 『우파니샤드』는 250개에 이르는 종교적 표현, 시, 격언, 성인(聖人)들의 진실된 종교적 진리에 대한 성찰을 담고 있다. 이전 기록과 비교해볼 때, 신이나 여신에는 훨씬 적은 비중을 두고 있으며, 인도 종교의 두드러진 특징인 금욕주의 가르침의 초기 단계를 잘 보여주고 있다. 금욕주의가 널리 행해졌던 것은 아니다. 전통적 구조를 벗어나서 종교적 만족을 얻고자 했던 이들의 욕구를 『우파니샤드』가 채워줄 수 있었다. 희생과 관련해서는 여러 의문이 제기되었던 듯하다. 역사시대 초기에는 새로운 사상 패턴이 생겨났으며, 『리그베다』의 후반부에는 전통적 믿음에 대한 불확실성 또한 나타난다. 이러한 발달은 아리안 시대나 아리안 이전 시대와 따로 떼어서 이해하기 어렵기 때문에 이 지점에서 이러한 발달을 논하는 것이 나을 것이다. 고전 힌두교는 『우파니샤드』의 사상이나 브라만이 표상하는 다신주의적 대중전통을 통합하여 구현한 것이다.

추상적 통찰과 금욕주의는 물질주의적 관심사를 뒤로 하고 헌신과 사색에 전념하기 위한 수도원 생활을 뒷받침했다. 이는 베다 시대에 나타난 것이다. 몇몇 승려는 금욕주의적 실험에 몸을 던졌고, 또다른 승려들은 통찰에 힘을 쏟아부었다. 상당히 성공적이었던 또 하나의 종교 관습은 신에 대한 믿음을 요구하지 않았고 브라만 종교의 형식주의에 반기를 들었다. 기원전 6세기경 발생한 자이나교는 무엇보다도 동물의 생활을 존중하라고 설파함으로써 사실상 동물의 힘을 이용하는 농경이나 가축의 사육을 불가능하게 만들었다. 자이나교인은 자연히 주로 상인들이었고 그 결과 현대 자이나교 공동체는 인도에서 가장 부유한 공동체이다. 그러나 가장 혁신적인 체계는 붓다의 가르침으로, 붓다(Buddha[佛陀])는 '계몽된 자' 또는 '깨어 있는 자'라고 번역할 수 있다.

붓다가 다른 종교 창시자들처럼 갠지스 평야 북쪽의 경계지역에서 태어났다는 데에 주목할 필요가 있다고들 생각한다. 이는 기원전 6세기 초기의 일이다. 싯다르타 고타마는 브라만은 아니었으나 전사계급의 왕자였다. 유복하고 어려움 없이 자란 싯다르타는 그의 삶에 불만족을 느끼고 집을 떠나게 된다. 그는 금욕주의를 먼저 실행한다. 7년간의 금욕생활 끝에 싯다르타는 이것이 잘못된 길이라는 결론에 도달한다. 대신에 싯다르타는 설교를 하고 다른 사람들을 가르치기 시작했다. 싯다르타의 성찰은 소박하고 윤리적인 강령을 내세웠으며, 보다 높은 수준의 의식에 도달함으로써 고통으로부터의 해방을 목적으로 삼았다. 『우파니샤드』의 교리와 유사성도 있었다.

요가(yoga)는 중요한 부분을 차지했는데, 요가는 후일 힌두 철학의 '여섯 가지 체계' 중의 하나를 이루게 된다. 요가는 많은 의미가 있는 단어지만, 문맥상 여기서는 '방법' 또는 '기술'이라고 거칠게 번역할 수 있다. 요가는 신체의 완벽한 제어를 이룬 후, 명상을 통한 진리 추구를 목적으로 했다. 이러한 제어를 통해서 개인이라는 환상을 밝혀낼 수 있다고 생각했다. 모든 세상이 그러하듯이 개인이란 단순히 끊임없이 변화하는 것이며, 사건의 흐름이지 정체성은 아니라는 것이다. 이러한 체계 역시 『우파니샤드』에 간략히 언급되고 있으며, 유럽에서 온 사람들을 가장 놀라게 만들었던 인도 종교의 한 측면이다. 붓다는 그의 제자들에게 몸을 단련하고 몸의 요구를 떨쳐버리도록 했으며, 영혼이 니르바나(nirvana[涅槃])라는 축복된 상태 또는 무아지경에 이르는 것을 몸의 요구가 방해하지 못하도록 가르쳤다. 이는 사람으로 하여금 무엇을 하도록 강요하는 교리가 아니라, 아무것도 아닌 존재에서 탈출하여 무엇인가가 되도록 만드는 교리였다. 이는 8단계의 윤리적, 정신적 향상을 거쳐야 하는데, 이 모두는 윤리적, 인간적 혁명으로 사람들을 이끈다.

붓다는 매우 현실적이고 조직적인 능력을 갖추고 있었다. 의심할 수 없는 개인의 자질 외에, 붓다는 현실적이고 조직적인 능력을 통해서 대중적 인기를 누리는 동시에 성공적인 가르침을 수행할 수 있었다. 브라만 종교를 정면에서 비판하기보다는 회피함으로써 보다 평탄하게 자신의 길을 갈 수 있었다. 불교의 승려 공동체는 붓다의 업적에 제도적 모습을 갖추게 해주었고, 나아가서 붓다보다 오랜 기간 지속되었다. 이는 전통사회에 만족하지 못하는 이들(특히 여성과 낮은 카스트 계급에 속한 이들)에게 역할을 주었다. 붓다가 보기에 카스트는 중요한 것이 아니었다. 마지막으로 불교는 의식을 중심으로 하지 않았고, 단순했으며, 무신론적이었다. 불교는 곧 더욱 정교화되었는데, 혹자는 이를 일컬어 사색적인 측면에서 오염이 일어났다고 표현하기도 했다. 모든 위대한 종교가 그러하듯이 불교는 불교 이전의 믿음이나 실천을 동화시켜나 갔고, 이러한 과정을 통해서 더 큰 대중적 인기를 얻을 수 있었다.

그러나 불교가 브라만 종교를 대체하지는 않았으며, 약 200년간 갠지스 강 유역의 꽤 작은 지역에 한정되어 있었다. 기독교 시대에 이르면, 결국 힌두교가 승자로 자리매김하고 불교는 인도에서 소수종교의 자리로 내려앉게 된다. 그러나 불교는 아시아에서 가장 널리 퍼진 종교가 되며 세계사에서 강력한 영향력을 떨치게 된다. 불교는 탄생한 사회를 넘어서 퍼져나간 최초의 세계종교이다. 비록 이스라엘의 종교가 더 오래되기는 했으나 기독교 시대가 되어서야 세계적 영향력을 가지게 되기 때문이다. 붓다의 가르침은 인도사에서 획을 긋는 사건이다. 불교가 성립하던 시기에 인도 문명은 그 본질에서 완전한 상태가 되었고, 이러한 인도 문명은 오늘날까지 이어져오고 있으며 아직도 어마어마한 동화력을 갖추고 있다. 인도와 나머지 세계를 구분하게 해준다는 점에서 이는 매우 중요한 사실이다.

인도의 초기 문명 대부분은 구체적 형상을 갖추고 있지 않다. 널리 알려진 모헨조다로에서 나온 아름다운 춤추는 소녀상이 있으나, 붓다 이전의 고대 인도에서는 메소포타미아나 이집트, 크레타의 미노스에서와 같은 예술품이 생산되지 않았다. 건축물은 더더욱 이에 미치지 못했다. 문자의 사용에서도 인도는 다른 문명에 비해서 시기적으로 늦었다. 얼마나 늦게 나타나는지를 정확히 파악하기는 어렵지만 말이다. 인도 초기사가 불확실하다고 해도 인도 사회와 종교의 체계가 인간이 만든 다른 어떤 것보다도 오래도록 지속되었다는 사실을 덮을 수는 없다. 수백 년에 걸친 확산 속에서 이와 같은 문명이 어떤 영향력을 행사했는지를 추측하는 것은 지나치게 성급한 것이다. 개인을 중요시 하지 않는 제도, 존재의 끈질긴 환생을 강조하는 철학, 선과 악을 쉽게 구분하지 않는 세계관은 셈족 전통 아래에서 만들어진 역사와는 매우 다른 역사를 만들 수밖에 없었다. 이러한 성향은 대부분 예수 탄생 몇천 년 전에 형성되어서 정착되어 있었다.

6

고대 중국

중국 역사에서 가장 특이한 점은 역사가 아주 오랜 시간 지속되어왔다는 것이다. 약 3,500년에 걸쳐 중국인은 중국어를 사용해왔다. 분열의 시기를 거쳤음에도 불구하고, 비록 명목에 불과하더라도 통일된 중앙 통치체제가 정상 상태라고 여겨져왔다. 고대 이집트 문명만이 중국에 필적할 기간의 역사를 자랑하며, 이러한 역사의 지속성은 중국 역사의 정체성의 핵심을 이룬다. 중국은 하나의 문화 단위로서 이웃에 상당한 영향을 미쳤다. 인도를 보면, 통치체제보다 문화가 얼마나 더 중요한지를 쉽게 알 수 있는데, 중국 역시 이를 다른 방식으로 잘 보여주고 있다. 내적인 측면에서 문화는 중국의 통합 통치체제 구성에 도움을 주었다. 상당히 이른 시기부터 중국은 오랜 시간 지속된 제도와 사고방식을 형성해갔고, 그중 몇몇은 20세기 혁명을 거치면서도 살아남았다.

중국 역사는 땅 그 자체에서부터 이야기를 시작해야 한다. 중국 영토는 한눈에도 통일이 수월해 보이지 않는다. 중국 역사의 물리적 배경은 광대하다. 현재의 중국은 미국보다 크며, 미국보다 4배 이상 많은 사람들이 거주하고 있다. 북쪽 국경을 지키기 위해서 1,700년 이상에 걸쳐 2,500-3,000마일에 이르는 만리장성이 세워졌다. 베이징에서 광저우까지의 일직선 거리는 1,200마일에 달한다. 이 광활한 지역은 다양한 기후와 지역을 포함한다. 무엇보다 중국의 북부와 남부는 매우 다르다. 북부지역의 여름은 뜨겁고 건조한데, 남부지역은 습하고 홍수가 빈번하다. 북부지역의 겨울은 황량하고 먼지가 날리는데, 남부지역은 사계절 푸르다. 초기 중국 역사의 주요 주제 중의 하나는 확산, 이주, 정복을 통한 북으로부터 남으로의 문명의 확산이다. 또한 몽골과 중앙아시아로부터 비롯된 자극 및 교류 역시 주요 주제의 하나이다.

중국 내부는 산과 강으로 구분된다. 세 개의 큰 강이 서쪽에서 동쪽으로 가로지른다. 이 세 강은, 북쪽에서 남쪽 순으로 황허 강, 양쯔 강, 주 강과 그 지류들이다. 이렇게 광대하며 자연지형물로 구분된 나라가 통일된 것이 놀라울 따름이다. 중국은 홍적세 이전부터 오랜 기간 동안 고립되어 있었다. 중국의 대부분은 산지이며, 최남단과 북동부를 제외한 중국 대부분의 국경은 산과 고원으로 이루어져 있다. 양쯔 강의 상류는 메콩 강과 마찬가지로 티벳 북부지역인 쿤룬에 위치한다. 이러한 고원으로 이루어진 국경은 격리에 매우 유리하다. 고원으로 이루어진 국경은 몽골 내부에서 중국 남쪽으로 흘러가는 황허 유역을 제외하고는 활 모양으로 이어져 있다. 바로 이 지역, 황허 유역에서 중국의 문명이 시작된다.

오르도스 사막을 둘러가는 황허는 중국 북부에 물을 댔다. 황허를 통해서 사람과 토지에 물이 공급되었고, 북쪽으로부터 불어온 바람이 운반해온 개간하기 쉽고 비옥한 강 유역의 황토층은 대규모 농업의 기초가 되었다. 한때 이 지역은 숲이 우거졌고 물도 풍부했지만, 원시사회로의 변화 이전에 나타났던 기후변화로 인해서 기온은 내려가고 건조해졌다. 물론, 중국 선사시대는 황허 유역보다 넓은 범위를 배경으로 한다. 호모 에렉투스에 속하는 '베이징 원인(Peking man[北京原人])'은 불을 사용하는 인류로 60만 년 전에 나타났으며, 세 개의 큰 강 유역 모두에서 네안데르탈인의 흔적이 발견된다. 이들 선구자들과 희미하게나마 식별이 가능한 초기 신석기시대 문화를 통해서 볼 때, 중국에는 이미 두 개의 문화가 있었으며 황허는 이 두 문화가 만나고 뒤섞이는 곳이었다. 그러나 복잡하게 얽힌 당시의 문화적 상호연결을 구분하는 것은 불가능하다. 다양한 배경에서 농경 문화가 나타났으며, 유목민과 정착인은 현재까지도 중국에 공존하고 있다. 기원전 1000년경까지 북부에서는 여전히 코뿔소와 코끼리를 사냥했다.

세계의 다른 지역에서와 마찬가지로, 농업의 시작은 혁명을 의미했다. 황허와 양쯔 강 사이 좁은 한 지역에서 기원전 9000년 무렵 이 혁명이 일어났다. 더 넓은 영역에서 사람들은 의식(衣食)을 해결하기 위해서 식물을 이용했다. 이 분야는 아직 연구가 더 이루어져야 하는 분야이다. 기원전 제8천년기 이전 양쯔 강 유역에서 쌀을 수확했고, 비슷한 시기에 황허 유역에서도 농경의 증거를 찾을 수 있다. 초기 이집트처럼, 중국 최초의 농업은 소모적이거나 준소모적인 농경이었다. 일단 경작을 위해서 땅을 준비한 뒤에 몇 년간 경작하고는 이후 자연상태에서 지력을 회복하게 만들기 위해서 다른 땅을 활용했다. '중원(中原)'에 나타났던 농경기술은 이후 북쪽, 서쪽, 남쪽으로 확산되었다. 얼마 지나지 않아서, 농경 및 옥과 나무를 사용한 조각, 누에치기, 이후의 전통으로 굳어진 도자기 그릇 빚기, 심지어 젓가락을 사용하는 복잡한 문화가 생겨났다. 즉, 후대 중국의 전통이라고 할 수 있는 특징들이 신석기시대에 이미 자리잡기 시작했다.

중국 문명의 기반이 되는 중국 문자는 적어도 3,200년 전에 만들어졌다. 메소포타미아 쐐기문자와 이집트 상형문자처럼, 중국어는 상형문자로 시작하지만, 곧 음운론적 조합 또한 나타났다. 그러나 위대한 문명들 가운데 중국 문자는 유일하게 표음문자를 사용하지 않고 뜻을 의미하는 문자를 유지한다. '사람'을 나타내는 문자 '人'(오늘날 중국 북부에서 '렌'으로 발음된다)은 중국 문자가 시작된 이후로도 계속 사람을 의미했다. '사람'이라는 의미를 상징하는 상형문자이지만, 다른 글자와 의미 또는 음을 기준으로 결합이 가능했다. 이미 기원전 제2천년기에 한자는 동아시아 거의 대부분의 지역에서 받아들여지면서 유연하면서도 복잡한 체계를 갖추게 되었다. 초기에는 점성술과 씨족의 상징을 위해서 문자를 사용했지만 곧 행정 및 학술적 용도로 사용되었다. 엘리트들은 한자를 중국 문화를 정의하는 데에 사용했고, 중국 바깥 다수의 사람들에게 한자를 익히는 것은 문명의 본질로 정의되기에 이르렀다.

이 시대에는 씨족과 가족의 행동을 규정하는 규칙 및 규율을 갖춘 씨족의 구조와 토템이 나타나는 것을 볼 수 있다. 이러한 형태의 친족은 역사적으로 지속되어 유지되어온 거의 최초의 제도로서 의미가 있다. 도자기 또한 사회적 역할이 복잡해졌음을 보여주는 증거이다. 기원전 9000년경부터 중국 북부 중앙의 여러 곳에서 도자기 조각이 발견된다. 이미 흙가래를 만들어 바닥에서부터 위로 쌓아올리는 도자기 만들기 기법을 사용했고, 독특한 형태의 장식을 넣었으며, 불에 구워서 단단하게 하는 방식이 사용되었다. 또한 매일 사용하는 투박한 냄비와 의식에 사용하는 미세하고 얇은 도자기 간의 분명한 구별이 있었다. 음식 준비와 저장용도 이외의 도자기가 이미 만들어지고 있었다. 역사시대에 이르기 전에, 계층화된 사회는 이미 발생했던 것으로 보인다.

이 시기에 나타난 주요 특징 중의 하나는 조가 이미 널리 퍼져 있었다는 것이다. 조는 북부의 매우 건조한 지역에도 잘 적응한 작물이었다. 이는 1,000년 전까지 중국 북부의 주요 산물이었다. 조 농경에 기초하여 문자가 발달했고, 청동 주조기술을 이용한 위대한 예술이, 그리고 세계 그 어느 곳보다 얇고 정교한 도자기가, 나아가서 중국 역사시대를 열었던 정돈된 정치사회적 체계가 등장하게 되었다. 그러나 이것을 가능하게 한 농경은 오랜 시간 중국 일부분에 국한되었으며, 역사시대가 열린 후에야 비로소 이 거대한 나라의 많은 지역들에서 농경이 퍼져나갔다.

최근의 고고학적 발굴에 따르면, 기원전 3000년 무렵 중국 중앙과 심지어 중동부 계곡에서 상당히 떨어진 지역에도 다수의 인구가 분포했음을 알 수 있다. 서쪽의 쓰촨 성부터 남쪽의 후난 성과 북쪽의 랴오둥까지 각각 독립된 지역사회를 형성했고, 소통이 늘어가기 시작했다. 용(龍)과 같은 특정 상징과 옥(玉)과 같은 특정 물질이 확산되어가는 양상을 확인할 수 있다. 초기 중국 역사의 주요 정치 단위가 북쪽 큰 강 유역의 핵심 지역에 등장함에도 불구하고, 다른 지역들에서의 여러 문화적 요소가 중국의 다양한 문화 형성에 도움을 주고 중국의 일부가 되었다는 것에는 의심의 여지가 없다. 중국의 정치적 통일과 관련하여 이러한 교류를 연구하는 것이 기원전 제3천년기 말 하왕조 (夏王朝) 시대를 되짚어보는 것보다 유용할 것이다. 하왕조의 현존 여부는 불분명하나, 일정한 규모의 정치적 연합체의 등장 이전에 수천 명이 거주한 활기찬 마을이 있었다는 데에는 고고학적으로 의심의 여지가 없다.

초기 중국사 연구는 쉽지 않지만, 어느 정도의 확신을 가지고 말할 수 있는 부분은 있다. 오랜 기간 지속된 중국 문명의 시작이 상왕조(商王朝)라는 데에 많은 이들이 동의를 한다(기원전 8세기 말 이후로는 보다 정확한 연대 추정이 가능하지만, 중국에는 이집트에 필적할 만한 기록이 존재하지는 않는다). 기원전 1700년 무렵(한 세기 정도는 오차가 있을 수 있다), 전차를 활용한다는

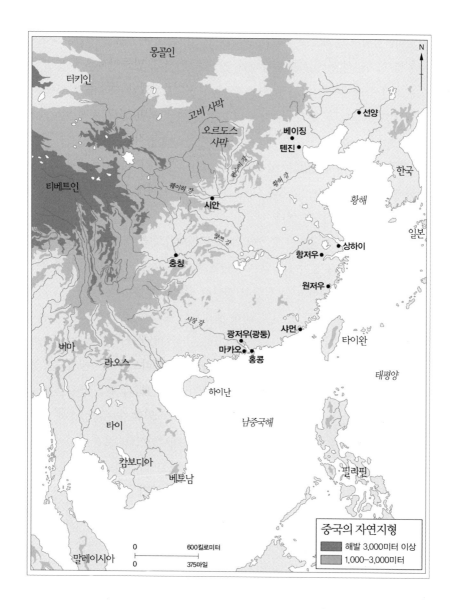

군사적 이점을 가지고 있던 상왕조는 황허 유역의 상당한 영역에 걸쳐 영향력을 행사했다. 상왕조는 허난 성 북부 4만 제곱마일에 이르게 되었다. 이는 현대 잉글랜드보다는 적은 영역이지만, 그 영향력은 상당하여 상왕조의 경계를 넘어선 중국 남부와 북동부 해안지방까지 문화적 영향을 미쳤다.

상왕조의 왕들은 죽으면 노예와 다른 인간 제물과 함께 깊고 화려한 무덤에 묻혔다. 상왕조는 메소포타미아 동쪽에서 진정한 문자 문화를 이룬 최초의 왕조로 서기관과 문서보관 담당자가 있었다. 이것이 바로 상왕조의 문명 및 상왕조의 등장에 주목하는 주된 이유이다. 상왕조는 정치적으로 다스릴 수 있는 지역을 상당히 넘어서 문화적 영향을 끼쳤다. 상왕조의 통치방식은 제후들의 연합과 왕에 대한 의무에 의존했다. 핵심 인물인 제후는 준신화적 기원의 귀족적 혈통계열이었다. 상왕조는 서기를 두고 표준화된 통화를 사용할 만큼 발전되어 있었다. 요새와 도시 건설에 동원된 거대한 노동력을 통해서 그 영향력을 가늠할 수 있다.

비록 그 기원이 상왕조인지, 중국의 다른 지역사회인지는 확실하지 않으나, 상왕조는 다른 여러 분야에도 많은 공헌을 했다. 상왕조는 현대사회까지 중국의 모든 달력의 기본이 되는 상당히 정확한 달력을 발명했다. 상왕조 후기에는 상제(上帝)라고 불린 천신(天神)을 중심으로 종교를 체계화했다. 이 종교에서는 하늘이나 조상에의 희생의식을 정하고, 이러한 의식을 하는 데에 청동제기를 사용했다. 또한 빈터 개간 등을 포함하여 정교한 방식으로 노동을 체계화했다. 무엇보다도 '나 한 사람[余一人]'으로 일컬어진 왕을 중심으로 하는 중앙집권적인 군주제를 탄생시켰다. 왕은 군사력을 가지고 있었으며, 주변에서는 조공을 납부했다. 상왕조는 팽창주의를 내세웠으나, 선진 문화와 선진 기술이라는 측면에서 다른 나라들에게 매력적으로 다가서기도 했다.

현재까지 알려진 바로는 상왕조 중심부에서 아주 먼 서쪽의 쓰촨 성에 이르는 넓은 지역에 여러 독립적 공동체가 발달해 있었다. 대부분의 독립적 공동체는 북쪽의 큰 강 사이에서 발견되며, 몇몇 공동체는 규모나 조직화 정도에서 상왕조에 못 미치지만, 상왕조만큼의 발전 수준에 도달했던 것으로 추정된다. 중국은 기원전 제2천년기 중반부터 정복 및 문화적 확산과 이주를 통해서 지금과 같은 단위로 성장했다고 보는 것이 맞을 것이다. 물론 이 성장 과정에서 거저 주어진 것은 아무것도 없었고, 중국의 크기는 중앙의 권력과 연합의 정도에 따라서 영고성쇠를 거듭했다. 그러나 문화적 맥락에서 볼 때, 확장은 가차없이 진행되곤 했다. 구별이 되기는 하지만 관련이 있는 문화들이 함께 성장하다가 가까운 지역의 문화끼리 통합이 되었다. 그리고는 문화가 기원했던 곳을 벗어나서 확산되면서 상당수의 사람들이 하나의 문화와 하나의 전통을 공유하고 있다고 생각하게 되었던 것이다. 이러한 현상이 가능하기 위해서는 공유된 문화적 요소가 힘을 갖추고 있어야 하며, 강력한 매력이 있어야 한다.

기원전 11세기 주왕조(周王朝)는 상왕조를 대체했다. 주왕조는 상왕조에 조공을 상납하며 시작했다. 중국 구전에 의하면, 무리한 조공 상납을 요구받은 주왕조는 상왕조에 대항했다고 한다. 상왕조로부터 주왕조로의 전환은 의로운 통치자가 하늘의 뜻을 받들어 위대한 왕조를 확립했으나 그후에는 타락하여 악인에 의해서 통치된다는 중국 내 왕조의 주기적인 변화 패턴을 만들었다. 이렇듯 타락한 왕조는 하늘의 뜻에 따라서 등장한 의로운 통치자의 도전을 받고 몰락하게 된다. 패망한 왕조의 역사는 이전 왕조를 계승한 새로운 왕조에 의해서 기록되기 때문에, 이런 패턴이 만들어지게 된 것은 사실 놀라운 일은 아니다. 주왕조와 상왕조에 대해서 우리가 아는 것은 두 왕조가 기원전 1045년에 중앙 허난 성 지역에 위치한 무예에서 큰 전쟁을 치렀다는 사실이다. 주왕조는 이 전투에서 전쟁의 승패를 결정한 결정적인 승리를 거두었고 '무예의 들판은 광활했고 백단으로 만들어진 전차들은 빛났으며 4대씩 한 조로 구성된 전차들은 광활한 들판을 내달렸다'라는 당대 자료에 기초해볼 때, 주왕조의 승리는 전차에 기인한 바가 큰 것으로 보인다. 주왕조는 하늘의 뜻을 받든 왕조이기도 했으나(이는 주왕조가 만들어낸 개념이다) 그들의 앞선 전투기술도 전쟁의 승리에 큰 몫을 했다.

주왕조가 확립한 국가는 후일 중국의 기반을 마련했고 이는 오랫동안 지속되었다. 물론 일부의 다른 국가들이 서로 협력하여 주에 대항하기도 했지만 주왕조가 워낙 오랜 시간 유지되었고(주왕조의 잔재들은 왕조의 몰락 후 기원전 3세기까지도 남아 있었다), 효율성에서나 정의라는 측면에서나 새로운 틀을 확고히 했기 때문에 후대 중국 지배체제의 모델이 되었다. 주왕조는 275년간 당시 명칭으로는 풍호, 후일 장안(오늘날 시안)이라고 불리는 곳을 수도로 삼았고, 이곳은 향후 약 2,000년간 중국의 수도가 되었다. 집권 초기, 주왕조는 이미 중국 동부해안까지 영토를 넓혔고 사상 최대의 지배영토를 확보했다.

성왕을 보좌하여 섭정을 했던 주공은 왕이 하늘의 뜻을 받들었다는 사상을 기반으로 하는 관료제에 입각한 정부상을 확립했다. 왕은 국가 전체의 이익을 대변하여 정의롭게 통치해야 했다. 관료들은 도덕적이고 윤리적으로 행동하도록 교육받아야 했고 통치 능력을 입증해야 했다. 윤리 및 정치에 대한 고전(古典)은 이들을 교육할 목적으로 저술되었다. 주왕조는 실용적인 지적 엘리트 계급을 만드는 데에 집착했고, 이 때문에 심지어 낮은 계급의 임명자와 관련된 기록을 포함한 모든 기록을 3배수로 남겼다(이것이 바로 주왕조에 대해서 우리가 많은 것을 알고 있는 이유이기도 하다). 주왕조는 지배자의 통치 당위성 및 통치자와 백성, 그리고 통치자와 조상 간의 연계를 보여주기 위해서 상왕조의 의식을 대규모 국가 수준의 의식으로 만들어갔다. 후대 왕조들도 이를 따르고 의식을 자신들의 것으로 만들어갔다.

의로운 통치자를 통해서 영향력을 행사한다는 사상 역시 주왕조에서 기원했다. 비록 주왕조는 기원전 771년까지 영역을 넓히는 활동을 했으나, 주왕조가 중국에 한 최대 공헌은 문명화된 통치체제 형태를 수립한 것이다. 후대 기록에 따르면, '선대 왕들은 멀리 떨어진 지역의 국가들을 영적 힘으로 감복시켰다. 많은 국가들이 상납품을 바쳤고, 각지에서 모인 지도자들은 마치 가까운 친인척이 모이듯 모여들었다'고 한다. 주왕조는 정복을 통해서 그들의 영향력을 확산하기도 했지만, 정치적 영향력보다 훨씬 더 오래 지속되었던 문화적 헤게모니를 통해서 영향력을 확산하기도 했다.

이러한 우월함은 주왕조 시기 예술에서도 잘 나타난다. 주왕조의 예술품은 고대 중국의 유품들 가운데 접근성이 가장 뛰어나고 매력적이라고 평가받는다. 상왕조와 주왕조의 건축물 중 남아 있는 것은 그리 많지 않다. 이 시기의 건축물은 대부분 나무로 만들어졌고, 무덤을 통해서 알 수 있는 내용도 많지 않다. 그에 반해서 발굴된 도시는 이들 왕조의 대규모 건축 능력을 보여준다. 주왕조 시대 한 도시의 벽은 다진 흙을 사용하여 높이 30피트에 두께 40피트로 만들어졌다. 작은 유품은 다수가 존재하며 상왕조 시대에도 상당히 정교한 작업이 가능했음을 보여준다. 신석기시대의 전통을 배경으로 한 도자기의 경우 그 어떠한 고대 왕조보다 더 정교한 작업이 가능했음을 알 수 있다. 상왕조 초기부터 이어진 청동 유물들 역시 높이 평가되어야 한다. 의식에 사용된 용기, 항아리, 술잔, 무기 및 정(鼎) 주조기술은 이미 기원전 1600년경에 정점에 이르렀다. 일부 학자들은 청동 정밀 주조법의 하나인 '납형법(蠟型法)'이 상 왕조부터 시작되었다고 주장하기도 한다. 상당한 수준의 기술력을 동반한 청 동 주조가 갑자기 등장했기 때문에, 이러한 기술이 외부에서 전수되었다고 보기도 한다. 그러나 이를 뒷받침할 만한 증거는 없다. 중국의 금속 관련 기술 은 신석기시대 후기 여러 지역의 기술이 진화하면서 나타난 것으로 보인다.

최소 기원전 제1천년기 중반까지는 청동이 중국 밖으로 퍼져나갔다고 보기 어렵다. 뿐만 아니라, 단단한 옥에 새긴 조각이나 다른 정교한 디자인을 갖춘 공예기술이 고대 중국 이외의 곳에서 발견된 경우도 많지 않다. 고대 중국은 이웃의 유목민으로부터 흡수한 몇몇 전통을 제외하고는, 역사시대에 이를 때 까지 외부로부터 배울 것이 많지 않았고, 중국을 배우고자 하는 바깥 세상이 있다고 생각할 이유도 없었다(외부환경의 존재를 알았다는 가정하의 이야기 이다).

주나라 시대의 정치는 기원전 770년대에 접어들며 쇠락하고 있었다. 왕조 자체는 동주(東周)로 이어졌을지 모르나 정치적으로는 쇠락하고 있었다. 주 왕조의 수도인 풍호는 야만인 세력에 의해서 함락당했다. 기원전 480년까지 전개된 춘추시대에는, 주의 직접적인 통치를 받지는 않았으나 주왕조의 통치 체제의 형태나 의식을 따랐던 여러 국가체계가 점진적으로 발전했다. 이 체 계의 중심에는 스스로를 '중국(中國)'이라고 칭하는 주의 후계자격 나라가 있 었고 이는 향후 중국을 일컫는 명칭이 된다. 이 국가의 엘리트들은 태평시기 주왕조가 이룩한 통치체제를 지키고 유지하는 데에 특별한 사명감을 가진 집 단이었다. 군사적 힘은 미미했지만 이 엘리트 집단은 국가마다 의로움을 다 할 것을 강조했고, 이것이 고대 중국 국가의 공동 의무임을 역설했다. 이런 과정에서 중국은 영토 확장보다는 문화중국이라는 지속적인 개념을 유지해 갈 수 있었다.

주왕조 몰락 이후 약 500년간 중국에서는 여러 국가가 갈등관계 속에서 살아갔지만, 통일된 중국이라는 개념은 맹(盟)이나 패자(覇者) 등을 통해서 지속되었다. 기원전 제1천년기 중반, 전쟁을 피하고자 회맹적(會盟的) 질서가 나타났다. 회맹 내에서의 전쟁은 형제끼리의 전쟁으로 여겨질 터였다. 주기적인 무력갈등은 있었으나, 일종의 균형이 중국 전역으로 퍼져나가서, 이후 최소 200년간 어느 정도가 평화가 유지되었다. 여기에서 가장 인상적인 점은, 비록 통일은 되지 않은 상태였지만 이 시기 중국의 경제 및 문화의 발전은 그 어느 때보다 널리 퍼져나갔다는 점이다.

기원전 제1천년기 전반 동안 중국에서는 이전에 비해서 훨씬 더 많은 인구를 먹여살릴 수 있을 정도의 농경산업 발전이 나타났다. 관개 및 경작 기술의 발달이 재배량을 대폭 늘릴 수 있게 해주었다. 소통이 늘어남에 따라서 교역도 증가했다. 교역에 대한 필요와 교역자의 안전을 보장하려고 했던 의도가 강하게 작용하며 교역을 통제하려던 내부적 시도를 뛰어넘을 수 있었던 것이다. 화폐의 등장 역시 일원화된 경제를 만드는 데에 일조했다. 많은 종류의 화폐가 있었지만 다양한 화폐는 중국 중앙지역 전반에 걸쳐 사용되었고 신뢰를 받았다. 화폐에 포함된 금속량을 정확히 지키지 않는 것은 그 누구에게도 도움이 되는 일이 아니었기 때문이었다. 주왕조 이후의 힘의 균형은 한동안 다양한 목적을 충족하는 듯했다. 그러나 기원전 5세기 무렵, 주변 세력들이 점차 힘을 키워서 대항하기 시작했고, 중앙 세력은 더 이상 이를 저지할 수 없게 되었다. 곧, 주왕조의 유산은 평화를 유지하기에 역부족임이 드러나게 되었다.

중국의 춘추시기가 끝나갈 무렵 심오한 장기적 정치, 경제적 위기가 도래했다. 그 결과, 통치체제 및 윤리에 관한 논의가 무수히 전개되었다. 학자들이 한 후원자에게서 다른 후원자에게로 옮겨가며 자신들의 가르침을 자세히 설명하고 다녔던 이 시기는 '제자백가(諸子百家)' 시대로 유명하다. 이러한 발전의 한 신호로, '법가(法家)'로 알려진 학파의 출현을 들 수 있다. 이들은 기존의 의식 대신에 법률이 통치제도의 원칙이 되어야 한다고 주장했다. 한 명의 통치자가 명령하고 모두에게 적용되는 하나의 법이 필요하다고 주장했다. 이러한 법 제정의 목표는 부유하고 영향력 있는 나라를 만드는 것이었다. 다수의 반대자들은 이러한 주장을 권력에 대한 냉소적 신조로 폄하했으나, 적어도 이후 몇 세기 동안 왕들은 법가주의자의 생각을 옹호했다. 법가에 대한 찬반논쟁은 오랜 시간 동안 지속되었다. 이 논쟁에서 법가에 대한 주된 반대자는 중국

사상가 중에서 가장 유명한 공자(기원전 551-479)의 추종자들이었다. 공자는 중국에서 다른 어떤 철학자보다 존경받았다. 공자가 설파한 내용(또는 설파했다고 하는 내용)은 이후 2,000년 동안 중국인들의 사상을 형성했다.

공자는 기원전 551년 (오늘날의 산둥 성인) 노나라에서 태어났고, 이름은 공구(孔丘)였다. 매우 어린 시절에 아버지를 여의었기 때문에 어머니의 손에 자랐으며 창고지기를 했던 것으로 추측된다. 그의 가족 중에는 여러 명의 저명한 학자와 관직에 오른 사람들이 있었고, 공자 역시 관직에 몸을 담기도 했다. 그러나 높은 관직에 오르지는 못했던 것으로 추정된다. 공자는 정당한 통치체제를 실행할 수 있는 통치자를 찾을 수 없자, 명상과 교육으로 길을 전환했다. 그의 목표는 전통적인 관행의 중심에 있는 원리를 보다 정제하고 관념적으로 제공하는 것이었다. 그리하여 개인의 진실성을 회복하고, 통치체제가 사심 없는 업무를 실행하도록 만들고자 하는 것이었다. 그는 그의 제자들에게 일상을 통해서 드러나는 도(道)에 스며 있는 극히 중요한 진실을 가르치는 개혁적 보수파에 속했다. 공자는 각자가 자신의 위치를 알고, 자신의 의무를 행했던 신화적 시대를 상정했다. 그 시대로 돌아가고자 하는 것이 공자의 윤리적 목표였다. 그는 다양한 경험에서 올바른 자리로 돌아오고자 하는 속성, 즉 순리(順理)를 옹호했다. 이와 같은 순리의 구체적인 모습은 가족, 위계, 연장자와 같은 질서를 유지하거나 존경을 표현하는 것을 강고히 하는 유교적 성향으로 나타난다.

그는 전통문화를 존중하고, 바른 자세와 올바른 행동의 가치를 강조하고, 양심적으로 지켜야 하는 도덕적 의무의 깨달음을 얻기 위한 인재 양성을 했다. 비록 공자는 이러한 목적을 의식적으로 추구하는 것을 경멸했으나, 공자의 제자들은 명성을 떨칠 수 있었고 세속적 성공을 이루었다. 공자의 가르침은 관직에 있는 자들이 공자의 가르침의 영향을 받았다는 점에서 훨씬 더 근본적인 성공을 거두었다고 볼 수 있다. 문(文), 행(行), 충(忠), 신(信)이라는 4가지 덕목은 통치체제의 지침이 되었고, 신뢰할 수 있고 사심 없는, 그러면서도 자비로운 공직자를 수백 년간 길러내는 데에 도움을 주었다.

옛 것을 되살리자는 공자의 관심 안에서, 각 개인의 본성을 완벽하게 하려는 원칙이 가장 중요했다. 그러나 문명화된 인간은 외적 행동 또한 규제함으로써 과거로부터 이어오는 계율을 따라야 했다. 후대의 기독교 『성경』처럼, 공자는 상호적 윤리의식이 도움이 될 것이라고 믿었다. 그는 '내가 원하지 않는 바를 남에게 행하지 말라'고 했다. 그는 역사 공부가 모든 도덕적 개선과 국정운영 기술 향상의 핵심이라고 믿었다. 또한 최고의 미덕으로 충성을 강조했고, 고난 속에서도 솔직함의 필요성을 강조했다. 부조리한 명령에 반대 의사를 표명하지 않는 것은 국가 파멸에 이르는 길이며, '뛰어난 사람은 불안이나 두려움이 없다'고 했다.

공자의 글은 후일 종교적 경전처럼 취급되었다. 공자와 관련된 것은 명성을 얻게 되곤 했다. 후일 『십삼경(十三經)』에는 공자의 글이 포함되었다고 알려져 있다. 『십삼경』은 13세기에 이르러 최종본이 완성되었다. 『구약성경』과 같이, 『십삼경』은 시가, 사사(史事), 행정기록(관문서), 격언, 『역경(易經)』이라고 명명된 초기 우주론 등 다양한 내용을 포함하고 있었고, 공자의 가르침을 따른다는 생각에 수 세기 동안 창조적인 방법으로 중국 공직자와 통치자의 의식을 형성하는 데에 사용되었다(개신교 국가에서의 『성경』 사용과 유사성이 매우 두드러진다고 하겠다). 유가(儒家)에서는 이 경전들을 사용하면서, 공자의 가르침이 포함되어 있다는 이유로 경전 사용에 권위를 부여했다. 『십삼경』은 중국 지식인의 공통된 언어로 기록되어 중국어 사용을 강화하는 부수적인 효과를 낳기도 했다. 이런 측면에서 『십삼경』은 거대하고 다양한 국가를 공통된 문화로 묶는 끈이었다.

공자가 사망할 때까지(그는 기원전 479년에 사망했다) 초자연적인 존재에 대해서 거의 언급하지 않았던 점은 다소 신기한 일이다. 공자는 흔히 말하는 '종교적' 스승은 아니었다(이 점은 다른 이들이 대중에게서 더 큰 성공을 거둔 이유를 설명해주기도 한다). 공자는 기원전 5-4세기 다른 학자들과 마찬가지로 실생활을 강조했다. 중국인들은 불확실성보다는 실제적 현실에, 개인적 구원 가능성보다는 고통스런 전통에 보다 관심을 보였다. 공자의 가르침에서는 신화적 불가사의에 대해서 숙고하거나 어둠의 신으로부터 안도감을 찾는 것보다는 과거의 교훈, 옛 시대의 지혜, 질서의 유지가 더 중요했다.

비록 공자의 영향력이 상당했고 후일 공식적 추종의 중심에 서게 됨에도 불구하고, 공자 혼자 중국의 지적 전통을 생성한 것은 아니었다. 사실, 중국의 지적 전통은 한 개인의 가르침에서 기인하지는 않았다. 중국의 지적 전통은 유럽 계통의 체계적이고 방법론적인 전통보다 명상적이고 사색적인 동양철학을 공유했다. 자연과 인간을 대상으로 단계적인 질문을 통해서 지식을 체계화하는 활동은 나타나지 않았다. 그러나 이것이 중국 철학자들이 이상 세계나 환상에 빠져 있었다는 이야기는 아니다. 유교는 확연히 실용적이었다. 신학적이고 형이상학적이었던 유대교, 기독교, 이슬람교의 도덕적 현자와 다르게 중국에서는 항상 실용적이고 세속적인 질문을 던졌으며, 현재를 중시했다.

공자 사망 이후인 기원전 481-211년 동안 전개된 전국시대에는 공자가 강조했던 사항을 거스르는 많은 일들이 나타났다. 주왕조 쇠퇴 이후 형성되었던 회맹 질서가 무너지면서 치열한 전쟁이 전개되었다. 강력한 국가들은 연속적으로 전쟁에 참여하며 군사력을 최대화할 수 있는 새로운 종류의 국가를 만들었다. 군국화는 많은 군사혁신을 가져왔다. 예를 들면, 더욱 강력해진 활과 철로 만든 창, 공격적 전투를 위한 대형보병 형태, 잘 훈련된 기병대와 더 나은 갑옷과 투구, 한층 발전된 포위전이 있었다. 이 시대에 가장 대표적인 서적은 철학자의 서적이 아닌 전략가 손자의 군사 개론서인『손자병법(孫子兵法)』이었다(역사성은 다소 의심스럽다).

손자가 내세운 원칙은 내부적 응집성과 외부적 이중성이었다. 다음은『손자병법』의 내용이다.

모든 전쟁은 속임수를 기반으로 한다. 따라서 공격이 가능한 상태일 때, 공격이 불가능한 상태로 보여야 한다. 힘을 사용할 때, 힘을 사용하지 않는 것처럼 보여야 한다. 비록 가까이에 있더라도 적으로 하여금 아군이 아주 멀리 있다고 믿게 해야 한다. 멀리 있을 때는 적으로 하여금 아군이 가까이에 있다고 믿게 해야 한다. 적을 유인할 미끼를 던져라. 무질서를 가장하여 적을 무찔러라.

또한 손자는 전쟁을 수행하는 데에 필요한 수단을 중앙으로 집중시키는 것을 권장했다. 귀족들은 반드시 중앙에 세금을 내야 하고, 항상 왕을 따라서 전투에 나가야 했다. 시간이 지날수록 더 중요해진 비싼 갑옷과 말 등은 귀족만 감당할 수 있다. 전차에서 활을 쏘며 전투를 하다가 전투의 마지막 단계에 이르러 전차에서 내려와서 청동 무기로 싸우던 전투 형태는 기원 원년 이전 수 세기 동안에 걸쳐 변화하게 된다. 2-3명의 전사가 60-70명을 거느리고 새로운 무기인 활, 철로 만든 창과 검을 사용하여 전투용 수레를 활용하여 싸우는 양상으로 변화했던 것이다. 귀족들은 초기와 마찬가지로 이와 같은 전투에서 핵심 인물이었다.

전국시대가 분열, 갈등, 파멸의 시대에 머문 것만은 아니었다. 이 시대는 훌륭한 도시, 위대한 예술, 과학과 의학 또한 발전한 시대였다. 중국의 청동 예술과 도자기 기술은 더욱 발전했고, 칠기, 직물, 비단 역시 발전했다. 중국 남쪽 중앙 장시 성 지역에서 최근 발견된 상류층의 비단 의복은 초기보다 발전되고 아름다운 염색과 훌륭한 직조기술로 만들어졌다. 무덤의 조각상들은 인간을 사실적으로 본떴으며, 기원전 제1천년기 말기의 조각 및 회화 기술의 성장을 보여준다. 기원전 200년경의 중국 예술은 또다른 1,000년을 지속해나갈 패턴을 보여주고 있었다.

중국 의학의 실질적 성과도 이러한 갈등과 정치적 붕괴 속에서 이루어졌다. 중국에서 가장 오래된 의학이론서인 『황제내경(黃帝內經)』은 기원전 1세기에 편찬되었으나 이전 서적에 실렸던 진단법과 치료법의 내용을 근간으로 했다. 이는 상세한 개요서로 인간, 자연, 하늘 사이의 옳고 그른 관계, 해부학과 병리학, 올바른 진단과 치료를 하는 방법을 설명하고 있다. 중요한 것은, 이러한 서적이 이전의 주술과 마술 이론을 사용하지 않고 관찰되고 증명된 식물의 효능과 치료를 강조했다는 점이다. 침술은 대략 이 시기에 중국 의학에 소개되었고, 그 이후로 중국 의학의 주된 의술이 되었다.

천문학은 이 시대에 많이 발전한 또다른 분야 중 하나이다. 석신을 비롯한 다른 천문학자들은 자세한 별 지도를 만들었고 태양의 반점과 변화를 관찰했다. 혜성과 행성의 발견 또한 기록되었다. 기초적 수준의 나침반 역시 사용되었다. 이러한 발전은 더 정확한 달력을 만드는 데에 사용되었다. 중국의 천문학자들은 지상에서 이루어지는 불평등과 오류가 하늘의 혼란스러움으로 반영된다고 믿었다. 비록 하늘은 관찰 가능한 고유한 현실을 내포하고 있었으나, 이는 인간 삶의 현실과 어떤 형태로든 연결되어 있다고 믿었다. 일식이나 지진은 국운의 악화를 상징했지만, 과학자들에게는 천체와 지상의 현상을 관찰할 기회를 주었다. 일반 사람들의 경우 이러한 관측은 거의 필요가 없었다. 일반인들은 저 위 하늘의 예언보다 지상에서 얻을 수 있는 것에 더 몰두했다.

중국의 수많은 소농민은 중국 문명과 국력 생산의 기초를 제공했다. 이러한 수많은 소농민에 대해서 우리가 아는 바는 거의 없다. 다른 고대 문명에 비해서 중국의 소농민에 대해서는 알려진 바가 적은 편이다. 이러한 현상이 나타난 물리적 이유의 하나는 중국 소농민이 겨울에는 진흙 오두막집에서 거주하고 여름에는 성장하는 농작물을 지키고 돌보기 위해서 경작지에서 거주하는 식으로, 계절에 따른 삶을 살았다는 데에 있다. 겨울과 여름의 삶 모두 흔적을 많이 남기지 않았다. 나머지 기간에는 밭에서 일했고, 가끔 다른 의무를 수행했으며, 제후를 따라서 전쟁에 나서거나 사냥을 떠나기도 했다. 문학과 역사는 영향력 있는 학자와 공직자, 귀족과 왕의 몫이었다.

전국시대 말기 중국 사회는 더욱더 복잡해졌지만, 평민과 고귀한 자 사이의 차이는 여전했다. 귀족은 평민과는 다르게 능지처참(陵遲處斬)과 같은 형벌의 대상이 아니었다. 후대에 귀족이 태형(笞刑)에서 제외된 것은 이러한 관습이 반영된 것이었다(그러나 귀족 역시 심각한 범죄를 범했을 경우, 엄청난 형벌로 고통받을 수 있었다). 또한 귀족의 금속무기 독점이 끝난 이후에도 부의 실질적 독점은 지속되었다. 그러나 특정 의식의 관행을 독점하던 귀족의 특별한 종교적 지위야말로 계층 간의 구분을 가장 뚜렷하게 나타내주는 것이었다. 중국의 친족 개념의 핵심을 형성하는 의식은 귀족만이 행할 수 있었다. 귀족만이 가계(家系)를 형성할 수 있었으며, 이는 귀족에게만 조상이 있다는 의미였다. 조상 공경과 제사는 상왕조 시대 이전에도 존재했지만, 초기에는 조상들이 영혼의 세계에 살고 있다고 믿지는 않았던 것 같다. 중요한 사람의 영혼만이 살아남는다고 생각했던 것 같다. 하늘과 맞닿아 있다고 여겼던 통치자의 영혼을 한 예로 들 수 있다.

가계는 씨족의 합법적인 하위영역이었으며, 주왕조 시대에는 가계 개념이 정련된다. 당시 대략 100개에 이르는 귀족 씨족이 있었는데, 씨족 내 결혼은 금지되어 있었다. 각각의 씨족은 영웅이나 신을 근간으로 했다. 씨족의 수장들은 구성원들에게 특별한 권한을 행사하고, 제례를 주관할 수 있었다. 이들은 씨족을 대표했으며, 영혼에 영향을 주는 힘으로 우주를 통제하는 중개자로 행사했다. 이러한 관행은 토지나 관직을 소유할 수 있는 자격을 가진 사람들을 확인해주었다. 씨족 구성원은 모두 동일한 기원으로부터 비롯된 존재였기 때문에 누구나 높은 자리에 오를 수 있는 자격을 갖추고 있었다. 이러한 측면에서 씨족은 일종의 민주적 기회를 제공했다. 이러한 의미에서 왕은 귀족과 구분되는 귀족 중에서도 유일한, 뛰어난 귀족이었다.

가계는 종교나 초자연적인 힘과 많은 관련이 있었다. 종교나 자연 관련 제례는 수고가 많이 들어가는 동시에 상당한 시간이 소요되었다. 제례를 행하지 않았던 평민들은 자연신을 숭배하는 데에서 종교적 돌파구를 찾기도 했다. 초기 시대의 산과 강의 영(靈)을 달래는 이와 같은 종교 행위는 엘리트층의 관심을 끌기도 했다. 그러나 이러한 행위는 다른 문명에서처럼 종교적 관념으로 발전하기보다는 중국의 중앙집권화에 영향을 주었다.

종교는 정치에 상당한 영향을 미쳤다. 지배층이 복종을 요구한 최우선적 근거는 바로 종교적 우월성에서였다. 제례를 이어나가는 지배층만이 보이지 않는 힘에 접근할 수 있었으며, 그 보이지 않는 힘의 계시를 받을 수 있었다. 신의 계시를 해석함으로써 농업 공동체를 지배하는 것이 가능해졌다. 파종 또는 추수의 시기를 규제할 수 있었기 때문이다. 그리하여 대부분의 사람들이 왕의 종교적 입장을 받아들였고, 이는 국가의 성립에 중요한 요소로 작용했다. 주왕조가 상왕조를 군사적으로뿐만 아니라 종교적인 측면에서도 대체했다는 사실에서도 이러한 영향을 엿볼 수 있다. 조상보다 더 우월한 신이 있고, 이러한 신으로부터 통치권이 수여된다는 개념이 이 당시 도입되었고, 통치권이란 전달되는 것이라는 주장이 전개되었다. 이와 같은 역사에 대한 순환적 견해는 필연적으로 어떤 표징(表徵)을 통해서 새로운 통치자임을 알게 되는

지에 대한 궁금증을 유발시켰다. 효심이 그러한 표징 중 하나였으며, 이로부터 표징에 나타난 보수적 기준을 엿볼 수 있다. 그러나 주왕조 실록의 집필자들은 영어권에 다소 낯선 개념인 '덕(德)'이라는 개념을 도입했다. 이 개념은 명확하게 규정하기 힘들며, 자연히 많은 토론과 논란이 이어졌다.

상왕조 시대에는 주요한 결정을 신탁(神託)에 의존했다. 거북이 등껍질이나 동물의 견갑골에 상형문자를 새긴 후, 열을 가한 청동 바늘을 대어 갈라짐을 만들어냄으로써 이루어졌다. 갈라진 틈이 생긴 방향과 길이를 갑골에 새긴 문자와의 연관 속에서 해석하여 의사결정이 이루어졌으며, 이에 따라서 왕이 신탁을 읽었다. 이러한 신탁은 보관이 되었기 때문에 역사가들에게 중요한 기록으로 남게 되었다. 갑골문(또는 초기 청동제품에 쓰인 상형문자)은 고전 중국어의 기원이 되기 때문에 중국어 연구에서도 중요한 증거가 된다. 상왕조 시대에는 약 5,000개의 문자가 있었으나 5,000개 모두가 해독된 것은 아니다.

수 세기 동안 문자는 엘리트층의 특권으로 남아 있었다. '사(士)'라고 불리던 신탁을 읽던 사람들은 후일의 학자, 관료층의 시조로 볼 수 있다. 이들은 꼭 필요한 전문가이자 성직자적 신비한 능력을 가진 이들이었다. 이들이 독점했던 문자는 후일 보다 많은 수의 학자와 관료들에게로 이어졌다. 문자는 비교적 적은 엘리트 계층이 사용하는 의사소통 수단이었으며, 문자의 소유 자체가 특권이었고, 이러한 문자를 변질시키거나 타락시키는 것은 철저히 금지되었다. 한문은 방언이나 종교, 지역을 초월하여 중국 통치체제와 중국 문화의 공식적인 언어로 자리잡으면서 문화를 통일하고 안정화시키는 힘으로 매우 중요한 역할을 하게 된다. 전국시대에 이르면 엘리트층의 한문 사용은 중국을 하나로 묶어주는 역할을 하게 된다.

기원전 3세기경 차후 중국사의 형태와 관련된 여러 가지 요인이 이미 자리를 잡고 있었고, 중국은 새로운 정치형태인 제국으로 나아가고 있었다. 이러한 변화는 주요 제도의 운영에 영향을 미친 사회적 변화에 뒤따라서 나타났다. 이는 놀랄 만한 일이 아니다. 중국은 오랫동안 농경사회를 지속했으며, 사회변화는 인구가 증가하여 자원에 압박을 주는 형태로 촉발되어왔다. 기원전 500년경, 철의 도입은 이를 설명해준다. 기원전 5세기 또는 4세기경으로 추정되는 낫을 만들기 위한 거푸집을 통해서 이른 시기부터 주물방식으로 도구 제작이 이루어졌음을 알 수 있다. 철을 다루는 중국인들의 기술은 상당히 일찍 발전했다. 청동 주물 경험 때문이었건, 도자기를 굽기 위해서 상당한 온도까지 화덕을 올렸던 때문이었건, 중국은 철을 주물하게 되는 동시에 제조할 수 있게 되었다. 매우 높은 온도에서 철을 주물할 수 있는 기술이 약 1,900년간 그 어디에서도 나타나지 않았다는 점에 주목해야 한다.

이 분열의 시대에 일어난 또다른 주요한 변화로 도시의 성장을 들 수 있다. 도시는 주로 강 유역 평지에 위치했으나, 최초의 도시는 지주가 토지를 관리하기 위해서 이용했던 사당을 중심으로 자리잡았을 것이라고 추측된다. 공동체는 사당을 중심으로 이루어졌으며, 자연히 다른 대중적인 자연신 사당 또한 들어서게 되었다. 그러다가 주왕조 후기에 들어서 대형 성벽과 성곽, 귀족 거주공간 및 거대한 건축물의 잔재가 발견되는데, 이는 새로운 통치체제가 모습을 드러낸 것으로 해석해볼 수 있다. 주왕조 후기에 이르면, 수도인 상주(오늘날 허난 성의 뤄양 근처)는 각 변이 2마일이 넘는 직사각형 모양의 토벽으로 둘러싸여 있었다.

기원전 300년경에는 대략 20개 정도의 도시가 있었으며, 이와 같은 도시의 성장은 당시 사회가 점차 다양화되어가고 있었음을 뜻한다. 대부분의 도시들은 세 가지 서로 다른 목적을 가진 영역을 포함했다. 첫째, 울타리로 둘러싸인 귀족층의 거주지역, 둘째, 이보다 넓은 지역을 차지하던 전문성을 가진 장인과 상인의 거주지역, 셋째, 도시에 양식을 공급하던 성벽 밖의 들판 지역이었다. 상인계급은 당시의 중요한 발전 중 하나였다. 지주들은 크게 신경 쓰지 않았겠지만, 화폐가 통용되었으며 화폐는 경제생활에 새로운 복잡성이 나타났음을 보여주는 동시에 교역에 종사하는 이가 나타났음 또한 보여준다. 상인과 장인의 거주지 역시 성벽 내에 위치했으나 귀족층의 거주지와는 구분되었다. 이로 미루어보아서 상인과 장인을 방어해야 할 필요성이 증가하고 있었다고 볼 수 있다. 전국시대 도시의 상업이 행해지던 거리에서는 장신구, 골동품, 식료품, 의복을 팔았고 주점, 도박장, 사창가도 있었다.

기원전 제1천년기 후반은 무질서가 팽배했으며 통치권이 부여되는 기준에 대한 회의가 점차 커져갔다. 살아남기 위해서 군주는 보다 효율적인 통치체제와 군대를 고안하게 되었고, 이 과정에서 전통보다는 개혁가들의 손을 들어주곤 했다. 당시 사회의 필요에 부응하여 성장했던 유교의 경쟁자에도 적용되는 이야기이다. 그중 한 예가 보편적 이타주의 교리를 설파한 기원전 5세기의 사상가 묵자(기원전 480-390)의 가르침이었다. 그는 인간이라면 동족을 사랑해야 한다고 가르쳤다. 그를 따랐던 제자 중 일부는 이 부분을 더 강조했고, 일부는 영혼숭배 사상을 강조한 종교적 열정을 강조하여 대중의 많은 관심을 받았다. 또다른 위대한 스승인 노자(널리 알려져 있지만, 실제로 노자에 대해서 우리가 아는 바는 많지 않다)는 훗날 도교(道敎)라고 일컬어지는 철학체계를 담은 주요 문서의 저자로 알려져 있다. 도교는 유교가 옹호한 부분들, 이를테면 구축된 체계에 대한 존중, 예의, 전통의 세심한 보존과 의식 등의 부분을 도외시했기 때문에 유교와 명백한 경쟁관계에 있었다.

도교는 '도(道)'의 이행을 강력히 촉구했다. 이는 유교와도 유사한 부분이었다. 도는 조화로운 우주를 관통하고 있으며, 조화로움을 유지하는 우주의 원리였다. 도교로 인한 현실적인 결과는 정치적 안정과 연결된다고 볼 수 있다. 도교 옹호자들은 수탉의 울음소리 때문에 다른 마을의 존재를 알게 되더라도, 그 이상의 관심은 가지지 말아야 하며, 교역을 하거나 같은 정치체제로 묶일 필요는 없다고 주장했다. 이러한 단순함과 빈곤에 대한 이상화는 유교에서 옹호했던 제국 및 번영과는 정반대의 입장을 대변하는 것이었다.

유교의 권위와 영향력이 워낙 방대했기 때문에, 중국의 모든 철학은 어떤 방식으로건 유교를 고려해야 했다. 기원전 4세기의 맹자(기원전 372-289)는 유교의 가르침을 따라서 인간의 안녕(安寧)을 추구하라는 가르침을 전했다. 이러한 도덕적 가르침을 따를 때 타고난 선이 발현될 것이라고 보았다. 또한 유교적 가르침을 따르는 통치자가 중국을 다스릴 수 있을 것이라고 했다. 결국 불교(전국시대 말기에 이르러 중국에 소개되었다) 및 도교와 더불어 유교는 중국 문화의 근간을 이루는 세 가지 가르침 중의 하나로 일컬어지게 되었다.

이러한 가르침이 미친 총체적 영향력을 가늠하기는 어렵지만, 상당한 영향력을 행사했으리라고 짐작해볼 수 있다. 또한 얼마나 많은 사람들이 이러한 가르침으로부터 직접적으로 영향을 받았는지 가늠하기는 어렵다. 그럼에도 불구하고 유교의 가르침은 중국 엘리트층에게 매우 중요했다. 유교는 중국의 지도자와 통치자들에게 기준과 이상을 제공했으며, 현재에 이르기까지 그 영향력이 발현되고 있다. 효심과 같은 일부 덕목은 전래 이야기와 전통예술의 모티브 등으로 대중문화로 이어지기도 했다. 유교는 기원전 3세기 무렵 자리 잡기 시작한 중국 문명을 공고히 했다. 유교의 가르침은 중국의 통치자로 하여금 과거에 몰두하게 했고 이는 중국 사학의 한 특징으로 남게 되었다. 또한 과학적 탐구를 제한하는 현상으로 이어지기도 했다. 기원전 5세기 이후로 월식 관찰을 예측할 수 있게 했던 천문학 연구가 쇠퇴했다고 보기도 한다. 일부 학자들은 유교가 천문학 쇠퇴에 일조했다고 주장하기도 한다. 중국의 철학은 중국 문화가 유럽이나 세계의 다른 문화와 얼마나 다른지를 보여주는 하나의 두드러진 예다. 이 독특함은 중국의 상대적인 고립을 나타내는 징표일 뿐 아니라 중국 문화의 활기를 상징하기도 한다.

중국을 창조할 거대한 두 가지 힘은 함께 나타나는데, 그중 하나는 황허 유역 너머로의 문화의 지속적인 확산이었다. 초기 단계의 중국 문명은 야만성의 바다에 떠 있는 아주 작은 섬과도 같았다. 그러나 기원전 500년경에 이르면, 북부지역, 양쯔 강 유역, 쓰촨 성 동부까지에 이르는 지역들의 수십, 수백 개의 나라들에서 공유되었다. 이 문화는 점진적으로 오늘날의 후난 성, 북부의 장시 성과 저장 성으로, 즉 남쪽과 중앙 지역으로 퍼져나갔다. 이렇게 문명이 확산되어갔던 지역들 중에서 전국시대 말기 점진적으로 성장한 나라가 초나라였다. 비록 주왕조의 영향을 받았지만, 초왕조(楚王朝)는 그들만의 독특한 언어, 서예, 예술, 종교적 특성을 보유하고 있었다. 전국시대 말기가 되면서, 중국 역사는 더욱 널리 확장될 지점에 이르게 된다.

두 번째 힘의 요소는 상왕조와 주왕조 시대에도 있었던 것으로, 지금까지도 남아 있는 제도화에서 찾아볼 수 있다. 이러한 제도화의 하나로 들 수 있는 것이 토지를 소유한 엘리트로부터 평민을 가르는 근본적인 구분이었다. 통일제국의 등장과 함께 국가 형태도 많이 변화했으나, 후일의 로마 제국이나 중세 유럽에서와 유사한 이러한 구분은 계속 존재했다. 기원전 2세기에 청렴과 강직에 대한 이데올로기는 정치적 혼란을 뛰어넘어 진제국(秦帝國)으로 전수되었다. 이 시기에 이르면, 중국은 이데올로기, 사회조직, 문화를 아우르면서 그 누가 보더라도 통일성을 가진 사람들과 영토를 가진 국가를 형성하게 된다.

7

고대의 다른 세계들

아직 언급조차 되지 않은 세계의 많은 지역들이 있다. 비록 진화와 인류의 확산이라는 측면에서 아프리카가 먼저이고 오스트레일리아나 아메리카 대륙으로의 인류의 진입은 따로 언급되어야 한다. 이처럼 특이한 사실을 논하고 난 이후 역사의 초점은 이외의 다른 곳에 맞추어진다. 문명과 관련된 창조적 문화의 근원지는 중동, 에게 지역, 인도, 중국이었다. 이 모든 지역들을 살펴볼 때, 기원전 제1천년기에 의미 있는 변화가 나타난다. 명확하게 구분하기는 어렵지만, 거칠게나마 유사성이 보이기 때문에 시대 구분이 나름 근거가 있어 보인다. 그러나 여태까지 별다른 언급을 하지 않았던 지역에서는 이와 같은 시대 구분이 큰 의미를 가지지 않는다.

기원전 1000년 무렵 지중해 지역이나 아시아에서 이룩한 문명의 수준에 다른 지역들이 도달하지 못했기 때문이다. 서유럽과 아메리카 대륙에서 많은 일들이 일어났지만, 앞서 언급된 문명과 비교해볼 때 복잡도의 정도나 자원의 측면에서, 그리고 고대 문명의 특성이라는 측면에서 질적 차이가 확연히 나타난다. 따라서 이러한 지역의 고대사는 어떤 흔적을 남겼는지보다는, 문명에 이르는 다양한 길과 각기 다른 환경에 어떻게 대처했는지를 중심으로 살필 필요가 있다. 한두 사례의 경우, '문명'이 과연 무엇인가라는 논쟁을 다시금 불러일으킬 수 있겠으나, 아프리카, 중앙 유라시아, 태평양 지역 섬, 아메리카 대륙, 서유럽은 아직 역사시대가 아닌 선사시대에 속한다. 물론 이들이 중동이나 아시아 해안가와 접촉했을 수는 있으나, 의미 있는 상호작용은 거의 없거나 전혀 없었다.

인류가 처음으로 등장한 곳이 아프리카이기 때문에 아프리카에서 이야기

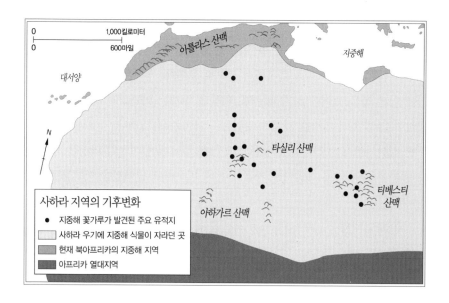

를 시작하는 것이 좋겠다. 여러 차례에 걸쳐 아프리카에서 발달한 문화는 세계 다른 지역의 새로운 문화를 가능하게 했다. 인류의 확산은 상당히 오랜 기간에 걸친 과정이다. 5만여 년 전부터 인류가 아프리카에서 유럽으로 그리고 아시아 해변가로 여러 차례에 걸쳐 출발하며, 새로운 기술과 새로운 생각을 제공했다고 간주할 근거가 있다. 그러나 상기 구석기시대와 신석기시대에 초점은 다른 곳으로 옮겨간다. 아프리카에서도 많은 일들이 일어나고 있었으나 더 이상 전 세계에 가장 강력한 영향력을 미치지는 않았다.

왜 이런 일이 일어났는지를 설명할 수는 없다. 그러나 추측컨대 기후변화가 일정 역할을 했을 것이다. 기원전 3000년까지도 사하라에는 코끼리와 하마가 살았다. 물론 이러한 동물은 더 이상 사하라에서 찾아볼 수 없다. 더욱 놀라운 사실은 소, 양, 염소를 치던 유목민족이 사하라에 살았다는 것이다. 오늘날 사하라는 전 세계에서 가장 빨리 커져가는 사막이다. 오늘날 사막지역이 한때는 비옥한 사바나였고, 니제르 강으로 흘러들어가는 강이 지나갔으며, 또다른 강줄기는 750마일을 흘러 차드 호로 흘러갔다. 강을 끼고 언덕 위에 살던 이들은 암벽화와 조각을 남겼는데, 이는 유럽의 동굴 예술과는 다른 면모를 보였다. 이러한 기록을 바탕으로 사하라가 아프리카와 지중해 지역 사람들이 교류하던 곳이었음을 알 수 있다. 이들은 후일 베르베르족과 투아레그족 조상의 뿌리를 이루게 된다. 이들 중 일부는 트리폴리에서 말과 전차를 가지고 아래로 진격했고 유목민을 정복했던 것으로 보인다. 정복을 했건 하지 않았건 간에 말은 풀을 뜯어야 하기 때문에, 이들의 존재는 아프리카가 지금과는 상당히 다른 생물적 환경을 가지고 있었음을 보여준다. 그러나 역사시대에 다다르면 사하라에서는 건조화가 진행되고 한때 부유했던 이들의 터전은 사라지고 동물은 없어진다. 해안가는 지금보다 더 비옥하고 넓어졌음에도 불구하고 말이다.

기후로 인해서 우리는 이집트로 시선을 돌리게 된다. 그러나 나일 강 너머로 이집트가 큰 영향력을 미치지는 못했다. 다른 문화와 접촉은 있었으나 큰 영향을 주지는 않았던 것이다. 이집트 기록상의 리비아인이 사하라 동굴 벽화에 그려진 전차를 탄 사람들일 수 있으나 확실하지는 않다. 그리스 역사가인 헤로도토스가 기원전 5세기에 아프리카에 와서 글을 쓰면서도 이집트 외에는 크게 언급하지 않았다. 헤로도토스가 리비아라고 불렀던 아프리카는 나일 강을 경계로 했다. 헤로도토스는 나일 강이 홍해와 평행하게 남쪽으로 흐르다가 서쪽으로 방향을 바꾼다고 생각했다. 나일 강의 남쪽은 에티오피아의 동쪽으로 사람이 살지 않는 사막의 서쪽이었다. 헤로도토스는 이 지역을 다녀왔다는 사람들이 전하는 난쟁이 마법사에 관한 이야기 말고는 어떤 정보도 얻을 수가 없었다.

헤로도토스는 매우 복잡한 양상의 아주 작은 부분만을 이해하고 있었다. 에티오피아인들은 상이집트의 거주민처럼 햄족 사람들로, 인류학자들에 따르면 석기시대가 끝나갈 무렵 아프리카에 있던 집단 중 하나였다. 다른 집단으로는 과거 부시먼이라고 불리던 산족의 조상이 있는데, 이들은 사하라 남부에서 케이프타운에 이르는 열린 공간에 거주했다. 또다른 집단인 반투족은 중앙아프리카에서 궁극적으로 세력을 떨치게 되는데, 당시에는 아프리카 동부와 남부 일부 지역에 걸쳐 있었다. 최근 이민의 물결의 영향이 나타나기 이전 세계에서 아프리카는 세계 다른 그 어떤 곳에 비해서도 유전적으로 더 다양했다. 남아 있는 석기로 판단해볼 때, 햄족이나 원시 햄족 문화는 농경시대 이전 아프리카에서 가장 발달했던 것 같다. 이집트를 제외한 아프리카에서 진보의 속도는 느렸으며 선사시대의 수렵, 채집 문화가 근대에 이르기까지 농경과 공존해왔다.

식량생산의 증대라는 사건은 아프리카에서도 인구 패턴의 변화를 불러왔다. 우선 나일 강 유역에 인구밀집도가 높아졌으며 이는 이집트 문명을 가능하게 했다. 또한 기원전 제2천년기와 제1천년기에 사막과 적도 사이의 초원인 사하라 이남의 인구가 증가했다. 이는 북쪽으로부터 전파된 농경이 남쪽으로 퍼져갔기 때문인 것으로 보인다. 이는 또한 나일 강 유역에서 재배되었던 밀이나 보리보다 영양가가 높고 열대지역의 기후에 보다 잘 맞는 작물을 발견했기 때문이기도 하다. 바로 사바나의 기장과 쌀이었다. 숲이 우거진 지역은 동남 아시아와 차후 아메리카 대륙에서 이 지역에 맞는 작물이 건너오기까지 사람의 손이 닿지 않았다. 이 모든 것은 기원후의 일이다. 이렇게 아프리카 역사의 주된 특징으로 대륙 안에서 나타나는 문화적 경향이 뚜렷이 나누어지는 현상이 자리를 잡았다.

이즈음에 아프리카에 철이 소개되었고 아프리카 철광석을 이용하기 시작했다. 이집트를 제외하고는 첫 번째 아프리카 국가인 나일 강 상류의 쿠시 왕국(지금의 수단의 일부)에서 이러한 현상이 나타났다. 이곳은 원래 이집트 활동의 최전선 지역으로, 누비아가 이집트에 흡수된 후 누비아 남부에 위치했던 수단 공국은 이집트의 보호를 받았다. 그러나 기원전 1000년 무렵에는 이집트 문명의 영향을 매우 많이 받은 독립왕국으로 세력을 키워갔다. 쿠시 왕국 거주민은 아마 햄족으로 구성되었을 것이며 수도는 나파타로 나일 강의 네 번째 폭포 지점이었을 것이다. 기원전 730년에 이르면 쿠시 왕국은 이집트를 정복할 정도로 강성해졌고 5명의 왕은 파라오라고 칭했으며, 25번째 왕조 또는 '에티오피아' 왕조로 알려져 있다.

그러나 이집트의 쇠락을 막을 수는 없었다. 아시리아가 이집트를 치면서 쿠시 왕조는 종말을 맞았다. 비록 이집트 문명이 쿠시 왕국에서 지속되었으나, 다음 왕조의 파라오가 기원전 6세기 초에 침략을 했다. 이 침략 이후, 쿠시인들 또한 남쪽으로 영토를 넓혀갔으며 이 과정에서 쿠시 왕국은 중요한 변화를 겪게 되었다. 쿠시 왕국은 보다 아프리카화되었고, 언어와 문학에서 보이는 이집트의 영향이 약화되었으며, 철광석과 철광석을 제련하는 데에 필요한 연료를 구할 수 있는 새로운 영역을 확장해갔다. 제련기술은 아시리아인으로부터 학습한 것이었다. 새로운 쿠시 왕국의 수도인 메로에는 아프리카의 금속 중심지가 되었다. 철로 만든 무기로 인해서 쿠시인들은 이웃에 비해서 강점을 가지게 되었고 철로 만든 도구를 이용하여 경작할 수 있는 지역을 확장해가게 되었다. 이를 바탕으로 수단에서는 300여 년에 걸쳐 번영과 문명이 이어지게 되었다. 이는 물론 우리가 살피고 있는 시대 이후의 일이기는 하다.

아메리카 대륙에서 펼쳐진 인간의 역사는 아프리카에 비해서 훨씬 더 짧고, 세계의 다른 어떤 지역보다도 짧다. 약 2만 년 전 아시아인들이 북아메리카로 건너간 이후, 수천 년에 걸쳐 남쪽으로 이동해갔다. 페루의 안데스 산맥 동굴에 살던 이들은 1만5,000년 전 사람들로 추정된다. 아메리카 대륙의 기후와 환경은 매우 다양하다. 따라서 사냥, 채집, 낚시를 할 수 있는 환경은 매우 달랐고, 자연히 매우 다른 생활모습을 고고학적 증거를 통해서 확인할 수 있다. 상호작용을 통해서 무엇을 배웠는지를 밝혀내기는 어려울 것이다. 그럼에도 불구하고 일부 문화에서 구세계와는 독립적으로 농경을 발명했다는 것은 확실하다.

농경의 발명이 언제인지에 대해서는 이견이 있을 수 있다. 상당히 모순적이게도, 농경이라고 부르기에는 어려운 규모의 초기 경작에 대해서 많은 증거가 남아 있기 때문이다. 그러나 확실한 사실은 이러한 변화가 비옥한 초승달 지역보다는 늦게 나타나기 시작했다는 점이다. 멕시코에서 옥수수가 재배된 것은 기원전 2700년 무렵이지만, 기원전 2000년 메소포타미아에 이르러서야 오늘날의 옥수수라고 인식하는 모습을 취하게 된다. 대규모 정착 공동체를 가능하게 만들어준 변화였다. 이보다 남쪽에서는 같은 시기에 감자와 매니옥 (감자처럼 탄수화물이 주된 성분인 뿌리 식물)이 재배되었으며, 이후 멕시코로부터 옥수수가 남쪽으로 퍼져가기 시작했다는 흔적이 남아 있다. 어디에서건 변화는 점진적이었다. '농업혁명'이 어떤 의미에서건 갑작스런 사건이었다고 하는 것은 중동에서도 맞지 않는 주장이지만 아메리카 대륙에서는 더더욱 적절하지 않다. 그러나 농업혁명은 아메리카 대륙을 넘어선 영향을 가지고 있었다. 멕시코와 중앙 아메리카의 토산물인 고구마는 태평양 섬에 퍼져서 섬 공동체를 유지하는 데에 도움을 주었다. 이는 유럽 대륙의 범선이 아프리카, 인도양, 필리핀으로 고구마를 퍼뜨리기 전의 일이다.

농사, 마을, 직조, 도자기가 중앙 아메리카에 나타난 것은 기원전 제2천년기 이전으로, 기원전 제2천년기 말 무렵 최초의 아메리카 문명인 멕시코 동부 해안의 올메카(Olmeca) 문명이 출현한다. 올메카 문명은 흙으로 만든 대형 피라미드가 있던 제례 장소를 중심으로 했다. 이곳에서는 거대한 기념비적 조각과 옥을 깎아서 만든 인물상이 출토되었다. 출토된 유물은 사람이나 표범과 유사한 이미지에 집중되어 있으며, 때로는 이 둘을 혼합하기도 했다. 기원전 800년 이후 수백 년 동안 올메카 문명이 현재의 엘살바도르에 이르는 중앙 아메리카 지역에서 주도권을 가지고 있었던 것으로 보인다. 올메카 문명은 어떤 전조도 없이 나타났던 것으로 보이며, 늪지와 숲이 우거진 지역에서 나타났기 때문에 경제적인 측면에서 이 문명의 출현을 설명하는 것이 쉽지는 않다. 단, 기온이 따뜻하고 강우량이 충분한 열대기후의 열린 평야에서 옥수수를 1년에 4번 경작할 수 있다는 점은 예외였다. 그러나 다른 지역에서는 강 유역에서 출현했던 문명이 아메리카 대륙에서는 왜 이토록 별 볼일 없는 지역에서 나타났는지에 대한 이유는 알 수 없다.

올메카 문명은 이후로 이어지는데, 아스테카 문명의 신은 올메카 문명의 영향을 받았다. 중앙 아메리카의 초기 상형문자 또한 올메카 문명시대에 시작된 것으로 추측된다. 남아 있는 최초의 문자는 올메카 문명이 기원전 400년 무렵 사라지고 난 후로부터 100여 년이 지난 후의 것이지만 말이다. 이러한 일이 일어난 이유와 과정에 대해서도 역시 알려진 것이 없다. 훨씬 남쪽의 페루에는 유적지의 이름을 딴 차빈 문화가 출현했으며 올메카 문명보다 조금 더 지속되었다. 돌을 다루는 기술은 상당한 수준이었고 빨리 성장했으나 알 수 없는 이유로 사라져버렸다.

이러한 초기 문명을 어떻게 이해해야 하는지에 대한 방향 설정은 매우 어렵다. 미래에 미친 영향이 무엇이건, 그 이유가 무엇이었건 간에, 다른 지역에 비해서 수천 년 늦게 문명이 나타났다. 올메카 문화가 사라진 뒤로부터 2,000년 후에 에스파냐 사람들이 신세계에 도착하게 되는데, 이때까지 대다수의 주민들은 석기를 사용하고 있었다. 이들은 건물과 조직을 갖춘 복잡한 사회를 가지고 있었고, 이는 고대 이집트 멸망 이후의 아프리카를 넘어서는 것이었다. 분명한 것은 계속 이어져서 나타나는 양상을 취하지는 않았다는 점이다.

이외에 석기 측면에서 눈여겨볼 만한 곳이 있다면 서유럽일 것이다. 서유럽에서 발견되는 석기에 기초하여 서유럽에 초기 '문명'이 성장하고 있었다고 주장하는 이들도 있다. 앞에서도 고대 중동에 금속을 공급하던 유럽의 역할을 언급했다. 오늘날 우리가 흥미로워할 만한 많은 일들이 선사시대에 벌어졌으나, 인상적이거나 놀랄 만한 이야깃거리가 있는 것은 아니다. 세계사에서 선사시대 유럽은 몇 가지 사례를 제외하고는 중요성이 크지 않다. 중동의 강유역에서 성장했다가 멸망한 위대한 문명과 유럽은 연계 고리가 많지 않다. 유럽은 바깥 세계의 영향을 받기는 했으나 역사의 변화 과정에의 참여는 매우 제한적이었다. 이보다 시기적으로 약간 이후의 아프리카 역시 아프리카사 자체로는 의미가 있으나, 세계사에 특별하거나 긍정적인 기여를 하지 않았다는 점에서는 마찬가지이다. 유럽이라는 문화적 단일체나 지리적 단일체의 개념이 나타난 것은 훨씬 더 후대의 일이다. 고대 세계에서 북쪽 지방은 야만인이 출현하는 곳으로 그다지 관련이 없는 지역이었다. 북서쪽 내륙지역은 아시아나 에게 해 지역에서 요구하는 물건을 쏟아내는 때에나 관심을 기울이는 지역이었다.

따라서 선사시대 유럽에 대해서는 그다지 언급할 것이 없으나, 보다 정확한 시각을 가지기 위해서는 한 가지 더 살펴야 하는 것이 있다. 바로 두 개의 유럽을 구분하여 생각해야 한다는 점이다. 첫째는 지중해 연안과 그 지역 사람들이다. 대략적인 경계는 올리브 재배 한계선이라고 볼 수 있다. 한계선 남쪽으로는 문자에 기초한 도시 문명이 철기시대에 들어서고, 보다 진보된 지역과 직접적인 접촉을 하면서 상당히 빨리 자리를 잡는다. 기원전 800년에 이르면 서지중해 연안은 동양과 지속적인 교류를 하게 된다. 북유럽과 한계선 서쪽 지역은 상당히 다른 양상을 보인다. 고대에 이 지역에서 문자는 발명되지 않았고, 후일 정복자들이 문자를 도입하게 된다. 남부나 동부로부터의 문화적 영향에 저항했으며, 약 2,000년 동안 그 자체로서보다는 다른 지역과의 관계 속에서 중요성을 가진다. 역할이 수동적이지만은 않았으나, 사람이나 자연자원, 기술의 이동 측면에서 다른 지역과 크게 충돌하지는 않았다. 기원전 1000년 또는 예수 탄생 즈음의 유럽은 지하자원 외에는 중동, 인도, 중국에 필적하는, 세계무대에 내놓을 만한 문화적 업적을 가지고 있지 못했다. 유럽의 전성기는 이후 시대에 나타나며, 유럽 문명은 위대한 문명 중 가장 마지막으로 등장할 것이었다.

이러한 현상은 유럽의 자연적 환경이 척박했기 때문은 아니었다. 유럽에는 전 세계 농경지 중 상당 부분이 포진해 있다. 이런 곳에서 농경 문화가 발달하지 않았다면 그것이 놀랄 일이며, 자연히 농경이 일찍 시작되었다는 증거도 찾아볼 수 있다. 유럽에서 농경이 쉬운 편이었다는 점은 오히려 사회적 진화에 부정적 영향을 끼쳤다. 메소포타미아나 이집트에서는 관개나 경작을 위해서 협업이 필수불가결했다. 그러나 유럽에서는 개별 가족 단위로도 농경이 가능했다. 서구 개인주의의 뿌리는 이런 측면에서 추정해볼 수 있으며, 그다지 깊이 생각을 할 필요도 없다.

학자들은 농경과 인류 최초의 금속기술인 구리를 다루는 기술이 아나톨리아와 중동 지역으로부터 유럽으로 전해졌다는 데에 합의를 모으고 있다. 테살리아와 그리스 북부에는 기원전 7000년 직후부터 농경 공동체가 자리를 잡았다. 기원전 5000년에 이르면, 서쪽으로도 공동체가 퍼져가서 프랑스 북부와 네덜란드에서도 농경 공동체가 발견되며, 곧 영국에도 농경 공동체가 등장했다. 농경이 전해진 주된 통로는 발칸 반도와 발칸 반도의 강 유역이었으나 지중해 섬과 남부 유럽 해안가, 안달루시아까지도 농경이 전해졌다. 기원전 4000년에 이르면 발칸 반도에서 구리를 다루기 시작한다. 이렇게 볼 때, 구리를 다루는 기술이나 농경이 유럽 각지에서 자생적으로 나타났다고 보기는 어렵다. 그러나 이주민들이 가지고 온 기술은 재빨리 모방되곤 했다. 그럼에도 불구하고 중동에서 전해진 작물의 경작기술을 유럽인들이 완전히 터득하기까지는 수천 년의 시간이 걸렸다.

기원전 3000년경에 이르면 동쪽으로부터 떠밀려온 사람들이 유럽의 북서부와 서부 지역 대부분을 차지하게 된다. 기원전 1800년경 이 지역의 문화는 상당한 분화가 이루어져 켈트인의 조상을 구분할 수 있게 된다. 켈트인은 유럽 선사시대를 설명하는 데에서 가장 중요한 사람들로서, 이들은 교역인의 집단이라기보다는 전사들의 집단이었다. 켈트인들은 바퀴 달린 교통수단을 사용했다. 이들 중 한 집단은 영국에 도달했다. 켈트 문화가 유럽의 어디까지 전파되었는지에 대해서는 이견이 있으나, 기원전 1800년경 유럽을 크게 세 집단으로 나누어보는 데에는 큰 무리가 없다. 이 당시 켈트인의 조상은 프랑스, 독일, 베네룩스, 오스트리아 북부의 대부분에 퍼져 있었다. 이들이 차지한 지역의 동쪽으로는 슬라브인의 조상이, 북쪽으로는 게르만인의 조상이 살고 있었다. 유럽을 벗어난 스칸디나비아 북부와 러시아 북부에는 인도-유럽어족이 아닌 핀란드인이 살고 있었다.

당시 유럽에 거주하던 사람들의 움직임은 발칸 반도와 트라케를 제외하고 다른 지역의 사람들에게는 큰 영향을 주지 않았다. 단, 자원을 확보하고자 하는 경우는 예외였다. 무엇보다도 지하자원과 비단의 경우가 그랬다. 중동 문명에 대한 요구가 커져감에 따라서, 유럽의 중요성은 더욱 강화되었다. 발칸 반도에서 최초로 금속을 다루기 시작했고, 기원전 2000년경에 이르면 에스파냐 남부, 그리스, 에게 해 연안, 이탈리아 중부에 기술이 퍼져갔다. 청동기시대 후기에 이르면, 지하자원이 없는 지역에서도 금속기술이 상당한 수준에 다다르게 되었다. 여기에서 특정 자원에 따라서 경제적 중요성이 높아지는 지역이 등장하는 것을 목격할 수 있다. 중동에서만 구할 수 있었던 구리와 주석을 조달하기 위해서 유럽을 관통하는 길과 바다와 강을 따른 길이 발달하게 되었다. 유럽은 고대 금속의 주요 생산국이자 제조국이었다. 금속기술은 상당한 수준으로 발달하여 에게 해 지역에 앞서 섬세한 금속품을 만들기 시작했다. 미케네 문명의 몰락으로 금속자원 공급이 용이해졌음에도 불구하고 이러한 기술은 유럽 문명의 고도화를 가지고 오지는 않았다. 역사의 유물론적 해석에 대한 일종의 반대 증거라고 할 수 있다.

고대 유럽을 논하면서 빼놓을 수 없는 예술품의 하나는 거석(巨石, megalith)을 이용한 기념물로 몰타, 사르디니아, 코르시카, 에스파냐, 브르타뉴, 영국, 스칸디나비아에 이르는 활모양 지역에 걸쳐 나타난다. 이는 유럽에만 특징적인 것은 아니지만, 다른 대륙에 비해서 유럽에 거석 문화가 많이 나타나며, 이른 시기에 등장했다(일부는 기원전 제5천년기에 만들어졌다). 그리스어에서 파생된 '거석(megalith)'은 '큰 돌'이라는 뜻을 가지고 있으며, 거석 문화는 대체로 상당히 큰 돌을 사용하고 있다. 무덤의 경우, 지붕과 돌벽을 갖추고 있는 경우도 있고, 큰 돌을 한 개 혹은 여러 개씩 세워놓은 경우도 있다. 거석 기념물 중에는 패턴을 형성하여 넓은 지역에 걸쳐서 퍼져 있는 경우도 있다. 또일부는 작은 나무숲을 둘러싸고 있는 경우도 있다. 가장 완전하고 눈에 띄는 거석 기념물은 남부 잉글랜드의 스톤헨지(Stonehenge)이다. 스톤헨지는 약 900년에 걸쳐 건축되었고, 기원전 2100년경 완성되었다고 보고 있다. 이 지역이 원래 어떤 모습이었는지를 알아내기는 어렵다. 근대적 관점에서 볼 때, 스톤헨지 등이 풍기는 위엄이나 시간을 견뎌온 장대한 광경으로 인해서 오해를 할 소지가 있다. 옛 사람들은 이 거대한 돌에 황토칠을 하거나 피칠을 하고 가죽이나 깃털로 치장을 했을 수도 있기 때문이다. 당시에는 현재와 같이 장엄한 형상보다는 토템 기둥처럼 보였을 수 있다. 무덤을 제외하고는 거석 기념물의 목적을 파악하기는 쉽지 않다. 물론 거대한 시계였다든지, 태양과 달과 별과 연관된 천문학 관찰을 위한 곳이었다는 추측은 많이 있다. 비록 바빌론이나 이집트 천문학자들의 업적에 비하면 정확도나 정밀도가 많이 떨어지지만, 이러한 거석 기념물을 만들 때 상당한 주의를 기울였던 것만은 분명하다.

이와 같은 유물을 건축하는 데에는 엄청난 노동력과 잘 조직된 사회가 필수적이었다. 스톤헨지의 경우, 돌덩어리들 중에는 50톤이 넘는 돌도 있으며, 18마일 이상 떨어진 곳에서 돌을 날라온 경우도 있었다. 또한 하나당 5톤이 넘는 약 80여 개의 돌은 무려 150마일이나 떨어진 웨일스의 한 산에서 가져온 돌이었다. 바퀴의 도움 없이 아일랜드의 무덤, 브르타뉴의 거석, 덴마크의 고인돌, 스톤헨지를 만들었던 이들은 건축의 목적이나 의도에 관한 기록을 남길 수 있는 수단이나 정교함이 있지는 않았으나, 고대 이집트 규모의 건축 능력에 필적하는 능력을 갖추고 있었다. 거석 문화가 바닷가에서 멀지 않은 지역에서 나타나고 있다는 점으로 미루어볼 때, 크레타나 미케네 등 동방으로부터 이러한 거석을 다듬고 다루는 기술이 전파되었다고 미루어 짐작해볼 수 있다. 그러나 최근 발달한 연대파악 기술에 따르면, 이러한 가설은 힘을 잃게 된다. 브르타뉴와 이베리아 반도에 거석이 들어선 것은 기원전 4800-4000년경으로, 지중해 연안이나 중동 지역에 거대한 건축물이 들어서기 이전 일이다. 스톤헨지는 미케네 문명 이전에 완성되었던 듯하며 에스파냐와 브르타뉴의 무덤은 피라미드 이전의 건축물이다. 몰타에 있는 조각된 돌로 만든 신비로운 신전은 기원전 3000년 이전 건축물이다. 이러한 기념물이 하나의 과정 안에서 설명되어야 하는 것은 아니다. 이는 4-5개의 문화로 이루어진 작은 규모의 농경사회가 서로 상호작용하면서 어느 정도 독립적으로 이루어진 문화일 수도 있다. 건축을 하게 된 동기나 상황 역시 서로 달랐을 수 있다. 농경기술이나 금속기술과 마찬가지로, 유럽의 토목공사나 건축 역시 세계와의 교류 속에서라기보다는 독립적으로 이루어진 측면이 있다.

이러한 업적에도 불구하고, 고대 유럽인은 보다 진보된 문명을 접하게 되었을 때, 놀라울 정도로 수동적이었다. 유럽인들이 보여주었던 망설임이나 불확실함은 후일 기술적으로 훨씬 더 진보된 사회를 맞닥뜨렸던 다른 이들의 반응과 매우 유사했다. 한 예로 18세기 아프리카를 들 수 있다. 유럽이 다른 문명과 통상적인 접촉을 하게 된 것은 예수 탄생 조금 전이다. 그 이전까지 유럽인들은 환경을 다루는 데에 에너지를 소진했다. 한 가족이 먹고 살기에는 그다지 힘들게 일구지 않아도 되는 환경이기는 했지만, 보다 환경을 잘 다루기 위해서는 철의 사용을 기다려야 했다. 아메리카 대륙이나 아프리카의 나일강 남쪽 아래의 동시대인보다는 훨씬 더 앞서 있었으나, 유럽인들은 도시화에까지는 이르지 못했다. 유럽인의 문화적 업적은 장식적이고 기계적이라는 특징을 가지고 있었다. 고대 유럽인은 적어도 금속기술에서는 다른 문명의 필요를 채워주는 역할을 했다. 이외에는 후일 진보된 문명을 만들 토대를 닦는 데에 주력하고 있었다.

이러한 서구의 야만인 집단 중 이후의 문명 발달에 긍정적인 기여를 하게 되는 집단이 하나 있었다. 올리브 재배 한계선 남쪽에 거주하던 이탈리아 중부지역에 살던 철기시대 사람들은 기원전 800년대에 이탈리아 남부나 페니키아와 정기적으로 교역을 하게 되었다. 이들은 이들이 살던 곳의 이름을 따서 빌라노바인이라고 불린다. 이후 약 200여 년간 이들은 그리스어를 차용하여 자신들의 문자를 만들어갔다. 이 무렵 이들은 도시국가를 이루었고, 상당한 수준의 예술을 향유했다. 이들이 바로 에트루리아인으로 에트루리아인의 도시국가 중의 하나가 후일 로마가 된다.

8

변화

이 당시 인도나 중국에서 어떤 일이 벌어지고 있는지 그리고 이러한 일들이 후일 어떤 영향력을 가지게 되는지에 대해서, 지중해 연안이나 중동 지역 사람들은 전혀 아는 것이 없었다. 몇몇은 교역에 종사하던 사람들을 통해서 유럽 북부나 북서부의 야만인의 존재에 대해서 들었을 수 있다. 그러나 사하라 사막 이남이나 아메리카 대륙의 존재에 대해서는 아는 것이 전혀 없었다. 그러나 기원전 제1천년기에 이들의 세계는 빠른 속도로 확장되었고, 의사소통망이 복잡해지는 동시에 향상되면서 훨씬 더 통합적인 세계가 도래했다. 몇몇 특징적이며 독립적인 문명이 존재하던 세계는 훨씬 더 넓은 영역에 걸쳐서 문자, 통치체제, 기술, 체계화된 종교, 도시생활을 공유하는 문명으로 거듭나게 되었다. 또한 이러한 영향을 받으면서 서로 다른 전통이 상호작용을 통해서 더욱 빠르게 변화하게 되었다. 이러한 변화를 지나치게 추상적이거나 웅장한 것으로 간주할 필요는 없다. 예술이나 사상의 문제에 한정되지 않고 일상적인 생활과도 연관이 있었으며, 큰 사건뿐만 아니라 작은 사건에도 반영되어 있었기 때문이다. 기원전 6세기경에 이집트 군대에 속해 있던 그리스 용병들은 나일 강 상류 700마일 지점에 있는 아부심벨까지 나아가서, 아부심벨의 거대한 조각상 다리 부분에 그곳까지 진격하게 된 자부심을 기록했다. 2,500년 후 영국 군대는 카이버 고갯길에 있는 돌에 이름을 새기고 자신들의 명찰을 남겨두었다.

이처럼 점차 복잡해져가는 세계에서 명확히 떨어지는 시대 구분은 점점 더 힘들어지고 있었다. 명확하게 시대를 구분할 수 있는 지점이 있다고 한다면, 서양의 고전시대 초입 훨씬 이전에 존재했을 것이다. 메소포타미아 지역의 군사적, 경제적 움직임, 인도-유럽어족의 이주, 철의 도입과 문자의 확산으로 인해서 한때는 분명해 보이던 중동 지역의 경향성은 매우 다양한 양상을 띠게 되었다. 이는 지중해 문명이 등장하기 이전의 일이다. 이러한 사실에도 불구하고, 기원전 제1천년기에는 중요한 변화가 일어났다고 볼 수 있다. 고대 중동의 대이주로 인한 격변은 이 당시 끝이 나 있었다. 청동기시대 후기에 자리잡은 문화는 정복이나 식민지화로 인해서 지역별 변화를 겪고 있었으나, 대규모 이주로 인한 변화는 수천 년 이후에야 나타나게 된다. 지브롤터에서 인더스에 이르는 지역에 걸쳐 이미 자리잡은 고대의 정치구조는 다음 시대로 넘어가는 기재로 작용하게 된다. 이 지역의 문명은 상호작용, 차용, 세계주의에 의한 영향을 보다 많이 받게 된다. 기원전 제1천년기 중반 새로운 세력인 페르시아의 성장과 이집트, 바빌로니아, 아시리아 전통의 몰락은 이러한 변화가 전개될 토대를 마련해주었다.

그중 이집트의 몰락을 요약하는 것이 가장 쉽다. 이집트의 몰락은 '청동기시대의 시대착오로 인해서 세계가 이집트로부터 점차 멀어져갔다'고 표현되기도 한다. 변화하거나 적응하는 데에 실패하면서 몰락의 길을 걸었다는 것이다. 이집트는 초창기 철을 사용하는 민족을 물리쳤고, 바다 사람들의 침입 역시 막아낼 수 있었다. 그러나 이는 신왕국의 마지막 업적으로 기록되었다. 이후로 이집트의 역사는 내리막길을 걷기 시작한다. 국내적으로 왕과 사제들은 이집트의 종주권이 기운 뒤에도 권력 다툼에 여념이 없었다. 왕조 간 갈등을 거듭하던 도중 짧게나마 통일을 이루지만, 기원전 8세기에 이르면 이집트로 밀고 들어온 쿠시족이 쿠시 왕조를 건립했다. 기원전 671년에 이르면 아시리아인이 쿠시 왕조를 이집트에서 몰아냈다. 아슈르바니팔은 테베를 함락했다. 아시리아의 영향력이 쇠퇴하면서 잠시 이집트의 '독립'이 이루어진 것처럼 느껴졌다. 이 시기의 그리스어 통역자 양성기관이나 삼각주 나우크라티스에 있던 특권을 가진 그리스와의 교역지를 중심으로, 이집트가 단순한 정치적 변화만이 아닌 새로운 시대로 접어들고 있다는 증거가 나타나고 있었다. 기원전 6세기 이집트는 네부카드네자르에게 대항하여(기원전 588년), 그리고 60여 년 후에는 페르시아에 대항하여(기원전 525년) 전쟁을 전개했다. 이로 인해서 이집트가 멸망하지는 않았으나, 기원전 4세기부터 20세기에 이르는 동안 이집트는 외국인이나 이주민에 의해서 다스려지게 된다. 잠시 나타났던 이집트의 부흥기에는 눈에 띌 만한 것이 딱히 없다. 지속되는 긴장 속에 나타난 일시적인 이완기로 볼 수 있을 것이다. 이러한 와중에 페르시아와의 갈등은 치명적이었다.

시작은 역시 사람들의 이주에서 비롯되었다. 현재 이란의 중심인 고원지역에는 기원전 5000년 무렵 사람들이 정착을 시작했다. '이란(Iran)'(600년에 이르러서야 이란이라는 용어가 사용되기 시작한다)은 '아리아인의 땅'이라는 뜻으로 기원전 1000년 무렵 북쪽에서 아리안족이 내려오면서 페르시아 제국이 시작된다. 아리안은 인도에서처럼 이란에서도 큰 영향을 미쳤으며 오랫동안 지속되는 전통을 만들었다. 그중 두 부족이 서구에서 오랫동안 회자되는데, 바로 메데인과 페르시아인이다. 메데인은 서쪽 또는 북서쪽으로 움직여 메디아로 나아갔다. 메디아의 전성기는 아시리아를 물리쳤던 기원전 6세기 초이다. 페르시아인들은 남쪽에 있는 페르시아 만 쪽으로 내려가서 쿠지스탄(티그리스 강 하구와 고대 엘람 왕국이 있던 곳)과 파르스에 자리를 잡았다.

전해지는 설화 속의 페르시아 왕을 살펴봄으로써 우리는 정확한 역사적 사실이라기보다는 페르시아인의 왕권에 대한 태도를 엿볼 수 있다. 페르시아 아케메네스 왕조에서 통일된 페르시아의 첫 번째 왕이 나왔다. 그가 바로 키루스(재위 기원전 559-529)로 바빌로니아 왕국을 정복한 왕이다. 기원전 549년 키루스 왕은 메디아를 점령하고, 더 나아가서 바빌로니아 왕국을 함락한 후 소아시아로 진격하여 시리아와 팔레스타인에 이르렀다. 간다라 지역에서 어느 정도 우세를 확보하기는 했으나 동쪽으로 나아가면서 키루스 왕은 어려움을 겪었다(키루스 왕은 스키타이인과의 전투에서 전사한다).

키루스 왕의 페르시아는 당시까지 세계가 목격했던 제국 중 가장 넓은 영역을 차지한 제국이었다. 페르시아 제국은 이전 왕조와는 다른 통치방식을 가지고 있었다. 아시리아가 보여주었던 야만성은 누그러들었고 공식 예술에서도 무자비함은 칭송되지 않았다. 키루스 왕은 제도를 중시했고 새로운 국민들이 지녀왔던 기존 방법 또한 존중할 줄 알았다. 그 결과로, 매우 다양하지만 강력

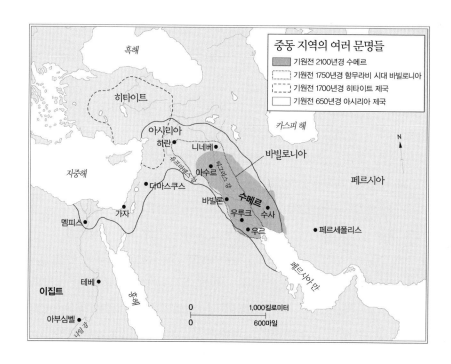

한 제국이 나타났으며, 이전 제국에서는 나타나지 않았던 충성을 요구하는 특징을 보였다. 종교적 특징도 눈에 띈다. 키루스 왕은 바빌로니아 왕좌에 오르면서 마르두크의 은총을 추구했고, 예루살렘에서는 신전을 재건축하기도 했다. 유대인 예언자는 키루스 왕의 승리가 신의 뜻이라고 생각하여 키루스 왕을 기름 부은 자라고 칭했으며 바빌로니아의 멸망을 기뻐했다. '하늘을 살핀다는 자들, 별을 보고서 점친다는 자들, 매달 초하루마다 너에게 닥쳐올 일을 알려준다는 자들, 그들을 일으켜서 너를 구원하라고 하여라.'("이사야" 47장 13절)

키루스 왕의 성공은 페르시아 자원에 힘입은 바가 컸다. 페르시아가 자리한 땅에는 광물, 특히 철이 많았다. 또한 높은 지대에 위치한 목초지에 수많은 말과 말을 타는 사람들이 있었다. 그러나 개인의 역량 또한 무시할 수는 없다. 키루스 왕은 세계적인 인물로 키루스 이후 수 세기 동안 정복을 꿈꾸던 이들의 우상으로 자리했다. 키루스 왕은 지방정부별로 지사(이후 페르시아 제국의 총독의 전신이다)를 두었고, 공물과 복종을 요구했다. 공물은 주로 금으로 받앉으며, 페르시아의 재정 확충에 도움을 주었다.

　이렇게 시작된 제국은 여러 번의 후퇴를 겪으며 중동 지역에서 200여 년에 걸친 제국으로 자리했다. 페르시아는 아시아와 유럽으로부터 자양분을 얻어서 훌륭한 문화전통을 성장시켜갔다. 지난 그 어떤 시기보다 넓은 지역에 평화가 지속될 수 있었고, 페르시아는 아름다우면서 온화한 문명을 발전시킬 수 있었다. 그리스인들은 헤로도토스로부터 페르시아인들이 꽃을 사랑한다는 사실을 배웠다. 키루스의 아들은 이집트를 페르시아 제국에 추가했다. 그러나 키루스의 아들은 단명했다. 이후 아케메네스의 후손을 자청한 젊은이가 키루스의 명성을 이어갔는데, 바로 다리우스(재위 기원전 522-486)였다.

　기원전 522년부터 기원전 486년까지 재위한 다리우스는 목표한 바를 모두 거두지는 못했다. 그럼에도 불구하고 그의 업적은 키루스에 필적했다. 다리우스가 반란을 진압하고 스스로 기념비에 새겨넣었던 문구 내용은 상당히 타당하다고 볼 수 있다. '나 다리우스 대왕은 왕 중의 왕, 페르시아의 왕이다.' 이는 위세를 떨치기 위해서 쓰이던 고대의 표현을 이어받아서 쓴 것이다. 다리우스는 페르시아의 경계를 동쪽으로 인더스 계곡까지 넓혀갔다. 서쪽에서는 저항을 받았으나 마케도니아에 이르렀고, 북쪽으로는 키루스 왕처럼 스키타이인의 반격으로 인해서 크게 나아가지 못했다. 제국 내에서는 놀라울 정도의 통합을 이루었다. 제국을 20개의 주(州)로 구분하고 각 주마다 왕족이거나 귀족 출신의 총독을 두어 탈중앙화를 제도화했다. 왕명을 받은 순찰사가 각 주의 총독들이 하는 일을 살펴보도록 했고, 왕명을 따르는 서기국을 운영하여 각 주와 중앙 간의 의사소통을 원활히 함으로써 조직 관리를 보다 손쉽게 만들었다. 그리고 아시리아 제국의 공통 언어였던 아람어를 행정에 사용하는 언어로 받아들였다. 쐐기문자가 아닌 페니키아 알파벳을 사용했기 때문에 적용하기가 보다 쉬웠다. 각 주에서 거두어들인 공물의 상당량이 도로 건설에 투자되었기 때문에, 이전에 비해서 의사소통 체계가 월등히 발전할 수 있었고, 이렇듯 수월해진 의사소통에 기초하여 관료제가 발달했다. 도로 건설이 최고조에 이르렀을 때, 하루 200마일에 이르는 거리까지 소식을 전달할 수 있었다.

이 위대한 제국의 업적을 기리는 기념물은 제국의 수도인 페르세폴리스에 세워졌으며, 다리우스 왕은 이 기념물 밑에 위치한 돌로 만든 무덤에 묻혔다. 왕의 업적을 기리기 위해서 만든 웅장한 기념물은 일면 지나친 듯 보이는 측면이 있지만, 분명 보는 사람을 압도한다. 페르세폴리스는 여러 영향을 받아서 이루어졌다. 이후의 왕들은 궁전을 증축하거나 제국이 추구하는 다양성과 세계주의를 보다 구체적으로 구현했다. 니네베의 문을 장식하던 아시리아의 거상(巨像), 인간의 머리를 한 수소, 사자가 페르세폴리스의 문을 장식했다. 계단에는 공물을 바치는 전사가 조각되었다. 아시리아의 초기 조각에 비추어 볼 때, 페르세폴리스의 전사가 좀더 유기적인 면이 있으나 차이가 크지는 않다. 장식이 많은 기둥은 이집트를 떠올리게 한다. 그러나 이오니아의 석공과 조각공을 거쳐 탄생한 이집트풍이었다. 그리스의 영향은 부조나 장식에서 엿볼 수 있는데, 멀지 않은 곳에 위치한 왕족의 무덤에서도 그리스풍을 찾아볼 수 있다. 왕족 무덤은 이집트 왕가의 골짜기를 떠올리게 하는데, 십자형으로 생긴 입구는 물론 다른 문화의 영향을 받았다고 볼 수 있다. 파사르가다이에 있는 키루스의 무덤 또한 그리스의 영향을 받았다. 새로운 세계가 열리고 있었다.

이러한 기념물은 지속적으로 진행된 페르시아 문화의 다양성과 포용성을 잘 나타내고 있다. 페르시아는 외부의 영향에 개방적이었으며 이러한 성향은 이후로도 지속되었다. 페르시아는 피정복지의 언어를 수용했을 뿐 아니라 피정복민의 사상 역시 수용했다. 베다 종교와 페르시아의 종교는 그리스인들이 택실라(Taxila)라고 불렀던 인도의 간다라 지역에서 통합되어갔다. 이들 모두는 아리안 계열이었다. 페르시아 종교의 핵심은 희생이었고 불을 중심으로 했다. 다리우스 시대에 이르면 페르시아 종교는 더욱 정교화되어 조로아스터교가 등장하게 된다. 조로아스터교는 선과 악의 갈등을 통해서 악의 문제를 설명하려는 이원적 성격의 종교였다. 조로아스터라는 예언자에 대해서 알려진 바는 많지 않지만, 그를 따르는 추종자들에게 광명의 신의 대의를 제례와 도덕적 행동을 통해서 지켜나가도록 가르쳤다고 한다. 조로아스터교는 메시아에 대한 믿음과 죽은 자의 부활, 최종심판 이후의 영생에 대한 믿음을 가지고 있었다. 조로아스터교는 소수를 중심으로 퍼져갔지만, 페르시아 제국 치하의 아시아 서부로 아주 빠른 속도로 전파되었다. 조로아스터교는 기독교 등장의 배경이 된 유대교와 동양 지역의 제례에 영향을 주었다. 기독교 전통의 천사나 지옥의 불은 모두 조로아스터교에서 비롯된 것이다.

아시아와 유럽 간의 상호작용을 논하기에는 시기가 아직 이르지만, 고대 세계의 종말을 고하는 상호영향을 주고받은 중요한 사례가 나타나고 있었다. 이는 시대의 한 획을 긋는 것이었다. 페르시아는 구세계에 살던 사람들에게 공통적인 경험을 제공했다. 인도인, 메데인, 바빌로니아인, 리디아인, 그리스인, 유대인, 페니키아인, 이집트인은 처음으로 한 제국의 통치를 받았고 페르시아 제국의 선택적 수용주의는 문명이 얼마나 먼 길을 지나왔는지를 보여주었다. 개별적 공동체 안에서 구현되던 문명의 시대는 중동 지역에서 막을 내리게 되었던 것이다. 교류와 확산이 이미 너무 많이 이루어졌기 때문에, 인류 최초의 문명이 세계사의 기초라고 보기는 점점 더 어려워지고 있었다. 인도의 용병은 페르시아 군대에서 싸웠고, 그리스인은 이집트 군대에서 싸웠다. 도시 문화와 문자가 중동에 널리 퍼졌으며, 지중해 연안 사람들도 도시생활을 영유했다. 농경기술이나 금속기술은 이보다 더 널리 퍼져가서, 아케메네스 페르시아가 바빌로니아의 관개기술을 중앙 아시아로 전파했고 인도의 쌀을 가지고 와서 중동에서 경작했다. 그리스인의 화폐는 바빌로니아의 60진법을 차용하여 만들어졌다. 미래 세계문명의 기초가 자리잡아가고 있었다.

제3부

고전시대

햇수를 기준으로 할 때, 기원전 500년경이 되면 문명의 이야기는 이미 절반 이상이 끝났다. 그 당시에 살던 사람들과 문명을 최초로 일으킨 선조들 사이의 거리보다 우리와 기원전 500년 사이의 거리가 훨씬 더 가깝다. 최초의 문명부터 그 당시까지 약 3,000년 동안 인류는 아주 멀리까지 나아갔다. 비록 일상생활에서는 이러한 변화가 거의 느껴지지 않을 정도로 느리게 진행되었지만, 수메르 제국과 아케메네스 왕조 페르시아는 질적으로 엄청나게 차이가 난다. 기원전 6세기에 이르면 토대를 건설하고 발전을 가속화한 위대한 한 시대가 이미 찾아왔다가 지나간 뒤였다. 지중해 서부에서 중국의 해안까지 다양한 문화 전통들이 확립되었다. 상이한 문명들이 이 전통들에 뿌리를 내렸고, 그중 일부는 우리 시대까지 살아남을 만큼 굳건하게 그리고 깊이 자리를 잡았다. 더욱이 그중 일부는 점진적으로 진화하는 형식들 속에서 수백 혹은 수천 년 동안 지속되었다. 그들은 거의 고립되어서 그 자체의 영역 밖에서는 인류 공통의 삶에 기여한 바가 거의 없으나, 인간의 성취가 어디까지 가능한지를 보여준다는 점에서 매우 중요하다.

바빌로니아가 무너진 뒤 적어도 2,000년 동안 가장 위대한 문명의 중심들도 자신의 영역 밖에 대해서는 대부분 무관심했고, 예외라면 간헐적인 침략 때문에 문제가 생겼을 때뿐이었다. 이 세계에서는 이 문명들의 일부 내용물들이 심화되어서 이후에 올 것들의 모형이 설정되는 시대가 창조되었다. 고전시대라는 말은 바로 이런 뜻이다. 그러나 시발점(Year 0) 근처에서 설립되었던 모든 문명들이 모두 우리 시대까지 살아남는 고전적 유산을 남기지는 못했다. 어떤 것들은 정복이나 이주 혹은 심대한 종교적 변화에 의해서 변형되었다. 중국에서는 한(漢)왕조를 중심으로 하는 고전시대의 요소들이 중국 국가의 연속성 속에서 보존되었다.

인도에서는 종교의 연속성과 사회의 형성을 통해서 보존되었다. 그리고 지중해 동부에서는 장차 1,000년 이상 전통의 단절 없이 이어지고 먼 훗날 근대의 지구적 변화의 온상이 될 고전시대가 등장했다.

1

구세계의 재편

지중해 동부에서 새로운 문명이 출현하는 데에는 더 오래된 중동과 에게 해의 전통이 기여한 바가 크다. 우리는 처음부터 그리스 입말, 셈어 소리글자, 이집트와 메소포타미아에서 기원한 사상들, 미케네의 흔적이 뒤섞인 혼합물을 만나게 된다. 심지어 이 문명이 성숙했을 때에도 기원의 다양성이 여전히 표출되었다. 이 문명은 결코 단순하고 획일적인 전체가 되지 않을 것이었고, 실제로 결국에는 매우 복잡해졌다. 이 문명에 통합성과 통일성을 제공하는 많은 요소들이 있지만, 경계를 명확하게 설정하기는 언제나 어려운 일이었다. 지중해와 에게 해 주변의 유사한 문화들의 집합이기 때문에 경계선은 아시아, 아프리카, '야만인'의 유럽, 러시아 남부까지 멀리 확산되며 흐려졌다. 경계가 분명할 때에도 다른 전통들은 언제나 지중해 문명에 개입했고 역으로 많은 영향을 받았다.

이 문명은 시간대도 다양하다. 이것은 앞선 문명들보다 훨씬 더 강력한 진화의 능력을 드러냈다. 이전 문명들에서는 중대한 정치적 변화를 겪더라도 제도들은 근본적으로 변함없이 유지되었다. 그러나 지중해 문명은 극도로 다양한 이행기적 정치제도와 정치실험을 펼쳐 보인다. 종교와 사상에서 다른 전통들은 급격한 변화나 단절 없이 발전하는 경향을 보이며 따라서 문명과 종교는 사실상 시간대가 겹친다. 즉 함께 살고 함께 죽는다. 그러나 지중해 문명은 토종 '이교'에서 시작하여 마지막에는 외국에서 수입된 기독교에 굴복하며, 이 혁명적인 유대교 분파는 최초의 지구적 종교가 될 것이었다. 이는 거대한 변화이며 이 문명이 미래에 끼칠 수 있는 영향력의 가능성을 변형시켰다.

이 문명을 구현한 모든 요소들 중에서 가장 근본적인 힘은 지중해 분지라는 자연환경 자체였다. 지중해는 집합지이면서 동시에 원천이었다. 즉 오래된 문명들의 땅에서 지중해로 이어지는 흐름은 쉽고 용이했으며, 이 중심 보관소에서 다시 출발지로 거슬러 올라가고 나아가서 북방의 '야만인'의 영역에까지 이르렀다. 지중해는 거대하고 그 속에 포함된 민족들도 다양하지만 이 분지의 일반적 성격은 선명하게 드러난다. 해안가 대부분에는 좁은 평야가 있고 그 뒤로는 상당히 가파른 절벽과 앞을 가로막는 산악지대가 바로 이어지며 그 사이로 몇몇 중요한 하천이 계곡을 이룬다. 해안에 살던 사람들은 자기들 뒤에 있는 내륙보다는 해안과 바깥쪽 바다를 바라보는 경향이 많았다. 이러한 지리적 상황은 그들 모두가 공유한 기후 조건과 결합하여, 진취적인 사람들로 하여금 자연스럽게 사상과 기술을 지중해에 전파하도록 만들었다.

로마인은 나름대로 이유를 가지고 지중해를 '마레 마그눔(Mare Magnum)', 곧 '위대한 바다'라고 불렀다. 지중해는 그들의 세계에서 매우 두드러지는 지리적 요소였고, 고전 세계지도의 중심이었다. 지중해의 해수면은 바다를 활용할 줄 아는 이들에게는 강력한 통합력이었고, 기원전 500년경에 해상기술은 겨울을 제외하고는 이러한 통합을 가능하게 만들 만큼 발전해 있었다. 탁월풍과 탁월 해류는 오직 돛이나 노만으로 동력을 공급받던 배들에게 정확한 경로를 정해주었고, 지중해의 모든 지역은 어느 곳에서 출발하더라도 해상을 통해서 접근이 가능했다. 그 결과 지중해 주변의 연안 문명이 탄생했고, 그 속에서는 몇몇 언어들이 널리 사용되었다. 바다를 통한 물자의 교환이 쉬웠기 때문에 이 문명에는 특화된 교역 중심지들이 있었다. 그러나 전체 경제는 주로 지역 내에서 소비되는 밀, 보리, 올리브, 포도 재배에 확고하게 기초를 두고 있었다. 이 경제에서 수요가 급증했던 금속은 외부에서 유입될 수 있었다. 남쪽의 사막은 해안에서 한참 떨어진 만(灣)에서 저지되었고, 북아프리카는 아마도 수천 년 동안 현재보다 훨씬 더 부유했을 것이다. 숲도 많았을 것이고, 물 공급도 원활하고, 토양도 더 비옥했을 것이다. 따라서 지중해 전체를 둘러 동일한 종류의 문명이 등장했다. 우리가 당연시하는 아프리카와 유럽의 차이는 기원후 500년 이후까지도 존재하지 않았다.

이 연안 문명의 외향적인 민족들은 새로운 세계를 창출했다. 거대 하천 유역 문명들은 식민활동을 하지 않고 정복을 했다. 하천 유역 문명의 사람들은 내향적이었고 지역의 독재자 밑에서 제한된 목적을 성취하는 데에 만족했다. 후대의 많은 사회들과 심지어 고전 세계의 여러 사회들도 그와 동일하게 행동했다. 그러나 여기에서는 처음부터 속도와 잠재력의 변화가 감지되었고, 마침내 그리스인과 로마인은 러시아에서 곡물을 기르고 콘월에서 구리를 캐고 발칸 지역에 길을 내고 인도의 향신료와 중국의 비단을 즐기게 되었다.

우리는 이 세계를 아주 잘 안다. 막대한 고고학적, 기념비적 유산이 전하기 때문이기도 하지만, 더 중요하게는 이전과는 다르게 문헌 자료가 풍부하다는 새로운 현상 때문이다. 이 문명과 더불어 우리는 완전한 문자 구사 사회로 접어든다. 다른 무엇보다도 우리는 진정한 최초의 역사 서술을 만난다. 유대인의 위대한 민족적 기록물은, 한 민족이 시간 속에서 행한 순례의 여행을 중심으로 구성된 우주적 드라마의 이야기로서, 중요성에서는 뒤지지 않으나 그것을 비판적 역사 서술이라고 부를 수는 없다. 어쨌든 유대인의 기록 역시 고전 지중해 세계를 통해서 우리에게 전해진다. 기독교가 아니었더라면, 유대 문서의 영향력은 이스라엘에 국한되었을 것이다. 기독교를 통해서, 유대인이 제시한 신화와 그들이 제공한 의미의 가능성들은 400년 동안 비판적 역사 서술이라고 인정할 만한 저술을 보유했던 세계 속으로 투사되었다. 그러나 고대 역사가들의 작품들은 중요하기는 해도 기록물의 작은 일부일 뿐이다. 기원전 500년이 지나자마자, 우리는 희곡에서 서사시, 서정적 찬가, 역사, 경구에 이르는 완전하고 위대한 문학체계를 최초로 만난다. 다만 그중 남아서 우리에게 전해지는 것은 극소수이다. 예를 들면, 이 문명의 가장 위대한 비극작가가 쓴 100편 이상의 희곡 중 단 7편만이 남았다. 그렇지만 이 문학작품들 덕분에 우리는 한 문명의 정신 속으로 들어갈 수 있고, 이는 그 이전의 어떤 문명에서도 불가능했던 일이다.

물론 이러한 문학의 원천인 그리스 역시, 그리고 고전 세계의 여타 변두리 지역은 말할 나위도 없이, 문자기록 그 자체로 충분하지는 않다. 고고학이 없어서는 안 되는데, 그러나 고고학이 더 많은 정보를 제공할 수 있는 것은 초기 시대부터 다른 무엇보다 문헌 자료가 훨씬 더 많았던 덕분이다. 문헌 자료의 대부분은 그리스어와 라틴어로 되어 있다. 이 두 언어는 지중해 문명에 지적 통화를 공급했다. 오늘날 가장 널리 쓰이는 언어인 영어에 그리스어와 라틴어에서 유래한 단어가 매우 많이 남아 있다는 사실 하나만으로도 이 문명이 계승자들에게 끼친 중요성을 입증하는 데에 충분하다. 이 언어들로 쓰인 저술들을 통해서 후대의 사람들은 이 문명에 접근했고, 그 속에서 자신들이 발견한 것을 그야말로 '고전 세계'라고 말하도록 만드는 그런 자질들을 포착했다.

'고전 세계'라는 표현은 완벽하게 적절한 말이다. 단, 이 표현을 만든 사람들 스스로가 바로 자신들이 그 말 속에서 바라보는 전통들의 계승자라는 점과, 그들이 그 표현의 전제들 속에 서 있다는, 아니 어쩌면 갇혀 있다는 점을 우리가 잊지 않는다면 말이다. 다른 전통들과 문명들 역시 자신의 고전기를 가졌다. 이것은 인간이 과거의 일부분에서 후대를 위한 하나의 표준적인 시대상을 찾는다는 뜻이다. 후대의 많은 유럽인은 고전 지중해 문명의 힘과 찬란함에 정신을 차리지 못할 지경이 될 것이었다. 고전 세계에 살았던 몇몇 사람들 역시 자신들과 자신들의 문화와 시대가 특별하다고 생각했다. 다만 그들이 제시한 근거들은 오늘날 우리가 보기에 항상 설득력이 있지는 않다. 그렇지만 이 문명은 예외적이었다. 이것은 열정적이었고 쉬는 법이 없었으며, 기술과 제도는 물론 표준과 이상을 제공했다. 장차 엄청난 미래들이 그 위에서 건설될 것이었다. 후대에 지중해의 유산을 존경했던 이들이 판별한 통합성이란 본질적으로 이러한 정신적인 측면이었다.

불가피하게도 고전적 이상을 연구하고 활용하려는 후대의 노력 중 일부에서는 시대착오적인 왜곡이 많이 이루어졌고, 잃어버린 시대에 대한 낭만화도 많았다. 그러나 이 문명의 중요성이 깎인다고 해도, 그리고 고전시대의 역사가 학자들의 회의적인 검토의 대상이 된다고 해도, 여전히 어떻게든 고전 세계를 우리의 정신적 경계 내부에 위치하게 하는, 거대한 지적 성취의 자취는 용해되지 않고 남는다. 심각한 왜곡의 가능성과 그로 인한 어려움이 있지만, 그래도 지중해 고전시대의 정신은 아마 그 이전의 어떤 시대 혹은 어떤 지역도 하지 못할 방식으로 대부분의 근대인에게 인지와 이해가 가능하다. 이를 잘 표현한 말이 있다. "이 세계의 공기를, 우리는 들이쉴 수 있다."

이 세계를 만드는 데에는 그리스인의 역할이 가장 두드러지며, 이 세계의 이야기는 그들로부터 시작해야 한다. 그들은 단일민족으로는 그 누구보다도 이 세계의 역동성과 신화적이고 고무적인 유산에 크게 기여했다. 탁월함을 향한 그리스인의 탐구는 유럽의 맥락에서 탁월함이 무엇인지를 정의했고, 그들의 성취는 여전히 과장이 어려울 정도이다. 이것은 고전 지중해 문명을 만든 과정의 핵심이다.

2

그리스인

청동기 시대가 종식된 이래, 에게 해를 뒤덮었던 구름은 기원전 8세기 중반에 조금씩 개이기 시작한다. 과정들이 그리고 때로는 사건들이 다소 더 뚜렷하게 보이게 되었다. 심지어 한두 개의 연도도 나오는데, 그중 하나는 한 문명의 자기 인식의 역사에서 중요했다. 곧 기원전 776년이다. 후대의 그리스 역사가들에 따르면, 이 해에 최초의 올림픽 경기가 열렸다. 몇 세기 후에 그리스인은 마치 우리가 그리스도의 출생을 기준으로 하듯이, 이 해를 기준으로 날짜를 계산할 것이었다.

이 경기에 그리고 이와 같은 종류의 후대 제전들에 모였던 사람들은 그렇게 함으로써 자신들이 하나의 문화를 공유한다는 점을 인식했다. 그 문화의 기초는 공통 언어였다. 도리스인, 이오니아인, 아이올리스인 모두 그리스어를 사용했다. 더욱이 그들은 오랫동안 그렇게 같은 언어를 사용했다. 그리고 이제 그 언어는 문자로 기록됨으로써 선명함을 얻게 될 것이었으며, 이는 예를 들면 장차 호메로스의 작품이라고 일컬을 전통적인 구전 운문을 기록으로 남을 수 있게 만든 극히 중요한 발전이었다. 우리에게 전하는 최초의 그리스어 새김글은 기원전 750년경의 한 물병에 있다. 이것은 에게 문명의 부활에 아시아가 얼마나 큰 기여를 했는지 보여준다. 그리스인들은 상인들이 이 알파벳을 가져오기 전에는 문맹이었기 때문이다. 그 새김글은 페니키아 문자를 차용해서 적혔다. 아마도 펠로폰네소스와 크레타와 로도스에서 처음 사용된 듯하며, 이 지역은 암흑기 이후 아시아와 교류가 재개되었을 때 가장 먼저 수혜를 입은 지역이었을 가능성이 높다. 그 과정은 이해하기가 힘들며 아마도 결코 규명되지 않을 것이지만, 어찌되었든 그리스 문명을 촉발시킨 매개체는 동방과의 접촉이었다.

최초의 올림픽 경기에 참여한 이 그리스어 화자(話者)들은 누구였을까? 그들의 이름은 '그리스인'이 아니었다. 비록 그들과 그들의 후예들이 오늘날에 '그리스인'이라고 불리지만, 그것은 수백 년 뒤에 로마인이 붙여준 이름이다. 그들이 스스로 사용했을 단어는 '헬레네스'라고 발음된다. 이 단어는 처음에는 그리스 반도에 쳐들어온 침략자에게 선(先)주민들이 붙인 이름이었지만, 나중에는 에게 해에서 그리스어를 말하는 모든 사람들에게 적용되었다. 이것은 암흑기에서 출현한 새로운 개념이자 새로운 이름이었고, 단순히 언어적인 의미 이상으로 중요하다. 이것은 그들이 새로운 어떤 독립적인 실체를 의식했음을 드러내는데, 그 실체는 당시에 아직 생겨나는 중이었고 그것의 정확한 의미는 언제나 불확실한 상태로 남을 것이었다. 기원전 8세기에, 그리스어를 말하는 이 사람들 중 일부는 정착한 지 오래되었고 그들의 옛 뿌리는 청동기 시대의 침략들로 야기된 혼란 속에서 상실되었다. 또 어떤 이들은 훨씬 최근에 도착한 사람들이었다. 그 누구도 '그리스인'으로서 오지는 않았다. 그들은 그곳, 즉 에게 해 주변의 땅에 있음으로 인해서 그리스인이 되었다. 언어는 그들을 구별되게 했고 그들 사이에 새로운 관계를 형성시켰다. 언어는 종교와 신화라는 공동의 유산과 더불어 '그리스인됨'의 가장 중요한 요소였다. 그리고 그리스인됨이란 언제나 그리고 모든 것에 우선하여 공통의 문화와 관련된 문제였다.

그러나 이러한 유대는 정치적으로는 결코 효과를 발휘하지 못했다. 그리스 역사가 펼쳐진 무대의 크기와 모양 때문에 이러한 유대관계가 통합에 기여할 수 없었다. 그 무대는 오늘날 그리스라고 부르는 곳이 아니라 에게 해 전역이었던 것이다. 이전의 문명화 시대에 미노스 문명과 미케네 문명의 영향력이 광범위하게 퍼졌던 것은 이러한 현상의 전조였다. 수많은 섬들과 그 섬들을 둘러싼 해안들 사이를 오가는 항해는 연중 많은 기간 동안에 쉬운 일이었기 때문이다. 그리스 문명이 도대체 어떻게 출현했는가 하는 질문은 상당 부분 이러한 지리적 요인으로 설명된다. 과거는 분명히 어떤 점에서는 중요하다. 그러나 미노스 문명의 크레타와 미케네가 그리스에 남겨준 것은 아마 앵글로-

색슨 잉글랜드가 후대의 브리튼에 남긴 것보다 더 적을 것이다. 환경이 역사보다 더 중요했다. 동일한 언어를 사용하고 경제적으로 존립 가능한 공동체들이 군집을 이룰 수 있게 해주고 또 그들이 서로뿐 아니라 근동의 더 오래된 문명의 중심지들에 쉽게 접근할 수 있게 해준 것은 바로 환경이었다. 더 오래된 문명들의 큰 강 유역과 같이, 그러나 또다른 이유에서 에게 해는 문명의 형성에 적합한 장소였다.

그리스인은 에게 해의 대부분의 지역에 정착했다. 이는 그들이 본토에서 발견한 제한과 기회의 결과였다. 이 본토 땅에서는 토양과 기후 때문에 매우 좁은 지역에서만 풍성한 수확을 기대할 수 있었다. 대부분의 지역에서 경작은 충적평야에 형성된 좁고 긴 땅에 국한되었고, 건식 농법을 써야 했으며, 돌이 많은 언덕이나 낮은 산이 주위를 에워쌌다. 광물도 드물어서 주석이나 구리, 쇠는 나지 않았다. 몇몇 산맥은 바로 바다를 향해서 뻗었고 산맥 사이를 왕래하는 일은 대개 어려웠다. 이 모든 요소들 때문에 아티카와 펠로폰네소스 반도의 주민들은 바다 쪽으로 시선을 돌렸다. 바다에서 움직이는 것이 육상으로 이동하는 것보다 훨씬 더 쉬웠다. 어쨌든 그리스인은 누구도 바다에서 40마일 이상 떨어진 곳에 살지 않았다.

이러한 성향은 일찍이 기원전 10세기부터 강화되었다. 인구증가로 가용한 토지에 더욱 큰 압력이 부과되었기 때문이다. 궁극적으로 이는 위대한 식민개척의 시대를 열었다. 그리고 그 시대가 끝날 무렵, 곧 기원전 6세기가 되면 그리스 세계는 에게 해를 훨씬 넘어 멀리까지 팽창했다. 동으로는 흑해에서 시작하여 서로는 발레아레스 해와 프랑스와 시칠리아까지, 남으로는 리비아까지 이르렀다. 그러나 이는 수백 년 동안 인구압력 이외에도 다른 힘들 역시 작용한 결과였다. 트라케는 토지를 찾던 농사꾼들에 의해서 식민화되었지만, 어떤 그리스인들은 교역을 위해서 레반트나 이탈리아 남부에 정착했다. 이들은 교역을 통해서 부를 쌓으려고 하거나 그리스에서 구할 수 없는 필수 금속자원을 구하려고 했다. 흑해의 그리스 도시들 중 일부는 교역 때문에, 일부는 농업 가능성 때문에 생겨났다. 그리스 문화를 확산시키고 그리스를 외부세계에 알린 이들은 상인과 농부뿐만이 아니었다. 다른 지역들의 역사 기록을 보

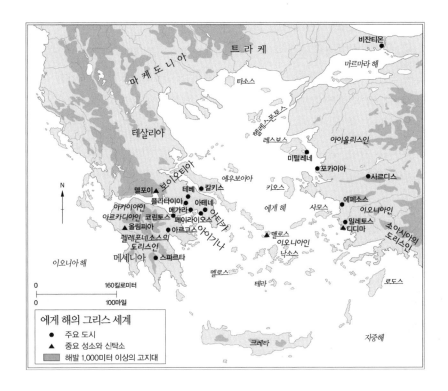

면 기원전 6세기부터 (이 경우 이집트를 도와서 아시리아와 싸웠다) 그리스 용병이 공급되었다. 이 모든 요인들은 그리스 본토에 중요한 사회적, 정치적 반향을 일으킬 것이었다.

그리스인은 비록 외국 군대에서 복무하기도 하고, 서로 간에 격렬히 다투기도 하고, 또 보이오티아인, 도리스인, 이오니아인 같은 전통적이고 정서적인 구분들을 소중하게 간직하기도 했지만, 언제나 자신들이 다른 민족들과는 다르다는 점을 인식했다. 이것은 실생활에서 중요하게 작용할 수도 있었다. 예를 들면, 그리스인 전쟁포로는 이론상 노예가 될 수 없었지만, '바르바로이(barbaroi)'는 그렇지 않았다. 이 단어는 본질적으로는 헬레니즘의 자의식을 드러내지만, 현대의 화법보다는 더 포용적이고 덜 경멸적이다. 바르바로이는 알아들을 수 있는 그리스말(방언은 무방하다)을 하지 않고 그리스인에게는 이해 불가능한, 일종의 '바르, 바르' 하는 소리를 내는 것처럼 들리는 모든 사람들을 말한다. 여러 폴리스의 사람들이 함께 모이는 대규모 종교제전이 열리는 경우 오직 그리스말을 하는 사람만 입장이 가능했다.

종교는 그리스 정체성의 또다른 기초였다. 그리스의 판테온은 어마어마하게 복잡하며, 넓은 지역의 많은 공동체들에서 오랜 시간 동안 만들어진 수많은 신화들의 복합체이다. 이 신화들은 종종 일관성이 없거나 그 자체로 모순되기도 했고, 후대에 이르러서야 합리적 정신에 의해서 정리가 되었다. 아시아에서 온 황금, 은, 청동, 철의 시대와 같은 어떤 신화들은 수입품이었다. 지역적 미신과 그러한 전설에 대한 믿음은 그리스인의 종교 경험의 기반이었다. 그러나 이 종교 경험은 궁극적으로 인간 중심적 경향을 띤다는 점에서 다른 민족들의 것과 매우 달랐다. 그리스의 신들과 여신들은 아무리 초자연적인 신분과 권능을 가졌어도 지극히 인간적이다. 그리스 신화와 예술은 이집트와 근동에 많은 신세를 졌지만, 대개 자신들의 신들을 우월한 혹은 열등한 남자와 여자처럼 제시한다. 이는 아시리아와 바빌로니아의 괴물들이나 많은 팔을 가진 시바와는 한참 다른 세계이다. 이는 종교적 혁명이었다. 이것은 역으로 인간이 신과 같이 될 수 있다는 의미를 내포했다. 이는 이미 호메로스의 서사시에서 분명히 드러난다. 호메로스는 그리스의 신들을 이런 식으로 정리하는 데에 누구보다 중요한 역할을 했을 것인데, 그는 인민의 숭배에는 별로 많은 분량을 할애하지 않았다. 호메로스는 신들이 트로이 전쟁에서 편가르기를 하는 모습을 보여주며, 너무나 인간적인 그리고 서로 경쟁하는 모습으로 제시한다. 포세이돈은 『오디세이아』의 영웅을 괴롭히고, 아테나는 오디세우스의 편을 든다. 후대의 그리스 비평가는 호메로스가 '신들에게 인간의 가장 수치스럽고 욕된 것들, 곧 도둑질, 간통, 사기를 갖다 붙였다'고 불평했다. 이것은 마치 현실 세계처럼 작동하는 세상이었다.

『일리아스』와 『오디세이아』는 앞에서 선사시대를 밝히는 빛으로서 다루었다. 그런데 이 작품들은 또한 미래의 형성자였다. 이 두 작품을 처음 보면, 이들이 한 민족의 존경의 대상이었다는 사실이 희한한 일로 생각된다. 『일리아스』는 전설적인 장기간의 전쟁에서 짧은 이야기 한 토막을 전한다. 『오디세이아』는 더 소설 같아서, 모든 문학작품의 주인공들 가운데 가장 위대한 인물 중 한 명인 오디세우스가 그 전쟁을 끝내고 집으로 돌아오는 길에 겪은 방랑을 이야기한다. 표면적으로는 그것이 전부이다. 그러나 이 두 작품은 거룩한 책처럼 취급되었다.

이 작품들이 어떻게 만들어졌는지를 둘러싼 논쟁은 오랜 시간 이어지며 많은 글들을 낳았다. 오늘날 보기에 이 두 작품은 기원전 700년 직전에 이오니아에서 현재의 모습을 가지게 된 것 같다. 가장 중요한 점은, 누군가가 4세기 동안 전승된 음유시인들의 재료를 가져다가 안정성을 달성한 하나의 형태로 엮어냈으며, 이러한 의미에서 이 두 작품은 그리스 영웅시 시대의 정점이라는 것이다. 비록 이 두 작품은 기원전 7세기에 문자로 기록되었지만, 기원전 6세기에 이르러서야 표준으로 인정받는 판본이 등장했다. 그리고 그때에 이미 두 작품은 그리스 초기 역사를 다룬 권위 있는 설명이자 도덕과 모범의 원천이요 문학교육의 필수 요소로 간주되었다. 그래서 이 작품들은 그리스인의 자의식을 드러낸 최초의 문서이면서 동시에 고전 문명의 핵심 가치의 화신이 되었다. 후대에 이 두 작품은 그보다 더 높은 평가를 받게 되었다. 이 작품들은 『성경』과 더불어 서양 문명의 원천이 되었다.

호메로스의 신들은 인간적이지만, 그리스 세계는 불가사의와 신비를 깊이 존중하기도 했다. 이것은 징조나 신탁 같은 구현체들을 통해서 엿볼 수 있다. 델포이나 소아시아에 있는 디디마의 아폴론 신탁소는 순례지였으며 이곳에서 나오는 조언은 난해하기는 해도 존중받았다. '비의(秘儀)'를 행하던 의례적 숭배들이 있었는데, 이것들은 계절이 바뀔 때 생명이 발아하고 성장하는 위대한 자연의 과정을 재현했다. 민중 종교들은 문헌 자료에서는 그다지 부각되지 않지만, '점잖은' 종교와 결코 완전히 분리되지는 않았다. 나중에 고전기의 그리스 엘리트가 이룬 성취가 매우 인상적이며 또 그것들이 너무나 중요하게도 이성과 논리에 의존한다는 점을 고려할 때, 이러한 비이성적인 하부 토양을 잊지 않고 기억하는 것이 중요하다. 비합리성은 항상 존재했고, 이 장이 다루는 초기의 형성기에는 특히 큰 비중을 차지했다.

문헌 기록과 공인된 전승은 또한 비록 별로 정확하지는 않을지라도 초기 그리스의 사회와 정치 제도를 일부분 드러낸다. 호메로스는 우리에게 왕들과 귀족들의 사회를 보여주지만, 이것은 호메로스가 시를 쓸 당시에는 이미 지나가버린 옛 사회였다. 왕이라는 칭호가 때로는 살아남았고, 그중 한 곳 스파르타에서는 항상 동시에 두 명의 왕이 있었는데, 이 제도는 가끔씩 효력을 발휘했던 그림자 같은 실재였다. 그러나 역사시대에 이르면 거의 모든 그리스 도시들에서 권력은 왕에게서 귀족에게로 전이되었다. 군사 귀족의 용기에 대한 집착은 그리스의 공적 생활에서 단호한 자기주장과 독립성이 지속되는 현상에 대한 설명이 될 수도 있다. 호메로스에 따르면 아킬레우스는 그 어떤 중세 남작만큼이나 까다롭고 화를 잘 내는 인물이었다. 그리스인은 결코 오래가는 제국을 이루지 못할 것이었다. 왜냐하면 이것은 반드시 소수의 유익을 다수의 유익에 종속시키는 일정한 조치, 혹은 판에 박힌 복무의 규율을 기꺼이 받아들이려는 의향이 있을 경우에만 가능하기 때문이다. 이러한 성향이 그 자체로 나쁜 것은 아닐 것이다. 그러나 이 때문에 그리스인들은 헬레네스라는 자의식에도 불구하고 자신들의 고향에서도 하나의 국가로 통일을 이루지 못했다.

초기 도시의 귀족층 아래에는 아직 그다지 복잡하지 않은 사회에서 보이는 다른 신분들이 있었다. 자유민은 자기 땅에서 일하거나 가끔 다른 사람의 땅에서 일했다. 화폐가 등장하여 부를 땅보다 더 쉽게 전이될 수 있는 형태로 만들어주기 전까지는 부의 주인은 급속하게 또는 용이하게 바뀌지 않았다. 호메로스는 황소로 값을 셈했고, 금과 은은 교환의 수단보다는 오히려 의례적 선물교환의 요소로 본 것 같다. 이는 교역과 하찮은 일이 수치스러운 직업이라는 후대의 사고의 배경이었다. 귀족적 관점이 지속된 것이다. 이것은 왜 아테네에서 (그리고 아마도 다른 곳에서도) 교역이 오랫동안 '메토이코이(metoikoi)'의 손에 있었는지를 설명하는 데에 도움이 된다. 이들은 거류 외국인으로서 아무런 시민적 특권을 누리지 못했으나 그리스 시민들이 스스로는 하려고 하지 않는 일들에 종사했다.

노예제는 물론 당연시되었다. 그러나 이 제도는 많은 불확실성으로 둘러싸여 있었다. 상고기(上古期)에는, 만약 호메로스가 반영하는 시대가 그때라면, 대부분의 노예가 전리품인 여성이었다. 그러나 후대에는 남성 포로들을 살육하는 관행은 노예화로 바뀌었다. 로마나 근대 유럽 식민지에서와 같은 대규모 플랜테이션 노예는 드문 일이었다. 기원전 5세기의 많은 그리스인들은 그 자신이 자유인이라면 한두 명의 노예를 소유했고, 한 계산에 따르면 아테네가 가장 번성하던 때에 주민의 대략 4분의 1이 노예였다. 노예는 해방될 수 있었고, 기원전 4세기의 한 노예는 상당한 지위의 금융업자가 되었다. 그 시대 모든 세계는 노예제가 지속될 것이라는 가정 위에서 조직되었고, 따라서 그리스인이 노예제를 당연시했다는 사실은 따로 논평할 필요가 없을 것이다. 농업 노동에서 교육(영어에서 교사를 뜻하는 'pedagogue'는 원래 부잣집 소년을 학교에 모시고 가는 노예를 뜻했다)까지, 그리스인에게 노예제가 제공할 수 없는 업무는 없었다.

노예는 아마도, 그리고 거류 외국인은 필시, 에게 해에서 문명이 재출현한 지 오랜 시간이 지난 후에도 그리스인이 중동에 의해서 지속적으로 영향을 받았던 여러 통로들 중 일부였을 것이다. 이미 호메로스가 외국인 기술자들인 '데미우르고이(demiourgoi)'를 언급했는데, 이들은 그리스인의 도시에 기술뿐 아니라 외국의 주제와 스타일을 가져왔을 것이다. 그보다 후대에 이르면 그리스인 기술자들이 바빌론에 정착했고, 용병으로 외국 왕에게 봉사한 그리스 군사들의 사례도 많다. 기원전 525년 페르시아가 이집트를 차지했을 때, 그리스인은 양편 모두에서 싸웠다. 이들 중 몇몇은 에게 해로 귀환했을 것이고, 새로운 사상과 인상을 가져왔을 것이다. 한편 소아시아의 그리스인과 그 이웃들 사이에는 언제나 상업적, 외교적 교류가 끊이지 않았다.

그리스인의 진취성에서 기인한 다양한 매일매일의 교환 때문에 상고기 그리스 문화에 토박이 문화와 외국 문화의 기여를 구분하기란 매우 어렵다. 예술은 솔깃한 분야이다. 미케네가 아시아의 전례들을 반영했던 것처럼, 그리스의 청동 예술품들의 장식에 등장하는 동물 모양이나 아프로디테와 같은 여신들의 자세는 중동의 예술을 상기시킨다. 후대에 그리스의 대규모 건축과 조각상들은 이집트의 사례들을 모방할 것이었고, 이집트의 골동품들은 그리스 기술자들이 나우크라티스에서 만든 물건들의 스타일을 형성했다. 비록 최종적 산물이라고 할 고전기 그리스의 원숙한 예술은 독창적이었지만, 그 뿌리는 먼 옛날 기원전 8세기에 아시아와의 연결이 재개된 데에 있었다. 그러나 그 이후 서서히 이루어진 문화 교류 과정의 확산은 간단히 설명하기가 불가능하다. 기원전 6세기에 이르면 문화적 상호작용은 양방향으로 작동했다. 이때쯤이면 그리스가 학생이면서 동시에 교사였기 때문이다. 예를 들면, 세계 최고의 부자였다는 전설적인 크로이소스의 왕국이었던 리디아는 공납을 바치던 그리스 폴리스들에 의해서 그리스화되었다. 리디아는 그리스에서 예술을, 그리고 아마 보다 더 중요하게도 프리기아를 통해서 간접적으로 알파벳을 받아들였다. 이리하여 아시아는 아시아가 준 것을 되받게 되었다.

기원전 500년이 되기 한참 전에, 이 문명은 매우 복잡해졌다. 그래서 어느 특정 시기에서든 정확한 사태를 파악하기가 쉽지 않다. 동시대인의 기준으로 보면, 초기 그리스는 급속히 변화하는 사회였고 그러한 변화들 중 일부는 다른 것들보다 두드러졌다. 기원전 7세기가 끝날 무렵의 중요한 발전 한 가지는, 제2차이면서 1차보다 더 중요했던 식민화의 물결이며, 여기에는 종종 동부의 그리스 폴리스들이 참여했다. 그들의 식민시들은 본국에서의 농업생산의 어려움과 인구압력에 대한 대응이었다. 거기에 상업의 급속한 증대가 뒤따랐다. 비(非)그리스 세계와의 교역이 더 쉬워지면서 새로운 경제관계들이 등장했기 때문이다. 은 유통량의 증가는 이에 대한 증거가 된다. 리디아인이 최초로 진정한 주화, 즉 표준적인 무게에 각인이 새겨진 화폐를 만들었고, 기원전 6세기에는 해외 무역 및 국내 교역에서 화폐가 널리 쓰이기 시작했다. 화폐 도입에 저항한 것은 스파르타뿐이었다. 전문화는 본국의 농지 부족에 대한 가능한 대답이 되었다. 아테네는 토기와 올리브 기름을 대량으로 생산하는 데에 특화함으로써 필수 곡물을 안정적으로 확보할 수 있었다. 그리고 키오스는 올리브 기름과 포도주를 수출했다. 어떤 그리스 폴리스들은 확연하게 더욱 외국 곡물에 의존하게 되었는데, 특히 이집트나 흑해의 그리스 식민시들에서 수입했다.

상업의 팽창은 이제 더 이상 토지가 유일하게 중요한 부의 원천이 아님을 뜻할 뿐 아니라, 신분 상승을 위해서 가장 중요한 요소인 토지를 구매할 수 있는 사람이 더 많아졌음도 뜻했다. 이것은 군대와 정치 양쪽 측면에서 혁명을 일으켰다. 그리스의 오랜 전쟁의 이상은 일대일 전투였다. 이는 귀족이 전사였던 사회에 자연스러운 전투 형식이다. 귀족들은 말을 타거나 전차를 타고

전장으로 달려가서 자신과 동등한 적과 마주했고, 그동안 무장이 빈약한 열등 시민들은 그들 주변에서 싸웠다. 새로 등장한 부자들은 군사적으로 더 나은 장비로 구성된 갑옷과 무기를 구매할 수 있었고, '호플리테스(hoplites)', 즉 중장보병 부대는 장차 두 세기 동안 그리스 군대의 중추가 될 것이었다. 이는 그들을 우월하게 만들어주었다. 그들은 개인적인 대담함보다는 훈련된 결속력에 의해서 전장을 지배할 것이었다.

호플리테스는 투구와 갑옷을 갖추고 방패를 들었다. 그들의 주된 무기는 창이었는데, 이는 던지기용이 아니었다. 그들은 창을 내지르고 찌르는데, 창병들이 질서정연하게 진형을 이루어 돌격함으로써 벌어지는 난전에서 질서정연한 진형의 압력은 이를 효과적으로 만들었다. 그들은 집단으로 돌격하며 충돌 순간에 수비 측을 밀어내는 것을 목적으로 하는데, 그들이 훈련된 하나의 부대로 행동할 수 있는지 여부에 전투의 승패가 전적으로 달려 있었다. 집단적으로 행동할 수 있는 능력이 새로운 전쟁의 핵심이었다. 비록 이제 더 많은 수의 병력이 전투에 참여했지만, 숫자는 더 이상 가장 중요한 요소가 아니었다. 이는 3세기 동안 그리스 군대가 아시아 군대에 거둔 승리가 입증하는 바였다. 훈련과 전술적 기술이 더 중요해졌고 이는 일종의 정규 훈련을 포함했을 뿐 아니라, 전사 집단의 사회적 구성이 넓어짐을 의미했다. 그래서 더 많은 남성들이 권력에 참여하게 되었고 이는 무력을 행사하는 수단을 거의 독점함으로써 가능했다.

이 시대의 중요한 혁신은 이것뿐이 아니다. 그리스인은 이 시대에 또한 정치를 발명했다. 즉 집단의 관심사를 공적인 자리에서 선택 가능한 방안들을 놓고 토론을 통해서 처리한다는 개념은 그들의 것이다. 그들이 행한 일의 중요성은 우리가 오늘날 사용하는 'politics(정치)', 'political(정치적)'이라는 단어에 살아 있다. 이 용어들은 그리스어에서 도시를 뜻하는 말, 곧 'polis(폴리스)'에서 온 것이다. 이것은 그리스인의 삶의 뼈대였고, 경제적 이유로 한 자리에 모여 사는 사람들의 단순한 집합보다 훨씬 더 큰 어떤 것이었다. 이러한 점은 또다른 그리스식 어법에서 확연히 드러난다. 그들은 아테네가 이렇게 한다 혹은 테베가 저렇게 한다라고 말하지 않고 아테네인, 테베인이라고 말했다. 폴리스 혹은 편의상 도시국가라고 부르는 이것은 비록 종종 심각한 내부 분열을 안고 있었지만 하나의 공동체였고 공동의 이익과 공통된 목적을 가졌음을 의식하는 남성들의 집단이었다.

이러한 집단적 동의는 폴리스의 핵심이었다. 그래서 자신이 사는 곳의 제도가 마음에 들지 않는 자는 다른 곳에서 대안을 찾아볼 수 있었다. 이는 높은 수준의 결속력을 이루는 데에 도움이 되었지만 동시에 편협함을 키우기도 했다. 그래서 그리스인은 지역적 자치(영어의 'autonomy' 또한 그리스어에서 왔다)에 대한 열정을 결코 초월하지 못했으며, 폴리스는 전형적으로 외부세계에 대해서 방어적이고 의심하는 태도를 취했다. 폴리스는 점차 자신만의 수호신과 제전과 의례적 연극공연을 가지게 되었는데, 이것들은 살아 있는 사람을 과거와 연결시키고 그들에게 전통과 법을 교육했다. 그래서 폴리스는 시대와 여러 세대를 걸쳐 살아 있는 하나의 유기체가 되었다. 그러나 그 뿌리에는 남자가 자신의 이웃들과 어깨를 나란히 하고 서서 공동의 대의를 위해서 서로를 지지할 것을 신뢰하는, 훈련되고 협력적인 행동에 대한 호플리테스적 이상이 자리잡고 있었다. 초기에는 시민단, 즉 정치적으로 실질적인 공동체를 구성하는 사람들은 부대의 일원으로서 자신의 위치를 감당할 만한 능력이 있고 폴리스의 방어를 담당하는 호플리테스에 국한되었다. 후대에 정치적 극단주의의 결과들을 우려하던 그리스 개혁가들이 종종 호플리테스 계급에게서 폴리스의 안정적인 토대를 찾고자 희망했던 것도 놀라운 일이 아니다.

폴리스의 뿌리에는 또다른 요인들도 있다. 지리, 경제, 친족이다. 많은 폴리스는 미케네 시대부터 거주지가 있던 매우 오래된 자리에서 성장했다. 그보다 새로운 폴리스들도 있었지만, 폴리스의 영역은 거의 항상 협소한 강 유역에 있었다. 겨우 먹고 살 만한 식량을 공급해주었기 때문이다. 일부는 보다 운이 좋았다. 예를 들면, 스파르타는 넓은 하천 유역에 자리잡았다. 또 일부는 특히 불리했다. 가령 아티카의 토양은 척박했고 아테네인은 결국 수입 곡물로 시민들을 먹여야 했다. 산맥이 폴리스들을 분리한 데에 더해서, 방언은 독립 의식을 더욱 강화했다. 방언은 공동의 부족적 기원에 대한 의식을 보존시켰고 이는 대규모 공공 숭배의례에 살아남았다.

역사시대가 시작될 즈음, 이러한 요소들은 이미 강력한 공동체성과 개별성의 감수성을 만들었고, 이는 그리스인이 폴리스를 넘어서는 것을 거의 불가능하게 만들었다. 몇몇 흐릿한 동맹이나 연맹이 있기는 했으나 별로 대단치 못했다. 폴리스 내에서 시민들은 매우 직접적으로 폴리스의 삶에 관여했다. 우리의 기준에는 과도해 보일 정도였다. 그러나 폴리스는 그 규모 덕분에 정교한 관료제 없이도 존립이 가능했다. 전체 주민의 극히 일부분이었던 시민단은 언제나 한 자리에 모일 수 있었다. 폴리스가 정교한 관료제적 업무처리를 꿈꿀 가능성조차 없었다. 그러한 일은 폴리스의 제도들의 능력을 벗어난 것이었다. 아테네는 많은 기록들을 돌에 남긴 덕분에 우리에게 가장 잘 알려진 국가인데, 그 증거들로 판단하건대 행정, 사법, 입법의 구분은 우리와 달랐고, 마치 중세 유럽처럼 행정적 행위는 기존 법을 해석한 법원의 결정이라는 외양을 가질 수 있었다. 형식적인 측면에서 보면, 법정은 시민 전체의 모임에서 추출된 일부분일 뿐이었다.

이 시민단 구성원의 숫자와 자격요건은 해당 국가의 헌정적 성격을 결정했다. 다소간의 차이는 있을지언정 정무관이든 법정이든 매일매일의 정부의 책임자들은 바로 이 시민단에 의존했다. 앞서 중동 일부 지역이나 전국시대 (그리고 한나라에서는 더욱) 중국에서 보았던 관료제와 같은 것은 전혀 없었다. 사실 이러한 문제에서 일반화는 다소 위험하다. 150개 이상의 폴리스가 있었고, 그중 다수에 대해서 우리는 아는 바가 없으며, 나머지도 대부분 겨우 조금만 알고 있다. 분명 그들이 업무를 처리한 방식에는 중요한 차이가 있었지만, 그러나 전반적인 윤곽은 그릴 수 있다. 재산 소유가 널리 퍼지자 왕을 몰아냈던 귀족들 자신이 경쟁과 공격의 대상이 되었다. 그들을 정부로 대체하고자 했던 새로운 사람들은 전통적 이해관계를 별로 존중하지 않았다. 그 결과 그리스인이 티라노스(tyrannos, 참주[僭主])라고 불렀던 지배자들의 시대가 열렸다. 이들은 종종 부자였으나 인기를 통해서 지배를 정당화했고, 많은 티라노스들은 분명 자비로운 전제지배자였다. 그들은 토지의 압박에서 기인한 새로운 위기 때문에 증폭되었던 사회적 투쟁 이후에 평화를 추구했다. 평화는 경제성장에 도움이 되었고, 티라노스들은 대개 서로 좋은 관계를 유지했다.

기원전 7세기는 그들의 황금기였다. 그러나 이 제도는 그리 오래 살아남지 못했다. 2세대를 지속한 티라노스는 거의 없었다. 기원전 6세기에 거의 모든 곳에서 시류는 집단정부로 향했다. 과두정, 입헌정부, 심지어 초기 민주정이 생겨나기 시작했다.

아테네는 뚜렷한 사례이다. 오랜 시간 동안 아티카는 비록 척박하기는 해도 다른 국가들과는 달리 사회적 압력 때문에 식민운동에 내몰리지는 않을 만큼 충분한 토지를 아테네에 공급한 것으로 보인다. 또다른 면에서도 아테네의 경제에는 초기부터 특별한 활력이 엿보인다. 즉 이미 기원전 8세기에 아테네의 토기는 아테네가 상업과 예술의 선도자로서 자질을 가졌음을 시사한다. 올리브 기름과 포도주(그리고 이것들을 담는 용기)는 아테네의 주된 수출품이었고, 덕분에 곡물을 국내에 보유할 수 있었다. 그와 동시에 일련의 개혁을 통해서 새롭게 부를 획득한 이들이 옛 토지보유 계급과 평등을 이루게 되었고, 새로운 협의회가 구성되어 '에클레시아(ecclesia)', 곧 모든 시민들의 총회의 안건들을 준비하게 되었다. 이러한 변화들이 즉시 아테네의 분열상을 잠재우지는 못했다. 참주들의 시대는 기원전 510년에 마지막 참주를 축출함으로써만 종결될 수 있었다. 그리고 마침내 작동하기 시작한 제도들은 그리스에서 가장 많은 노예를 소유한 나라에 가장 민주적인 정부가 존재하게 되는 모순적인 결과를 낳았다.

모든 정치적인 결정은 원칙적으로 에클레시아(중요한 정무관들과 군 지휘관들도 여기에서 선출되었다)의 다수결로 이루어졌다. 기발한 조정을 통해서 만들어진 시민단의 구성방식 덕분에, 농민이나 상인과 대비되게 도시 거주민을 대표하는 지역적 분파가 발생하는 일이 방지되었다. 아테네가 의식적으로 자기 폴리스의 범위를 넘어서는 제전과 숭배의식을 후원하고 모든 그리스인들에게 혜택을 베푼 것은 번영의 시기였던 위대한 한 세대의 출발점이었다. 이는 말하자면 그리스 세계의 주도권을 위한 포석이었다.

아테네와 그 폴리스의 가장 강력한 경쟁자였던 스파르타의 대조에 대해서는 많은 이야기들이 있었다. 아테네와 달리, 스파르타는 자신에게 가해지는 압력에 제도를 바꿈으로써가 아니라 변화에 저항함으로써 대처했다. 스파르타는 문제에 대한 가장 보수적인 접근법을 구현했다. 오랫동안 국내에서는 엄격한 사회적 규율을 유지함으로써, 그리고 이웃들을 정복하여 그들의 희생 속에 토지수요를 충당함으로써 문제를 해결했던 것이다. 사회구조가 화석화 되는 결과는 아주 초기부터 나타났다. 스파르타는 너무 전통에 속박되었기 때문에 전설적인 입법가 리쿠르고스는 심지어 스파르타의 법을 기록으로 남 기는 것을 금지했다고 여겨졌다. 왜냐하면 스파르타의 법은 모든 시민이 남녀 불문 어린 시절부터 받아야 하는 엄격한 훈련에 의해서 스파르타 시민의 마음 속에 각인되기 때문이다.

스파르타에는 참주가 없었다. 스파르타의 효율적인 정부는 노인으로 구성 된 평의회와 '에포로이(ephoroi)'로 불리던 5인의 정무관에 의해서 지배되었던 것으로 보이며, 두 명의 세습적 왕들은 군사 부문에서 특별한 권력을 가졌다. 이 과두지배층은 최종적으로는 스파르티아타이(Spartiatai, 헤로도토스에 따 르면 기원전 5세기 초 이들의 수는 약 5,000명이었다)의 민회에 책임을 졌다. 그러므로 스파르타는 광범위한 귀족정이었고, 고대 학자들은 그 기원이 호플 리테스 계급에 있다고 동의했다. 사회는 농업 중심으로 남았다. 상업계급은 허용되지 않았다. 스파르타는 심지어 식민운동에서도 빗겨서 있었고, 이런 종류의 사업으로는 단 한 번만 실행했다. 이것은 스파르티아타이 사이에 일종 의 군사적 평등주의를 생성했고, 이는 국가를 위한 자발적 헌신에 근거를 두 었다. 비록 시간의 흐름과 왕들의 지위가 스파르티아타이의 관행을 약간 누그 러뜨렸지만, 그들 사이에서는 부나 안락함에서 별다른 차별이 없었다. 고전기 에 진입하고도 한참 동안이나 그들은 의복의 차이를 거부했고 공동식사에서 함께 밥을 먹었다. 그들의 삶의 상황은 한마디로 '스파르타식'이었고, 이는 군사적 덕성과 엄격한 규율의 이상화를 반영한다.

아마도 스파르타의 정치가 단순하거나 조용했던 것은 스파르타의 가장 심 각한 문제, 곧 시민공동체와 나머지 주민들 사이의 분열 때문이었을 것이다. 스파르타 국가의 주민 중 다수는 시민이 아니었다. 자유민도 일부 있었으나, 다수는 헤일로타이(heilotai), 즉 농노와 같은 노동자들로서 토지에 결박되어 스파르티아타이의 공동식사에 소요되는 식량을 생산하는 임무를 자유 소작농들과 함께 졌다. 헤일로타이 주민은 아마도 원주민이었다가 도리스인의 침입으로 노예가 되었을 가능성이 있다. 그러나 그들은 마치 후대의 농노처럼 개별 소유자의 가산이 아니라 토지에 묶여 있었다. 분명히 그들의 수는 후에 정복에 의해서 증가되었고, 무엇보다도 메세니아 평야를 기원전 8세기에 병합함으로써 그렇게 되었을 것이다. 메세니아는 이후 300년 이상 동안 그리스 역사에서 독립국가로서는 모습을 감추었다. 그 결과 스파르타의 성취에는 먹구름이 드리웠다. 헤일로타이의 반란에 대한 두려움이 그것이며, 이는 다른 그리스인들에 의해서 언급되었다. 이것은 스파르타인이 다른 국가들과 맺는 관계를 절름발이로 만들었다. 스파르타인은 점점 더 자신들의 군대를 외국에 보내기를 두려워했다. 군대의 부재는 국내의 반란을 초래할 수 있기 때문이었다. 스파르타는 언제나 비상 상황이었고, 가장 두려운 적은 국내에 있었다.

스파르타와 아테네는 기원전 5세기에 치명적인 싸움을 벌일 운명이었고, 그래서 이 둘은 항상 고대 그리스의 정치 세계에서 대척점으로 간주되었다. 물론 그들은 분석이 가능한 유일한 모델들이며, 그 둘 속에 그리스의 성취의 비밀이 놓여 있다. 이들은 당시까지의 세계에서 누구보다 풍부한 정치적 실험과 엄청난 자료를 남겼다. 이런 경험은 법률, 의무, 책무의 커다란 문제에 대한 최초의 체계적인 성찰을 가능하게 할 것이었다. 이는 그후로 항상 인류에게 정신적 도전이었으며, 대개 고전기 그리스인들이 설정해놓은 틀 안에서 이루어졌다. 고전기 이전의 시대에는 그러한 주제들에 대한 사색이 거의 존재하지 않다시피 한다. 왜 그러한지는 관습의 무게와 지역적 경험의 한계만으로도 충분히 설명될 것이다.

폴리스는 그리스인들이 공유하는 유산이며 경험이었다. 그러나 그들은 교역의 과정에서 이루어진 접촉을 통해서, 그리고 그리스인 자신의 정주지 중 다수가 노출되어 있었기 때문에, 다른 형태의 정치조직에 대해서도 알고 있었다. 그리스 세계에는 분쟁의 가능성이 높은 변경지대가 있었다. 서쪽에서 그리스인은 한때 거의 무제한적인 팽창으로 뻗어나가는 듯했으나, 기원전 550년경이 되면 두 세기 동안의 놀라운 발전이 종식되고, 카르타고와 에트루리아의 힘이 한계를 부여했다.

최초의 정착지들(역시 그중 일부는 미노스인과 미케네인에 의해서 몇 세기 전에 사용되었던 지역들이다)은 정착지들의 건립에 농업만큼이나 상업이 중요했음을 보여준다. 그중 핵심은 시칠리아와 이탈리아 남부에 있었는데, 이 지역은 의미심장하게도 훗날 고전기에 '마그나 그라이키아(Magna Graecia)'라고 불리게 될 것이었다. 이 식민시들 중 가장 부유한 것은 시라쿠사였는데, 기원전 733년에 코린토스인이 건립했고 결국 서쪽에서 지배적인 그리스 국가가 되었다. 이 폴리스는 시칠리아에서 가장 좋은 항구를 보유했다. 이 식민지역을 넘어서, 코르시카와 프랑스 남부(마실리아, 후대의 마르세유)에도 정착이 이루어졌고, 몇몇 그리스인은 이탈리아 중부의 에트루리아인과 라틴인 사이에서 살기도 했다. 그리스산 제품들은 멀리 스웨덴에서도 나타났고, 기원전 6세기 바이에른의 요새에서는 그리스 양식이 드러난다. 더 미묘한 영향력들은 정확히 지적하기가 어렵지만, 한 로마 역사가는 그리스의 모범이 훗날 프랑스가 될 곳의 야만인들에게 처음으로 문명을 가져다주었고, 단순히 농사를 짓게 하는 것뿐 아니라 포도 경작법을 알려주었다고 믿었다. 만약 그렇다면 후대인들은 그리스의 상업에 정말 큰 신세를 진 것이다.

이러한 정력적인 팽창은 페니키아인의 질시와 모방을 촉발한 듯하다. 페니키아인은 카르타고를 건립했고 카르타고인은 시칠리아 서부에 교두보를 마련했다. 결국 그들은 에스파냐에서 그리스 교역의 막을 내릴 수 있었다. 그러나 그들은 그리스인 정착민을 시칠리아에서 쫓아낼 수 없었고, 에트루리아인 역시 그들을 이탈리아에서 몰아내지 못했다. 시라쿠사인이 카르타고 군대를 물리친 결정적인 전투는 기원전 480년에 벌어졌다.

이 해는 그리스와 아시아의 관계에서는 더욱 커다란 의미를 가지는 연대이다. 소아시아의 그리스 폴리스들은 이웃들과 종종 사이가 좋지 못했다. 그들은 리디아인 때문에 많은 고난을 겪었고 마침내 전설적인 부자였던 리디아 왕 크로이소스에게 굴복하여 그에게 공납을 바쳤다. 이 일이 있기 전에 그리스는 이미 리디아 풍습에 영향을 미쳤다. 즉 크로이소스의 선대 왕들 중 몇몇이 델포이의 성소에 봉헌물을 바쳤던 것이다. 이제 리디아의 그리스화는 더욱 빨리 진행되었다. 그렇지만 좀더 동쪽에서 더 무시무시한 적이 슬그머니 나타났다. 바로 페르시아였다.

그리스인의 대(對)페르시아 투쟁은 그리스 초기 역사의 정점이었고 고전시대의 개시였다. 그리스인이 페르시아인과의 오랜 갈등을 대단히 강조하기 때문에 이 두 당사자들을 이어주는 많은 연결고리들을 보지 못하고 지나치기가 쉽다. 펠로폰네소스로 진격한 페르시아의 함대에는 (그리고 조금 적지만 페르시아의 육군에도 역시) 주로 이오니아 출신인 그리스인 수천 명이 복무하고 있었다. 키루스는 그리스 출신의 석공과 조각가들을 고용했고, 다리우스는 그리스인 의사를 데리고 있었다. 그리스인은 왕을 신처럼 대우하는 나라에 대해서 강렬한 감정적 혐오를 느낀다고 주장했지만, 아마도 전쟁은 상호 적개심을 키우는 측면만큼이나 그것을 창조한 측면도 강했을 것이다.

전쟁의 발단은 아케메네스 왕조 페르시아가 크게 팽창한 데에 있다. 기원전 540년경 페르시아인은 리디아를 전복시켰다(그리고 이것은 크로이소스의 최후였다. 그는 만약 자신이 페르시아와 전쟁을 한다면 거대한 제국을 멸망시킬 것이라는 델포이의 신탁을 받고는 그것을 부주의하게 해석하여, 그 제국이 어느 나라인지를 다시 묻지 않고 선제공격을 했다고 전해진다). 이로써 그리스인과 페르시아인은 얼굴을 마주하게 되었다. 다른 곳에서는 페르시아의 정복의 물결이 계속 뻗어나갔다. 페르시아는 이집트를 차지한 후 그곳에서 그리스 상인들의 이익을 침해했다. 다음으로 페르시아인은 유럽으로 건너가서 마케도니아에 이르는 해안의 폴리스들을 장악했다. 그들은 도나우 강을 건너서는 실패했고 금방 스키타이에서 퇴각했다. 이 시점에서 약간의 휴지기가 있었다. 그후 기원전 5세기 초입에 아시아의 그리스 폴리스들이 페르시아 총독에 대항하여 반란을 일으켰는데, 아마도 이들은 다리우스가 스키타이에서 실패한 것을 보고 고무된 듯하다. 본토의 폴리스들 혹은 그들 중 일부는 돕기로 결정했다. 아테네와 에레트리아는 이오니아로 함대를 보냈다. 이어지는 전투에서 그리스인은 이전 리디아의 수도이자 페르시아 제국의 서방 총독부가 있었던 사르디스를 불태웠다. 그러나 반란은 결국 실패했고, 본토의 폴리스들은 분노한 적을 맞이할 수밖에 없게 되었다.

고대에는 사태가 대개 그다지 빨리 진행되지 않는다. 대규모 원정은 준비에

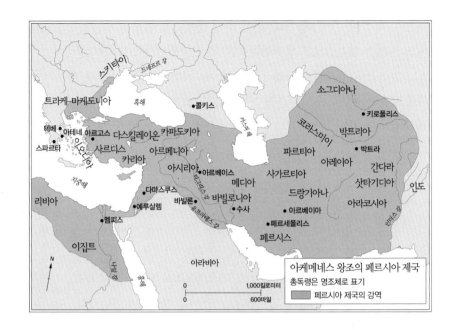

더욱 많은 시간이 걸린다. 그러나 페르시아인은 이오니아인의 반란이 진압되자마자 거의 즉시 그리스로 함대를 보냈다. 이 함대는 아토스 산 앞바다에서 좌초했다. 기원전 490년에는 두 번째 시도를 해서 에레트리아를 약탈했지만, 아테네인의 손에 의해서 울분을 삼켜야 했고 그 전투의 이름은 전설이 되었다. 바로 마라톤 전투이다.

비록 이 승리는 아테네의 것이었지만, 페르시아와의 투쟁에서 다음 단계의 지도자는 육상에서 가장 강력한 폴리스인 스파르타였다. 펠로폰네소스 동맹은 본래 국내적인 목적에서 기원했다. 즉 스파르타가 해외로 군대를 보내지 않아도 되도록 함으로써 자국의 미래를 확보하려는 목적에서 결성한 동맹이었다. 그로부터 점차 스파르타에 전(全) 그리스를 망라하는 지도력과 같은 어떤 것이 발전했다. 10년 뒤 페르시아가 다시 침공했을 때, 거의 모든 그리스 국가들은 이것을 받아들였다. 심지어 함대를 강화하여 바다에서 동맹의 지배적인 세력을 이루었던 아테네도 역시 그러했다.

그리스인은 페르시아가 (기원전 480년에 트라케를 통해서) 수백만의 군세로 재침공했다고 말했고 분명히 그렇게 믿었다. 오늘날 보기에 사실 그들의

수는 (그리스인 수천 명을 포함해서) 10만 명에도 훨씬 못 미쳤지만, 그렇다고
해도 그리스 폴리스들을 방어하는 입장에서는 충분히 압도적인 병력이었다.
페르시아 육군은 해안을 따라서 서서히 이동하여 펠로폰네소스를 향해서 남
하했고, 그 곁에는 거대한 함대가 따라갔다. 그러나 그리스인은 무장과 훈련
에서 앞서는 중장보병을 보유했고, 페르시아 기병대의 우월함을 무력화시키
는 지형의 도움을 받았으며, 사기도 더 높았다는 점 등에서 중요한 이점들을
가졌다.

이번에는 결정적 전투가 바다에서 벌어졌다. 그 전에 또다른 전설적인 일화
가 펼쳐졌다. 스파르타 왕 레오니다스(재위 기원전 489-480)와 300인의 정예
군이 테르모필레 고개에서 제압당했고, 그 사건 이후 아티카는 페르시아군에
게 떨어졌다. 그리스인은 코린토스의 이스트모스로 퇴각했고, 그리스 함대는
아테네 인근 살라미스 만에 집결했다. 시간은 그리스인의 편이었다. 때는 가
을로, 페르시아인이 대비하지 못한 겨울이 곧 도래할 것이었고 그리스의 겨울
은 혹독하다. 페르시아의 왕은 살라미스의 좁은 바다에서 그리스 함대와 교전
하기로 결정함으로써 수적 우세를 스스로 내던졌다. 왕의 함대는 산산이 흩어
졌고 그는 헬레스폰투스를 향해서 긴 퇴각길에 올랐다. 이듬해에는 왕이 남겨
둔 군대가 플라타이아에서 패배했고 바로 그날에 그리스인은 에게 해 맞은편
의 미칼레에서 또 하나의 위대한 해전을 승리로 이끌었다. 이것이 페르시아
전쟁의 종말이었다.

이것은 그리스 역사에 위대한, 아마도 가장 위대한 순간이었고, 스파르타
와 아테네는 영광에 휩싸였다. 아시아의 그리스 폴리스들의 해방이 뒤따랐다.
이것은 그리스인에게 거대한 자기 확신의 시대를 열었다. 외부를 향한 그리스
인의 팽창력은 한 세기 반 후에 마케도니아 제국에서 정점에 이를 때까지 계
속되었다. 그리스인의 자의식은 정점에 달했고, 후대에 이 영웅적인 시절을
뒤돌아보는 사람들은 어쩌면 그리스를 하나의 국가로 통합할 어떤 절호의 기
회가 영원히 상실된 것이 아닌가 생각하게 되었다. 또 어쩌면 그보다 더 중요
한 면도 있을 것이다. 왜냐하면 아시아의 전제군주를 그리스의 자유민들이
물리침으로써 후대의 유럽인들이 종종 운위하던 대조의 씨가 뿌려졌기 때문

이다. 다만 기원전 5세기에는 그저 소수의 그리스인의 머릿속에만 이런 생각이 존재했다. 그러나 신화는 미래의 현실을 불러오고, 수 세기 후 다른 사람들은 마라톤과 살라미스를 시대착오적으로 회고했다. 그들에게 이 사건들은 유럽이 야만을 만나서 거둔 많은 승리들 중 첫 번째였다.

페르시아에 거둔 승리는 그리스 역사에서 가장 위대한 시대를 출현시켰다. 어떤 이들이 '그리스의 기적'을 운위할 만큼, 고전 문명의 성취는 매우 높아 보인다. 그러나 이러한 성취의 배경에는 지극히 상호 적대적이고 타락한 정치사가 깔려 있고 이는 결국 그리스 문명의 보호망이었던 제도, 곧 폴리스의 종식으로 끝나버렸다. 그 이야기의 세부 사항은 복잡하지만, 쉽게 요약이 가능하다.

페르시아 전쟁은 플라타이아와 미칼레 전투 이후 30년 동안 이어졌지만, 그 자체로서보다는 보다 더 중요한 사태의 배경으로서 의미를 가졌다. 아테네와 스파르타 사이의 첨예한 대립이 그것이다. 스파르타인은 생존이 확실해지자 한숨을 돌리고 자신들의 헤일로타이 노예에 대한 걱정으로 귀환해버렸다. 그 결과 페르시아인의 압제에서 다른 폴리스들을 해방하는 과업을 추진하려던 나라들에게 아테네는 확고한 지도자가 되었다. 페르시아에 대항하여 싸울 공동의 함대를 유지하기 위해서 델로스 동맹이라고 불리는 연합체가 탄생했고, 그 지휘권은 아테네인에게 부여되었다. 시간이 지나자 구성원들은 배가 아니라 돈을 제공했다. 어떤 나라는 페르시아인의 위험이 감소하자 돈을 지불하지 않으려고 했다. 회원국의 탈퇴를 막으려는 아테네인의 개입이 증가했고 그 방식도 거칠어졌다. 예를 들면, 낙소스는 동맹을 떠나려고 했다가 포위공격을 당한 끝에 강제 복귀했다. 동맹은 점차 아테네 제국으로 변했다. 본부를 델로스에서 아테네로 옮기고, 회비를 아테네인을 위해서 사용하고, 동맹국에 아테네 관리를 상주시키고, 중요한 재판은 아테네 법정으로 이관시키는 등의 행위가 그 증표였다. 기원전 449년에 페르시아와 평화가 이루어졌을 때 동맹은 지속되었지만 명분은 사라졌다. 동맹의 절정기에는 150개 이상의 국가가 아테네에 공납금을 납부했다.

스파르타는 이러한 과정의 초기에는 기꺼워했고 자신의 국경 외부에서 다른 국가들이 책임을 떠맡는 모습에 만족했다. 스파르타 역시 다른 국가들처럼 겨우 조금씩 상황의 변화를 알아차렸다. 그들이 눈치챘을 때, 거기에는 아테네인의 헤게모니가 그리스 국가들의 내정에 영향을 끼치는 정도가 급격히 증가했다는 사실이 크게 작용했다. 그리스 국가들은 동맹에 대해서 의견이 갈렸다. 부유한 납세자 시민들은 공납금을 싫어했지만, 가난한 자들은 그렇지 않았다. 그들은 돈을 치를 필요가 없었기 때문이다. 아테네인이 개입하는 경우, 때로는 내부의 혁명이 뒤따라서 일어나고 그 결과 종종 아테네를 모방한 제도가 성립했다. 아테네 자신도 투쟁을 통해서 꾸준히 민주정을 향해서 나아가는 중이었다. 기원전 460년이 되면, 국내의 문제들은 제대로 해결되었기 때문에, 아테네의 외교적 행동을 둘러싼 반발은 곧 이념적 색채를 띠게 되었다. 아테네에 반발하는 이유로는 다른 것들도 있었을 것이다. 아테네는 거대한 교역국가였고, 또다른 대형 교역도시인 코린토스는 위협을 느꼈다. 보이오티아인역시 아테네의 공격성에 직접적으로 영향을 받는 대상이었다. 그래서 아테네에 대항하는 동맹을 이룰 재료들이 축적되었고, 스파르타는 기원전 460년에 아테네에 대항하여 벌어진 전쟁에 동참함으로써 마침내 그 동맹의 지도자 역할을 맡았다. 이후 15년간 지지부진한 싸움이 이어졌고, 의심스러운 평화조약이 채결되었다. 그리고 다시 겨우 약 15년이 지나서 기원전 431년에 대규모 내전이 시작되었고, 이는 고전기 그리스의 중추를 파괴하게 되었다. 바로 펠로폰네소스 전쟁이다.

이 전쟁은 약간의 휴지기를 포함하여 기원전 404년까지 27년간 지속되었다. 본질적으로 이 전쟁은 육상세력 대 해상세력의 투쟁이었다. 한편에는 스파르타 동맹이 있었는데, 보이오티아, 마케도니아(믿음직하지 못한 동맹이었다), 코린토스가 스파르타의 가장 강력한 지지자들이었다. 이들은 펠로폰네소스를 장악했고, 이들의 영역은 아테네를 여타 그리스에서 고립시킬 수 있었다. 아테네의 동맹국은 에게 해의 이오니아 폴리스들과 섬들에 흩어져 있었는데, 아테네는 델로스 동맹 시절부터 이 지역을 지배했다. 전략은 가용한 수단에 의해서 좌우되었다. 스파르타의 육군은 분명히 아테네의 영토를 장악하고 굴복을 끌어내기에 가장 뛰어난 수단이었다. 아테네인은 육상에서는 적에게 상대가 되지 못했다. 그러나 그들은 더 나은 해군을 보유했다. 이것은 주로 두 명의 위대한 아테네 정치가이자 애국자인 테미스토클레스와 페리클레스의 작품이었다. 이들은 강력한 해군이 있으면 자신들의 폴리스가 어떠한 공격도 물리칠 수 있을 것이라고 믿었다. 사태는 그들의 믿음보다는 나쁘게 진행되었다. 도시 내에 역병이 발생했고 페리클레스가 기원전 429년에 사망한 이후에는 지도력이 부재했다. 그러나 전쟁의 첫 10년 동안 사실상 아무런 결과가 나오지 않은 것은 앞서 말한 전략적 교착상태에 기인했다. 그 결과 기원전 421년에 일시적인 평화조약이 맺어졌지만, 이는 오래가지 못했다. 아테네인은 좌절감 속에 결국 전쟁을 더 멀리 확산시키는 계획을 탈출구로 삼았다.

시칠리아에는 부유한 폴리스 시라쿠사가 있었는데, 코린토스가 세운 가장 중요한 식민시이면서 상업적으로 아테네의 가장 강력한 경쟁자였다. 시라쿠사를 장악한다면 적에게 심각한 타격을 입히고, 펠로폰네소스로 가는 핵심 곡물 공급선을 막으며, 막대한 전리품을 획득할 수 있을 것이었다. 그 부를 얻을 수만 있다면 아테네는 더욱 강력한 함대를 구축하여 그리스 세계에서 최종적이고 확고부동한 수장권을 확립할 희망을 품을 수 있을 것이었다. 어쩌면 페니키아인이 건설한 도시인 카르타고와 지중해 서부에 대한 헤게모니까지도 노려볼 수 있을 것이었다. 그러나 기원전 415-413년의 시칠리아 원정은 재앙을 낳았다. 이는 아테네의 야망에 최후의 일격과도 같은 결정적인 것이었다. 아테네 군대의 절반과 원정함대 전체가 소멸했다. 정치적 격변의 시기가 찾아왔고 국내에서 불화가 시작되었다. 특히 이 패배는 아테네에 대항하는 동맹을 다시 한번 결속시켰다.

스파르타인은 이제 페르시아의 원조를 구했고 얻어냈다. 그 대가로 소아시아의 그리스 폴리스들이 다시 한번 (페르시아 전쟁 이전처럼) 페르시아의 속국이 되는 것을 비밀리에 묵인했다. 이로써 스파르타인은 함대를 조성했고, 아테네의 제국적 지배를 떨쳐버리고자 했던 아테네 속국들을 도울 수 있었다. 육상과 해상에서의 패배로 아테네의 사기는 떨어졌다. 기원전 411년에 혁명이 벌어져 일시적으로나마 민주정이 과두정으로 대체되었다. 그리고 또다시 재앙이 닥쳤다. 아테네의 잔존 함대가 패배를 당했고, 마침내 아테네는 봉쇄되었다. 이번에는 굶주림이 결정타였다. 기원전 404년에 아테네는 평화조약을 맺었고 아테네 성벽은 파괴되었다.

이러한 사태는 어느 나라의 역사에서도 비극일 것이다. 페르시아에 대항한 영광스런 투쟁의 시절에서, 그리스의 분열 덕에 페르시아인이 거의 아무런 수고도 없이 이전의 손실을 회복하는 데에 이르는 과정은 언제나 상상력을 사로잡을 반전(反轉) 드라마이다. 이 사태에 그토록 강렬한 관심이 집중된 데에는 또다른 이유도 있다. 즉 이는 최초의 '현대사'이며 동시에 최초의 과학적 역사서로서 불멸의 저술인 투키디데스의 『펠로폰네소스 전쟁사』의 주제였던 것이다. 그러나 더 거대한 투쟁들이 있음에도 이 몇 년의 사건들이 우리를 매혹시키는 이유를 근본적으로 설명하면, 전투와 음모와 재난과 영광이 뒤죽박죽인 이 전쟁의 핵심에 여전히 흥미진진하고 해결할 수 없는 수수께끼가 있다고 느끼기 때문이다. 미칼레 전투 이후에 진짜 기회들을 낭비해버렸다고 말할 수 있는가? 아니면 이 긴 용두사미의 전개는 단순히 일시적인 상황들 덕분에 실제 가능한 것보다 더 많은 것을 약속하던 하나의 환상이 스러져간 것일 뿐인가?

전쟁의 시절은 또다른 놀라운 측면도 보인다. 그 시기 동안에 당시까지의 세계에서 가장 위대한 문명의 성취가 결실을 맺게 되었다. 정치적, 군사적 사건들은 그러한 성취를 특정한 방향으로 유도하고, 결국 그것에 한계를 부여하고, 미래에 무엇이 지속될 것인지를 결정했다. 그래서 이 작은 나라의 역사의 100여 년이, 그것도 중요한 시기는 전쟁으로 점철된 그 시대가 1,000년을 지속한 고대의 제국들만큼이나 관심의 대상이 될 가치를 가진다.

먼저 우리는 그리스 문명이 얼마나 허약한 들보 위에 놓여 있었는지를 되돌아보아야 한다. 물론 그리스 국가들은 많이 있었고 에게 해의 넓은 영역에 산재해 있었다. 그러나 심지어 마케도니아와 크레타를 포함해도 그리스의 지표면은 웨일스나 스코틀랜드를 제외한 잉글랜드와 거의 비슷하다. 그리고 그 중 겨우 5분의 1 정도만이 경작 가능했다. 이 나라들은 대부분 소규모였고 기껏해야 2만 명 정도의 인구를 포함했다. 가장 큰 나라도 아마 30만 명 정도였을 것이다. 그 주민들 중 소수의 엘리트가 시민 생활에 참여했고 우리가

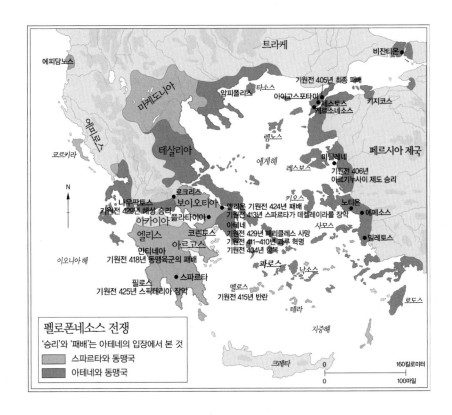

지도 내 라벨:
트라케
에피담노스
비잔티온
마케도니아
암피폴리스
타소스
기원전 405년 최종 패배
아이고스포타미
세스토스
케르소네소스
키지코스
에피루스
테살리아
렘노스
코르키라
에게해
페르시아 제국
미틸레네
레스보스
기원전 406년
아르기누사이 제도 승리
N
로크리스
나우팍토스
기원전 429년 해상 승리
보이오티아
멜리온 기원전 424년 패배
기원전 413년 스파르타가 데켈레이라를 장악
키오스
노티온
에페소스
아카이아
플라타이아이
아테네
기원전 429년 페리클레스 사망
기원전 411~410년 과두 혁명
기원전 404년 항복
사모스
밀레토스
엘리스
코린토스
아르고스
만티네아
기원전 418년 동맹육군의 패배
이오니아 해
파로스
낙소스
필로스
기원전 425년 스팍테리아 장악
스파르타
멜로스
기원전 415년 반란
테라
로도스
지중해
크레타
0 160킬로미터
0 100마일

펠로폰네소스 전쟁
'승리'와 '패배'는 아테네의 입장에서 본 것
스파르타와 동맹국
아테네와 동맹국

오늘날 그리스 문명이라고 부르는 것을 향유했다.

다른 것보다 먼저 분명히 해두어야 할 것은 이 문명의 본질이다. 그리스인은 안락함과 감각적 즐거움을 낮게 평가하는 사람들이 결코 아니었다. 그들이 남긴 물질적 유산은 2,000년 동안 수많은 예술 분야에서 미의 기준이 되었다. 그러나 그리스인은 무엇보다도 시인이며 철학자로 기억된다. 그리고 그들의 업적 중 우리의 관심을 끄는 핵심적인 것은 바로 정신의 성취이다. 이것은 고전기 그리스라는, 그리스인 자신이 아니라 후대의 세대가 만든 이상에서 암시적으로 감지되었다. 분명히 기원전 5세기와 4세기의 몇몇 그리스인은 스스로를 그 어느 것보다 우월한 문화를 담지한 자로 보았겠지만, 고전기라는 이상의 힘은 이것이 후대의 세대에서 기인한 관점이라는 것, 즉 후대인이 그리스를 되돌아보고 거기에서 자기 자신을 평가할 기준을 발견했다는 점에 있다. 후대인들은 이러한 기준들이 무엇보다도 기원전 5세기, 곧 페르시아에 승리를 거둔 이후의 시대에 있다고 생각했다. 기원전 5세기는 그리스 문명의 특별한 고조와 강화가 이루어진 시기라는 점에서 객관적인 완결성을 가진다. 비록 그 문명은 부인할 바 없이 과거와 연결되어 있었고 미래를 향해서 달려 갔고 그리스 세계 전체에 확산되었지만 말이다.

이 문명은 여전히 비교적 단순한 경제적 규칙에 기원을 두었다. 본질적으로 그 규칙들은 이전 시대의 것과 같았다. 화폐의 도입 이후 이것을 변화시킬 어떤 대단한 혁명도 없었고, 약 3세기 정도 동안 그리스의 교역에서는 방향이나 물품에서 고작해야 점진적이거나 세부적인 변화만이 있었다. 화폐의 시대에도 일상적 목적에서는 물물교환이 지속되었다. 수공업 생산의 규모는 작았다. 아테네의 최상급 토기가 최고의 인기를 누릴 때에도 토기를 제작하고 거기에 그림을 그리는 수공업자의 수는 150명을 넘지 않았다고 한다. 거의 모든 곳에서 경제의 중심은 자급적인 농업에 있었다. 아테네나 밀레토스(모직물 생산으로 나름 유명했다)에서는 전문화된 수요와 생산이 있었으나, 일반적인 공동체는 국내 시장을 위해서 곡물, 올리브, 포도, 목재를 기르는 소규모 농민들의 생산에 의존했다.

이러한 사람들이 전형적인 그리스인이었다. 어떤 이들은 부유했지만 대부분은 아마 오늘날의 기준으로 볼 때 가난했을 것이다. 그러나 지금도 지중해의 기후는 비교적 낮은 수입으로도 다른 곳보다는 살 만한 환경을 제공한다. 조금이라도 규모가 있는 상업과, 그외 기업 활동들은 주로 '메토이코이'의 손에 달려 있는 경우가 많았다. 그들은 사회적으로 꽤 높은 지위를 누렸을 것이며 종종 부자였을 것이다. 그러나 아테네를 예로 들어보면, 그들은 특별허가가 없이는 토지를 획득할 수 없었고, 그럼에도 군역을 감당해야 했다(이 사실은 그들의 숫자에 대해서 작은 정보를 준다. 펠로폰네소스 전쟁 초기에 중장보병으로 복무하는 데에 필요한 무장을 갖출 수 있는 사람은 약 3,000명이었기 때문이다). 도시국가에서 시민이 아닌 또다른 남성 주민은 해방노예 아니면 노예였다.

여성들 역시 시민권에서 배제되었다. 그러나 여성의 법적 권리에 대해서 성급히 일반화하는 것은 위험하다. 예를 들면, 아테네에서는 여성이 재산을 소유하지도 상속받지도 못했다. 스파르타에서는 비록 그 두 가지가 모두 가능했지만, 여성이 곡물 1부셸 이상의 가치가 관련된 상거래를 하는 것은 금지되었다. 물론 아테네 여성도 이혼을 청구하는 것이 가능했다. 그러나 이는 드문 일이었던 듯하며 아마도 꽤 쉽게 아내를 저버릴 수 있었던 남성에 비한다면 실제로는 매우 어려운 일이었을 것이다. 문헌 증거들은 부자의 아내가 아닌 여성들은 거의 일생을 허드렛일을 하며 살았음을 시사한다. 모든 여성들의 행동을 지배하는 사회적 전제는 매우 억압적이었다. 상류층 여성이라도 대부분의 시간을 가내에서 격리되어 지냈다. 여성이 감히 외출을 하려면 반드시 남성이 동행해야 했다. 여성이 잔치에 드나들면 품위를 의심받았다. 규범에 어긋나지 않으면서 공적인 삶을 기대할 수 있었던 유일한 여성은 예인과 창녀였다. 그들은 일정한 인기도 누릴 수 있었을 것이지만, 품위 있는 여성은 그럴 수 없었다. 의미심장하게도 고전기 그리스에서 소녀들은 교육할 가치가 없다고 간주되었다. 그러한 태도는 그리스의 원천이 되었던 초기 사회의 야만적 분위기를 시사하는데, 이는 말하자면 그리스의 선조 중에서는 미노스 크레타 문명이나 후대의 로마와 매우 다른 것이었다.

문헌에 드러난 것으로만 볼 때 성생활에서 그리스의 결혼과 육아는 우리의 사회와 마찬가지로 개별 남성과 여성 사이에 깊은 감정과 높은 수준의 상호 존중을 낳을 수 있었던 듯하다. 그중 한 가지 요소는 오늘날 정확히 가늠하기가 어려운데, 바로 남성 동성애에 대한 관용과 심지어 낭만화이다. 이것을 규정하는 것은 관행뿐이었다. 많은 그리스 도시에서 상류층의 어린 남성이 연장자 남성과 연인관계를 맺는 것이 허용되었다(흥미롭게도 그리스 문헌에서는 동등한 연령의 남성 사이의 동성애에 대한 자료는 훨씬 적다).

여기에서도 (다른 것에서와 마찬가지로) 우리는 대부분의 그리스인의 행동 방식보다는 엘리트의 방식에 대해서 훨씬 더 많이 알고 있다. 시민권은 실제로는 종종 분명히 매우 다른 사회적 수준의 사람들을 포함했을 것이므로 일반화하기에 너무 큰 범주이다. 민주정 아테네에서도 공적 삶에서 성공하여 기록에 남은 사람들은 대개 지주였다. 그들은 상인이 아니었고 수공업자는 더더욱 아니었다. 수공업자는 민회에서는 자신의 집단의 일원으로서 중요할 수 있었겠지만, 그 스스로 지도자가 되기는 거의 불가능했다. 상인은 그리스 상층 계급이 가진 오랜 확신 때문에 장애를 받았을 것이다. 그들에게 교역이나 생산업은 신사에게 적절한 직업이 아니었다. 신사는 이상적으로는 자신의 땅에서 나오는 소출에 의지하여 교양 있는 여가를 즐기는 삶을 살아야 했다. 이것은 유럽 전통에 전수되어 중요한 영향을 끼치게 될 관점이었다.

따라서 사회사는 정치와 뚜렷이 구분되지 않는다. 그리스인이 정치적 삶, 곧 '폴리스'의 삶에 집착했다는 점과, 고전기 그리스가 앞뒤의 두 시기(페르시아 전쟁기와 새로운 제국, 곧 마케도니아의 시대)와 선명하게 구분된다는 사실을 고려하면, 그리스의 정치사가 그 문명에 가지는 중요성을 쉽게 납득할 수 있다. 아테네는 이러한 그림을 지배했고 그래서 아테네를 근거로 전형적인 그리스의 모습을 너무 안이하게 끌어낼 위험이 상당히 높다. 우리는 우리가 가장 잘 아는 것을 가장 중요한 것으로 생각하는 경향이 있으며, 기원전 5세기 그리스인 중 가장 위대한 사람들 중 일부가 아테네인이었고 또 아테네가 펠로폰네소스 전쟁의 위대한 이야기의 한 축이었기 때문에 학자들 역시 아테네의 역사에 지대한 관심을 기울였다. 그러나 우리는 또한 (단 두 가지만 예를 든다고 해도) 아테네가 거대하며 상업적인 중심이었다는 점을 알고 있다. 따라서 아테네는 매우 중요한 점에서 비전형적인 도시였다.

아테네의 문화적 중요성을 과도하게 강조하려는 유혹은 차라리 덜 위험하다. 아테네의 그러한 중요성은 무엇보다도 그 당시에 이미 인지되었다. 비록 위대한 그리스인 중 상당수가 아테네인이 아니었고 많은 그리스인이 아테네가 가장 우월하다는 주장에 반대했으나, 아테네인은 자신들을 그리스의 지도자로 보았다. 펠로폰네소스 전쟁 초기에 페리클레스가 자신의 동포들에게 자신들의 나라가 다른 그리스인들에게 모범이 된다고 말했을 때, 그는 정치선전에 몰두하고 있었다. 그러나 그는 또한 자신의 말에 확신을 가졌다. 이러한 입장은 사상과 권력 양쪽에 근거를 두었다. 아테네는 해군을 통해서 에게 해에서 부동의 탁월함을 누렸고, 결국 그것으로부터 기인한 공납이 기원전 5세기에 아테네의 국고를 채워주었다. 아테네의 영향력과 부는 펠로폰네소스 전쟁 직전에 최고조에 달했고, 당시에 창조적 활동과 애국적 열망 역시 정점에 이르렀다. 그러므로 제국의 확대에 대한 자부심은 인민이 진짜 누렸던 문화적 성취와 연결되어 있었다.

상업, 해군, 이념적 확신과 민주정은 기원전 5세기 아테네의 역사에서 불가분하게 그리고 전통적으로 엮이는 주제들이다. 당시에 한 척당 200명의 봉급 노잡이들이 아니면 기동이 불가능했던 함대는 제국권력의 도구이며 동시에 민주정 수호의 도구였다는 점이 널리 인지되었다. 해군국가에서 중장보병은 다른 나라보다 덜 중요했으며, 노잡이가 되는 데에 값비싼 장비는 필요하지 않았다. 그리고 노잡이들은 동맹의 공납금에서 봉급을 받거나, 혹은 예컨대 시칠리아 원정에서 사람들이 바랐던 것처럼 성공적인 전쟁의 진행을 통해서 급여를 받을 수 있었다. 제국주의는 아테네인 사이에서 진정 인기가 있었다. 그들은 제국의 수익에서 한몫을 기대했고 그것이 심지어 간접적이고 집단적인 것일지라도 좋았다. 그리고 제국의 부담을 질 필요가 없을 것이라고 기대했다. 이러한 측면은 아테네 민주정의 비판자들에 의해서 많이 부각되었다.

아테네에서 민주정은 예상치 못하게 발생했고 처음에는 거의 눈길을 끌지 못했다. 그 뿌리는 기원전 6세기에 사회조직의 원칙을 혈연에서 지역성으로 대체한 정체상의 변화에 있다. 그래서 적어도 이론상 그리고 법률상 소속된 가문보다 지역적 애착이 더 중요하게 되었다. 이는 그리스에서 일반적이었던 것으로 보이는 발전이었고, 이것은 민주정을 지역화된 제도적 기반 위에 두었는데, 민주정은 그 이래 늘 그러한 기반을 보유했다. 이로부터 다른 변화들이 생겨났다. 기원전 5세기 중엽 모든 성인 남성들이 민회에 참가할 자격을 얻었고, 그에 따라서 핵심 정무관들의 선출에 참가하게 되었다. 아레오파고스(장로들의 협의체)의 힘은 지속적으로 감소해서, 기원전 462년 이후에는 특정한 범죄를 심판하는 법정에 불과하게 되었다. 다른 법정들 역시 배심원 수당제에 의해서 더욱 민주적인 영향력 아래 놓이게 되었다. 그들 또한 많은 행정 사무를 담당하게 되면서, 폴리스의 일상적 운영에 상당히 높은 수준으로 인민의 참여가 이루어졌다. 펠로폰네소스 전쟁 직후, 시대가 어려울 때에는 민회에 참석하는 자체에 수당이 제공되었다. 마지막으로, 아테네인은 추첨으로 관직을 뽑아야 한다고 믿었다. 공직자를 추첨으로 선별하는 방식은 세습적인 지위와 권력에 불리하게 작용했다.

이러한 정체의 뿌리에는 전문적이고 확고한 권위에 대한 불신과 집단적 상식에 대한 확신이 놓여 있다. 물론 아테네인이 엄밀한 사법체계에 상대적으로 무관심했던 것 역시 이로부터 기인한다(아테네 법정에서 논변은 법률에 대한 질문보다는 동기, 입장, 내용에 대한 질문이 주를 이루었다). 그리고 그들이 연설의 기술을 중요하게 보았던 것 역시 여기에서 생겨났다. 아테네에서 유능한 정치 지도자는 말로써 동료 시민을 설득할 수 있는 자였다. 우리가 그들을 선동정치가라고 불러야 할지 연설가라고 불러야 할지는 중요하지 않다. 그들은 설득을 통해서 권력을 추구한 최초의 정치인들이었다.

기원전 5세기 말이 되면, 비록 당시에도 결코 흔한 일은 아니었으나 그러한 사람들 중 몇몇은 전통적인 지배계급이 아닌 가문 출신이었다. 그러나 오랜 정치적 가문들의 중요성이 지속된 것은 민주적 체제를 제한하는 중요한 요소 중 하나였다. 기원전 5세기 초의 테미스토클레스와 펠로폰네소스 전쟁이 시작될 때의 페리클레스는 유서 깊은 가문 출신이었고, 그들의 가문은 심지어 보수주의자들의 눈에도 그들이 지도자가 되는 일이 합당한 것으로 보이게 만들었다. 유서 깊은 지배계급은 이러한 실제적인 제한 때문에 민주정을 받아들이기가 더 쉬웠다. 이것은 아테네 민주정을 향한 비난과 이상화 양측이 모두 놓치곤 하는 사실들이며, 민주정이 온건하게 보이는 것을 설명하는 데에 도움이 된다. 과세는 가벼웠고 오늘날 민주적 지배와 연관될 수 있는, 그리고 아리스토텔레스가 말했듯이 가난한 자들의 지배의 필연적 결과일 듯한, 부자를 향한 차별적 입법도 거의 없었다.

아테네 민주정은 심지어 비상시국에도 대외정책에서 모험심과 진취성을 드러냈다. 소아시아의 그리스 폴리스들이 페르시아에 대항하여 반란을 일으켰을 때, 이들을 지원한 것 역시 그 배후에 인민의 요구가 있었다. 이후에는 납득할 만한 이유 때문에, 인민은 대외정책에 반(反)스파르타 편견을 부여했다. 아레오파고스의 권력을 축소하려는 투쟁을 이끌었던 테미스토클레스는 살라미스에서 싸운 아테네 함대의 건설자로서 페르시아 전쟁이 끝나는 순간부터 스파르타의 잠재적 위험을 알아차렸다. 그래서 펠로폰네소스 전쟁에 대한 책임과 그리스 전체의 모든 폴리스들에서 분파와 분열을 조장한 책임이 민주정 앞에 놓이게 되었다. 아테네는 비판자들이 지적했듯이 자기 스스로에게 재난을 초래했을 뿐 아니라 모든 그리스 폴리스에 내분과 사회적 갈등의 쓰라림을 수출했거나 적어도 단초를 제공했다.

아테네가 여성, 거류 외국인, 노예를 배제한 것을 저울의 한쪽에 올린다면, 균형은 심각하게 한쪽으로 기울 것처럼 보인다. 현대인이 보기에 이는 편협한 일일 뿐만 아니라 치명적인 실패였다. 그러나 그렇다고 해서 아테네가 후세에 누린 지위가 박탈될 수는 없다. 시대착오적이고 무의미한 비교를 하기는 매우 쉽다. 그러나 아테네를 2,000년이 지난 뒤에도 여전히 완전히 성취되지 못한 이상들에 비교할 것은 아니다. 아테네는 아테네의 동시대와 비교해야 한다. 유력 가문들의 영향력이 여전히 남아 있었고 또 민회의 그 어떤 회합에도 시민단의 과반수가 참석하는 일이 사실상 불가능했다는 점을 고려하더라도, 아테네인은 어느 나라보다도 더 많이 자치에 참여했다. 아테네 민주정은 다른 어떤 제도보다 더 친족의 정치적 유대에서 인간을 해방시켰다. 이는 그리스가 이룬 가장 위대한 성취 중 하나이다. 심지어 모든 시민에게 공무담임권이 부여되었다는 점을 제외하더라도, 아테네 민주정은 당시까지 달성된 정치교육의 도구 중 가장 위대할 것이다.

그러나 그리스 민주정이 참여를 촉진한 반면, 그것은 또한 경쟁도 장려했다. 그리스인은 승리한 자를 존경했고 인간은 승리를 추구해야 한다고 생각했다. 그에 따라서 인간의 힘은 위대하게 개방되었지만, 위험도 함께 왔다. 우리가 종종 부적절하게도 '덕(arete)'이라고 번역하는, 자주 쓰이던 한 단어에 표현된 이상이 이를 잘 보여준다. 그리스인이 이 단어를 쓸 때 그 뜻은 올바르고, 원칙 있고, 덕스럽다는 현대적 의미만큼이나 능력 있고 강하고 눈치가 빠르다는 의미를 가졌다. 호메로스의 영웅 오디세우스는 자주 악당처럼 행동하지만, 용감하고 교활하며 늘 성공한다. 따라서 그는 존경할 만한 인물이다. 그러한 자질은 드러내는 것이 좋았다. 그리고 사회적 대가가 때로 높을 수 있다는 점은 전혀 문제가 되지 않았다. 그리스인은 이미지에 신경을 썼다. 그리스 문화는 죄책감보다 수치심을 더 기피하도록 가르쳤고, 수치심에 대한 공포는 공적인 정죄(定罪)와 결코 멀리 떨어지지 않았다. 그리스 정치의 극심한 분열상은 이로써 일부 설명된다. 그것은 기꺼이 지불된 대가였다.

그리스를 유럽의 교사(그리고 유럽을 통해서 세계의 교사)로 만든 성취는 매우 풍부하고 다양해서 심지어 길고 치밀한 연구에서도 일반화시키기가 어렵다. 당연히 한두 쪽으로 요약하기는 불가능하다. 그러나 가장 두드러지는 주제 하나가 떠오르는데, 그것은 이성적이고 의식적인 탐구에 대한 신뢰의 증대이다. 만약 문명이 이성으로써 정신과 환경을 통제하는 방향으로의 진보를 뜻한다면, 그리스인은 그들 이전의 누구보다 이 점에서 더 큰 기여를 했다. 그들은 모든 시대를 통틀어 가장 위대한 직관들 중 핵심이라고 할 만한 철학적 질문을 만들었다. 즉 사물에 대한 일관되고 논리적인 설명이 가능하며, 세계의 궁극적인 토대는 신들이나 악마들의 무의미하고 자의적인 지배가 아니라는 것이다. 물론 이렇게 말은 했지만 이러한 태도를 수용할 수 있었던 사람은 많지 않았고 그리스인 중에도 소수였다. 이러한 태도가 파고들어야 했던 세계는 비이성과 미신에 물들어 있었다. 그렇다고 해도 이것은 혁명적이고 유익한 발상이었다. 이것은 그러한 태도가 일반화될 수 있는 사회의 가능성을 내다보았다. 심지어 대부분의 사람들이 이러한 태도를 공유하기는 불가능하다고 생각했던 플라톤조차도 자신이 구상한 이상국가의 지도자들에게 이성적 성찰을 임무로 부여했고, 이로써 그들이 누리는 특권과 그들에게 부여된 규율을 정당화했다. 그리스인은 사회적, 지적 활동에서 비이성의 무게에 도전했고, 그 결과 이전까지 결코 누그러뜨려지지 않았던 비이성의 힘을 완화시켰다. 비록 후대에 이것이 과장되고 신화화되었지만, 이러한 강조점의 해방적 효과는 수천 년 동안 거듭 확인되었다. 이것은 단일 사항으로는 가장 위대한 그리스의 성취였다.

반계몽주의와 미신이 여러 분야에 남아 있었으나, 이성의 형식은 그리스 사회 전체에서 높이 평가되기에 이르렀다. 제자 플라톤 덕분에 지성인의 원형이 된 아테네 철학자 소크라테스(기원전 ?470-399)는 "반성하지 않는 삶은 살 가치가 없다"는 경구를 남겼다. 그는 자기 나라의 종교성에 상처를 입혔고 동료 시민들에 의해서 사형 선고를 받았다. 그는 또 공인된 천문학에 의문을 제기했다는 비난도 받았다. 그러나 그리스 사상은 그토록 중요한 역사적 잔여물을 남겼음에도 불구하고 그 이전의 어떤 문명들보다 더 강조점과 경향에서의 변화를 반영한다.

이러한 변화는 그 자체의 역동성에서 생겨났고, 자연과 사회에 순응하기보다 투쟁하기를 택하는 더 위대한 능력으로 항상 발전하지는 않았다. 때로는 막막하고 막다른 골목으로 향했고 이국적이고 과장된 환상으로 이끌리기도 했다. 그리스 사상은 하나의 덩어리가 아니다. 모든 부분에 통합성이 충만한 단일체를 생각해서는 안 된다. 그것은 3-4세기에 걸치는 역사적 연속체이며, 상이한 시간대에 상이한 요소들이 두드러지고, 따라서 평가가 어렵다.

이에 대한 한 가지 이유는, 그리스인의 사고의 범주(말하자면 그들이 개별적 구성 요소들을 상세하게 생각하기 이전에 펼쳐놓는 지적인 지도)가 종종 감쪽같이 우리의 것과 비슷해 보이기는 하지만 실제로는 매우 다르다는 것이다. 우리의 범주들 중에는 그리스인에게는 존재하지 않았던 것들이 있고, 그들의 지식은 탐구의 분야에서 우리가 당연하다고 여기는 것과는 다른 경계선을 긋게 만들기도 했다. 때로 이것은 명백하여 어려움이 전혀 없다. 예를 들면, 한 철학자가 '가정과 토지의 경영'(즉 경제학)을 오늘날 우리가 정치학이라고 부르는 학문의 한 분야로 지정할 때, 우리는 그가 말하는 바를 오해하지 않을 수 있다. 그러나 더욱 추상적인 주제들에서는 문제가 생길 수 있다.

그리스 과학에서 좋은 예가 있다. 우리에게 과학이란 물리 세계를 이해하려는 적절한 접근 방식으로 보이며, 과학적 방법이란 경험적인 실험과 관찰이다. 그리스의 사상가들은 물리 세계의 본성이 형이상학, 논리학, 수학과 같은 추상적 사고를 통해서 접근 가능한 것으로 생각했다. 그리스의 합리성은 결국 과학적 진보의 길에서 멈추어 섰다고들 이야기한다. 왜냐하면 자연에 대한 관찰이 아니라 논리와 추상적 연역을 따라서 탐구했기 때문이다. 그리스의 위대한 사상가들 중 오직 아리스토텔레스만이 자료를 수집하고 분류하는 데에 탁월함을 보였고, 그는 오직 사회와 생물의 연구에서만 주로 그러한 방법을 사용했다. 이것은 그리스의 과학과 철학의 역사를 확실하게 분리시킬 수 없는 이유들 중 하나이다. 그것들은 하나의 전체이며, 수많은 폴리스들의 산물이며, 4세기 정도에 걸쳐 발전한 것이다.

그러한 발전의 시작은 인간 사고의 혁명을 이루며, 우리에게 자료가 남아 있는 최초의 그리스 사상가들이 등장했을 때 이미 태동했다. 그들은 기원전 7세기와 6세기에 이오니아 폴리스인 밀레토스에 살았다. 그곳과 여러 이오니아 폴리스에서 중요한 지적 활동이 이어졌고, 마침내 소크라테스로 시작되는 놀라운 아테네 철학의 시대에까지 이르렀다. 당연히 다른 많은 것들이 처음 시작되었을 때와 마찬가지로 여기에서도 아시아라는 배경이 중요한 자극이 되었다. 그리고 밀레토스가 부유한 폴리스였다는 점도 의미를 가질 것이다. 즉 초기 사상가들은 사색할 여유를 가진 부유한 사람들이었던 것으로 보인다. 초기에는 이렇게 이오니아가 강조되었으나 얼마 지나지 않아서 그리스 세계 전체에서 다양한 지적 활동들이 이루어졌다. '마그나 그라이키아'와 시칠리아 같은 지중해 서부 정착지들은 기원전 6세기와 5세기의 다양한 발전에 핵심적으로 중요했고, 훗날 헬레니즘 시대에 주도권은 알렉산드리아로 넘어갔다. 그리스 세계 전체가 그리스 정신의 승리에 관여했고, 심지어 아테네의 위대한 탐구의 시대 또한 그 범위 속에서 과장된 지위를 누려서는 안 된다.

기원전 6세기 밀레토스에서는 탈레스와 아낙시만드로스가 우주의 본성에 대한 의식적인 사색을 시작했고, 신화와 과학 사이의 결정적인 경계선을 선명하게 넘어섰다. 이집트인은 자연을 실용적으로 조작하는 일을 시작했고 그 과정에서 많은 것들을 귀납적으로 배웠으며, 한편 바빌로니아인은 중요한 도량형을 만들었다. 밀레토스 학파는 이러한 정보를 충분히 사용했고, 아마도 오래된 문명에서 더욱 근본적인 우주론적 개념을 배웠을 것이다. 탈레스는 세상의 기원이 물이라고 주장했다고 전해진다. 그러나 이오니아 철학자들은 곧 물려받은 유산을 넘어섰다. 그들은 우주의 본성에 대한 일반적 관점을 제시했고 이는 신화를 비인격적 설명으로 대체했다. 이들이 제시한 구체적인 답이 결국 무익한 것으로 판명이 났다는 사실에도 불구하고 이러한 점은 인상적이다. 물질의 본성에 대한 그리스인의 분석은 하나의 사례이다. 비록 원자론은 2,000년도 더 전에 윤곽이 잡혔지만, 기원전 4세기에 이는 거부되었고 대신 초기 이오니아 사상가들에게 근거하여 모든 물질이 4가지 '구성 요소',

즉 공기, 물, 땅, 불로 구성되었다는 견해가 득세했다. 이러한 요소들이 각 물질에 상이한 비율로 조합을 이룬다는 것이다. 이 이론은 향후 르네상스까지 서양 과학의 틀을 이루었다. 역사적 중요성도 대단히 큰데, 이 이론이 설정한 경계와 열어놓은 가능성 때문이다. 물론 이 이론 역시 오류였다.

이 지점에서 앞서 말한 물질의 본성 문제는 확실히 두 번째 중요한 것으로 자리매김해야 한다. 이오니아인과 그들이 건설한 학파가 가지는 진짜 중요성은 그동안 올바르게도 그들의 '놀라운' 참신성이라고 불렸다. 그들은 자연을 이해하는 일에서 신들과 정령들을 제쳐놓았다. 물론 때로 그들이 이룬 일이 뒤집어질 때도 있었다. 기원전 5세기 말 아테네에서는 전쟁의 패배와 위험을 눈앞에 둔 상황에서, 두 세기 전의 이오니아 사상가들에 비해서 훨씬 덜 대담한 관점들에 대해서 신성모독이라는 비난이 일시적인 수준을 넘어 대중의 경각심을 일으켰다. 이오니아 사상가들 중 한 사람은 일찍이 '만약 소가 그림을 그릴 줄 안다면 자신의 신을 소의 모습으로 그릴 것이다'라고 말했다. 그로부터 수 세기 후, 고전기 지중해 문명은 그러한 통찰력을 상당 부분 상실했다. 그리스 문명의 활력이 드러내는 가장 현저한 특징은 그것이 이른 시기에 등장했다는 것이다.

대중의 미신만이 그러한 사상을 잠식하지는 않았다. 다른 철학 사조들도 일정한 역할을 했다. 이오니아 전통과 오랫동안 공존했고 그보다 더 오래 살아남아서 영향력을 끼친 것이 하나 있다. 그것의 핵심에는 실재가 비물질적이라는 관점이 자리했다. 즉 후대에 플라톤이 가장 설득력 높은 표현으로 제시하는 것처럼, 우리가 삶에서 경험하는 것은 진정한 실재를 구성하는 순수한 형상과 사상의 복제품뿐이다. 그러한 실재는 오직 사고에 의해서만 파악된다. 다만 그것은 체계적 성찰뿐 아니라 직관 또한 포함한다. 이러한 사상은 비록 비물질성을 강조하지만 역시 그리스 과학에 뿌리를 둔다. 다만 물질에 대한 이오니아인의 사색이 아니라 수학자들의 활동이 근간이 된다.

그들의 가장 위대한 진보는 플라톤의 죽음 이후에도 긴 시간이 흐른 뒤에야 이루어졌고, 가히 유일무이한 그리스 사상의 최고의 승리라고 할 만하다. 그것은 바로 17세기까지 서양 문명에 봉사했던 산술과 기하학의 대부분이 확립된 것이다. 초등학생도 피타고라스의 이름은 다 안다. 그는 기원전 6세기 중반에 이탈리아 남부 크로토네에 살았고, 아마도 연역적 증명의 창시자일 것으로 보인다. 다행일지 불행일지, 그는 이보다 더한 일을 했다. 그는 선의 진동을 연구하여 화성학의 수학적 기초를 발견했고, 수와 기하학의 관계에 특히 관심을 가졌다. 수와 기하학에 대한 그의 접근은 반쯤은 신비적이었다. 피타고라스는 많은 수학자들과 마찬가지로 종교적 정신의 소유자로서 자신의 유명한 증명이 만족스럽게 이루어진 것을 축하하기 위해서 황소를 제물로 바쳤다고 전해진다. 그의 학파(피타고라스를 추종하는 비밀 '형제단' 같은 것이었다)는 후에 우주의 궁극적 본성은 수학적이며 수로써 표현이 가능하다고 주장했다. 아리스토텔레스는 "그들은 수학의 원칙이 모든 것의 원칙이라고 상상했다"고 말했는데, 이는 다소간 그들의 생각을 인정하지 않는 태도였다. 그러나 그의 스승 플라톤은 이러한 믿음에 크게 영향을 받았고, 감각으로 파악되는 세계에 대해서는 기원전 5세기 초의 피타고라스 학파의 일원이었던 파르메니데스의 회의주의에도 영향을 받았다. 수는 물리 세계보다 더 매력적으로 보였다. 즉 수는 실재를 구성하는 이데아의 정의인 완벽성과 추상성을 모두 보유했다.

그리스 사상에 끼친 피타고라스의 영향력은 방대한 주제이다. 다행히 우리는 이것을 요약할 필요가 없다. 여기에서 중요한 것은 이러한 영향력이 우주를 바라보는 관점에 끼친 궁극적 반향이다. 이것은 관찰보다는 수학과 연역적 원칙들에 근거하여 구성되어서 향후 거의 2,000년 동안 천문학을 잘못된 길로 이끌었다. 이로부터 만들어진 우주관에 따르면 우주는 연속적이고 완결된 영역들로 구성되는데, 이 영역 위에서 태양, 달, 별들이 지구 주위에 고정된 원형으로 운행한다. 그리스인은 이것이 실제로 천체가 움직이는 방식이라고 생각하지는 않았다. 그러나 (거칠게 요약하면) 기본적인 구조에 점점 더 많은 수정을 하면서도 연역의 원천인 원칙들을 재검토하는 것은 거부했기 때문에 겉모습은 유지되었다. 최종적인 보완은 2세기에 유명한 알렉산드리아인 프톨레마이오스가 작업을 함으로써 이루어졌다. 이러한 노력들은 놀랍게 성공적이었고, 여기에 이의를 제기한 자는 소수에 불과했다(이러한 소수의견의 존재는 그리스 과학에서 다른 지적 결과물도 가능했음을 보여준다). 프톨레마이오스의 체제는 많은 부정확함을 안고 있었으며 그 당시까지 우주에 대한 사고를 장악했던 잘못된 개념에 근거하고 있었으나, 그래도 콜럼버스의 시대에 대양 항해를 위한 적절한 안내자 역할을 할 만큼 행성의 운동을 예측했다.

사원소론과 그리스 천문학의 발달은 그리스 사고의 연역적 편견과 그 특유의 취약성, 즉 실험이라는 검증 단계를 무시하고 가능한 한 가장 넓은 범위의 경험을 설명할 수 있는 개연성 있는 이론을 제시하려는 충동을 잘 보여준다. 이러한 점은 오늘날 우리가 과학과 철학으로 다루는 대부분의 사고 영역에 영향을 끼쳤다. 그 결실은 한편으로는 전례 없는 정확성과 예민함을 가진 논변이며 다른 한편으로는 감각의 자료에 대한 궁극적 회의이다. 기원전 5세기에 히포크라테스가 이끌었던 그리스의 의사들만이 상당한 수준의 경험론을 구사했다.

플라톤의 경우(긍정적이든 부정적이든 철학적 논의는 그 누구보다 플라톤과 그의 제자 아리스토텔레스에 의해서 틀이 형성되었다), 이러한 편견은 그 자신이 목도했던 것에 대한 그의 적대감 때문에 더 강화되었을 것이다. 아테네 귀족 집안에서 태어난 플라톤은 한때 실제적인 업무에 참여하려는 소망도 있었으나, 아테네 민주정의 정치와 특히 민주정이 소크라테스를 사형시키는 모습에 환멸을 느끼고 거기에서 등을 돌렸다. 플라톤은 소크라테스에게 피타고라스적 정신뿐 아니라 윤리적 질문에 대한 이상주의적 접근법, 그리고 철학적 질문을 하는 기술을 배웠다. 그는 '좋음'이란 탐구와 직관으로 발견 가능하다고 생각했다. 그것이야말로 실재였다. 그것은 일련의 '개념들', 곧 진리, 미, 정의 등 중에서 최고의 것이었다. 그러나 이 개념이란 (마치 '나는 그것의 개념을 알겠어'라는 말처럼) 그 누군가의 머릿속에서 형성된 어떤 것이라는 의미가 결코 아니다. 그것은 진정한 실체로서, 고정되고 영원한 세계에서 진정한 존재를 향유하며, 그 세계를 이루는 구성 요소가 된다. 플라톤의 생각에는 이 변화 없는 실재들의 세계는 감각 때문에 우리에게서 감추어졌다. 감각은 우리를 속이고 잘못된 길로 이끈다. 그러나 이것은 영혼을 통해서 접근 가능하며, 영혼은 이성을 사용하여 이것을 이해할 수 있다.

이러한 개념들은 철학이라는 전문 분야를 훨씬 넘어서는 중요성을 가졌다.

예를 들면, 그들 속에서는 (마치 피타고라스의 교리에서처럼) 어떤 후대의 익숙한 개념의 흔적이 발견된다. 가령 인간은 불가역하게도 신성에서 기원한 영혼과 영혼을 구속하는 육체로 나뉜다는 생각은 청교도들의 근본적인 생각과 유사하다. 여기에서는 화해가 아니라 한 편이 다른 편을 누르고 승리하는 결과가 필연적이다. 이 개념은 장차 기독교에 전수되어 엄청난 영향을 끼쳤다. 단기적으로 보아도, 플라톤은 보편적인 이데아 세계와 실체에 대한 지식이 인간의 삶을 규정하는 상황에 의해서 도움을 받기도 하고 방해를 받기도 한다고 믿었기 때문에 실제적인 문제에도 큰 관심을 가졌다. 그는 자신의 견해를 소크라테스와 여러 사람들의 논쟁을 다룬 일련의 대화편들 속에서 전개했다. 이것들은 철학적 사고의 첫 교과서였으며, 혹자는 『국가(*Politeia*)』를 일컬어 윤리적 목표를 이루기 위해서 감독되고 계획되는 사회의 체계를 인류 처음으로 제시한 책이라고 했다. 이 책은 권위주의적인 한 국가를 묘사하는데 (스파르타를 연상시킨다), 이 국가에서 결혼은 유전적으로 최상의 결과를 낳도록 규제되고, 가족과 사유재산은 존재하지 않으며, 문화와 예술은 검열되고 세세하게 감독될 것이었다. 이 국가를 통치하는 소수는 충분한 지적, 도덕적 자질을 갖춘 자들이어야 한다. 이들은 학문을 연마하여 이데아의 세계를 이해함으로써 정의로운 사회를 현실에 구현한다. 플라톤은 소크라테스처럼 지혜란 실재를 이해하는 것이라고 믿었고, 진리를 통찰한다면 그에 맞게 행동하지 않을 수 없을 것이라고 생각했다. 그러나 플라톤은 자기 스승과 달리 대부분의 사람들에게 교육과 법이 부과해야 할 것은 다름 아니라 바로 소크라테스가 살 가치가 없다고 생각했던 그런 삶이라고 주장했다.

『국가』와 그 책의 논변은 수 세기 동안 토론과 모방을 촉진했다. 그러나 사실 플라톤의 저작 대부분이 그러했다. 20세기 영국의 한 철학자는 사실상 플라톤 이후 서양의 모든 철학은 플라톤에 대한 일련의 주석이라고 말했다. 비록 플라톤은 자기 주변의 사회를 혐오했고 그 결과 편견을 가지게 되었지만, 그는 도덕, 미학, 지식의 근원 혹은 수학의 본질 등과 관련된 철학의 거의 모든 위대한 질문들을 앞서 제시했다. 또 그가 자신의 생각을 개진한 위대한 작품들은 항상 독자들에게 즐거움과 흥분을 안겨주었다.

플라톤이 창설한 아카데메이아는 어쩌면 최초의 대학이라고 볼 수도 있다. 여기에서 그의 제자 아리스토텔레스가 출현했다. 그는 플라톤보다 더 포괄적이고 균형 있게 사고했고, 현실의 가능성에 대해서 덜 회의적이었으며 또 덜 모험적이었다. 아리스토텔레스는 결코 자기 스승의 가르침을 전면적으로 부정하지는 않았다. 그러나 근본적인 여러 측면들에서 다른 길을 갔다. 그는 자료의 수집과 분류에서 위대한 업적을 남긴 인물이었다(특히 생물학에 관심을 가졌다). 그리고 플라톤과는 달리 감각의 경험을 거부하지 않았다. 사실 아리스토텔레스는 경험의 세계에서 확고한 지식과 행복 양자를 모두 추구했고, 보편적 이상이라는 관념을 거부하고 사실로부터 일반 법칙을 연역적으로 논증했다. 아리스토텔레스는 매우 풍부한 사고의 소유자이며 경험의 많은 측면들에 관심을 기울였기 때문에, 그의 역사적 영향력은 플라톤의 경우와 달리 엄밀하게 한계를 규정하기 어렵다. 그의 저술은 생물학, 물리학, 수학, 논리학, 문학비평, 미학, 심리학, 윤리학, 정치학에서 2,000년 동안 논의의 틀을 제공했다. 그는 이러한 주제들에서 사고의 방법과 접근법을 제공했고, 그것들은 결국 기독교 철학을 포함할 정도로 유연하고 넉넉했다. 또한 그가 기초를 놓은 연역 논리의 과학은 19세기 말까지도 대체되지 않았다. 이는 엄청난 성취였고, 플라톤의 성취와는 종류가 다르지만 결코 중요성이 떨어지지 않는다.

아리스토텔레스의 정치적 사고는 한 가지 측면에서 플라톤과 일치한다. 즉 폴리스는 구상 가능한 최상의 사회 형태이며, 그러나 이것이 제대로 작동하기 위해서는 개혁과 정화가 필요하다는 것이다. 그러나 이 지점을 넘어서면 그는 자기 스승에게서 크게 벗어난다. 아리스토텔레스는 폴리스의 적절한 작동이란 폴리스 각각의 부분에 적절한 역할을 부여하는 것이라고 보았고, 그에게 그것은 본질적으로 대부분의 현존 폴리스에서 행복을 이끌어내는 것이 무엇인지를 이해하는 것에 달린 문제였다. 그는 하나의 답을 구성하면서 하나의 그리스적 이상을 활용했는데, 이는 장차 그의 가르침을 장수하게 만들었다. 바로 중용(中庸)의 이상, 곧 탁월함이란 극단들 사이의 균형에 있다는 개념이다. 경험적인 사실들은 이를 확증하는 것처럼 보였고, 아리스토텔레스는 그러한 증거들을 그 어떤 선배들보다 더 체계적인 형식으로 매우 많이 축적한 듯하다. 그러나 사회와 관련하여 사실들의 중요성을 강조하는 데에는 아리스토텔레스보다 앞선 그리스의 또다른 발명품이 있었다. 바로 역사학이다.

이것은 또 하나의 중요한 성취였다. 대부분의 나라들에서는 순전히 사건들의 연속을 기록해놓은 연대기나 기록물들에 뒤이어 역사 서술이 나타났다. 그러나 그리스에서는 그렇지 않았다. 그리스에서 역사 서술은 시에서 출현했다. 놀랍게도 이 역사학은 처음 구현되었을 때 최고 수준에 즉각 도달했다. 그것은 두 대가가 쓴 두 권의 책으로, 후대의 누구도 그들을 넘어서지 못했다. 그들 중 첫 번째인 헤로도토스는 합당하게도 '역사학의 아버지'라고 불렸다. 'historia(히스토리아)'라는 단어는 그 이전부터 있었고 그 뜻은 '탐구'였다. 헤로도토스는 여기에 추가적인 의미를 부여했다. 즉 역사란 사건들을 시간 속에서 탐구하는 것이다. 그리고 헤로도토스는 그 결과물을 써내려가면서 유럽어로 쓰인 현존하는 최초의 산문작품을 남겼다. 그를 이끈 충동은 최근의 사건인 페르시아에 대항한 위대한 투쟁을 이해하려는 소망이었다. 그는 페르시아 전쟁 및 그 이전의 사건들과 관련된 정보를 축적했고, 이를 위해서 여행을 통해서 가용 가능한 막대한 양의 문헌을 읽고 사람들을 인터뷰했다. 그리고 자신이 듣고 읽은 이야기들을 열심히 기록했다. 역사상 최초로, 이러한 것들은 단순한 연대기 이상의 주제가 되었다. 그 결과물이 그의 『역사(*Historiai*)』이다. 이 저술은 페르시아 제국에 대한 훌륭한 서술이며, 그 속에는 초기 그리스 역사의 정보가 풍성하고, 일종의 세계에 대한 탐사까지 담겨 있다. 그리고 페르시아 전쟁을 미칼레 전투에 이르기까지 서술한다. 그는 (전승에 따르면) 기원전 484년에 소아시아 서남부에 있는 도리스 도시인 할리카르나소스에서 태어났고, 생애의 대부분을 여행으로 보냈다. 그러다가 어느 순간 아테네로 와서 몇 년 동안 거류 외국인으로 지내면서 인정을 받아서 그의 저술이 공적으로 낭독되었던 듯하다. 후에 그는 이탈리아 남부의 새로운 식민시로 갔다. 그리고 그곳에서 자신의 작품을 완성하고 기원전 430년 이후 언젠가 죽었다. 따라서 그는 직접 경험을 통해서 그리스 세계 전체에 대해서 어느 정도 지식을 가지고 있었고, 이집트와 다른 지역들도 여행했다. 그래서 그의 위대한 책의 배경에는 폭넓은 경험이 놓여 있으며, 그는 자신의 서술을 꼼꼼하게 목격담에 근거를 두었다. 다만 헤로도토스는 때때로 그 증언들을 너무 쉽게 믿는 경향이 있었다.

대개 인정되는 바에 따르면, 투키디데스는 헤로도토스의 계승자이면서 청출어람이라고 할 수 있는데, 그가 가진 우월성 중의 하나는 사실에 대한 보고에 더 엄격하게 접근하고 그것을 비판적으로 통제하려고 시도했다는 점이다. 그 결과 지적으로 더욱 인상적인 성취를 이루었지만, 한편으로 그의 엄격성은 헤로도토스의 저술이 가진 매력을 더 강하게 돋보이게 한다. 투키디데스가 택한 주제는 더 현재에 가까운 펠로폰네소스 전쟁이다. 그러한 선택은 개인적인 관심과 더불어 새로운 개념 하나를 반영한다. 투키디데스는 아테네 유력가문의 일원이었고(그는 장군으로 복무하다가 지휘의 실패에 대한 책임을 지고 불명예 제대를 했다), 자신의 폴리스와 그리스에 끔찍한 역경을 초래한 원인을 발견하고자 했다. 그는 실용적인 목적을 가졌다는 점에서는 헤로도토스와 마찬가지였다. 즉 투키디데스는 (그 이후의 대부분의 그리스 역사가들이 그러했듯이) 자신의 발견이 실용적 가치를 가질 것이라고 믿었다. 그러나 그는 단순히 묘사하는 데에 머무르지 않고 설명을 추구했다. 그 결과 당시까지 저술된 모든 역사적 분석들 중 가장 탁월한 작품이 나타났고, 이는 다양한 수준의 설명들을 관통하려는 첫 번째 시도였다. 그 과정에서 투키디데스는 아테네에 대한 자신의 충성심을 거의 개입시키지 않음으로써 미래의 역사가들에게 공평무사한 판단의 모델을 제공했다. 이 책은 완결되지 못하고 기원전 411년까지의 이야기만 전한다. 그러나 전체적인 판단은 압축적이고 놀랍다. "내 생각에, 아테네의 세력 증대와 스파르타의 두려움이 그들을 전쟁으로 몰고 간 원인이었다."

역사의 발명은 그 자체로 그리스인이 새로 창조한 문학의 범위에 대한 증거가 된다. 이것은 인류에게 알려진 최초의 완결된 문학이다. 유대인의 문학 역시 거의 흡사하게 포괄적이지만, 거기에는 극예술도 없고 비판적 역사도 없으며 그보다 더 가벼운 장르도 찾아볼 수 없다. 그러나 그리스 문학은 향후의 모든 서양 문학의 틀을 만들었다는 점에서 우선권을 『성경』과 공유한다. 그리스 문학은 실증적 내용 이외에도, 문학의 주된 형태를 부과했고 또 그 문학을 판단할 수 있는 비판의 주제들을 처음으로 제시했다.

그리스 문학은 호메로스가 보여주었듯이, 처음부터 종교적 믿음 그리고 도덕적 교훈과 밀접히 연결되어 있었다. 아마 기원전 8세기 말에 살았던 듯하고 대개 서사시 시대 이후 최초의 그리스 시인으로 간주되는 시인인 헤시오도스는 정의(正義)의 문제나 신들의 본성의 문제를 의도적으로 다루었고, 그럼으로써 문학이 단순히 즐기는 것 이상이라는 전통을 확립하고 이후 4세기 동안 그리스 문학이 다룰 가장 위대한 주제 중 하나를 제시했다. 그리스인들에게 시인은 항상 교사로 간주되었고, 그들의 작품에는 신비적인 어조와 영감이 깃들어 있었다. 그러나 장차 그리스에는 많은 시인들이 등장했고 또 시의 양식도 다양해졌다. 그러한 시인들 중 첫 번째로 등장하는 사람은 개인적인 방식으로 글을 썼고 그것은 귀족정 사회의 취향에 맞는 것이었다. 그러나 기원전 7세기에서 6세기에 참주의 시대가 되자 사적인 후원이 강화되었고, 그래서 시는 서서히 집단적이고 시민적인 장으로 접어들게 되었다. 참주들은 의도적으로 공공제전을 후원했고, 이는 그리스 문학 중 가장 위대한 분야인 비극 탄생의 원동력이 되었다. 희곡의 기원은 종교의 도처에 있으며 그 구성 요소들은 기존의 모든 문명에 존재했다. 숭배의 의례는 최초의 극장이라고 할 수 있다. 그러나 여기에서도 역시 그리스인의 성취는 이것을 밀어붙여 사태에 대한 의식적 반추에 이르게 한 데에 있다. 관객들은 수동적인 포기나 도취된 흥분 이상을 기대했다. 거기에서 교훈적인 충동이 스며들었다.

그리스 희곡의 첫 번째 형태는 '디티람보스(dithyrambos)'였다. 이는 디오니소스 제전에서 춤과 무언극과 함께 공연되던 합창단의 노래였다. 전하는 바에 따르면 기원전 533년에 결정적인 혁신이 있었다고 한다. 이때 테스피스가 개별적인 연기자를 등장시켰고, 그의 대사는 합창단과 주고받기에 가까웠다. 이후에 추가적인 혁신이 이루어지고 더 많은 연기자가 등장하게 되었으며, 100년 이내에 우리는 아이스킬로스, 소포클레스, 에우리피데스가 제공하는 완전하고 성숙된 연극을 만나게 된다. 그들의 작품 중 33편이 오늘날까지 전해지지만(이 중에는 한 편의 완벽한 삼부작이 포함된다), 우리는 기원전 5세기에 300편 이상의 비극이 상연되었음을 안다. 이 연극에는 여전히 종교적 암시가 자리잡고 있지만, 그것들은 대사로 표현되기보다는 연극의 상황에서 드러났다. 위대한 비극들은 때때로 도시의 제전에서 삼부작으로 공연되었고, 관람하던 시민들은 이미 기본적인 내용에서는 익숙한 이야기(종종 신화에서 따왔다)가 공연되는 것을 보러 왔다. 이것 역시 교육적 효과를 시사한다. 아마 대부분의 그리스인은 아이스킬로스의 연극을 보지 못했을 것이다. 분명히 셰익스피어의 연극을 관람한 현대 영국인의 수보다 훨씬 더 적었을 것이다. 그렇지만 농사 짓기로 너무 바쁘거나 너무 멀리 떨어진 곳에 사는 사람들을 제외해도 꽤 많은 관람객이 찾아왔을 것이다.

그래서 그 어떤 다른 고대 사회에서보다도 더 많은 사람들에게 자기 자신의 도덕적, 사회적 세계의 내용에 대해서 면밀히 살피고 성찰할 수 있는 기회가 주어졌다. 그들이 기대했던 것은 익숙한 의례 속에서의 통찰력 있는 강조이며 그 의미들 중에서의 새로운 선택이었다. 위대한 극작가들이 그들에게 주었던 것은 바로 이것이다. 물론 어떤 연극들은 이러한 범위를 넘어섰고, 또 어떤 것들은 상황이 허락하면 사회가 신성시하는 신들을 조롱하기까지 했다. 연극에서 제시된 것은 자연스러운 삶의 모습이 아니었다. 전통적인 영웅시대의 작동 법칙과 그것이 개인들에게 끼치는 고통스러운 영향력이 작품 속에서 포착되었다. 기원전 5세기 후반에 에우리피데스는 심지어 관습적인 비극의 형식을 관습적인 전제에 의문을 제기하는 수단으로 사용하기 시작했다. 그럼으로써 그는 서양 희곡의 역사에서 고골이나 입센처럼 먼 후대의, 성격도 다른 작가들이 활용할 하나의 기법을 창시했다. 그러나 플롯의 큰 틀은 익숙한 것이었고, 그 중심에는 불변의 법칙과 인과응보의 무게에 대한 인식이 자리했다. 이러한 배경을 받아들였다는 것은 결국 그리스 정신의 합리적 측면보다는 비합리적 측면을 드러내는 것으로 생각될 수도 있다. 그러나 이는 동방의 사원 앞에 모여 두려움 혹은 희망을 품고 변치 않는 의례와 제사의 진행을 지켜보던 군중들의 정신상태와는 매우 다른 것이다.

기원전 5세기에 극장의 범위는 다른 방식으로도 확대되었다. 이때 아티카의 희극은 독립적인 형식을 갖추어 발전했으며, 아리스토파네스에 이르러서는 다른 사람들의 즐거움을 위해서 인간과 사건을 조작하는 최초의 위대한 인물을 맞이하게 되었다. 그가 다룬 재료는 종종 정치적인 것이었고, 거의 항상 매우 첨예한 논쟁의 대상이었으며, 자주 천박했다. 그의 작품이 살아남고 성공했다는 것은 아테네 사회의 관용과 자유에 대해서 우리가 가진 증거들 중 가장 두드러진 것이다. 그보다 100년 뒤가 되면, 우리는 노예들의 음모와 고통받는 연인들에 대한 연극들이 유행하는 것을 보면서 현대 세계와 거의 흡사함을 발견한다. 이 연극들은 소포클레스만큼 강렬하지는 않으나, 그래도 놀랍고 거의 기적에 가깝다고 할 수 있다. 왜냐하면 200년 전에만 해도 이와 같은 것은 전혀 존재하지 않았기 때문이다. 서사시의 시대 이후 그리스 문학의 엄청난 발전속도와 지속적인 힘은 혁신과 정신적 발전에서 그리스인의 힘을 입증한다. 이것은 설혹 우리가 설명할 수 없을 때에도 쉽게 음미할 수 있다.

고전기 말의 문학은 폴리스들이 사라진 뒤에도 장차 길고 중요한 발전을 할 것이었다. 그리스 문학을 즐기는 사람들이 늘어났는데, 이는 그리스어가 중동 지방 전체와 지중해 많은 곳에서 교양인의 언어인 동시에 공식 언어가 되었기 때문이다. 그리스 문학은 아테네 비극 정도의 수준에는 다시 이르지 못했지만, 그래도 걸작들을 남겼다. 시각 예술에서는 몰락의 느낌이 더욱 분명히 드러난다. 특히 기념비적인 건축물과 누드 작품에서 그리스는 또다시 미래를 위한 표준을 설정한 바 있었다. 초기에 아시아에서 모방하는 것으로 출발하여, 완전히 독창적인 건축이 진화해나왔다. 바로 고전 양식이다. 그 요소들은 지금도 여전히 의도적으로 되살려지고 있으며, 심지어 20세기 건축자들의 근엄한 건축물들에서도 그러하다. 고전 양식은 불과 수백 년 만에 시칠리아에서 인도에 이르는 세계의 대부분에 퍼졌다. 이 예술에서도 역시 그리스인은 문화 수출자였다.

그리스인은 한 가지 측면에서는 지질의 도움을 받았다. 그리스에는 고품질 석재가 많았기 때문이다. 그 석재들의 내구성은 오늘날 우리가 보는 조각들의 장엄함에서 입증된다. 그러나 여기에는 한 가지 환상이 있다. 파르테논 신전에서 기원전 5세기의 아테네가 오늘날 우리에게 보여주는 순수성과 단순성은 그리스인의 눈에 비치던 원래의 그 모습과는 다르다. 우리는 화려한 신들과 여신들의 조각상들, 채색과 황토, 잡다할 정도로 늘어선 기념비들과 성소들과 석비들을 상실했다. 이것들은 분명 아크로폴리스에 걸리적거릴 정도로 많았을 것이고 파르테논의 단순성을 가렸을 것이다. 많은 위대한 그리스 중심지들의 현실은, 아마도 말하자면 현대의 루르드와 유사할 것이다. 예컨대 델포이의 아폴론 신전에 접근하다 보면, 난잡하게 흩어진 성소들에 상인들이 북적이고 미신을 행하는 장소들과 쓰레기들이 널려 있는 모습을 보게 될 것이다(다만 우리는 이러한 모습을 상상하는 데에 도움을 주는 고고학적 발굴 자체가 드문드문하게 이루어졌다는 점은 감안해야 한다).

그렇지만 이러한 한계가 있다고 해도, 그리스 조각품들은 세월의 침식 덕분에 그 피상적인 경험에서 거의 최상급의 아름다운 형태로 나타나게 되었다. 여기에서 대상에 대한 판단과 궁극적으로 그 대상 자체로부터 기인하는 판단의 기준 사이의 상호관계를 무시하기란 불가능하다. 그렇지만 단순하고 명백하게도, 그토록 오랜 세월이 지나도 사람들의 마음속에 그토록 깊고 강력한 음성을 들려주는 예술을 창출했다는 것은 그 자체로 능가할 수 없는 예술적 위대함과 그것을 표현하는 놀라운 기술의 증거라고 밖에는 달리 해석할 길이 없다.

이러한 품격은 그리스 조각에도 존재한다. 여기에서도 역시 좋은 석재가 있다는 것은 유리한 점이었고, 오리엔트 특히 이집트의 독창적 영향력은 중요한 모범이 되었다. 토기의 경우와 같이, 동방의 모범을 일단 흡수하고 나면 조각은 더 위대한 자연주의를 향해서 진화했다. 그리스 조각가들의 최고의 주제는 인간의 형태였는데, 더 이상 기념물이나 숭배의 대상으로서가 아니라 그 자체로서 묘사되었다. 이번에도 역시, 그리스인이 보았던 완성된 조각상이 어떤 모습이었을지에 대해서는 확신을 가지기가 어렵다. 조각상들은 종종 금박을 입혔고, 색칠을 하거나 상아와 귀금속으로 장식을 했다. 몇몇 청동작품들은 약탈당하거나 녹아버렸고, 따라서 석재 조각이 더 많이 남아 있다는 사실 그 자체가 오해를 낳을 수 있다. 그러나 그들의 증거는 명백한 진보의 기록을 남겼다. 처음에는 신들의 조각상이나 신원을 알 수 없는 젊은 남자와 여자의 조각상이 나왔다. 이들은 단순하게 그리고 비례적으로 제시되었고 오리엔트와 그다지 다르지 않은 포즈를 하고 있었다. 기원전 5세기 고전 조각상에서는 자연주의가 드러나기 시작했다. 무게가 균등하지 않게 배분되었고 단순히 정면을 바라보는 자세가 포기되었으며, 신체를 (그리고 최초로 여성의 벗은 몸을) 다루는 프락시텔레스와 기원전 4세기의 성숙한 인간 형태를 향해서 진화했다.

위대한 문화는 단순한 박물관 이상의 것이며 그 어떤 문명도 안내책자로 환원될 수 없다. 그리스는 극히 엘리트적인 성격을 가졌지만 그 성취와 중요성은 삶의 모든 측면을 포괄한다. 폴리스의 정치, 소포클레스의 비극, 페이디아스의 조각상은 모두 그것의 일부분이다. 후대인들은 이것을 직관적으로 포착했고, 역사학은 마침내 여러 시대와 장소들을 구별하는 것을 가능하게 했지만, 사람들은 행복하게도 이러한 논쟁들을 알지 못했다. 이는 유익한 실수였다. 왜냐하면 결국 그리스가 무엇으로 생각될 것인가 하는 것은 실제 그리스가 어떠했는가만큼이나 미래에 중요한 의미를 가졌기 때문이다. 그리스인의 경험의 의미는 장차 재현되고 재해석될 것이었고, 고대 그리스는 재발견되고 재고찰될 것이었으며, 2,000년 이상 다양한 방식으로 부활하고 재활용될 것이었다. 그리스 문명은 실제로는 후대의 이상화에 미치지 못했고 과거와의 유대가 매우 강했지만, 그럼에도 그 당시까지 인류가 자신의 운명을 장악하는 데에서 가장 중요한 진보였다고 단언할 수 있다. 그리스는 4세기 이내에 철학, 정치학, 산술과 기하의 대부분, 수많은 서양 예술의 분야들을 발명했다. 설혹 그다지 유익하지 못한 그리스의 실수들이 있었다고 해도, 이로써 충분할 것이다. 유럽은 언제나 그리스가 만들어놓은 자본에서 이자를 받아먹었고, 유럽을 통해서 나머지 세계도 같은 계좌에서 거래를 했다.

3

헬레니즘 세계

그리스의 역사는 기원전 5세기 이래 여러 차례 흥미로운 전환점을 맞이했다. 그러나 그중 가장 흥밋거리가 된 것은 어떻게 그리스 문명이 때로 결코 그리스인의 나라가 아니라고 불리기도 했던 한 왕국, 즉 마케도니아의 제국의 꿈과 혼합되고 그것에 방향을 부여하게 되었나 하는 것이다. 그리스 북부에 기반을 두었던 이 나라는 기원전 4세기 후반에 당시까지 나타난 것 중 가장 거대한 제국을 창설했으며 페르시아와 폴리스 양자 모두의 계승자가 되었다. 이것은 헬레니즘(Hellenism)이라고 불리는 세계를 조직했다. 영감으로서 그리고 언어로서 그리스적인 문화가 우선적이었고 또한 통합력을 가졌기 때문에, 이 명칭이 부여되었다. 마케도니아인은 기원전 4세기의 황제 알렉산드로스(재위 기원전 336-323)의 놀라운 정복을 통해서 그리스 문화를 세계에 가져다 준 사람들이다.

이야기는 페르시아의 힘의 쇠퇴에서 시작한다. 스파르타와 동맹을 맺음으로써 회복된 듯한 페르시아의 모습은 중요한 내적 취약성을 가렸다. 그중 하나는 크세노폰이 쓴 『퇴각(*Anabasis*)』이라는 유명한 책에서 기억되고 있다. 그리스 용병부대가 왕의 동생을 페르시아의 왕좌에 앉히려는 시도가 실패한 후 흑해를 향해서 티그리스 강을 거슬러 오르고 산들을 넘어 장거리 행군을 한 이야기이다. 이것은 페르시아의 쇠락이라는 중요한 이야기에서 그저 사소한 곁가지 사건일 뿐이며 특정한 내분의 위기에서 기인한 파생물일 뿐이었다. 기원전 4세기 내내 제국의 문제들은 계속되었고, 이번에는 이 주(州)가 다음에는 저 주(州)가 제국의 통제에서 벗어났다(그중에는 일찍이 기원전 404년에 독립을 획득하고 60년간 유지한 이집트도 있다). 서부의 총독이 일으킨 주요한 반란은 진압에 오랜 시간이 걸렸고, 결국 제국의 지배는 회복되기는 했으나 그 대가는 엄청났다. 페르시아의 통치는 결국 다시 부과되기는 했으나 그럴 때면 종종 이전보다 더 약해졌다.

이러한 쇠락의 가능성에 이끌린 한 지배자가 바로 마케도니아의 필리포스 2세(재위 기원전 359-336)였다. 이 나라는 그다지 평판이 좋지 않은 북방 왕국이었고 권력은 주로 전사 귀족층이 가졌다. 거칠고 투박한 사회였다. 이 나라의 지배자들은 여전히 어딘가 호메로스 시절의 전쟁영웅들과 흡사했고, 그들의 권력은 제도가 아니라 사적 우월성에 있었다. 이 국가가 그리스 세계의 일원인지 여부는 논쟁거리였다. 어떤 그리스인은 마케도니아가 바르바로이라고 생각했다. 다른 한편 이 나라의 왕들은 그리스 가문들의 계승자를 자처했고(헤라클레스도 선조라고 했다), 그러한 주장은 대개 인정되었다. 필리포스 자신은 명성을 추구했다. 그는 마케도니아가 그리스인으로 간주되기를 바랐다. 그는 기원전 359년에 마케도니아의 섭정이 되자, 다른 그리스 국가들을 몰아내고 영토를 꾸준히 확장하기 시작했다.

필리포스의 궁극적 논거는 그의 치세 말엽 그리스에서 가장 잘 훈련되고 조직된 군대였다. 마케도니아의 군사 전통은 중장기병을 강조했고, 이것은 계속 중요한 한 축이 되었다. 필리포스는 이 전통에 유년 시절 테베에서 인질로 머무를 때 배웠던 보병에 관한 유익한 교훈을 추가했다. 그는 중장보병 전술을 새로운 무기로 진화시켰다. 즉 16열 종대로 장창병 밀집대형을 만들었다. 이 병사들은 일반 중장보병보다 두 배가 긴 창을 보유했고, 보다 더 개방적인 진형으로 기동했다. 2열과 3열의 창들은 앞열 병사들의 사이로 튀어나와서 돌격할 때 더욱 빽빽하게 창들이 배열될 수 있었다. 마케도니아인이 유리했던 또다른 점은 다른 그리스 군대에는 아직 알려지지 않은 공성전(攻城戰)의 기술을 습득했다는 것이었다. 그들은 투석기를 보유했고, 그 덕분에 공성 망치나 이동식 탑이 작전을 벌이는 동안 방어하는 성의 병사들이 몸을 숨길 수밖에 없도록 만들 수 있었다. 이러한 장비들은 이전에는 오직 아시리아군과 그들을 계승한 아시아의 군대에만 있었다. 마지막으로, 필리포스가 다스리던 나라는 상당히 부유했고, 더구나 판가이온 산의 금광을 획득하자 그 부는 크게 늘어났다. 다만 그는 너무 많은 돈을 써서 엄청난 빚을 남겼다.

필리포스는 자신의 힘을 이용하여 먼저 마케도니아 자체를 효과적으로 통합하는 일에 주력했다. 몇 년간은 섭정으로서 통치했으나 곧 미성년 왕을 축출하고 자신이 왕으로 선출되었다. 그후 그는 남쪽과 동북쪽으로 시선을 돌렸다. 마케도니아가 이 지역으로 팽창한다는 것은 얼마 지나지 않아서 아테네의 이익과 지위에 대한 위협을 의미하게 되었다. 로도스의 아테네 동맹국인 코스와 키오스 그리고 비잔티온이 마케도니아의 후견 아래로 들어갔다. 아테네는 다른 동맹인 포키스를 부추겼으나 제대로 지원을 하지는 못했고, 포키스는 전쟁에서 박살이 났다. 아테네 민주정의 최후의 위대한 정치가였던 데모스테네스가 자신의 동포들에게 임박한 위험에 대해서 경고함으로써 역사에 이름을 남겼으나(지금도 그의 연설 제목에서 유래한 영어 단어 'philippic'은 강한 정치적 공격을 의미한다) 그래도 동료 아테네인을 구원하지는 못했다. 아테네와 마케도니아의 전쟁(기원전 355-346)이 마침내 끝났을 때 필리포스는 테살리아를 획득했을 뿐 아니라 그리스 중부에서 확고한 지위를 얻었고 테르모필레 협곡을 장악했다.

필리포스가 자리한 위치는 트라케를 노려보기에 좋았고, 이것은 페르시아를 향해서 그리스의 이익추구가 다시 시작되었음을 내포했다. 한 아테네 작가는 페르시아의 취약함을 이용하여 그리스인의 십자군을 일으킬 것을 옹호했고(이는 마케도니아를 여전히 '바르바로이'라고 비난했던 데모스테네스와는 반대되는 입장이다), 다시 한번 아시아의 도시들을 해방하려는 계획이 만들어졌다. 이는 상당히 매력적인 제안이라서, 기원전 377년에 스파르타를 제외하고 마지못해서나마 유력한 그리스 국가들로 형성된 코린토스 동맹이라는 결실이 맺어졌다. 필리포스는 동맹의 수장이었고, 이 동맹은 어느 정도 델로스 동맹을 연상시켰다. 동맹 구성원들은 명목상으로는 독립적이었으나 이는 엉터리였다. 그들은 마케도니아의 위성국가였던 것이다. 이 동맹은 필리포스의 성과와 통치의 정점이기는 했으나(그는 이듬해에 암살되었다) 마케도니아가 기원전 338년에 아테네인과 테베인을 다시 한번 물리친 이후에야 탄생하게 되었다. 필리포스가 부과한 평화조약의 조건은 가혹하지는 않았으나 동맹은 마케도니아의 지도 아래에서 페르시아와 전쟁을 벌이는 데에 동의해야 했다. 필리포스 사후에 그리스의 독립을 추구하려는 시도가 한 번 더 있었다. 그러나 그의 아들이자 계승자인 알렉산드로스는 그리스 반란자들을 분쇄했고 자신의 왕국 내의 여러 지역들의 반발도 진압했다. 기원전 335년 테베는 황무지가 되었고 주민들은 노예가 되었다.

이것은 4세기에 걸친 그리스 역사의 진정한 종식이었다. 그 시기 동안 문명은 세계 역사상 가장 성공적인 정치제도였던 폴리스에 의해서 창출되고 보호받았다. 이제 처음도 아니고 마지막도 아니지만 미래는 더 대규모의 병력과 더 거대한 조직에 속할 것으로 보였다. 그리스 본토는 이때부터 마케도니아 총독과 주둔군 아래에서 정치적 후진지역이 되었다. 알렉산드로스는 자신의 아버지처럼 내정에서 폭넓은 자치권을 부여하는 대신, 자신의 외교정책을 지지하도록 함으로써 그리스인을 회유하려고 했다. 언제나 몇몇 그리스인은 이에 타협하기를 거부했고, 특히 아테네 민주파가 그러했다.

우리에게 '대왕'으로 알려진 알렉산드로스는 기원전 356년에 태어났다. 그의 아버지는 그가 그리스 최고의 철학과 과학을 배우기를 원했으나, 알렉산드로스는 아주 어릴 때부터 세미나보다는 파티를 즐겼다. 또 그는 무절제한 폭력을 좋아했다. 어떤 역사가는 그를 "주정뱅이에 유치한 건달"이라고 불렀다. 그러나 그는 또한 자기 아버지의 거대한 정복사업을 모방하려는 꿈을 꾸었다. 알렉산드로스가 기원전 336년에 왕이 되었을 때, 그는 페르시아를 물리치고 세계정복에 나서고자 했다.

알렉산드로스의 치세는 그리스인들 때문에 어렵게 시작했다. 그러나 일단 그들이 처리되자 알렉산드로스는 관심을 페르시아로 돌릴 수 있었다. 그는 기원전 334년에 군대를 이끌고 아시아로 건너갔다. 이 병력의 4분의 1은 그리스에서 왔다. 여기에는 이상주의 이상의 무엇인가가 있었다. 그리고 공격적인 전쟁 역시 현명한 판단일 수 있었다. 필리포스가 남긴 군대가 새로운 왕에게 위협이 되지 않게 하려면 그들에게 대가를 지불해야 했고, 정복은 돈이 될 것이기 때문이었다. 알렉산드로스는 스물두 살이었고, 장차 그는 짧은 생애 동안 매우 찬란한 정복의 경력을 쌓을 것이었다. 그래서 그의 이름은 시대를 초월하여 신화로 남을 것이었고 그리스 문화가 가장 넓게 팽창할 수 있는 바탕을 마련할 것이었다. 그는 폴리스들을 보다 넓은 세계로 이끌었다.

이 이야기는 간단하게 요약된다. 전하는 이야기에 따르면, 알렉산드로스는 소아시아로 건너간 뒤 고르디우스의 매듭을 잘라버렸다. 그 뒤 이소스 전투에서 페르시아군을 격파했다. 그 다음에는 남쪽을 휩쓰는 원정이 이어졌다. 도중에 티로스를 파괴하고 시리아를 지나서 마침내 이집트로 들어갔다. 알렉산드로스는 거기에서 장차 자신의 이름을 품을 도시를 건설했다. 그는 모든 전투에서 가장 활약한 병사였고, 난전 중에 여러 차례 부상을 당했다. 그는 사막 속으로 진격했고, 시와에서 신탁을 받았으며 그후 아시아로 되돌아와서 기원전 331년에 가우가멜라 전투에서 다리우스 3세(재위 기원전 336-330)에게 두 번째 그리고 결정적인 패배를 안겼다. 페르세폴리스가 약탈당하고 불탔으며 알렉산드로스는 자신이 페르시아 제위의 계승자임을 선언했다. 다리우스는 이듬해에 자신의 총독 중 한 명에게 살해되었다. 알렉산드로스는 계속 나아가서 동북방의 이란인을 추격하여 아프가니스탄으로 들어갔고(그곳의 칸다하르는 알렉산드로스의 이름을 기념하는 많은 도시들 중의 하나가 되었다), 인더스 강을 지나서 100마일 이상을 진격하여 펀자브로 들어갔다. 그 뒤 그는 자신의 군대가 더 이상 나아가기를 거부한 탓에 되돌아왔다. 군대는 지쳐 있었다. 200마리의 코끼리를 보유한 군대를 격파했으나 갠지스 강 유역에 5,000마리가 더 기다리고 있다는 소식에 진격을 거부했다. 알렉산드로스는 바빌론으로 돌아왔다. 그리고 그곳에서 기원전 323년에 죽었다. 서른두 살이었고 마케도니아를 떠난 지 10년이 막 지난 때였다.

알렉산드로스의 정복과 정복지를 제국으로 조직한 방식은 둘 다 그의 개인적 천재성을 드러낸다. 이는 지나친 표현이 아니다. 왜냐하면 이 정도 규모의 성취는 운이 좋다거나 역사적인 상황이 유리했다거나 숙명론으로 설명될 수 있는 결실이 아니기 때문이다. 알렉산드로스는 창조적인 정신을 가졌고 비록 자기중심적이고 영광을 추구해야 한다는 강박이 있기는 했지만 넓고 멀리 보는 시야를 가졌다. 그는 위대한 지성과 무분별하다고 할 정도의 용기를 결합시켰다. 그는 모친의 조상이 호메로스의 아킬레우스라고 믿었고 그 영웅을 모방하려고 애썼다. 그는 새로운 땅을 차지하는 일 만큼이나 인간들의 눈에 (혹은 강하고 쌀쌀맞은 어머니의 눈에) 자신을 증명하는 일에 야망을 가졌다.

알렉산드로스가 페르시아에 대항한 그리스의 십자군이라는 개념을 진지하게 생각했다는 점은 의심할 바가 없다. 그러나 그는 스승 아리스토텔레스에게 배워서 그리스 문화를 극히 존경하기는 했으나 선교사가 되기에는 너무 자기중심적이었고, 그가 주창한 세계시민주의는 현실 상황에 대한 평가에 근거를 둔 것이었다. 그의 제국을 운영하는 일에는 마케도니아인은 물론 페르시아인도 참여할 수 있어야만 했다. 알렉산드로스 자신도 먼저 박트리아의 공주, 다음으로는 페르시아의 공주와 결혼했고, 군주에 대한 동방식의 신적 숭배를 (일부 그의 동료들이 생각하기에는 부적절하게도) 받아들였다. 그는 또한 때때로 성급하고 충동적이었다. 인더스 강에서 마침내 그를 돌이킨 것은 그의 병사들이었다. 마케도니아의 군주는 자신이 계승자 없이 죽으면 왕조에 어떤 일이 벌어질 지에 대해서는 아무런 관심도 없이 전투에 뛰어들어서는 안 되는 것이었다. 설상가상으로 그는 취중에 다투다가 친구를 죽였고, 자기 아버지의 살해를 배후에서 조종했을지도 모른다고 전해진다.

알렉산드로스는 매우 단명한 까닭에 제국의 장기적 통일성을 확고히 하지 못했고, 그가 오래 살았더라도 제국을 오래 유지하지는 못했으리라는 주장역시 입증되기 어렵다. 이 부분에서 그가 한 행동은 명백히 인상적이다. 25개의 '도시들'을 건설했다는 것은 비록 그중 일부가 그저 겉모양만 꾸민 요새에 불과했을지라도 상당한 의미를 가지는 일이다. 이들은 아시아의 육상 통행로의 핵심이었다. 동쪽과 서쪽을 하나의 정부로 통합시키는 일은 더욱 어려운과업이었다. 그러나 알렉산드로스는 10년 만에 상당한 수준으로 이 일을 진척시켰다. 물론 그에게 다른 선택지는 없었다. 그리스인과 마케도니아인으로는광대한 제국을 정복하고 통치하기에 충분하지 않았다. 그는 처음부터 정복지에서 페르시아의 관리들을 통해서 통치했고 인도에서 돌아온 이후에는 군대를 마케도니아인과 페르시아인의 혼성부대로 재편하는 작업을 시작했다. 알렉산드로스는 페르시아 복식을 채택하고 페르시아인은 물론 자신의 동료들에게도 부복(俯伏)을 요구했는데, 이는 그가 동방의 풍습을 좋아한다는 점을

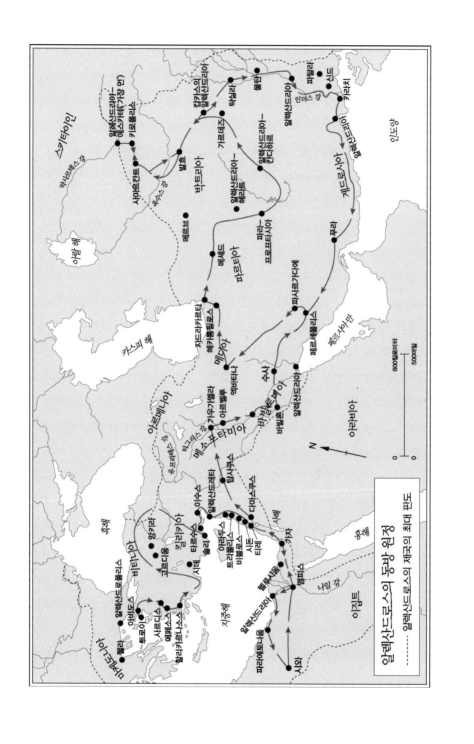

알렉산드로스의 동방 원정

――――― 알렉산드로스의 제국의 최대 판도

드러내어 부하들의 반감을 사게 되었다. 음모와 반란이 일어났다. 그러나 이들은 성공하지 못했고 알렉산드로스가 비교적 온건한 처벌을 내린 것으로 보아서 상황이 그에게 그다지 위험한 것은 아니었던 듯하다. 이 위기 다음에는 문화 통합에 대한 알렉산드로스의 가장 눈에 띄는 행보가 뒤따랐다. 그는 다리우스의 딸을 아내로 취하고(이미 그에게는 박트리아 공주인 록사나가 아내로 있었다), 부하 장병 9,000명과 동방 여인들의 대규모 합동 결혼식을 공식적으로 거행했다. 이것이 유명한 '동과 서의 결혼'이었다. 이는 이상주의가 아니라 국가의 필요에 의한 행위였다. 새로운 제국이 살아남기 위해서는 반드시 결속되어야 했다.

문화 교류에서 제국의 진정한 의미는 평가하기가 더 어렵다. 분명히 그리스인은 물리적으로 더 넓게 확산되었다. 그러나 이것의 결실은 알렉산드로스 사후에야 나타날 것이었다. 제국의 공식적 틀은 붕괴되었으나 헬레니즘 세계라는 문화적 사실은 그로부터 생성되었다. 우리는 알렉산드로스 제국에서의 삶에 대해서는 사실 별로 아는 바가 없다. 그리고 제국의 짧은 존속 기간, 고대 정부의 한계, 근본적 변화를 추진하려는 의지의 부족 등을 고려하면 기원전 323년을 기점으로 주민 대다수가 그보다 10년 전의 삶과 크게 다르게 살았을 것이라고는 결코 생각할 수 없다.

알렉산드로스의 충격은 동방에서 두드러졌다. 그의 치세는 너무 짧아서 서부 그리스인과 카르타고인의 상호작용에 영향을 끼치지 못했다. 그리고 서부에서는 향후 4세기 동안 바로 그 관계가 주요 사안이었다. 그리스 본토에서는 그가 죽을 때까지 별다른 일이 없었다. 알렉산드로스의 아시아 통치야말로 그 땅에 대한 최초의 그리스인의 지배였다. 그는 페르시아에서 자신이 다리우스 대왕의 후계자임을 선포했고 비티니아, 카파도키아, 아르메니아 등 북부의 총독령 지배자들은 그에게 충성을 맹세했다.

분명 알렉산드로스의 제국은 통합력이 약했고, 그가 유능한 후계자 없이 죽었을 때 감당할 수 없는 시련에 직면했다. 그의 장군들은 획득하고 지키기 위한 싸움에 말려들었고, 제국은 록사나가 알렉산드로스의 유복자를 출산하기도 전에 이미 해체되고 있었다. 록사나는 이미 알렉산드로스의 둘째 부인을 죽인 뒤였고, 그래서 록사나와 아들이 곤경 속에서 죽었을 때 직계에 의한 계승의 희망은 사라졌다. 약 40년간 싸움이 벌어진 끝에, 제국을 대신한 몇몇 큰 나라들이 등장했고, 거기에는 세습왕조가 들어섰다. 이 나라들의 건국은 성공적인 군인들인 '디아도키(diadochi)', 즉 '계승자들'에 의해서 이루어졌다.

알렉산드로스 휘하의 가장 뛰어난 장군 중 하나였던 프톨레마이오스 소테르는 자신의 군주가 죽자, 즉각 이집트를 장악했고 향후에 가치 높은 전리품인 알렉산드로스의 시신을 그곳으로 유치했다. 프톨레마이오스의 후계자들은 클레오파트라 여왕(재위 기원전 51-30)이 기원전 30년에 죽을 때까지 거의 300년 동안 이 지역을 지배했다. 프톨레마이오스 왕조 이집트는 계승자 국가들 가운데 가장 장수했고 가장 부유했다. 아시아의 제국 중에서는 인도 영역과 아프가니스탄 일부가 군사적인 도움에 대한 대가로, 한 인도 지배자에게 양도되어 그리스인의 손에서 완전히 떠났다. 그 나머지는 기원전 300년경 1,500만 제곱마일의 넓이에 대략 3,000만 명의 주민들을 포함하며 아프가니스탄에서 시리아까지 이르는 거대한 왕국이 되었고 그 수도는 안티오크에 위치했다. 이 광대한 영역은 또다른 마케도니아 장군인 셀레우코스의 후손들에 의해서 통치되었다. 이 왕국은 유럽 북부에서 온 켈트 이주민들의 공격으로 기원전 3세기 초에 부분적으로 와해되었고, 이후 그 일부분이 페르가몬 왕국으로 형성되었다. 여기에서는 켈트인을 소아시아 쪽으로 멀리 몰아낸 아탈로스 왕가가 통치했다. 셀레우코스 왕조는 나머지를 유지했으나, 기원전 225년에는 박트리아를 상실했다. 그곳에서 알렉산드로스의 병사들의 후손들은 주목할 만한 그리스 왕국을 세웠다. 마케도니아는 또다른 왕조인 안티고노스 가문이 지배했는데, 그리스 국가들에 대한 통제권을 유지하기 위해서 분투하면서, 에게 해에서는 프톨레마이오스의 함대와, 소아시아에서는 셀레우코스의 군대와 맞섰다. 기원전 265년 무렵 아테네는 다시 한번 독립을 꾀했으나 역시 실패했다.

이러한 사태 전개는 복잡하지만 우리의 목적에는 그다지 중요하지 않다. 더 중요한 것은 기원전 280년 이후 약 60년 동안 헬레니즘 왕국들이 대충 세력균형 속에 지냈고, 동지중해와 아시아의 사건들에 관심을 집중했으며,

그리스인과 마케도니아인을 제외하면 서쪽의 사건들에는 거의 관심을 가지지 않았다는 것이다. 그 결과 그리스 문화가 가장 넓게 확장될 수 있는 평화적인 무대가 마련되었고, 그래서 이 국가들은 중요성을 가진다. 그들의 공헌은 바로 한 문명의 확산과 성장이며, 그 때문에 우리는 이 국가들에 관심을 기울이는 것이지 디아도키들 사이의 모호한 정치와 소득 없는 투쟁들 때문이 아니다.

그리스어는 이제 중동 전체의 공식 언어가 되었다. 더 중요하게도 그리스어는 새 세계의 중심이었던 도시들의 언어가 되었다. 한때 알렉산드로스가 꿈꾸었던 헬레니즘과 동방 문명의 통합은 셀레우코스 왕조 아래에서 현실이 되었다. 그들은 간곡하게 그리스인 이민자들을 모았고 가능한 모든 곳에 새로운 도시들을 건설했다. 이는 자신들의 제국에 어떤 견고한 틀을 제공하고 지역 주민을 그리스화하려는 방편이었다. 도시들은 셀레우코스의 권력의 본질이었다. 도시들을 넘어서면 여러 부족들로 구성된 이질적인 배후지가 뻗어 있었고 페르시아의 총독부와 속국의 군주들이 자리잡고 있었기 때문이다. 셀레우코스의 행정은 여전히 근본적으로 총독부에 근거를 두었다. 절대주의의 이론은 조세제도의 경우와 똑같이, 아케메네스 왕조에서 셀레우코스의 왕들에게 계승되었다.

도시들의 성장은 의도적인 정책뿐 아니라 경제성장을 반영한다. 알렉산드로스와 그의 계승자들이 수행한 전쟁들은 막대한 전리품을 시중에 풀었는데, 그중 상당수는 페르시아 제국이 축적한 금화와 은화였다. 이것은 중동 전역에 걸쳐 경제생활을 자극했으나, 또한 물가상승과 불안정이라는 병폐도 가져왔다. 그렇지만 전반적인 경향은 부의 증대였다. 제조업이나 새로운 천연자원의 개발에서는 별다른 혁신이 없었다. 지중해 경제는 규모를 제외하면 이전과 대부분 동일하게 남아 있었다. 그러나 헬레니즘 문명은 그 이전의 문명들보다 더 부유했고 인구증가는 이를 드러내는 하나의 증표이다.

그 부는 상당히 거대한 규모의 정부를 유지시켰다. 막대한 금액의 세입이 들어왔고 이를 대단하게 그리고 때로는 훌륭한 방식으로 지출했다. 헬레니즘 도시들의 흔적을 보면, 그리스인의 도시생활의 편의시설에 얼마나 많은 돈을

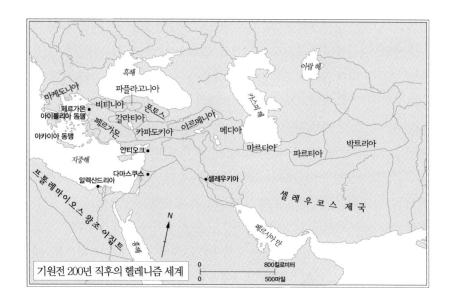

기원전 200년 직후의 헬레니즘 세계

마케도니아
페르가몬
아이올리아 동맹
아카이아 동맹
지중해
알렉산드리아
다마스쿠스
안티오크
페르가몬
비티니아
파플라고니아
흑해
갈라티아
폰토스
카파도키아
아르메니아
메디아
마르디아
파르티아
박트리아
아랄 해
카스피 해
셀레우키아
셀레우코스 제국
프톨레마이오스 왕조 이집트
홍해
페르시아 만
N
0   800킬로미터
0   500마일

쏟았는지를 알 수 있다. 극장과 체육관이 도처에 있었고, 그 모든 곳들에서 경기와 축제가 벌어졌다. 이는 아마도 세금을 내던 농촌의 원주민들에게는 별다른 영향을 끼치지 못했을 것이다. 그들 중 일부는 그런 삶에 반감을 가졌고, 오늘날이라면 그 상황을 '서구화(westernization)'라고 불렀을 것이다. 그렇지만 이는 견고한 성취였다. 이 도시들을 통해서 중동은 이슬람이 도래하기 전까지 나름의 길로 그리스화되었다. 얼마 지나지 않아서 그들은 스스로의 그리스 문학을 생산했다.

　그러나 이것이 그리스 도시들의 문명이었다고는 해도, 몇몇 그리스인이 안타깝게 주목한 바와 같이 그 정신은 과거와 매우 달랐다. 마케도니아인은 폴리스의 삶을 결코 알지 못했고, 그들이 아시아에 창조한 도시들에는 폴리스적인 활력이 결여되어 있었다. 셀레우코스 왕조는 수많은 도시들을 건립했지만 그 위에 옛 총독령의 낡고 전제적이며 중앙집권화된 행정을 유지했다. 관료제가 크게 발달했고 자치는 시들해졌다. 얄궂게도 헬레니즘 세계에서 과거의 재난이라는 짐을 지고 가야 했을 뿐 아니라 경제와 인구에서 실제로 몰락을 경험한 지역은 독립의 전통이 가물거리며 남아 있던 그리스 본토의 도시들이었다.

도시 문화는 정치적인 신경은 잃어버렸지만 그리스의 사상을 전파하는 데에는 아주 훌륭한 전송체계로 작동했다. 알렉산드리아와 페르가몬에서는 대규모 기부로 고대 세계에서 가장 큰 도서관 두 곳이 생겨났다. 프톨레마이오스 1세(재위 기원전 305-285)는 또한 일종의 고등 연구기관인 무사이온도 건립했다. 페르가몬에서 한 왕은 교사들을 제공했고, 프톨레마이오스 왕조가 파피루스 공급을 중단했을 때 바로 이곳에서 양피지('페르가메노스', 즉 '페르가몬의')의 사용이 완성되었다. 아테네에서는 아카데메이아와 리케이온이 살아남았고, 그러한 원천으로부터 그리스의 지적 활동의 전통이 모든 곳에서 보충되었다. 이러한 활동 중 상당 부분은 좁은 의미에서 아카데믹한 것이었다. 즉 본질상 과거의 성취에 대한 주석이었다. 그러나 또한 상당 부분은 높은 수준의 활동이었고 기원전 5세기와 4세기의 어마어마한 성취 때문에 오늘날 보기에 상대적으로 무게감이 덜할 뿐이다. 이것은 견고한 전통이어서 기독교의 시대를 넉넉히 견뎠다. 다만 상당히 많은 내용들이 돌이킬 수 없이 상실되었다. 결국에는 이슬람 세계가 장차 플라톤과 아리스토텔레스의 가르침을 받아들이게 되는데, 이는 헬레니즘 학자들에 의해서 전수된 것이었다.

헬레니즘 문명은 그리스의 전통을 과학 분야에서 가장 성공적으로 보존했다. 여기에서 헬레니즘 도시 중 가장 거대했던 알렉산드리아가 가장 두드러진다. 에우클레이데스는 기하학을 체계화하는 데에 가장 위대한 인물이었고, 19세기까지 그 분야를 지배했다. 시칠리아의 전쟁 기계들을 만들어낸 실용적 성취로 유명해진 아르키메데스는 아마도 에우클레이데스의 제자였던 듯하다. 또다른 알렉산드리아인인 에라토스테네스는 최초로 지구의 크기를 측량했고, 헬레니즘 시대의 그리스인인 사모스의 아리스타르코스는 한 걸음 더 나아가서 지구가 태양 주위를 돈다고 말하기까지 했다. 다만 그의 관점은 아리스토텔레스의 물리학과 정면으로 배치되었기 때문에 동시대와 후세에 인정받지 못했다. 유체 정역학에서는 아르키메데스가 위대한 한 걸음을 내딛었다(그리고 양묘기를 발명하기도 했다). 그러나 그리스 전통의 핵심 성취는 언제나 실용적인 것이 아니라 수학적인 것에 있었고, 헬레니즘 시대에 이는 원뿔곡선과 타원의 이론에서, 그리고 삼각법의 토대를 마련한 것에서 정점에 이르렀다.

인류의 도구 상자에 중요한 추가 물품들이 들어왔다. 그러나 이러한 것들은 헬레니즘 도덕 및 정치 철학에 비하면 그 이전의 것들과 그리 선명하게 구별되지 않는다. 그 이유를 폴리스에서 더 큰 단위로의 정치적 변화에서 찾고 싶은 유혹이 드는 것은 당연하다. 그러나 당시 가장 위대한 철학의 중심지는 여전히 아테네였고, 아리스토텔레스는 폴리스가 다시 활력을 되찾을 수 있으리라는 희망을 가졌었다. 그는 제대로 된 지도자만 나타난다면 폴리스가 여전히 좋은 삶의 틀을 제공할 것이라고 생각했다. 그러나 새로운 왕조들은 어쩌면 비그리스인을 설득해야 하는 필요 때문에, 혹은 어쩌면 그리스 문화 밖의 세계에 대해서 적극적으로 매력을 느꼈기 때문에, 지배자 개인을 숭배하는 동방식 문화를 점점 더 지지했다. 이러한 숭배는 머나먼 메소포타미아와 이집트의 과거에서 기원했다. 한편, 헬레니즘 국가들의 진정한 기초는 시민적 독립성의 전통에 규제받지 않는 관료제였다(셀레우코스 왕조는 아시아에서 대부분의 그리스 도시들을 건설 혹은 재건했기 때문에, 자신들이 준 것을 되돌려받을 수 있었다). 그리고 그리스와 마케도니아의 용병으로 구성된 군대 덕분에 원주민 부대의 독립성에서 벗어날 수 있었다. 이러한 관료제와 군대는 강력하고 공포를 일으켰지만, 이러한 구조만으로는 매우 다양하게 구성된 신민들의 충성심과 애착심을 확보할 수 없었다.

헬레니즘 시대에 그리스 문화의 승리들 중 일부는 실상과 다르다. 언어는 계속 사용되었지만, 그 의미는 달라졌다. 예를 들면, 그리스 종교는 그리스인 사이에서 강력한 통합력이었으나 기원전 5세기의 합리주의와 마찬가지로 쇠락했다. 전통적인 가치체계의 이러한 붕괴는 철학적 변화의 배경이 되었다. 그리스 본토에서 철학 연구는 여전히 정력적으로 수행되었으나, 거기에서도 헬레니즘의 발전 단계에서는 인간이 자기 힘으로는 어찌할 수 없는 사회로부터 뒤로 물러나 개인적 관심사로 돌아갔으며 운명의 장난과 일상생활의 부담을 피할 수 있는 피난처를 추구하고 있음을 보여준다. 이는 조금은 친숙해 보인다. 에피쿠로스를 예로 들어보자. 그는 본질적으로 사적인 쾌락의 경험에서 좋음을 추구했다. 그는 후대의 오해와는 반대로, 이를 통해서 자아 탐닉과는 거리가 먼 어떤 것을 추구했다. 에피쿠로스에게 쾌락이란 정신적 만족이며 고통의 부재였다. 오늘날의 기준으로 보기에는 쾌락에 대한 다소 금욕적인 관점이다. 그러나 에피쿠로스의 사상은 인간의 관심사가 사적이고 개인적인 것으로 전환되었음을 드러내기 때문에 상징적으로 중요한 의미를 가진다.

이러한 철학적 반동의 또다른 형태 하나는 극기와 초월의 이상을 옹호했다. 견유학파(犬儒學派)로 알려진 이 철학은 관습에 대한 경멸을 표현했고 물질 세계에 대한 의존에서 벗어나기를 추구했다. 그들 중 한 명인 키프로스의 제논은 아테네에 거주하면서 자신의 교리를 공공장소인 '스토아 포이킬레(stoa poikile)', 곧 '채색주랑(彩色柱廊)'이라고 불리던 건물에서 가르치기 시작했다. 이 장소는 그의 제자들의 이름, 곧 '스토아 학파'의 유래가 되었다. 그들은 가장 영향력 있는 철학자의 반열에 올랐는데, 이는 그들의 가르침이 일상생활에 쉽게 적용되었기 때문이다. 본질적으로 스토아 학파의 가르침은 우주를 가로지르는 이성적 질서를 분별하고 그에 맞게 살아야 한다는 것이다. 그들에 따르면, 인간은 자신에게 벌어지는 일을 통제할 수 없고 운명에 의해서 주어진 것을 받아들여야 한다. 그들은 운명을 신성한 의지의 명령이라고 믿었다. 따라서 덕스러운 행위는 그 결과에 달려 있지 않다. 결과는 불행할 수도 있고 실패할 수도 있다. 그러나 덕은 그 자체의 내재적 가치 때문에 추구되어야 한다.

스토아 철학은 헬레니즘 세계에서 엄청난 성공을 거두게 되는데, 그 안에는 폴리스나 전통적인 그리스 종교가 더 이상 권위를 가지지 못하던 시대에 개인들에게 새로운 윤리적 확신의 토대를 제공하는 가르침을 담고 있었다. 스토아 철학은 또한 장수할 가능성이 있었는데, 이는 이 사상이 모든 인간이 동등하다고 가르쳤기 때문이다. 이는 윤리적 보편주의의 씨앗이었고, 점차 그리스인과 비그리스인이라는 낡은 구분을 초월하고 나아가서 이성적 인간 사이의 어떠한 구분도 초월했다. 이 사상은 공통의 인간성에 호소했고 실제로 노예제에 대한 비난을 생산했는데 이는 강제노동에 의해서 세워진 세계에서는 놀라운 진전이었다. 이 사상은 향후 2,000년 동안 철학자들에게 풍성한 원천이 될 것이었다. 단기적으로는, 규율과 상식을 옹호하는 이 사상의 윤리학은 로마에서 커다란 성공을 거두었다.

이렇게 철학은 절충주의와 세계시민주의의 증후를 드러내며, 이는 헬레니즘 문화의 그 어떤 측면들보다 더욱 눈길을 끈다. 아마 이것의 가장 명백한 표현은 동방의 기념비적 조각상에 그리스식 조각을 채택한 일일 것이다. 그 결과 로도스의 100피트 높이 거상 같은 엄청난 작품이 생산되었다. 그러나 결국 절충주의와 세계시민주의는 모든 곳에서 등장했고, 여기에는 그리스의 신들을 대체한 이국적인 동방식 숭배와 스토아 사상의 열망이 똑같이 작용했다. 과학자 에라토스테네스는 모든 선량한 인간을 동포로 본다고 말했고, 이는 헬레니즘의 새로운 정신을 가장 잘 표현한 언급이다.

이 세계의 정치적 틀은 결국에는 바뀔 수밖에 없었다. 변화의 원천이 한계를 넘어 성장했기 때문이다. 초기의 징후 중 하나는 동방에서 등장한 새로운 위협, 곧 파르티아 왕국이었다. 기원전 3세기 중반, 셀레우코스 왕국은 주민과 부를 서부에 집중시켜 취약함이 발생했고, 그 결과 다른 헬레니즘 왕국과의 관계가 지나치게 중요시되었다. 동북방은 (언제나 그랬듯이) 초원의 유목민에게 위협을 받았지만, 정부는 프톨레마이오스 왕조 이집트와의 분쟁에 돈과 자원을 공급하느라고 이 위협에 신경을 쓰지 못했다. 멀리 떨어진 총독들은 스스로 군벌로서 떨치고 일어서고자 하는 유혹을 종종 이기지 못했다. 세부 사항들에 대해서는 학자들의 견해가 대립하지만, 이러한 일이 벌어진 총독령 중 하나는 카스피 해의 동남쪽에 있는 중요한 지역인 파르티아였다. 수세기가 지나면서 이 지역의 중요성은 점점 더 커졌는데, 이는 이곳이 서부의 고전 세계와 중국이 멀리서나마 접촉할 수 있던 유라시아 중부의 대상로(隊商路), 즉 실크로드에 위치했기 때문이다.

파르티아인은 누구였는가? 그들은 원래 이란 계통의 유목민으로서 유라시아 중부에서 출현하여 이란 고원과 메소포타미아에서 정치적 통합을 창조하고 또 재창조했던 이들이다. 그들은 특유의 군사기술로 이름을 떨쳤는데, 이는 마상에서 활을 쏘는 것이었다. 그러나 그것만으로 거의 500년에 이르는 정치적 연속성을 건설한 것은 아니었다. 그들은 알렉산드로스가 페르시아인에게서 가져와서 셀레우코스 왕조에 남겨준 행정조직 또한 물려받았다. 사실 모든 면에서 파르티아인은 창조자가 아니라 계승자로 보인다. 그들의 위대한 왕조는 공식 문서에 그리스어를 사용했고, 독자적인 법 없이 기존의 관행을 바빌로니아의 것이든 페르시아 혹은 헬레니즘의 것이든 기꺼이 받아들였다.

파르티아의 초기 역사는 대부분 모호하다. 기원전 3세기 이곳에 왕국이 하나 있었는데, 그 수도는 아직 발견되지 않았다. 그리고 셀레우코스 왕조는 그다지 강하게 대응하지 않은 듯하다. 기원전 2세기, 셀레우코스 왕조가 점점 더 서부에 몰두하면서 더욱 재난에 빠져들 무렵에 두 형제가 파르티아 제국을 세웠고, 동생인 미트리다테스 1세가 죽을 무렵에는 동으로는 박트리아(이 역시 셀레우코스가 남긴 파편으로 파르티아와 거의 동시에 최종적으로 떨어져 나왔던 곳이다), 그리고 서로는 바빌로니아까지 뻗었다. 미트리다테스는 의식적으로 자기 앞의 두 선배를 연상시키기 위해서 주화에서 자신을 '대왕'으로 묘사했다. 그의 사후에 몇몇 퇴보가 있기는 했으나, 그의 이름을 물려받은 미트리다테스 2세는 실지를 회복하고 더 멀리 뻗었다. 셀레우코스 왕조는 이제 시리아에 국한되었다. 메소포타미아에서 미트리다테스 제국의 경계는 유프라테스였고, 중국은 그와 외교관계를 시작했다. 두 번째 미트리다테스의 주화들에는 아케메네스 왕조의 자랑스러운 칭호인 '왕 중의 왕'이 새겨졌고, 이는 미트리다테스가 속한 아르사케스 왕조가 당시 의도적으로 위대한 페르시아의 왕가와 연결되고 있었음을 감안할 때 이해할 만한 일이다. 그러나 파르티아 국가는 페르시아보다 훨씬 더 느슨해 보인다. 파르티아는 관료제적 국가보다는 한 전쟁 지도자 주변에 모인 봉건귀족들의 집단을 연상시킨다.

파르티아는 유프라테스에서 마침내 서부의 새로운 강국과 만났다. 심지어 헬레니즘 왕국들도 정치적 창공의 새로운 별인 이 로마의 등장을 거의 알아차리지 못하고 서부에서 일어나는 일에는 관심을 두지 않았다. 이들은 파르티아보다 로마에 더 가까웠고 따라서 변명의 여지가 더 적다. 물론 서부의 그리스인은 더 잘 알고 있었지만, 그들은 처음 맞이한 강력한 위협인 카르타고에 오랫동안 신경을 집중하고 있었고, 지중해에서 그리스인의 경쟁자는 카르타고였다. 카르타고는 기원전 800년경에 페니키아인이 건설했고 아마도 이미 그때부터 금속 교역에서 그리스인의 상업적 경쟁을 물리쳤을 것이며 부와 권력에서 티로스와 시돈을 앞질러 성장했다. 그러나 카르타고는 도시국가로 머

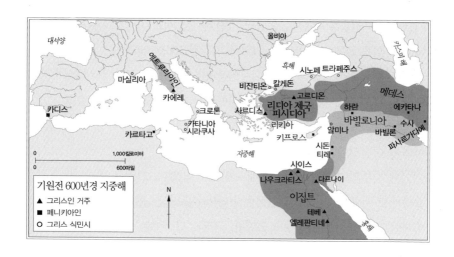

지도 설명:

대서양 올비아 흑해 시노페 트라페주스 구스카대에
마실리아 에트루리아인 비잔티온 칼케돈 메데스
카에레 사르디스 리디아 제국 고르디온 하란 에카타나
카디스 크로톤 피시디아 바빌로니아 수사
카르타고 카타니아 리키아 알미나 바빌론 파사르가대에
시라쿠사 키프로스 시돈
지중해 시라쿠사 티레

기원전 600년경 지중해
▲ 그리스인 거주
■ 페니키아인
○ 그리스 식민시
N

사이스 다프나이
나우크라티스
이집트
테베
엘레판티네

물렀고 정복과 요새보다는 동맹과 보호를 활용했으며, 시민들은 전투보다 교역과 농업을 선호했다. 불행히도 카르타고가 생산한 문헌들은 기원전 146년에 이 도시가 결국 폐허가 되었을 때에 함께 사라졌고, 우리는 카르타고의 역사에 대해서 별로 아는 바가 없다.

그러나 카르타고는 서부 그리스인에게는 강력한 상업적 경쟁자였다. 기원전 480년에 그리스인은 상업적으로 고작해야 론 강 유역, 이탈리아, 그리고 무엇보다 시칠리아에만 한정되어 있었다. 시칠리아 섬과 그중 한 도시인 시라쿠사는 서부 그리스에서 핵심이었다. 시라쿠사는 카르타고를 맞은 첫 싸움에서 시칠리아를 보호했고, 살라미스 해전이 벌어지던 해에 카르타고군을 물리쳤다. 기원전 5세기의 대부분 동안 카르타고는 더 이상 서부 그리스인을 괴롭히지 않았고, 시라쿠사인은 이탈리아의 그리스 도시들이 에트루리아인에게 대항하는 것을 지원하는 일에 관심을 기울일 수 있었다. 그후 시라쿠사는 불행하게 끝날 아테네의 시칠리아 원정(기원전 415-413)의 목표가 되었다. 이는 시라쿠사가 서부 그리스 도시 중 가장 강력했기 때문이다. 그후에 카르타고인이 다시 왔지만 시라쿠사는 패배에도 불구하고 살아남았고 얼마 지나지 않아서 곧 전성기를 누리게 된다. 시칠리아 섬뿐 아니라 이탈리아 남부와 아드리아 해에서도 힘을 행사했다. 이 시기에 대부분의 시간 동안 시라쿠사는 카르타고와 전쟁 중이었다. 시라쿠사에는 힘이 넘쳐났다. 어떤 순간에는 거의 카르타고를 점령할 뻔했고, 또다른 작전에서는 케르키라(코르푸)를 아드리아 해의 소유물 목록에 추가했다. 그러나 기원전 300년 직후에는 카르타고의 힘이 증가하는 한편으로, 시라쿠사는 이탈리아 본토에서 로마의 위협까지 맞이해야 한다는 점이 명백해졌다. 시칠리아인은 자신들을 구원해줄 수도 있었을 한 남자, 즉 에페이로스의 피로스와 사이가 틀어졌고, 3세기 중반이 되면 로마인이 이탈리아 본토의 주인이 되었다.

이제 서부의 경기장에는 주연배우가 셋이 되었다. 그러나 헬레니즘 동부는 묘하게도 사태의 진행에 무관심했다(다만 피로스는 이를 알아차렸다). 이는 어쩌면 시야가 좁아서일 수도 있지만, 그러나 당시에는 로마인도 자신을 세계의 지배자로 생각하지 않았다. 그들이 카르타고와 포에니 전쟁에 돌입한 것은 탐욕만큼이나 두려움에 의한 것이었다. 로마는 승리했고, 이제 동쪽으로 시선을 돌렸다. 몇몇 헬레니즘 그리스인은 세기말에 사태의 변화를 알아차리기 시작했다. 헬레니즘 동부의 관점에서, 카르타고와 로마의 투쟁은 '서쪽의 구름'으로 묘사되기도 했다. 그 결과가 어떠하든지, 지중해 전체에 거대한 반향을 일으킬 것이었다. 그렇지만 동부는 결국 자기만의 힘과 저항력을 가졌음을 증명하게 될 것이었다. 후대의 한 로마인이 말했듯이, 그리스는 자신의 정복자를 정복할 것이고 더 많은 비그리스인을 그리스화할 것이었다.

4

로마

오늘날에도 지중해 서부해안 주변 전역과 유럽 서부, 발칸 반도, 소아시아의 광범위한 지역에서는 한 위대한 문명, 곧 로마 제국의 흔적을 볼 수 있다. 어떤 곳에서는 (무엇보다 로마 자체에서) 매우 풍성하게 남아 있다. 그것들이 왜 그곳에 있는지를 설명하려면 1,000년의 역사를 이야기해야 한다. 우리 선조들은 종종 로마인의 성취 앞에서 움츠러들었다. 그러나 더 이상 그런 식으로 로마를 회고하지 않는다고 해도, 우리는 여전히 인간이 그토록 대단한 일을 해낼 수 있다는 사실 앞에 어리둥절해지거나 심지어 놀라게 된다. 물론 역사가들이 그 장대한 유산을 더 세밀하게 고찰할수록, 그리고 로마인의 이상과 로마인의 실상을 설명해주는 문헌들을 더 꼼꼼하게 걸러낼수록, 우리는 로마인이 결국 초인은 아니었음을 더 잘 이해하게 된다. 로마의 장대함은 때로 오히려 겉만 번드르르한 장식처럼 보이기도 하며, 로마의 선전가들이 주장하는 덕성들은 마치 오늘날의 선전문구와 흡사한 정치적 구호처럼 들리기도 한다. 그러나 이렇게 말한다고 해도, 여전히 충격적이고 견고한 창조성의 핵심은 남아 있다. 결국, 로마는 그리스 문명이라는 배경을 개조했다. 그래서 로마인은 유럽 전역을 포함하는 첫 번째 문명의 형태를 결정했다. 이는 강한 자의식을 낳은 성취였다. 후대에 로마가 무너져내릴 때에도 당시의 로마인은 과거를 돌아보며 자신들이 로마를 건설했던 그 로마인들과 같다고 느꼈다. 그들은 적어도 그렇게 믿었다는 점에서는 정말 옛 로마인과 같았다. 그러나 그것이 바로 중요한 점이다. 로마의 모든 물질적인 감명과 종종 보이는 거대함에도 불구하고, 로마인의 성취에 대한 설명의 핵심에는 하나의 이상, 곧 로마 자체의 이상이 자리잡고 있다. 이는 로마가 구체화하고 부과했던 가치들이며 언젠가 '로마니타스(romanitas)'라는 이름으로 불리게 될 것에 대한 인식이었다.

이것은 오랜 연원을 가졌다고 생각되었다. 로마인은 자신들의 도시가 기원전 753년에 로물루스라는 어떤 이에 의해서 건설되었다고 말했다. 이를 진지하게 받아들일 필요는 없지만, 로물루스와 쌍둥이 형제 레무스에게 젖을 먹였던 양어머니 늑대의 전설은 잠시 살펴볼 필요가 있다. 이것은 에트루리아인이라고 불리던 사람들에게 지배당하던 과거에 초기 로마가 진 빚을 잘 드러내는 상징이다. 그들의 숭배 중에는 늑대에 대한 특별한 존중이 있었던 것으로 추정된다.

고고학적 증거도 풍부하고, 많은 비문과 그것을 해석하려는 많은 학자들의 노력이 있었지만, 그래도 에트루리아인은 알 수 없는 사람들로 남아 있다. 현재까지 조금이라도 확실히 알려진 바는 고작해야 에트루리아 문화의 전반적인 성격이며, 역사나 연대기는 훨씬 덜 알려져 있다. 에트루리아 문명이 존재하게 된 시대에 대해서도 수많은 학자들이 기원전 10세기부터 7세기까지 매우 폭넓은 연대를 주장하고 있다. 에트루리아인이 어디에서 왔는지에 대해서도 합의가 불가능하다. 어떤 가설은 히타이트 제국의 종말 직후 아시아에서 이주해왔다고 말하지만, 여러 다른 가능성들도 나름의 지지자들을 가지고 있다. 오직 한 가지 확실한 것은 그들이 최초의 이탈리아인은 아니라는 점이다. 그들이 이탈리아 반도에 언제 그리고 어디에서 왔든지, 당시의 이탈리아에는 이미 다양한 민족이 존재했다.

더구나 그 당시에 이미 뿌리를 뽑힌 몇몇 원주민들도 존재했을 것이다. 이들의 조상들 중 일부는 기원전 제2천년기에 인도-유럽인 침략자들에 의해서 통합되었다. 그 이후 1,000년 동안 이들 이탈리아인 중 일부가 앞선 문화를 발전시켰다. 기원전 1000년경에는 철기가 사용되었다. 에트루리아인은 아마도 이 기술을 선주민에게서 배웠을 것이다. 그것은 빌라노바 문화(현대 볼로냐 근처의 고고학 유적지로, 인근 마을의 이름을 땄다)였을 가능성이 있다. 에트루리아인은 금속기술을 한 단계 발전시켰고 에트루리아 연안에 있는 엘바 섬의 철광을 정력적으로 개발했다. 그들은 철제 무기를 보유하고 에트루리

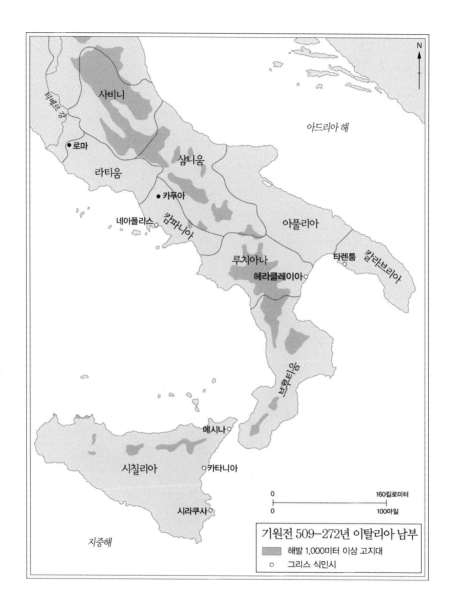

N

아드리아 해

사비니

로마

라티움

삼니움

카푸아

네아폴리스

캄파니아

아풀리아

루치아나

헤라클레이아

타렌툼

칼라브리아

브루티움

메시나

카타니아

시칠리아

시라쿠사

지중해

0   160킬로미터

0   100마일

기원전 509–272년 이탈리아 남부

해발 1,000미터 이상 고지대

○   그리스 식민시

아인의 헤게모니를 확립한 것으로 보인다. 이는 최대 판도에서는 이탈리아
반도 중부 전체를 포함했고, 포 강 유역에서 캄파니아에 이르렀다. 에트루리
아의 조직은 알 수 없지만, 아마도 왕들이 통치하는 여러 도시들의 느슨한
연맹이었을 것이다. 에트루리아인은 문자를 사용했는데, 아마도 '마그나 그라
이키아'의 도시들에서 배운 그리스어를 변용한 알파벳을 사용했을 것이다(그

러나 그들의 문자 가운데 해독 가능한 것은 거의 없다). 그리고 에트루리아인은 비교적 부유했다.

에트루리아인은 기원전 6세기에 티베르 강 남쪽 언덕의 요충지에 자리잡았다. 이곳은 로마의 자리였고 로마는 캄파니아의 오랜 주민인 라티움인이 세운 여러 작은 도시들 중의 하나였다. 이 도시를 통해서 에트루리아 문명의 일부가 살아남아서 흘러들어왔고, 결국에는 유럽 전통에서 상실되었다. 기원전 6세기 말 무렵 라티움 도시들이 주인에게 항거하는 혁명을 벌이는 동안에 로마는 에트루리아의 지배를 깨뜨렸다. 그때까지 이 도시는 왕이 다스렸고, 전승에 따르면 최후의 왕은 기원전 509년에 축출되었다. 정확한 연대와 상관없이, 이것은 분명히 에트루리아인의 힘이 서부 그리스인과의 투쟁으로 소진된 때였을 것이다. 그래서 라티움 사람들은 성공적으로 도전할 수 있었고, 그 이후로 자신들 스스로의 길을 걸어갔다. 그렇지만 로마는 에트루리아의 과거로부터 많은 것들을 유지했다. 로마가 그리스 문명과 처음 만난 것은 에트루리아를 통해서였고, 로마는 이후 계속해서 그리스와 육상 및 해상으로 접촉을 유지했다. 로마는 중요한 육상 및 하천 경로의 핵심이었고, 티베르 강에 다리를 놓을 만큼 상류에 위치했으나 동시에 해상 선박이 도달하지 못할 만큼 상류는 아니었다.

그리스의 영향력 덕분에 문화의 토양이 비옥해진 것이 아마도 로마가 물려받은 가장 중요한 유산이겠지만, 그러나 로마는 또한 에트루리아 지배기의 과거로부터 많은 것을 유지했다. 그중 하나는 인민을 군사적 목적으로 '켄투리아(centuria, 100인대)'로 묶는 조직법이었다. 이보다는 피상적이지만 더 인상적인 경우로는 검투 경기, 개선식, 복점(미래의 모습을 분별하기 위해서 희생제물의 내장을 살피는 것) 등이 있다.

로마 공화국은 450년 이상을 지속하게 되며, 그 이후에도 제도들은 명목상 살아남았다. 로마인은 언제나 연속성과 초기 공화국의 좋았던 옛날 방식에 대한 그들의 충직한 고집을 (혹은 고집하지 않음에 대한 비난을) 노래했다. 이는 그저 역사의 발명은 아니었다. 그러한 주장에는 일정한 진실이 있다. 예를 들면, 적어도 영국에서 의회정부제의 연속성에 대한 주장이나, 미국에서 지혜로운 건국의 아버지들이 동의하여 오늘날에도 성공적으로 작동하는 헌법이 만들어졌다는 주장만큼은 진실하다. 그러나 물론 시대가 지나면서 커다란 변화가 생겼다. 그러한 변화들이 제도적, 이념적 연속성을 잠식하며, 역사가들은 오늘날에도 이것을 어떻게 해석해야 할지 논쟁한다. 그러나 수많은 변화들이 있었음에도, 로마의 제도들은 로마가 지중해를 장악할 수 있게 만들었고, 로마 제국이 지중해를 훨씬 넘어서 확대되게 만들었다. 그리고 로마는 유럽과 기독교의 요람이 되었다. 그래서 로마는 마치 (오직 로마를 통해서만 후대의 많은 이들에게 전해진) 그리스처럼 근대 세계의 상당 부분을 형성했다. 인간이 여전히 로마의 잔재 가운데 살아간다는 말은 그저 물리적인 의미만은 아니다.

넓게 말해서, 공화정 시대의 변화들은 두 가지 주요한 과정의 증후이며 결과였다. 하나는 쇠락이다. 즉 공화정의 제도들은 점진적으로 작동이 중지되었다. 그 제도들은 더 이상 정치적, 사회적 실재를 담아내지 못했고, 결국에는 비록 명목상은 살아남았지만 실제로는 파괴되었다. 다른 하나는 로마 지배의 확장이었다. 로마는 우선 도시를 넘어, 그리고 이탈리아를 넘어 확장되었다. 대략 두 세기 동안 두 과정은 다소 천천히 진행되었다.

국내 정치는 원래 왕정의 귀환을 불가능하게 만들려는 의도로 만들어진 제도들에 기원을 두었다. 헌정적 이론은 제정시대까지도 로마의 기념비와 휘장에 적혀 있던 하나의 구호에 압축적으로 표현되었다. 'SPQR', 이는 "로마의 원로원과 인민"이라는 라틴어의 약어였다. 이론적으로 궁극적인 주권은 언제나 인민에게 있었다. 인민은 모든 시민들이 참석한, 복잡하게 구성된 민회들을 통해서 행동했다(물론 로마의 모든 주민이 전부 시민은 아니었다). 이는 그리스의 여러 도시국가에서 이루어졌던 일들과 유사하다. 전반적으로 국가의 일을 수행하는 것은 원로원의 책무였다. 원로원은 법률을 만들고 선출직 정무관들의 업무 수행을 감독했다. 로마사의 가장 중요한 정치적 문제들은 대개 원로원과 인민이라는 양축 사이의 긴장이라는 형태로 표현되었다.

다소 놀랍게도 공화정 초기의 내적 투쟁은 비교적 많은 피를 흘리지 않은 것으로 보인다. 이 과정은 복잡하고 때로 이해하기 어렵지만, 그 결과 전반적으로 시민단은 하나의 전체로서 공화정의 업무에서 더 큰 발언권을 획득했다. 정치적 주도권이 집중된 원로원은 기원전 300년경에 이르면 공화정 이전 시기의 옛 귀족들과, 나머지 시민들을 일컫는 '플레브스(plebs)' 중 부유한 상층부가 합쳐져 탄생한 지배계급을 대표하게 되었다. 원로원의 구성원들은 과두정을 형성했고 이들은 비록 인구조사를 할 때마다(5년마다 시행되었다) 늘 일부가 제외되기는 했으나 자기재생을 했다. 원로원의 핵심에는 비록 먼 조상은 평민이었으나 조상 중 누군가가 최상위 정무관인 콘술(consul)을 역임함으로써 귀족에 오른 가문들이 있었다.

기원전 6세기 말에 두 명의 콘술이 마지막 왕을 대체했다. 이들은 매년 임명되며, 원로원을 통해서 통치하고, 원로원의 가장 중요한 공직자였다. 이들은 반드시 경험이 많고 무게감 있는 인물일 수밖에 없었다. 왜냐하면 이들은 콘술직에 도전하기 전에 적어도 두 개의 하급 선출직을 거쳐야 했다. 예를 들면, 콰이스토르(quaestor)나 프라이토르(praetor)와 같은 직이다. (매년 20명이 선출되는) 콰이스토르는 또한 자동적으로 원로원의 일원이 된다. 이러한 방식은 로마의 지배 엘리트에게 대단한 응집력과 권한을 부여했다. 왜냐하면 최고위 관직으로의 진출은 공직 생활에서 충분히 검증되고 훈련된 여러 후보자들 사이에서의 선별을 통해서 이루어졌기 때문이다. 이러한 제도가 오랜 시간 동안 잘 작동했음은 반박의 여지가 없다. 로마에는 유능한 인재가 부족할 때가 없었다. 그러나 그 배후에는 파벌로 나뉘어 쇠퇴하기 마련인 과두정의 자연스런 경향이 은폐되어 있었다. '플레브스'가 그 어떠한 승리를 얻더라도, 이 체제는 부자가 통치하고, 부자끼리 공직 진출권을 다투도록 작동하게 되어 있었다. 인민 전체를 대변한다고 하는 선거인단, 즉 '코미티아 켄투리아타(comitia centuriata)' 역시 부유한 자들이 훨씬 더 큰 영향력을 행사하도록 조직되어 있었다.

어쨌든 '플레브스'라는 용어는 너무 단순해서 오해를 일으킨다. 이 단어는 서로 다른 시기의 서로 다른 사회적 실재를 가리킨다. 정복과 시민권 확대로 시민의 범주는 서서히 확대되었다. 이른 시기에도 다른 도시들이 공화국에 통합되면서 시민권은 이미 도시의 경계를 넘었다. 그때에 전형적인 시민은 시골 사람이었다. 로마 사회의 기초는 언제나 농업과 농촌이었다. 돈을 가리키는 라틴어인 '페쿠니아'가 양떼나 염소떼를 뜻하는 단어에서 유래했고, 로마의 토지 단위가 하루에 황소 두 마리로 갈 수 있는 정도를 뜻하는 '유게룸'이라는 점은 의미심장하다. 토지와 그 토지가 지탱하는 사회의 관계는 공화정 시대에 변화를 겪었지만, 공화정의 기초는 언제나 농촌 주민이었다. 후대인의 머릿속에는 제정 로마의 거대한 기생도시의 이미지가 크게 자리를 잡아서 이 현실을 가린다.

그러므로 공화국 초기에 주민의 다수를 구성했던 자유민 시민들은 농민이었고, 그중 일부는 다른 이들보다 훨씬 더 가난했다. 그들은 법적으로 특정 집단에 속하게 되는데, 그 방식은 매우 복잡하며 멀리 에트루리아 시대에서 연원을 찾을 수 있다. 그러한 구분은 경제적으로는 무의미했고 다만 선거에서는 헌정적으로 의미를 가졌다. 그리고 그것은 로마 공화정의 사회적 실재에 대해서는 별로 말해주지 않는다. 그보다는 로마의 인구조사에서 이루어진 구분이 더 중요하다. 거기에서는 병사로 복무하는 데에 필요한 무장을 갖출 능력을 가진 자와, 국가에 기여하는 바라고는 자식을 낳는 일밖에는 없는 자(프롤레타리), 그리고 재산도 가족도 없어서 단순히 머릿수만 계산되는 자들이 구분되었다. 물론 그들 모두의 아래에는 노예가 있었다.

지속적인 경향 하나가 있었는데, 이는 기원전 3세기와 2세기에 급속히 가속되었다. 초기에 자신의 토지를 보유함으로써 얼마간의 독립성을 유지했던 '플레브스' 중 많은 수가 빈곤에 빠져들었던 것이다. 한편 새로운 귀족층은 정복으로 획득된 새로운 부 덕분에 토지보유 비율을 상대적으로 높여갈 수 있었다. 이것은 장기간에 걸친 과정이었고, 이 일이 진행되는 동안에 사회적 이해관계와 정치적 영향력을 가진 새로운 하위 집단이 생겨났다. 게다가 더욱 복잡하게 만드는 요소 하나가 추가되었다. 즉 로마의 동맹국에 시민권을 부여하는 관행이 성장한 것이다. 사실 공화국에서 시민계급은 점진적으로 확대되었으나, 시민이 사태에 영향을 끼칠 수 있는 능력은 실제로는 감소했다.

이는 로마 정치에서 부가 매우 중요하게 평가되었기 때문만은 아니다. 이것은 또한 모든 일이 로마에서 결정되어야 했기 때문이다. 그러나 이탈리아 전역에 흩어진 로마인들은 고사하고 팽창된 로마 도시에 사는 로마 시민들의 소망이라도 효과적으로 반영할 수 있는 대의적 방식이 전혀 없었다. 실제 벌어진 일은 플레브스가 군복무 거부나 로마에서 완전 철수하여 다른 곳에 새로운 도시를 세우겠다는 협박을 통해서 원로원과 정무관의 권력을 어느 정도 제한할 수 있게 된 것이었다. 또 기원전 366년 이후에는 콘술 2인 중 1인은 반드시 평민이어야 했고, 기원전 287년에는 평민회의 결정이 법률로서 강제력을 가지게 되었다.

그러나 전통적인 지배자들에 대한 핵심 제약은 10명의 선출직 호민관 제도에 있었다. 이들은 인민의 투표로 뽑혔고, 법안을 제안하거나 거부할 수 있었으며(단 한 명의 거부권 행사로도 가능했다), 정무관에게 부당한 대우를 받는다고 느끼는 시민은 언제나 그들의 도움을 받을 수 있었다. 호민관은 사회적으로 감정이 고조되었을 때나 원로원에서 개인적인 분열이 일어났을 때 가장 중요한 지위를 누렸는데, 이는 그럴 때면 정치가들이 호민관에게 구애했기 때문이다. 공화정 초기에 그리고 종종 후대에도 호민관은 지배계급의 일원으로 귀족일 경우가 많았으며 대개는 콘술 및 원로원과 원만하게 협조하며 일할 수 있었다. 원로원의 행정적 재능과 경험, 그리고 전쟁과 국가 긴급사태에서 지도력을 발휘함으로써 크게 증진된 권위는, 공화정 자체의 몰락을 초래할 만큼 심각한 사회적 변화가 발생하기 전까지는 거의 흔들리지 않았다.

그래서 공화정 초기 정치체제의 구성 방법은 매우 복잡했으나 효과적이었다. 폭력적인 혁명을 막고 점진적인 변화를 허용했다. 그러나 만약 로마가 승승장구하며 팽창하던 첫 번째 국면을 가능하게 하고 또 그것을 이끌었다는 점이 아니었더라면, 로마의 정치체제는 테베나 시라쿠사의 체제보다 더 큰 의미를 가지지 못했을 것이다. 공화정 제도들의 이야기는 공화정 후반의 시기에도 역시 중요한데, 이는 공화정 자체의 변신 때문이다. 기원전 5세기의 거의 전부가 로마의 이웃들을 장악하는 데에 쓰였고, 그 과정에서 로마의 영토는 두 배가 되었다. 그 뒤, 라티움 동맹의 다른 도시들이 복속되었다. 기원전 4세기 중반 그들 중 몇몇이 반란을 일으켰지만, 결국 더 가혹한 조건으로 복귀해야만 했다. 이것은 100년 전 아테네 제국의 육상판이라고 할 만했다. 로마의 정책은 '동맹국들'의 자치를 허용하되, 외교정책에서는 로마에 따라야 하며 로마 군대에 병력을 공급해야 한다는 것이었다. 게다가 로마의 정책은 다른 이탈리아 공동체에서 기존의 지배 집단을 선호했고, 로마의 귀족가문은 그들과의 개인적인 유대관계를 크게 늘렸다. 그러한 공동체들의 시민들도 로마로 이주한다면 시민권이 허용되었다. 그래서 반도에서 가장 부유하고 앞선 지역이었던 이탈리아 중부에 대한 헤게모니는 에트루리아인에서 로마인으로 대체되었다.

로마의 군사력은 복속국의 숫자가 늘어남과 함께 증대되었다. 공화국 자체의 군대는 징집에 기초했다. 재산을 보유한 모든 남성 시민은 소집령을 받으면 복무해야 했고, 군역은 무거웠다. 보병의 경우 16년, 기병은 10년이었다. 군대는 5,000명의 군단으로 조직되었고, 처음에는 견고한 밀집대형을 이루어 장창으로 싸웠다. 이 군대는 로마의 이웃들뿐 아니라 기원전 4세기에 북방 갈리아인의 수차례의 침입도 격퇴했다. 다만 기원전 390년에 로마 자체가 약탈당한 경우가 한 번 있었다. 이러한 형성기의 마지막 투쟁은 기원전 4세기 말, 로마인이 아브루치의 삼니움족을 정복했을 때였다. 공화국은 이제 사실상 이탈리아 중부 전체의 동맹군 인력을 동원할 수 있었다.

로마는 이제 마침내 서부의 그리스 도시들과 대면하게 되었다. 시라쿠사는 단연코 그중 가장 중요한 곳이었다. 그리스인은 기원전 3세기 초에 그리스 본토의 위대한 군사 지도자인 에페이로스의 왕 피로스에게 도움을 요청했고, 그는 로마인과 카르타고인 양쪽과 싸웠다(기원전 280-275년). 그러나 그는 고작해야 값비싼 그리고 큰 손해를 입은 승리들만을 얻었고, 그의 이름은 그런 종류의 승리에 쓰이게 되었다. 그는 서부의 그리스인에 대한 로마의 위협을 파괴하지 못했다. 몇 년 지나지 않아서 그리스인은 싫든 좋든 어쩔 수 없이 로마와 카르타고의 싸움에 말려들었고, 지중해 서부 전체가 이 싸움의 결과에 달려 있었다. 바로 포에니 전쟁이다.

이 전쟁은 한 세기 이상의 대결이었다. 전쟁의 이름은 페니키아를 칭하는 로마인의 단어에서 왔고, 불행히도 우리는 사태에 대한 로마인의 설명만을 가지고 있다. 세 차례의 싸움이 있었으나, 첫 두 전쟁으로 누가 더 우월한지는 판가름이 났다. 제1차 전쟁(기원전 264-241)에서 로마는 최초로 대규모 해상 전투를 시작했다. 로마는 새로운 함대로 시칠리아를 차지하고 사르데냐와 코르시카도 장악했다. 시라쿠사는 카르타고와 맺은 이전의 동맹을 포기했고, 시칠리아 서부와 사르데냐는 최초의 로마 속주가 되었다. 이는 기념비적인 진전이었다(기원전 227).

이것은 겨우 1라운드였다. 3세기 말에 이르렀을 때, 최종 결과는 아직 분별할 수 없는 상태였고, 이 예민한 상황에서 어느 편이 세 차례 중 가장 대규모였던 제2차 포에니 전쟁(기원전 218-201)의 발발에 책임이 있는지에 대해서는 지금도 논쟁이 벌어지고 있다. 이 전쟁은 크게 확장된 무대에서 벌어졌다. 전쟁이 시작되었을 때 카르타고인은 이미 에스파냐를 장악하고 있었기 때문이다. 그곳의 몇몇 그리스 도시들은 이전에 로마의 보호를 약속받았다. 그들 중 하나가 카르타고 장군 한니발(기원전 247-?183)에게 공격을 받고 약탈당하자 전쟁이 시작되었다. 이 전쟁은 한니발의 위대한 이탈리아 진군과 코끼리를 포함한 군대를 이끌고 알프스를 넘은 것으로 유명하며, 또 기원전 217년에 트라시메누스 호수와 기원전 216년 칸나에에서 카르타고가 거둔 압도적인 승리들로 정점에 이르렀다. 여기에서 한니발 군대의 두 배에 달하는 로마군이 파괴되었다. 이 시점에서 이탈리아에 대한 로마의 장악력은 심하게 흔들렸다. 일부 동맹과 속국은 카르타고의 세력이 미래를 상징한다고 생각하기 시작했다. 남부는 거의 전부가 편을 바꾸었다. 그러나 이탈리아 중부는 충성을 지켰다.

로마는 자신의 노력 이외에는 기댈 곳이 없었고, 로마에 공성전을 벌이기에는 한니발 군대의 숫자가 부족하다는 커다란 이점을 가지고 있었기 때문에, 버티고 스스로를 구원했다. 한니발은 자신의 본거지에서 멀리 떨어진 곳, 갈수록 황폐해지는 시골에서 작전을 벌여야 했다. 로마인은 배반한 동맹인 카푸아를 가차 없이 파괴했고, 한니발은 카푸아를 도우러 오지 못했다. 그러고 나서 로마는 대담하게도 카르타고의 영토를, 특히 에스파냐를 직접 공격하는 작전을 감행했다. 기원전 209년에 '새 카르타고(카르타게나)'는 로마인에게 점령되었다. 한니발의 동생이 한니발에게 증원군을 보내려던 시도는 기원전

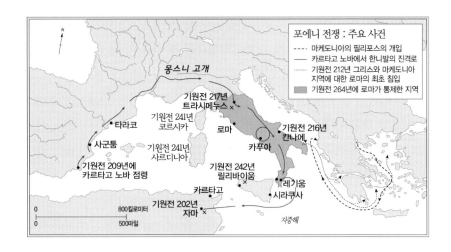

포에니 전쟁 : 주요 사건
- - - - 마케도니아의 필리포스의 개입
─────→ 카르타고 노바에서 한니발의 진격로
········· 기원전 212년 그리스와 마케도니아
　　　지역에 대한 로마의 최초 침입
▨ 기원전 264년에 로마가 통제한 지역

몽스니 고개

기원전 217년
트라시메누스 ×

기원전 241년
코르시카

로마

기원전 216년
칸나에

타라코

사군툼

기원전 241년
사르디니아

카푸아

기원전 209에
카르타고 노바 점령

기원전 242년
릴리바이움

레기움

카르타고

시라쿠사

800킬로미터

기원전 202년
자마

500마일

지중해

207년에 좌절되었고, 로마인은 아프리카 본토로 공세의 방향을 돌렸다. 마침
내 그곳에서 한니발은 어쩔 수 없이 로마군을 따라가야 했고 기원전 202년
자마 전투에서 패배했다. 전쟁은 끝났다.

이 전투는 전쟁의 승패만을 정한 것이 아니었다. 이로써 지중해 서부 전체
의 운명이 결정되었다. 기원전 2세기 초에 포 강 유역이 일단 흡수되자, 이후
이탈리아는 어떤 형식으로든 로마에 귀속되었다. 카르타고에 부과된 평화조
약은 모욕적이고 막대한 금액이었다. 로마는 복수심에 한니발을 추적했고 그
는 쫓겨나서 셀레우코스 궁정에 망명했다. 시라쿠사가 전쟁 기간에 또다시
카르타고와 동맹을 맺었기 때문에, 그 파렴치함은 독립의 상실이라는 처벌을
초래했다. 그리고 시라쿠사는 시칠리아 섬의 마지막 그리스 국가였다. 시칠리
아 전체가 이제 로마의 것이 되었고, 에스파냐 남부 역시 또다른 속주가 건설
되어 로마에 귀속되었다.

제2차 카르타고 전쟁이 종결되었을 때, 갈림길에 선 로마를 상상해보고자
하는 유혹이 강하게 들 수 있다. 한쪽에는 서부에서의 온건함과 안전의 유지
가 있고, 다른 한쪽에는 동부에서의 팽창과 제국주의가 있다. 그러나 이것은
현실을 지나치게 단순화한다. 동부와 서부의 문제들은 이미 너무 연관되었기
때문에 그토록 단순한 대조는 근거를 가질 수가 없다. 이미 기원전 228년부터
로마인은 그리스의 이스트미아 제전에 참가할 수 있었다. 이것은 비록 형식에

불과한 것이기는 했으나, 로마인이 몇몇 그리스인에게는 이미 문명화된 세력이며 헬레니즘 세계의 일원임을 인정받았다는 것이다. 이 세계는 마케도니아를 통해서 이미 이탈리아의 전쟁에 직접 관련되었다. 마케도니아가 카르타고와 동맹을 맺었기 때문이다. 그래서 로마는 마케도니아에 반대하는 그리스도시들의 편을 들었고, 그럼으로써 그리스 정치에 손을 대기 시작했다. 기원전 200년에 마케도니아와 셀레우코스 왕조에 대항하여 아테네, 로도스, 페르가몬의 왕이 직접적으로 도움을 요청했을 때, 로마인은 이미 동부의 사업에뛰어들 심리적 준비가 되어 있었다. 그러나 로마인 중 누구도 이것이 일련의모험들의 시작이 될 것이고, 그 결과 헬레니즘 세계를 공화국이 지배하게 될것이라고 생각하지는 않았을 것이다.

로마인의 태도 변화 중 다른 하나는 아직은 완전하지 않았으나 이미 효력을발휘하기 시작했다. 카르타고와의 투쟁이 시작되었을 때, 로마 상류층 대부분은 이것이 본질적으로 방어전이라고 생각했을 것이다. 어떤 이들은 심지어자마 전투 이후에 남은 허약한 적마저 두려워했다. 다음 세기 중반에 "카르타고는 반드시 파괴되어야 한다"는 카토(기원전 234-149)의 촉구는 장차 공포에서 기인한 집요한 적개심의 표현으로 유명해질 것이었다. 그렇지만 전쟁으로 획득된 속주들은 사람들의 마음속에 다른 가능성들을 일깨우기 시작했고, 얼마 지나지 않아서 그 일을 지속할 다른 동기들을 부여했다. 사르데냐, 에스파냐, 시칠리아의 노예와 황금은 제국이 안겨줄 보상이 어떠한 것인지에 대해서 로마인이 눈을 뜨게 만들었다. 이 지역들은 이탈리아 본토처럼 동맹국이아니라 감독과 추출의 대상인 자원 창고로 취급되었다. 또 공화국 아래에서장군들이 승리의 전리품 중 일부를 자기 병사들에게 나누어주는 전통이 성장했다.

사태는 엎치락뒤치락 복잡하게 전개되었지만, 기원전 2세기 동부에서 로마팽창의 주 무대는 충분히 명백했다. 마케도니아를 정복하여 속주로 귀속시키는 일은 기원전 148년에 끝나는 일련의 전쟁에서 완수되었다. 마케도니아의밀집보병은 예전과 달랐고, 장군들 역시 마찬가지였다. 그 와중에 그리스의도시들 역시 속국으로 전락했고 로마에 인질을 보내야 했다. 시리아의 한 왕이 개입함으로써 로마군이 처음으로 소아시아에 진출하는 결과가 초래되었다. 그 다음에는 페르가몬 왕국이 사라졌고, 에게 해에서 로마의 헤게모니가 확립되었으며, 기원전 133년에는 아시아가 새로운 속주가 되었다. 그외의 지역에서는, 에스파냐의 남은 지역에 대한 정복이 서북쪽 일부를 제외하고 완료되었고, 일리리아가 조공을 바치는 연맹으로 조직되었으며, 기원전 121년에는 프랑스 남부가 속주로 조직되었다. 이는 지브롤터에서 테살리아까지의 해안이 모두 로마의 지배 아래로 들어왔음을 의미했다. 마지막으로 카르타고의 적들이 오랫동안 고대했던 기회가 기원전 149년에 찾아왔고 제3차이자 마지막 포에니 전쟁이 시작되었다. 3년 뒤 이 도시는 파괴되었고, 그 땅은 쟁기로 뒤엎어졌으며, 튀니지 서부를 포함하는 새로운 로마의 속주(아프리카)가 그 대신에 들어섰다.

이렇게 공화정에 의해서 제국이 만들어졌다. 이것의 등장은 다른 모든 제국들과 마찬가지로, 그러나 아마도 이전의 그 어떤 제국보다도 더 명백하게, 기획보다는 우연에 더 많은 빚을 졌다. 공포, 이상주의, 그리고 마지막으로는 탐욕이 어우러져 로마의 군단들을 멀리 더 멀리 보내는 충동을 낳았다. 군사력은 로마 제국의 궁극적 기초였고, 이것은 팽창에 의해서 유지되었다. 카르타고군의 경험과 불굴의 의지를 극복하는 데에는 수적 우세가 결정적이었고 로마의 군대는 대규모였다. 로마군은 동맹국과 위성국가들에서 일급의 인력자원을 끌어올 수 있었고 그 수는 계속 늘어났다. 그리고 공화국의 지배는 새로운 신민들에게 질서정연한 정부를 가져왔다. 제국의 기본 단위는 속주였는데, 그 각각에서는 프로콘술의 권한을 가진 총독이 통치했다. 임기는 공식적으로는 1년이었다. 총독 옆에는 징세관이 있었다.

제국은 불가피하게도 국내에서 일련의 정치적 결과들을 낳았다. 무엇보다 제국은 정부에 인민의 참여(즉 가난한 시민의 참여)를 보장하기가 더욱 어렵게 만들었다. 장기간의 전쟁은 원로원의 일상적 권력과 도덕적 권위를 강화시켰는데, 분명히 말하건대 원로원의 기록은 놀라운 것이었다. 그러나 영토의 팽창은 로마의 지배가 이탈리아 전체로 확대되면서 이미 분명해졌던 문제를 더욱 악화시켰다. 그중 하나는 사회의 군사화와 장군들의 힘의 상승이었다.

기원전 149년에 공직자들과 군사 지휘관들의 불법적 행위를 다루기 위한 특별 법정이 창설되었다. 이 법정의 성격이 무엇이든지, 부의 획득은 오직 정치에 참여할 때만 가능했다. 새로운 속주의 총독은 원로원 의원 중에서 선택되었고, 총독과 동행하는 징세관은 부유하지만 귀족은 아닌 계급인 '에퀴테스(equites)', 즉 '기사(騎士)' 중에서 원로원에 의해서 임명되었기 때문이다.

정체의 약점으로 부각된 것이 또 하나가 있다. 정무관을 매년 선출한다는 원칙은 점점 더 자주 현실에서 무시되었다. 속주에서 전쟁과 반란은 긴급 상황을 초래했고, 정치적 기술로 선출된 콘술들은 이를 감당해내지 못했다. 불가피하게도 프로콘술의 권한이 긴급 상황을 효과적으로 처리할 수 있는 사람들의 손에 들어갔고, 이는 대개 성공적인 장군들이었다. 공화국의 지휘관들을 현대적인 관점에서 전문 군인으로 생각한다면 잘못이다. 그들은 지배계급의 일원으로서 공무원, 법관, 변호사, 정치가, 혹은 심지어 사제로서, 성공적인 경력을 추구할 수 있는 자들이었다. 로마의 행정이 효율적일 수 있었던 핵심 이유 중 하나는 지배자들의 비전문화 원칙을 받아들였던 것이다. 그렇지만 수년 동안 군대를 거느리고 체류한 장군은 공화국 초기에 일회적인 작전을 지휘하고 로마와 정계에 귀환하던 프로콘술과는 다른 종류의 정치 동물이 되었다. 심지어 일종의 사회화된 부패도 있었다. 모든 로마 시민은 모든 형태의 직접세를 면제받음으로써 제국을 통해서 이익을 보고 있었다. 속주들이 본국을 위해서 희생해야 했다. 기원전 1세기에 크게 증가한 도덕주의적 비난과 쇠퇴의 주장들의 배후에는 그러한 악습에 대한 인식이 자리잡고 있었지만, 그때에는 이미 치명적인 효과가 생겨난 뒤였다.

제국이 되면서 초래된 또다른 변화는 그리스 문화의 추가적인 확산이었다. 여기에서 정의(定意)의 문제가 있다. 어떤 면에서는, 로마 문화는 이탈리아를 넘어 정복을 시작하기 전부터 이미 그리스화되어 있었다. 공화국이 마케도니아에 대항한 그리스 도시들의 자유를 의식적으로 옹호한 것은 하나의 증후이다. 다른 한편, 로마가 이미 보유한 것이 무엇이든, 헬레니즘 세계와 직접 접촉한 후에야 획득될 수 있는 것들도 많았다. 마지막으로, 많은 그리스인들에게 로마는 거의 카르타고만큼이나 나쁜 또다른 야만으로 보였다. 시라쿠사

함락 당시 아르키메데스의 죽음과 관련된 전설에는 상징적 의미가 있다. 아르키메데스는 모래 위에서 기하학 문제를 고민하던 중 그가 누군지 알지 못했던 한 로마 병사의 칼에 찔려 쓰러졌다는 것이다.

제국이 되면서 직접적인 접촉이 이루어졌고 헬레니즘의 영향력은 다층적으로, 자주 밀려왔다. 후대의 세대들은 로마인이 목욕에 열심이었던 것에 놀랐는데, 이 관습은 로마인이 헬레니즘 동방에서 받아들인 것이다. 최초의 로마 문학은 그리스 희곡의 번역이었고, 최초의 라틴어 희극은 그리스의 모범을 모방한 것이었다. 도둑질과 약탈을 통해서 예술이 로마로 흘러들어오기 시작했다. 그러나 그리스 양식은 (특히 건축에서) 이미 서부의 그리스 도시들을 통해서 익숙한 것이었다. 인민의 이동 역시 있었다. 기원전 2세기 중반에 그리스 도시들에서 로마로 보낸 1,000여 명의 인질 중 한 명은 폴리비오스였다. 그는 투키디데스의 전통을 따른 최초의 과학적 역사서술을 로마에 제공했다. 그는 기원전 220-146년을 다룬 그의 역사서를 새로운 시대를 여는 한 현상에 대한 의식적인 탐구라고 생각했다. 그것은 바로 로마가 카르타고를 전복시키고 헬레니즘 세계를 정복하는 데 성공한 것이었다. 폴리비오스는 로마에 의해서 지중해에 주어진 새로운 통합성을 이전의 알렉산드로스의 문명화 사업에 대한 보충으로 인식한 최초의 역사가이다. 그는 또한 로마인이 가져다준 것으로 보이는 제국정부의 사욕 없는 분위기를 존경했는데, 이것은 로마인 스스로가 공화국 말기의 사악함을 비난했던 것과 대조를 이룬다.

로마의 가장 위대한 승리는 평화를 가져온 것에 있었다. 제2의 위대한 헬레니즘 시대에, 인간은 지중해 끝에서 끝까지 장애 없이 여행할 수 있었다. '팍스 로마나(Pax Romana)'를 지탱한 구조의 핵심적인 성질은 이미 공화국 아래에, 무엇보다도 로마의 행정에 의해서 촉진된 세계시민주의 안에 있었다. 로마는 단일한 삶의 양식을 부과하는 것이 아니라 오직 세금을 걷고 평화를 유지하며, 공통의 법률로 사람들 사이의 분쟁을 규율하고자 했다. 로마법의 최대 성취가 나타나려면 아직 한참 멀었지만, 기원전 450년경의 초기 공화국은 12표법의 토대를 닦음으로써 로마법의 역사를 열었다. 수백 년 후에도 로마의 어린 소년들 가운데 학교에 다닐 만큼 운이 좋았던 아이들은 여전히 이 12표법을 암기해야 했다. 그 위에서 마침내 하나의 틀이 건설되었고, 그것을 통해서 많은 문화들은 공동의 문명에 대한 자신들의 기여를 후대에 전할 수 있었다.

편의상 먼저 공화국의 지배가 한계까지 확대된 이야기를 마무리한 뒤에 그러한 성공이 어떻게 결국은 치명적인 것으로 드러났는지를 고려해보겠다. 갈리아 트란살피나(프랑스 남부)는 기원전 121년에 속주였으나 (이탈리아 북부처럼) 켈트 부족들의 간헐적인 침략으로 계속 문제가 발생했다. 포 강 유역은 기원전 89년에 갈리아 키살피나와 마찬가지로 속주의 지위를 부여받았고, 거의 40년이 흐른 뒤인 기원전 51년에 갈리아의 나머지 지역(대략 프랑스 북부와 벨기에)이 정복되면서 그와 함께 켈트의 위험은 사실상 끝이 났다. 한편 동부에서는 추가적인 정복이 이루어졌다. 페르가몬의 마지막 왕은 기원전 133년에 자신의 왕국을 로마에 기증했다. 그 다음으로는 기원전 1세기 초에 킬리키아가 획득되었고, 그 뒤에는 흑해의 국가인 폰토스의 왕 미트리다테스와 여러 차례 전쟁을 벌였다. 그 결과 중동은 재조직되었고, 로마는 이집트에서 흑해에 이르는 해안선을 보유하게 되었다. 그 가운데의 모든 지역은 로마에 의존하는 왕국들이나 속주들로 분할되었다(속주 중 하나의 이름은 '아시아'였다). 마지막으로 키프로스가 기원전 58년에 병합되었다.

얄궂게도, 해외에서의 이러한 지속적이고 저항이 불가능해 보이는 성공의 대척점에는 본국의 갈등 증폭이 자리하고 있었다. 문제의 핵심은 공직 진출권이 지배계급의 구성원에게 제한되어 있다는 점이었다. 선거제도와 정치 관행은 두 가지 심각한 장기적 문제 때문에 이전과 다르게 작동하게 되었다. 첫째는 공화국 초기에는 전형적인 시민이었던 이탈리아 농민의 점진적 빈곤화였다. 원인은 여러 가지였지만, 문제의 뿌리에는 제2차 포에니 전쟁의 끔찍한 대가가 놓여 있었다. 징집된 병사들이 거의 끊임없는 군사작전 때문에 장기간 농지를 떠나야 했을 뿐 아니라, 이탈리아 남부의 물리적 손상도 엄청났다. 한편 제국의 사업에서 부를 축적할 수 있었던 운 좋은 자들은 그것을 유일한 투자처에 집어넣었다. 바로 토지였다. 그것의 장기적 결과로서, 대규모 토지에 재산이 집중되었고, 전쟁으로 값이 싸진 노예들이 대개 그 땅을 경작했다. 거기에 소규모 자영농이 설 자리는 없었고, 그들은 이제 도시로 가서 자신을 최대한 비싸게 팔아야 했다. 명목상 로마 시민이지만 무산자가 되어갔던 것이다. 그러나 시민으로서 여전히 투표권은 가지고 있었다. 부와 정치적 야망을 가진 자들은 이러한 사람들을 매수하거나 협박해야 했다. 수지맞는 관직에 진출하는 길은 인민의 선거를 통해야 했으므로, 공화국의 정치는 필연적으로 급격하게 돈의 힘을 반영하게 되었다. 이것 역시 이탈리아에서 멀리 그리고 넓게 퍼지는 반향을 일으켰다. 일단 표에 가격이 매겨지자 로마의 시민 무산자들은 시민권을 다른 이탈리아인에게 확대함으로써 자신들이 지속적으로 평가절하되는 것을 환영하지 않았다. 심지어 로마의 동맹국들이 징집을 당했음에도 불구하고 말이다.

두 번째 문제는 군대의 변화였다. 로마 군단은 공화국 아래에서 400년 이상의 역사를 가졌고, 군단의 진화는 단순한 공식으로 압축될 수 없다. 그러나 그래도 한 가지 공식을 찾는다면, 최선의 답은 아마도 군대가 점점 더 전문화되었다고 말하는 것이리라. 포에니 전쟁 이후에는, 농사를 짓다가 남는 시간에 싸우는 군인들에게 전적으로 의존하기가 더 이상 불가능해졌다. 군역의 부담은 언제나 무거웠지만 점점 더 인기가 없어졌다. 전투 때문에 머나먼 곳으로 가서 여러 해를 보내게 되고, 때로 수비대가 점령된 속주에 수십 년을 머물러야 하는 상황이 되자, 심지어 로마의 인력자원도 고갈의 조짐을 보이기 시작했다. 기원전 107년의 공식적 변화는 기존에 벌어지던 일을 공인한 것이었다. 즉 군역의 재산 자격이 철폐되었다. 이는 마리우스라는 콘술의 작품이었다. 그는 이렇게 함으로써 병력 충원의 문제를 해결했다. 이후로는 대개 가난한 자원병이 넉넉하여 징집이 불필요하게 되었다. 군역은 여전히 계속해서 시민으로만 국한되었으나 시민은 많았다. 그러나 결국에는 군역을 통해서도 시민권을 획득하게 되었다. 마리우스는 또다른 혁신을 했는데, 각 군단에 각자의 '독수리들', 즉 휘장을 주었다. 이는 그들의 사기에 매우 중요한 것이었고, 우상보다는 약하고 현대의 부대 표식보다는 강한 어떤 것이었다. 그러한 변화는 점차 군대를 새로운 종류의 정치적 힘으로 만들었고, 유능한 장군이며, 속주들을 관리하는 일에 자주 부름을 받은 인물이었던 마리우스와 같은 이들에게 유용한 수단이 되었다. 그는 실제로 자신이 지휘하는 부대 중 하나에서 개인적인 충성서약을 받아냈다.

이탈리아 중부에서 소농이 제국의 전리품으로 획득된 (그리고 노예들이 경작하는) 대규모 경작지에서 밀려나면서 부자와 빈자의 간극이 넓어지고, 새로운 가능성이 정치군인에게 열리게 된 것은 결국 공화국에 치명적이었다. 기원전 2세기 말에 호민관이었던 그라쿠스 형제는 이 사회 문제를 풀기 위해서 노력했고, 농업경제에서 가능한 유일한 방법을 사용했다. 그들은 토지개혁을 했고, 원로원의 힘을 감소시키고 '에퀴테스'에게 정부에서 더 큰 역할을 맡겼다. 사실상 그라쿠스 형제는 제국의 부를 분산시키려고 했던 것이지만, 그들의 시도는 그들의 죽음으로 끝나고 말았다. 이 자체는 정치의 위기가 고조되었음을 드러낸다. 공화국의 마지막 세기에 정치가들은 자신들의 목숨이 걸려 있다는 사실을 알았고, 그로 인해서 분파적 적개심이 극에 달했다. 또한 이때에는 소위 로마 혁명이 시작되었다. 콘술이었던 티베리우스 그라쿠스(형 그라쿠스)는 '플레브스'를 설득하여 자신의 토지개혁 법안에 거부권을 행사한 호민관을 해임시키도록 만들었고, 그럼으로써 거부권을 가진 호민관의 우선권에 의해서 인민의 의지를 굴절시키던 관행을 받아들이지 않겠다고 선언했다. 이로써 로마 정치에서 관행이 옆으로 밀려나게 되었다.

공화국의 최종적인 혼란으로의 침잠은 기원전 112년 북아프리카의 한 왕이 다수의 로마 상인들을 학살함으로써 촉진되었다. 그로부터 얼마 지나지 않아서 북방에서 야만인 침입자들의 물결이 갈리아의 로마 지배를 위협했다. 이 긴급 상황은 콘술 마리우스를 전면에 등장시켰고, 그는 공화국의 적들을 성공적으로 처리했으나, 그 대가로 추가적인 제도적 혁신은 불가능해지고 말았다. 왜냐하면 이후 그는 5년 연속으로 콘술에 선출되었기 때문이다. 그는 사실 공화국의 마지막 세기를 지배할 여러 군벌들 중의 첫 번째였다. 다른 이들도 그의 선례를 금방 따라했다. 로마 시민권을 라티움과 이탈리아의 다른 국가들로 확장시키자는 요구가 커졌다. 결국 이 동맹국들(socii[소키])은 기원전 90년에 반란을 일으켰다. 그것은 오늘날 영어에서는 다소 오해를 초래하는 'Social War'라는 이름으로 불린다. 동맹국들은 로마의 민회가 궁극적인 주권을 가진다는 개념을 무의미하게 만들어버리는 양보를 받아내고서야 잠잠해졌다. 이

제 시민권은 이탈리아 대부분으로 확장되었다. 그 뒤에는 아시아에서 새로운 전쟁들이 벌어졌다. 그리고 그로부터 정치적 야망을 가진 장군 한 명이 또 나타났으니, 그는 바로 술라였다. 내란이 벌어졌고 마리우스는 한 번 더 콘술을 역임한 뒤에 죽었으며, 술라는 기원전 82년에 로마로 돌아와서 (원로원의 표결로) 딕타토르(dictator, 독재관)의 임기를 시작했다. 그는 적들을 잔혹하게 '처벌했고'(그들의 명단을 공개했고, 누구든 그들을 죽일 권리가 있다고 공표했다), 제도로 보장된 인민의 권력을 공격했으며, 원로원 권력의 회복을 시도했다.

술라를 지지하던 부하들 중에는 폼페이우스(기원전 106-48)라는 이름의 젊은이가 있었다. 술라는 정상적으로는 콘술만이 보유할 수 있는 지위를 그에게 줌으로써 그의 경력을 도왔고, 그는 기원전 70년에 콘술로 선출되었다. 폼페이우스는 3년 뒤 지중해 해적을 제거하기 위해서 동부로 떠났고, 나아가서 폰토스와의 전쟁에서 아시아의 광대한 영토를 정복했다. 폼페이우스의 젊음, 성공, 탁월한 능력은 그가 독재자가 될지도 모른다는 공포를 불러일으켰다. 그러나 로마 정치의 상호작용은 복잡했다. 여러 해가 지나면서 수도에서는 무질서가, 지배 집단에서는 부패가 증가했다. 독재에 대한 공포가 강화되었지만, 그 공포는 여러 과두분파 중 하나의 것이었고, 위험이 어디에 있는지는 점점 덜 분명해졌다. 게다가 한 가지 위험은 오랫동안 무시된 뒤에야 비로소 인민이 그것을 깨닫게 되었다.

기원전 59년에 마리우스의 아내의 조카였던 또다른 귀족이 콘술로 뽑혔다. 그는 젊은 율리우스 카이사르(기원전 100-44)였다. 카이사르는 한동안 폼페이우스와 협력했다. 카이사르는 콘술이었으므로 갈리아의 군대를 지휘했고, 다음 7년 동안 빛나는 작전들을 연속적으로 펼친 끝에 갈리아 정복을 완료했다. 카이사르는 정치에 깊은 관심을 가졌지만, 이 시기 동안 로마에서 떨어져 있었다. 당시 로마에서는 폭력 집단, 부패, 살해가 공적 삶을 훼손시켰고 원로원의 신용을 떨어뜨렸다. 전쟁이 끝났을 때, 카이사르는 엄청난 부자가 되었고, 충성스럽고 노련하며 확신에 찬 군대를 보유했다. 이들은 카이사르의 지도력이 자신들에게 봉급과 승진과 미래의 승리를 안겨줄 것으로 기대했다.

카이사르는 또한 냉정하고 인내심이 강하며 가차 없는 인간이었다. 전하는 이야기에 따르면, 한번은 카이사르가 자신을 나포한 해적 몇몇과 농담을 나누며 주사위 놀이를 하고 있었다. 그의 농담 중에는 자기가 풀려나면 그들을 십자가형에 처하겠다는 것이 있었다. 해적들은 웃었다. 그러나 카이사르는 정말 그들을 십자가에 못 박았다.

이 무시무시한 인간이 갈리아에 남기를 희망했을 때 몇몇 원로원 의원들은 갑자기 경계심을 가지게 되었다. 카이사르는 정복이 완료되었는데도 자신의 군대와 속주를 지휘하기를 원했고, 콘술 선거가 있기까지 지휘권을 보유했다. 그의 정적들은 카이사르를 소환하여 콘술 임기 동안의 불법적인 행위들에 대한 고발에 직면하게 하려고 노력했다. 그러나 카이사르는 다음 단계로 나아갔는데, 이는 그조차도 혹은 어느 누구도 알아차리지 못했으나 공화국 종말의 시작이었다. 카이사르는 군대를 이끌고 자기 속주의 경계인 루비콘 강을 건넜다. 그리고 결국 로마로 이어질 행군을 시작했다. 이것이 기원전 49년 1월이었다. 이는 반역행위였다. 그러나 그는 다만 공화국을 적으로부터 지키는 것이라고 주장했다.

원로원은 이 극한 상황을 맞이하여 공화국 수호를 폼페이우스에게 의존했다. 폼페이우스는 이탈리아에서는 병력을 가지고 있지 않았기 때문에 아드리아 해를 건너가서 군대를 일으켰다. 콘술들과 원로원 의원들 대부분이 그와 함께 갔다. 이제 내란은 불가피했다. 카이사르는 신속하게 에스파냐로 진군하여 폼페이우스에게 충성하던 그곳의 7개 군단을 물리쳤다. 그는 이 군단들을 부드럽게 대해서 최대한 많은 병사들을 얻으려고 했다. 그는 비록 가차 없고 심지어 잔혹할 때도 있었지만, 정치적 반대파에 대한 그의 관대함은 현명하고 사려 깊은 행동이었다. 카이사르는 자신은 술라를 모방하려는 계획이 없다고 말했다. 그후 그는 폼페이우스를 추적했고, 폼페이우스는 이집트로 쫓겨가서 그곳에서 살해되었다. 카이사르는 이집트에 꽤 오래 체류하며 이집트의 내란에도 손을 댔고, 거의 우연히도 전설적인 여왕 클레오파트라의 연인이 되었다. 그 뒤 그는 로마로 귀환했다가 거의 즉각 아프리카로 떠나서 그곳에서 자신에게 반대하던 로마 군대를 격파했다. 마지막으로 그는 다시 에스파냐로

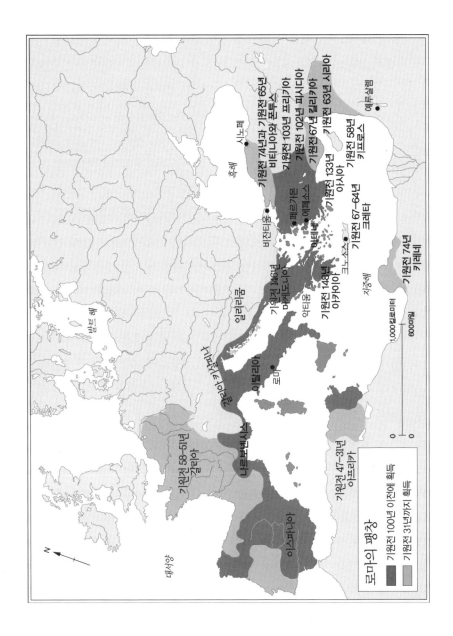

기원전 74년과 기원전 65년
비티니아와 폰투스

기원전 103년 프리기아

기원전 102년 피시디아

기원전 67년 킬리키아

기원전 63년 시리아

기원전 58년
키프로스

기원전 133년
아시아

기원전 67-64년
크레타

기원전 74년
키레네

예루살렘

시노페

흑해

메드카룸

에페소스

할레비

비잔티움

할레도

기원전 146년
마케도니아

크노소스

지중해

로도스

1,000킬로미터

6000마일

기원전 148년
아카이아

이탈리아

로마

갈리아키살피나

나르보넨시스

기원전 58-5년
갈리아

이스파니아

기원전 47-31년
아프리카

발트 해

대서양

N

로마의 팽창

기원전 100년 이전에 획득

기원전 31년까지 획득

돌아가서 폼페이우스의 아들이 키우던 병력을 파괴했다. 이것이 기원전 45년이었으며, 루비콘 도하로부터 4년 뒤였다.

이와 같은 광휘는 단순히 전투에서 이기는 문제가 아니다. 카이사르가 로마에 머문 것은 잠시였지만, 그는 자신의 정치적 지지를 신중하게 조직화했고 원로원에 자신의 사람들을 채워넣었다. 잇따른 승리들은 그에게 거대한 명예와 실제적인 권력을 가져다주었다. 그는 종신 딕타토르로 선출되었고, 이름만 다를 뿐 사실상 왕이 되었다. 그는 정치가들의 감수성을 별로 고려하지 않고 자신의 권력을 사용했으며, 비록 그가 로마의 거리에 질서를 부과하고 정치에서 금융업자들의 힘을 끝장내는 조치들을 취하기는 했어도, 자신의 지배가 장기적으로 성공을 거둘 것임을 제안하는 상상력은 보여주지 않았다. 특히 한 가지 개혁에 미래의 유럽은 큰 빚을 지게 되었다. 바로 율리우스력의 도입이다. 이것 역시 우리가 로마인의 것이라고 착각하는 여러 가지와 마찬가지로 헬레니즘 알렉산드리아에서 온 것이다. 그곳에서 천문학자들은 카이사르에게 365일짜리 1년을 사용하고 4년마다 추가로 하루를 넣으면 전통적인 로마 역법의 복잡성에서 벗어날 수 있을 것이라고 제안했다. 이 새로운 역법은 기원전 45년 1월 1일에 시작되었다.

그로부터 15개월 뒤 카이사르는 죽었다. 성공의 정점을 달리던 기원전 44년 3월 15일에 원로원에서 쓰러졌다. 그를 살해한 자들의 동기는 복잡했다. 살해 시점을 이때로 잡은 것은 분명히 카이사르가 동부에서 파르티아와 대규모 전쟁을 계획하고 있다는 사실을 알게 된 것에 영향을 받았을 것이다. 그가 자신의 군대에 합류하게 되면, 다시 개선장군으로 돌아올 것이고, 그러면 이전보다 더욱 난공불락이 될 것이었다. 왕이 되려고 한다는 소문도 있었다. 어떤 이들은 헬레니즘식 전제지배를 상상했다. 카이사르의 정적들의 다양한 동기들은 사실상의 일인지배에서 공화정 전통에 대한 심각한 모욕을 감지한 몇몇 사람들의 혐오 덕분에 존중을 받았다. 어떤 이들은 제도에 대한 사소한 불경행위들에 분노했고, 결국 카이사르 암살자들은 실망한 군인, 이해관계를 가진 과두파, 분노한 보수파가 뒤섞인 집단이었다.

카이사르 살해자들은 카이사르가 모두 해결하지 못한, 그리고 자신들의 선배들이 확연하게 실패했던 문제들에 대한 해결책을 가지고 있지 않았다. 그들은 장기적으로 자신들조차 보호하지 못했다. 공화국의 회복이 선언되었으나, 카이사르의 행위들은 인정되었다. 암살자들에 대한 감정적 역풍이 불었고, 그들은 곧 로마에서 도망쳐야 했다. 2년 뒤 이들은 죽었고, 율리우스 카이사르는 신으로 공표되었다. 공화국 역시 빈사 상태에 빠졌다. 공화국의 심장은 루비콘 도강보다 훨씬 더 이전에 이미 치명적인 손상을 입었고, 어떠한 복구 시도도 공화국 제도의 죽음을 막을 수 없었다. 그러나 공화국의 신화, 이념, 형식은 로마화된 이탈리아에서 살아남았다. 로마인은 제도적 유산에서 등을 돌리고 공화국이 끝났다고 인정할 수 없었다. 그들이 마침내 그렇게 했을 때에는 이미 공화국은 그 이름과 공화정의 로마인을 모방하려는 열망을 제외하고는 모두 정지된 상태였다.

그리스인이 문명에 끼친 기여가 본질적으로 정신적, 영적이라고 한다면, 로마의 경우는 구조적, 실용적이라고 하겠다. 그 본질은 제국 자체였다. 비록 한 개인이 제국은 아니며, 위대한 알렉산드로스도 그렇지는 않았다. 그러나 제국의 본성과 정부는 놀라울 정도로 한 개인의 탁월한 능력의 창조물이었다. 바로 율리우스 카이사르의 조카손자이자 양자(養子)였던 옥타비아누스(기원전 63-기원후 14)이다. 후에 그는 카이사르 아우구스투스로 칭해졌다. 한 시대가 그의 이름을 따서 명명되었다. 그의 이름은 후계자들에게 하나의 형용사가 되었다. 때로 우리는 최초의 수도 상주병력이었던 친위대('프라이토리아니[Praetoriani]')부터 미혼세(未婚稅)까지 로마 제국을 특징짓는 거의 모든 것을 그가 발명한 것은 아닐까 하는 느낌을 받는다. 이러한 인상을 받는 이유 중 하나는, 그가 홍보의 달인이었기 때문이다. 의미심장하게도 로마 제국의 그 어떤 황제보다 그의 표상이 가장 많이 우리에게 전한다.

옥타비아누스는 카이사르가 되기는 했으나 출발은 미약했다. 그는 열여덟 살에 율리우스로부터 귀족적 인맥, 막대한 부, 군사적 자원을 물려받았다. 그는 위대한 딕타토르를 살해한 집단을 파괴하기 위해서 일련의 잔혹한 처벌을 수행하면서 한동안 카이사르의 측근인 마르쿠스 안토니우스(기원전 82-30)와 협력했다. 마르쿠스 안토니우스는 동부로 원정을 떠났는데, 승리를 거두는 데에 실패했고 경솔하게도 율리우스의 정부(情婦)였던 클레오파트라와 결혼을 했다. 옥타비아누스는 이를 십분 활용했다. 그는 안토니우스가 프로콘술의 임기를 끝낸 뒤 동방식 군주제를 짐수레에 싣고 로마로 돌아올지도 모른다는 위험에 대항하여 공화국의 이름으로 싸움을 시작했다. 악티움 해전의 승리(기원전 31년) 이후 안토니우스와 클레오파트라는 전설로 남을 자살을 했다. 그리고 프톨레마이오스 왕국은 종말을 맞이했고 이집트 역시 로마의 속주로 병합되었다.

이것은 내란의 종식이었다. 옥타비아누스는 귀환하여 콘술이 되었다. 그는 품 안에 모든 카드를 쥐고 있었으나, 신중하게도 그것들을 사용하지 않고 정적들이 자신의 힘을 알아차리도록 기다렸다. 기원전 27년에 그는 자신이 공화국의 회복이라고 부른 조치를 원로원의 지지와 함께 실행했다. 옥타비아누스는 기존의 형식을 신중하게 보존함으로써, 내전과 처벌로 숙청되고 약화된 원로원을 자신의 진정한 우월적 지배와 화합시켰다. 그는 공화주의적 경건성의 대문 뒤에서 자기 종조부 카이사르의 진정한 권력을 다시 확립했다. 그는 변경 속주들의 병력에 대한 지휘권을 보유하고 있다는 점에서만 '임페라토르(imperator)'였다. 그러나 대부분의 군단이 바로 그곳들에 있었다. 그와 카이사르 군대의 늙은 병사들이 귀환하여 은퇴할 때, 그들은 소토지에 제대로 정착할 수 있었고 당연히 그에게 감사했다. 옥타비아누스의 콘술직은 매년 갱신되었고, 기원전 27년에는 '아우구스투스'라는 명예로운 호칭을 받았다. 그는 오늘날에도 이 이름으로 기억되고 있다. 그러나 로마에서 그는 공식적으로 그리고 대부분의 경우에 가족명으로 불리거나 '프린켑스(princeps)', 곧 제1시민으로 불렸다.

시간이 지날수록 아우구스투스의 권력은 더욱 커졌다. 원로원은 그에게 공식적으로는 원로원이 지배하는 속주들(즉 주둔군을 유지할 필요가 없는 곳들)에 대해서 관여할 권한을 부여했다. 그는 투표를 통해서 호민관의 권한을 부여받았다. 그의 특별한 지위는 로마인이 '디그니타스(dignitas)'라고 부른 그의 상태에 대한 새로운 인증을 통해서 강화되고 공식화되었다. 즉 그는 기원전 23년에 콘술직에서 물러난 이후 두 명의 콘술 사이에 앉았으며, 그의 업무는 원로원의 의제에서 우선권을 부여받았다. 마지막으로, 그는 기원전 12년에 카이사르가 그러했듯이 국가 종교행사의 수장인 최고 신관, 즉 '폰티펙스 막시무스(pontifex maximus)'가 되었다. 공화정의 형식은 인민의 투표와 원로원 의원 선출에서 유지되었다. 그러나 아우구스투스는 누가 선출되어야 하는지를 좌우했다.

이러한 우월성 뒤에 가려진 정치적 현실은, 지배계급 내에서 카이사르에게 의존하는 자들이 지배력을 가지게 되었다는 것이다. 그러나 이 신흥 엘리트는 옛 엘리트처럼 행동할 수 없었다. 아우구스투스의 자비로운 전제정은 행정과 군대를 충성스러운 봉급 수급자의 손에 맡김으로써 속주를 규율했다. 공화정 전통과 축제를 의도적으로 부활시킨 것 역시 여기에 한몫을 했다. 아우구스투스의 정부는 도덕적 부흥에 지대한 관심을 가졌다. 어떤 이들에게는 고대 로마의 덕들이 다시 살아난 것처럼 보였다. 쾌락과 사랑을 노래한 시인 오비디우스는 흑해 지역으로 쫓겨가야 했다. 황제 가문의 말단에서 일어난 성추문 때문이었다. 이러한 공식적 엄격함에 더해서, 치세의 대부분이 평화로웠다는 점과, 로마의 건축가들과 공학자들이 이룬 위대한 가시적 기념물들을 고려하면, 아우구스투스 시대의 높은 평판은 전혀 놀랍지 않다. 아우구스투스는 기원후 14년에 죽었고, 율리우스 카이사르가 그랬듯이 신으로 숭배되었다.

아우구스투스는 자신의 가문의 누군가가 자신을 계승하기를 원했다. 그는 공화국의 제도들을 존중하기는 했으나(이 제도들은 놀라운 끈기를 가지고 지속되었다), 로마는 당시 사실상 군주정이었다. 이것은 향후 5대 동안 한 가문에서 계승자가 나왔다는 사실에서 증명된다. 아우구스투스에게는 딸 하나뿐이었다. 그래서 그의 계승자는 딸의 세 명의 남편 중 하나로, 입양을 통해서 아우구스투스의 양아들이 된 티베리우스(재위 14-37)였다. 마지막으로 통치한 그의 계승자는 네로(재위 54-68)였고, 네로는 68년에 죽었다.

고전 세계의 지배자들은 대개 편안한 삶을 살지 못했다. 어떤 로마 황제들은 궁전의 회랑 구석에 거대한 거울을 설치했다. 암살자들이 주변에 숨어들지 못하게 하려는 것이었다. 티베리우스도 아마 자연사하지 못한 것 같다. 그리고 그의 뒤를 이은 네 황제들도 마찬가지였다. 이러한 사실은 아우구스투스의 체계에 내재된 취약함을 드러낸다. 원로원이 성가시게 굴 여지도 여전히 존재했다. 원로원은 공식적으로는 계속해서 최고 정무관을 지명했고, 궁정과 황가에 대해서 음모를 꾸밀 기회가 항상 있었다. 그러나 원로원은 권위를 되찾을 희망은 결코 가질 수 없었다. 궁극적인 권력의 원천은 언제나 군대였기 때문이다. 만약 중심부에서 혼란과 우유부단함이 발생한다면, 군인들이 결정을 내릴 것이었다. 이것이 바로 '네 황제의 해'인 69년에 제국을 뒤흔든 최초의 내란이 터졌을 때 벌어진 일이다. 그로부터 한 백부장의 손자이자 귀족과는 한참 거리가 멀었던 베스파시아누스(재위 69-79)가 등장했다. 최고위 정무관직은 강력한 로마 가문들의 손에서 벗어나버렸다.

베스파시아누스의 둘째 아들이 96년에 살해되었을 때, 이 신흥 가문은 종말을 맞이했다. 그것을 계승한 이는 원로원의 연장자인 네르바(재위 96-98)였다. 그는 자연적인 왕조의 연속성을 확보하려는 시도를 중지함으로써 계승문제를 해결했다. 그는 아우구스투스가 어쩔 수 없이 택했던 입양의 관행을 제도화했다. 그 결과 네 명의 황제, 트라야누스(재위 98-117), 하드리아누스(재위 117-138), 안토니누스 피우스(재위 138-161), 마르쿠스 아우렐리우스(재위 161-180)가 뒤를 이었고, 그들은 제국에 1세기 동안 훌륭한 정부를 제공했다. 그리고 이 시대는 (그중 세 번째 황제의 이름을 따서) 안토니누스 시대라고 불린다. 이들은 모두 속주에 뿌리를 가진 가문들 출신이었다. 이는 제국이 어느 정도로 세계시민적인 실재였는지를, 그리고 서양에서 헬레니즘 시대 이후에 제국이 어느 정도로 세계의 기초가 되었는지를, 그리고 단순하게는 이탈리아 출신의 소유물이 아니었음을 보여주는 증거이다. 입양은 군대, 속주, 원로원이 동의할 수 있는 후보자를 찾는 것을 용이하게 만들어주었다. 그러나 이 황금시대는 세습 원칙으로의 복귀와 함께 끝났다. 마르쿠스 아우렐리우스의 아들 콤모두스(재위 180-192)가 제위를 계승했다. 그는 192년에 살해되었고, 69년의 상황이 재현되는 듯했다. 이듬해에는 또다시 네 황제가 있었고, 그들은 모두 자신의 군대에 의해서 추대되었다. 결국에는 일리리아 군대가 승리했고 아프리카 출신의 장군을 옹립했다. 이후의 다른 황제들 역시 병사들에 의해서 지명되었다. 나쁜 시절이 눈앞에 도래했다.

이 시기에 황제들은 아우구스투스보다 훨씬 넓은 지역을 다스렸다. 율리우스 카이사르는 북부에서 브리타니아와 게르마니아에 대한 정찰을 수행한 바 있으나, 영불 해협과 라인 강을 경계로 삼은 채 갈리아를 떠났다. 아우구스투스는 게르마니아로 밀고 들어갔고 또 남쪽으로는 도나우 강에까지 이르렀다.

도나우 강은 결국 제국의 경계가 되었으나, 라인 강을 넘어선 침공은 덜 성공적이었고 아우구스투스의 소망과는 다르게 국경은 엘베 강으로 안정화되지 못했다. 반대로 9년에 (후대의 독일인들이 민족적 영웅으로 생각하는) 아르미니우스가 이끄는 게르만 부족들이 3개 군단을 파괴함으로써 로마인의 확신에 큰 충격을 주었다. 그 땅은 결코 회복되지 못했고, 그 군단들 역시 마찬가지였다. 그들의 군단 번호는 저주받은 것으로 간주되어 다시는 사용되지 않았다. 라인 강을 따라서 9개 군단이 주둔했고, 이 지역은 그 너머의 위험 때문에 변경 중에서 가장 강력하게 방어되었다.

다른 곳에서는 로마의 지배가 여전히 전진했다. 43년에 클라우디우스(재위 41-54)는 브리타니아 정복을 시작했고, 이 사업은 40년 정도 후에 하드리아누스의 성벽이 북부를 가로질러 건설되어 사실상의 경계를 설정했을 때, 지속 가능한 가장 먼 한계까지 이르렀다. 42년에는 마우레타니아가 속주가 되었다. 동부에서는 105년에 트라야누스가 후대에 루마니아가 되는 다키아를 정복했지만, 이는 장차 오래 지속될 하나의 분쟁이 아시아에서 시작된 지 150년 이상이 지난 뒤의 일이었다.

로마가 처음으로 파르티아와 만난 것은 기원전 92년 술라의 군대가 유프라테스 강에서 작전을 벌이던 때였다. 이후에는 별로 중요한 사건은 없었으나, 30년 뒤 로마의 군대가 아르메니아를 향해서 전진하기 시작했다. 두 나라의 세력권이 거기에서 겹쳤고, 폼페이우스는 국경분쟁에서 아르메니아와 파르티아의 왕들을 중재하기도 했다. 그 뒤 기원전 54년에 로마의 정치가 크라수스(기원전 ?115-53)가 유프라테스 강을 건너 파르티아로 침공을 개시했다. 그는 몇 주일 뒤에 죽었고 4만 명에 이르던 로마 군대는 패배했다. 이는 로마사에서 최악의 군사적 재난 중 하나였다. 아시아에 새로운 강력한 세력이 등장했음이 명백해졌다. 파르티아 군대는 이 당시 훌륭한 궁기병 이상의 병력으로 구성되었다. 여기에는 탁월한 기량의 중장기병, 곧 '카타프락토스(kataphraktos)'가 있었다. 이들은 쇠사슬 갑옷을 입은 기병으로, 말에도 사슬갑옷을 입혔으며 무거운 기병창으로 무장했다. 그들의 위대한 기병의 명성은 멀리 떨어진 중국에서도 부러움을 일으킬 정도였다.

그 이후, 유프라테스 강의 동방 경계에서는 100년 동안 별 문제가 없었다. 그러나 파르티아인은 로마의 사랑을 받지는 못했다. 그들은 내란기에 정치에 관여했고, 시리아를 괴롭혔으며 팔레스타인의 유대인 사이에서 소요를 부추겼다. 마르쿠스 안토니우스는 파르티아를 상대로 작전을 벌이다가 대패를 당해서 3만5,000명의 병사를 잃은 뒤 수치스럽게도 가까스로 아르메니아로 퇴각할 수밖에 없었다. 그러나 파르티아 역시 내부 분열을 겪었다. 그리고 기원전 20년에 아우구스투스는 크라수스가 빼앗긴 로마군 휘장을 반환받는 데에 성공했고, 감사하게도 파르티아에 대한 모든 공격의 필요성들을 명예라는 명분 뒤로 넘길 수 있었다. 그러나 갈등의 가능성은 지속되었다. 양측 모두 아르메니아를 매우 민감하게 생각했고, 또 파르티아의 왕조정치가 불안정했기 때문이다. 한 황제, 즉 트라야누스는 파르티아의 수도인 크테시폰을 점령했고, 페르시아 만까지 진격했다. 그러나 후계자인 하드리아누스는 현명하게도 파르티아인과 화해했고, 점령지의 상당 부분을 돌려주었다.

로마인들이 자랑하던 바에 따르면, 로마에 복속된 새로운 신민들은 모두 자신들에게까지 확장된 '팍스 로마나', 즉 야만인의 침공이나 국제적 분쟁의 위협을 제거해준 제국의 평화 덕분에 혜택을 받았다고 한다. 이러한 주장은 많은 복속민들이 로마의 지배에 대항하여 싸우는 과정에서 벌어진 폭력과 유혈사태를 감안하여 다소 수정이 필요하지만, 그러나 완전히 틀린 말은 아니다. 로마의 국경 내에서는 이전에 없던 질서와 평화가 도래했다. 어떤 곳에서는 이것이 정착방식을 항구적으로 변화시켰는데, 동방에 새로운 도시들이 건설되었고 카이사르의 병사들의 후손들이 갈리아의 새로운 군사적 식민시에 정착했던 것이다. 때로는 더욱더 심원한 영향을 끼치는 결과들도 있었다. 라인 강을 국경으로 삼은 것은 게르만 민족들을 분리함으로써 유럽사에 항구적으로 영향을 끼쳤다. 한편 점차 사태가 안정되면서 지역 유력층이 점차 로마화되는 일이 모든 곳에서 벌어졌다. 그들은 공동의 문명에 참여하도록 독려를 받았고, 이 문명은 군단의 이동을 주목적으로 건설된 도로들에 의해서 더욱 빨라진 통신 덕분에 더 쉽게 전파되었다. 나폴레옹도 1세기의 황제들보다 더 빨리 파리에서 로마로 전령을 보낼 수는 없었다.

제국은 광대한 영역이었고, 이는 그리스인은 직면한 적도 없고 페르시아인은 해결하지 못했던 통치의 문제에 대한 해결책을 필요로 했다. 복잡한 관료제가 등장했고, 이들의 능력은 놀라웠다. 작은 사례 하나를 들어보자. 백인장 이상의 모든 장교들(말하자면 중대장 이상의) 기록은 로마에서 집중되어 관리되었다. 속주 공무원 집단은 행정적으로 아마추어였는데, 많은 지역에서 군대가 이들을 실질적으로 지탱했다. 군대는 단지 싸우는 것보다 훨씬 더 많은 일을 했다. 관료제는 상당히 제한적인 목적만을 채택함으로써 통제되었다. 이러한 목적들 중에는 무엇보다도 재정적인 것이 있었다. 세금만 들어온다면, 로마인의 지배는 지방의 관행이 작동하는 다른 방식들에 관여하지 않았다. 로마는 관용적이었다. 로마는 자신들의 문명의 모범이 야만인으로 하여금 그들의 타고난 방식을 버리도록 하는 큰 틀을 제공하려고 했다. 행정가들의 개혁은 아우구스투스 치하에서 이미 시작되었다. 원로원 의원들은 여전히 1년 임기로 다양한 관직들에 임명되었지만, 변경 속주에서 황제를 위해서 움직이던 황제의 '레가티(legati)'는 황제가 원하는 대로 관직을 보유했다. 모든 증거들을 볼 때, 동원된 수단이 무엇이었든지 간에, 공화국의 마지막 세기의 타락상과 비교해서 제국의 행정은 뚜렷하게 개선되었다. 이것은 페르시아의 총독 체제보다 훨씬 더 중앙집중화되었고 통합되었다.

복속된 민족들은 달콤한 미끼로 협력에 유혹되었다. 먼저 공화국이, 그 뒤에는 제국이 로마의 복속민들 가운데 더 많은 사람들에게 시민권을 부여함으로써 확장되었다. 시민권은 중요한 특권이었다. 다른 무엇보다도, "사도행전"이 상기시키듯이 시민권은 지방 법정에서 로마의 황제에게 상소할 수 있는 권한을 수반했다. 시민권을 부여함으로써 지방 유력층의 충성을 확보할 수 있었다. 수 세기가 지나면서 더욱더 많은 비로마인이 원로원과 로마에 모습을 드러냈다. 마침내 212년에 시민권은 제국의 모든 자유 신민들에게 부여되었다.

이것은 로마의 동화력을 탁월하게 보여주는 사례이다. 제국과 거기에 동반된 문명은 뻔뻔할 정도로 세계시민적이었다. 행정적 틀은 놀라울 정도로 다채로운 대조와 다양성을 포함했다. 이들은 로마의 엘리트나 직업적 관료들이 실행한 불편부당한 전제지배에 의해서가 아니라 지방 엘리트를 포섭하고 로마화하던 헌정적 체제에 의해서 하나로 통합되었다. 1세기부터는 원로원 의원 자신들 중에도 이탈리아 혈통인 사람들은 고작해야 줄어드는 소수에 불과했다. 이러한 로마의 관용은 다른 민족들에게도 확산되었다. 제국은 비이탈리아인에게 닫힌 계서제로서 인종적 단일체였던 적이 한번도 없었다. 오직 단 하나의 민족, 유대인만이 제국 내에서 자신들의 구별성을 보존하는 데에 강한 애착을 가졌고, 그 구별은 종교 및 종교적 관행들과 관련된 것이었다.

이전에 벌써 헬레니즘 문명이 동과 서의 혼합을 상당한 수준으로 성취했다. 이제 로마는 더욱 넓은 영역에서 그 과정을 계속했다. 이 새로운 세계시민주의에서 가장 명백했던 요소는 사실 그리스인이었다. 로마인 자신들이 그리스인으로부터 많은 것들을 물려받았기 때문이다. 물론 그들이 가장 익숙했던 것은 헬레니즘 시대의 그리스인들이기는 했다. 교육받은 모든 로마인은 이중 언어를 사용했고 이것은 그들이 어떠한 전통에 의지했는지를 보여준다. 라틴어는 공식 언어였고, 군대에서는 항상 라틴어를 사용했다. 라틴어는 서부에서 널리 쓰였고, 군사 기록을 통해서 판단해볼 때 라틴어 문해율은 높았다. 그리스어는 동부 속주들의 공용어였고, 모든 상인과 관리들은 그리스어를 이해했으며, 소송 당사자가 원할 경우 법정에서도 사용되었다. 교양 있는 로마인은 자라면서 그리스 고전을 읽었고 거기에서 자신들의 기준을 끌어왔다. 그래서 이 오래된 전통과 대등하게 설 만한 문학을 창조하는 것은 대부분의 로마 작가들이 바라마지않던 야심이었다. 1세기에 그들은 이 야망에 거의 근접했고, 문화적 성취와 제국적 성취의 공시성은 베르길리우스(기원전 70-19)에게서 선명하게 드러난다. 그는 서사시 전통의 의식적 부흥자였으며 동시에 제국의 사명을 노래한 시인이었다.

여기에 로마 문화 특유의 경향에 대한 하나의 실마리가 있다고 말할 수 있다. 아마도 그리스적 배경이 명백하고 편만(遍滿)하여, 로마 문화에서는 새로운 감을 별로 느낄 수 없게 된 것 같다. 그것의 무게는 로마 사상가들의 정적이고 보수적인 관심에 의해서 강조되었다. 그들 사이에서, 그들의 관심은 거의 전적으로 그리스의 유산과, 공화국의 도덕적, 정치적 전통이라는 두 가지 핵심에 의해서 흡수되었다. 두 핵심은 모두 물리적인 환경이 점점 더 그들과 맞지 않게 되었는데도, 기묘하게 그리고 어느 정도 인위적으로 계속 살아남았다. 예컨대 공식적인 교육은 관행과 내용에서 수 세기 동안 거의 바뀌지 않았다. 위대한 로마 역사가 리비우스는 자신의 역사서에서 다시 한번 공화국의 덕성을 촉진하려고 노력했으나, 그것을 비판하고 재해석하려고 하지는 않았다. 로마 문명이 돌이킬 수 없이 도시화되었을 때에도, (거의 소멸된) 자영농민의 덕성은 계속해서 칭송되었고, 부유한 로마인은 (그들의 말에 따르면) 도시를 벗어나서 시골의 단순한 삶으로 향하고 싶어했다. 로마의 조각은 이미 그리스인이 더 잘해놓은 것을 다시 제공했다. 로마의 철학들 역시 그리스 것이었다. 에피쿠로스의 사상과 스토아 사상은 중심을 차지했다. 신플라톤 사상은 혁신적이었으나 동쪽에서 온 것이었다. 장차 로마의 남녀에게 로마 문화가 제공하지 못한 것을 주게 될 신비종교 역시 동쪽에서 왔다.

로마인은 오직 실용적인 분야에서만 위대한 혁신가였다. 바로 법과 공학이다. 법률가들의 성취는 상대적으로 늦었다. 2세기와 3세기 초가 되어서야 비로소 법학자들은 주석을 축적하기 시작했고, 이들의 작업은 법전화되어 중세 유럽에 전해짐으로써 미래에 극히 가치 있는 유산이 되었다. 공학(로마인은 공학과 건축학을 구분하지 않았다)에서 그들이 이룬 성취의 수준은 더 즉각적으로 인상적이다. 이것은 로마인에게 자랑의 원천이며 로마인 스스로 그리스인을 벗어났음을 확신할 수 있었던 얼마 되지 않는 일이다. 이것은 값싼 노동력 덕분이었다. 로마에서는 노예가, 속주에서는 평화시에 병역에 동원된 잉여 병사들이 바로 수도교, 다리, 도로 건설의 위대한 작업을 실행한 사람들이었다. 그러나 물리적인 요소 외에도 많은 것들이 관련되었다. 로마인은 인더스강 서쪽에서 예술과 행정적 기술로서 도시 계획의 창시자와 다름없고, 콘크리트와 볼트(vault) 및 돔의 발명은 건축물의 형태를 혁명적으로 바꾸었다. 최초로 건축물의 내부가 장식을 위한 표면의 연속 이상의 것이 되었다. 크기와 조명이 건축의 주요 주제 중 하나가 되었다. 후대에 기독교 바실리카 교회는 건축물 내의 공간에 대한 새로운 관심을 처음으로 위대하게 표현했다.

로마의 기술적 성취는 동으로는 흑해에서 북으로는 하드리아누스의 성벽까지, 그리고 남으로는 아틀라스 산맥에 이르는 광대한 지역에 흔적을 남겼다. 물론 수도에는 가장 화려한 유물들이 남았다. 그곳의 사치스러운 마감과 다른 어느 곳보다도 더욱 집중된 장식에서 제국의 부유함이 드러났다. 대리석 표면이 온전히 남아 있고, 채색과 스투코 장식이 석재의 단순한 질감을 완화시켜주었던 시대에는, 로마는 이전의 바빌론처럼 상상력을 자극하는 호소력을 가졌을 것이 분명하다. 여기에는 어느 정도 저급성을 드러내는 허세도 있으며, 이 점에서 또 한번 그리스와 로마의 질적 차이를 느끼지 않을 수 없다. 로마 문명은 자신이 창조한 가장 위대한 기념비들에서조차 거대함과 물질주의를 벗어나지 못한다.

부분적으로 이는 로마 제국을 지탱하는 사회적 현실들을 단순히 표현한 것이다. 로마는 고대 세계의 모든 나라들과 마찬가지로 부자와 빈자 사이의 날카로운 구분 위에 건설되었고, 수도 로마 자체에서 이러한 구분은 은폐되지 않고 의식적으로 표현되는 심연이었다. 제국의 이익을 끌어모으며 내부에서는 수십 명의, 장원에서는 수백 명의 노예들을 부렸던 신흥 부자들의 사치스러운 집과, 로마 무산자들이 살던 하층민 공동주택 사이에서 이러한 부의 격차는 가장 확연하게 드러난다. 로마인은 이러한 구분을 자연적인 질서의 일부로 받아들이는 데에 아무런 문제가 없었다. 사실 그 문제에 대해서는 우리 시대 이전에 고민했던 문명이 거의 없다. 다만 이러한 구분을 로마 제국처럼 극악하게 드러낸 문명도 별로 없다. 불행히도, 비록 인지하기는 쉽지만 로마의 부의 현실은 여전히 역사가들에게는 기묘하게도 불분명하다. 오직 원로원 의원 한 명, 소플리니우스의 재정 상태만이 어느 정도나마 상세하게 우리에게 전해진다.

로마의 방식은 제국의 대규모 도시들 전부에 반영되었다. 이것은 로마가 모든 곳에서 유지했던 문명의 핵심이었다. 속주의 도시들은 복속 민족들의 원주민 시골에 떠 있는 그리스-로마 문화의 섬들과 같았다. 상황에 따라서 일정한 조정이 있었지만, 이 도시들은 놀라울 정도의 단일성을 가진 하나의 생활방식을 반영했고, 여기에는 로마의 우선권이 드러났다. 각 도시에는 포룸, 신전, 극장, 목욕탕이 있었고, 이것들은 오래된 도시에 덧붙여지거나 혹은

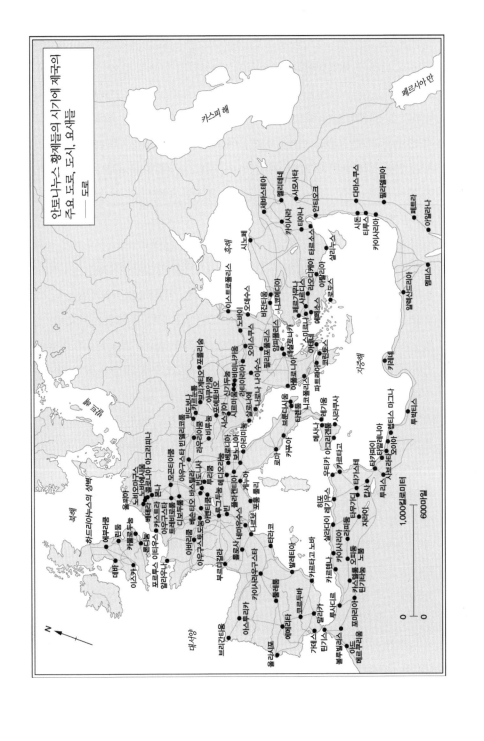

안토니누스 황제들의 시기에 제국의
주요 도로, 도시, 요새들

—— 도로

페르시아 만

카스피 해

흑해

지중해

대서양

북해

라인 강

도나우 강

600마일
1,000킬로미터

재건된 도시의 기본 계획의 일부로서 건설되었다. 토지 계획으로는 규칙적인 바둑판 모양이 채택되었다. 도시들의 정부는 지역 거물들, 곧 '쿠리알레스(curiales, 도시의 아버지들)'의 손에 있었다. 이들은 적어도 트라야누스의 시대까지 도시 사무에서 매우 광범위한 독립성을 누렸다. 다만 후에는 그들에게 더 면밀한 감시가 부과되었다. 이러한 도시들 중 몇몇, 예를 들면 알렉산드리아나 안티오크 혹은 (로마가 재건한) 카르타고는 매우 큰 규모로 성장했다. 이 도시들 중 가장 큰 것은 로마였는데, 결국은 100만 명 이상의 주민들을 포함하게 되었다.

이 문명에서는 원형 경기장의 편재(遍在)가 이 문명이 어느 정도까지 잔혹하고 음탕할 수 있는지를 항시적으로 상기시켜준다. 이러한 점을 시야에서 놓치지 않는 것이 중요하지만, 또 그만큼 중요한 일은 소위 도덕 개혁가들의 작품에서 자주 인용되는 '타락'으로부터 너무 많은 것들을 추론하지 않는 것이다. 로마 문명의 평판이 감내해야 하는 불리한 점 한 가지는, 이 문명이 현대 이전에 존재한 문명들 가운데 오락을 통해서 인민의 정신이 잘 드러나는 희귀한 경우라는 사실이다. 검투 경기와 야수 공연은 그리스의 극장과는 다른 방식으로 강렬한 대중오락이기 때문이다. 도덕적으로 예민한 자들이 인민의 유흥을 권장할 만한 일로 인정하는 경우는 그 어느 시대에도 거의 없으며, 로마인은 이러한 공연을 위해서 거대한 중심지들을 건설하고 대중오락 산업이 정치적 도구로 활용되도록 허용함으로써 자신의 가장 덜 매력적인 측면을 제도화했다. 볼거리가 많은 경기들을 제공하는 것은 부자가 자신의 부를 이용하여 정치적 진전을 확보할 수 있는 방법 중의 하나였다. 그렇지만 우리가, 말하자면 고대 이집트나 아시리아의 대중이 어떻게 즐겼는지에 대해서 알지 못한다는 사실을 십분 인정한다고 해도, 검투 경기라는 독특한 것이 남는다. 이것은 잔혹함을 오락의 도구로 이용했다는 점에서 그 이전의 어떤 경우보다 더 규모가 컸고, 20세기까지 그에 견줄 만한 것은 없었다. 이것은 로마 문화의 도시화 때문에 가능했는데, 로마의 도시들은 어느 때보다 더 큰 규모의 관중을 동원할 수 있었다. 이 '경기들'의 궁극적인 기원은 에트루리아인이지만, 그 발달은 새로운 규모의 도시화와 로마 정치의 긴급한 요청 때문이었다.

로마 사회의 핵심에 있는 잔혹함의 또다른 측면은, 물론 결코 독특하지는 않은 것이다. 곧 편재한 노예제이다. 그리스 사회에서와 같이, 노예제는 매우 형태가 다양해서 하나의 일반화로 요약될 수 없다. 많은 노예들이 임금을 받았고, 어떤 노예는 자신의 자유를 구매했으며, 로마 노예는 법률상의 권리를 가졌다. 사실 대규모 플랜테이션 농지의 증가는 1세기경에 노예의 새로운 집중화의 사례를 제공했지만, 로마 노예제가 다른 고대 사회의 경우보다 더 나빴다고 말하기는 어려울 것이다. 이 제도에 문제를 제기했던 소수의 사람들은 매우 특이한 경우들이다. 도덕주의자들은 후대의 기독교인들이 그러하듯이, 자신들의 노예 소유는 쉽게 받아들였다.

현대 이전에 인민의 정신에 대해서 우리가 아는 바의 대부분은 종교를 통해서 알려진다. 로마의 종교는 로마인의 삶에 매우 명백한 부분이었지만, 이것을 현대적 관점에서 생각한다면 오해하기 쉽다. 로마 종교는 개인의 구원과 아무 관계가 없고 개인의 행동과도 별로 관계가 없다. 로마 종교는 무엇보다도 공적 문제였다. 로마 종교는 '레스 푸블리카(res publica)'의 한 부분이었고, 일련의 의례들을 유지하는 것은 국가에 유익하며 그것을 등한시하는 것은 응분의 결과를 초래할 것이었다. (몇몇 특별한 숭배가 행해진 신전에 남아 있는 한두 가지 낡은 사례들을 제외한다면) 다른 사람과 구별되는 사제계급은 없었다. 그리고 사제의 의무를 맡은 정무관들은 사제직이 사회적, 정치적으로 유용한 지렛대라고 생각했다. 신앙고백이나 교리도 없었다. 로마인에게 요구된 것은 오직 규정된 예배와 의례를 전통적 방식으로 실행해야 한다는 것뿐이었다. 무산자에게는 이것이 성스러운 날에는 일하지 말아야 한다는 것 이상의 의미가 없었다.

공무원들은 어디에서나 이러한 의례들을 책임졌다. 그들은 또 신전들의 유지와 보수도 책임졌다. 이러한 적절한 관리는 강력한 실용적 목적을 가졌다. 리비우스가 전하는 바에 따르면, 한 콘술은 신들이 "종교의례에 대한 꼼꼼한 준수를 온화하게 바라보고 계시며, 우리 나라가 정점에 도달한 것은 이러한 의례들 덕분이다"라고 말했다. 사람들은 아우구스투스의 평화가 '팍스 데오룸 (pax deorum)'이라고 정말로 믿었다. 즉 아우구스투스가 신들에게 적절한 경의를 바치는 일을 회복한 것에 대해서 신들이 보상을 주었다는 것이다. 이보다는 다소 냉소적으로, 키케로(기원전 106-43)는 사회의 대혼란을 방지하기 위해서 신들이 필요하다고 언급한 바 있다. 이것 역시 비록 다른 형태이기는 하나, 종교에 대한 로마인의 실용적 접근을 보여준다. 진심이 아니라거나 믿음이 없었다는 말이 아니다. 징조의 해석을 위해서 점술가를 찾고 중요한 정책 실행에 대해서 복점의 결과를 받아들이는 것만 보더라도 그 부분은 명백하다. 그러나 로마 종교는 신비하지 않았고, 공식숭배를 현실적인 측면에서 이해했다.

로마 종교의 내용은 그리스 신화와 원시 로마의 관행에서 기원하고, 따라서 농업적 관심이 강하게 반영된 제전과 의례들의 혼합물이었다. 그중 다른 종교의 상징 속에 살아남은 한 가지는 12월의 '사투르날리아(Saturnalia)'인데, 오늘날에도 크리스마스로 우리와 함께 있다. 그러나 로마인의 종교 관행은 공식 의례를 넘어선다. 종교에 대한 로마인의 접근방법 중 가장 인상적인 특징은 절충주의와 세계시민주의이다. 제국에서는 모든 방식의 신앙이 허용되었다. 단 공공질서를 저해하거나 공식의례의 준수를 방해하지는 말아야 했다. 대부분의 경우, 농민들은 어디에서나 자신이 사는 지역의 자연적 숭배에서 기인한 영원한 미신들을 추구했고, 도시민은 때때로 새로운 유행을 선택했으며, 교양층은 그리스와 로마의 신들로 구성된 고전적 판테온을 어느 정도 받아들이고 공식의례에서 인민을 이끌었다. 마지막으로 각 씨족과 가족은 인간 생애의 중요한 순간들, 즉 출생, 혼인, 질병, 죽음의 경우들에 자신들이 섬기는 신에게 적절한 특별의례를 바쳤다. 각 가정에는 그 집의 성소가 있고, 길모퉁이마다 신상이 서 있었다.

아우구스투스 치세에서 오래된 신앙에 새 활력을 불어넣으려는 의도적인 시도가 있었다. 이 옛 신앙은 헬레니즘 동방 세계와 더 가까워지면서 다소 잠식당했던 것이며, 이미 기원전 2세기에도 몇몇 회의론자들에 의해서 냉소를 받았던 것이다. 아우구스투스 이래로 황제들은 언제나 '폰티펙스 막시무스' 직을 가졌고, 그럼으로써 한 인격 안에 정치적, 종교적 지상권이 통합되었다. 이것은 제국 숭배 자체의 중요성과 선명성을 더욱 증가시키기 시작했다.

이것은 로마인의 타고난 보수주의, 조상들의 방식과 관행에 대한 로마인의 존중과 잘 맞아떨어졌다. 제국 숭배는 전통적 수호신들에 대한 존중, 가문의 신들의 회유 혹은 소환, 위대한 인물들과 거대한 사건들에 대한 기념을 동방과 아시아에서 들어온 신적 왕권의 개념과 결합시켰다. 그리하여 로마 혹은 원로원을 위한 제단이 처음으로 세워졌고, 이들은 곧 황제를 위한 제단으로 재조정되었다. 이러한 숭배는 제국 전체에 확산되었다. 다만 이 관행이 로마 자체에서 완전히 존중받게 된 것은 3세기가 되어서였다. 공화주의적 감성이 그토록 강력했던 것이다. 그러나 그런 로마에서도 제국이 겪던 압박은 이미 공식적 경건성의 부활에 유리한 상황을 조성했고, 이는 제국 숭배에 도움이 되었다.

이 모두가 동방에서 온 것은 아니다. 2세기에 순수한 로마의 종교 전통과 제국 내의 다른 전통을 구분하기란 사실상 불가능했다. 로마의 판테온은 그리스와 같이 대규모로 신앙들과 숭배들을 거의 구분 없이 흡수했고, 그들의 경계선은 흐릿하고 유동적이었으며, 단순한 마술에서 스토아 철학자들이 널리 퍼뜨린 종교적 단일신론에 이르기까지 광범위한 경험들을 가로질러 구분할 바 없이 통합되었다. 제국의 지적, 종교적 세계는 잡식성이었고, 경신적(輕信的)이었고, 심히 비합리적이었다. 여기에서 로마 정신의 가시적 실용성에 대해서 지나친 인상을 가지지는 말아야 한다. 실용적 인간도 종종 미신을 믿는다. 그리스의 유산도 전적으로 합리적인 방식으로만 이해되지는 않았다. 그리스 철학자들은 기원전 1세기에 신의 영감을 받은 신성한 사람들로 간주되었고, 그들의 작품 중에서 가장 열렬히 연구된 부분은 신비적인 가르침이었다. 그리고 그리스 문명조차 항상 인민의 미신과 지역적인 숭배 관행이라는 넓은 토대에 근거를 두고 있었다. 부족의 신들은 로마 세계 전체에 차고 넘쳤다.

이 모든 것은 결국 크게 보아서 고대 로마인의 삶의 방식에 대한 실용적인 비판으로 이어진다. 명백하게도 로마인의 방식은 도시 문명에는 더 이상 충분하지 않았다. 로마의 토대가 되는 농민이 숫자상으로는 아무리 우월하다고 해도 말이다. 많은 전통적 제전들은 목가적이거나 농경적인 기원을 가졌다. 그러나 때로는 심지어 어느 신을 위한 것인지도 망각되었다. 도시 주민들은 더욱더 혼란스러운 세계에서 점차 경건성 이상의 무엇을 원하게 되었다. 사람들은 세계에 의미를 부여하고 어느 정도라도 세계를 통제할 수 있게 해주는 것이라면 무엇이든 간절히 붙잡으려고 했다. 그 덕분에 옛 미신과 새로운 유행들이 이득을 보았다. 이에 대한 증거로, 이집트 신들의 인기가 있다. 제국의 안전보장 덕분에 여행과 교류가 더 쉬워지자 이들에 대한 숭배가 제국으로 밀려왔다(심지어 황제의 수호신이 되기도 했다. 바로 리비아 출신의 셉티미우스 세베루스 황제이다). 이전의 무엇보다 더 거대한 복잡성과 높은 수준의 통합성을 가진 문명 세계는 또한 더욱더 거대한 종교성과 거의 한계를 모르는 호기심의 세계가 되었다. 이교적 고대의 마지막 위대한 스승 중 한 명인 티아나의 아폴로니오스는 인도의 '브라만들'과 함께 살며 연구했다고 전해진다. 사람들은 새로운 구원자들을 찾아다녔고, 한참을 기다려 1세기에 한 사람을 발견했다.

동방의 영향을 보여주는 또다른 증후는, 비밀종교의 유행이다. 이것은 비밀의례를 통해서 새로운 입회자에게 특별한 덕과 능력을 전달하는 숭배였다. 미트라에 대한 희생숭배가 그중 가장 유명했다. 미트라는 조로아스터교의 하급 신이었는데 특히 군대에서 인기가 많았다. 거의 모든 비밀종교는 물질세계의 구속에 대한 부정을 특징으로 했고, 궁극적으로 물질세계를 비관하며 죽음(과 아마도 사후의 삶에 대한 약속)에 몰두했다. 이러한 면에서 이 숭배는 옛 신들이 더 이상 제공하지 못하는, 그리고 공식숭배에 의해서는 결코 실제로 주어지지 않았던, 심리적 만족을 주었다. 비밀종교들은 개인들을 끌어들였다. 이 종교들은 후에 기독교가 가졌던 호소력의 일부를 가졌다. 그리고 기독교는 초기 시절에는 종종 의미심장하게도, 또다른 비밀종교로 간주되곤 했다.

로마의 지배가 로마의 모든 복속민을 언제나 만족시키지는 못했다는 점은 심지어 이탈리아의 경우에도 적용된다. 이탈리아에서는 공화정의 마지막 혼란기였던 기원전 73년에 거대한 노예반란이 일어나서 3년간의 군사적 대응이 필요했고, 그 결과 6,000명의 노예가 로마에서 남쪽으로 가는 도로를 따라서 십자가형에 처해졌다. 속주에서 반란은 만성적이었고, 거의 항상 가혹하거나 무능한 통치에 따른 개별적인 사건의 분출에 의해서 촉발되었다. 유명한 브리타니아의 부디카의 반란이나, 그보다 이전에 아우구스투스 치세의 판노니아의 반란이 그랬다. 때로 그러한 문제들은 지역의 독립성 전통을 되살리기도 했는데, 알렉산드리아는 그런 일이 자주 벌어졌던 경우였다. 한 가지 특별한 사례, 곧 유대인의 경우에는 후대의 민족주의와 별로 다르지 않은 상황이 펼쳐졌다. 유대인의 엄청난 불복종과 저항의 기록은 로마의 지배 이전인 기원전 170년으로 거슬러 올라간다. 그때 유대인은 헬레니즘 왕국의 '서구화' 관행들에 치열하게 저항했는데, 이것은 후에 로마가 택할 정책의 전조가 된다. 제국 숭배는 사태를 악화시켰다. 유대인들 가운데 로마의 조세 징수자들을 별로 신경 쓰지도 않고 카이사르가 스스로 자신이 받아 마땅한 것을 취한다고 생각했던 이들조차도, 카이사르의 제단 앞에서 제물을 바치는 신성모독 행위에 대해서는 선을 그을 수밖에 없었다. 66년에 거대한 반란이 일어났다. 트라야누스와 하드리아누스 치세에도 반란이 벌어졌다. 유대인 공동체는 화약고와 같았다. 그들의 민감함은, 30년에 유대교 지도자들이 한 피고의 사형을 요구했을 때 유대아 속주 총독이 그의 법적 권리들을 지키기 위해서 강하고 단호하게 나서기를 꺼려했던 것을 조금 더 이해 가능하게 만들어준다.

세금은 제국을 유지시켰다. 보통 때에 사람들은 행정과 치안을 위해서 비교적 편한 마음으로 세금을 납부했고 세금은 그다지 무겁지도 않았다. 그렇다고 해도 여전히 세금은 증오의 대상인 부담이었고, 때에 따라서 그리고 세금의 종류에 따라서 징발과 강제 징집 등에서 부담이 증가했다. 오랫동안 세금은 번영하고 성장하는 경제에 의존했다. 다키아의 금광처럼 제국의 운 좋은 획득의 문제만은 아니었다. 교역 순환의 성장과 변경의 거대한 군사기지들의 새로운 시장이 제공한 자극은 또한 새로운 산업과 공급자들의 등장을 촉진했다. 고고학자들이 발견한 막대한 수의 포도주 항아리들은 식량, 직물, 향료처럼 흔적을 별로 남기지 못한 물품들을 포함한 거대한 교역의 한 지표일 뿐이다. 그러나 제국의 경제적 기반은 언제나 농업이었다. 그리고 이 농업은 현대의 기준으로는 그다지 풍요롭지 못했다. 기술이 원시적이었기 때문이다. 어떤 로마 농부도 풍차를 본 적이 없고, 수차는 서부에서 제국이 망할 때에도 여전히 드물었다. 농촌의 삶은 아무리 이상화되었다고 해도 그것은 가혹하고 고된 것이었다. 그러므로 농업에도 역시 '팍스 로마나'는 극히 중요했다. 평화는 소량의 잉여생산에서 세금이 징수된다는 뜻이고, 또 토지가 약탈당하지 않는 다는 뜻이기 때문이었다.

최종적으로는 거의 모든 일들이 결국 군대로 귀결되는 듯하다. 로마의 평화도 군대에 의존했다. 그러나 군대는 로마 국가 자체가 그랬듯이, 6세기 이상의 시간 속에서 변화를 겪은 도구였다. 로마의 사회와 문화는 항상 군사주의적이었지만, 그 군사주의의 도구는 변화했다. 아우구스투스의 시대부터 군대는 정규적인 장기복무 병력이었고, 이제 더 이상은 형식적으로도 모든 시민의 병역 의무에 의존하지 않았다. 보통의 병사는 20년을 복무했고, 예비군으로 4년을 보냈다. 그리고 시간이 지나면서 급격히 속주 출신이 많아졌다. 유명한 로마의 규율을 생각한다면 놀랄지도 모르겠지만, 자원자들의 수는 언제나 넘쳤고 그래서 예비 군인들은 추천서와 후견인을 활용해야 했다. 로마 군단은 9년의 게르마니아에서의 패배 이후에 28개 군단으로 확립되었는데, 이들이 변경을 따라서 배치되었고 총원은 약 16만 명이었다. 이들은 군대의 핵심이었고, 여기에 거의 같은 수만큼의 기병, 보조군, 기타 병력이 추가되었다. 로마 군단은 (이집트를 제외하고) 계속해서 원로원 의원이 지휘했고, 수도 자체에서 벌어지는 정치의 핵심 문제는 여전히 이와 같은 자리에 오르는 기회를 잡기 위한 것이었다. 때로 로마의 친위대가 황제 선출권을 주장하기도 했지만, 그러나 여러 세기가 지나면서 점점 더 명확해진 바와 같이, 제국의 심장은 군단들의 병영에 있었다. 그러나 병사들은 제국의 역사에서 오직 일부만을 차지한다. 장기적으로 볼 때, 유대아 속주 총독이 사형당하도록 넘겨준 그 남자를 따르던 한 줌의 추종자와 제자들이 거의 군대와 맞먹는 영향을 로마에 끼쳤다.

5

기독교 그리고 서로마의 이행(移行)

이 책의 독자들 가운데 아브가르의 이름을 들어본 사람은 별로 없을 것이다. 그가 통치하던 동쪽 시리아 왕국인 오스로에네를 아는 사람은 그보다도 훨씬 더 적을 것이다. 그러나 이 거의 알려지지 않은 무명의 군주는 오랫동안 최초의 기독교도 왕이라고 믿어졌다. 사실 그의 회심(回心) 이야기는 전설이다(그는 기원전 68년에 죽었다). 아마도 2세기 말, 그의 후손인 아브가르 9세 때 오스로에네는 기독교화되었던 것 같다. 회심자 중에는 심지어 왕 자신은 포함되어 있지도 않았지만, 성인전 작가들은 이에 구애받지 않았다. 그들은 아브가르와 그의 나바타이아 아랍 국가를 길고 위대한 전통의 첫머리에 두었다. 결국 이것은 장차 유럽의 거의 모든 군주정의 역사를 포함하게 되었다. 그곳에서 시작하여 세계의 다른 지역들에 있는 지배자들에게 영향을 끼치게 되었다.

이 모든 군주들은 자기 스스로를 기독교도라고 믿었기 때문에 무엇인가 다르게 행동했을 것이다. 그러나 비록 이 점이 중요하기는 하지만, 이것은 기독교 때문에 역사에 생긴 변화 중 아주 작은 부분일 뿐이다. 사실 산업사회가 도래하기 이전까지, 기독교는 우리가 사는 세계를 형성하는 창조력 및 영향력의 측면에서 선사시대의 거대한 결정 요인들과 비교가 가능한 극소수의 역사적 현상 중의 하나이다. 기독교는 로마 제국이라는 고전 세계 내에서 성장했고, 결국에는 로마의 제도와 결합했으며, 로마의 사회적, 정신적 구조를 통해서 확산되어 로마 문명이 남긴 가장 중요한 유산이 되기에 이르렀다. 기독교의 영향력은 종종 모습을 바꾸거나 소리를 내지 않았지만, 기독교에 의해서 형성된 여러 나라들에 심대한 영향을 끼쳤다. 거의 의도하지 않았지만, 기독교는 유럽을 정의했다. 유럽과 다른 나라들이 오늘날의 모습이 된 것은, 한 줌밖에 되지 않는 유대인들이 자신들의 스승이자 지도자가 십자가형을 당하는 모습을 보았고 또 그가 죽은 자 중에서 부활했다고 믿었기 때문이다.

기독교의 유대교적 성격은 근본적이며 어쩌면 (세속적인 의미로 말하자면) 그것이 기독교를 구원했을 것이다. 왜냐하면 로마의 동부 제국의 한 거룩한 남자를 중심으로 하는 작은 분파 하나가 세계적 성공은 고사하고 역사적으로 살아남기라도 할 만한 확률은 지극히 낮기 때문이다. 유대교는 오랫동안 온상이자 보호 환경이었고, 동시에 가장 근본적인 기독교적 개념들의 원천이었다. 그 대가로, 유대교의 사상과 신화들은 기독교를 통해서 일반화되어 세계적 힘이 되었다. 이러한 것의 핵심에는 역사가 의미 있는 이야기이며, 신의 섭리에 의해서 운영되고, 하나의 전능한 신이 자신의 선민을 위해서 만든 계획이 펼쳐지는 우주적 드라마라는 유대교의 사상이 자리잡고 있다. 신이 그 선민과 맺은 언약 속에서 올바른 행위에 대한 지침을 발견할 수 있는데, 그것은 신의 법을 엄수하는 것을 뜻했다. 그 법의 위반은 항상 징벌을 초래했는데, 예를 들면 시나이 사막과 바빌론의 강가에서 민족 전체가 겪은 일들이 그러했다. 그 법에 순종하면 공동체의 구원이 약속되었다. 이 거대한 드라마는 유대 역사 서술의 영감이었고, 그 속에서 로마 제국의 유대인은 자신들의 삶에 의미를 부여하는 역사의 패턴을 발견했다.

그러한 신화적 패턴은 유대인의 역사적 경험에 깊은 뿌리를 가지고 있었다. 유대인은 솔로몬의 위대한 날들 이후에 쓰디쓴 경험을 했고, 이는 외국인에 대한 지속적인 불신과 생존에 대한 강인한 집념을 조성했다. 이 놀라운 민족의 생애에서 가장 놀라운 일은 이 민족이 존재를 유지했다는 간단한 사실 자체이다. 기원전 587년에 바빌론 정복자들이 성전을 파괴한 뒤 많은 유대인을 포로로 잡아갔는데, 이 '바빌론 유수(幽囚)'는 현대 이전에 유대인의 민족 정체성을 형성하는 데에 결정적이었던 마지막 경험이었다. 이것은 마침내 역사에 대한 유대인의 전망을 분명하게 만들었다. 포로들은 에스겔과 같은 예언자로부터 언약의 갱신을 약속받았다. 유다는 포로생활과 성전의 파괴로 자신들의 죄에 대한 징벌을 이미 받았고, 이제 신은 자신의 얼굴을 다시 유다에게로 돌리실 것이고, 유다는 예루살렘으로 다시 돌아올 것이다. 유다는 이스라엘이 우르에서, 이집트에서 구원받았듯이 바빌론에서 구원받아서 나오게 될 것이다. 성전은 다시 건설될 것이다. 포로로 잡힌 유대인 중 오직 소수만이 이 예언에 귀를 기울였을 것이지만, 이들은 중요한 소수였다. 포로들 중 일부(짐작컨대 역시 소수였을 것이다)가 마침내 예루살렘으로 귀환했을 때 그들이 행한 일을 근거로 판단해볼 때, 여기에는 유다의 종교적, 행정적 엘리트들이 포함되어 있었다. 예언에 따르면 이들은 보존된 '남은 자들'이었다.

그러한 일이 벌어지기 전, '바빌론 유수'의 경험은 유대인의 전망을 확고히 했을 뿐 아니라 유대인의 삶을 변화시켰다. 포로로 잡혀간 이들과 유다에 남아서 벌어진 일들에 통곡하던 유대인들 중 누구에게 더 중요한 발전이 이루어졌는지를 두고 학자들은 의견이 갈린다. 그러나 이런저런 방식으로 유대인의 종교생활은 심하게 요동쳤다. 가장 중요한 변화는 유대 종교의 핵심적 행위로서 성문서 읽기가 자리잡은 것이었다. 『구약성경』은 아직 3-4세기는 더 있어야 최종적인 형태를 갖추게 되지만 처음 다섯 권, 즉 전통적으로 모세가 썼다고 간주되는 "모세오경"은 '바빌론 유수'에서 귀환한 이후 곧 대부분 완성되었다. 여기에는 미래에 대한 약속과 이제 새로 구체화되고 일관성을 가지게 된 '율법'의 준수를 통해서 이 약속의 성취로 이끌 안내가 담겨 있었다. 이것은 성문서들을 조화시키고 설명해야 했던 해석가들과 서기관들의 노력이 서서히 효과를 발휘한 결과 중의 하나였다. 유대인들은 간절히 그리고 오랫동안 성전의 복구를 갈망했으나, 결국 유대인의 매주의 회합에서 장차 유대교 회당의 제도가 성장하게 되었고, 이 종교는 지역성과 의례에서 새로운 해방을 얻게 되었다. 유대 종교는 결국 유대인이 모여 성문서를 읽을 수 있는 곳이라면 어느 곳에서든 실행될 수 있게 되었다. 그들은 '책의 사람들' 중에서 첫 번째가 되었고, 기독교인과 무슬림이 그들의 뒤를 따랐다. 이것은 신에 대한 전망을 더욱 추상화시키고 보편화시킬 수 있게 만들었다.

축소되는 측면도 있었다. 비록 유대 종교가 성전에서의 숭배로부터는 분리될 수 있었지만, 몇몇 예언가들은 구원과 정화에 이르는 것은 오직 "모세의 율법"이라고 믿던 것을 더욱 엄격하게 강제함을 통해서만 가능하다고 보았다.

에스라는 이 계율을 바빌론에서 가져왔고, 유목민의 계율에 기원을 두었던 규칙들이 이제 급속히 도시화된 주민들에게 엄격하게 부과되었다. 유대인의 자발적 분리는 도시에서 더욱 중요했고 명백했다. 이것은 필수적인 정화의 한 부분으로 간주되었고, 이방인 아내와 결혼한 모든 유대인(분명히 수가 많았을 것이다)은 이혼해야 했다.

이것은 페르시아가 바빌론을 쓰러트린 뒤였다. 기원전 539년에 몇몇 유대인은 자신들에게 제공된 기회를 활용하여 예루살렘으로 귀환했다. 다음 25년 동안 성전이 재건되었고 유다는 페르시아의 종주권 아래에서 일종의 신정주의적 총독부가 되었다. 기원전 5세기에 이집트가 페르시아의 지배에 대항하여 반란을 일으켰는데, 유다는 전략적으로 민감한 위치에 있었고, 느슨하게 통치되었으며 토착 사제귀족의 협조로 운영되었다. 이것은 로마 시대가 오기 전까지 유대인의 민족성이 정치적으로 표현될 수 있게 했다.

페르시아의 지배가 끝나면서, 알렉산드로스의 후계자들의 시대는 새로운 문제를 가져왔다. 유대인은 프톨레마이오스 왕조의 지배를 받은 뒤에 최종적으로는 셀레우코스 왕조에게로 넘어갔다. 상류계급의 사회적 행동과 사고는 헬레니즘화의 영향력 아래에 노출되었다. 이것은 도시민과 시골주민 사이의 부와 차이에 대한 과장된 대조에 의해서 날카로운 분열을 낳았다. 이것은 또한 제사장 가문들과 인민을 분리시켰다. 인민은 회당에서 해석되는 율법과 예언가들의 전통에 확고하게 머물렀다. 헬레니즘 왕국 시리아를 통치하던 셀레우코스 왕조의 안티오코스 4세(재위 기원전 175-164)에게 대항하여 기원전 168-164년에 마카베오 반란이 대규모로 벌어졌고, 문화적 '서구화'는 사제들에게는 승인을 받았으나 대중에게는 증오의 대상이었다. 안티오코스는 너무 빨리 진행하려고 했다. 그는 유대인의 고립성을 헬레니즘 문명과 본보기를 이용하여 천천히 잠식하는 데에 만족하지 못하고, 유대교 의례에 개입하고 성전을 올림포스의 제우스 신전으로 바꾸려는 시도를 함으로써 신성모독을 저질렀다. 그러나 어쩌면 그는 그저 헬레니즘 도시의 모든 정상 신전들과 마찬가지로, 성전과 부속 건물들을 모든 종류의 신자들에게 개방하기를 원했을 뿐일 것이다. 반란이 어렵게 진압된 이후(그리고 게릴라전이 이후 오래 지속되었다), 셀레우코스 왕들은 좀더 유화적인 정책을 폈다. 이것은 많은 유대인을 만족시키지 못했다. 그들은 기원전 142년에 유리한 여러 상황들을 이용하여 독립을 획득했고 이는 거의 80년 동안 지속되었다. 그 뒤 기원전 63년에 폼페이우스가 이곳에 로마의 지배를 부과했고, 그로써 중동에서 마지막 유대인 독립국가는 거의 2,000년 동안 자취를 감추었다.

독립은 행복한 경험은 아니었다. 제사장 가문 출신의 일련의 왕들은 혁신과 고압적 태도로 나라를 혼란에 빠뜨렸다. 그들과 그들의 정책에 동조한 제사장들은 저항을 불러일으켰다. 그들은 새롭고 더 금욕적인 해석자 집단에게 권위의 도전을 받았다. 이 집단은 유대교의 핵심으로서 성전 숭배보다는 율법에 집착했고, 율법에 새롭고 극히 엄격한 해석을 제공했다. 이들은 바리새인으로서 개혁파를 대표했고, 서서히 진행되는 헬레니즘화의 위험에 대항하여 항의하는 유대인들 가운데 종종 모습을 드러냈다. 그들은 또한 비유대인의 개종을 받아들였고 죽은 자의 부활과 신의 최후의 심판에 대한 믿음을 가르쳤다. 그들의 입장에는 민족적 열망과 보편적 포부가 혼합되어 있었고, 유대적 일신교의 함의를 더욱 멀리까지 끌고 갔다.

이러한 변화들 대부분은 유대아에서 벌어졌는데, 이곳은 한때 위대했던 다윗의 왕국에서 겨우 남은 부분이었다. 아우구스투스 시대에 그곳에 살던 유대인은 제국의 나머지에 살던 유대인보다 더 적었다. 기원전 7세기 이후 유대인은 문명 세계 전역에 퍼져 살았다. 이집트, 알렉산드로스, 셀레우코스의 군대에는 모두 유대인 부대가 있었다. 교역을 따라서 외국에 정착한 이들도 있었다. 가장 큰 유대인 집단 거주지 중 하나가 알렉산드리아에 있었는데, 기원전 300년경부터 그곳에 모이기 시작했다. 알렉산드리아 유대인은 그리스어를 사용했다. 거기에서 『구약성경』이 처음으로 그리스어로 번역되었고, 예수가 태어났을 때 알렉산드리아 유대인이 예루살렘 유대인보다 더 수가 많았을 것이다. 로마에는 또 5만 명 정도가 있었다. 이러한 집단화는 개종의 기회를 증가시켰고 따라서 공동체 사이의 분열 위험도 높였다.

유대인은 전통적 숭배들이 시들어버린 세계에 많은 것을 제공했다. 할례와 음식에 대한 금기들은 장애물이었지만, 많은 개종자들이 그보다는 매우 정교한 행동 규범, 신전과 성소 혹은 사제계급에 존재를 의존하지 않는 종교 형태, 그리고 무엇보다도 구원의 확신이 주는 매력을 훨씬 더 중요하게 생각했다. 이미 한 예언자(『구약성경』 편집자들은 그의 가르침을 "이사야"에 돌리지만, 그는 거의 확실히 바빌론 유수 때의 인물이다)가 이방인에게 빛을 비추라는 메시지를 설파했고, 기독교인들이 장차 이 메시지를 새롭게 촉진하기 훨씬 이전부터 많은 이방인들이 그 빛에 반응을 보였다. 개종자들은 자신들을 유대 역사서술에 영감을 부여한 위대한 이야기 속의 선민들과 동일시할 수 있었다. 사실 유대 역사서술은 이 분야에서 그리스인의 과학적 역사의 발명과 비견될 만한 유일한 성취였고, 세상의 비극에 의미를 부여하는 것이었다. 유대인은 자신들의 이야기 속에서 하나의 규칙적 유형이 전개되는 것을 구별해냈다. 유대인은 그것에 의해서 심판의 날을 대비하여 단련되고 있는 것이었다. 기독교에 대한 유대인의 근본적인 기여 중 하나는 구별된 민족에 대한 의식, 이 세상의 것이 아닌 것에 고정된 시각일 것이다. 기독교인은 반죽 속의 효모라는 개념을 발전시켜나가며 세상을 구원하기 위해서 일할 것이었다. 두 신화는 모두 유대인의 역사적 경험과 이 민족이 살아남았다는, 단순하지만 놀라운 사실에 깊이 뿌리를 두었다.

유대인과 유대교 개종자들의 큰 공동체는 로마 지배자들에게 중요한 사회적 요소였고, 단순히 규모 때문이 아니라 그들의 완고한 분리주의 때문에 두드러졌다. 특별하고 분리된 건물로서 회당에 대한 고고학적 증거는 기독교 시대가 시작된 지 한참 후에야 등장하지만, 도시의 유대인 구역은 구별되었고 그들은 자신들의 회당과 법정 주변에 모여 살았다. 개종자들은 널리 퍼져 있었고 몇몇 로마인들도 유대 신앙에 매력을 느꼈지만, 로마 자체에서는 유대인에 대한 인민의 혐오를 드러내는 징후가 일찍부터 나타났다. 알렉산드리아에서는 폭동이 잦았고 중동의 다른 도시로 쉽게 퍼졌다. 이것은 당국자들에게 불신을 조장했고, (적어도 로마에서는) 사태가 어렵게 되었을 때 유대 공동체의 해산으로 이어졌다.

유대아 자체는 특히 성가시고 위험한 지역으로 간주되었으며, 여기에는 기원전 마지막 한 세기 반 동안의 종교적 소요가 크게 기여했다. 기원전 37년에

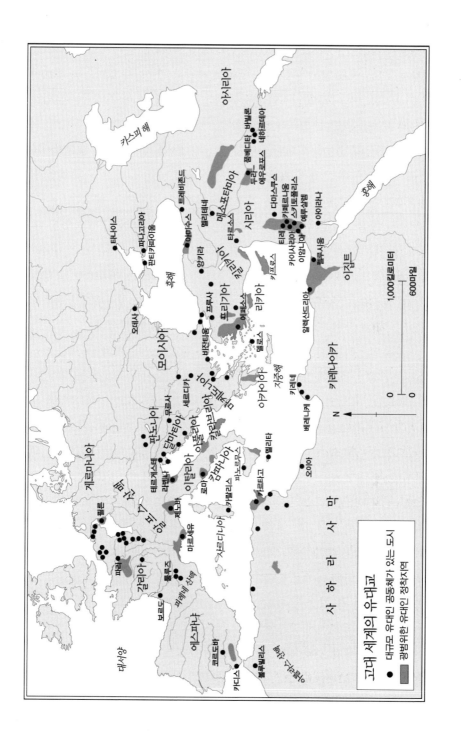

고대 세계의 유대교

● 대규모 유대인 공동체가 있는 도시

⬛ 광범위한 유대인 정착지역

원로원은 유대인인 헤로데스 대왕(재위 기원전 37-4)을 유대아의 왕으로 임명했다. 그는 인기 없는 군주였다. 로마가 지명한 인물이자 로마와의 우호관계를 유지하고자(나름 합리적인 판단이었다) 열심이었던 이 지배자는 분명히 인민의 미움을 받았다. 그러나 헤로데스는 (비록 그는 사려 깊게도 유대 종교에 대한 자신의 충성을 드러내 보였지만) 궁정에서의 헬레니즘적 생활방식과 대규모 건축 등을 위해서 거두었던 무거운 세금 때문에 더 미움을 받았다. 전설적인 영아 살해와 기독교에 의한 악마화가 아니었더라도 헤로데스는 역사적으로 좋은 인상을 주지는 못했을 것이다. 기원전 4년에 그가 죽었을 때, 그의 왕국은 세 아들 사이에서 분할되었다. 이는 불만족스러운 조정이었기 때문에 6년에 유대아가 시리아 속주의 일부가 되고 카이사레이아가 그 행정 중심지가 되는 것으로서 극복되었다. 26년에는 폰티우스 필라투스가 총독이 되었고, 그는 불편하고 힘든 직책을 10년 동안 유지해야 했다.

이것은 격동하는 한 속주의 역사에서 나쁜 순간이었다. 거의 두 세기 동안 계속된 열정이 절정에 도달하고 있었다. 유대인들은 이웃 사마리아인과 사이가 틀어졌고, 해안도시들에서 눈에 띄는 헬레니즘화된 시리아인의 유입에 분노했다. 그들은 로마를 오랜 정복자들의 계보에서 가장 최근에 온 자들로서, 그리고 또한 로마의 세금징수 때문에 혐오했다. 조세 징수자들(『신약성경』의 '세리')은 돈을 가져가서 미움을 받기도 했지만, 돈을 가져간 이유가 외국인을 위해서였기 때문에 더 인기가 없었다. 설상가상으로, 유대인은 또한 자신들 내부에서 격렬히 분열되어 있었다. 중요한 종교행사들은 종종 유혈사태와 폭동으로 얼룩졌다. 예를 들면, 바리새인들은 귀족적 사제계급의 공식적 대변인이었던 사두개인에 대해서 심한 반감을 가졌다. 다른 분파들은 그 둘을 모두 배척했다. 그들 중 가장 흥미로운 분파는 사해문서가 발견되고 해독됨으로써 아주 최근에야 우리에게 알려졌다. 이 분파가 추종자들에게 약속한 것은 초기 기독교가 제공했던 것과 매우 유사하다. 이 분파는 유대아가 배신한 다음 메시아의 도래로 시작될 마지막 구원을 대망했다. 그러한 가르침에 매력을 느낀 유대인들은 예언자들의 글 속에서 그러한 일들의 전조를 발견했다. 좀더 직접적인 방식을 추구한 이들도 있었다. '열심당'은 민족주의적 저항운동이 자신들의 나아갈 바라고 생각했다.

이렇게 불꽃 튀는 분위기 속에서 예수가 기원전 6년경에 태어났다. 그가 태어난 세상에서는 수천의 동포들이 메시아의 도래를 기다리고 있었다. 그들은 이 지도자가 자신들을 군사적 혹은 상징적 승리로 이끌어줄 것이고, 예루살렘의 마지막이자 가장 위대한 날들을 시작할 것이라고 기대했다. 그의 생애와 관련된 자료들은 그의 사후 '복음서들'에 기록되었다. 초기 교회는 자신들의 주장과 전통을 실제로 예수를 알았던 사람들의 증언에 근거를 두었다. 복음서들이 그 자체로 만족스러운 증거는 아니지만, 복음서의 문제점들은 쉽게 과장되곤 한다. 복음서들이 예수의 초자연적 권위를 입증하고 오랫동안 메시아의 도래를 선포했던 예언들이 예수의 삶의 사건들을 통해서 실현되었음을 보여주려는 의도로 쓰인 것은 분명하다. 그러나 이러한 의도와 성인전적인 기원 때문에 반드시 복음서가 주장하는 모든 사실들을 의심해야 할 필요는 없다. 많은 사실들은 당대 유대 종교 지도자에게 기대되었을 법한 일이었다는 점에서 내적인 개연성을 가진다. 그것들을 배척할 필요는 없다. 그보다 훨씬 더 추적이 어려운 주제들에 관련된 더욱 부적절한 증거들도 종종 채택되곤 한다. 초기 기독교인의 기록에 대해서, 말하자면 미케네를 조명하는 호메로스의 증거들에 대해서보다 더 엄격하고 철저하게 수용 가능성의 기준을 적용할 이유는 없다. 그렇지만 복음서에 서술된 사실들이 다른 기록들을 통해서 확증되는 경우도 거의 없다.

복음서에서 제시되는 예수의 모습은, 소박하지만 궁핍하지는 않은 그리고 왕족의 혈통을 주장하는 가문 출신의 한 사람이다. 왕의 혈통이라는 주장은 무엇인가 근거가 있지 않았다면 그의 반대자들에 의해서 분명히 부정되었을 것이다. 예수가 성장한 갈릴리는 유대교의 변경지역 같은 곳이었고, 시리아 그리스인과의 접촉에 가장 많이 노출되었으며 이는 종종 종교적 감수성을 자극했다. 그곳에서 요한이라고 불리던 한 사람이 이웃 사람들에게 설교를 했는데, 이 예언자는 수많은 무리를 모이게 했고 얼마 뒤에 체포되어 처형되었다. 학자들은 요한과 사해문서 뒤에 자리한 쿰란 공동체를 연결시키기 위해서 노력했다. 그러나 요한은 고립되고 매우 개인적인 인물로 보이며, 스스로 예언자들을 모범으로 삼았던 교사였다. 복음서 저자 중 한 명은 그가 예수의 사촌이었다고 말한다. 이것이 사실일 가능성도 있지만, 그보다 훨씬 중요한 사실은, 모든 복음서들에서 일치하는 바와 같이, 요한이 최후의 날의 도래를 두려워하여 자신에게 찾아온 무수한 사람들에게 세례를 베풀면서, 예수에게도 세례를 행했다는 점이다. 요한은 또 예수에게서 자신과 같은 그리고 아마도 자신보다 더 우월한 스승을 발견했다고 전한다. "당신이 오실 그분이십니까? 아니면 우리가 다른 분을 기다려야 합니까?"

예수는 자신이 거룩한 인간임을 알았다. 그의 가르침과 더불어 그가 행한 기적에서 드러난 신성함은 곧 열광적인 군중을 확신시켜 예루살렘으로 그를 따라오게 만들었다. 개선식과 같았던 예수의 예루살렘 입성은 그들의 속에서 자연스레 우러나온 감정에 근거를 두었다. 그들은 장차 오실 메시아에 대한 희망에서 다른 위대한 스승들을 따랐듯이 예수를 따랐다. 유대 법정에서 신성모독으로 기소당함으로써, 그리고 이 난폭한 도시에서 더 이상의 문제가 생기지 않기를 바랐던 필라투스가 로마 법률을 느슨하게 해석함으로써, 종말이 찾아왔다. 예수는 로마 시민이 아니었고 그러한 사람에게 극형은 채찍질 후의 십자가형이었다. 예수가 못 박힌 십자가 위에 새겨진 글은 이러했다. '나사렛의 예수, 유대인의 왕.' 이것은 로마 총독의 정치적 반어법이었고, 이것의 중요성이 묻혀 지나가지 않도록 하기 위해서 이 말을 라틴어, 그리스어, 히브리어로 써두었다. 비록 29년과 30년도 후보에 오르기는 했지만, 이 일이 벌어진 연대는 아마 33년이었을 것이다. 예수가 죽은 직후, 제자들은 그가 죽은 자들 중에서 일어났고, 그들이 그를 보았으며, 그는 하늘로 올라갔고, 그들에게는 오순절에 예수로부터 신적 권능이 선물로 주어졌고, 이로써 최후의 날까지 그들과 그들의 추종자들이 지탱할 수 있게 되었다고 믿었다. 그날이 곧 올 것이라고 그들은 믿었고, 그날에 예수는 돌아와서 신의 오른편에 심판자로서 앉을 것이었다. 이 모든 것을 복음서가 말해준다.

이상이 최초의 기독교인이 그리스도(예수는 그리스어로 '기름 부음을 받은 자'라는 뜻인 '크리스토스'라는 이름으로 불리게 되었다)를 바라보았던 바라면, 그의 가르침 속에는 훨씬 더 넓은 적용이 가능한 다른 요소들도 있었다.

복음서에 보고된 바에 따르면, 예배에 대한 예수의 생각은 관례에서 벗어나지 않았다. 유대인이 행하던 성전의 예배, 전통적 성일과 축일에 대한 준수, 사적 기도 등을 예수는 모두 드러냈다. 이러한 매우 실제적인 의미에서의 예수는 유대인으로 살고 유대인으로 죽었다. 그러나 그의 도덕적 가르침은 회개와 죄로부터의 구원에 초점을 맞추었고, 유대인뿐만 아니라 모든 이들에게 적용되는 구원을 강조했다. 신의 징벌은 예수의 가르침의 일부이다(이 점에서 바리새인은 예수와 일치했다). 놀랍게도『신약성경』에서 무시무시한 말들은 대부분 예수의 것이다. 율법의 완성은 본질적으로 중요했다. 그러나 그것만으로 충분하지는 않았다. 율법 준수의 너머에는 회개의 의무와 악행의 경우 배상의 의무, 나아가서 자기 희생의 의무도 있었다. 사랑의 법은 적절한 행위 준칙이었다. 예수는 정치 지도자의 역할을 단호하게 거부했다. 정치적 정적주의(靜寂主義)는 장차 엄청나게 모호하다는 점이 드러날 한 경구, 곧 '나의 왕국은 이 세상에 속하지 않는다'는 예수의 말에서 추출된 여러 의미들 가운데 하나였다.

그러나 많은 이들은 정치 지도자가 될 메시아를 기대했다. 기존의 유대 종교에 대항할 지도자를 추구한 사람들도 있었는데, 그들의 목적이 오직 종교적 정화와 개혁이라고 할지라도 이는 질서에 대한 잠재적 위험이었다. 불가피하게도, 다윗의 집안에서 태어난 예수는 당국자들의 눈에 위험인물이 되었다. 예수의 제자 중 한 명은 열심당원 시몬이었고, 시몬은 극단주의 분파의 일원이었으므로 이는 경계심을 일으키는 관계였다. 예수의 가르침 중 다수는 지배적인 사두개인과 바리새인에게 반대하는 느낌을 고무시켰고, 반대로 그들은 예수의 말 중에서 로마에 반대하는 듯한 의미를 가진 것이라면 무엇이든 꼬투리를 잡으려고 노력했다.

이러한 사실들은 예수의 몰락과 인민의 실망감의 배경이 된다. 그러나 이는 예수의 가르침이 살아남은 것은 설명하지 못한다. 예수는 정치적으로 불만족한 사람들뿐 아니라 율법이 더 이상 충분한 지침이 되지 못한다고 느꼈던 유대인들과, 비록 개종자로서 이스라엘의 2급 시민이었지만 심판의 날에 자신들이 구원받을 것에 대해서 무엇인가 더 확실한 것을 원했던 비유대인에게도 호소력을 가졌다. 예수는 또한 가난한 자들과 버림받은 사람들에게 매력적이었다. 빈부격차가 극심하고 낙오자에게 무자비했던 사회에서 그러한 사람들의 수는 많았다. 이러한 것들은 장차 결국 놀라운 결실을 낳을 호소력과 생각들 중 일부였다. 그러나 이러한 것들은 예수의 생애 동안에는 효력이 있었더라도, 예수의 죽음과 함께 사라진 것으로 보인다. 예수가 죽었을 때 그의 추종자들은 다수 가운데 있는 극히 소규모의 유대 분파에 불과했다. 그러나 그들은 어떤 독특한 일이 벌어졌다고 믿었다. 그들은 그리스도가 죽은 자들 중에서 일어났고, 그들이 예수를 보았으며, 예수가 그들과 또 예수의 세례에 의해서 구원받은 자들에게 그와 동일하게 죽음의 극복과 신의 심판 이후의 삶을 제공했다고 믿었다. 이러한 메시지를 일반화하고 문명 세계에 이것을 소개하는 것은 예수 사후 반세기 안에 이루어졌다.

제자들의 확신은 그들을 예루살렘에 머물게 했다. 이곳은 중동 전역의 유대인에게 중요한 순례 중심지였고 따라서 새로운 교리를 위한 중대한 중심지였다. 예수의 제자 중 두 사람, 베드로와 예수의 형제인 야고보가 메시아의 임박한 재림을 기다리며 회개와 성전에서의 신에 대한 예배를 통해서 그것을 대비하려고 노력하던 소규모 집단을 지도했다. 그들은 확고하게 유대인의 울타리 안에 머물렀다. 아마 오직 세례의 의식만이 그들을 구분지었을 것이다. 그러나 다른 유대인들은 그들을 위험하다고 보았다. 그들이 유대아 밖의 그리스어를 사용하는 유대인과 접촉한 것은 사제의 권위에 대한 의심을 초래했다. 최초의 순교자 스테파누스는 이 집단의 일원으로서 유대 군중들에게 린치를 당했다. 이 장면을 목격한 이들 중 한 사람으로 타르수스 출신에 벤야민 지파의 바리새인인 사울이 있었다. 그는 널리 퍼진 헬레니즘화된 유대인의 일원으로서 특히 정통의 필요성을 의식했을 수 있다. 그는 자신의 것에 자긍심을 가졌다. 그러나 그는 예수 이후 기독교의 형성에 가장 거대한 영향을 끼쳤다.

어찌어찌하여 사울은 심경의 변화를 겪었다. 그는 그리스도의 추종자들을 박해하는 자에서 그 자신이 추종자들 중 하나인 사도 바울이 되었다. 이것은 팔레스타인의 황무지에서 명상과 성찰의 시간을 보낸 후였던 것으로 보인다. 그리고 47년(어쩌면 그 이전일 수도 있다. 그의 생애와 여행은 연대를 정확히 알기가 어렵다)에 바울은 일련의 선교여행을 시작했고, 동지중해 전역을 다녔다. 49년에 예루살렘에서 사도들의 회의가 개최되었는데 여기에서 그를 이방인의 선교사로 보내는 중대한 결정이 내려졌고, 이방인에게는 유대 신앙에 대한 복종의 증표로 가장 중요한 행위였던 할례를 요구하지 않기로 했다. 이것이 바울의 결정인지, 회의의 결정인지, 아니면 양자의 합의였는지는 불분명하다. 소아시아에는 이미 이 새로운 가르침을 따르는 작은 유대인 공동체가 있었다. 순례자들에 의해서 그곳까지 전파된 것이었다. 이제 이들은 바울의 노력 덕분에 커다란 위안을 받게 되었다. 바울의 특별한 목표는 유대교 개종자들이었다. 바울은 이 이방인들에게 그리스어로 설교했고, 이들은 이제 새로운 언약을 통해서 이스라엘의 완전한 구성원이 되었다.

사도 바울이 가르친 교리는 새로웠다. 바울은 율법을 거부했고(예수는 결코 그러지 않았다), 예수의 가르침의 핵심에 있는 본질적으로 유대적인 사상을 그리스어의 개념적 세계와 화해시키려고 노력했다. 바울은 종말의 임박함을 계속 강조했다. 그러나 그리스도를 통해서 모든 민족에게 창조의 신비, 무엇보다도 보이는 것과 보이지 않는 것, 영과 육의 관계의 신비, 그리고 나중의 것이 처음의 것을 이기는 신비를 이해할 기회가 제공되었다. 이 과정에서 예수는 죽음을 극복한 인간으로서의 구원자보다 더 우월한 존재, 신 자체가 되었다. 그리고 이것은 이 신앙을 태어나게 만든 유대 사상의 틀을 부수는 것이었다. 유대교 안에는 그러한 사상이 장기간 머물 수 있는 자리가 없었고, 기독교는 이제 성전에서 쫓겨났다. 그리스의 지적 세계는 기독교가 장차 오랜 세월 동안 발견할 많은 새로운 안식처 중 첫 번째였다. 이러한 변화 위에서 장대한 이론적 구조물이 건설될 것이었다.

"사도행전"은 그러한 가르침이 야기할 커다란 소란에 대해서 많은 증거를 주며, 또한 로마 행정당국이 공공질서가 문제되지 않는 한, 지적으로 관용적이었다는 점에 대해서도 풍부한 증거를 제공한다. 그러나 공공질서가 관여되는 경우가 종종 벌어졌다. 59년에 예루살렘에서 바울은 로마인들에 의해서 유대인으로부터 구출을 받아야 했다. 바울은 이듬해에 재판에 회부되자 로마의 시민으로서 황제에게 호소했다. 그는 로마로 향했으며 성공을 거둔 것으로 보인다. 그 시기 이후 바울은 역사에서 사라진다. 그는 67년 네로의 박해 때 사망했을 가능성이 있다.

기독교 선교의 첫 세대는 모든 곳에서 먼저 유대 공동체 내에서 뿌리를 내리며 문명 세계에 스며들었다. 당시 출현한 '교회'는 행정적으로 서로 완전히 독립적이었다. 다만 예루살렘 공동체가 우선권을 가졌다고 간주되었던 것은 이해할 만한 일이다. 그곳에는 부활한 그리스도를 목격한 자들과 그들의 계승자들이 있었다. 교회들 사이에 신앙 이외의 유일한 연결고리는 새로운 이스라엘로 받아들여졌음을 상징하는 세례와 예수가 체포되던 날 저녁에 제자들과 최후의 만찬에서 행한 의례의 재현인 성만찬(聖晩餐)이라는 제도였다. 이는 오늘날까지도 기독교 교회에서 핵심적인 성례로 남아 있다.

따라서 지역교회의 지도자들은 실제로는 독립적 권위를 가지고 있었지만, 그렇게 대단한 권위는 아니었다. 어쨌든 지역 기독교 공동체의 업무 수행을 제외하고는 결정할 문제가 없었다. 한편 기독교인은 그리스도의 재림을 기대했다. 예루살렘이 가졌던 영향력은 70년에 로마군이 도시를 약탈하고 그곳의 기독교인 대부분을 흩어버린 이후 시들해졌다. 이후 기독교는 유대아 내에서 활력이 약화되었다. 2세기 초 팔레스타인 외부의 공동체들이 분명히 수도 더 많고 더 중요했으며, 이들은 자신들의 일을 처리하기 위해서 계서적인 직책들을 발전시켰다. 이 중에는 후대 교회의 세 가지 직책이 확인된다. 주교, 장로, 집사이다. 이 단계에서 이들의 사제적 기능은 최소 수준이었고, 중요한 것은 이들의 행정적, 통치적 역할이었다.

새로운 분파의 대두에 대한 로마 당국의 대응은 대개 예상이 가능했다. 로마의 통치 원칙은 특별히 개입해야 할 필요성이 존재하지 않을 경우, 새로운 숭배는 제국에 대한 불손한 태도나 불복종을 촉발하지 않는 한 용인되었다. 처음에는 유대 민족운동과 그로 인한 여러 유혈사태에 대해서 로마인이 강력하게 대응하는 과정에서 기독교인이 유대인과 혼동될 위험이 있었다. 그러나 기독교인의 정치적 정적주의와 그들에 대한 유대인의 공공연한 적개심이 그들을 구했다. 갈릴리 자체는 6년에 반란을 일으켰다(어쩌면 필라투스가 열심당원 제자를 가진 한 갈릴리 남자의 사건을 다루는 데에 이 사태의 기억이

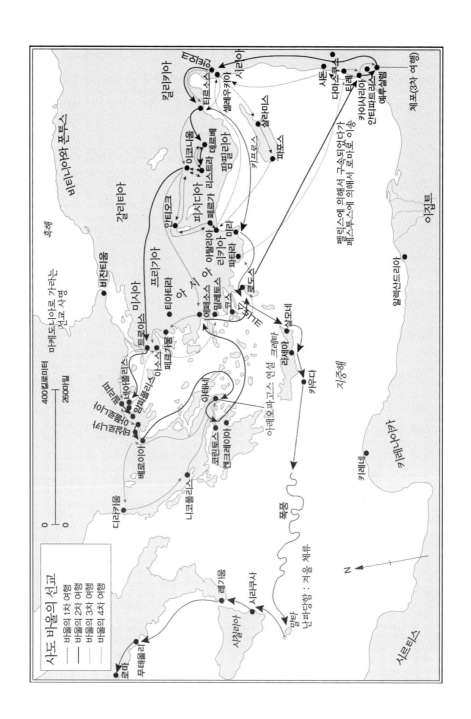

사도 바울의 선교

- ⋯⋯⋯ 바울의 1차 여행
- ─── 바울의 2차 여행
- ─── 바울의 3차 여행
- ─── 바울의 4차 여행

400킬로미터
2600마일
0

마케도니아로 가라는
선교 사명

흑해

비티니아와 폰투스

갈라티아

드로아스

킬리키아

타르소스

이코니움

피시디아

안티오크

밤빌리아

앗탈리아

리스트라 더르베

펌필리아

밤필리아

페르가

미라

페리티라

리기아

파타라

카리아

로도스

크니도스

에페소스

밀레토스

코스

리가이

사모트라

네아폴리스

트로아스

프리기아

미시아

티아티라

베르가뭄

비잔티움

아소스

페르가뭄

벨로이아

암피폴리스

에그나티아 도로

테살로니가

아테네

니코폴리스

디라키움

코린토스

겐크레아이아

폭풍

난파당함 : 겨울 체류

레기움

시라쿠사

시칠리아

몰타

포룸

무테올리

로마

아레오파고스 연설 크레타

라세아

살모네

가우다

지중해

구부네

키레네

시르티스

키레나이카

이집트

알렉산드리아

시돈

다마스쿠스

티레

프톨레마이스

가이사리아

안티파트리스

예루살렘

사론

카프로스

살라미스

파포스

키프로스

페릭스에 의해서 구슘되었다가
페스투스에 의해서 로마로 이송

제4차 (3차 여행)

N

영향을 끼쳤을지도 모른다). 그러나 유대 민족주의와 진정으로 구별되는 것은 66년의 대규모 유대인 봉기 때였다. 이것은 로마 제국 아래의 유대교 역사 전체에서 가장 중요한 사건이었고, 극단주의자들이 유대아에서 득세하고 예루살렘을 차지했다.

유대 역사가 요세푸스는 이어진 잔혹한 투쟁, 저항의 본거지였던 성전의 최종적인 함락, 로마인의 승리 이후 성전의 파괴를 기록했다. 함락 직전에 불행한 예루살렘 주민들은 생존투쟁 속에서 인육까지 먹어야 했다. 최근 고고학에 의해서 밝혀진 바에 따르면, 예루살렘에서 조금 떨어진 곳의 마사다에서 유대인이 최후까지 저항했으나 이곳 역시 73년에 로마인에게 함락되었다.

이것이 유대인 소요사태의 마지막은 아니었으나, 전환점이기는 했다. 극단주의자들은 다시는 그러한 지지를 누리지 못했고 불신임되었음이 분명했다. 율법은 그 어느 때보다도 유대인됨의 핵심이 되었다. 유대 학자들과 스승들 (이 시기 이후 그들은 점점 더 '랍비'라고 불렸다)은 반란이 진행되는 동안 예루살렘 이외의 중심지들에서 율법의 의미를 계속해서 해석했기 때문이다. 그들의 선량한 행위가 흩어진 이 유대인들을 구원한 것일 수도 있다. 후대의 혼란은 결코 이 대규모 반란만큼 중요하지 않았다. 다만 117년에 키레나이카에서 벌어진 유대인 봉기는 전면적인 전투로 발전했고, 132년에 마지막 '메시아'였던 시몬 바르 코크바는 유대아에서 다시 반란을 일으켰다. 그러나 유대인들은 자신들이 부여받은 법률상의 특별한 지위를 온전히 유지할 수 있었다. 그들은 예루살렘은 상실했다(하드리아누스가 이 도시를 이탈리아 식민시로 만들었고, 유대인은 1년에 단 하루만 출입이 허락되었다). 그러나 그들의 종교는 유대인에 대한 통치권을 가진 '족장'이라는 특별한 공직자를 허용받는 특권을 누렸다. 그리고 유대인은 그들의 종교적 의무와 충돌할 수 있는 로마의 법적 의무로부터 면제되었다. 이것은 유대 역사의 한 권의 마지막을 이룬다. 향후 1,800년 동안 유대 역사는 흩어진 공동체의 역사가 되었고, 그 다음에야 또다른 제국의 잔해 가운데 팔레스타인에서 다시 민족국가를 이루게 된다.

유대아의 민족주의자들을 제외하면, 제국의 다른 지역의 유대인은 고난의 세월 속에서도 향후 오랜 시간 동안 충분한 안전을 누렸다. 기독교인은 유대인보다는 형편이 좋지 않았다. 그러나 기독교는 당국자들의 눈에는 유대교와 그리 잘 구별되지 않았다. 어쨌든 기독교는 유대 일신론의 한 변형이며 동일한 주장을 한다고 생각되었다. 기독교를 처음 박해한 것은 로마인이 아니라 유대인이었다. 예수의 십자가가 그러했고, 스테파누스의 순교와 사도 바울의 모험들이 그것을 잘 보여준다. "사도행전"의 저자에 따르면 예루살렘의 기독교 공동체를 처음 박해한 것은 유대의 왕 헤로데스 아그리파였다. 심지어 몇몇 학자들은 64년에 네로가 로마 대화재의 희생양을 찾을 때 적대적인 유대인을 이용해서 기독교인을 고발하게 했다는 설명이 개연성이 있다고 생각한다. 이 박해의 이유가 무엇이건 간에, 기독교의 민간전승에 의하면 이 과정에서 성 베드로와 성 바울이 사망했고, 검투 경기장에서 끔찍하고 잔혹한 장면들이 펼쳐졌다. 그러나 이것은 향후 오랫동안 로마가 기독교에 공식적으로 관심을 가진 마지막 사건으로 간주되었다. 기독교인들은 유대 반란에서 로마에 대항하여 무기를 들지 않았고, 이는 분명 그들에 대한 공식적 의심을 수그러들게 했을 것이다.

기독교가 행정 문서에서 정부의 관심을 받을 만한 존재로 등장한 때는 2세기 초였다. 이는 당시 기독교인들이 황제와 로마의 신들에게 제사를 드리기를 거부함으로써 드러낸 공공연한 불경함 때문이었다. 이것이 그들을 눈에 띄게 만들었다. 유대인은 거부할 권리를 가지고 있었다. 유대인은 유서 깊은 숭배를 보유했고, 로마인은 유다를 지배 아래에 두었을 때 (로마인이 그러한 숭배를 언제나 존중했듯이) 그들의 숭배를 존중했다. 기독교인은 유대인과 분명하게 구분되어 보였고 최근의 발명품이었다. 로마인의 입장은, 비록 기독교가 합법적이지는 않지만, 전면적인 박해를 가할 필요는 없다는 것이었다. 그렇지만 법을 위반했다는 혐의가 발생한다면(제사 거부는 그러한 것일 수 있었다), 그리고 법정에서 혐의가 구체적으로 드러나고 근거가 제시된다면, 당국은 그들을 처벌해야 했다. 이로써 많은 순교자들이 발생했다. 로마 공무원들은 선의로 그들에게 제사를 드리거나 기독교의 신을 포기하라고 설득했으나 기독교인들은 이를 거부했기 때문이다. 그러나 이 분파를 말살하기 위한 체계적 노력은 전혀 없었다.

사실 당국의 적개심은 기독교인들의 동료 신민들의 적대감에 비하면 훨씬 덜 위험했다. 2세기가 지나면서 기독교인에 대한 박해와 대중의 공격의 사례들이 증가했고, 기독교인들은 불법적인 종교를 추종했으므로 당국의 보호를 받지 못했다. 기독교인들은 때로 당국의 입장에서는 용인할 만한 희생양, 또는 위험한 흐름을 전환시킬 수 있는 피뢰침이었을 것이다. 미신적인 시대의 민중들의 마음에는, 기독교도가 신들을 노하게 하여 기근, 홍수, 역병 그리고 기타 자연재해가 벌어졌다고 생각하기가 쉬웠을 것이다. 자연재해를 설명할 수 있는 다른 기술들이 전혀 없던 세계에서는 그러한 방식을 제외하고는 설득력 있게 재난을 설명할 방법이 없었다. 기독교인들은 흑마술을 쓰고 근친상간을 하며 나아가서 인육을 먹는다는(이는 분명히 성찬에 대한 잘못된 설명에서 기인한 것이리라) 혐의를 받았다. 기독교인은 밤중에 몰래 모였다. 비록 우리가 정확히 측정할 수는 없지만, 더욱 구체적이고 날카로웠던 혐의는, 기독교인들이 자신들의 구성원들에 대한 통제를 통해서 아버지와 자녀, 남편과 아내, 주인과 노예 사이의 적절한 관계를 규율하고 정의하는 관례적 구조 전체를 위협한다는 것이었다. 기독교인은 그리스도 안에서 묶인 자도 없고 자유로운 자도 없다고 선언했고, 예수가 평화가 아니라 가족과 친구를 찢는 칼을 가져다주러 왔다고 주장했다. 이교도들이 그러한 견해의 위험성을 감지한 것은 선견지명이 있는 것이었다.

후대의 서양 문명에 끼친 기독교의 가장 커다란 기여는, 정부는 물론 인간이 만들었을 뿐인 그 어떤 권위체로부터도 독립된 도덕적 지침에 의해서 삶이 규율되어야 한다는, 기독교의 완고하게 예언자적이고 개인주의적인 주장일 것이다. 그러므로 예컨대 165년의 스미르나나 177년의 리옹의 경우처럼 커다란 속주도시에서 터져나온 폭력적인 사태들은 이해하기 어렵지 않다. 이것들은 기독교에 대한 심화된 반대가 민중 쪽에서 드러난 경우이며, 지적인 측면에서는 이교도 저술가들이 이 새로운 숭배를 처음으로 공격하기 시작했다.

초기 교회가 직면한 위험은 박해뿐이 아니었다. 아마도 박해는 중요성 측면에서는 가장 덜한 위험이었을 것이다. 훨씬 더 심각했던 위험은, 기독교가 로마 제국에서 많은 사례들을 찾을 수 있는 그렇고 그런 또 하나의 숭배가 되어버릴 수도 있고, 결국에는 그것들과 마찬가지로 고대 종교의 마술의 늪에 빠져버릴 수도 있다는 것이었다. 중동 전체에서 '신비종교'의 사례들이 발견되는데, 그들의 핵심은 특정한 신을 중심으로 한 신앙의 특이한 지식 속으로 신도를 입회시키는 것이었다(이집트의 이시스는 유명했고, 페르시아의 미트라도 마찬가지였다). 거의 모든 경우에서 신도들은 가상의 죽음과 부활을 포함하는 의례에서 신과 합일하고, 그럼으로써 죽음을 극복하는 기회를 제공받았다. 그러한 숭배들은 인상적인 의례를 통해서 세속으로부터의 평화와 해방을 제공했고, 많은 이들이 이것을 갈망했다. 그들은 매우 인기가 높았다.

기독교가 이런 식으로 발전해갈 위험이 실재했다는 점은 2세기 '영지주의(靈智主義, Gnosticism)'의 중요성에서 잘 드러난다. 이 이름은 그리스어로 '지식'을 뜻하는 'gnosis(그노시스)'에서 기인했다. 기독교 영지주의자들이 주장한 지식은 비밀스럽고 소수에게만 전해지는 것이었다. 모든 기독교인이 아니라 오직 소수에게만 계시된 것이었다(어떤 설명에서는 오직 사도들과 그들에게서 전수받은 분파에게만 주어진다고 한다). 이들의 사상 중 일부는 조로아스터교, 힌두교, 불교에서 물질과 영혼의 갈등을 강조하는 가르침에 기인하며, 이는 유대 기독교 전통을 왜곡하는 것이었다. 이러한 이원론으로 이끄는 유혹은 언제나 있었다. 악과 선을 서로 대립하는 원천과 실체로 각각 돌리고, 물질 창조의 선함을 부정하려는 것이다.

영지주의자는 이 세상을 증오했고, 그들의 사상체계 중 일부에서는 이것이 신비적 숭배의 전형적인 비관론을 초래했다. 구원은 오직 불가사의한 지식을 습득해야만 가능했고, 이는 종교에 허입(許入)된 선민에게만 주어지는 비밀이었다. 몇몇 영지주의자는 심지어 그리스도가 언약을 확증하고 갱신한 구원자가 아니라 야훼의 오류에서 인류를 구원한 자라고 보았다. 이것은 어떤 형태로 제시되더라도 위험한 신조였다. 기독교 계시의 핵심인 희망을 뿌리부터 잘라내는 것이기 때문이었다. 영지주의는 지금 여기에서의 구원에서 등을 돌렸다. 그러나 기독교인은 신이 세상을 만들었으며 그것이 좋았다고 보는 유대 전통을 받아들였기 때문에 세상에 대해서 결코 완전히 실망할 수는 없었다.

그래서 2세기에 기독교 공동체는 유대 디아스포라 전체에 산재했으며 기독교 조직의 기초는 상당히 굳건하게 자리잡았지만, 기독교는 이렇듯 어느 쪽이든 치명적일 수 있는 어떤 갈림길에 선 것처럼 보인다. 만약 기독교가 바울의 저술에 담긴 함의에서 등을 돌려 순전히 유대교의 이단으로 남았다면, 기껏해야 결국은 유대 전통으로 재흡수되었을 것이다. 반대로 유대교에서 이탈하고 유대교를 거부했다면, 기독교는 헬레니즘 세계의 신비적 숭배나 영지주의자들의 절망으로 흘러들어갔을 것이다. 기독교는 소수의 몇몇 사람들 덕분에 둘 다를 벗어나서 개인에게 구원을 약속하는 종교가 되었다.

이 위험한 길을 항해했던 교부들의 성취는 도덕적이고 경건한 내용을 많이 가지고 있으나 무엇보다도 지적인 것이었다. 그들은 자신들에게 닥친 위험에 자극을 받았다. 177년에 순교한 리옹의 주교를 승계한 에이레나이오스(140-202)는 기독교 교리에 최초의 위대한 윤곽을 제시했다. 바로 신앙고백과 정경(正經)의 정의(定意)였다. 이 둘은 모두 기독교를 유대교에서 분리시켰다. 그러나 에이레나이오스는 이단적 신앙의 도전이라는 배경에서 이를 저술했다. 172년에 영지주의 교리를 거부하기 위해서 최초의 공의회가 소집되었다. 기독교 교리는 경쟁자들의 압력에 저항해야 한다는 필요 때문에 지적인 품위 속으로 압착되었다. 이단과 정통은 쌍둥이로 태어났다. 기독교 신학이 출범하던 이 시기 동안 키를 잡았던 항해사 중의 한 명은 엄청난 학식을 보유했던 알렉산드리아의 클레멘스였다. 그는 기독교 플라톤주의자였으며(아마도 아테네에서 태어났을 것이다), 그를 통해서 기독교인은 헬레니즘 전통이 신비종교 이외에도 무엇을 의미할 수 있는지를 이해하게 되었다. 특히 클레멘스는 기독교인을 플라톤의 사상으로 이끌었다. 그는 자신보다도 더 위대했던 제자인 오리게네스에게 신의 진리는 합리적 진리라는 사상을 전수했으며, 이는 실재(實在)에 대해서 스토아 철학의 관점에서 교육받은 사람들에게 매력적일 수 있는 신앙이었다.

초기 교부들의 지적인 노력과 기독교에 내재된 사회적 호소력은 고전기와 후대 로마 세계의 구조에 내재된 확산과 팽창의 거대한 가능성을 활용할 수 있게 만들었다. 기독교 교사들은 그리스어를 이용해서 자유롭게 이동하고 말하고 저술할 수 있었다. 기독교는 종교의 시대에 출현했다는 커다란 이점을 누렸다. 2세기의 어처구니없을 정도의 경신(輕信)의 외투 속에는 깊은 갈망이 숨어 있었다. 이것은 고전 세계가 이미 활력을 소진했음을 시사한다. 그리스의 자본은 보충이 필요했고, 그것을 찾을 수 있는 한 장소는 새로운 종교 속에 있었다. 철학은 종교적 추구가 되었고, 합리주의나 회의주의는 오직 극히 적은 소수에게만 호소력을 가졌다. 그러나 이러한 유리한 배경은 또한 교회에게는 도전이기도 했다. 초기 기독교는 언제나 번성하는 경쟁자들의 맥락 속에서 보아야 한다. 종교의 시대에 태어난다는 것은 유리한 점이면서 동시에 위협이었다. 기독교가 얼마나 성공적으로 그러한 위협에 대응하고 기회를 잡았는지는 3세기의 위기 속에서 드러났다. 그때 고전 세계는 거의 붕괴했고 오직 엄청난 그리고 결국은 치명적일 양보를 하고서야 살아남을 수 있었다.

200년 이후 로마인들이 과거를 새로운 방식으로 돌아보았다는 증거가 많다. 인간은 항상 과거의 황금시대를 이야기했고, 관습적이고 문학적인 향수에 탐닉했다. 그러나 3세기에 어떤 새로운, 자각된 몰락에 대한 의식이 등장했다. 역사가들은 '위기'를 말했지만, 위기의 가장 명백한 표현은 사실은 극복되었다. 로마인들이 300년에 실행한 혹은 받아들인 변화는 고전 지중해 문명의 많은 지역들에 새로운 생명을 부여했다. 그러한 변화들은 심지어 로마가 결국 자신의 것들 중 그토록 많은 것들을 미래에 전수하게 되는 일에 결정적인 기여를 했다. 그러나 그러한 변화들 자체는 공짜가 아니었다. 그것들 중 일부는 본질적으로 그 문명의 정신에 파괴적이었기 때문이다. 복원자들은 종종 의도치 않게 모방자들이다. 4세기 초 언제쯤에서 우리는 균형점이 지중해의 유산의 반대쪽으로 기울었음을 감지할 수 있다. 결정적 순간이었던 것은 눈으로 보기보다는 느끼기가 더 쉽다. 불길한 혁신들의 갑작스런 급증이 그 징조였다. 제국의 행정적 구조는 새로운 원칙 위에 재건되었고, 제국의 이데올로기는 변화되었으며, 한때 보잘것없던 유대교 분파의 종교가 정통으로 확립되었고, 물리적으로는 영토의 많은 부분이 외부에서 온 정착민들, 즉 외국인 이민자들에게 넘어갔다. 한 세기 뒤에도 이러한 변화들의 결과는 정치적, 문화적 해체 현상에서 분명히 드러났다.

제국 권위의 상승과 하강은 이러한 과정에서 매우 중요했다. 2세기 말에는 제국과 고전 문명이 일체화되었다. 이것은 '로마니타스', 즉 로마인의 방식이라는 개념에 의해서 지배되었다. 이 때문에 정부 구조의 약화는 잘못되어가던 사태의 근본이었다. 제국의 최고위직은 (아우구스투스가 신중하게 꾸몄듯이) 원로원과 인민의 내리인이 취하는 자리가 아니게 된 지 이미 오래였다. 현실은 전제적 군주였고, 그의 지배는 오직 제위를 좌우하는 친위대를 달래는 일과 같은 실제적인 고려에 의해서만 제한을 받았다. 180년에 마지막이자 부적격했던 안토니누스 가문의 황제가 제위를 계승한 이후 일련의 내란이 벌어졌고, 이는 끔찍한 시대를 열었다. 이 형편없는 인간 콤모두스는 192년에 자신의 정부(情婦)와 시종에게 지시를 받은 레슬링 선수에게 목 졸려 죽었지만, 이로써 해결된 것은 아무것도 없었다. 그가 죽은 뒤 수개월 동안 벌어진 네 '황제들'의 투쟁으로부터 마침내 시리아인 부인과 결혼한 한 아프리카인이 등장했다. 셉티미우스 세베루스(재위 193-211)는 제국을 다시 계승의 원칙 위에 놓으려고 애썼고, 자신의 가문이 안토니누스 가문을 승계한다는 연결고리를 만들려고 노력했으며, 그럼으로써 근본적인 헌정적 약점을 처리하고자 했다.

이는 실제로는 자기 자신의 성공을 부정하는 것이었다. 세베루스는 자신의 경쟁자들과 마찬가지로 속주 군대가 옹립한 황제 후보였다. 3세기 내내 황제를 만든 진정한 세력은 군인들이었고, 그들의 권력의 근간은 제국의 파편화 경향이었다. 그러나 군인들이 없이 갈 수는 없었다. 사실 당시 변경의 여러 곳들에서 동시에 출현한 야만인의 위협 때문에 군대는 확대되고 또 회유되어야 했다. 바로 여기에 그 다음 세기 동안 황제들이 직면했던 딜레마가 있다. 세베루스의 아들 카라칼라(재위 211-217)는 신중하게도 군인들에게 막대한 뇌물을 제공함으로써 자신의 치세를 시작했으나, 그럼에도 별 수 없이 결국은 그들에 의해서 살해되었다.

이론상은 원로원이 여전히 황제를 지명했다. 그러나 실제로는 원로원에게는 수많은 경쟁적 후보자들 중 한 명에게 원로원의 권위를 실어줄 수 있다는 점을 제외하고는 실질적인 권한이 거의 없었다. 이것은 그다지 대단한 자산은 아니었지만 그래도 옛 형식이 약간의 도덕적 효과를 유지하고 있는 한 일정한 중요성을 가졌다. 그러나 이러한 구조가 원로원과 황제 사이의 잠재적 적대관계를 심화시키는 것은 필연적이었다. 세베루스는 원로원 가문보다는 사회적으로 열등한 자들이었던 기사계급 출신의 장교들에게 더 많은 권한을 부여했다. 카라칼라는 원로원을 축출하면 도움이 될 것이라고 생각하고, 전제적 지배를 향한 이러한 단계를 밟았다. 군인 출신의 많은 황제들이 그의 뒤를 따랐다. 얼마 지나지 않아서 처음으로 비록 '에퀴테스' 출신이기는 했으나 원로원 계급 출신이 아닌 자가 등장했다. 그 다음에는 더 심했다. 라인 군단 출신으로 큰 성공을 거둔 전직 장교였던 막시미누스(재위 235-238)는 235년에 아프리카 군대의 지지와 나중에는 원로원의 지지도 받았던 아프리카 출신의 80대 노인과 경쟁을 벌였다. 많은 황제들이 자신의 군대에 의해서 살해되었다. 한 황제는 전투 중에 자신의 사령관과 싸우다 죽었다(황제를 죽인 자는 그 뒤에 고트족에게 살해당하는데, 이는 그의 장교 중 한 명이 그의 배신을 고트족에게 알렸기 때문이었다). 이것은 끔찍한 세기였다. 모두 다해서 22명의 황제가 왔다 갔고, 여기에는 단순한 왕위 주장자들은 포함하지 않은 것이다(또한 포스투무스와 같은 반쪽 황제도 포함하지 않았다. 그는 한동안 갈리아에서 자신의 지위를 유지했고, 그럼으로써 후대의 제국의 분할을 예고했다).

세베루스의 개혁이 한동안 사태를 개선시키기는 했으나, 그의 계승자들의 취약한 지위는 행정의 쇠락을 가속화했다. 카라칼라는 제국의 모든 자유민 주민을 로마 시민으로 만들어 상속세를 납부하게 함으로써 과세의 기초를 확대하고자 노력했으나, 근본적인 재정개혁은 시도되지 않았다. 직면해야 했던 긴급 상황들과 사용 가능했던 자원을 고려해볼 때 아마도 쇠퇴는 불가피했을 것이다. 불규칙성과 즉흥성과 함께 탐욕과 부패가 늘어갔다. 이는 권력이나 관직을 가진 자들이 자신을 보호하기 위해서 그것을 사용했기 때문이었다. 이것은 또다른 문제를 반영한다. 바로 3세기에 제국이 드러낸 경제적 취약함이다.

이것이 소비자와 공급자에게 무엇을 의미했는지에 대한 일반화는 안전하지 않다. 도시들의 연계망 주변으로 경제가 정교하게 조직화되어 있었지만, 제국의 경제적 삶은 압도적으로 농업적이었다. 경제의 등뼈는 크든 작든 농촌 경작지와 장원이었으며 이들은 생산의 기본 단위이면서 동시에 많은 곳들에서 사회의 기본 단위였다. 그러한 토지들은 그 땅에 의지해서 살아가는 모든 이들에게 생계의 원천이었다(이는 농촌 주민 거의 전부를 뜻한다). 그러므로 아마도 시골 사람들 대부분은 장기적인 경제변동보다는 제국이 팽창을 중지함에 따른 징발과 무거운 과세에 더 많은 영향을 받았을 것이다. 그래서 군대는 더 좁은 기반에서 보급을 받아야 했다. 또한 때로는 토지도 싸움으로 황폐화되었다. 그러나 농민들은 최저생계 수준에서 살았고, 예속되었든 자유롭든 언제나 가난했으며, 계속 가난할 것이었다. 시대가 더 나빠지자 어떤 이들은 스스로를 농노로서 땅에 결박시키고자 했다. 이는 재화와 용역에 대한 지불 수단으로서 화폐가 쇠락하는 경제를 시사한다. 이것은 또한 농민을 도시의 유랑생활로 내몰았던 힘겨운 시절의 또다른 영향력을 반영하는 것일 수 있다. 인간은 모든 곳에서 보호를 추구했다.

징발과 더 무거운 과세는 일부 지역에서 인구감소를 촉진했고(다만 이에 대한 증거는 3세기보다는 4세기에 더 많이 나온다), 이러한 점에서 자기 파괴적이었다. 어떤 경우에든 이러한 조치는 불공평하기 십상이었다. 부자들은 다수가 과세에서 면제되었고, 토지보유자들은 경솔하게 행동하지 않는 한 물가상승의 시대라고 해서 크게 타격을 받을 일이 없었다. 고대의 거대 토지보유 가문들이 오래 지속된 것을 보면, 3세기의 혼란이 그들의 자원에 깊은 충격을 주지는 못한 것 같다.

행정과 군대는 경제적 혼란의 영향을 가장 많이 느꼈고, 특히 그 세기의 주요한 병폐인 물가상승의 영향을 받았다. 물가상승의 원인과 정도는 복잡한 문제이며 여전히 논쟁 중이다. 부분적으로 이는 화폐의 공식적인 평가절하에서 기인했다. 화폐가치의 하락은 야만인들에게 막대한 금액을 공물로 지불해야 했던 필요성 때문에 더 심화되었다. 이들을 회유하는 데에는 대개 이러한 공납이 가장 좋은 방법이었다. 그러나 야만인의 침입 자체는 종종 공급의 중단을 촉진했고, 이는 다시 가격상승을 일으켜 도시에 해롭게 작용했다. 군인의 봉급은 고정되어 있었기 때문에 그 실제 가치는 하락했다(당연히 이는 병사들이 그들에게 막대한 뇌물을 제공한 장군들의 편에 넘어가기 쉽게 만들었다). 전체적인 영향은 평가하기 어렵지만, 화폐는 그 세기 동안에 처음 가치의

5분의 1로 하락했던 것으로 보인다.

도시와 제국의 재정 관행 모두에서 그로 인한 타격이 드러났다. 3세기부터 많은 도시들이 크기와 부유함에서 축소되었다. 그래서 그들을 계승한 중세 초의 도시들은 고작해야 한때 중요했던 곳들의 희미한 반영일 뿐이었다. 한 가지 원인은 제국 조세 징수관들의 요구가 증가한 것이었다. 4세기 초부터 주화의 가치 하락으로 제국 관리들은 현물로 세금을 부과했다(이렇게 걷은 물품은 대개 지역 수비대의 보급에 직접 쓰였지만, 또한 공무원의 봉급 지불 수단으로도 사용되었다). 이것은 정부의 인기를 떨어뜨렸을 뿐 아니라 '쿠리알레스', 즉 이러한 부과조를 징수하는 임무를 맡았던 도시의 공직 또한 인기 없게 만들었다. 300년경에 이 직책은 종종 강요되었는데, 이는 한때 열렬히 추구되던 대상이었던 명예가 힘겨운 의무가 되었다는 확실한 증거이다. 몇몇 도시들은 실제적인 물리적 충격도 당했는데, 특히 변경지역에 있는 도시들이 그러했다. 의미 깊게도, 3세기가 흘러가면서 제국 내의 도시들은 방어용 성벽을 재건하기 (혹은 처음으로 건설하기) 시작했다. 도시 로마는 270년이 지나자마자 스스로를 다시 요새화해야 했다.

한편 군대는 꾸준히 규모가 커졌다. 야만인을 막으려면 군대에 봉급을 지불하고 병사를 먹이고 물자를 보급해야 했다. 야만인을 막지 않으면 대신에 그들에게 공납을 바쳐야 했다. 그리고 씨름해야 할 상대는 야만인뿐이 아니었다. 오직 아프리카에서만 제국의 변경은 로마의 이웃들에 대항하여 상당히 안전하게 확보되었다(왜냐하면 그곳에는 별다른 이웃이 없었기 때문이다). 아시아에서는 사태가 훨씬 더 암울했다. 술라의 시대 이래로 항존했던 파르티아와의 냉전이 때때로 전면적인 군사작전으로 타올랐다. 로마인과 파르티아인이 진정한 평화를 안착시키는 일은 두 가지에 의해서 가로막혔다. 하나는 그들의 이익의 영역이 서로 겹치는 것이었다. 이것은 아르메니아에서 가장 명백했다. 아르메니아는 양측 사이에서 한 세기 반 이상을 완충지대였다가 셔틀콕이었다가를 반복했다. 그러나 파르티아인은 또한 유대인의 준동이라는, 로마 입장에서 또다른 민감한 문제를 건드렸다. 분란을 야기한 또다른 요인은, 파르티아 내부의 왕조 문제가 종종 반복해서 로마에 유혹을 일으켰던 것이다.

이러한 요인들은 이미 2세기에 아르메니아를 두고 심각한 싸움을 초래했다 (이 전투의 세부 사항은 종종 모호하다). 세베루스는 마침내 메소포타미아로 침입했지만, 철수해야만 했다. 메소포타미아 유역은 너무 먼 곳이었기 때문이다. 로마인은 너무 많은 일을 하려고 노력했고, 지나치게 팽창한 제국이라는 고전적 문제에 직면했다. 그러나 로마의 상대자들도 역시 피곤했고 상태가 좋지 않았다. 파르티아에 대한 문자기록은 단편적이다. 그러나 주화의 문자가 알아볼 수 없는 상태가 되고 이전의 헬레니즘 시대의 문양이 흐릿하게 변형된 것으로부터 국력의 소진과 무능력의 증가를 이야기할 수 있다.

3세기에 파르티아는 사라졌다. 그러나 로마에 대한 동방의 위협은 사라지지 않았다. 페르시아 문명의 오래된 지역의 역사에서 전환점이 생겨났다. 225년경에 아르다시르(후에 서방에서는 아르탁세르크세스로 알려졌다)라고 불리던 한 왕이 파르티아의 마지막 왕을 죽이고 크테시폰에서 즉위했다(재위 226-241). 그는 장차 새로운 사산 왕조 아래에서 페르시아의 아케메네스 왕조를 재창조할 것이었다. 그리고 그 왕조는 400년 이상을 로마의 가장 강력한 적이 될 것이었다. 여기에는 연속성이 많았다. 즉 사산 제국은 파르티아와 마찬가지로 조로아스터교를 믿었고, 또 파르티아가 했던 것처럼 아케메네스 왕조의 전통을 되살렸다.

수년 이내에 페르시아인은 시리아를 침공했고 300년에 걸친 제국과의 투쟁을 개시했다. 3세기에는 전쟁 없이 10년도 지나간 적이 없었다. 사산 왕조를 물리치려는 로마인의 대규모 시도는 260년에 재난으로 끝났다. 로마 군단을 이끌었던 발레리아누스 황제(재위 253-260)는 페르시아인에게 포로가 되었다. 그는 외국인의 손에 그러한 운명을 겪었던 유일한 로마 황제였다. 전하는 바에 따르면, 페르시아 왕 샤푸르 1세(재위 241-272)는 그 불운한 로마인이 포로 생활 중 사망하자 발레리아누스의 시신에서 가죽을 벗겨내어 승리의 기념물로 보존했다고 한다. 3세기의 남은 시기 동안에는 전투가 왔다 갔다 했으나, 어느 쪽도 상대방에 대해서 결정적인 이득을 보지는 못했다. 그 결과는 장기간에 걸친 막상막하의 경쟁이었다. 4세기와 5세기에는 일종의 평형상태가 생겨났고 그것은 6세기에야 붕괴되기 시작했다. 한편 상업적 연결선이 등

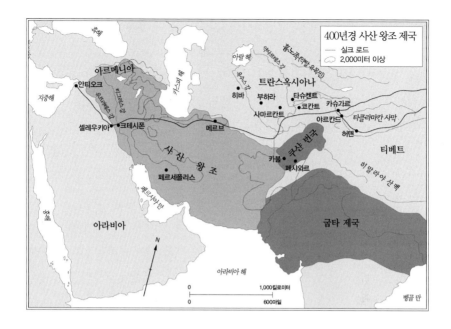

장했다. 변경의 교역은 공식적으로는 세 곳의 지정도시에 제한되었지만, 제국의 거대도시들에는 페르시아 상인들의 중요한 집단 거주지가 생겨났다. 게다가 페르시아는 인도에서 중국으로 이어지는 교역로에 걸쳐 있었고, 이는 동방의 비단, 면화, 향료를 원하던 사람들에게만큼이나 로마의 수출업자들에게도 극히 중요했다. 두 제국은 전시가 아닌 경우에는 차갑고 신중한 적대감을 가지고 상호공존하는 경향을 보였다. 그들의 관계는 변경의 양쪽 편에 정착한 공동체들과 사람들에 의해서 더 복잡해졌고, 완충지대의 왕국 중의 하나, 예를 들면 아르메니아와 같은 곳에서 벌어진 변화에 의해서 전략적 균형이 뒤집어질 위험은 언제나 존재했다. 공공연한 투쟁의 최종 라운드는 연기되었다. 그러나 마침내 6세기에 그것이 도래했다.

이것은 현재로서는 너무 멀리까지 나가는 것이다. 그때가 되기 전에 로마 제국에서는 엄청난 변화들이 벌어졌고, 그것들은 여전히 설명이 되어야 한다. 사산 왕조의 의식적 역동성은 그러한 변화들을 촉진한 압력들 중의 하나에 불과하다. 또다른 압력은 도나우와 라인 강 변경의 야만인들에게서 왔다. 3세기와 그 이후에 그들을 앞으로 내몰았던 민족이동의 기원은 반드시 장기적인 발전 속에서 찾아야 하며, 기원보다는 그 결과가 더 중요하다. 이 민족들은 점점 더 고집스러워졌고, 더 큰 집단으로 행동했으며, 결국에는 로마의 영토 내에 정착하도록 용인되어야 했다. 이때 그들은 처음에는 다른 야만인에게 대항하여 제국을 방어하는 병사로 일했고, 그후 점차 제국을 자신들 스스로 운영하는 일에 손을 대기 시작했다.

200년에 서서 볼 때 이는 아직 미래의 일이었다. 당시에 확실했던 것이라고는 새로운 압력이 조성되고 있었다는 점뿐이었다. 관련된 야만인들 가운데 가장 중요한 민족은 라인 강의 프랑크족과 알라만족, 그리고 도나우 강 하류의 고트족이었다. 대략 230년부터 제국은 그들을 물리치기 위해서 싸웠지만, 두 변경에서의 전쟁비용은 무거웠다. 한 황제는 페르시아 문제에 얽혀 알라만족에게 양보를 해야만 했다. 그 황제 바로 뒤의 계승자들이 그들의 페르시아 짐에 자신들의 분쟁을 더했을 때, 고트족은 유리한 상황을 활용하여 도나우 바로 남쪽의 속주인 모이시아를 침공했고 251년에 그곳을 지나가던 한 황제를 죽였다. 5년 뒤 프랑크족은 라인 강을 넘었다. 알라만족이 뒤따랐고 밀라노까지 도착했다. 고트족 군대는 그리스를 침공했고 아시아와 에게 해를 바다를 통해서 공략했다. 수년 이내에 유럽의 댐은 모든 곳에서 단번에 무너질 것으로 보였다.

이러한 침입의 규모는 확실히 말하기가 쉽지 않다. 아마 야만인들은 3만 명 이상의 병력을 내보내지는 못했을 것이다. 그러나 이것은 제국 군대에게는 그 어떤 한 지역에서도 감당할 수 없는 수준이었다. 제국군의 핵심은 일리리아 속주의 징집병으로 구성되었다. 그에 따라서 시대의 향방을 좌우한 것은 일련의 일리리아 출신 황제들이었다. 그들이 했던 일의 대부분은 단순히 병사를 양성하고 상황에 현명하게 즉시 대응하는 것이었다. 그들은 우선순위를 설정했다. 유럽에 주된 위험이 있었고, 따라서 먼저 다루어야 했다. 팔미라와의 동맹은 페르시아에 대항하여 시간을 벌어주었다. 손실은 털어냈다. 즉 도나우 강 너머의 다키아는 270년에 포기되었다. 군대는 재조직되어 주요 위험 지역마다 효과적인 기동 예비군을 공급할 수 있도록 했다. 이것은 모두 아우렐리아누스(재위 270-275)의 업적이었고, 원로원은 그를 의미 깊게도 "로마 제국의 회복자"라고 불렀다. 그러나 그 대가는 비쌌다. 일리리아 출신 황제들의 업적이 살아남기 위해서는 더욱 근본적인 재구성이 필요했고, 이것이 바로 디오클레티아누스(재위 284-305)의 목표였다. 그는 용맹으로 이름을 떨친 군인으로서 아우구스투스의 전통을 복구하려고 노력했으나 오히려 제국을 혁명적으로 변화시켰다.

디오클레티아누스는 군인으로서보다 행정가로서 천재적이었다. 그는 특별히 대단한 상상력은 없었지만 조직과 원칙을 탁월하게 이해했고, 질서를 사랑했으며, 일을 위임할 만한 사람을 선택하고 그에게 신뢰를 주는 데에 엄청난 기술을 가졌다. 그는 또한 열정적이었다. 어디든 황제 수행원들이 머무는 곳이 바로 디오클레티아누스의 수도였다. 그들은 제국을 돌아다녔고, 여기에서 1년을, 저기에서 몇 달을, 그리고 때로는 겨우 하루나 이틀을 한 곳에서 보냈다. 이 궁정에서 생겨난 개혁의 핵심은 제국을 둘로 나눔으로써 한편으로는 멀리 떨어진 속주의 계승권 주장자들 사이의 내적 분쟁에서 그리고 다른 한편으로는 제국의 행정과 군대 자원의 지나친 분산에서 제국을 구하려는 의도였다. 285년에 디오클레티아누스는 공동황제로 막시미아누스를 지명하여 도나우 강에서 달마티아에 이르는 선의 서쪽 제국을 맡겼다. 이 두 '아우구스투스'에게는 향후 각각 보조자로 '카이사르'가 주어졌다. 이들은 황제의 보조이며 동시에 계승자가 될 것이었고, 그럼으로써 권력의 이양을 순조롭게 만들었다. 그러나 실제로는 이러한 계승방식은 디오클레티아누스의 의도대로는 오직 한 번, 그 자신과 동료 황제가 사임했을 때에만 작동했다. 그러나 행정을 두 개의 제국 구조로 실제적으로 분리한 것은 번복되지 않았다. 이 이후로 대개 모든 황제들은 심지어 형식상 황제가 한 명뿐일 때에도 상당한 분리를 받아들여야 했다.

그리고 또 이제 명시적으로 황제직에 대한 새로운 개념이 등장했다. '프린켑스'라는 칭호는 더 이상 사용되지 않았다. 황제들은 원로원이 아니라 군대가 결정했고, 동방식 궁정의 반신적(半神的) 왕권을 연상시키는 용어들로 경의를 받았다. 실세석으로는 황제들은 피라미드적인 관료제를 통해서 움직였다. 속주는 훨씬 작고 숫자는 이전보다 두 배 정도 많은 '관구들(dioecesis)'로 재편되었고, '총독(vicarius)'이 황제에게 직접 보고했다. 정부 권력에 대한 원로원의 독점은 이미 오래전에 사라졌다. 원로원 계급이란 이제는 사실상 단순한 사회적 구분(부유한 토지보유 계급의 구성원)을 의미하거나 또는 중요한 관료제적 지위 중 하나를 차지했다는 뜻일 뿐이었다. '에퀴테스' 계급은 완전히 사라졌다.

이러한 소위 '4왕제(四王制, tetrarchia)'의 군사기구는 원래 아우구스투스가 제정한 것보다 훨씬 더 커졌다(따라서 비용도 더 들었다). 장기간 주둔해야 하는 요새에 깊이 파묻힌 군단들의 경우 이론상의 이동배치 원칙은 포기되었다. 변경의 군대는 이제 여러 작은 단위로 분할되었고, 그들 중 일부는 항구적으로 같은 장소에 머물렀으며, 그외에는 옛 군단보다 더 작은 새로운 기동병력이 되었다. 징집이 재도입되었다. 대략 50만 명의 남자들이 무기를 들었다. 이전에는 이러한 군대에 대한 명령권과 속주의 민간정부가 혼합되어 있었으나, 이제는 완전히 분리되었다.

이러한 체제의 결과는 디오클레티아누스가 예상했던 것과 정확하게 일치하지는 않았던 것 같다. 여기에는 군대의 회복과 안정화를 위한 상당한 조치가 포함되어 있었지만, 그 비용은 엄청났다. 한 세기 뒤, 이미 줄어들기 시작했던 것으로 보이는 주민들이 두 배로 불어난 군대를 부양해야 했다. 무거운 과세는 제국 신민의 충성을 약화시켰을 뿐 아니라 부패를 촉진시켰다. 또 과세 기반이 잠식되지 않도록 하기 위해서 사회 구성을 면밀하게 통제해야 했다. 사회적 유동성에 반하는 행정적 압력이 매우 컸다. 예를 들면, 농민들은 인구조사에 기록된 장소에 의무적으로 거주해야 했다. 자주 언급되는 (그러나 확인 가능한 한 완전히 실패한 것으로 보이는) 또다른 사례는, 제국 전역의 임금과 가격을 강제로 고정하려는 시도였다. 그러한 노력들은 더 많은 세금을 걷으려는 시도와 마찬가지로 공무원의 수가 더 늘어난다는 뜻이었고, 행정 인력의 수가 늘어갈수록 당연히 정부의 비용도 증가했다.

마지막으로 디오클레티아누스는 아마도 황제직 자체에 대한 새로운 관점으로 나아가는 길을 엶으로써 가장 많은 성취를 거두었을 것이다. 황제직이 획득한 종교적 후광은 진짜 문제에 대한 대응이었다. 지속적인 모반과 실패의 부담 아래에서 제국은 이제 더 이상 무조건 받아들여지지 않았다. 이것은 단순히 무거운 세금에 대한 혐오나 비밀경찰의 수가 증가하는 것에 대한 공포 때문이 아니었다. 제국의 이데올로기적 기초가 잠식되었고 제국은 사람들의 충성을 집중시킬 수 없었다. 정부의 위기뿐 아니라 문명의 위기가 진행되고 있었다. 고전 세계의 정신적 바탕이 붕괴되고 있었다. 국가도 문명도 더 이상 당연한 것으로 받아들여지지 않았고, 그러려면 먼저 새로운 정신이 필요했다.

황제의 독특한 지위와 그의 신성한 역할에 대한 강조는 이러한 필요에 대한 초기 대응 중의 하나이다. 디오클레티아누스는 의식적으로 구원자로서, 즉 혼동을 억제하는 주피터와 같은 인물로서 행동했다. 이것은 어쩐지 고전 세계 말기에 인생을 선과 악의 항구적 투쟁으로 보았던 사상가들과의 친밀한 연관성을 떠올리게 한다. 그러나 이것은 그리스적인 것도 로마적인 것도 아닌, 동방적인 시각이었다. 황제가 신과 관계가 있다는 새로운 시각의 수용, 그리고 그에 따라서 공식적인 숭배라는 새로운 개념의 수용은 그리스 세계의 전통적인 실용적 관용과는 잘 맞지 않았다. 숭배에 대한 결정은 이제 제국의 운명을 결정할 수도 있었다.

이러한 가능성들은 좋은 면과 나쁜 면 양쪽으로 기독교 교회의 역사를 형성했다. 결국 기독교는 로마 유산의 상속자가 될 것이었다. 박해받던 소수의 지위에서 독자적 권한을 가지는 제도로 상승한 종교적 분파는 많았다. 기독교 교회를 남다르게 하는 것은, 이것이 로마 제국 말기라는 독특하게도 포괄적인 구조 내에서 발생하여, 그로써 고전 문명의 생명선에 스스로를 연결시키고 또 그것을 강화시켰으며, 그리하여 기독교 자신뿐 아니라 유럽과 궁극적으로는 전 세계에 엄청난 결과를 낳았다는 점이다.

3세기 초에 선교사들은 이미 이 신앙을 소아시아와 북아프리카의 비유대인 주민들에게 전했다. 특히 북아프리카에서 기독교는 도시에서 처음으로 대규모 성공을 거두었다. 기독교는 오랫동안 압도적으로 도시적 현상으로 남았다. 그러나 기독교는 여전히 매우 적은 소수의 신앙이었고, 제국을 통틀어보면 오래된 신들과 시역의 신들이 농민의 지지를 확보하고 있었다. 300년에 기독교인은 제국 주민의 10퍼센트에 불과했다. 그러나 이미 공식적인 호의와 심지어 양보를 보여주는 눈에 띄는 징표들이 있었다. 한 황제는 명목상 기독교인이었고, 다른 황제는 예수 그리스도를 자기 가문에서 사적으로 경배하는 신들 가운데 포함시켰다. 궁정과의 그러한 접촉들은 기독교가 제국에 뿌리를 내리는 과정의 이야기에서 중요한 부분을 차지하는, 유대 문화와 고전 문화의 상호작용을 잘 보여준다. 어쩌면 아테네인과 대화하면서 그들이 이해할 수 있는 용어로 말했던 타르수스의 바울이 이것을 시작했을지도 모른다. 이후 2세기 초에 팔레스타인 출신의 그리스인이었던 순교자 유스티누스는 기독교가 그리스 철학에 빚지고 있음을 보여주기 위해서 노력했다.

여기에는 정치적인 측면도 있었다. 고전 전통과의 문화적 동일시는 제국에 대한 불충의 비난을 물리치는 데에 도움이 되었다. 만약 한 기독교인이 헬레니즘 세계의 이데올로기적 유산 안에 서 있다면, 그는 또한 좋은 시민일 수 있었고, 유스티누스의 합리적 기독교는 (비록 그는 165년에 순교했지만) 플라톤을 포함한 모든 위대한 철학자들과 예언가들이 참여하지만 오직 그리스도 안에서만 완성될 수 있는 '신성한 이성'의 계시를 미리 내다보았다. 다른 이들도 유사한 길을 따르게 될 것이었다. 그중에는 특히 알렉산드리아의 지식인으로서 이교도 학문을 기독교와 통합하려고 했던 클레멘스와, 오리게네스(비록 그의 저술 중 상당수가 소실되어 그의 정확한 가르침은 여전히 논쟁되고 있지만)가 있다. 북아프리카 기독교인인 테르툴리아누스(?160-?220)는 아카데메이아가 교회와 무슨 상관이 있냐며 경멸조로 물었다. 그의 질문에는 교부들이 답을 했다. 교부들은 기독교가 합리성에 닻을 내릴 수 있도록 해주는 신앙에 대한 설명을 제공하기 위해서, 그리스 철학의 개념적 도구들을 적극적으로 채택했다. 이는 바울로서는 하지 못했던 일이었다.

이러한 발전들과 더불어, 죽음 이후의 구원에 대한 약속, 그리고 기독교인의 삶이 목적 있고 낙관적인 방식으로 이루어질 수 있을 것이라는 사실을 함께 고려할 때, 사람들은 3세기의 기독교인들이 미래를 확신했다고 생각하기 쉽다. 그러나 사실 우호적인 징후들은 초기 교회사에서 매우 두드러졌던 박해들에 비하면 훨씬 덜 눈에 띄었다. 두 개의 커다란 사태가 발발했다. 3세기 중반에 벌어진 한 가지 일은 기존 제도의 영적 위기를 표현했다. 제국을 괴롭헌 것은 경제적 부담과 군사적 패배뿐이 아니라, 로마의 성공 자체에 내재한 변증법이었다. 즉 제국의 확연한 증표였던 세계시민주의는 불가피하게도 '로마니타스'를 용해시켰고, 이는 결국 점점 더 실재에서 멀어져 더욱더 표어에 불과하게 되었다.

데키우스 황제(재위 249-251)는 로마의 전통적인 덕과 가치로의 회귀라는 낡은 조리법이 여전히 통할 것이라고 확신한 듯하다. 이것은 신들에 대한 봉사의 부활을 포함했고, 그러면 다시 한번 신들의 은총이 제국의 편에 내릴 것이라고 생각했던 것이다. 데키우스는 기독교인도 다른 이들과 마찬가지로 로마의 전통에 제사를 드려야 한다고 말했고, 기독교인들이 박해를 피하기 위해서 발급받은 증명서들을 통해서 판단하건대 많은 기독교인들이 이에 따른 것으로 보인다. 그러나 몇몇은 그러지 않았고, 죽었다. 몇 년 뒤, 발레리아누스는 같은 이유로 박해를 재개했다. 그러나 그의 속주 총독들은 신도들 다수를 박해하기보다는 지도적인 인사들과 교회 재산(건물과 서적들)에 집중했다. 그 이후로 박해는 물러갔고 교회는 공식적 관심의 지평 바로 아래에서 어둡고 용인된 존재로 다시 시작했다.

박해를 통해서 이 새로운 분파를 박멸하려면 어마어마한 노력과 장기간에 거친 결단이 필요할 것이라는 점이 드러났다. 어쩌면 이미 그러한 박멸을 실행에 옮기는 일은 로마 정부의 능력을 벗어난 것일 수도 있었다. 초기 기독교의 배타성과 고립성은 수그러들었다. 기독교인은 아시아와 아프리카 속주의 지방 업무에서 급속히 두각을 나타냈다. 주교들은 종종 공적인 인물이었고, 관료들은 그들과 함께 일하기를 기대했다. 기독교 신앙 내에서 구별되는 전통들의 발전(그중 로마, 알렉산드리아, 카르타고의 것들이 가장 중요했다)은 기독교가 지역사회에 확실히 뿌리를 내렸으며 지역적 필요를 표현할 수 있다는 점을 드러냈다.

제국 밖에서도 역시 기독교의 앞날이 밝을 것이라는 징후들이 있었다. 페르시아의 그림자 아래 있는 로마 속국들의 지역 지배자들은 지역적인 지지의 원천이라면 어떤 것도 무시할 수 없었다. 널리 퍼진 종교적 관점을 존중하는 일은 최소한 신중한 행동이었다. 시리아, 킬리키아, 카파도키아에서 기독교의 선교사업은 매우 성공적이었고, 몇몇 도시들에서는 기독교인이 사회적 엘리트를 형성했다. 단순한 미신 역시 왕들을 설득하는 데에 도움이 되었다. 즉 기독교의 신이 강력한 힘을 가졌을 수 있고, 그의 분노에 대비해서 보험을 늘어두는 것이 해가 될 일은 없었다. 그래서 기독교의 정치적, 시민적 전망은 개선되었다.

기독교인은 자신들의 박해자가 번영하지 못하는 모습에 얼마간 만족스러워했다. 고트족은 데키우스를 죽였고, 발레리아누스의 운명은 앞서 살펴보았다. 그러나 디오클레티아누스는 이로부터 어떠한 교훈도 끌어내지 않은 것으로 보였고, 303년에 로마의 마지막 대박해를 개시했다. 이는 처음에는 가혹하지 않았다. 주된 목표는 기독교 공직자, 사제, 그리고 기독교 서적들과 건물들이었다. 책들은 불태웠지만, 얼마 동안은 제사를 드리지 않았다고 사형에 처하는 일은 없었다(그러나 많은 기독교인이 제사를 드렸고, 그중에는 로마의 주교도 있었다). 서부의 '카이사르'였던 콘스탄티우스(재위 305-306)는 디오클레티아누스가 사임한 305년 이후에는 박해를 추진하지 않았다. 그러나 그의 동부 동료(디오클레티아누스를 계승한 갈레리우스[재위 305-311])는 이에 대해서 확고한 견해를 가지고 있었고, 모두에게 제사를 드릴 것을 명령하고 어길 시에는 사형에 처하겠다고 했다. 이것은 박해가 이집트와 아시아에서 가장 심했음을 뜻하며, 이 지역에서는 박해의 기간도 몇 년 더 길었다. 그러나 이 명령은 향후 콘스탄티누스 대제(재위 306-337)의 등장을 초래할 복잡한 정치에 의해서 가로막혔다.

콘스탄티우스는 아우구스투스가 되고 1년 뒤 306년에 브리타니아에서 죽었다. 그의 아들이 콘스탄티누스이다. 그는 당시 브리타니아에 있었고, 비록 그는 아버지의 '카이사르'가 아니었으나 요크의 군대는 그를 황제로 추대했다. 거의 20년 동안의 혼란기가 뒤이었다. 이 복잡한 투쟁들은 제국의 평화적인 권력이양을 위한 디오클레티아누스의 안배가 실패했음을 입증했으며, 콘스탄티누스가 제국을 한 명의 지배자 아래에 다시 통합한 324년에야 비로소 끝이 났다.

이때 콘스탄티누스는, 비록 행정가보다는 군인으로서 더 성공적이기는 했으나, 이미 제국의 문제에 열정적이고 효과적으로 대응하고 있었다. 그는 야만인 출신 병사들을 모집하여 변경 수비대와는 별개의 강력한 지상군을 건설했다. 그리고 이 군대는 제국 내의 도시들에 주둔했다. 이것은 향후 두 세기 동안 동부에서 제국이 보여준 전투력을 통해서 전략적으로 건전한 결정이었음이 증명되었다. 콘스탄티누스는 또 친위대를 해산하고 새로운 게르만족 호위대를 창설했다. 그는 금화의 안정성을 복구했고 현물납세 방식을 폐지하고 화폐경제를 복원하는 길을 닦았다. 그의 재정개혁은 더 복잡한 결과들을 낳았으나 과세의 부담을 재조정하여 부자가 더 많이 내도록 하려는 시도였다. 그러나 동시대인들은 이 모든 일들보다 기독교에 대한 그의 태도에 가장 깊은 인상을 받았다.

콘스탄티누스는 교회에 공식적인 공간을 주었다. 그럼으로써 그는 그 어떤 다른 기독교 평신도보다도 기독교의 미래 형성에 중요한 역할을 했고, 장차 '13번째 사도'로 불렸다. 그러나 기독교에 대한 그의 개인적 관계는 복잡했다. 그는 고전기 후대의 많은 사람들이 가졌던 유일신적 입장과 더불어 지적으로 성장했고, 결국은 분명히 확신을 가진 신도가 되었다(당시에는 기독교인들이 그와 같이 죽음 직전까지 세례를 미루는 일이 흔했다). 그러나 그는 두려움과 희망 때문에 믿음을 가졌다. 즉 그가 경배한 신은 권능을 가진 신이었다. 그가 처음 매달린 신은 태양신이었고, 그는 태양신의 상징을 선택했으며 태양신 숭배는 이미 공식적으로 황제 숭배와 연관되었다. 그후 312년, 전투 전야에 그는 자신이 환상을 보았다고 믿고, 자기 병사들에게 방패에 기독교의 상징문자를 새기게 했다. 이것은 어떤 신에게든 적절한 경의를 표하겠다는 의도를 드러냈다. 그는 전투에서 이겼고, 그후 비록 공적으로는 태양신 숭배를 계속 인정했으나 기독교인과 그들의 신에게 중요한 호의들을 베풀기 시작했다.

이러한 것들 중 공공연하게 드러난 한 가지는 이듬해의 한 칙령이었다. 이는 콘스탄티누스와 또다른 제위 주장자가 밀라노에서 합의하에 발한 것이었다. 이 칙령은 기독교인에게 재산을 반환했고 다른 종교들이 누리던 관용을 그들에게도 허용했다. 이러한 기독교 정당화는 자신의 동료와 만족스러운 절충안에 도달하고자 하는 콘스탄티누스의 바람은 물론, 그 자신의 생각 또한 드러내는 것 같다. 즉 이 칙령은 "하늘의 옥좌에 거하는 그 어떤 신이시라도 만족하시고 우리와 우리의 권위 아래 있는 모든 이들을 향해서 순풍을 보내 주시기를" 바라는 희망으로써 그 조치들을 설명하기 때문이다. 콘스탄티누스는 나아가서 상당한 재산을 교회에 선물로 주었고, 특히 로마 교회에 특혜를 베풀었다. 그는 성직자에게 상당한 과세 양보를 제공한 것 이외에도, 교회에 유산을 증여받을 수 있는 무제한적인 권한을 주었다. 그러나 수년 동안 그가 만든 주화는 계속해서 이방 신들을 섬겼고, 특히 '정복되지 않는 태양신'을 경배했다.

콘스탄티누스는 점차 자신이 준사제적인 역할을 맡았다고 생각했고, 이것은 황제직의 향후 변화에서 가장 중요한 일이었다. 그는 자신이 신 앞에서 교회의 안녕을 책임져야 한다고 생각했고, 점점 더 공개적이고 분명하게 교회와 밀접한 관계가 되었다. 320년 이후 태양은 그의 주화에 더 이상 등장하지 않았으며, 병사들은 교회의 행렬에 반드시 참여해야 했다. 그러나 그는 항상 자신의 이교도 신민들의 감수성을 충분히 염두에 두었다. 비록 콘스탄티누스가 후에 신전들에서는 금을 빼앗는 한편, 화려한 기독교 교회들을 세우고 승진을 미끼로 개종을 독려하기는 했지만, 그는 옛 숭배들에 대한 관용을 중지하지 않았다.

콘스탄티누스의 업적들 중 일부는 (마치 디오클레티아누스의 경우처럼) 과거에 잠재적이고 암묵적이었던 일들이 발달한 것, 즉 이전 선례들의 확장형이었다. 이것은 교회의 내부 문제에 대한 그의 개입에도 적용된다. 이미 272년에 안티오크의 기독교인들은 주교를 제거해달라고 황제에게 호소한 바 있고, 316년에 콘스탄티누스 자신은 북아프리카의 논쟁을 정리하기 위해서, 도나투스파로 알려진 그 지역의 분파주의 집단의 의지에 반하여 카르타고 주교를 세웠다. 콘스탄티누스는 나아가서 황제는 교회에 자유를 부여하는 것 또는 심지어 기증을 하는 것 이상의 무엇을 신에게 빚고 있다고 믿게 되었다. 콘스탄티누스는 자신의 역할에 대한 개념을 발전시켰다. 신은 지속적인 은총의 대가로 통일성을 요구하며, 황제는 그것을 보증하는 그리고 가능하다면 그것을 부과하는 역할을 해야 한다는 것이었다. 콘스탄티누스가 도나투스파에 관심을 가졌을 때 그는 자신의 의무에 대해서 이러한 관점을 가지고 있었고, 그 때문에 도나투스파는 기독교 정부에 의해서 박해를 받은 최초의 분열주의자라는 달갑지 않은 특별함을 얻게 되었다. 콘스탄티누스는 황제 교황주의, 즉 세속 지배자가 종교적 믿음을 결정할 신적 권위를 가진다는 믿음의 창시자이며, 또 향후 1,000년 동안 유럽에서 통용된 제도화된 종교라는 개념도 만들어냈다.

종교의 정비에서 콘스탄티누스의 가장 위대한 행위는 그가 공식적으로 자신이 기독교인임을 공표한 324년 직후에 이루어졌다(흥미롭게도 콘스탄티누스는 이 선언 직후 기독교인을 박해하던 제위 경쟁자와의 싸움에서 또 한번 이겼다). 이것이 바로 최초의 세계 공의회, 곧 니케아 공의회의 소집이었다. 이 공의회는 325년에 처음 열렸고, 거의 300명의 주교가 참석했으며 콘스탄티누스가 주재했다. 공의회의 임무는 새로운 이단인 아리우스파에 대한 교회의 대응을 정하는 것이었다. 그 창시자인 아리우스(?250-336)는 성자가 성부의 신성을 공유하지 않는다고 가르쳤다. 이는 비록 학문적이고 신학적인 논의였으나, 이로 인해서 생겨난 문제는 엄청난 논쟁을 촉발시켰다. 아리우스의 적대자들은 중대한 추문의 혐의를 제기했다. 콘스탄티누스는 이러한 분열을 치료하고자 노력했고, 공의회는 아리우스파에 대한 반대를 결정한 신조(信條)를 문서로 기록했으나, 제2차 회합에서는 적절한 해명 이후 아리우스를 성체성사에 다시 받아들였다. 이것이 모든 주교들을 다 만족시키지는 못했다는 점보다는(니케아에서 만족한 서부 주교는 거의 없었다) 콘스탄티누스가 이 결정적 분기점에서 회의를 주재했고 황제가 특별한 권위와 책임을 향유함을 선언했다는 점이 더욱 중요하다. 교회는 황제의 보의(寶衣)에 감싸였다.

다른 중대한 함의들 역시 있었다. 신학자들의 극히 예민한 논쟁 뒤에는 실제적이며 동시에 원칙과 관련된 커다란 질문이 놓여 있었다. 기독교의 공식적 제도화에 의해서 제국에 부여된 새로운 이데올로기적 통일성에서, 예전(禮典)적이고 신학적일 뿐 아니라 사회적이고 정치적인 실재였던 다양한 기독교 전통들의 자리는 어디가 되어야 하는가? 예를 들면, 시리아와 이집트의 교회들에는 헬레니즘 문화와 지역의 민중종교 양쪽에서 물려받은 사고와 관행이 많이 녹아 있었다. 그러한 고려 사항들의 중요성은, 콘스탄티누스의 교회 정책이 그가 원했던 것보다 덜 실제적인 결과를 낳았던 점을 설명하는 데에 도움이된다. 공의회는 화해의 정신에서 전반적인 화합을 용이하게 만드는, 진정시키는 고백문을 생산하지 않았다. 아리우스파에 대한 콘스탄티누스 자신의 태도는 곧 느슨해졌지만(결국 그가 죽어갈 때 세례를 베푼 이는 아리우스파 주교가되었다), 막강한 알렉산드리아 주교 아타나시우스(?293-373)가 이끄는 아리우스의 반대파들은 멈출 줄 몰랐다. 이 분쟁은 아리우스가 죽었을 때에도 여전히 해결되지 않았고, 얼마 지나지 않아서 콘스탄티누스도 사망했다. 그러나아리우스파는 동방에서는 번성하지 못했다. 대신에 이들의 마지막 성공은 러시아 동남부의 게르만족에게 갔던 아리우스파 선교사들이 거두었다. 아리우스주의는 이 야만 민족들 속에 남아서, 서방에서 7세기까지 살아남았다.

교회의 대두가 결국 얼마나 필연적인 것이었는가 하는 점은 별로 득될 것이 없는 고민이다. (비록 북아프리카 기독교 전통은 국가를 교회와 관련 없는것으로 여겼지만) 확실히 기독교와 같이 극히 분명하게 중요한 어떤 것이 언제까지나 정부의 눈에 띄지 않는 일은 거의 일어날 수 없다. 그러나 누군가먼저 시작하는 사람이 있어야 했다. 콘스탄티누스는 교회와 제국을 결합시키는 중대한 걸음을 내딛었던 사람이며, 이는 제국이 존립하는 한 지속될 것이었다. 그의 선택들은 역사적으로 결정적이었다. 교회가 최대 수혜자였다. 로마의 카리스마를 획득했기 때문이다. 제국은 교회보다는 덜 바뀐 것 같았다. 그러나 콘스탄티누스의 아들들은 기독교도로 양육되었고, 비록 그가 337년에 죽은 뒤 이 새로운 제도의 많은 것들이 가진 취약성이 즉각 드러났다고해도, 콘스탄티누스는 고전 로마의 전통과 결정적인 단절을 드러냈다. 궁극적으로 의도치 않게도 그는 기독교 유럽의, 그럼으로써 근대 세계의 토대를닦았다.

그의 결정들 중에서 이보다 아주 약간 덜 지속적인 효과를 가졌던 것은,그의 말에 따르면 "신의 명령으로" 흑해 입구의 그리스 식민시 비잔티온의자리에 로마의 경쟁도시 하나를 건설한 일이었다. 이 도시는 330년에 콘스탄티노폴리스(콘스탄티노플)로 봉헌되었다. 비록 콘스탄티누스 황제의 궁정은 니코메디아에 머물렀고, 향후 15년 동안 그곳에 항구적으로 거주한 황제는 아무도 없었지만, 이번에도 콘스탄티누스는 미래를 형성했다. 콘스탄티노플은 1,000년 동안 기독교의 수도가 될 것이었고, 이교적 의례에 의해서 오염되지 않았다. 그 이후에도 500년 이상을 이교의 수도가 될 것이었고, 로마의 전통을 계승하고자 하는 자들에게 지속적인 야망의 대상이 될 것이었다.

그러나 이번에도 역시 이러한 이야기는 너무 앞서가는 것이다. 우리는 콘스탄티누스가 남긴 제국으로 되돌아가야 한다. 로마인의 눈에 제국은 여전히 문명과 동일체였다. 제국의 경계는 특별한 지리적 혹은 역사적 지역들의 구분선과 다소간 일치하는 자연적 특징들을 따라서 설정되었다. 브리타니아에 있는 하드리아누스의 장벽은 제국의 북방 한계였다. 유럽 대륙에서는 라인 강과 도나우 강을 따라서 지나갔다. 도나우 강 하구의 북쪽에 있는 흑해 연안은 305년에 야만인에게 빼앗겼지만, 소아시아에서는 제국이 유지되었다. 제국의 동쪽은 페르시아와 맞닿은, 변화가 잦았던 경계선까지 뻗어 있었다. 남쪽으로 내려가면 레반트 해안과 팔레스타인이 경계 내에 있었고, 남쪽 국경은 홍해로 뻗었다. 나일 강 하류의 유역은 여전히 제국의 차지였고, 북아프리카 해안도 마찬가지였다. 아프리카에서 제국의 경계선은 아틀라스 산맥과 사막이었다.

콘스탄티누스의 위대한 모든 업적에도 불구하고 이러한 통일성은 크게 보아서 환상이었다. 최초의 공동황제 실험이 이미 보여주었듯이, 로마 문명의 세계는 통합성의 신화를 보존하는 것이 아무리 바람직하다고 해도 통합된 정치구조로 품기에는 너무 커져버렸다. 그리스어를 쓰는 동부와 라틴어를 사용하는 서부 사이에서 커져가는 문화적 차이, 기독교의 제도화 이후 (대규모 기독교 공동체들이 있던) 소아시아와 시리아와 이집트의 새로운 중요성, 동부에서 아시아와의 직접적 접촉에서 야기된 지속적인 자극, 이 모든 것들이 이것을 입증한다. 364년 이후 옛 제국의 두 부분은 오직 단 한번만 더 (그리고 아주 단기간만) 단일한 사람에 의해서 지배되었다. 양편의 제도들은 점점 더 달라졌다. 동부에서는 황제가 사법적 인물일 뿐 아니라 신학적 인물이었다. 제국과 기독교의 동일시, 그리고 신적 의지의 표현으로서 황제의 지위는 모호함 없이 확실했다. 반면에 서부에서는 400년에 이미 교회와 국가 역할의 구분이 예고되었고, 이는 향후에 유럽 정치에서 가장 창조적인 논변 중 하나를 낳을 것이었다. 경제적인 대조 역시 있었다. 동부에는 인구가 많았고 여전히 막대한 세입을 거둘 수 있었지만, 서부는 300년에 아프리카와 지중해 섬들이 아니면 스스로를 먹여살릴 수 없었다. 이제 두 개의 구별된 문명이 출현할 것이 명백해 보였다. 그러나 그 속의 사람들은 오랜 시간이 지난 뒤에야 그것을 볼 수 있을 것이었다.

대신에 그들은 훨씬 더 끔찍한 무엇인가를 보았다. 서부 제국은 한마디로 사라져버렸다. 500년에 동부 제국의 경계선은 콘스탄티누스 치세 때와 거의 같았고, 그의 계승자들은 페르시아에 대항하여 여전히 자신들의 땅을 지켰지만, 서부에서는 동부 황제의 대리인으로서 통치한다고 주장했던 한 야만족 왕에 의해서 서부의 마지막 황제가 폐위를 당했고 그의 인장은 콘스탄티노플로 보내졌다.

이것은 충격적이다. 그런데 실제로 무너진 것은 무엇이었는가? 무엇이 쇠락 혹은 멸망했는가? 5세기의 저술가들이 너무나도 비통해했기 때문에, 그리고 도시 로마의 약탈과 같은 극적인 사건들이 분위기를 고조시키기 때문에 사회 전체가 붕괴되었다는 인상을 받기가 쉽다. 사실은 그렇지 않았다. 붕괴된 것은 국가기관들이었다. 그 기능들의 일부는 실행이 중지되었고 일부는 다른 이들의 손에 넘어갔다. 이것만으로도 비상사태를 알리는 목소리들은 충분히 납득이 된다. 1,000년의 역사를 가진 제도들이 반세기 만에 사라졌다. 사람들이 그 이후로 줄곧 "왜"라고 물었던 것도 결코 놀라운 일이 아니다.

이는 누적을 통해서 설명할 수도 있다. 서부의 국가기구들은 4세기의 회복 이후로 점차 정지했다. 국가의 제도 전체가 그것을 부양했던 인구, 재정, 경제의 토대에 비해서 너무 커졌다. 세금징수의 주목적은 군사기구를 유지하는 것이었지만, 점점 더 충분한 자금을 마련하기가 어려워졌다. 다키아 이후로는 새로운 공납을 제공할 정복지들이 전혀 없었다. 곧 세금을 더 많이 쥐어짜내기 위한 조치들이 취해졌고, 이는 부자와 빈자 모두가 세금을 회피할 수단을 모색하게 만들었다. 그 결과 농촌 토지들은 더욱 자체의 필요를 충족시키는 데에 의존했고, 시장을 위한 생산보다는 자금을 지향하게 되었다. 이와

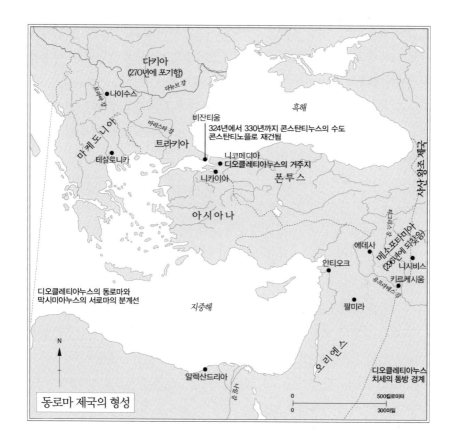

지도 내 텍스트:

다키아
(270년에 포기함)

나이수스

다뉴브 강

도나우 강

흑해

비잔티움
324년에서 330년까지 콘스탄티누스의 수도
콘스탄티노플로 재건됨

마리차 강

마케도니아

트라키아

니코메디아
디오클레티아누스의 거주지

니카이아

폰투스

테살로니카

아시아나

사산 왕조 제국

티그리스 강

에데사

메소포타미아
(296년에 되찾음)

니시비스

안티오크

키르케시움

유프라테스 강

디오클레티아누스의 동로마와
막시미아누스의 서로마의 분계선

지중해

팔미라

N

오리엔스

디오클레티아누스
치세의 동방 경계

알렉산드리아

나일 강

동로마 제국의 형성

500킬로미터

300마일

함께, 교역이 감퇴하고 부자들이 시골로 물러나면서 도시정부의 붕괴도 진행되었다.

군사적인 결과로는, 군대가 더 열등한 원천에서 징집되었다. 더 나은 군대를 유지할 비용을 댈 수가 없었기 때문이었다. 군대를 기동군과 주둔군으로 나눈 개혁에도 결함이 있었다. 기동군은 황제가 거하는 곳에 주둔했기 때문에 상무적 기상을 상실했고, 도시 배치에 따른 대접과 특권에 익숙해졌다. 다른 한편, 주둔군은 정착 식민자들로 변했고, 자신들의 농가를 위험에 빠뜨릴 수 있는 모험을 하지 않으려고 했다. 이 끝없는 쇠락의 소용돌이에서 또다른 하락이 논리적으로 뒤따랐다. 약화된 군대 때문에 제국은 군대가 막아 세워야 했던 바로 그 야만인들에게 더욱 의존하게 되었다. 야만인을 용병으로 고용해야 했기 때문에, 그들을 고분고분하게 만들기 위해서는 회유하고 양보하는 정책이 필요했다. 이는 게르만 민족이동의 압력이 새로운 절정에 도달하던 바로 그때에 로마인이 더욱더 많이 야만인에게 양보하도록 만들었다. 이주와 제국에서 보수를 받으며 복무할 수 있다는 매력적인 전망은, 아마 단순히 약탈하려는 욕망보다 훨씬 더 많이 제국의 붕괴에 기여했을 것이다. 전리품의 전망은 약탈자 무리에게 활력을 제공했을지는 모르지만, 결코 제국을 무너뜨리지는 못했을 것이다.

4세기 초에 게르만 민족들은 라인 강에서 흑해에 이르는 국경선 전체를 따라서 늘어서 있었다. 그들 중 1세기 이래 로마가 팽창한 지역에 가장 가까이 살던 이들은 제국의 발전 경험에서 많은 덕을 보았다. 로마인은 여전히 그들을 야만인으로 보았겠지만, 그러나 설혹 그렇다고 해도 그들은 새로운 조직 방법, 새로운 기술, 새로운 무기를 가진 야만인이었고, 로마 국경을 따라서 이루어진 교역과 문화적 확산을 통해서 400년 동안 발전을 경험했다. 그들 중 다수는 분명히 자신들이 수 세기 동안 로마의 의도적인 군사적 호전성에 피해를 입었다고 느꼈을 것이다. 바로 그때에 가장 강력한 집중이 이루어진 곳은 바로 남부였다. 이들은 고트 민족들로 동고트족과 서고트족이었으며 도나우 강 너머에서 기다리고 있었다. 그들 중 일부는 비록 아리우스파이기는 해도 이미 기독교인이었다. 그들은 반달족, 부르군트족, 롬바르드족과 더불어 동게르만 집단을 형성했다. 북쪽에는 서게르만족이 있었다. 이들은 프랑크족, 알라만족, 색슨족, 프리지아족, 투링기아족이었다. 그들은 4세기와 5세기, '민족이동'의 2차 국면에 행동을 개시할 것이었다.

위기는 4세기의 마지막 사반세기에 시작되었다. 중앙 아시아에서 온 강력한 유목민인 훈족의 압력이 370년 이후 더 서쪽의 야만인에 대해서도 늘어나기 시작했다. 훈족은 동고트족의 영역을 덮쳤고, 알란족(이전 세기에 그곳에 도달했던 이란어 사용 부족)을 패배시켰으며, 그후 드니에스테르 강 근처의 서고트족에게로 향했다. 서고트족은 훈족을 막을 수 없었고, 피난처를 찾아서 제국으로 도망쳤다. 376년에 서고트족은 도나우 강을 건너 제국의 국경 내에 정착하는 것을 허락받았다. 이것은 새로운 출발점이었다. 이전의 야만족 침입자들은 내몰리거나 흡수되었다. 로마의 방식은 야만족 지도자와 그들의 추종자들을 로마 군대에 합류하도록 유도하는 것이었다. 그러나 서고트족은 대략 4만 명 정도로서 하나의 민족으로 왔고, 고유의 법과 종교를 유지했으며, 통합된 단위로 남았다. 발렌스 황제(재위 364-378)는 그들을 무장 해제시키려고 했다. 일은 그렇게 되지 않았고, 대신 싸움이 벌어졌다. 378년의 아드리아노폴리스 전투에서 황제가 전사하고 로마군은 서고트 기병에게 패배했다. 서고트족은 트라키아를 약탈했다.

이는 하나 이상의 방식에서 전환점이었다. 이제 부족 전체가 동맹군('포이데라티[foederati]')으로 등록되었고, 로마의 영역에 들어와서 자신들의 추장 아래에서 로마를 위해서 다른 야만인에 대항하여 싸웠다. 406년에는 반달족과 알란족이 대규모로 라인 강을 건넜고, 로마는 이들을 다시 몰아낼 수 없었다. 서고트족과 일시적인 협정을 맺었으나, 이는 유지될 수 없었다. 비록 서고트족 군대가 5세기 초에 이탈리아 북부로 이동했을 때 한동안 반달족 출신 장군이 그들을 억제하기는 했지만, 동부 제국은 콘스탄티노플 외부의 유럽 쪽 영토를 보호할 힘이 없었다. 이제 제국의 옛 심장부인 이탈리아의 방어는 전적으로 야만인 보조군에 의존했고, 곧 이마저도 충분하지 않게 되었다. 콘스탄티노플은 유지될 수 있었을지 몰라도, 410년에 고트족은 로마를 약탈했다. 서고트족은 이탈리아와 마찬가지로 아프리카를 약탈하려는 생각에 남쪽으로 이동하려고 했으나 도중에 멈추었고, 그 뒤 다시 북쪽으로 향하여 알프스를 넘어 갈리아로 들어갔다가, 마침내 419년에 새로운 툴루즈 왕국으로 정착했다. 제국 내에서 고트족 귀족이 옛 갈리아-로마 지주들과 지배권을 공유하는 고트족 국가가 생겨난 것이다.

추적이 힘든 복잡한 사건들이지만, 5세기에 유럽의 인종적, 문화적 지도의 재편을 설명하기 위해서는 반드시 짚고 넘어가야 할 또 하나의 주요한 민족이동이 있다. 서부 황제는 서고트족에게 아퀴타니아 정착을 허용하는 대가로 에스파냐에서 다른 외부인들을 제거하는 일을 도와주겠다는 약속을 확보했다. 이 외부인들 중 가장 중요한 이들은 발트 해안 출신의 동부 게르만 부족인 반달족이었다. 406년에 라인 강 국경을 지키던 병사들이 서고트족에 대항하여 이탈리아를 지키기 위해서 떠났고, 반달족과 이란어를 사용하는 알란족이 갈리아로 침입해 들어왔다. 그곳에서 그들은 남쪽으로 진출했고, 가는 곳마다 약탈을 하면서 피레네 산맥을 넘어 에스파냐에 반달 국가를 수립했다.

그들은 20년 뒤에 반란을 일으킨 한 로마 총독에 의해서 아프리카로 유도되었다. 서고트족의 공격은 그들이 더욱 에스파냐를 떠나도록 만들었다. 439년에 그들은 카르타고를 차지했다. 아프리카의 반달 왕국은 이제 해군력의 토대를 가지게 되었다. 그들은 그곳에서 거의 한 세기를 머물렀고, 455년에는 그들도 바다를 건너 로마를 약탈했으며, 무분별한 파괴의 동의어로서 역사에 자신들의 이름을 남겼다. 비록 이것은 끔찍하기는 했지만, 그보다는 아프리카의 장악이 더 중요했다. 이는 옛 서부 제국에 치명타였다. 이제 서부 제국은 경제적 기반의 상당 부분을 상실했다. 동부 황제가 서부에서 커다란 노력을 기울일 수 있었고 또 실제로 그렇게 했지만, 그곳에서 로마의 지배는 종식이 임박했다. 심지어 402년에는 서부 황제와 원로원이 이미 로마에서 도망쳐 이탈리아의 마지막 제국 수도인 라벤나로 갔다. 야만인에 대항하여 야만인을 의지한 것은 치명적인 장애였다. 새로운 압력의 누적된 효과는 회복을 불가능하게 만들었다. 이탈리아의 방어는 갈리아와 에스파냐를 반달족에게 내어준다는 뜻이었다. 그리고 반달족의 아프리카 침공은 로마가 곡창지대인 속주를 상실하게 된다는 뜻이었다.

그 세기의 삼사분기에 유럽에서는 붕괴가 완료되었다. 여기에 가장 거대한 훈족의 공격이 뒤따랐다. 이 유목민들은 이전에 사전 탐사로 아나톨리아와 시리아를 약탈한 뒤, 게르만 부족들을 발칸 반도와 중부 유럽으로 밀어넣었던 자들이었다. 440년경 훈족의 지도자는 아틸라(재위 ?434-453)였고, 그의 아래에서 훈족의 힘은 최고조에 달했다. 아틸라는 아시아의 거대한 초원 회랑이 좁아지는 곳인 헝가리에서 출발하여 마지막으로 거대한 동맹국 군대와 함께 서부로 진격했지만, 451년에 트루아 인근에서 야만족 출신의 지휘관이 이끄는, 서고트족으로 구성된 '로마' 군대에 패배했다. 이로써 훈족의 위협은 끝났다. 아틸라는 2년 뒤에 죽었는데, 서부 황제의 여동생과 결혼하여 자신이 황제가 되려는 계획을 품었던 것 같다. 이듬해에 헝가리에서 훈족의 복속민들이 거대한 반란을 일으킴으로써 마침내 훈족은 부서졌고, 향후 거의 시야에서

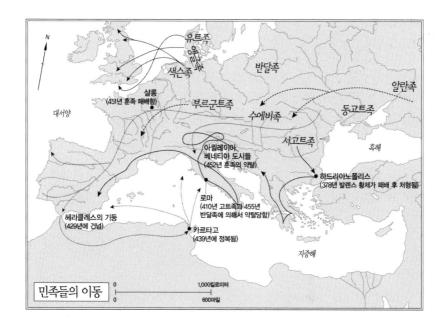

사라지게 되었다. 그들의 고향인 중앙 유라시아에서는 새로운 유목민 연합이 형성되고 있었고, 이들은 미래에 훈족과 유사한 역할을 하게 되지만 그 이야기는 다음에 계속하겠다.

훈족은 서부에 거의 최후의 일격을 날렸다. 한 황제는 교황에게 사람을 보내어 아틸라와 협상을 해달라고 요청했다. 마지막 서부 황제는 게르만족 추장인 오도아케르(?434-?493)에 의해서 476년에 폐위되었고, 공식적인 주권은 동부 황제들에게로 넘어갔다. 비록 이탈리아는 이전의 서부 제국의 속주였던 다른 곳들과 마찬가지로 향후 야만족 왕국이 되었고 명목상으로만 독립적이었지만, 이탈리아인들은 황제가 콘스탄티노플에 거주하고 있어도 그가 그들의 지배자라고 생각했다. 서부 유럽의 나머지는 점차 중앙 유라시아화되었다. 중앙 유라시아의 평원에서 발전한 사람들, 관습들, 개념들이 새롭게 등장하던 왕국들의 기초의 일부를 이루었다. 이는 고트족, 알란족, 훈족과 같은 사람들을 통해서 혹은 그들이 만난 게르만 부족들에게 남긴 영향을 통해서 이루어졌다. 이것은 유럽에 살던 사람들에게 신세계였다.

이러한 타격들에 의해서 마침내 사라졌던 구조는 그 마지막 시기에 어딘가

체셔 고양이 같은 무엇인가를 가지고 있었다. 이 구조는 장기간에 걸쳐 사라졌다. 이것이 종식된 딱 하나의 날짜를 꼬집어 말하는 것에는 특별한 의미가 없다. 476년이 그 시대의 사람들에게 특별히 대단한 것으로 보였을 것 같지도 않다. 야만인 왕국들의 성립은, 로마가 야만인 병력에 의존하여 야전군을 운용하고, 야만인이 제국의 국경 내에 '포이데라티'로서 정착한 것의 논리적 전개일 뿐이다. 야만인 자신들도 대개 단순한 약탈 정도라면 모를까 그 이상을 원하지 않았다. 분명히 그들은 제국의 권위를 자신들의 권위로 대체하려는 계획을 세우지 않았다. 한 고트족은 이렇게 말했다고 전한다. "나는 후대에 로마의 회복자로 전해지기를 원한다. 내가 로마의 대체자가 되는 것은 불가능하기 때문이다." 야만인의 어슬렁거림보다 더 거대하고 더 근본적인 다른 위험들이 있었다.

사회적, 경제적으로 3세기의 이야기는 5세기에 재개되었다. 도시는 쇠락했고 인구는 감소했다. 공무원들이 자신들의 의무수행의 대가를 취함으로써 물가상승에 대항하여 스스로를 보호하려고 노력함에 따라서, 행정은 더 깊이 무너졌다. 속주들을 상실하면서 세입이 감소했으나, 관직 판매로 궁정의 사치스러운 지출은 어느 정도 유지되었다. 그러나 독립적인 행동의 때는 지나갔다. 서부의 마지막 황제들은 군대에 권력을 의존하는 황제들에서 야만인 군주들을 회유하고 협상하는 동안 그들과 동등한 지위로 떨어졌고, 마침내는 최후의 제국 수도인 라벤나에 연금된 꼭두각시로 전락했다. 410년의 로마 약탈을 한 시대의 종식으로 여겼던 동시대인들의 감각은 이런 점에서 옳았다. 그때, 제국은 더 이상 '로마니타스'의 정수를 보존할 능력이 없음이 드러났기 때문이다.

그 당시, 진행되던 사태에 대한 다른 징후들 역시 많았다. 콘스탄티누스 가문의 마지막 황제는 짧은 치세(재위 361-363) 동안에 이교 숭배를 복원하려고 노력했다. 이로써 그는 역사적 명성을 (혹은 기독교의 관점에서는 불명예를) 얻었고, 그 칭호 '배교자(背敎者, the Apostate)'는 시사하는 바가 크다. 그러나 그는 성공하지 못했다. 그는 옛 제사들을 회복하는 것이 번영의 회귀를 보장해줄 것이라고 믿었으나, 그러한 전제를 검증하기에는 시간이 너무 부족했다. 여기에서 더 눈에 띄는 것은 종교와 공공 생활이 불가분하게 연관되어 있다는 전제가 당연하게 받아들여지는 것이다. 그의 정책은 이러한 전제에 기초를 두었고, 사람들도 이에 일반적으로 동의했다. 이러한 전제의 기원은 기독교인이 아니라 로마인이었다. 배교자 율리아누스는 콘스탄티누스의 업적을 위협하지 않았고, 통합제국의 마지막 지배자였던 테오도시우스(재위 379-395)는 마침내 380년에 조상의 신들에 대한 공적 경배를 금지시켰다.

이것이 실제로 무엇을 의미하는지는 말하기 어렵다. 이집트에서, 이것은 약 8세기 동안 진행되던, 고대 문명을 넘어서는 과정의 최종적 기념물이었던 것으로 보인다. 그리스 사상의 승리는 먼저 알렉산드리아의 철학자들에 의해서 이루어졌고, 이제 기독교 사제들에 의해서 확인되었다. 고대 숭배의 사제들은 이교도로서 괴롭힘을 당했다. 로마의 이교주의는 5세기까지도 공공연한 옹호자들을 가지고 있었고, 5세기 말에야 비로소 이교 교사들은 아테네와 콘스탄티노플의 고등교육 기관들에서 축출되었다. 그렇지만 중요한 전환점에 이르렀다. 원칙상 중세의 닫힌 기독교 사회가 이제 존재하기 시작했다.

기독교 황제들은 곧 이것을 특정한 방향으로 발전시키기 시작했다. 이는 매우 익숙했던 일인데, 즉 이 닫힌 사회에서 가장 쉽게 확인되던 외국인 집단인 유대인에게서 다른 시민들과 동등한 사법적 평등성을 박탈한 것이다. 여기에는 또다른 전환점이 있다. 유대교는 로마의 다원적 종교 세계에서 오랫동안 유일한 유일신 대변자였으나, 이제 이것은 유대교에서 파생된 기독교에 의해서 내몰렸다. 개종 금지가 첫 번째 공격이었고, 곧 다른 조치들도 이어졌다. 425년에는 유대인의 행정적 자치권을 보장했던 '족장제'가 폐지되었다. 집단 학살이 발생하자 유대인들은 페르시아의 영토로 들어가기 시작했다. 제국에서 유대인의 소외가 심화될수록 이는 제국을 약화시켰다. 유대인이 곧 로마의 적들에게 도움을 요청할 수 있었기 때문이다. 홍해를 지나서 아시아로 가는 교역로를 따라서 자리잡은 유대 아랍 국가들 역시 자신들과 같은 종교인들을 지지하기 위해서 로마의 이익에 손상을 입힐 능력이 있었다. 이념적 답하한은 값비싼 대가와 함께 갔다.

테오도시우스의 치세 또한 기독교 역사에서 주목할 만한데, 이는 그와 밀라노 주교 성 암브로시우스(339-397)의 분쟁 때문이다. 390년, 테오도시우스는 테살로니키의 반란 이후 그 주민들 수천 명을 무자비하게 학살했다. 동시대인들에게는 놀랍게도, 황제는 곧 밀라노의 한 교회 앞에서 이 행위를 참회하며 서게 되었다. 암브로시우스는 그에게 성체성사를 베풀기를 거부했다. 장차 인류와 계몽을 위한 긴 전투가 될 것의 첫 번째 판에서는 미신이 승리했다. 장차 강력한 힘을 가진 또다른 남자가 파문 혹은 파문의 위협에 굴복할 것이겠지만, 이것은 영적인 권능이 그렇게 행사된 첫 번째 사례였고 이것이 서부 교회에서 벌어진 일이라는 점이 중요하다. 암브로시우스는 자신의 직책에 황제보다 더 상위의 의무가 결부되어 있다고 생각했다. 이것은 서유럽 역사의 한 거대한 주제인 영적 주장과 세속적 주장의 긴장의 출발점이었고, 이 긴장은 계속 반복하여 서유럽의 역사를 교회와 국가의 갈등이라는 점진적인 물길 속으로 되돌렸다.

그때쯤, 기독교의 영광의 세기는 거의 끝났다. 이것은 위대한 복음화의 시대였고, 선교사들은 멀리 에티오피아까지 파고들었으며, 탁월한 신학의 시대였고, 무엇보다 교회가 제도화된 시대였다. 그러나 그 시대의 기독교에는 오늘날 보기에는 역겨운 점들도 많았다. 제도화는 기독교인에게 권력을 주었고, 그들은 이를 사용하는 데에 주저함이 없었다. 한 이교도는 성 암브로시우스에게 이렇게 호소했다. "우리는 같은 별들을 보며, 같은 하늘이 우리 모두 위에 있습니다. 같은 우주가 우리를 둘러싸고 있습니다. 우리 각자가 어떤 방법으로 진리에 도달한다고 한들, 무슨 문제가 있겠습니까?" 그러나 심마쿠스(?-514)의 질문은 소득이 없었다. 동부와 서부에서 기독교 교회의 기질은 비타협적이고 열정적이었다. 그 둘 사이에 구분을 짓는다면, 한편에는 영적 권력과 세속적 권력이 뒤섞인, 기독교화된 제국의 거의 무제한적인 권위에 대한 그리스인의 확신이 있고, 다른 한편에는 국가를 포함하여 세속 세계 전체에 대해서 방어적이고 의심하는 적대성을 보이는 라틴 전통이 있다. 이 전통에서는 기독교인이 스스로를 세상을 구원하도록 남겨진 자로 여기도록 가르쳤다. 이들은 교회라는 노아의 방주 안에서 죄악과 이교주의의 바다에 내던져진 자들이었다. 그러나 현대의 관찰자가 교부들을 공정하게 평가하기 위해서는,

혹은 그들의 염려와 두려움을 제대로 이해하기 위해서는, 고전기 말기 세계 전체에 강력한 힘을 가졌던 미신과 신비를 인지해야 한다. 기독교는 이를 인정하고 표현했다. 기독교인들이 이 세상을 걸어갈 때 만나는 악마는 그들과 이교도 모두에게 실재였고, 5세기 교황은 고트족을 어떻게 처리해야 할지를 알기 위해서 복점에 자문을 구했다.

이것은 이단과 분열주의에 대한 신랄한 압박을 일부분 설명해준다. 아리우스파는 니케아에서 끝장나지 않았다. 오히려 이것은 고트 민족들 사이에서 번성했으며, 아리우스파 기독교는 이탈리아, 갈리아, 에스파냐의 많은 지역에서 지배적이었다. 가톨릭교회는 아리우스파 야만족 왕국에서 박해를 당하지는 않았지만 무시를 당했고, 모든 것이 지배자와 위대한 인물들의 후원에 달려 있던 시기에 이것은 위험한 일이었다. 또다른 위협은 아프리카의 도나투스파의 분열이었다. 이것은 사회적 불만을 등에 업고 도시와 시골 사이의 격한 분쟁으로 터져나왔다. 또 아프리카에서는 오래된 위협인 영지주의가 페르시아에서 서부로 온 마니교 속에서 다시 살아났다. 또다른 이단인 펠라기우스파는 라틴화된 유럽의 일부 기독교인이, 좋은 삶을 살려는 목적 아래에 신비와 성사 중심주의를 굴복시키는 형태의 기독교를 기꺼이 받아들일 준비가 되어 있었음을 보여주었다.

기질로 보나 교육으로 보나, 그러한 위험을 분별하고 분석하고 대항하는 일에 가장 위대한 교부인 성 아우구스티누스(354-430)보다 적격인 사람은 없었다. 그가 아프리카(즉 대략 튀니지에서 동부 알제리에 이르는 로마 속주)에서 354년에 태어난 사람이라는 점은 중요하다. 아프리카 기독교는 당시 이미 한 세기가 넘는 역사를 가졌지만, 여전히 소수의 입장이었다. 아프리카 교회는 그곳을 개척한 위대한 인물인 테르툴리아누스의 시절 이래로 나름의 특별한 기질을 가졌다. 아프리카 교회의 뿌리는 동방의 헬레니즘 도시들이 아니라, 베르베르 농민들 가운데 오래 남아 있던 카르타고와 누미디아의 종교들이 마련해준 토양에 놓여 있었다. 올림포스의 인간형 신들은 아프리카에 걸고 정착하지 못했다. 지역의 전통들은 산들과 높은 곳들에 거하는 멀리 떨어진 신들에 대한 것이었고, 이 신들은 야만적이고 황홀경을 경험하는 의례들에서 경배를 받았다(카르타고인은 아이들을 제물로 바친 것으로 추측된다).

이러한 배경에서 자라난 아프리카 기독교의 완고하고 거친 기질은 아우구스티누스 본인의 개성에 완전히 반영되었다. 그는 동일한 심리적 자극에 대응했고, 자기 속에 악이 도사리고 있다는 사실을 직시해야 할 필요성을 느꼈다. 가능한 하나의 대답은 널리 유행하던 것이었다. 마니교의 날카로운 이분법은 아프리카에서 매우 널리 호소력을 가졌다. 아우구스티누스는 거의 10년 동안 마니교도였다. 특징적이게도, 아우구스티누스는 뒤에 자신의 실수들에 매우 거세게 반응했다.

성인이 되기 전에, 그리고 마니교도가 되기 전에, 아우구스티누스가 받은 교육은 그를 서부 제국의 공직을 지향하도록 만들었다. 이 교육은 압도적으로 라틴어였고(아우구스티누스는 아마도 라틴어만을 할 줄 알았을 것이고, 분명히 그리스어는 어렵게 생각했을 것이다), 매우 선택적이었다. 수사학 기술을 배웠고, 아우구스티누스가 처음 상을 받은 것도 그 분야였다. 그러나 이 교육은 사상의 측면에서는 빈곤했다. 아우구스티누스는 독서를 통해서 독학했다. 앞을 향한 그의 첫 번째 커다란 진보는 키케로의 작품들을 발견한 것이었다. 아마도 이는 비록 한 다리 건너서이기는 해도, 고전 그리스-로마 문명과의 첫 번째 만남이었을 것이다.

속인으로서 아우구스티누스의 경력은 (그가 수사학을 가르치러 갔던) 밀라노에서 끝났고, 387년에 성 암브로시우스가 직접 그에게 세례를 주었다. 그 당시 암브로시우스는 로마의 가장 중요한 도시들 중의 하나였던 곳에서 제국 자체와 맞먹는 권위를 행사하고 있었다. 아우구스티누스는 이러한 종교권력과 세속권력의 관계를 관찰한 뒤, 국교화 이후 황제 안에서 세속적 권위와 종교적 권위의 융합을 환영했던 그리스 성직자들과는 매우 다른 견해를 확신하게 되었다. 아우구스티누스는 그 뒤에 아프리카로 돌아가서 처음에는 히포의 수도사로 살았고 그후에는 마지못해서 그곳의 주교가 되었다. 그곳에서 그는 430년에 죽을 때까지 머물렀고, 도나투스파에 대항하는 가톨릭의 입장을 개발했다. 그리고 거의 우연하게도, 광범위한 서신 교환과 엄청난 문헌 생산 덕분에 서부 교회의 지배적인 인물이 되었다.

아우구스티누스는 생전에 도나투스파와 펠라스기우스파에 대한 공격으로 가장 유명했다. 도나투스파에 대한 것은 사실은 정치적 질문이었다. 두 경쟁하는 교회 중 어느 것이 아프리카 속주를 지배할 것인가? 펠라스기우스와 관련된 것은 더 넓은 문제를 야기했다. 이것들은 신학과 거리가 먼 우리 시대의 정신에는 매우 생소하게 보이겠지만, 장차 유럽사의 많은 부분을 좌우했다. 본질적으로, 펠라스기우스파는 일종의 스토아 철학을 설파했다. 그들은 기독교 신학 언어의 옷을 입고 있었지만, 고전 세계와 고전 전통의 일부였다. 이것이 드러낸 위험(이것을 위험이라고 할 수 있다면)은 기독교의 독특성이 사라질 수 있고, 교회가 단순히 고전 지중해 문명의 한 가지 신앙의 기관이 되며, 그에 내포된 강점과 약점을 공유하게 된다는 점이었다. 아우구스티누스는 타협이 없는 내세 지향적이고 신학적인 인물이었다. 그가 보기에 인류에게 유일한 구원의 가능성은 신의 은혜 안에 있었고, 이는 신이 제공하는 것으로서 그 어떤 인간도 자신의 행위로써 주장할 수 없는 것이었다. 아우구스티누스는 인간 정신의 역사에서 예정과 자유의지, 은혜와 공로, 신앙과 동인(動因) 사이의 거대한 논쟁의 윤곽을 이전의 그 어떤 인물들보다도 더욱 포괄적으로 그렸다. 그리고 이는 유럽사를 관통하여 오랫동안 영향을 끼칠 것이었다. 그는 성사를 통해서 은총의 원천에 접근할 수 있는 교회의 독특한 권능을 확립함으로써, 거의 우연히도 라틴 기독교를 견고한 토대 위에 세웠다.

이것은 이제 전문가들을 제외하면, 대부분의 사람들에게서 망각되었다. 대신에 성 아우구스티누스는 오늘날 육체에 대한 불신을 가장 강력하고 집요하게 주장한 사람들 중의 하나로서 약간의 악명을 누리고 있다. 이는 특히 성(性)에 대한 기독교의 태도를 특징짓고 따라서 서양 문화 전체에 영향을 끼쳤다. 그는 어색한 동료들(예를 들면, 플라톤)과 함께 청교도주의의 건립자로 간주된다. 그러나 그의 지적 유산은 이러한 것보다 훨씬 더 풍성했다. 중세의 정치사상 중 아리스토텔레스의 사상이나 법률적인 부분이 아닌 것들의 상당수가 그의 저술 속에서 그 기초가 발견되며, 그의 역사관은 서방 기독교 사회를 오래 지배할 것이고 그리스도의 말씀만큼이나 중요한 영향을 끼칠 것이었다.

오늘날 『신의 나라(De Civitate Dei)』로 불리는 책은 미래에 가장 큰 영향을 끼칠 아우구스티누스의 저술을 담고 있다. 이것은 구체적인 개념이나 교리의 문제라기보다는(중세 정치사상가들에게 끼친 그의 영향력을 정확하게 구분하기는 어려운데, 이는 그가 말한 것들이 매우 모호하기 때문이다), 태도의 문제이다. 그는 이 책에서 역사와 인간의 정부를 바라보는 한 가지 방식을 제시했고, 이는 1,000년 이상 동안 기독교 사상에서 분리할 수 없는 것이 되었다. 이 책의 부제는 "이교도에 대항하여"이다. 이것은 그의 목적을 드러낸다. 즉 제국에 가득한 문제들을 기독교 때문이라고 하는, 반동적이고 이교적인 비난을 반박하려는 것이다. 그는 410년 고트족의 로마 약탈에서 저술의 영감을 얻었다. 그의 궁극적 목적은 그토록 끔찍한 사건조차도 기독교인이 이해할 수 있고, 나아가서 오직 기독교 신앙을 통해서만 이해될 수 있다는 점을 입증하려는 것이었다. 그러나 그의 방대한 책은 (순결의 중요성에서부터 밀레토스의 탈레스의 철학에 이르기까지) 넓은 영역을 뒤덮으며, 다윗에게 신이 한 약속의 의미를 설명할 때만큼이나 신중하게 마리우스와 술라의 내전을 설명한다. 이 책은 요약이 불가능하다. 아우구스티누스는 마지막 문단에서 씁쓸하게도 이렇게 말했다. "이 책의 분량은 누군가에게는 너무 많을 것이고, 또 누군가에게는 너무 적을 것이다." 이것은 문명 전체에 대한, 그리고 무엇이 문명을 만드는지에 대한 기독교적 해석이다. 이 책의 가장 두드러진 특징은 그 책 스스로의 핵심 판단이다. 즉 지상의 모든 것들은 꼭 필요한 것이 아니며, 문화와 제도는 (위대한 제국 자체조차도) 궁극적으로는 아무런 가치가 없다. 만약 신의 뜻이 그렇다면 말이다.

그리고 신의 의지가 그렇다는 점은 두 도시에 대한 아우구스티누스의 핵심 이미지에서 암시되었다. 한 도시는 지상의 것으로서 그 겉모습이 아무리 영광스럽고 또 신의 계획 속에서 그것이 때로 아무리 중요한 역할을 한다고 해도, 인간의 저급한 본성에 기초를 두며, 불완전하고, 죄 많은 손에 의해서 만들어졌다. 때로 이 도시의 죄악된 측면은 두드러지며, 인간이 이 지상의 도시를 떠나야 한다는 점은 명백하다. 그러나 바빌론 역시 신의 계획 속에서 나름의 역할이 있다. 다른 도시는 신의 천상의 도시로서, 신의 구원 약속에 대한 확신에 기초한 공동체이며, 인류가 지상의 도시에서 출발하여 이곳을 향해서 두려운 순례를 해야 하는 목적지이며, 교회는 이 순례자들을 이끌고 독려한다. 신의 도시의 상징과 거기에 이를 수 있는 수단이 모두 교회 안에 있을 것이다. 역사는 교회의 출현과 더불어 변화되었다. 그 순간부터 선과 악의 투쟁은 세상에 분명하게 나타났고, 인류의 구원은 교회를 방어하는 데에 달려 있었다. 이러한 논변은 근대가 되어서도 오랫동안 운위된다.

두 도시는 아우구스티누스의 논변에서 그외의 모습들도 보인다. 그들은 때로 두 개의 인간 집단인데, 그중 하나는 다음 세상에서 처벌을 받기로 정죄된 자들이며 다른 하나는 영광을 향한 순례를 하는 자들이다. 이러한 수준에서 이 도시들은 아담 이후 이미 심판대로 넘어간 사람들뿐 아니라 지금 이곳에서 실제로 인류를 구분한다. 그러나 아우구스티누스는 교회의 구성원이라는 것이 명쾌하게 한 집단을 정의하고, 그 나머지 인류는 다른 집단에 속하게 된다고는 생각하지 않았다. 아마 아우구스티누스의 관점이 가진 힘은 그것의 모호성과 애타게 만드는 논변의 실마리들과 암시들 때문에 더 강력해졌을 것이다. 국가는 단순히 지상의 것이거나 사악한 것이 아니다. 국가도 신의 계획 안에서 나름의 역할을 가지고 있으며, 통치란 본성상 신에게서 온 것이다. 이것에 대해서는 장차 많은 이야기들이 있을 것이다. 국가는 세속적인 교회의 적들로부터 교회를 보존함으로써, 그리고 국가의 권력을 사용하여 신앙의 순수성을 강제함으로써 교회에 봉사할 것을 요청받을 것이다. 그러나 (다른 문명의 화법으로 말한다면) 하늘의 명령은 철회될 수 있고, 그리고 그렇게 될 때에는 로마의 약탈과 같은 사건조차 죄에 대한 심판의 실행에서 한 이정표에 불과하다. 결국에는 신의 도시가 승리할 것이다.

성 아우구스티누스는 자신의 위대한 책에서 단순한 정의(定意)는 피해가지만, 어쩌면 그는 모든 의미에서 정의를 피하는 것인지도 모른다. 그에 대해서 말할 것이 아주 많이 남아 있지만, 여기에서는 공간이 부족하다. 예를 들면, 그는 신중하고 양심적인 주교였으며 자신의 양떼를 사랑하는 목자였다. 그는 또한 제국 정부를 설득하여 도니투스파에 대해서 무력을 행사하게 만들었다는 의심스러운 명성을 가진 박해자였다. 그는 매혹적인 영적 연구서를 썼는데, 그 책은 비록 그의 젊은 시절의 사실들에 대해서 근본적으로 호도하는 측면이 있으나, 낭만적이고 자기 성찰적인 자서전이라는 한 문학 장르를 거의 창시하다시피 했다. 그는 언어의 예술가이기도 했고(라틴어의 경우이지, 그리스어는 아니다. 그는 그리스어 번역을 위해서 성 히에로니무스에게 자문을 구해야 했다), 추앙받는 학자이기도 했다. 그러나 그의 예술성은 정교한 기술보다는 열정에서 생겨난 것이었고, 그의 라틴어 문장은 종종 수준이 낮았다. 그렇지만 그는 고전 로마의 과거에 깊이 물들어 있었다. 그는 이 전통의 통달이라는 높은 고지에 서서, 기독교 신앙의 눈을 가지고, 흐리고 불확실하며 다른 이들에게는 무시무시해 보였던 미래를 내다보았다. 그는 당시의 분열된 시대에서 그 누구보다도 더 이 두 문화를 완전하게 구현했을 것이며, 아마도 이것이 바로 1,500년이 지난 오늘날에도 그가 여전히 그것들을 지배하는 것으로 보이는 이유일 것이다.

비록 서부의 제국이 사라졌을 때 야만인 민족들이 차지한 지역은 후대의 국가들과는 별로 닮은 바가 없기는 했으나, 게르만족의 침입은 근대 유럽의 첫 번째 국가들의 기원을 이룬다. 그들은 4개의 주요 집단으로 분명하게 구별이 된다. 가장 북쪽에는 색슨족, 앵글족, 유트족이 4세기 이후 줄곧 옛 로마의 브리타니아 속주로 이동했고, 그곳에서 병사들에 의해서 추대된 마지막 황제가 407년에 군대를 끌고 갈리아로 떠남으로써 그 섬을 원주민에게 내버리기 훨씬 이전부터 그곳에 정착했다. 그 뒤 브리타니아는 계속 들어오는 침입자 무리들과 로마화된 브리튼 원주민들 사이의 경쟁장이 되었고, 마침내 7세기 초에 7개의 앵글로-색슨 왕국 집단이 생겨났다. 아일랜드, 웨일스와 스코틀랜드로 구성된 켈트 세계는 그 주변부로 밀려났다.

비록 최초의 브리튼인 공동체들이 때로는 10세기까지, 그리고 어쩌면 그보다 더 오랫동안 살아남았던 것으로 보이지만, 로마 브리튼 문명은 서부 제국 내의 여러 유사 문명들 중 가장 완전하게 사라져버렸다. 심지어 그들의 언어도 사라졌다. 그리고 게르만 방언이 거의 완전히 그것을 대체했다. 우리는 아서 왕과 그의 기사들의 전설 속에서 로마 브리튼인의 최후의 미약한 저항을 스쳐가듯 볼 수 있지만, 그것은 제국 말기 군대의 기병전투 기술의 추억일 수는 있어도, 그것이 전부였다.

이 제국 속주와 야만족 왕국들 사이에 행정적, 문화적 연속성은 거의 흔적도 찾아볼 수 없다. 미래의 잉글랜드에 제국이 남긴 유산은 순전히 물리적인 것이었다. 도시와 장원들의 폐허, 가끔 보이는 기독교인의 십자가들 등이었고, 하드리아누스의 장벽과 같은 거대한 건축물들은 장차 새로 들어온 사람들을 깜짝 놀라게 했다. 그들은 결국 거인이나 초인간적인 힘이 그것들을 만들었다고 믿었다. 이러한 유물들 중 바스 지역의 온천 위에 세워진 목욕탕 복합 건물과 같은 것들은 수백 년 동안 시야에서 사라졌다가 18-19세기에야 고고학자들에 의해서 재발견되었다. 도로는 남아서 때로는 시간, 날씨, 약탈에 의해서 도로건설 기술의 대단함이 잘 드러나지 않게 된 후에도 수 세기 동안 교역로로 사용되었다. 마지막으로, 로마인들과 함께 와서 머물렀던, 자연적인 이민자들도 있었다. 바로 페럿 같은 동물들, 혹은 1,000년이 지난 이후에 작은 민족적 신화가 된, 로스트 비프에 향신료로 쓰일 겨자와 같은 식물들이었다. 그러나 로마인이 남긴 정신적인 것들에 대해서는, 우리는 아무런 흔적도 찾을 수 없다. 로마 브리튼 기독교는 그것이 어떠한 것이었든지 간에 사라져버렸고, 그 신앙의 고수자들은 한동안 켈트 교회의 수도사들을 품은 안개 속의 요새들로 물러났다. 장차 잉글랜드 민족을 개종시킬 것은 제국이 아니라 또다른 로마였다. 그 전에, 게르만 전통은 이 지역의 발달 과정에 우세한 영향력을 행사할 것이며, 이와 같은 일은 옛 제국의 영역 중 다른 어디에서도 찾아볼 수 없는 것이었다.

해협을 건너가면, 사태는 매우 달랐다. 많은 것들이 살아남았다. 갈리아는 반달족에게 황폐화된 이후 아키텐의 서고트족의 그늘 아래에 계속 남아 있었다. 서고트족은 훈족을 격퇴하는 데에 기여함으로써 그 어느 때보다 가장 큰 중요성을 가지게 되었다. 그렇지만 갈리아의 동북쪽에는 이러한 우월성에서 장차 서고트족을 대체해버릴 게르만 부족, 곧 프랑크족이 자리잡고 있었다. 프랑크족은 서고트족과 달리 아리우스파 사제에 의해서 개종하지 않았다. 부분적으로는 이러한 이유 때문에, 미래는 장차 그들에게 속할 것이다. 그들은 유럽의 형성에 그 어떤 야만인 민족들보다 더 큰 영향을 끼쳤다.

최초의 프랑크족들의 무덤은 계서제적 계급으로 나뉜 전사사회의 모습을 드러낸다. 그들은 일부 여타 야만족보다 더 기꺼이 정착하려고 했고, 스켈트 강과 뫼즈 강 사이의, 오늘날 벨기에 지역에 자리를 잡았으며, 거기에서 로마 의 '포이데라티'가 되었다. 그들 중 일부는 갈리아 쪽으로 진출했다. 투르네에 정착한 한 집단은 후에 메로빙거 왕조로 불릴 지배계급을 일으켰다. 그 왕조 의 세 번째 왕(만약 왕이라는 용어가 적절하다면)은 클로비스(재위 481-511) 였다. 클로비스가 통합시킨 민족들의 이름을 따서 프랑키아라고 불리게 되는 그 땅의 역사에서, 그는 최초의 위인으로 이름을 남겼다.

클로비스는 481년에 서프랑크족의 지배자가 되었다. 그는 형식상 황제의 신하였으나 곧 갈리아의 마지막 로마 총독을 공격했고, 서쪽으로 멀리까지, 그리고 아래로 루아르 강까지 땅들을 정복했다. 그동안 동프랑크족은 알라만 족을 격퇴했고, 클로비스가 그들에게서도 왕으로 선출되었을 때 프랑크의 영 역은 라인 강 하구와 프랑스 북부까지 뻗었다. 이것이 프랑크 국가의 심장부 였으며, 이는 장차 때가 되면 북부 유럽에서 로마의 수월성의 계승자로 등장 하게 된다. 클로비스는 다른 게르만족인 부르군트족의 공주와 결혼했다. 부르 군트족은 이전에 론 강 유역에 정착했고, 그들의 영역은 동남쪽으로 뻗어 현 대의 제네바와 브장송까지 이르렀다. 그들은 아리우스파였으나 공주는 가톨 릭이었고, 결혼 후 언젠가 (전승에 따르면 496년에) 클로비스 본인도 콘스탄 티누스의 개종을 연상시키는 전장에서의 개종을 경험하고 가톨릭을 수용했 다. 이로써 그는 야만인 땅에서 여전히 살아남은 제국의 유산 중 가장 강력한 힘을 가졌던 로마 교회의 지지를 얻었다. 그리고 이제 프랑크족은 갈리아의 다른 게르만족들에 대항하여 종교전쟁을 수행하기로 선택했다. 가톨릭 신앙 은 또한 로마 갈리아 주민과의 우호관계를 열어주었다. 단언컨대 이 개종은 정치적이었다. 그리고 이것은 또한 중요한 것이었다. 새로운 로마가 갈리아를 통치하게 되었다.

부르군트족은 클로비스의 첫 번째 희생물이었다. 그들은 클로비스가 죽을 때까지도 완전히 복속되지는 않았고, 그 이후 메로빙거 군주들에게 굴복했으 나 독립적인 국가 구조는 유지했다. 서고트족이 다음 상대였다. 그들은 피레 네 북쪽의 영역 중 오직 동남부(후대의 랑그도크, 루시용, 프로방스)만을 겨우 남겼다. 클로비스는 이제 갈리아 전체에서 로마인의 계승자가 되었다. 그리고 황제는 그를 콘술로 임명함으로써 이를 인정했다.

프랑크족의 수도는 클로비스에 의해서 파리로 옮겨졌고, 그는 자신이 그곳에 지은 교회에 묻혔다. 그는 야만인으로 매장되지 않은 첫 번째 프랑크 왕이었다. 그러나 이로부터 파리가 지속적인 수도로서의 역사를 시작한 것은 아니었다. 게르만 왕국이란 후대에 국가를 생각할 때 떠오르는 어떤 것 혹은 로마인들이 생각하던 어떤 것과는 거리가 멀었다. 그것은 일부분 토지로, 일부분 친족집단으로 구성된 유산이었다. 클로비스의 유산은 아들들 사이에 분배되었고, 프랑크 왕국은 558년까지 재통합되지 않았다. 그리고 몇 년 뒤에는 또 분할되었다. 점차 이 영역은 세 부분으로 정리되었다. 하나는 아우스트라시아로서, 수도는 메스에 있었고 무게중심은 라인 강 동쪽이었다. 네우스트리아는 서부를 차지했고 수아송을 수도로 했다. 같은 군주 아래에 있으나 구별되는 것으로서 부르군트 왕국이 있었다. 이곳들의 지배자들은 서로 겹치는 지역의 땅들을 둘러싸고 곧잘 분쟁을 벌였다.

이러한 구조 속에서, 야만인 전사집단의 집합이 아니라 쉽게 알아볼 수 있는 국가에 속한 인민들로서 라틴어 방언을 말하는 한 프랑크 민족이 등장하기 시작했고, 그 내부에서는 토지보유 귀족계급이 등장하고 있었다. 의미 깊게도, 여기에서 또한 역사에서 야만인의 역할에 대한 기독교적 해석이 등장했다. 『프랑크족의 역사(*Historia Francorum*)』는 로마 갈리아의 귀족 출신이었던 투르의 주교 그레고리우스(?538-594)의 작품이었다. 다른 야만족들도 유사한 작품을 생산할 것이었다(아마 그중 가장 위대한 것은 가경자[可敬者] 베다가 잉글랜드를 위해서 쓴 책일 것이다). 이러한 것들은 이교주의가 여전히 뚜렷했던 전통들을 기독교와 그리고 문명화된 유산과 화해시키려는 시도였다. 그레고리우스가 자신의 영웅 클로비스가 죽은 이후의 프랑크족에 대해서는 비관적인 그림을 제시한다는 점도 반드시 언급해야 한다. 그는 프랑크족 지배자들이 너무나 악하게 행동해서 그들이 앙구이 망히게 되었다고 생각했다.

메로빙거 왕조는 다른 야만족들을 갈리아에서 몰아냈고, 동고트족(오스트로고트족)에게서 알프스 북쪽의 땅들을 취했다. 동고트족의 가장 위대한 왕은 테오도리크(재위 474-526)였다. 그는 이탈리아에서 다른 게르만족을 싸워서 몰아냈고, 497년에 황제로부터 이탈리아에 대한 지배권을 인정받았다. 그는 로마의 권위를 철저하게 확신했다. 그는 황제를 대부로 가졌고, 18세까지 콘스탄티노플에서 성장했다. 그는 한번은 자신의 수도 라벤나에서 콘스탄티노플의 황제에게 이렇게 편지했다. "우리의 충성은 여러분의 것을 모방했고, 지구상의 유일 제국의 복제입니다." 테오도리크의 주화에는 '불패의 로마(Roma Invicta)'가 새겨져 있었고, 그는 로마에 갔을 때 원형 경기장에서 옛 방식으로 경기를 열었다. 그러나 법적으로 볼 때 그는 로마 시민권을 가졌던 유일한 동고트족이었다. 원로원이 그의 개인적 권위를 수용하기는 했으나, 그의 동료들은 그저 로마의 용병일 뿐이었다. 그는 공무원직에 로마인들을 임명했다. 그들 중 하나는 그의 친구이자 조언자였다. 바로 철학자 보이티우스(?-524)였는데, 그는 아마도 단일 사상가로서는 고전 세계의 유산을 중세 유럽에 전수한 가장 중요한 인물이었을 것이다.

테오도리크는 신중한 지배자였던 것으로 보이며, 다른 야만족들과 좋은 관계를 유지했고(그는 클로비스의 여동생과 결혼했다), 그들 가운데에서 어느 정도의 우월성을 누렸다. 그러나 그는 자신의 민족들이 가진 아리우스파 신앙을 공유하지 않았고, 종교적 분열은 장기적으로 볼 때 동고트족의 세력에 불리하게 작용했다. 그들은 프랑크족과는 다르게, 그리고 자신들의 지배자의 모범에도 불구하고, 로마의 과거와 동맹을 맺으려고 하지 않았고, 테오도리크 이후 동고트족은 동방 제국에서 온 장군들에 의해서 이탈리아와 역사에서 축출되었다. 이탈리아는 그들에 의해서 황폐화되었고, 곧이어 또다른 외부 민족인 롬바르드족의 침공을 받게 되었다.

서부에서 클로비스는 서고트족을 사실상 에스파냐에 가두었는데, 그들은 이미 그곳에서 반달족을 몰아냈었다. 다른 게르만족들도 이미 그곳에 정착했다. 그곳의 지형은 무척 특별한 문제를 제기했고(이는 향후의 모든 침략자들과 정부들에도 계속될 것이었다), 서고트 왕국의 창시자들은 이전에 갈리아에서는 프랑크족보다 기존의 사회와 훨씬 덜 융합했지만, 에스파냐에서는 더 이상 로마화에 저항할 수 없었다. 서고트족(그들의 수는 그리 많지 않았는데,

기껏해야 10만 명 이하였을 것이다)은 '옛 카스티야'에서부터 여러 지방으로 퍼져나온 자신들의 지도자들 주변에 모여 많은 집단을 형성했다. 그리고 그들은 너무나 자주 분쟁을 일으켜서, 남부에서는 제국의 지배가 반세기 이상이나 재건되어 유지될 수 있을 정도였다. 마침내 서고트족 왕들은 가톨릭으로 전향했고, 그럼으로써 에스파냐 주교들의 권위를 힘입을 수 있었다. 587년에 에스파냐 가톨릭 군주정의 긴 전통이 시작한다.

이 모든 것이 결국 무엇을 이루었는지는 말하기 어렵다. 일반화는 위험하다. 단순히 지속 기간만을 보더라도 이것이 설명된다. 서고트족은 툴루즈 왕국의 창건과 에스파냐에서 우위의 상실 사이에 3세기 동안의 진화를 겪었다. 그렇게 긴 시간 동안 많은 것들이 변했다. 비록 경제생활과 기술은 더 나빠지면 나빠졌지 거의 변화가 없었지만, 모든 야만족 왕국들에서 정신과 제도는 설사 느리더라도 근본적으로 변화했다. 얼마 지나지 않아서, 그들을 여전히 야만족으로 생각하는 것은 전혀 옳지 않은 일이 되었다(아마 롬바르드족은 예외일 것이다). 게르만 부족민들은 소수 입장이었고, 종종 낯선 환경에 고립되었다. 그들은 살아남기 위해서, 그 특정한 환경에 의해서 오래 전부터 확립된 일상생활에 의존했으며, 자신들이 정복한 사람들과 어느 정도 합의해야만 했다. 그들의 침입 경로는 때로 가까이에서 지켜본 이들에게는 마치 홍수의 물결처럼 보였겠지만, 일단 그 물결이 그곳을 지나고 나면 대개 고작해야 소규모의 고립된 침입자 집단만이 남았다. 그들은 이곳저곳에서 로마 지배자들을 대체했으나, 그들 곁에서 그리고 그들과 함께 살았다. 로마인과 야만인의 통혼은 6세기까지도 합법이 아니었으나, 그것은 별다른 제약이 되지 못했다. 갈리아에서 프랑크족은 그곳의 라틴어를 채택하여, 거기에 프랑크족 단어들을 추가했다. 7세기가 되면, 서유럽 사회는 이미 격동의 5세기와는 매우 다른 공기를 가지게 되었다.

그렇지만, 야만족의 과거 중 한 가지는 그 흔적을 남겼다. 거의 모든 야만족 왕국들에서 사회는 장기적으로 그리고 불가역적으로 게르만 관행에 의해서 형성되었다. 이것은 공공질서를 확보하기 위한 전형적인 게르만적 노력인 혈수(血讐)에 반영된 하나의 계서제를 승인했다. 남자(그리고 여자, 가축, 모든 종류의 재산)에게는 가감 없이 말 그대로, 각각에 매겨진 가격이 있었다. 그러므로 잘못을 저질러놓고 그에 상응하는 관례적 보상을 제공하지 않는다면, 모든 씨족 혹은 가문이 그 결과에 대해서 이해 당사자가 되었다. 왕들은 점차 그러한 관습이 무엇인지를 글로 적었고, 그래서 어떤 의미에서는 그것을 '공표'했다. 문해율이 극히 낮았으므로, 바빌론의 석비(石碑)나 그리스 폴리스들의 법령이 새겨진 백판(白板)과 같은 도구들을 상상하는 것은 부질없는 일이었을 것이다. 장래에 참고하기 위해서 서기관이 양피지에 기록하는 것이 상상 가능한 최선이었다. 그렇지만 이 게르만 세계에는 장차 대양을 건너 유럽 혈통의 새로운 문명까지 전해질 한 법학의 기원이 놓여 있다. 이것으로 나아가는 길을 연 첫 번째 제도는 무엇이 기록될 것인지를 결정할 권한이 왕 또는 집단에 있음을 수용한 것이다. 모든 게르만 왕국들은 법률의 문자기록과 법전화(法典化)의 길로 나아갔다.

공적 행위의 초기 형태가 종교적이거나 초자연적이지 않은 곳에서는 그것이 대개 사법적이기 마련이고, 예를 들면 툴루즈의 서고트족 궁정이 로마의 법률 전문가들의 기술을 추구했다고 해도 결코 놀랄 일이 아니다. 그러나 이것은 단지 거의 모든 야만족 귀족들이 로마의 전통과 형식에 표했던 존경의 한 형태일 뿐이다. 테오도리크는 자신이 황제의 대리인이라고 생각했다. 그의 문제는 자신의 역할에 대한 정체성이 아니라, 지나친 로마화의 낌새가 보이면 곧 격분할 자신의 동료들을 거슬리게 하지 않아야 한다는 필요성이었다. 아마 이와 유사한 고려가 개종 전의 클로비스를 무겁게 눌렀을 것이다. 개종은 교회와의 동일시일 뿐 아니라 제국과 일치를 이루는 행위였다. 그러한 영웅적 인물의 바로 아래에서, 프랑크와 서고트의 귀족들은 모두 서로에게 라틴어로 서신을 보내고 경문학(軽文学)을 후원하면서 스스로를 로마의 계승자로 내세우는 일을 즐겼던 것으로 보인다. 로마인들과의 이해관계의 끈도 있었다. 서고트족 전사들은 때때로 침략자들뿐 아니라 로마 갈리아 지주들을 위협했던 농민반란을 진압하는 일에도 고용되었다. 그러나 아리우스파가 걸림돌이 되는 한, 야만족들에게 '로마니타스'와의 동일시는 가능한 한계가 있었다. 어쨌든 교회는 콘스탄티노플 서쪽에서 제국의 유산 중 으뜸이었다.

동부 황제들은 이러한 변화들을 무관심하게 지켜보지 않았다. 그러나 자신들의 영역 내에서 벌어진 문제들 때문에 손을 쓸 수 없었고, 5세기에 그들 역시 야만족 장군들이 지배했다. 그들은 라벤나의 허수아비 황제들의 마지막 나날들을 우려하며 지켜보았으나, 마지막 황제를 폐위시킨 오도아케르를 승인했다. 동부 황제들은 동과 서를 모두 포함한 단일 제국을 통치한다는 공식적인 주장을 유지했고, '로마의 귀족'이라는 칭호를 부여받은 테오도리크에게서 효과적인 대체자를 발견할 때까지는 이탈리아에서 오도아케르의 독립성에 실제적인 문제를 제기하지 않았다. 한편 페르시아 전쟁과 발칸 지역에서 슬라브족의 새로운 압력은 그 자체만으로도 버거운 일이었다. 유스티니아누스 황제(재위 527-565)가 527년에 즉위한 이후에야 비로소 제국정부에는 현실적인 기회가 돌아온 것으로 보였다.

회고적으로 볼 때, 유스티니아누스는 실패한 것으로 보인다. 그러나 그는 인민이 황제에게 기대하는 바대로 행동했다. 그는 대부분의 사람들이 여전히 강력한 황제가 언젠가 이렇게 할 것이라고 믿는 바를 행했다. 그는 자신의 모국어가 라틴어임을 자랑했다. 제국의 대외관계는 심각하게 손상되었지만, 그는 여전히 그럴듯하게 옛 제국의 재통합과 회복을 생각할 수 있었다. 물론 그 제국의 중심은 이제 콘스탄티노플이 되어야 하겠지만 말이다. 우리는 무슨 일이 벌어졌는지를 안다는 불리한 조건 아래에서 고생해야 하지만, 유스티니아누스는 긴 세월을 통치했고 그의 동시대인들은 그의 일시적 성공에 우리보다 더 깊은 인상을 받았다. 그들은 그가 진정한 회복의 선구자일 것이라고 기대했다. 어쨌든, 그 누구도 제국이 아니고서는 세상을 생각할 수 없었을 것이다. 서부의 야만족 왕들은 기꺼이 콘스탄티노플에 경의를 표했고, 콘스탄티노플이 주는 관직들을 받아들였다. 그들은 스스로는 황제의 옷을 취하지 않았던 것이다. 유스티니아누스는 전제권력을 추구했고, 그의 동시대인들은 그러한 목표가 납득할 만한 것이면서 동시에 현실적인 것이라고 생각했다. 자신의 역할에 대한 그의 개념은 어느 정도 웅장함을 보인다. 그러나 그가 한 인간으로서는 너무나 매력이 없는 자였다는 점은 안타깝다.

유스티니아누스는 거의 항상 전쟁 중이었다. 그리고 종종 승리했다. 값비싼 대가를 치른 페르시아 원정은 (그리고 페르시아 왕에게 보낸 돈은) 제국이 많은 땅을 잃지 않게 했다는 제한적인 의미에서 성공적이었다. 그러나 거기에는 중대한 전략적 결함이 있었다. 페르시아인과의 첫 번째 화평에서 유스티니아누스가 목표했던 바, 즉 서부의 회복을 위한 정책에 투입할 자원을 확보하는 일은 언제까지나 그의 손을 벗어났다. 그렇지만 그의 최고의 장군 벨리사리우스(?505-565)는 반달족의 아프리카를 파괴하고 그 지역을 제국에 회복시켰다(그러나 이곳에 질서를 부과하는 데에는 10년이 걸렸다). 벨리사리우스는 나아가서 이탈리아를 침공했고, 544년에는 동고트족을 최종적으로 로마에서 축출하여 이탈리아 전역을 다시 한번 제국의 지배 아래에 통합시켰다. 그러나 이 이탈리아는 야만족에게도 당하지 않았던 황폐화를 제국군에게 당해야 했다. 위대한 성취들도 있었지만, 제대로 유지되지는 못했다. 에스파냐 남부에서는 비교적 유지가 잘되었는데, 그곳에서는 제국군이 서고트족 내부의 경쟁 관계를 이용했고 코르도바에 다시 제국정부를 세웠다. 그리고 지중해 서부 전역에서도 제국 함대는 지배적이었다. 유스티니아누스가 죽은 뒤에도 한 세기 동안 비잔티움의 배들은 공격받지 않고 돌아다녔다.

이는 오래가지 못했다. 그 세기의 말이 되면 이탈리아 대부분을 다시 상실했는데, 이번에는 또다른 게르만족이며 이 반도에서 제국권력의 최종 절멸자였던 롬바르드족이 차지했다. 동부 유럽에서도 역시, 정력적인 매수 외교와 선교 이데올로기에도 불구하고 유스티니아누스는 야만족을 다루는 일에 결코 성공하지 못했다. 어쩌면 장기적인 성공은 불가능한 일이었을 것이다. 이 이주민들 뒤의 압력은 너무나 거대했고, 거기에다 그들의 눈앞에는 엄청난 보상이 놓여 있었다. 당시의 한 역사가는 이렇게 썼다. "일단 한번 로마의 부를 맛보면, 거기에 이르는 길을 결코 잊지 않았다." 유스티니아누스가 사망할 무렵에는, 그가 건설한 값비싼 요새들에도 불구하고, 후대의 불가르인의 조상들이 트라키아에 정착했고, 야만족의 쐐기가 로마의 동부와 서부를 나누었다.

유스티니아누스의 정복은 비록 대단하기는 했으나, 페르시아의 지속적인 위협과 발칸 지역에서 슬라브족의 압력의 증대, 그리고 7세기에 새로운 경쟁자인 이슬람을 직면하여 그의 후계자들이 유지할 수 있는 것이 아니었다. 끔찍한 시대가 눈앞에 왔다. 그러나 그때에도 유스티니아누스의 유산은 그가 기초를 놓은 외교 전통을 통해서 작동할 것이었다. 그것은 변경 밖의 야만 민족들 사이에 영향력의 연계망을 건설한 것으로서, 한 민족을 이용하여 다른 민족을 상대하게 하고, 어떤 군주는 상납이나 관직으로 매수하고, 다른 군주는 그의 세례받은 자식에게 대부가 되는 것이었다. 유스티니아누스 치세에 기독교로 개종한 캅카스의 의존 왕국들 혹은 크림 반도의 고트족과 맺은 유스티니아누스의 동맹(이는 장차 7세기 동안 유지될 것이었다)이 아니었더라면, 동부 제국의 생존은 거의 불가능했을 것이다. 이러한 의미에서도 역시 이 치세는 미래의 비잔티움 영역의 기본 구조를 설정했다.

제국 내부에서, 유스티니아누스는 지울 수 없는 자취를 남겼다. 그가 즉위할 당시 왕권은 인민의 지지를 끌어가던 당파적 경쟁의 지속에 의해서 제약을 받았다. 그러나 532년에 이것은 거대한 반란을 초래했고, 그 결과 비잔티움의 상당 부분이 불탔으나 분파들을 공격할 수 있게 되었고, 이로써 유스티니아누스의 전제정에 대한 내부의 위협은 사라졌다. 이 전제정은 향후 점점 더 일관되게 그리고 노골적으로 드러났다.

이 치세의 물질적 기념물들은 화려하다. 가장 위대한 것은 성 소피아 성당 (532-537) 자체였지만, 제국 전역에서 공공건물, 교회, 목욕탕, 그리고 새로운 도시들이 유스티니아누스의 치세를 특징지으며, 동부 제국의 내재적 부의 막대함을 말해준다. 가장 부유하고 문명화된 속주는 아시아와 이집트에 있었다. 알렉산드리아, 안티오크, 베이루트는 가장 거대한 도시들이었다. 이 치세의 비물질적, 제도적 기념물은 유스티니아누스의 로마 법전이었다. 네 개의 전집 속에 1,000년의 로마 법학이 하나의 형태로 종합되었고, 이는 여러 세기들을 건너 엄청난 영향을 끼쳤으며 근대의 국가이념 형성에도 도움을 주었다. 행정과 조직을 개혁하려는 유스티니아누스의 노력들은 훨씬 덜 성공적이었다. 이미 3세기부터 위험하다고 알려져 있던 문제들을 진단하는 것은 어려운 일이 아니었지만, 제국의 유지비용과 제국이 지켜야 할 책임들을 고려할 때, 항구적인 구제책은 발견하기 어려웠다. 예를 들면, 관직 매매는 악한 것으로 알려졌고 유스티니아누스는 이를 폐지했지만, 그러나 그 뒤 이 관행이 다시 기어

나왔을 때에는 용인할 수밖에 없었다.

제국의 문제에 대한 주된 제도적 대응은 시민에 대한 규제를 꾸준히 진행하는 것이었다. 부분적으로 이것은 유스티니아누스가 물려받은, 경제를 규제하는 전통의 일부였다. 농민이 땅에 묶인 것과 마찬가지로 장인들은 이제 자신들의 세습적 기업과 길드에 매였다. 심지어 관료제도 세습화되는 경향을 보였다. 그 결과 생겨난 경직성은 제국의 문제들을 해결하기 쉽게 만들 것 같지 않았다.

또 불행했던 점은, 6세기 초에 극히 예외적일 정도의 자연재해가 연속적으로 동부를 덮친 것이었다. 이것은 왜 유스티니아누스가 제국을 더 나은 상태로 만들어놓지 못했는지가 설명될 정도로 심각했다. 지진, 기근, 역병이 도시와 심지어 수도 자체를 휩쓸었고, 사람들은 거리에서 유령을 보았다. 고대 세계에는 경신(輕信)의 경향이 컸지만, 황제가 자기 머리를 뺐다가 다시 꽂을 수 있다는 이야기나, 혹은 마음대로 시야에서 사라질 수 있다는 등의 이야기들은, 이러한 압박 속에서 동부 제국의 정신적 세계가 이미 고전 문명과의 연결선을 놓치기 시작했음을 시사한다. 유스티니아누스는 자신의 종교적 외양과 정책으로 이러한 분리를 더 쉽게 만들었다. 이는 또다른 모순적 결과인데, 그의 의도와는 전혀 다른 것이었기 때문이다. 유스티니아누스는 800년 동안 존속했던 아테네의 아카데메이아를 폐지했다. 그는 불신자들의 지배자가 아니라 기독교 황제가 되기를 원했고, 수도에서 모든 이교적 석상들의 파괴를 명했다. 더욱 나쁘게도, 그는 유대인의 시민신분 박탈을 가속화했고, 그들의 자유를 그들의 종교를 행하는 것에 축소시켰다. 그 당시에 사태는 이미 오래전부터 진행되어왔었다. 집단학살은 오랫동안 묵인되었고, 유대 회당들은 파괴되었다. 이제 유스티니아누스는 나아가서 유대 역법을 변경하고 유대교 예배 절차에 개입했다. 그는 심지어 야만인 지배자들이 유대인을 박해하도록 독려했다. 서부 유럽의 도시들보다 한참 전에, 콘스탄티노플에는 게토가 있었다.

유스티니아누스는 신학 논쟁을 정말로 즐겼기 때문에, 교회의 사안에 제국의 권위를 주장하는 것이 올바른 일임을 더욱더 확신했다. 때로 그 결과는

불행했다. 그러한 태도는 네스토리우스파나 단성론자처럼 451년의 칼케돈 공의회에서 규정된 성부와 성자의 정확한 관계에 대한 정의를 받아들이기를 거부했던 자들에게서 제국에 대한 충성심을 다시 받아내는 데에는 아무런 도움이 되지 못했다. 그러한 일탈자들의 신학보다는, 그들의 상징적 교리가 중요한 언어적, 문화적 집단과 점점 더 동일시되었다는 사실이 더 중요하다. 이단에 대한 박해는 이집트와 시리아의 여러 지역들에서 분리주의 감정을 심화시켰다. 이집트의 경우, 콥트 교회는 5세기 후반에 정통에 대항하여 자신의 길로 나아갔고, 시리아의 단성론자들도 스스로의 교회를 세우며 그 뒤를 따랐다. 둘 다 각 지역의 무수히 많은 열정적 수도사들에 의해서 고무되었고 유지되었다. 또 이러한 분파들과 공동체들 중 일부는 제국 외부와 중요한 연결고리를 가지고 있었고, 그래서 여기에 대외정책이 관련되었다. 네스토리우스파는 페르시아에 피신했고, 유대인은 비록 이단은 아니었으나 국경 너머에 특별한 영향력을 가졌다. 이라크의 유대인은 페르시아의 제국 공격을 지지했고, 홍해 지역의 유대인 아랍 국가들은 제국에서 유대인에게 적대적인 조치들이 취해질 때 인두로 가는 교역로에 개입했다.

　서부와 동부의 교회를 재통합하려는 유스티니아누스의 희망은 그의 열정에도 불구하고 좌절될 것이었다. 그들 사이의 잠재적 분리는 각각을 형성시킨 문화적 기반의 상이성 때문에 항상 존재하고 있었다. 서부 교회는 동부 제국의 정치이론의 핵심이었던 종교권력과 세속권력의 통합을 결코 수용하지 않았다. 그들이 보기에 로마 제국은 다른 제국들이 그러했듯이 (그리고 『성경』이 말하듯이) 지나갈 것이었고, 지옥의 문에 대항하여 승리를 거두는 것은 교회일 것이었다. 이제 그러한 교리적 차이는 점점 더 중요해졌고, 서부의 붕괴로 분리의 가능성은 더욱 높아졌다. 한 로마 교황이 유스티니아누스를 방문했을 때 황제는 로마에 대해서 "성직자의 원천"이라고 말했지만, 그러나 결국 두 기독교 공동체는 처음에는 각자의 길로 가다가 나중에는 격렬하게 다투었다. 교리 문제에서조차도 황제가 지상권을 가진다는 유스티니아누스 본인의 견해는 양측 모두의 완고한 성직자들에 의해서 공격을 받았다.

이는 (그가 행한 대다수의 다른 행위들과 마찬가지로) 유스티니아누스의 진정한 성취가 그가 추구하고 일시적으로 이룩한 것(제국의 통합의 재건)이 아니라, 전혀 다른 무엇임을 암시한다. 그것은 새로운 비잔티움 문명이 발전할 앞길을 닦은 것이었다. 유스티니아누스 이후, 설사 아직 인지되지는 못했다고 해도 비잔티움이 고전 세계에서 진화해나와서 그것과 분명히 연결은 되지만 그러나 그것으로부터 독립적인 방향으로 나아간다는 것은 명백한 현실이었다. 이것은 동부와 서부 양쪽의 문화에서 벌어지던 동시대의 발전에 의해서 더 쉬워졌는데, 이는 이제 압도적으로 교회의 새로운 경향성이라는 문제였다.

교회와 교회 지도자들은 후대 역사에서 종종 그러했듯이 재난 속의 기회를 처음에는 인지하거나 환영하지 않았다. 그들은 자신들을 붕괴해가는 체제와 동일시했고, 이는 이해할 만한 일이다. 제국의 붕괴는 그들에게 문명의 붕괴였다. 서부의 교회는 몰락한 도시들의 행정당국을 제외하고는 종종 '로마니타스'의 유일한 제도적 생존자였다. 교회의 주교들은 행정의 전문가들이었고, 지역의 다른 명사들과 마찬가지로 새로운 문제들과 씨름할 수 있는 지적 역량을 갖춘 경우가 많았다. 반쯤 이교적이었던 주민들은 미신적인 경외심으로 그들을 바라보았고, 그들에게 유사 마법적인 권능이 있다고 믿었다. 주교들은 많은 지역들에서 제국 군대가 떠나가고 제국 행정이 무너졌을 때 마지막 남은 권위의 구현자들이었고, 고전 유산의 공유를 확신하고자 갈망하던 새로운 무식한 지배계급 사이에서 유식한 자들이었다. 사회적으로 그들은 종종 속주의 주도적인 가문 출신이었다. 그것은 그들이 때로는 거대 귀족이자 자신들의 영적인 기능을 지지할 물질적 자원을 가진 자산가들임을 의미했다. 자연스럽게, 그들에게 새로운 업무가 맡겨졌다.

이것이 전부가 아니었다. 고전 세계의 종식은 또한 두 개의 새로운 제도가 서부 교회에서 등장하는 것을 지켜보았다. 장차 이것들은 붕괴할 하나의 문명과 아직 태어나지 않은 다른 문명 사이의 위험한 급류 속에서 생명선이 될 것이었다. 첫 번째는 기독교 수도원으로, 이 현상은 동부에서 처음 등장했다. 285년경 한 콥트 기독교인인 성 안토니우스(?251-?356)가 이집트의 황무지에서 은둔자의 삶으로 들어갔다. 그의 모범을 다른 이들이 뒤따랐고, 이들은 깨어 기도하고 악마와 싸우거나, 금식과 그외 불확실한 훈련들로 육체의 고행을 했다. 그들 중 일부는 공동체로 모여서 한 수도원에 머무르는 수도사가 되었고, 이 관행은 곧 동부에서 서부로 전파되었다.

한 이탈리아 수도사가 있었다. 우리는 그의 성취와 그가 기적을 행했다고 믿어졌다는 점 외에는 그에 대해서 별로 아는 바가 없다. 그런데 그가 그 수도원의 모습을 보고 큰 감명을 받았다. 그는 바로 성 베네딕투스(?480-?543)로서, 기독교 역사상 가장 영향력 있는 인물 중의 한 사람이다. 그는 529년에 이탈리아 남부의 몬테 카지노에 한 수도원을 세웠고, 그곳에 자신이 입수한 여러 수도원 규칙들 중에서 고르고 골라서 편집한 하나의 새로운 규칙을 부과했다. 이것은 서부 기독교에, 그리고 따라서 서양 문명에 중대한 영향을 끼칠 저술이었다. 이 규칙은 수도사의 관심을 공동체로 이끌었고, 수도원장은 완전한 권위를 가질 것이었다. 이 공동체의 목적은 단지 영성의 함양이나 개인의 구원을 위한 온상을 제공하는 것이 아니라, 하나의 전체로서 예배하고 살아야 한다는 것이었다. 개별 수도사는 규정된 반복적인 예배, 기도, 노동의 틀 안에서 이러한 임무에 기여해야 했다. 전통적인 수도원의 개별주의로부터 하나의 새로운 인간 도구가 만들어졌다. 이것은 교회의 무기고에서 핵심 무기 중의 하나가 될 것이었다.

성 베네딕투스는 눈을 너무 높게 잡지 않았고, 이것이 그의 성공의 비밀 중 하나였다. 그의 수도원 규칙은 신을 사랑하는 보통 사람의 능력 내에서 가능한 것이었고, 그의 수도사들은 몸이든 영혼이든 자해할 필요가 없었다. 이 규칙이 수도사들의 필요를 얼마나 잘 평가했는지는 그것의 급속한 전파에 의해서 입증된다. 베네딕투스 수도원은 매우 신속하게 서부 전역에 등장했다. 그들은 이교적인 잉글랜드와 독일을 개종시키는 선교와 가르침의 핵심 자원이 되었다. 서부에서, 오직 변방에 몰린 켈트 교회만이 구식의 은둔자형 수도사의 삶을 고수했다.

교회의 또다른 새로운 거대한 기둥은 교황이었다. 성 베드로의 교구의 특권과 그 성자의 뼈를 보호한다는 전설은 항상 기독교 세계의 주교구 중에서 로마에 특별한 위치를 부여했다. 로마는 서부에서 사도로부터의 기원을 주장할 수 있는 유일한 교회였다. 그러나 원칙상으로는 이것은 별다른 것을 주지는 못하는 것이었다. 서부 교회는 방계였고 사도 시대와 더 가까운 연결을 주장할 수 있는 곳은 아시아의 교회들이었다. 중세 세계가 당연하게 여긴 찬란한 탁월함을 향해서 교황의 권위가 높아지기 시작하려면, 무엇인가가 더 필요했다.

먼저 그 도시가 있었다. 로마는 수 세기 동안 세계의 수도로 간주되었고, 세계의 많은 부분에서 그것은 진실이었다. 로마의 주교들은 원로원과 황제의 사업 동료였고, 황제의 궁정이 떠나간 것은 오히려 주교들의 우월성을 더욱 명백하게 만들었다. 동부 제국에서 외국인 행정가들이 도착하고, 이탈리아인들이 그들을 야만족만큼이나 싫어하게 되자, 교황에게는 이탈리아의 충성의 초점으로서 새로운 관심이 쏠렸다. 로마는 또한 부유한 교구였고, 그 재산에 어울리는 통치기구도 가지고 있었다. 교황은 제국 행정 자체 외에서는 필적할 자가 없는 행정기술을 생산해냈다. 이러한 우수성은 고난의 시기에, 야만족이 이러한 기술을 가지고 있지 못한 때에 더욱 분명하게 두드러졌다. 로마 교구는 모든 것에서 최고의 기록을 가지고 있었다. 이미 5세기에 교황 옹호론자들은 그것을 활용했다. 특징적으로 보수적인 교황의 입장과, 새로운 출발이 이루어진 적이 없고 옛 지위들이 방어되고 있다는 논변이 이미 존재했고 그것은 전적으로 진심이었다. 교황들은 자신들을 새로운 이데올로기적, 법적 근거를 가진 정복자가 아니라, 교회가 이미 성취한 작은 발판을 지키기 위해서 처절하게 노력하는 사람들로 간주했다.

이것이 교황이 거대한 역사적 세력으로 등장하게 된 배경이었다. 5세기의 대교황 레오(?400-461)의 치세에 로마 주교의 새로운 권력이 처음으로 분명하게 가시화되었다. 한 황제는 교황의 결정이 법의 효력을 가진다는 칙령을 내렸고, 레오는 교황이 성 베드로의 이름으로 말한다는 교리를 정력적으로 주장했다. 그는 황제들이 내버린 '폰티펙스 막시무스'의 칭호를 취했다. 사람들은 그가 아틸라와 만나서 중재한 것이 이탈리아에 대한 훈족의 공격을 늦추었다고 믿었다. 당시까지 로마의 수월성 주장에 저항하던 서부의 주교들은 야만족에 의해서 뒤집어진 세계에서는 기꺼이 그것을 받아들이려고 했다. 그러나 여전히 로마는 제국의 국가 교회의 일부였고, 유스티니아누스는 제국의 종교가 누구보다도 황제의 관심사라고 생각했다.

미래의 중세적 교황권을 가장 분명하게 드러낸 교황은 동시에 최초의 수도사 출신 교황이었다. 그리하여 590년부터 604년까지 재임한 그레고리우스 대교황(?540-604)에게서 초기 교회의 위대한 두 제도적 혁신이 하나로 합쳐졌다. 그는 탁월한 통찰력을 가진 정치가였다. 그는 로마 귀족 출신으로 제국에 충성하고 황제를 존중했지만, 그럼에도 자신이 통치하는 야만족 유럽을 전면적으로 받아들인 최초의 교황이었다. 그의 교황직은 적어도 고전 세계와의 완전한 단절을 드러냈다. 그레고리우스는 최초의 대규모 선교사업을 자신의 사명으로 여겼고, 그 사업의 목표 중 하나는 이교도 잉글랜드였다. 그레고리우스는 596년에 캔터베리의 아우구스티누스를 그곳으로 보냈다. 그레고리우스는 아리우스파 이단과 투쟁했고, 서고트족이 가톨릭으로 개종하자 기뻐했다. 그는 자신이 대변한다고 주장한 황제에게 신경을 쓰는 것만큼이나 게르만족의 왕들에 대해서 많은 관심을 기울였으나, 또한 롬바르드족에 대한 가장 대담한 적대자였다. 그레고리우스는 그들에게 대항하기 위해서 황제, 그리고 더 중요하게도 프랑크족에게 도움을 구했다. 그러나 롬바르드족은 또한 필연적으로 교황을 정치적 권력으로 만들었다. 롬바르드족은 교황을 라벤나의 제국 대리인들에게서 단절시켰을 뿐 아니라, 로마의 성벽 앞에 도달함으로써 그레고리우스가 그들과 협상할 수밖에 없도록 만들었다. 그레고리우스는 행정적 권위를 물려받은 서부의 다른 주교들과 마찬가지로 자신의 도시를 먹여야 했고 통치해야 했다. 서서히 이탈리아인들은 교황을 성 베드로의 계승자일 뿐 아니라 로마의 계승자로도 여기게 되었다.

그레고리우스에게서 고전적인 로마의 유산과 기독교인들이 포괄되었다. 비록 본인은 전혀 그렇게 생각하지 않았으나 그는 어떤 새로운 것을 대표했다. 기독교는 고전 유산의 일부였으나, 이제 이것은 거기에서 멀리 떠나왔고 그것과 구별되었다. 의미 깊게도, 그레고리우스는 그리스어로 말하지 않았다. 그는 그럴 필요조차 느끼지 않았다. 야만족과 교회의 관계의 변화를 알리는 신호들이 이미 나타났다. 그레고리우스와 더불어, 마침내 지중해 분지가 아니라 유럽이 이 이야기의 하나의 초점이 될 것이다. 이 안에서는 가까운 미래는 아닐지라도 이미 미래의 씨가 뿌려졌다. 다음 1,000년 정도의 시간 동안 유럽의 존재는 세계 대부분의 사람들에게 거의 관계가 없는 것이었다. 그러나 비록 장차 다가올 유럽과는 상상을 초월할 정도로 다르고 또 대륙의 서부에 국한되기는 했어도, 마침내 하나의 유럽이 적어도 구별되었다.

이것은 또한 과거와는 결정적으로 달랐다. 로마 속주들의 질서 있고, 학식 있고, 느긋한 삶들은 전사 귀족과 그들의 부족민들에게 둘러싸인 조각난 사회에 길을 내주었다. 이들은 때로 이전의 주민들과 통합되었지만 때로는 그렇지 않았다. 야만족 추장들은 왕이라고 불렸고 분명히 더 이상은 단순한 추장은 아니었으며, 그들의 추종자들도 거의 2세기 동안 로마의 유산과 관련된 이후에는 더 이상 단순한 야만족이 아니었다. 550년에는 한 야만족(고트족) 왕이 자신의 형상을 주화에 새기면서 처음으로 제국의 휘장으로 장식했다. 더 높은 수준의 문화가 남긴 유물들에 의해서 그들의 상상력에 새겨진 인상을 통해서, 그리고 로마라는 이상 자체의 효험을 통해서, 무엇보다도 교회의 의식적이고 무의식적인 작업을 통해서, 이 민족들은 문명으로 나아가는 길에 올랐고, 그들의 예술은 남아서 이를 증명한다.

격식 있는 문화의 경우, 야만족은 고대와 비견될 만한 일을 전혀 이루지 못했다. 문명화된 지성에 야만인의 기여는 전혀 없었다. 그러나 문화적 교류는 보다 덜 격식 있는 수준에서는 항상 일방적이지만은 않다. 기독교가 혹은 적어도 교회가 여전히 어느 정도까지 유연한 형태였는지는 과소평가되어서는 안 된다. 모든 곳에서 기독교는 가용한 통로들로 흘러야 했는데, 이것들은 켈트 위에 로마, 그 위에 게르만으로 쌓이는 이교도들의 층들로 정의되었다. 클로비스와 같은 왕의 개종은 그의 사람들이 형식적으로라도 단숨에 기독교 지지자가 되었다는 뜻이 아니었다. 무덤들이 보여주듯이, 일부는 수 세대가 지난 뒤에도 여전히 이교도였다. 그러나 이러한 보수주의는 장애물이면서 동시에 기회였다. 교회는 마술에 대한 민간의 믿음을 활용할 수도 있었고, 혹은 시골이나 숲의 옛 신들에 대한 존중과 성인을 결합시킬 수 있는 신성한 지역의 존재를 이용할 수 있었다. 성인들의 성소를 찾는 순례자들에게 크게 낭독되었던 성인전들에서는 기적에 대한 지식들이 열심히 선전되었고, 이는 그 당시에 설득력 있는 논변이었다. 사람들은 켈트 신들의 마술적 개입이나 오딘의 권능의 현현에 익숙했다. 그래서 대부분의 사람들에게, 인류 역사의 대부분의 시기에 그랬듯이, 종교의 역할은 도덕적 인도나 영적 통찰력을 제공하는 것이 아니라, 보이지 않는 존재들을 달래는 것이었다. 기독교는 오직 희생 제사에서만 자신과 이교적 과거를 분명하게 선을 그었다. 그외의 많은 이교 관행들과 잔재들의 경우, 기독교는 단순히 그것들을 기독교화했다.

이러한 일이 생겨난 과정은 종종 쇠락의 과정으로 생각되었고, 그러한 취지의 합리적 논변들이 분명히 많이 있다. 물질적인 면에서, 야만족 유럽은 안토니누스 황제들의 제국보다 경제적으로 더 가난한 곳이었다. 유럽 전역에서 관람객들은 여전히 로마의 건축자들이 남긴 기념물들에 감탄하는데, 우리의 야만족 선배들도 분명 그랬을 것이다. 그러나 때가 되면 이러한 혼란으로부터 매우 새롭고, 또 로마보다 측량할 수 없을 정도로 더 창조적인 어떤 것이 등장하게 될 것이다. 동시대인들에게는 벌어지는 사태를 종말론적 견지가 아닌 다른 방식으로 바라보는 일이 불가능했을 것이다. 그러나 그레고리우스의 관심들이 시사하듯이, 몇몇 사람들은 이것의 바로 조금 너머는 볼 수 있었던 것 같다.

6

고전기 인도

알렉산드로스 대왕은 학자들과 전문가들의 수행과 조언을 받았으나 자신이 인도에서 무엇을 발견하게 될 것인지는 분명하게 알 수 없었다. 그는 인더스 강이 나일 강의 일부분이며, 인더스 강 너머에는 에티오피아가 뻗어 있다고 생각한 것처럼 보인다. 인도의 서북부, 즉 페르시아의 간다하라 총독부에 대해서는 그리스인에게도 꽤 많은 것이 알려져 있었다. 그러나 그곳을 넘어서면 모든 것이 깜깜했다. 정치지리에 국한해서 말한다면, 지금껏 모호함이 남아 있다. 알렉산드로스의 침공 시기에 갠지스 강 유역의 국가들의 상호관계와 성격은 여전히 알기 어렵다. 강 하류에 자리잡고 나머지 유역에 대해서 일정한 헤게모니를 행사하던 마가다 왕국은 두 세기 이상 동안 이 아대륙에서 가장 중요한 정치 단위였다. 그러나 그 제도나 역사에 대해서는 알려진 바가 별로 없다. 인도 측 자료는 알렉산드로스의 인도 도착에 대해서 아무런 말도 하지 않으며, 이 위대한 정복자도 펀자브 너머로는 결코 침투하지 못했기 때문에, 우리는 그 당시의 그리스 측 서술들로부터 서북부의 군소 왕국들을 알렉산드로스가 붕괴시킨 이야기만을 들을 수 있을 뿐, 인도 권력의 심장부에 대해서는 알 수 없다.

셀레우코스 왕조 아래에서, 펀자브 너머에 무엇이 있는지에 대해서 좀더 신뢰할 만한 정보가 서방에 알려지게 되었다. 이 새로운 지식은 새로운 인도 권력인 마우리아 제국의 등장과 시기가 대략 일치하며, 이로부터 역사적 기록으로서 인도가 사실상 시작한다. 우리의 정보원 중의 하나는 기원전 300년경에 셀레우코스 왕(재위 기원전 312-280)에 의해서 인도에 파견된 사절인 메가스테네스이다. 그는 자신이 본 것을 기록했고, 그 서술의 부분들은 후대의 저술가들이 길게 인용하기에 충분할 만큼 잘 보존되었다. 그는 벵골과 오리사에 이르기까지 여행을 했고, 외교관이자 학자로서 존중을 받았기 때문에 많은 인도인과 만나고 교섭했다. 후대의 일부 저술가들은 그가 쉽게 믿어버리는, 신뢰하기 힘든 보고자라고 생각했다. 그들은 그의 이야기 중에서 식사와 음료 대신 냄새로 살아가는 사람이라든지, 외눈박이라든지, 발이 너무 커서 태양을 가릴 그늘막으로 사용할 수 있었던 사람이라든지, 피그미족, 입이 없는 사람들 등을 그 근거로 들었다.

물론 그러한 이야기들은 헛소리이다. 그러나 그 이야기들이 반드시 근거가 없는 것은 아니었다. 이 이야기들은 다만 아리안족 인도인이 주변 이웃들과 자신을 구별하거나, 중앙 아시아나 버마의 정글 사람들과 자신들의 희미한 유사성을 인식하는 데에 높은 수준으로 발달한 의식을 가지고 있었음을 보여줄 뿐이다. 인도인이 보기에 이들 중 일부는 정말 매우 이상하게 생긴 것으로 보였을 테고, 또 그들의 행동 중 일부는 틀림없이 매우 이상하게 보였을 것이다. 이 이야기들에 나오는 사람들 중 나머지는 아마도 언제나 외부인들에게 깊은 감명을 주었던, 그리고 대개 이야기 속에서 과장되곤 했던 인도 종교의 기묘한 고행의 관행을 흐릿하게 반영하는 것이리라. 그러한 이야기들을 전한다고 해서 전하는 자를 불신할 필요는 없으며, 그가 전하는 다른 것들 역시 완전히 거짓이라는 의미도 아니다. 만약 이 이야기들이 메가스테네스의 인도 정보원들이 바깥세상을 바라보는 방식에 대해서 무엇인가를 암시한다면, 여기에는 심지어 적극적인 가치가 있다고까지 말할 수 있다.

메가스테네스는, 위대한 지배자이자 마우리아 왕조의 창시자인 찬드라굽타(재위 기원전 317-296) 시대의 인도를 묘사한다. 그에 대해서는 다른 자료들을 통해서도 약간의 정보가 있다. 고대인들은 그가 젊은 시절에 알렉산드로스 대왕의 인도 침공을 보고 정복의 영감을 받았다고 믿었다. 이것이 사실일지는 모르나, 찬드라굽타는 기원전 321년에 마가다의 왕좌를 뒤집었고, 그 왕국의 폐허 위에 두 개의 거대한 강, 인더스와 갠지스의 유역뿐 아니라 아프가니스탄(셀레우코스 왕조로부터 빼앗았다)과 발루치스탄의 대부분을 아우르는 국가를 건설했다. 그의 수도는 파트나에 있었고, 그곳에서 찬드라굽타는 장엄한 궁정에 머물렀다. 궁정은 나무로 만들어졌고, 고고학은 인도사의 이 단계에서는 우리에게 별다른 도움을 주지 못한다.

메가스테네스의 서술에 미루어, 찬드라굽타가 일종의 군주정적인 통수권을 행사한 것으로 추론할 수도 있지만, 인도 측의 자료들은 관료제적 국가 혹은 적어도 그렇게 되려고 하는 국가의 모습을 드러내는 듯하다. 그것이 실제로 어떠한 것이었는지는 알기 어렵다. 그 나라는 이전 시대에 형성된 정치적 단위들로 만들어졌고, 그중 상당수는 공화정 혹은 민주정 조직이었으며, 이들 중 많은 수가 황제의 관리로 일하던 유력자들을 통해서 황제와 연결되었다. 이들 중 일부는 명목상 신민이었으나 분명히 실제로는 종종 매우 독립적이었을 것이다.

제국의 주민들에 대해서도 역시 메가스테네스가 많은 정보를 준다. 그는 상이한 민족들의 긴 목록을 제공하는 것 외에도, 두 개의 종교적 전통을 구분하고, 인도인의 미식(米食) 관행과 의례적 목적을 제외하면 포도주를 금하는 관습을 언급했고, 코끼리 사육에 대해서 많이 이야기했으며, (그리스인의 눈에는 놀랍게도) 인도에는 노예가 없다는 사실에 대해서 말했다. 그는 틀렸지만, 그러나 그것도 이해가 된다. 인도인은 절대적인 노예로서 사고 팔리지는 않지만, 주인을 위해서 일해야만 하고 법적으로 이주가 금지된 사람들이 있었다. 메가스테네스는 또 왕이 유흥으로 사냥을 하는데, 높은 연단이나 코끼리 등에 올라서 한다고 전한다. 이는 20세기에 호랑이 사냥과 흡사하다.

찬드라굽타는 마지막 날들을 자이나교에 의탁하여 보냈으며 마이소르 근처에서 수행 중에 종교적 단식으로 죽었다고 한다. 그의 아들이자 계승자는 아버지가 이미 보여준 제국의 팽창 경로를 남쪽으로 돌렸다. 마우리아의 패권은 파트나 동부의 빽빽한 열대우림 속으로 파고들기 시작했고, 동부해안까지 밀고 내려갔다. 마침내 마우리아 왕조의 3대 지배자 아래에서 오리사의 정복은 제국에 남쪽으로 가는 육로와 해로의 통제권을 주었고, 아대륙은 거의 2,000년 이상 동안 비길 데가 없을 정도의 정치적 통합의 수단을 획득했다. 이를 성취한 정복자는 아소카(재위 기원전 268-232)로서, 이 지배자의 아래에서 드디어 문헌에 기반한 인도사 서술이 가능해지기 시작했다.

아소카의 시대로부터 그의 신민들에게 내린 칙령과 명령들을 담은 비문들이 많이 남아서 전한다. 공식적 메시지를 전파하는 이러한 수단의 활용과 개별적인 비문들의 양식은 모두 페르시아와 헬레니즘의 영향을 시사하며, 마우리아 시대의 인도는 분명히 그 이전 어느 때보다 더 지속적으로 서쪽의 문명과 접촉을 유지했다. 칸다하르에서, 아소카는 그리스어와 아람어로 함께 쓰인 비문을 남겼다.

그러한 증거들은 메가스테네스가 묘사한 것보다 훨씬 더 많은 능력을 갖춘 정부를 드러낸다. 왕실은 카스트 제도에 근거한 사회를 다스렸다. 왕실의 군대와 관료기구가 있었다. 다른 곳에서와 마찬가지로, 문자사용의 도래는 문화뿐 아니라 통치에서도 중요한 시대적 변화였다. 또 대규모 비밀경찰 혹은 국내용 정보 부서가 있었던 것으로 보인다. 이러한 기구는 세금을 징수하고 소통을 유지하고 관개사업을 관리하는 것 이외에도 아소카 치세에 공식적 이데올로기의 증진 또한 임무로 맡았다. 아소카 자신은 치세 초기에 불교로 개종했다. 콘스탄티누스의 개종과는 달리, 그의 개종은 전투 전이 아니라 전투 후였다. 아소카는 전투로 인한 고통을 보고 끔찍함을 느꼈다. 그렇다고 해도, 그의 개종의 결과는 당시까지 그의 경력을 특징지었던 정복의 패턴을 포기하는 것이었다. 어쩌면 이 때문에 그는 아대륙 외부로의 원정에 대한 유혹을 느끼지 않았던 것일 수도 있다. 그러나 이는 그가 야만족을 정복하려는 생각을 결코 품지 않았던 대부분의 인도 지배자들과 공유한 한계였다. 그리고 물론 이 한계는 그가 인도 정복을 완료한 이후에야 분명하게 드러나는 것이었다.

아소카의 불교가 낳은 가장 주목할 만한 결과는 대개 그의 치세 중 이 시기(대략 기원전 260년 이후)에 만들어진 비문과 기둥들에 그가 자신의 신민들을 위해서 남긴 조언들에서 표현된다고 생각된다. 사실 그것들은 완전히 새로운 사회철학에 이르렀다. 아소카의 수칙들 전체에 '담마(Dhamma)'라는 이름이 붙었는데, 이는 '보편적 계율'을 뜻하는 산스크리트어에서 파생된 것이었다. 여기에 담긴 심성함은 현대 인도의 정치가들이 아소카의 근대성에 대해서 많은 시대착오적인 찬탄을 하도록 만들었다. 그렇다고 해도 아소카의 사상들은 놀랍다. 그는 모든 인간의 존엄성에 대한 존중과, 무엇보다도 종교적 관용과 비폭력을 명했다. 그의 수칙들은 엄밀하기보다는 일반적이며, 법률과는 다르다. 그러나 그것들의 핵심 주제는 이론의 여지없이 분명하며, 행동의 준칙을 제공하려는 의도를 담고 있다. 아소카 자신의 취향과 사고 때문에 그러한 생각들에 우호적이었을 것은 분명하지만, 이것들은 불교의 사상을 개진하려는 희망보다는(아소카는 이를 다른 방식으로 했다) 차이점을 누그러뜨리려는 바람을 암시한다. 이들은 대규모의, 다인종적이고 종교적으로 분열된 제국을 위한 통치의 수단과 매우 흡사해 보인다. 아소카는 인도 전역을 포괄하는 정치적, 사회적 통합의 한 수단을 위한 어떤 중심을 확립하고자 노력했다. 이는 무력과 감시뿐 아니라 인간의 이익에 기반을 둔 것이 되었다. 그가 남긴 한 비문에는, '모든 인간은 내 자식이다'라고 쓰여 있다.

이것은 또한 '사회복지'라고 불릴 만한 업적에 대한 그의 자긍심을 설명해 줄 수 있을 것이다. 그것은 때로 환경에 알맞은 형태를 띠었다. 그는 "나는 길가에 반얀 나무를 심게 했고, 이것은 짐승과 사람들에게 그늘을 제공할 것이다"라고 선언했다. 겉으로는 단순해 보이는 이러한 수단의 가치는 인도 대평원을 경작하고 여행하던 이들에게는 즉각적으로 분명했을 것이다. 거의 우연히도 이러한 개선은 또한 교역의 경로를 평탄하게 했으나, 아소카가 판 우물이나 9마일마다 설치한 쉼터와 마찬가지로 반얀 나무는 '담마'의 한 표현이었다. 그러나 '담마'는 성공한 것으로 보이지는 않는데, 분파 간 분쟁과 성직자들의 불만의 소리들이 들리기 때문이다.

아소카는 단순한 불교 선교를 증진하는 데에는 더 성공적이었다. 그의 치세는 불교 최초의 대규모 팽창을 가져왔다. 이전의 불교는 비록 번성했으나 당시까지 인도 동북부에 국한되어 있었다. 이제 아소카는 버마에 선교사들을 보냈고, 그들은 일을 잘해냈다. 스리랑카에서는 다른 이들이 더욱 잘했고, 아소카의 치세 이후로 그 섬은 압도적으로 불교가 중심이었다. 더 낙관적인 전망을 가지고 마케도니아와 이집트로 파견된 선교사들은 그보다는 덜 성공적이었다. 다만 불교의 가르침은 헬레니즘 세계의 철학에 약간의 흔적을 남겼고, 일부 그리스인이 개종했다.

아소카 치세 때 불교의 활력은 부분적으로는 브라만 종교에 대한 반동의 표현으로 설명될 수 있다. 이 시기부터 생겨난 몇몇 숭배들의 새로운 인기는 도전에 대한 의식적인 대응으로 제시되어왔다. 주목할 만하게도, 기원전 3세기와 2세기에 비슈누의 가장 유명한 두 아바타에 대한 숭배가 새롭게 두드러졌다. 하나는 변화무쌍한 크리슈나로서, 그에 관련된 전설은 숭배자들에게 심리적 동일시를 할 수 있는 많은 기회들을 제공했다. 다른 하나인 라마는 자애로운 왕, 좋은 남편과 아들의 구현체로서 가족의 신이었다. 또 두 편의 위대한 인도 서사시인 『마하바라타』와 『라마야나』가 최종적인 형태를 갖추기 시작한 것 역시 기원전 2세기였다. 이들 중 첫 번째 것은 길게 확장되어, 오늘날 인도 문학작품 중 가장 유명하고 가장 위대한 시인 『바가바드기타(Bhagavadgītā)』 곧 '신의 노래'가 되었다. 이것은 비슈누/크리슈나라는 주인공을 중심으로, 각자의 계급에 따라서 부과되는 의무들을 수행해야 한다는 윤리적 의무의 교리(다르마)와, 영원한 행복으로 들어가는 수단으로서는 제아무리 훌륭한 경건한 행위도 크리슈나의 사랑보다는 덜 효과적이라는 조언을 엮어냄으로써 장차 힌두교의 핵심 경전이 될 것이었다.

이것들은 힌두교의 미래에 중요한 사실들이었지만, 아소카의 죽음 직후 시작되는 마우리아 왕조의 쇠퇴가 한참 진행된 이후에야 완전히 발전할 것이었다. 이 쇠퇴와 소멸은 너무 극적으로 인상적이어서(그리고 마우리아 제국은 너무 놀라운 것이었기 때문에) 우리는 무엇인가 특별한 설명을 찾고자 하는 유혹을 느끼지만, 그러나 아마도 축적적인 설명 이외에는 없을 것이다. 아마도 중국을 제외하고 모든 고대 제국에서 정부에 부과된 요구들은 결국 가용한 기술적 자원으로는 감당할 수 없는 수준에 이르게 되었다. 이런 일이 벌어지면, 제국은 붕괴했다.

마우리아 왕조는 위대한 일들을 해냈다. 그들은 노동력을 징발하여 광대한 황무지를 개발했고, 그럼으로써 증가하던 인구들을 먹이고 동시에 제국의 과세 기반을 넓혔다. 그들이 건설한 거대한 관개시설들은 제국이 망하고도 수세기 동안 남았다. 마우리아 지배기에 교역은 번성했고, 이는 기원전 3세기에 인도 전체에 북부의 토기가 퍼진 방식을 통해서 알 수 있다. 그들은 거대한 군대를 유지했고 에페이로스에 이르는 먼 곳까지 외교관계를 맺었다. 그러나 그 대가는 컸다. 정부와 군대는 무제한 팽창할 수 없는 농업경제에 기생했다. 이 경제가 감당할 수 있는 것에는 한계가 있었다. 또 비록 현재에 서서 멀리 돌아보면 당시의 관료기구가 원칙상 중앙집중화된 것으로 보이지만, 그것은 결함이 없기는커녕 그다지 효과적이지도 못했다. 여기에 사회로부터의 독립성을 부여할 수 있는 통제와 인력충원의 체계가 없었기 때문에, 관료기구는 한쪽 극단에서는 모든 것을 좌우하는 군주의 총신(寵臣)들의 손에 들어갔고, 다른 극단에서는 권력을 장악하고 유지하는 법을 아는 지역 엘리트에게 주는 선물이 되고 말았다.

마우리아 왕조 이전 시기에 한 가지 정치적 취약성이 깊이 뿌리를 내렸다. 인도 사회는 이미 가족과 카스트 제도에 닻을 내리고 있었다. 여기에서, 인도인의 충성의 핵심은 왕조나 (민족은 물론이고) 지속적인 국가에 대한 추상적 개념이 아니라 사회적 제도들에 있었다. 인도 제국이 경제적, 외부적, 기술적 압력 아래에서 붕괴하기 시작했을 때, 제국은 인민의 무조건적 지지를 기대할 수 없었다. 이것은 제국에 이데올로기적인 덮개를 제공하려던 아소카의 시도가 성공하지 못했음을 알려주는 주요한 지표이다. 나아가서 인도의 사회제도들 그리고 특히 정교한 형태를 갖춘 카스트는 경제적 비용을 부과했다. 출생에 의해서 역할이 분배되고 그것을 바꿀 수가 없는 곳에서는 경제적 적절성이 방해를 받았다. 야심 역시 마찬가지였다. 인도는 경제성장의 가능성을 옥죌 수밖에 없는 사회제도를 가졌다.

마우리아 왕조의 마지막 황제가 암살당한 뒤, 브라만에 기원을 둔 갠지스 왕조가 일어섰고, 그 이후 500년 동안 인도의 이야기는 다시 한번 정치적 불화의 역사가 되었다. 기원전 2세기 말부터는 중국 쪽의 자료를 참고할 수 있으나, 그렇다고 해서 인도에서 무슨 일이 벌어졌는지에 대해서 학자들의 합의가 더 쉬워졌다고는 결코 말할 수 없다. 심지어 연대기조차 여전히 대개 추측에 의한 것이다. 오직 전반적인 과정만이 드러난다.

그 과정들 중 가장 중요한 것은 역사적인 서북 경로를 통해서 새로운 침공의 물결이 인도로 밀어닥친 것이다. 먼저 박트리아인이 왔다. 이들은 알렉산드로스의 제국이 옥수스 상류에 남겨놓은 그리스인의 후예들로서, 기원전

239년에 인도와 셀레우코스 왕조 페르시아 사이에 독립적인 왕국을 형성했다. 이 비밀스런 영역에 대한 우리의 지식은 대개 이 왕국의 주화들에 의존하는데, 거기에는 빈틈이 많다. 그러나 100년 뒤에 박트리아인이 인더스 유역으로 밀고 들어왔음은 알려져 있다. 그들은 앞으로 4세기 동안 이어질 흐름의 선두주자였다. 아시아의 유목사회 깊은 곳에서 기원한 복잡한 이동의 연쇄가 이어졌다. 박트리아의 인도 그리스인을 뒤이어, 여러 차례 펀자브에서 나라를 세운 자들 중에는 파르티아인과 스키타이인이 있었다. 전하는 이야기에 따르면, 한 스키타이 왕은 사도 성 토마스를 자신의 궁정에서 접견했다고 한다.

한 중요한 민족이 중국의 국경에서 곧장 와서, 바라나시에서 시작하여 산맥들을 넘어 초원의 대상로까지 뻗은 또다른 거대한 인도 제국의 기억을 남겼다. 이들은 쿠샨인들로서, 오늘날 신장에 살던 인도-유럽어족의 후손들이다. 그들은 (혹은 그들의 지배자들은) 선교적인 의미에서 열정적인 불교도였다. 그들은 붓다의 메시지를 자신들의 선조들의 땅과 그 너머의 중국과 몽골까지 전파하기를 원했다. 불교 신앙의 전파에는 편리하게도, 그들의 정치적 이익의 초점은 그들의 가장 위대한 왕이 싸우다 죽은 중앙 유라시아에 있었다. 쿠샨 선교사들과 함께 불교는 처음으로 중앙 유라시아의 중부와 동부로 전파되었고, 또 중국으로 가서 한나라의 붕괴 이후 이어진 혼란의 세기들 동안에 핵심적인 영향을 끼치게 되었다.

쿠샨 시대는 또한 인도 문화에 새로운 외국의 영향력을 가져왔다. 이는 종종 서양에서 왔는데, 조각 특히 불상에서 드러나는 헬레니즘적인 취향이 이것을 보여준다. 이것은 또다른 방식으로 중요한 시대였는데, 붓다를 묘사하는 것은 쿠샨 시대에 어느 정도 혁신이었기 때문이다. 쿠샨인은 이를 위대한 수준까지 올렸고, 그리스식 모델은 점차 오늘날 익숙한 불상 형태에 자리를 내주었다. 이는 불교의 증가하던 복잡성을 드러내는 한 표현이었다. 당시에 벌어졌던 한 가지 일은, 불교가 대중화되고 물질화되었다는 것이다. 붓다는 신으로 변모했다. 그러나 이것은 많은 변화들 중 한 가지일 뿐이었다. 천년왕국주의, 더 감정적인 종교 표현들, 그리고 더 정교한 철학적 체계들이 모두 상호작용을 했다. 여기에서 힌두교나 불교의 '정통'을 구분하려는 것은 다소

작위적이다.

결국 쿠샨인은 더 강력한 힘에 굴복했다. 박트리아와 카불 강 유역은 3세기 초에 아르탁세륵세스에 의해서 정복되었다. 곧이어 또다른 사산 왕조의 왕이 쿠샨의 수도인 페샤와르를 손에 넣었다. 그런데, 독자들은 이런 식의 서술을 못마땅해할 것이다. 볼테르(1694-1778)도 마찬가지로 느꼈다. "옥수스나 시르다리야 강 언덕에서 한 왕이 다른 왕을 갈아치운다고 해도, 그것이 나와 무슨 상관이란 말인가?" 이것은 마치 프랑크 왕들의 친족살해 투쟁과도 같고, 혹은 앵글로-색슨 7왕국의 투쟁과도 비슷하다. 그저 약간 규모가 더 클 뿐이다. 사실 이러한 밀물과 썰물에서 인도 역사의 두 개의 커다란 상수(常數)를 확인하는 것 이외에는 별다른 의미를 찾기가 힘들다. 그것은 문화적 통로로서 서북방 변경의 중요성과 힌두 문명의 소화 능력이다. 침략 민족들 중 누구도 결국은 인도가 언제나 보여준 동화력을 이겨내지 못했다. 새로운 지배자들은 오래지 않아서 힌두 왕국들을 지배했고(이 왕국들의 기원은 아마도 마우리아 시대를 넘어 기원전 5세기와 4세기의 정치적 단위들까지 거슬러 올라갈 것이다), 인도의 방식을 채택했다.

침략자들은 결코 남쪽으로 깊이 파고들지 못했다. 마우리아의 붕괴 이후, 데칸 고원은 오랫동안 분열된 채 남아 있었고, 자체의 드라비다인 지배자들이 통치했다. 이곳의 문화적 구별성은 심지어 오늘날까지도 계속되고 있다. 비록 마우리아 시대 이후 아리아인의 영향력이 더욱 강해졌지만, 힌두교와 불교는 결코 사라지지 않았고, 남부는 영국의 지배가 도래하기까지 다시는 북부와 진정한 정치적 통합을 이루지 못했다.

이 혼란스러운 시기에 인도와 외부인의 접촉이 모두 폭력적인 것은 아니었다. 로마 상인과의 교역은 눈에 띄게 성장하여 대플리니우스는 이것이 제국에서 금을 고갈시킨다고 (잘못) 비난했다. 물론 우리에게는 인도의 사절이 교역 문제를 협상하기 위해서 왔는가에 대한 확실한 정보가 거의 없다. 그러나 황제의 언급은 인도의 서방과의 교역이 가지는 한 가지 특징이 이미 확립되었음을 알려준다. 지중해 시장이 추구한 것은 오직 인도만이 공급할 수 있는 사치품들이었고, 그 대가로 지중해가 제시할 수 있었던 것은 금 이외에는 거의 없었다. 이러한 패턴은 19세기까지 지속되었다. 또다른 흥미로운 대륙 간 접촉의 징후가 교역으로부터 생겨났다. 바다는 교역 공동체의 문화를 통합시킨다. 일상용품에 대한 타밀 단어가 그리스어에 등장하며, 인도 남부인들은 헬레니즘 시대 이래 이집트와 교역했다. 후에 로마 상인들이 남부의 항구에 살았고, 타밀 왕들은 로마인을 경호대로 썼다. 마지막으로, 사도 토마스에 관한 진실이 무엇이든지 간에, 기독교는 서부의 교역항에서 처음으로 인도에 등장했고, 이는 일찍이 1세기였을 가능성이 있다.

정치적 통합은 수백 년이 지나도록 심지어 북부에서도 다시 등장하지 않았다. 그 뒤 등장한 새로운 갠지스 유역 국가인 굽타 제국은 500년의 혼란의 상속자였다. 그 중심은 파트나에 있었는데, 이곳은 굽타 황제들의 왕조가 확립된 곳이었다. 이 황제들 중 첫 번째였던, 또다른 찬드라굽타는 320년에 통치를 시작했고, 그로부터 100년 이내에 인도 북부는 다시 한번 한동안 통합을 이루었으며, 변경의 외부 압력이나 침입을 겪지 않았다. 아소카의 제국만큼 큰 것은 아니었지만, 굽타 왕조는 더 길게 지속되었다. 대략 200년 정도 인도 북부는 굽타의 치세에서 일종의 안토니누스 황제들의 시대를 즐겼고, 후에는 인도의 고전시대로서 향수 어리게 회고될 것이었다.

굽타 시대는 인도 예술의 첫 번째 위대한 통합을 가져왔다. 마우리아 시대에 이르러 석재 조각이 완성되기 이전에 만들어진 예술품은 거의 남아 있지 않다. 이것의 주된 기념물인 주랑(朱廊)은 고유한 석조예술 전통의 정점이었다. 오랜 시간 동안 석재 조각과 석조 건축은 목조 건축 시대에 발전된 양식들의 흔적을 드러냈지만, 한때는 인도 석재 조각의 기원으로 생각되었던 그리스의 영향력이 도달하기 훨씬 이전에 이미 기술들이 발달했다. 그리스인이 가져온 것은 서방의 새로운 예술적 모티프와 기술이었다. 남아 있는 것들로 미루어 판단하건대, 기독교 시대가 성립된 지 꽤 오랜 이후까지도 이러한 영향력의 중요한 전개가 불교 조각에서 발견된다. 그러나 굽타 시대 이전에 힌두 조각의 풍부하고 지생적인 전통 역시 확립되있고, 이 시기부터 인도의 예술적 삶은 성숙되고 자족적이었다. 굽타 시대에 (발굴되고 장식된 동굴들과는 별개로) 석조 사원들이 무수하게 지어지기 시작했는데, 이들은 무슬림 시대 이전에 인도의 예술과 건축 모두에서 가장 위대한 영광이다.

굽타 문명은 또한 문학적 성취도 두드러진다. 이번에도 역시 뿌리는 깊다. 마우리아 시대 직전에 이루어진 산스크리트 문법의 표준화와 체계화는 아대륙 전체의 엘리트들이 공유할 수 있는 학문의 길을 열었다. 산스크리트는 문화적 차이에도 불구하고 북부와 남부를 통합시키는 끈이었다. 위대한 서사시들은 산스크리트어에서 고전적인 형태를 부여받았고(물론 그것들은 또한 지역 방언으로 된 번역본으로도 존재했다), 가장 위대한 인도 시인 칼리다사도 산스크리트어로 썼다. 그는 또한 극작가였으며, 굽타 시대에 인도의 연극은 흐릿한 과거로부터 전면에 등장했고, 이 전통은 현대 인도의 대중영화 산업에까지 유지되어왔다.

지적으로도 역시 굽타 시대는 위대한 한때였다. 인도의 산술학자들이 십진법을 발명한 것이 바로 5세기였다. 보통 사람들은 아마도 같은 시기에 인도 철학의 재등장보다는 이 십진법의 중요성을 더 쉽게 이해할 것이다. 이 철학의 재등장은 종교적 사상에 국한되지 않고, 전반적인 태도나 문화의 방향에 대해서 이로부터 추측해볼 수 있는 바에는 이론의 여지가 매우 많다. 『카마수트라(*Kāmasūtra*)』와 같은 문학작품에서, 아마 서방의 관찰자에게 가장 인상적인 부분은, 비록 개인에게는 매우 자극적일지라도 기껏해야 극소수의 엘리트의 관심과 시간 중 극히 적은 부분만을 차지했을 기술의 습득이 작품 안에서 중요하게 취급된다는 점일 것이다. 하나의 소극적인 설명이 아마도 가장 안전할 것이다. 즉 브라만 전통에서 '다르마'에 대한 강조, 혹은 일부 인도 스승들의 극한 고행, 혹은 『카마수트라』이외의 많은 문헌에서 제시되는 감각적 쾌락에 대한 솔직한 수용은, 기독교와 이슬람 양자의 전통 모두에서 매우 강력하게 드러나는 투쟁적이고 공격적인 청교도주의와는 아무런 공통점이 없다. 인도 문명은 멀리 서쪽의 문명과는 매우 다른 리듬으로 움직였다. 아마도 여기에 인도의 가장 깊은 힘이 있을 것이고, 외국 문화에 대한 인도의 저항 능력도 이로써 설명될 수 있을 것이다.

굽타 시대 인도 문명은 성숙하고 고전적인 형태에 도달했다. 정치에서 기인한 연대기는 여기에서 방해물이다. 중요한 발전은 그 어떤 자의적인 시대 구분의 경계도 넘어서 흐른다. 그렇지만 굽타 문화에서 우리는 완전히 진화한 힌두 사회의 존재를 느낄 수 있다. 이것의 두드러진 표현은 당시에 베다 사회 본래의 4계급 분할을 뒤덮고 복잡하게 만들었던 카스트 체제이다. 사람들을 혼인과 또 대개 직업에서 잘 규정된 집단으로 구분하는 카스트 제도 내에서, 대부분의 인도인은 땅과 가까운 삶을 살았다. 도시들은 대부분 대규모 시장이거나 순례의 대형 중심지였다. 지금과 마찬가지로, 대부분의 인도인은 마우리아 시대 이전에 이미 근본적인 형태를 갖춘 한 종교 문화의 전제들 속에서 살아가는 농민들이었다.

그것들의 정력과 힘에 대해서는 의심의 여지가 없다. 장차 수 세기 동안 더욱 정교화될 것이지만, 그것들은 이미 굽타 시대에도 엄청난 조각의 발전 속에 표현되었고, 이 조각들은 민간종교의 힘을 입증하며 또 인도의 풍경의 항구적인 특징으로서 굽타 이전 시기의 사리탑과 불상들과 나란히 자리한다. 모순적이게도, 인도는 주로 종교예술 때문에, 과거 사람들의 물질적 삶보다 그들의 정신에 대해서 더 많은 증거를 가질 수 있는 나라가 되었다. 우리는 굽타의 과세가 실제로 어떻게 농민에게 부과되었는지에 대해서는 거의 알지 못하지만(추측할 뿐이다), 신들과 악마들의 영원한 춤, 동물들과 상징들의 성형(成形)과 해체의 패턴을 명상하면서, 마을의 성소와 행렬 속에서 오늘날에도 살아 있고 가시적인 한 세계를 만져볼 수 있다. 다른 어느 곳과도 달리, 인도에서는 이 책과 같은 책들에서 언급되어야만 함에도 대개는 포착되지 않는, 이름 없는 수백만의 사람들의 역사와 삶에 어느 정도 접근할 수 있는 기회가 있다.

굽타 시대와 이슬람의 도래 사이의 힌두 문명의 정점에서, 인도 문화의 토양인 인도 종교의 풍요로움은 정치적 변화에 의해서 거의 방해를 받지 않았다. 600년경 혹은 그 언저리에 하나의 중요한 숭배가 등장하여 힌두 숭배에 결코 흡수되지 않을 한 자리를 금방 차지했던 것은 하나의 징후였다. 이것은 대모신 데비의 숭배였다. 어떤 이들은 이 여신에게서 힌두교와 불교 모두의 특징이 된 새로운 성적 강조의 한 표현을 보았다. 이 여신 숭배는 한 세기 이상 지속된 종교적 삶의 전반적인 활력의 일부분이었다. 그와 거의 같은 때에 새로운 대중적 감정이 시바와 비슈누의 숭배와 관련되었기 때문이었다. 여기에서 정확한 연대는 별로 도움이 되지 않는다. 우리는 초기 기독교 세계에 대응되는 여러 세기 전체 동안 벌어진 지속적인 변화에 대해서 생각해야 하며, 그 결과는 옛 브라만 종교가 힌두교로 최종 진화하는 것이었다.

여기에서부터 모든 필요에 무엇인가를 제공하는 관행과 신앙의 한 스펙트럼이 생겨났다. 이것은 사실과 물질의 비실재성을 강조하고 실재에 대한 참된 지식('브라마[brahma]') 속에서 그것들로부터의 해방을 획득하는 것이 바람직함을 주장하는 추상적 신조인 베단타(Vedanta) 철학체계에서부터, 지역의 신들을 숭배하던 조악한 마을의 성소들까지 다양하다. 그리고 지역 신에 대한 숭배는 시바와 비슈누가 하나 이상의 모습으로 등장할 수 있다는 믿음에 의거하여 이 두 주신에 대한 숭배와 쉽게 동화되었다. 그래서 종교적 활력성은 동시에 벌어진 형상 숭배의 성장과 새로운 엄격함의 등장 속에서 대조적으로 표현되었다. 동물 제사는 결코 중단되지 않았다. 이것은 보수적 종교 관행에 대한 새로운 엄격성에 의해서 이제 승인을 받은 것들 중의 하나였다. 여성에 대한 새로운 엄격한 태도와 심화된 여성의 종속 역시 마찬가지였다. 이것의 종교적 표현은 아동 결혼과 '사티(sati)'라고 불리던 관행, 곧 남편을 화장하는 장작더미에 아내가 스스로를 제물로 바치는 행위가 급증한 것이었다.

그러나 인도 문화의 풍부함은 대단하여, 이러한 종교적 투박함과 더불어, 베다 전통의 정점인 베단타 철학 전통이 최고조에 이르는 발전과, 붓다의 신성을 강조하는 마하야나 불교(대승불교[大乘佛敎])의 새로운 발전이 함께 진행되었다. 대승불교의 뿌리는 명상, 정결, 집착을 버림에 대한 붓다의 가르침으로부터 생겨난 초기의 분파들로 거슬러 올라간다. 이 분파들은 더 의식적(儀式的)이고 대중적인 종교적 접근을 선호했으며, 또한 붓다의 역할에 대해서도 새로운 해석을 강조했다.

붓다는 이제 단순히 스승과 모범으로 이해되는 것이 아니라, '보디사트바(bodhisatrva, 菩薩)' 곧 스스로 자아소멸의 지복(至福)에 대한 권리를 가졌지만 그럼에도 그것을 거부하고 세상에 남아서 사람들에게 구원의 길을 가르치는 구원자들 중 최고의 존재로 간주되었다.

'보디사트바'가 되는 것이 점차 많은 불교도의 목적이 되었다. 부분적으로, 쿠샨 지배자 카니슈카(흥미롭게도 그는 로마식 칭호인 '카이사라' 역시 사용했다)가 소집한 불교 공의회는 점점 서로 달라져가던 불교의 두 가지 경향을 재통합하는 방향으로 노력을 기울였다. 이것은 성공적이지 못했다. 마하야나('큰 수레[大乘]'를 뜻한다) 불교는 사실상 신적인 구원자로서 믿음 속에 경배하고 따라갈 대상인 붓다에 초점을 맞추었다. 그는 천상의 위대하고 유일한 붓다의 한 가지 현현(顯現)으로서, 힌두교에서 말하는 모든 사물 배후의 분화되지 않은 영혼과 얼마간 닮아가기 시작한다. 고타마가 가르쳤던 금욕과 명상의 규율은 이제 점점 소수의 정통 불교도들에게 국한되었고, 마하야나 불교의 추종자들은 대중들 사이에서 개종자들을 확보했다. 이것의 하나의 징후는 1세기와 2세기에 붓다의 조각상과 그림들이 급증한 것인데, 이 관행은 당시까지는 우상숭배를 금하는 붓다의 가르침에 의해서 제한되었던 것이다. 마하야나 불교는 결국 인도에서의 초기 형태를 대체했고, 중앙 아시아의 교역로를 따라서 전파되어 중앙 아시아를 지나서 중국과 일본까지 퍼졌다. 보다 더 정통적인 전통은 동남 아시아와 인도네시아에서 더 번영했다.

힌두교와 불교는 따라서 모두 변화를 통해서 자신들의 호소력을 넓혔다는 특징을 가진다. 힌두 종교가 더 번성했지만, 여기에는 지역적인 요소가 작용했다. 즉 쿠샨 시대 이래 인도 불교의 중심은 서북부였는데, 그곳은 훈족의 약탈에 의한 황폐화에 가장 많이 노출되었다. 힌두교는 대부분 남부에서 번영했다. 물론 서북부와 남부 모두, 하나는 육상으로 다른 하나는 해상으로 문화적 흐름들이 고전 지중해 세계의 문화와 가장 쉽게 혼합될 수 있는 지역들이었다.

이러한 변화들은 정점과 극치의 느낌을 불러일으킨다. 그들은 이슬람이 아대륙에 도착하기 바로 직전에 성숙했지만, 이는 철학적 외양이 확고해지기에는 충분한 시간이었고, 이것은 그 이후로 항상 인도의 특징이 되었으며 또 경쟁적인 관점들에 대하여 놀라운 정도의 견고성을 드러냈다. 이것의 핵심에는 창조와 신성으로의 재흡수가 영원히 반복된다는 전망, 곧 직선적이지 않고 순환적인 역사를 단언하는 우주관이 놓여 있었다. 이것이 (바로 오늘날까지도) 인도인의 실제 행동에 어떤 변화를 주었는지는 거대한 연구 주제이며, 거의 파악하기가 불가능하다. 어쩌면 이것이 수동적 태도, 그리고 실제적인 행위의 가치에 대한 회의주의를 초래했다고 생각해볼 수도 있겠으나, 여기에는 이론의 여지가 지극히 많다. 자신들의 신앙과 완전히 일치하게 살아가는 기독교인은 거의 없으며, 힌두교도가 더 일관성이 높을 것이라고 기대할 이유도 없다. 제사와 속죄의 실제 활동들은 인도의 사원들에서 지금도 살아 있다. 그러나 그렇다고 해도 문화 전체의 방향은 고유한 사고방식의 강조점들에 의해서 결정될 것이며, 인도 역사의 많은 부분이 인간 행위의 가능성보다는 한계를 강조하는 세계관에 의해서 결정되었다는 느낌이 드는 것은 어쩔 수가 없다.

7

고전기 중국

중국 고전 문명의 놀라운 연속성과 독립성에 대한 하나의 설명은, 이것이 상대적으로 멀리 떨어져 있다는 것이다. 중국은 외국의 영향이 도달하기가 어려운 곳으로 보이고, 다른 문명들에서는 직접적인 혼란의 원인이 되었던 것들에서 멀리에 있다. 이슬람 지배가 인도에 끼친 영향이 불교의 대두가 중국에 끼친 영향보다 더 큰데, 이는 아마도 중국이 외국의 영향력을 동화시키는 능력을 훨씬 더 많이 가지고 있기 때문인 것 같다. 이것은 아마도 문명의 전통이 각 지역에서 상이한 토대에 근거하고 있기 때문일 것이다. 인도에서는 종교와 그 종교와 불가분의 관계에 있던 카스트 제도가 커다란 안정성을 제공했다. 중국에서는, 행정 엘리트의 문화가 여러 왕조와 제국들을 거치며 살아남아서 중국을 늘 같은 길로 가게 했다.

우리가 이 엘리트들에게 빚진 것 중의 하나는, 매우 이른 시기부터 문자기록을 유지한 것이다. 그들 덕분에 중국사 서술은 비교할 바 없는 문헌들을 제공한다. 여기에는 종종 신뢰할 만한 사실들이 가득 들어 있는데, 다만 사실들의 선별은 소수의 전제들에 의해서 지배되었으며, 이 문서들은 그들의 관심사를 반영한다. 역사적 기록들을 유지한 유교학자들은 실용적이고 교훈적인 목적을 가졌다. 그들은 전통적인 방식과 가치들을 유지하는 데에 도움이 되는 사례와 자료들의 집합을 제공하고자 했던 것이다. 그들이 쓴 역사들은 사태의 연속성과 부드러운 흐름을 강조한다. 그토록 넓은 나라에서 행정의 필요들을 고려하면 이는 견격으로 이해할 만한 일이다. 통합성과 규칙성은 분명히 열망의 대상이었을 것이다. 그러나 그러한 기록은 많은 것들을 누락시킨다. 역사시대의 경우조차도, 막대한 다수의 관심과 삶을 복원하는 일은 아직도 매우 어려운 (그리고 고전 지중해 세계의 경우보다도 훨씬 더 어려운) 일로 남아 있다. 게다가 공식적 역사는 중국 행정이 변치 않는 속성을 가지고 있다고 하는, 그리고 유교적 가치가 사회에 깊이 침투했다고 하는 잘못된 인상을 주기 쉽다. 중국 행정기구의 배후에 있는 전제들은, 심지어 그것이 결국에는 많은 중국인들에 의해서 공유되었고 또 대부분이 그것을 생각 없이 혹은 심지어 자기도 모르는 사이에 수용하게 되었다고 해도, 오랜 시간 동안 오직 소수의 것일 수밖에 없었다.

공식적 문화는 이례적일 정도로 자족적이었다. 이것을 이용하려고 했던 외부의 영향력들은 거의 효과를 거두지 못했으며, 이는 지금까지도 인상적으로 남아 있다. 이번에도 역시, 근본적인 설명은 지리적인 것이다. 중국은 역사의 대부분 동안 동쪽으로, 즉 큰 강들과 해안을 따라서 펼쳐진 가장 부유한 지역들로 향했다. 중국이 마우리아와 굽타 제국보다 고전기 서양에서 훨씬 더 멀리 떨어져 있었음은 물론이다. 비록 7세기가 시작될 때까지도 페르시아, 비잔티움, 지중해는 중앙 아시아에 펼쳐진 거대한 교역로를 통해서 전송된 중국의 비단에 의존했고 또 중국 도자기를 소중하게 여겼지만, 중국은 서양과는 제한된 관계만을 가졌고 그나마도 간접적이었다. 중국과 고전기 인도의 관계는 물론 훨씬 더 가까웠고, 중앙 아시아의 제국들과 민족들, 그리고 한국과 베트남의 경우는 더 말할 것도 없다. 그러나 중국이, 특히 한(漢)왕조 아래에서, 구별되는 점은 오랜 시간 동안 중국의 국경에는 관계를 유지해야만 하는 강력한 나라들이 하나도 없었다는 것이다. 그러나 중국이 고립적이었다고 믿을 때 조심해야 할 부분이 있다. 비록 서양 문명의 중심이 서쪽과 북쪽으로 옮아감에 따라서, 서양에서 벌어지고 있던 (그것이 어떤 것이건) 일들과 중국과의 거리가 상대적으로 증가하기는 했지만, 중국이 존재했던 아시아의 세계는 고전기 내내 모든 형태의 상호관계가 풍성하게 이루어졌던 곳이다.

전국시대(戰國時代)의 말부터 618년 당나라의 시작까지의 중국사에는 왕조들의 흥망성쇠에 대한 별로 신통치 않은 연대기적 뼈대가 있다. 여기에는 연대들이 부여될 수 있으나, 인위적인 요소가 존재하거나 혹은 적어도 그것들을 사용하는 데에서 지나치게 확정적으로 말할 위험이 있다. 하나의 왕조가 전 제국에 걸쳐 자신의 권력을 현실화시키는 데에는 수십 년이 걸릴 수 있으며, 그것을 상실하는 데에는 더 긴 시간이 걸릴 것이다. 이러한 위험을 염두에 둔다면, 왕조 중심의 서술도 유용하게 사용될 수 있다. 이것은 20세기에 이르기까지 중국사의 주된 시대 구분을 제공하는데, 각 시대에는 왕조들의 이름이 붙고, 왕조들은 그 시대 안에서 전성기에 도달한다. 우리의 관심을 끄는 첫 두 왕조는 중국의 거대한 통일왕조였던 진(秦)과 한(漢)이다.

진의 세력 장악은 많은 국가들에서 하나의 큰 국가로 이행하는, 중국사의 한 근본적 변화를 드러낸다. 비록 우리가 오늘날 중국이라고 부르는 영역은 다시 여러 차례에 걸쳐 분열될 것이지만, 통일제국의 개념은 진과 위대한 황제 진시황(재위 기원전 247-210)에게로 거슬러 올라간다. 진은 혁명과 유혈 사태 속에서 탄생했으나, 이것의 선행 사건들은 중국사의 훨씬 더 멀리까지 거슬러 올라간다. 진 황제가 기원전 221년에 중국을 '통일'하기 한참 전에, 적어도 1,000년 이상 동안 발전한 문화적, 이데올로기적 통일의 개념이 존재했다. 기원전 3세기부터 중국의 자연적 형태가 통일된 정치체였다고 말한다면 반(反)역사적인 주장이겠지만(많은 로마시대 역사가들은 자신들의 제국이 그러했다고 믿었고, 그들 중 일부는 생전에 자신들의 생각이 틀렸음을 보게 되었다), 그러나 많은 중국인들이 자신들의 역사를 그런 식으로 보아왔음을, 그리고 이러한 관점이 지금까지 중국이 제국에서 근대 통일국가로 이행하는 데에 중대한 기여를 했음을 부정할 수 없다.

전국들의 분열된 시기를 끝낸 진왕조는 기원전 4세기까지도 일부 사람들에 의해서 야만인으로 간주되던 한 서쪽의 나라 출신이었다. 그렇지만 진은 번영했고, 그것은 아마도 일부는 기원전 356년경에 법률주의적인 정신을 가진 한 재상에 의해서 실행된 급진적 재조직 덕분일 것이다. 그리고 어쩌면 또한 진의 병사들이 새로운 강철 장검을 사용했기 때문일 것이다. 진은 쓰촨 동부를 삼킨 뒤 기원전 325년에 왕국의 지위를 주장했다. 진의 성공의 정점은 기원전 221년에 마지막 적을 물리치고 최초로 한 황제 아래에 중국을 통일한 순간이었다. 이 왕조의 이름에서 중국의 유럽식 명칭이 기원했다.

이름이 영정(嬴政)이었던, 그리고 모든 중국인이 진시황(秦始皇, 진의 첫 황제)으로 알고 있는 그 남자가 태어난 것은 기원전 259년이었고, 그는 열세 살에 왕이 되었다. 그의 진왕국은 그가 즉위했을 당시 이미 강대국으로 발돋움하고 있었지만, 내부적으로는 분열되었다. 정(政)으로 불리던 젊은 왕은 자신의 가문이 반역을 꾀한다고 믿었다. 그는 모친을 가택연금하고 그녀의 연인으로 알려진 자를 수레 다섯 대에 묶어서 찢어 죽였다. 그의 아버지의 재상은 독을 마시고 자살하도록 강요받았다. 정은 자신의 군대를 이끌고 전투에 나섰을 때 분명 그다지 행복한 젊은이는 아니었다. 기원전 230년에, 그는 다른 모든 국가들을 물리칠 계획을 세운 것으로 보이고, 주군에게 그것을 성취할 수단이 없다고 두려워하던 자신의 신하들의 반대에도 불구하고 이 계획을 진행시켰다. 기원전 223년에 그는 전국시대의 가장 큰 나라인 중국 중남부의 초(楚)나라를 물리쳤다. 2년 뒤 그는 마지막 남은 이전 시대의 독립국이었던 산둥 지역의 기(紀)나라를 정복했다. 정은 '새로운 나라'를 선언하면서 자기 자신에 대한 새로운 명칭(최초의 황제)을 발명했고, 그의 신하들의 명칭도 만들었다. 한편 그는 어떤 중국 국가도 성공적으로 뚫지 못한 남쪽으로 관심을 돌렸다. 기원전 213년에, 그의 제국은 오늘날 남쪽의 광둥 지방까지 뻗었고, 그의 군대는 베트남을 비롯하여 동남 아시아 국경지대의 여러 지역에 진입했다. 모든 중국인들은 이것이 보통의 왕도 아니고 보통의 나라도 아니라고 인정했다.

진시황은 국가가 모든 것의 중심을 이루는 강력한 중앙집권적 제국을 믿었다. 그는 제국을 하나로 묶을 의도로 대규모 토목건축 사업을 시작했다. 거대한 운하들(예를 들면, 양쯔 강과 주 강을 잇는 남부의 영거[靈渠] 운하)과 가장 먼 곳까지 군대를 신속하게 보내기 위한 도로들을 건설했다. 진시황은 위대한 지도자로 인정받는 많은 이들과 마찬가지로, 광기 어린 잔혹한 과대망상증과 자신의 시대에 대한 깊은 이해의 혼합체였다(마오쩌둥이 존경하는 유일한 황제로 그를 꼽은 것은 놀라운 일이 아닐 것이다). 진시황은 전사국가를 물려받아서 이를 확대하고 강화했으며, 진제국의 정수를 전쟁의 능력과 정복지를 지켜내는 능력에 있도록 만들었다. 그의 기본 도구는 제국의 거대한 군대였는데, 이는 농민으로 구성되었고 능력과 황제에 대한 충성을 기준으로 선별된 장교들에 의해서 지휘되었다. 진시황의 대규모 정복이 있기도 전에, 한 관찰자는 이렇게 말했다. "진의 본성은 강인함이다. 진의 땅은 험하다. 진의 정부는 엄격하다. 상벌은 공정하다. 진의 백성은 포기하지 않는다. 그들은 모두 전투적이다." 진의 황제는 바로 이러한 특성들을 기원전 221년 이후 중국 전역에 새겨넣는 일에 착수했다.

진나라는 신민의 삶의 가장 사소한 세부 사항들조차도 규제하려고 시도했던 절대적 전제정이었다. 진의 학살에서 살아남은 전 시대의 엘리트들은 수도로 옮겨져 그곳에서 철저한 감시 속에 살게 되었다. 무게, 길이, 화폐, 세금 등 모든 형태의 교환은 정복 직후 표준화되었다. 진 황제는 학자들에게 특별한 관심을 가졌다. 그는 그들이 이설(異說)의 형태를 통해서 자신의 과업을 위험하게 할 수 있다고 생각했다. 그래서 그들은 공식 이데올로기에 순응하거나 아니면 죽음 또는 추방을 선택해야 했다. 고대 문헌을 보관한 거대 도서관들은 국가의 직접 통제 아래에 놓였고, 여기에는 오직 허가받은 학자만이 출입할 수 있도록 정해졌다. 황제의 신하로서 성공적이었던 사람들은 대부분 능력에 의한 것이었다. 진 황제는 오직 고귀한 출생만을 이유로 관직을 추구하는 자들에 대해서 깊이 회의적이었다. 궁극적인 조정 행위로서, 국가는 또한 글자를 단순화하고 문법을 표준화함으로써 언어를 규제했고, 그럼으로써 제국에 공통된 문어(文語)를 창출했다. 이것이 실제 의미하는 바는, 진의 엘리트 신민들은 제국 전역에서 사용되던 상호 의사소통이 되지 않는 방언들과 완전히 구분되는, 표준화된 문어를 익혀야 한다는 것이었다(구어로 사용해야 할 필요까지는 없었다).

진제국은 광대했다. 문화의 중심은 주민의 4분의 3 이상이 살던 황허 강 유역에 머물렀으나, 제국은 북쪽, 서쪽, 남쪽으로 매우 멀리까지 확대되었다. 그러나 이러한 정복은 한참 이후까지도 통합된 나라를 만들지는 못했다. 양쯔강 유역은 여전히 일부 사람들에 의해서 변경지역으로 간주되었고, 더 남쪽과 서쪽의 땅들은 야만 부족들에 의해서 군사적으로 점령된 지역으로 여겨졌다. 북쪽에서 진의 정복은 중앙 아시아를 가로질러 이동하는 유목민 집단과 접촉하게 만들었다. 진과 그 계승자들은 문화적 그리고 군사적 이유에서 이들을 규제하고 접촉을 제한하기를 원했다. 현대의 국경과 조금이라도 비슷한 어떤 통일 중국의 개념은 후대의 세기들에 속하는 것이다.

진제국 자체는 겨우 15년밖에 지속되지 못했지만, 그 성취는 대단했다. 이 시대부터 중국은 팽창하는, 자의식 높은 문명의 자리로 간주될 수 있었다. 그러한 결과가 가능할 것임을 알리는 이른 징후들도 있었다. 중국 자체의 신석기 문화의 가능성, 문화 전파의 자극, 그리고 북방에서 온 몇몇 이주민들을 염두에 두면, 문명의 첫 싹들은 기원전 1000년 이전에 이미 중국의 여러 지역들에서 나타나기 시작했다. 전국시대가 끝났을 무렵, 이들 중 몇몇은 서로간의 차이점을 상쇄하는 두드러진 유사성을 보였다. 진의 정복에 의해서 한 세기 이상 성취된 정치적 통일은 어떤 의미에서는 이미 한참 진행 중이던 문화적 통합의 논리적 귀결이었다. 어떤 이들은 기원전 221년 이전에 중국 민족에 대한 의식이 구별될 수 있다고 주장했다. 만약 그렇다고 한다면, 그것은 정복 자체를 분명 더 용이하게 해주었을 것이다. 진에 의한 근본적인 행정혁신은 한에 의해서 왕조가 교체된 이후에도 살아남을 것이었고, 한은 (서력 원년 무렵의 짧은 휴지기를 포함하여 기원전 206년에서 기원후 220년까지) 거의 400년을 통치했다.

한왕조는 유방에 의해서 건설되었다. 그는 시대의 전형이었다. 농민 출신 지도자로서, 진시황의 사후 독립을 되찾으려는 몇몇 이전의 나라들의 노력에 의해서 발생한 혼란을 이용해서 처음에는 진의 수도를 정복하고 그후에는 자기 자신의 왕조적 지배 아래에 제국을 부활시켰다. 비록 한의 황제들은 자신들의 선배가 시작한 중앙집권화 작업의 상당 부분을 계속 진행했지만, 기득권 엘리트에 대해서는 적어도 초기에는 더 온건한 태도를 보이려고 노력했다(아마도 이것이 그들이 살아남을 수 있었던 이유 중 하나일 것이다). 그러나 본질에 대해서는 이론의 여지가 없다. 한은 400년 동안 하나의 주된 목적을 가지고 통치했다. 중국의 통일과 중앙집권화를 이루고, 자기 왕조와 황제의 인격이 그 중심에 있는 것이다. 황제는 정부의 화신이었다. 모든 미개척지는 황제의 것이었고, 모든 관직은 그의 선물이었다. 황제의 선포는 제국 전체와 그 속의 모든 사람들에게 적용되는 법을 창출했다.

스스로를 한왕조의 고조(재위 기원전 206-195)로 불렸던 유방은 진의 기획을 계속하되, 그와 동시대인 대부분이 진시황의 잘못이라고 보았던 과도한 부담은 없애고자 했다. 고조는 정력적이고 강력하게 지배하기를 원했으나, 동맹자들과 그들의 씨족들을 소외시키지 않고자 했다. 그는 자신의 부족한 학식과 저급한 성격이 단점이라는 것을 알았다. 그러나 그가 가장 신뢰했던 한 신하는 유방이 어떻게 초나라의 경쟁자를 물리칠 수 있었는지를 설명하면서, 그에게 직설적으로 이렇게 말했다. "황제께서는 뻔뻔하고 다른 이들에게 모욕을 주었지만, 항우는 친절하고 자애가 넘치게 대했습니다. 그러나 황제께서는 누군가를 보내어 도시를 공격하게 하거나 땅을 점령하게 했을 때에 그들이 정복한 것을 그들에게 주셨고, 당신이 얻은 것을 전 세계와 공유하셨습니다." 고조와 그의 계승자들은 기원전 2세기 중반까지, 제국을 통치하는 방법에 주(周)나라의 몇몇 요소들을 뒤섞으려고 시도했다. 동쪽에서는 옛 왕국들이 봉건제를 통해서 존속되었고, 여기에 유방의 가문은 자신들의 친족을 왕과 귀족으로 채워넣으려고 노력했다. 한편 서부는 황제에 의해서 직접 통치되었다.

기원전 154년에 중국 동부에서 한에 저항하는 대규모 반란이 터져나왔고, 이는 중국사에서 칠국지란(七國之亂)으로 알려져 있다. 고조의 손자인 경제(재위 기원전 157-141)는 처음에는 반란자들과 협상을 추구하며 흔들리는 모습을 보였다. 그러나 경제는 그의 장군들 중 일부가 반격에 성공하기 시작한 뒤에는 치열한 전투들을 거듭한 끝에 봉건제후들의 권력을 분쇄할 수 있었다. 반란은 겨우 3개월을 지속했지만, 그 결과는 중국사에 항구적인 영향을 남기게 되었다. 경제와 그의 아들 무제(재위 기원전 141-87)는 황제 개인이 무제한적인 권력을 가지는 중앙집권화된 제국을 창조하기 시작했다. 53년간 통치한 무제는 지역 호족이나 황족보다 직접 임명된 관리들의 영향력을 더 강조하는 체제를 만들었다. 제국에는 유리하게도, 이 원칙은 장차 거의 2,000년을 지속할 것이었고, 중국사의 핵심적인 부분이 될 것이었다.

무제는 기원후 9년까지 지속된 전한(前漢, 종종 서한[西漢]으로 불리기도 한다) 시대의 핵심 인물이었다. 그가 열다섯 살의 나이로 황제가 되었을 때,

이미 그는 중국이 중앙집권화된 정부와 중심 이데올로기를 필요로 하며, 그것이 없으면 산산조각날 것이라는 분명한 생각을 가지고 있었다. 그의 영토 확장 계획은 점진적으로 발전했지만(새로운 중국을 위한 기본 계획 같은 것은 없었다), 행정과 핵심 신념에 대한 그의 개념은 그의 긴 치세 동안에 놀라울 정도로 변치 않고 남았다. 무제는 제국이 군사와 행정 모두를 총괄하는 황제 개인을 중심으로 하기를 원했다. 제국 자체가 원칙상 (하늘 아래 모든 것을 포괄하는) 보편적이고 무제한적이었던 것과 마찬가지로, 황제의 권력에도 제한이 있을 수 없었다. 황제는 모든 종교, 모든 신념, 모든 고귀한 혈통보다 위에 있었다. 황제가 유교 원칙에 따라서 잘 통치하는 한, 어떤 인간이나 신들도 황제에게 도전할 수 없었다. 물론 현실은, 로마의 사례 또한 보여주듯이, 그토록 많은 권력을 한 사람에게 집중시키는 것의 건전성은 전적으로 그가 어떤 사람인가에 달려 있었다. 이것은 또한 모든 기득권 배후세력이, 만약 선택의 기회가 주어진다면, 자신들의 특권을 보존하기 위해서 언제나 아주 젊은 자 혹은 아이를 계승자로 후원하게 만들었다.

한나라 시대에 중국은 처음으로 통합된 문화적 엘리트의 형성을 지켜보았다. 왕조의 창시자인 유방은 학자들의 영향력에 대해서 회의적이었다. 한 역사가에 따르면, 이 짜증 많은 찬탈자는 한번은 어느 유학자의 관(冠)을 빼앗아서 거기에 오줌을 누었다고 한다. 그러나 그의 계승자들은 학자들과 화평을 이루고 그들과 연결고리를 만들었다. 그래서 학자들은 교사와 조언가로서, 한의 황제들이 증진시키고자 했던 핵심 유교사상에 충성함으로써 왕조에 봉사했다. 이것은 적어도 한동안은 중국의 지적 전통의 폭이 협소해지는 것을 의미했지만, 이는 또한 하나의 구별된 지식인 집단이 축적되는 결과를 낳았고, 한왕조 시대의 후반부에 이들의 권력은 확대되었다. 이것은 또한 제국 관직의 임용시험을 위한 훈련 속에서 혹은 회람 문서와 지시 사항들을 발행하는 규칙들 속에서 이러한 지식이 (혹은 도로와 운하를 유지하는 데에 필요한 실용적 지식이) 영속화되는 하나의 체계가 발전함을 의미했다.

무제의 개혁은 전성기의 한제국이 지역 호족이 아니라 황제의 관료기구에 의해서 운영되도록 보장했다. 황제가 올바른 통치를 위해서 천명(天命)을 받

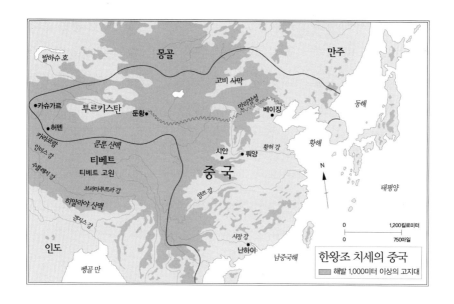

한왕조 치세의 중국

▨ 해발 1,000미터 이상의 고지대

은 것과 마찬가지로, 관리들은 능력과 교육에 근거하여 자신들의 관직을 (하늘을 대신하여 행동하는, 책임지지 않는 정령에 의해서가 아니라) 황제로부터 직접 받았다. 미래의 관리들을 유교의 통치 원칙으로 교육시키기 위한 대규모 교육기관들이 설립되었다. 군사훈련 역시 개선되었고, 기원전 1세기부터 황제의 군대는 농민 징집병이 아니라 전문 군인들로 구성되었으며, 이는 의심할 바 없이 제국의 핵심에서 안정성을 높이는 데에 어느 정도 기여했다. 한나라는 징세의 전문가가 되었다. 한나라의 세입은 오랫동안 세계 그 어느 곳보다 훨씬 더 대규모였고 게다가 주로 현금으로 징수되었기 때문에, 국가는 수입을 지출하는 방식에서 (그리고 국가의 재정 일반에 대해서) 전례 없는 통제권을 누리게 되었다.

무제와 그의 증손자 선제(재위 기원전 74-49)가 교육체계와 국가의례에 주입한 이데올로기는 한왕조의 목적에 맞도록 수정되고 재창조된 유교의 한 형태였다. 이것은 황제 개인, 국가와 계서제, 연장자와 조상에 대한 존경을 강조했다. 이것은 우주와 지구와 인간의 삶의 연계성을 강조하는 의례를 확립했다. 처음으로 그리고 가장 중요하게도 국가는 공인된 경전들을 확립했다(그것들 중 일부는 어떤 의미에서도 유교와 관계가 없는 것들이었다).

이 경전들은 20세기에 마지막 왕조에 이르기까지 중국 엘리트의 행동 규범의 준칙과, 간접적으로는 종종 그것과 함께했던 국가 숭배의 준칙을 세우게 될 것이었다. "오경"은 『시경(詩經)』, 『서경(書經)』, 『역경(易經)』, 『예기(禮記)』, 『춘추(春秋)』로서, 관리들의 청렴성과 정치력을 키우기 위해서 마련되었다. 이 경전들은 공자의 주해(註解)라고 가정되었으나, 이 스승 본인의 말씀인 『논어(論語)』가 공식적인 경전에 포함되기까지는 훨씬 더 많은 시간이 걸렸다.

공식적인 유교의 확립과 더불어 종교는 쇠락했다(그러나 미신은 꼭 그렇게 되지는 않았다. 무제는 마술을 두려워했고, 여기에 손을 대었다는 죄목으로 장남을 죽음으로 몰았다). 지역의 숭배들은 용인되었으나, 중앙의 숭배는 오직 하나(황제의 조상들에 대한 숭배)여야 했고, 경전과 주석도 하나여야 했다. 한제국은 종교 대신에 역사에 대한 체계적 연구를 내세웠고, 이것은 경전과 주해에 대한 '올바른' 이해에 기초해야 했다. 지식의 축적은 국가적 사업이 되었고, 국가 건설에서 그리고 법과 규칙의 제정에서 핵심적인 요소라고 생각되었다. 한왕조의 위대한 역사가들(사마천의 『사기[史記]』는 한나라까지의 중국사의 연속성을 확립했고, 반고는 1세기의 시점에서 한왕조 자체의 성취를 탐구했다)은 장구한 역사에 대한 의식을 창조했고, 이 역사의 중심에는 통일국가로서의 중국이 자리했다.

초기 한왕조는 또한 제국 내에서의 행위를 규정하는 새로운 법들을 만들었다. 이 법들의 핵심 요소는, 후대의 중국 법들 대부분이 그렇듯이, 보상을 제시하고 징벌로 위협함으로써 국가가 신민들의 도덕적 행동을 확보할 책임을 진다는 것이다. 악행은 엄격하게 세분화되었다. 씨족 내의 범죄는 다른 씨족에 대한 것보다 더 심각하게 간주되었고, 연장자에 대한 악행은 연소자에 대한 것보다 더 심각하게 취급되었다. 국가는 고발과 밀고자들에게 의존했고, 정의에 대해서 간섭주의적으로 접근했다. 징벌은 그렇게 다양하지는 않았는데, 벌금에서 시작해서 유배, 노역, 신체 훼손을 거쳐서 사형과 모든 남성 친족을 죽이는 궁극적 처벌인 가문의 파괴까지 나아갔다. 극형의 일반적 형태는 참수(斬首)였지만, 반역자, 첩자, 부친 살해자는 가랑이를 톱으로 썰었다. 평민이 받을 수 있는 궁극적인 황제의 보상은 성(姓)을 선물로 받는 것이었다. 한왕조가 시작될 때 보통의 농민에게는 성이 없었다. 오늘날 겨우 3개의 성(王, 李, 張)이 인구의 22퍼센트 이상을 구성한다는 사실은 이러한 과정이 어떻게 진행되었는지를 보여준다.

농민이 생산하는 것이 한왕조의 핵심을 이루었다. 한나라는 적어도 초기에는 로마인과 마찬가지로 진정한 농업 숭배를 시작했고, 소출을 늘리고 땅을 더 비옥하게 만드는 것이 한 가문과 국가의 후예들을 위한 최고의 선물이라고 주장했다. 한왕조의 유학자들의 주장에 따르면 유일한 '전인(全人)'은 토지를 경작하는 자이며, 대규모 공식의례는 황제를 농부들의 수장으로 제시했다. 토지 개량과 관개를 위한 대규모 사업들이 시작되었고, (큰 철제 쟁기와 같은) 새로운 농기구가 개발되었다. 수확량의 대규모 개선을 위해서 가장 중요했던 것은 아마도 비료의 발전이었을 것이다. 짐승과 인간의 배설물 그리고 다른 형태의 유기물질들이 그 어느 곳보다도 집중적으로 사용되었다. 그 결과는 인구의 대규모 증가였고, 이는 특히 1-2세기의 후한(後漢) 혹은 동한(東漢) 시기에 이루어졌다.

촌락 생활의 구조 또한 농업생산을 증진시키는 방향으로 맞추어졌다. 가장 일반적인 농업 형태가 소규모 자유농이었고, 대규모 농장도 평균적으로 로마의 10분의 1 정도 규모밖에 되지 않았는데도 불구하고, 지역의 촌장은 생산에 대해서 국가 관리에게 책임을 졌다. 그러나 모든 아들들이 토지의 일부분을 물려받는 상속 관행은 한편으로는 대부분의 농가가 소규모로 남도록 만들었지만, 또한 씨족이 생산에 서로 협력할 수밖에 없도록 했고, 대규모 농장에서 날품팔이를 하는 것을 더 일반화시켰으며, 일부 사람들이 자신들의 작은 땅을 다른 이에게 다 팔아버리도록 만들었다. 어떤 역사가들은 가문들과 개인들 사이에서 넓고 견고한 관계를 선호하는 중국인의 관행이 한나라 시대부터 발전했다고 본다. 그리고 이후의 시대들이 한나라만큼이나 이러한 관행들에 중요한 기여를 했을 수는 있지만, 다른 가문과 연설되고 소통할 필요성과 인간 관계망 속에서 확립된 선물 교환, 대접, 신분과 관련된 절차들이 2,000년 전의 유별난 인구증가와 많은 관련성이 있다는 점은 명백하다.

인구증가와 거기에서 비롯된 소농들의 규모의 축소는 기원전 1세기 말을 향해가면서 왜 지주들이 (그리고 거기에 수반된 지역주의의 분출이) 점점 더 우위를 차지하게 되는지에 대한 하나의 설명이 될 것이다. 또다른 이유는, 상인과, 국가의 봉급을 통해서 부유하게 된 사람들을 포함하여 여러 부유한 가문들이 한나라의 첫 황제가 도입한 엄격한 과세제도를 회피하기 위해서 자신들의 돈을 땅에 투자하기 시작한 것일 수 있다. 기원전 33년에 사망한 원제(기원전 49-33)의 치세가 되면, 이러한 원심적인 세력들이 극적으로 증가했고, 한의 사회제도에 대한 비판은 지방과 궁정 모두에서 대두되었다. 8년부터 제국의 관리인 왕망(재위 8-23)이라는 자가 권력을 찬탈하여 새로운 왕조를 세웠고, 적절하게도 신(新)이라는 이름을 붙였다. 그러나 토지 매매 금지와 몇몇 상품 거래의 국유화를 포함했던 왕망의 개혁은 곧 역효과를 낳았고, 23년에 한왕조가 복귀하여 마지막 황제의 먼 친척이 통치하기 시작했다.

복원된 동한 왕조(수도가 동쪽의 뤄양으로 이동했기 때문에 이렇게 불린다)의 핵심 황제는 25년부터 57년까지 다스린 광무제였다. 광무제는 전투를 통해서 왕망과 다른 여러 제위 주장자들을 물리친 후, 개혁된 한제국을 세웠다. 이는 더 많은 권한을 지방에 주었지만 그들이 중앙에 도전하지 못하도록 (예를 들면, 관리들의 순환 보직과 같은) 새로운 방식들을 도입했다. 광무제는 또 이전 한왕조의 과도하게 엄격한 법들 중 일부를 폐지했고, 국경의 비중국인 집단들을 뇌물과 징벌적 원정의 혼합을 통해서 관리하는 정책을 시작했다. 광무제는 제국 내에서 균형을 회복하는 데에 집중해야 할 필요를 인식했기 때문에, 몇몇 비중국인 집단이 국경 내에 정착하는 것을 허락했다. 이는 부분적으로는 북방의 야만족 약탈의 결과로 중국인들이 북에서 남으로 이동하여 생긴 공백을 보완하기 위해서였고, 또 부분적으로는 제국의 북방 국경을 방어하는 것을 돕기 위해서였다. 오랫동안 이러한 '내부의 야만인들'은 한나라를 위해서 잘 싸웠다. 그러나 2세기 말이 되면, 그들은 자체로 하나의 세력이 되었고, 그들의 우두머리들은 한의 정치에서 중요한 역할을 했다.

한왕조의 종말에서 우리는 왕망과 광무제가 처리하려고 노력했던 문제가 다시 불거지는 모습을 보게 된다. 그것은 첫째로 그리고 가장 중요하게도 점점 강력해지는 지역의 지도자들을 어떻게 제국에 충성하도록 묶어두느냐의 문제였다. 이러한 측면에서 문제를 일으킨 것은 비중국인 집단만이 아니었다. 군벌은 중국 자체 내에서도 생겨났는데, 종종 영역의 통제권을 두고 군사 지휘관들이 서로 다툰 결과였다. 허약한 한의 황제들은 부패를 막을 능력이 없어 보였고, 평민들은 자신들에게 가해지는 부정의에 분노했으며, 그들의 생계의 쇠락은 새로운 종류의 반란을 촉발했다. 황건적(黃巾賊)은 천년왕국적인 도교 분파로서, 토지 분배, 군벌 처형, 외국 침략자들에게 대항하는 전쟁을 약속했고, 184년에는 거의 체제를 무너뜨릴 뻔했다. 그러나 결국에는 한에 충성하는 지휘관들과, 이 분파의 집단적 최면과 마술적 치료에 공포감을 느낀 지역 유지들의 협력에 의해서 격퇴되었다. 그러나 이 왕조의 일시적인 안정은 얼마 가지 못했다. 200년대 초반에 소년 황제는 제국이 내란으로 산산조각나면서 한 군벌의 후견에서 다른 군벌의 후견으로 던져졌다. 불운한 헌제(재위 189-220)는 마침내 220년에 자신을 가장 괴롭히던 장군 조조의 아들에게로 제위를 넘겼다. 조조는 위(魏)왕조를 세웠고, 이는 한제국을 대체했던 3개의 독립적인 왕국들 중의 하나였다.

한의 황제들은 비록 좋을 때도 있었고 나쁠 때도 있었지만, 전체적으로는 유례없는 강력함을 보여주었다. 그들의 강역은 만주 남부와 북한의 일부 그리고 동남 아시아의 일부를 포함하여 현대 중국의 많은 부분을 덮었다. 전성기에는 로마 제국만큼이나 거대한 제국을 통치했다. 그들은 중앙 아시아와 교류를 점점 늘렸고, 남쪽으로 향하는 교역망을 크게 확대했다. 그리고 새로운 석궁 덕분에 전술적 우월성을 가졌던 군대의 도움으로 두 지역을 잘 다루었다. 이 무기는 기원전 200년 직후에 발명된 것으로 보이며, 오랫동안 청동제 잠금장치를 주조할 능력을 갖추지 못했던 야만인들의 활보다 더 강력하고 더 정확했다. 이것은 총기의 등장 이전에 중국의 군사기술이 이룬 마지막 주요 성취였다.

힌니리 시대 초기에 몽골에는 훈속의 선구자인 흉노족이 살았다. 진은 이 변경에서 기존의 여러 방벽들을 통합하여 만리장성을 만듦으로써 자신들의 영역을 보호하려고 노력했고, 후대의 왕조들은 이를 더욱 개량했다. 한의 황제들은 공격적으로 나서서, 흉노를 고비 사막 북쪽으로 몰아냈고, 중앙 아시아의 대상로에 대한 통제권을 장악했으며, 기원전 1세기에는 서쪽 멀리 카슈가르까지 군대를 보냈다. 97년에 한 장군은 카스피 해에 매우 근접했다. 그들은 심지어 파미르 고원을 가로지르는 영역을 차지한 쿠처 사람들에게서도 조공을 거두었다. 남쪽으로는 통킹 만에 이르기까지 해안선을 차지했다. 안남은 한나라의 종주권을 인정했고, 한 중국 정치가는 인도차이나를 한나라 이래로 줄곧 자신들의 정당한 영향권의 일부로 간주했다. 동북쪽으로는 고조선을 침략했다. 그러나 이러한 군사적 성공에 진정한 문제 해결이 뒤따르지는 않았다.

한나라 시대에 로마와의 외교적 만남을 머뭇거린 것은 중국이 팽창의 결과 다른 세계와 훨씬 더 많은 접촉을 하게 되었음을 시사한다. 15세기까지 이것은 주로 육상을 통해서였고, 중국과 중동을 정기적으로 이어주는 비단길 이외에도(대상들은 기원전 100년경부터 비단을 가지고 서쪽으로 떠났다) 한나라 시대 중국은 또한 점진적으로 유목민족 이웃들과도 더 정교한 교류를 발전시켰다. 때로 이것은 조공을 받고 그에 대해서 선물을 내려준다는 가상의 틀 내에서 이루어지기도 했고, 때로는 거대 상인 가문들의 기초인 공식적인 독점권 내에서 이루어지기도 했다. 그러나 거대한 대상로를 따라서 교역만 흐른 것은 아니었다. 사상, 신념, 예술적 영감이 같은 경로로 움직였고, 한나라 말기 중국은 페르시아어를 말하는 소그드인이 사마르칸트와 부하라 근처에 세운 나라들과, 특히 1세기와 2세기에 오늘날의 신장에서 인도 중부까지 뻗었던 쿠샨 제국을 통해서 이란과 인도의 세계와 정기적인 접촉을 하게 되었다. 중국의 주요 신앙 중의 하나인 불교는 바로 쿠샨이 건설한 교역로를 따라서 전파되었다.

중국 고전 예술작품에서 가장 놀라운 것 중의 하나를 중앙 아시아와의 접촉이 설명해줄 수 있을지도 모른다. 바로 한의 수도에서 750마일 정도 서쪽에 있는 간쑤 지방 북부의 우웨이의 무덤들에서 발견된 대규모의 청동 기마상들이다. 이것들은 한의 청동 장인들이 만든 많은 작품들 중 하나에 불과하다. 그들은 한의 도공들보다는 더 기꺼이 전통을 깨뜨렸음이 분명하다. 도공들의 경우, 과거의 형태에 대해서 좀더 호고적(好古的)인 존중을 보인다. 그러나 한의 도자기는 다른 수준에서 대부분의 중국인들의 일상생활을 예술의 주제로 삼은 가장 이른 시기의 예들을 제공한다. 이것은 농민 가정과 그들의 가축들을 그린 작은 그림들의 모음의 형태로 나타난다.

한제국은 빛나는 문화를 가졌고, 그 중심이었던 궁정에는 주로 목재로 건설된 거대하고 화려한 궁궐들이 있었다. 불행히도 목조였던 까닭에 그것들은 지금은 사라져버렸고, 비단에 그려진 한의 많은 그림들도 마찬가지 운명을 겪었다. 그러나 이 왕조에서 생성된 문학작품들은 그들의 도시가 어떤 모양이었는지에 대해서 충분히 생각해볼 수 있게 해준다. 후에 수도가 되는 뤄양은 대략 4제곱마일의 땅을 포괄했고, 남북 방향의 축을 중심으로 조직되었으며, 그 축 위에 두 개의 거대한 궁정 복합체가 중심점으로 자리했고, 이 둘은 넓은 포장도로로 연결되었다. 한나라 시대를 통틀어 빠른 속도로 도시화가 계속되었고, 그와 더불어 예술과 고급 수공업 기술들도 집중되었다. 중국의 자수 비단은 대상들이 이것을 가지고 갈 수 있는 모든 곳에서 존경을 받았다. 비록 목재와 의복은 이제는 사라졌지만, 인상적인 청동 조각품과 옥으로 만든 놀라운 수의(壽衣)가 남아서 그들의 예술적 성취를 증언하고 있다.

이러한 문화적 자산의 많은 부분은 4세기와 5세기에 야만인들이 변경지방에 돌아왔을 때 소멸되고 파괴되었다. 한의 황제들을 계승한 자들은 마침내 중국 자체의 인력으로는 방어에 실패하게 되자, 외부에서 중국에 압력을 가하던 부족들 중 일부에게 의존하여, 그들을 자신들의 군사적 목적을 위해서 활용하는 정책에 기대었다. 이것은 새로운 신입자들과 이제는 자신들을 중국인이라고 간주하는 많은 이들 사이의 관계라는 문제를 야기했다. 한나라의 붕괴와 더불어, 그리고 뒤이은 내분의 시기 동안에, 중앙 아시아에 있는 집단들과 중국의 권력관계는 변화했고, 다음 세기들은 유럽과 동아시아 사이에서 새로운 정치적 중심지들의 출현을 보게 될 것이었다. 한제국에 살던 많은 사람들에게, 이것은 슬프고 설망석인 시기였다. 시인 조식(192-232)은 동한 수도의 약탈을 이렇게 묘사했다.

步登北望阪	북망산 기슭을 걸어오르니
遙望落陽山	멀리 보이는 뤄양의 산
落陽何寂寞	뤄양이 어찌 적막한가
宮室盡燒焚	궁실은 모두 불타 재가 되었네
垣墻皆頓擗	담장은 하나같이 무너지고
荊棘上參天	가시나무가 하늘을 찌른다

그러나 패배 속에서도 처음으로 중국의 놀라운 문화적 소화 능력이 관찰된다. 점차 많은 야만 민족들은 중국 사회에 흡수되었고, 자신들의 정체성을 상실하고 또다른 종류의 중국인이 되었다. 그 지역의 민족들 사이에서 중국 문명이 누리던 특권은 이미 매우 거대했다. 외부인들 사이에서는 중국을 세계의 중심, 문화의 첨탑으로 보는 입장이 존재했고, 이는 서방에서 게르만족이 로마를 바라보던 방식과 어느 정도 유사하다. 동남 아시아, 한국, 일본에서 중국의 언어, 문학, 관습, 국가 조직은 서력 첫 천년기의 중반을 향해가는 시점에서 심대한 영향력을 행사했다. 심지어 500년경에는 중앙 아시아 깊은 곳에서 제국을 한번도 본 적이 없는 지배자들까지도 중국의 관습과 복식을 자기 민족에게 부과했다. 중국 문화는 이 지역의 구심점이 되었고, 이는 한의 마지막 황제가 퇴위한 뒤 벌어진 중국 내의 불화의 시기 동안에도 여전히 그러했다.

기원 원년 즈음에는, 인류의 절반이 단 두 국가, 로마와 한나라의 지배 아래에 있었고, 그 둘을 비교사적인 견지에서 생각해보지 않기란 불가능하다. 둘 사이의 직접적 접촉이 거의 없었음에도 불구하고 이 두 제국은 놀라울 정도로 유사성을 보였다. 둘 모두 신과 같은 황제들에 의해서 운영되었고, 황제들은 대략 비슷한 크기의 영토 전역에 얇게 퍼져 있던 관료기구와 군대를 통솔했다. 두 체제 모두 알려진 세계 전체를 지배한다고 주장했다(그리고 아마도 양측의 엘리트는 모두 이러한 주장이 허구임을 알고 있었을 것이다). 그들은 둘 모두 위대한 전통을 물려받아서 자신의 목적을 위해서 수정했다. 그들의 중앙집권화 과정, 화폐제도, 행정의 원칙, 그리고 외부인을 다루는 절차 등은 매우 많이 닮았다. 둘 다 매우 오랜 시간 동안 생존한 뒤, 권력이 더욱 분산됨에 따라서 몰락했다. 물론 큰 차이점들도 역시 있었다. 중국에서 중앙집권적인 관료기구의 증가는 로마보다 훨씬 더 컸다. 법률과 지방 통치의 원칙에서도 중요한 차이점들이 있었다. 그러나 첫째로 그리고 가장 중요하게도, 핵심부의 문화와 언어가 제국 내에 침투한 정도에서 한나라는 로마보다 훨씬 더 앞섰다. 그렇지만 2,000년 전에 유라시아의 극동과 극서에서 많은 공통점을 가진 유사한 세계들이 존재했다는 점은 숙고할 만한 가치가 있는 사실이다.

제4부

전통들의 분기(分岐)

유스티니아누스 대제 시절의 '로마인들'은 그들이 여타 사람들과는 매우 다르다는 것을 알고 있었으며, 이 사실을 자랑스러워했다. 그들은 특별한 문명에 속해 있었다. 그리고 그들 중 일부는 이 문명이 상상할 수 있는 최고의 것이라고 생각했다. 로마인들만이 이런 생각을 했던 것은 아니었다. 이를테면 중국과 같이, 지구의 다른 지역들에 사는 사람들도 똑같은 생각을 했다. 예수가 탄생하기 아주 오래전에, 문명은 오스트랄라시아를 제외한 모든 대륙에서 작동했으며, 선사시대 인간의 행태에서 시작되었던 문명적 차이들을 심화시키고 가속화시키고 있었다. 인류의 문화적 다양성은 심지어 가장 이른 역사시대에서도 이미 최상의 그물을 제외하고는 그 어떤 그물로부터도 빠져나갔으며, 고대 지중해 세계가 마침내 되돌릴 수 없을 정도로 조각났을 때(대체로 기원후 6세기가 시작하는 시점이 분기점이 될 수 있을 것이다), 세계는 현저히 다른 문화들로 채워져 있었다.

당시 지표면의 대부분에는 여전히 문명이 존재하지 않았지만, 문명화가 진행되었던 곳은 정말 몇 개 되지 않는 지역들로 구분되었다. 그 각각의 지역들에는 강력하고, 독특하고, 가끔은 자의식이 강하며, 대체로 독립적인 전통들이 작동하고 있었다. 그들의 차이들은 앞으로의 약 1,000년 동안, 즉 약 1500년경까지 더 깊어질 것이었으며, 그때의 인류는 아마도 그 이전이나 이후의 어느 때보다도 더 다양했다. 당시까지 하나의 독보적인 문화적 전통은 여전히 존재하지 않았다.

그 결과 중의 하나는 중국, 동남 아시아, 인도, 서유럽, 이슬람 문명들이 모두 오늘날 우리가 사는 세계의 근저에 씻을 수 없는 자취를 남길 만큼 오랫동안 독립적으로 존재했다는 점이다. 그들은 공존했고, 이것이 가능했던 이유는 역설적이게도, 이 모든 문명들이 한 가지 측면에서 매우 유사했다는 사실로서 부분적으로 설명될 수 있다. 넓게 말해서 그들은 모두 생계형 농업에 바탕을 두었고, 모두가 에너지의 주요 원천을 바람, 흐르는 물, 동물 또는 인간의 근력에서 찾아야 했다. 그들 중 어떤 문명도 다른 문명을 변화시킬 수 있을 정도의 압도적인 힘을 가질 수 없었다. 또한 모든 곳에서 전통의 무게는 거대했다. 모든 인류는 서로 다르지만 도전받지 않는 일상을 살아갔는데, 이는 오늘날 같으면 용인되기 어려웠을 것이다.

문화 발전에서의 다양성은 당연하게도 이미 상이한 기술들을 낳았다. 유럽인들이 다시 로마식 축척을 가지고 공사를 수행하기까지는 많은 시간이 필요했지만, 중국인들은 그보다 오래전에 활자로 인쇄할 수 있는 방법을 발견했고 화약에 대해서 알고 있었다. 그럼에도 불구하고, 그런 발견이 가져다주는 이익과 불이익의 영향은 단지 미미했을 뿐이었다. 왜냐하면 전통들 간의 교류는 조건이 좋았던 몇몇 지역들을 제외하고는 어려운 일이었기 때문이다. 그러나 특정 문명이 다른 문명으로부터 완전히 고립되는 일도 결코 일어나지 않았다. 문명들 간에는 항상 일정 정도의 물적, 정신적 교류가 진행되었다. 그들 간의 장벽은 통과할 수 없는 벽보다는 침투성 있는 세포막을 닮았다. 이 시대에 대부분 지역의 사람들은 매우 느리게 변화하는 삶의 패턴들에 만족하고 살았고, 그들로부터 수백 마일, 또는 심지어 수십 마일밖에 떨어져 있지 않은, 다른 삶의 방식을 따르고 있는 다른 사람들에 대해서 무지했다.

문화적 다양성의 이 위대한 시대는 매우 오랜 시간에 걸쳐 있다. 어떤 전통들의 경우, 그들의 역사를 되살리려면 기원전 3세기로 올라가야 하며, 그들을 다른 문명들로부터 갈라놓은 방어벽의 틈들은 기원후 1500년이 훨씬 넘은 후에야 복구할 수 없는 것이 되었다. 그 전까지, 대다수의 문명들은 대체로 개별 문명 각자의 리듬에 따라서 움직였으며, 단지 가끔씩 외부로부터 심각한 방해를 받았을 뿐이었다. 이런 법칙의 예외가 있다면, 중앙 유라시아 심장의 거대한 유목 제국들이 나머지 세계에 주었던 영향들이었다. 비록 그 영향은 시간의 흐름에 따라서 지나가는 수준이었지만, 그들은 첫 번째 천년기 동안 변화의 주요한 선구자였다. 그리고 그들에 뒤이어, 에스파냐부터 인도네시아까지, 나일 강부터 중국까지 궁극적으로 영향을 미치게 될 또 한번의 어지럽힘이 이어질 것이었다. 거대 종교들 가운데 마지막으로 탄생했던 이슬람은 문명화된 전통들 중에 가장 오래된 지역이었던 중동에서 시작되었고, 여러 가지 측면에서 위의 유목 제국들의 계승자였다. 그러나 이슬람은 전혀 새로운 방식으로 세계를 변화시킬 것이었다.

1

중앙 유라시아 십자로

1,000년 이상 동안, 기원전 2세기에서 기원후 4세기까지, 중앙 유라시아의 땅들은 인류 역사의 핵심 부분이었다. 그것의 중요성을 인식하는 가장 좋은 방법은 한반도 국경과 동유럽 평원들 사이의 지역을 기술, 사상, 민족들의 컨베이어 벨트로 파악하는 것이다. 이것들은 대대적인 이민 과정을 통해서, 그리고 매우 거대했으나 대개 짧은 기간에만 존재했던 제국들의 불규칙한 성장을 통해서 이루어졌다. 한나라 왕조 초기에 중국인들에게 도전했던 흉노부터, 13세기 전 세계의 상당 부분을 지배했던 몽골에 이르기까지, 중앙 유라시아 스텝 지역은 때로는 전쟁과 정복을 통해서, 그러나 더 자주는 교역과 종교의 교류를 통해서 중국, 인도, 중동, 유럽을 연결하는 방대한 십자로였다. 인류 전체로 보면, 이 시기는 정착민족들이 그들의 유목민 이웃들에게 정복당했던 마지막 흐름을 목격한 것이었고, 이 영향을 모르고서는 고대에서 근대 세계로의 이행을 이해하기는 불가능하다.

이 모든 것이 시작되었던 곳, 더 좋은 용어가 없기 때문에 그냥 중앙 유라시아라고 부르는 이 지역은 광대한 지역이다. 이 지역은 동에서 서까지 약 4,000마일에 걸친 거대한 통로와 같다. 북쪽 장벽은 시베리아의 산림층이며, 남쪽 장벽은 사막들, 대산맥들, 티베트와 이란 고원이다. 대부분이 수풀의 스텝이며, 스텝과 사막과의 경계는 유동적이다. 그 사막은 역시 중요한 오아시스들을 감추고 있으며, 이 오아시스들은 항상 이곳 경제의 독특한 부분이었다. 오아시스는 사람들을 정착하게 만들었는데, 이 정착민들의 삶은 유목민들의 적대감과 부러움을 불러일으켰다. 이 오아시스들은 그리스인들에게 옥수스와 약사르테스로 알려진 두 개의 큰 강에 인접한 지역에서 가장 자주 발견되고 가장 풍요롭다. 그곳에서 부와 기술로 유명한 도시들, 즉 부하라, 사마르칸트, 메르브가 생겨났다. 먼 중국에서부터 중동과 유럽까지를 묶어주었던 교역로들은 이 도시들을 지나갔다.

세계의 역사에 크게 영향을 주었던 첫 번째 스텝 민족은 흉노족이었는데, 이들은 기원후 직후부터 5세기 동안 오늘날의 몽골과 신장의 동부에 살고 있었던 유목민들이었다. 흉노는 중국 한나라의 가장 강력한 경쟁자였고, 그들의 힘이 내부 분란으로 약화되어 한나라가 그들의 남부 분파를 정복할 수 있기 전까지, 수차례에 걸쳐 이 새로운 중화제국 깊숙이까지 침공해 들어갔다. 오늘날 (그들의 이름을 포함하여) 흉노(匈奴, Xiōngnú)에 관해서 알려진 것은 전부 중국 측 자료로부터 얻어진 것이기 때문에, 흉노 국가의 내부구조에 대해서 많은 것을 알기는 어렵다. 그들 이후에 일어난 수많은 중앙 유라시아 국가들처럼, 그들도 아마 여러 다른 민족 집단들 간의 연합체였을 것이며, 이 연합은 전쟁 중 만들어진 공통적인 의례와 신앙으로 결합되고, 맹세와 혈연으로 묶여 스스로를 하나의 가족으로 인식하는 엘리트 집단에 의해서 주도되었을 것이다. 그들은 가볍고 빠른 기병을 중심으로 하면서, 중국인 경쟁자들로부터 전수받은 무기들과 기술을 가진 무시무시한 전쟁수행 기구였다. 그들은 전수받은 무기들과 기술을 동부의 스텝 지역 전역에서 주도권을 확보하는 데에 사용했다.

흉노는 동양에서 최후의 흉노 국가가 무너질 시기에 중앙 유라시아의 서부 지역에 도달했던 훈족과 간혹 동일한 집단으로 인식되기도 한다. 이 두 집단 사이에 약간의 연결점이 있기는 하지만, 확실한 것은 유럽에 도달했던 훈족은 (흉노 제국과 어떤 관계를 가지고 있었든지 간에) 그후에도 수차례에 걸친 문화적, 정치적 변화를 겪어야만 했다는 점이다. 그러나 훈족의 기원에 관한 추정들은 중앙 유라시아 지역에서 오늘날까지도 이어지는 두 가지 중요한 생활양상을 드러내준다. 그 지역에는 동부 스텝과 서부 스텝 사이의 주요 통로를 막아주는 어떤 자연적 장벽도 없다. 정치 조건의 갑작스런 변화나 전쟁에 의해서 발목이 잡히지 않는다면, 민족들, 종교들, 언어들, 사상들, 기술들은 거대 평원들의 한 쪽 끝에서 다른 쪽 끝까지 쉽게 이동할 수 있다. 이러한

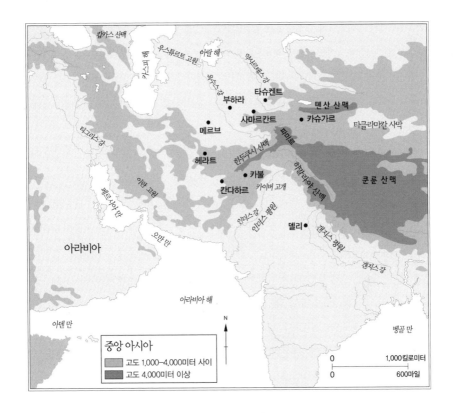

상호연결성은 교역과 더불어, 전체 종족 집단들이 스텝 지역을 통과하며 그들의 정체성, 신앙, 심지어 이름마저도 바꾸는 과정에서 사회적 변환까지도 이루어질 수 있는 큰 가능성들을 열어놓았다.

그렇지만 중앙 유라시아 민족들의 이러한 생활방식들은 이 광대한 영역들을 거치면서 매우 미미하게만 변했을 뿐이었다. 흉노족은 그들이 동부 스텝 지역을 지배하고 있던 같은 시기에 서부 스텝을 독점했던 스키타이인들과 마찬가지로 유목민, 즉 목초지를 옮겨다니며 그들의 말, 소, 양을 치는 사람들이었다. 그들은 숙련된 기마수들이었고, 특히 합성궁(合成弓)을 다루는 데에 능숙했다. 말 탄 사수의 무기였던 합성궁은 만드는 데에 추가적인 노력이 필요했는데, 이는 나무 한 조각이 아니라 나무의 뿔의 조각들로 만들기 때문이었다. 그들은 정교하게 직물을 짜고, 조각하고, 장식할 수 있었지만, 보통은 그들 자신의 도시를 건설하지는 않았다. 유목민으로서 그들은 교역, 심지어는 먼 거리에 걸치는 교역에 자주 종사했다. 이런 유목민 집단들과 그들을 둘러싸고 있던 중국, 페르시아, 동로마 제국과 같은 대제국들과의 첫 번째 접촉은 정복보다는 교역을 통해서 더 자주 이루어졌다. 그러나 정착세계의 부를 목격하면서, 그들은 무력을 사용하거나 은을 소비하면서 그 세계에 참여하기를 열망했다.

동부 스텝의 주인 자리를 흉노로부터 물려받았던 민족은 아바르인이었는데, 그들에 대해서는 좀더 많이 알려져 있다. 흉노족처럼, 아바르인들도 터키, 이란, 몽골의 성분을 가진 인종적으로 혼합된 민족이었다. 그들은 카간(khagan)이라고 불리는 황제에 의해서 지배를 받았는데, 그 황제는 모든 유라시아를 지배하기를 열망했으며 5세기에는 거의 이 열망을 실현시키는 데에 근접했다. 아바르인들이 감행했던 서쪽으로의 팽창은 이 시기에 여러 민족들이 서부와 중부 유라시아를 탈출해서 대규모로 이동했던 사실에 하나의 원인이 되었던 것 같다. 즉, 이들은 밀려서 쫓겨나게 된 것이었는데, 서로마 제국의 국경이 무너지고 있던 때에 더 싱싱한 목초지를 다른 곳에서 구하려고 했던 것도 그 못지않은 이동의 원인이었다. 훈족과 고트족 그리고 이란어 계통의 알란족은 그때 그들의 스텝 지역 본거지로부터 중부, 심지어는 서부 유럽으로 이주하여 새로운 국가들을 세웠고, 그 과정에서 게르만과 슬라브 부족들과의 관계를 발전시켰다.

6세기 말까지, 아바르인들은 오늘날의 헝가리 지역을 정복했고 아드리아 해까지 진출했다. 그들의 군사적 성공의 중요한 이유 중 하나는 그들이 기병 전투에 정통했다는 사실에 있다. 그들은 등자(鐙子)를 사용하기 시작한 첫 집단이었는데, 이는 분명 그들의 적들에 비해서 중요한 우위를 제공했을 것이다. 기원후 600년경, 아바르인들은 아시아의 일부뿐만 아니라 유럽의 지배자가 될 것처럼 보였다. 626년에 그들은 사산 왕조 페르시아인들과 동맹을 맺고 콘스탄티노플을 포위공격했으나, 그 도시를 정복하는 데에는 실패했다. 동아바르인들(중국인들은 이들을 유연[柔然]이라고 불렀다)은 중국의 수왕조에 의해서 그 팽창이 저지당했으나 결코 중국의 지배하에 들어가지는 않았고, 7세기가 한참 지나서까지 동쪽으로의 점진적인 팽창을 계속했다.

아바르 권력을 깨뜨렸던 것은 전체 유라시아 지역의 가장 괄목할 만한 변화 중 하나였던 튀르크의 성장이었다. 원래는 아바르인들에게 종속된 민족의 하나로, 튀르크인들은 5세기 중반에 하나의 독자적인 집단으로 등장했다. 그들의 신화는 알타이 산맥, 특히 그들이 외투켄 이쉬라고 부르는 장소를 중심으로 형성되었는데, 이 지역을 그들이 기원한 곳으로 추정할 수 있다. 5세기 말, 그들은 북부와 중부 몽골로부터 다른 지역으로 흩어졌다. 그들의 지도자들은 아마도 훈족과 아바르 연맹체로부터 전투 경험을 쌓았을 것이다. 6세기 그들이 아바르인들의 패권에 도전했을 무렵, 그들은 잘 훈련되고 잘 조직된 상태가 되었다. 7세기 중반까지 그들은 한반도로부터 흑해에 이르는 중앙 유라시아 지역 전체를 지배영역으로 삼았다.

튀르크인이 성공하게 된 이유 중 하나는 그들의 문화가 가지는 독특한 매력과 더불어, 모든 가능한 동맹들을 포용하는 자세 때문이었다. 원래 튀르크 엘리트 집단은 하늘 신 탄그리(Tängri)를 믿었다. 그러나 일부는 매우 이른 시기에 불교로 개종했으며, 또다른 이들은 마니교 또는 기독교를 받아들였다. 아랄 해 유역 지역을 정복할 즈음에 튀르크인들은 여러 다른 신앙과 다양한 인종 집단을 포함하면서, 튀르크계 언어와 문화로 함께 묶인 연맹체가 되어 있었다. 튀르크인의 정치 프로젝트는 그저 한 세대가 약간 넘는 동안만 지속되었지만, 거의 1,000여 년 전 정복을 통해서 새로운 문화적 향방들을 방대한 영토에 걸쳐서 열었던 알렉산드로스 대왕과 유사한 유산을 남겼다.

튀르크인의 영향은 그들의 군사적 팽창을 통해서만 미친 것이 아니었다. 그들의 교역기술과 문화적 포용성 때문에, 튀르크인에게 군사적으로 패배한 적이 없었음에도 불구하고 튀르크 정체성을 받아들였던 인종 집단들도 있었다. 이것이 이후 아시아와 유럽의 역사에서 엄청난 숫자의 튀르크계 집단의 존재를 설명해줄 수 있을 것이다. 몇몇만 언급해본다면, 아제리인, 카자흐인, 키르기스인, 투르크멘인, 위구르인, 바시키르인, 하자르인, 불가르인, 맘루크인, 티무르인, 오스만인 그리고 물론 현대 터키인들도 이 집단에 속한다. 7세기와 8세기 튀르크 문화의 전파는 만주와 아나톨리아에 이르는 광대한 지역에서 그들이 가지고 있던 것들이 다른 이들에게도 매력적이었다는 점을 보여준다.

서쪽으로 이주했던 튀르크계 집단들은 북쪽의 페르시아인들의 영향력을 제한함으로써, 동유럽과 중동의 역사에서 핵심적인 역할을 담당했다. 우선 동로마 제국과 연합함으로써, 그들은 그 제국이 생존하고 이후 거의 1,000년 간이나 지속되었던 비잔티움 제국으로 변모할 수 있도록 도왔다. 튀르크인들의 좀더 특이한 계승자들의 중 하나는 630년경부터 흑해와 카스피 해 사이 폰토스 스텝을 지배했던 하자르 한국이었다. 하자르인 지배왕조는 740년 대 칸 불란의 시대에 추정컨대 신앙의 이유로, 그리고 기독교도 이슬람교도 아닌 독자적인 정체성을 세울 필요에 의해서 유대교로 개종했다. 하자르인들은 10세기 후반 당시 팽창하던 러시아 공국에 의해서 짓눌릴 때까지 주요한 세력으로 남아 있었다.

　더 서쪽에서는 또다른 튀르크계 집단인 불가르인들이 흑해 지역의 북서부로 이주하여 슬라브계 민족들과 섞이면서 점차 그들의 언어를 받아들이게 되었다. 그들은 슬라브 역사에 중요한 영향력을 행사하게 될 것이었다. 또다른 집단인 셀주크인들은 아랄 해 근처로 이주해 들어왔다. 그들의 첫 번째 왕은 하자르인들을 섬겼고(이는 그의 아들들이 무사[Musa], 미카일[Mikail], 이스라일[Israil]이라고 명명되었던 사실을 설명해준다), 그들로부터 교역과 전투의 원리들을 배웠다. 11세기에 그의 후계자였던 말리크 샤(재위 1072-1092)는 오늘날 터키 지역인 아나톨리아의 일부를 인계받았고, 이를 당시 팽창하는 셀주크 제국의 일부로 포함시켰다.

　튀르크의 유산은 아시아의 동부에도 또한 영향을 미쳤다. 중국의 당왕조는 그 기원에서 일부 튀르크계였으며, 이는 당왕조가 왜 그토록 동부 스텝을 통제하려는 노력에 사로잡혀 있었는지를 설명해준다. 그러나 당나라가 7세기와 8세기 초에 동튀르크계 집단들을 수차례에 걸쳐 패퇴시켰음에도 불구하고, 그들은 11세기 몽골이 성장하는 시기까지 독립적인 세력으로 남아서 생존했다. 중국의 북서부 국경지역에는, 또다른 튀르크계 집단인 위구르인들이 8세기 중엽 그들의 독립적인 왕국을 건설했다.

　위구르 국가는 원래 마니교를 믿는 왕조에 의해서 다스려졌는데(대부분의 위구르인들은 15세기 전까지 이슬람교로 개종하지 않았다), 중국과 서아시아를 잇는 중요한 지리적, 역사적 고리가 되었다. 위구르인들의 서편에 근접한 지역, 즉 사마르칸트와 부하라 주변에서 살았고, 어떤 제국이 중앙 유라시아를 차지하건 간에 이 지역 전역에 걸쳐 교역을 이어가던 대단한 교역민족이었던 소그드인들은 그들에게 비단길의 원칙들을 가르쳐주었고, 위구르인들은 그 전통을 기쁘게 따랐다. 그러나 위구르인들은 첫 번째 천년기 전반부에 소그디아나 남쪽, 즉 아프가니스탄에서 북인도까지를 지배했던 (그러나 8세기까지 이미 사라지고 없었던) 또 하나의 대제국에 의해서도 영향을 받았다. 이들은 쿠샨인들로, 그들의 인도-유럽어족 계열 엘리트 집단은 위구르인들이 나중에 통제하게 될 영역과 같은 곳에서 기원했다. 불교가 처음 중앙 아시아로, 이후 중국으로 전파되었던 것은 그들의 영토를 통해서였다.

당시 중앙 유라시아는 그곳 야만인들이 동쪽, 남쪽, 서쪽의 위대한 문명들을 위협했던 주변부였던 것만은 아니었다. 그곳은 매우 오랜 기간 동안 교역과 사상의 교류가 이루어지는 광대한 정보 교환의 공간이었으며, 정치권력의 중심지이기도 했다. 이러한 시대는 기원후 첫 번째 천년기의 마지막 시기까지도 끝나지 않았다. 사실 그 가장 중요한 단계였던 몽골 제국의 시대는 아직 도래하지도 않았다. 그러나 8세기까지 정치권력의 배열이 변했던 것은 사실이다. 비잔티움 제국은 그저 살아남았던 것만이 아니라 다시 그 영향력을 발휘하고 있었다. 중국에서는, 당왕조가 중앙 유라시아의 중심부에서 중화권력을 부활시키고 있었다. 그러나 가장 중요한 변화는 남쪽에서·올 것이었는데, 그곳에서는 새로운 신앙으로 타오르는 아랍의 군대들이 진군 중이었다. 751년 7월, 이 군대 중 일부가 오늘날 키르기스스탄의 북서 국경 근처, 아틀라흐 전투에서 당나라 군대와 마주했다. 그리고 여기에서 아랍인들은 승자가 되었다. 중앙 아시아의 이슬람화가 본격적으로 시작될 수 있었으며, 따라서 이 광대한 지역의 역사에서 또 하나의 시대가 열렸던 셈이다.

2

이슬람교와 아랍 제국들

잠시 중단될 때도 있었지만, 이란을 거점으로 하는 대제국들은 기원후 500년 전까지 1,000여 년간 주변 민족들을 계속 공격했다. 전쟁은 가끔 문명들을 서로 가깝게 만들기도 했고, 중동의 두 문화적 전통은 서로에게 매우 큰 영향을 미쳐서 그 역사들은 (비록 각각 독자성이 있다고 하더라도) 서로 떼어낼 수 없는 것이 되어버렸다. 알렉산드로스 대왕과 그의 후예들을 통해서, 아케메네스 왕조 페르시아인들은 그 뿌리가 고대 메소포타미아에 있었던 왕권 신성(神性) 개념과 양식을 로마에 전달해주었다. 그리고 로마를 거쳐 이것들은 사산 왕조 페르시아인들과 싸웠던 비잔티움 기독교 제국에서 계속 꽃피우게 되었다. 페르시아와 로마는 서로를 매료시켰고, 결국에는 서로를 파괴하게 되었다. 하필 그들의 집중력과 자원이 다른 곳에 시급하게 필요했을 때, 그들은 서로를 적대했고 이는 페르시아와 로마 모두에 치명적인 것이 되었다. 결국 이 둘 모두가 쓰러졌다.

첫 번째 사산 왕조의 왕인 아르다시르 또는 아르탁세륵세스는 페르시아의 전통을 이으려는 강한 의식을 가지고 있었다. 그는 의도적으로 파르티아인들과 대왕(大王)의 기억들을 불러냈으며, 그의 후계자들은 조각과 명각을 통해서 그 기억들을 키워감으로써 그를 따랐다. 아르다시르는 다리우스 황제가 과거에 다스렸던 모든 영토를 차지했고, 나아가서 메르브와 히바의 오아시스들을 정복하고 펀자브 지방을 침공했다. 그리고 아르메니아의 정복이 확실해지기 위해서는 150년이 더 걸렸지만, 그 땅의 대부분은 결국 페르시아의 지배권 아래에 놓이게 되었다. 이는 고대 이란 제국이 가장 최신의 모습으로 복원된 것이었으며, 6세기가 되면 그 제국은 심지어 남쪽으로 예멘에까지 이를 만큼 넓게 펼쳐지게 되었다.

　지리 및 기후의 다양성은 항상 이 거대하게 펼쳐진 영토를 분열시킬 수 있는 위협이 되었으나, 오랜 기간 동안 사산 왕조 페르시아인들은 통치 문제들을 해결해왔다. 여기에 아시리아로까지 거슬러 올라가는 관료제 전통과 왕실의 신성권 주장이 있었다. 이 중앙집권화 세력과 대가문들의 이해관계 간의 긴장감은 사산 왕조 국가의 정치사를 구성한다. 그 결과로 만들어진 패턴은 왕들이 그들의 주장을 지켜내는 데에 방해 정도만 받았던 시기와, 그 주장을 성공적으로 지키지 못했던 시기가 번갈아 등장하는 것이었다. 우리는 두 가지 기준으로 이를 잘 파악할 수 있다. 그 하나는 국가의 주요직에 왕의 측근들을 임명하고 귀족들의 주장을 저지할 수 있는 능력이었다. 다른 하나는 왕위계승에 대해서 왕들이 가졌던 통제권이었다. 어떤 페르시아 왕들은 퇴위당했으며, 왕위 자체가 공식적으로 지배자에 의해서 지명되어 전수되었음에도 불구하고 이 지명체제가 간혹 유사선거 제도, 즉 지도적 국가관료, 군인, 성직자들이 왕실 일원 중의 하나를 선택하는 제도에 자리를 내주는 경우도 있었다.

　왕권과 경쟁하거나 태수령을 지배하던 고위관리들은 소수의 대가문 출신이었는데, 이 가문들은 자신들을 페르시아 민족의 최고 족장들인 파르티아-아르사크인들의 후손이라고 주장했다. 그들은 생계 유지 명목으로 커다란 봉토를 향유했는데, 왕들의 입장에서 볼 때 그들은 위험한 집단이었기 때문에 그들의 비중은 다른 두 세력에 의해서 균형이 맞추어졌다. 하나는 그들보다 하급 귀족들로 충원되는 용병이었다. 이 용병들은 이렇듯 대귀족들에게 대항한 일종의 발판을 부여받은 셈이었는데, 용병의 정예부대였던 중무장 근위기병은 직접적으로 국왕에 종속되어 있었다. 또 하나의 세력은 사제 집단이었다.

　사산 왕조 페르시아는 정치적인 통일체였을 뿐만 아니라 종교적인 통일체이기도 했다. 조로아스터교는 아르다시르에 의해서 공식적으로 복원되었는데, 그는 그 종교의 사제들이었던 마구스들에게 중요한 특권을 부여했다. 그들은 적정한 때가 되면 정치권력에 오르기도 했다. 사제들은 왕권의 신성성을 확인해주었고, 주요 사법권을 행사했으며, 페르시아 재정의 근간이었던 토지

세의 징수 역시 총괄했다. 그들이 가르쳤던 교리들은 조로아스터교에 부여되었던 엄중한 유일신주의와 상당히 차이가 있었던 반면, 조물주 아후라 마즈다(Ahura Mazda)에 집중되었는데, 페르시아의 왕은 지상에서 그의 부왕인 셈이었다. 사산 왕조 페르시아인들이 이를 국가종교로 승격시켰던 것은 그들 자신의 권위를 주장하고 행사했던 것과 긴밀한 관계가 있었다.

페르시아 국가의 이데올로기적 기초는 로마 제국이 기독교를 국교로 받아들인 시점에서 더욱더 중요해졌다. 종교적 차이들은 더 큰 문제로 대두하기 시작했다. 이 과정에서 종교적인 불만은 정치적인 문제로 간주되게 되었다. 로마와의 전쟁들은 기독교를 반역의 종교로 만들었다. 페르시아에 살던 기독교도들은 초기에는 관용의 대상이었지만, 그들에 대한 박해는 필연적인 것이 되었고 5세기를 지나면서까지 계속되었다. 고통을 받았던 것은 기독교도들만은 아니었다. 276년 마니(Mani)라고 불리던 페르시아의 종교 설교자는 산 채로 가죽이 벗겨지는 특별히 고통스러운 방법으로 처형되었다. 그는 유럽에서 라틴어식 이름인 마니카에우스(Manichaeus)로 알려지게 되었고, 그의 교리는 하나의 기독교 이단으로서 이후에도 이어졌다.

마니교는 유대-기독교 신앙과 페르시아의 신비주의를 접목시켰고, 전체 우주를 빛과 어둠의 세력들이 지배를 위해서 투쟁하는 거대한 드라마로 인식했다. 이 진리를 파악한 사람들은 구원이라는 우주적 드라마와 완전하게 합일되는 길을 열어줄 엄격한 금욕행위를 실행함으로써 이 투쟁에 참여하려고 한다. 마니교는 선과 악, 자연과 신을 뚜렷하게 구별한다. 그것의 강렬한 이원론은 일부 기독교도들의 관심을 끌었는데, 그들은 사도 바울이 가르쳤던 것과 부합되는 교리를 마니교에서 발견했다. 성 아우구스티누스는 젊은 시절 마니교도였고, 마니교의 흔적은 먼 훗날 중세 유럽의 이단들에서도 포착된다. 아마도 타협하지 않는 이원론은 어떤 특정한 정신 자세에 항상 강하게 호소하는 것 같다. 어찌되었건, 마니교는 독특하게도 조로아스터교와 기독교 군주국 모두에게 박해를 받았다. 그후에도 마니교 사상은 널리 전파되었다. 마니교 신봉자들은 중앙 아시아와 중국에서 피난처를 찾았는데, 그곳에서는 마니교가 13세기까지도 번성했던 것으로 보인다.

페르시아 내부에 있었던 정교 기독교도들은 5세기 평화기에 종교적 관용을 누릴 수 있음을 명문화된 상태로 약속받았지만, 로마와의 계속되는 전쟁에서 그들이 불충할 수 있다는 위험성 때문에 이는 사문(死文)이 되었다. 5세기 말에 가서야 당시 페르시아 왕은 종교적 관용을 허락하는 칙령을 발표했는데, 이는 단지 아르메니아인들을 회유하기 위함이었다. 이 칙령은 문제를 끝내지 못했다. 기독교도들은 곧 조로아스터교 열성 분자들의 활발한 활동에 거슬리는 존재가 되었기 때문이었다. 이후의 페르시아 왕들은 기독교가 용인될 것이라고 추가적으로 보장했지만, 이는 그들이 기독교도들에게 관용을 베푸는 일에 성공적이었다거나 열심이었다는 것을 의미하지는 않는다. 아마도 이는 당시의 정치적 배경에서는 불가능한 일이었을 것이다. 예외는 사산 왕조 페르시아인들로부터 종교적 관용을 확보했고 이것이 통칙까지 되었던 네스토리우스 교도들의 경우였는데, 그 이유는 정확히 그들이 로마인들에 의해서도 박해받았다는 사실 때문이었다. 따라서 그들은 정치적으로 신뢰할 만한 집단이라고 판단되었을 것이다.

종교, 그리고 사산 왕조의 권력 및 문명이 6세기 호스로 1세 치하(재위 531-579)에서 절정기에 이르렀다는 사실, 이 두 가지가 제국들의 대립에 문명들 간의 경쟁이라는 차원까지 부여했음에도 불구하고, 그 세기에 재개된 전쟁들은 그다지 흥미롭지 않다. 그것들은 1,000여 년 전 그리스인들과 페르시아인들이 시작했던 다툼의 가장 최신 라운드였음에도 불구하고, 대부분 지루한 싸움에 불과했다. 이 싸움의 절정은 7세기 초에 고대 세계의 마지막 세계전쟁으로 찾아왔다. 그 전쟁이 만들었던 파괴들은 아마도 중동의 헬레니즘 도시 문명에 최후의 일격이 되었던 것 같다.

마지막 위대한 사산 왕조인이었던 호스로 2세(재위 590-628)는 당시 페르시아를 지배하고 있었다. 이미 쇠약해진 비잔티움 제국(당시 이탈리아는 이미 놓친 상태였고, 슬라브인들과 아바르인들이 발칸 반도로 쏟아져 들어오고 있었다)의 한 훌륭한 왕세가 반란자들에 의해서 시해되었을 때, 호스로 2세에게 기회가 오는 것처럼 보였다. 호스로 2세는 죽은 마우리키우스에게 크게 고마워해야 할 일이 있었는데, 이는 그의 페르시아 왕위 복귀가 마우리키우스의 도움을 통해서 이루어졌기 때문이었다. 그는 그 시해 범죄를 구실로 삼아서 그 원한을 갚으리라고 말했다. 그의 군대는 레반트로 쏟아져 들어가서 시리아의 도시들을 유린했다. 615년에 그들은 예루살렘을 약탈했고, 그 도시의 가장 유명한 보물이었던 성십자가(True Cross) 유물을 탈취해갔다. 여기서 주목할 만한 사실은 유대인들은 보통 페르시아인들을 환대했고 이를 기회로 삼아서 기독교도 학살을 자행했다는 점이다. 사실 오랫동안 학살은 반대 방향으로 이루어져왔기 때문에, 유대인들의 기독교도 학살은 분명 더 눈에 잘 띄는 것이었다. 이듬해 페르시아 군대는 이집트에까지 쳐들어갔다. 그리고 1년 후에, 그들의 전위부대는 콘스탄티노플에서 불과 1마일 떨어진 지점에서 잠시 멈추어 섰다. 그들은 심지어 바다를 건너 키프로스 섬을 습격하고 로도스 섬을 비잔티움 제국으로부터 빼앗았다. 과거 페르시아 다리우스의 제국은, 지중해 반대편 끝 에스파냐에서 로마 제국이 그들의 마지막 속주들을 잃었을 순간에, 복원되는 듯이 보였다.

이 시점이 로마가 페르시아와 벌였던 오랜 다툼의 역사 속에서 가장 암울했던 순간이었으나 곧 구세주가 나타났다. 610년 카르타고의 제국 총독이었던 헤라클리우스(재위 610-641)는 마우리키우스의 후계자를 상대로 반란을 일으켰고, 그를 시해함으로써 이 참주의 피비린내 나는 치세를 끝냈다. 결국 그는 총대주교로부터 면류관(冕旒冠)을 받았다. 아시아에서의 그 재앙들이 한꺼번에 멈추어질 수는 없었지만, 헤라클리우스는 군인 출신 황제들 가운데 가장 위대한 인물 중의 하나라는 점을 증명할 것이었다. 그는 오직 해군만으로 626년에 콘스탄티노플을 구했는데, 이로써 페르시아 군대는 그때 이 도시를 공격하던 그들의 연합세력인 아바르인들을 지원하기 위해서 이동할 수 없게 되었다. 이듬해, 헤라클리우스는 중동 계획의 오래된 분란의 중심지 아시리아와 메소포타미아로 쳐들어갔다. 페르시아 군대는 반란을 일으켰고, 호스로 2세는 시해되었으며, 그의 후계자는 강화를 맺었다. 사산 왕조 권력의 위대한 날들이 끝이 난 것이다. 성십자가 유물(또는 사람들이 그것이라고 말했던 것)은 예루살렘으로 반환되었다. 페르시아와 로마 간의 오랜 결투는 끝이 나고 있었고, 세계사의 초점은 마침내 또다른 갈등으로 옮겨갈 것이었다.

사산 왕조 페르시아인들은 너무 많은 적들을 가졌던 나머지, 결국 멸망했다. 610년은 불운한 징조가 드리웠던 해였다. 즉, 역사상 최초로 아랍 세력이 페르시아 군대를 물리쳤던 것이다. 그러나 수 세기 동안 페르시아 왕들은 남쪽보다는 북쪽 변경 쪽에 위치한 적들에 대해서 훨씬 더 많이 골몰했다. 그들은 지금까지의 이야기에서 이미 언급되었던 중앙 아시아의 유목민족들과 싸워야 했는데, 앞서 보아왔듯이 이 민족들의 역사는 전체적으로나 세부적으로나 파악하기가 어렵다. 그럼에도 불구하고 하나의 두드러진 요소는 분명한데, 그것은 거의 15세기 동안 중앙 유라시아는 (비록 돌발적이고 혼란스러운 형태를 띠고 있었지만) 게르만족의 서유럽 침입에서부터 동아시아에서의 중화정부 부흥에 이르기까지의 거대한 결과들을 만들었던 세계사 추동의 원천이었다는 것이다.

이런 민족들 가운데 최초로 중동과 유럽에 영향을 끼쳤던 이들은 (비록 그들이 누구였는지 아주 정확히 말하기는 쉽지 않다고 하더라도) 스키타이인들이었다. 실제로 일부는 그 용어를 두루뭉술하게 아바르인들과 튀르크인들까지 합해서 몇몇 민족들을 포괄하는 개념으로 간주한다. '스키타이인들'은 아시아와 러시아의 많은 지역들에서, 그리고 헝가리와 같은 유럽 지역에서도 고고학자들에 의해서 확인되어왔다. 그들은 중동의 문제들에 관여했던 오랜 역사를 가지고 있는 것으로 보인다. 그들 중 일부는 기원전 8세기 아시리아 제국의 국경들을 괴롭혔던 것으로 기록되어 있다. 이후 그들은 헤로도토스의 관심을 끌었는데, 그는 그리스인들을 매료시켰던 이 민족에 대해서 할 이야기가 많았다. 그들은 진정 하나의 민족이 아니라 혈연적으로 연계된 여러 부족들로 구성된 집단이었을 가능성이 매우 높다. 그들 중 일부는 남러시아 지방에 오랫동안 정착하면서 그리스인들과 정례적인 관계를 맺었던 것 같다. 농민으로서, 그들은 자신들이 생산한 곡물과 흑해 연안에 사는 그리스인들이 만든 아름다운 금세공품을 교환했던 듯한데, 이는 스키타이인들의 무덤에서 발견되고 있다. 그러나 진사로서, 그들은 아시아 유목민 특유의 방식으로 싸웠고, 강력한 군대와 대치했을 때 뒤로 달아나면서 말 위에 앉은 채로 쏘는 활궁술을 쓰면서, 그리스인들에게 깊은 인상을 남겼다. 그들은 아케메네스 왕조 페르시아인들을 괴롭혔고, 그들의 후예들은 수 세기 동안 그리고 기원전 1세기 직후에 파르티아를 황폐화시켰다.

스키타이인들은 또한 남러시아와 인도로 쏟아져 들어갔는데, 이 이야기는 잠시 뒤로 미루기로 하자. 약 350년경, 훈족은 사산 왕조 페르시아 제국(그곳에서 그들은 키온족으로 알려졌다)에 침공을 시작했다. 북쪽에서 훈족은 그들 이전의 다른 민족들처럼 더 번성했던 경쟁자들보다 먼저 몰려난 나머지, 바이칼 호수 서쪽 방향으로 일정 기간 이동했던 것이다. 일부는 다음 세기에 볼가 강 서역에서 모습을 드러낼 것이었다. 사실 우리는 이미 앞에서 그들을, 451년에 트르와 근처에서 만난 적이 있다. 서쪽으로 방향을 돌렸던 이들은 페르시아가 로마와 경쟁할 때에 페르시아에 새로운 장애물이 되었다.

620년 사산 왕조의 지배영역은 키레나이카, 즉 동리비아에서 아프가니스탄 너머까지 펼쳐져 있었다. 그러나 30년 후에 그 왕조는 더 이상 존재하지도 않았다. 사산 왕조 제국은 사라졌고, 그 제국의 마지막 왕은 그의 신하들에 의해서 651년에 시해되었다. 동로마 제국의 부활이 야기한 도전과 유목민들의 침입이 사산 왕조 제국을 약화시켰지만, 최종적으로 이 제국을 무너뜨린 것은 다른 침입이었다. 그리고 그 침입 때문에 사라진 것은 단지 왕조만이 아니라 그 이상이었는데, 그 이유는 이 조로아스터교 국가가 새롭게 승승장구하는 종교 및 아랍 군대들 앞에 쓰러졌기 때문이다.

이슬람교는 기독교만을 예외로 하고, 그 어떤 종교보다도 더 강한 팽창력과 적응력을 보여주었다. 그것은 나이지리아인들과 인도네시아인들처럼 서로 다르고 멀리 떨어져 있는 민족들을 끌어들였다. 심지어 나일 강과 인도 사이의 아랍 문명 중심지에서도, 이슬람교는 문화와 기후의 거대한 차이들을 포괄했다. 그러나 세계사를 형성했던 그 어떤 위대한 요소들도 (아마도 유대교를 예외로 하고) 이슬람교보다 더 적은 초기의 자원을 근간으로 하지는 않았다. 유대인들의 유목민적 기원이 이슬람교에 첫 번째 군대를 제공했던 것과 똑같은 종류의 부족사회, 즉 야만적이고 거칠며 후진적인 사회에 있었다는 것은 의미심장하다고 할 것이다. 이런 비교는 또다른 이유에서도 시사점이 있는데, 그것은 유대교, 기독교, 이슬람교가 거대 유일신주의 종교이기 때문이다. 이들 종교에 완전히 사로잡힌 열광적인 신봉자들을 제외하고는, 이 종교들 중 어느 것도 그 초기 단계에서는 세계사적 세력이 되리라고 그 누구도 예상하지 못했다.

이슬람교의 역사는 무함마드(마호메트, ?570-632)로부터 시작되지만, 그의 탄생으로부터 시작된 것은 아니었다. 왜냐하면 그 날짜는 그에 대해서 알려지지 않은 많은 것들 가운데 하나이기 때문이다. 가장 먼저 무함마드의 전기를 쓴 아랍의 작가는 그가 죽은 후 1세기가 넘어서야 그 작업을 시작했고, 심지어 그 전기도 단지 간접적으로만 남아 있다. 알려진 것은 570년경 무함마드가 헤자즈의 가난한 부모 밑에서 태어났고, 곧 고아가 되었다는 것이다. 그는 젊은 나이에 자립한 개인으로 성장하여, 신은 하나이고 공정하여 모든 인간을 심판할 것이라는 메시지를 설파했다. 이 메시지에서 인간은 종교적 관행과 개인적, 사회적 품행에서 신의 뜻을 따름으로써 구원받을 수 있는 존재였다. 이러한 종류의 신은, 아브라함과 나사렛 예수가 그 마지막이었던 유대교 선지자들의 신이었기 때문에, 이전에도 전해진 바 있다. 무함마드는 예전의 유일신교 신앙의 창조자라기보다는 개혁자로 자처했다. 그의 메시지는 유대인, 기독교도, 이교도들을 포함한 모든 인간이 (신이 그에게 드러낸 것처럼) 하나의 참된 신앙을 받아들여야 한다는 것이었다.

무함마드는 중요한 베두인 부족인 쿠라이시족의 소수 무리에 속해 있었다. 그것은 넓이가 600마일에 이르고 길이가 1,000마일이 넘었던 거대한 아라비아 반도의 수많은 무리들 가운데 하나였다. 그곳에 살던 사람들은 매우 험난한 물리적 조건에 속해 있었다. 그곳의 뜨거운 계절에 그을렸던 대부분의 아라비아는 사막 또는 바위산이었던 것이다. 그 지역의 상당 부분에서는 심지어 생존 자체가 하나의 성취였다. 그러나 아라비아의 변두리들 근처에는 작은 항구들이 있었는데, 그곳은 기원전 두 번째 천년기 시기부터 아주 오랫동안 뱃사람이었던 아랍인들의 고향이었다. 그들의 사업은 인더스 강 계곡과 메소포타미아를 연결했고, 동아프리카의 항료와 고무들 용해에서 이집트까지 가져다주었다. 이 사람들과 내륙에 살던 이들의 기원에 대해서는 논란이 있지만, 그들의 언어와 (『구약성경』의 족장들까지 거슬러 올라가는) 전통가계도는 유대인들의 선조이기도 한 초기 셈족 목축민들과의 혈연관계를 시사한다. 물론 이러한 결론을 오늘날 일부 사람들은 동의하지 않을 수 있지만 말이다.

아라비아가 항상 그렇게 남들의 관심을 끌지 못했던 것은 아니었다. 기독교 시대의 첫 번째 세기들 직전과 또 그 도중에, 아라비아는 일군의 번영하는 왕국들을 포함하고 있었다. 그들은 아마도 5세기경까지 살아남았던 것 같은데, 이슬람교의 전통적 지식과 근대 학문 모두는 그들이 사라졌던 이유를 남부 아라비아의 관개시설 붕괴와 관련짓는다. 이는 남부에서 북부로의 이주현상을 낳았는데, 이것이 무함마드 시대의 아라비아를 만든 것이었다. 대제국 중에 그 어떤 나라도 잠시 동안, 그리고 지극히 피상적인 수준 이상으로는 아라비아 반도에 침투해 들어오지 못했고, 따라서 아라비아는 다른 문명들로부터 토지를 비옥하게 만드는 세련된 기술을 거의 접하지 못했다. 아라비아는 유목적 목축업을 기초로 하는 부족사회로 쉽게 쇠퇴해버렸던 것이다. 베두인족이 사막에 남아 있는 한, 아라비아 사회를 통제하기 위해서는 가부장제와 친족제도면 충분했다.

6세기 말 무렵, 새로운 변화들이 포착되었다. 일부 오아시스 지역에서 인구가 증가했다. 인구를 배출시킬 수단은 없었고, 이는 전통적인 사회관행에 압박으로 작용했다. 젊은 무함마드가 살고 있던 메카는 이 같은 압박을 받는 곳이었다. 메카는 오아시스로서도, 순례 중심지로서도 중요했는데, 이는 초기 아랍 종교에서 수 세기 동안 중요한 성물(聖物)이었던 카바(Kaaba)라는 검은 운석을 숭배하기 위해서 아라비아 반도 전체에서 사람들이 그곳을 찾았기 때문이었다. 메카는 예멘과 지중해 항구들을 잇는 대상로의 중요한 교차점이기도 했다. 그 대상로를 따라서 외국인과 이방인들이 왔다. 아랍인들은 원래 자연신들, 악령들, 혼령들을 믿는 다신교도들이었으나 외부세계와의 교류가 늘어갈수록 유대교와 기독교 공동체들이 이 지역에 나타났으며, 그 결과 기독교가 아랍인들 사이에서 점차 인기를 얻게 되었다.

메카에서 쿠라이시족 가운데 일부가 상업에 종사하기 시작했다(우리가 무함마드에 대해서 아는 얼마 되지 않는 초창기의 전기적[傳記的] 사실 중 또다른 하나는 그가 20대에 대상사업으로 돈을 번 부유한 쿠라이시족 미망인과

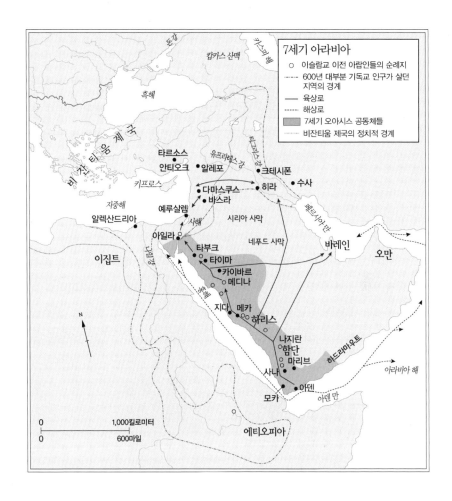

7세기 아라비아

- ○ 이슬람교 이전 아랍인들의 순례지
- ---- 600년 대부분 기독교 인구가 살던 지역의 경계
- —— 육상로
- ---- 해상로
- 7세기 오아시스 공동체들
- ----- 비잔티움 제국의 정치적 경계

캅카스 산맥

돈 강

카스피 해

흑해

비잔티움 제국

타르소스

안티오크

알레포

유프라테스 강

티그리스 강

크테시폰

수사

키프로스

다마스쿠스

히라

바스라

예루살렘

사해

시리아 사막

페르시아 만

지중해

알렉산드리아

아일라

네푸드 사막

바레인

오만

이집트

타부크

나일 강

타이마

카이바르

메디나

홍해

지다

메카

하리스

나지란

함단

마리브

하드라마우트

아라비아 해

사나

아덴

모카

아덴 만

에티오피아

0 ──────── 1,000킬로미터
0 ──────── 600마일

N

결혼했다는 것이다). 그러나 그러한 발전으로 인해서 부족사회 구조에 대한 당연한 충성심들이 이제는 상업적 가치와 절충되었고, 결과적으로 한층 더한 사회적 긴장을 야기하게 되었다. 목축사회의 사회적 관계들은 항상 고귀한 혈통과 연령을 부의 병존물로서 당연시해왔지만, 이제 이것은 더 이상 실제가 아니었다. 여기에 혼란스러웠던 젊은이 무함마드에게 작용했던 심리적 압박들이 있었고, 이 압박들 속에서 그의 자아가 형성되었다. 그는 인간에게 다가가는 신의 방법들에 대해서 곰곰이 생각하기 시작했다. 마침내 그는 그의 동요하는 사회에서 일어나는 수많은 갈등을 해결하는 데에 도움이 될 체제를 명료화하게 되었다.

무함마드의 성취의 뿌리는 유대인들과 기독교도들에 대한 그의 관찰에 있었는데, 그들은 안위를 주고 삶을 인도해주는 경전을 가지고 있었고, 알라(Allah)와 같이 무함마드의 민족에게도 익숙한 신을 숭배하고 있었다. 그러나 무함마드가 보기에, 다수의 아랍인들은 어떠한 경전도 알지 못했다. 메카 외곽의 한 동굴에서 무함마드가 묵상하던 어느 날, 그의 사명을 계시하는 다음과 같은 목소리가 그에게 들려왔다. "읽어라, 창조자이신 그대 주님의 이름으로, 그분은 응혈(凝血)로 인간을 창조하셨느니라."

22년 동안 무함마드는 이를 암송할 것이었고, 그 결과가 인류 역사상 가장 영향력 있는 책 가운데 하나인 『코란(Koran)』이다. 그것은 그 중요성을 아무리 한정한다고 하더라도 여전히 거대하며, 루터의 『성경』이나 킹 제임스 버전의 『성경』처럼, 언어적으로도 중요하다. 즉, 『코란』은 언어를 결정화시켰다. 『코란』은 그 내용뿐만 아니라 그것이 아랍어를 문자언어의 형태로 전파할 것이라는 이유에서 아랍 문화의 결정적인 문건이다. 그러나 『코란』은 이를 훨씬 더 넘어서는 의미가 있다. 『코란』은 한 예지자의 책인데, 신의 영감에 대한 확신의 열정에 차서, 무함마드의 영적 천재성과 활력을 생생하게 전달한다. 『코란』은 비록 그의 살아생전에는 다 모아지지 않았으나, 일련의 계시들에서 무함마드가 전달한 대로 그의 수행자들에 의해서 기록되었다. 무함마드는 스스로를 수동적인 도구, 즉 신의 대변자로 자처했다. '이슬람(Islam)'이라는 말은 복종 또는 내맡김을 뜻한다. 무함마드는 이전의 다른 하늘의 사자(使者)들이 신의 말씀을 다른 민족들에게 가져다주었듯이, 아랍인들에게 신의 메시지를 전달해야 한다고 믿었다. 그러나 무함마드는 그의 위치가 특별하다고 확신했다. 그 이전에 선지자들이 있었고 그들이 가져온 계시들이 전해졌지만(그러나 왜곡되었다), 그는 최후의 선지자였던 것이다. 무슬림들은, 그를 통해서 신이 그의 마지막 메시지를 인류에게 전달한 셈이라고 믿었다.

그 메시지는 오직 알라 신만을 섬길 것을 요구했다. 구전에 따르면, 무함마드가 어느 때 카바 신전으로 들어가서 (그의 추종자들이 이후 모두 없애버릴 것이었던) 다른 신들의 모든 상을 그의 수행자들과 더불어 공격했는데, 유일하게 성모 마리아와 아기 예수 상만은 예외로 했다(그는 카바 운석은 존속시

컸다). 그의 가르침은 다신교의 중심지에서 타협 없는 유일신론에 대한 설교로 시작되었다. 계속해서 그는 구원을 위해서 필수적으로 지켜야 하는 일련의 의식과, 그 당시의 생각과 자주 충돌했던 사회 및 개인의 규약, 이를테면 남자건 여자건 아이건 상관없이 개별 신앙인의 지위에 주목하는 규약을 정했다. 그러한 가르침이 항상 환영받지 못했을 것이라는 점은 쉽게 이해될 수 있다. 그것은 또다른 분열적이고 혁명적인 위세 같았는데, 실제로 무함마드의 가르침은 이슬람교로 개종한 이들과, 다른 신들을 숭배하거나 단지 다르게 숭배하여 (확실히 그 이유로) 지옥에 갈 것인 아랍 부족민들을 서로 대립하게 만들었던 것이다. 그것은 또한 성지순례 사업에 타격을 줄 수도 있었다(결국에는 무함마드가 아주 신성한 장소에 대한 성지순례의 가치를 엄정하게 역설하면서 이 사업을 더 증진시켰다). 마지막으로, 하나의 사회적 유대관계로서 무함마드의 가르침은 혈연관계를 신앙에 이은 두 번째 것으로 두었다. 따라서 공동체의 근원은 신자들 간의 우애이지, 친족 집단이 아니었다.

무함마드가 속했던 부족의 지도자들이 그를 공격했던 것은 놀랄 일이 아니다. 일부 그의 추종자들은 이주해갔고, 이미 기독교가 침투해서 유일신교의 나라가 되어 있던 에티오피아로 이동했다. 남아 있던 반항자들에게는 경제 제재조치가 취해졌다. 무함마드는 더 북쪽으로 250마일가량 떨어진 또다른 오아시스 지역, 야트리브에서는 분위기가 보다 수용적일 수 있다는 이야기를 들었다. 약 200명의 추종자들을 앞세우고 무함마드는 622년에 메카를 떠나서 야트리브로 갔다. 이 헤지라(Hegira), 즉 이주는 무슬림 달력의 시작점이 되었고, 야트리브는 그 이름을 바꾸어 '선지자의 도시'라는 뜻의 메디나(Medina)가 되었다.

메디나 역시 앞서 언급한 경제 및 사회의 변화로 인해서 동요하는 지역이었다. 그렇지만 메카와는 다르게, 메디나는 하나의 강력한 부족에 의해서 독점되지 않았고 두 부족 간의 경쟁에 초점이 맞추어져 있었다. 게다가 그곳에는 유대교를 신봉하는 다른 아랍인들도 있었다 그러한 분열은 무함마드의 지도력에 유리하게 작용했다. 개종한 가족들은 이주해온 이들을 환대했다. 두 집단이 훗날의 이슬람교 엘리트 집단인 '선지자의 동반자들'을 형성하게 될 것이었다. 이들을 위한 무함마드의 언명들은 공동체를 조직하려는 그의 관심에서 새로운 방향을 보여주는 것이다. 그는 메카 계시들의 영적 강조로부터 음식, 물, 결혼, 전쟁에 대한 실용적이고 세세한 지론으로 방향을 틀었다. 하나의 문명이기도 하고 하나의 공동체이기도 한 종교인 이슬람교를 규정하는 특색이 이제 형성되고 있었다.

메디나는 우선 메카를 복종시키고, 아라비아 반도의 남아 있는 부족들을 정복하는 근거지였다. 통합의 원칙은 신자들 간의 우애라는 무함마드의 움마(umma) 사상에서 찾아볼 수 있다. 그것은 전통적 부족의 틀이 상당히 남아 있던 사회에서 아랍인들(처음에는 유대인들)을 통합했는데, 가부장적 구조가 새로운 이슬람교의 우애와 갈등을 일으키지 않는 한 수용된다는 점을 강조하면서, 그리고 심지어 성지순례지로서의 메카의 전통적 최고 지위를 유지하면서 그렇게 할 수 있었다. 무함마드가 이를 넘어서 얼마나 더 가려고 했는지는 명확하지 않다. 그는 메디나의 유대부족 구성원들에게 접근한 적이 있었으나, 그들은 무함마드의 주장을 받아들이지 않았다. 따라서 그들은 쫓겨났고 이제 무슬림 공동체만이 남게 되었지만, 이것이 유대교나 그 계승자였던 기독교와의 어떠한 지속적인 갈등을 의미하는 것은 아니었다. 이슬람교, 유대교, 기독교의 유일신 사상과 성전들에서는 교리상의 연결점이 존재했던 것이다. 물론 어떤 이들은 기독교도들이 삼위일체 관념으로 인해서 다신교로 빠져들었다고 믿기도 했지만 말이다. 『코란』에 입각해서 말하면, 무함마드에게 기독교인들과 유대인들은 이교도가 아니었다. 그들은 신의 갱신된 메시지에 아직 눈을 뜨지 않은 신앙의 형제들이었던 것이다.

무함마드는 632년에 세상을 떠났다. 그 순간에 그가 만든 공동체는 분열과 해체의 심각한 위기 속에 있었다. 그러나 그 공동체를 기초로 두 개의 아랍 제국이 건설될 것이었고, 그 제국들은 두 개의 다른 무게중심을 통해서 계속되는 역사 시기들에 군림할 것이었다. 각각에서 핵심 제도는 공동체의 가르침과 다스림의 우두머리로서 무함마드의 권위를 물려받는 것이었던 칼리프직이었다. 그 시작부터 이슬람교에서는 1,000년 이상 동안 기독교 정책들을 만들어 왔던 '교회와 국가'의 이원론과 같은 종교와 세속권위 간의 갈등은 없었다.

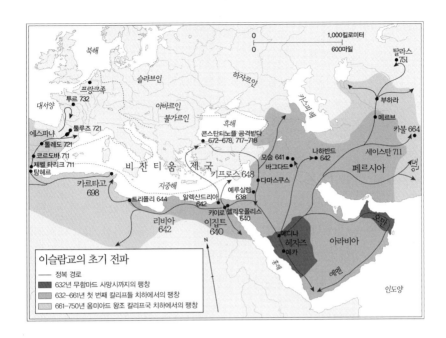

지도 내 텍스트:

북해
슬라브인
하자르인
탈라스 751
프랑크족
투르 732
대서양
아바르인
불가르인
부하라
메르브
카불 664
에스파냐
툴루즈 721
톨레도 721
코르도바 721
제벨 타리크 711
탕헤르
흑해
콘스탄티노플 공격받다
672-678, 717-718
모술 641
바그다드
나하반드 642
세이스탄 711
비잔티움 제국
키프로스 648
다마스쿠스
페르시아
지중해
예루살렘 638
카르타고 698
트리폴리 644
알렉산드리아 642
카이로 헬리오폴리스 640
리비아 642
이집트 640
오만
메디나 헤자즈 메카
아라비아
예멘
인도양

0   1,000킬로미터
0   600마일

N

이슬람교의 초기 전파

— 정복 경로
632년 무함마드 사망시까지의 팽창
632-661년 첫 번째 칼리프들 치하에서의 팽창
661-750년 옴미아드 왕조 칼리프국 치하에서의 팽창

무함마드가 선지자와 주권자를 하나로 하는 콘스탄티누스 대제였다고 표현되어 온 것은 적절하다고 할 수 있다. 그의 후계자들은 무함마드처럼 예언할 수는 없었지만, 오랫동안 정부와 종교의 통일이라는 그의 유제(遺制)를 향유했다.

첫 번째 '족장' 칼리프들은 모두 쿠라이시족이었는데, 그들 중 대부분이 무함마드와 혈연이나 혼인관계로 연결되어 있었다. 머지않아 그들은 자신들이 향유했던 부와 지위로 인해서 비판을 받았고 폭군과 착취자로 군림한다고 알려지게 되었다. 그들 중 마지막 칼리프는 일련의 전쟁 후 661년에 폐위되고 시해되었는데, 그 전쟁들은 보수주의자들이 칼리프직의 종교 직책에서 세속적 직책으로의 변화를 타락으로 간주하고 이에 도전하면서 일으켰던 것이었다. 661년은 아랍 제국의 두 개의 주요한 시대 가운데 첫 번째에 해당하는 우마이야 왕조 칼리프국의 시작을 알렸는데, 이 국가는 다마스쿠스를 수도로 하고 시리아에 중심을 두었다. 이는 아랍 세계의 분쟁을 끝내지 못했는데, 750년에 아바스 왕조 칼리프국이 이를 대체했던 것이다. 이 새로운 왕조의 칼리프국은 더 오래 존속했다. 그것은 바그다드라는 새로운 터전으로 이동한 후, 946년까지 거의 두 세기 동안 진정한 권력체로 살아남았고, 허수아비 정권으로서는 더 오래 버텼다. 이 두 왕조들이 아랍 민족들에게 중동에서의 3세기 동안의 패권을 선사했던 것이다.

이 패권의 최초이자 가장 분명한 표출은 이슬람교 성립 이후 첫 번째 세기 동안 지브롤터 해협부터 인더스 강까지의 세계지도를 다시 그렸던 실로 놀라운 일련의 정복들이었다. 이 정복들은 사실 무함마드가 죽은 직후, 첫 번째 칼리프 권력의 주창과 함께 시작되었다. 아부 바크르(재위 632-634)는 우선 남부와 동부 아라비아의 순응하지 않았던 부족들을 이슬람화시키기 위한 정벌을 시작했다. 그러나 이는 시리아와 이라크에까지 확대되는 전쟁이 되었다. 중앙 아시아의 동요들이 외부에 영향을 미쳤던 과정과 유사한 일이 당시 인구과밀 상태였던 아라비아 반도에서도 일어났다. 그런데 이번에는 단순한 권력욕과 물욕에 더해서 그 과정에 방향을 제시하는 종교적 교리까지 있었던 것이다.

아라비아 반도를 넘어선 이후, 이슬람의 첫 정복 대상은 사산 왕조 페르시아였다. 그 도전은 하필 사산 왕조 페르시아가 헤라클리우스 왕조 황제들의 손에 압박을 받고 있던 때에 찾아왔는데, 이 비잔티움 황제들도 마찬가지로 이 사막에서 일어난 신흥세력에 의해서 고초를 겪게 될 것이었다. 633년에 아랍 군대들은 시리아와 이라크를 침공했다. 3년 후 비잔티움 제국의 군대는 시리아로부터 쫓겨났고, 638년에 예루살렘은 이슬람교도들의 손에 떨어졌다. 그 다음 2년이 지나서 그들은 메소포타미아를 사산 왕조 페르시아인들로부터 빼앗았고, 대략 이 시점에 그 제국으로부터 이집트도 탈취했다. 이제 아랍 함대가 건설되고, 북아프리카의 흡수가 시작되었다. 키프로스는 630년대와 640년대에 습격당했다. 그 결과 7세기 후반에 키프로스는 아랍인들과 페르시아 제국 사이에서 분단되었다. 7세기가 끝날 무렵, 아랍인들은 카르타고 역시 취했다. 한편, 사산 왕조 페르시아가 사라지고 난 뒤, 아랍인들은 655년에 호라산을, 664년에 카불을 정복했다. 8세기가 시작될 때, 그들은 힌두쿠시 산맥을 건너가서 신드를 침공하여 708년부터 711년까지 그곳을 점령했다.

711년, 아랍의 군대는 베르베르인들과 동맹을 맺고 지브롤터 해협(베르베르인들의 지휘관이었던 타리크[Tariq]가 이 지역의 명칭에 기념되어 있는데,

그 의미는 제벨 타리크[Jebel Tariq], 즉 타리크 산이라는 뜻이다)을 건너서 유럽으로 진격하여, 서고트족 왕국을 산산이 부숴버렸다. 무함마드가 죽은 지 100년 후인 732년, 오늘날 프랑스의 깊숙한 곳까지 진출했던 한 아랍 군대는 지나치게 늘어진 보급로와 다가오는 겨울 때문에 당황하여, 푸아티에 근처로 후퇴했다. 그곳에서 그들에게 맞서서 그들의 지휘관을 죽인 프랑크족은 승리를 선언했다. 여하튼 그것은 아랍인들이 서구에서 펼쳤던 정복활동의 정점이었다. 몇 년 후에 아랍 원정대들이 프랑스의 론 강 상류에 이르는 지역까지 난입하기도 했지만 말이다. 무엇이 그 정복을 끝냈든지 간에(아마도 그 이유는 단지 아랍인들이 지중해 연안의 온난한 땅들을 벗어나서 유럽 정벌에 그다지 큰 관심이 없었기 때문이었을 것이다), 『코란』을 가르치는 옥스퍼드 대학교에 대한 에드워드 기번(1737-1794)*의 상상이 최소한 지금 우리 시대 이전에 실현될 가능성은 조금도 없었지만, 이슬람교도들이 서구에서 펼친 맹공은 실로 놀랄 만한 성취로 남아 있다.

아랍의 군대들의 동진도 마침내 막혔다. 비잔티움 제국은 다시 이 난국에 잘 대처하며 많은 이들을 놀라게 했다. 비록 그것은 콘스탄티노플이 두 번에 걸쳐 포위공격을 당하고, 발칸 반도와 서아나톨리아로 제국의 경계가 제한된 이후에 이루어졌지만 말이다. 중앙 유라시아에서 한 아랍 군대는 751년 파미르 고원에서 중국 당나라 군대를 패퇴시켰지만, 그 적을 쫓아서 중국 본토에까지 침입하지는 않았다. 이슬람의 경계는 아랍인들이 아제르바이잔에서 하자르인들에게 크게 패한 이후에 캅카스 산맥과 옥수스 강을 따라서 확정되었다. 모든 전선에서, 즉 서유럽, 중앙 아시아, 아나톨리아, 캅카스에서, 아랍인들 정복활동의 조류는 마침내 8세기 중엽에 끝이 났다.

그 조류는 간조기 없이 흘렀던 것은 아니었다. 우마이야 왕조 칼리프국이 들어서기 직전 내분의 시기 동안에는 아랍인들의 공세에서도 소강 상태와 같은 것이 존재했고, 7세기의 마지막 20년 동안에는 무슬림들끼리의 격렬한 싸움도 있었다. 그러나 오랜 시가 동안 상황은 아랍인들에게 유리하게 작용했

---

* 18세기 영국의 역사가. 중세 초기 이슬람의 유럽 침입을 프랑크족이 막지 못했더라면, 그후 옥스퍼드 대학교에서는 기독교 『성경』이 아니라 『코란』을 가르쳤을 것이라고 말한 바 있다/역주

다. 그들이 맞섰던 첫 번째의 강적이었던 비잔티움 제국과 페르시아는 모두 다른 전선들에 큰 비중을 두어 전력을 다했고, 수 세기 동안 서로가 서로에게 가장 사나운 적이었다. 페르시아가 멸망한 후에도, 비잔티움 제국은 여전히 서쪽과 북쪽 방향의 적들을 상대해야만 했는데, 즉 한 손으로는 그들을 막으면서 또다른 손으로는 아랍인들을 붙들어놓고 싸워야 했던 것이다. 중국보다 가까운 그 어떤 곳에서도 아랍인들은 비잔티움 제국만한 적과 상대하지 않았다. 이로 인해서 그들은 지리적 가능성 또는 유인의 한계로까지 정복활동을 밀어붙였는데, 따라서 가끔 그들이 겪었던 패전은 그들 스스로가 과잉팽창했음을 보여주기도 했다. 그렇지만 심지어 무시무시한 적을 만났을 때에도, 아랍인들은 여전히 큰 군사적 우위를 가지고 있었다.

그들의 군대는 아라비아의 사막이 별다른 대안을 남겨놓지 않았던 배고픈 전사들로부터 충원되었다. 인구과잉이라는 자극이 그들 뒤에 있었던 것이다. 전장에서 이교도에게 대항하다가 죽으면 천국으로 소환된다는 무함마드의 가르침에 대한 확신은 거대한 도덕적 우위였다. 그들은 또한 이미 지배자들에게 불만을 품고 있던 민족들의 땅에서 싸우기도 했다. 예를 들면, 이집트에서는 비잔티움 제국의 종교적 정통성 주장이 반대자들을 만들고 종교 소수파들을 소외시켜놓은 상태였다. 그러나 그러한 모든 영향들을 다 합친다고 해도, 아랍인들의 성공은 여전히 놀랍다. 그 성공에 대한 근본적인 설명은 종교적인 이상을 통해서 수많은 사람들을 움직였던 점에서 찾아야 한다. 아랍인들은 그들이 신의 뜻을 실현하고 그 과정에서 새로운 우애를 창조하고 있다고 생각했다. 그들은 후대의 혁명가들이 그랬듯이, 그들 스스로에 대한 열광을 만들었다. 그리고 정복은 세계에 대한 이슬람교의 영향이라는 이야기의 시작에 불과했다. 그 범위와 복합성이라는 측면에서, 이슬람교는 오직 유대교 또는 기독교에만 비견될 수 있다. 어느 시점에는 이슬람교가 어느 곳에서든 거부될 수 없을 것처럼 보였다. 물론 그렇게는 되지 않을 것이었지만, 이 문명의 위대한 전통들 중 하나는 정복과 개종에 바탕을 두고 건설될 것이었다.

661년 시리아의 아랍인 총독 무아위야(재위 661-680)는 반란을 성공시키고 무함마드의 사촌이자 양자였던 칼리프 알리를 (그의 손으로 직접 한 것은 아니었지만) 살해한 후에 스스로를 칼리프로 세웠다. 이는 혼돈과 분열의 시기를 끝낸 것이었다. 이는 또한 우마이야 왕조 칼리프국의 토대가 되었다. 이 찬탈은 아랍 민족들 중에서도, 메카에서 무함마드를 반대하던 바로 그 민족이었던 쿠라이시족의 귀족들에게 정치적 패권을 건네준 것이었다. 무아위야는 수도를 다마스쿠스로 정하고 이후 그의 아들을 황태자로 삼았는데, 이는 왕조 원칙을 도입한 획기적인 일이었다.

우마이야 왕조의 패권은 또한 이슬람교 내부 분열의 시작이었는데, 시아파(Shias)라는 반대파 집단이 『코란』을 해석할 수 있는 권리는 무함마드의 후손들에게만 국한된다고 주장했던 것이다. 그들은 살해된 칼리프는 신의 뜻에 의해서 그의 자리를 후손들에게 넘겨주도록 정해진 이맘(imam, 종교 지도자)이었으며, 따라서 죄와 과오를 면한 이라고 말했다. 『하디스들(Hadiths)』, 즉 무함마드와 첫 번째 이맘들의 말씀들은 『코란』과 더불어 시아파의 기본 텍스트였다. 시간이 지나면서 시아파의 신념은 페르시아, 메소포타미아, 아제르바이잔에서 특히 영향력을 얻을 것이었는데, 그 지역들에서는 지금도 시아파가 인구의 다수를 차지한다. 그러나 이슬람교 전체로 보았을 때, 그들은 대개 소수파로 박해받았다. 알리와 무함마드의 딸 파티마의 아들이었던 그들의 첫 번째 지도자 후세인은 680년 케르발라 전투에서 전사했는데, 이로써 시아파 순교자들의 긴 대열에 한 위치를 차지하게 되었다.

수니파(Sunnis)라고 불리는 우마이야 왕조 칼리프국의 지지자들은 교리 해석의 권위는 무슬림 공동체의 손에 있으며 그것은 칼리프직에 따라서 바뀔 수 있다고 믿었다. 그들은 『코란』의 가장 중요한 동반물로서 무함마드의 삶에 대한 기술(記述)이었던 『수나(Sunna)』를 강조했다. 정규군과 이교도들에 대한 징세를 통해서 이를 유지하는 체제가 함께 창출되면서, 오직 부족들의 세계였던 과거 아랍 세계로부터 벗어나는 결정적인 변동이 일어났다. 우마이야 왕조의 수도 역시 이슬람 문화의 양식을 바꾸는 데에 중요했는데, 그것은 첫 번째 칼리프의 개인 취향을 따라갔다. 시리아는 지중해 국가였지만, 다마스쿠스는 대략 비옥한 초승달 지역의 경작지들과 그 사막의 광활하고 척박한 지역 사이의 경계에 위치했다. 따라서 그곳에서의 삶은 두 개의 세계들로 채워졌다. 사막에 사는 아랍인들에게, 전자는 분명 더욱 충격적이었을 것이다. 시리아는 오랜 헬레니즘 문명의 과거를 가지고 있었고, 칼리프의 아내와 그의 주치의는 모두 기독교도였다. 유럽의 야만인들이 로마로 눈을 돌리는 동안, 아랍인들은 그리스의 유산에 의해서 영향받을 것이었다.

첫 번째 우마이야 왕조는 새로운 체제에 저항하던 반대파들로부터 동쪽의 땅을 신속하게 재정복했고, 시아파 운동은 지하로 들어갔다. 이후 685년에서 705년 사이, 제6대와 제7대 칼리프 치하에서 최전성기를 맞이했던 위대한 한 세기가 시작되었다. 안타깝게도 우리는 우마이야 왕조 시대의 상세한 역사와 제도사에 대해서 별로 알지 못한다. 고고학적 발견이 가끔 일반적인 경향을 알려주고 아랍인들이 그들의 이웃 민족들에게 끼쳤던 영향을 드러내주기는 한다. 외국의 기록과 아랍의 연대기는 중요한 사건들은 기록해놓기도 했다. 그럼에도 불구하고 초기 아랍의 역사는, 아랍 저술가들에 의해서 인용되어 간간히 보이는 문건을 제외하고는, 사실상 하나의 문서고 자료도 남기지 않았다. 그리고 이슬람교는 종교적 정부를 운영하는 관료 중심지를 가지고 있지 않았다. 예를 들면, 이슬람교는 그 범위 면에서 교황청의 기록에 근접하는 그 어떤 것도 가지고 있지 않다. 교황과 칼리프의 유사점은 당연히 비슷한 기대를 하게 만들지만 말이다. 우마이야 왕조 역사를 연속적으로 이해 가능하게 할 수 있을 행정 기록들 대신에, 오직 이집트로부터 온 파피루스 더미, 유대인들 같은 소수민족 공동체가 특별히 축적해놓은 문서들, 주화나 비문들처럼 거의 우연히 보관된 문서 모음들만이 간혹 남아 있는 정도이다. 출간되었거나 또는 원고 상태로 남아 있는 방대한 분량의 아랍어 문헌들은 더 세부적인 사항들을 알려주기는 하지만, 칼리프 정부에 대한 일반화된 설명을 자신 있게 제시하기는 지금으로서는 비잔티움 제국에 대한 유사한 설명을 하는 것 이상으로 어렵다고 할 수 있겠다.

그럼에도 불구하고, 족장 칼리프로부터 내려온 초기 칼리프 제도들은 우마이야 왕조의 태만함이 보여주듯이 느슨하고 단순했던 것으로, 어쩌면 지나치게 느슨했던 것으로 추정할 수 있다. 그들의 기초는 동화(同化)가 아니라 공물징수를 위한 정복이었고, 그 결과는 기존 구조들과 맺게 된 일련의 타협들이었다. 행정적으로나 정치적으로나, 초기 칼리프들은 그 이전의 지배자들이 통치했던 방식을 인계했다. 비잔티움과 사산 왕조 페르시아 제국의 제도들은 계속 작동했다. 8세기 초까지 그리스어는 다마스쿠스의 관청 언어였으며, 페르시아어는 옛 사산 왕조 페르시아 제국의 수도였던 크테시폰의 언어였다. 제도상으로 아랍인들은 세금징수를 제외하고 그들이 장악한 사회를 건드리지 않았다.

물론 이것이 그들이 단지 예전대로 계속했다는 의미는 아니다. 예를 들면, 북서 페르시아에서 아랍인들의 정복은 상업의 쇠퇴와 인구의 감소로 이어진 듯하며, 이는 사산 왕조 페르시아 시대에 잘 유지되던 복잡한 배수와 관개시설의 파괴와 관련이 있었던 것 같다. 다른 곳에서 아랍인들의 정복은 상대적으로 덜 급격한 영향을 끼쳤다. 정복당한 이들은 이슬람교를 받아들여야 한다는 점에 반대하지 않았고, 아랍 무슬림들이 주재하는 위계질서 속에 그들의 자리를 차지했다. 그들 아래에, 공물을 바치던 민족 중에 개종한 새로운 무슬림들, 즉 그 당시에 딤미(dhimmi), 또는 유대인들과 기독교도 유일신론자들처럼 '보호받은 사람들'로 불리던 이들이 있었다. 그 위계의 맨 아래에는 개종되지 않은 이교도들 또는 어떠한 계시종교도 신봉하지 않는 자들이 있었다. 초기에 아랍인들은 원주민들로부터 격리되어 일종의 군사계급으로서 특별지구에서 살았는데, 이들은 해당 지역에서 징수되는 세금으로 생활할 뿐, 상업활동에 진출하거나 개인적으로 토지를 소유하는 것이 금지되어 있었다.

이런 관행은 계속 유지될 수 없었다. 사막에서 시작된 베두인족들의 관습과 마찬가지로 격리는 주둔군 생활에 의해서 침식되었다. 점차 아랍인들은 토지소유자 및 경작자가 되었고, 따라서 그들의 주둔지들은 쿠파나 대인도 교역의 대규모 집산지인 바스라와 같은 새로운 세계적 도시들로 변해갔다. 토착 엘리트 집단이 행정적, 언어적으로 아랍화되어가면서, 더욱더 많은 아랍인들이 지역주민들과 쌍방관계로 섞여갔다. 칼리프들은 점점 더 많은 지역 출신 관리들을 인명했고, 8세기 중엽까지 아랍어는 거의 모든 곳에서 관청 언어가 되었다. 아랍어 글자가 새겨진 표준 주화와 더불어, 아랍어는 우마이야 왕조가 새롭고, 여러 문화를 절충하는 문명의 토대를 놓는 데에 성공했다는 주요한 증거였다. 그러한 변화는 아랍인들이 만든 평화라는 조건 아래에서 교역이 부흥하면서 번영했던 이라크에서 가장 빠르게 느껴졌다.

우마이야 왕조 칼리프들의 권위 주장은 그들을 곤란하게 만든 하나의 원천이었다. 지방의 주요 인물들, 특히 제국의 동쪽 절반 쪽에 있던 인물들은 그들의 실제적인 독립 상태가 방해받는 것에 분개했다. 과거 비잔티움 제국 영토에 있던 많은 귀족들은 콘스탄티노플로 이주했지만, 페르시아의 엘리트 집단은 그럴 수 없었다. 그들은 갈 곳이 없었고, 따라서 아랍인들에게 복종한다는 점이 거슬리면서도 계속 남아 있어야 했는데, 이 아랍인들은 페르시아 엘리트들이 지방에서 행사하던 권한의 상당수를 결국 그대로 내버려두었다. 이후에 등장한 우마이야 왕조 칼리프들이 그 왕조의 과거 위대한 인물들에게 쏟아졌던 것과 같은 존경심을 누리지 못했던, 질적으로 떨어지는 인물들이었다는 사실도 도움이 되지 않았다. 문명은 그들을 유화시켰다. 그들이 통치하는 도시들에서의 삶의 지루함을 덜어보고자 했을 때, 그들은 사막으로 나가서 베두인족의 삶을 다시 사는 것이 아니라 새로운 도시와 궁전을 즐겼다. 그것들 중 일부는 멀리 떨어져 있고 호화스러웠으며, 온천과 거대한 사냥터가 갖추어져 있고 관개시설이 있는 농장과 정원으로부터 물자를 공급받는 곳이었다.

이곳에서는 우마이야 왕조에 반감을 가졌던 이들(특히 시아파가 두드러졌다)에게도 기회가 있었다. 시아파가 원래 가지고 있었던 정치적이고 종교적인 매력 이외에도, 그들은 특히 이라크에 있었던 비아랍계 개종자들 사이의 사회적 불만을 점차 끌어냈다. 처음부터 우마이야 왕조 체제는 태생적으로 아랍 부족의 일원이었던 자와 그렇지 않았던 자를 분명히 구분했다. 후자에 해당되는 사람들의 숫자는 빠르게 늘었다. 아랍인들은 개종을 요구하지 않았지만(심지어 초기에 가끔은 개종을 단념시키려고 노력까지 했다), 이슬람교를 신봉한다면 세금이 경감될 수 있다는 사실이 그 종교의 매력과 더불어 사람들의 개종에 중요한 역할을 했다. 아랍의 요새들 근처에서, 이슬람교는 비아랍계 주민들 사이에서 빠르게 퍼져나갔는데, 그들은 그곳에서 자신들의 필요를 충족시켰던 것이다. 그것은 또한 매일매일의 행정을 담당하던 지역 엘리트 집단들에게도 매우 성공적이었다. 마왈리(mawali)라고 불리던 이 새로운 무슬림들 중 많은 이들은 궁극적으로 군인이 되기도 했다. 그러나 그들은 점차 순수 아랍인들의 귀족사회로부터 소외 및 배제되고 있다고 느꼈다. 정치적, 종교적 이유 때문에 이 귀족사회로부터 마찬가지로 소외되었던 시아파의 순수주의와 정통주의는 그들을 강력하게 끌어들였다.

동쪽에서 점차 증가하고 있던 분란은 우마이야 왕조 권위의 붕괴를 예고했다. 749년 이라크 쿠파의 이슬람교 사원에서는 새로운 칼리프 마문(아불 아바스[Abu'l Abbās])을 공개적으로 맞이했다. 이것이 우마이야 왕조 종말의 시작이었다. 무함마드의 삼촌의 후손이라고 주장했던 그는 칼리프직을 정통적인 방법으로 복원하는 것이 자신의 의도라고 선언했다. 그는 시아파를 포함해서 넓은 범위의 반대파들에게 호소했던 것이다. '피를 흘리는 사람'을 의미했던 그의 이름은 무엇인가 조짐을 가지고 있었다. 750년에 그는 최후의 우마이야 왕조 칼리프를 물리치고 그를 처형했다. 저녁 연회가 패배한 가문의 남자들을 위해서 열렸다. 초대받은 이들은 첫 번째 코스 요리가 나오기 전에 살해되었고, 그후 그 요리는 그 연회의 개최자들에게 제공되었다. 이렇게 정리되면서, 아바스 왕조 칼리프국(그들 중 첫 번째가 가장 빛났다)이 아랍 세계를 지배하는 근 2세기가 시작되었다.

동쪽 아랍 영토에서 아바스 왕조가 받았던 지지는 그들이 수도를 이라크, 즉 당시까지는 티그리스 강의 기독교도 마을이었던 바그다드로 옮긴 사실에서 반증된다. 그 변화는 많은 것을 함축하고 있었다. 헬레니즘 문명의 영향은 약화되었다. 비잔티움 제국의 의심할 바 없었던 위세는 줄어들어 보였다. 페르시아의 영향력이 새로운 중요성을 획득했는데, 이는 정치적으로나 문화적으로 아주 중대해질 것이었다. 지배계급에서의 변화도 있었는데, 그것은 일부 역사가들이 사회혁명이라고 부를 만큼 충분히 중요한 것이었다. 이 시기부터 그들은 단지 아랍어를 말한다는 의미에서만 아랍인이었다. 즉, 그들은 더 이상 아라비아 사람이 아니었다. 하나의 종교와 하나의 언어가 제공하는 모체 안에서, 아바스 제국을 통치하는 엘리트 집단은 중동에 걸쳐 있는 많은 민족들에서 나오게 되었다. 그들은 거의 항상 무슬림이었지만, 대개 개종한 사람들 또는 개종한 가족의 자녀들이었다. 바그다드의 세계주의는 새로운 문화적 분위기를 반영했다. 콘스탄티노플에 견줄 만하고, 대략 50만 명가량의 인구가 사는 거대한 도시로서, 그것은 첫 번째 아랍 정복자들이 사막으로부터 전달한 삶의 방식과는 완전히 반대되는 것이었다. 대제국이 다시 중동 전체에 찾아온 것이었다. 그러나 그것은 과거와 이념적으로 결별한 것은 아니었다. 아바스 왕조의 칼리프들은 다른 가능성들을 타진한 후에 그들 전임자들의 수니 정통 주의를 재확인했던 것이다. 이는 곧 그들을 권좌에 올리는 데에 조력했던 시 아파의 실망과 격앙에 반영되었다.

아바스 왕조는 폭력적인 집단이었고 그들의 성공에 위협이 될 요소를 그냥 두지 않았다. 그들은 신속하고 무자비하게 반대파를 억눌렀고, 관계가 틀어질 지 모르는 이전의 동맹자들을 제어했다. 이슬람교의 우애보다는 왕조에 대한 충성도가 점차 그 제국의 기초가 되었고, 이는 과거 페르시아 전통을 반영하 는 것이었다. 그렇다고 하더라도, 많은 것은 왕조의 지지대로서의 종교로부터 만들어졌으며, 따라서 아바스 왕조는 이슬람교를 따르지 않는 이들을 박해했 다. 정부기구는 보다 정교해졌다. 여기에서 중요한 발전 중의 하나는 (대칼리 프 하룬 알라시드가 쓸어내기 전까지 한 가문에 의해서 독점되던) 고관직의 발전이었다. 전체 구조가 더 관료제적으로 변했고, 장려한 왕정의 유지를 위 해서 큰 세입을 거두어들이는 토지세가 부과되었다. 그럼에도 불구하고 지역 적 차이들은 여전히 분명한 현실이었다. 총독의 지위는 세습되는 경향이 있었 고, 이 때문에 중앙권력은 궁극적으로 수세에 몰릴 수밖에 없었다. 총독들은 관직의 임명과 세금징수 문제에 점점 더 많은 권한을 행사했다. 칼리프직의 진정한 권력이 과연 무엇이었는지 말하기는 쉽지 않다. 왜냐하면 이것은 지방 들의 느슨한 집합체를 규제하는 정도였기 때문인데, 그들이 중앙에 실제로 종속되었는지의 여부는 그 당시의 상황과 큰 관련이 있었다.

그러나 전성기 아바스 왕조의 부와 번영에 대해서는 의심의 여지가 없다. 그것은 단지 거대한 예비 인력과 넓은 토지면적(그곳에서는 아랍의 평화 기간 동안 농업이 방해받지 않았다)뿐만 아니라, 그 왕조가 교역을 위해서 만들어 낸 유리한 조건들 때문이기도 했다. 더 광범위한 종류의 상품들(특히 동쪽으 로 향했던 것들)이 이전보다 더 넓은 지역에서 유통되었다. 아바스 왕조는 이전 왕조들보다 세계를 향해서 분명히 더 동쪽 지향성을 가지고 있었다. 하룬의 아들인 알-마문은 심지어 수도를 잠시 동안 중앙 아시아의 메르브로 옮기기도 했다. 이런 이해관계들은 특정 도시들의 상업을 부흥시켰는데, 그 도시들은 아랍인들의 땅을 거쳐 동쪽에서 서쪽으로 지나가는 대상로를 따라서 위치해 있었다. 하룬 알라시드가 바그다드에 축적한 재물은 그들이 가져왔던 번영을 반영했다.

아랍 영토에서의 이슬람 문명은 아바스 왕조 치하에서 전성기에 도달했다. 역설적으로 그 이유의 하나는 그것의 무게중심이 아라비아 반도에서 레반트로 이전되었다는 점에 있었다. 이슬람교는 광대한 영역을 하나로 묶음으로써 본질적으로 종합적인, 즉 헬레니즘, 기독교, 유대교, 조로아스터교, 힌두교 사상을 어우르는 문화를 육성했던 정치구조를 제공했다. 아바스 왕조 치세의 아랍 문화는 페르시아 전통과 더 긴밀한 접촉 기회를 가졌고, 인도와 새롭게 교류하게 되면서 문화적 활기를 일신하고 새로운 창조적인 요소들을 가질 수 있었다.

아바스 문명은 중동의 새로운 공용어였던 아랍어로의 위대한 번역의 시대이기도 했다. 기독교도와 유대인 학자들은 플라톤과 아리스토텔레스, 유클리드와 갈레노스의 작품들을 아랍의 독자들이 읽을 수 있도록 만들었고, 이로써 그리스 사상의 범주들이 아랍 문화로 들어올 수 있었다. 이슬람교가 속국들에 허용했던 관용으로 인해서 시리아와 이집트가 정복당했던 때부터 이런 번역 작업은 이론상으로는 가능했지만, 가장 중요한 번역이 이루어졌던 것은 초기 아바스 왕조 시기에서였다. 당시 수많은 번역물들을 도표로 만들어 제시하는 것은 꽤 자신 있게 할 수 있는 일이지만, 이것이 무엇을 의미했는지를 말하는 것은 어려운 일이다. 왜냐하면 플라톤의 텍스트를 접할 수 있었다고 해도, 그것은 후기 헬레니즘 문화의 플라톤, 즉 기독교도 수도사와 사산 왕조 페르시아의 학자들의 해석에 의해서 투과된 플라톤이었기 때문이다.

이러한 자료들이 영향을 준 문화 영역은 대부분 문학 분야였다. 아랍 이슬람교는 아름다운 건물들, 멋진 양탄자들, 정교한 도기들을 생산했지만, 그것의 위대한 매개체는 말, 즉 구어와 문어였다. 심지어 위대한 아랍의 과학 저술들도 보통 방대한 산문 전서의 형태를 띤다. 이런 문헌의 축적된 규모는 거대하며, 그것들 중 상당수는 여전히 학자들에 의해서 분석되지 않았다. 따라서 이에 대한 연구 전망은 밝다. 초기 이슬람 역사에 대한 문서고 자료가 부재한 것은 드라마를 제외한 모든 종류와 형태로 남아 있는 방대한 양의 이런 문헌들에 의해서 상쇄된다. 물론 그것이 얼마나 깊이 이슬람 사회에 파고들었는지는 여전히 불분명하다. 교육받은 사람들은 시구들을 쓸 줄 알았고 가수와 시인들의 공연을 비평하면서 즐길 수 있었다는 점은 분명하지만 말이다. 학교들은 널리 보급되어 있었다. 이슬람 세계는, 일례로 중세 유럽과 비교한다면, 상당히 교양 수준이 높았을 것이다. 고등교육은 (그것이 모스크들이나 종교교사를 위한 특별 학교에 제도화되어 있는 한) 더 밀접하게 종교적이었고 그만큼 더 평가하기 어렵다. 따라서 지도적인 이슬람 사상가들 수준 아래의 일반 사람들에게 다른 문화들에서 유래한 사상들이 얼마만큼 분열적이거나 자극적이었는지를 판단하기는 어렵지만, 8세기 이래로는 탐구적이며 자기 비판적 문화의 많은 씨앗들이 아마도 그곳에 있었을 것이라고 예상해볼 수 있다.

아랍 문화의 가장 위대한 지도자들을 통해서 판단하건대, 그 문화는 동쪽에서 9세기와 10세기에, 에스파냐에서 11세기와 12세기에 정점에 서 있었다. 아랍의 역사와 지리가 모두 인상적이라고 할지라도, 아랍의 가장 위대한 업적은 과학과 수학이었다. 우리는 여전히 '아라비아' 숫자들을 사용한다. 그 숫자는 고대 로마인들의 숫자 읽기법보다 훨씬 더 간단하게 필기 계산을 가능하게 했다. 그것은 그 기원에서 그리스 외에 아랍인들에게 또 하나의 배움의 원천이었던 인도로부터 유래한 것이지만, 한 아랍 산술가에 의해서 시작되었다. 아랍 문화의 전파 기능은 항상 중요하고 그 문화를 특징짓는 것이었지만, 그것의 독창성을 덮을 수는 없다. 이슬람 문명의 천문학자들 가운데 가장 위대한 이름인 알-콰리즈미(al-Khwarizmi, 라틴어식 이름으로는 알고리트무스[Algorithmus])는 그가 페르시아 계통임을 드러낸다(그의 가족은 오늘날 우즈베키스탄이라고 불리는 곳으로부터 왔다). 또다른 페르시아인이었던 알-파자리의 동시대 연구와 함께, 알-콰리즈미의 연구는 아랍 문화가 속국들의 합류 지점이었다는 사실을 드러낸다. 그러나 그럼에도 불구하고 그들의 수학과 천문학 표들(알-콰리즈미는 또한 그가 『알-자브르[al-Jabr]』, 즉 대수학[代數學]이라고 칭한 책도 썼다)은 아랍의 업적, 즉 아랍 제국에 의해서 가능해진 통합의 한 표현이었다.

아랍어로 된 책을 라틴어로 번역하는 작업은 기독교 세계에 엄청나게 중요한 것이었다. 12세기 말까지, 아리스토텔레스 저작의 대부분이 라틴어로 번역되었고, 그중 많은 부분이 이 경로를 통해서 이루어진 것이었다. 기독교도 학자들 사이에서 존재했던 아랍 작가들에게 대한 존경심과 명성은 그들의 중요성에 대한 인정이었다. 가장 위대한 아랍 철학자 중 하나인 알-킨디는 아랍어 세계에서보다도 라틴어 문명권에서 더 오래 살아남았다. 한편 단테는 그의 시 『신곡(La Divina Commedia)』에서 위대한 인물들의 사후 운명을 정할 때, 이븐시나(유럽에서는 아비센나)와 이븐루시드(아베로에스)를 십자군 시대에 쿠르드족 무슬림 영웅인 살라딘과 함께 지옥의 변방에 위치시키며 찬양했다. 그들은 기독교를 믿을 기회가 있었던 시대에 태어난 인물들 가운데 단테가 이런 식으로 대우했던 유일한 이들이었다. 아랍의 의학연구를 지배했던 페르시아 의사들은 서구에서 의술 훈련의 기본 교과서로 수 세기 동안이나 남게 될 서적들을 저술했다. 유럽의 언어들에는 여전히 아랍 단어들의 흔적이 남아 있는데, 이는 특정 분야에서 아랍의 연구가 특별한 중요성을 가지고 있음을 드러낸다. '영(zero),' '자릿수(cipher),' '역(almanac),' '대수(algebra),' '연금술(alchemy)'가 그런 예들이다. 살아남은 상업 전문 용어, 특히 '관세(tariff)', '세관(douane)', '창고(magazine)' 등은 아랍 상업술의 우월성을 다시 떠올리게 해준다. 아랍 상인들은 기독교도들에게 장부를 기입하는 법을 가르쳐주었다. 한 영국 왕은 무슬림 디나르(Dīnār) 패턴을 따라서 그의 금화들을 주조했다.

놀랍게도 이 문화적 교류는 거의 완전하게 일방적으로 이루어졌다. 중세에 단 하나의 라틴어 텍스트만이 아랍어로 번역되었던 것으로 보이는데, 그 시대는 아랍 학자들이 그리스, 페르시아, 인도의 문화적 유산들에 열정적인 관심을 보였던 시기였던 것이다. 몇몇 게르만 계통 단어들과 그에 해당하는 아랍어 단어들을 담고 있는 문서 하나가 800년 동안 이슬람이 지배하던 에스파냐가 이베리아 반도 밖의 서구 언어에 가졌던 관심을 보여주는 유일한 증거일 뿐이다. 아랍인들은 북방의 차가운 땅들의 문명을 변변치 못하고 조야(粗野)한 것으로 취급했는데, 이 서유럽 문명은 물론 실제로도 그랬다. 그러나 비잔티움 제국만은 그들에게 깊은 인상을 주었다.

우마이야 왕조 치하에서 시작된 시각예술에서의 아랍 전통은 아바스 왕조 치하에서도 번창했지만, 그것은 그 범위에서 이슬람 과학보다는 협소한 것이었다. 이슬람교는 인간의 모습이나 얼굴과 같은 것을 만드는 것을 금지했다. 이는 곧이곧대로 시행되지는 않았지만, 오랫동안 자연주의적 그림이나 조각이 등장하지 못하도록 막았다. 물론 그것은 건축가들을 방해하지는 않았다. 그들의 예술은 그 정수가 이미 7세기 말엽에 등장했던 한 양식의 범주 안에서 더욱 발전했다. 그것은 과거에 빚을 지고 있었지만 동시에 이슬람교에만 독특한 것이었다. 시리아에 있던 기독교도 건물이 아랍인들에게 준 인상이 기폭제가 되었다. 그들은 그 건물로부터 배웠지만, 그것을 능가하려고 했다. 그들의 신앙인들이 기독교 교회들보다는 더 훌륭하고 더 아름다운 예배당을 가져야 한다고 확신했기 때문이다. 게다가 독특한 건축양식은 이집트와 시리아를 정복한 첫 번째 아랍인 정복자들을 에워싸고 있던 비무슬림 세계에서 아랍 문화를 구별해주는 시각적인 힘이었다.

아랍인들은 내부 공간에 대한 로마의 기술과 헬레니즘적 사고를 차용했지만, 그 결과는 독특한 것이었다. 이슬람 문명의 가장 오래된 건축물은 691년에 예루살렘에 지어진 바위의 돔이다. 양식상으로 보면, 그것은 돔을 가진 최초의 이슬람 건물로서 건축사에서 획기적인 것이다. 그것은 유대교와 기독교로부터의 승리를 기념하기 위해서 지어진 것으로 보이지만, 이후 3세기 동안의 위대한 건물들이 될 회중 모스크와는 달리, 바위의 돔은 유대인과 무슬림 모두의 가장 성스러운 장소 중 하나를 찬미하고 보호하는 성지였다. 사람들은 그것이 덮고 있는 꼭대기에 아브라함이 그의 아들 이삭을 제물로 올렸고, 그곳으로부터 무함마드가 천국으로 이끌려 올라갔다고 믿었다.

곧이어 새로운 전통을 담고 있는 고전적 모스크 중 가장 훌륭한 건물인 우마이야 왕조의 모스크가 다마스쿠스에 등장했다. 이 새로운 아랍 세계에서 자주 그렇듯이, 그것은 과거의 많은 부분을 구현했다. 기독교풍의 바실리카

(그것은 제우스 신전을 대체했었다)가 먼저 그 장소에 서 있었고, 그것은 비잔티움 양식의 모자이크로 장식되어 있었다. 그것의 새로움은 무함마드가 메디나의 그의 집에서 시작한 예배 양식에서 기원했던 디자인을 확립했다는 점에 있었다. 그것의 정수는 메카로 가는 길을 가리키는 미흐라브(mihrab), 즉 예배당 벽의 벽감(壁龕)이었다.

문학과 건축처럼, 도기와 조각도 계속해서 번성했으며, 중동과 아시아 전역의 전통들로부터 골라낸 요소들을 이용했다. 도공들은 비단길을 통해서 그들에게 온 중국 도자기의 양식과 마무리 수준에 도달하기 위해서 노력했다. 행위예술은 상대적으로 덜 발달되었고, 지중해나 인도나 할 것 없이 다른 전통들을 별로 이용한 것 같지도 않다. 이야기꾼, 시인, 가수, 무용수들이 존중받았음에도 불구하고, 아랍 세계에는 극장이 없었다. 아랍의 음악 예술은 류트, 기타, 리벡 등을 통해서 유럽 언어들에 기념되어 있다. 그 성취들 역시 아랍 문화의 가장 위대한 것 중에서 하나로 볼 수 있다. 비록 조형예술이나 시각예술보다는 서양적 감성에 상대적으로 덜 다가오지만 말이다.

이 문명의 많은 위대한 이들은, 그것의 정치적 뼈대가 이미 썩어가고 심지어 확연하게 무너지고 있을 때에도, 글을 쓰고 가르치고 있었다. 부분적으로 이는 칼리프직 엘리트 집단 내에서 아랍인들이 점차 밀려나고 있음을 의미하는 것이었지만, 아바스 왕조 역시 제국에 대한, 즉 첫 번째로는 주변부들에 대한, 그리고 이라크 자체에 대한 통제권을 잃어버릴 차례를 맞았다. 하나의 국제세력으로서 그들은 일찍이 전성기를 맞이했다. 즉, 782년 아랍 군대는 마지막으로 콘스탄티노플 앞에 나타났던 것이다. 그들은 다시는 이 정도로 깊게 들어오지 못할 것이었다. 하룬 알라시드는 카롤루스 대제로부터 존중받았을지 모르지만, 분열로 치닫는 궁극적으로 막을 수 없는 흐름의 첫 번째 징표들은 이미 그의 치세에 존재했다.

에스파냐에서는 756년에 가문의 운명을 받아들이지 못했던 한 우마이야 왕조의 왕자가 스스로를 코르도바의 에미르(emir), 즉 수장으로 선언했다. 모로코와 튀니지의 다른 이들도 이를 뒤따랐다. 한편 안달루시아, 즉 무슬림 에스파냐는 그들 자신의 칼리프를 10세기가 되어서야 가질 수 있었지만(그때까지 안달루시아의 지배자는 여전히 에미르로 남아 있었다), 오래전부터 사실상 독립 상태였다. 이는 우마이야 왕조 에스파냐에 풍파가 있었다는 의미였다. 이슬람 문명은 이베리아 반도 전체를 정복한 적이 없었고, 프랑크족은 10세기까지 북동지역을 되찾았던 것이다. 그 무렵까지 북이베리아에는 기독교 왕국들이 들어섰고, 그들은 기독교도들에 대해서 꽤 관용적인 정책을 펼쳤지만 반란의 위험을 종식시키지는 못했던 아랍 에스파냐 내부의 반대파들을 자극할 의사가 항상 있었던 것이다.

그러나 모든 이베리아 반도를 다 아우르지는 못했어도, 안달루시아는 또 하나의 무슬림 세계의 중심지로서 번영했다. 우마이야 왕조는 그들의 해군력을 발전시켰고, 그들은 기독교도들을 희생으로 삼는 북쪽이 아니라 무슬림 권력들을 희생으로 삼는 아프리카로의 팽창을 숙고해보았다. 그 과정에서 심지어 비잔티움 제국과의 동맹을 위한 협상까지 고려하면서 말이다. 에스파냐의 이슬람 문명이 아바스 왕조 바그다드와 맞먹는 창조성의 황금기를 구가하며 그 문명의 최고의 아름다움과 성숙함에 도달했던 것은 코르도바의 칼리프 통치가 쇠퇴하던 11-12세기에 와서 이루어졌다. 이 시대는 위대한 학문과 철학뿐만 아니라 대단한 기념물들을 남겨놓았다. 10세기 코르도바에는 700개의 모스크가 있었으며, 그중 하나인 메스키타(Mezquita)는 여전히 세계에서 가장 아름다운 건물로 간주된다. 무슬림 에스파냐는 유럽에 엄청난 의미가 있었는데, 이는 아랍인들의 학문과 과학뿐만 아니라 더 많은 물자들까지도 흘러들어가는 문이었다. 이를 통해서 기독교 국가들은 농업기술과 관개기술, 오렌지와 레몬과 설탕에 대한 지식을 얻을 수 있었다. 에스파냐 자체에 대해서 말하자면, (훗날 기독교 에스파냐를 연구하는 수많은 학자들이 지적했듯이) 아랍의 흔적은 아주 깊게 남아서 여전히 언어, 관습, 예술에서 그것을 식별할 수 있다.

아랍 세계 내부에 있었던 또 하나의 중요한 이탈은 튀니지 출신의 파티마인들이 973년에 그들만의 칼리프를 세우고 수도를 카이로로 옮겼을 때 생겨났다. 파티마인들은 시아파였고, 12세기에 새로운 아랍의 침공이 그것을 붕괴시키기 전까지 이집트에서 그들의 정권을 유지했다. 아바스 왕조 영토의 다른

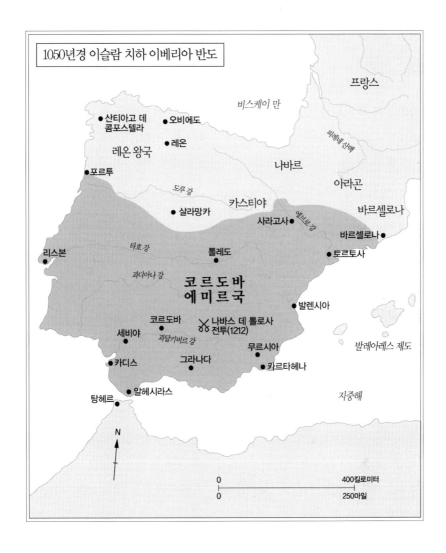

곧들에서도, (상대적으로 덜 눈에 띄기는 하지만) 지방총독들이 스스로를 에미르나 술탄으로 자칭하기 시작하면서 유사한 예들이 발견되었다. 칼리프들의 권력기반은 점점 더 빠르게 줄어들었고, 그들은 이 경향을 되돌릴 수 없었다. 하룬 알라시드의 아들들 사이에서 벌어진 내전들은 설교자들과 독실한 신앙인들의 지지를 잃어버리는 결과를 낳았다. 관료제의 부패와 횡령은 신민들을 멀어지게 했으며, 이런 병폐들을 에두르는 방법으로서의 세금징수 청부는 단지 압제의 새로운 예들을 만들 뿐이었다. 군대는 점차 외국 용병과 노예들로 충원되어갔다. 심지어 하룬 알라시드의 후계자가 사망할 즈음에도, 군대는 사실상 튀르크인으로 구성되어 있었다.

이처럼 외부인들은 마치 로마 제국 내의 서쪽 야만인들이 그랬던 것처럼 칼리프 통치구조 내부로 편입되었다. 시간이 지나면서 그들은 근위병과 같은 모습을 갖추었고, 점차 칼리프들 위에 군림하게 되었다. 그리고 줄곧 민중의 저항은 시아파와 다른 신비주의적 종파들에 의해서 이용되었다. 한편, 이전의 경제적 번영은 수그러들었다.

아바스 왕조의 통치는 946년 한 페르시아인 제독과 그의 수하들이 칼리프를 폐위시키고 새로운 칼리프를 세웠을 때 사실상 끝이 났다. 이론상으로는 아바스 왕조의 계보가 계속되었으나, 실제로 그 변화는 혁명적이었다. 새로운 부와이흐 왕조는 그 이후로 페르시아에 머물렀기 때문이다. 아랍 이슬람은 파편화되었다. 중동의 통일은 다시 한번 끝이 났다. 어떤 제국도 남아서 앞으로 다가올 침략의 세기들을 버텨내지 못했다. 물론 최후의 아바스 왕조가 몽골인들에게 학살당했던 일은 1258년에야 있었지만 말이다. 그 이전에, 이슬람 문명의 통일은 십자군에 대한 대응으로 다시 한번 이루어지기도 했지만, 이슬람 제국의 위대한 날들은 끝이 난 것이었다.

이슬람 문명의 특이점은 종교적 권위가 오랫동안 정치적 지배권과 분리될 수 없다는 것이다. 따라서 칼리프직은 궁극적으로 오스만 튀르크인들이 중동 역사를 만들어가는 사람들이 되었을 때 그들에게로 넘어갔다. 그들은 이슬람 문명의 경계를 더 멀리까지, 그리고 다시 한번 유럽으로 깊숙이 끌고 갔다. 그러나 그들의 아랍인 선조들의 작업은 (그들의 궁극적 붕괴에도 불구하고) 경외심을 일으킬 정도로 크나큰 것이었다. 그들은 옛 로마 제국에 속해 있던 중동과 사산 왕조 페르시아를 파괴했으며, 비잔티움 제국을 아나톨리아로 둘러막았다. 아랍인들은 또한 모로코에서 아프가니스탄까지 이슬람교를 뿌리 깊게 심어놓았다. 그것의 도래는 여러 면에서 혁명적이었다. 예를 들면, 이슬람교는 이전처럼 여성을 열등한 지위로 유지시켰지만, 19세기까지 수많은 유럽 국가들에서도 용인되지 않던 재산에 대한 법적 권리를 그들에게 부여했다. 심지어 노예도 권리가 있었으며, 신앙인들의 공동체 안에서는 어떠한 카스트

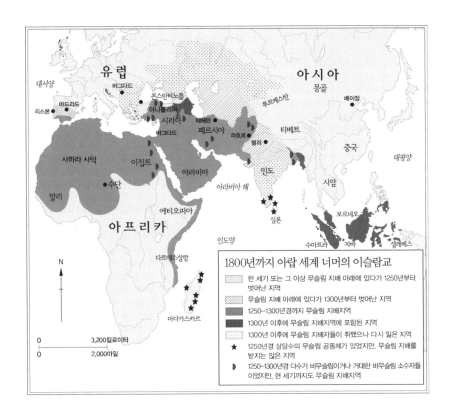

1800년까지 아랍 세계 너머의 이슬람교

- 한 세기 또는 그 이상 무슬림 지배 아래에 있다가 1250년부터 벗어난 지역
- 무슬림 지배 아래에 있다가 1300년부터 벗어난 지역
- 1250–1300년경까지 무슬림 지배지역
- 1300년 이후에 무슬림 지배지역에 포함된 지역
- 1300년 이후에 무슬림 지배자들이 취했으나 다시 잃은 지역
- ★ 1250년경 상당수의 무슬림 공동체가 있었지만, 무슬림 지배를 받지는 않은 지역
- ◖ 1250–1300년경 다수가 비무슬림이거나 거대한 비무슬림 소수자들이었지만, 현 세기까지도 무슬림 지배지역

나 혈연적으로 승계되는 신분제가 없었다. 이런 혁명은 삶의 다른 모습들을 차별하지 않고 그 모두를 포용하는 한 종교에 뿌리를 두고 있었다(유대인들의 종교처럼 말이다). 이슬람교에는 (기독교 전통이 당연하다고 받아들이는) 신성함과 불경함, 영적인 것과 현세적인 것의 구분을 표현하는 단어가 존재하지 않는다. 종교는 무슬림들에게는 사회이며, 이것이 제공하는 통일성은 정치적 분열의 세기들을 넘어서 지속되어왔다. 이것은 율법과 어떤 특정한 태도와의 통합이었다. 즉, 이슬람은 기적의 종교가 아니라(일부는 그렇다고 주장한다), 실천과 지성적 믿음의 종교이다.

기독교 국가들에게 크나큰 정치적, 물적, 지적 영향을 미친 것에 더해서, 이슬람 문명은 또한 아랍인 주도의 세계를 훨씬 더 넘어서, 9세기에 중앙 유라시아로, 8세기에서 11세기 사이에 인도로, 11세기에는 수단을 지나서 니제르 강에 이르렀다. 12세기와 16세기 사이에는 훨씬 더 많은 아프리카가 무슬림이 될 것이었다. 그리고 이슬람은 오늘날에도 여전히 아프리카 대륙에서 가장 빠르게 성장하는 종교이다. 이슬람은 8세기에 중국에 도달했고, 13세기 몽골인들의 개종 덕에 그곳에서 중요한 종교가 되었다. 15-16세기에 이슬람교는 인도양을 건너 말레이 지역에까지 퍼졌다. 누구보다도 아랍인들과 함께, 선교사들, 이주자들, 상인들은 대상행렬 속에서 아프리카로 움직이든, 그들의 다우 배를 타고 페르시아 만과 홍해에서 벵골 만까지 가든, 이슬람교를 지니고 다녔다. 그후에도 이슬람교의 마지막 교세 확대가 16-17세기 남동부 유럽에서 있었다. 그것이 시작될 때 일부 셈족 부족들이 가진 자원을 제외하고는 아무런 자원도 가지지 못했던 사상으로서는 놀랄 만한 성취였다. 그러나 그 위대한 업적에도 불구하고, 10세기 이후로는 그 어떤 아랍 국가도 이슬람 문명권을 다시 통일할 수 없었다. 아랍 세계의 통일은 단지 꿈으로만 남을 것이었다. 이 꿈은 오늘날까지도 간직되고 있지만 말이다.

3

비잔티움 제국과 그 권역

1453년, 유스티니아누스 대제 이후 900년이 흘렀을 때, 콘스탄티노플이 한 비기독교 군대에 의해서 함락되었다. "이보다 더 무시무시한 사건은 지금까지도 없었고 앞으로도 없을 것이다"라고, 한 그리스의 문인은 썼다. 그것은 실로 엄청난 사건이었다. 유럽에 사는 어떤 사람도 이에 준비되어 있지 않았다. 따라서 전체 기독교 세계는 충격에 빠졌다. 하나의 국가 이상의 의미를 가졌던 로마 자체가 끝이 난 것이었다. 고대 지중해 문명의 직접적인 혈통이 마침내 끊어졌다. 그 안에서 그리스의 트로이 강탈에 대한 응징을 보았던 문학 애호가들처럼 매우 심오한 관점에서 이 사건을 바라보았던 사람들은 별로 없었다고 해도, 그것은 여전히 2,000년 전통의 종말을 의미했다. 그리고 헬레니즘 문화와 고대 그리스의 이교도 세계를 제쳐놓고 생각하더라도, 비잔티움 제국의 기독교 제국으로서의 1,000년 역사는 그 자체로 충분히 엄청났기 때문에, 그것의 사라짐은 지진과 같은 것이었다.

이는 이야기의 시작과 동시에 끝을 배우는 것이 도움이 되는 주제들 중 하나이다. 비잔티움 또는 동로마 제국에 관한 것들 가운데 가장 놀라운 사실은 그것이 서로마 제국의 몰락이 있은 후에도 1,000년간이나 지속되었다는 것이다. 일부 역사가들은 이것이 퇴보의 1,000년이었다고 가정했는데, 이는 잘못된 것이다. 그들보다 더 계몽된 한 학자는 계속된 쇠락 속에서 1,000년을 보낸 것은 결코 나쁜 것일 수 없다고 재치 있게 말했다. 이 평가는 옳다. 심지어 그 최후의 시기에서도 비잔티움 제국의 명망과 전통들은 이방인들을 놀라게 했는데, 그들은 이를 통해서 제국 과거의 무게를 느낄 수 있었다. 마지막까지 비잔티움 제국의 황제들은 존엄자였고, 그 시민들은 자신을 '로마인'이라고 불렀다. 수 세기 동안 성 소피아 성당은 기독교 교회들 중 최고의 건물이었고, 그것이 소중히 간직했던 정교회는 이전 종교적 분란의 지역들이 무슬림들에 의해서 삼켜지면서, 오히려 종교적 다원주의에 대해서 양보해야 할 필요성이 점점 더 줄어들었다. 그 역사를 돌이켜 생각해보면, 쇠퇴와 몰락의 필연성을 찾아내기는 쉽겠지만, 그것이 당시 비잔티움 제국 아래에서 살던 사람들이 그 동쪽의 제국을 바라보는 방식은 아니었다. 의식적으로 또는 무의식적으로, 그들은 제국이 진화의 거대한 힘들을 가지고 있음을 알고 있었다. 수많은 난국들로부터 제국을 살아남게 했던 것은 위대한 보수적인 수완이었고, 그 구래의 방식은 중요한 변화들을 거의 마지막까지 가릴 수 있었다.

그럼에도 불구하고, 1,000년은 동과 서 모두에서 거대한 변혁을 가져왔다. 역사는 비잔티움 제국 유산의 어떤 요소들은 변형시키고 다른 것들은 강조하고 또다른 것들은 지워버리면서 이 제국을 희롱했는데, 그 결과로 결국 제국은 유스티니아누스 대제 시기와 완전히 구별되지는 않으면서도 그때와는 아주 다른 모습이 되었다. 고대와 비잔티움 제국 사이를 나누는 명확한 구분선은 없다. 제국의 무게중심은 콘스탄티누스 대제 이전부터 이미 동쪽으로 이동했고, 그의 도시가 세계제국의 대좌(臺座)가 되었을 때 그것은 로마적인 것의 후계자였다. 황제직은 진화와 보수적 경향이 어떻게 통합될 수 있었는지를 특히 명확히 보여준다. 800년까지 비잔티움 제국의 황제는 전 인류의 현세 지배자라는 이론에 어떠한 공식적 도전도 없었다. 그해 서쪽의 한 통치자가 로마에서 '황제'로 받아들여졌을 때, 비잔티움 국가가 가지는 제국 지위의 유일함은 도전받은 셈이었다. 그 새로운 체제의 정확한 지위에 대해서 동쪽이 어떻게 생각하고 말했든지 간에 말이다.

그러나 비잔티움 제국은 보편제국으로서의 환상을 계속해서 간직했다. 최후의 순간까지 황제들이 존재할 것이었고, 그 황제직은 경외심을 불러일으키는 위엄 중의 하나였다. 여전히 이론적으로는 원로원, 군대, 민중에 의해서 선택되었던 황제들이, 그럼에도 불구하고 절대적인 권력을 향유했다. 어떤 특정 황제가 보위에 오를 때의 현실 상황이 그 황제가 실제로 행사할 수 있는 권력의 정도를 결정하기는 했지만, 그는 서쪽의 황제가 단 한번도 되어본 적이 없는 전제군주였다. 법률원칙과 관료제의 기득권이 실제 행동에서 황제의 의지를 약화시켰을 가능성이 있지만, 그 의지는 이론상 항상 최고의 위치에 있는 것이었다. 국가의 주요 부서의 수장들은 그를 제외하면 아무에게도 책임을 지지 않았다. 이런 권위는 비잔티움 제국의 정치가 황제의 궁정에 얼마나 강하게 초점이 집중되어 있었는지를 설명해준다. 권위가 주어지는 곳은 유럽의 일부에서 천천히 발전하고 있던 것과 같은 공동 또는 대의 기관들에서가 아니라, 그 궁정에서였기 때문이다.

항상 그렇듯이 전제정은 가혹한 측면을 가진다. 제국 전체에 우글거렸던 큐리오소(curioso) 또는 비밀경찰 정보원들은 아무런 이유 없이 그곳에 있는 것이 아니었다. 그러나 황제직의 성격은 황제에게도 역시 의무를 부과했다. 콘스탄티노플의 총대주교에 의해서 대관됨으로써, 황제는 막대한 권위를 가지게 되었지만, 지상에 있는 신의 대리자로서의 책무들도 함께 짊어졌다. 세속적인 것과 종교적인 것 사이의 선은 동쪽에서는 항상 흐릿했는데, 견제 받지 않는 권력에 대한 지속적인 도전으로서 서구에 있었던 교회와 국가의 대립 같은 것은 존재하지 않았다. 그러나 비잔티움 제국의 체제에서는 신의 부섭정자로서 적절히 행동해야 한다는, 즉 그의 행동에서 인류에 대한 사랑인 박애주의를 보여야 한다는 지속적인 압박이 황제에게 존재했다. 전제권력의 목적은 인류의 보호와 그 권력이 끌어내는 생명수, 즉 정교와 교회가 흐르는 수로의 보존이었다. 과거 이교도 황제들이 신격화되었던 것처럼, 대체로 대부분의 초기 기독교 황제들은 성인(聖人)으로 공표되었다. 기독교를 제외한 다른 전통들도 역시, 황제직 자체가 시사하듯이, 이 직위에 영향을 주었다. 비잔티움 제국의 황제들은 동양 전통에서 온 엎드림의 의식을 받아들일 것이었으며, 모자이크에서 드러나는 황제들의 이미지에는 그들의 두상이 기독교 이전 시대 마지막 황제들이 그려져 있는 후광으로 둘러싸여 있는데, 이것은 태양신 숭배의 일부였던 것이다(일부 사산 왕조 페르시아 지배자들의 묘사에서도 이런 모습이 역시 있다). 그럼에도 불구하고, 황제가 그의 권위를 정당화했던 것은 그 무엇보다도 기독교 통치자로서였다.

황제직은 이처럼 비잔티움 제국의 기독교적 유산의 많은 부분을 구체화하는 것이었다. 그 유산은 또한 동로마 제국을 많은 수준에서 서유럽과 확연하게 구별시켜주는 표시이기도 했다. 첫 번째로 정교회(正敎會)라고 불리게 될 것의 종교적 특이성들이 있었다. 예를 들면, 이슬람은 종종 동쪽의 성직자들에 의해서 이교(異敎)라기보다는 이단(異端)으로 취급되었다. 다른 차이들은 성직자와 사회의 관계에 대한 정교의 견해에 있었다. 영적인 것과 세속적인 것의 융합은 황제라는 직위 아래의 수많은 단계들에서도 중요했다. 하나 상징적인 것은 기혼 성직자들을 보유하는 것이었다. 우리가 당연히 성스러움을 가진 사람으로 여기는 정교회 사제는, 그럼에도 불구하고 결코 서쪽 가톨릭 동료들만큼 아주 동떨어진 인간이 되지는 않았다. 이는 사회를 결속시키는 힘으로, 정교회가 현재까지도 가지고 있는 크나큰 역할을 시사한다. 무엇보다도 교황권과 같은 사제의 권위는 등장하지 않을 것이었다. 권위의 초점은 직위와 책무가 서로 동등한 지위의 주교들보다 훨씬 더 높은 곳에 있는 황제였다. 물론 사회적 규제라는 측면에서 볼 때, 이것이 정교가 중세 유럽의 교회보다 더 관용적이었다는 점을 의미하지는 않는다. 황제가 그의 기독교도로서의 직무, 즉 유대인들, 이단들, 동성연애자들과 같은 익숙한 희생양들에 대한 공격을 포함하는 직무를 수행하지 않았을 때, 이는 혼란의 시대의 증거로 항상 쉽게 해석되었다.

서유럽 및 중유럽과의 차이는 부분적으로는 정치사, 즉 제국의 분할 이후 점차 느슨해져가는 접촉의 한 산물이었고, 부분적으로는 근본적인 방식의 차이의 문제였다. 가톨릭과 정교 전통들은 (그 시작점에서의 분기는 아주 작은 폭이었지만) 이른 시기부터 다른 경로를 타게 되었다. 이른 시기, 라틴어권 기독교는 그리스인들이 시리아와 이집트의 관행에 대해서 행해야 했던 양보들 때문에 다소 멀어지게 되었다. 그러나 그러한 양보는 기독교 국가들 내에서 일정한 다중심주의를 계속 살려놓기도 했다. 콘스탄티노플 외에 동쪽에 있던 세 곳의 총대주교 관할교구인 예루살렘, 안티오크, 알렉산드리아가 아랍의 손에 넘어갔을 때, 로마와 콘스탄티노플의 대립은 두드러지게 강해졌다. 점차 기독교 세계는 두 언어의 병용을 멈추게 되었다. 라틴어권 서쪽이 그리스어권 동쪽과 맞서게 된 것이다.

비잔티움 제국 내에서 그리스어 사용에 가장 오랫동안 저항했던 양대 부서였던 군부와 사법부에서 라틴어가 공식 언어로서 마침내 사용이 중단되었던 것은 7세기가 시작될 즈음이었다. 관료조직이 그리스어를 사용한다는 것은 매우 중요한 의미를 가질 것이었다. 동방 교회가 무슬림들 사이에서 실패했을 때, 그것은 새로운 선교지를 개척하면서 북쪽의 이교도들 사이에서 크게 기반을 닦았다. 궁극적으로, 남동부 유럽과 러시아가 콘스탄티노플 덕택에 전도될 것이었다. 다른 많은 결과들 중에서도 그것은 슬라브 민족들이 비잔티움 제국의 설교자들로부터 그리스어를 기초로 한 문서 내의 문자언어뿐만 아니라, 그들의 가장 근본적인 정치사상들을 다수 가져갔다는 것을 가리킨다. 그리고 서유럽 및 중유럽은 가톨릭 문명권이었기 때문에 슬라브인 세계와의 관계는 대개 적대적이었는데, 그 결과 슬라브 민족들은 서쪽에 있는 기독교 세계의 절반을 깊은 유보의 감정 속에서 바라보게 되었다. 그러나 이는 먼 훗날에 있을 일이고, 지금 우리가 가야 하는 곳과는 거리가 멀다.

동방 기독교 전통의 특징은 여러 방식으로 설명될 수 있다. 예를 들면, 수도원 운동은 동방에서 본래의 은자적인 형태에 가깝게 남아 있었고, 성인의 중요성은 좀더 위계적이었던 로마 교회에서보다 항상 더 컸다. 그리스인들은 또한 라틴 사람들보다 더 논쟁적이었던 것 같다. 초기 교회의 헬레니즘적 배경은 항상 심사숙고함의 문화를 장려했고, 동방 교회들은 동양적 경향들에 열려 있었으며, 많은 전통세력들의 압력에 항상 영향을 받기가 쉬웠다. 그러나 이는 종교분쟁에 대해서 교조주의적 해결책이 부과되는 것을 막지 못했다.

이런 분쟁들 중 일부는 지금 볼 때는 사소하거나 또는 심지어 의미 없어 보이는 문제들에 관한 것이었다. 필연적으로, 우리 시대와 같은 세속적인 시기에는 이런 논쟁 중에서 가장 유명한 것조차도 이해하기가 어렵다. 왜냐하면 우리는 그들 뒤에 놓여 있는 정신세계에 대한 이해를 결여하고 있기 때문이다. 이를 이해하기 위해서는, 신학자들의 정교한 정의들과 궤변들 뒤에는 소름끼치게 중요한 염려, 즉 인류는 천벌로부터 구원받아야 한다는 염려가 존재했다는 사실을 되뇌는 노력이 필요하다. 이해를 가로막는 더 높은 장애물은 이와는 정반대의 이유 때문에 생기는데, 이는 동방 기독교 내의 신학적 차이점들이 정치와 사회에 대한, 즉 민족 및 문화 집단들과 당국과의 관계에 대한 질문들을 위해서 자주 상징들과 특유한 토론의 형식들을 취했기 때문이다. 마치 현세 신학인 마르크스-레닌주의에 관한 지나치게 세세해 보이는 논쟁도 20세기 공산주의자들 사이의 접근법에서는 정치 및 경제직 차이들을 반영했던 것처럼 말이다. 이런 질문들은 첫눈에 보이는 것보다는 더 큰 중요성이 있으며, 그것 중 많은 것들은 군대나 심지어 민족의 이동만큼이나 강력하게 세계사에 영향을 끼쳤다. 두 개의 최대 기독교 전통들이 서서히 갈라졌던 것은 크나큰 중요성이 있다. 그것은 어떤 의미에서든 신학적인 분열에서 시작되지는 않았지만, 신학적 논쟁들은 이 전통들이 더 멀리 갈라지도록 몰고 갔다. 그 논쟁들로 인해서 일의 다른 식의 진행을 상상하기 더욱더 어려워지는 상황들이 조성되었던 것이다.

두드러지는 하나의 사례인, 기독교 신학자들을 약 5세기 중엽부터 분열시켰던 교리인 그리스도 단성론(單性論, Monophysitism)에 관한 토론을 살펴보자. 이 신학적 문제의 중대성은 우리와 같은 탈종교 세대가 언뜻 보아서 이해하기 어려운 것이다. 그것은 그리스도의 품성은 그가 현세에 있을 때는 단일했다는 주장으로부터 나왔다. 그것은 초기 교회에서 일반적으로 가르쳤듯이, 이중적인(신적인 동시에 인간적인) 것이 아니라 완전히 신적이라는 것이다. 어쩌면 후회하게 될지도 모르지만, 이 견해가 불러일으켰던 오랜 토론의 중요한 세부 사항들을 여기에서는 지나쳐야 한다. 몇몇 경쟁하는 종파들의 이름을 들어보면, 아프타르토도세태주의자들(Aphthartodocetists)*, 커럽티콜주의자들(Corrupticolists)**, 데오파쉬트주의자들(Theopaschitist)*** 등이 있었고, 이들 사이의 논란이 벌어질 중요한 비신학적 무대가 마련되어 있었다는 점을 주목하는 것으로 충분할 것이다. 그 무대 안의 한 요소는 동방 정교회와 로마 가톨릭으로부터 분리되어 나왔던 세 개의 단성론 교회들이 서서

---

* 6세기에 존재했던 단성론 종파. 신성과 결합된 이후로 그리스도의 육체는 썩을 수 없다고 주장했다/역주
** 그리스도의 육체가 썩을 수 있다고 주장했던 6세기 이집트의 이단 종파/역주
*** 6세기 그리스도는 신성이라는 단 하나의 품성만을 가지며, 이 신성이 십자가에 못 박힐 때 고난받았다고 주장했던 종파/역주

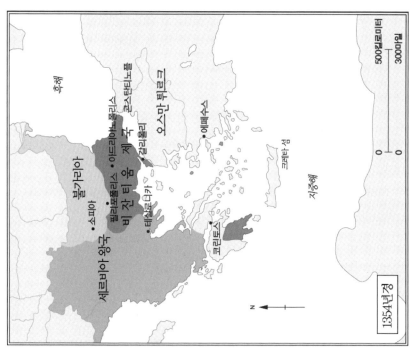

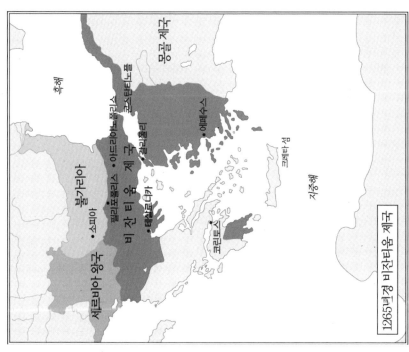

히 공고화되었던 사실이었다. 이들은 이집트와 에티오피아의 콥트 교회들과 시리아 야고보 및 아르메니아인 교회들이 되었다. 어떤 의미에서 그들은 그들 나라의 국가교회라고 할 수 있었다. 비잔티움 제국의 황제들이 신학논쟁에 끌려들어갔던 것은 첫 번째로는 페르시아, 그 다음으로는 아랍의 위협에 맞서서, 위와 같은 집단들을 융화시키고 제국의 통일성을 공고히 하려는 노력 가운데서였다. 게다가 그 이상의 무엇, 즉 니케아 공의회를 콘스탄티누스 대제가 주재했던 사실에서 우선적으로 드러나는 황제직의 특별한 책무 이상의 것이 있었다. 예를 들면, 황제 헤라클리우스(재위 610-641)는 7세기 초반 단성론 논쟁자들을 화합시키는 절충안을 만드는 데에 최선을 다했다. 그것은 곧 그리스도 단의론(單意論, Monothelitism)이라고 불리게 될 새로운 신학적 정의의 형식을 취하게 되었다. 결국에 이는 새로운 이름을 가진 단성론으로 비난받게 되지만, 일정 기간 동안은 이를 토대로 합의를 도출할 수 있는 것처럼 보이기도 했다.

한편, 그 문제는 동과 서를 실제로 더 멀리 떨어지도록 밀어냈다. 역설적이게도 신학논쟁의 마지막 결과물은 681년의 합의였음에도 불구하고, 단성론은 이르게는 5세기 말부터 라틴 문명권과 그리스 문명권 사이에 40년간 지속된 분열을 낳았다. 이 분열은 치유되었지만, 헤라클리우스 치하에서 더 심각한 문제가 생겼다. 비잔티움 제국은 아랍인들의 맹렬한 공격에 의해서 위협받던 때에 전략적으로 이탈리아를 떠나야 했지만, 교황과 황제는 모두 공동의 전선을 펴기를 간절히 바랐다. 이는 부분적으로 교황이 단성론을 지지했던 이유를 설명해준다(헤라클리우스는 예루살렘 총대주교가 가졌던 신학적 염려를 진정시키기 위해서 단성론에 대한 교황의 견해를 물어보았다). 그레고리우스 대교황의 후임자였던 교황 호노리우스(?-638)는 헤라클리우스의 타협 시도를 지지했다. 따라서 이는 반(反)단성론자들을 분노하게 만든 끝에, 거의 반세기가 지난 후 그는 교황으로서는 이례적으로 한 공의회에서 규탄을 받았는데, 이 회의에 참석했던 동과 서의 대표들은 이 결정에 함께했다.

비잔티움 제국의 유산은 단지 제국적이고 기독교적이지만은 않았다. 그것은 또한 아시아에 빚을 지고 있었다. 이 빚은 단순히 비단길을 따라서 도착한 중국 상인들로 상징되었던 다른 문명과의 직접적 접촉의 문제만이 아니라, 헬레니즘 동방이 가졌던 복합적인 문화적 유산의 문제이기도 했다. 비잔티움 제국이 '야만인들'에 대한 관념과 그리스어를 말할 줄 모르는 사람들에 대한 관념을 혼동하는 편견을 가졌던 것은 당연했으며, 이 제국의 수많은 지도적 지성인들은 자신들이 헬라스(Hellas), 즉 고대 그리스 전통에 서 있다고 느꼈다. 그러나 그들이 말했던 헬라스는 헬레니즘 동방의 경로를 통한 것을 제외하고는 오랫동안 고대 그리스 문명의 세계로부터 차단되어왔던 세계였다. 그 문화적 지역을 볼 때, 얼마나 깊게 고대 그리스의 뿌리가 내려져 있는지, 그리고 얼마나 많은 영양분을 그들이 아시아적 원천에 빚지고 있는지를 확신하기는 어렵다. 예를 들면, 그리스어는 소아시아에서는 주로 도시 거주자였던 소수에 의해서만 사용된 것 같다. 또다른 징표는 제국의 관료제와 지도적 가문들로부터 나오는데, 여기에서는 세기가 갈수록 더욱 많은 아시아식 이름들이 나타난다. 아시아는 5세기와 6세기 비잔티움 제국의 영토상실 이후에 더욱 큰 비중을 차지하게 되었는데, 그 이유는 이 상실로 인해서 제국이 점차 콘스탄티노플을 중심으로 한 유럽 본토의 가는 조각 정도로 점차 줄어들고 있었기 때문이었다. 바로 그때, 아랍인들은 비잔티움 제국을 둘러싸면서 소아시아로 들어왔고, 북쪽으로는 캅카스 산맥과 남쪽으로는 토로스 산맥으로 경계를 이루었다. 그 가장자리들에는 또한 항상 무슬림 문화가 스며들 수 있는 국경지대가 놓여 있었다. 그곳에 사는 사람들은 자연스럽게 일종의 경계지 세계의 삶을 살았으나, 이런 영향보다도 더 심대한 외부의 영향들이 비잔티움 제국에 미쳤음을 보여주는 표시들이 간혹 발견된다. 즉, 비잔티움 제국의 모든 종교 논쟁 중에 가장 위대한 것, 즉 성상숭배에 대한 논쟁과 유사한 것이 거의 동시대에 이슬람 문명권 내부에서도 존재했던 것이다.

복합적인 유산의 가장 두드러진 특징들은 7세기와 8세기에 결정되었다. 정부의 전제적 전통, 로마에 대한 신화, 동방 기독교의 보호감독, 사실상 동쪽으로 영토가 국한된 것이 그것들이었다. 그즈음 유스티니아누스 대제 치하에서 대략적인 기초가 놓인 중세식 국가가 후기 로마 제국으로부터 나타나기 시작했다. 그러나 우리는 이 결정적인 시기에 대해서 아는 것이 별로 없다. 일부는 이 시기의 비잔티움 제국에 대한 어떠한 그럴듯한 역사도 저술되지 않았다고 말하며, 그 시대에 대한 사료는 매우 부족하고, 현재 수준에서 고고학적 지식도 빈약하다. 그러나 이 혼란의 시대가 시작될 즈음 제국이 가지고 있던 자산은 충분히 명확하다. 제국은 거대하게 축적된 외교 및 관료세 운용술, 군사 전통, 그리고 어마어마한 위엄을 향유했다. 언젠가 제국의 능력이 상대적으로 줄어든다고 해도, 제국의 잠재적 세금 자원은 상당했고 운용할 수 있는 예비 인력 또한 그러했다. 소아시아는 동로마 제국이 서쪽의 경우처럼 게르만 야만인들에게 의존해야 할 필요를 경감시켜주는 인력충원의 장이었다. 제국은 또한 주목할 만한 전쟁기술을 가지고 있었다. 즉, 비밀병기였던 '그리스 화약'은 콘스탄티노플을 공격하는 전함들에 대항하는 데에 효과적으로 이용되었다. 콘스탄티노플의 환경 역시 군사적으로 유용했다. 5세기에 건설된 거대한 장벽은 중화기 없이는 육상으로 이 도시를 공격하기 어렵게 만들었는데, 공격측은 당시에 이런 중화기를 가지고 있지 않았을 가능성이 컸다. 바다에서는 제국의 함대가 적의 상륙을 막을 수 있었다.

장기적인 관점에서 상대적으로 덜 확고했던 것은 제국의 사회적 기반이었다. 소농 집단을 유지하면서, 힘 있는 지방지주들이 그 농민들의 재산을 침해하는 것을 막기는 항상 어려웠다. 법정은 그 소농을 항상 보호하지는 않았다. 그 소농은 또한 교회자산의 꾸준한 확대에서 기인한 경제적 압박 아래에 놓여 있었다. 이런 압력은 소농들이 군역을 진다는 이유로 그들에게 토지를 하사했던 제국의 관행으로 쉽게 상쇄시킬 수 없었다. 그러나 이는 세기들이 지나가면서야 그 문제의 중요성이 드러나게 될 것이었다. 단기간의 전망들은 7세기와 8세기의 황제들에게 생각할 만한 충분한 여유를 주었다.

그들은 지나치게 확장되어 있었다. 600년 비잔티움 제국은 여전히 북아프리카 연안, 이집트, 레반트, 시리아, 소아시아, 트레비존드 너머 흑해의 먼쪽 연안, 크림 반도 연안 그리고 비잔티움 국가로부터 도나우 강 입구에 이르는 지역을 포괄했다. 유럽에서는 테살리아, 마케도니아, 아드리아 해 연안, 중부 이탈리아를 가로지르는 띠 모양의 지역, 이탈리아 반도 발끝과 뒤꿈치에 있던 영토들, 마지막으로 시칠리아, 코르시카, 사르디니아의 섬들이 있었다.

비잔티움 제국의 잠재적 적들과 제국이 가지는 자원들의 위치로 볼 때, 이 상황은 전략가의 악몽이었다. 이후 두 세기 동안의 이야기는 계속해서 돌아오는 침략자들 물결의 이야기가 될 것이었다. 이란인들, 아바르인들, 아랍인들, 불가르인들, 슬라브인들은 비잔티움 제국의 중심을 괴롭혔고, 서쪽에서는 유스티니아누스 대제의 장군들이 탈환했던 영토들이 거의 한순간에 다시 아랍인들과 롬바르드족에 의해서 날아가버렸다. 궁극적으로, 서유럽 역시 약탈자로서의 면모를 드러낼 것이었다. 동로마 제국이 수 세기 동안 그 타격의 많은 부분을 흡수해주었다는 사실(만약 그렇지 않았다면 그것이 유럽으로 떨어졌을지 모를 일이었다)은 이 제국을 구원해주지 않을 것이었다. 이 결과는 동로마 제국이 계속되는 전쟁에 직면했다는 것이다. 유럽에서 그것은 콘스탄티노플의 바로 그 장벽에서의 전투를 의미했다. 반면 아시아에서 그것은 소아시아의 진군을 저지하기 위한 진력나는 원정을 의미했다.

이런 도전은 심지어 7세기가 시작될 때부터 이미 그 영토에서 아주 느슨한 통제만을 하고 있고, 권력의 많은 부분을 영향력의 희미한 그림자, 즉 외교, 기독교, 군사적 명망에 의존하고 있던 국가에 주어진 것이었다. 비잔티움 제국과 이웃 국가들과의 관계는 아마도 한 가지 방식 이상으로 파악될 수 있을 것이다. 후대의 눈으로 보기에, 유스티니아누스 대제부터 바실리우스 2세까지 모든 황제들이 위협적이던 야만인들에게 지불했던 공납물과 같은 것은 연합세력들과 동맹국들을 복종시키기 위해서 과거 로마 제국이 사용했던 하사금 전통에 속해 있는 것이었다. 제국이 가졌던 민족적, 종교적 내부 다양성은 공적 이데올로기에 의해서 가려졌다. 제국의 그리스화는 자주 피상적인 것에 그쳤다. 그런 현실은, 훗날 아나톨리아의 많은 사람들이 튀르크인들을 환영했던 것처럼 많은 시리아의 기독교인들이 아랍인들을 기꺼이 환영했을 때, 표면 위로 떠오르게 되었다. 종교적 박해는 자업자득이 될 것이었다.

게다가 비잔티움 제국의 동맹국들 중에는 어떠한 강대국도 포함되어 있지 않았다. 고난스러웠던 7세기와 8세기에 그들에게 가장 중요한 우방은 하자르 한국이었는데, 600년까지 돈 강과 볼가 강 계곡의 여러 민족들을 지배하던 튀르크 유목민들이 세웠던 그 나라는 광대했지만 느슨한 국가였다. 그 동맹으로 인해서 그들은 2세기 동안 그들과 페르시아인들 및 아랍인들을 차단시켰던 전략적 가교인 캅카스 산맥을 가로질러 자리잡을 수 있었다. 최고 전성기 때의 이 하자르인 국가는 흑해를 돌아서 드네스트르 강까지, 북으로는 볼가 강 상류와 돈 강까지를 포함했다. 비잔티움 제국은 하자르인들과의 친선을 유지하기 위해서 상당한 공을 들였고 그들을 기독교로 개종시키려는 노력도 한 것으로 보이지만, 그 시도는 성공하지 못했다. 실제로 일어난 일들은 수수께끼로 남아 있지만, 하자르인 지도자들은 기독교와 몇몇 다른 신앙들을 관대하게 다루면서 740년경 분명 유대교로 개종했다. 그것은 아랍 정복 이후 페르시아로부터 유대인들이 이주해나왔던 결과이자, 아마도 의식적인 외교적 노력의 결과로 만들어진 듯하다. 유대인으로서 그들은 기독교 제국의 영적이고 정치적인 영향권 안으로도, 또는 칼리프들의 그것으로도 빨려들어가지 않을 것 같았다. 대신에 그들은 이 둘과 외교 및 교역 관계를 향유했다.

생존을 위한 비잔티움 제국의 몸부림에서 처음으로 등장했던 대영웅은 헤라클리우스였는데, 그는 유럽 내의 위협들을 동맹과 양보를 통해서 상쇄하려고 했고 결과적으로 페르시아인들에게 대항하여 격렬히 전투를 수행할 수 있었다. 그는 궁극적으로는 성공했지만, 그때는 이미 페르시아인들이 그들이 축출되기 전까지 레반트와 소아시아에서 비잔티움 제국에 소름끼치는 피해를 끼친 후였다. 일부 학자들은 그들이 헬레니즘 문명의 위대했던 도시들의 진정한 파괴자였다고 믿는다. 고고학은 여전히 그 수수께끼를 풀어주지 못하지만, 헤라클리우스의 승리 이후에 과거의 위대했던 도시들은 폐허 상태로 남았고, 그 일부는 도시의 핵이었던 아크로폴리스 정도 수준으로 축소되었으며, 인구는 급격히 감소했다는 징표가 존재한다.

아랍의 맹렬한 공격(그 공격은 두 세기 동안이나 계속될 것이었다)은 그때, 즉 많은 것이 이미 심각하게 흔들리던 구조 위에 떨어졌다. 641년 헤라클리우스가 죽기 전, 거의 모든 그의 군사적 업적들은 뒤엎어졌다. 그를 이어받았던 황제 중 일부는 능력 있는 이들이었지만, 그들은 그들을 향해서 강하게 흘러들어오는 조류에 대항하여 완강히 버텨보는 것 이상은 거의 할 수가 없었다. 643년 알렉산드리아는 아랍인들에게 함락되었고, 그것은 바로 이집트에서의 그리스 지배가 끝이 났음을 의미했다. 몇 년 내에, 그들은 북아프리카와 키프로스도 잃었다. 오래된 전장이었던 아르메니아는 10년이 지나지 않아서 넘어갔고, 마침내 아랍인들의 성공의 최고점이 그들의 5년(673-678년)에 걸친 콘스탄티노플 공격과 함께 찾아왔다. 아랍 함대로부터 그 수도를 구했던 것은 그리스 화약이었던 것 같다. 그 이전, 황제가 직접 이탈리아를 찾은 적이 있음에도 불구하고, 아랍인들과 롬바르드족에게 빼앗겼던 이탈리아와 시칠리아의 땅들을 수복하려는 시도에는 진전이 없었다. 그리고 7세기 마지막 25년에 또 하나의 위협이 등장하면서 그 세기는 흘러갔다. 슬라브인들은 마케도니아와 트라키아로 밀려들어왔고, 또다른 인종 집단인 불가르인들(그들은 슬라브화 될 것이었다)은 도나우 강을 건넜다.

7세기는 군대에서 반란이 터지고 황제가 교체되면서 끝이 났다. 모든 징후들로 볼 때, 동로마 제국은 서로마 제국과 같은 운명, 즉 황제직이 군인들의 전리품이 되는 운명을 겪을 것 같았다. 8세기 초 잔혹하거나 무능력한 황제들이 이어지면서, 불가르인들의 콘스탄티노플 입구 진출과, 717년 수도에 대한 아랍인들의 두 번째 포위공격을 결국 허용하게 되었다. 그러나 이는 진정한 전환점이었다. 물론 이것이 아랍인들이 보스포루스 해협에 나타난 마지막 사건이 되지는 않을 것이었지만 말이다. 717년 황제위는 이미 비잔티움 제국의 가장 위대한 황제 중의 하나였던 아나톨리아 출신 레오 3세에게 와 있었다. 그는 그가 관할하던 땅에서 아랍인들의 공격을 성공적으로 막아냈던 지방관 출신이었는데, 그후 콘스탄티노플로 상경하여 이를 지켜내면서 당시 황제를 강제로 퇴위시켰다. 그는 곧 스스로 황제가 되었고, 제국민들의 지지를 얻었으며, 성직자들로부터도 따뜻하게 환영받았다. 이것이 그 출신지로부터 이름을 딴 이사우리아 왕조의 창건이었다. 그것은 동로마 제국의 엘리트 집단이 점차 하나의 동양식 군주국인 비잔티움 국가의 그것으로 변화하고 있음을 보여주는 하나의 표지였다.

8세기는 차질이 있기는 했지만, 회복기의 시작을 알렸다. 레오 황제는 그의 나라 사람들 대다수를 놀라게 하며, 아나톨리아에서 아랍인들을 쫓아냈고 그의 아들은 국경을 시리아, 메소포타미아, 아르메니아로까지 다시 밀어냈다.

이때부터 칼리프국과의 국경은 지금까지보다 더 안정되었다. 물론 전투철에 국경 침입과 작은 충돌은 계속되었지만 말이다. 이런 성취(이는 물론 부분적으로 아랍 세력 자체의 상대적인 쇠퇴 때문에 이루어진 측면도 있다)는 11세기 초까지 지속되었던 발전과 팽창의 새로운 시기를 열었다. 서쪽에서는 특별한 일이 이루어지지 못했다. 라벤나는 빼앗겼고, 이탈리아와 시칠리아에서는 단지 몇몇 작은 거점들만이 남았다. 그러나 동쪽에서는 비잔티움이 제국의 심장이었던 트라키아와 소아시아를 근거지로 삼아서 다시금 팽창했다. 일련의 군관구들 또는 행정구들이 발칸 반도의 주변부를 따라서 들어섰다. 이들 외에, 비잔티움 제국은 그곳에 2세기 동안 다른 거점을 가지지 않았지만 말이다. 10세기에는 키프로스, 크레타 섬, 안타키아 모두를 되찾았다. 비잔티움 제국 군대는 유프라테스 강을 건넜고, 북시리아와 토로스 산맥에서의 전투가 계속되었다. 그루지야와 아르메니아에서 비잔티움 제국이 가지고 있던 위치도 향상되었다.

동유럽에서 비잔티움 제국 사람들은 마침내 불가르인들의 진출을 봉쇄했는데, 그 진출은 그들이 이미 기독교로 개종했던 10세기 초에 정점에 도달했었다. 불가로크토노스(Bulgaroctonos), 즉 '불가르인들의 살해자'로 역사에 남아 있는 바실리우스 2세(재위 976-1025)는 1014년에 있었던 한 대전투에서 그들의 힘을 궁극적으로 분쇄했다. 이어서 그는 불가르인들을 자극하기 위해서, 그 전투에서 잡은 1만5,000명의 포로를 눈 멀게 한 뒤 집으로 돌려보냈다. 불가르인들의 지배자는 충격을 받고 사망했다고 알려져 있다. 몇 년 내에 불가리아는 (결코 성공적으로 흡수되지 않을 것이었지만) 비잔티움 국가의 한 지방이 되었다. 곧 비잔티움은 아르메니아를 그들의 지배영역에 포함시키면서 제국 최후의 정복들을 이루었다.

따라서 이 세기들의 전반적인 이야기는 진전과 복원의 이야기이다. 그러나 그 시기는 또한 비잔티움 문화의 위대한 시기들 중 하나이기도 했다. 대체로 왕조의 원칙이 준수되었다는 점에서, 정치적으로 내정에서의 안정이 이루어졌다. 이사우리아 왕조에서 가장 인상적인 인물들 중 하나는 아테네의 이레네(Irene of Athens)라고 불리는 여제 이레네였는데, 그녀는 780년에서 803년까지 첫 번째는 섭정(攝政)으로서, 이후에는 여제로서 직접 제국을 통치했다. 그녀는 간혹 황제로 불리기도 했던 위엄 있는 인물이었는데, 종교 반대파를 진압했고, 동서 교회의 까다로운 관계들을 호전시키는 데에 도움을 주었다. 그녀는 정치의 영역 또한 통일하기 위해서, 카롤루스 대제에게 결혼까지 제안했다고 알려져 있다. 그러나 그녀의 계승자들은 이런 위업에 미치지 못했다. 이사우리아 왕조는 9세기 중엽에 비참하게 끝이 났다. 그러나 867년에 그 왕조를 대체했던 마케도니아 왕조 치하에서 비잔티움 국가는 성공의 정점에 이르렀다. 미성년 황제의 치세 때에는 공동황제 제도가 왕조의 원칙을 지키기 위해서 채택되었다.

이 시기의 초반에 제국을 분열시키고 곤경에 빠뜨렸던 주요 원천은 과거에 자주 그랬던 것과 같이 종교였다. 이는 제국을 괴롭혔고 회복을 더디게 만들었는데, 그것은 꽤 자주 정치적이고 지역적인 문제들과 얽혀 있었기 때문이었다. 그 두드러진 예는 한 세기 이상이나 격렬했던 논란, 즉 성상파괴주의자들의 운동이었다.

성인들, 성모 마리아와 신 그림은 기도와 설교에 집중하기 위해서 정교가 만들어낸 위대한 장치들 중 하나가 되었다. 고대 말기에는 그런 성상(聖像)이나 성화(聖畵)들이 서쪽에서도 역시 존재했지만, 오늘날까지도 이것들은 성스런 장소와 특별한 칸막이벽에 전시되어 신앙인들이 이를 숭배하거나 감상하는 정교 교회들에서 특별한 위치를 차지한다. 성화들은 단순한 장식의 의미를 훨씬 넘어선다. 왜냐하면 그것들의 배치는 정교회의 가르침을 전달하고 (한 권위자가 말하듯이) "하늘과 땅이 만나는 지점"을 제공하기 때문이다. 성화들은 6세기까지 동쪽 교회들에서 주목을 끌었다. 그후 2세기 동안 이것들은 중시되었고 많은 곳에서 사람들은 성화에 더 헌신하게 되었지만, 바로 그때 그것의 사용 자체에 대한 회의가 일었다. 성상파괴주의자들이 그들의 사상을 무슬림들로부터 차용했다고 추론할 수는 없지만, 공교롭게도 이런 회의는 칼리프가 이슬람권에서 이미지들의 사용에 반대하는 운동을 일으켰던 직후에 생겨났다. 성화비판자들은 이것이 우상이며, 마땅히 신에게로 향해야 할 숭배를 인간의 창조물에게로 왜곡한다고 주장했다. 그들은 성화의 파괴나 제거를 요구했고 백도제(白塗劑), 붓, 망치를 가지고 이 일에 의욕적으로 착수했다.

레오 3세는 그런 사람들을 지지했다. 황제의 권력이 왜 성상파괴주의자들을 지원하게 되었는지에 대해서는 이해하기 힘든 점이 여전히 많지만, 레오는 주교들의 조언대로 행동했던 것이었고, 아랍인들의 침공과 화산 폭발은 분명히 신이 성화를 탐탁지 않게 생각함을 드러내는 것으로 여겨졌다. 따라서 730년 한 칙령은 공적 예배에서 이미지의 사용을 금지했다. 이에 저항하는 사람들에 대한 박해가 이어졌다. 이 박해는 지방에서보다는 수도 콘스탄티노플에서 항상 더 확연하게 시행되었다. 콘스탄티누스 5세 치하에서 성상파괴주의 운동은 정점에 도달했고, 754년 주교회의는 이를 비준했다. 박해는 더 가혹해졌고, 특히 수도사들 사이에서 많은 순교자가 생겼다. 이들은 대개 수도원에 들어가지 않고 교구에 거주하는 성직자들보다 더 열렬하게 성화를 옹호했다. 그러나 성상파괴주의는 항상 황제의 지지에 의존했다. 다음 세기 동안 파괴는 성쇠(盛衰)를 되풀이했다. 레오 4세와 그의 미망인이었던 이레네 치하에서, 박해는 완화되었고, '친성화파들', 즉 성화옹호자들이 복권되었다. 물론 또다른 박해가 곧 재개되지만 말이다. 843년에 가서야, 동방 교회에서 여전히 정교 축제일로 기념되고 있는 날인 사순절의 첫 번째 일요일에, 성화는 마침내 복원되었다.

이런 이상한 사건의 의미는 무엇이었을까? 유대인과 무슬림을 개종시키는 작업이 기독교도의 이미지에 대한 숭배관행 때문에 더 어려워진다고 알려져 있었다는 점에서 이 운동에 대한 실용적 정당화가 있었지만, 이는 그리 깊은 설명이 되지는 못한다. 다시 한번 종교논쟁은 종교 외적인 요소들과 분리될 수 없지만, 이에 대한 궁극적인 설명은 아마도 종교적 경계심에 있는 것 같다. 그리고 동로마 제국의 신학논쟁에서 자주 드러났던 열정을 감안해볼 때, 그 토론이 얼마나 격렬해졌을지는 쉽게 이해할 만하다. 중요했던 것은 그리스인들이 성화에 대한 그들의 극단적인 (상대적으로 최근의) 헌신에서 우상숭배로 빠져들고 있다는, 그리고 아랍의 재앙들이 신의 진노를 드러내는 첫 번째 우르릉거리는 소리라는 개혁가들의 느낌이었다. 『구약성경』의 이스라엘에서와 같이, 경건한 왕은 우상을 파괴함으로써 죄의 결과들로부터 그 민족을 구할 수 있는 것이었다. 성상파괴주의는 또 한편으로 지방세력이나 수도사(이들은 설교에서 성화에 큰 중요성을 부여했다)에게 오랫동안 유리하게 흘러왔던 흐름에 대한 분노의 대응이었다. 성상파괴주의는 진노한 신을 달래는 신중한 조치일 뿐만 아니라 지방의 신앙, 도시와 수도원들의 독립적 움직임, 토착 성인들에 대한 숭배에 대한 중앙당국, 즉 황제와 주교들의 대응이었다.

성상파괴주의는 서유럽 교회의 많은 사람들의 감정을 상하게 했지만, 당시 정교가 얼마나 라틴 기독교로부터 멀어졌는가 하는 점을 그 무엇보다도 잘 보여준 것이었다. 서유럽 교회도 역시 옮겨가고 있었다. 라틴 문화가 게르만 족에 의해서 장악당하면서, 그것은 영적인 측면에서 그리스 동방의 교회로부터 떠나갔다. 주교들이 주도했던 성상파괴주의 종교회의는 이미 레오 3세의 지지자들을 규탄했던 교황의 권위에 대한 모욕이었다.

로마 교황청은 황제가 영적인 문제에 개입할 수 있다고 자처하는 것을 불안한 마음으로 바라보았다. 이렇게 성상파괴주의는 기독교 세계의 양대 세력 사이의 분열을 더 깊게 만들었다. 문화적 차이점은 이제 더욱 확대되었고(비잔티움 국가에서 이탈리아까지 배로 두 달이 걸린다는 점을 볼 때, 놀라운 일은 아니었다), 육로에서는 슬라브 민족들의 쐐기가 이 둘 사이에 놓였다. 동과 서의 접촉은 공식적인 수준에서 모두 소멸될 수는 없었다. 그러나 이 수준에서도 역시 역사는 새로운 분열을 만들었다. 특히 800년 교황이 프랑크 왕국의 왕을 '황제'로 만들었을 때 그러했다. 서유럽 세계 안의 차이들은 콘스탄티노플의 입장에서 별로 중요하지 않았다. 비잔티움 제국의 관리들은 프랑크 왕국 영역 내의 도전자를 확인하고 그후부터 모든 서유럽 사람들을 구분 없이 '프랑크족'이라고 불렀는데, 이런 어법은 멀리 중국까지 전파되었다. 비잔티움과 프랑크 국가는 아랍인들에게 대항하여 협력하지 못했고, 서로의 민감한 부분들에 상처를 주었다. 로마 황제의 대관식은 정열적인 통치자이면서 여성이었던 이레네가 콘스탄티노플의 황제 자리를 차지한 것에 대한 부분적인 대응이었다고 볼 수도 있다.

물론 두 개의 기독교 세계는 모든 접촉을 잃어버릴 수는 없었다. 10세기의 한 게르만 계통 황제는 비잔티움 제국 출신의 신부를 맞았고, 당시 게르만 예술은 비잔티움 제국의 주제와 기술에 많은 영향을 받았다. 그러나 그러한 접촉을 생산적으로 만들었던 것은 바로 두 문화세계의 차이였고, 세기가 흘러 갈수록 그 차이는 점점 더 뚜렷해졌다. 비잔티움의 옛 귀족가문은 점차 아나 톨리아나 아르메니아 혈통에서 나온 다른 이들로 대체되었다. 무엇보다도 종 교적 세계와 세속적 세계가 완전하게 상호침투해 있는 콘스탄티노플 생활 자 체의 독특한 화려함과 복잡함이 있었다. 기독교 교회 역년의 일정은 궁정의 그것과 분리될 수 없다. 그것들은 함께 기독교와 국가의식들이 제국의 위엄 을 일반민들에게 과시했던 거대한 무대의 리듬을 설정했다.

비잔티움 국가에도 일부 세속적인 예술이 존재했지만, 그것은 일반인의 눈 으로 볼 때는 항상 압도적으로 종교적이었다. 심지어 최악의 시기에도, 그것 은 끊임없는 활력을 가지고 있었고, 신의 위대함과 무소부재(無所不在)함을 표현하고 그의 부섭정자가 황제임을 드러냈다. 의식은 궁정의 딱딱한 예법을 받쳐주었다(이를 둘러싸고 그곳에서는 모의와 음모라는 전형적인 악들이 확 산되기도 했다). 심지어 기독교도 황제의 공개석상 등장도 신비주의 숭배에서 신이 출현하는 모습 같았다. 황제는 몇 개의 막이 걷힌 후에 그 막 뒤에서 극적으로 나타났던 것이다. 이것은 정말 놀라운 한 문명의 정점이었는데, 아 마도 500년 동안 세상의 절반에게 진정한 제국이 무엇인지를 보여주는 것이 었다. 10세기 이교도 러시아인 사절단이 비잔티움에 도착해서 그들이 다른 종교들에 그래왔듯이 비잔티움의 기독교를 탐구했을 때, 그들은 단지 성 소피 아 성당에서 그들이 목격한 것에 경탄했다는 사실만을 보고할 수 있었다. 그 들은 "그곳에서는 신이 인간과 함께 머무신다"라고 말했다.

제국의 근저에서 실제로 벌어지고 있었던 것은 쉽게 말하기 어렵다. 7세기 와 8세기에는 인구가 감소했다는 강력한 징표가 존재한다. 이는 아마도 전쟁 의 발발 및 전염병의 창궐 모두와 관련이 있을 것이다. 동시에 지방도시들에 서는 새로운 건물이 별로 지어지지 않았고, 통화량도 줄어들었다. 이 모든 것들은 당시 경제가 쇠약해져가고 있었고, 이에 따라서 국가가 더 많이 경제 에 개입하고 있었다는 점을 시사한다. 제국관리들은 생산물에 직접 과세 조치 를 취함으로써, 도시를 먹여살리기 위한 특수기관들을 세움으로써, 관료제를 통해서 수공업자들과 상인들을 길드와 조합에 조직시킴으로써, 제국의 기본적인 필요들이 맞추어질 것이라는 점을 확실하게 하고자 했다.

제국의 단 하나의 도시만이 그것의 경제적 중요성을 계속 유지할 수 있었고, 그 도시는 비잔티움 국가의 장관이 그 절정에서 펼쳐졌던 콘스탄티노플이었다. 교역은 제국에서 결코 완전히 마르지 않았고, 12세기까지 내려와서도 여전히 사치품 교역에서 아시아로부터 유럽과 중동을 이어주는 중요한 상업의 통로가 존재했다. 그것의 위치 자체만으로도, 비잔티움은 커다란 상업적 역할을 수행하고 이웃 국가들에 여러 다른 사치품을 공급했던 수공업을 경제적으로 자극할 수 있도록 보장받는 셈이었다. 마지막으로, 대지주들의 권력과 부는 전체 시기를 관통하면서 계속 성장했다는 증거가 있다. 농민들은 점점 더 지주들의 대농장에 묶이게 되었고, 제국의 후반기에는 대토지 소유에 기초한 주요 지방경제 단위의 출현과 같은 것이 목도되었다.

이 경제는 그 전성기의 비잔티움 문명의 장려함과 9세기 황제들 치하의 영토회복을 위한 군사적 시도들 모두를 감당할 수 있었다. 그러나 두 세기가 지나면, 하나의 좋지 않은 국면이 제국의 힘을 혹사시켰고 장기간에 걸친 쇠퇴기를 열었다. 그것은 내부적, 개인적 문제들의 새로운 분출로부터 시작되었다. 능력이 떨어졌던 많은 황제들과 여제들이 단명까지 하면서 중앙에서의 통제를 약화시켰다. 비잔티움 제국의 지배계급 내 주요 두 집단의 경쟁이 제어할 수 없게 되었다. 그 뿌리가 지방에 있었던 궁정의 한 귀족 집단은 종신관료, 즉 보다 고위의 관료와 투쟁관계로 얽히게 되었다. 부분적으로 이는 지식인 엘리트 집단과 군사 엘리트 집단과의 갈등 또한 반영했다. 불운하게도, 그 결과는 육군과 해군이 문관들에 의해서 필요한 재원으로부터 고사당함으로써 새로운 문제들에 대처할 수 없는 상태가 되었다는 것이었다.

이 문제들은 제국의 한쪽 끝 편에서 당시 남부 이탈리아와 시칠리아로까지 움직이고 있던 서유럽 최후의 야만인 이주자들인 기독교도 노르만인들이 야기했다. 소아시아에서 그 문제들은 튀르크의 압박 때문에 생겨났다. 이미 11세기에 튀르크계 룸 술탄국은 비잔티움 제국의 영토 내에서 수립되었다(이런 이유로 술탄국의 명칭 룸[Rum]은 로마[Rome]를 의미한다). 그곳에서는 아바스 왕조의 통제력이 이미 지방족장들의 손으로 흘러간 상태였다. 1071년 만지케르트에서 셀주크 튀르크인들에게 충격적인 패전을 당한 후, 비잔티움 제국은 소아시아를 사실상 잃었으며, 그것은 그들의 재정적, 인적 자원에 엄청난 타격이 되었다. 비잔티움 제국의 황제들이 공존하는 법을 익혀왔던 칼리프국들은 더 무시무시한 적들로 대체되었다. 제국 내에서도 11-12세기 일련의 불가르인들의 반란이 이어졌고, 그 지역에서는 중세 정교의 반대파 운동 중에 가장 강력한 것이었던 보고밀파 이단이 널리 퍼져나갔는데, 이는 그리스의 최고위 성직자들과 그들의 비잔티움적인 방식들에 대한 증오를 토대로 했던 운동이었다.

새로운 왕조였던 콤네노스 왕조는 다시 한번 제국을 결집시켜 또다른 한 세기 동안(1081-1185) 나름대로 현상 유지를 할 수 있었다. 그들은 그리스에서 노르만인을 몰아냈고 남러시아로부터 침입해온 새로운 튀르크계 유목민들인 페체네그인들을 격퇴시켰다. 그러나 불가르인들을 쳐부수거나 소아시아를 되찾을 수는 없었고, 결국에는 그들이 이룬 것에서 중요한 양보를 해야 했다. 어떤 양보들은 제국 내부의 세력가들에게 행해졌고, 어떤 것들은 다음 차례에 위협적이 될 듯한 동맹국들에게 주어졌다.

이들 중의 하나, 과거 비잔티움 국가의 위성국이었던 베네치아 공화국에 주어졌던 양보는 특히 불길한 것이었는데, 베네치아의 모든 존재 이유는 전부터 동지중해에서의 확장이었기 때문이었다. 베네치아는 유럽의 대아시아 교역에서 가장 중요한 수혜자였으며, 이른 시기부터 특별히 유리한 지위를 발전시켜왔다. 11세기 노르만인들을 대항하는 데에 지원했던 대가로, 베네치아인들은 제국 전체에서 자유롭게 교역할 수 있는 권리를 부여받았다. 즉, 그들은 외국인이 아니라 황제의 신민으로 취급받을 것이었다.

베네치아의 탁월함과 성공은 또한 그 사회와 국가의 형태를 기초로 이루어진 것이었다. 베네치아는 이탈리아 본토로부터 온 난민들이 아드리아 해 석호(潟湖)의 일군의 작은 섬들을 점차 다리와 운하로 연결시키면서 그 위에 건설되었는데, 시작부터 그것은 정부의 형태와 교역의 이해관계를 지키려고 애쓰는 군사공화국이었다. 베네치아의 지도자는 모두 교역을 통해서 큰 재산을

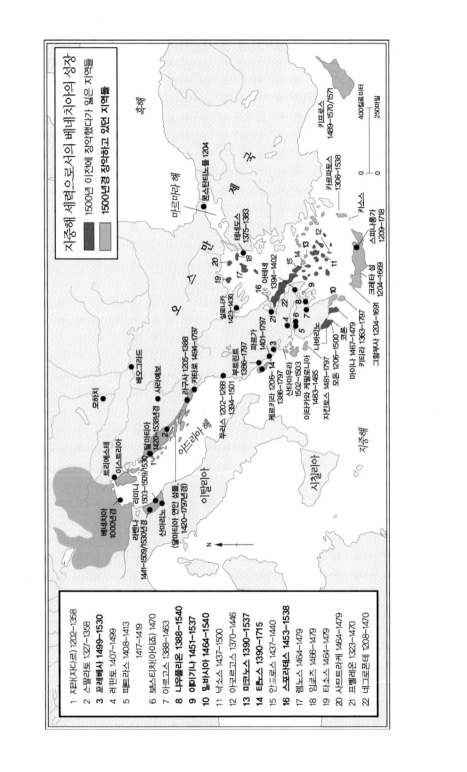

지중해 세력으로서의 베네치아의 성장

■ 1500년 이전에 장악했다가 잃은 지역들

□ 1500년경 장악하고 있던 지역들

1 제라(자다르) 1202~1358
2 스팔라토 1327~1358
3 **프레베사 1499~1530**
4 라칸토 1407~1499
5 파트라스 1408~1413
      1417~1419
6 보스티차(아이조) 1470
7 아르고스 1388~1463
8 **나우플리온 1388~1540**
9 아이기나 1451~1537
10 **모네바시아 1464~1540**
11 낙소스 1437~1500
12 아르고스 1370~1446
13 **미코노스 1390~1537**
14 **티노스 1390~1715**
15 안드로스 1437~1440
16 **스포라데스 1453~1538**
17 렘노스 1464~1479
18 임브로즈 1466~1479
19 타소스 1464~1479
20 사모트라케 1464~1479
21 프렐레오 1323~1470
22 네그로폰테 1208~1470

모았던 유력 가문들 사이에서 종신직으로 선출된 총독이었다. 베네치아인들 (과 이탈리아의 서부 연안에서 이후에 등장했던 유사한 공화국 제노바인들)의 신조는 어디에서든 그들이 원하는 곳에서 방해받지 않고 교역할 수 있는 권리였고, 따라서 그들은 그 원칙을 관철시키기 위해서 강력한 해군을 신설했다. 점차 베네치아의 전초기지들이 달마티아 연안을 따라서 그리스 섬들 쪽으로 등장했다. 케르키라, 크레타, 키프로스 섬은 베네치아의 식민지가 되었고, 그 곳들로부터 교역, 특히 중동과의 교역은 더욱 확대되었으며, 아시아로까지 연결되었다.

베네치아의 해군력은 빠르게 성장했고, 비잔티움 함대가 쇠퇴의 길로 떨어지면서 그것은 더욱더 독보적이 되었다. 1123년 베네치아인들은 이집트 함대를 격파했고, 그 이후로는 그들의 이전 종주국, 즉 비잔티움 제국으로부터 통제받지 않게 되었다. 한 전쟁에서는 직접 비잔티움 국가와 싸우기도 했지만, 베네치아는 노르만인들로부터 제국을 지원하고 십자군을 선별하는 일을 더 잘했다. 이런 성공들을 토대로 상업적 특혜와 영토의 획득이 이어졌는데, 전자가 가장 중요한 것이었다. 베네치아는 비잔티움 제국의 쇠락에 기초해서 만들어졌다고 말할 수 있는데, 제국은 그 아드리아 해의 기생충에게 거대한 잠재력을 가진 경제적 숙주였던 것이다. 12세기 중엽, 약 1만 명의 베네치아인들이 콘스탄티노플에 살고 있었다고 알려져 있는데, 그곳에서 그들의 교역은 그만큼 중요한 것이었다. 13세기까지 키클라데스 제도, 많은 다른 에게 해 섬들, 북해 연안의 많은 부분이 또한 그들에게 속하게 되었다. 앞으로 3세기 동안 수백 개의 공동체들이 이에 더해지고 베네치아화될 것이었다. 고대 아테네 이후로 첫 번째 상업 및 해상 제국이 만들어진 것이었다.

이렇듯 베네치아가 새로운 도전을 야기하고, 과거부터 있었던 도전들도 계속되었던 것은 비잔티움 제국의 황제들에게는 이미 충분히 수치스러운 것일 수 있었다. 만약 그들이 국내에서 새로운 문제에 직면하지 않았더라면 말이다. 12세기에 반란은 더욱 흔해졌다. 이것은 유럽인들이 막 그때 십자군으로 알려진 복잡한 운동으로 중동을 공격하고 있었기 때문에 두 배로 위험한 것이었다. 십자군에 대한 다양한 해석들을 위해서 여기에서 머물러 있을 필요는 없다. 비잔티움 국가의 입장에서 볼 때, 서유럽에서 온 이와 같은 침입들은 점점 더 새로운 야만인들의 침공처럼 보였다. 12세기 그들은 과거 비잔티움 레반트 지역에 네 개의 십자군 국가를 남겨놓았는데, 이는 중동의 전장에 이제 또 하나의 경쟁자가 생겼음을 알려주는 것이었다. 무슬림 세력들이 쿠르드족 살라딘의 지휘 아래 결집하고 12세기 말 불가르인들의 독립이 부활했을 때, 비잔티움의 위대한 날들은 마침내 끝이 났다.

최후의 일격은 콘스탄티노플이 마침내 점령되어 강탈당했을 때, 그러나 그토록 자주 이를 위협하던 이교도들이 아니라 기독교도들에 의해서 그렇게 되었던 1204년에 왔다. 제4차 십자군에서 이교도와 싸우기 위해서 동쪽으로 갔던 한 기독교 군대는 베네치아인들에 의해서 비잔티움 제국을 향해서 방향을 바꾸었다. 그 군대는 도시를 공포로 몰아넣고 약탈했고(이때가 히포드롬 광장의 말 청동상들이 베네치아의 성 마르크 성당 앞으로 옮겨지게 된 때였다. 그것들은 1980년대 초반까지 거기에 있었다), 성 소피아 성당의 총대주교좌에 매춘부 하나를 데려다 앉혔다. 동과 서의 기독교 세계가 그보다 더 무지막지한 방식으로 구분될 수는 없었다. 교황도 규탄했던 그 약탈은 정교회의 기억에 종교적 타락의 하나로 남을 것이었다. '프랑크족'(그리스인은 그들을 이렇게 불렀다)은 모두 너무도 분명하게 비잔티움을 그들 문명의 일부로 보지 않았고, 심지어는 기독교 세계의 일부로도 보지 않았다. 왜냐하면 종교적 분열이 이미 한 세기 반 동안이나 실제로 존재했기 때문이다.

비록 그들은 콘스탄티노플을 버리고 떠날 것이었고 황제도 1206년에 복고(復古)될 것이었지만, 프랑크족은 새로운 정복자, 즉 오스만 튀르크인들이 등장하기 전까지 과거 비잔티움 국가의 영토에서 다시는 완전히 정리되지 않을 것이었다. 그동안 심장은 이미 비잔티움으로부터 빠져나갔다. 제국이 완전히 죽기까지는 아직도 2세기가 남아 있었지만 말이다. 즉각적인 수혜자들은 베네치아인들과 제노바인들이었는데, 이제 그들의 역사에 비잔티움 국가의 부와 상업이 통합되었던 것이다.

반면에 비잔티움 국가의 유산, 또는 그것의 큰 부분은 아마도 동로마 제국의 사람들이 많은 자신감이나 자부심을 느낄 수 있는 형태로는 아니었지만,

이미 미래에 상속되었다. 그것은 슬라브 민족들 사이의 정교 기독교의 뿌리에 놓였다. 이는 거대한 결과들을 초래할 것이었는데, 그것들 중 많은 것은 여전히 현재의 우리와 함께 있다. 러시아 국가와 다른 근대 슬라브 민족들은 만약 그들이 우선적으로 특수한 비잔티움적인 특징들을 받아들이며 기독교로 개종하지 않았더라면, 유럽에 통합될 수도, 유럽의 일부분으로 간주될 수도 없었을 것이다.

이것이 어떻게 일어났는가와 관련된 이야기들 가운데 많은 부분은 여전히 잘 알려져 있지 않고, 기독교 시기 이전의 슬라브인들에 대해서 알려진 것은 심지어 더 논란거리이다. 오늘날 슬라브 민족들의 평면도가 대체로 서유럽의 그것과 같은 시기에 확립되었다고 해도, 지리는 그것을 혼란스럽게 만든다. 서유럽의 경우 고대 로마 제국 이후의 사회가 자리잡은 지 한참 후였지만, 슬라브 유럽은 유목민들의 침입과 아시아와의 근접성이 많은 것들을 여전히 아주 유동적으로 남겨놓았던 지역에 걸쳐 있다. 중부와 남동부 유럽 대륙의 상당수는 산악지형이다. 그곳에서 민족 집단들은 계곡에 따라서 분포되어 있다. 반면에 현대 폴란드와 유럽 러시아의 대부분은 광대한 평지이다. 비록 오랫동안 숲으로 가려져 있었지만, 그것은 그곳에 정착해 있는 집단들에게 확연한 자연거점이나 적들이 넘기 어려운 장벽이 되어주지 못했다. 그 거대한 공간에서 수많은 세기 동안 권익들은 분쟁 속에 있었다. 그 과정이 끝날 무렵, 즉 두 번째 천년기가 시작할 즈음에 동유럽에는 독립적인 역사적 미래를 가지게 될 수많은 슬라브 민족들이 등장했다. 이렇게 만들어진 양태는 오늘날까지도 이어지고 있다.

하나의 전형적인 슬라브 문명이라는 것도 성립했다. 물론 모든 슬라브인들이 완전히 그것에 속하지는 않았고, 결국에는 폴란드에 속한 민족들과 현대 체코 및 슬로바키아 공화국들은 동부 유럽보다는 중부 유럽에 문화적으로 더 긴밀히 묶일 것이지만 말이다. 슬라브 세계의 국가구조들은 나타났다가 사라졌다가 할 것이었지만, 그것들 가운데 두 가지, 즉 폴란드와 러시아 국가들에 의해서 진화해온 두 가지는 특히 지속적이며 조직화된 형태로 살아남을 수 있는 것으로 판명되었다. 슬라브 세계는 때로 (특히 13세기와 20세기에) 서와 동으로부터 모두 압박을 받았기 때문에, 살아남기 위해서는 많은 것들이 있어야 했다. 서유럽의 공격성은 슬라브인들이 그들 자신만의 강력한 정체성을 견지하고 있는 것에 대한 또 하나의 이유가 된다.

슬라브인들의 이야기는 최소한 기원전 700년까지 거슬러 올라간다. 그때 이 민족 집단은 동카르파티아 산맥에서 크림 반도까지의 지대에서 형성된 것으로 보인다. 1,000년이 넘게 그들은 서서히 서와 북, 즉 현대 러시아로 퍼져 나갔다. 기원후 5세기에서 7세기에, 서와 동 슬라브인들 모두 발칸 반도로 남하하기 시작했다. 튀르크계 민족과 유사하게, 이 슬라브인 팽창의 많은 부분은 아바르 제국 치하에서의 그들의 종속적인 역할과 우선적으로 관계가 있었다. 아바르인들, 즉 돈 강, 드네프르 강, 드네프르 계곡들에 걸친 방대한 지대를 지배하고, 도나우 강에까지 이르는 남러시아 지역을 통제했던 이 중앙 유라시아 민족의 힘이 슬라브인들을 서쪽으로 인도하면서 동시에 밀어낸 것이다.

그들의 전체 역사를 통틀어서, 슬라브인들은 놀랄 만한 생존력을 보여주었다. 러시아에서 스키타이인들과 고트족들로부터, 폴란드에서 아바르인들과 훈족으로부터 거듭 공격을 받았지만, 슬라브인들은 그럼에도 불구하고 그들의 땅을 고수했고 이를 오히려 확장시켰다. 분명 그들은 완강하고 끈질긴 농업 경작자들이었음에 틀림없다. 그들의 초기 예술은 다른 민족들의 문화와 기술을 기꺼이 흡수하려는 마음을 보여준다. 그들은 그들의 지배자들로부터 배웠지만, 그 지배자들보다 더 오래 살아남았다. 따라서 7세기에 그들과 역동적인 이슬람 문명권 사이에 하자르인과 불가르인이라는 두 민족의 장벽이 존재했다는 점은 중요하다. 이 강력한 민족들은 슬라브인들에게 점차적으로 발칸 반도와 저 아래의 에게 해 쪽으로 이주하는 길을 내준 셈이 되었다. 훗날 이들의 이주는 아드리아 해 연안까지 이를 것이었고, 모라비아와 중부 유럽, 크로아티아, 슬로베니아, 세르비아에까지 도달할 것이었다. 10세기가 되자, 슬라브 언어와 문화를 가진 사람들은 발칸 반도 전체에서 지배적인 숫자가 되었다. 물론 현대 DNA를 기초로 한 연구는 세르비아인들과 마케도니아인들 중 아주 적은 집단만이 유전인자상 초기 슬라브인들과 관계가 있다고 제시했지만 말이다.

이 과정에서 등장했던 첫 번째 슬라브 국가는 불가리아였다. 비록 불가르인
들은 그 기원에서 슬라브계라기보다는 튀르크계였지만 말이다. 그들 중 일부
는 슬라브인들과의 통혼(通婚)과 접촉으로 인해서 서서히 슬라브화했다. 이
들은 7세기에 도나우 강에 정착했던 서불가르인들이었다. 그들은 비잔티움
국가에 대한 일련의 거대한 습격들에서 슬라브 민족들과 공조했다. 559년 그
들은 콘스탄티노플의 수비벽을 뚫고 들어가서 그 주변에 진지를 꾸렸다. 그들
의 동맹자들처럼 그들 역시 이교도였다. 비잔티움은 불가르인 부족들 사이의
차이를 이용했고, 그중 한 부족장은 콘스탄티노플에서 황제 헤라클리우스를
대부로 삼아서 세례를 받았다. 그는 비잔티움 제국과의 동맹을 이용하여 앞으
로 불가리아로 불리게 될 지역에서 아바르인을 몰아냈다. 점차 불가르인 혈통
은 슬라브인의 혈통과 영향에 의해서 희석되어갔다. 그 세기말에 마침내 불가
르 국가가 모습을 드러냈고, 우리는 그것을 슬라브 국가로 간주할 수 있다.
716년 비잔티움 제국은 불가르 국가의 독립을 인정했다. 이제 오랫동안 제국
의 일부로 당연시되었던 영토에 외래 집단이 존재하게 된 것이다. 동맹 상태
였다고 하더라도, 이는 비잔티움 국가의 입장에서 보면 서쪽으로의 영토회복
시도에 해가 되는 가시와 같은 것이었다. 9세기 초, 불가르인들은 한 전투에
서 비잔티움 제국 황제를 죽였다(그리고 그의 두개골을 이용해서 그들 왕을
위한 컵을 만들었다). 378년 이후로는 어떤 비잔티움 제국 황제도 야만인들과
의 전투 도중에 사망했던 일이 없었는데 말이다.

비록 갈등의 끝은 아니었지만, 하나의 전환점은 불가르인들이 기독교로 개
종했을 때 찾아왔다. 의미심장하게도 로마에 접근하여 이를 콘스탄티노플에
대항하는 카드로 사용할 가능성을 만지작거렸던 잠깐의 시기 후, 865년에 또
다른 불가리아의 왕자는 세례를 받았다. 그의 백성들 중에 반대도 있었지만,
이 시기부터 불가리아는 기독교 국가가 되었다. 비잔티움 국가의 정치인들이
기대했을지도 모르는 외교적 실익이 무엇이었든 간에, 그것으로 그들의 불가
리아 문제가 사라지는 것은 결코 아니었다. 그럼에도 불구하고 그것은 하나의
획기적 사건이었고, 슬라브 민족들의 기독교화라는 거대한 과정에 하나의 중

대한 발걸음이었다. 그것은 또한 이 기독교화가 어떻게 일어날지에 대한 하나의 암시였다. 그것은 위에서 아래로, 즉 그들의 지배자의 개종으로 이루어질 것이었다.

중요했던 것은 이 과정에서 생긴 큰 결과물, 즉 미래 슬라브 문명의 성격이었다. 두 개의 위대한 이름, 즉 9세기에 테살로니키에서 태어났지만 현재의 정교 공동체에서도 높은 명성을 누리는 성직자들인 성 키릴로스와 성 메토디오스 형제의 이름들이 슬라브 문명 형성의 시작을 지배한다. 키릴로스는 일찍이 하자리아에 선교를 다녀왔으며, 그들의 작업은 비잔티움 국가의 이데올로기적 외교라는 전반적인 맥락에서 이루어진 것이었다. 정교 선교사들은 비잔티움 제국의 외교사절들과 산뜻하게 구별될 수 없었고, 이 성직자들은 그러한 구분을 받아들이기가 어려웠을 것이었다. 키릴로스의 이름은 그가 고안해낸 키릴 문자라는 이름 속에서 여전히 기념되고 있다. 그것은 슬라브 민족들 사이에서 빠르게 퍼져나갔고, 곧 러시아에 닿았으며, 기독교의 발산뿐만 아니라 슬라브 문화의 결정화 역시 가능하게 했다. 비잔티움 국가가 슬라브 민족의 유일한 이웃은 아니었기 때문에, 그 문화는 다른 영향들에 잠재적으로 열려 있었지만, 결국에는 동방 정교가 그것에 대한 가장 깊은 단일 영향이 되었다.

한 세기 이상 다른 개종은 없었지만, 비잔티움 제국의 입장에서 보았을 때 더욱 중요한 개종이 뒤를 이었다. 860년 200개의 함정(艦艇)으로 구성된 원정대가 비잔티움 국가를 습격했다. 그 시민들은 공포에 질렸다. 그들은 성 소피아 성당에서 몸을 떨며 총대주교의 기도를 들었다. "북쪽에서 한 민족이 슬며시 내려왔습니다.……그 민족은 사납고 인정도 없고, 그 목소리는 성난 바다와 같고……사납고 야만적인 부족이 모든 것을 부수고 아무것도 남겨놓지 않고 있습니다." 그것은 서유럽의 수도사가 바이킹의 재앙적인 전함들로부터 신의 가호를 호소하는 목소리로 들릴 수도 있었을 것이며, 이 침입자들은 본질적으로 바이킹이었기 때문에 실제로 그렇게 이해될 수도 있었다. 그러나 그들은 비잔티움 제국 사람들에게는 루스(Rus, 또는 로스[Rhos])로 알려져 있었고, 그 침입은 러시아 군사력의 작은 시작을 알리는 것이었다.

그러나 그 뒤에는 하나의 국가라고 불릴 만한 그 어떤 것도 사실상 없었다. 러시아는 여전히 만들어지는 중이었던 것이다. 그 기원은 슬라브인들의 기여가 근본적이었던 하나의 결합체에 있었다. 동슬라브인들은 수 세기 동안 흑해로 내려가는 하곡들 상류 쪽에 길처서 퍼져 있었다. 이는 이미도 그들의 원시적인 화전농사법, 즉 토질을 2년에서 3년 내에 고갈시키고 이동하는 방식의 농사법 때문이었던 것 같다. 8세기 무렵 키예프 근처 구릉지대에는 상대적으로 조밀한 거주지, 아마도 도시생활이라고 불릴 만한 기색들이 충분히 있었다. 그들은 부족 단위의 삶을 살았는데, 그 경제 및 사회 제도는 여전히 알려져 있지 않다. 그러나 이것이 훗날 러시아의 기초였다. 그들의 토착 지도자들이 누구였는지는 모르지만, 그들은 주변의 농촌에서 공물을 뜯어내면서 방어 울타리들 내에서 살았을 것으로 추정되며, 그것이 그들의 최초의 도시가 되었을 것이다.

이런 슬라브인 부족들에 고대 스칸디나비아인들의 충격이 떨어졌고, 이들은 슬라브인들의 지배자가 되거나 그들을 남쪽에 노예로 팔았다. 이 스칸디나비아인들은 영토 확장열에 자극되어 교역, 노략질, 식민화를 함께 수행했다. 그들은 중요한 상업 운용술들, 항해와 대형함선 조종에서의 뛰어난 기술, 무시무시한 전투력, 그리고 아마도 아주 적은 숫자의 여성들을 가지고 있었다. 험버 강과 센 강의 그들의 바이킹 친척들처럼, 그들은 더 길고 더 먼 러시아 강들을 이용하여 그들의 먹잇감이 될 농촌으로 침투해 들어왔다. 일부는 제 길을 잘 가서, 846년까지 당시 그들이 불리던 이름인 바랑인들에 대한 이야기가 바그다드에서 들려왔다. 흑해에서 펼쳐졌던 그들의 많은 원정들 중 하나는 860년에 있었던 콘스탄티노플로의 원정이었다.

슬라브인의 이 새로운 지배자들은 동쪽에서 하자르인과 경쟁해야 했고, 하자르인의 속지 중 하나였던 키예프에 우선적으로 정착했던 것으로 보인다. 그러나 러시아의 전통 연대기는 노브고로드, 즉 북유럽 전설에 홀름가르트로 나오는 곳에 정착하는 것으로 시작한다. 류리크라고 불리는 한 공(公)이 860년경 그의 형제들과 함께 여기에 자리를 잡았다고 전해진다. 그 세기 말까지 또 하나의 바이킹 공이 키예프를 취했고, 신생국의 수도를 그 도시로 천도했다.

새로운 권력의 등장은 비잔티움 국가를 놀라게 했고 그들의 행동을 야기했다. 새로운 외교 문제에 대한 비잔티움 국가의 대응은 그 국가답게 이데올로기적으로 이루어졌다. 일부 러시아인들을 기독교로 개종시키려는 시도가 있었던 것으로 보이고, 한 지배자는 이에 따랐던 것 같다. 그러나 바랑인은 토르(Thor)와 오딘(Odin) 신을 섬기는 북유럽 이교신앙을 견지했고, 반면에 그들과 점차 섞이고 있던 그들의 슬라브인 백성들은 아마도 상고의 인도-유럽어족의 기원을 가진 그들만의 신들을 모시고 있었다. 여하튼 이런 신들은 시간이 지나면서 합쳐지는 경향이 있었다. 곧 비잔티움 국가와의 전투가 재개되었다. 10세기 초반, 올레그 공은 비잔티움 국가의 함대가 원정을 나간 틈을 타서 다시 콘스탄티노플을 공격했다. 그는 함선들을 상륙시키고 그것들에 바퀴를 달아서 이동하여 골든 혼으로 들어가는 봉쇄된 입구를 포위공격했다고 알려져 있다. 어쨌든 간에, 그는 911년에 매우 유리한 조약을 비잔티움 국가로부터 이끌어내는 데에 성공했다. 이는 러시아인들에게 비정상적일 정도로 유리한 교역특권을 부여했으며 이 새로운 공국의 삶에서 교역이 가지는 크나큰 중요성을 분명히 하는 것이었다.

전설 속 류리크 이후 반세기가량이 지나서, 러시아는 실재가 되었다. 키예프에 중심을 두고 발트 해와 흑해를 연결하는 일종의 하천 연합체가 탄생한 것이다. 그것은 이교 집단이었지만, 문명과 기독교가 찾아왔을 때 문명화되고 기독교화될 것이었다. 이는 945년 루스로 처음 지정된 이 신생공국이 하천과 바다를 통해서 비잔티움 국가에 용이하게 접근할 수 있었기 때문이었다. 그 나라의 통일성은 여전히 아주 느슨했다. 원래 결합력이 없는 구조에다가 바이킹들이 상속재산을 나누는 슬라브인 원칙을 채택하면서 더욱 덜 견고해졌다. 러시아 공들은 공국의 중심들을 지배자로서 누비는 경향이 있었는데, 그 공국들 중에 키예프와 노브고로드가 주요한 것이었다. 그렇지만 키예프의 가문이 가장 중요하게 대두했다.

10세기 전반기 동안, 비잔티움 국가와 키예프 러시아 사이의 관계는 서서히 무르익었다. 키예프가 스칸디나비아와의 관계를 느슨하게 하고 점점 더 남쪽을 바라보게 되면서, 정치와 교역의 수준 기저에서 더 근본적인 전환이 이루어졌다. 바랑인의 압박은 수그러들었던 것 같고, 이는 서유럽에서 스칸디나비아인이 성공을 거두었던 것과 관련이 있었던 것으로 추정할 수 있다. 서유럽에서 그들의 지배자들 가운데 하나인 롤로는 이후 노르망디의 공작령으로 알려지게 될 땅을 911년에 수여받았던 것이다. 그러나 키예프와 비잔티움 국가가 더 가까워지기 위해서는 오랜 시간이 걸렸다.

이를 막는 한 장애물은 비잔티움 제국 외교의 신중함이었는데, 10세기 초 제국은 러시아인들을 진정시키기 위해서 튀르크계 페체네그인들 중 거친 부족들과 협상함으로써 어부지리를 얻기를 강하게 바랐다. 당시 페체네그인들은 러시아의 영토를 괴롭히고 있었던 것이다. 페체네그인들은 이전까지 러시아인들과 하자르인들 사이의 완충지역을 형성했던 마자르 부족들을 서쪽으로 이미 몰아냈고, 따라서 그 지역에서는 더 많은 분란들이 발생할 수 있었다. 그리고 러시아 함대가 941년 그리스 화약에 의해서 쫓겨났던 시점에 하나의 전환점이 있었음에도 불구하고, 바랑인들의 습격 역시 끝이 난 것은 아니었다. 30년 전에 부여된 교역특권을 크게 줄이는 조약이 뒤따라서 맺어졌다. 그러나 하자리아가 쇠퇴하고 비잔티움 제국인들이 키예프 국가가 불가리아에 대항한 가치 있는 동맹국이 될 수 있다는 사실을 깨달으면서, 제국과 러시아 간의 호혜적인 이해관계는 더 분명히 드러났다. 상호접촉을 드러내는 증거는 배가되었다. 바랑인들이 콘스탄티노플의 근위대에 모습을 드러냈으며, 러시아 상인들은 전보다 더 자주 그곳에 다녀갔다. 일부는 세례를 받았던 것으로 여겨진다.

기독교는 가끔 그 상인들을 경멸했음에도 불구하고, 자주 그 교역자들의 물품들을 따라갔다. 882년에 이미 키예프에는 교회가 존재했으며, 그것은 아마도 외국 상인들을 위해서 있었던 것 같다. 그러나 이로부터 그 어떤 것도 이어졌던 것 같지는 않다. 다음 세기 중반까지 러시아 기독교에 대한 증거는 거의 찾아볼 수 없다. 그때, 945년에 한 키예프 대공의 미망인이 대공의 후계자, 즉 그녀의 아들을 대신해서 섭정을 했다. 그녀가 바로 올가였다. 그녀의 아들은 키예프 대공들 가운데 처음으로 스칸디나비아식 이름이 아니라 슬라브식 이름을 가졌던 스뱌토슬라프였다. 적정한 때, 올가는 콘스탄티노플을

방문했고, 그곳에서 비잔티움 제국 황제가 성 소피아 성당에서 열린 기념식에 참석한 가운데 기독교도로 세례를 받았다. 그것이 가지는 외교적 함의 때문에, 이 일을 정확히 어떻게 이해해야 하는지 확신하기는 어렵다. 올가는 로마가 어떤 것을 줄 수 있는지 알아보기 위해서 서유럽으로도 주교를 부르러 사람을 파견하기도 했다. 게다가 그 세례의 실질적인 속편이 곧바로 이어지지도 않았다. 962년부터 972년까지 권좌에 있었던 스뱌토슬라프는 그의 시대의 다른 바이킹 군사귀족들처럼 호전적인 이교도임이 드러났다. 그는 북유럽의 신들을 계속 신봉했으며, 하자르인의 땅에 대한 성공적인 공격을 통해서 그의 믿음을 굳건히 확인했다. 스뱌토슬라프는 불가르인들과의 싸움에서는 그만큼 성공적이지 못했고, 결국에는 페체네그인들과의 전투에서 전사했다.

이것은 결정적인 순간이었다. 러시아는 존재했지만, 여전히 동과 서 기독교 사이에서 평형을 유지하는 바이킹으로서였다. 이슬람교는 그 중요한 시기에 하자리아 때문에 뒤로 밀려 있었다고 해도, 러시아는 라틴 유럽으로 눈을 돌릴 수도 있었을 것이다. 이미 폴란드의 슬라브인들이 로마로 개종했고, 신성 로마 제국의 주교 관할구들이 발트 해 연안지대들과 보헤미아 같은 동유럽으로 계속 나아가고 있었다. 두 개의 거대 기독교 교회들의 분리, 심지어 적대감은 이미 기정사실이었고, 러시아는 그들 중 하나를 기다리는 큰 상이었다.

980년 일련의 왕위계승 투쟁이 러시아를 기독교도로 만든 블라디미르 공(公)의 승리로 끝이 났다. 그가 기독교도로 자랐다는 것은 충분히 가능하지만, 처음에 그는 바이킹 군사 지도자에게 어울리는 보란 듯한 이교신앙을 보여주었다. 그리고 그는 다른 종교들을 조사하기 시작했다. 전하는 이야기에 의하면, 그는 그 앞에 여러 종교들의 장점들을 놓고 숙고했다. 러시아인들은 이슬람교가 음주를 금지했기 때문에 그에 의해서 거부되었다는 이야기를 마음에 간직하고 있다. 위임위원단이 기독교 교회들을 방문하기 위해서 파견되었다. 그들이 보고하기에, 불가리아인은 불쾌한 냄새가 났다. 게르만인은 아무것도 제공할 것이 없었다. 그러나 콘스탄티노플은 그들의 마음을 사로잡았다. 그곳에서 그들은 앞으로 자주 인용될 표현을 사용했는데, 이는 "우리는 우리가 천국에 있는지 현세에 있는지 알지 못한다. 왜냐하면 현세에는 그것을 알 수 있는 시야나 아름다움이 없기 때문이고, 우리는 그것을 어떻게 표현해야 할지 모르기 때문이다"였다. 따라서 선택은 내려졌다. 986-988년경에 블라디미르는 그 자신과 그의 백성을 위해서 정교 기독교를 받아들였다.

그것은 정교 성직자들이 그 이후로 쭉 인식하듯이, 러시아 역사와 문화의 전환점이었다. "그때 우상숭배의 암흑이 우리를 떠나기 시작했고, 정교의 새벽이 밝았다"라고, 한 성직자는 약 반세기 후에 블라디미르를 칭송하며 말했다. 그러나 그의 신민들에게 세례받을 것을 요구하는 과정에서(필요하다면 물리적 강제를 동원하여) 블라디미르가 보여준 열의에도 불구하고, 그에게 영향을 미친 것은 단순히 종교적 열망만은 아니었다. 그 선택에는 외교적인 측면들이 또한 존재했다. 블라디미르는 비잔티움 제국의 황제에게 군사적 지원을 해왔고, 이제 그는 제국의 공주를 신부로 맞이할 것을 약속받았다. 이것은 키예프 대공의 지위에 대한 전례 없는 인정이었다. 비잔티움 국가는 불가르인에게 대항하기 위해서 러시아와의 동맹이 필요했기 때문에, 황제의 여동생이 쓸모가 있었다. 일이 무난하게 진행되지 않자, 블라디미르는 크림 반도의 비잔티움 국가령들을 점령함으로써 압박을 가했다. 결혼은 그때 성사되었다. 키예프 공국은 비잔티움 국가가 혼인성사를 할 만큼 가치 있는 존재였던 것이다. 물론 블라디미르의 종교적 선택이 외교보다 훨씬 더 많은 것을 결정했지만 말이다. 200년이 흐른 후에, 블라디미르의 동포들은 그를 성인으로 봉하는 것을 인정했다. 그가 내린 이 하나의 결정은 그 어떤 것보다도 러시아의 미래를 좌우하는 것이었다.

아마도 10세기 키예프 러시아는 많은 측면에서 서유럽의 대부분 국가들이 제공할 수 있었던 것보다 더 풍부한 문화를 가지고 있었다. 그 도시들은 러시아의 모피와 밀랍이 높게 평가받았던 중동으로 상품을 유통시키는 중요한 교역 중심지였다. 이 상업에 대한 강조는 또다른 차이점을 드러낸다. 서유럽에서는 장원을 중심으로 하는 자족적인 생업경제가 고대 경제세계의 몰락의 부담을 떠안은 제도로서 출현했다. 서유럽형 장원이 없는 러시아는 서유럽형 봉건귀족들 역시 없었다. 러시아에서는 가톨릭 유럽에 비해서 토지에 기초한 귀족들이 등장하기까지 시간이 더 걸릴 것이었다. 러시아의 귀족들은 전쟁 지도자의 동반자와 수행자로 상당히 오랫동안 남을 것이었다. 사회계급 저 아래에, 도시들에서, 그 새로운 신앙은 먼저 불가리아의 성직자들 덕분에 점차 뿌리를 내렸는데, 그들은 남슬라브 교회의 전례와 러시아어를 문어로 만들어준 키릴 문자를 가져왔다. 교회법 체제상 비잔티움 국가의 영향력은 강해서, 키예프의 대주교는 일반적으로 콘스탄티노플의 총대주교가 임명했다.

키예프는 그곳 교회들의 화려함으로 유명해졌다. 그때는 그리스의 영향이 드러나는 건축양식의 위대한 시기였다. 불행히도 목재로 만들어졌던 터라서 오늘날까지 남아 있는 것은 극히 일부이지만, 이 예술적 탁월함에 대한 명성은 키예프의 부유함을 반영했다. 그것의 정점은 블라디미르의 아들, 야로슬라프 현공 치하(재위 1019-1054)에서 찾아왔는데, 그때 한 서유럽의 방문자는 키예프가 콘스탄티노플과 경쟁관계라고까지 생각했다. 당시 러시아는 앞으로 다가올 수 세기 동안만큼이나 외부세계에 문화적으로 개방적이었다. 부분적으로 이는 야로슬라프의 군사적, 외교적 지위를 반영하는 것이었다. 그는 로마와 외교사절을 교환했으며, 동시에 노브고로드는 독일 한자의 상인들을 받아들였다. 야로슬라프는 스스로 스웨덴 공주와 결혼했고, 궁중 여인들의 배우자들을 폴란드, 프랑스, 노르웨이의 왕들에서 찾아주었다. 곤경에 처한 한 앵글로-색슨 왕가는 그의 궁중으로 피신해오기도 했다. 러시아와 서유럽 왕실들과의 관계는 앞으로 다시는 이보다 더 가까울 수 없을 것이었다. 문화적으로도 슬라브 문화에 비잔티움 문화가 이식되었던 첫 번째 결실들이 취합되었다. 러시아 문학의 첫 번째 위대한 작품인『러시아 연대기(*Russkaya letopis*)』는 슬라브의 유산을 강조하며 러시아의 역사를 기독교적인 용어를 통해서 서술했다.

키예프 러시아의 약점은 대공의 유고 시에 분열과 분쟁을 거의 확실하게 일으키는 승계법이 지속되었다는 데에 있었다. 11세기 단 한 명의 비키예프 출신 공만이 권력을 주장하고 외부 적들을 저지했지만, 키예프가 가졌던 패권은 야로슬라프 이후 시들었다. 북부의 공국들은 더 큰 자율성을 누렸다. 모스크바와 노브고로드는 궁극적으로 가장 중요한 두 개의 공국이었다. 비록 키예프에 견줄 만한 또 하나의 대공국이 13세기 후반 블라디미르에 세워졌지만 말이다. 부분적으로 이 러시아 역사의 무게중심 이동은 당시 최고조에 이르고 있던 페체네그인들의 압박이 초래한 남쪽에서의 새로운 위협을 반영하는 것이었다.

이것은 중대한 변화였다. 이 북부의 국가들에서는 러시아 정부와 사회를 특징지을 미래의 경향들이 시작되었고, 우리는 이를 포착할 수 있다. 서서히 공들의 토지 수여를 통해서, 과거 군 지도자들의 수행자들과 친밀한 동반자들이 토지를 기초로 한 귀족들로 변모했다. 심지어 정착농민들도 소유권과 상속권을 획득하기 시작했다. 토지에서 일하던 사람들 중 많은 이들은 노예였지만, 중세 서유럽의 토지중심 사회를 형성했던 것과 같은 의무의 피라미드 같은 것은 없었다. 이런 변화들은 하나의 문화, 즉 그 주요 방향이 러시아 역사의 키예프 시대에 정해진 문화 속에서 펼쳐졌다.

러시아와 거의 같은 시기에 확고해지기 시작했던 또 하나의 지속적 민족 실체는 폴란드였다. 폴란드의 기원은 동일한 영역에 살던 독일인들의 압박에 대항하여 투쟁하면서 10세기에 처음으로 역사 기록에 등장하는 한 슬라브 부족들 집단에 있었다. 따라서 역사 기록상 폴란드의 첫 번째 지배자인 미에슈코 1세가 기독교를 받아들이도록 만든 것은 아마도 정치적인 것이었을 것이다. 러시아와는 달리, 폴란드의 선택은 동방 정교회가 아니었다. 미에슈코는 신중히 생각한 후 로마를 선택했다. 따라서 러시아가 동유럽과 중앙 유라시아에 연결될 것이듯이, 폴란드는 그 역사를 통틀어서 중부 유럽과 관계를 맺을 것이었다. 966년에 있었던 이 개종은 신생국가가 이후 반세기 동안 빠르게 국가체제를 공고화시킬 수 있도록 길을 열었다. 한 정력적인 후계자가 행정체제를 만들기 시작했고 영토를 북쪽으로는 발트 해, 서쪽으로는 슐레지엔, 모라비아, 크라쿠프에까지 확장했다. 신성 로마 제국의 황제가 1000년에 그의 통치권을 인정했고, 1025년에 그는 폴란드 왕 볼레스와프 1세가 되었다. 정치적 차질과 이교도들의 대응 때문에 그가 이루어놓은 것들 가운데 많은 부분이 날아가고 암울한 시기들도 찾아올 것이었지만, 이때부터 폴란드는 역사적 실체였다.

게다가 폴란드 역사의 지배적인 주제 세 가지가 또한 그 모습을 드러냈다. 서쪽으로부터의 독일인 침략에 대한 투쟁, 로마 교회 이해관계와의 동일시, 왕좌를 향한 귀족들의 파벌성과 독립성이 그것이었다. 이것들 중 첫 번째 두 가지가 폴란드의 불행한 역사의 많은 것을 설명해주는데, 이 둘은 각기 다른 방향에서 폴란드를 잡아당겼기 때문이다. 슬라브인으로서, 폴란드인들은 슬라브 세계의 경계를 지키는 역할을 했다. 그들은 튜턴족, 즉 독일인들 이주의 물결에 맞서 방파제를 이루었던 셈이었다. 가톨릭으로서 그들은 정교회 동유럽과의 대치국면에서 서유럽 문화의 전초기지에 해당되었다.

이 혼란스런 세기들 동안, 슬라브 민족들의 다른 분파들은 아드리아 해까지 계속 밀려와서 중부 유럽에 이르렀다. 그들로부터 중요한 미래를 가지게 될 여러 민족들이 출현했다. 보헤미아와 모라비아의 슬라브인들은 9세기에 키릴로스와 메토디오스에 의해서 개종되었으나, 독일인들 때문에 라틴 기독교로 다시 개종했다. 크로아티아와 세르비아에서도 신앙의 갈등은 중요했는데, 그곳에서는 또다른 분파가 정착하여 동 슬라브 혈통과는 구분되는 국가를 세웠다. 그 국가는 첫 번째로는 아바르인들에 의해서, 다음으로는 독일인들과 마자르인들에 의해서 동슬라브 혈통과 분리되었던 것인데, 그중 9세기부터 시작되었던 마자르인들의 침략은 중부 유럽의 정교를 비잔티움 제국의 지원으로부터 끊어놓았다는 점에서 특히 중요했다.

따라서 12세기가 시작할 무렵 슬라브 유럽은 실재했다. 실제로 그것은 종교로 분열되고 구분되는 정착지대들로 나뉘어 있었다. 남러시아로부터 카르파티아 산맥을 건너와서 슬라브인 거주지역에 정착한 민족들 중의 하나였던 마자르인은 전혀 슬라브 계통이 아니었다. 그들은 우랄 산맥의 아시아 쪽에서 기원했다. 그들이 정착했던 지역 전체는 독일인들의 영토로부터 점차적인 압박에 놓이게 되었는데, 그곳에서는 정치, 성전의 열망, 영토 확장열 등 이 모든 것들로 인해서 동쪽으로의 진격이 거부할 수 없을 만큼 매력적이었다. 가장 강력한 슬라브인 세력인 키예프 러시아는 아직 그 잠재력을 최대한 발휘할 만큼 발전하지 않은 상태였다. 즉 11세기 이후의 정치적 파편화로 인해서 발목이 잡혀 있었고, 다음 세기에는 튀르크 계열의 쿠만인들에게 괴롭힘을 당하게 되었다. 1200년이 되자, 러시아는 흑해에 이르는 하천 경로의 통제권을 상실했다. 러시아는 북쪽으로 후퇴했고 모스크바 공국이 되었다. 슬라브인들에게 암울한 시기가 앞에 놓여 있었다. 재앙의 허리케인이 슬라브 유럽에 떨어지려 하고 있었고, 그 점에서는 비잔티움 국가도 마찬가지였다. 십자군이 콘스탄티노플을 약탈했던 것은 1204년이었고, 정교를 떠받치던 세계권력은 빛을 잃고 있었다. 그러나 더 끔찍한 것은 아직 도래하지 않은 상태였다. 36년 후, 기독교 도시 키예프는 무시무시한 유목민족에게 무너졌다. 이들은 바로 몽골인이었다.

4

새로운 중동과 유럽의 형성

비잔티움 국가는 중동을 배회하는 포식자들에게 유일한 유혹은 아니었다. 실제로, 그것은 숙적 아바스 칼리프국보다 더 오래 포식자들의 관심으로부터 살아남았다. 아랍 제국은 쇠퇴와 분열로 빠졌고, 10세기부터는 실제 일어난 일들을 어떤 식으로든 간략히 요약하려고 해도 이것이 절망적인 과제가 되어 버리는 혼돈의 시기로 접어들게 된다. 상업의 개화와 같은 지속적 성장으로의 도약은 없었고, 지배 및 군사 계급 밖에서 부유한 이들이 출현할 가능성은 있었지만 그뿐이었다. 정부의 강탈적이고 자의적인 세금징수가 어쩌면 가장 근본적인 설명이 될 수 있을 것이다. 하지만 통치자들과 침략자들이 오고 갔음에도 불구하고, 그 어떤 것도 이슬람 사회의 근본을 휘저어놓지는 못했다. 레반트부터 힌두쿠시 산맥에 이르는 지역 전체에 역사상 처음으로 하나의 종교가 구석구석 스며들었고, 이런 현상은 계속될 것이었다. 그 지역 안에서, 로마의 기독교적 유산은 소아시아의 토로스 산맥 너머에 봉쇄되면서 오직 11세기까지만 주요 문화세력으로서 버텨냈다. 그후 기독교는 중동에서 쇠퇴하여 이슬람교가 용인해주는 공동체들의 문제가 될 뿐이었다.

이슬람의 사회 및 문화적 제도들의 안정성과 뿌리 깊음은 어마어마하게 중요했다. 그것들은 칼리프국의 공식패권 아래에서 실질적인 권력을 행사하게 되었던 반(半)자율적 국가들의 취약성(주로 정치적이고 행정적인 것이었던)을 훨씬 더 넘어서는 것이었다. 그 국가들에 대해서는 별 이야기가 필요하지 않을 정도이다. 아랍 전문가들에게는 아무리 흥미롭다고 해도, 여기에서는 그것들을 그 자체로보다는 편리한 안내 표지들 정도로만 주목하려고 한다. 그것들 가운데 가장 중요하고 강력했던 것은 파티마 왕조의 지배를 받았는데,

그 왕조는 이집트, 시리아, 레반트의 대부분과 홍해 연안을 통제했다. 이 영토 내에는 위대한 메카와 메디나 성지가 있었고, 그로 인해서 돈벌이도 되고 중요한 순례자 무역이 이루어졌다. 아나톨리아와 북부 시리아의 경계에는 또 하나의 왕조인 함단 왕조가 파티마 왕조와 비잔티움 제국 사이에 위치했고, 한편 칼리프국의 심장부, 이라크와 서이란은 아제르바이잔과 함께 부와이흐 왕조의 지배를 받았다. 마지막으로 호라산, 시스탄, 트란스옥시아나의 북동지역들은 사만 왕조 페르시아인들에게 넘어갔다. 이 네 개의 권력 집단을 열거하는 것만으로는 10세기 혼돈의 아랍 세계의 복잡성을 충분히 설명하기에는 한참 부족하다. 그러나 이는 두 개의 새로운 제국, 즉 하나는 아나톨리아를 기초로 했고, 다른 하나는 페르시아를 근거지로 삼았던 제국들이 이슬람 문명권 내에서 등장했던 과정을 이야기하는 데에 필요한 모든 배경이 되어준다.

그 이야기의 가닥은 이미 언급했던 한 중앙 아시아 민족, 즉 튀르크인으로부터 제공된다. 그들 중 일부는 사산 왕조 페르시아의 마지막 시기에 이 왕조에 주었던 도움의 대가로 이들로부터 근거지를 부여받았다. 그런 시기에 튀르크 '제국'(이것이 그들의 부족 연맹체를 표현하는 적절한 용어라면)은 아시아를 바로 가로질렀다. 이는 그들의 첫 번째 위대한 시기였다. 다른 유목민족들의 경우처럼, 이들의 패권도 곧 일시적인 것이 되었다. 튀르크인들은 내부의 부족 분열과 중국의 부활을 동시에 맞닥뜨렸고, 따라서 이 분열되고 낙담한 민족에게 아랍의 대공격이 떨어진 셈이 되었다. 667년에 아랍인들은 트란스옥시아나를 침공했고, 다음 세기에 그들은 서아시아에 남아 있던 튀르크 제국의 잔재를 마침내 산산이 부숴버렸다. 그들은 또다른 튀르크계 민족인 하자르인들에 의해서 마침내 8세기에 저지되었다. 이전에 이미 동튀르크 연맹체는 무너져 있었다.

이런 몰락에도 불구하고, 이미 벌어진 일들은 매우 중요했다. 역사상 최초로 유목민 정치체의 일종이 아시아에 걸쳐서 1세기 이상이나 지속되었던 것이다. 당시 4대 문명(중국, 인도, 비잔티움, 페르시아)은 튀르크의 칸들과 관계를 가져야 한다고 느꼈는데, 이 칸들의 백성들은 이러한 접촉을 통해서 많은 것들을 배울 수 있었다. 여러 가지들 중에서 그들은 글쓰는 법을 터득했다.

현재까지 남아 있는 최초의 튀르크어 명문은 8세기 초의 것이다. 그러나 그럼에도 불구하고 길게 늘어지는 튀르크의 역사를 이해하기 위해서는 다른 민족들이 남긴 기술과 기록에 의존해야만 한다.

이런 측면은 (튀르크 부족들의 파편화와 더불어서) 10세기까지 그들의 역사를 잘 알 수 없게 만든다. 그때 10세기에 중국 당왕조가 몰락했다. 이는 동튀르크인들과 중화화된 튀르크인들에게 중요한 기회가 되는 거대한 사건이었는데, 바로 그 순간에 이슬람 세계에서도 취약함의 표지들이 늘어나고 있었다. 그중 하나는 아바스 왕조를 뒤잇는 국가들의 출현이었다. 튀르크 노예, 즉 '맘루크(Mamluk)'는 오랫동안 칼리프국의 군대에서 복무해왔다. 이제 그들은 권력의 공백을 메꾸려는 여러 왕조들에 의해서 용병으로 고용되었다. 그러나 튀르크 민족들 자신은 10세기에 다시 이동했다. 10세기 중반에, 새로운 왕조가 중국에서 천하를 얻고 통일을 이루었다. 어쩌면 중앙 아시아 민족들이 서로를 밀어제치며 다른 땅으로 나아갔던 또 하나의 기나긴 이동작전들에 결정적인 자극을 주었던 것이 이 중국에서의 변화였던 것 같다. 그 원인이 무엇이었든 간에, 오구즈 튀르크인들(Oghuz Turks)로 불리던 민족이 옛 칼리프국의 북동지역으로 쏟아져오고 있었는데, 그들은 그곳에 그들의 새로운 국가들을 세웠던 사람들의 선두였다. 그들 중 한 무리는 아나톨리아의 현대 터키 민족의 조상인 셀주크인이었다. 하자르인과 긴밀히 접촉하면서 그들 중 일부는 우선 유대교를 받아들였으나, 당시 여전히 트란스옥시아나에 머물고 있던 사만 왕조 페르시아인들의 끈기 있는 선교활동 덕에 960년에 이르자 그들은 이슬람교로 개종했다.

이 새로운 튀르크 정권들의 지도자들 중 많은 이들은 과거 아랍인과 페르시아인들의 군인 노예들이었다. 짧은 시간 동안 인도에까지 뻗치는 거대한 영토를 건설했던 가즈니 왕조는 그러한 집단 중 하나였다(이는 아바스 왕조 이후로 장군들을 술탄 또는 국가의 우두머리로 뽑았던 첫 번째 정권이기도 했다). 그러나 새로운 유목 침입자들이 나타나면서 그들이 밀려날 차례가 되었다. 오구즈 튀르크인들은 충분한 인구수로 이란의 종족 구성비와 그 경제에도 주요한 변화를 낳았다. 또다른 방식으로 그들의 도래는 또한 그 이전의 어떤 사건들보다 더 깊은 변화를 초래했고, 이슬람 역사의 새로운 장을 열었다. 사만 왕조 페르시아인들의 선행작업 덕분에, 오구즈 튀르크인들 중 일부는 이미 무슬림이었고 그들이 알게 된 것을 존중했다. 거기서 아랍과 페르시아 학문의 주요 작품들이 다양한 형태의 튀르크어 판들로 번역되기 시작했는데, 이를 통해서 튀르크 민족들은 아랍 문명에 대한 접근성을 전에 없이 가지게 될 것이었다.

11세기 초, 셀주크인들은 옥수스 강 또한 건넜다. 이는 또 하나의 튀르크 제국, 즉 1194년까지 지속되었고 아나톨리아에서는 1243년까지도 이어졌던 제국의 창설로 이어졌다. 가즈니 왕조를 동부 이란에서 쫓아낸 후, 셀주크인들은 부와이흐 왕조로 시선을 돌려 이라크를 점령했고, 이로써 그들은 역사상 최초로 이란 고원을 넘어서 침투해 들어갔던 중앙 아시아 침입자들이 되었다. 아마도 수니파 무슬림이었기 때문에, 그들은 시아파 부와이흐 왕조의 많은 피지배자들로부터 선뜻 환영을 받았던 것 같다. 여기에 머물지 않고 나아가서, 이들은 이보다 훨씬 더 큰 공적을 이루었다. 시리아와 팔레스타인을 점령한 후에 그들은 소아시아를 침공하여, 1071년 만지케르트에서 비잔티움 제국인들에게 그들 역사상 최악의 패전 중 하나를 안겨주었다. 의미심장하게도 셀주크인들은 그곳에서 그들이 세웠던 술탄국을 룸 술탄국이라고 칭했는데, 이는 그들이 이제부터 스스로를 과거 로마 제국 영토의 상속자로 보기 때문이었다. 과거 로마 제국 안에서 이슬람교가 발판을 가졌다는 점은 유럽에서 십자군의 열망을 촉발시켰다. 그것은 또한 소아시아를 튀르크인들의 거주지역으로 열어놓은 것이었다.

그때 셀주크인들은 여러 가지 방식으로, 역사적으로 대단히 중요한 역할을 수행했다. 그들은 기독교에서 이슬람교로 소아시아의 개종을 시작했을 뿐만 아니라, 십자군을 유발했고 오랫동안 이를 견뎌냈다. 이 십자군전쟁은 다른 전선에서 그들에게 큰 피해를 초래했다. 12세기 중엽까지, 셀주크 권력은 이란 땅에서 이미 축소되고 있었던 것이다. 그럼에도 불구하고, 셀주크 제국은 전체 이슬람 문명의 중심지들에 걸쳐, 이제는 튀르크 민족들을 포함하는 공통의 문화와 제도들을 최종적으로 완성시킬 수 있을 만큼 오랫동안 지속되었다.

이는 셀주크 정부가 획기적이었기 때문이라기보다는 그것이 사회(이슬람 문명권에서는 이것이 종교적인 것을 의미한다) 현실을 인식했기 때문에 가능한 것이었다. 셀주크 정부구조의 본질은 세금징수의 행정활동이라기보다는 조공이었다. 그것은 부족과 지방의 연맹체 같은 것이었고, 이전의 유목세력들에 비해서 장기적인 압박에 견딜 수 있는 역량을 더 가지고 있는 것은 아니었다. 제국의 중심적 기구는 군대 및 그것의 유지에 필요한 것이었다. 지방은 이슬람교의 설교자들이자 종교 지도자들이었던 울라마 유력자들이 다스렸다. 그들은 칼리프국보다 더 오래 살아남아서 전체 중동 이슬람 사회를 결속시킬 권위와 사회적 관습을 공고화시켰다. 그들은 20세기 민족주의가 도래하기 전까지 세상을 운영할 것이었다. 울라마 내부 학파들의 분열에도 불구하고, 그것은 일반민들이 새로운 정권들(이 정권들은 상층부에서 교체되기도 하고 외부에서 올 수도 있었다)에 충성할 수 있도록 만들었던 지역 수준에서의 공통된 문화와 사회제도를 제공했다. 그것은 지역 수준에서의 만족감을 확인하고 새로운 정권들을 지지하고 정당화할 수 있었던 정치적 대변인들을 또한 제공했다.

이는 이슬람교와 기독교 사회 사이의 가장 두드러진 차이점 중의 하나를 만들었다. 종교 엘리트는 울라마에서 핵심 요소였다. 그들은 지역적으로, 종교적으로 기초가 잡힌 공동체를 조직했고, 따라서 서구적 의미의 관료제는 필요로 하지 않았다. 칼리프국의 쇠퇴기에 존재했던 이슬람 세계의 정치적 분열 내부에서, 이 엘리트 집단은 사회적 통일성을 부여했다. 이 셀주크적인 패턴은 아랍 세계에 퍼졌고, 그들을 계승했던 제국에서 계속 유지되었다. 또 하나의 기본 제도는 노예의 사용이었는데, 노예는 행정가로서는 일부만이, 그러나 군대에서는 많은 수가 이용되었다. 셀주크인들은 군역에 대한 대가로 일부 거대한 봉토들을 수여했지만, 군대, 즉 그 정권이 의지했던 진정한 힘을 제공했던 것은 노예들이었다(노예들은 대개 튀르크계였다). 마지막으로, 페르시아인 또는 아랍인 지방 유력자들의 지지를 얻는 것이 가능했던 지역에서는 또한 그들의 지지에도 의존했다.

셀주크인 통치가 쇠퇴하던 시기에 바로 이 구조에서 약점이 드러났다. 통치를 끌어나가기 위해서는 부족에 충성하는 유능한 개인들의 이용 가능성에 크게 의존해야 했다. 그러나 튀르크인들은 현지에서 그 숫자가 적었기 때문에, 그들이 이런 개인들을 이용하는 데에 성공하지 못한다면 종속민들의 충성심을 유지할 수 없었다. 아나톨리아에서 무슬림 정착의 첫 번째 물결이 지나갔을 때, 그 지역은 여전히 단지 피상적으로만 튀르크적이었고, 무슬림 도시들은 언어적으로 구별되어 농촌 한가운데에 위치해 있었다. 지방언어들은 남쪽으로 더 내려가면 아랍화되지 않았으며, 그 지역에서 그리스 문화의 침수는 아주 서서히만 이루어졌을 뿐이었다. 더 동쪽에서, 무슬림들은 12세기에 첫 번째로 영토를 잃을 것이었는데, 그 영토들은 이교도들에게 넘어갔다. 한 유목민 지배자(유럽에서는 중앙 아시아에서 십자군을 지원하러 출정한 기독교 왕 프레스터 존일 것이라고 널리 인식되었다)는 셀주크인들로부터 트란스옥시아나를 취했다.

십자군운동은 부분적으로 셀주크 통치의 확립에 대한 대응이었다. 튀르크인들은, 아마도 그들의 뒤늦은 이슬람교 개종 때문인지, 아랍인들보다는 덜 관용적이었다. 그들은 성지순례를 가는 기독교 순례자들을 탄압하기 시작했다. 십자군을 초래했던 다른 원인들은 이슬람 역사보다는 유럽 역사에 속하는 것이어서 다른 데에서 다룰 수 있겠지만, 1100년까지 이슬람 세계는 심지어 '프랑크족'의 위협이 아직은 거대하지 않았음에도 불구하고 그 자신이 수세에 몰렸음을 느끼고 있다. 게다가 에스파냐의 재정복이 시작되었고, 아랍인들은 이미 시칠리아를 잃었다. 제1차 십자군(1096-1099)은 무슬림들의 분열 덕에 득을 보았고, 침입자들은 레반트에 4개의 라틴 국가들을 세울 수 있었다. 예루살렘 왕국과 그것의 3개의 봉토들, 즉 에데사 백작령, 안티오크 공국, 트리폴리 백작령이 그것이었다. 그들에게는 많은 미래가 있지 않았지만, 12세기 초에 그들의 존재는 이슬람 문명권에는 불길한 것이었다. 십자군의 성공은 무슬림의 대응을 야기했는데, 한 셀주크인 장군은 모술을 중심지로 장악하고 이로부터 북메소포타미아와 시리아에 새로운 국가를 하나 세웠다. 그는 1144년에 에데사를 탈환하는 한편, 그의 아들은 기독교인들의 학대 탓에 만들어진 그들과 무슬림들의 불화를 이용할 기회를 보고 있었다. 1171년에 이집트에서 권력을 장악하고 파티마 칼리프국의 종말을 선언했던 이가 바로 이 왕자의 사촌이었던 살라딘이었다.

살라딘은 쿠르드족이었다. 그는 무슬림의 레반트 탈환의 영웅으로 비추어졌고, 지금까지도 매혹적인 인물로 남아 있다. 비방만적이고 의심 많은 학자들이 사라센 기사도의 최고 이상(理想)으로서의 그가 가진 이미지를 잘라내려고 열심히 노력했는데도 말이다. 그가 동시대 기독교인들의 마음에 심어준 환상은 진정 교육적 영향력이 있었을 역설들에 뿌리를 두고 있었다. 그는 재론의 여지없는 비기독교도였지만, 선하고 약속을 잘 지키며 공정하다고 알려졌다. 그는 기사도를 가지고 있었지만, 기사의 이상을 모르는 세계에서 그랬다(이는 일부 프랑스 사람들을 어리둥절하게 만들었다. 그가 실제로 기독교인 포로에 의해서 기사 작위를 수여받았으며 임종 때에 스스로 세례를 주었다고 믿게 될 만큼 말이다). 더 현실적인 수준에서, 살라딘의 첫 번째 위대한 승리는 새로운, 그리고 제3차 십자군(1189-1192)을 촉발시켰던 1187년 예루살렘의 탈환이었다. 이 십자군은 살라딘에게 대항하여 별 성과를 거둘 수 없었고 무슬림들을 더욱 격앙시킬 뿐이었는데, 이제 그들은 기독교에 대해서 완전히 새롭고 전례 없는 신랄함과 이데올로기적 적대감을 드러내기 시작했다. 기독교도들에 대한 박해가 뒤따랐고, 이와 함께 무슬림 영토에 살던 기존의 많은 기독교도 인구가 서서히 그러나 돌이킬 수 없게 줄어들기 시작했다.

살라딘은 아이유브 술탄국이라는 무슬림 왕조를 개창했고, (십자군 거주지들 외부의) 레반트, 이집트, 홍해 연안을 지배했다. 이는 왕조 내부의 근위병인 튀르크 맘루크 출신 지배자들에 의해서 대체될 때까지 지속되었다. 이들은 팔레스타인에 남아 있던 십자군 정복자들의 파괴자가 될 것이었다. 카이로에서 이어졌던 칼리프국의 부활(칼리프직은 아바스 가문의 일원에게 주어졌다)은 이것에 비한다면 중요성이 적다. 그럼에도 불구하고 그것은 이슬람교가 여전히 압도적인 힘과 문화적 중심을 가지는 한, 이 둘은 모두 이집트에서 찾아져야 한다는 점을 나타냈다. 바그다드는 결코 복구될 수 없을 것이었다.

이 시점까지 맘루크들은 또 하나의 큰 업적을 스스로 이룩했다. 프랑크족의 정복보다 훨씬 더 위협적이던 정복의 물결을, 그 물결이 반세기 이상 동안이나 일어왔던 시점에서 마침내 막아낸 것이 그들이었다. 이것은 몽골인의 맹습이었는데, 그들의 역사는 시기적이고 영역적인 구분들을 무의미한 것으로 만든다. 놀랄 정도로 짧은 기간에 이 유목민족은 중국, 인도, 중동, 유럽을 그들의 영향권 안으로 끌어들였고, 그들에게 지워지지 않는 흔적을 남겼다. 그러나 그들 지배자 야영지의 천막들을 제외하고는, 그들의 역사에서는 어떠한 물리적인 중심점도 없다. 그들은 허리케인처럼 터져서 여섯 문명을 공포에 떨게 했으며, 학살하고 파괴했고, 오직 20세기만이 견줄 수 있을 정도의 규모로 정복하고 재조직했다. 그들은 유목민 정복자들 가운데 최후의 그리고 가장 중요한 이들로 간주되어야 한다.

그들의 기원을 찾기 위해서는 기원후 첫 번째 천년기 중반의 중앙 유라시아 동부지역으로 이동해야 한다. 튀르크인들의 팽창은 다른 민족들을 주변으로 밀어냈고, 항복하기를 원하지 않던 이들 중 일부는 남쪽으로 가서 과거 중국의 한제국 영역이었던 곳 안쪽과 바로 바깥쪽에 정착했다. 몽골어라고 불리는 어족의 언어들을 말하던 민족들 가운데 한 집단은 과거부터 오랫동안 중국 정부들의 관심을 받아왔는데, 5세기와 6세기에 들어 점차 당시 중국의 혼란스럽던 정치 패턴의 일부가 되어갔다. 이들 중 일부는 새로운 왕조를 건설하는 데에 핵심적인 역할을 수행하기도 했다. 수왕조와 당왕조는 모두 그 기원에서 절반은 몽골계통이었던 것이다. 기원후 첫 번째 천년기의 수많은 대유목 연맹체들, 즉 아바르인과 튀르크인 그리고 아마도 훈족에서도 몽골의 요소들이 존재했다. 9세기 후반부와 10세기 초기에, 거란(契丹, Khitan)이라는 한 집단은 그들 자신의 국가를 만들고 북중국으로 침입하여, 916년부터 1125년까지 만주, 동몽골, 북중국의 상당 부분을 지배했던 요왕조를 세웠다.

요왕조는 점차 자신들을 가축 치는 사람, 하인 또는 공인(工人) 이상으로 생각하기 시작했던 중국 북부의 다른 몽골계통 집단들에게 분명 영감을 제공했다. 그러나 요왕조가 적들의 압박을 견디지 못하고 장렬하게 몰락했던 12세기 초반, 모든 몽골계통 부족들은 그 부정적인 결과들 때문에 고통받을 것이었다. 그들과 같은 인종 계열의 경쟁자들로부터의 압박 때문에, 당시 살아남은 몽골계통 무리들은 패권을 놓고 격렬한 투쟁을 벌이게 되었고 그 과정에서

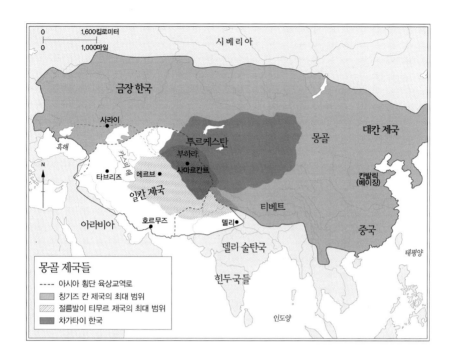

지도 범례:

몽골 제국들
- ---- 아시아 횡단 육상교역로
- 칭기즈 칸 제국의 최대 범위
- 절름발이 티무르 제국의 최대 범위
- 차가타이 한국

테무친(?-1227)이라는 이름의 젊은이는 자기주장의 극단으로 치닫게 되었다. 그의 출생일은 불확실하지만, 1190년에 그는 그의 민족의 칸이 되었다. 몇 년 후, 그는 그가 몽골인이라고 불렀던 부족들 사이에서 칸 중의 칸인 카간이 었고, '보편적 주군'이라는 의미의 칭기즈 칸(Chinghiz Khan)이라는 칭호를 부여받음으로써 그렇게 인정받았다. 이 이름이 아랍어식으로 변질되면서, 유럽에서 그는 젠기즈 칸(Genghiz Khan)으로 알려지게 될 것이었다. 그는 권력을 중앙 아시아의 다른 민족들에게까지 확장했고, 1215년 여진족(만주족의 조상)이 세웠던 북중국과 만주의 진나라를 패퇴시켰다. 이것은 단지 시작에 불과했다. 1227년 그가 사망할 시점에, 동쪽 스텝 출신의 그 소년은 세계 역사상 가장 위대한 정복자가 되어 있었다.

그는 그 이전의 유목민 군사 지도자들과 달랐던 것 같다. 칭기즈는 그가 세계를 정복해야 할 사명이 있다고 진정 믿었다. 약탈과 정착이 아닌 정복이 그의 목적이었고, 그는 자주 그가 정복했던 곳을 체계적으로 조직하는 일에 임했다. 이런 그의 노력으로 '제국'이라는 이름에 걸맞은 구조가 만들어졌는데, 이는 대부분의 유목 정치체들이 이루지 못했던 것이었다. 그는 미신을 믿었으나 그의 이교신앙 외의 종교에도 관용적이었으며, 한 페르시아 역사가의 말을 빌리면, "모든 개별 부족의 사랑받고 존경받는 현자들과 은자들을 매우 존중했고, 이를 신을 기쁘게 하는 과정으로 간주했다." 실제로 그는 그 자신이 신의 사명을 받은 사람이라는 생각을 가지고 있었던 것 같다. 이러한 종교적인 절충주의는 큰 중요성을 가진다. 역시 중요했던 것은 셀주크인은 중동에 도착했을 때 이미 무슬림이었던 데에 비해서, 칭기즈와 그의 후계자들은 (그들과 함께했던 몇몇 튀르크인들을 제외하고는) 무슬림이 아니었다는 사실이었다. 이것은 기독교도와 불교도(몽골인들 가운데에는 네스토리우스교도와 불교도 둘 다 있었다)에게 중요한 사항이었을 뿐만 아니라, 몽골인들이 중동에서의 다수 종교, 즉 이슬람과 동일하지 않음을 의미했다.

1218년 칭기즈 칸은 서쪽으로 향했고, 트란스옥시아나와 북이란에서 몽골 침략의 시대가 시작되었다. 그는 결코 부주의하거나 변덕스럽거나 사전 계획 없이 행동하지 않았지만, 이 첫 번째 공격은 그의 외교사절들을 죽인 한 무슬림 왕자의 어리석음 때문에 촉발되었다고 볼 수 있다. 그곳에서부터 칭기즈 칸은 나아가서 페르시아로 치명적인 습격을 감행했고, 그후 북쪽으로 캅카스 산맥을 거쳐 남러시아를 휘둘렀고, 카스피 해를 완전히 한 바퀴 돈 후에 귀환했다.

이 모든 것이 1223년까지 완수되었다. 부하라와 사마르칸트에서는 도시민들이 학살과 더불어 강탈당했고, 이는 저항을 고려하던 다른 이들을 공포에 떨게 만들었다(항복은 항상 몽골인들을 맞이하는 가장 안전한 길이었는데, 항복한 몇몇 소수민족들은 조공을 바치고 몽골인 통치자를 받아들여서 더 나쁜 것을 경험하지 않고 살아남을 수 있었다). 트란스옥시아나는 이후 이슬람 이란의 삶에서 원래의 위치를 결코 회복하지 못했다. 기독교 문명은 1221년 그루지야인들의 패배, 2년 후 남부 러시아 공들의 패배 이후, 몽골인들의 군사적 힘을 맛볼 수 있었다. 심지어 이러한 불길한 사건들도 앞으로 다가올 것의 서막에 불과했다.

칭기즈는 1227년 동쪽에서 사망했는데, 그의 아들이자 후계자인 오고타이

(1186-1241)는 북중국 정벌을 완수한 후 군대를 다시 서쪽으로 보냈다. 1236년 그의 군대는 러시아로 쏟아져 들어갔다. 칭기즈의 손자 바투(1207-1255)와 군사전략가 수부타이의 지휘 아래, 그들은 키예프를 취하고 볼가 강 하류지역에 정착했는데, 그곳에서 그들이 아직 점령하지 않은 러시아의 공국들을 대상으로 한 조공체제를 조직했다. 한편 그들은 가톨릭 유럽으로도 쳐들어갔다. 튜턴 기사단, 폴란드인, 헝가리인 모두가 그들 앞에 무너졌다. 크라코우는 불탔고, 모라비아는 황폐화되었다. 한 몽골인 순찰대는 오스트리아로 넘어들어갔고, 헝가리 왕을 추격했던 다른 몽골인들은 소환되기 전까지 그를 쫓아서 크로아티아를 통과하고 마침내 알바니아에까지 이르렀다.

바투의 주력군은 1241년 오고타이가 사망했다는 소식을 접했을 때, 유럽을 떠나서 죽은 카간을 추모하고 그의 후계자 선출에 참여하기 위해서 돌아갔다. 1246년까지 새로운 후계자는 정해지지 않았다. 프란체스코 수도회 수사 한 명이 그 기념식에 참석했다(그는 교황의 사절로서 그곳에 있던 차였다). 러시아의 대공, 셀주크의 술탄, 이집트의 아이유브 왕조 술탄, 아바스 왕조 칼리프의 특사, 아르메니아 왕의 사절, 그리고 그루지야 기독교 왕좌를 주장했던 두 사람도 거기에 있었다. 이 선출은 몽골인들 사이의 불화가 초래한 문제들을 해결하지 못했으며, 또다른 카간이 1251년(그의 전임자의 죽음으로 짧았던 치세가 끝난 후에)에 정해진 이후에야, 새로운 몽골의 공격이 시작될 수 있는 무대가 마련되었다.

새로운 지도자는 칭기즈의 또 하나의 손자였던 몽케(1208-1259)였다. 그는 몽골의 가장 위대한 칸 중의 하나가 될 것이었다. 그의 첫 번째 공격은 거의 완전히 무슬림의 땅에 떨어졌고, 기독교도들 사이에 근거 없는 낙관주의를 촉발시켰다. 그들은 몽골 궁정에서 네스토리우스교도들의 영향력 확대를 목도하기도 했던 것이다. 명목상 여전히 칼리프국의 지배 아래에 있었던 지역들은 칭기즈 칸의 원정 이후 무질서 상태를 이어오고 있었다. 룸 국가 셀주크인들은 1243년에 패퇴했고, 권위를 주장할 수 있는 능력을 잃은 상태였다. 이런 공백 속에서, 상대적으로 작은 규모의 몽골 군대는 효율적일 수 있었으며, 몽골 제국은 수많은 지방 지배자들 중에 주로 가신(家臣)들에게 의존하고 있었다.

이 새로운 원정은 카간 몽케의 동생에게 맡겨졌고, 1256년 새해 첫날에 옥수스 강을 건너는 것으로 시작되었다. 악명 높았던 이슬람 암살 비밀결사단(Assassins)을 가는 길에 파괴한 후에, 그는 바그다드로 진군하여 칼리프에게 항복을 요구했다. 그 도시는 강습되어 강탈당했고, 마지막 아바스 왕조 칼리프는 시해되었다. 그의 피를 흘리게 하는 것에 대한 미신들이 있었기 때문에, 그는 카펫에 말아진 후 말들에 의해서 짓밟혀 죽임을 당했던 것으로 여겨진다. 이것은 이슬람 역사에서 암흑의 순간 중 하나였는데, 기독교도들은 이에 힘을 얻어서 중동의 어느 곳에서나 그들의 무슬림 지배자들이 전복되는 것을 기대했다. 이듬해 몽골인의 공격이 시리아를 상대로 시작되었을 때, 무슬림들은 투항한 다마스쿠스의 거리들에서 십자가를 받아들일 수밖에 없었고, 모스크는 기독교 교회로 변모되었다. 대칸 몽케가 사망했을 때, 이집트의 맘루크는 정복의 다음 대상에 올라 있었다. 서쪽의 몽골 지휘관들은 몽케의 동생 훌라구(1218-1265)*가 저 멀리 중국에서 후계자가 되기를 희망했다. 그러나 그는 마음을 잡지 못하고, 그의 수하들을 아제르바이잔으로 퇴각시켜 상황을 지켜보았다. 맘루크가 1260년 9월 3일 나사렛 근처 아인잘루트 전투(골리앗의 봄)에서 달려들었던 것은 이렇게 약화된 몽골 군대였다. 몽골 장군은 전사했고, 몽골 군대의 불패신화는 깨졌으며, 세계사는 전환점에 이르렀다. 몽골인들의 입장에서 보면, 정복의 시대는 끝이 났고 그것을 다지는 시대가 시작된 셈이었다.

칭기즈 칸 제국의 통일은 끝을 다해가고 있었다. 내전 이후에 그 통일제국의 유산은 칭기즈 칸 가문의 왕자들 사이에서 분열되어, 그의 손자 쿠빌라이(1215-1294)가 중국의 칸으로서 명목상으로만 패권을 지켰고, 결국 그는 최후의 대칸이 되었다. 러시아의 한국(汗國, khanate)은 셋으로 분열되었는데, 도나우 강에서 캅카스 산맥에 이르는 곳까지는 금장한국(Golden Horde, 킵차크 한국)이, 그 동으로 북쪽에는 차가타이 한국(이 국호는 그들의 첫 번째 칸의 이름을 따서 명명되었다)이, 남쪽에는 백장한국(White Horde)이 위치했다.

---

* 원문은 쿠빌라이로 되어 있으나, 훌라구의 오기이다/역주

초기에 몽케의 동생 훌라구의 치하에 있던 페르시아 한국은 소아시아의 많은 부분을 포함했고, 이란과 이라크를 지나서 옥수스 강에까지 뻗어 있었다. 이를 넘어 투르케스탄 한국이 위치했다. 이들 한국들 간의 다툼으로 인해서 맘루크들은 자유롭게 십자군 거주지들을 소탕하고 몽골인들과 협력하며 타협했던 기독교도들을 응징할 수 있었다.

돌이켜 생각해보면, 왜 몽골인들이 오랜 기간 동안 그토록 성공적이었는지를 이해하기란 여전히 전혀 쉬운 문제가 아니다. 서쪽에서 그들은 페르시아나 동로마 제국과 같이 그들을 상대할 만한 강력한 세력이 없었다는 이점을 가졌다고 하겠지만, 동쪽에서 그들은 부정할 수 없는 위대한 제국인 중국을 무찔렀다. 그들이 분열 상태의 적들을 맞이했다는 것 또한 도움이 되었다고 할 수 있다. 기독교 세계의 통치자들은 몽골의 힘을 이용하여 무슬림들을 대적하거나 심지어 이 둘을 서로 반목시킬 수 있을 것이라는 순진한 희망을 잠시 품은 바 있었다. 반면에 몽골인에게 대항할 기독교 문명과 중국의 연합은 이 둘 사이의 소통을 몽골인들이 통제했다는 사실에 비추어 보았을 때 상상할 수 없는 것이었다. 이슬람교에 대한 무자비한 증오의 시기를 제외하고는, 종교적 다양성에 대한 관용 역시 몽골인들에게 도움이 되었다. 평화적으로 투항하는 자들은 걱정할 것이 별로 없었던 것이다. 이후에 몽골에 저항할 이들은 부하라나 키예프의 폐허들 또는 페르시아 도시들의 해골들의 피라미드를 곱씹어볼 수 있었을 것이다. 즉, 몽골인 성공의 많은 부분은 그들이 전장에 도착하기 전부터 이미 수많은 적들을 패퇴시켰던 극심한 공포의 한 결과물이었다.

그러나 결국, 단순한 군사기술과 조직 능력이 그들의 승리들을 설명해준다. 몽골 군인들은 강건했고, 잘 훈련되어 있었으며, 빠른 속도의 기병부대가 제공할 수 있는 모든 이점들을 활용하는 장군들의 지휘 아래에 있었다. 그들의 기동성은 부분적으로 군사작전 전에 수행되었던 정찰과 첩보 작업의 세심함의 결과였다. 기병의 규율과 포위공격전 기술(그럼에도 불구하고 몽골인들은 이런 전투를 피하는 것을 선호했다)의 통달로 인해서 그들은 평범한 유목 약탈자 무리들보다 훨씬 더 무시무시해졌다. 정복이 계속되면서, 몽골 군대는 포로 중에서 전문가들을 보완하기도 했다. 13세기 중반이 되자, 몽골 군대의 계급에는 모든 인종 출신의 사람들이 존재하게 되었다. 이들 중 가장 탁월했던 이들은 정복된 영토가 이후 동원과 세금징수를 위해서 재조직될 때 중요한 역할을 부여받았다.

칭기즈 칸 군대가 필요로 했던 것은 단순했다고 해도, 그의 제국 그리고 정도가 조금 덜하기는 하지만, 그의 후계자들의 제국은 광대한 영토의 행정적 실체였다. 칭기즈가 이룬 혁신 중의 하나는 몽골의 언어를 튀르크어 문자를 이용하여 문어로 정리했다는 점이다. 이는 한 포로에 의해서 이루어졌다. 몽골 지배는 정복으로 이용할 수 있게 된 기술들을 항상 기꺼이 활용했다. 중국인 관리는 정복된 영토들에서 세수를 거두어들이기 위해서 이를 조직했다. 중국의 지폐는, 13세기 몽골인들에 의해서 페르시아 경제에 도입되었을 때 교역을 재앙적으로 붕괴시켰지만, 그런 실패가 있었다고 해서 그들이 외국의 기술들을 사용했던 사례가 덜 두드러져 보이지는 않는다.

그토록 거대했던 제국에서, 통신은 권력의 열쇠였다. 주요 도로들을 따라서 역참망이 신속히 움직이는 사자(使者)들과 대리인들을 보살펴주었다. 그 도로들은 교역에 도움도 되었는데, 저항했던 도시들에 대해서 몽골인들이 보여주었던 무자비함에도 불구하고, 그들은 대개 세금징수를 통한 세입을 가지고 도시의 재건과 상업의 부활을 지원했다. 아시아는 일종의 몽골의 평화기(Pax Mongolica)*를 경험했다. 대상들은 몽골인들의 치안 덕에 유목 비적(匪賊)들로부터 보호받았고, 밀렵꾼들은 사냥터 관리인으로 변모했다. 가장 성공적인 유목민으로서 그들은 다른 유목민이 그들의 사냥감을 망치게 내버려두지 않았다. 몽골 제국의 시대에 중국과 유럽 사이의 육상교역은 그 어떤 시기보다도 용이하게 이루어질 수 있었다. 마르코 폴로(1254-1324)는 13세기 동아시아에 온 유럽의 가장 유명한 여행객이었고, 그가 그곳에 이르렀을 즈음 몽골인들은 중국을 정복했다. 그러나 그가 태어나기 전에 이미 그의 아버지와 삼촌은 수년이 걸리게 될 아시아 여행을 시작한 바 있었다. 그들은 모두 베네치아 상인들이었고, 거의 돌아오자마자 (젊은 마르코를 데리고) 다시 길을 떠

---

* 로마의 평화기 또는 전성기를 일컫던 'Pax Romana'에서 차용한 용어/역주

날 만큼 충분히 성공적이었다. 중국의 교역은 바닷길로도 역시 페르시아 만 호르무즈 해협의 항구를 통해서 유럽과 연결되어 있었지만, 크림 반도와 트레비존드에 이르는 육로들이 대부분의 비단과 향료를 서쪽으로 날랐으며, 비잔티움 제국의 마지막 세기들 동안 이 제국 교역 물품의 거대한 양을 제공했다. 이 육로들은 칸들에 의존했고, 의미심장하게도 상인들은 항상 몽골 체제의 강력한 지지자들이었다.

세계의 여타 지역과의 관계에서, 몽골 제국은 그 근본적인 전제에서 중국의 영향을 내보였다. 칸들은 유일한 천신(天神) 탱그리(Tängri)의 지상 대리인들이었다. 따라서 그의 패권은 받아들여져야만 하는 것이었다. 이것이 다른 종교활동이 용인되지 않는다는 것을 의미하지는 않았지만 말이다. 그러나 이는 서구적 의미의 외교는 상상할 수 없다는 것을 의미했다. 그들이 대체하게 되었던 중국의 황제들처럼, 칸들은 스스로를 보편군주정의 지탱자로 보았다. 따라서 그곳에 오는 이들은 간청자로서 와야만 했다. 외교사절은 조공을 가져오는 이들이었지, 동등한 위치를 가지는 국가들의 대표는 아니었다. 1246년 로마로부터 온 특사들이 몽골인들의 기독교 유럽에 대한 처사에 대해서 교황의 항의와 대칸이 세례를 받아야 한다는 권고를 전달하자, 새로운 대칸의 답변은 퉁명스러웠다. "네가 신의 명령을 따르지 않는다면, 그리고 네가 나의 명령을 무시한다면, 나는 너를 나의 적으로 알 것이다. 또한 나는 네가 알아듣도록 만들 것이다." 세례에 대해서, 교황은 몸소 와서 칸을 알현해야 한다고 전해 듣게 되었다. 그것은 하나의 단발적인 메시지가 아니었는데, 또다른 교황도 1년 후 페르시아의 몽골인 총독으로부터 같은 답변을 받았기 때문이다. "네가 너의 땅을 유지하고 싶다면, 너는 우리에게 몸소 와야 하고 그런 후에 지상의 주인인 그에게 가야 한다. 네가 그렇게 하지 않는다면, 우리는 무슨 일이 벌어질지 모른다. 오직 신만이 알 것이다."

몽골 지배자들과 그들의 측근에게 미쳤던 문화적 영향력들은 단지 중국의 그것만은 아니었다. 네스토리우스교 기독교가 몽골 궁정에서 중요했다는 사실을 보여주는 많은 증거가 존재하고, 그것은 당시 유럽인들에게 칸들과 친선 관계를 맺을 수 있다는 희망을 주었다. 칸을 알현했던 가장 두드러진 서양

방문객 중 하나인 프란체스코 수도회 소속 루브룩의 윌리엄은 1254년 새해 첫날 직후에 한 아르메니아인 수사로부터 대칸이 며칠 후 세례를 받을 것이라는 말을 들었으나, 그로부터 아무 일도 벌어지지는 않았다. 그러나 나아가서 윌리엄은 대칸 앞에서의 논쟁에서, 무슬림과 불교 대표자들에게 대항하여 기독교 신앙을 옹호하며 승리를 거두었다. 이때는 사실 몽골의 힘이 세계적인 세력들, 즉 송왕조 중국과 무슬림에 대한 양쪽의 공격을 위해서 규합되는 시점이었다. 그 힘은 마침내 1260년 시리아에서 맘루크들에 의해서 억제되었다.

이것이 레반트를 정복하려는 몽골인들의 마지막 시도는 아니었다. 그렇지만 그 어떤 시도도 성공적이지 못했다. 몽골인들 내부의 다툼은 맘루크들에게 너무 오랜 기간 동안 깨끗이 정리된 장을 제공했던 셈이었다. 필연적으로, 기독교도들은 수십 년간 중동의 진정한 위협이 되었던 마지막 칸인 훌라구의 죽음을 애석해했다. 그의 뒤를 계승하여 페르시아를 지배했던 일련의 일칸들 또는 부칸들은 금장 및 백장 한국과의 다툼에 사로잡혀 있었다. 그들 치하에서 점차 페르시아는 세기 초에 겪었던 침략으로부터 회복되었다. 동쪽에서와 마찬가지로, 몽골인들은 지역에서 선발된 행정관들을 통해서 통치했고, 기독교도와 불교도 그리고 처음에는 아니었지만 무슬림에게도 관용적인 정책을 취했다. 일칸들이 교황에게 맘루크들에게 대항한 동맹에 참여해야 한다고 제안하기 시작하면서부터, 몽골인과 유럽인들의 상대적인 지위에서 변화의 분명한 징표가 보였다.

1294년 쿠빌라이 칸이 중국에서 사망했을 때, 몽골 제국을 이어주던 얼마 남지 않은 고리 중 하나가 사라졌다. 이듬해 가잔(재위 1295-1304)이라고 불리던 일칸은 몽골 전통과의 중대한 단절을 이루었다. 즉, 무슬림이 된 것이다. 그때 이후로 페르시아의 지배자들은 항상 무슬림이었다. 그러나 이는 기대할 수 있던 모든 것들을 이룬 것은 아니었고, 가잔 일칸은 많은 문제들을 풀지 못한 상태로 남겨놓은 채 젊은 나이에 사망했다. 이슬람교를 받아들인 것은 대담한 결단이었지만, 그것으로 충분하지는 않았다. 이는 많은 몽골인들의 감정을 상하게 했으며, 최후의 수단으로 칸들은 그들의 군지휘관들에게 의존했다. 그럼에도 불구하고, 그들은 맘루크와의 대결을 아직 포기하지 않았다.

결국에는 성공적이지 못했음에도 불구하고, 가잔의 군대는 1299년 알레포를 취했다. 그는 이듬해 다마스쿠스에 있는 우마이야 왕조의 모스크에서 기도를 받았다. 그는 반세기 전 시작된 몽골의 중동 정복계획을 실현하려고 했던 마지막 칸이었지만, 맘루크들이 1303년 몽골인들의 최후의 시리아 침공을 격퇴시켰을 때 결국 좌절했다. 가잔은 그 이듬해 사망했다.

중국에서와 같이, 페르시아에서도 몽골 지배는 단지 짧은 부흥기 동안에만 공고함을 누렸고, 곧 바스러지기 시작했다. 가잔은 지명도를 가진 최후의 칸이었다. 자신의 땅 밖에서, 그의 후계자들은 거의 영향력을 행사할 수 없었다. 맘루크들은 몽골인들의 옛 동맹세력인 기독교도 아르메니아인들을 공포에 빠뜨렸고, 아나톨리아는 다른 튀르크 왕자들 사이에서 분쟁의 대상이 되었다. 십자군의 꿈이라는 환상이 이미 소멸되었던 유럽에서 희망을 걸 수 있는 것은 거의 없었다.

몽골 세력은 서서히 사그라져갔지만, 심지어 칭기즈에 필적할 만한 한 정복자가 등장하면서 중동에서 과거의 공포가 마지막으로 한 번 번쩍이며 되살아났다. 1369년 타메를란 또는 절름발이 티무르는 사마르칸트의 지배자가 되었다. 30년 동안, 일칸들의 역사는 내부 갈등과 왕위계승 분쟁의 역사였다. 1379년 페르시아는 티무르에게 정복당했다. 새로운 칸은 칭기즈에 비견되기를 염원했다. 그의 정복들과 행위의 흉포함의 정도를 볼 때, 그는 어쩌면 칭기즈만큼 대단한 지도자였다고 할 수 있을 것이다. 그럼에도 불구하고 그는 앞선 위대한 칸들이 가지고 있었던 정치력을 결여했다. 그에게는 창의적 수완이 빈약했다. 그는 인도를 파괴하며 델리를 강탈했고(그는 그와 같은 종교를 믿었던 무슬림에게도 기독교도에게만큼 거칠었다), 금장 한국의 칸들을 격파했으며, 맘루크와 튀르크를 함께 패퇴시키고, 페르시아뿐만 아니라 메소포타미아까지 자신의 지배영역으로 합병시켰지만, 후대에 별로 남긴 것은 없었다. 그의 역사적인 역할은, 두 가지 측면을 예외로 한다면, 거의 무의미하다. 하나의 부정적 성취는 네스토리우스교와 자코프파 유형의 아시아 기독교를 거의 절멸시켰다는 것이다. 이것은 몽골의 전통이라고 보기는 어려웠지만, 티무르는 혈통상 몽골인이었던 만큼 튀르크인이기도 했고, 기꺼이 기독교 성직자들을 기쁘게 할 용의가 있던 칭기즈의 중앙 아시아 유목생활에 대해서는 아는 것이 없었던 것이다. 그의 유일한 긍정적인 업적은 의도되지 않은 것이고, 일시적인 것이었다. 즉, 잠시 동안 그는 비잔티움 국가의 수명을 연장시켰다. 아나톨리아의 한 튀르크계 민족이었던 오스만인들을 1402년에 대파함으로써, 그는 그들이 일정 기간 동안 동로마 제국을 무너뜨릴 준비를 하는 것을 막았던 것이다.

이것은 몽골인들이 셀주크 아나톨리아에 대한 지배를 유지할 수 없었던 이후로, 줄곧 서아시아의 역사가 움직여왔던 방향이었다. 이는 알바니아로부터 자바에 이르는 몽골 원정의 엄청난 범위 때문에 티무르의 사망 시점인 1405년까지도 감지되기 어려웠지만, 바로 그때에는 자명해 보였다. 그 전에, 몽골인들은 이미 중국에서 전복되었다. 티무르의 후계자들은 일정 기간 동안 페르시아와 트란스옥시아나에서 여전히 버티고 있었지만, 궁극적으로 메소포타미아가 매력적인 이름으로 명명된 흑양 튀르크인들의 에미르국, 즉 수장국(首長國)이 되면서, 티무르 자신의 유산도 허물어졌다. 15세기 중엽까지, 금장 한국의 분열도 상당히 진행되었다. 그것은 여전히 러시아를 공포에 떨게 할 수 있었지만, 유럽에 대한 몽골의 위협은 오래전에 끝이 났다.

그 즈음까지, 비잔티움 국가는 마지막 숨을 쉬고 있었다. 2세기 이상, 그 국가는 생존을 위해서 싸웠지만 패전을 거듭했다. 단지 이슬람 문명권의 이웃들만 대적했던 것은 아니었다. 먼저 비잔티움 국가를 작은 영토로 축소시키고 그 수도를 약탈했던 것은 유럽인들이었다. 1204년의 치명적 상처 이후, 비잔티움은 단지 조그마한 발칸 반도의 국가가 되었다. 한 불가리아 왕은 그해의 기회를 포착하여 그의 나라의 독립을 확보했는데, 이는 당시 잠시 모습을 드러냈던 몇몇 승계국들 중 하나가 되었다. 더 나아가서 비잔티움 제국 지배의 폐허 위에서, 새로운 서유럽의 해상제국 베네치아가 성립했다. 이들은 처음에는 매수되어 제국에 들어와 있었지만, 이제는 보금자리의 침입자였다. 이 과거의 피보호자는 14세기 중엽까지 비잔티움의 유산으로부터 로도스, 크레타, 케르키라, 키오스 섬과 함께 전체 에게 해 군도를 취했다. 그 기간 동안, 베네치아는 경쟁자인 제노바와 격렬한 상업 및 정치적 투쟁을 벌이기도 했는데,

제노바는 1400년까지 크림 반도 남부 연안의 통제권과 그 지역이 가지고 있던 러시아 내륙과의 풍부한 교역망을 획득했다.

1261년 비잔티움 제국인은 프랑크족으로부터 그들의 수도를 되찾았다. 그들은 오스만인, 즉 아나톨리아를 튀르크계 영토로 만들었던 세력의 도움을 통해서 이를 이루었다. 두 가지 요소가 여전히 비잔티움 제국에 이롭게 작용했다. 몽골 공세의 결정적인 시기는 과거의 일이라는 점(비록 이것이 알려지기는 어려웠고, 몽골의 공격은 이를 흡수하여 비잔티움 제국을 보호해주는 기능을 하던 민족들에게 계속될 것이었지만 말이다), 그리고 러시아에서 원조와 금전의 원천이 되었던 강력한 정교의 세력이 존재하게 되었다는 점이었다. 그러나 새로운 위협들도 있었으며, 오히려 이것이 긍정적인 요소들보다 더 컸다. 13세기 후반 유럽에서의 비잔티움 제국 재생은 곧 제국의 열망을 품은 한 세르비아 공에 의해서 도전받게 되었다. 그는 콘스탄티노플을 취할 수 있기 전에 사망했지만, 비잔티움 제국에 그 수도의 후배지와 트라키아의 일부분 외에는 별로 남겨주지 않았다. 세르비아인에게 대항해서, 비잔티움 제국은 다시 한번 오스만의 도움을 요청했다. 보스포루스 해협의 아시아 쪽 해안지방에 이미 공고히 자리잡은 상태로, 튀르크인들은 1333년 갈리폴리에 유럽에서의 발판을 마련했다.

마지막 11명의 황제들, 즉 팔라이올로기(Palaeologi)*가 이런 상황에서 할 수 있는 최선은 지연작전이었다. 그들은 소아시아에 남아 있던 영토를 1326년에 오스만인들에게 빼앗겼고, 바로 그곳에서 그들에게 치명적인 위험이 놓이게 되었다. 동쪽 흑해에서 그들은 비잔티움 국가보다 더 오래 존속하게 될 거대한 교역국가인 트레비존드 그리스 왕국과 연합했지만, 유럽에서는 미미한 도움밖에는 바랄 수 없었다. (당시 콘스탄티노플 자체의 교역마저도 독점하고 있던) 베네치아인들과 제노바인들의 야망과 나폴리 왕국의 왕은 비잔티움 국가에 한숨 돌릴 기회도 주지 않았다. 한 황제는 생각하다 못해서 교황의 우위권을 인정하고 로마 교회와 재결합했다. 이 정책은 그 자신의 성직자들을

---

* 팔라이올로고스(Palaeologos) 가문에서 배출된 황제들을 말한다/역주

반목시키는 것 이외에는 거의 아무 소용도 없었고, 그의 후계자는 이를 폐기했다. 종교는 여전히 기독교 세계를 갈라놓고 있었다.

14세기가 흘러가면서, 비잔티움 제국인들은 점점 더 깊은 고립감을 느끼게 되었다. 그들은 이교도들 앞에 방기되었다고 느꼈다. 카탈루냐 출신 서유럽 용병을 활용하려는 시도는 오히려 그들의 콘스탄티노플 공격으로 이어졌고, 그 용병들은 1311년에 아테네의 카탈루냐 공작령이라는 또 하나의 분리된 국가를 그곳에 세웠다. 섬이나 한 지방을 탈환했을 때 가끔씩 맛보았던 승리는 위와 같은 사건들의 일반적인 경향도, 그리고 제국 내에서 때때로 벌어졌던 내전의 악영향도 상쇄하지 못했다. 그들의 전통에 충실하게도, 그리스인들은 이 극단적인 상황 속에서도 이런 다툼의 일부에 신학적인 차원을 부여했다. 이 모든 것의 가장 위에는, 1347년의 전염병이 남은 제국인구의 3분의 1을 쓸어버렸다는 사실이 있었다. 1400년 비잔티움 제국의 황제가 서유럽의 궁정들을 탐방하여 지원을 얻으려고 애썼을 때(약간의 금전이 그가 얻은 전부였다), 그는 콘스탄티노플, 테살로니키, 모레아 반도만을 통치하고 있을 뿐이었다. 유럽에 있는 많은 사람들은 이제 그를, 의미심장하게도 "그리스인들의 황제"라고 말했고, 그가 여전히 직함상 로마인들의 황제라는 사실을 잊었다.

오스만 튀르크인들은 콘스탄티노플을 모든 방향에서 포위했고, 이미 첫 번째 공격을 감행한 상태였다. 1422년에 두 번째 공격이 있었다. 황제 요한네스 8세(재위 1425-1448)는 서유럽 및 중유럽과의 협력을 막는 가장 강력한 장벽을 뛰어넘기 위한 최후의 시도를 감행했다. 1439년에 그는 피렌체에서 열렸던 공의회에 가서 교황의 우위권을 인정하고 로마 교황청과 결합했다. 서유럽 기독교 세계는 환희에 찼다. 영국의 모든 교구 교회에서는 종이 울렸다. 그러나 정교 동방은 못마땅했다. 그 공의회의 형식은 전통에 역행하는 것이었다. 너무도 중대한 문제들, 즉 교황의 권위, 주교들의 동등함, 의례, 교리가 장애물이 되었다. 가장 영향력 있는 그리스 성직자는 그 공의회에 참석하기를 거부했다. 참석했던 많은 사람들 가운데 한 사람(그는 의미심장하게도 이후에 시성[諡聖]되었다)만을 제외하고 모두가 통합방안에 서명했지만, 그들 중 많은 이들이 돌아왔을 때 이를 철회했다. 한 비잔티움의 고위관리는 "이 도시에

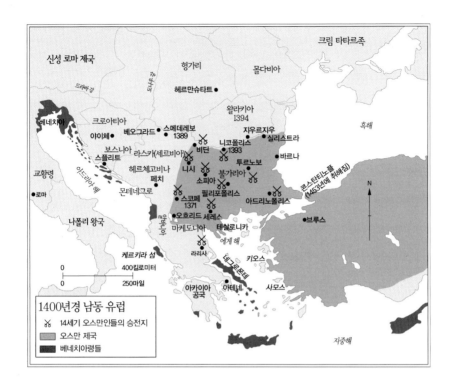

지도 내 텍스트:

크림 타타르족

신성 로마 제국

헝가리

몰다비아

헤르만슈타트

드라바 강

왈라키아
1394

크로아티아

흑해

베네치아

야이체 · 베오그라드 · 스메데레보 1389

지우르지우 · 실리스트라

니코폴리스 1393

보스니아 라스카(세르비아)
스플리트

비딘

투르노보

바르나

헤르체고비나
페치

니시
소피아

불가리아

교황령

몬테네그로

스코페 1371

필리포폴리스

콘스탄티노플
(1453년에 취해짐)

로마

오흐리드 세레스

아드리노플리스

브루스

N

아드리아 해

나폴리 왕국

마케도니아

테살로니카

에게 해

케르키라 섬

라리사

네그로폰테

키오스

0   400킬로미터
0   250마일

아카이아
공국

아테네

사모스

지중해

1400년경 남동 유럽

✂ 14세기 오스만들의 승전지
▨ 오스만 제국
▨ 베네치아령들

서 라틴 교황의 삼중관의 권력을 보는 것보다 차라리 튀르크 터번의 권력을 보는 것이 낫다"고 말했다. 교황에게 복종한다는 것은 대부분의 그리스인들에게는 배교행위였다. 즉, 교황을 따르자는 이들은 정교가 보존해온 참교회의 전통을 부정하고 있다는 것이었다. 콘스탄티노플에서는 그 공의회의 결정을 받아들인 것으로 알려진 사제들을 멀리했다. 황제들은 그 합의에 충실했지만, 13년이 지난 후에야 그 결합을 콘스탄티노플에서 공개적으로 선포할 수 있었다. 그 굴종을 통해서 얻을 수 있었던 유일한 득은 마지막 십자군에 대한 교황의 지지였는데, 그 십자군은 1441년에 비참하게 끝이 났다.

결국 동서 기독교 세계는 공통의 대의를 만들 수 없었다. 아직까지 그 이교 세력은 이제 막 유럽의 가장 바깥쪽의 방어막을 두드릴 뿐이었다. 프랑스인들과 독일인들은 그들 자신의 문제에 빠져 있었다. 베네치아와 제노바는 오스만인에게 저항하는 만큼 그들의 환심을 사서도, 마찬가지의 이득을 누릴 수 있다고 생각했다. 타타르인에게 괴롭힘을 당하던 러시아인들조차도 비잔티움 국가를 돕기 위해서 할 수 있는 일이 없었고, 제국과의 직접 접촉으로부터 떨어져나갔다. 그 제국도시와 나머지는 홀로 내버려졌고, 그 자체 내부에서 분열된 상태로 오스만인의 마지막 공격을 맞이했다.

유럽에 오토만인(Ottoman)으로 알려진 오스만인은 룸 술탄국이 무너지면서 생겨났던 튀르크 민족들 중의 하나였다. 셀주크인이 그곳에 도착했을 때, 그들은 해체된 아바스 왕조 칼리프국과 비잔티움 제국 사이의 접경지역에서 수많은 무슬림 변경 영주들, 즉 간혹 튀르크계였으며 무법적, 독립적이고 최고권력의 쇠퇴로 인해서 필연적으로 득을 보았던 가지스라는 군소 귀족들을 발견했다. 그들의 존재는 불안정했기 때문에 비잔티움 제국은 10세기의 부흥기에 이들 중 일부를 흡수했으나, 그들은 통제하기 어려운 이들이었다. 많은 이들이 셀주크 시대에서 살아남았고, 그들은 콘스탄티노플이 라틴인들의 손에 있던 시기, 몽골인들의 셀주크 체제 파괴로부터 득을 보았다.

이런 가지스 중 하나가 오스만이었는데, 그는 아마도 오구즈에 있던 튀르크인이었을 것이다. 그는 지도력과 진취성을 발휘했고, 사람들은 그에게 모여들었다. 그의 능력은 '가지(ghazi)'라는 단어의 변모에서 드러난다. 그것은 이제 '믿음의 전사'를 의미하게 되었다. 광신적인 변경민들로서, 그의 추종자들은 어떤 영적인 활력에 의해서 구별되었던 것 같다. 그들 중 일부는 이슬람교 내의 특정한 신비주의적 전통에 의해서 영향을 받았다. 그들은 또한 그들 자신만의 매우 특징적인 제도들을 발전시켰다. 그들은 중세 유럽의 상인 길드나 교단과 같은 군사조직을 가지고 있었는데, 유럽인들은 이를 오스만인들로부터 배운 것으로 알려져왔다. 절반은 기독교적이고 절반은 이슬람교적인 흥미로운 변경 문화들 위에 놓였던 상황 역시 그들의 야망을 북돋웠을 것이다. 그 궁극적인 근원이 무엇이었든 간에, 그들의 경이로운 정복 기록은 아랍과 몽골에 견줄 수 있다. 그들은 결국 과거 동로마 제국의 영토와 그 이상을 하나의 지배자 아래에 다시 모을 것이었다.

술탄의 칭호를 얻었던 첫 번째 오스만은 14세기 초에 나왔다. 이는 오스만의 아들 오르한이었다. 그의 통치하에서 정복된 땅들에 정착이 시작되었고, 그것은 궁극적으로 오스만 군사력의 근간이 될 것이었다. 그가 유럽에서 싸울 때 필요로 했던 새로운 보병부대인 '예니체리'의 창설처럼, 그 변화는 오스만 제국이 태생적 기병으로 이루어진 한 유목민족 체제로부터 멀어져서 진화해가는 데에 중요한 단계를 나타냈다. 일이 잘 풀리고 있었음을 보여주는 또 하나의 표지는 오르한의 첫 번째 오스만 주화 발행이었다. 그가 사망했을 즈음에, 그는 소아시아와 일부 유럽 땅에 들어섰던 셀주크 후예 국가들 가운데 가장 강력한 국가를 통치하고 있었다. 오르한은 비잔티움 제국의 황제로부터 세 번이나 지원을 요청받을 정도로 중요해졌고, 황제의 딸들 중 하나와 결혼했다.

그의 두 후계자들은 세르비아와 불가리아를 정복하면서 꾸준히 발칸 반도를 취해갔다. 그들은 그들에 맞섰던 또 하나의 십자군을 1396년에 물리쳤고 그리스를 취하기 위해서 나아갔다. 1391년 그들은 콘스탄티노플에 대한 첫 번째 포위공격을 시작했는데, 6년 동안 성공적으로 그 공격을 계속할 수 있었다. 한편, 아나톨리아는 전쟁과 외교를 통해서 흡수되었다. 티무르에게 패전한 것이 유일한 차질로서, 그것은 계승분쟁을 일으켰고 거의 오스만 제국을 분해시킬 뻔했다. 그후 진군은 재개되었고, 이제 베네치아의 해상제국 역시 시달리게 되었다. 그러나 비잔티움 국가와 튀르크 모두에게 그 싸움은 기본적으로 종교적인 것이었기 때문에, 그 마음은 1,000년이 된 기독교 수도 콘스탄티노플에 사로잡혀 있었다.

1453년에 콘스탄티노플이 오스만 튀르크인들의 손에 떨어진 것은 정복자(Conqueror)라고 명명된 메메트 2세(재위 1451-1481) 치하에서였고, 서양 세계는 몸서리쳤다. 비잔티움 국가의 자원이 아무리 말랐다고 해도, 그것은 위대한 승리였고 메메트가 모든 장애물들을 뚫고 집요하게 노력한 결과였기 때문에 그의 개인적 업적이라고 할 만했다. 당시 이미 화약의 시대가 진행 중이었기 때문에, 그는 한 헝가리 기술자에게 거대한 대포를 만들도록 명령했다. 그것은 워낙 크고 무거워서 작동시키기 어려웠기 때문에, 100마리의 소가 끌어야 움직일 수 있었고 하루에 단 7번만 발사할 수 있었다(헝가리인들의 도움은 기독교도들에 의해서 이미 거절당한 상태였다. 비록 그가 기독교늘에게 요구한 대가가 실제로 메메트가 그들에게 주었던 것의 4분의 1에 불과했지만 말이다). 그것은 실패작이었다. 메메트는 정통적인 방법으로 전투할 때 더 나은 결과를 냈는데, 그는 그의 군인들을 무자비하게 전진시켰으며, 공격에 주춤하는 군인들의 목을 잘랐다. 마지막으로 그는 70개의 전함을 육로로 실어날라서, 이들을 골든 혼을 지키는 제국함대의 배후에 배치시켰다.

마지막 공격은 1453년 4월 초에 시작되었다. 거의 두 달 후인 5월 28일 저녁에, 로마 가톨릭과 정교회는 함께 성 소피아 성당에 모였고, 허구적인 종교적 재결합의 그 마지막 퍼레이드가 펼쳐졌다. 같은 이름인 콘스탄티누스 대제 이후로 80번째에 황제였던 콘스탄티누스 11세는 성찬식에 참여한 후, 전장으로 나가서 가치 있게 싸우다 전사했다. 그후로 곧 모든 것이 끝났다. 메메트는 도시에 들어왔고, 성 소피아 성당으로 곧장 가서 그곳에 승리의 권좌를 설치했다. 정교의 핵심이었던 그 교회는 이제 모스크가 되었다.

이는 그 자체로 대단한 것이었지만, 하나의 단계에 불과했다. 오스만 성공의 기치는 더 높게 들려질 것이었기 때문이다. 1459년 세르비아 침공은 거의 동시에 트레비존드의 정복으로 이어졌다. 그곳의 주민들에게는 불쾌하게 들릴지 몰라도, 이것은 헬레니즘의 종말이라는 의미가 없었다면 튀르크 정복의 기록에서 단지 각주 정도의 가치만을 가질 것이었다. 1461년 흑해 남동부 연안의 이 외딴 지점에서, 알렉산드로스 대왕의 정복으로 만들어졌던 그리스 도시들의 세계는 마지막 숨을 다했다. 그것은 콘스탄티노플의 함락만큼이나 결정적으로 한 시대를 표현하는 것이었다. 인도주의적이었던 한 교황은 이를 "호메로스와 플라톤의 두 번째 죽음"으로 묘사하며 비통해했다(말을 행동으로 옮기면서 그는 당시 한 십자군 군대를 지휘했으나, 그 군대가 본부 안코나*를 떠날 수 있게 되기 전에 사망했다).

트레비존드로부터, 튀르크의 정복은 계속 이어졌다. 1463년까지 오스만 튀르크인들은 펠로폰네소스 반도, 보스니아, 헤르체고비나를 취했다. 알바니아와 이오니아 섬들은 그 다음 20년에 같은 운명을 따랐다. 1480년 그들은 이탈리아 항구인 오트란토를 점령하고 거의 1년 동안 이를 유지했다. 1517년 시리

---

* 원문에는 Ancoma로 되어 있으나, 이는 Ancona의 오기인 듯하다/역주

아와 이집트도 정복되었다. 그들은 베네치아 해상제국의 나머지들을 주워 담는 데에 더 긴 시간이 걸렸지만, 16세기 초엽이 되면 튀르크 기병은 비첸차 근처에 이르렀다. 베오그라드는 1521년에 그들에게 떨어졌고, 1년 후에는 로도스 섬이 장악되었다. 1526년에 모하치에서 오스만 튀르크인들은 헝가리 왕의 군대를 쓸어버렸고, 그 패전은 지금까지도 헝가리 역사의 암울했던 날로 기억된다. 3년 후 그들은 최초로 빈을 포위했다. 1571년 키프로스가 그들에게 떨어졌고, 거의 한 세기 후 크레타 섬도 마찬가지가 되었다. 이 시기 즈음이면, 그들은 유럽에 깊숙이 들어와 있었다. 그들은 17세기에 다시 빈을 포위했다. 빈을 취하려던 시도에서 이 두 번째 실패는 튀르크 정복의 최고 수위점이었다. 그러나 그들은 1715년까지도 지중해의 새로운 영토를 여전히 정복하고 있었다. 한편, 그들은 1501년 페르시아에 새로운 왕조가 들어선 이후로 이들과의 다툼을 계속하면서, 이들로부터 쿠르디스탄을 취했고 남쪽으로 아덴에까지 군대를 보냈다.

오스만 제국은 유럽에 대해서 독특한 중요성을 가진다. 그것은 거대한 컴퍼스로서, 그것 동쪽의 역사와 서쪽 절반의 역사를 구분짓는다. 기독교가 살아남고 오스만 제국 아래에서 용인되었다는 것은 결정적으로 중요했다. 그것은 슬라브계 신민들을 위해서 비잔티움의 유산을 보존시킨 셈이었다(그리고 실제로 콘스탄티노플 총대주교의 우위성에 대해서 가톨릭이나 발칸 반도 내 다른 민족 정교회들이 가할 수 있는 위협의 가능성도 끝낸 것이었다). 과거 비잔티움 제국 밖에서, 단 하나의 중요한 정교의 중심지만이 남게 되었다. 의미심장하게도 정교회는 이제 러시아의 유산이 되었던 것이다. 오스만 제국의 성립은 당분간 유럽을 서아시아와 흑해로부터, 따라서 꽤 많은 정도로 동아시아와 중앙 아시아에 이르는 육로로부터 봉쇄시켰다. 유럽인들은 진정 그들 외에 누구를 탓할 수 없었다. 그들은 오스만 튀르크인들에게 대항하여 효과적으로 연합한 적이 없었기(그리고 없을 것이기) 때문이다. 비잔티움은 그 자신의 운명에 맡겨져 있을 따름이었다. 한 교황은 "누가 영국인들이 프랑스인들을 사랑하게 만들겠는가? 누가 제노바 사람들과 아라곤 사람들을 연합시키겠는가?"라고 낙담하며 물었다. 머지않아서 그의 계승자 중 하나는 프랑스에 대항해서 튀르크로부터 지원받을 가능성을 타진할 것이었다. 그러나 그 도전은 다른 종류의 대응을 일으켰다. 심지어 콘스탄티노플이 함락되기 전에 이미, 포르투갈의 배들은 아프리카 해안을 따라서 남쪽으로 조심조심 나아가며 아시아의 향료를 얻기 위한 새로운 항로를 모색하고, 남쪽으로부터 튀르크인들을 측면공격하기 위해서 아프리카에 있을지 모를 가능한 동맹세력을 찾고 있었던 것이다. 13세기 이래 사람들은 이슬람 문명권의 장벽을 우회하는 법을 찾고자 숙고해왔지만, 그 방법들은 오랫동안 적절하지 못했다. 역사의 아이러니 중 하나로, 그 방법들은 오스만 세력이 막강하게 절정에 달했을 때, 곧 가능해질 것이었다.

오스만인의 경계들 뒤에는 하나의 새로운 다인종 제국이 성립한 것이었다. 메메트는 변덕스럽기는 했지만 넓은 동정심을 가진 인간이었고, 훗날 튀르크인들은 그가 이교도들에게 베풀었던 관대함을 이해하기 어려웠다. 그는 그의 성적 접근이 거절되었다는 이유로 자신의 대자(代子)였던 한 소년을 죽일 수 있는 사람이었지만, 콘스탄티노플 함락 후에도 항복하지 않았던 일군의 크레타 사람들의 용기를 높게 평가한 나머지, 그들이 떠날 수 있도록 허락하기도 했다. 그는 다종교 사회를 원했던 것 같다. 그는 그리스인들을 트레비존드로부터 콘스탄티노플로 귀환시켰으며 새로운 총대주교를 임명했는데, 그 아래에서 그리스인들은 궁극적으로 일종의 자치권을 부여받게 되었다. 튀르크의 유대인과 기독교도에 대한 처사는 에스파냐 기독교도가 유대인과 무슬림을 대했던 기록보다 훨씬 더 좋은 것이었다. 콘스탄티노플은 여전히 거대한 국제도시로 남았다(지리적 유럽의 그 어떤 도시들보다 훨씬 더 큰 70만 명이라는 인구를 1600년에 보유하고 있었다).

초기 오스만들은 당시로서는 아주 독특하게 정체성의 변화를 용인하기도 했는데, 민족들이 오스만 국가에 참여하고 그 과정에서 튀르크인이 될 수 있는 기회가 빈번히 열려 있었다. 이런 태도는 과거 튀르크 제국들에서 이미 튀르크 정체성들로 통합되었던 혼종성과 관련이 있었을 것 같다. 몇몇 경우에는 새로운 정체성으로 개종시키는 데에 강제적인 방법이 동원되기도 했다. 그러나 대부분 그것은 시간이 지나면서 진행되었다. 마치 아나톨리아 대부분

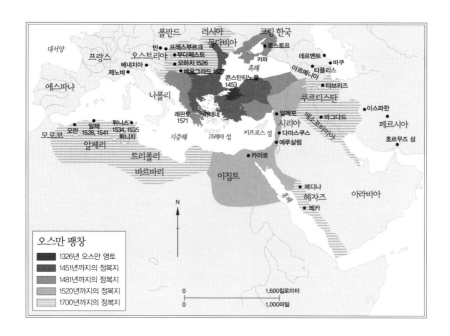

지도 안 텍스트:
폴란드
러시아
크림 한국
대서양
프랑스
빈
프레스부르크
몰다비아
로스토프
오스트리아
카파
베네치아
부다페스트
데르벤트
바쿠
제노바
모하치 1526
아르메니아
티플리스
베오그라드 1521
콘스탄티노플 1453
타브리즈
에스파냐
나폴리
흑해
쿠르디스탄
이스파한
레판토 1571
아테네
알레포
바그다드
페르시아
모로코
오란
알제 1528, 1541
튀니스 1534, 1535
튀니지
지중해
크레타 섬
키프로스 섬
시리아
다마스쿠스
예루살렘
호르무즈 섬
알제리
트리폴리
카이로
바르바리
이집트
메디나
헤자즈
아라비아
메카
N

오스만 팽창
1326년 오스만 영토
1451년까지의 정복지
1481년까지의 정복지
1520년까지의 정복지
1700년까지의 정복지

0   1,600킬로미터
0   1,000마일

의 주민들이 튀르크계 조상을 가졌는지의 여부와는 상관없이 먼저 튀르크인이 되고, 그 다음에야 튀르크 민족 정체성을 형성하게 되었을 때처럼 말이다. 다른 이들에게, 튀르크인이 된다는 것은 무슬림이 된다는 것이었고 오스만 왕조의 봉사자가 된다는 것이었다. 알바니아 남부 도시 카니나의 최후의 로마 정교회 수장이었던 조르기오스는 1398년 튀르크인이 되었고, 그 결과로 그의 가문은 1943년까지 그 직위를 유지하는 한편, 다수의 지방관들에 더해서 3명의 도지사, 4명의 육군원수(둘은 튀르크계, 하나는 이집트인, 하나는 그리스인), 그 와중에 수상까지 배출했다.

이처럼 오스만인들은 동지중해의 강대국을 재건했고, 16세기는 이 이슬람 제국에게 위대한 시기였다. 그러나 그런 위대함은 유럽과 아프리카에서만 존재했던 것은 아니었다. 오스만인들이 비잔티움 제국과 같은 것을 재건하는 동안, 페르시아에서도 역시 과거의 위대함을 연상시키는 세력이 등장했다. 1501년과 1722년 사이에 사파비 왕조는 페르시아를 지배했고, 아랍인들의 침입으로 사산 왕조가 붕괴된 이후에 처음으로 페르시아의 전 영토를 통일했다. 그들 전신들과 마찬가지로, 사파비 왕조는 그들 자신은 페르시아인이 아니었다. 사산 왕조 이후, 지배자들은 오고 갔던 것이다. 반면 페르시아 역사의 연속성은 문화와 종교가 제공했다. 페르시아는 지리적으로, 언어로, 이슬람교로 정의되지, 민족왕조들의 유지에 의해서 정의되지 않았다. 사파비 왕조는 원래는 튀르크계였고, 오스만인들처럼 가지스였으며, 역시 그들처럼 잠재적 경쟁자들을 멀리 물리치는 데에 성공했다. 그들이 페르시아에 제공한 첫 번째 지배자는 이스마일(1487-1524)이었는데, 그는 이 이름을 가계(家系)에 주었던 14세기 부족 지배자의 한 후손이었다.

처음에 이스마일은 서로 싸우던 튀르크 부족들 가운데 한 집단의 가장 성공적인 지도자에 지나지 않았고, 더 서쪽에서 유사한 기회를 이용하던 이들과 같을 뿐이었다. 티무르 제국의 유산은 15세기 중엽부터 이미 해체되고 있었다. 1501년 이스마일은 백양 튀르크인이라고 불리던 민족을 격파하고, 타브리즈로 들어가서 스스로를 샤(shah)로 선포했다. 20년 내에 그는 오래 지속될 국가를 만들었고 또한 오스만인들과의 기나긴 경쟁관계를 시작했는데, 심지어 그들에게 대항하기 위해서 신성 로마 제국으로부터 지원을 구하기도 했다. 이는 종교적인 차원을 포함했는데, 사파비 왕조는 시아파였고 페르시아 역시 시아파로 만들었기 때문이다. 16세기 초 칼리프 지위가 오스만인들에게 넘어갔을 때, 오스만인들은 이 칼리프들을 이슬람 신앙의 참된 해석자와 관리자로 생각하는 수니 무슬림의 지도자가 되었다. 따라서 시아파들은 자동적으로 반(反)오스만이 되었다. 페르시아에서 이스마일이 그 종파를 확립시킨 것은 페르시아 문명에 새로운 특성을 부여했는데, 그 문명은 시아파를 보존하는 데에 크나큰 중요성을 가질 것이었다.

그의 뒤를 바로 이었던 후계자들은 1555년에 강화가 이루어질 때까지 튀르크인들을 몇 번이나 싸워 물리쳐야 했다. 이 강화는 페르시아를 온전하게 보호했고 메카와 메디나의 페르시아인 순례자들에게 길을 열어주었다. 국내 갈등 역시 존재했고 권좌를 둘러싼 분쟁도 있었지만, 1587년에 페르시아 통치자들 가운데 가장 탁월했던 이들 중 하나인 아바스 대제(재위 1587-1629)가 권좌에 올랐다. 그의 통치하에서 사파비 왕조는 절정에 올랐다. 정치 및 군사적으로 그는 성공적이어서, 우즈베크인과 튀르크인을 격파하고 그의 이전 샤들을 약화시켰던 과거의 부족 충성심을 억눌렀다. 그는 꽤 유리한 점들을 가지고 있었다. 오스만인들은 서쪽에 주의를 돌리고 있었고, 러시아의 잠재력은 내부 분란에 의해서 메마르고 있었으며, 무굴 인도의 전성기는 지났던 것이다. 그는 영리하게도 유럽이 튀르크인들에게 대항하여 그와 함께할 수 있을 것으로 내다보았다. 그러나 이런 국제 역학의 유리한 국면이 세계정복 계획으로 이어지지는 않았다. 사파비 왕조 페르시아인들은 사산 왕조의 전례를 따르지 않았던 것이다. 그들은 초기에 잃었던 것을 다시 찾는 것 이외에는 터키에 대해서 결코 공세를 취하지 않았으며, 캅카스를 지나서 러시아까지 또는 트란스옥시아나를 넘어서는 북진하지 않았다.

페르시아 문화는 아바스 샤 통치하에서 눈부신 만개를 이루었는데, 그는 이스파한에 새로운 수도를 건설했다. 그 아름다움과 화려함은 유럽 방문자들을 깜짝 놀라게 했다. 문학도 꽃을 피웠다. 유일하게 불길했던 징조는 종교적인 것이었다. 아바스는 그때까지 사파비 지배를 특징짓던 종교적 관용성을 포기하려고 했고, 시아파 관점으로의 개종을 강요했다. 이는 비관용적 체제를 즉각적으로 부과한다는 의미는 아니었다. 그것은 이후에나 시작될 것이었다. 그러나 그것은 사파비 왕조 페르시아가 쇠퇴를 향한, 그리고 종교 관리들의 손으로 권력이 이양되는 방향으로 중대한 발걸음을 내디뎠다는 것을 의미했다.

1629년 아바스 샤가 사망한 후, 사태는 빠르게 나쁜 방향으로 흘러갔다. 통치자로서의 자격이 없었던 그의 후계자는 이런 변화에 별 손을 쓰지 못했고, 하렘과 그 쾌락들로 침잠하는 것을 좋아했다. 사파비 유산의 전통적인 화려함이 그것의 실질적인 몰락을 은폐했다. 오스만 튀르크인들은 1638년 다시 바그다드를 점령했다. 1664년에는 새로운 위협의 첫 번째 징후가 나타났다. 카자크의 습격들이 캅카스 산맥 인근을 괴롭히기 시작했고, 첫 번째 러시아 사절단이 이스파한에 도착했다. 서유럽인들은 이미 오래전부터 페르시아를 잘 알고 있었다. 1507년에 포르투갈인들은 오르무즈 해협의 항구에 자리를 잡았고, 그곳에서 이스마일은 그들에게 세금을 부과했었다. 1561년에 한 영국 상인은 러시아로부터 육로로 페르시아에 당도하여 영국-페르시아 간 교역을 시작했다. 17세기 초에 이러한 교류는 잘 정착되었고, 그때 아바스 샤는 봉직을 맡은 영국인들을 두고 있었다. 이는 그가 유럽과의 관계를 독려했던 결과였는데, 그 유럽에서 그는 오스만인들에게 대항하는 지원을 찾고자 희망했던 것이다.

점점 더 늘어나는 영국인들의 존재감을 포르투갈인들은 반기지 않았다. 영국의 동인도회사가 업무를 시작했을 때, 그들은 그 관리자들을 공격했으나 실패로 돌아갔다. 얼마 지나지 않아서, 영국인들과 페르시아인들은 연합하여 오르무즈에서 포르투갈인들을 쫓아냈다. 이 시기 즈음이 되면, 다른 유럽 국가들도 점차 관심을 가지게 되었다. 17세기 후반에는 프랑스인, 네덜란드인, 에스파냐인 모두가 페르시아 교역에 침투하려고 노력했다. 샤들은 일단의 외국인들을 또다른 이들과 경쟁에 붙여서 이득을 볼 기회에 이르지는 못했다.

18세기가 시작될 때, 페르시아는 갑자기 이중의 맹렬한 공격에 노출되었다. 아프가니스탄 사람들은 반란을 일으켰고 독립적 수니파 국가를 세웠다. 그들을 선동하는 데에는 종교적인 적대감이 큰 역할을 했다. 1719년부터 1722년까지 아프가니스탄 사람들은 사파비 왕조의 샤와 전쟁 상태가 되었다. 그는 그해에 폐위되었고 아프가니스탄인 마무드가 권좌를 차지했으며, 이로써 페르시아에서의 시아파 지배는 당분간은 끝이 났다. 그럼에도 불구하고 그 이야기는 조금 더 끌고 나가야 하는데, 러시아인들이 사파비 왕조의 쇠락 과정을 관심 있게 지켜보았기 때문이었다. 러시아 통치자는 1708년과 1718년에 외교 사절단들을 파견했다. 그리고 왕위계승에 대한 개입을 구실로, 1723년에 러시아인들은 데르벤트와 바쿠를 장악했으며, 패배한 시아파들로부터 많은 것을 약속받았다. 오스만인은 여기에서 배제되지 않기로 결심하고, 티플리스를 장악한 상태에서 1724년 러시아인들과 페르시아 분할에 대해서 합의했다. 한때 위대했던 국가는 악몽으로 끝나는 것 같았다. 이스파한에서는 사파비 왕조에 동조할 가능성이 있는 사람들에 대한 학살이 자행되었는데, 이는 당시 이미 미치광이가 되어버린 샤의 명령에 의해서 이루어졌다. 오래지 않아서 최후의 위대한 아시아의 정복자 나디르 칼리가 페르시아의 마지막 부흥을 이룰 것이었다. 그러나 그가 페르시아 제국을 복원시킬 수 있었다고 해도, 이란 고원이 국경을 훨씬 더 넘어서 벌어지는 사건들의 모양까지도 결정지을 수 있는 권력 중심지로 기능하던 날들은 20세기까지 오지 않았다. 그리고 심지어 그때에도 이란에 권력을 부여하는 것은 군대가 아니었다.

비잔티움 국가 또는 칼리프국과 비교한다면, 당시 유럽의 엘베 강 서쪽은 로마 제국 몰락 이후 수 세기 동안 세계사의 거의 의미 없는 벽지에 불과했다. 그들 중 소수만이 사는 도시들은 로마인들이 남겨놓은 것들의 폐허 사이, 그리고 그 폐허로부터 건설되었다. 그 도시들 중 어떤 것도 웅장함과 화려함에서 콘스탄티노플, 코르도바, 바그다드, 장안에 범접할 수 없었다. 그곳의 몇몇 지도적 인사들은 자신들을 달라붙어 있는 잔여물 정도로 느꼈으며, 어떤 의미에서는 실제로 그러했다. 이슬람 문명권은 그들을 아프리카와 중동으로부터 단절시켰다. 아랍인들의 습격은 그들의 남부 연안을 괴롭혔다. 8세기부터, 우리가 바이킹이라고 부르는 고대 스칸디나비아 사람들의 낯설고 예상하지 못한 폭력이 몇 번이고 계속해서 북부 연안들, 강 계곡들, 섬들에 내리쳤다. 동쪽에서는 도처에, 중앙 유라시아로부터 온 새로운 민족들이 이동하여 들어오거나 통과하고 있었다. 유럽은 모든 것이 유동적인 듯한 세계 속에서 스스로의 모양을 잡아야 했다.

새로운 문명의 토대들은 과거로부터 내려온 많은 것들이 이미 사라진 것 같은 시기에, 그리고 그것을 대체한 것이 대결적이고 무시무시했던 곳에서 놓여야 했다. 유럽은 앞으로 오랫동안 문화 수입국이 될 것이었다. 유럽의 건축이 고대 지중해, 비잔티움 국가, 아시아 제국들의 건축과 비교될 수 있기까지는 수 세기가 걸렸고, 그런 건축이 실제로 출현했을 때에도 이는 비잔티움 이탈리아의 양식과 아랍인들의 천장 아치를 빌려온 것이었다. 역시 오랫동안 유럽의 어떤 과학도, 어떤 학교도 아랍 에스파냐나 아시아의 그것들에 필적할 수 없었다. 서구 기독교 세계는 동로마 제국이나 칼리프국들처럼 효과적인 정치적 통일체나 권력의 이론적 정당화도 산출할 수 없었다. 수 세기 동안 심지어 가장 위대했던 유럽 왕들도 사람들이 보호받기 위해서, 무엇인가 더 나쁜 것에 대한 두려움 때문에 매달렸던 야만적인 군사 지도자들에 불과했다.

그것이 이슬람 세계로부터 도래했다면, 상황은 좀더 나았을지도 모른다.

때로 그런 결과가 가능했던 것 같다. 왜냐하면 아랍인들은 에스파냐에서뿐만 아니라 시칠리아, 코르시카, 사르디니아 섬, 발레아레스 제도에서도 자리잡았고, 그들이 더 올라가는 것은 오랫동안 가능해 보였던 것이다. 그들은 스칸디나비아 사람들에 비해서 훨씬 더 많은 것들을 제공할 수 있었으나, 결국은 북구인이 그 이전의 이주민이 세웠던 왕국들에 더 많은 족적을 남겼다. 슬라브인 기독교 세계와 비잔티움 국가에 관해서 말하자면, 이 둘은 모두 가톨릭 유럽과 문화적으로 분리되어 있었기 때문에 이에 크게 기여할 수 없었다. 그러나 그들은 유럽을 동쪽의 유목민과 이슬람교도의 전면적인 영향으로부터 지켜주는 완충막이었다. 러시아가 무슬림화되었다면, 세계의 역사는 아주 달라졌을 것이다.

대략적으로 말해서, 1000년 이전의 서구 기독교 세계는 절반의 이베리아 반도, 모든 현대 프랑스, 엘베 강 서쪽의 현대 독일, 보헤미아, 오스트리아, 이탈리아 본토, 잉글랜드를 의미했다. 이 지역의 주변부에 문명화되지 못했으나 기독교화된 아일랜드 및 스코틀랜드, 스칸디나비아 왕국들이 있었는데, 이 왕국들은 (앞으로 두 세기 동안도 그럴 것이었지만) 유동적인 상황에 놓여 있었다. 이 지역에 '유럽(Europe)'이라는 용어는 10세기에 적용되기 시작했다. 물론 한 에스파냐의 연대기는 심지어 732년의 승리자들을 '유럽인(European)'이라고 말하고 있지만 말이다. 그들이 차지하고 있던 이 지역은 거의 육지로 둘러싸여 있었다. 대서양은 크게 열려 있었지만, 아이슬란드 서부에 정착하려던 노르웨이 사람들의 계획은 실패했고, 한편 다른 문명들 및 그들과의 교역에 이를 수 있게 해주는 고속로였던 서지중해는 아랍인들의 호수나 마찬가지였다. 점차 생경해지던 비잔티움과 통하는 해상로만이 유일하게 유럽이라는 내향적이고 속 좁은 존재에 위안이 되었다. 사람들은 기회보다는 결핍에 익숙해졌다. 그들은 보호받기 위해서 필요했던 잡다한 전사계급의 지배 아래에 한데 옹송그리며 모여 있었다.

10세기까지 상황은 안정되었다. 마자르인은 저지되었고, 아랍인은 바다에서 도전받기 시작했으며, 바이킹은 기독교를 받아들이는 중이었다(물론 그들은 여전히 복잡하고 제어되지 않은 군사세력이었지만 말이다). 1000년이 다가온다는 것은 대부분의 유럽인들에게는 전혀 불길한 사실이 아니었다. 그리스도가 태어났다고 여겨지는 시기부터 연도를 세는 것이 아직까지는 일반적인 규칙이 아니었기 때문에, 그들은 그것을 인식하지 못했던 것이다. 그럼에도 불구하고 그해는 대략 한 시대의 표지로 기능할 수 있다. 그 날짜가 동시대에 중요성을 가지고 있었건 결여했건 간에 말이다. 유럽에 대한 압박이 약화되기 시작했을 뿐만 아니라, 회복의 몇몇 표지들이 이미 눈에 드러났다. 일부 기본적인 정치 및 사회 구조가 맞아떨어지는 것처럼 보였고, 기독교 문화는 이미 특수한 향미를 가지게 되었다.

11세기는 혁명과 모험의 시기를 열 것이었는데, 가끔 암흑기(Dark Ages)라고 불리는 앞선 세기들은 이 혁명과 모험에 원료를 제공했던 셈이었다. 이것이 어떻게 일어났는지를 이해하는 방법의 하나로 좋은 출발점은 지도이다.

이보다 꽤 이전에 세 가지 거대한 변화가 시작되었는데, 이것이 우리가 아는 유럽 지도를 형성시켰다. 하나는 고대 문명의 중심이었던 지중해 세계로부터의 문화적, 심리적 이동이었다. 5세기와 8세기 사이, 유럽 생활의 중심지(그런 곳이 있었다고 가정하는 한)는 라인 강 골짜기와 그 지류들로 옮겨왔다. 7세기와 8세기에 이탈리아로 가는 해상운송로들을 빼앗음으로써, 그리고 비잔티움 때문에 주의가 분산되면서, 아랍인들 역시 유럽의 핵심을 이후 활기찬 문명의 중심이 될 곳으로 밀어올리는 데에 일조했다.

두 번째 변화는 보다 지속적이었던 것으로, 동유럽에 기독교가 점진적으로 진출하고 뿌리내린 일이었다. 비록 1000년까지는 결코 완성된 것은 아니었지만, 기독교의 전위부대는 그때 이미 예전 로마의 경계를 훨씬 더 넘어가 있었다. 세 번째 변화는 외부압박의 완화였다. 마자르인들은 10세기에 통합되기 시작했다. 결국에는 잉글랜드, 북프랑스, 시칠리아, 일부 에게 해 지역의 통치자가 될 것이었던 북유럽인들은 스칸디나비아인의 팽창의 마지막 물결을 타고 왔는데, 이는 11세기 초에 최종 단계에 있었다. 유럽은 이제 더 이상 외부인들에게 단순한 먹잇감이 되지는 않을 것이었다. 물론 200년 후, 몽골인들이 그들을 위협했을 때에는 이렇게 느끼기 어려웠을 것이었다. 그럼에도 불구하고 1000년까지 유럽은 완전히 호락호락하지는 않게 되었다.

서유럽 기독교 세계는 세 개의 큰 부분으로 간주될 수 있다. 라인 강 골짜기를 중심으로 건설된 중부지역에서는, 미래의 프랑스와 미래의 독일이 등장할 것이었다. 그리고 서지중해 연안 문명이 있는데, 이는 우선 카탈루냐, 랑그도크 지방, 프로방스를 포함한다. 시간이 지나고 이탈리아가 로마 제국 멸망 이후의 세기들에서 회복되면서, 이 지역은 동과 남으로 더 확장되었다. 세 번째 유럽은 서부, 북서부, 북부의 어느 정도 다채로운 주변부였다. 서부에서는 북에스파냐의 첫 번째 기독교 국가들이 성립될 것이었는데, 이들은 서고트족 시대에 출현했다. 북서부에는 독립적인 켈트족 이웃들을 포함한 잉글랜드, 아일랜드, 웨일스, 스코틀랜드가 있었고, 마지막으로 북부에는 스칸디나비아 국가들이 들어섰다.

이러한 그림을 너무 절대적으로 범주화하지는 말아야 한다. 아키텐, 가스코뉴, 때로 부르고뉴처럼, 이 세 구역 중 하나 또는 다른 곳에 할당할 수 있는 지역들도 존재한다. 그럼에도 불구하고, 이 구분들은 충분히 실제에 가까워서 유용할 수 있다. 기후와 인종 집단뿐만 아니라 역사적 경험은 이 지역들을 상당히 다르게 만들었다. 물론 그곳에 살던 대부분의 사람들은 그들이 어떤 곳에서 살고 있는지를 알지 못했을 것이지만 말이다. 그들은 확실히 그들 지역과 그 인근 지역과의 차이보다는 그들과 바로 옆 촌락에 살고 있는 그들 이웃과의 차이에 더 관심이 있었을 것이다. 그들이 기독교 세계의 일부라는 것을 희미하게 인식한 상태에서, 그중 아주 소수만이 그 친숙한 생각을 넘어서 이 무서운 어둠 속에 무엇이 놓여 있는지에 대한 대략적인 상을 가지고 있었다.

중세 서유럽 심장부의 기원은 프랑크족의 유산이었다. 그것은 남부에 비해서 더 적은 수의 도시를 가지고 있었고, 그 도시들은 별로 중요하지 않았다. 파리와 같은 정착지는, 이를테면 밀라노와 같은 곳보다는 상업의 몰락이 덜 괴로웠던 곳이었다. 삶은 토지에 초점이 맞추어져 있었고, 귀족은 지주로 변신한 성공적인 전사였다. 이런 토대로부터, 프랑크족은 독일의 식민화를 시작했고, 교회를 보호했으며, 메로빙거 왕조 통치자들의 마법적인 힘 어딘가에서 기원했던 왕정의 전통을 강화하고 전달해주었다. 그러나 수 세기 동안 국가의 구조라는 것은 강력한 왕들 개인에게 의존하는, 언제 부서질지 모르는 약한 것이었다. 통치는 매우 개인적인 행위였던 것이다.

프랑크족의 방식과 제도는 크게 도움이 되지 못했다. 클로비스 이후에 왕조의 연속성은 있었다지만, 궁핍하고 따라서 나약한 왕들은 토지귀족들에게 더 많은 독립성을 허락했고, 그들은 서로 싸우기 일쑤였다. 그들은 권력을 살 수 있는 부를 소유하고 있었다. 동부 출신의 한 가문은 메로빙거 왕통을 무색하게 했다. 그 가문은 732년에 아랍인들을 투르에서 돌려보냈던 군인이자 성 보니파티우스의 지지자이며, 독일 지역의 복음 전도자였던 카롤루스 마르텔(689-741)을 배출했다. 이는 유럽 역사에 남겨진 중요한 이중적 흔적이고(성 보니파티우스는 카롤루스의 지원이 없었으면 성공할 수 없었을 것이라고 말했다), 마르텔의 가문과 교회와의 연합을 확인해준 것이었다. 그의 둘째 아들 소피핀(재위 751-768)은 751년에 프랑크족 귀족들에 의해서 왕으로 추대되었다. 3년 후에 교황은 프랑스로 와서, 마치 사무엘이 사울과 다윗에게 했던 것처럼, 그를 왕으로 대우하며 성유(聖油)를 부었다.

교황은 강한 동지를 필요로 했다. 콘스탄티노플의 황제가 이 역할을 자처했던 것은 허구였고, 로마의 시각에서 볼 때 그는 성상파괴주의를 받아들임으로써 어떻든 이미 이단에 빠진 것이었다. 실제로 교황 스테파누스가 했듯이, '로마 지방관'이라는 칭호를 피핀에게 수여하는 것은 황제의 권위에 대한 참람(僭濫)이었으나, 당시는 롬바르드족이 로마를 위협하고 있던 상황이었다. 교황은 그 투자로부터 거의 바로 수익을 거두어들일 수 있었다. 피핀은 롬바르드족을 물리쳤고, 756년에 라벤나를 "성 베드로에게" 수여함으로써 미래의 교황령을 세웠다. 이것은 향후 1,100년 동안 지속될 교황의 현세권력, 즉 다른 통치자들과 마찬가지의 통치자로서 그 자신의 지배령에서 누렸던 교황 세속권력의 시작이었다.

새로운 로마-프랑크 축으로부터 프랑크 교회의 개혁, 추가적인 독일 식민화와 선교(독일에서 이교도 색슨족과 전쟁을 벌이게 되었다), 피레네 산맥 건너로 아랍인들의 축출, 셉티메니아와 아키텐의 정복이 일어났다. 이것들은 교회의 입장에서 보았을 때 큰 소득이었다. 교황 하드리아누스 1세가 더 이상 공식 문서를 비잔티움 황제의 즉위년에 따른 날짜를 사용하지 않았고, 그 자신의 이름이 새겨진 주화를 찍었다는 것도 별반 놀랍지 않다. 교황은 독립을 위한 새로운 근거지를 가지게 되었다. 성유 붓기의 새로운 마법은 단지 왕들에게만 이득이 된 것은 아니었다. 그것이 과거 메로빙거 왕조의 기적 행하기를 대체하거나 이와 신비롭게 결합하면서 왕들을 그들이 가진 권력 이상으로 평민 위로 높일 수 있었던 반면, 교황 역시 성유를 붓는 권한에 잠재된 미묘한 함축적인 권위를 획득했던 것이다.

피핀은 다른 모든 프랑크족 왕들처럼 임종 때에 그의 땅을 분할했지만, 전체 프랑크의 유산은 771년 그의 큰아들 아래에서 다시 통합되었다. 이 사람이 800년 황제가 된 카롤루스 대제(741-814)였다. 그는 카롤링거 왕조라고 불리게 된 왕조의 가장 위대한 인물로, 곧 전설이 되었다. 이런 전설적인 모습은, 중세사에서 항상 그렇듯이, 한 사람의 일대기로 파고 들어가는 어려움을 배가시킨다. 카롤루스의 행동들은 그에 대한 지속적인 호감들을 설명해준다. 그는 분명 여전히 전통적인 프랑크족의 전사 왕이었다. 그는 정복했고, 그의 과업은 전쟁이었다. 좀더 새로웠던 것은 그가 이 역할을 기독교적으로 신성화시켰던 진지함이었다. 그는 학문과 예술을 후원하는 임무 역시 심각하게 받아들였다. 그는 그의 궁정을 기독교 학문의 흔적으로 채움으로써 그 궁정의 위엄과 위신을 확대하고자 했다.

영토적으로 카롤루스는 거대한 건설자로, 이탈리아에서 롬바르드족을 전복시키고 그들의 왕이 되었다. 그들의 땅 역시 프랑크의 유산으로 넘겨졌다. 30년 동안, 그는 색슨족 경계지역에서의 전투작전에 꾸준히 애를 썼고, 색슨족 이교도들을 강제로 개종시키는 업적을 이루었다. 아바르인들, 벤드족, 슬라브인들과의 싸움은 그에게 케른텐과 보헤미아 그리고 아마도 마찬가지로 중요했던 도나우 강을 따라서 비잔티움에 이르는 경로를 가져다주었다. 데인인들을 지배하기 위해서, 데인인 경계지가 엘베 강 건너에 세워졌다. 카롤루스는 9세기 초 에스파냐로 진출했고, 피레네 산맥 너머에 에브로 강과 카탈루냐 연안에 이르는 에스파냐 경계지를 설정했다. 그러나 그는 바다로 나아가지는 않았다. 이런 의미에서 서고트족은 최후의 서유럽 해상세력이었던 셈이다.

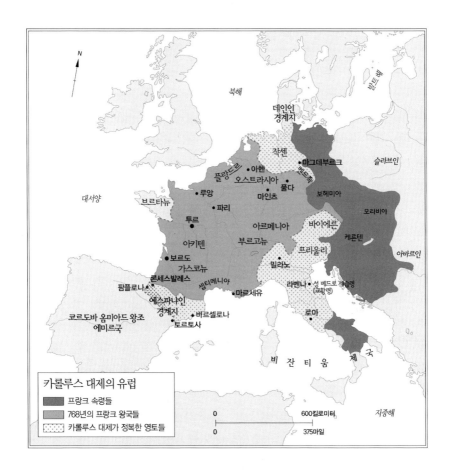

카롤루스 대제의 유럽
- 프랑크 속령들
- 768년의 프랑크 왕국들
- 카롤루스 대제가 정복한 영토들

이처럼 그는 로마 이후 유럽에서 가장 큰 영역을 만들었다. 역사가들은 그 실체가 어떠했는지에 대해서와 800년 크리스마스에 교황에 의한 카롤루스의 대관식(그리고 그 자신의 황제 선포)이 실제로 의미했던 것이 무엇이었는지에 대해서, 거의 그 직후부터 계속해서 논쟁해왔다. "신에 의해서 황제로 임명된 가장 신실한 존엄자(Augustus), 위대하고 평화를 안겨주는 황제"는 그 대관식 미사에서 성가를 지휘했다. 그러나 이미 모두가 인정하는 황제가 콘스탄티노플에 살고 있었다. 이 황제의 직위를 가진 두 번째 통치자는 분열된 기독교 세계에서 마치 로마 제국 후기 때처럼 두 명의 황제가 있다는 것을 의미했을까? 분명히 그것은 여러 많은 민족들에 대한 권위 주장이었다. 이 직위를 가지고, 카롤루스는 그가 단지 프랑크족의 통치자 이상이라고 말했다. 아마도 이탈리아는 그것을 설명해주는 데에 가장 중요할 것이다. 왜냐하면 그 어떤 다른 지역에서보다도 이탈리아인들 사이에서 로마 제국 과거와의 관련성이 접합적인 요소로 기능할 수 있기 때문이었다. 교황의 태도 또는 기대치라는 요소 역시 관계가 있었다. 레오 3세는 카롤루스의 군사들 덕에 이제 막 로마에 복귀했던 것이다. 그러나 카롤루스는 교황이 의도하는 바가 무엇인지를 알았더라면, 성 베드로 대성당에 들어가지 않았을 것이라고 말했다고 알려져 있다. 그는 어쩌면 교황이 은연중에 드러내는 월권을 싫어했을 수도 있다. 그는 그 대관식이 콘스탄티노플에 초래할 분노를 내다보고 있었을 수도 있다. 그는 그 자신의 사람들인 프랑크족과 많은 북쪽 신민들에게 그가 로마 황제들의 계승자라기보다는 전통적인 게르만 전사 왕으로 더 잘 이해될 수 있다는 사실을 알고 있었을 것이다. 그러나 머지않아서 그의 직인은 위대했던 과거와 의식적으로 다시 연결한다는 의미에서 로마 제국의 부활(Renovatio Romani imperii)이라는 명각(銘刻)을 포함했다.

실제로 카롤루스와 비잔티움과의 관계는 나빠졌다. 비록 몇 년 후에 그의 직위는 베네치아, 이스트리아, 달마티아에 대한 주권을 비잔티움 국가에 양보하는 대가로 서쪽에서는 정당한 것으로 인정되었지만 말이다. 카롤루스는 또 하나의 거대국가인 아바스 왕조 칼리프국과 다소 형식적이면서 비우호적이지 않은 관계를 유지했다. 하룬 알라시드는 카롤루스에게 사산 왕조 페르시아의 힘과 문명이 절정에 달했을 때의 왕인 호스로 1세의 초상이 그려진 컵을 주었다고 알려져 있다(우리가 이런 사실을 아는 것은 프랑크 쪽 자료들 때문이라는 것은 의미심장할 수 있다. 이것은 아랍의 연대기에서는 언급될 만큼의 중요한 사건들로 취급되지 않았던 것 같다). 우마이야 왕조 에스파냐는 달랐다. 그들은 기독교 통치자의 입장에서 볼 때, 위협이 될 만큼 근접해 있었기 때문에 적들로 표시되었다. 이교도로부터 신앙을 보호하는 것은 기독교 왕의 직분의 일부였다. 그렇지만 이 모든 카롤루스의 지원과 보호에도 불구하고, 교회는 그의 권위에 확실히 종속되었다.

카롤루스의 수하들이 그의 수도 아헨을 장식하기 위해서 라벤나로부터 물자와 아이디어들을 가져왔을 때, 비잔티움의 예술 역시 더 자유롭게 북유럽 전통으로 들어오기 시작했으며, 따라서 고대 양식들이 카롤루스의 예술가들에게 영향을 미치게 되었다. 그러나 카롤루스의 궁정을 가장 화려하게 만들었던 것은 그 궁정의 학자들과 필경사(筆耕士)들이었다. 그곳은 지성의 중심이었다. 그곳으로부터 카롤링거 소문자체라고 불리는 새로운 정제되고 개선된 방식으로 텍스트를 필사하고자 하는 자극이 퍼져나갔는데, 그 문자체는 유럽 문화의 가장 위대한 도구 중의 하나가 (그리고 결국에는 근대 활자체의 모델이) 될 것이었다. 카롤루스는 그것을 이용하여 그의 영토 내에 포함된 모든 수도원에 베네딕투스 수도원 규칙의 진품 사본을 공급하기를 희망했지만, 새로운 문자체의 잠재력이 맨 먼저 중요하게 표출되었던 곳은 분명히 『성경』의 필사에서였다. 이는 종교적 목적 이상의 것이었는데, 그 『성경』의 이야기는 카롤링거 지배에 대한 정당화로도 해석될 것이기 때문이었다. 『구약성경』의 유대인 역사는 경건하면서 성유가 부어졌던 전사 왕들의 예로 가득 차 있었던 것이다. 『성경』은 수도원 도서관의 가장 주요한 텍스트였고, 그것은 이제 프랑크족의 땅 전체에서 만들어지기 시작했다.

카롤루스의 제국은 유럽의 문화적 무게중심을 고대 세계로부터 북쪽으로 이동시켰다. 황제 자신이 여기에 중요한 역할을 담당했다. 그는 군사 지도자에서 위대한 기독교 황제로 변신하기 위해서 노력했으며, 자신의 생애에서 이를 이루는 데에 놀랄 만한 성공을 거두었다. 그는 결코 쓰는 법을 배우지 못했지만(이는 일반적인 현상이었다), 독학하여 괜찮은 라틴어를 구사했다. 분명 그는 인상적인 신체 조건을 가졌으며(아마도 측근 대부분보다 훨씬 더 컸을 것이다), 사람들은 그에게서 왕다운 마음, 즉 시인들과 음유 악인들이 수 세기 동안 부르게 될 유쾌하고, 공정하며, 도량이 클 뿐만 아니라 영웅적인 전사의 마음을 보았다. 그의 권위는 로마 제국의 몰락 이후 서유럽에서 목도되었던 그 어떤 것보다 위풍당당한 것이었다. 카롤루스의 치세가 시작되었을 때, 그의 궁정은 여전히 한곳에 정착하지 못했다. 보통 1년 내내 농장에서 농장으로 옮겨다니며 먹고 살았던 것이다. 카롤루스가 사망했을 때, 그는 궁전과 그 궁전에 만들어진 보물창고를 남겼고, 그곳에 묻혔다. 그는 도량형(度量衡)을 개혁할 수 있었고, 순은 1파운드로 240개의 펜스, 즉 데나리우스를 만드는 등가관계 설정법을 유럽에 퍼뜨렸는데, 이는 영국 제도(諸島)에서 이후 1,100년 동안이나 살아남을 것이었다.

카롤루스는 전통적인 프랑크적 의미로 그의 영토 유산을 생각했다. 그는 이를 분할할 계획을 세웠지만, 그보다 먼저 사망한 아들들 사건으로 인해서 제국을 분할하지 않은 상태로 814년에 막내아들이었던 루도비쿠스 경건왕에게 물려주었다. 그것과 함께, 황제의 직위(교황이 아니라 카롤루스가 그의 아들에게 주었다) 및 군주정과 교황청의 연합도 함께 따라갔다. 루도비쿠스가 후계자가 된 지 2년 후, 교황은 두 번째 대관식에서 그에게 황제관을 씌워주었다. 분할은 이로 인해서 늦추어진 것일 뿐이었다. 카롤루스의 후계자들은 그가 가졌던 권위도, 경험도, 분열하고 번식하는 세력들을 통제할 관심도 가지고 있지 않았다. 지방의 충성심은 개인을 중심으로 형성되어갔고, 일련의 분할은 마침내 카롤루스의 손자 셋 사이에서 이루어진 분할로 그 절정에 달했는데, 843년 베르됭 조약(Treaty of Verdun)에 포함된 이 분할은 중요한 결과를 가져왔다. 그것은 라인 강 골짜기의 서쪽 편과 카롤루스의 수도인 아헨을 포함하는 프랑크족 땅의 핵심 왕국을 당시 황제 로타르에게 주었고(따라서 이 지역은 로타링기아[Lotharingia]로 불리게 되었다), 여기에 더해서 이탈리아 왕국을 주었다. 알프스 이북에서, 이는 프로방스, 부르고뉴, 로렌과 스헬데, 뫼즈, 손, 론 강 사이의 땅들을 통합시켰다. 동쪽에서 라인 강과 게르만족 경계지들 사이에 튜턴 말을 쓰는 지역들의 두 번째 블록이 놓였다. 그것은 루트비히 독일왕에게 갔다. 마지막으로, 서쪽에 가스코뉴, 셉티메니아, 아키텐, 대체로 현대 프랑스의 나머지에 해당되는 부분이 이 둘의 이복형제였던 샤를 대머리왕에게 갔다.

이 결정은 오래도록 분란 없이 준수되지는 않았지만, 광범위하고 중요한 측면에서 결정적이었다. 그것은 각각의 뿌리가 서쪽과 동쪽 프랑키아에 있었던 프랑스와 독일 사이에 정치적인 차이까지 실질적으로 형성시켰던 것이다. 그러나 제3의 단위는 언어적, 인종적, 지역적, 경제적 통일성이 훨씬 덜했다. 로타링기아도 거기에 속했는데, 부분적으로 그 이유는 이곳에서 세 아들들 모두가 물자를 공급받아야 했기 때문이다. 이 지역은 이를 탐내어 서로가 경쟁하며 반목할 가능성이 있는 이웃들 사이에서 분할될 수 있었는데, 미래 프랑스-독일 역사의 많은 일들도 이런 방식으로 진행될 것이었다.

어떠한 왕가도 능력 있는 왕이 계속 나올 것을 보장할 수 없었으며, 지지자들에게 토지를 수여하는 방식으로 그들의 충성을 영원히 살 수도 없었다. 점차 그들 이전의 왕조들처럼, 카롤링거 왕조의 왕들은 권력이 쇠퇴했다. 분열의 징후가 늘어났고, 부르고뉴의 독립왕국이 출현했으며, 사람들은 카롤루스 시대의 위대한 나날들을 곱씹어보기 시작했는데, 이는 쇠락과 불만족을 보여주는 분명한 증상이었다. 서와 동 프랑크 왕국의 역사는 점점 더 갈라지게 되었다.

서프랑크 왕국에서, 카롤링거 왕조는 샤를 대머리왕 이후 단지 1세기 남짓 지속되었다. 그의 치세 말엽에 브르타뉴, 플랑드르, 아키텐은 거의 완전히 독립적이었다. 서프랑크 왕정은 이처럼 10세기를 약화된 상태에서 시작했고, 바이킹들의 공격 역시 상대해야 했다. 911년 샤를 3세는 스칸디나비아 사람들을 격퇴하지 못한 결과, 이후 노르망디라고 불리게 될 지역을 그들의 지도자 롤로에게 내주었다. 이듬해 세례를 받고, 롤로는 공작령을 세우는 데에 착수했고, 그 영지에 대해서 카롤링거 왕조에 충성을 맹세했다. 그의 스칸디나비아 동포들은 11세기 말까지 계속해서 그곳에 도착하여 정착했고, 곧 언어와 따르는 법제에서 프랑스인이 되었다. 이후 서프랑크 왕국의 통일성은 더욱 빠르게 허물어졌다. 왕위계승이 혼란했던 틈을 타서, 한 파리 백작의 아들은 꾸준하게 그의 가문의 힘을 일 드 프랑스의 소유지를 중심으로 키워갔다. 이것이 훗날 프랑스의 핵심이 될 것이었다. 서프랑크 왕국의 마지막 카롤링거 왕조 지배자가 987년에 사망하자, 이 백작 아들의 아들인 위그 카페(재위 987-996)가 왕으로 선출되었다. 그의 가문은 거의 400년간을 통치할 것이었다. 나머지 지역에서 서프랑크 왕국은 10여 개의 영토 단위들로 나누어졌고, 이들은 다양한 지위와 독립성을 가진 유력자들에 의해서 다스려졌다.

위그의 선출을 지지했던 이들 중에는 동프랑크 왕국의 왕이 있었다. 라인 강을 건너, 그들 유산의 계속된 분할은 카롤링거 왕조의 왕들에게 치명적인 것으로 금방 판명되었다. 마지막 카롤링거 왕이 911년에 사망했을 때, 19세기까지 독일을 특징짓게 될 정치적 파편화가 출현했다. 지방 유력자들의 발호

(跋扈)와 서쪽보다 상대적으로 더 강했던 부족 충성심이 결합하여 6개의 강력한 공국들이 형성되었다. 이들 중 하나의 통치자였던 프랑켄 가문의 콘라트가다소 놀랍게도 다른 공들에 의해서 왕으로 선출되었다. 그들은 마자르인들에게 대항하기 위해서 강력한 지도자를 원했던 것이다. 이런 왕조의 변화로 인해서 그 새로운 통치자에게 특별한 지위를 부여하는 것이 바람직해졌다. 따라서 주교들은 그의 대관식에서 콘라트에게 성유를 부었다. 그는 그렇게 대우받은 동프랑크 왕국의 첫 번째 통치자였고, 아마도 이는 카롤링거 프랑크와 구별되는 독일 국가가 등장하는 순간이었을 것이다.

　그러나 콘라트는 마자르인들을 상대로 성공적이지 못했다. 그는 로타링기아를 잃었고, 이를 다시 탈환하지 못했으며, 교회의 지지를 받아서 그 자신의가문과 직위를 격상시키려고 애쓸 뿐이었다. 거의 자동반사적으로 공들은 자신의 독립적 지위를 지키기 위해서 그들 주변에 사람들을 규합했다. 그중 가장 두드러졌던 4곳이 작센, 바이에른, 슈바벤, 프랑켄(동프랑크로 알려졌던)이었다. 지역적 차이, 혈통, 대귀족들의 자연스러운 권리 주장들은 콘라트 치세의 독일에 그 역사의 패턴을 1,000년 동안이나 각인시켰다. 그 패턴은 다른곳과는 달리, 결국 중앙권력에 유리하게 결론나지 않게 될 중앙과 지방의 세력 간의 줄다리기를 일컫는다. 비록 10세기에는 잠시 동안 그것이 다르게 보였지만 말이다. 콘라트는 공들의 반란에 직면했지만, 이 반역자들 가운데 하나를 그의 후계자로 추천해야 했고, 공들은 이에 동의했다. 919년에 작센의공인 (당시 불리던 대로는) 하인리히 '매사냥꾼(Fowler)'이 왕이 되었다. 그와그의 후손들은 동프랑크 왕국을 1024년까지 통치했다.

　하인리히 매사냥꾼 왕은 교회의 대관식을 회피했다. 그는 큰 가산과 작센에대한 부족 충성심을 그의 편에 확보하고 있었으며, 스스로를 훌륭한 군인으로증명함으로써 유력자들을 동조세력으로 만들었다. 그는 서프랑크인들로부터로타링기아를 되찾았으며, 벤드족과의 싸움에서 승전한 후 엘베 강에 새로운경계지들을 설치했고, 덴마크를 공물을 바치는 왕국으로 만들고 그들을 개종시키기 시작했으며, 마지막으로 마자르족을 격퇴했다. 그의 아들 오토 1세는이 상당한 유산을 물려받았으며 그것을 잘 활용했다. 공들을 통제하면서, 그

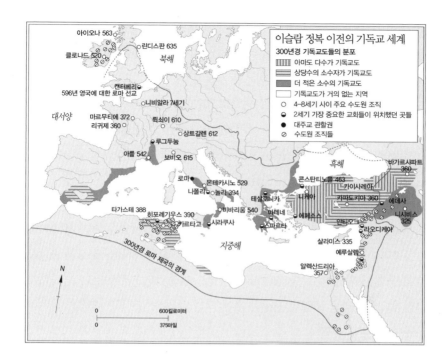

이슬람 정복 이전의 기독교 세계

300년경 기독교들의 분포

▥ 아마도 다수가 기독교도
▤ 상당수의 소수자가 기독교도
▦ 더 적은 소수의 기독교도
☐ 기독교도가 거의 없는 지역
○ 4-8세기 사이 주요 수도원 조직
◑ 2세기 가장 중요한 교회들이 위치했던 곳들
● 대주교 관할권
⊘ 수도원 조직들

아이오나 563

클로나드 520

린디스판 635

북해

캔터베리
596년 영국에 대한 로마 선교

니비알라 7세기

대서양

마르무티에 372
리귀제 360

륏쇠이 610

쌍트갈렌 612

루그두눔

아를 542

보비오 615

로마

몬테카시노 529

나폴리

놀라 394

흑해

바가르샤파트 360

콘스탄티노플 463

카이사레아

니케아

카파도키아 360

에데사

타가스테 388

히포레기우스 390

카르타고

비바리움 540
아테네

시라쿠사

테살로니카

에페수스

안티오크

니시비스 325

스파르타

라오디케아

지중해

살라미스 335

예루살렘

300년경 로마 제국의 경계

알렉산드리아 357

N

0 ____ 600킬로미터

0 ____ 3750마일

는 그의 아버지의 과업을 이어나갔다. 955년 그는 마자르족에게 패배를 안겼는데, 이로써 그들이 초래했던 위협은 영구히 제거되었다. 카롤루스의 동쪽 경계지였던 오스트리아는 다시 식민화되었다.

오토의 야망은 거기에서 멈추지 않았다. 936년 그는 과거 카롤루스의 수도, 아헨에서 왕관을 받았다. 그는 그의 아버지가 회피했던 교회의 대관식과 성유 붓기를 받아들였을 뿐만 아니라, 그 뒤에 독일 공들이 가신으로서 그를 받들게 하는 대관식 만찬을 개최했다. 이는 과거 카롤링거 왕조의 방식이었다. 15년 후에 그는 이탈리아를 침공하여, 이탈리아 왕을 주장하던 이의 딸과 결혼했고 이탈리아 왕좌에 앉았다. 그러나 그 당시 교황은 그에게 황제 대관식을 거행해주려고 하지 않았다. 10년 후 962년에, 오토는 교황의 도움 요청에 응해서 다시 이탈리아에 왔고, 이때서야 교황은 그에게 황제관을 씌웠다.

오토 왕조 제국은 놀랄 만한 성취였다. 오토의 아들, 즉 미래의 오토 2세는 비잔티움 공주와 결혼했다. 오토 2세와 오토 3세는 반란으로 인해서 어려운 치세를 보냈지만, 알프스 남부에서 권력을 행사했던 오토 대제의 전통을 성공적으로 지켜냈다. 오토 3세는 자기 사촌을 교황으로 만들었고(성 베드로 대성당의 의자에 앉은 첫 번째 독일인이었다), 그의 뒤를 이어 첫 번째 프랑스인 교황도 임명했다. 로마는 그의 마음을 사로잡았던 것 같고, 그는 그곳에 정착했다. 태생적으로 반(半)비잔티움인으로서, 그는 그 자신을 새로운 콘스탄티누스 대제로 생각했다. 거의 10세기 말에 그려진 한 복음서의 목판은 그가 황제관을 쓰고, 십자가가 달린 보주(寶珠)를 손에 든 상태에서 관을 쓴 네 여성들의 충성서약을 받는 장면을 보여준다. 그들은 스클라보니아(슬라브 유럽), 독일, 골(Gaul) 그리고 로마인이었다. 황제 아래에 이를 섬기는 왕들의 위계제로 조직된 유럽이라는 그의 관념은 동방적인 것이었다. 여기에는 과대망상증과 더불어 진정한 종교적 확신도 있었다. 오토 권력의 진정한 토대는 그의 독일 왕위였지, 그를 집착하게 만들고 붙들었던 이탈리아는 아니었다. 그럼에도 불구하고 1002년 사망한 후에 그는 그의 유언대로 아헨으로 옮겨져 카롤루스 옆에 묻혔다.

그는 후사를 남기지 않았지만, 직접적인 색슨 혈통은 다 사라지지 않았다. 투쟁 끝에 선출된 하인리히 2세는 하인리히 매사냥꾼왕의 증손자였던 것이다. 그러나 로마에서 열린 그의 대관식은 현실을 감추지 못했다. 그는 내심 독일의 왕이었지, 로마 황제는 아니었던 것이다. 그의 직인에 찍힌 문장은 '프랑크족 왕국의 부활'이라고 적혀 있었고, 그의 관심은 독일 동부의 평화 정착과 개종에 초점이 맞추어져 있었다. 비록 그가 세 번에 걸친 이탈리아 원정을 감행했다고 하더라도, 하인리히는 그곳에서 통치가 아니라 파벌들끼리 서로 싸움을 붙이는 정략에 의존했다. 그로부터 오토 왕조 제국의 비잔티움적인 방식은 시들기 시작했다.

한편, 이탈리아는 서서히 알프스 이북의 영토들과 점점 더 달라져갔다. 7세기 이래로, 그것은 북쪽 유럽과의 통합 가능성으로부터 멀어지며 진화했고 지중해 유럽의 한 부분으로 재등장하는 방향으로 돌아갔다. 8세기 중엽까지 이탈리아의 많은 부분은 롬바르드족에게 예속되었다. 그러나 롬바르드족의 왕국이 카롤루스에 의해서 무너지자마자, 이탈리아 반도에는 교황령에 필적할 만한 경쟁자는 없게 되었다. 비록 카롤링거 왕조의 권력이 약해지고 난 후, 교황들은 이탈리아 유력자들과, 교황 자신이 만든 로마 귀족들의 발호 모두에 맞서야 했지만 말이다. 서유럽 교회는 응집력과 통일성에서 최저점에 도달해 있었고, 교황에 대한 오토 왕조의 대우는 그것이 얼마나 힘이 없는지를 보여주고 있었다.

무질서한 이탈리아 지도는 이런 상황의 또다른 결과였다. 북부에는 봉건적 군소정치 단위들이 흩뿌려져 있는 것 같았다. 오직 베네치아만이 성공적이었다. 지난 200년 동안 베네치아는 아드리아 해로 계속 나아갔고, 그 통치자는 공 또는 도지(doge), 즉 총독이라는 직위를 막 가지게 되었다. 베네치아는 지중해 세력보다는 레반트와 아드리아 해 세력으로 간주되는 것이 아마도 더 적절할 것이다. 공화정이던 도시국가들은 남부에, 즉 가에타, 아말피, 나폴리에 존재했다. 이탈리아 반도 중부에는 교황령이 걸쳐져 있었다. 반도 전체에 걸쳐 이슬람교 침입의 그림자가 드리워져 가장 북쪽으로는 피사에까지 이른 한편, 에미르국들은 9세기에 타란토와 바리에 출현했다. 그들은 오래가지는 못할 것이었지만, 902년에 아랍인들은 시칠리아 섬을 완전히 정복했고 그후 한 세기 반 동안 지배하며 심대한 영향을 미쳤다.

아랍인들은 유럽 서지중해의 다른 쪽 연안들의 운명의 틀도 만들었다. 그들은 에스파냐에 자리잡았을 뿐만 아니라, 심지어 프로방스에서는 거의 항구적인 근거지(그들 중 하나가 생트로페였다)를 가지고 있었다. 지중해의 유럽 연안 주민들은 부득이 그들에게 약탈자이면서 동시에 교역자로 보이던 아랍인들과 복잡한 관계를 맺게 되었다. 그 두 가지 요소를 동시에 가지고 있다는 점은 (아랍인이 정착하려는 경향을 상대적으로 덜 보인다는 것만 제외하고는) 바이킹의 후손들에게서 목격되는 것과 별반 다르지 않았다. 남부 프랑스와 카탈루냐는 프랑크족이 고트족의 정복에 뒤이어 들어왔던 지역이었지만, 여러 요소들 때문에 프랑크 북부와는 구별되었다. 이 지역에는 고대 로마에 대한 기억이 물리적으로 풍부하게 남아 있었고, 지중해식 농업도 그랬다. 또 하나의 구별되는 특징은 남부에서 로망스어군이 등장한 것이었는데, 그중 카탈루냐어와 프로방스어가 가장 오래 지속되었다.

10세기까지 유럽에 가장 중요한 영향을 미친 것들 중 일부는 북쪽으로부터 왔는데, 그곳에서 이교도 스칸디나비아 사람들은 영국 제도와 기독교 세계 북쪽 가장자리의 역사를 변화시켰다. 다른 많은 민족이동의 경우처럼, 결코 확실하지 않은 이유로 스칸디나비아 사람들은 8세기 이래로 밖으로 이동하기 시작했다. 두 개의 괜찮은 기술적 도구들(바다를 건너면서 동시에 얕은 강에서도 움직일 수 있게 하는 노와 돛을 가진 대형함선 그리고 대가족들 및 그들의 물품과 동물들을 몇 주일 동안이나 바다에서 보호해줄 수 있는 통통한 윤곽선의 운반선)로 무장한 채, 그들은 4세기 동안 물을 건너 헤쳐나갔고 결국 그린란드에서부터 키예프에까지 퍼지는 문명을 남겨놓았다.

그들 모두가 똑같은 것을 추구하지는 않았다. 아이슬란드, 페로스 제도, 오크니 그리고 더 멀리 서쪽으로 나아갔던 노르웨이인은 식민화를 원했다. 러시아로 파고들어, 기록에 바랑인으로 남아 있는 스웨덴인은 교역에 훨씬 더 바빴다. 데인인은 바이킹들이 기억되는 바와 같이, 약탈과 해적질을 일삼았다. 그러나 이런 스칸디나비아 이동의 이 모든 주제들은 서로 엮여 있었다. 이 민족들 가운데 어떤 부류도 다른 이들에게 독점적인 권한을 행사할 수 없었다. 외부이주의 첫 세대가 끝난 후, (그것이 어떤 방향으로 갔건 간에) 모든 것들 가운데 교역이 핵심적인 동기가 되었던 것 같다. 다른 경계를 넘던 민족들처럼, 스칸디나비아 사람들은 먼 거리를 다니며 활동하는 교역 전문가가 되었다.

외딴 섬들에 대한 바이킹의 식민화는 그들의 가장 눈부신 업적이었다. 그들은 오크니와 셰틀랜드 제도의 픽트족을 완전히 대체했으며, 그곳으로부터 페로스 제도(몇 몇의 아일랜드 수도사와 그들의 양들 말고는 그 이전에 아무도 살지 않았다)와 맨 섬으로 그들의 지배를 확장시켰다. 이런 해안에서 떨어져 있던 바이킹의 거점들은 9세기부터 정착이 시작되었던 스코틀랜드와 아일랜드 본토에서보다 더 오래 지속되었고 의미가 깊었다. 그렇지만 아일랜드어는 상업분야에서 고대 스칸디나비아 용어들을 가져옴으로써 그들의 중요성을 기록해놓았으며, 아일랜드 지도에서는 바이킹이 세웠고 곧 중요한 교역기지로 변모했던 더블린의 위치가 두드러지게 드러난다.

이 모든 것들 중에 가장 성공적인 식민지는 아이슬란드였다. 아일랜드인은자들은 그곳에 바이킹이 올 것을 예측하기도 했는데, 실제로 9세기 말엽 이후에 많은 수가 도착했다. 930년에 1만 명의 스칸디나비아 아이슬란드 사람이 있었던 것으로 보이며, 그들은 부분적으로 그들 자신의 생존을 위해서, 또 부분적으로는 그들이 교역할 수 있는 소금에 절인 생선과 같은 상품을 생산하기 위해서 농업과 어업을 하며 살아갔다. 그해 아이슬란드 국가가 만들어졌고, 의회(Thing, 후대의 낭만적인 호고적[好古的] 학자들은 이를 유럽의 첫 번째 '의회[parliament]'로 보았다)가 처음으로 열렸다. 그것은 근대적인 대의 기구라기보다는 공동체의 영향력 있는 인물들 간의 협의회와 같은 것이었고, 초기 노르웨이인의 관행을 따른 것이었다. 그렇다고 하더라도 이런 측면에서의 아이슬란드 역사의 연속성은 놀랄 만한 것이다.

그린란드의 식민지들이 10세기에 뒤를 따랐다. 스칸디나비아 사람들은 그곳에 향후 500년 동안 존재했다. 그후 그들은 사라졌는데, 아마도 빙하의 전진 때문에 남쪽으로 밀려내려온 에스키모인들에게 절멸되었기 때문일 것이다. 더 서쪽의 개척과 정주에 대해서는 훨씬 더 적은 이야기만 할 수 있다. 중세 아이슬란드의 영웅시 『영웅전설들(Sagas)』은 스칸디나비아 사람들이 야생 포도나무가 자라는 것을 발견했던 '빈랜드(Vinland)'의 탐험과 그곳에 있던 한 아이의 탄생(그의 어머니는 그 뒤에 아이슬란드로 돌아간 후, 다시 해외로 나가서 순례자로서 멀리 로마에까지 이르렀다. 후에 그녀는 고향에서 은퇴하여 축성[祝聖]되었다)에 대한 이야기를 들려준다. 뉴펀들랜드에서 발견된 정착지가 스칸디나비아 사람들의 것이라는 점을 믿을 수 있는 꽤 신빙성 있는 근거들이 있다. 그러나 현재로서는 콜럼버스의 선배들의 자취를 드러내는 데에 이보다 더 멀리 갈 수는 없다.

서유럽 전통에서, 바이킹들의 식민과 상업활동은 그 시작부터 그들이 약탈자로서 주는 끔찍한 충격 때문에 가려졌다. 분명 그들은 일정 정도의 매우 험악한 습성이 있었을 것이나, 그들의 행동에 대해서 일부 과장이 있을 수 있다는 사실 또한 염두에 두어야 한다. 특히 우리가 가지고 있는 주요 증거는 바이킹들의 교회와 수도원에 대한 공격 때문에, 기독교도로서 그리고 피해자로서 이중으로 질겁했던 성직자들의 펜으로부터 나온 것이기 때문이다. 이교도 바이킹은 물론 그런 곳들에서 매우 쉽게 볼 수 있는 귀금속 더미나 음식에서 어떤 특별한 신성함을 발견하지 않았고, 오히려 그 장소들을 특히 매력적인 표적으로 삼았다. 그렇다고 바이킹이 아일랜드에서 수도원을 불태웠던 첫 번째 민족도 아니었다.

그러나 이런 점들을 무게 있게 고려한다고 해도, 북과 서 기독교 세계에 바이킹이 미친 영향은 정말 엄청났고 매우 무시무시한 것이었다는 사실은 이론의 여지가 없다. 그들은 793년에 처음 잉글랜드를 공격했고, 린디스판의 수도원이 그들의 희생물이 되었다. 그 공격은 교회 세계를 뒤흔들었다(그러나 그 수도원은 향후 8년간 살아남았다). 두 해가 지난 후 그들은 아일랜드를 습격했다. 9세기 전반기에, 데인인은 프리슬란트를 괴롭히기 시작했고, 그것은 주기적으로 해마다 계속되었으며, 같은 도시들이 계속해서 약탈당했다. 그후 프랑스 연안이 공격받았다. 842년 낭트가 강탈당했고, 대대적인 학살이 있었다. 몇 년 내에, 프랑크 연대기의 서술자는 "바이킹의 끊임없는 홍수는 결코 더 커지는 것을 멈추지 않는다"고 비통해했다. 파리, 리모주, 오를레앙, 투르, 앙굴렘과 같은 한참 내륙에 위치한 도시들도 공격당했다. 일부 바이킹은 직업 해적이 되기도 했다. 곧 에스파냐가 시달렸고, 아랍인도 역시 괴롭힘을 당했다. 844년 바이킹은 세비야를 강습했다. 859년에 그들은 심지어 님을 습격했고, 피사를 약탈했다. 비록 그들이 돌아오는 길에 아랍 함대의 손에 엄청난 피해를 입었지만 말이다.

최악의 경우를 상정해볼 때, 일부 학자들은 바이킹의 공격이 서프랑크에서의 문명을 파괴 직전까지 몰고 갔다고 생각한다. 분명 서프랑크 왕국은 동쪽의 그들의 형제들보다는 더 많은 것을 견뎌야 했고, 바이킹은 미래의 프랑스와 미래의 독일 사이의 차이가 만들어지는 데에 일조했다. 서쪽에서 그들의 파괴행위는 지방 유력자들에게 새로운 책임감을 던져주었고, 반면에 중앙과 왕가의 통제력은 허물어졌으며 사람들은 보호를 받기 위해서 점점 더 그들 지역의 영주를 바라보게 되었다. 위그 카페가 왕좌에 올랐을 때, 그것은 확연하게 봉건적인 모습이 된 사회에서의 제1인자(primus inter pares)와 같은 정도의 수준이었다.

그것이 폭력적이었건 그렇지 않았건, 다른 사회들과 접촉했던 것은 스칸디나비아 사람들에게도 영향을 미쳤다. 밀레니엄 전환기 즈음까지, 스칸디나비아는 점점 더 유럽의 나머지들과 통합되어갔고, 다른 곳에서 발견되는 국가들과 유사한 방식으로 국가조직이 이루어졌다. 기독교가 점진적으로 들어왔던 것은, 강한 이교도적 영향에도 불구하고, 이 과정에 도움이 되었을 것이다. 기사도 정신의 도입이 스칸디나비아에서 유사한 역할을 했듯이 말이다. 그 누구보다 과도기적 인물의 대표는 노르웨이의 올라프 2세였다. 그는 그의 나라를 기독교화하기 위해서 그럭저럭 노력을 했는데, 1030년에 그런 노력 때문에 살해당했다. 올라프는 어린 시절 발트 해와 프랑스 해안을 따라서 약탈하고 1009년에 런던 공격을 주도했던 바이킹이었으나, 그의 순교는 그를 성인의 지위로 나아가게 했다. 교황은 12세기에 그를 노르웨이의 영원한 왕(Rex Perpetuus Norvegiae), 성 올라프로 시성(諡聖)했다. 전쟁으로 인한 피폐함 역시 공격들을 멈추는 데에 역할을 했던 것 같다. 원정을 떠난 이들 중에 돌아오는 이들의 수가 매우 적었던 것이다. 10세기 남부 스웨덴의 한 부부는 "아들 반키를 기억하며. 그는 자신의 배를 가지고 잉바르의 부대와 함께 동으로 항해했다. 신이 반키의 영혼을 도우시기를"이라고 돌에 새겼다.

영국 제도는 곧 스칸디나비아 사람들을 위한 주요 지역이 되었다. 그곳에서 바이킹들은 정착하고 교역하는 동시에 습격도 시작했다. 그곳에는 적은 숫자의 왕국들이 게르만족 침입 시기부터 일찍이 출현했었다. 7세기까지 많은 로마-영국의 후손들이 이 새로운 정착자들의 공동체와 함께 살고 있었던 반면에, 또다른 이들은 웨일스와 스코틀랜드의 언덕들로 되밀려 있었다. 기독교는 캔터베리를 설립한 로마 선교단 출신의 아일랜드 선교사들에 의해서 계속해서 전파되었다. 캔터베리는 더 오래된 켈트 교회와 중대한 해였던 664년까지 경쟁했는데, 그해 휘트비에서 열린 성직자들의 종교회의에서 노섬브리아의 왕은 로마 교회에서 정한 부활절 날짜를 받아들인다고 공표했다. 그것은 잉글랜드의 미래가 켈트가 아니라 로마의 전통에 따를 것임을 결정해준 상징적인 선택이었다.

가끔 잉글랜드의 왕국 중의 하나는 다른 것들에 위세를 부릴 수 있을 만큼 충분히 강한 경우도 있었다. 그러나 그들 중 오직 한 왕국만이 851년 이래로 계속된 바이킹 공격의 물결(이는 결국 영토의 3분의 2를 그들이 점령하는 것으로 귀결되었다)에 성공적으로 맞설 수 있었다. 이 왕국이 웨섹스로, 그것은 잉글랜드에게 첫 번째 국민적 영웅이자 역사적 인물이기도 한 앨프레드 대왕(재위 871-899)을 남겨주었다.

4형제 중 하나였던, 앨프레드는 그의 아버지에 의해서 로마로 인도되어, 교황에게 콘술 서훈(敍勳)을 수여받았다. 웨섹스의 군주국은 기독교 및 카롤링거 유럽과 떼어놓을 수 없을 정도로 긴밀히 연결되었다. 다른 영국의 왕국들이 침략자들에게 무릎을 꿇을 때, 웨섹스는 이교에 대항하여 기독교 신앙을 지켰을 뿐만 아니라 잉글랜드를 외래인들로부터 수호했다. 871년 앨프레드는 잉글랜드의 데인인 군대에 첫 번째로 결정적인 패배를 안겼다. 의미심장하게도 몇 년 후 데인인 왕은 웨섹스로부터 물러날 것을 동의했을 뿐만 아니라, 기독교로의 개종도 받아들였다. 이는 데인인들이 잉글랜드에 머물 뿐만 아니라(그들은 북쪽에 정착했다) 그들이 서로 분열될 수 있음을 알리는 것이었다. 곧 앨프레드는 모든 남아 있는 잉글랜드 왕들의 지도자가 되었다. 그리고 궁극적으로 그는 남은 단 하나의 왕이 되었다. 그는 런던을 탈환했고, 899년 그가 사망했을 때에는 바이킹 공격의 최악의 시기는 끝나 있었으며, 그의 후손들은 통합된 나라를 통치할 것이었다.

심지어 데인법(Danelaw)이 시행된 지역, 즉 앨프레드가 정해주었고 오늘날까지도 스칸디나비아 지명들과 말투로 구분되는 데인인 식민지의 정착자들도 그들의 지배를 받아들였다. 그리고 이것이 다가 아니었다. 앨프레드는 지방에서의 군대 모집을 통한 새로운 국방체제를 이루려고 했고 그 일부로서 일련의 요새들('도시들') 또한 건설했다. 그 요새들은 그의 후계자들이 데인법 지역을 축소시킬 수 있는 근거지가 되었을 뿐만 아니라, 잉글랜드의 초기 중세 도시화 유형의 많은 것들을 만들었다. 그것들을 기초로 도시들이 건설되었고, 그 자리에는 오늘날까지도 사람들이 살고 있다. 마지막으로 매우 적은 자원만을 가지고 앨프레드는 그의 백성의 문화 및 지적 부흥을 추진했다. 카롤루스의 학자들처럼, 앨프레드 궁정의 학자들은 필사와 번역을 통해서 일을 진행시켰다. 앵글로-색슨 귀족과 성직자는 그 자신들의 언어, 즉 토착 영어로 비드와 보이티우스에 대해서 배우게 되었다.

앨프레드의 쇄신은 유럽에서 독특했던 정부의 창의적인 노력의 결과였다. 그것은 잉글랜드의 위대한 시기의 시작을 알렸다. 주(州) 구조가 모양을 갖추었고 1974년까지 지속되었던 경계들이 확립되었다. 영국 교회는 곧 수도원 운동의 놀랄 만한 급증을 경험하게 될 것이었고, 데인인들은 반세기 동안의 동요를 거쳐 이제 하나의 통합된 왕국에 붙들려 있게 되었다. 앨프레드의 혈통에서 능력 있는 이들이 나오지 않을 때가 되어서야, 앵글로-색슨 군주정이 완전히 실패로 끝이 나고 새로운 바이킹의 공세가 일어났다. 거대한 양의 공물, 즉 데인겔드(Danegeld)가 한 데인인 왕(이번에 그는 기독교도였다)에게 바쳐졌다. 잉글랜드의 왕을 쫓아내고 그후 그의 어린 아들에게 그가 정복한 지역의 통치를 넘기며 사망했을 때까지 말이다. 이 사람이 유명한 크누트 대왕으로, 그의 치세 아래에서 잉글랜드는 잠시 대(大)데인 제국의 일부가 되었다(1006-1035). 1066년 잉글랜드에 대한 마지막 노르웨이인들의 대대적인 침략이 하랄드 하르드라다(성 올라프의 이복동생) 치세 때에 있었으나, 그것은 스탬퍼드 브리지의 전투에서 분쇄되었다. 그로부터 불과 3주일 후 잉글랜드 사람들은 노르망디로부터 헤이스팅스에 도착했던 롤로의 현손(玄孫)인 정복자 윌리엄(1028-1087)의 군대를 맞이하게 되었던 것이다.

그때까지 모든 스칸디나비아 군주정들은 기독교화되었고, 바이킹 문화는 기독교적 형태로 흡수되고 있었다. 그것은 켈트와 대륙 예술 모두에서 그 개성과 힘의 많은 증표들을 남겼다. 그 제도들은 아이슬란드와 여타 섬들에서 살아남아 있다. 스칸디나비아의 유산은 수 세기 동안 영어와 사회 유형들에, 노르망디 공국의 등장에, 무엇보다도『영웅전설들』의 문학에 강하게 남아 있다. 롤로의 후손들과 그의 추종자들이 11세기 잉글랜드의 정복에 눈을 돌렸을 때, 그들은 진정 프랑스 사람이었고, 헤이스팅스에서 그들이 불렀던 군가는 프랑크족 전사인 카롤루스에 대한 것이었다. 그들은 데인법의 사람들이 이미 영국인이 되었던 잉글랜드를 정복한 것이었다. 유사하게, 바이킹들은 키예프 러시아와 모스크바 공국에서도 한 인종 집단으로서의 그들만의 독특성을 잃어버렸다.

11세기 초 서양의 다른 민족들 중에 그들 앞에 놓인 미래 때문에 언급해야 할 필요가 있는 유일한 집단은 북부 에스파냐의 기독교 국가들에 살고 있던 이들이었다. 지리, 기후 그리고 무슬림들의 분열 모두가 그 반도에서 기독교가 살아남는 데에 일조했고 부분적으로 그 생존의 정도를 정해주었다. 아스투리아스와 나바르에서, 기독교도 공들 또는 족장들은 8세기 초에 여전히 버티고 있었다. 카롤루스가 에스파냐 경계지를 건설하고, 새로운 바르셀로나 백작들 치하에서 그 경계지가 뒤이어 성장했던 사실에 힘입어, 그들은 이슬람 에스파냐가 내전과 종교 분열로 혼란한 틈에 이를 야금야금 성공적으로 차지해 갔다. 레온 왕국이 아스투리아스에서 등장하여 나바르 왕국 옆에 자리잡았다. 그러나 10세기에는 서로 싸웠던 것이 기독교도였고, 다시 그들에게 대항해서 전진했던 것이 아랍인이었다.

그들에게 가장 암울했던 순간은 그 세기 막바지에 찾아왔는데, 그때 아랍의 대정복자 알-만수르는 바르셀로나와 레온을 취하고, 998년에는 사도(使徒) 성 야고보가 묻혀 있다고 믿어지는 성지 산티아고 데 콤포스텔라 자체도 차지했다. 그 승리는 오래가지는 못했는데, 여기에서도 역시 기독교 유럽에 토대를 놓아왔던 것은 지워질 수 없다는 점이 증명되었다. 몇십 년 내에, 기독교 에스파냐는 이슬람 에스파냐가 분열되는 과정에서 결집했다. 다른 곳들과 마찬가지로 이베리아 반도에서도, 이로부터 시작되었던 팽창의 시대는 또다른 역사 시기에 속하지만, 그것은 또한 다른 문명과의 오랜 세기 동안의 대결에 뿌리를 두고 있었던 것이다. 에스파냐에게, 기독교는 무엇보다도 국민성을 만드는 도가니였다.

이베리아 반도의 예는 유럽 지도가 얼마나 많이 신앙의 지도로 만들어진 것인지를 시사하지만, 단지 성공적인 선교활동 및 강력한 군주정들과의 관계만 강조하는 것은 오도의 여지가 있다. 초기 기독교 유럽과 기독교적 삶에는 이보다 훨씬 더 많은 것들이 존재했다. 서유럽 교회는 역사의 위대한 성공담 중 하나이지만, 고대 세계 말엽부터 11세기 또는 12세기 사이 서유럽 교회 지도자들은 이교 또는 반(半)이교의 세계에서 고립되고 포위되어 있다고 오랫동안 느꼈다. 동쪽의 정교회와 점차 불화가 생기고, 마침내는 이로부터 사실상 분리되면서, 서유럽 기독교가 거의 방어 반사적으로 공격적인 비타협적 태도를 발전시켰다는 것은 별반 놀랍지 않다. 이는 서유럽 기독교가 가지는 불안정성의 또 하나의 표시였다.

그리고 그것은 단지 외부의 적들에 의해서만 위협받은 것은 아니었다. 서유럽 기독교 세계 내부에서도 또한 교회는 궁지에 몰리고 포위된 것처럼 느꼈다. 그것은 여전히 반이교도적이었던 인구 가운데에서 기독교의 가르침과 관행을 온전히 보존하기 위해서 애썼고, 동시에 가능한 한 그것이 함께해야 하는 문화에 세례를 주었다. 지역의 관행이나 전통에 양보할 수 있는 것을 적절히 판단하면서, 그 양보가 원칙을 결정적으로 침해하는 것으로까지는 나아가지 않게 하면서 말이다. 이 모두가 성직자 집단과 관련이 있었는데, 그들 중 많은 이들, 아마도 대부분은 학식은 전혀 없고 별 것 없는 수양 경험과 의심스러운 영성을 가진 이들이었다. 교회의 지도자들이 가끔 그들이 향유하던 커다란 이점, 즉 이슬람교가 카롤루스 마르텔에 의해서 막힌 후에 서유럽에는 그 어떤 영적 경쟁자도 맞이하지 않았다는 이점을 간과했다는 사실은 놀랍지 않다. 그들은 단지 퇴화하는 이교신앙과 미신들만 상대하면 되었고, 교회는 이들을 어떻게 이용해야 하는지도 알고 있었다. 한편, 이 세계의 강대한 인물들이 가끔은 유익하게, 그리고 가끔은 희망차게 교회를 둘러싸고 있었는데, 그들은 교회의 사회(그 사회는 교회가 구원하려고 애쓰는 대상이었다)로부터의 독립성에 항상 잠재적인 그리고 자주 실제적인 위협이었다.

필연적으로, 실제 교회 역사의 상당 부분은 교황청의 역사였다. 그것은 기독교에서 중심적이고 가장 기록이 잘 남아 있는 기관이다. 그것이 기록을 잘 남겨놓았다는 것은 왜 그 기관에 그토록 많은 관심이 주어졌는지를 설명해주는 부분적인 이유이다. 또한 그 사실은 이 세기들 동안 종교에 대해서 알려진 것에 대해서 깊게 다시 고민해볼 필요가 있다는 점도 알려준다. 비록 교황권은 놀랄 만큼이 부침을 겪었지만, 과거 로마 제국이 둘로 나뉘었다는 사실은 만약 서유럽 그 어딘가에 종교적 이해관계를 방어하려는 것이 있다면, 그것은 로마라는 것을 의미했다. 왜냐하면 그곳에는 로마에 대항하는 그 어떤 종교적인 경쟁자도 없었기 때문이다. 대그레고리우스 1세 이후에는, 심지어 (비잔티움) 제국 주교가 라벤나에 존재했음에도 불구하고 하나의 제국 안에 하나의 기독교 교회라는 이론을 유지하기는 명백히 불가능했다. 로마에 마지막으로 황제가 왔던 것은 663년이었고, 콘스탄티노플에 마지막으로 교황이 갔던 것은 710년이었다. 그리고 성상파괴주의가 시작되었고, 이는 이념적 분열을 더욱 깊게 만들었다. 라벤나가 롬바르드족의 재개된 진군 앞에 무너졌을 때, 교황 스테파누스는 피핀의 궁전으로 향했지, 비잔티움의 궁전으로 가지 않았다.

피핀의 대관식 이후, 2세기 반이 지나서 몇몇 아주 심각하게 나쁜 시기들이 찾아왔다. 로마는 손에 쥐고 있는 카드가 거의 없는 것 같았고, 때로 그저 하나의 주인에서 다른 주인으로 바꾸기만 하는 것처럼 보였다. 그것의 최고 지위 주장은 성 베드로의 뼈들을 보호하고 있다는 것과 교황 관구(管區)는 서유럽에서 반박의 여지없이 유일한 사도의 관구라는 사실을 존중하느냐에 달려 있을 뿐이었다. 오랜 시간 동안, 교황들은 심지어 세속령 내에서도 거의 효과적인 통치를 하지 못했다. 왜냐하면 그들은 적정한 군대나 민간행정 체제를 가지고 있지 않았기 때문이었다. 이탈리아인 대자산가로서, 그들은 약탈자들이나 갈취에 노출되어 있었다. 카롤루스 대제는 교회조직의 수호자로서 교황과 황제의 서열에 대한 견해를 교황청에 확실히 했던 첫 번째의 황제 그리고 어쩌면 몇몇 황제들 중 가장 고상한 황제였을 뿐이다. 오토 왕조의 황제들은 교황들을 만들기도 하고 파괴하기도 하는 강대한 이들이었다. 그러나 교황들도 역시 힘이 있었다. 그것은 상징에 익숙했던 세대에게 쉽게 이해되는 방식으로 가장 잘 표출되었다. 즉, 교황은 황제에게 관을 수여했고 그에게 성유를 부어줌으로써 신이 그를 인정한다는 증표를 주었던 것이다. 따라서 아마도 그는 조건부로 그런 행동을 할 수 있었을 것이다. 카롤루스에 대한 레오의 대관식은 마치 스테파누스가 피핀에게 했던 것처럼 정략적인 것일 수 있지만, 그것은 강력한 씨앗을 포함하고 있었다. 실제로 자주 그랬듯이 황제 개인이 약하거나 또는 황제계승 논란이 발생하여 프랑크 왕국을 혼란에 빠뜨렸을 때, 로마는 더 강력해질 수 있었다.

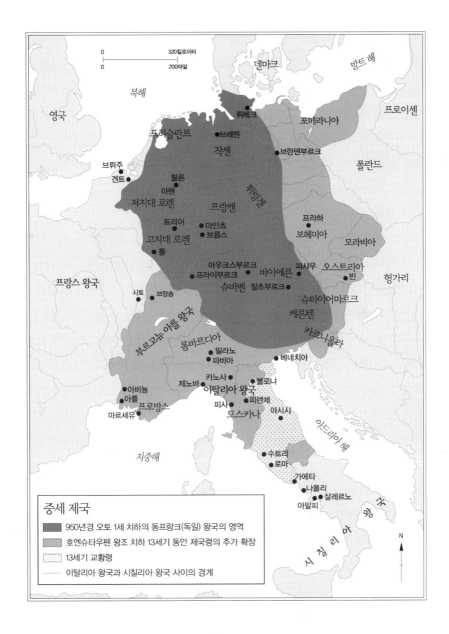

중세 제국

■ 950년경 오토 1세 치하의 동프랑크(독일) 왕국의 영역
■ 호엔슈타우펜 왕조 치하 13세기 동안 제국령의 추가 확장
▨ 13세기 교황령
⋯⋯ 이탈리아 왕국과 시칠리아 왕국 사이의 경계

9세기에 교황청은 유럽의 통일성을 이루는 주요한 도구로서 구축되어갔다. 순수한 힘의 논리로 말하면, 유리함과 불리함의 균형은 오랫동안 앞뒤로 왔다 갔다 했고, 교황들이 효과적으로 행사할 수 있는 권력의 경계는 밀려왔다 밀려갔다 했다. 교황 니콜라우스 1세(?819-867)가 가장 성공적으로 교황이 주

장하는 바를 밀어붙일 수 있었던 것은, 의미심장하게도 카롤링거 왕조의 유산이 더욱 분열되어 이탈리아 왕국이 로타링기아로부터 떨어져나온 이후였다. 그는 마치 "자신이 세상의 영주인 양" 그 프랑크 왕위계승을 주장하는 사람들에게 글을 썼던 것으로 알려져 있는데, 여기에서 교황은 그들에게 그가 그들을 임명하거나 퇴위시킬 수 있다는 점을 되뇌어주었다. 그는 교황 우위라는 교리를 이용하여 콘스탄티노플의 총대주교를 지원하면서 동로마의 황제에게 대항하기도 했다. 이것이 교황 권리 주장의 절정이었는데, 교황청은 실제로 이를 오랫동안 유지할 수는 없었다. 왜냐하면 로마에 미치는 실제 권력이, 교황이 부여한다고 외치는 황제 권력을 누가 향유해야 하는지를 결정할 것이 곧 자명해졌기 때문이다. 니콜라우스의 계승자는 살해당했던 첫 교황이었는데, 이는 시사하는 바가 컸다. 그럼에도 불구하고 9세기는 전례를 세워놓은 셈이었다. 물론 그것이 아직까지는 꾸준하게 지켜질 수 없었지만 말이다.

교황의 지위가 이탈리아인 파벌들(그들 사이의 갈등은 때로 오토 왕조의 개입에 의해서 멈추어지곤 했다)의 먹이가 되었던 10세기에 특히, 교황권의 몰락은 기독교의 이해관계를 보호하는 일상의 일이 단지 지역교회 주교들의 손에 있다는 것을 의미했다. 그들은 기존 권력을 존중해야 했다. 현세의 통치자들과의 협력과 지원을 구하면서, 지역교회 주교들은 거의 왕실의 종복들과 구별되지 않은 위치로 자주 옮겨갔다. 그들은 교구사제가 자주 지방영주의 지배를 받고 교회의 수익을 그들과 공유해야 했던 것처럼, 현세의 통치자의 손아귀에 있었다. 이런 모멸적인 종속성은 훗날 지방교회들에 대한 교황의 가장 신랄한 개입들 중 일부로 귀결될 것이었다.

10세기의 교회대개혁 운동은 주교단 덕분에 일어난 것이었지, 교황청 때문은 결코 아니었다. 그것은 일부 통치자들의 지원을 받았던 일종의 수도원 운동이었다. 본질은 수도자적 이상의 재생이었다. 일부 귀족들은 새로운 수도원들을 세웠는데, 이는 타락한 수도원 생활에 그 기원을 다시 알려주기 위해서 의도된 것이었다. 이런 새로운 수도원들 중에서 가장 잘 알려진 것은 910년에 만들어진 부르고뉴의 클뤼니 수도원이었다. 거의 2세기 반 동안, 그것은 교회개혁의 중심이었다. 그 수도원의 수도사들은 개정된 베네딕투스회 규칙을 따르면서 이를 매우 새로운 것으로 발전시켰는데, 그것은 단순히 균일한 생활방식뿐만 아니라 중앙집중적 규율조직에 기초하는 교단이었다. 과거 베네딕투스 수도원들은 각각 독립적인 공동체였지만, 클뤼니 수도원들은 모두 클뤼니 수도원장에게 종속되어 있었다. 클뤼니 수도원장은 모원(母院)에서 수련의 기간을 거친 후에 이제 막 수도원에 들어온 (궁극적으로) 수천 명의 수도사들 군대의 대장인 셈이었다. 12세기 그 권력이 절정에 달했을 때, 유럽 전역에 걸쳐서(그리고 심지어 팔레스타인 일부에서) 300개 이상의 수도원들이 클뤼니 수도원의 지시를 바라보았는데, 그 수도원은 로마의 성 베드로 이래 서유럽 기독교 세계에서 가장 큰 교회를 보유하고 있었다.

이는 현재의 이야기로서는 너무 앞서나간 것이다. 그러나 심지어 초기에도 클뤼니 수도원 운동은 새로운 관행들과 사상들을 전 교회에 걸쳐 전파하고 있었다. 이것은 우리를 교회구조와 율법의 문제 이상으로 데려간다. 비록 초기 중세 기독교적 삶의 모든 양상을 확신을 가지고 이야기한다는 것은 쉽지 않지만 말이다. 종교사는 때로 관료조직을 넘어 영적인 측면들을 보기 어렵게 만드는 기록들 때문에 특히 왜곡되기가 쉽다. 그러나 그 기록들은 교회조직이 도전받지 않았으며, 독특했고, 사회의 전체 조직에 스며들어 있었다는 점을 분명히 보여준다. 고대의 유산은 외부의 침입들과 초기 기독교의 비타협적 내세관에 의해서 심각하게 훼손되고 축소되었다. 테르툴리아누스는 "아테네가 예루살렘과 무슨 상관이 있다는 말인가?"라고 물었지만, 그러한 비타협주의는 가라앉았다. 10세기까지 고대의 과거 중에 보존되었던 것은 성직자들, 그 누구보다도 베네딕투스회 수사와 수녀들 및 궁정학교의 필생(筆生)들에 의해서 보존된 것이었는데, 그들은 『성경』뿐만 아니라 그리스 학문의 라틴어 편찬물들도 전해주었다. 그들 판의 플리니우스와 보이티우스를 통해서, 가느다란 선으로나마 초기 중세와 아리스토텔레스 및 유클리드가 연결되었다.

읽고 쓸 줄 아는 능력은 사실상 성직자 집단과 경계를 같이했다. 로마인들은, 공적인 공간들의 게시판에 그들의 법을 고시할 수 있었다, 글을 충분히 읽을 줄 아는 사람들이 이를 이해할 수 있으리라고 확신하면서 말이다. 그러나 중세로 한참을 들어와서도, 심지어 왕들조차 문맹인 경우가 일반적이었다.

성직자 집단은 글쓰기에 접근할 수 있는 사실상 모든 권한을 통제했다. 대학이 존재하지 않던 사회에서, 예외적으로 성직 개인교사에 의해서 제공될 수 있는 것을 제외하고는, 단지 궁정이나 교회학교만이 읽기와 쓰기 교육의 기회를 마련했다. 모든 학문들과 지적 활동에 대해서 이런 사실이 미치는 효과는 심대했다. 문화는 오직 종교와 연관되어 있을 뿐만 아니라, 단지 압도적인 종교적 전제들의 조건 내에서만 일어날 수 있었던 것이다. "학문을 위한 학문"이라는 슬로건은 초기 중세보다 이치에 맞지 않는 시기를 찾을 수 없었다. 역사, 철학, 신학, 내적 성찰 등 모두가 성례(聖禮)의 문화를 유지하는 데에 그 역할을 다했다. 그러나 그 폭이 아무리 줄어들었다고 해도, 그들이 전했던 유산은 그것이 유대교적이지 않았던 이상, 고대의 유산이었다.

위와 같이 문화를 최정점 수준에서 개괄하며 어지러워질 위험에 직면해서, 다음의 사실을 기억하는 것은 유익하다. 즉, 신학적으로나 통계적으로나 모두 이보다 훨씬 더 중요하다고 생각되는 것들, 그리고 실제로 교회의 모든 활동 중에 가장 중요하다고 간주되는 것들에 대해서 우리가 직접 알고 있는 것이 아주 적다는 사실 말이다. 이는 타이름, 가르침, 결혼, 세례, 고해, 기도, 즉 주요 성례들의 준비에 집중하는 보통의 성직자들과 속인들이 살아가는 전반적인 종교적 일상의 일이다. 이 세기들에 교회는 자주 신앙의 힘과 마법의 힘이 명확히 구분되지 않는 힘들을 행사했다. 교회는 이 힘들을 이용하여 문명의 힘을 재천명한 것이었다. 그것은 크게 성공적이었지만, 그 과정에서 가장 극적인 순간들, 즉 기록되었다는 바로 그 사실만으로 비전형적이었던 거창한 개종이나 세례 같은 순간들을 제외하고는 직접적인 정보를 거의 가지고 있지 않다.

교회의 사회경제적 현실에 대해서 우리는 훨씬 더 많이 알고 있다. 성직자 집단과 그들에게 의존하던 이들은 많았고, 교회는 그 사회의 부 중에서 상당량을 통제했다. 교회는 대지주였다. 교회의 일을 지탱해주는 세입들은 그 토지로부터 나왔으며, 수도원이나 사제단은 아주 큰 자산을 가질 수 있었다. 교회의 뿌리들은 그 시대의 경제에 굳게 박혀 있었는데, 그 경제는 실제로 아주 원시적인 수준이었다.

정확히 측정하기는 어렵다고 하더라도, 고대 말기 유럽의 경제적 퇴보를 보여주는 많은 증상들이 있다. 모든 사람이 그 후퇴를 똑같이 느끼는 것은 아니었다. 가장 발전된 경제 부문들이 가장 철저히 가라앉았다. 물물교환이 화폐를 대신했고, 화폐경제는 아주 느리게 다시금 나타날 뿐이었다. 메로빙거 왕조는 은화를 찍기 시작했지만, 오랜 기간 동안 통화량, 특히 작은 액면가의 화폐 유통량은 별로 없었다. 향료는 일상 음식물에서 사라졌다. 와인은 비싼 사치품이 되었다. 대부분의 사람들은 빵과 채소죽, 맥주와 물을 먹고 마셨다. 필경사들은 이제 구하기 어렵게 된 파피루스 대신에 지방에서 얻을 수 있는 양피지를 사용했다. 이는 오히려 유리하게 작용했다. 왜냐하면 아주 작은 글씨가 양피지에는 가능했지만, 크고 비경제적인 획을 요구하는 파피루스에는 써질 수 없었기 때문이다. 그럼에도 불구하고, 그것은 과거 지중해 경제권 내에서의 곤경을 반영한다.

경제의 후퇴는 자주 개별 농장이 자급자족할 수 있음을 확인시켜준 반면, 도시들을 망쳐놓았다. 교역의 세계는 때로 전쟁으로 인해서 또한 해체되었다. 비잔티움 국가 그리고 더 동쪽의 아시아와의 접촉은 유지되었지만, 서지중해의 상업활동은 아랍인들이 북아프리카 연안을 장악하면서 7세기와 8세기 동안 점점 더 줄어들었다. 이후에 다시 아랍인들 덕택에, 그것은 부분적으로 되살아났다(하나의 증표는 활발한 노예무역이었는데, 그들 중 많은 이들이 동유럽, 즉 슬라브 민족들로부터 왔다. 이처럼 슬라브[slav]라는 그들의 이름은 강제노동의 전체 범주[slave]와 결부되었다). 북유럽에서도 역시, 대교역자들이었던 스칸디나비아 사람들과의 일정 정도의 교환이 있었다. 그러나 이는 대부분의 유럽 사람들, 즉 그들의 생활이 농업에 기초하고 있던 이들에게는 중요한 일이 아니었다.

생존은 오랫동안 그들이 희망을 걸 수 있는 것의 거의 전부가 될 것이었다. 생존이 초기 중세 경제의 주요 관심사였다는 것은 이에 대해서 내릴 수 있는 얼마 되지 않는 안전한 일반화 중의 하나이다. 가축의 퇴비 또는 새롭고 더 비옥한 토지의 개척은 오랫동안 투입된 종자와 노동 대비 산출량(근대적 기준으로 볼 때는 여전히 보잘것없지만)을 늘리는 사실상 유일한 방법이었다. 수 세기 동안의 부지런한 농사만이 이 상황을 바꿀 수 있을 것이었다. 성장발육이 잘되지 않고 괴혈병에 시달리는, 고통스런 가난한 환경 속의 차지인(借地人)들과 함께 살던 동물들은 영양결핍 상태였고 일반적인 경우보다 크기가 작았다. 그러나 좀더 운이 좋았던 농민은 돼지에 그리고 남유럽에서는 올리브에 의지해서 지방을 섭취할 수 있었다. 더 고단백질의 음식을 산출하는 작물이 10세기에 도입되면서 비로소 토양으로부터의 에너지 순환이 나아지기 시작했다. 대표적으로 방아의 보급과 더 나은 쟁기의 도입 같은 일부 기술적인 쇄신들도 있었지만, 실제 생산량이 늘었을 때, 그 이유는 대부분 새로운 토지들이 경작지로 이용되었기 때문이었다. 그리고 활용할 수 있는 더 많은 토지들이 남아 있었다. 프랑스 및 독일의 대부분과 영국은 여전히 숲과 황무지로 뒤덮여 있었던 것이다.

고대 말엽의 경제 후퇴는 도시가 번성하는 지역을 거의 남겨놓지 않았다. 주요한 예외는 이탈리아였는데, 그곳에서는 외부세계와의 일부 상업적 관계가 항상 지속되었다. 그외 다른 곳에서는, 1100년을 넘어서야 도시들이 팽창을 위해서 많은 것을 시작했다. 그러나 심지어 그때도, 서유럽이 고전기 이슬람이나 아시아 문명의 거대한 중심지들과 견줄 만한 도시를 보유하려면 오랜 시간이 걸릴 것이었다. 이 세계에는 토지의 소유와 그것에 대한 접근 기회가 사회질서를 결정하는 가장 중요한 요소였다. 토지 소유자들은 영주들이었고, 점차 그들의 세습적인 지위는 더 커질 것이었으며, 전사로서 그들의 실질적인 기량과 솜씨는 그들을 고귀하게 만드는 요소로서 덜 강조될 것이었다(비록 이론상 그것은 오랫동안 지속될 것이었지만 말이다).

이들 중 일부가 가졌던 토지는 왕이나 대공이 그들에게 수여했던 것이었다. 보답으로, 그들은 필요할 때 군역을 다함으로써 은혜를 갚게 되어 있었다. 또한 제국 시기 이후에 행정은 지방분권화되어야 했다. 야만인의 왕들은 거대한 영토를 직접 지배하는 데에 필요한 관료제와 지식인 자원을 가지고 있지 않았다. 따라서 구체적 의무의 봉사에 대한 보답으로, 활용 가능한 경제적 물품들을 보상하는 것이 매우 일반적이었고, 이런 생각은 이후 법률가들이 유럽의 중세를 돌아보면서 이를 이해하는 열쇠로 정하고 '봉건제(封建制,

feudalism)'라고 불렀던 것의 핵심에 위치하는 것이었다. 그것은 널리 퍼진 현상이었지만, 그렇다고 보편적인 현상은 아니었다.

많은 지류들이 그곳으로 흘러들어갔다. 로마, 게르만, 중앙 유라시아의 관습이 그런 관념이 정교해지는 데에 도움이 되었다. 카롤링거 왕조 치하에서, 봉건제 관행은 왕에게 충성을 맹세했던 '봉신(封臣)'으로부터 시작되었다. 즉, 그들은 자주 공개적이었던 독특한 의식들을 통해서 왕에 대한 그들의 특별한 봉사책무를 받아들였다. 그는 그들의 주군이었고, 그들은 그의 수하였다. 부족장에 대해서 가지는 전사동지들의 혈맹의 충성심이 충성, 신의, 쌍무라는 새로운 도덕적 이상 속에서 위탁이라는 관념과 섞이기 시작했다. 자유인들 아래에는 노예들이 있었는데, 그들은 북유럽보다는 남유럽에서 아마도 숫자가 더 많았고, 어떤 곳에서든 신분지위 면에서 농노라는 지위로 미미하게 상향진화하는 경향을 보였다. 그들은 스스로 속한 장원에 태어나면서부터 묶인 부자유인이었지만, 그럼에도 불구하고 어떤 형태의 권리도 가지지 못한 이들은 아니었다.

훗날 어떤 이들은 영주와 일반민과의 관계가 마치 전체 중세 사회를 설명해줄 수 있을 것처럼 말했다. 그러나 이는 결코 그렇지 않았다. 비록 유럽 땅의 상당수가 영주에게 의무를 가지는 보유지인 봉토(封土)(fief, feud : 이로부터 'feudalism[봉건제]'라는 명칭이 나온 것이다)로 나뉘어 있었다고 하더라도, 게르만의 오버레이와 로마의 배경의 '결합'이 똑같은 방식으로 나타나지 않았던 중요한 지역들, 특히 남유럽의 지역들이 항상 존재했다. 이탈리아, 에스파냐, 남부 프랑스의 상당 지역은 이런 의미에서 '봉건적'이지 않았다. 심지어 이보다 '봉건적'이었던 지역에서조차 항상 일부 자유농들이 있었는데, 특정 나라들에서 보다 많았던 그들은 경작지를 가지는 것에 대해서 어떤 봉사의무도 없으면서 이를 전면적으로 소유하는 중요한 부류의 사람들이었다.

'봉건적 사회질서'는 복잡하고 애매한 구석이 상당히 많았다. 어떤 이들은 봉주와 봉신이 동시에 될 수 있었으며, 자유인과 농노가 될 수 있었다. 그러나 상급자와 하급자 사이 의무의 주고받음이라는 중심적인 사실은 전체 사회구조를 관통해서 적용되었고, 그 무엇보다도 근대인의 눈으로도 이를 이해할 수 있게 만들어주는 요소가 된다. 영주와 일반민은 서로 엮여 있었다. "농노들이여, 당신의 현세 주군들에게 두려움과 떨림을 가지고 복종하라. 영주들이여, 당신의 농노를 공정함과 공평함을 가지고 대하라"라는 한 프랑스 성직자의 훈령은 구체적인 사례로 그 원칙을 정확하게 요약했다. 바로 이러한 정당화에 점점 더 복잡해지던 사회가 의지하고 있었고, 그 정당화는 오랫동안 이 사회를 해명하고 유지할 능력이 있는 것으로 판명되었다.

그것은 또한 전사의 지위를 유지하고 그의 성을 건설하기 위해서 농민들로부터 재원을 뽑아내는 것을 옹호했다. 이로부터 유럽의 귀족들이 성장했다. 이런 귀족들을 지탱해주는 이 체제의 군사적 기능은 오랫동안 가장 중요한 것으로 남아 있었다. 심지어 전장에서의 개인적 봉사가 요구되지 않을 때에도, 그 봉신 휘하의 전투원들의 봉사(그리고 이후에는 전투원들에게 지급하는데에 쓰일 봉신의 돈)는 요구될 것이었다. 그러나 봉신체제의 복잡한 관계망속에서, 왕은 그 자신의 봉신들에 대한 통제권을 덜 가지고 있었다. 그 봉신들이 그들의 봉신들에 대해서 가지는 통제권에 비해서 말이다. 대영주는, 그가속인(俗人) 유력자이든 지역의 주교이든 간에, 멀리 떨어져 있고 아마도 한번도 본 적이 없을 왕이나 공들에 비해서, 일반민들의 삶에서 항상 더 크게 보이고 더 중요했음이 틀림없다. 그렇지만 왕의 지위는 특별했다. 교회의 성유붓기는 성스럽고 카리스마적인 권위를 확인시켜주었다. 왕들은 대부분의 일반민들의 눈에 특별한 행렬과 의식에 의해서 구분되었다. 그 행렬과 의식은왕들을 에워쌌으며, 관료제 문건이 오늘날에 하는 것과 같은 중요한 역할을중세의 정부에서 수행했다. 만약 이에 더해서 왕이 거대한 영토를 지배하는이점을 가지고 있었다면, 그는 자신의 생각대로 뜻을 펼칠 훌륭한 기회에 서 있는 셈이었다.

기술적이고 법률적인 의미에서 항상은 아니었지만, 보통의 일상적인 의미에서 왕과 거대 유력자들은 초기 중세 사회에서 상당한 자유를 누리고 있는유일한 사람들이었다. 그러나 심지어 그들조차도 오늘날 우리가 당연시하고있는 것들의 상당수를 가지지 못하면서 옥죄고 갇힌 삶을 살았다. 결국 그들도 기도하고, 싸우고, 사냥하고, 농장을 운영하는 것 이외에, 특별히 할 수

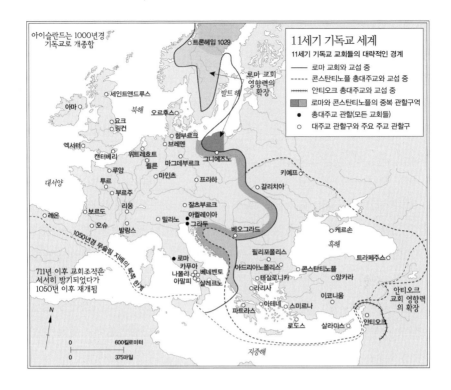

있는 것이 없었다. 교회와 관련된 것 말고는 사람들이 들어갈 수 있는 전문 직업은 없었으며, 일상생활의 양식이나 내용의 측면에서 이를 쇄신할 수 있는 가능성은 적었다. 여성의 선택들은 심지어 더 제한되어 있었고, 사회계층에서 아래로 내려갈수록 남자들도 마찬가지였다. 경제팽창으로 교역과 도시생활이 서서히 재생되었던 것만이 이 상태를 변화시킬 것이었다. 그러한 문제들에서 시기를 구분하는 것이 거의 효용성이 없다는 점은 명백하지만, 1100년을 넘어서기 전까지는 중요한 경제팽창이 시작되지 않았고, 오직 그때가 되어서만 이, 비록 유럽 대륙의 대부분에 걸쳐 문명인 척하고 있지만(그 이상은 아니었다), 여전히 반(半)야만적이던 사회로부터 벗어나고 있음을 감지하게 된다.

5

인도

550년 굽타 왕조의 몰락과 1526년 무굴 제국의 등장까지 1,000년 동안의 인도 역사는 동시대 중국의 역사처럼 분명한 방향이나 통일성도 없으며, 중세 유럽 역사처럼 대혼란의 분열도 없었다. 대신에 그것은 복수 전통들의 유연성, 위대한 학문과 막대한 부에 근거한 문화적 위업들, 정제와 수양에 대한 집중을 보여준다. 이 시기의 정치사는 혼돈스럽게 보일 수 있다. 이 지역에는 항상 권력을 다투는 여러 왕국들이 있었고, 역시 이 지역으로 들어오려는 몇몇 외부의 제국들도 존재했다. 그러나 하나의 두드러진 예외를 제외하면, 이 시대 인도의 역사는 대외팽창에 관한 것도, 외부인의 정복에 대한 것도 아니다. 그것은 지구상 그 어떤 지역보다도 더 부유하고 더 비옥했던 영토에 살던 인도인들 사이의 평화적인 동시에 전투적인 경쟁에 대한 것이다.

이 시기 인도 역사는 1192년에 큰 단절을 경험한다. 그때 아프가니스탄에서부터 온 무슬림들이 북인도 평원으로 들어와서 궁극적으로 델리 술탄국을 세웠다. 그러나 이 정복을 통한 이슬람교의 전래가 이후 인도 역사를 지배하는 유일한 분기점이었다고 믿는 데에는 신중할 필요가 있다. 반대로, 남과 북, 연안과 내륙, 카스트들과 사회집단들 간의 관계가 최소한 힌두교와 이슬람교의 상호작용만큼이나 중요하게 남아 있었다. 종교는 인도 역사를 결정짓는 하나의 중요한 요소이지만, 심지어 이 측면도 후대의 민족주의적 역사가들이 만들려고 노력했던 무슬림-힌두 분할이라는 단순한 양상보다는 훨씬 더 풍부하고, 훨씬 더 복잡했다.

기원후 500년경까지, 인도 역사는 대부분 북부 인도에 대한 것이었고, 거기에서 남부는 일어나는 일들의 그림자만을 볼 수 있는 일종의 부속물과 같았다. 우리는 북부의 대제국들, 즉 마우리아 왕조 및 굽타 왕조와 그들이 창출한 문화들과 정체성들에 주목해야 했다. 그러나 기원후 첫 번째 천년기의 절반이 지난 후에 이 상황은 변했는데, 그것은 북부의 우위성이 사라져서가 아니라, 남부가 점차 그 자체의 국가들끼리 교류들을 발전시켰기 때문이다. 첫 번째 중대한 남부 국가는 남동부 연안에서 거의 1,000년간을 살아남을 왕조에 기초한 촐라국이었다.

중대한 지역국가들의 발전이 시작되기 전에, 굽타 왕조가 지배했던 거의 전체 영역을 포괄하는 제국을 세우려는 마지막 시도가 있었다. 606년부터 649년까지 이어졌던 긴 치세 기간 동안, 하르샤는 히말라야 산맥부터 오릿사까지 지배하는 국가를 건설했다. 그것은 수도인 카나우지를 중심으로 했는데, 그곳에서 하르샤는 산스크리트 학문을 힌두교와 불교의 형식 모두에서 발전시켰던 학자들을 한데 모았다. 그 결과 카나우지는 하르샤의 제국이 그가 사망할 때쯤 무너지고 난 이후에도 수 세기 동안 북부 인도 문화의 중심으로 남아 있을 것이었다.

심지어 하르샤도 남중부 인도, 데칸 고원을 그의 제국으로 포함시키지 못했다. 하르샤의 궁정에 머물렀던 중국 수도승 현장(?602-664)은 남부 왕국들의 저항을 이겨낼 수 없었던 것에 대해서 왕이 낙담했던 사실을 기억했다. 하르샤가 사망하고 난 후, 인도 정치는 점차 서로 영향력 경쟁을 하는 지역세력들의 패턴(이 체제는 12세기까지 지속되었다)으로 고정되어갔다. 9세기에, 이들 중 가장 강력한 세력은 데칸 고원을 근거로 한 라슈트라쿠타 국가였는데, 그것은 전체 인도를 통제하려는 열망을 가진(결국 성공하지는 못했다) 첫 번째 남부 왕국이었다. 이 체제의 반대편 기둥들은 북서부(구르자라 왕국)와 동부(벵골 주변에 불교 팔라 국가)에 있었다. 그러나 심지어 이들 각각이 다른 세력들을 극복하려고 노력했다고 해도, 그 누구도 이를 이루어낼 만큼 충분히 강하지 않았다(최소한 오랜 기간 동안 그럴 수 있었던 세력은 없었다).

이런 정치적 경쟁관계에서 가장 중요했던 양상은 북부로부터 기원했던 하나의 문화가 이제 인도 전체에서 지배적이 되었다는 무언의 암시였다. 지역 왕국들은 성쇠(盛衰)를 거듭할 수 있었지만, 그 각각이 새롭게 성립할 때, 그들은 산스크리트 학문으로부터 나온 철학, 치국(治國), 과학의 더 많은 것을 받아들였다. 남부의 치담바람부터 북부의 바라나시까지 이어졌던 대사원 도시들의 건설은, 비록 지역별로 강조점은 달랐다고 해도 종교에 대한 공통적인 헌신을 상징했다. 그것은 구분선이 그어지는 불교와 힌두교 사이의 차이라기보다는, 예배에서, 그리고 개인과 신들 또는 성인들과의 관계 설정에서 구분되는 관행들이었다.

굽타 왕조가 최후를 맞은 이후에 지속적으로 인도 불교의 영향력이 감소되었던 이유는 그것이 힌두교와 대중적인 절충점을 찾았던 시도들 때문이었다고 할 수 있겠다. 일부 학자들은 석가의 가르침은 인도의 다른 철학이나 종교들(그것이 인도에서 나온 것이든 수입된 것이든)처럼 널리 퍼져 있던 신앙으로서의 힌두교의 전통과 널리 퍼져 있던 신들로서의 힌두신들의 전통 속에 잠기게 되었다고 주장한다. 그러나 그렇다고 하더라도, 스스로를 재창조하는 힌두교의 능력이 그 순수 전통과 마찬가지로 중대한 역할을 수행했다. 다양한 형태를 가졌던 힌두교는 8세기 이후로 석가 추종자들이 제기했던 많은 도전들을 받아들이고 그에 대한 힌두교의 대답을 제시했다. 당시 시대에 케랄라에서 태어난 전형적인 남부인이었던 샹카라(700-750)라는 대철학자는 여러 다른 브라만 집단들의 의식들을 하나로 모아서, 단지 참된 지식만이 죽음과 환생의 순환으로부터 영혼을 구할 수 있다고 주장했다. 10세기가 되자, 힌두신앙의 다원성이 불교도들의 성공을 가로챘음이 확실해졌다. 12세기가 되자, 불교는 인도 본토에서는 그 영향력 측면에서 과거의 것이 되어 있었다.

이 시기에 일어난 사회변화들은 특히 남부에서 중요한 역할을 수행했다. 7세기 이래로 거대한 데칸 고원의 도시들은 점차 상업화되었다. 2세기 후, 상인들은 실제로 그들의 거대한 길드들을 통해서 이 지역의 많은 도시들을 운영했다. 이런 길드들과 일부 회사들은 거의 국가 내의 국가였다. 즉, 그들은 자체의 군대와 중화기로 무장한 함선을 보유하고 있었다. 그들은 그 자신들 국가의 영역을 훨씬 더 넘어 인도의 북부와 남부에서, 또한 이뿐만이 아니라 페르시아, 아라비아, 아프리카의 항구에 이르기까지 해외에서도 교역했다. 그러나 그들 대외교역의 주요 초점은 점차 남동 아시아가 되었다. 이 상업적 접촉은 기존 상업망을 활성화시켰는데, 이는 13세기에 이르기까지 남동 아시아 지역에서 인도의 시대를 창출했다.

버마부터 필리핀까지의 땅을 포괄하는 광대한 지역인 남동 아시아는 점차 크메르와 스리비자야(오늘날 인도네시아)와 같은 큰 제국들이 일어나고 이 지역을 지배하던 기원후 9세기 이래로 인류 문명의 핵심 지역 중 하나가 되었다. 남동 아시아 국가들은 그들과 긴밀한 접촉이 있었던 중국인들과 인도 제국들의 영향력 아래에서 발전했는데, 그 형성기에는 인도의 종교 및 문화적 영향이 특히 강했다. 이런 접촉들은 거의 확실히 교역으로 시작되었지만, 브라만과 불교의 학자들 및 수도승들이 곧 뒤를 따랐다. 남부 인도 전역에 그들(그리고 그들의 지식)이 퍼졌던 것과 비슷하게 말이다. 그들은 남동 아시아 궁정의 핵심 조언자들이 되었고, 서양 선교사들이 이후 시기에 했던 것과 유사하게 영적 및 물적 발전의 구체적 형태들을 고양하는 역할을 하며, 큰 수확을 거두었다. 남동 아시아 제국들이 발전할 시기 즈음까지, 그들은 문화와 종교의 측면에서 완전히 인도화되었고, 불교와 힌두교는 지배적인 신앙들이 되었다.

인도 문화가 남동 아시아 지역의 큰 부분에 퍼지고 있을 때, 인도 내부에서는 새로운 사회체제들이 발전했다. 가장 중요했던 것은 사만타(samanta), 즉 '이웃' 제도였는데, 그것은 봉건제의 인도적 형태의 핵이었다. 원래 왕이나 영주에게 복종했던 권세가문을 의미하던 용어인 사만타는 이제 봉신을 의미하게 되었는데, 그들은 중앙군주정이 그들의 세습적 지배권을 지지해주는 대가로 그 군주정과 상호 간에 일정한 의무를 졌던 집단을 지칭했다. 이 의무들 중에는 전시의 군사지원이 있었고, 또한 기존 질서의 정당성을 강화하기 위한 의례에 참여하는 것도 포함되었다. 이 봉건체제는 카스트 제도와 병존했고, 사만타 지위로의 상승은 카스트 지위에서의 변화를 의미할 수도 있었는데, 이는 영주가 원하는 바에 사만타가 잘 맞느냐에 달려 있었다.

기원후 첫 번째 천년기가 끝나갈 때까지 전사 카스트, 즉 크샤트리아(kshatriya)의 일원들은 그 새로운 사회체제들에 순응하기 위해서 그들 스스로를 왕들의 아들들이라는 의미의 라지푸트(rajput)라고 재정의해야만 했다(일부 역사가들은 라지푸트 일족들의 성장 또한 부분적으로 사회변화에 대한 대응이었다고 생각한다). 9세기와 10세기에 인도 제국들끼리의 경쟁이 왔다 갔다 하면서, 북부 인도의 라지푸트 일족들은 경쟁하는 국가들 중의 하나(또는 간혹 그 이상)에 속한 봉토로 자신의 땅을 획득할 수 있었다. 이런 라지푸트 영토들 가운데 일부는 9세기 말에 이미 반독립적이 되었고 그들의 수도들은 문화의 중심지가 되었는데, 12세기 초 라지푸트 바티 일족에 의해서 세워지고 그들에 의해서 800년 동안이나 지배된 라자스탄의 자이살메르는 심지어 오늘날까지도 그 장엄함을 일별할 수 있다.

한편, 이슬람교는 인도에 도착해 있었다. 그것은 서부 연안에 아랍 상인들을 통해서 처음으로 전해졌다. 그리고 712년 또는 그 부근에, 아랍 군대들은 신드를 정복했다. 그들은 더 이상 나아가지 않았고, 서서히 정착하여 인도 민족들을 더는 괴롭히지 않았다. 평온의 시기가 뒤따랐고, 그런 시기는 가즈니 왕조 지배자 마무드가 11세기 초 인도 깊숙이 습격해 들어왔을 때까지 지속되었다(이 공격들은 파괴적이었지만 급진적인 변화를 몰고 오지는 않았다). 그 다음 두 세기 동안 인도의 종교생활은 그 자체의 리듬을 따라서 고요히 움직였는데, 가장 두드러진 변화는 불교의 쇠퇴와, 주문(呪文)과 의례를 통해서 성스러움에 접근할 수 있다고 약속하는 반(半)마법적이고 미신적인 관행들의 성장물이었던 탄트라교의 대두였다. 사원에서의 민중축제에 초점을 맞춘 종교들 역시 번성했는데, 이는 의심의 여지없이 굽타 왕조 시대 이후에 항구적인 정치적 중심이 결여된 상태 속에서 그렇게 된 것이었다. 그리고는 중앙 아시아인들의 새로운 침입이 찾아왔다.

이 침입자들은 무슬림들이었고 튀르크 민족들의 집합체로부터 나온 이들이었다. 이들의 침입은 이전과는 다른 종류의 이슬람교도의 맹공이었는데, 그들은 약탈하기 위해서가 아니라 정주하기 위해서 왔기 때문이었다. 그들은 11세기에 펀자브에 처음으로 정착하고는 12세기 말에 두 번째 물결의 침입을 시작했는데, 몇십 년 내에 이는 갠지스 강 골짜기 전체를 지배하는 델리의 튀르크 술탄들의 확립으로 귀결되었다. 그들의 제국은 단일체가 아니었다. 힌두 왕국들은, 마치 기독교 왕국들이 중동에서 몽골인들의 조공국가가 되면

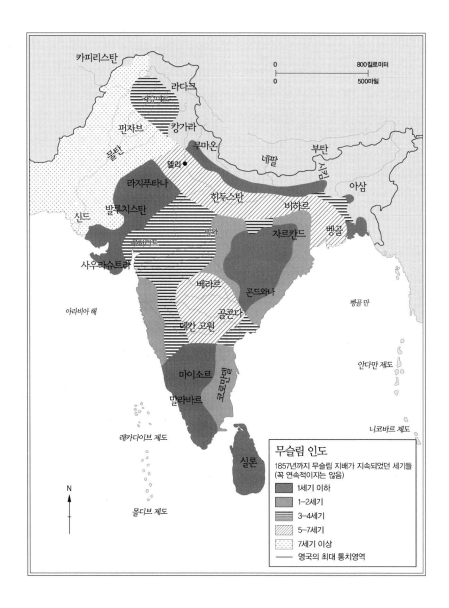

무슬림 인도

1857년까지 무슬림 지배가 지속되었던 세기들
(꼭 연속적이지는 않음)

- 1세기 이하
- 1~2세기
- 3~4세기
- 5~7세기
- 7세기 이상
- —— 영국의 최대 통치영역

서 살아남았듯이, 그 제국 안에서 공물을 바치며 살아남았다. 무슬림 지배자들은, 아마도 그들의 물질적 이해관계에 신경을 쓴 나머지, 이 왕국들을 개종시키고 박해할 의사까지도 있었던 (힌두교 사원의 파괴가 보여주듯이) 이슬람교 신학 지도자들인 울라마를 항상 지지하지는 않았다.

인도 첫 번째 무슬림 제국의 심장부는 갠지스 강 골짜기였다. 침입자들은 신속히 벵골을 괴멸시켰고, 이후 인도 서해안과 데칸 고원에 자리잡았다. 그들은 더 남쪽으로는 침투하지 않았고, 따라서 그곳에서는 힌두교 사회가 거의 변모없이 살아남았다. 13세기 이래 지속적으로, 북부 인도에서의 이슬람교 전파로 인해서 전통 인도 문화에 대한 자의식 강한 보호자로서의 남부의 역할은 강화되었다. 이는 특히 타밀 사람들 사이에서 두드러졌는데, 사실 그들은 인도 문화권에 완전히 포함된 지 얼마 되지 않은 사람들이었다.

델리 술탄국은 1206년에 성립했고, 14세기 말까지 전성기를 누렸다. 그것은 이후 700년 동안 지속될 인도 심장부에서의 무슬림 지배 패턴을 결정했다. 그 첫 번째 지배자들은 아프가니스탄 출신의 튀르크인들이었는데, 그들은 아프간 땅들뿐만 아니라 오늘날 파키스탄과 북부 인도를 포함하는 제국을 통치했다. 그 술탄국은 인도의 문을 열어 서양의 영향을 받게 했고, 아마도 더욱 중요하게는 페르시아, 중동, 중앙 유라시아의 일부를 그 이전에 없었던 만큼 긴밀하게 인도와 연결시켰다. 예술, 과학, 철학 사상들이 이 방향 모두에서 들어왔다. 예상할 수 있다시피, 이슬람교의 신비주의적 형태들, 특히 수피교는 인도에 뿌리를 둔 것이었고, 궁정에서 유력한 종교가 되었다.

13세기 말과 14세기 초에 통치했던 할지 왕조의 3명의 술탄 아래에서, 그 술탄국은 정점에 이르렀다. 1296년부터 20년간 통치했던 알라웃딘은 북부에서 거대한 몽골인 군대를 두 번에 걸쳐 격파했던 가공할 만한 군사 지도자였다. 남쪽으로 그는 무슬림 지배를 데칸 고원의 가장자리까지 확장했고, 인도 남부에 강력한 이슬람교 문화 영향의 물결을 일으켰다. 북부에서와는 다르게, 남부에서 이슬람교로 개종했던 이들 중 대부분은 그들이 무슬림들에 의해서 정복당했다는 이유로 그 새로운 종교를 받아들인 것은 아니었다. 세계의 다른 곳에서와 마찬가지로, 일부 인도인들은 이슬람교의 혁명적인 가치들 때문에 이를 수용했다. 계급적으로 매우 서열화된 사회에서, 신과의 직접적이고 개인적인 관계에서 모든 인간이 동등하다는 메시지는 크게 호소할 수 있었다.

무슬림의 정치권력이 남부에 도달했을 때, 그것은 그 술탄국 군대의 한 타지크인 장군에 의해서 형태가 잡혔다. 그는 1346년 그의 델리 대영주들과 결별하고, 오늘날 마하라시트라에 중심을 두었지만 더 남쪽으로 카르나타가와 안드라 프라데시까지 확장되었던 그 자신만의 정권을 세웠다. 바흐마니 술탄국으로 알려졌던 이 왕국은 궁정이 거의 완전하게 페르시아화되어 있었다. 그 지배자들은 페르시아어로 시를 지었고, 시라즈, 이스파한, 쿰과 같은 페르시아의 대도시들과 긴밀한 관계를 유지하려고 노력했다. 그들의 이란인 후원자들과 함께, 바흐마니 왕조는 시아파 이슬람교로 기울었고, 인도에서 처음으로 시아파가 지배하는 대국이 되었다.

무슬림 인도의 분열은 북쪽에서 오는 침입자들에 대한 방어를 더욱 어렵게 만들었다. 1398년에 절름발이 티무르의 군대가 그 파괴적인 접적행군(接敵行軍) 후에 갠지스 강 골짜기를 약탈했다. 한 연대기 작가에 의하면, 몽골인들은 그들의 전과(戰果)인 시체 더미에서 나오는 부패의 악취로부터 벗어나기 위해서 더 속도를 높여 행군했다. 이 재앙 이후의 거친 물결 속에서, 장군들과 지방 유력자들은 독립했고 따라서 인도의 이슬람권은 파편화되었다. 그럼에도 불구하고 이슬람교는 그때까지 인도 아대륙에서 확실한 자리를 차지했고, 그것의 적극적이고 예언적이며 계시적인 방식이 힌두교와 불교에 완전히 대조를 이루었기 때문에(물론 이슬람교 역시 그들에 의해서 미묘하게 변모할 것이었다), 당시까지 인도의 동화력에 도전해왔던 것들 중에 가장 강력한 것이 되었다.

그러나 모든 인도가 다 무슬림 지배에 들어갔던 것은 아니었다. 남부에서는 강력한 힌두교 제국이 일어나서 14세기 중반부터 데칸 고원의 남쪽 부분 전체와 인도의 더 멀리 남쪽까지를 통치했다. 현재 카르나타가 고원지대에 있는 거대한 수도 비자야나가르에서 이름을 딴 이 제국은 남동 아시아와 긴밀한 관계를 유지하면서, 그로부터 큰 이익을 벌어들이는 상업제국이었다. 그것은 군사적으로도 강해서, 유럽(중동을 통해서)과 중국(남동 아시아를 통해서)으로부터 모두 수입된 군사기술을 이용했던 첫 인도 국가였다. 그러나 비자야나가르는 무엇보다도 효율적인 행정체계와, 이전 세기들로부터 이어진 힌두교의 많은 가닥들을 통합했던 절충적인 종교 때문에 존경받았다. 그것은 계속되는 인도의 다원적인 성격을 표상했고, 힌두교도들이나 무슬림들이나 모두, 완전히 지배적이 되지는 않을 미래를 가리키는 것이었다.

6

제국 중국

기원후 220년 한나라 최후의 황제가 수치스럽게 퇴위당한 이후 350년 이상, 중국은 개별 국가들로 나뉘어 있었다. 더 장기적인 관점에서 보면, 기원전 700년 이래로 13세기 동안, 중국은 오직 400년이 약간 넘는 기간 동안에만 제국 아래에 통일되어 있었다. 그러나 삼국(三國)이 지배권을 다투던 때와 마찬가지로, 기원후 4세기와 5세기에도 여전히 중국인이라는 것이 무엇을 의미하는지에 대한 의식이 존재했다. 정치적 분열과 외부의 침입들은 중국 문명의 토대를 손상시키지 않았고, 그 문명은 나라가 여러 지역으로 갈라졌을 때에도 그만큼(일부는 심지어 더 크게라고 말할 것이다) 성장했다.

첫 번째 천년기 중간 부분의 분열 시기를 중국 역사에서의 일탈로 간주하는 데에는 매우 신중할 필요가 있다. 국가들과 왕조들이 오고 갔다고 해도, 중국의 핵심은 로마 제국 이후 유럽이 겪었던 것과 같은 외국 군대에 의한 대대적인 파괴를 거의 경험하지 않았다. 물론 비중국계 민족들이 실제로 침략해오기도 했다. 일부는 그 자신들의 국가를 세웠고, 더 많은 경우에는 중국인들과 함께 혼합된 유산을 가진 나라들을 건설했다. 중국 역사 안에서 삼국과 남북조(南北朝)를 말한다면, 이는 전쟁과 급속한 정치적 변화의 시기이기도 하지만, 또한 문화적 번성과 사회적 변화의 시대이기도 했던 것이다.

220년부터 580년대에 이르는 기간 동안에 단연 가장 중요했던 변화는 오늘날의 남중국 지역에 중국 문화와 인구가 전파된 것이었다. 이는 중국이 무엇인가에 대한 전면적인 지리적 재개념화였다. 후한 시대, 중국 인구의 4분의 3은 황허 강 유역의 평원들에 살고 있었다. 그러나 500년 후에는, 4분의 3이 양쯔 강 유역과 그 이남에 살게 되었다. 이 근본적인 변화는 북으로부터의 침입 때문에 남쪽으로 내려갔던 중국인들에 의해서 시작되었다. 그들은 남부에 정착하고, 토지를 취하거나 개간했고, 점차 그 현지 주민들을 대체하거나 흡수했다. 상대적으로 짧은 역사적 시간 내에, 중국인들은 그들의 영토를 2배로 만들었던 것이다.

이 시기에 중국에서 벌어진 또 하나의 거대한 변화는 불교의 전래였다. 우리는 이미 불교 선교사들이 한왕조 시기 동안 비단길을 따라서 중국에 다녀갔다는 사실을 알고 있다. 그러나 이러한 유입이 큰 물결이 되었던 것은 한나라가 몰락한 이후였다. 오늘날 아프가니스탄, 파키스탄, 북부 인도를 포괄했던 쿠샨 제국은 현재의 신장 근처 중앙 유라시아의 중부에 처음 정착했던 인도-유럽어족인 월지 민족에 의해서 형성되었다. 광활한 영토를 정복하면서, 쿠샨 제국의 황제들은 인도-헬레니즘-중앙 유라시아의 혼합 문화를 지배했다. 그 문화는 종교로는 불교를 신봉했는데, 그리스 영웅의 형태를 하고 있는 석가의 조각상들을 어디서나 볼 수 있었다. 쿠샨인 선교사들은 대승불교(大乘佛敎)를 중국에 전파하기 위해서 경전을 중국어로 번역하기 시작했고, 카라코람 산맥을 넘는 매우 위험한 경로를 따르는 것을 포함하여 중국에 다녀갔다. 500년까지, 불교는 중국에 매우 빠르게 퍼져갔고, 그곳으로부터 한국과 일본에까지 전래되었다. 거대한 숫자의 개종은 아마도 이 시기의 불안과 관련이 있었을 것이다. 유럽에서 기독교가 동시에 전파되었던 것과 마찬가지로, 중국에서 불교는 특히 왕조의 순환이 다시 시작되며 도래했던 변화의 시기에 확실성에 대한 요구를 충족시켜주었다.

수왕조 그리고 훗날 이 왕조의 짧은 치세를 토대로 건설된 당제국은 중국 역사에서 가장 중요한 두 가지 이탈들이었다. 수왕조의 등장은 동시대에 매우 놀랄 만한 일이었다. 6세기 말 중국은 350년 넘게 분열되어왔고, 심지어 대부분의 중국인들이 여전히 그것을 하나의 단위라고 생각했다고 해도, 중국이 다시 정치적으로 재통일되리라고 예상했던 사람은 거의 없었다. 그때 수나라는 북주(北周)라는 북부의 작은 국가로부터 나타났고, 40년이 채 되지 않는 짧은 기간 내에, 과거 한나라 영토의 대부분을 다시 한데 모았을 뿐만 아니라, 기반시설을 재건설했고 토지 소유를 개혁했으며 중앙행정 체계를 재창출했고 경제를 쇄신했다. 그리고 거대한 군사력을 복원시켰다. 짧았던 치세에 비해서 나쁜 결과는 아니었을 것이다. 그리고 수나라가 결국 많은 중국인들에게 미움을 사게 되었으리라는 것은 이상할 것이 없다. 그들은 수왕조의 무자비함이 그 악명 높은 진나라의 시황제, 즉 기원전 3세기에 또 하나의 단명한 통일왕조를 이끌었던 시황제의 무자비함에 버금간다고 생각했던 것이다.

수왕조의 기원이었던 북주는 한나라가 몰락하고 난 후 북중국에 등장했던 외국인이 지배하는 많은 국가들 중 하나였다. 그 국가를 지배했던 몽골계 선비족은 수많은 중국인 장군들을 수하에 두고 있었다. 그들 중 가장 뛰어난 이는 양견으로, 그는 보륙여(普六茹)라는 몽골계 이름을 차용하고 세도가인 독고(獨孤) 가문 출신의 몽골 공주와 결혼했다. 양견의 딸은 북주 황제의 아들과 결혼했는데, 그의 사위가 황제위에 오른 직후 사망했을 때, 양견은 궁정 쿠데타를 통해서 581년에 권력을 탈취했다. 그는 그의 왕조를 수(隋)라고 정하고, 스스로를 문명화된 황제(아마도 야만인이 아니라 중국인이라는 점을 뜻하기 위해서)라는 뜻의 문제(재위 581-604)로 칭했다. 그리고 그는 즉시 그의 정적들(그들이 실제였건 상상된 것이었건)을 새로운 제국 내외에서 소탕하기 시작했다.

수나라는 전쟁으로 단련된 제국이었다. 비록 대부분의 전쟁들이 우선은 중국인들을 상대로 한 것이었지만 말이다. 수문제는 영리하게도, 북주가 과거에 공물을 바쳤던 북동부의 동튀르크 제국과 본격적인 갈등을 회피하는 정책을 고안했다. 이 새로운 황제는 남부의 정벌에 집중하기로 마음먹었고, 이 점에서 그는 빛나는 성공을 거두었다. 전쟁과 외교를 함께 사용하며, 그는 남부의 권력자들을 하나하나 책략으로 압도했고, 590년대 초까지 한왕조 제국의 대부분이 수나라 아래에 다시 모였다. 중국은 다시 통일되었고, 그것도 다소 예상 밖의 황제 밑에서 그렇게 되었다.

군사 지휘관과 행정가로서 수문제는 눈부실 정도였지만, 그는 자주 쓰디쓴 후회가 따랐던 통제 불능의 분노를 가지고 있었다. 그가 중국의 새로운 종교였던 불교에 헌신했던 것은 그의 성격에 비추어 이해될 수 있다. 수문제는 불교 원리들에 대해서 심오한 믿음을 가지고 있었고, 유교의 관점들을 비롯한 과거 중국의 사상계통에는 회의를 품고 있었다. 그는 매우 열심히 일하는 것에 대한 믿음이 있었다. 매일 저녁, 그가 거대한 문서업무 더미를 들고 그의 거처로 돌아가는 모습이 목격되었다. 그는 궁정에서의 삶이 제공할 수 있는 위락들에는 별 관심이 없었다. 대신에 그는 그가 '문제의 선물'이라는 뜻의 문헌황후(文獻皇后)로 만들었던 독고가라와 오랜 행복한 결혼생활을 보냈다. 그녀는 그에게 가장 중요한 조언자였고, 602년 그녀가 사망한 후에서야 황제는 자신의 성질을 이기지 못하게 되었다.

수문제는 중국 재건자로서의 그의 역할에 대해서 깊이 인식하고 있었다. "누군가가 명예를 추구한다면, 역사서의 한 장(章)이면 충분할 것이다"라고 그는 자주 그의 조력자들에게 말하곤 했다. 그의 생각에, 그가 할 수 있는 주요한 기여는 행정체계 개혁에 있어야 했다. 제국의 생존은 좋은 재정적 발판 위에 있을 때에만 가능하다는 것이다. 수나라는 도량형을 통일하고 재정, 행정체계를 확대하여 소득세와 재산세를 포함, 여러 종류의 활동들에 요금과 세금을 부과했다. 천성적으로 돈을 극도로 아끼는 사람으로서, 수문제는 정부의 수입을 확대시킬 방법들을 찾기 위해서 항상 노력했다. 7세기 초까지 중국은 전 세계 그 어느 나라보다도 훨씬 더 우월한 공적 재정체제를 가지게 되었는데, 이는 수당 시대가 300년 이상 지속될 수 있었던 이유를 설명해주는 것 중의 하나이다.

수문제와 그를 바로 계승한 이들은 그들이 믿는 한제국 몰락의 원인을 계속해서 학습했으며, 그로부터 교훈을 끌어내려고 했다. 수문제는 정실주의(情實主義, nepotism)가 한나라 멸망의 중요한 이유 중 하나라고 믿었다. "자신의 친족을 아끼는 감정들을 잘라내는 것은 자신의 주군을 받드는 원리를 완전히 깨닫는 것이다"라고 수왕조의 편람은 훈계했다. 이상적인 관리는 일에 임할 때 꼼꼼해야 하고, 거의 금욕적이기까지 해야 한다. 최상의 인재들은 황제 자신이 직접 또는 그가 가장 신뢰하는 궁정관료들이 선발했다. 그들은 어떤 공직에서든 4년간만 봉직할 수 있었고, 그후에는 대개 나라의 다른 지역으로 순환근무를 하게 되었다. 과거제는 활성화되었고, 거대한 감찰단이 만들어졌다. 무관 및 문관 모두 제국 내 재능을 가진 모든 이들에게 개방되었다. 교역,

건설, 전쟁을 담당하는 가장 중심적인 직위들은 비중국인들에게 돌아가는 경향이 있었던 반면에 핵심적인 문관 직책은 압도적으로 중국인들이 차지했다.

수왕조 스스로가 책정한 최대의 과업은, 그들의 생각에 한나라의 멸망을 초래했던 주요 원인과 그 이래의 중앙정부가 가지는 약점을 제거하는 것이었다. 그 약점은 바로 지방 엘리트들을 강화시키면서 농민과 토지가 없는 이들에게 불만을 사는 토지 소유제였다. 수문제는 급진적인 토지개혁을 강행하여, 모든 토지 소유를 두 개의 범주로 나누었다. 첫째는 구분전(口分田)으로서, 이는 국가가 17세에서 59세까지의 개인에게 경작을 위해서 나누어주고, 59세 이후에는 재분배를 위해서 당국에 반납하도록 하는 것이었다. 둘째는 상속 가능 토지인 영업전(永業田)으로서, 이는 제국을 위해서 전략적 생산물을 산출하는 토지 또는 가구(家口)의 개인 텃밭에만 해당되었다. 제국의 부흥을 지원했던 명문가들은 그들이 가진 권리만큼 받을 토지의 몫이 있었지만, 이는 황제의 마음에 따라서 변화될 수 있었고, 고위관료들은 그들의 관직과 함께 딸려오는 토지에서 나오는 수입의 일부만을 확보할 수 있었다. 다른 모든 제국들에서와 마찬가지로, 이는 하나의 체제라기보다는 이상이었지만, 그것은 국가에게 불공정과 부패에 맞설 수 있는 도구를 준 셈이었다.

수문제는 모든 것을 아우르는 제국을 원했지만, 그 자신의 성격과 그의 정책 중 일부가 이를 이룩하는 것을 방해했다. 그는 그 자신이 믿는 불교와 유교를 어떻게 통합해야 할지에 대해서 확신이 없었다. 601년에 그는 인도 황제 아소카를 모방하여, 대대적인 의식을 거행함과 더불어 유물을 가진 승려들을 모든 지방 중심지에 내려보냈는데, 이렇게 그가 제국을 불교 교리들에 헌신하게 한 것은 지나친 것으로 보였다. 많은 지도적 인사들이 수왕조 국가에서 결코 편안함을 느끼지 못했다. 엘리트 집단의 폭은 너무 좁았고, 황제의 통치는 너무 가혹했다. 그의 아버지가 604년에 사망하자, 황제위를 계승했던 양제(재위 604-618)는 남부를 선호했고 문제의 북부 동료들을 불편해했다. 7세기의 두 번째 10년이 다가오면서, 수왕조의 문제들은 쌓여만 가는 것 같았다.

그 하나의 이유는 전쟁이 감당할 수 있는 이상으로 늘어졌다는 데에 있었다. 7세기의 첫 번째 10년 동안에 있었던 베트남과의 갈등은, 자주 그랬듯이 나쁘게 끝이 났다. 고구려에서의 전쟁도 역시 나쁘게 끝이 났다. 수왕조는 확실히 스스로의 도를 넘었다. 재원이 비어가고, 수단을 부릴 수 있는 여지가 줄어들면서, 수양제는 깊이 우울해졌고 정책결정에서 물러났다. 고구려, 베트남, 튀르크인들의 압박 아래에서, 그리고 지방 지휘관들이 북부에서 반란을 꾀하면서 심지어 황제의 조신들도 인내심을 잃어버렸다. 수양제는 618년 그의 욕탕에서 살해되었다.

그러나 3세기의 한제국처럼 와해되기는커녕, 수나라는 아마도 모든 중국 시대들 중에 가장 영광스러웠던 당제국(907년까지 지속되었다)을 진정 선도하는 왕조가 되었다. 수나라는 여러 면에서 진나라였고, 당나라는 한나라였다. 당나라의 영광을 가능하게 했던 가장 중요한 개혁들 중 많은 것들이 수문제가 제정한 것이었다. 그리고 그의 아들이 시해되었을 때, 앞장서서 나라를 승계한 사람은 이연으로, 그는 수문제와 같은 북부 집단 출신이었다. 실제로 새로운 황제의 어머니는 문헌황후의 여동생이었던 것이다. 그러나 이연은 새로 시작하기를 원했다. 그는 당왕조를 선포하고, 첫 번째 황조 고조(재위 618-626)가 되었다.

당나라는 중국의 긴 역사 중에서 가장 중요한 왕조 중의 하나가 되었다. 이 시대는 중국이 그 어느 때보다 세계에 개방되고, 동아시아의 중심으로서 그 위치가 확립된 시기였다. 이 시기 동안에 양쯔 강 남부와 히말라야 고원을 따라서 남서부 지역까지 포함해서 오늘날 우리가 중국의 핵심이라고 생각하는 곳들 대부분이 중국화되었다. 당나라는 예술과 학문을 후원했고, 국제적인 수도 장안은 지구상에서 단연 최대의 도시였다. 중국 문화권은 한국, 일본, 남동 아시아뿐만 아니라 중앙 아시아에까지 깊숙이 확장되었고, 오늘날 중국에서 여전히 지배적인 위치를 차지하는 문학과 미학의 집대성을 이루었다. 심지어 현재도 중국 남부 전역에 사는 사람들과 해외에 나가 있는 그들의 자손들까지 1,100년 전에 끝난 왕조의 장려함을 누리면서 여전히 스스로를 당나라 사람이라고 생각하는 것도 놀라운 일은 아니다.

시작부터 당나라는 민족적 배경이라는 측면에서 수나라보다 훨씬 더 혼합된 왕조였다. 외국세력들이 중국에 들어오거나 교류했던 세기들이 확실히 당나라 궁정의 구성에서 나타났다. 즉, 황실은 반(半)몽골계였고, 고위직의 일부는 튀르크인, 한국인, 거란족이 차지하고 있었다. 공직에도 이란인, 티베트인, 인도인 그리고 남동 아시아 출신 사람들이 진출해 있었다. 외국 영토에 대한 당왕조의 관심은 부분적으로 이런 국제적 궁정의 반영이었으나, 그것은 또한 종교적 열망과 민족지적 호기심에서 나온 것이기도 했다. 7세기 중엽에 살았으며 셀 수 없이 많은 중국의 전설적인 인물들 중에서도 그 중심에 있는 불교 수도승 현장은 인도로 갔고, 그곳에서 7년을 머문 후 귀중한 산스크리트어 문헌들 및 더 많은 일반 지식과 함께 중국으로 돌아왔다. 다른 여행자들은 중앙 유라시아의 서쪽 지역, 말레이 세계, 페르시아 그리고 그 이상까지 갔다.

당나라의 문화는 외부세계와의 접촉이 초래한 자극을 반영하지만, 특히 중앙 유라시아와의 관계는 당왕조 치하에서 전례 없이 긴밀했다. 수도 장안에는 페르시아인들, 아랍인들, 중앙 유라시아인들이 그들의 이야기들, 시들, 악기들을 가지고 왔다. 장안은 네스토리우스교 교회들, 조로아스터교 사원들, 무슬림 모스크들을 가지고 있었고, 오늘날 우리에게 남아 있는 물건들이 보여주듯이 의심의 여지없이 당대 가장 화려하고 호화로운 수도였다. 그것들 중 많은 것들은, 이를테면 이란의 은제품에 대한 모방처럼, 중국이 그 자신의 것 이외의 양식을 인정했다는 사실을 드러낸다. 한편 교역물자의 집산지로서의 풍미는 말 탄 이들과 짐 실은 낙타들(이는 장안 거리들에서 횡횡하던 중앙 아시아적 삶을 드러낸다)의 형상이 새겨진 도자기에 보존되어 있다. 이런 형상들은 대개 당나라 도공들의 업적인 새로운 다색(多色) 유약들로 마무리되었다. 그들의 양식은 멀리 일본과 메소포타미아에서 모방되기도 했다. 궁정의 존재는 해외상인의 방문만큼이나 그러한 공예기술을 자극하는 데에 중요했는데, 이 궁정귀족들의 생활은 고분벽화로부터 상당 부분을 엿볼 수 있다. 이 벽화 속에서 남자들은 중앙 아시아 종자(從者)들의 수행을 받으면서 사냥을 즐긴다. 여자들은 무표정하지만 호화스럽게 차려입고, 하인들을 두고 있으며, 부채들, 화장품 통들, 등긁개들과 다른 내실용품들을 우아하게 갖추고 있다. 대귀족의 마나님들 역시 그들의 내실용품에 차용된 중앙 아시아 양식을 선호하고 있다.

이런 정제되고 세련된 국가가 그 기원을 피와 살육에 두고 있는 것은 역사에서 자주 있는 일이다. 이연, 즉 당고조는 626년까지 통치했는데, 자신의 아들인 이세민(그는 이미 형제들 중 둘을 죽였다)에 의해서 퇴위당했다. 태종(재위 626-649)으로 알려진, 이 무자비한 야망의 소유자는 궁극적으로 능력 있는 지도자가 되었는데, 그는 시간이 지나면서 그의 조언자들 가운데 최상의 인재들의 이야기에 더 귀를 기울였다. 그는 23년간 제위에 있었고 일부 사람들은 그를 역대 중국 황제들 가운데 최고 중의 하나라고 평가한다. 당태종은 동쪽에서 튀르크 권력을 파괴하여 중앙 유라시아의 동부에서 중국을 지배적인 세력으로 만들었을 뿐만 아니라, 한국과 티베트에서 중국의 패권을 확립했고, 서쪽과 남쪽 사이의 교역로들을 장악했다. 그는 특히 그의 정책들(그리고 다른 초기 당나라 황제들의 정책들)이 매우 시기 적절한 것이었기 때문에, 오래 지속될 왕조의 토대를 놓은 셈이었다. 그 정책들은 당시 대부분의 중국인들이 원했던 내용과 외형 모두를 제공했던 것이다.

당나라가 거둔 성공의 핵심적인 측면들 중의 하나는 법률 개혁이었다. 중국에 살던 대부분의 사람들이 법률 원칙들에 대해서 확신할 수 없었던 세기들이 지난 후에, 초기 당나라 황제들은 매우 세련되고 상식에 입각한(이 두 가지는 항상 쉽게 조합되지는 않는다) 법률체계를 수립했다. 행정적인 측면에서 보면, 당나라는 수나라의 쇄신을 바탕으로 건설되었는데, 나아가서 이를 확대하고 공고히 했다. 그들의 불교적 성향에도 불구하고, 초기 당나라 통치자들 대부분은 유교 교육체제에서 장점을 보았고, 종교와 공적 이념 모두에 통합적인 접근법을 발전시켰다. 당나라 시대는 대부분의 황제들이 모든 종교를 인정하면서 동시에 어떤 종교 하나에만 집착하지 않았던 1,000년 이상 유지된 기간의 시작이었다. 그들은 종교당국들이 국가에 종속되는 한, 모든 종교의 제단들에서 의례를 거행했다.

외교 문제에서, 당나라 황제들은 그들의 부흥된 중국과 이를 둘러싸고 있는 지역들을 연결시키는 데에 강조점을 두었다. 왜냐하면 그들은 중국이 문화적 영향력을 통해서 '연성권력(soft power)'을 행사할 수 있음을 깨달았고, 교역을 중시했기 때문이었다. 그들은 또한 스스로의 왕조를 수립하고자 하는 중앙 유라시아의 신흥세력들에게 대항하여 끊임없는 전쟁을 치르는 데에 동맹국들을 필요로 했다. 당나라가 한반도 남부의 신라와 동맹을 맺으면서, 이 시기 한반도는 중국과 문화 및 정치적으로 모두 긴밀하게 연결되었다. 신라는 한반도 북부, 만주 동부, 북부 태평양 연안의 일부에 세력을 가지고 있던 강력한 제국 고구려와 대립하고 있었다. 고구려가 668년에 무너지자, 신라는 한국에서 지배적인 세력이 되었으나, 중국의 영향력은 매우 강력하게 그곳에 남게 되었다.

당시까지 중국과 희미하게만 관련을 맺었던 일본과 같은 지역에서조차 당나라의 문화적 영향력은 강력했는데, 이는 빠른 도시화 및 제국 내 교역과 관련이 있다. 모든 지역으로부터 상인들이 중국 도시들에 왔고, 이 도시들은 점점 더 복잡해져가던 상인조합들을 수용하기 시작했다. 그런 발전은 새로운 상업세계를 조성했다. 첫 중국 지폐가 650년에 발행되었다. 번영은 새로운 수요들을, 무엇보다도 문학을 위한 수요들을 창출했다. 당나라 문학은 고전 유형에 스스로를 국한하지 않고 새로운 형식을 발전시켰는데, 당나라 시인 이백과 두보는 여전히 중국 문학에서 가장 유명한 이름들에 속해 있다. 도시 생활은 이처럼 점차 공식 문화에 대해서 교양 있는 대안을 가지게 되었고, 그것은 글로 남아 있기 때문에 우리가 접근할 수 있는 비공식 중국의 우선적인 부분이다. 그러한 민중의 수요는 두 가지 크게 중요한 발명 덕분에 충족될 수 있었는데, 바로 기원전 2세기에 발명된 종이와 기원후 700년 이전에 만들어진 인쇄술이었다. 이는 한나라 때 돌에 새긴 자국들을 탁본하여 취하는 것에서 유래했다. 목판 인쇄술은 당나라에서 시작되었고, 활자는 11세기에 등장했다. 이 이후 곧, 엄청난 숫자의 책들이 중국에서 출판되었다. 이곳 외에 그 어느 곳에서도 이런 규모의 출판은 아주 먼 훗날의 일이었다. 도시에서는 수입 형식들을 채용한 민중 시가(詩歌) 역시 크게 각광을 받았는데, 이는 고전 전통과 혼합되기도 했다.

당나라가 맞이했던 첫 번째 위기는 7세기 말에 찾아왔는데, 그때 중국의 가장 탁월한 여제 측천무후(則天武后, 재위 690-705)가 자신의 왕조를 세우려고 시도했던 것이다. 당고종이 655년에 중풍으로 쓰러지자, 궁정에 하급

후궁으로 들어왔던 이 젊은 여인은 그의 핵심 조언자 중 하나가 되었고, 점차 중요한 결정을 그녀 스스로 내리기 시작했다. 냉혹함과 교활함 때문에 자주 중국 역사가들에 의해서 매도되기는 하지만, 그녀는 탁월한 재능과 열의를 가졌던 여성으로서 683년 고종이 죽은 후에는 정부의 수장을 맡았다. 690년 그녀는 스스로를 황제로 선언하고 705년까지 통치했다. 그녀의 정책들은 논란의 여지가 있었지만(그녀는 불교를 국가종교로 신봉했다), 그 누구도 그녀의 능력에는 의문을 제기하지 않았다.

측천무후가 물러난 후에 현종(재위 712-756)은 당나라 정치를 보다 온화한 물결로 이끌려고 노력했고, 그의 치하에서 왕조는 경제 및 문화적 측면에서 최고점에 오르게 되었다. 그러나 당현종의 44년간의 치세가 끝날 무렵, 그의 최고위 장군들 사이에서 벌어진 권력투쟁은 안정의 시대에 종말을 고했고, 안녹산의 난은 제국을 마비시켰다. 절반은 튀르크인이며 절반은 소그드 사람인, 끝없는 야망의 소유자 안녹산과 그 후계자들은 그에게 대항하여 일어나서 점점 강화되었던 연합세력과 근 10년간의 전쟁을 치르면서 중국의 많은 지역들을 파괴했다. 8세기 말 제국이 복구되었을 때, 그것은 그 이전 자아(自我)의 핼쑥한 그림자에 불과했다. 먼 외곽의 영토들은 상실되었고, 경제는 너덜너덜해진 상태였으며, 대도시들은 폐허 속에 있었다. 미친 듯한 탐욕이라고 표현될 만한 것이 대제국을 파괴했고, 중국 역대 최대의 문화적 전성기도 끝을 냈다.

그러나 이번에는 한나라의 멸망 때와는 다르게, 통일제국으로서의 중국은 되살아났다. 물론 두 세대의 시간이 걸리기는 했지만 말이다. 7세의 어린아이였던 마지막 당나라의 황제가 907년에 강제로 퇴위당한 후, 중국은 역사가들이 적절하게도 '5대 10국'이라고 불렀던 시대에 과거의 경험을 되풀이하는 길로 쭉 가고 있는 것처럼 보였다. 그러나 당나라의 경험은 로마 제국 이후의 유럽과는 중대한 차이가 있었다. 중국은 이제 의지할 만한 통일국가로서의 길고 성공적인 유사을 가졌던 것이다. 10세기 로마 제국이 유럽인들에게 영원히 사라진 것으로 보였다면, 중국인들은 그 이상(理想)에 훨씬 더 가까이 있었다. 이 점이 장군 조광윤에게 기반이 될 많은 것을 제공했다. 그는 960년에 갑작스럽게 그의 군사들에 의해서 황제로 선포되었고, 통일제국의 건설에 나섰다.

조광윤은 송왕조를 개창했다. 황제로서 그는 태조(재위 960-976)로 불리며, 제국통치를 다른 그 무엇보다도 의무로 여기는 다소 무뚝뚝하고 심각한 인물이었다. 그는 그의 군대가 자신의 의지에 반하여 그를 황제로 선언했다고 주장했다. 그의 통치는 실용적이고 실질적이었다. 그는 그가 잘 맞는다고 생각하는 한나라와 당나라의 사례들을 이용했고, 필요할 때에는 새로운 형태의 행정체제를 도입했다. 송태조는 다른 모든 경쟁자들의 권력을 부서뜨리고 그들을 퇴출시킴으로써 나라에 평화를 가져왔다. 그는 또한 내란의 시대가 낳은 그 자신의 가장 중요한 장군들을 물러나게 했다. 그가 그들을 초대해서 저녁식사를 함께한 후, 싸우는 날은 명예롭고 안전하게 끝났다고 그들에게 축하인사를 전했다는 식의 이야기는 모든 중국인들에게 알려져 있다. 송태조는 중앙집권화된 통치를 원했다. 그는 그와 그의 후계자들에게 강력한 도전이 기다리고 있다는 사실을 알고 있었다.

왜냐하면 송태조가 주변의 적들을 노련하게 압도했다고 해도, 그는 한나라나 당나라보다 더 작은 제국을 통치한다는 것을 알았기 때문이다. 송나라는 북쪽에 강력한 경쟁자인 요나라를 두고 있었는데, 이는 튀르크인과 중국인들에게 크게 영향을 받아온 몽골계 부족인 거란(契丹, Khitan : 여기에서 영어의 '케세이[Cathay]'라는 말이 나왔다)에 의해서 규합되어 있었다. 요나라는 무시무시한 적이었고, 송왕조는 그 정점에 이르렀을 때조차 베이징 남쪽에까지 이르렀던 자신의 영토에서 그들을 쫓아낼 수 없었다. 오히려 11세기까지 송나라의 황제들은 요나라에 공물을 바쳤다. 비록 송나라는 그것이 단순히 추가적인 공격과 전쟁을 피하기 위한 것이라고 생각하려고 했지만 말이다. 중국의 모든 대왕조 중에서, 송나라는 외부 도발에 대해서 결코 안전을 확보하지 못했던 유일한 왕조였다. 심지어 내치(內治)를 통한 업적의 절정에 도달했을 때에도 마찬가지였다.

초기 송나라 황제들은 행정체제를 다시 세우는 데에 거대한 노력을 기울였고, 이를 충실하게 이루기 위해서는 중국이 유교적 뿌리로 돌아가야 한다고 믿었다. 궁정과 주요 도시들 모두에서 일어났던 신유학 사상은 황제들의 일의 추진에 큰 도움을 주었다. 많은 위대한 개혁운동들처럼, 신유학자들은 더 이전의, 순수한 유학 사상의 형태로 돌아가고자 하는 희망에서 이를 시작했다. 그러나 현실에서 그들의 사상은 과거보다는 현재에 대해서 더 많은 것을 말하고 있었고 위대한 쇄신을 만들었다. 구양수(1007-1072)라는 인물은 이런 전개의 많은 부분을 상징했다. 11세기 중엽에 살았던 구양수는 진정 그 시대의 인물이라고 일컬어질 만하다. 그는 사상들이 만개하던 시대의 중심에 있었으며, 중국을 19세기까지 지배하게 될 전범들과 방식들이 놓이는 데에 기여했다. 구양수는 최고급 과거시험인 전시(殿試)를 23세라는 터무니없이 어린 나이에 통과했고, 과거 당왕조의 수도 중의 하나인 뤄양의 관직에 임명되었다. 그곳에서 그는 중국 철학을 변모시키고, 당나라의 역사를 엮으며, 시를 쓰고, 전략과 외교술 지침서를 편집하고, 세금체제의 개혁을 위한 방대한 제안서를 만들었다. 구양수와 그 부류의 사람들은 중국의 사상이라는 측면에서 송왕조를 중국의 모든 왕조들 중에서 가장 중요한 것으로 만들었던 것이다.

또 하나의 개혁가 왕안석(1021-1086)은 구양수의 사상에 기초해서 1058년에 그의 「만언서(萬言書)」를 올렸다. 왕안석은 그의 나라가 위대했던 과거로 되돌아가야 한다고 주장했지만, 그의 마음은 변화에 맞추어져 있었다. 변화는 다른 그 무엇보다도 통일되고 중앙집권화된 제국을 건설한다는 의미였다. 이를 실천하기 위해서, 송나라는 사적 및 공적 이해관계 사이에서의 균형 유지를 통해서 수도의 지방 장악력을 공고히 할 필요가 있다고 왕안석은 믿었다. 그는 반드시 여기에서 성공을 거두어야만, 송나라가 백성의 충성을 얻을 수 있고, 전체 제국을 통솔할 수 있다고 주장했다. 그는 개인적 연줄과 자격보다는 가격과 유용성에 입각해서 도급을 내주는, 효율적인 국가조달 체제를 세웠다. 국가는 상공 동업조합을 인정했고, 핵심 업종의 대표들에게 그들이 전에 중국에서 가져보지 못했던 공식 지위를 부여했다. 개혁가들은 공적 무역과 사적 무역이 무엇인지를 규정했고, 농민들에게 자금을 빌려주었으며, 현재까지도 중국에 자리잡고 있는 보갑법(保甲法)을 시행했다. 이에 의하면, 모든 가구들은 10개 단위로 묶이며, 이들 10개 가구는 100개의 집단으로 묶인다.

이 집단은 모두 질서를 유지하고 남자를 군대에 보내는 데에 공동 책임을 졌다. 송나라 개혁가들은 활기찬 경제, 통합된 정부 그리고 의무와 책임에 기초해서 명확히 규정된 법을 원했고, 그들의 사상들 중 많은 것들을 실제 정책에 반영할 수 있었다.

물론 과거제도는 중국 역사에서 훨씬 더 오래전 시기에 뿌리를 두고 있지만, 이 제도가 체계적으로 실시된 것은 송나라 시기 동안이었다. 이후 이는 20세기에 이르기까지 지속되었다. 당대의 신유학자들은 또한 시간이 지나면서 중국의 정통 학문이 될 내용을 규정했다. 행정직들이 이 경전으로 훈련받은 이들에게로 확실히 돌아갔던 것도 송나라 때였다. 1,000년이 넘게, 그것은 중국의 통치자들에게 도덕적 원칙체계와 문학적 소양을 제공했는데, 이는 암송을 통한 학습으로 끈덕지게 습득된 것이었다. 그들이 치렀던 시험들은 어떤 후보자가 고전 텍스트들에서 분간할 수 있는 도덕적 전통을 가장 잘 이해하고 있는가를 드러내고, 또한 압박을 받는 상태에서도 잘 해낼 수 있는 자동반사적인 능력과 역량을 시험해보기 위해서 고안되었다. 그것은 그들을 세계 역사상 가장 효율적이고 이념적으로 동질적인 관료 집단들로 만들었고, 또한 유교 정통의 가치들을 성공적으로 그 자신의 것으로 만든 이들에게 큰 보상을 주는 것이었다.

원칙적으로 이 사대부 계급은 사회의 여타 계급들과 오직 교육상의 자격(그 당시의 의미에서 학위의 소유)에 의해서만 구분되었다. 대부분의 관직자들은 토지를 소유하고 있는 지방귀족 출신이었지만, 그들은 일반적인 지방귀족과는 달랐다. 과거시험에서의 성공으로 성취한 관직을 통해서, 그들은 커다란 물질적, 사회적 특권에 더해서 황실의 지위 바로 아래에 해당되는 지위를 누릴 수 있었다. 관료들의 책무는 구체적이라기보다는 일반적인 것이었지만, 그들은 매년 두 가지의 중대한 과업을 수행했다. 그 첫 번째는 중국의 징세를 위해서 필요한 인구조사 보고서들과 토지대장들을 수합하고, 정리하는 것이었다. 그들의 두 번째 주요 업무는 재판과 감찰이었는데, 지방의 사안들은 약 2,000명 정도 되는 사대부 계급 출신 원님들의 감독하에서 지방귀족들에게 주로 맡겨졌기 때문이다. 이 원님들 각각은 그 주위에 서기들, 사자(使者)

들, 집안 일꾼들을 두고, 아문(衙門)이라고 불렸던 관아에서 지냈다.

송왕조 이후 지속적으로, 경쟁의 원칙은 끊임없는 인재 발굴의 노력이 더 부유하고 기득권을 가진 지방귀족 가문에만 국한되지 않도록 만들어주었다. 중국은 학문이 항상 일정 정도의 사회이동의 기회를 제공하는 실력 위주의 사회였던 것이다. 때로 부패와 매관매직의 사례가 있었지만, 그러한 쇠퇴의 징후는 보통 왕조가 마지막 시기로 갈 때 나타나는 현상이었다. 대부분 제국의 관료들은 그들 배경으로부터의 놀랄 만한 독립성을 보여주었다. 그들은 한 계급의 대표자들이 아니었고, 그 계급으로부터 선발된 사람들, 즉 개별적으로 뽑힌 엘리트 집단이었으며, 경쟁에 의해서 연장되고 진급되는 집단이었다. 그들은 국가를 하나의 실체로 만들었던 것이다.

제국시대 중국은 이처럼 귀족정으로는 제대로 파악되지 않는다. 정치권력은 귀족가문들 집단 내에서 혈통으로 전해지지 않았다. 물론 귀족 태생이라는 것이 사회적으로 중요하기는 했지만 말이다. 단지 궁정의 작은 폐쇄 집단만이 세습적으로 관직에 진출하는 것이 가능했고, 그곳에서도 이는 권력의 문제라기보다는 명망, 칭호, 서열의 문제였다. 관료계서를 통해서 최고 등급까지 올라서고 단순한 관료 이상이 된 제국의 고문들에게 유일하게 존재했던 중요한 경쟁자는 궁정의 환관(宦官)들이었다. 이 피조물들은 그 정의상 가족을 가질 수 없었기 때문에 대개 황제의 신임을 얻어 큰 권위를 부여받았다. 이처럼 그들은 공적 세계의 제한을 벗어나는 유일한 정치세력이었다.

송나라의 패권은 위대한 예술도 출현시켰다. 초기 북송시대는 여전히 색이 다양하고 무늬가 있는 전통적인 작품으로 일별되는 반면에, 남송시대 예술가들은 단색적이고, 단순한 작품들을 선호했다. 의미심장하게도 그들은 자신들을 또다른 전통에 결부시켰다. 그것은 초기 중국의 위대한 청동주조자들에 의해서 진화해온 형식들의 전통이었다. 송나라 도예의 아름다움에도 불구하고, 그 시대는 일정 부분 중국 회화가 최고의 성취를 이루었던 시기라는 점이 더 눈에 띈다. 그 회화의 주제들은 무엇보다도 풍경이었다. 그러나 중국의 발전의 한 단계로 볼 때, 송대에는 경제가 극적으로 향상되었다는 점이 더욱더 두드러진다.

부분적으로, 이는 기술혁신의 덕으로 돌릴 수 있을 것이다. 화약, 활자, 선미재(船尾材) 모두 송대로 거슬러 올라갈 수 있다. 그러나 이는 또한 이미 오래전부터 이용 가능했던 기술의 활용과 관련되어 있다. 기술혁신은 사실, 계속되는 인구증가에도 불구하고 대부분의 중국인들의 실질소득을 증가시켰던 10-13세기 경제활동 급증의 원인만큼이나 징후로도 여겨질 수 있을 것 같다. 전근대 세계에서 단 한번, 경제성장이 오랜 기간 동안 인구동향을 앞질 렀던 것 같다. 이를 가능하게 했던 하나의 변화는 확실히 벼 품종의 발견과 적용이었는데, 이것은 좋은 관개지에서는 이모작, 봄에만 물을 댈 수 있는 구릉지에서는 일모작을 할 수 있게 해주었다. 다른 경제 분야에서도 생산량이 증가했다는 증거가 한 학자의 계산으로 극적으로 추출되었다. 그의 계산에 의하면, 헤이스팅스 전투가 있었던 불과 몇 년 내에 중국은 6세기 후 전체 유럽의 철생산량과 거의 맞먹는 수준의 철을 생산하고 있었다. 직물생산 역시 극적인 발전을 경험했고(특히 수력 방적기의 사용을 통해서), 따라서 송나라 '산업화'는 실제로 식별할 수 있는 현상이었다고 말할 수 있다.

왜 이러한 놀랄 만한 폭발적 성장이 벌어졌는지를 설명하는 것은 쉽지 않다 (그 증거는 여전히 논란 속에 있다). 경제에 진정한 투입 요소로 공공사업들, 무엇보다도 교통통신에 대한 공적 투자, 즉 정부의 투자가 존재했다는 점은 의문의 여지가 없다. 외세 침략과 국내적 혼란으로부터 오랫동안 자유로웠던 기간들도 또한 분명 도움이 되었을 것이다. 물론 이 두 번째 이점은 거꾸로 경제성장에 의해서 설명될 수도 있는 것이지만 말이다. 그럼에도 핵심은 이미 위에서 언급된 요소들 때문에 가능하기는 했지만, 농업생산성의 대대적인 증가에 근본적인 원인이 있었던 시장의 팽창과 화폐경제의 성장에 있는 것 같다. 이것이 인구증가의 폭을 계속 앞서는 한에서는 모든 것이 순조로웠다. 자본은 더 많은 노동력을 활용하고, 기계에 대한 투자를 통해서 기술을 자극하는 데에 사용될 수 있었다. 실질소득은, 이를 막는 정치 갈등이 존재하지 않는 한, 올라갔다.

송나라는 중국 역사에서 자주 (그리고 적절하게) 칭송받고 있지만, 그와 관계를 맺고 있던 북부 왕조는 기원상 인종적으로 중국인 왕조가 아니었다는 이유 때문에 자주 간과된다. 요나라는 북동 아시아의 나머지 부분을 중국의 영역으로 통합시키는 데에 중대한 기여를 했던 강력한 국가였다. 그들은 이를 특별한 통치방식을 통해서 이루었는데, 후기 송나라는 이로부터 배울 수도 있었을 것이다. 요나라의 원리는 그 국가 내 많은 민족들을 그들 자신의 원칙에 따라서 다스려서, 갈등을 피하고 지배왕조에 대한 충성심을 조장하는 것이었다. 역시 외래 집단에서 기원했던 원왕조와 청왕조가 중국 내에서 했던 것과 유사하게 요나라는 다문화 국가를 건설했고, 그것은 (전성기에) 당시 가장 효율적인 군대를 가지게 되었다. 요나라의 혼란기가 시작되었을 때에, 그것은 민족적 다원주의 때문이 아니라 더 남쪽 송나라 수도 카이펑에서 꾸며진 계획들 때문이었다.

경쟁자 요나라의 세력을 약화시키기 위한 시도로, 송나라 궁정은 여진족 (女眞族, 그들 중에는 이후 청왕조를 건설하게 되는 이들의 조상이 있었다)과 연합을 맺었다. 과거 동쪽으로 이주했던 시베리아 집단으로서, 여진족은 요제국을 깨뜨리고 이를 자신의 새로운 국가로 대체하려고 했다. 송-여진 연합은 거의 완벽했다. 1125년, 요제국은 완전히 파괴되었다. 그러나 과거의 역사에서도 그랬듯이, 여진족의 욕심은 요나라의 경계에서 머무르지 않았다. 송나라 영토를 침입한 이들은 수도 카이펑을 약탈했고, 황제와 그의 조신들 대부분을 생포했다. 남아 있는 송나라 군대는 양쯔 강 이남에서 재집결하고, 새로운 황제 아래에서 남송(南宋)이라고 불리는 국가를 재건했다. 그 시대가 얻어낸 것들 중 많은 부분들이 이 거대한 강 이남에서 150년간 계속되었으나 그것은 훨씬 더 줄어든 영토 안에서 이루어진 것이었다.

마침내 송나라에 종말이 다가왔을 때, 이 종말을 가져온 것은 누구도 대적할 수 없는 군대였다. 북쪽에서 여진족 국가를 뭉개버린 몽골인들은 송나라의 저항이 결국 와해되는 1279년까지 거의 20년간의 시간을 들여서 남쪽을 공격했다. 8세 소년이었던 마지막 황제는 800명의 황실 사람들과 함께 자결했다. 몽골인들은 칭기즈 칸의 손자인 쿠빌라이 칸 아래에서 원왕조의 개창을 선포했다. 쿠빌라이는 중국 전역을 통치했고, 그밖의 많은 지역도 지배했다. 그의 치세가 시작될 때에, 그의 권력은 태평양에서 우랄 산맥에까지 뻗어 있었다.

중국에 그리고 세계의 많은 부분에, 몽골인들은 완전히 새로운 시대를 열었다. 그것은 더 통합된 미래를 향해서 나아가는 과거와의 단절이었다.

그러나 몽골 원왕조의 발전 역시 중국이 가졌던 힘, 즉 그 정복자들을 계속해서 끌었던 힘을 보여주었다. 중국은 몽골인들이 중국을 변화시켰던 것 이상으로 몽골인들을 변화시켰고, 그 결과는 경이에 찬 마르코 폴로가 전했던 장려함이었다. 쿠빌라이는 스텝의 구식 보수주의, 즉 문명과 그 업적들에 대한 불신과 단절했고, 그의 후계자들은 초기에 문인 관료들을 경계했음도 불구하고 서서히 중국 문화에 압도되었다. 결국 그들은 중국 백성들이라는 거대한 바다에 놓인 극소수의 통치자들이었다. 즉, 그들은 살아남기 위해서 협력이 필요했던 것이다. 쿠빌라이는 중국어 실력이 좋지 않았음에도 불구하고 거의 모든 인생을 중국에서 보냈다.

그러나 몽골인과 중국인의 관계는 오랫동안 모호했다. 인도인들에게 동화되는 것을 막기 위해서 사회 규약들을 세웠던 19세기 인도의 영국인들처럼, 몽골인들도 적극적인 금지정책들을 통해서 중국인들과의 거리를 유지하기 위해서 노력했다. 중국인들은 몽골어를 배우거나 몽골인들과의 통혼이 금지되었다. 중국인들은 무기를 소지할 수 없었다. 중국인들보다는 외국인들이 행정직에 고용되었고, 이 장치는 몽골 제국 서쪽의 한국들에서도 유사하게 시행되었다. 마르코 폴로는 3년 동안 대칸의 관리였다. 한 네스토리우스교도는 제국의 천문부를 관장했다. 트란스옥시아나 출신 무슬림들은 원안의 행정을 담당했다. 몇 년 동안 전통적인 과거시험 또한 중단되었다. (특히 남쪽에서) 중국인들이 몽골인들에게 느끼는 지속적인 반감 중의 일부는 위와 같은 사실들로 설명이 가능할 것이다. 쿠빌라이가 사망하고 7년이 지나서 중국에서의 몽골 통치가 와해되었을 때, 중국의 지배계급 사이에는 과거의 전통을 더 과장하여 존중하는 흐름이 나타났고, 외국인들에 대한 불신이 부활했다.

그럼에도 불구하고 몽골인들이 단기간에 이룩한 업적은 매우 인상적이었다. 그것은 중국의 통일을 재확립했던 것, 거대한 군사 및 외교 세력으로서 중국의 잠재력을 실현시켰던 점에서 가장 확실하게 드러났다. 남송의 정복은 쉽지 않지만, 그것을 이룬 후에 쿠빌라이가 가진 자원은 2배 이상으로 늘어

낳으며(이는 중요한 함대를 포함한 것이다), 그는 아시아에서의 중국 영향권을 다시 건설하기 시작했다. 오직 일본에서만 그는 완전히 실패했다. 남쪽에서는 베트남이 침략을 당했고(하노이는 세 번이나 함락되었다), 쿠빌라이 사후에 버마도 일정 기간 동안 점령되었다. 이 정복들은 실제로 오래가지는 못했고, 지속적인 점령보다는 조공관계로 이어졌지만 말이다. 자바에서도 역시 성공은 제한적이었다. 자바로의 상륙이 이루어졌고 자바 섬의 수도가 1292년에 점령되었지만, 그 점령을 지속하는 것은 불가능한 것으로 드러났다. 송나라 시대부터 시작되었던 인도, 아라비아, 페르시아 만과의 해상무역은 더욱 발전하기도 했다.

생존에 실패했기 때문에 몽골 체제는 완전히 성공적이었다고 간주될 수는 없지만, 이런 평가를 결론적인 것으로 받아들일 필요는 없다. 긍정적인 많은 것들이 단지 한 세기가 넘는 기간 동안에 이루어졌다. 외국과의 교역은 전례 없이 번성했다. 마르코 폴로는 새로운 수도 베이징의 빈민들이 대칸의 후한 부조로 먹고 산다고 전했다. 그것은 진정 큰 도시였다. 현대인의 눈으로 보아도, 몽골인들이 종교를 대했던 방식은 매력적인 것이다. 몇몇 종교, 특히 이슬람교와 유대교는 그들의 '분리성' 때문에 원나라와 갈등을 빚기도 했지만, 대부분의 종교활동은 긍정적으로 장려되었다. 일례로 불교 사원들은 세금면제 혜택을 받았다(이는 물론 다른 이들에게는 더 무거운 세금징수를 의미했다. 종교에 대한 그 어떠한 국가지원도 이런 의미가 있다. 즉, 농민들이 종교의 개화에 대한 대가를 지불한 셈이다).

14세기에 자연재해들과 몽골인들의 가혹한 징세가 겹쳐져서 농촌반란의 새로운 물결이 일었는데, 이는 왕조가 쇠락하고 있다는 뚜렷한 징후였다. 그것들은 아마도 몽골인들이 중국의 지방귀족들에게 양보했던 것 때문에 더 악화되었던 것 같다. 지주들에게 그들의 농민을 통제하는 새로운 권리를 부여했던 탓에 몽골 정권은 민중의 지지를 확보할 수 없었다. 비밀결사들이 다시 등장하기 시작했고, 그중 하나인 '홍건적(紅巾賊)'은 지방귀족과 관료들의 지지를 끌어냈다. 그 지도자들 가운데 한 사람인 탁발승 주원장은 1356년에 난징을 점령했다. 12년 후에 그는 베이징에서 몽골인 지배자들을 쫓아내며, 스스로를 '큰 무용[洪武]'이라는 의미의 홍무제(재위 1368-1398)라고 선언하고, 명왕조를 개창했다.

명나라는 문화적으로 보다 완전히 중국적이고, (아마도 그 이유 때문에) 이념적으로 보다 안정과 균형에 몰두했다는 점에서 이전의 세 왕조들인 원, 송, 당과 달랐고, 그 뒤를 이었던 왕조인 청과도 달랐다. 많은 이들이 중국에 와보고, 중국은 움직이지 않고 결코 변화하지 않으며 항상 옳다고 파악했던 것이 바로 명나라 시기였다. 절차, 위계, 지위에 대한 강조가 중국 역사의 그 어떤 시기들보다 더 두드러졌다. 다른 중국의 혁명 지도자들처럼, 홍무제는 전통 질서의 지지자가 되었다. 그가 창건한 왕조는 대단한 문화적 개화를 이끌었고 몽골 시기로부터 20세기까지 지속될 중국의 정치적 통일을 유지했음에도 불구하고, 10세기 이래로 사회경제적 발전이 치열했던 나라에서 대부분의 시기 동안 보수적인 통치정책을 적용했다. 명나라는 많은 측면에서 불안정의 부정적인 결과들로 보이는 것에 대한 반작용이었다.

물론 중국 정신은 완전히 닫혀지지 않았고, 그것은 또한 매우 서서히 진행되었다. 주원장의 아들로, 잠시 동안의 내전을 겪고 1402년에 보위에 오른 영락제(재위 1402-1424)는 해군 사령관이자 무슬림 제독인 정화(1371-?1435)에게 해외원정을 위한 거대한 새 함대를 구축할 권한을 부여했다. 명목상 세계의 구석구석으로부터 조공을 거둘 임무를 띠고 있었던 정화의 원정은 사실상 외국영해에 대한 탐사가 되었고, 중국 정부를 위한 매우 유용한 정보를 수집해주었다. 역대 건조된 함선들 중 가장 큰 함선들로 항해하면서(그의 기함의 길이는 134미터가 넘었다), 정화는 총 7번의 여행을 통해서 저 멀리 동아프리카 연안에까지 도달했다. 그 마지막 여행은 1433년에 끝이 났는데, 그해는 첫 번째 포르투갈 선장이 모로코 남쪽 보자도르 곶을 돌기 바로 전년도였다. 만약 이 중국의 항해가 계속되었더라면 어떤 일이 일어났을까의 문제는 추측해볼 여지가 있다. 정화의 함대는 총 250척의 함선과 1만 명 이상의 선원 및 군사들로 이루어져 있었다. 정화로부터 80년 후, 바스쿠 다 가마가 오늘날 케냐의 말린디에 도착했을 때, 이 포르투갈 함장은 4개의 배와 수하에 170명을 두고 있었다.

그러나 영락제를 뒤이었던 황제들은 해외원정에 크게 관심을 가지고 있지 않았다. 그들은 국내에서 제국을 완벽히 하고, 육지의 국경들을 수호하기를 원했다. 오늘날 우리가 보는 만리장성의 주요 부분은 명대에 완성된 것이다. 이는 위협이 주로 어디로부터 오는지를 생각해본다면 놀랍지 않은 행동이었다. 북쪽 국경을 통제하기 위해서 영락제는 북쪽, 즉 '북쪽의 수도[北京]'라는 의미인 베이징으로 천도했고, 그후 중국의 수도는 거의 그곳이 되었다. 명나라는 놀랄 만한 양의 원나라의 규제들과 행정체계들을 이어받은 한편으로, 그들은 또한 혁신자들이기도 해서 그 이전 중국이 가졌던 그 어떤 관료제와 비교해도 더 우월한 중앙집권화된 관료제를 발전시켰다. 심지어 그렇다고 하더라도, 그들의 개혁은 주로 보수적인 개혁이었다. 후기 명나라 황제들은 그들이 국내의 무관심과 야만인들의 침략 때문에 쇠퇴해버린 이상적인 중국의 복원에 다다랐다고 굳게 믿었다.

명나라 치하에서 중앙집권화된 것은 관료제만은 아니었다. 몇몇 문중들과 가문들의 손에 상당 정도의 부의 집중이 이루어졌으며, 이들은 대개 지방이나 중앙 수준에서 관계(官界)와 관계(關係)를 맺고 있었다. 황실의 일원들이 궁정에서의 영향력 면에서 고관들이나 장군들보다 우선권을 가지게 되면서, 왕조의 말미로 갈수록 능력 있는 이들의 공급은 부족해졌다. 연이은 황제들은 사실상 그들 궁전 내부에 갇혔고, 총신들과 황실의 왕자들은 그 주변에서 이미 줄어들고 있던 황실 자산의 향유 문제를 놓고 분쟁을 벌였으며, 환관들은 정부에서 지배적인 인사들로 성장했다. 16세기 말 일본인들을 패퇴시켰던 조선에서만을 제외하고는, 명나라는 중국 제국의 주변 지역들을 지켜내지 못했다. 인도-차이나 반도는 중국권으로부터 떨어져나갔고, 티베트는 중국의 통제로부터 거의 벗어났으며, 1544년 몽골인들은 베이징 근교를 불태웠다.

명나라 치세에는 또한 교역이나 지리상의 발견을 위한 항해 이상의 목적을 추구하는 첫 번째 유럽인들이 당도했다. 1577년 포르투갈 상인들은 마카오에 자리를 잡았다. 그러나 그들은 은을 제외하고는 중국이 원하는 것을 별반 제공할 수 없었다. 예수회 선교사들이 뒤를 이어 따라왔는데, 명나라의 유교 전통에 입각한 공식적 관용정책이 그 선교사들에게 기회를 주었고, 그들은 이를 성공적으로 활용했다. 그들 중 하나였던 마테오 리치가 1602년에 명나라 궁정에서 그의 위상을 확립한 후, 예수회 선교사들은 그곳에서 매우 영향력 있는 인물들이 되었다. 그러나 일부 중국 관료들이 마테오 리치 및 여타 예수회 선교사들을 학문적으로 존경했던 반면, 다른 관료들은 불안함을 느끼기 시작했다. 그럼에도 불구하고 그즈음 선교사들이 황실 수집품 목록에 더해주었던 일부 기계모형들과 시계들 외에, 예수회의 과학과 천지학(天地學)이 중국 지식인들의 관심을 끌기 시작했다. 예수회가 시행했던 중국력(中國曆)의 수정은 크나큰 중요성을 가졌다. 왜냐하면 황제의 제물들의 진정성은 정확한 날짜에 달려 있었기 때문이다. 중국인들은 또 하나의 유용한 기술인 중포(重砲) 주조법 역시 예수회 선교사들로부터 배웠다.

　이러한 중국 국가건설의 세기들을 통해서(여러 국가들이 있었든지 또는 하나의 제국만 존재했든지), 몇몇 일반론적 관찰들을 해볼 수 있다. 국가의 중대함에도 불구하고, 중국적인 것의 가장 깊은 뿌리는 계속해서 친족에게 있었다. 역사시대를 통틀어 문중은 계속해서 중요성을 견지했는데, 이는 그것이 서로 연을 맺고, 종교적 그리고 때로는 경제적 유형의 제도들을 공유하는 수많은 세도가들을 동원하는 힘이었기 때문이었다. 가문의 영향력이 확산되는 것은 그만큼 더 용이했고 그것이 초래하는 결과는 더 거대했는데, 이는 중국에는 장자상속제가 없었기 때문이기도 했다. 아버지의 유산은 일반적으로 그가 사망했을 때 배분되었다. 그러나 하나의 사회적 대양에서 가문들이 중요한 물고기였다면, 그 위에 하나의 리바이어던(Leviathan)이 이를 주재했는데 그것은 국가였다. 국가에서 그리고 가족에서 유학자들은 권위를 찾았다. 이 제도들은 다른 것들에 의해서 도전받지 않았다. 왜냐하면 유럽에서 권리와 정부의 문제를 매우 생산적인 방향으로 혼란시켰던 교회나 지방자치체와 같은 독립체가 중국에는 존재하지 않았기 때문이었다.

　중국 국가의 본질적인 특징들은 당나라 시기까지 모두 확립되었다. 그것들은 20세기까지 지속될 것이었고, 그것들이 만들어놓은 태도들은 여전히 계속되고 있다. 그 과정에서 한나라의 공고화 작업은 특별히 중요했지만, 황제의 지위, 즉 하늘의 명을 받든 자로서의 지위는 심지어 진나라 시기에도 자명한 것이었다. 왕조들의 성쇠(盛衰)는 황제의 지위를 손상시키지 못했는데, 그 쇠락은 항상 하늘의 명이 떠난 것으로 이해되었기 때문이었다. 황제가 가지는 의례상의 중요성은 한나라 치세에서 황제만이 지낼 수 있는 제사가 시작됨으로써 확장되었다. 그러나 그의 지위 또한 실제적인 의미에서도 변화했다. 점차 근본적으로 거대한 봉건 유력자(그의 권력은 가문 또는 장원 권력의 연장이었다)였던 통치자는 점차 중앙집권화되고 관료제 국가를 주재하는 이에 의해서 대체된 것이다. 수백 개의 많은 지방의 현(縣)들은 그것의 행정적인 갑주(甲冑)를 제공했다.

이 과정은 아주 오래전부터 시작되었다. 이미 주나라 시대에 운송을 위한 운하를 건설하려는 대대적인 시도가 있었다. 이를 위해서는 대단한 조직 능력과 거대한 인적 자원이 요구되었고, 오직 힘 있는 국가만이 그것들을 효율적으로 사용할 수 있었다. 몇 세기 후에 진시황은 외세를 막는다는 목적으로 만리장성의 부분들을 접합하여 1,400마일 길이의 연결된 장벽을 건설할 수 있었다(전설에 의하면, 그의 업적은 100만 명의 목숨을 앗아갔다. 이것이 진실인지 아닌지는 확인할 수 없지만, 이 이야기는 그 제국이 어떻게 인식되는지를 드러내준다). 그의 왕조는 나아가서 도량형을 통일하고 신민들이 자체적으로 무장하는 것을 일정 정도로 금지하는 한편, 아마도 100만 군사들을 전장에 배치시켰다. 한나라는 화폐 주조를 독점할 수 있었고 통화를 표준화했다. 그들의 치하에서, 경쟁적 시험을 통한 공직으로의 등용도 시작되었다. 물론 그것은 당나라 때 다시 시작될 때까지 서서히 사라질 것이었지만, 매우 중요한 것이었다. 영토팽창은 더 많은 행정관리들을 필요로 했다. 그 결과로 생겨났던 관료제는 분열의 수많은 시기들 동안에도 살아남을 것이었고(이는 그것이 활력을 가지고 있었다는 증거이다), 제국 중국의 가장 놀랄 만하고 특징적인 제도들 중의 하나로 끝까지 남을 것이었다. 그것은 아마도 몰락하는 왕조들이 서로 경쟁적인 작은 지방국가들(그것들은 이미 성취된 통일성을 깨뜨렸다)에 의해서 대체되던 시기로부터 중국을 성공적으로 일어날 수 있게 했던 핵심이었던 것 같다. 그것은 중국을 이념에 의해서 그리고 행정체계에 의해서 연결했다. 관리들은 유교 경전으로 훈련을 받고 시험을 보았다. 이처럼 학식과 정치 문화는 그 어떤 곳에서도 볼 수 없는 방식으로 중국에서 결합되었다.

분명히 중국이라는 나라에서 정부와 사회라는 유럽적인 구분은 의미가 없었다. 관료, 학자, 신사는 보통 같은 사람이었고, 그는 유럽에서는 점차 정부 전문가들과 사회의 비공식적 권위들 사이에서 나누어질 많은 역할들을 통합하는 사람이었다. 그는 이념의 틀 내에서도 그것들을 통합했는데, 그 이념은 그 어떤 지역에서 보이는 것보다(어쩌면 이슬람 문명권에서보다) 훨씬 더 분명하게 사회의 핵심이었다. 유교 가치들의 유지는 가벼운 문제가 아니었고, 입에 발린 말을 통해서 성취될 수 있는 것도 아니었다. 관료제는 유럽에서 성직자 집단이 오래도록 행사했던 것과 같은 도덕적 우위를 행사함으로써 그 가치들을 지켜냈다. 그리고 중국에는 국가에 경쟁이 될 만한 교회가 없었다. 그것을 고무하는 사상들은 대개 보수적인 것이었다. 두드러진 행정과업은 기존 질서를 유지하는 것으로 여겨졌던 것이다. 중국 정부의 목적은 감독하고 보존하고 공고화하는 것이었고, 거대한 공공사업을 수행할 때 실용적인 문제들에서 가끔씩만 혁신하는 것이었다. 최우선 목표들은 거대하고 다양성 있는 제국(많은 원님들이 그들 책임 아래의 일반민들과 심지어는 언어적으로도 나누어졌던 제국)에서 공동의 기준들을 규칙화하고 유지하는 것이었다. 이 목적들을 달성하는 데에, 중국 관료제는 엄청난 성공을 거두었고 그것의 기본적 성격은 왕조들의 모든 위기 속에서도 그대로 살아남았다.

관료들과 지방귀족들의 유교 정통 아래에, 여타 신조들도 사실 중요했다. 심지어 사회계층 고위에 있는 이들도 도교나 불교에 의지했다. 불교는 한나라 몰락 이후에 매우 성공적이었는데, 그 시기의 분열로 불교는 중국에 침투할 수 있는 기회를 가졌다. 대승불교는 유교와는 달리 세속적 가치들을 부정하는 입장을 취했기 때문에, 기독교 이전에 그 어떤 이념적 세력보다 중국에 더 큰 위협을 가했다. 당나라 시기의 박해에도 불구하고, 그것은 결코 완전히 절멸되지는 않을 것이었다. 어떤 경우든, 그것에 대한 공격은 이념적 이유보다는 재정적 이유 때문에 개시되었다. 종교상 박해를 실시했던 로마 제국과는 달리, 중국 국가는 개인의 종교적인 기이함을 교정하는 것보다 재산에 더 관심이 많았다. 가장 격렬히 불교를 박해했던 황제들(그중 하나는 도교 신봉자였던 것으로 알려져 있다) 치하에서 4,000개가 넘는 사원이 해체되었고, 25만 명 이상의 수도승과 여승들이 흩어지게 되었다. 이러한 불교가 입은 물질적인 피해에도 불구하고, 유교는 불교와 타협해야 했다. 20세기 마르크스주의(Marxism) 이전까지, 중국의 지도자들에게 그토록 강력하게 영향을 끼친 외래 신념체계는 없었다. 20세기 직전에 이르기까지 황제와 황후들은 가끔씩 불교도였다.

이보다 한참 전에, 도교는 신비주의적 신앙으로 (그 과정에서 불교로부터 일부를 빌려오면서) 발전해 있었고, 이는 개인적 영생을 추구하던 이들과 점차 복잡해지던 중국 생활로부터의 출구로서 유유자적의 움직임에 끌렸던 이들에게 호소했다. 그럼으로써 이는 지속적인 중요성을 가지게 되었다. 인간 사고의 주관성을 인정하는 덕에, 도교는 오늘날 더 적극적인 지적 태도를 가진 다른 문화권의 일부 사람들이 매력적으로 느끼는 겸손의 외양을 가진다. 그러한 종교 및 철학적 관념들은, 그 자체로도 중요하지만, 농민의 삶에 직접적인 영향을 주었다. 그 영향은 타락한 형태를 제외하고, 유교보다도 약간 더 큰 것이었다. 전쟁과 기근의 불안정성에 대한 희생자로서, 농민의 출구는 마술 또는 미신에 있었다. 얼마 되지 않는 것이나마 농민의 삶에서 분별해낼 수 있는 것은 그것이 자주 비관용적이었고, 때로 무시무시했다는 점을 말해준다. 의미심장한 징후는 한나라 시기의 농민반란의 출현이었는데, 이는 중국 역사의 주요 주제가 된 현상으로서, 왕조가 지나가는 과정에서 거의 주기적으로 발생했다. 관리들, 즉 외국에서의 전쟁을 위한 전비 조달 때문에 징세하려고 했던 제국정부를 대신하거나 또는 곡물 투기자로서 자기 자신의 이해관계를 위해서 일했던 이들에게 억압받으면서, 농민들은 중국 역사에서 또 하나의 지속적으로 반복되는 주제인 비밀결사에 의지하게 되었다. 그들의 반란은 대개 종교적인 형식을 취했다. 천년왕국주의, 마니교도적 계통이 중국 혁명을 관통하여 흘러왔는데, 이는 수많은 모습으로 표출되기는 했지만 항상 선과 악, 의로움과 사악함의 이분법적 세계관을 제시했다. 가끔 이는 해당 사회조직을 위협하기도 했지만, 농민들이 오랫동안 성공적이었던 경우는 드물었다.

또 하나의 지배적인 역사적 주제는 인구변동이다. 한나라 몰락 이후 분열의 시기 동안 인구의 무게중심이 남쪽으로 이동하는 중요한 변화가 있었고, 당왕조부터는 더 많은 중국인들이 옛 황허 강 유역의 평야보다는 양쯔 강 계곡에서 살게 될 것이었다. 남부 삼림지대가 황폐화되어 사라졌으나 쌀을 재배할 수 있는 새로운 땅들이 개발되면서 중국인들은 먹고 살 수 있게 되었고, 새로운 작물 역시 이용이 가능해졌다. 그것들은 함께 인구의 전반적인 성장을 가능하게 했고, 이는 몽골인 지배와 명나라 치하에서 더욱 가속화되었다. 14세기 아마도 8,000만 명이었던 인구가 다음 200년 동안에 2배 이상이 되었고, 따라서 1600년에는 중국 제국의 백성이 1억6,000만 명가량 되었을 것이라는 추산이 있다. 이는 다른 지역의 인구를 고려해보았을 때 거대한 숫자이지만, 앞으로 더 크게 증가할 것이었다.

이 사실의 중요성은 크다. 이로 인해서 세계인구 역사에서 중국이 가지게 되는 거대한 잠재적 중요성은 여기에서는 일단 제쳐두자. 더욱 중요하게도 이는 중국 문화와 제국 권세의 거대한 발현을 균형적으로 바라볼 수 있게 한다. 즉, 그 문화와 권세는 이것들과는 전혀 상관없던 절망적으로 가난한 거대한 수의 농민들에게 의지했던 것이다. 대부분 그들의 삶은 촌락에 갇혀 있었다. 단지 일부만이 이로부터 벗어나는 것을 바랄 수 있었고, 또한 상상할 수 있었을 것이다. 대부분은 그들이 가질 수 있는 위태롭지만 최고의 보증, 즉 소토지 소유권을 확보하기를 꿈꿀 수 있었다. 그러나 이는 인구가 증가하고 점차 모든 이용 가능한 땅들이 점유되면서 점점 더 어려운 일이 되었다. 점점 더 작아지는 땅뙈기에서 점점 더 집약적 농경이 이루어졌다. 기근의 올가미에서 벗어나는 두 가지 방법은 싸우거나 도망치는 것, 즉 반란을 일으키거나 이주하는 것이었다. 반란의 격렬함과 이주의 성공이 일정 수준에 이르렀을 때, 농민들은 지방귀족이나 관리들로부터, 즉 그들의 분별력이나 동정심으로부터 지지를 얻을 수도 있었다. 그런 일이 실제로 일어났을 때는 왕조의 종말이 다가오는 중이었을 것이다. 유교의 원칙들은 만약 참된 왕이 다스린다면 반란이나 이주는 그른 것이지만, 반란을 일어나게 만들고 이를 통제하지 못하는 정부는 바로 그 사실로 인해서 정당성을 잃은 것이기 때문에 교체되어야 한다고 가르쳤다.

혼란과 기근의 시기에 여성들은 많은 고통을 받았다. 작은 비가(悲歌)들이나 정담(情談)들을 제외하면, 심지어 문학작품들에서조차 그들의 이야기는 잘 들을 수 없다. 그러나 그들은 전체 인구의 절반 혹은 (곤궁한 시기에 가난한 집의 여아들이 더 많이 죽음에 노출되어 있었기 때문에) 그에 약간 못 미치는 수준이었을 것이다. 그 사실은 아주 최근까지 중국에서의 여성의 지위를 특징짓는 것 같다. 더 잘 알려져 있고 외면적으로 충격적인 관습이었던 전족(纏足)보다도 훨씬 더 그런 것 같다. 전족은 10세기부터 있었던 것으로, 기괴한 기형을 만들고 상류가문 태생의 여성을 거의 걷지도 못하게 만들 수도 있었다. 간혹 여황제에서부터 문중의 우두머리까지 강력한 여성 지도자들이 존재했다고 해도, 유럽에서와 마찬가지로 여성은 남성에게 종속되어 있었다. 이 측면에서 중요한 지역적 차이가 있다고 해도(중국 남부의 여성은 대체로 북부의 여성보다 사회에서 더 견고한 위치를 가지고 있었다), 그 유형은 울적한 마음이 들 정도로 시간과 공간을 초월하여 유사하다.

송대 말엽 일시적 및 지역적으로 경기가 후퇴하고 그 이후 성장이 재개된 이후, 거대한 소비의 증가를 가능하게 했던 이 집중적인 경제성장이 왜 다시 멈추게 되었는지 설명하기는 더 어렵다. 그럼에도 불구하고 그것은 멈추었고, 20세기가 되기 전에는 그 이전과 같은 규모로 회복되지 않았다. 그러나 송대 이후의 경제악화는 왜 중국이 유럽에서 목도되는 것과 같은 경제 및 기술 방면에서의 혁명을 계속 만들지 못했는가를 설명할 때에 고려해야 하는 유일한 요소는 아니다. 인쇄술에도 불구하고, 중국의 대중은 20세기 말까지도 문맹 상태로 남아 있었다. 중국의 거대한 도시들은, 그 발전과 상업적 활력에도 불구하고, 유럽에서 인간과 사상들을 보호해주던 자유와 면책권도, 결국에 가서 유럽 문명에 혁명을 일으켰던 문화 및 지적 생활도, 기존 질서에 대한 적절한 의문도 만들지 않았다.

이러한 분기(分岐)들을 전체 경제에 확대하여 적용하는 것에는 신중해야 한다. 예를 들면, 최근의 연구는 18세기 말까지도 중국의 농업생산성이 세계의 그 어느 주요 지역과 비교해도 손색이 없었다는 점을 발견했다. 마찬가지로, 중국 내 가장 생산성이 높은 지역(양쯔 강 하류지역) 농촌의 생활수준은 동시대 유럽의 가장 생산성이 높은 지역(잉글랜드와 저지대 국가들)의 생활수준과 거의 같았다. 경제성장과 인구증가가 이용 가능한 자원들에 압박을 가하기는 했지만, 중국의 생태환경은 유럽에 비해서 더 나쁠 것이 없었다(그리고 어떤 지역에서는 부분적으로, 효율적이고 값싼 운송 덕에 훨씬 더 나았다). 그리고 농민과 수공업자들이 이용할 수 있는 기술은 농업과 수공업 생산에서 (전 세계적으로 상대적인 의미에서) 높은 생산성과 높은 수준의 산출량을 함께 유지할 수 있는 지점에까지 발전했다. 비록 중국은 세계에서 가장 역동적인 경제로서의 위치를 21세기까지는 다시 차지하지 못했지만, 중국의 기술과 생산력은 명왕조기를 한참 지나서까지도 유럽보다 전반적으로 더 높은 수준에서 중국 인구에 물자를 공급할 수 있었다.

그러나 당나라에서부터 송나라에 이르는 시기가 중국 역사에서 특별한 역동성의 시대였다는 것은 분명하다. 아마도 이에 대한 설명은 여타 문명과는 다른 목표, 즉 연속성을 확보하고 근본적인 변화를 막는다는 목표 추구에서 중국 문명이 성공했다는 바로 그 사실에 있는 것 같다. 관료 집단이나 사회체제 모두 혁신가를 선호하지 않았다. 게다가 유교 전통의 자부심, 막대한 부, 동떨어진 지리적 위치로부터 나오는 자신감은 외부로부터 배우는 것을 어렵게 만들었다. 이는 중국인들이 비관용적이었기 때문은 아니었다. 유대인, 네스토리우스 기독교도, 조로아스터교 페르시아인, 아랍 무슬림들은 오랫동안 중국에서 각자의 종교활동을 자유롭게 해왔다. 무슬림들은 심지어 중국에서 일부 사람들을 개종시키기도 했으며, 그 결과 계속해서 존속할 무슬림 소수 집단을 만들기도 했다. (명나라 후기 때와 같이) 심지어 외국에 대한 공식적인 관심이 존재하지 않는다고 선포되었을 때에조차도, 중국은 사상, 기술, 그리고 사람들에게 열려 있는 제국이었다.

17세기 초, 명나라는 특히 전장에서 그들이 마련할 수 있는 새로운 방안들이라면 어떤 것이든지 필요로 했다. 그들은 만주에서 형성되어가는 한 집단에 의해서 북으로부터 위협을 받고 있었다. 만주라는 지역은 명나라가 나중에 붙인 이름이었고, 그 집단은 그들이 중국을 정복한 후에야 만주족으로 알려지게 되었다. 1640년대 농민반란과 중국 옥좌의 찬탈 시도는 그들에게 길을 열어주었다. 명제국의 한 장군이 만주족에게 그를 도와줄 것을 부탁했다. 이에 따라서 그들은 만리장성을 넘었고, 1644년에 그들 자신의 왕조인 청왕조를 옥좌에 올렸다(그리고 그에 수반하여 그 장군의 문중을 쓸어버렸다). 다른 외부인들처럼, 만주족은 그들이 위협했던 그 문명에 오랫동안 매료되어 있었고, 이미 명나라에 들어오기 전부터 문화적으로 중국화되어 있었다. 그들은 자신의 수도인 선양에서 이미 모방해왔던 중국의 행정체제를 알고 있었고, 그 제국을 유교적 청렴으로 되돌리는 것을 그들의 임무로 생각했다. 이제 청나라는 중국에서 첫 번째 근대를 열고, 이전에 어떤 왕조가 가졌던 것보다 더 큰 제국을 건설할 것이었다.

7

일본

특히 영국인들이 일본을 태평양의 영국이라고 생각하려고 했던 때가 있었다. 많은 수준에서 비교가 진행되었다. 어떤 것들은 다른 것들보다는 덜 그럴듯했지만, 지리적 사실들에서는 부정할 수 없이 견고한 진실의 덩어리가 있었다. 두 나라 모두 바다에 의해서 사람들의 운명이 뿌리 깊게 형성되었던 섬나라 왕국이었다. 둘 다 거대한 육지에 가깝게 이웃하고 있었는데, 그 육지가 그들에게 끼친 영향은 심대하지 않을 수 없었다. 한국과 일본을 갈라놓는 쓰시마 해협은 도버 해협보다 사실 약 5배가 넓어서, 유럽으로부터 잉글랜드가 바랄 수 있었던 것보다 훨씬 더 완전하게 일본은 아시아 대륙으로부터 고립을 유지할 수 있었다. 그럼에도 불구하고, 이 두 나라의 비교는 유용할 수 있고, 그 유효함은 일본의 지도자들이 한국에서의 강력한 세력 성립에 대해서 오랫동안 걱정했다는 사실에서 확인된다. 그것은 저지대 국가들이 비우호적인 세력의 손에 들어갈지도 모른다는 위험성에 대해서 영국인들이 가졌던 걱정에 견줄 만하다.

엄밀한 의미의 일본인들은 아마도 한국으로부터 기원전 약 300년경에 도착했을 것으로 보이며, 오랜 시간 열도와 아시아 본토 사이에는 중대한 문화적 교류가 존재했다. 일본이 그 자신의 역사 기록에 등장할 때, 즉 기원후 8세기에 이 나라는 수많은 가문들로 분열되어 있었고, 불분명한 패권과 태양 여신으로까지 거슬러 올라가는 가계를 가진 천황이 주재하고 있었다. 일본인들은 현대 일본의 전 영토를 점유했던 것은 아니었고, 주로 남부와 중부 섬들에서 살았다. 이곳은 기후가 가장 온화했고 농경에 최적의 장소였다. 이 산악국가에서 사는 불균형하게 많은 인구는 선사시대에 도입된 벼농사법과 인근 해역에서의 어업 가능성 덕에 먹고 살 수 있었지만, 토지에 대한 압박은 일본 역사에서 계속 등장하는 주제가 될 것이었다.

645년, 당시 지배가문 내의 정치적 위기는 그 가문을 몰락하게 했고, 새로운 지배가문인 후지와라(藤原) 가문이 등장했다. 이 가문은 일본 문명의 위대한 시기를 이끌 것이었고, 천황들을 지배할 것이었다. 이 변화에는 정치적인 중대성 그 이상의 의미가 있었다. 그것은 또한 일본인들의 삶을 쇄신과 개혁의 길을 따라서 재조정하려는 의식적인 노력을 의미했다. 그 방향은 일본인들이 아는 범위에서 그리고 아마도 당대 세계에서 문명과 권력의 최상의 예였던 (또한 팽창하는 위협적 세력의 예였던) 제국 중국이 제공하는 본보기에서만 구해질 수 있었다.

중국과의 지속적이고도 빈번히 변했던 관계는 일본 역사의 또 하나의 주제이다. 중국인, 일본인, 한국인은 유전적으로 가깝게 연결되어 있다. 비록 일본 북부에 정착한 민족인 아이누인들은 동시베리아 출신으로, 혈연적으로 미국으로 건너간 집단들과 연결된 이들이었지만 말이다. 선사시대에 일본은 자주 한국을 통해서 전달된, 아시아 본토에서의 문명을 뒤따랐던 것으로 보인다. 예를 들면, 청동 공예품들은 1세기 무렵이 되어서야 비로소 일본 열도에 모습을 드러낸다. 그러나 중국 기록(3세기)에 일본에 관한 첫 언급은 여전히 일본을 본토의 사건들에 별반 영향을 받지 않는 나라로 묘사하고 있고, 직접적인 중국의 영향은 한나라 멸망 이후의 세기들 전까지는 두드러지게 보이지 않는다. 그때서야 일본인들과 한국 왕국들과의 접촉이 늘어났고, 이로써 열도는 중국의 문화권에 완전히 포함된 것 같다. 이런 끈들은 뒤에 불교학자들이 이동하면서 강화되었다. 유교, 불교, 철기기술 모두가 중국으로부터 일본에 전해졌다. 중국의 노선을 따라서 행정체계를 변화시키려는 시도도 있었다. 무엇보다도 한자 쓰기가 일본으로 전해졌고, 한문은 일본 고유 언어의 기록 형태로 이용되었다. 그러나 이런 문화적 흡인과 의존이 정치적 종속을 의미하지는 않았다.

일본의 중앙행정 체계는 중앙집권 시대 초기에 이미 그 규모와 범위 면에서 잘 발달되어 있었고, 개혁을 위한 주요한 노력들이 7세기와 8세기에 이루어졌다. 그러나 결국 일본은 중앙집권화된 왕정의 방향이 아니라 서구의 경험을 비유한 용어인 봉건적 무정부 상태라고 할 수 있는 것으로 진화했다. 근 900년 동안의 일본 역사에서 정치적 가닥을 잡아내는 것은 어려운 일이다. 사회적 연속성은 훨씬 더 분명하다. 역사시대 초기부터 심지어 오늘날에 이르기까지, 일본 사회의 연속성과 단단함의 핵심은 가족과 전통 종교였다. 가문은 확장된 가족이었고, 국가는 가장 크게 확장된 가족이었다. 가부장적인 방식으로, 천황은 마치 가문의 지도자가 그의 가문을 지배하는 것과 같이, 또는 심지어 소농이 그의 가족을 지배하는 것과 같이 국가를 지배했다. 가족과 가문 생활의 초점은 신도(神道)라고 알려진 전통 종교의식에 참여하는 것이었다. 그것의 의식상의 본질은 특정 지역 또는 개별 신들을 적정 시기에 사원과 사당에서 숭배하는 것이었다. 이 종교 전통은 특정한 가치들과 우주론적 관점을 가지고 있지만, 어떤 고정된 교리나 성전들, 심지어 정해진 시조(始祖)조차 가지고 있지 않았다. 6세기에 불교가 일본에 들어왔을 때, 그것은 이 전통적인 방식과 쉽게 결합했다.

과거 일본의 제도적인 일관성은 사회적 통일성보다 덜 두드러진다. 천황이 그것의 초점이었다. 그렇지만 8세기가 시작될 무렵부터, 천황의 권력은 점점 퇴조했고, 가끔씩 등장했던 정력적인 개별 천황들의 노력에도 불구하고 9세기까지 이 상태가 계속되었다. 이런 퇴조는 부분적으로 7세기에 개혁가들이 될 사람들의 활동에 의해서 야기되었는데, 그들 중 하나가 대(大)후지와라 가문의 시조였던 것이다. 이후 100년 남짓 동안, 그의 가문은 결혼을 통해서 황실과 긴밀한 관계를 맺었다. 아이들은 자주 그 어머니의 가정에서 양육되었기 때문에, 후지와라 가문은 어린아이인 이 미래의 천황들에게 결정적인 영향력을 행사할 수 있었다. 9세기, 후지와라 가문의 수장은 당시 이미 성인이던 천황의 섭정이 되었고, 헤이안(平安) 시대(794-1185 : 이 명칭은 오늘날 교토인 그 수도의 이름에서 따온 것이다)라고 불리는 시기 대부분 동안에 그 가문은 결혼동맹과 궁정의 관직을 통해서 중앙정부를 효과적으로 통제했으며, 가문의 지도자들은 천황의 이름으로 활동했다. 후지와라 가문의 권력은 황실 권위의 쇠퇴를 은폐하는 역할을 했지만, 사실상 황실은 그저 후지와라 가문의 그림자 속에 존재하는 몇몇 가문들(그들은 자기 가문의 토지를 거의 독립적으로 관리했다) 중에 하나가 되어가고 있었다.

천황권이 제자리를 잡지 못했던 현상은 후지와라 가문의 권력이 소멸된 후에 더욱 분명해졌다. 가마쿠라(鎌倉) 시대(1185-1333)는 가마쿠라라는 지역에 토지를 가지고 있었던 가문에 권력이 넘어가면서 이렇게 불리게 되었고, 여전히 헤이안에 남아 있던 궁정을 거치지 않는 현상은 더욱더 확연해졌다. 쇼군(將軍)이라는 직위를 가진 일련의 군사독재자들 중 첫 번째가 등장했던 것은 가마쿠라 시대의 초기였다. 그들은 천황의 이름으로 통치했지만, 사실 큰 독립성을 가지고 있었다. 천황은 그 자신의 토지에서 나오는 수입으로 살아갔고, 그가 쇼군의 의도를 묵인하는 한, 천황은 자신을 지원하는 군사력을 가진 셈이 되었다. 그러나 천황이 그렇게 하지 않을 때에는, 그는 지배권을 행사하지 못할 것이었다.

이런 천황 권력의 퇴조는 7세기 개혁가들의 모델이었던 중국에서 벌어진 일과 너무 달라서 이에 대한 설명을 하기가 쉽지 않다. 그 이유는 복합적이었다. 세기가 지나면서, 천황의 이름으로 중앙권력을 찬탈해서 행사하는 것으로부터 사실상 중앙권력이 아예 사라지는 방향으로 변화가 이루어졌다. 일본 사회의 전통적인 가문에 대한 충성심과, 그 어떤 중앙권력도 쉽게 출현하지 못하게 막는 일본의 지형에서 나오는 근본적인 편향이 분명히 있었다. 멀리 떨어진 골짜기들은 강대한 유력자가 등장할 수 있도록 거점을 마련해주었던 것이다. 그러나 다른 나라들은 이런 문제들을 성공적으로 해결했다. 예를 들면, 18세기 영국의 하노버 왕조 정부들은 스코틀랜드 산악지대를 징벌적인 원정들과 군용도로 건설을 통해서 복종시켰다.

더 구체적인 설명은 7세기 정치변화의 핵심이었던 토지개혁들이 실행 과정에서 궁정에 영향력을 가진 가문들에 의해서 어떻게 깎여나갔는지를 보면 찾을 수 있다. 이들 중 일부는 특권들과 면제권들을 끌어냈고, 일부 토지를 소유한 종교기관들도 마찬가지의 일을 했다. 여기서 나온 가장 흔한 남용의 예는 면세 장원을 궁정관료였던 귀족들에게 그들의 직무수행의 대가로 수여하는 것이었다. 후지와라 가문 스스로는 이런 관행을 제어하려는 의지가 없었다.

사회의 더 낮은 단계에서, 더 소규모 토지 소유자들은 그들 스스로와 그들의 토지를 권세가문에 기탁하려고 했는데, 이는 지대와 봉사제공 의무를 대가로 관리직을 보장받기 위함이었다. 그러한 발전의 이중적인 결과는 지방 유력자의 권력을 위한 탄탄한 기반이 창출되는 한편, 중앙행정 구조를 세금지원으로부터 고사시키는 것이었다. 세금은 (농작물들의 할당량이라는 형태로) 천황의 행정체계가 아니라 장원을 수여받은 사람에게로 돌아갔던 것이다.

존재했던 공직들은 중국과는 달리, 확고하게 귀족에게만 주어졌다. 경쟁에 의해서 선발되지 않았기 때문에, 그것은 세습귀족 가문들과 이해관계가 상충할 수도 있는 집단들을 위한 발판이 될 수 없었다. 지방에서는 최고 수준 바로 아래의 공직 자리는 지역유지들에게 돌아가는 경향이 있었고, 단지 최고위 직책들만이 엄밀한 의미의 관리들에게 주어졌다.

그 누구도 이런 현상이 일어나도록 계획한 것은 아니었다. 또한 그 누구도 무인통치로의 점차적인 이행을 계획하지 않았다. 이 무인통치의 기원은 변경지역 집안들 중 일부에게, 당시 여전히 정복되지 않았던 아이누인들에 대항한 방어 책임을 맡겨야 하는 필요성에 있었다. 서서히 무인가문의 명성으로 인해서 그 지도자들은 혼란의 시대에 안정을 갈구하던 사람들의 충성심을 끌어당기게 되었다. 그리고 사실 그러한 안정을 위한 필요는 존재했다. 지방의 반대파들은 10세기부터 눈에 보였다. 11세기에는 대토지에서의 장원관리인이라는 분명히 구별 가능한 집단이 등장했다. 그들은 그들 공식 주인들, 즉 무사가문들의 토지를 실제로 운영하고 활용하면서, 봉사와 충성이라는 기본적인 관계에서 그 가문들에 충성심을 느꼈다. 이런 상황 속에서, 미나모토 가문은 권좌에 올랐고, 초기 가마쿠라 시대의 중앙정부를 재창출했다.

한편으로 보았을 때, 이런 쟁투들은 일종의 사치였다. 일본인들은 어떠한 외국 침입자들도 가끔 이상으로는 위협이 될 수 없었던 섬나라에 살았기 때문에 내부 투쟁에 빠져들 수 있었던 것이다. 다른 것들 중에서도 이것은 국민군이 필요 없었다는 의미였는데, 만약 국민군이 존재했더라면 가문들을 제어할 수도 있었을 것이다. 비록 1945년에는 거의 그렇게 될 뻔했지만, 일본은 단 한번도 제대로 된 외세의 침입을 받지 않는데, 이 사실은 일본의 국민성을 형성시키는 데에 많은 역할을 했다. 국가영토의 확정은 북쪽 민족들이 지배하에 들어왔던 9세기에 대부분 완수되었고, 그 이후로 일본은 다른 나라와의 관계에서 수많은 변화를 겪었지만, 그 국가 통합성을 위협하는 그 어떠한 외부의 시도에도 거의 직면하지 않았다.

7세기 일본인들은 한국으로부터 축출되었고, 그때는 그들이 그곳에 실제로 자리잡고 있었던 수많은 세기의 마지막 시간이었다. 그것은 중국에 대한 문화적 종속기의 시작이었고, 중국이 일본의 접근을 막을 수 없었다는 사실과 맞물렸다. 일본 사절단은 교역, 선린, 문화적 접촉을 위해서 중국에 파견되었는데, 그 마지막 사절단 방문은 9세기 전반부에 이루어졌다. 그후 894년에 또 하나의 사절이 임명되었다. 그가 이 사절직을 거부한 것은 한 시대를 알리는 것이었는데, 그는 중국은 현재 내부 문제로 크게 불안하고 혼란해져 있으며, 어떤 경우든 일본인을 가르칠 만한 것을 가지고 있지 않다며 그의 논리를 제시했다. 그후 가마쿠라 시대까지 공식적인 관계는 다시 회복되지 않았다.

13세기에는 관계복원을 위한 탐문들이 있기도 했다. 이런 움직임들은 중국과의 부정기적이고 사적인 교역의 확대를 막지 못했는데, 그중 일부는 노략질과 해적질처럼 보이는 모습을 띠기도 했다. 이것은 아마도 1274년과 1281년에 걸친 두 번의 몽골 침입을 야기하는 데에 큰 역할을 했을 것이다. 두 번의 시도 모두, 특히 두 번째 원성에서 몽골은 가미카제(kamikaze) 노는 신붕(神風) 폭풍우에 의해서 극심한 피해를 입고 좌절되었다. 이는 영국인들이 에스파냐 무적함대를 부숴버린 폭풍우를 바라보았던 것과 같은 식으로 비추어졌다. 그리고 이는 일본인들이 자신들은 정복당하지 않으며 민족적으로 위대하다고 믿게 되었던, 그리고 그 믿음을 강화시켰던 결정적인 순간이었다. 공식적으로 몽골들의 침략 동기는 일본인들이 그들의 주장, 즉 몽골인들이 제국에 대한 중국인들의 자격을 계승함에 일본인들로부터 조공을 받아야 한다는 주장을 거부한 데에 있었다. 사실 이 갈등은 막 되살아났던 중국과의 관계를 다시 한번 끝내버렸다. 그 관계는 명왕조 치세가 시작되기 전까지 복원되지 않았다. 그때 즈음까지, 해적으로서 일본인들의 평판은 이미 확고해져 있었다. 그들은 마치 드레이크와 그의 수하들이 카리브 해에 걸쳐 활동했던 것처럼 아시아 바다들을 가로지르며, 멀고도 넓은 활동반경을 가지고 있었다. 그들은 남부의 많은 봉건영주들의 지원을 받았고, 쇼군들이 그들을 통제한다는 것은 거의 불가능했다. 실제로 자주 그러했듯이, 쇼군들이 중국과의 선린관계를 위해서 그들을 통제하고자 원했던 때에조차도 말이다.

1333년 가마쿠라 쇼군 체제의 몰락 직후 실제 권력을 천황에게 되돌리려는 짧고 효과적이지 못했던 시도가 있었으나, 그 시도는 가문들이 가진 군사력의 현실과 마주쳤을 때 끝나버렸다. 그에 뒤따른 시기에는 쇼군도, 천황도 모두 안정된 권력을 향유하지 못했다. 16세기 말엽까지, 내전은 거의 항상 계속되었다. 그러나 이런 동란들은 일본의 문화적 성취가 이루어지는 것을 늦추지 않았다. 그 성취는 수 세기를 거쳐 빛나고 감동적인 장관으로 남아 있으며, 심지어 산업화의 시대에도 여전히 일본인들의 삶과 태도를 형성시키고 있다. 이는 일본 본래의 모습과 성격을 희생시키지 않으면서 다른 문화로부터 차용하고 선택한 그 힘에 눈이 가는 성취이다.

당나라 예술의 명성이 일본 문화의 파생적인 성격을 아주 분명하게 만들었던 역사시대의 초기에조차, 일본인들은 외국 양식을 단지 수동적으로만 수용하지 않았다. 고급 일본 문화의 위대한 시기들 중 첫 번째 시기인 8세기에 이미 일본의 회화와 일본어로 쓰인 시에서 이 점은 명백하게 드러난다. 비록 그들은 수 세기 동안 여전히 중국어로 예술과 학문에 관한 저서를 저술하기는 했지만 말이다(그것은 유럽에서 라틴어가 오랫동안 가졌던 지위와 유사한 것이었다). 이 당시 그리고 후지와라 가문 권세의 정점의 시기 동안에는 더욱, 종교건축을 제외한 일본 예술은 기본적으로 궁정의 환경 및 상대적으로 제한된 범위에 속한 사람들의 작업과 향유에 의해서 형성된 궁정예술이었다. 그것은 재료, 주제, 그리고 수준이라는 측면에서 평범한 일본의 세계로부터 밀봉되어 닫혀 있었다.

일본인들의 절대다수는 일본 문화의 첫 번째 정점으로 현재 인식되고 있는 것의 결과물들을 눈으로 보지도 못했을 것이다. 농민은 삼과 무명을 짰다. 그들이 무라사키 시키부의 섬세한 소설 『겐지 이야기(源氏物語)』(이 작품은 프루스트의 작품만큼 흥미진진하며 거의 그만큼 길다)의 심리학적 복합성을 탐구하지 못했던 것과 같이, 농민 여성들은 양질의 비단(그 색조의 섬세한 바림이 상층 궁정 여인의 평상복에서 드러나는 미적 관념을 확립했다)을 만지지도 못했을 것이다. 그러한 예술은 황궁 내에 살면서 사회로부터 격리된 엘리트 집단의 예술에서 기대되는 특징들을 가지고 있었다. 그것은 아름답고, 정제되어 있고, 섬세하며, 때로는 불안정하고, 공허하며, 경박했다. 그러나 그것은 이미 일본의 전통이 될 강조점, 즉 소박함, 규율, 훌륭한 미적 감각, 자연애를 발견했다.

헤이안 궁정문화는 그 문화의 가식적이고 비도덕적인 영향력을 보았던 지방 가문의 지도자들로부터 비판을 받았고, 궁정귀족들의 독립성과 그들의 가문에 대한 귀족들의 충성심 모두를 약화시켰다. 가마쿠라 시대부터는 새로운 주제인 무사가 문학과 회화 모두에서 등장했다. 그러나 세기들이 흘러가면서, 전통예술에 대한 적대적인 태도는 존경심으로 바뀌었고, 동란의 세기 동안에는 전쟁 중이던 유력자들이 스스로 그 예술을 지원하면서 일본 문화의 핵심 고전들이 잘 보존될 수 있었다. 그것은 섬나라라는 위치와 몽골 침입을 격퇴시키면서 굳어진 문화적 오만까지 더해지면서 더욱더 보호되었다.

전쟁의 세기 동안 새로운 군사적인 요소 역시 이 문화에 더해졌는데, 부분적으로 이는 명백히 무력해진 궁정인들에 대한 비판에서 시작되었지만 그들의 전통과도 섞이게 되었다. 그것은 충성심과 자기희생적 봉사라는 봉건적 이상에 의해서, 규율과 엄격함이라는 무사의 이상에 의해서, 그리고 그것들로부터 나왔던 미의식에 의해서 자라났다. 그것의 특징적인 표현들 중 하나는 불교의 분파, 즉 선(禪) 또는 중국식으로 찬이었다. 점차 고위귀족의 양식과 사무라이 무사의 엄격한 덕목의 결합이 일어났고, 이는 오늘날까지 일본인들의 삶에 흐르고 있다. 불교는 또한 사원들과 거대한 붓다 상들을 통해서 일본의 풍경에 뚜렷한 흔적을 남겨놓았다. 전반적으로 보아, 그 무정부 상태는 일본 문화의 모든 시대를 통틀어서 가장 창조적인 시대였다. 그 혼란 속에서 가장 위대한 풍경화, 조원술(造園術), 꽃꽂이 기술의 정점, 가무극 노(能)가 등장했기 때문이었다.

특정 지역에서는 이 세기들의 무법성이 심각한 사회경제적 타격을 입혔다.

오랫동안 그래왔듯이, 일본인은 대부분 농민이었다. 그들은 억압적인 영주, 도적떼 또는 지나가던 경쟁봉토의 가신군대로부터 끔찍하게 시달릴 수 있었다. 그러나 그러한 피해는 전국적인 시각에서 보면 대수롭지 않았던 것 같다. 16세기, 성 건설 붐이 크게 일었던 것은 당시 상당한 자원이 이용 가능했다는 점을 증명해준다. 그리고 동전의 유통이 계속해서 늘었고, 일본 수출품들(특히 도공들의 정교한 칼들)이 중국과 동남 아시아 시장에서 선보이기 시작했다. 1600년까지 일본의 인구는 대략 1,800만 명 선이었다. 인구가 서서히 늘어났던 것(인구가 3배 이상으로 성장하는 데에 5세기가 걸렸다)과 그 인구 중 상당수가 도시민이었다는 것 모두는 농업의 꾸준한 개선에 기초한 것이었다. 이는 내전과 무법성이 초래했던 비용들을 안고 갈 수 있을 정도였던 것이다. 그것은 건강한 경제적 상태였다.

조만간 유럽인들은 그토록 아름다운 것들을 창출했던 신비스러운 열도에 대해서 더 많은 것들을 알게 될 것이었다. 그들 중 첫 유럽인은 포르투갈인들이었는데, 그들은 아마도 1543년에 중국 배에서 내려 열도의 해안에 발을 내딛었다. 다른 이들은 몇 년 후에, 그들 자신의 배를 타고 뒤를 따랐다. 일본은 외국인들과의 교류를 조정할 만한 중앙정부를 사실상 결여하고 있었고, 남부 유력자들의 많은 수는 그들 스스로 대외무역을 위한 경쟁에 큰 관심을 가지고 있었다. 당시 작은 촌락에 불과했던 나가사키는 1570년에 그 유력자들 중 하나에 의해서 외국인들에게 개방되었다. 이 귀족은 열성적인 기독교도였고, 이미 그곳에 교회를 세운 상태였다. 1549년 첫 기독교 선교사 성 프란시스 사비에르가 도착했다. 약 40년 후, 포르투갈 선교사들의 활동은 금지되었다. 상황이 그처럼 크게 바뀌었던 것이다. 그럼에도 그 금지령은 단번에 시행되지는 않았다.

포르투갈인들이 일본에 가지고 온 여러 것들 중에는 원래 아메리카 대륙산이었던 새로운 작물들, 즉 고구마, 옥수수, 사탕수수도 있었다. 그들은 또한 구식 보병총도 전해주었다. 일본인들은 곧 이 총을 만드는 법을 배웠다. 이 새로운 무기는 중세 유럽의 귀족들 간의 전쟁들을 끝냈듯이, '봉건' 일본의 그것들을 끝내고, 천한 태생의 영민한 군사독재자 도요토미 히데요시(1536-

1598)의 압도적인 권력을 출현하게 하는 데에 중요한 역할을 했다. 그의 후계자는 도쿠가와 집안의 일원으로, 그의 심복 중의 하나였다. 1603년 이 히데요시의 후계자는 쇼군이라는 과거의 직위를 복원하고 스스로 쇼군이 되었으며, 1868년의 혁명적 변화기까지 지속되었던, 일본 역사에서 '위대한 평화'라고 불리는 시대를 열었다. 이 시대는 그 자체로 대단히 창조적인 시대였으며, 그동안 일본은 심대하게 변모했다.

도쿠가와 쇼군 체제 시대 동안, 250년간 천황은 일본 정치의 측면으로 더욱 밀려났고 그곳에 단단히 박혀 있게 되었다. 궁정은 군막(軍幕)에 자리를 내주었다. 쇼군 체제는 군사적 지배자 지위에 의존했다. 쇼군들은 두드러지게 중요한 봉건영주들에서, 우선은 세습 공들로, 그런 후에는 계층화된 사회구조의 우두머리들로 변신했는데, 이 구조에서 그들은 천황의 이름으로 또한 천황을 대신해서 부왕의 권력을 행사했다. 이 체제는 막부(幕府)라고 불렸는데, 이는 군막정부를 의미했다. 첫 번째 도쿠가와 쇼군이었던 도쿠가와 이에야스(1542–1616)가 제공했던 보상은 질서와 천황에 대한 재정지원 확약이었다.

일본 정치구조의 핵심은 도쿠가와 집안 자체의 힘이었다. 이에야스는 보잘 것없는 출신이었으나, 17세기에 이르자 이 가문은 일본 쌀 생산지의 약 4분의 1을 장악했던 것으로 보인다. 봉건영주들은 사실상 도쿠가와 가문의 가신(家臣)이 되었고, 이 가문과 다양한 끈으로 얽히게 되었다. '집권봉선세'라는 용어는 이 체제를 지칭하기 위해서 만들어진 것이다. 모든 영주들, 즉 다이묘(大名)가 쇼군과 동일한 방식으로 연결되었던 것은 아니었다. 일부는 도쿠가와 집안에 직접적으로 의존하면서, 그 집안과 대대로 밀착관계를 가지는 가신이 되었다. 다른 이들은 결혼, 후견 또는 사업을 통해서 관계를 맺었다. 또다른 덜 신뢰가 갔던 이들은 이제 막 복종한 집안들을 포함하는 외곽 범주를 형성했다. 그러나 이 모두는 주의 깊게 감시당했다. 영주들은 쇼군의 궁정과 그들 자신의 장원에서 교대로 살았다. 그들이 자신들의 장원에 있을 때에는 그 가족들이 쇼군의 수도인 에도, 즉 현대의 도쿄에서 잠재적인 볼모로 살았다.

영주들 아래에는 세습계급들로 엄격하고 법률적으로 분리된 사회가 있었고, 이 사회구조를 유지하는 것은 막부체제의 가장 중요한 목표였다. 귀족

사무라이는 영주들과 그들의 가신들이었는데, 이들은 무사 지배자들로서 중국의 지방귀족 관료들이 그랬던 것처럼 사회를 주도하고 이에 풍조를 만들었다. 그들은 그들이 차고 다녔던 두 개의 칼로 상징되는 스파르타적인 군사적 이상을 따랐고, 무례를 범하는 평민들에게 이를 사용할 수 있었다. 그들의 도덕체계인 무사도(武士道)는 무엇보다도 주군에 대한 충성을 강조하고 있다. 가신들과 토지가 결합되어 있던 원래의 상황은 17세기가 되자 사실상 사라졌고, 그들은 그들 주군의 조카마치[城下町]에서 살았다. 다른 계급들에는 농민, 수공업자, 상인이 있었는데, 상인들은 그 일의 비생산적인 성격 때문에 사회계서에서 가장 낮은 지위에 속했다. 유럽에서 나왔던 상인의 자기주장적인 기풍은, 일본에서는 그 교역의 활발함에도 불구하고 생각할 수 없는 것이었다. 전체 체제의 목표가 안정이다 보니, 자기 위치에서 수행해야 하는 의무들에 주목하고 자신의 활동범위를 그 의무들로 한정 짓는 태도가 확고히 지켜졌다. 히데요시 자신은 대대적인 칼사냥[刀狩]을 지시했는데, 그 목적은 칼을 소지할 수 없는 사람들, 즉 하층계급에게서 칼을 몰수하기 위한 것이었다. 이것의 형평성이 어떻든 간에, 그것은 질서를 위한 것이라고 이야기되었음에 틀림없다. 일본은 안정을 원했고, 따라서 그 사회는 이 안정을 확보할 수 있는 것들, 즉 자신의 위치를 아는 것, 규율, 규칙, 면밀한 장인정신, 금욕주의적 인내를 강조하게 되었다. 최상의 상태에서의 그 안정은 여전히 인류의 가장 인상적인 사회적 성취 중의 하나이다.

이 체제의 한 가지 약점은 변화를 일으킬 직접적인 외적 자극에 대해서 고립 상태를 가정한다는 점이다. 이 체제는 오랫동안 내적 무정부 상태로 빠질 위험성 때문에 위협받았다. 17세기경 일본에는 수많은 불만에 쌓인 다이묘와 안주하지 못하는 검객들이 존재했던 것이다. 그러나 그때까지도 역시 가장 분명한 외적 위험은 유럽인들로부터 온 것이었다. 그들은 이미 일본에 심대한 영향을 미치는 수입품들을 가져온 상태였다. 그것들 중 가장 확연했던 것은 소총(그것의 강력한 파괴적인 영향은 그것이 전쟁에서 표적들에 이루었던 성과를 넘어서는 것이었다)과 기독교였다. 기독교 신앙은 처음에는 용인되었고, 심지어는 외부 교역자들을 끌어들이는 것으로서 환영받았다. 17세기 초, 전 일본 인구에서 기독교도의 비율은 그후로 펼쳐질 그 어떤 시기보다도 높았다. 곧바로 50만 명 이상의 기독교도가 생겨났다고 추산된다.

그럼에도 불구하고, 이런 상황은 오래가지 않았다. 기독교는 항상 거대한 체제 전복적인 잠재력을 가지고 있었다. 이것이 일본의 지배자들에게 간파되자마자 잔혹한 박해가 시작되었다. 그것은 수천 명의 일본인 순교자들의 목숨을 앗아갔을 뿐 아니라(대개 잔혹한 죽음을 맞이했다), 유럽과의 교역도 거의 끝장을 냈다. 영국인들은 떠났고, 에스파냐인들은 1620년대에 입국이 거부되었다. 포르투갈인들은 유사한 추방을 겪고 난 후 1640년에 불만을 표시하기 위해서 사절을 파견했다. 그러나 그 일원들 거의 대부분이 죽임을 당했다. 이미 일본인들은 해외로 나가는 것 또는 (그들이 벌써 외국에 나가 있다면) 돌아오는 것이 금지되었고, 대형선박의 건조 또한 금해졌다. 전도활동을 하지 않겠다고 약속하고 십자가를 발로 밟는 상징적인 행동 등을 기꺼이 했던 네덜란드인들만이 이후 일본과 유럽과의 작은 접촉을 유지했을 뿐이었다. 그들은 나가사키 항구의 작은 섬에 교역소를 허가받았다.

이 이후로, 내부 불만을 이용하는 외국인들의 진정한 위협은 존재하지 않았다. 그러나 다른 어려움들이 있었다. '위대한 평화'의 안정된 조건 속에서 군사기술이 쇠퇴했다. 사무라이 가신들은 그들 주군의 조카마치에서 빈둥거렸고, 그들의 여가시간은 낡은 갑옷을 입고 영주의 에도로의 행진에 동행하는 의식행렬을 제외하고는 거의 방해받지 않았다. 19세기 유럽인들이 최신식 무기를 들고 돌아왔을 때, 일본의 군사력은 기술적으로 그들에게 대적할 수 없는 것이었다.

이런 상황은 아마도 거의 예측될 수 없었을 것이다. 내부 교역이 번성했던 이 전반적인 평화시대의 또 하나의 결과도 마찬가지였다. 일본 경제는 점점 더 화폐에 의존하게 되었다. 구래의 관계들은 이로 인해서 약화되었고 새로운 사회적 긴장들이 생겨났다. 현금 지불로 인해서 영주들은 그들이 세금으로 거두어들인 쌀(이는 그들이 수도를 방문하는 데에 필요한 비용을 지불하기 위한 수단이었다)의 대부분을 팔 수밖에 없었다. 동시에 시장은 전국적인 것이 되었다. 상인들은 성공했다. 그들 중 일부는 곧 그들의 지배자들에게 돈을 빌려줄 수 있었다. 점차 무사들은 물주들에게 의존하게 되었다. 현금 부족에 시달리는 것에 더해서, 이 지배자들은 경제변화와 그 사회적 영향들에 대처하지 못해서 간혹 수치심을 느꼈다. 돈으로 봉급을 받게 된다면, 가신들은 아마도 더욱 쉽게 그들의 충성심을 다른 영주들에게 이전할 수 있을 것이었다. 도시들 또한 성장하고 있었고, 1700년까지 오사카와 교토에는 모두 30만 명이 넘는 사람들이 살았으며, 에도는 아마도 80만 명이 있었을 것이다. 다른 변화들도 그러한 성장을 따라가게 되었다. 도시 곡물시장에서의 가격변동은 부유한 거래상들에 대한 반감을 더욱 증폭시켰다.

여기에서 도쿠가와 일본의 큰 역설과 마주치게 된다. 그 지배자들은 전통적 방식에 대한 새로운 도전들을 봉쇄할 능력을 점차 잃고 있다는 점을 서서히 드러내고 있었던 반면, 그 도전들은 오늘날 역사 연구의 시각에서 바라보기에 그 시대의 지배적 주제였던 경제성장이라는 기본 사실로부터 야기된 것이었다. 도쿠가와 시대에 일본은 빠르게 발전하고 있었다. 1600년부터 1850년까지 농업생산은 거의 2배가 된 반면, 인구는 절반이 약간 못 미치게 늘어났다. 당시 정권은 그 새로운 부를 스스로만을 위해서 취할 능력이 없는 정권이었기 때문에, 그것은 기회를 포착한 사람들의 투자를 위한 저축으로 사회에 남아 있거나, 많은 일본인들의 생활수준 향상에 쓰였다.

이러한 자생적 경제성장 유형(다른 지역에서는 오직 유럽에서만 있었다)으로의 성공적인 큰 걸음 같았던 것에 대한 설명을 놓고 논쟁이 계속되고 있다. 그 원인 중의 일부는 자명하며, 이미 언급되었다. 본토 아시아의 부(富) 생산자들을 되풀이해서 괴롭혔던 스텝 지역 유목민들과 같은 침략자들을 막아주었던 일본 주변 바다의 외부적 이점이 그것이다. 쇼군 체제 자체의 '위대한 평화' 시기는 봉건전쟁을 끝냈으며, 이것은 또 하나의 보너스였다. 그리고 농업이 절대적인 기준에서 향상되었는데, 이는 더 집약적인 농경, 관개에 대한 투자, 포르투갈인들에 의해서 아메리카 대륙으로부터 전해진 새로운 작물들의 활용에 기인한 것이었다.

그러나 이 시점에서 우리의 탐구는 이미 상보적인 효과들을 이야기하고 있는 셈이다. 즉, 농업의 향상은 그것이 직접 생산자들에게 이득이 되었기 때문에 가능했던 것이고, 농업은 사회와 정치적 조건이 그러한 종류였기 때문에 수익을 가져다주었던 것이다. 귀족과 그들 가족들의 강제된 에도 거주는 쌀을 시장에 내놓게 만들었을 뿐만 아니라(귀족들이 현금을 확보해야 했기 때문이다), 수도에 노동(시장은 일자리를 공급하기 때문이다)과 상품을 흡수하는 거대한 도시시장을 창출시켰다. 그리고 그 상품들을 생산하는 것은 점점 더 수익이 나게 되었다. 지역 특화(예를 들면, 직물업에서의)는 식량생산 능력의 편차들로 인해서 덕을 보았다. 일본 산업과 수공업 생산의 대부분은 초기 산업시대의 유럽과 같이 농촌에서 찾을 수 있었다. 정부 역시 도움을 주었다. 쇼군 체제 초기 동안, 조직적인 관개공사와 도량형 및 화폐 단위의 통일이 있었던 것이다.

그러나 사회를 규제하려는 그 열망들에도 불구하고, 막부는 힘이 없었기 때문에 아마도 결국에는 경제성장 쪽을 암암리에 장려하게 되었다. 절대주의식 군주정 대신에, 막부는 대영주들의 권력균형 체제와 닮게 되었고, 이를 혼란시키는 외래의 침입자가 없는 한에서만 유지될 수 있었다. 그 결과 막부는 경제성장으로 가는 길을 막을 수 없었고, 자원을 유용하게 사용할 수 있는 직접 생산자들로부터 그 자원을 다른 곳으로 전용시킬 수 없었다. 실제로 경제적으로 준기생적이었던 사무라이는 국민소득에서 직접 생산자들의 몫이 상승하던 시절에 사실상 자신의 몫의 감소를 경험하게 되었다. 1800년까지 일본인들의 1인당 수입과 기대수명은 동시대의 영국인들과 같은 수준만큼 되었다고 알려져왔다.

이 많은 것들이 도쿠가와 시대의 더 피상적이지만 놀라울 정도로 명백한 특징들 때문에 가려졌다. 이들 중 일부는 물론 중요하지만, 그것들은 다른 수준에 있는 것들이었다. 도시의 새로운 번성은 활자본 책과 이후 유럽 예술가들을 감탄시켰던 채색 목판화의 고객들을 창출했다. 또한 새로운 가부키 극장의 관객들도 등장시켰다. 그러나 도쿠가와 체제가 자주 빛나는 것이었다고 할지라도, 그리고 (그것을 위한 것은 아니었지만) 가장 깊은 경제 수준에서는 성공적이었다고 할지라도, 그것이 살아남았을지는 분명하지 않다. 심지어 19세기 유럽인들이 초래한 새로운 위협이 없었다고 가정해보더라도 말이다.

도쿠가와 시대 말엽으로 가면서, 불안함의 징조들은 보였다. 일본 지식인들은 그들의 고립이 유럽으로부터는 그들을 지켜주었지만, 아시아로부터는 멀어지게 했다고 느끼기 시작했다. 그들은 옳았다. 일본은 이미 특별한 역사적 운명으로 나아가고 있었고, 그것은 만주나 무굴 제국의 신민들과는 아주 다른 방식으로 유럽인들을 맞이한다는 것을 의미할 것이었다.

8

동떨어져 있던 세계들

아프리카와 아메리카 대륙의 역사는 다른 곳에서 작동하던 것들과는 아주 다른 리듬으로 나아갔다. 물론 이는 대양들 때문에 다른 대륙들과의 잠깐 동안의 접촉을 제외하고는 모두로부터 떨어져 있었던 아메리카 대륙만큼, 아프리카에게는 완전히 맞는 말은 아니다. 반대로 아프리카인들은 상당수가 점차 이슬람화되었던 대륙에서 살았고, 오랫동안 첫 번째로는 아랍인들, 다음으로는 유럽 상인들과 최소한 지엽적인 접촉은 가졌다. 이 접촉들은, 비록 아프리카를 19세기 말까지는 세계사의 주류로 완전히 받아들이지는 않았지만, 시간이 지나면서 점차 중요해졌다. 이러한 고립 탓에 아프리카와 아메리카 대륙 역사의 많은 부분은 잘 알려져 있지 않다. 그리고 앞으로 여기에서 하게 될 이야기의 상당 부분을 거의 완전히 고고학적 증거에만 의존해야 한다는 점만 보아도 그렇다.

유럽의 교역과 탐험이 도래하기 전의 아프리카의 역사는 대체로 현재 거의 구분하기 어려운 내부 역학의 문제이지만, 사람들의 이동이 그것에 커다란 역할을 했으리라고 짐작할 수 있다. 이주에 대한 수많은 전설이 남아 있는데, 그것은 항상 북쪽에서 남쪽 및 서쪽으로의 이동에 대해서 말하고 있다. 각각의 사례마다, 학자들은 이 전설을 맥락에 입각해서 평가하고, 이집트 기록에 언급되어 있는 것, 여행자들의 이야기, 고고학적 발견, DNA 조사의 도움을 받는다. 그러나 그 일반적인 추세는 놀랄 만하다. 전설은 전반적인 흐름, 즉 아프리카 문화가 북쪽에서 먼저 풍부해지고 정교해졌고, 남쪽에서는 한참 후에나 등장하게 되었다는 점을 기록해주고 있는 듯하다.

이런 흐름 중에서 중요한 것 하나는 반투족이 오늘날 카메룬과 나이지리아 국경 근처인 기니 만 최남단 그들의 기원지로부터 이주해나왔다는 점이다. 대략 2,000년에서 3,000년 전 사이에, 그들은 모든 방향으로 이주해나오기 시작했는데, 아마도 그것은 그들 지역 내부의 심한 기후변화 때문이었을 것이다. 그들의 큰 강점은 이미 철을 제련할 수 있었다는 점이었는데, 이를 통해서 그들은 다른 집단들보다 모든 면에서 이득을 가지게 되었다. 1000년경까지, 그들은 아프리카 대륙의 남부에 도달했고, 현재 우리가 구분할 수 있는 한, 반투말을 쓰는 사람들이 그들이 정착했던 모든 곳에서 지배적인 집단이 되었다. 오늘날 모든 아프리카인들의 약 3분의 1이 그들이 남겨놓고 간 500개의 관련 어족 언어들 가운데 하나를 말한다.

또 하나의 시작점은 이집트와의 관계가 기록되어 있는 쿠시 왕국이다. 기원전 5세기까지, 쿠시인들은 이집트에서의 통제권을 잃었고, 다시 한번 남쪽에 있는 그들의 수도인 메로에로 물러나게 되었으나, 그후 수 세기 동안 문화적 번영을 맞이했다. 그들은 아마도 이집트로부터 상형문자와 발달된 문화, 즉 앞으로 동부와 중부 아프리카로 전파될 아프리카-지중해 혼합 문화를 가지고 왔다. 그들의 정체(政體)는 매우 복잡했다. 중요한 때에, 평화시와 전시 모두에 궁정의 지도적 역할은 모후(母后), 즉 간다게(candace)가 수행했다. 그들 중 하나인 아마니레나스는 이집트에서 로마 군대를 두 차례에 걸쳐 격퇴하고 아우구스투스 조각상의 머리를 가지고 돌아왔는데, 이것은 메로에에 있는 사원의 문턱에 묻혔기 때문에 쿠시인들은 매일 로마 황제의 머리를 밟고 지나갈 수 있었다. 쿠시는 중부 아프리카와 북부 아프리카 모두를 상대하는 교역왕국이었다. 주요 수출품은 금과 노예였으며, 그 왕국은 4세기까지 그 어떤 기준에 비추어보더라도 부유한 곳이었다.

아마도 철제 제작의 보급이 초래한 가장 큰 차이는 농업에 있었던 것 같다. 그것은 숲으로 새롭게 확장하고 토양을 더 잘 일굴 수 있게 만들었으며(아마도 초기 기독교 시대 아시아로부터 새로운 작물이 도입된 것과 관련이 있었을 것이다), 따라서 새로운 인구이동과 인구증가로 이어졌다. 수렵채집 지역들은 목부(牧夫)들과 농부들의 진출로 파괴되었는데, 그들은 500년에 이르면 이미 오늘날의 짐바브웨와 트란스발 지역인 동아프리카 및 남동 아프리카의 상당

부분에서 포착된다. 그러나 그런 아프리카인들이 쟁기는 가지지 못했다. 그 이유는 아마도 이집트 남부의 아프리카 대륙 대부분에서 아프리카의 질병들에 충분한 저항력을 갖춘 (그래서 쟁기를 끌 만한) 동물이 없었다는 데에 있을 것이다. 쟁기가 있던 한 지역은 에티오피아였는데, 그곳에서는 초기부터 말이 사용되었다는 사실이 보여주듯이 동물들을 성공적으로 기를 수 있었다. 말들은 또한 남부 사하라에서 타는 용도로 사육하기도 했다.

이는 다시 한번 아프리카의 환경이 가지는 중요한 제한적 요소를 드러내준다. 아프리카 대륙 역사의 대부분은 외부로부터의 영향들, 즉 중동, 남부 아시아, 인도네시아, 아메리카 대륙으로부터의 철제 제작과 새로운 작물들, 그리고 19세기부터는 유럽의 증기기관과 의학에 대한 반응의 이야기이다. 이것들은 아프리카 자연의 한계를 점진적으로 해결하도록 만들었다. 이것들이 없었다면, 사하라 남부의 아프리카는 지리, 기후, 질병(질병이 대개 결정적이었다)이 야기하는 거대한 압박 아래에서 거의 움직일 수 없었을 것이다. 남부 아프리카는 집약농업을 이루지 못하고, (일부 예외를 제외한다면) 대부분 이동농업에 머물러 있었다. 이것은 어려운 조건들에 대한 적극적인 대응이었지만, 느린 인구증가 이상의 것을 지탱할 수는 없었다. 남부 아프리카는 또한 바퀴를 이용하지도 못했는데, 따라서 그곳은 수송, 제분기술, 도기 제조에서 뒤처졌다.

적도 북쪽에서는 이야기가 달라진다. 쿠시인들의 역사의 많은 부분이 정말 문자 그대로의 의미에서 뚜껑이 열리기를 기다리고 있다. 그 주요 도시 중 대부분이 아직 발굴되지 않았기 때문이다. 4세기에 쿠시는 에티오피아인들에 의해서 전복되었다고 알려져 있다. 그들은 당시에는 앞으로 그렇게 될 만큼의 독특한 민족은 아니었다. 그들의 왕들은 솔로몬의 후예라고 주장할 것이었고, 그들은 수 세기 동안 이집트 밖의 아프리카에서 유일한 기독교인들이 될 것이었다. 그들은 콥트 사람들에 의해서 4세기 후반에 기독교로 개종했다. 그때에도 그들은 여전히 고대 지중해 세계와 접촉을 가지고 있었다. 그러나 이슬람교도들의 이집트 침공으로 그들과 지중해 세계 사이에는 수 세기 동안 무너지지 않았던 장벽이 형성되었고, 그동안 에티오피아인들은 사실상 로마 또는 비잔티움 국가로부터 고립된 채로 이교도와 무슬림에 대항해서 생존을 위한 투쟁을 벌였다. 암하라 말을 하는 사람들로서, 그들은 비이슬람교 아프리카 민족 중에서 유일하게 읽고 쓸 줄 아는 민족이었다.

아프리카에서 기독교가 자리잡은 또다른 유일한 곳은 로마가 지배했던 북부였다. 이곳에서는 소수였다고 할지라도, 열렬한 종교 집단이 존재해왔다. 그들 사이의 불화가 만든 폭력과 도나투스파를 이단으로 몰아갔던 것은 아랍인들이 이슬람교를 가지고 정면으로 침입해 들어왔을 때 그것이 왜 그렇게 취약했는지를 설명해준다고 하겠다. 이집트에서만을 제외하고, 기독교는 아랍 국가들의 아프리카에서 소멸되었다. 이슬람교는 반대로 아프리카에서 큰 성공을 거두었으며 지금까지도 그렇게 남아 있다. 이슬람교는 아랍의 침입으로 탄생한 후, 11세기에 니제르 강과 서아프리카를 건너서 전파되었다. 따라서 아랍인들의 기록은 쿠시를 지나서 수단과 사하라 사막에 걸쳐 펼쳐져 있던 문맹 아프리카 사회에 대해서 우리가 가진 주요 정보를 제공한다. 그들은 보통 교역 공동체였고, 도시국가로 타당하게 파악될 수 있을 것이다. 그중 가장 유명했던 것은 팀북투였는데, 이 도시국가는 유럽인들이 마침내 그곳에 도달했을 시점에는 궁핍한 국가였으나, 15세기 송가이 제국 치하에서 이슬람 문명권의 대학이라고 할 만한 것이 있던 장소였을 만큼 중요했다. 세계의 여느 지역처럼 아프리카에서 정치와 경제는 여전히 긴밀하게 연관되어 있는데, 아프리카의 초기 왕국들이 장삿길을 열 만한 부가 있는 중요한 교역로들의 종착역에서 등장하고 번성했던 것은 놀랄 만한 일이 아니다. 상인들은 안정성을 선호했던 것이다.

아랍인들에 의해서 가장 먼저 기록되었던 또 하나의 아프리카 국가는 이후 근대 국가가 따갔던 이름을 가졌다. 바로 가나였다. 가나의 기원은 잘 알려져 있지 않지만, 기독교가 들어오기 이전 시대 후반에 철제 무기와 말이라는 이점을 가지고 있던 한 민족의 패권 주장에 그 기원이 있었던 것 같다. 아랍 연대기 작가들과 지리학자들이 기록한 가나는 그것이 기록에 등장하는 시기인 8세기에 이미 중요한 왕국이었다. 가장 거대한 규모였을 때, 가나는 약 500마일에 걸쳐 있는 영토, 즉 남쪽으로는 니제르 강과 세네갈 강 상류에 의해서 구획되고 북쪽으로는 사하라 사막으로 보호받는 영토를 포함했다. 아랍인들은 그것을 '황금의 땅'으로 표현했다. 황금은 세네갈 강 상류와 아샨티에서 나왔고, 아랍 상인들에 의해서 사하라 교역로를 거치거나 이집트를 통과하여 지중해로 전해져서 유럽 무역을 원활하게 만들었다. 이런 식으로, 아프리카는 한동안 외부세계에 적극적인 영향력을 행사했다. 사하라 사막을 거쳐 거래되던 가장 중요한 다른 물품들은 소금과 노예였다. 가나는 12세기와 13세기에 무너졌다.

가나가 퇴조한 후, 말리라는 걸출한 왕국이 등장했는데 그 통치자의 부는 1307년 그가 메카로 성지순례를 감행했을 때 화제를 불러일으킬 정도였다. 말리는 심지어 가나보다도 더 광대했는데, 14세기가 시작할 무렵에 말리는 세네갈 강 전체 유역을 다 포함하고 해안으로부터 내륙까지 약 1,000마일에 걸쳐져 있었다. 말리의 황금기는 가나 사람들이 이룩했던 것보다도 훨씬 더 효율적이던 금괴 무역을 활용하던 시기와 일치했다.

말리의 지배자는 1만 마리의 말들을 그의 마구간에 가지고 있었다고 전해진다. 이 제국은 14세기 말에 왕위계승 전쟁으로 인해서 분열되었고, 마침내 모로코 사람들에게 패배한 후 멸망했다. 어떤 아랍인들의 기록들은 아프리카 궁정들에 학자들이 함께했다고 말하고 있으나, 이 민족들에게 다가갈 수 있게 해줄 그들이 직접 남긴 기록은 전해지지 않는다. 말리의 지배자들은 이슬람 세계에 속해 있었지만, 분명 그들은 이교도로 남아 있었다. 가나의 소멸도 이슬람교로 개종하는 과정에서 발생한 반대에서 기인했을 것이다. 아랍인들의 기록은 이슬람교 신앙이 수단과 사하라 국가들의 통치자와 결합되었지만, 여전히 과거 이교신앙의 전통적인 관행도 수용해야 했다는 점을 분명히 하고 있다. 마치 유럽의 기독교가 유사한 유제를 받아들였듯이 말이다. 사회적 관습 역시 항상 이슬람교에 적응하지는 않았다. 일례로, 아랍인 작가들은 말리 소녀들이 공개적으로 나체로 다니는 것에 대해서 충격을 받았고 이에 대한 반감을 드러냈다.

말리를 대체했던 제국, 즉 송가이 제국은 식민시대 이전 아프리카 왕국들에 대해서 알려진 정보가 없다는 규칙에 예외가 되는 얼마 되지 않는 국가 중의 하나이다. 송가이는 대서양 연안에서부터 북부 나이지리아에 걸쳐 뻗어 있는 이슬람교 제국이었다. 당대의 많은 다른 아프리카 국가들처럼, 송가이는 교역 제국이었는데, 소금 거래와 사하라 사막 교역에 대한 독점권으로 인해서 부유해지고 영토와 위상을 확대할 수 있었다. 수많은 상인들과 예술인들은 서아프리카와 중앙 아프리카의 전 지역으로부터 그 제국의 수도인 가오와 상업 중심지인 팀북투로 왔으며, 예술적 영향력은 16세기 말 제국이 몰락한 후에도 오랫동안 계속되었다.

더 남쪽에 있던 다른 두 아프리카 왕국인 베냉과 이페 역시 예술의 중심지가 되었다. 오늘날 나이지리아 연안에 있던 베냉은 19세기까지 이어졌고, 철제 및 상아 조각상뿐만 아니라, 청동 명판과 실물 크기의 두상(頭像)을 생산했다. 서나이지리아의 요루바 왕국이었던 이페(이들의 예술은 베냉보다도 훨씬 더 오래된 것으로, 11세기에 전성기에 이르렀다)는 자연 모방적인 청동, 석고, 테라코타 조각의 달인들과, 이야기꾼들의 풍부한 구전문화를 가지고 있었다. 그것은 또한 이 지역 전체에 걸쳐서 여전히 영향을 주고 있는 음악을 만들었다.

일부 반투말을 쓰는 민족들, 즉 아랍인들이 스와힐리(Swahili, 아랍어로 '연안의'라는 의미)라고 불렸던 언어를 말하는 이들은 동아프리카 연안들에 도시를 건설했는데, 그 연안들은 대륙 내부의 왕국들과 연결되어 있었다. 이는 아랍인들이 이 도시들에 정착하고 이를 항구로 변모시키기 시작했던 8세기 이전에 이루어진 것이었다. 아랍인들은 이 지역을 잔즈(Zanz, 이로부터 후에 잔지바르[Zanzibar]라는 명칭이 나왔다)의 땅이라고 불렀고 그곳의 민족들은 황금보다 철을 더 중요하게 생각한다고 말했다. 이 정체들은 심지어 아랍인들이 도래하기 이전부터 아시아와의 일정 정도의 교역관계를 맺고 있었을 가능성이 있다. 누가 중간상인 역할을 했을지를 말하는 것은 불가능하지만, 그들은 마다가스카르를 식민화했던 이들과 같은 인도네시아 사람들이었을 것으로 보인다. 아프리카인들은 사치품과 바꿀 만한 황금과 철을 가지고 있었고, 아시아로부터 전래된 새로운 작물들을 이식하기 시작했는데, 그것들 중에는 정향(丁香)과 바나나가 포함되어 있었다.

이런 국가들의 작동에 대해서는 희미한 그림에조차 이르기 어렵다. 군주제는 결코 그들에게 지배적인 규칙은 아니었고, 혈족관계의 중요성에 대한 인식이 아프리카 정체들이 공유하는 유일하게 광범위하게 퍼진 특성이었던 것 같다. 조직은 분명 특별한 환경들의 필요 및 특별한 자원들이 제공하는 가능성을 반영했을 것이다. 그러나 왕정은 널리 전파되었다. 역시 가장 이른 조짐들은 북쪽, 즉 이페와 베냉과 같은 오늘날의 나이지리아 근처에서 나왔다. 5세기까지 거대한 동쪽 호수들 지역에서 왕국들이 성립했고, 우리는 콩고 강 하류에서 콩고 왕국의 이야기를 들을 수 있다. 이런 수준의 왕국들에서 조직이 발달했음을 보여주는 많은 징표는 찾기 어렵다. 대부분의 아프리카 국가들은 오랜 시간 동안 관료제 행정이나 상비군을 만들지 않았을 것이었다. 왕의 권력은 제한되어 있었음에 틀림없다. 이는 단지 관습과 전통에 대한 존중 때문만이 아니라, 혈연과 존경심이 부여하는 관계를 넘어서까지 사람들의 충성심을 결속시킬 수 있는 자원이 결여되어 있었기 때문일 것이다. 이것이 수많은 이런 '국가들'의 일시적이고 잠깐 지나가는 성격을 설명해준다. 에티오피아와 서아프리카의 거대왕국들은 아프리카 국가들 사이에서 비전형적인 것이었다.

그러나 일부 언급할 만한 흔적들이 이런 흐릿하고 어슴프레한 왕국들에 남아 있다. 약 12세기경 동아프리카 내륙의 높은 수준의 문화는 광산 채굴장들, 노로들, 암석화들, 운하들, 우물들의 유적들에 의해서 증명된다. 이것은 고고학자들이 '아자니아적'이라고 불러왔던 기술의 산물이었다. 그것은 발달된 철기시대 문화의 성취였다. 농업은 이 지역에서 기독교 시대가 시작될 즈음부터 실행되었다. 그것이 제공했던 것을 기초로 하여, 오늘날의 짐바브웨에 해당되는 곳에서는 오랫동안 용이하게 손에 넣을 수 있었던 금을 활용할 수 있었다. 우선은 오직 아주 단순한 기술들만이 필요했다. 많은 양의 금이 그저 땅을 긁는 것 정도로 확보될 수 있었던 것이다. 이런 모습은 상인들(첫 번째로는 아랍인들, 그리고 나중에는 포르투갈인들)을 이 지역으로 끌고 왔고, 또한 다른 아프리카인들을 이주하게 만들었다. 가장 손쉽게 얻을 수 있던 공급물들이 다 사라지면서, 금 탐사는 결국에는 땅 밑에서 이루어져야 했다.

그럼에도 불구하고, 금 공급량은 4세기 동안이나 존속했던 '국가'를 충분히 지탱해줄 수 있을 정도로 풍부했다. 그 국가는 남아프리카에 유일하고 중요한 석조 건물을 남겼다. 현재 짐바브웨의 수백 개의 장소들에 그 유물들이 남아 있으나, 가장 유명한 것은 바로 그 명칭(유일한 '석조 집들'이라는 의미)으로 불렸던 지역에 있는 것이다. 1400년경부터 이곳은 왕실의 수도, 즉 왕들이 묻히는 공간이자 숭배를 위한 성스런 장소였다. 그것은 1830년경 또다른 아프리카 민족에 의해서 약탈당할 때까지 그 상태로 남아 있었다. 16세기 포르투갈인들이 자연석 쌓기(dry-stone masonry)로 건설된 거대한 요새를 이미 보고한 바 있지만, 우리는 19세기가 되어서야 이 장소에 대해서 유럽인들이 남겨놓은 기록을 가지게 되었다. 그들은 정교하게 모양 잡힌 돌로 지어진 거대한 벽들과 탑들을 발견하고는 놀라워했다(그 돌들은 모르타르 없이 아주 정확하게 쌓여 있었다). 그들은 아프리카인들이 그토록 인상적인 것을 만들 수 있었다는 사실을 믿을 마음이 없었다. 그래서 일부 사람들은 페니키아인들의 공이 있을 것이라고 했고, 몇몇 낭만주의자들은 짐바브웨는 시바 여왕*의 석공들에 의해서 그곳에 놓인 것이라고 생각하기도 했다. 오늘날, 유럽과 아메리카 문명들에 존재했던 다른 철기시대의 세계를 기억한다면, 이러한 가정들은 불필요한 것 같다. 짐바브웨의 유적들을 5세기 아프리카인들의 공적으로 돌리는 것은 충분히 타당하다.

동아프리카는 발달된 문명이었지만, 그곳의 민족들은 스스로 식자문명을 이루지는 못했다. 마치 초기의 유럽인들처럼, 그들은 다른 문명들로부터 이를 획득할 것이었다. 아마도 땅 또는 저장될 수 있는 작물에 대해서 세세한 기록을 남길 필요가 없었다는 사실이 부분적으로 이를 설명해준다. 그 이유가 무엇이었건 간에, 식자문명의 부재는 정보를 획득하고 퍼뜨리는 데에 그리고 정부를 확립하는 데에 불리한 조건이었다. 그것은 또한 문화적 궁핍이었다. 아프리카는 그 현지 학자들(이들에게서 과학 및 철학 작업이 나올 수 있다)의 전통을 가지지 못했다. 반면에 아프리카의 예술적 역량은, 훗날 유럽인들을 사로잡았던 짐바브웨의 성취나 베냉의 청동기들이 보여주듯이, 결코 무시할

---

* 솔로몬 왕에게 도움을 청했다고 전해지는 아라비아 서남부 왕국의 여왕/역주

만한 것이 아니었다.

이슬람 문명은 거의 800년 동안이나 아프리카에서 작동하고 있었다(그 이전에는 이웃 지역에 대한 이집트의 영향이 있었다). 유럽인들이 아메리카 대륙에 도달하여, 아프리카의 문명보다 훨씬 더 많은 것들을 이루었고, 그것도 외부로부터의 자극 없이도 해냈던 문명을 발견하던 시기 즈음까지 말이다. 이는 일부 사람들에게는 너무도 불가능한 것으로 보여서, 문명의 요소들이 아주 오래전에 태평양 횡단 항해들로부터 아메리카에 이식되었을 가능성을 탐구하고 논의하는 데에 많은 시간이 소비되어왔다. 대부분의 학자들은 그 증거가 결정적이지 않다고 판단한다. 먼 옛날에 그런 접촉이 있었다면, 아마도 그것이 중단된 지도 오래되었을 것이다. 첫 번째 아메리카 사람들이 베링 해협을 건넜던 때와 바이킹들이 아메리카에 도착했던 시기 사이에, 아메리카 대륙과 다른 대륙 간의 교류를 보여주는 분명한 흔적은 존재하지 않는다. 바이킹 이후로는 에스파냐 사람들이 15세기 말에 도착했을 때까지 전혀 없다. 우리는 아프리카보다도 훨씬 더 큰 정도로 그리고 더 오랜 시간 동안, 아메리카 대륙이 나머지 세계로부터 단절되어 있었다는 점을 가정해야 한다.

그들의 고립은 심지어 9세기에도 농경 이전의 생활을 하는 민족들이 여전히 북아메리카에 생존해 있었다는 사실을 설명해준다. 현대 미국의 동부 평원 지대에는 '인디언들'(후대에 유럽인들이 이렇게 불렀다)이 유럽인들이 도착하기 전에 농경을 하고 있었으나, 더 서쪽으로 가면 여전히 수렵채취 생활을 하는 다른 공동체들이 있었다. 그들은 앞으로도 계속 그 생활을 이어갈 것이었다. 물론 중요한 기술적 변화로서, 우선은 유럽인들이 전해준 말과 금속과 화기(火器)가 그들의 기술장비들에 더해졌지만 말이다. 더 멀리 서쪽에는 해안가에서 고기잡이를 하거나 해변에서 그들의 생계수단을 찾는 사람들이 살았는데, 그 방식 또한 태곳적부터 변하지 않고 내려온 것이었다. 멀리 북쪽으로 가면, 전문화된 놀라운 솜씨를 가지고 에스키모들이 거의 견디기 어려운 환경 속에서 매우 효율적인 방식으로 살아갔다. 이 생활방식은 심지어 오늘날까지도 살아남아 있다. 그러나 북아메리카의 인디언 문화들이 환경의 도전을 극복하는 측면에서는 존경할 만한 성취였다고 하더라도, 그것은 문명은 아니었다. 아메리카 고유의 문명적 성취에 대해서 말하자면, 리오그란데 강 남쪽으로 내려가야 한다. 여기에서는 일련의 주요 문명들이 발견되는데, 그 문명들은 옥수수 경작에 공통적으로 의존했고 자연신들을 모시는 신전을 가지고 있었지만 이를 대단히 다른 방식으로 표현했다.

중앙 아메리카에서는 올메카 문화의 기초가 매우 중요한 것이었음이 드러났다. 이후 시대에 이 지역의 상당 부분을 상징하게 될 역법, 상형문자 그리고 거대한 기념장소들 건설은 모두 궁극적으로 그 문화의 기초로부터 나왔다. 그리고 중앙 아메리카의 신들도 이미 올메카 시대에 알려졌다. 서력기원이 시작되던 시기와 그 네 번째 세기 사이에, 올메카인들의 후예들은 오늘날 멕시코에 최초의 아메리카 대도시인 테오티우아칸을 건설했다. 그것은 2-3세기 동안 교역의 중심지였고, 거대한 피라미드들 단지와 대형 공공건물들을 포함했던 것으로 보아서 두드러진 종교적 중요성을 가졌던 것 같다. 신비스럽게도 그것은 7세기경, 아마도 남쪽으로 이동하여 중부 멕시코 골짜기로 들어왔던 일련의 침입자들의 물결에 의해서 파괴되었다. 이 이동들은 이주와 전쟁의 시대를 열었는데, 그것은 에스파냐인들이 도착할 때까지도 계속될 것이었고 몇몇 빼어난 지역 공동체들을 낳았다.

그중 가장 주목할 만한 것은 유카탄 반도, 과테말라, 북부 온두라스의 마야 문화들에 의해서 형성된 것들이었다. 그들이 처했던 환경은 오늘날 이 지역의 모습을 볼 때, 특별한 것이었다. 사실상 모든 마야의 유적들이 열대우림 지역에 위치하고 있다. 그 동물과 곤충, 기후와 질병들은 그곳의 자원을 농업에 이용하려고 한다면 엄청난 노력을 요구한다. 그러나 마야 문명은 초보적인 농업기술(그들은 쟁기나 금속기구를 가지고 있지 않았고 오랫동안 화전농법에 의존했는데, 그것은 두 절기 동안 땅을 이용한 후에 그곳을 버리고 다시 이동하는 것이었다)을 가지고 수 세기 동안이나 거대한 인구를 유지했을 뿐만 아니라 고대 이집트에 비견될 만한 석조 건물들도 세웠다.

많은 마야 유적들이 정글 속에서 여전히 발견되지 않은 채로 남아 있는 것 같다. 그러나 마야의 역사와 사회의 윤곽을 재구성할 만큼의 충분한 양은 현재 발견되어 있다. 지난 몇십 년 동안의 연구 결과에 따르면, 그 역사와 사회 모두 과거에 생각했던 것보다 훨씬 더 복잡한 것이었음이 드러났다. 마야 문화의 가장 오래된 흔적은 기원전 4세기와 3세기에 발견된다. 그리고 그것은 기원후 6세기부터 9세기에 이르자, 가장 훌륭한 건물들, 조각, 도기가 생산되던 최전성기가 꽃을 피웠다. 그 시기에 마야의 도시들은 거대한 제례 복합 건물들, 연합 사원들, 피라미드들, 무덤들, 제식 궁정들을 포함하고 있었다. 이것의 외부에는 자주 상형문자들이 쓰여 있는데, 이 문자들은 불과 지난 수십 년 전부터에서야 연구되기 시작했다. 종교는 살육과 제물이 두드러진 부분을 차지했던 제식들을 통해서, 도시들의 왕조 지배자들을 지지하며 마야 문화의 통치에 중요한 역할을 했다. 천문 관찰에서 얻어진 역법을 통해서 계산된 순환주기에 맞추어 정례적인 대도(代禱)와 숭배의 행위들도 있었다. 많은 학자들은 이것이 건물들과 비견될 수 있는 유일한 마야의 업적이라고 생각해왔으며, 실제로 그것은 수학의 위대한 개가였다. 이 역법을 통해서, 마야의 사고방식이 충분히 이해될 수 있는데, 이들의 종교 지도자들은 지금까지 알려진 그 어떤 문명보다도 훨씬 더 광대한 시간 관념을 가졌음이 분명하다. 그들은 수십만 년 전의 태고를 계산했던 것이다. 그들은 심지어 시간은 시작점을 가지고 있지 않다는 생각에까지 이르렀던 것 같다.

돌에 새겨진 상형문자들과 전해지는 세 권의 책들은 이 역법에 대해서 어느 정도 알려주며, 마야 왕조의 연대기도 제공한다. 고대 마야인들은 20년마다 시간의 흐름을 기록하기 위해서 날짜가 기록된 기념물들을 올리곤 했다. 그중 마지막 것이 928년으로 기록되어 있다. 그때 마야 문명은 최고 정점에 다다랐다. 그러나 그들의 건축가 및 옥과 흑요석을 다루는 공예가들의 솜씨에도 불구하고, 그 문명은 큰 한계들도 가지고 있었다. 거대한 사원을 만들었던 이들은 아치를 이룩하지는 못했다. 또한 마야인들은 바퀴를 알지 못했기 때문에 이동수단으로 수레를 사용하지 못했다. 한편 그들이 살던 그 그림자 속의 종교 세계는 두 개의 머리를 가진 용들, 재규어들, 이를 드러내놓은 두개골들로 채워졌다. 그것의 정치적 성취를 보자면, 마야 사회는 오랫동안 연합의 패턴들에 기초했다. 이는 두 개의 왕조(그 역사는 기념물들에 상형문자로 제시되어 있다)에 속해 있던 도시들을 하나로 묶어주었다. 가장 컸던 마야 도시가 최대로 성장했을 때에는 4만 명이나 되는 주민이 살았을 것으로 예상되며, 이에 딸려 있던 농촌인구는 그보다 약 10배가 많았을 것으로 추정된다. 이는 오늘날 마야 아메리카보다 훨씬 더 큰 인구밀도를 의미한다.

그러므로 마야 문명의 성과는 매우 특화된 것이었다. 이집트인들처럼, 그 문명은 비생산적인 건물에 거대한 노동력의 투입을 요구했으나, 이집트인들은 훨씬 더 많을 것을 해냈다. 아마도 마야 문명은 초기부터 과부하가 걸렸던 것 같다. 그 시작 직후에 멕시코 골짜기에서 온 한 민족, 아마도 톨텍 사람들이 가장 거대한 마야 유적인 치첸이트사를 점령했고, 이때부터 남부의 밀림 중심지들이 방기되기 시작했다. 침입자들은 금속과 전쟁포로들을 제물로 바치는 멕시코 관습을 가져왔다. 그들의 신은 마야 유적들의 조각에 나타나기 시작했다. 동시대의 문화적 쇠퇴 역시 목도되는데, 그것은 더 조야해진 도예 및 조각, 상형문자의 질적 하락에서 두드러진다. 11세기가 시작될 무렵, 마야의 정치질서는 몰락했다. 비록 일부 도시들은 이후 두 세기 동안 보다 낮은 문화 및 물질적 존재의 수준에서 다시 생명을 깜박거릴 것이지만 말이다. 치첸이트사는 마침내 13세기에 버려졌고, 마야 문화의 중심은 다른 장소로 옮겨졌으나 그곳 또한 아마도 1460년경 농민봉기 이후로 붕괴되었다. 그와 함께, 마야 문명의 이야기는 오늘날까지도 빛을 잃게 되었다. 비록 1699년에 이르러서야 최후의 마야 문명 근거지가 에스파냐인들에게 함락되었지만, 이미 16세기에 유카탄 반도는 그들의 손에 넘어가 있었다.

에스파냐인들은 단지 가장 형식적인 의미에서만 마야 문명의 파괴자들일 뿐이었다. 그들이 도착했을 즈음이면, 그것은 이미 내부로부터 붕괴해 있는 셈이었다. 현재 가지고 있는 정보로는 그에 대한 설명이 쉽지만은 않고, 따라서 비유를 사용하고 싶은 유혹이 생긴다. 마야 문명은 거대한 도전에 대한 해답이었고 일정 기간 동안은 그것을 충족시켰으나, 외부의 간섭에 취약한 위태로운 정치구조를 가지고 또한 지나친 특화와 그들을 지탱해줄 이용 가능한 자원들에 비해서 엄청난 부담을 감내하면서 이룩된 것이었다. 심지어 외부의 침입이 있기 전부터, 정치적 파편화가 일어나면서 고고학자들이 발굴한 그들의 관개시설 유적들은 사용되지 않고 부패해갔다. 다른 아메리카 대룩에서와 마찬가지로 확연하게, 그 토착 문화는 어떠한 삶의 방식도, 주목할 만한 기술도, 문학도, 중대한 정치 및 종교 제도도 남겨놓지 않았다. 단지 마야 농민들이 사용하던 언어에서, 그들의 과거를 아는 데에 필요한 일부 발판들이 존재한다. 마야가 남긴 것은 경탄스러운 폐허들이었다. 그리고 그것은 이후 그들을 설명하려고 했던 이들을 오랫동안 곤혹스럽게 하는 동시에 매료시켰다.

마야 사회가 최후의 쇠락을 경험하는 동안, 멕시코 골짜기에 도착했던 마지막 민족들 중 하나는 그곳에서 주도권을 쟁취했는데, 에스파냐인들은 그들이 훗날 유카탄 반도에서 발견했던 것 이상으로 이 민족에게 경탄했다. 이들은 아즈텍 사람들로, 그 골짜기에 1350년경에 들어와서 당시까지 그곳에서 지배권을 행사하고 있던 톨텍 사람들을 전복시켰다. 그들은 텍스코코 호수 가장자리에 있는 습지 위의 두 마을들에 정착했다. 그중 하나는 테노치티틀란이라고 불렸고, 2세기 내에 중부 멕시코의 전체를 장악할 정도로 팽창했던 아즈텍 제국의 수도가 될 것이었다. 아즈텍 사람들의 원정은 더 남쪽으로 이어져 나중에 파나마 공화국이 된 지역까지 진출했으나, 그곳에 정착하려고 하지는 않았다. 아즈텍 사람들은 전사였고 조공을 받는 제국을 선호했다. 그들의 군대는 30개 정도의 작은 부족이나 국가들의 충성을 확보할 수 있었는데, 아즈텍 사람들은 이들이 약속된 조공을 바치면 사실상 별 간섭을 하지 않았다. 이런 민족들의 신들은 아즈텍 신전에 받아들여지는 영광도 얻었다.

아즈텍 문명의 중심은 아즈텍 사람들이 자신의 마을로부터 건설한 수도인 테노치티틀란이었다. 그것은 텍스코코 호수 안에 일군의 섬들에 세워져 있었는데, 그 섬들은 수상 가교들(그중 하나는 길이는 5마일에 이르고 너비는 8명의 말을 탄 이들이 나란히 건널 수 있을 정도였다)로 인해서 호수 연안에 닿아 있었다. 에스파냐인들은 이 도시에 대해서 흥분된 묘사를 남겼다. 그들 중 하나는 이 도시의 화려함은 로마나 콘스탄티노플을 능가한다고 말했다. 테노치티틀란에는 아마도 16세기가 시작할 무렵 10만 명의 주민이 살고 있었을 것이다. 종속민들로부터 거두어들인 것은 도시의 유지를 위해서 사용했다. 유럽의 도시들과 비교해서도, 그곳은 사원들로 가득 차고 거대한 인공 피라미드들이 인상을 좌우하는 정말 놀랄 만한 곳이었다. 그렇지만 그 화려함은 (아즈텍 사람들이 그들의 종속민들의 기술을 이용했기 때문에) 모방적이었던 것 같다. 멕시코 문화가 이룩한 중요한 발명이나 쇄신 중 단 하나도 자신 있게 톨텍 이후 시기의 것으로 돌릴 수 없다. 아즈텍 사람들은 그들이 발견한 문명을 통제하고 발전시키며 활용했던 것이다.

16세기 초 에스파냐인들이 도착했을 때, 아즈텍 제국은 여전히 팽창하고 있었다. 종속민들 모두가 완전히 억눌러진 것은 아니었지만, 아즈텍의 통치는 대서양 연안에서 태평양 연안까지 이르고 있었다. 그 정점에 반신성(半神聖)하지만 선출된 통치자가 있었는데, 그는 왕가에서 선택되었다. 그는 규율 잡히고 중앙집중화된 사회를 이끌었는데, 그 사회 일원들에게 무거운 수준의 의무노동과 군역을 요구했지만 동시에 연례적으로 생계수단을 제공했다. 그것은 상형문자로 읽고 쓸 수 있고, 농사와 금을 다루는 솜씨는 매우 숙련되었지만, 쟁기, 수레, 또는 철의 제조에 대해서는 알지 못하는 문명이었다. 아즈텍 제국의 핵심적인 의례들은 인간 제물을 포함했다(이는 에스파냐인들을 충격에 빠뜨렸다). 2만 명이나 되는 인간 제물들이 테노치티틀란의 거대한 피라미드 봉헌식에서 죽임을 당했다. 그러한 대학살은 아즈텍 신화의 핵심이었던 거대한 드라마를 재연하는 것이었다. 그것이 가르치는 바는 신들이 피를 먹고 사는 태양에게 스스로를 희생하여 피를 바칠 의무를 져왔다는 것이었다.

이 종교는 그 혐오스러운 세부 요소들(희생자의 심장 뜯어내기, 가죽 벗기기, 참수 의식)로 유럽인들을 충격에 빠뜨렸지만, 그 이상하고 끔찍한 부속물들은 그것들의 심대한 정치 및 사회적 의미에 비하면 덜 중요했다. 제물의 중요성은 희생자들의 흐름이 계속해서 이어져야 한다는 것을 의미했다. 희생자들은 대개 전쟁포로에서 충당되었고 전장에서의 죽음은 전사에게는 태양의 낙원으로 가는 경로를 의미했기 때문에, 아즈텍 제국에서의 평화 상태는 종교적인 견지에서 보았을 때 재앙일 수 있었다. 따라서 아즈텍 사람들은 그들의 종속국들이 단지 느슨하게만 통제되고 반란이 자주 일어났다는 점에 크게 개의치 않았다. 종속된 부족들은 그들 자신의 통치자와 정부를 가질 수 있도록 허용되었고, 그랬기 때문에 징벌은 최소한의 이유만으로도 내려질 수 있었다.

이런 탓에 아즈텍 제국은 종속민들의 충성심을 얻을 수 없었다. 즉, 종속민들은 아즈텍이 몰락했을 때 이를 환영했다. 종교는 또한 다른 방식으로도 유럽인들로부터의 위협에 대응하는 역량에 영향을 줄 것이었다. 이는 특히 전장에서 적들을 죽이기보다는 제물에 쓰기 위해서 포로로 삼으려는 아즈텍 사람들의 욕구에서, 그리고 언젠가 그들의 위대한 신 케찰코아틀(Quetzalcoatl)이 흰 피부색에 수염이 있는 모습으로, 그가 그의 사람들에게 예술을 가르치기 위해서 떠났던 동쪽으로부터 돌아온다는 그들의 믿음에서 그러할 것이었다.

인상적인 미학이나 가공할 만한 사회적 효율성에도 불구하고, 전적으로 아즈텍 문명의 느낌은 가혹하고, 거칠며, 매력적이지 않다. 우리가 잘 알고 있는 문명들 가운데 아즈텍 문명만큼 그 일원들에게 많은 것을 요구했던 경우는 드물다. 그 문명은 항상 긴장 상태에 있었던 것 같으며, 아즈텍 사람들은 문명의 붕괴가 하나의 가능성 이상이라는 사실을 불편한 마음으로 자각하고 있던 비관적인 문명이었다.

멕시코와 유카탄 반도의 남쪽에는 문명의 수준에 따라서 충분히 구분될 수 있는 몇몇 다른 문화들이 존재했지만, 그중 그 어느 것도 가장 멀리 떨어져 있던 페루의 안데스 문명만큼 괄목할 만한 것은 없었다. 멕시코 민족들은 여전히 대개 석기시대에 살았다. 그러나 안데스 사람들만은 이보다 훨씬 더 발전된 것을 가지고 있다. 그들은 또한 진정한 의미의 국가를 창출했다. 마야인들이 아메리카 대륙의 문화들 가운데 역법의 정교한 계산에서 탁월했다면, 안데스 사람들은 정부의 복잡성에서 그 이웃들보다 훨씬 더 앞서 있었다. 에스파냐인들의 상상력은 멕시코보다 훨씬 더 페루에 의해서 사로잡혔고, 그 이유는 단지 페루가 가지고 있던 귀금속이 주는 거대하고 확실한 부뿐만이 아니라, 페루의 분명히 공정하고, 효율적이며, 매우 복잡한 사회체제에도 있었다. 일부 유럽인들은 곧 그 체제가 가지는 이점들을 매력적인 것으로 생각하게 되었는데, 왜냐하면 그것은 개인의 집단에 대한 거의 전적인 예속을 요구했기 때문이었다.

이는 잉카인들에 의해서 통치되는 사회였다. 12세기 쿠스코 출신의 한 민족은 그 통제력을 페루의 초기 문명 중심지들로 확대하기 시작했다. 아즈텍 사람들처럼, 그들은 자신보다 더 오랜 기간 문명화되었던 이들의 이웃으로서 출발했다. 그들은 야만인들이었지만, 곧 더 고급 문화의 기술과 결실을 받아들였다. 15세기가 끝날 무렵, 잉카인들은 에콰도르에서 중앙 칠레에 이르는 영역을 지배했는데, 해안지역들에 대한 정복이 가장 마지막으로 이루어졌다. 이것은 통치라는 측면에서 놀랄 만한 업적이었는데, 그 정부는 안데스 산맥이 만들어내는 자연 장애물들을 상대해야 했기 때문이었다. 잉카 국가는 약 1만 마일의 통행로들로 엮어 있었는데, 이 통행로에는 구두(口頭)로 또는 색깔 끈들 매듭의 부호였던 결승문자(結繩文字, quipu)로 기록된 메시지를 전하는 사자(使者)들의 연결망이 모든 기후들 속에 펼쳐져 있었다. 이 장치를 통해서 정교한 기록들이 남겨졌다.

비록 문자 사용 이전의 상태였지만, 안데스 제국은 그 신민들의 삶을 조직하는 데에 무시무시할 정도로 전체주의적이었다. 잉카인들은 제국의 지배 카스트가 되었고, 그들의 우두머리는 사파 잉카(Sapa Inca), 즉 '유일한 잉카'가 되었다. 그의 통치는 노동력의 통제에 기초한 폭정이었다. 주민은 가장 작게는 10명의 가장(家長)으로 구성된 단위들로 조직되었다. 이런 단위들로부터, 노역과 생산물이 징발되었다. 세심하고 단단한 통제는 주민들을 그들을 필요로 하는 곳에 묶어두었다. 지역 공동체 밖으로의 이주나 결혼은 허용되지 않았다. 모든 생산물은 국가의 자산이었다. 이런 식으로 농업 종사자들이 목동들과 수공업자들을 먹여살렸고, 교환의 대가로 직물을 받았다(라마는 안데스 문화의 모든 목적을 충족시켜주는 짐승이었는데, 그들은 울뿐만 아니라 교통, 우유, 육류를 제공했다). 상업은 존재하지 않았다. 귀금속과 구리를 캐는 광산업은 에스파냐인들이 그곳에 왔을 때 그들을 놀라게 한 쿠스코의 정교한 장식품들을 낳았다. 이 체제 내부의 긴장은 힘으로만 제어되었던 것은 아니었고, 불만을 품은 지역에 충성스런 주민들을 재배치시키는 방법과 정복당한 민족들의 유력자들에게 '적절한' 태도를 주입시키기 위한 것이었던 교육체제의 엄격한 통제를 통해서도 제어되었다.

아즈텍 사람들처럼, 잉카인들은 비록 덜 잔인한 방식이기는 했지만 그들이 이미 입수했던 문화의 업적들을 조직하고 활용했다. 그들의 목적은 말살이라기보다는 통합이었고, 따라서 그들은 피정복 민족들의 신앙을 용인했다. 그들의 신은 태양이었다. 읽고 쓰는 능력이 부재했기 때문에 이 문명의 정신을 파고들기는 어렵지만, 이 페루 사람들이 (비록 다른 방식이기는 했지만) 아즈텍 사람들과 죽음에 대한 몰두를 공유했다는 점은 관찰이 가능하다. 이집트에서와 마찬가지로, 그곳의 기후 상황은 미라화 의식들에 표현되었다. 즉, 안데스 고지의 건조한 공기는 사막의 모래처럼 보존력이 좋은 것이었다. 이 이상으로는, 피정복 민족들 사이에서 어떠한 차이들이 지속되었고 그들 부족신앙의 유물에 표현되었는지를 말하기는 쉽지 않다. 유럽으로부터의 도전이 나타났을 때, 잉카 지배가 그들의 놀랄 만한 성공에도 불구하고 종속민들의 불만을 제거하지 못했다는 점은 명확해졌다.

모든 아메리카 대륙의 문명들은 중요하고 명백한 방식들에서 아시아 또는 유럽의 문명들과 매우 달랐다. 현재의 연구로 볼 때, 완전한 읽고 쓰는 능력은 그들에게는 없었던 것 같다. 비록 잉카인들은 복잡한 정부조직을 운영할 만큼 충분히 훌륭한 관료제 절차를 가지고 있었고, 마야인들은 정교한 역사 기록들을 남겨놓았지만 말이다. 그들의 기술들은, 수준 높은 솜씨는 갖추었으나 다른 곳들에서 이미 알려진 것들만큼 발달되지는 못했다. 비록 이 문명들이 집중적인 (그러나 제한된) 권력을 가진 체제들에게 충분한 장치들과 제도들을 제공했지만, 도착 아메리카 사람들의 미래 세계에 대한 기여는 그들을 통해서 이루어지지는 않았다. 사실 그것은 그들이 등장하기 이전에 이미 어둡고, 기록되지 않았던 원시시대 경작자들, 즉 토마토, 옥수수, 감자, 호박의 원형들을 활용하는 법을 처음으로 알아냈던 이들의 발견들을 통해서 이루어졌다. 그럼으로써, 그들은 부지불식간에 인류의 자원에 거대한 것을 보탠 셈이었고, 전 세계의 경제들을 변화시킬 것이었다. 그렇지만 그것에 기초하여 아메리카 대륙에 세워진 화려한 문명들은 궁극적으로 후손도 없이, 결국 세계사의 가장자리에서 아름다운 진기한 것 이상은 되지 못할 운명이었다.

9

유럽 : 변화의 가능성

'중세'만큼 오해하기 쉬운 내포적 의미를 가진 용어는 거의 없다. 완전히 유럽 중심적인 용법으로, 다른 전통들의 역사에는 아무런 의미가 없는 이 단어는 시간에서의 그들의 위치를 제외하고는 특정 세기들에 어떠한 관심도 부여하지 않는 부정적인 아이디어를 구현하고 있다. 중세는 15-16세기의 인간들이 처음으로 만들었고 이름을 붙였는데, 그들은 그들로부터 오랫동안 떨어져 있던 고전고대(古典古代)를 되찾고자 했다. 그들은 그 오래된 과거에는 사람들이 위대한 일들을 행하고 이루었다고 생각했다. 문명의 부활과 태동이 그들에게 있음을 인지하면서, 그들은 자신들의 시대에 위대한 일들이 다시 한번 이룩되리라고 믿을 수 있었다. 그러나 창조의 두 시기 사이에 그들은 빈 공간(그들이 사용했던 라틴어로 Medio Evo, Media Aetas)을 보았는데, 그 공간은 다른 두 시대 사이에 위치한 것으로만 정의되고, 그 자체로 활기가 없고 흥미롭지 않으며 야만적인 것이었다. 그때 그들은 중세를 창조했다.

머지않아 사람들은 1,000년가량의 유럽 역사에서 이보다는 좀더 많은 것을 발견할 수 있었다. 그들이 균형감을 가지게 되었던 한 방법은 그들이 이미 알고 있는 것의 기원들을 찾아보는 것이었다. 17세기 영국인들은 그들의 조상들에게 드리워져 있다고 할 수 있었던 '노르만의 멍에'에 대해서 이야기했고, 18세기 프랑스인들은 그들 귀족사회의 기원을 프랑크족의 정복에 두면서 이를 이상화했다. 그럼에도 불구하고 그러한 고찰들은 아주 선택적인 것들이었다. 중세가 하나의 시기로 생각되는 한, 심지어 200년 전에도 그것은 대개 다소간의 경멸의 의미를 담고 있었다. 그때 정말 갑작스럽게, 거대한 변화가 도래했다. 사람들은 그 잃어버린 세기들을 그들의 조상들이 무시했던 것만큼이나 정열적으로 이상화하기 시작했다. 유럽인들은 그 과거에 대한 그들의 이미지를 기사도에 관한 역사소설들로, 그들의 시골을 모조 귀족 성들(이제 그 성들에는 방적업자들과 증권 중개인들이 살게 되었다)로 채우기 시작했다.

더욱 중요하게, 이제는 이 시대의 기록들에 거대한 학문적 노력이 기울여졌고, 이는 지금도 계속되고 있다. 가장 초창기에 그것은 일부 낭만화되고 과열된 반응을 조장했다. 사람들은 중세 기독교 문명의 통일성과 그 삶의 안정적인 듯한 모습을 이상화했고, 그 과정에서 그 내부의 거대한 다양성을 흐려놓았다. 결과적으로 우리가 유럽 중세를 이해한다고 확신하기는 여전히 어렵다. 그럼에도 불구하고 이 거대한 기간의 시대가 가지는 하나의 대체적인 특성은 충분히 분명하다. 고대 말기와 1000년도 무렵 사이의 세기들은 (지금 꽤 자신 있게 보기에) 하나의 토대의 시대였다. 그때 몇몇 거대한 전조들이 미래 삶의 패턴에 놓이게 되었던 것이다. 비록 변화는 더뎠고 그 지구력은 여전히 불확실했지만 말이다. 그후 11세기에 속도의 변화가 감지된다. 새로운 발전들은 빨라졌고 식별이 가능했다. 시간이 흐르면서, 그들이 매우 다른 무엇인가로 가는 길을 열고 있다는 점이 분명해졌다. 유럽에서 시작되고, 유럽의 역사가 전체 세계의 역사의 첫 시대와 합쳐질 때까지 그곳에서 계속될 모험과 혁명의 시대가 시작된 것이다.

이는 언제 중세가 '끝났는지'를 말하기 이렵게 만든다. 유럽의 많은 지역에서, 중세는 대서양 건너 유럽의 첫 번째 독립된 자손이 막 태어났던 18세기 말에도 여전히 강하게 진행 중이었다. 심지어 신생 미합중국 내에서도 수백만 명의 유럽인들처럼 많은 이들이 (마치 500년 전 중세의 남자와 여자처럼) 삶에 대한 초자연적인 시각과 전통 종교적인 견해들에 여전히 사로잡혀 있었던 것이다. 그때 많은 유럽인들이 살던 삶은 물적 측면에서 중세에 먼저 살다간 사람들과 여전히 동일했다. 그러나 그 순간에 많은 지역들에서 중세는 중요한 그 어떤 의미에서도 이미 오래전에 끝난 이야기였다. 낡은 제도들은 사라지거나 부서지고 있었고, 이는 그들이 가졌던 절대적인 권위의 전통들을 앗아가고 있었다. 이곳저곳에서 근대 세계의 삶이라고 판별할 수 있는 것들이 이미 진행되는 중이었다. 지금에 와서 보면, 이는 유럽의 두 번째 형성기와 유럽의 혁명시대들 중 첫 시대에, 우선은 가능해 보였고, 그 다음으로는 그렇게 될 것 같았으며, 결국에는 피할 수 없는 것이 되었다.

교회는 논의를 시작하기에 좋은 지점이다. 세속의 제도로서의 '교회'는 기독교도들에게 평신도나 성직자 모두가 포함되는 신앙인 전체 집단을 의미한다. 이런 의미에서 가톨릭 유럽에서 교회는 중세에 사회와 같은 것이 되었다. 1500년이 되자, 오직 일부 유대인들과 방문자들과 노예들만이 기독교 신앙을 공유하는 이 거대한 인간 집단과 떨어져 있었다. 유럽은 곧 기독교였다. 노골적인 이교신앙은 에스파냐의 대서양 연안들과 폴란드의 동쪽 경계 사이의 지도로부터 이미 사라졌다. 이는 대단한 질적, 양적 변화였다. 기독교도들의 종교적 믿음은 한 문명 전체의 가장 깊은 샘이었는데, 이 문명은 수백 년 동안이나 성숙해왔지만 아직까지 내부 분열 때문에 심각하게 위협받은 적이 없었고 또는 대안이 될 만한 신화들에 전혀 위협을 느끼지 않았다. 기독교는 유럽의 목적을 규정하고 삶에 초월적인 목표를 부여했다. 기독교는 또한 몇몇 유럽인들이 그들 스스로를 하나의 특정한 사회, 즉 기독교 세계의 일원으로 우선적으로 인식하게 되었던 이유였다.

오늘날 비기독교도들은 '교회'를 다른 의미로 생각할 것이다. 사람들은 그 단어를 성직기관, 즉 예배하는 삶과 신자 규율을 유지하는 공적 체계와 조직을 묘사하려고 사용한다. 이런 의미로도 역시 교회는 1500년까지 큰 발전을 이루어왔다. 그것에 관련된 한계와 모호함이 어떤 것이었건, 그 성공은 거대한 것이었다. 그리고 그 실패 역시 컸다고 하더라도, 교회 내부에는 사람들을 옳은 길로 인도할 교회의 권력(과 의무)을 자신 있게 역설하는 수많은 이들이 존재했다. 고대 말기에는 종교생활이 침체된 곳이었던 로마 교회는 콘스탄티노플이 함락되기 훨씬 전에 이미, 전례 없는 권력과 영향력의 소유자이자 초점이었다. 그것은 11세기 이래로 새로운 독립성과 중요성을 획득했을 뿐만 아니라 기독교적 삶에 새로운 풍조를 부여했다. 그때 기독교는 더욱 규율이 잡히면서 적극적인 것이 되었으며 더욱 견고해졌다. 현재 세기까지 지배적인 수많은 교리들과 전례상의 관행들은 1,000년이 미처 지나지 않은 것들이다. 즉, 그것들은 기독교 시대의 절반 이상이 끝난 시점에서 세워졌다.

대체로 1000년부터 1250년 사이에 가장 중요한 변화들이 발생했고, 그것들은 일종의 혁명이었다. 그 시작은 클뤼니 수도원 운동에 있었다. 클뤼니 수도원의 첫 번째 8명의 원장들 가운데 4명이 이후 성인으로 시성되었다. 그리고 그들 중 7명은 뛰어난 사람들이었다. 그들은 교황의 조언자가 되고, 교황의 특사로 활동하고, 사절로서 황제를 섬겼다. 그들은 교양과 학식을 갖춘 이들이었고 대개 귀족 집안, 즉 부르고뉴와 서프랑크 왕국의 대가문(이 사실은 클뤼니 수도원의 영향력을 확대하는 데에 도움이 되었다)에서 뻗어나온 집안 출신이었으며, 교회의 도덕적, 영적 개혁을 지원하기 위해서 힘을 쏟았다. 교황청 개혁을 실제로 시작했던 인물인 교황 레오 9세는 클뤼니 수도원의 사상들을 열렬히 고취했다. 그는 5년 동안의 교황 임기 중 간신히 6개월만을 로마에서 보내는 대신에, 프랑스와 독일 지역에서 열렸던 종교회의들을 돌아다녔으며, 지방의 관습들을 교정했고, 속인 유력자들이 교회에 간섭하는 것을 제어했으며, 성직자들의 부적절한 행동들을 처벌했고, 성직 규율의 새로운 유형을 부여했다. 교회 내의 관행들이 더 많이 규격화되었던 것이 그 첫 결과들 중의 하나였다. 교회는 이제 더 균일한 집단처럼 보이기 시작했다.

또 하나의 결과는 두 번째 위대한 수도회의 창설이었다. 그것은 시토 수도회(Cistercians, 그들의 첫 번째 수도원이 있었던 시토[Cîteaux]의 이름을 따랐다)로서, 클뤼니 수도회에 만족하지 못하고 베네딕투스회 규칙 본연의 엄격함으로 돌아가고자 하는(특히 클뤼니가 포기했던 실천적 육체노동을 재개함으로써) 수도사들에 의해서 만들어진 것이었다. 한 시토 수도회의 수도사 성 베르나르도는 12세기 기독교 개혁과 십자군운동 모두에 가장 큰 지도자이자 전도사가 되었고, 그의 교단은 수도원 규율과 종교건축에 걸쳐 폭넓은 영향력을 행사했다. 이 역시 교회를 더 큰 통일성과 규칙성으로 몰고 갔다.

개혁의 성공은 대체로 종교의 진정한 민중적 발현이라고 할 수 있었던 십자군운동의 열정과 도덕적 확신에서도 드러난다. 그러나 새로운 방식은 또한 반대를 불러일으켰는데, 그 반대 중의 일부는 성직자들 내부에서도 존재했다. 주교들은 그들의 일에 교황이 개입하는 것을 항상 반기지는 않았고, 지역교구 성직자들은 그들의 신도들이 받아들이는 전래의 관행들(예를 들면, 성직자 결혼)을 바꾸어야 할 필요성을 항상 느끼는 것은 아니었다. 성직개혁에 대한 가장 두드러졌던 반대는 역사에 서임권 논쟁(Investiture Contest)이라고 기록된 큰 갈등이었다. 일부는 이 갈등을 핵심적인 기독교 원리를 건드렸던 사건으로 보기도 하지만, 주로 논란이 되었던 것은 독일과 이탈리아, 즉 신성 로마제국의 땅들의 지배계급(그곳의 군주정과 성직자 조직은 이 계급 출신의 인물들로 채워져 있었다) 내에서의 권력과 부의 공유 문제였다. 그러나 사라지지 않았던 초월적 원리 문제, 즉 세속과 성직 권위의 적절한 관계는 무엇일까라는 중대한 문제가 존재했기 때문에 다른 나라들도 유사한 갈등들(프랑스는 11세기 말, 영국은 12세기 초)에 의해서 영향을 받았다.

서임권 투쟁 중 가장 널리 알려진 다툼은 1073년에 교황 그레고리우스 7세가 선출된 직후에 벌어졌다. 힐데브란트(교황 선출 이전의 그레고리우스의 이름. 형용사 '힐데브란트의[Hildebrandine]'는 그의 정책과 시대를 위해서 쓰인다)는 결코 매력적인 인간은 아니었지만, 큰 개인적이고 도덕적인 용기를 가진 교황이었다. 그는 교황 레오 9세의 조언자들 가운데 하나였으며, 생애 내내 서쪽 기독교 세계 내의 교황청의 독립성과 권위를 위해서 싸웠다. 그는 이탈리아 사람이었지만 로마인은 아니었는데, 이 사실은 아마도 왜 그가 교황이 되기 전에는 교황 선출을 추기경단(樞機卿團)으로 이전시키고, 추기경단에서 로마의 속인귀족들을 축출하는 데에 두드러진 역할을 했는지를 설명해줄 것이다. 개혁이 도덕과 예의의 문제가 아니라 정치와 법의 문제가 되었을 때(그의 12년 동안의 교황 재위 때에 그렇게 되었다), 힐데브란트는 갈등을 회피하기보다는 일으킬 것 같았다. 그는 가능한 결과들을 놓고 미리 생각해보기보다는 단호한 행동을 좋아하는 인물이었다.

다툼은 이미 필연적이었던 것 같다. 개혁의 핵심에는 독립된 교회라는 이상이 놓여 있었다. 속인들의 간섭에서 벗어나야만 그 과업을 달성할 수 있을 것이라고 레오와 그의 추종자들은 생각했다. 교회는 국가로부터 떨어져 있어야 하고, 성직자들은 속인들의 삶과는 다른 삶을 살아야 한다. 즉, 그들은 기독교 세계 내에서 구별되는 결사체여야 한다. 이런 이상으로부터 성직 매매(성직 고관직 매입)에 대한 공격, 성직자 결혼 반대 캠페인 그리고 지금까지 당연시되던 성직의 임명과 진급에 대한 속인들의 간여에 맞선 격렬한 투쟁이 나오게 되었다. 교황을 선출하는 새로운 방식은 황제에게 이론상의 거부권만을 주었을 뿐 그 이상은 부여하지 않았다. 일부 교황들이 이미 황제의 가신들의 지원을 구함으로써 풍파를 일으켰다는 점에서, 교황과 황제 사이의 실제 관계 역시 악화되고 있었다.

그레고리우스 7세의 기질은 이 미묘한 상황 속에서 진정시키는 것은 아니었다. 교황으로 선출되자마자, 그는 황제의 동의 없이 성좌를 차지했으며 단순히 황제에게 그 사실을 알릴 뿐이었다. 2년이 지난 후, 그는 어떤 속인도 주교 또는 다른 성직 직위를 성직자에게 부여하지 못하도록 하는 세속 서임권에 대한 계율을 발표했고, 황제의 일부 종교 고문들을 그들의 진급에 성직 매매의 죄가 있다고 하며 파문했다. 이 문제를 마무리하는 의미에서, 그레고리우스는 황제 하인리히 4세를 그 앞에 소환하여 직권 남용에 대해서 스스로를 변호하게 했다.

하인리히는 우선 교회조직 자체를 통해서 대응했다. 그는 독일 지역에 종교회의 소집하여 그레고리우스의 폐위를 선언했다. 이로 인해서 그는 파문을 당했는데, 이는 만약 그가 독일 지역에서 이제 교황의 지지를 얻게 된 강력한 적들을 맞이하지 않았더라면 큰 문제는 아니었을 것이다. 그 결과, 하인리히는 항복해야 했다. 그레고리우스에 의해서 통솔되는 독일 주교들 앞에서의 심판을 피하기 위해서(그레고리우스는 이미 독일로 오는 중이었다) 하인리히는 북부 이탈리아의 카노사로 굴욕적으로 찾아갔고, 이 세속과 종교 권력 간의 가장 극적인 대결에서 그레고리우스가 그의 참회를 받아줄 때까지 눈 속에서 맨발로 기다려야 했다. 그러나 정작 그레고리우스는 승리한 것이 아니었다. 당시 카노사가 야기한 충격은 그리 크지 않았다. 교황의 입장은 너무도 극단적이었다. 그는 교회법을 넘어선 혁명적인 교리를 주장하는 데까지 나아갔는데, 그것은 왕이란 교황이 부적합하다거나 자격이 없다고 판단하면 물러나게 될 수 있는 관직에 불과하다는 것이었다. 이는 충성서약의 신성함이라는 생각에 지배받는 도덕적 틀 내의 인간들에게는 거의 생각조차 할 수 없을 정도로 체제 전복적인 사고였다. 그것은 이후의 교황군주제의 조짐을 보여주는 것이지만, 그 어떤 군주에게도 받아들여질 수 없는 것이었다.

서임권은 이후 50년 동안 계속 쟁점이 되었다. 그레고리우스는 하인리히의 위협 속에서 동정을 받았지만 곧 그것을 잃게 되었고, 1122년이 되어서야 또 다른 황제가 교황의 승리라고 볼 수 있었던 한 협약에 동의했다. 비록 그 협약도 외교상으로 위장된 것이었지만 말이다. 그러나 그레고리우스는 진정한 개척자였다. 그는 성직자와 속인들을 그 어느 때보다도 구분했고, 교황 권력의 분리와 우위성에 대해서 전례 없는 주장을 펼쳤다. 교황의 법제와 사법권이 닦였던 이후 두 세기에는 그 주장과 관련된 더 많은 것들이 나타나게 될 것이었다. 더 많은 법적 분쟁이 지역교회 법정으로부터 교황청의 재판관들에게로 (그들이 로마에 거주하건 지방에 있건 관계없이) 넘어올 것이었다. 1100년까지 진정한 교황군주제의 출현을 위한 기초가 놓인 셈이었다. 물론 영국에서는 성직자 특권과 토지법으로부터의 면세 문제(이 문제는 훗날에 쟁점이 될 것이었다)를 둘러싸고 극적인 다툼이 존재하기는 했다. 그리고 즉각 그것은 캔터베리 대주교였던 토머스 베켓의 피살(그리고 그 이후의 시성)을 야기했다. 그러나 전체적으로 보아서, 성직자들이 누렸던 거대한 법적 면제들은 크게 도전받지 않았다.

인노켄티우스 3세 치하에서, 군주적 권력을 자처하는 교황권은 새로운 이론적 절정에 도달했다. 실제로 인노켄티우스는 그레고리우스만큼 멀리 간 것은 아니었다. 그는 서쪽 기독교 세계 모든 곳에서 절대적이고 완전한 현세권력을 주장하지는 않았으나, 교황청이 그 권위를 통해서 제국을 그리스인들로부터 서유럽 사람들에게로 가져왔다고 말했다. 교회 내에서 그의 권력은 그가 운영해야 했던 관료기구가 불완전했다는 사실을 제외하고는 거의 제한받지 않았다. 그러나 교황 권력은 여전히 자주 개혁적인 생각들을 지지하면서 행사되었는데, 이는 아직 해야 할 일이 많이 남아 있었다는 사실을 드러내준다. 성직자의 독신은 더 흔해졌고 더 널리 퍼지게 되었다. 13세기 교회가 밀고나간 새로운 관행들 중에는 빈번한 개인 고해성사가 있었는데, 이는 종교적으로 사고하고 불안으로 가득 찼던 당시 사회에 대한 강력한 통제도구가 되었다. 교리상의 혁신 중에는, 신비스러운 과정을 통해서 그리스도의 육체와 피가 성찬식에 쓰이는 빵과 와인에 실제로 존재한다는 성변화설(聖變化說)이 13세기 이후 도입되었다.

중세 중기 유럽은 거대한 광경이 들어서면서 최종적으로 기독교화되었다. 수도원 개혁과 교황의 전제정치는 건축에서의 지적인 시도들 및 새로운 부의 활용과 결합하여 이 시기를 교부시대(敎父時代) 이후로 기독교 역사가 맞이했던 두 번째 전성기로 만들었던 것이다. 그것은 그 근간이 아마도 지적이고 영적인 발전들에 놓여 있던 성취였지만, 석재(石材)에서 아주 확연하게 드러났다. 우리가 '고딕' 건축이라고 생각하는 것은 이 시대의 창작품이었다. 그것은 철도가 등장하기 전까지, 작은 도시들 위로 올라 있는 교회탑과 첨탑이 지배하거나 방점을 찍는 유럽의 풍경을 창출했다. 20세기까지도 교회의 주요 건물들은 대개 수도원의 모습을 하고 있었다. 중세 중기 일련의 놀랄 만한 대성당 건물들이 특히 북부 프랑스와 영국에서 건설되기 시작했는데, 이는 유럽 예술의 대단한 자랑거리들 중 하나로 남아 있으며, 성들과 함께 중세의 주요 건축물을 이룬다.

이 엄청난 노력들에 민중들은 크게 열광했던 것으로 보인다. 물론 그들 이면의 심적 태도들로 파고들어가는 것은 어렵지만 말이다. 어쩌면 우주탐험에 대해서 20세기 사람들이 열광했던 감정과 비견해볼 수 있겠지만, 이런 비교는 이 거대한 건물늘의 조자연적 자원을 누락시킨다. 그것들은 신에게 바치는 봉헌인 동시에, 현세에서의 복음주의와 교육 도구의 핵심 부분이었다. 이 건물들의 거대한 회중석들과 측랑들 근처로 성유물 행렬과 이를 보러 온 순례자 집단들이 돌아다녔다. 창문들은 유럽 문화의 핵이었던 『성경』에 나오는 이야기의 이미지들로 채워졌다. 외관은 의로움과 부정함의 심판을 기다리는 운명을 교훈적으로 재현한 것들로 덮였다. 기독교는 그 건물들 안에서 새롭게 알려지고 새로운 집단성을 획득하게 되었다. 이 위대한 교회 건물들이 중세 유럽인들의 상상력에 미친 영향을 완전히 가늠하는 것은 불가능하다. 그 장려함이 당대 일상현실과 이뤄졌던 대조는 오늘날 상상할 수 있는 그 어떤 것보다 더 컸다는 점을 우리 스스로 상기해보지 않는다면 말이다.

조직된 기독교의 권력과 침투력은 새로운 수도회들이 등장하면서 더욱 강화되었다. 두 가지 교단이 두드러졌다. 이들은 탁발(托鉢) 프란체스코 수도회 (Franciscans)와 도미니크 수도회(Dominicans)로, 영국에서는 수사들의 의복 색깔 때문에 각각 회색 수사들과 흑색 수사들이라고 불리게 되었다. 프란체스코 수도회는 진정한 혁명가들이었다. 그들의 창립자 아시시의 성 프란체스코 는 가족을 떠나서 병든 자들, 가난한 자들, 나병 환자들 사이에서 빈곤한 삶을 살았다. 그 주변에 곧 모여들었던 추종자들은 그리스도의 가난과 겸허함을 본받는 삶을 살고자 진지하게 애썼다. 처음에는 공식적인 조직이 존재하지 않았으며, 프란체스코 역시 사제가 아니었다. 그러나 인노켄티우스 3세는 이 분열을 초래할 가능성이 있는 운동이 통제할 수 없이 흘러가도록 내버려두기 보다는 이를 후원할 기회를 재빠르게 포착하여 수도회장을 선출하라고 일렀 다. 수도회장을 통해서 이 새로운 조직은 교황청에 충성하고 철저히 순종했 다. 그들은 교구주교의 허가 없이 설교할 수 있었기 때문에, 지방주교의 권위 를 견제하는 역할을 할 수 있었다. 더 오래된 수도회들은 위험을 감지하고 프란체스코 수도회를 반대했으나, 이 탁발 수사들은 그들 조직을 둘러싼 내적 불화에도 불구하고 번창했다. 결국 그들은 그들만의 견고한 관리체계를 가지 게 되었고, 특히 가난한 자들과 선교 대상지에 대한 복음 전도자들로 항상 남았다.

도미니크 수도회는 더 제한된 목적을 추구했다. 그들의 창립자는 이단으로 보였던 한 집단, 즉 알비파(Albigensians)에게 랑그도크 지방에서 설교했던 한 카스티야 사제였다. 그의 동반자들로부터 새로운 설교 수도회가 자라났다. 1221년에 도미니크가 사망했을 때, 원래 17명이던 그의 추종자들은 500명이 넘는 수도사들이 되어 있었다. 프란체스코 수도회처럼 그들은 가난을 서약한 탁발 수도사들이었고, 역시 프란체스코회와 마찬가지로 그들은 선교활동에 헌신했다. 그러나 그들의 영향은 주로 지적인 영역에서 이루어졌고, 당시 막 생겨나던 매우 중요한 새로운 기관, 즉 최초의 대학들에서 큰 역할을 하게 되었다. 도미니크 수도회는 또한 13세기 초에 등장했던 이단방지 기구, 즉 종교재판에 수많은 이들을 참여시키게 되었다. 4세기 이후부터, 성직자들은 이단자들에 대한 박해를 강력히 촉구해왔다. 그러나 이단자들에 대한 교황의 첫 단죄는 1184년에서야 이루어졌다. 인노켄티우스 3세 시대에 와서야 이단에 대한 박해는 가톨릭 군주들의 의무가 되었다.

알비파는 분명 가톨릭은 아니었지만, 그들이 기독교 내의 이단자들로 간주될 수 있을지에 대한 의구심도 있다. 그들의 신앙은 마니교 교리를 반영한다. 그들은 이원주의자로, 일부는 모든 물적 창조물을 악마적인 것으로 보고 거부했다. 종교적 이설(異說)은 (이후의 수많은 이단자들의 그것처럼) 당대의 사회적, 도덕적 관행에서 벗어난 것이거나 최소한 불순응을 의미하는 것으로 여겨졌다. 인노켄티우스 3세는 랑그도크에서 한 교황 특사가 살해된 이후에 알비파를 박해하기로 결심한 것 같다. 그리고 1209년에 이들을 단죄하기 위한 십자군이 시작되었다. 이 십자군운동은 알비파의 땅과 집을 즉각적으로 약탈할 수 있는 기회를 제안했기 때문에 (특히 북부 프랑스 지역 출신의) 수많은 속인들을 끌어들일 수 있었지만, 또한 분명 새로운 국면을 여는 것이기도 했다. 이제 서쪽 기독교 세계의 국가와 교회는 그 둘 중 하나를 위협에 빠뜨릴 수 있는 반대자들을 힘으로 진압하는 데에 합류했던 것이다. 이는 비록 완전하지는 못했지만, 오랜 기간 동안 효과적인 장치가 되었다.

중세 종교적 불관용성의 이론과 실제를 판단하려면, 그 사회가 이단으로부터 느꼈던 위험이 소스라칠 정도였다는 점을 기억해야 한다. 그 일원들은 끊임없는 고문과 맞닥뜨리게 될지도 몰랐다. 그러나 박해는 이후 3세기 동안 새로운 이단들이 계속해서 등장하는 것을 막지 못했는데, 그 이유는 이런 이단들이 현실의 필요들을 표현하는 것이었기 때문이다. 어떤 의미에서 이단은 교회가 그토록 두드러지게 이루었던 성공들 가운데 속이 빈 한 곳을 드러낸 것이었다. 이단자들은 길고, 자주 영웅적이었던 전투의 결과에 불만이 존재한다는 점을 보여주는 살아 있는 증거였다. 다른 비판자들 또한 적절한 때에, 다른 방법으로 자신들의 의견을 알릴 것이었다. 교황군주제의 이론은 반대되는 교리를 야기했다. 사상가들은 교회는 세속의 문제에 간섭하는 데까지 나아가지 않는, 정해진 활동 공간을 가져야 한다고 주장할 것이다. 사람들이 민족 공동체에 대한 의식이 더 강해지고 그 주장을 더 존중하게 되면서, 이런 주장은 점점 더 설득력 있게 들리게 되었다. 신비주의적 종교의 등장은 교회체제

밖으로 빠져나가는 경향의 또 하나의 현상이었다. 토마스 아 켐피스(?1380-1471)를 추종하는 공동생활 형제회(Brethren of the Common Life)와 같은 운동들에서, 평신도들은 간혹 성직자의 통제로부터 벗어나는 종교적 관행들과 종교의식의 형태들을 창출했다.

그러한 운동은 중세 교회의 거대한 역설을 드러내준다. 그것은 권력과 부의 정점에 올랐다. 그것은 거대한 계서조직을 받들기 위해서 광대한 토지들, 십일조, 교황청 세금을 운용했다. 그 조직의 세속적 위대함은 신께 바치는 영광을 반영했고, 그것의 호화로운 대성당들, 거대한 수도원들, 화려한 성찬의례들, 학술 단체들, 도서관들은 신자들의 헌신과 희생을 구현했다. 그러나 이 거대한 권력 및 위엄의 집중은 가난과 미친함을 영광되게 여기며 이 세상의 것이 아닌 것들의 우월함을 믿는 마음이 핵심인 신앙을 설파하는 것에 그 요체가 있었다.

교회의 세속성은 점차 더 많은 비판을 불러일으키게 되었다. 그것은 단순히 몇몇 교회 유력자들이 특권과 기부받은 재산에 기대어 그들의 욕구를 충족시키고 신도들을 돌보지 않는 정도의 문제가 아니었다. 권력에 내재하는 더 감지하기 어려운 타락이 존재했던 것이다. 신앙의 수호와 기관의 성공을 동일시하면서, 교회는 점차 관료적이고 법률적인 얼굴을 가지게 되었다. 이 점은 일찍이 성 베르나르의 시절부터 나타났다. 심지어 그때에도, 너무도 많은 교회 법률가들이 존재한다고 이야기되었다. 13세기 중엽까지, 법률주의는 노골적이 되었다. 교황청 자체가 곧 비판받게 되었다. 인노켄티우스 3세가 사망했을 때, 위안과 성스러움으로서의 교회는 중앙집권화의 단단한 표면 뒤에서 이미 흐려진 상태였다. 종교적 주장들은 어떤 종류의 제한으로부터도 자유로울 것을 요구했던 성직 군주정의 자기주장과 혼동되었다. 교회의 운영을 영적 능력의 사람들의 손에 계속해서 맡기기는 이미 어려워졌다. 마르다가 마리아를 밀어내고 있었다. 점점 더 그 자신의 목적들을 양산하던 기구를 운영하기 위해서는 행정적, 법적 재능이 필요했기 때문이었다.

1294년에 경건함으로 널리 알려진 한 은자가 교황으로 선출되었다. 이 사건이 불러일으켰던 희망들은 금방 내던져졌다. 켈레스티누스 5세는 몇 주일 안에 사직을 강요당했고, 로마 교황청에 그의 개혁적 바람들을 도입할 수 없게 되었다. 그의 후계자가 보니파키우스 8세였다. 그는 가장 정치적이고 오만한 수준에서 교황청의 모든 허세들을 상징했기 때문에, 최후의 중세적 교황으로 불려왔다. 그는 법률가로 교육받았고, 기질적으로 영적인 인간과는 거리가 먼 사람이었다. 그는 영국과 프랑스의 왕들과 격렬하게 다투었고, 1300년 성년 기념제에서는 현세의 권력과 영적인 권력 모두를 그가 가지고 있다는 점을 상징하기 위해서 두 개의 칼을 차고 있었다. 2년 후 그는 모든 인간이 교황이 통치권을 가진다는 사실을 믿는 것이 구원에 필수적이라고 주장하기까지 했다.

그의 시대에 왕들과의 오랜 다툼은 정점에 이르렀다. 거의 100년 전, 영국은 교황에 의해서 성무 정지를 당했었다. 이 무시무시한 선고는 어떠한 종교 전례도 모두 금지하는 것이었는데, 반면 왕은 교회에 회개하지 않고 타협하지 않는 상태로 남아 있었다. 사람들은 그의 자식들을 세례받게 할 수도, 그 자신들의 죄를 사면받을 수도 없었는데, 이는 신앙의 시대에 무시무시한 박탈이었다. 존 왕은 굴복할 수밖에 없었다. 한 세기 후, 상황은 변했다. 주교들과 그들의 성직자들은 자주 로마와 소원해졌다(이는 그들의 권위 역시 약화시키기도 했다). 그들은 보니파키우스 치하에서 극에 달했던 교황청의 허세에 반대해서 일어나는 민족감정에 동조했다. 프랑스와 영국의 왕들이 교황의 권위를 부정했을 때, 왕들은 성직자들 중에서 그들을 지지하는 사람들을 발견할 수 있었다. 왕들은 또한 그들을 위해서 싸워줄 이탈리아 귀족들을 가지고 있었다. 1303년 그들 중 일부가 (프랑스인들에게 고용되어) 늙은 교황을 그가 태어난 도시로 쫓아가서, 그곳에서 그를 붙잡아 소름끼칠 만한 육체적 수모를 주었다고 알려져 있다. 그의 편이었던 도시민들이 보니파키우스를 놓아주었기 때문에 그는 (그가 감옥에 가두었던 켈레스티누스와는 달리) 감금 상태로 죽지 않았으나, 몇 주일 후 의심의 여지없이 그 충격 때문에 사망했다.

이는 교황청, 일부의 주장으로는 교회조직 전체가 겪게 될 곤경의 시작일 뿐이었다. 앞으로 4세기 이상 동안이나 그것은 되풀이되고 커져가는 적대의 물결에 직면하게 되었는데, 그 적대는 자주 단호하게 대처되기는 했지만, 기독교 자체에 의문을 제기하는 것으로 끝났다. 심지어 보니파키우스 시대의 마지막에, 그가 제기한 법률적 주장들은 거의 핵심을 벗어나 있었다. 보니파키우스의 복수를 위해서 들고 일어나는 사람은 없었다. 이제 영적 태만은 점차 비난의 표적이 되었다. 이제부터 교황청은 왕들로부터 너무 많은 것을 요구해서라기보다는 개혁에 방해가 된다는 점 때문에 더 비난받게 되었다. 그러나 오랫동안 비판은 중요한 한계들도 가지고 있었다. 자율적이고, 자기 정당화된 비판은 중세에는 생각할 수 없는 것이었다. 성직자들이 비판받은 것은 그들이 전통적인 종교적 과업에서 실패했기 때문이었다.

1309년, 프랑스인 교황은 교황청을, 나폴리 왕에게 속해 있으나 프랑스 왕들의 관할영토로서 그들 권력의 그늘에 놓여 있던 도시인 아비뇽으로 가져왔다. 교황이 아비뇽에 머무는 기간 동안(1377년까지 계속되었다), 프랑스 추기경들이 우위를 차지하게 되었다. 곧 영국인들과 독일인들은 교황이 프랑스 왕의 도구가 되었고 그 자신의 영토들 내 교회의 독립성에 반하는 조치를 취한다고 믿었다. 황제 선거후들은 그들의 표는 교황의 재가나 비준을 필요로 하지 않으며 황제 권력은 신으로부터만 나온다고 선언했다.

아비뇽에서 교황들은 거대한 궁전에서 살았는데, 그 건물은 로마를 멀리한다는 그들의 결정을 상징했고, 그 사치스러움은 더 커지고 있던 세속화 경향을 보여주는 것이었다. 교황의 궁정은 유례없는 호화로움을 가지고 있었는데, 여기는 교회세와 착복을 통해서 임금 지급을 받았던 화려한 일련의 종복들과 관리자들이 일하고 있었다. 안타깝게도 14세기는 경제적 재앙의 시대였다. 크게 줄어든 인구는 더 비용이 많이 드는 (일부의 주장으로는 낭비하는) 교황청을 위해서 더 많이 지불할 것을 요구받았던 것이다. 중앙집권화는 계속해서 부패를 낳았고(교황의 권리들을 남용하여 없는 성직 자리에 사람을 임명하던 것이 분명한 예였다), 성직 매매와 성직 겸임에 대한 비난은 점점 더 타당하게 들리게 되었다. 고위 성직자의 개인적 품행은 더욱더 확연하게 사도시대의 이상들과 차이를 보였다.

아비뇽에서의 교황의 유수(幽囚)는 민중적인 반(反)성직자주의와 반(反)교황주의를 자라나게 했다. 이는 왕들이 그들의 지배를 받아들이지 않던 사제들에 대해서 분노하면서 가지게 되었던 반성직자주의 및 반교황주의와는 다른 것이었다. 수많은 성직자들 스스로가 부유한 대교회들과 세상 이익을 탐하는 주교들의 존재는 교회가 세속화되었다는 증거라고 생각했다. 이는 그레고리우스 7세의 유제를 타락시켰던 아이러니였다. 교회에 대한 비판은 고조되었고 드디어 1377년 교황청은 로마로 돌아왔지만, 그 시점에 교회 역사상 가장 큰 불명예스러운 사건이었던 '대분열(Great Schism)'을 맞이하게 되었다. 세속 군주들은 그 자신의 영역에 준민족적 교회들을 가지려고 했고, 20명 남짓의 추기경단은 그들 자신의 수입과 지위를 유지하기 위해서 함께 교황청을 조종하여 두 명의 교황(그중 두 번째는 프랑스인 추기경들만으로 선출했다)이 선출되게 만들었다. 30년 동안, 로마와 아비뇽의 교황들이 동시에 교회조직의 수장임을 주장했다. 1409년에는 세 번째 경쟁자가 피사에서 나타났다. 분열이 계속되면서, 교황청에 대한 비판은 점점 더 적의에 찬 것이 되었다. "적그리스도(Antichrist)"는 교황령(patrimony of St Peter)을 장악하려는 사람들에 대해서 가장 즐겨 사용되던 독설이었다. 세속 경쟁자들의 간여로 문제는 또 복잡해졌다. 아비뇽 교황을 위해서는 대체로 프랑스, 스코틀랜드, 아라곤, 밀라노가 연합해 있었다. 로마 교황은 영국, 신성 로마 제국 황제, 나폴리, 플랑드르로부터 지지를 받았다.

그러나 분열은 어느 순간 쇄신과 개혁을 약속하는 듯이 보였다. 네 번의 교회 공의회들이 모였고 결의안에 동의했다. 결국 그들은 1420년부터 교황의 숫자를 하나, 즉 로마에 있는 교황으로 줄이기로 했지만, 일부는 사실 더 많은 것을 원했다. 그들은 개혁을 추구했던 것이었는데, 하지만 공의회들은 방향을 틀어버렸다. 대신 그들은 이단과 싸우는 데에 전력했고, 개혁을 위한 지지는 교황청 통일이 복원되자 줄어들었다. 교회조직 내에 권위의 원천이 되는 대안적인 공의회가 존재한다는 원칙은 이후 400년 동안 로마에서 의심스럽게 간주될 것이었다.

항상 들끓고 있던 이단은 공의회 시대 동안의 불같은 개혁 열망으로부터 디저니오게 되었디. 영국의 존 위클리프(?1330-1384)와 보헤미아의 얀 후스(?1372-1415)라는 두 탁월한 인물들은 분열이 야기했던 불만들에 주목했다. 그들은 무엇보다도 교회개혁가들이었다. 비록 위클리프는 행동가라기보다는 선생이자 사상가였지만 말이다. 후스는 민족적, 종교적 사안들과 결부된 한 운동의 지도자가 되었다. 그는 프라하에서 설교자로서 거대한 영향력을 행사했다. 그는 콘스탄츠 공의회에서 예정설과 재산에 대한 견해로 인해서 이단으로 선고받았고 1415년에 화형에 처해졌다. 위클리프와 후스가 자극했던 거대한 개혁은 그들의 비판이 제지받으면서 시들해졌으나, 그들은 서유럽 교회조직의 통일성에 그토록 파괴적인 영향을 미치게 될 민족주의적 반교황주의의 맥을 열었던 것이었다. 후스가 죽은 지 20년 후에도, 로마 가톨릭교도들과 후스주의자들은 보헤미아에서 격렬한 내전을 벌였다.

한편, 교황청은 그 나름대로 15세기의 속인 군주들과의 절충에서 양보를 했다. 종교적인 열망은 점점 더 교회조직의 중앙기구를 비껴가는 듯이 보였다. 열정은 계속해서 이어지는 신비주의적 저술과 민중종교의 새로운 유행에서 발현되었다. 그리스도 수난(Christ's Passion)의 고통에 대한 새로운 집착이 회화예술에서 등장했다. 성인들에 대한 새로운 숭배, 채찍질 열풍, 무도광(舞蹈狂)의 발생 등은 모두 사회의 흥분이 고조되어 있었음을 보여준다. 민중 설교자의 매력과 힘을 보여주는 두드러진 예는 도미니크 수도회 출신 사보나롤라(1452-1498)에게서 찾아볼 수 있다. 도미니크파로서의 큰 성공은 그를 한동안 1490년대에 피렌체의 도덕적 독재자로 만들어주었다. 종교적 열정은 자주 공식 성직체계를 피해가곤 했다. 14세기와 15세기, 민중종교의 강조점 중 많은 부분은 개인 헌신적인 것이었다. 성직계서 체계 내의 비전과 조직이 부족했다는 인상은 또한, 유럽 밖의 선교활동에 무심했다는 사실에서도 발견된다.

전체적으로, 15세기는 물러남의 느낌, 즉 거의 2세기 동안 지속되었던 큰 노력 이후의 썰물과 같은 느낌을 남겨주었다. 그러나 중세 교회조직이 우리의 마음속에 가장 먼저 그런 인상으로 남는다면, 이는 그 어떤 요소보다도 종교로 인해서 현재 사회와는 많이 달랐던 당시 사회를 심각하게 오해할 수 있는 위험을 감수하는 것이다. 유럽은 여전히 기독교 세계였고, 1453년 이후에는 훨씬 더 의식적으로 그러했다. 그 경계들 안에는, 삶의 거의 전부가 종교에 의해서 규정되었다. 모든 권력은 궁극적으로 신으로부터 흘러나왔다. 교회조직은 대다수의 남녀들에게 그들 존재의 중요한 순간들, 즉 결혼, 아이의 탄생과 세례, 죽음의 유일한 기록자이자 인증자였다. 그들 중 많은 이들은 그것에 완전히 그 자신을 맡겼다. 오늘날과 비교할 때, 전체 인구 중 훨씬 더 큰 비율의 사람들이 수도사와 수녀가 되었던 것이다. 그들은 적대적인 일상생활에서 물러나서 수도원 생활로의 침잠을 생각했을지 몰라도, 그들이 남겨놓고 떠난 세계는 완전히 교회조직과 구별되고 이에 무관심한 오늘날 우리 세상과 같은 세속적 세계는 결코 아니었던 것이다. 배움, 자선, 행정, 사법 그리고 크게 확장된 경제생활 모두가 종교의 범위와 규제 안에 들어 있는 것이었다.

심지어 사람들이 성직자들을 공격할 때에도, 그들은 교회조직 스스로가 그들에게 가르쳤던 기준의 이름으로, 그리고 교회가 그들에 주었던 신의 목적이라는 지식에 호소하면서 그렇게 했다. 종교 신화는 단지 문명의 가장 깊은 샘이었을 뿐만 아니라 그것은 여전히 모든 사람들의 삶이었다. 그것은 인간의 목적을 규정했고, 초월적 선이라는 관념으로 그렇게 했다. 교회조직, 즉 모든 신자들의 공동체 밖에는, 오직 이교신앙만이 있을 뿐이었다. 매우 구체적인 형태로 상상되었던 악마는 은총의 경로로부터 벗어나는 사람들을 위해서 기다리고 있는 것이었다. 그릇된 사람들 중에 일부 주교들이나 아니면 심지어 교황이 있다면, 그것은 그만큼 더 나쁜 것이었다. 인간의 나약함은 삶에 대한 종교적 관점과 타협될 수 없었다. 신의 정의는 드러날 것이고, 신은 모든 것이 종말에 이르는 분노의 날(Day of Wrath)에 염소와 양을 구별할 것이었다.

그러나 중세 말 유럽에 종교만이 성장하고 변화한 것은 아니었다. 국가도 그러했다. 오늘날 우리 대다수는 우리를 통치하는 국가가 존재한다는 생각에 아주 익숙하다. 지표면은 특별한 방식으로 표시되는 (관리들을 통해서 작동하는) 비인격적 조직들로 나뉘어져 있고, 그러한 조직들은 어떤 주어진 지역에 대해서 최종적인 공적 권위를 가진다고 일반적으로 받아들여진다. 대개 국가들은 특정 방식으로 민족이나 국민들을 대표한다고 생각된다. 그 국가들이 막상 그렇든 그렇지 않든 간에, 국가들은 우리 대다수가 이로부터 근대 세계의 정치 단위를 만드는 기초 블록들이다.

이것들 가운데 그 어떤 것도 1000년도에 살고 있던 유럽인에게는 이해될 수 없는 것이었다. 500년 후에도, 그것 중 상당수는 (그 유럽인이 누구였는지에 달려 있겠지만) 아마도 마찬가지였을 것이다. 근대 국가가 등장하는 과정은 1500년까지는 전혀 완성되지 않았지만, 그 시기는 근대 역사의 범위를 정하는 표시점 중 하나이다. 원칙과 사상들 이전에, 현실들이 먼저 시작되었다. 13세기 이래로, 대개 왕이었던 수많은 통치자들은 다양한 이유에서 그들이 지배하는 이들에게 행사할 수 있는 권한을 증대시킬 수 있었다. 이는 대개 그들이 거대한 군대를 유지하고, 그 군대를 당시까지 가장 효율적인 무기로 무장시킬 수 있었기 때문에 그러했다. 철 대포는 14세기 초에 발명되었다. 청동 대포가 뒤따랐고, 다음 세기에는 대구경(大口徑) 철제 대포들이 이용 가능해졌다. 무기들의 등장과 함께, 유력자들은 더 이상 그들의 통치자들의 도전에 대해서 성벽에 의지하며 용감히 맞설 수 없게 되었다. 강철 석궁 역시 이를 마련할 수 있는 재원이 있는 자들에게 커다란 이점을 주었다. 1500년까지 많은 통치자들은 그들의 영역 안에서 군대 사용을 독점할 수 있는 길로 꽤 나아가고 있었다. 그들은 또한 공유하던 경계지역에서 더 많은 것을 주장하게 되었고, 이는 단순히 더 나은 측량술 이상을 의미하는 것이었다. 그것은 통치 강조점의 변화, 즉 통치자와 특정한 관계를 가지고 있는 개인들에 대한 통제를 주장하는 것으로부터 특정 지역에 살고 있는 사람들에 대한 통제를 주장하는 것으로의 변화를 알렸다. 영토적 종속 상태가 개인적 종속 상태를 대체하는 것이었다.

그러한 영토 덩어리 위로, 국왕 권력이 점차 직접적으로 관리들을 통해서 행사되었는데, 이 관리들은 무기류와 마찬가지로 돈이 드는 집단이었다. 왕이 아는 가신들(그들은 일의 상당수를 왕의 호의에 보답하기 위해서 했고, 자신의 토지가 공급할 수 있는 이상을 필요로 할 때는 왕을 전장에서 지원했다)을 통해서 작동하던 왕정(kingship)은 고용된 이들에 의해서 운영되는 국왕정부(royal government)에 자리를 내주었다. 이 고용된 이들에 대한 대가는 세금(점점 더 현물보다는 현금으로 납부되었다)으로 지불되었는데, 따라서 세금을 올리는 것이 그들의 가장 중요한 업무 중 하나였다. 양피지로 된 증서들과 기록들은 16세기 이후 근대 관료제 문서라는 홍수가 될 첫 번째 물길에 자리를 내주었다.

이런 대략적인 요약은 어쩔 도리가 없이 이 막대하게 중요하고 복잡한 변화를 흐릿하게만 전달한다. 그것은 삶의 모든 측면과, 즉 종교와 그것이 구현하는 구속력과 권위와, 그리고 경제에, 다시 말해서 그것이 제공하는 자원들 및 그것이 열거나 닫아놓는 사회적 가능성들과, 마지막으로 사상들 및 그것들이 여전히 가변적이던 제도들에 미치는 압력에 연결되어 있었다. 그러나 그 결과는 의심의 여지없이 확실하다. 어떻든 유럽은 1500년까지 카롤링거 왕조 때와 오토 왕조 때의 유럽과는 다르게 조직되고 있었다. 개인적이고 지역적인 유대들은 앞으로도 수 세기 동안 대다수의 유럽인들에게 압도적으로 가장 중요한 것으로 남을 것이었지만, 사회는 부족적 충성심이 여전히 중요했던 시절과는 다른 방식으로 제도화되었다. 주군과 가신의 관계(이는 그 뒤에서 교황과 황제가 펼쳤던 모호한 주장들과 함께, 오랫동안 정치적 사유를 소진시켰던 것 같다)는 한 영토의 모든 주민들 위에 행사되는 군주권의 관념에 자리를 내주기 시작했다. 이 관념은 신을 제외하고는 그 어떤 외부의 우월한 자도 모른다는 영국 헨리 8세의 주장과 같은 극단적인 주장들에서 보이듯이, 진정 완전히 새로운 것이었다.

필연적으로, 그러한 변화는 모든 지역에서 같은 방식으로도 또는 같은 속도로도 일어나지 않았다. 1800년의 시점에서 볼 때, 프랑스와 영국은 이미 수 세기 동안 당시의 독일과 이탈리아가 여전히 상상할 수 없었던 방식의 관념으로 상상할 수 있었을 것이다. 그 일이 어디에서 벌어지건, 이것의 핵심은 대개 왕실의 꾸준한 권력 강화였다. 왕들은 큰 이점을 가지고 있었다. 만약 그들이 신중하게 일을 운영했다면, 그들은 작은 토지를 확보했던 귀족들보다는 일반적으로 큰 (그리고 때로는 아주 큰) 토지에서 더 견고한 권력기반을 가질 수 있었다. 국왕직이라는 것은 그 주위에 신비스러운 기운을 뿜고 있었는데, 이는 대관식과 성유 붓기와 같은 근엄한 상황들에서 드러났다. 왕립법원은 지방의 봉건영주들로부터 얻을 수 있는 것보다는, 더 독립적이면서 덜 비싼 재판을 약속하는 듯했다. 12세기에는 또한 법의 필요성에 대한 새로운 인식이 생겨나기 시작했고, 왕들은 그들의 법원에서 어떤 법이 운용되어야 하는지에 대해서 말할 수 있는 강력한 위치에 있었다. 따라서 그들은 자신이 정점에 또는 그 근처에 위치하고 있는 봉건체제의 자원들뿐만 아니라, 외부로부터의 힘들에도 의지할 수 있었던 것이다. 이 힘들 중 하나는, 점점 더 중요해지면서 서서히 드러나고 있던 민족의식이었다.

오늘날 대부분의 현대인들이 당연하게 생각하는 이런 사고를 앞당겨서 적용시키지 않도록 신중해야 한다. 그 어떤 중세 국가도 우리의 인식으로는 민족적이지 않았고, 그 국가들 중 대다수가 아주 약했다. 그럼에도 불구하고 1500년까지 영국과 프랑스 왕의 신민들은 그들 스스로를 동료 신민들이 아닌 외국인들과는 다르다고 생각했다. 물론 그들은 심지어 바로 옆 촌락에 사는 사람들도 사실상 외국인처럼 간주하기는 했지만 말이다. 이미 200년 전에도 이런 종류의 구분은 영토 내부에서 태어난 사람과 외부에서 태어난 사람 사이에서 만들어지고 있었고, 본토박이 공동체라는 의식도 점차 강화되고 있었다. 하나의 징후는 민족의 성인들에 대한 믿음의 등장이었다. 비록 앵글로-색슨 왕들 치하에서도 교회들이 성 게오르기우스에게 헌정되었지만, 그가 영국의 공식 수호자로 인정받았던 14세기가 되어서야 그의 흰색 바탕의 붉은 정십자형은 영국 군인들의 일종의 군복이 되었다(용을 죽였다는 위업 이야기는 12세가 되어서야 그의 것이 되었는데, 이는 그를 아마도 전설적인 그리스 영웅 페르세우스와 혼동한 결과일 것이다).

또다른 징후는 민족 역사들(게르만 민족들의 암흑기 역사들에 의해서 이미 전조가 보였다)의 서술과 민족영웅들의 발견이었다. 12세기 한 웨일스 사람은 아서(Arthur)라는 신화적인 인물을 사실상 창조했고, 동시대 한 아일랜드 연대기 작가는 대왕 브라이언 보루(High King Brian Boru)와 그의 바이킹들에 맞선 기독교 아일랜드 수호에 대한 비역사적인 신화를 만들었다. 무엇보다도 더 많은 자국어 문학이 등장했다. 먼저 에스파냐어와 이탈리아어가, 그 다음에는 프랑스어와 영어가 이전에 라틴어가 문학적 창조성에 쳐놓았던 장벽을 뚫기 시작했다. 이런 언어들의 원형들은 12세기 중세 기사문학, 즉 피레네 산지 사람들에게 카롤루스 대제가 당했던 패전을 아랍인들에게 맞선 영예로운 방어전으로 바꾸어놓은 『롤랑의 노래(La Chanson de Roland)』나 에스파냐 민족영웅의 서사시인 『엘시드의 노래(El Cantar de Mio Cid)』와 같은 작품들에 드러나 있다. 14세기가 되면, 단테, 랭글런드, 초서가 등장하는데, 이들 각각은 모두 오늘날 별 어려움 없이 읽을 수 있는 언어로 작품을 썼다.

그러나 그 즉각적인 영향을 과장하지는 말아야 한다. 앞으로 수 세기 동안은 가족, 지역 공동체, 종교 또는 길드가 여전히 대부분 사람들의 충성심의 초점이었다. 그것들 사이에서 성장한다고 볼 수 있었던 민족적 기관들은 이런 보수주의를 깨고 들어가는 데에 거의 역할을 하지 못했다. 민족으로 이루어진 국가라는 것이 왕의 재판관들과 왕의 세금징수원 이상의 의미를 가지는 곳은 별로 없었고, 심지어 후기 중세 국가들 중에 가장 민족적이었던 영국에서조차도, 많은 사람들이 서로 만나보지도 못했던 것이다. 반면에 중세의 농촌 교구들과 소도시들은 진정한 공동체였고, 평상시에 사회적 책무를 다하는 방법에서 고려해야 할 것들을 충분히 알려주고 있었다. 이따금씩만 중세인의 마음을 건드렸던 이 민족영역의 공동체라는, 때로 그리고 잠깐 동안 일어났던 희미한 빛을 가리키기 위해서, 또는 직공들이건 상인들이건 상관없이 외국인의 존재에 대해서 갑작스럽게 폭동으로 터져나왔던 격앙된 감정을 표현하기 위해서, 우리는 '민족주의(民族主義, nationalism)'라는 말보다는 진정 다른 용어를 필요로 한다(중세 반유대주의는 물론 다른 근원들을 가지고 있었다). 그러나 위와 같은 민족 감성의 전조들은 서유럽의 새로운 국가들에 대한 지지가 서서히 공고화되고 있음을 보여주는 것이다.

그들의 근대 후예들이 가지게 될 영역과 같은 것 모두를 포괄하려고 했던 첫 번째 이들이 영국과 프랑스였다. 수천 명의 노르만인들이 1066년 침략 이후 프랑스로부터 앵글로-색슨 영국으로 건너와서 새로운 지배계급을 형성했다. 그들의 지도자인 정복자 윌리엄은 그들에게 토지를 하사했으나, 그 자신을 위해서 더 많은 땅을 확보했고(왕실 토지는 그 전의 앵글로-색슨 왕실이 가졌던 것보다 더 컸다) 그 나머지 땅에 대한 궁극적인 영주권을 주장했다. 즉, 그는 전체 영토의 영주가 되는 것이었고, 모든 사람들은 직접적이든 간접적이든 그로부터 땅을 보유하게 된 것이었다. 그는 과거 영국 군주정의 위엄과 조직을 또한 이어받았는데, 이는 그를 그의 동료 노르만인 전사들보다 확연히 위로 승격시킨다는 점에서 중요했다. 그들 중 가장 유력했던 이들이 윌리엄의 백작들과 남작들이 되었고, 조금 덜 중요했던 인물들은 기사가 되었다. 그들은 우선 자신들이 영국 땅에 퍼뜨려놓았던 목조 성들과 토성들에서 이 나라를 다스리게 되었다.

그들은 유럽에서 가장 문명화된 사회 중 하나를 정복한 셈이었고, 이는 앵글로-노르만 왕들 치하에서도 범상치 않은 활기를 띠며 계속되었다. 정복 이후 몇 년 뒤, 영국 정부는 중세 가장 놀라운 행정활동 중의 하나인 둠즈데이 북(Domesday Book), 즉 토지대장의 편찬을 이루어냈는데, 이는 왕실의 목적을 위해서 영국 땅을 조사했던 거대한 작업이었다. 자료는 모든 주와 촌에서 차출된 서기관들이 수집했고, 그 세세함은 한 앵글로-색슨 연대기 작가에게 강렬한 인상을 준 나머지, 그는 단 하나의 황소, 암소 혹은 돼지도 윌리엄이 보낸 자들의 시선을 피해갈 수 없었다고 비통한 마음으로 기록했다(그는 "이를 기록하는 것은 수치스러운 일이지만, 그가 한 일은 부끄러운 것이 아닌 것 같다"라고 했다). 다음 세기에는 왕권의 사법권적 측면에서 급속한, 심지어는 극적이라고 할 수 있는 발전이 이루어졌다. 간혹 미성년 왕이나 약한 왕들이 지방 유력자들에게 왕실 차원의 양보를 하기도 했지만, 군주정의 근본적인 온전함은 손상되지 않았다. 이후 500년 동안의 영국의 정치제도사는 왕권의 이야기, 즉 그 흥망의 이야기이다. 이는 영국이 북쪽만을 제외하고 잠재적인 적들로부터 바다에 의해서 분리되어 있는 덕이 컸다. 외국인들은 영국의 내정에 간섭하기가 어려웠고, 노르만인들은 최후의 성공적인 침입자들로 남았다.

그러나 오랫동안 앵글로-노르만 왕들은 단지 한 섬나라의 왕 이상이었다. 그들은 복잡하게 얽힌 소유지와 봉건속령들을 상속할 이들이기도 했는데, 그 것은 가장 멀게는 남서 프랑스에까지 펼쳐져 있었다. 그들의 계승자들처럼, 그들 역시 노르만 프랑스어를 구사했다. 12세기 초 '앙주' 상속권(그 이름은 앙주[Anjou]로부터 왔다)의 대부분을 상실한 것은 프랑스뿐만 아니라 영국에도 결정적이었다. 민족의식은 이 두 나라 간의 다툼을 통해서 각각에서 더욱 성장했다.

카페 왕조는 프랑스 왕관을 단단히 붙잡고 있었다. 10세기부터 14세기까지 카페 왕조의 왕들은 왕위세습을 끊어지지 않고 할 수 있었다. 그들은 왕실 권력의 근간이 되었던 영토들을 더해갔다. 카페 왕조의 토지들은 또한 비옥했다. 그것들은 오늘날 프랑스의 중심, 즉 일 드 프랑스라고 불리는 파리 인근의 곡창지대에 위치했다. 이 지역은 프랑스 국가에서 오랫동안 프랑키아라는 옛 이름을 간직하고 있던 유일한 곳이었고, 따라서 그것이 과거 프랑크족 왕국의 일부라는 사실을 기념할 수 있었다. 이처럼 첫 번째 카페 왕조의 영역은 부르고뉴와 같은 카롤링거 왕조의 다른 서쪽 영토와는 구별되었다. 1300년까지 그들의 활발한 성공은 '프랑키아'를 팽창시켜서 부르쥬, 투르, 지조르, 아미앵까지를 포함하게 만들었다. 그때까지 프랑스 왕들은 또한 영국의 왕들로부터 노르망디와 다른 봉건속령들을 획득했다.

14세기(와 그 이후)에도 여전히 거대한 봉토와 봉건 공국들이 오늘날 프랑스에 존재하고 있었다는 사실, 그리고 이 사실로 인해서 카페 왕조의 왕국을 하나의 균일한 통일체로 생각하는 것은 적절하지 못하다는 점은 상기되어야 한다. 그러나 그것은 비록 많은 부분이 인적 유대관계에 의존하고 있었다고 하더라도, 일종의 통일체였다. 14세기 동안 그 통일성은 영국과의 오랜 싸움, 즉 백년전쟁(Hundred Years' War, 1337-1453)이라는 오도하는 명칭으로 기억되고 있는 전쟁으로 인해서 크게 강화되었다. 사실 영국인들과 프랑스인들은 1337년부터 1453년 사이에 단지 산발적으로만 전쟁 상태에 있었다. 지속되는 전쟁을 감당하기란 어려웠다. 그것은 비용이 너무 많이 들었던 것이다. 그렇다고 하더라도, 영국 해협의 프랑스 쪽 지역의 영토와 봉건 권리를 영국 왕들이 유지할 수 있느냐의 문제는 공식적으로 논란거리였다. 1350년 에드워드 3세는 그의 문장(紋章), 방패 무늬의 4분의 1에 프랑스의 것들을 포함시켰다. 이로써 항상 전쟁을 재개할 만한 그럴듯한 근거가 마련된 셈이었고, 그것이 영국 귀족들에게 제공했던 전리품과 몸값 획득의 기회들 덕택에 전쟁은 많은 사람들에게 그럴듯한 투자로 느껴졌다.

영국에게 이 싸움은 초창기 민족 신화에 새로운 요소들을 공급해주었고, (대체로 크레시와 아쟁쿠르에서의 대승 덕택에) 프랑스에 대한 오래 지속될 불신을 만들었다. 백년전쟁은 봉건적 파편화를 제어하는 역할을 했으며, 피카르 사람과 가스코뉴 사람, 노르만인과 프랑스인 사이의 장벽을 일정 정도 무너뜨렸다는 점에서 프랑스 군주정에 중요했다. 결국에는 프랑스 민족 신화 역시 덕을 보았다. 그것의 가장 큰 수확은 잔 다르크의 이야기였는데, 그녀의 놀랄 만한 행적은 이 기나긴 다툼의 균형추를 영국에 불리한 쪽으로 돌려놓았다. 비록 당대 프랑스 사람들 가운데 그녀가 존재했다는 사실을 알았던 사람은 거의 없었지만 말이다.

전쟁이 남긴 가장 중요했던 두 가지 장기적인 결과는 크레시 전투가 곧 영국의 칼레 정복으로 이어졌다는 점과, 결국에는 영국이 전쟁의 패자가 되었다는 점이었다. 칼레는 앞으로 200년간 영국인들이 차지할 것이었고, 플랑드르 지방, 즉 일군의 수공업 도시들이 영국의 양모와 이후 직물수출품들을 흡수할 수 있었던 이 지역을 영국과의 교역 상대로 열어놓았다. 영국의 최종적 패배는 그것이 프랑스에 가졌던 영토상의 관련성이 1500년까지 사실상 끝이 났음을 의미했다(비록 18세기 조지 3세는 여전히 '프랑스의 왕'이라고 불렸지만 말이다). 다시 한번 영국은 거의 섬나라가 되었다. 1453년 이후 프랑스 왕들은 전쟁을 야기했던 영국 왕들의 모호한 주장들에 방해받지 않고 자신들 국가의 공고화를 밀어붙일 수 있었다. 그들은 틈이 생기면 반란을 꿈꾸던 지방 유력자들 위에 그들의 주권을 세울 수 있게 되었다. 양국에서, 전쟁은 결국 그들의 군주정을 강화시켰다.

국가 공고화를 위해서 기초를 다졌던 과정들은, 비록 간혹 우연적이고 산발적이기는 했지만, 또한 에스파냐에서도 작동할 것이었다. 1500년까지 에스파냐 사람들은 재정복운동(Reconquest) 이야기에서 그들 민족의 역사를 위한 신화적인 토대를 가지게 되었다. 이슬람 문명과 오래 끌었던 종교전쟁을 겪으며 생겨난 의식은 에스파냐의 민족정서에 특별한 형태와 특징을 제공했다. 재정복운동은 실제로 가끔 일종의 십자군운동으로 설파되었다. 그것은 매우 다양한 배경과 출신의 사람들을 통합해줄 수 있었던 대의였다. 그 이전에는 때로는 기독교 왕들 역시 무어인 동맹자들과 협력한 바 있었고, 이베리아 반도에서 살고 있는 사람들을 편 가르는 어떠한 강력한 종교적 배타주의 감정도 존재하지 않던 평화 공존의 시기들도 존재했다. 그렇지만 재정복운동은 수세기 전 아랍 군대들에 의해서 정복된 땅을 회복하고 개척하려는 일련의 식민

전쟁이기도 했다.

따라서 다양한 자극들을 받으며, 최첨단의 기독교 왕국들은 서서히 앞으로 나아갔다. 12세기 중엽, 톨레도는 다시 기독교인의 수도(그곳의 최대 모스크는 대성당으로 이용되었다)가 되었고, 13세기 카스티야 사람들은 안달루시아에 침략했으며 아라곤 사람들은 아랍인들의 도시 발렌시아를 점령했다. 최후의 대규모 아랍의 공격이 격퇴당했던 1340년, 이 성공 직후에 사나웠던 카스티야 귀족들이 스스로의 권력을 주장하면서 대혼란의 기미가 있었다. 그러나 군주정은 도시민들을 자신의 편으로 끌어들여 연합했다. 더 강력한 개인 통치의 성립은 1479년 '가톨릭 군주들(Los Reyes Católicos)', 즉 아라곤의 페르난도와 카스티야의 이사벨의 결혼에 의한 아라곤과 카스티야 왕국의 통합으로 이어졌다. 비록 이 두 왕국이 오랫동안 공식적 및 법적으로는 분리된 상태로 남아 있었지만, 그 통합으로 인해서 무어인들의 최종 축출과 한 민족의 궁극적인 창출 모두가 용이해졌다. 이베리아 반도에서 오직 포르투갈만이 새로운 에스파냐의 골조 외부에 남아 있었다. 포르투갈은 그 강력한 이웃 나라에 자주 위협을 느끼면서 독립을 유지했다.

독일에서는 미래 민족들의 기초가 형성될 징조가 거의 발견되지 않았다. 신성 로마 제국 황제들의 권리 주장이 정치권력을 위한 중요하고 광범위한 토대가 될 가능성은 있었다. 그러나 1300년 이후 그들은 그 칭호 밑에 가지는 모든 특별한 위엄들을 사실상 모두 상실했다. 독일 황제 중에 마지막으로 로마로 진군하여 황제 대관식을 강행했던 경우는 1328년에 있었는데, 그 노력은 결국 수포로 돌아갔다. 13세기 장기간에 걸쳐 일어났던 경쟁 황제들끼리의 분쟁이 그 이유 중 하나였다. 또다른 이유는 다양했던 황제령들에 대해서 군주의 권위를 공고히 부과할 수 없었던 황제의 무능력이었다.

독일에서, 황제 자리를 계승했던 가문들의 영지들은 대개 흩어져 있고 통합되어 있지 않았다. 황제 선출은 지방의 대유력자들의 손에 있었다. 선출된 황제들은 초기 독일 민족 형성의 중심지가 될 수 있는 특정한 수도를 가지고 있지 않았다. 정치 상황들은 그들이 소유하고 있던 권력을 점점 더 양도하게 만들었다. 중요 도시들이 그들 영토 내에서 황제 권한을 행사하기 시작했다.

1356년, 독일 정치제도 역사의 이정표로 전통적으로 받아들여지는 문건(그것은 단지 이미 정해진 사실의 기록일 뿐이다)인 금인칙서(金印勅書, Goldene Bulle)*는 자신의 영지 내에서 거의 모든 황제의 권한을 행사할 수 있는 7명의 공들의 이름을 열거했다. 예를 들면, 그들의 사법권은 이후 계속 절대적이었다. 어떠한 항소도 그들의 법정으로부터 황제에까지 이를 수 없었다. 약화된 황제권이라는 이 상황에서 지속되었던 것은 과거 신화를 상기하는 것이었는데, 하지만 황제 자리는 정력적인 공들에게는 여전히 유혹적인 것이었다.

한 오스트리아 집안인 합스부르크 가문은 궁극적으로 황제의 자리에 오르는 데에 성공했다. 첫 번째 합스부르크 황제는 1273년에 선출되었으나, 그는 오랜 시간 동안 유일한 사례로서 남아 있었다. 이 가문의 황실로서의 위대함은 앞으로 나타날 것이었다. 1493년 황제가 되었던 막시밀리안 1세의 즉위로부터 신성 로마 제국이 해체되었던 1806년까지, 합스부르크 가문은 거의 중단 없이 황제를 배출했다. 그리고 심지어 그 제국이 해체되었을 때에도, 그들은 한 대국의 통치자로서 또 하나의 세기를 버텨냈다. 그들은 중대한 이점을 가지고 시작했다. 독일계 공들이 그러했던 것처럼, 그들은 부유했다. 그러나 15세기 유럽 국가들 중 가장 부유했던 부르고뉴 공국과 네덜란드의 상당수를 포함하는 지역을 상속할 수 있게 해준 혼인 이후에야, 비로소 주요 자산이 그들의 것이 되었다. 다른 상속들과 혼인들이 헝가리와 보헤미아를 그들의 자산에 더해주었다. 13세기 이후 최초로, 효율적인 정치 단일체가 독일과 중부 유럽에 들어서는 것이 가능해 보였다. 흩어져 있는 왕조의 영토들을 통합할 필요가 있었던 합스부르크 가문은 이제 이를 가능하게 할 수단을 제국의 위엄에서 찾은 셈이었다.

그때까지 제국은 알프스 산맥 이남에서는 사실상 의미가 없는 것이었다. 그것을 그곳에서 보존하려고 했던 노력은 오랫동안 이탈리아 경략(經略)과 뒤엉켜 있었다. 이탈리아 도시들을 괴롭혔던 그 다툼의 경쟁자들은 스스로를 이미 오래전에 그 의미를 상실한 이름들인 겔프당원(Guelph) 그리고 기벨린

---

* 1356년 신성 로마 제국의 황제 카를 4세가 내린 칙서/역주

당원(Ghibelline)이라고 칭했다. 이 이름들은 과거에 각각 교황 또는 황제에 대한 충성파들을 의미했다. 14세기 이후 이탈리아에는 황제령이 존재하지 않았고, 황제들은 롬바르디아 황관을 쓰고 즉위하는 일을 제외하고는 거의 이탈리아에 가지 않았다. 황제 권위는 대리들(vicars)에게 위임되었는데, 그들은 독일의 선출후처럼 거의 독립적이었던 해당 교구(vicariate)의 일원들로 이루어졌다. 이 통치자들과 그들의 관할교구들에 작위가 주어지기도 했는데, 그들 중 일부는 19세기까지 존속했다. 밀라노 공작령은 그 첫 번째 것들 중 하나였다. 그러나 여타 이탈리아 국가들은 다른 기원을 가지고 있었다. 노르만족이 지배했던 남부, 즉 '양(兩) 시칠리아 왕국' 외에는 공화국들이 존재했는데 그들 중 베네치아, 제노바, 피렌체가 가장 컸다.

도시 공화국들은 초기 이탈리아 역사에서 간혹 엮여 있던 두 개의 거대한 흐름, 즉 '코뮌' 운동과 상업적 부가 확대된 결과물이었다. 10세기와 11세기에 북부 이탈리아의 상당 지역들의 시민 총회는 여러 도시들에서 효율적인 정부 형태로 대두했다. 그들은 스스로를 팔리아멘타 또는 오늘날 시민회의라고 부를 수 있는 것으로 지칭하면서, 1100년 이래 시작된 상업 부활의 혜택을 본 도시과두제 집권층들을 대변했다. 12세기, 롬바르디아 도시들은 황제에게 대항하고 그를 물리쳤다. 그후 그들은 간섭당하는 일 없이 내정을 운영했다.

이탈리아의 전성기는 이제 막 시작되고 있었고, 그것은 14세기까지 지속될 것이었다. 그것은 수공업(주로 직물업이었다)과 상업 모두에 기초한 부의 놀랄 만한 증가로 특징지어진다. 그러나 그것의 영화(榮華)는 당대인들이 고대 학문의 재탄생으로 보았던 것뿐만 아니라, 자국어 문학의 창출, 음악과 모든 시각 및 조형 미술에서 표현되었던 문화적 만개에 있었다. 그 성취들은 이탈리아 반도 전역에 걸쳐 널리 퍼졌지만, 그 어디보다도 명목상으로는 공화제였지만 사실상 은행업 거부인 메디치 가문의 군주정 지배하에 있던 피렌체에서 확연했다.

그러나 상업 부활의 가장 큰 수혜자는 베네치아였다. 공식적으로는 비잔티움 제국의 속령으로서, 베네치아는 얕은 석호 위 몇몇 섬들 위에 있던 위치 덕에 오랫동안 유럽 본토의 혼란으로부터 떨어져 있는 혜택을 누렸다. 사람들은 롬바르디아로부터 이미 그곳으로 피신했었다. 안전을 제공하는 것에 더해서, 지리적 조건은 하나의 운명을 부과했다. 베네치아 시민들이 이후 즐겨 회상했던 것처럼, 그 도시는 바다와 결혼한 셈이었고, 이곳의 큰 축제는 반지를 아드리아 해 물결에 던지는 상징적인 행위로 그것을 기념했다. 베네치아 시민들은 유럽 본토의 토지 획득으로부터 금지된 대신, 그들의 에너지를 해외 상업제국으로 돌렸다. 베네치아는 교역으로 먹고 사는 최초의 서유럽 도시가 되었다. 또한 상업 패권을 둘러싼 제노바와의 오랜 경쟁에서 승리한 후, 동로마 제국을 약탈하고 강탈한 이들 중 가장 성공적인 집단이 되었다. 베네치아 외에도 둘러볼 곳은 많이 있었다. 제노바, 피사, 카탈루냐 항구들도 모두 지중해 무역의 부활로 번영했던 것이다.

따라서 근대 유럽의 정치 지면도 중에서 많은 부분이 1500년까지 들어서고 있던 셈이었다. 포르투갈, 에스파냐, 프랑스, 영국은 그들의 근대적 모습으로 식별이 가능했던 반면, 독일과 이탈리아에서는 토착어가 민족성을 규정하기 시작하기는 했지만 민족과 국가 사이의 소통은 존재하지 않았다. 국가의 구조들 역시, 이후에 그들이 가지게 될 견고함과 일관성을 향유하기에는 아직 멀었다. 프랑스의 왕은 노르망디에서는 왕이 아니라 공이었다. 다양한 칭호들은 다양한 지역들에서의 다양한 법적, 실제적 권력을 상징했다. 수많은 그런 복잡한 잔존물들이 남아 있었다. 어디에나 널려 있던 과거의 다양한 정권의 자취들은 군주 주권이라는 관념을 혼란스럽게 만들었고, 반란을 위한 구실을 제공하기도 했다. 튜더 왕조의 첫 번째 왕이었던 헨리 7세(재위 1485-1509)의 성공은 그가 15세기 영국 왕권을 괴롭혔던 대가문끼리의 쓰디쓴 싸움이었던 장미전쟁(War of the Roses, 1455-1485)에서 남은 독약의 많은 양을 신중한 결혼을 통해서 따라냈다는 것으로 설명할 수 있다. 그렇지만 여전히 봉건반란들은 앞으로도 있을 것이었다.

뚜렷하게 근대적인 외관을 가지며, 군주 권력을 제한하는 존재는 이미 등장해 있었다. 14-15세기에, 근대 국가를 진정 특징짓는 대의, 즉 의회기구들의 첫 사례들이 발견된다. 가장 유명한 것인 영국 의회는 1500년 무렵 가장 발달한 것이기도 했다. 그 기원은 복잡하며, 이에 대해서는 수많은 논란이 있다.

하나의 뿌리는 게르만 전통인데, 그것은 통치자에게 그의 수하 중 유력한 이들로부터 조언을 취하고 이에 입각해서 행동할 것을 의무로 부과하는 것이었다. 교회조직 역시 대의제 관념의 초기 주창자였는데, 이는 무엇보다도 교황청을 위한 세금을 걷는 데에 이를 이용하고자 했다. 그것은 도시들을 군주들과 연합시키는 기구이기도 했다. 12세기 이탈리아 도시들의 대표자들은 신성로마 제국의 의회에 소집되었던 것이다. 13세기 말경에는, 군주들이 세금을 올리는 새로운 방법을 찾기 위해서 불러모았던 의회에 소집되는 전권(全權) 대표들의 모습을 대부분의 국가들에서 볼 수 있었다.

이것은 문제의 핵심이었다. 새로운 자원은 새로운 (그리고 더욱 비용이 많이 드는) 국가에 의해서 이용되어야 했다. 일단 소집되면, 군주들은 대의기구들에 다른 장점들이 있음을 알게 되었다. 대의기구는 유력자들의 목소리 이외의 목소리들도 들릴 수 있게 했다. 또한 지역의 정보를 제공했고, 선전 가치를 가지고 있었다. 대의기구의 편에서 보면, 유럽의 초기 의회들(느슨하게 부르는 것이다)은 이 기구가 그들을 위한 이점 역시 가지고 있다는 사실을 알게 되었다. 그들 중 일부에서는, 세금징수는 동의가 필요하고, 귀족을 제외한 다른 이들도 이해관계가 있으며, 따라서 이 영토의 운영에 목소리를 내야 한다는 사고가 생겨나게 되었다.

1000년경부터 또 하나의 근본적인 변화가 유럽에서 시작되었다. 일부 지역이 더 부유해지기 시작했던 것이다. 그 결과, 더 많은 사람들이 그 이전 시기에는 거의 알려지지 않았던 선택의 자유를 서서히 가지게 되었다. 사회는 더욱 다양화되었고 복잡해졌다. 서서히 벌어진 것이라고 할지라도, 이는 혁명이었다. 사회의 부는 마침내 인구보다 약간 더 빨리 성장하기 시작했다. 이는 결코 모든 곳에서 같은 정도로 벌어진 것은 아니었으며, 14세기에는 심한 차질을 겪고 중단되기도 했다. 그러나 그 변화는 유럽의 가능성, 즉 경제성장의 측면에서 유럽이 중국과 아시아의 다른 지역을 따라갈 수 있는 가능성을 열어놓았다는 점에서 중요했다.

하나의 투박한, 그러나 절대 호도하지 않는 지표는 인구의 성장이다. 단지 대략적인 추산만이 가능하지만, 이는 그 이전 어떤 시기에서 이용되었던 것보다 더 나은 증거에 기초하고 있다. 이 추산이 가지고 있는 오류들은 전체적인 흐름을 크게 왜곡하지는 않을 것이다. 이에 의하면, 1000년 약 4,000만 명 인구의 유럽은 이후 두 세기에 6,000만 명가량으로 성장했다. 그 시기의 성장은 더욱 가속이 붙어서 1300년에는 7,300만 명으로 최고조에 이르렀고, 그 이후에는 인구가 감소했다는 논란의 여지가 없는 증거가 있다. 전체 인구는 1360년까지 약 5,000만 명으로 떨어졌고, 15세기가 되어서야 다시 오르기 시작했던 것으로 알려져 있다. 그때 인구는 증가하기 시작했고, 그 이후로는 전체적인 인구증가가 중단되지 않고 계속되었다.

인구는 전에 없이 전체적으로 성장했지만, 불균형하게 성장하기도 했다. 유럽의 북부와 서부가 지중해 지역, 발칸 반도, 동유럽보다 더 많이 인구가 늘어났다. 이는 식량의 공급, 따라서 농업과 수산업 때문으로 설명될 수 있다. 이들은 오랫동안 새로운 부가 만들어지는 유일한 주요 원천이었다. 더 많은 식량은 더 많은 땅을 경작지로 바꿈으로써, 그리고 그것의 생산성을 향상시킴으로써 얻어졌다. 이처럼 식량생산의 증가가 시작되었고, 이는 그 이후로 계속되었다. 유럽은 적당한 온도와 좋은 강수량이라는 (유럽이 계속 가지고 있던) 큰 자연환경적인 이점들을 가지고 있었고, 이 자연환경은 광대한 북부 평원이 두드러지는 유럽의 물리적 특징과 결합되어 생산성 높은 거대 농지들을 만들어주었다. 그중 광활한 영역이 1000년까지 여전히 황무지였고 숲이었지만, 이곳도 이후 두 세기 동안 농경지로 개간되었다.

땅은 중세 유럽에서 부족하지 않았고, 늘어나던 인구는 이를 개간하고 경작할 노동력을 제공했다. 비록 느린 속도였지만, 유럽의 경관도 변했다. 촌락들이 그들의 경작지를 확대하면서, 거대한 숲들은 점차 잘려나갔다. 어떤 지역에서는, 새로운 식민지들이 영주들과 통치자들에 의해서 의도적으로 세워졌다. 외딴 지역의 수도원 건물(실제로 많이 지어졌다)은 자주, 덤불과 나무가 거의 없는 불모지에서 경작 또는 목축 활동을 하는 새로운 중심의 시작점이 되었다. 일부 새로운 땅들은 바다나 습지로부터 간척되었다. 동쪽에서는 최초의 독일 동방 진출(Drang nach Osten)의 식민화에서 많은 토지들이 얻어졌다. 그곳에의 정착은 의식적으로 장려되었다. 이후 북아메리카 식민화의 첫 번째

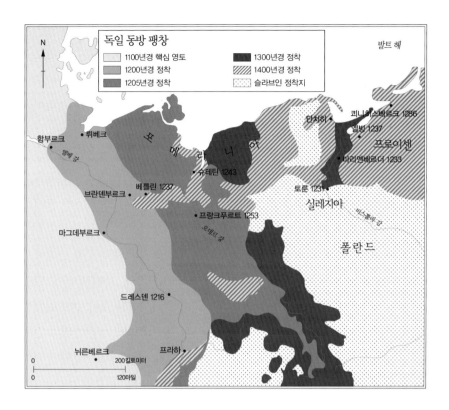

독일 동방 팽창

1100년경 핵심 영토	1300년경 정착
1200년경 정착	1400년경 정착
1205년경 정착	슬라브인 정착지

N

발트 해

보메라니아

함부르크
뤼베크
엘베 강
브란덴부르크
베를린 1237
마그데부르크
프랑크푸르트 1253
오데르 강
드레스덴 1216
뉘른베르크
프라하

단치히
쾨니히스베르크 1286
엘빙 1237
프로이센
마리엔베르더 1233
슈테틴 1243
토룬 1231
실레지야
비스툴라 강
폴란드

0   200킬로미터
0   120마일

시기에 엘리자베스 여왕 시대 영국에서 장려되었던 것처럼 말이다.

그럼에도 불구하고 대부분의 사람들은 여전히 비참하게 가난했다. 일부 농민들은 덕을 보았지만, 늘어난 부는 대개 그 이익의 대부분을 취했던 영주에게로 돌아갔다. 대부분은 여전히 가난하고 갑갑한 삶을 영위하면서, 거친 빵과 여러 곡물로 만든 죽들(주로 채소가 들어갔고, 생선이나 육류는 아주 가끔 가미되었다)을 먹었다. 중세 농민은 하루에 약 2,000칼로리를 섭취한 것으로 계산되는데(이는 20세기 후반, 수단 사람의 하루 평균 섭취량과 유사하다), 이 정도의 영양으로 농민은 매우 고된 노동을 버텨야 했다. 밀을 경작하는 농민은 밀의 맛도 보지 못한 채 이를 형편이 더 나은 이들에게 팔고, 자신은 보리나 호밀로 연명했다. 그는 자신의 삶을 나아지게 할 여유를 거의 가지고 있지 못했다. 심지어 의무노동에 대한 영주의 법적 통제가 덜 견고해졌을 때에도, 여전히 영주는 농민들의 토지경작에 필요했던 방아와 수레에 대한 실제적인 독점권을 가지고 있었다. '공조(貢租, Custom)' 또는 보호 명분의 세금들은 자영농이나 차지농 구분 없이 부과되었고, 이에 대해서는 거의 저항할 수 없었다.

성장하는 시장 때문에 더 많은 환금작물들이 재배되면서, 자급자족적이던 장원은 점차 판매를 위한 생산을 하는 단위로 변해갔다. 그런 시장들은 1100년부터 1300년 사이 꾸준히 성장하고 있던 도시들에서 발견되었다. 도시인구는 농촌보다 더 빠르게 늘어났다. 이는 복잡한 현상이다. 새로운 도시생활은 부분적으로 상업의 부활과 함께 진행되었던 부흥이었고, 부분적으로 늘어나는 인구의 반영이었다. 무엇이 먼저 왔는지를 결정하는 것은 닭이 먼저냐 달걀이 먼저냐의 문제와 같다. 몇몇 새로운 도시들은 성이나 수도원 근처에서 성장하기도 했다. 간혹 이는 시장의 성립으로 이어졌다. 특히 독일에 있던 수많은 새로운 도시들은 식민지로서 의도적으로 만들어진 것이었다. 전체적으로 보다 오래된 도시들은 더욱더 커졌다. 파리는 1340년 약 8만 명의 인구를 가졌을 것이고, 베네치아, 피렌체, 제노바도 아마 이와 비견될 만한 수준이었을 것이었다. 그러나 이렇게까지 큰 도시들이 많지는 않았다.

새로운 도시들은 서로 차별성 있게 경제적 가능성들과 연결되는 경향이 있었다. 그곳들은 시장이거나, 뫼즈 강과 라인 강과 같이 대교역로 위에 위치하기도 했고, 또는 이미 12세기 후반에 이미 직물도시로 유명했던 이프르, 아라스, 겐트의 플랑드르 지방, 혹은 또 하나의 직물생산 및 마무리 지역인 토스카나 지방과 같은 특화된 생산지역에 집단적으로 존재하기도 했다. 와인은 국제무역에서 중요해졌던 첫 농업상품들 중의 하나였고, 이는 보르도의 초기 성장을 지탱해주었다. 제노바나 브뤼주가 그랬던 것처럼, 항구들은 자주 임해지역의 중심 대도시가 되었다.

상업의 부활은 이탈리아에서 가장 두드러졌는데, 이곳에서는 외부세계와의 무역이, 그 누구보다도 베네치아에 의해서 재개되었다. 그 거대한 상업 중심지에서는 최초로 은행업이 돈의 단순교환으로부터 분리되었다. 12세기 중엽까지 정치의 현 상태가 어떻게 되었든, 유럽인들은 비잔티움 국가뿐만 아니라 아랍 지중해와의 지속적인 교역을 향유했다. 이런 경계들을 넘어서,

심지어 더 넓은 세계도 이 교역에 결부되었다. 14세기 초, 말리로부터 사하라 사막을 건너서 들어오는 금은 유럽의 금 부족 문제를 완화시켜주었다. 그 무렵까지 이탈리아 상인들은 이미 오랫동안 중앙 아시아 및 중국에서 활동하고 있었다. 그들은 독일과 중부 유럽으로부터 아프리카의 아랍인들과 레반트에 노예를 팔았다. 그들은 플랑드르와 영국의 직물을 사서 그것을 콘스탄티노플과 흑해로 가져갔다. 13세기에 이탈리아에서 브뤼주로 가는 첫 번째 바다 항해가 이루어졌다. 그전에는 라인 강, 론 강, 육상교역로들이 이용되었다. 도로들이 알프스 산맥 통로들을 거쳐 건설되었다. 교역은 교역을 먹고 살았고, 북유럽 정기시들은 북동쪽의 상인들을 끌어들였다. 발트 해를 장악하고 있던 동맹인 한자(Hansa) 소속 독일 도시들은 서유럽의 직물과 아시아의 향료 거래를 위한 새로운 출구를 제공했다. 그러나 육상으로의 이동비용은 언제나 높았다. 크라코우로부터 베네치아로 상품을 옮기면 그 값이 4배가 되었다.

그런 방식으로, 유럽의 경제지리는 혁명적으로 변했다. 플랑드르와 저지대 국가들에서, 경제적 부흥은 곧 새로운 농업의 쇄신을 자극할 만큼 많은 인구를 양산하기 시작했다. 모든 곳에서, 최초의 수공업 중심지들이 행사했던 갑갑한 독점권들로부터 벗어날 수 있었던 도시들은 가장 빠른 새로운 번영을 향유했다. 하나의 눈에 띄는 결과는 건축의 거대한 물결이었다. 그것은 단지 새로 번성하던 도시들의 주택들과 길드 회의소들에서만 일지 않았다. 또한 그것은 유럽의 교회들(거대한 대성당들뿐만 아니라 작은 영국 도시들의 여러 장려한 교구 교회들)에도 영광스런 유산을 남겨놓았다.

건축은 중세 기술의 주요한 표현이었다. 대성당 건축은 로마의 수로만큼이나 복잡한 공학적 문제들을 제기했다. 그것을 해결하는 과정에서, 중세 장인으로부터 서서히 전문 기술자가 등장했다. 중세의 기술은 근대적 의미에서 과학에 기초한 것은 아니었지만, 경험과 그것에 대한 반성이 축적되면서 많은 것을 이룩했다. 아마도 가장 중요한 성과는 근육의 작용을 대신하고, 따라서 더 효과적이고 생산적인 근력을 활용할 수 있는 다른 형태의 에너지를 사용한 것일 것이다. 윈치, 도르래, 성사닌은 무서운 직재들의 이동을 용이하게 했다. 그러나 변화는 10세기 이래로 금속제 도구들이 더 흔해졌던 농업 분야에서 가장 뚜렷했다. 철제 쟁기는 골짜기 땅의 더 무거운 토양들을 이용 가능하게 해주었다. 그 쟁기를 끄는 데에는 황소들이 필요했기 때문에 멍에가 더 효과적인 형태로 발전했고, 이제 황소들은 이 멍에를 쓰고 더 효과적으로 쟁기를 끌 수 있었다. 쟁기 자국을 위한 고정 물추리막대와 말을 위한 어깨띠 또한 더 큰 적재량을 끄는 것을 가능하게 했다. 이 정도까지의 혁신들은 흔하지 않았지만, 경작자들의 토지 장악력을 실제로 상당히 증가시키는 데에는 충분했다. 그것들은 또한 새로운 수요를 가져왔다. 말을 이용한다는 것은 더 많은 곡물이 말을 먹이기 위해서 재배되어야 한다는 것을 의미했고, 이는 새로운 윤작법(輪作法)으로 이어졌다.

또 하나의 혁신은 방아기술의 전파였다. 풍차와 아시아에서 처음 알려졌던 물레방아 모두 1000년이 되자 이미 유럽에 널리 퍼져 있었다. 다가올 세기들에, 그것들은 더욱더 많이 이용되었다. 바람은 자주 근력을 대체하여 곡식을 제분하는 데에 쓰였다. 그것이 이미 더 고급 선박으로의 진화에서도 역할을 했던 것처럼 말이다. 그리고 물은 가능한 곳에서, 다른 산업들에 동력을 제공하기 위해서 사용되었다. 물은 직물의 마무리와 금속의 단련 모두를 위해서 해머를 구동시켰다(여기에서 크랭크의 발명이 가장 큰 중요성을 가진다). 금속의 단련은 15세기 유럽 야금산업의 거대한 팽창에 필수 요소이자, 14세기의 더 이른 기술혁신 중 하나였던 대포에 대한 점증하는 수요와 긴밀히 관련된 것이었다. 수력으로 구동되는 해머는 또한 제지업에도 활용되었다. 인쇄술의 발명으로, 곧 이 산업은 독일과 플랑드르의 새로운 금속가공업이 가졌던 중요성을 능가할 정도로 중요해졌다. 인쇄와 종이는 그 자체로 기술을 위한 혁명적 잠재력 역시 가지고 있었는데, 왜냐하면 책들은 여기에 실린 지식들을 이용할 수 있는, 당시 늘어나던 수공업자들이나 기능공 집단에게 기술들을 더 빠르고 쉽게 전파시켰기 때문이었다. 어떤 쇄신들은 다른 문화들로부터 가져온 것들이었다. 예를 들면, 물레는 인도로부터 중세 유럽에 전래되었다(발에 추진력을 주기 위해서 물레에 발판을 적용시킨 것은 16세기 유럽의 발명인 것 같지만 말이다).

어떤 단서들이 필요할지는 몰라도, 1500년에 기술은 이미 대자본 투자에 구현되어 있었다. 그것은 공업을 위한 추가 자본의 축적을 그 어떤 때보다도 더 쉽게 만들었다. 게다가 새로운 장치들이 사업을 용이하게 만들면서 이 자본의 이용 가능성은 더 커졌던 것으로 보인다. 중세 이탈리아인들은 근대 회계업무의 중요 부분뿐만 아니라 국제무역의 금융을 위해서 새로운 신용수단들을 고안했다. 환어음은 13세기에 등장했고, 환어음과 최초의 진정한 은행가들을 통해서 우리는 근대 자본주의의 근처에 와 있다. 유한책임(有限責任)이라는 관념도 1408년 피렌체에서 생겨났다. 그러나 과거로부터의 그런 변화가 의미하는 바가 거대했다고 할지라도, 그 규모를 기억하지 않는다면 균형감을 잃기가 쉽다. 그 궁전들의 화려함에도 불구하고, 1년 동안 중세 베네치아에서 선적되었던 물품들은 현대의 큰 선박 하나에 편안히 들어갈 수 있는 정도였다.

그럼에도 불구하고, 오랜 느린 발전과 성장 끝에 갖추어진 기반은 불안정한 것이었다. 수 세기 동안, 경제생활은 취약했고, 붕괴의 선에서 결코 멀리 있지 않았다. 중세 농업은, 위에서 언급한 대로 진보했음에도 불구하고, 여전히 끔찍할 정도로 비효율적이었다. 그것은 땅을 남용하고 고갈시켰다. 거름을 제외하고는 의식적으로 땅에 다시 투입되는 것은 거의 없었다. 인구가 증가하고 새로운 땅을 찾기가 더 어려워지자, 가족 보유지의 크기는 더 작아졌다. 아마도 대부분의 유럽 가구들은 1300년 당시 8에이커 미만의 땅을 경작했던 것 같다. 단지 몇몇 곳(포 골짜기는 그중 하나였다)에서만 공동관개나 개수공사에 큰 투자가 이루어졌다. 무엇보다도 농업은 날씨에 취약했다. 14세기 초 두 번의 연이은 흉작은 이프르의 인구를 10분의 1이나 감소시켰다. 지방의 기근은 수입으로 거의 해결되지 않았다. 로마 시대 이래로 도로들은 망가졌으며, 수레는 대강 만든 것이었고, 대부분 물품들은 짐말이나 노새가 실어날라야 했다. 해상수송이 더 싸고 더 빨랐지만, 거의 그 수요를 충족시킬 수 없었다. 상업은 또한 정치적인 어려움이 있을 수 있었다. 오스만인의 맹공은 15세기 동방무역을 서서히 감퇴시켰다. 수요가 원체 작아서 아주 작은 변화라도 도시들의 운명을 결정지을 수 있었다. 피렌체와 이프르의 직물생산은 14세기에 3분의 2만큼 떨어졌던 것이다.

일반화하기는 매우 어렵지만, 한 가지는 의심의 여지가 없다. 엄청나고 누적적인 후퇴가 그 당시에 벌어졌던 것이다. 사망률이 갑작스레 증가했다. 이는 모든 지역에서 똑같은 시기에 일어난 일은 아니었지만, 1320년경 일련의 흉작 이후 많은 지역에서 두드러진 현상이었다. 이는 인구를 서서히 감소시켰고, 그 감소는 전염병의 발병이 시작되면서 갑작스럽게 재앙이 되었다. 여러 전염병들이 자주 그중 하나이자 최악의 발병이었던 1348-1350년의 '흑사병(黑死病, Black Death)'이라는 이름으로 불린다. 그것은 선(腺)페스트 전염병의 하나였으나, 그것과 함께 그리고 그것의 시작과 더불어 유럽을 휩쓸었던 다른 수많은 치명적인 질병들을 은폐했다. 유럽인들은 발진티푸스, 인플루엔자, 천연두로도 죽어갔다. 이 모든 것이 대대적인 인구재앙에 기여했던 것이다. 어떤 곳에서는 전체 인구의 절반 또는 3분의 1이 사망했다. 유럽 전반에 걸쳐서 총 사망자는 4분의 1로 산정되어왔다. 한 교황청의 조사는 4,000만 이상의 수치를 추산하고 있다. 툴루즈는 1335년에는 인구 3만 명의 도시였으나, 한 세기 후에는 8,000명만이 그곳에 살고 있었다. 아비뇽에서는 3일 동안 1,400명이 사망했다.

어떤 일반적인 패턴은 없었으나, 모든 유럽은 이 충격들 속에 몸서리쳤다. 가장 극단적인 사례들로, 일종의 집단적 광기가 터져나왔다. 유대인 학살은 희생양들 또는 이 전염병 확산에 죄가 있는 사람들을 찾으려는 노력의 한 흔한 표현이었다. 그리고 마녀들과 이단들을 화형에 처하는 것이 또 하나의 표현이었다. 유럽인들의 마음은 나머지 중세 내내 상처를 간직하게 되었고, 이 시기는 회화, 조각, 문학에서 형상화하는 죽음과 저주의 이미지에 사로잡혔다. 기존 질서가 허약했음은 식량과 인구 균형의 불안정성을 설명해준다. 질병이 사람들을 죽일 만큼 죽였을 때, 농업생산은 붕괴했다. 그리고 도시의 주민들은 (만약 전염병에 의해서 아직 죽지 않았다면) 굶주림에 의해서 죽어갔다. 아마도 생산성의 정체는 이미 1300년경에 도달했던 것 같다. 이용 가능했던 기술과 쉽게 얻을 수 있었던 새로운 경작지 모두가 한계에 달했고, 일부 학자들은 이미 그 시기에 자원을 육박하는 인구압박의 징후들을 보았다. 이로부터 14세기의 엄청난 퇴보와 15세기의 느린 회복이 흘러나왔다.

이런 대혼란과 재앙의 시대가 폭력적인 사회갈등으로 특징지어진다는 것은 놀라운 사실이 아니다. 유럽의 모든 곳에서, 14세기와 15세기에 농민반란이 일어났다. 3만 명이 넘는 이들의 죽음으로 이어졌던 1358년의 프랑스 자크리 반란, 일정 기간 동안 런던을 장악했던 1381년의 영국 농민봉기는 특별히 주목할 만하다. 반란의 뿌리는 영주들이 그들의 필요로 인해서, 그리고 왕실 징세인들의 압박으로 인해서, 농민에 대한 그들의 요구를 증가시켰던 방식에 있었다. 기근, 전염병, 전쟁과 합쳐지면서, 그 반란들은 계속 비참했던 생활을 견딜 수 없는 것으로 만들었다. "우리는 그리스도의 형상을 닮은 사람으로 만들어졌으나, 당신은 우리를 사나운 짐승처럼 취급한다"고 1381년 반란을 일으켰던 영국 농민들은 불만을 토로했다. 의미심장하게도 그들은 자신들 문명의 기독교적 규범에 호소했다. 중세 농민의 요구는 대개 명확히 표현되었고 효과적이었다. 그러나 그것에서 초기 사회주의를 보는 것은 시대착오적인 발상이다.

이런 대규모의 인구재앙은 역설적이게도 일부 가난한 사람들의 상황을 호전시켰다. 하나의 자명하고 즉각적인 결과는 심각한 노동력의 부족이었다. 영구적으로 일을 가지지 못하는 사람들의 집단은 잔인할 만큼 말라붙었다. 실질임금의 상승이 뒤를 따랐다. 14세기 재앙들의 즉시적 영향들이 흡수되자마자, 가난한 사람들의 생활수준은 곡가가 하락하는 경향을 보이면서 다소 상승했던 것 같다. 화폐를 기초로 한 체제로 옮겨가는 경제의 경향은 심지어 농촌에서도 노동력 부족에 의해서 가속화되었다. 16세기까지 농노 노동과 예속적 지위 모두는 서유럽, 특히 영국에서 멀리 물러났다.

일부 영주들은 적응할 수 있었다. 예를 들면, 그들은 많은 노동력이 필요했던 농작물 경작으로부터 노동력이 적게 들었던 목양업으로 전환할 수 있었다. 에스파냐에서는 여전히 더 많은 땅을 차지하고 그것으로부터 직접적으로 먹고 살 수 있는 가능성도 있었다. 무어인들의 토지는 재정복운동 군인들의 보상이었던 것이다. 다른 곳에서, 수많은 영주들은 상대적으로 더 척박했던 토지들의 경작을 포기하는 데에 그쳤다.

그 결과들을 정확히 밝히는 것은 아주 어렵지만, 그것들은 더 깊고 더 빠른 사회변화를 자극하게 되었다. 10세기와 16세기 사이에 중세 사회는 어떤 곳에서는 극적으로, 간혹 특이하게 조화된 방식들로 변화했다. 그러나 심지어 그 시대의 끄트머리에서도, 중세 사회는 여전히 상상할 수 없을 정도로 근대 사회와는 거리가 멀었다. 그 사회가 신분과 위계에 집착했다는 점은 이를 보여주는 하나의 지표이다. 중세 유럽인들은 법적 신분에 의해서 규정되었다. 사회의 개별적 원자가 되는 대신에, 말하자면 그는 수많은 좌표들이 만나는 지점이었다. 그것들 중 일부는 태어나면서부터 정해지는 것이었고, 이의 가장 분명한 표현은 귀족 관념이었다. 일부 지역에서는 20세기까지도 현실로 남아 있게 될 귀족사회는 이미 13세기에 그 본질적 요소들이 현존했다. 점차 전사들이 지주로 변해갔던 것이다. 논란이 될 만한 유산들이 존재했기 때문에, 상속은 그때 중요한 문제가 되었다. 여러 세기 동안, 북유럽의 귀족들은 오직 군대, 교회조직 또는 그들 자신들의 토지의 경영만이 그들 부류에 어울리는 직업이라는 점을 당연시했다. 무엇보다도 상업은 대리자들을 통하는 경우를 제외하고, 그들에게 닫혀 있었다. 수 세기가 지나서 이와 같은 장벽이 걷혔을 때에도, 소매업에 대한 반감은 귀족 부류의 사람들이 마지막까지 간직했던 감정이었다. 한 16세기의 프랑스 왕이 그의 사촌인 포르투갈 왕을 "식료품장사 왕(grocer king)"이라고 불렀을 때, 그는 무례한 동시에 재치 있는 것이었고, 분명 그의 조신들은 그 조롱을 듣고 웃었을 것이다.

본질적으로 귀족의 가치는 군사적인 것에 있었다. 그들이 점차 고상해지면서 명예, 충성, 사욕 없는 자기희생 등의 관념이 서서히 생겨났다. 이것들은 수 세기 동안 부유한 집에서 태어난 남자아이와 여자아이들에게 전범으로 지켜졌다. 기사도의 이상(理想)은 이런 가치들을 접목시켰고 군사적 규범의 가혹함을 완화시켰다. 교회는 기사도를 축복했고, 기사신분의 수여 및 기사의 기독교적 의무의 수락을 위한 종교의식들을 만들었다. 이 관념을 최상으로 구현한 영웅적 인물은 신화적인 영국의 아서 왕이었는데, 그에 대한 숭배는 많은 지역들에 전파되었다. 실제로는 한계가 있었지만, 기사도는 신사와 신사적 품행의 이상으로 살아가는 것이었다.

물론 그것이 기대만큼 작동했던 것은 결코 아니었다. 그러나 위대한 창조적 신화들도 그랬던 경우가 거의 없었다. 종속이라는 봉건제의 이론도 그렇지 않았고, 민주주의도 그렇지 않았다. 전쟁, 그리고 더 근본적으로 경제의 압박은 사회적 의무들을 조각내고 혼란시키는 데에 계속 작용했다. 주군과 가신이라는 봉건적 관념은 점차 비현실적이 되었고, 그것은 왕권의 성장을 유리하게 만드는 하나의 요소였다. 화폐경제의 도래는 이를 더 깊게 잠식했다. 즉, 주군에 대한 봉사는 점점 더 현금으로 그 대가를 지불받았고, 지대는 봉사들보다 더 중요해졌다(봉사는 지대가 중요해짐에 따라서 사라져갔다). 봉건적 수입의 원천 중 일부는 실질 가격의 변화로 인해서 이미 무의미해진 계약 조건에 고정되어 있었다. 점점 더 비현실적이 되어가고 좀이 슬어 있는 '봉건'구조의 내부에서 법률가들은 새로운 목적들을 실현시킬 장치들을 발전시켰다.

중세 귀족은 오랫동안 그 문호를 신입들에게 상당히 열어놓았으나, 시간이 지나면서 이는 점점 더 닫히게 되었다. 일부 지역에서는 지배계급의 문을 영원히 닫으려는 시도들이 실제로 이루어졌다. 그러나 유럽 사회는 과거의 낡은 위계들 속에 위치하지 않고 오히려 그 위계들에 도전하는 새로운 종류의 부, 심지어 권력을 항상 만들었다. 가장 확연한 예는 부유한 상인들의 등장이었다. 그들은 자주 땅을 구입했다. 그것은 투자라는 것이 별반 존재하지 않았던 세상에서 가장 경제적인 투자였을 뿐만 아니라, 토지 소유권이 법률적 또는 사회적으로 필요한 상태로의 변화를 향해서 길을 연 것이기도 했다. 이탈리아에서 상인들은 때로 스스로 무역과 수공업 도시들의 귀족이 되기도 했다. 그러나 모든 곳에서 그들은 처음에는 이론상 그들의 지위조차 없던 세상에 상징적인 도전을 제기했다. 곧, 그들은 그들 자신의 사회 형태들, 즉 길드들, 직업 조합들, 회사들을 발전시켰고, 이것들은 그들의 사회적 역할을 새롭게 규정했다.

상인계급의 발흥은 도시들의 성장과 대부분 함수관계에 있었다. 상인의 등장은 이 중세 유럽의 가장 역동적인 요소와 불가분하게 연결되어 있었다. 최소한 처음에는, 자신도 모르는 사이, 도시들은 그 성벽 안에 미래 유럽 역사의 상당 부분을 담고 있었다. 도시들의 독립성은 법률상 및 실세상 모두에서 매우 다양했지만, 이탈리아의 코뮌 운동에 비견될 만한 것들은 다른 나라에서도 있었다. 동부 독일의 도시들은 특히 독립적이었는데, 이는 150개 이상의 자유

도시들로 구성된 강력한 동맹인 한자가 그곳에서 등장했던 사실을 설명하는 데에 도움이 된다. 플랑드르 도시들 역시 상당 정도의 자유를 누렸다. 반면 프랑스와 영국의 도시들이 누리는 자유는 그에 비해서는 덜했다. 그러나 모든 곳의 영주들은 왕에게 대항하기 위해서 도시의 지지를 얻으려고 했고, 또한 왕 역시 그 강력한 신민들에게 대항하기 위해서 도시민들의 지원과 그들의 부를 좇았다. 그들은 도시들에 권리를 명시한 헌장과 특권을 부여했다. 중세 도시를 둘러싸고 있던 성벽은 그들 면제권의 상징이자 보증서였다. 영주가 보내는 영장은 그들을 구속하지 못했고, 때로 그들의 반(反)봉건적인 암시는 더욱더 명시적일 수 있었다. 예를 들면, 일부 도시들에서는 농노가 만약 1년 하고 하루 동안 그곳에서 살았다면 자유를 획득할 수 있었던 것이다. 독일의 한 금언은 "도시의 공기는 사람을 자유롭게 한다"고 했다. 코뮌들과 그 안의 길드들은 자유롭지 못한 세계에서 오랫동안 동떨어져 있던 자유인들의 결사체들이었다. 도시민, 즉 성시(bourg)나 자치도시(borough)의 거주자라는 뜻인 부르주아(bourgeois)는 이 종속의 세계에서 자립해 있는 사람이었다.

이런 사실 뒤에 있는 역사의 많은 부분은 여전히 잘 알려져 있지 않다. 왜냐하면 그것은 대부분 무명의 인물들의 역사이기 때문이다. 새로운 도시 삶에서의 전형적인 지배적 인물이 되었고 그들의 집단적 특권을 위해서 싸웠던 부유한 상인들은 역사의 기록에서 충분히 잘 드러나지만, 보다 미약했던 그들의 선구자들은 일반적으로 그렇지 못하다. 더 이른 시기에 상인은 중세 유럽의 농촌이 제공할 수 없는 진기한 물건과 사치품을 파는 행상에 지나지 않았다고 할 수 있다. 일반적인 상업적 교환은 오랫동안 거의 중간상인들을 필요로 하지 않았다. 수공업자는 그가 만든 상품을 직접 팔았고, 농민은 그가 경작한 작물을 팔았던 것이다. 그러나 어찌된 것인지 도시들에서 도시와 농촌을 연결하는 사람들이 등장했고, 그들의 후예들은 시장을 위한 생산을 하는 전 업종에 사전 주문을 내리기 위해서 자본을 사용하는 사람들이 되었다.

이런 사회들에서 실제적, 법률적, 개인적 차원에서의 자유가 여성보다는 남성에게 훨씬 더 크게 주어졌다는 사실에 놀랄 필요는 없다. 비록 이 사회의 하층에서는 남성과 여성 모두에서 법률적으로 자유롭지 못한 사람들이 여전히 존재했지만 말이다. 그들이 귀족의 혈통이건 평민의 혈통이건 간에, 중세 유럽의 여성은 남성에 비해서 중요한 법적 및 사회적 장애를 감수하며 고통받아야 했다. 지금까지 존재했던 모든 문명들에서 그리 살아왔던 것처럼 말이다. 여성이 가진 상속권은 자주 제한되었다. 예를 들면, 그들은 봉토를 상속할수 있었지만, 개인적으로 영주로서의 권력을 누릴 수 없었고 그 권력에 딸려있는 의무들을 수행하기 위해서는 남자를 임명해야만 했다. 최상위층 아래의모든 계급들에서는, 수많은 고된 일들이 여성에게 주어졌다. 심지어 20세기에도 농사일을 하는 유럽 여성들이 존재했다. 마치 아프리카와 아시아의 일부에서는 여성들이 여전히 이 일을 하고 있는 것처럼 말이다.

여성의 종속에는 이론적인 요소들이 존재했고, 그 이론들에는 교회가 큰역할을 했다. 부분적으로 이는 교회가 전통적으로 섹슈얼리티에 대해서 적대적인 입장을 취했던 것과 관계가 있다. 교회의 가르침은 종(種)의 재생산 역할을 제외하고는 섹스에 대한 그 어떤 정당화도 제시한 적이 없다. 남자를 타락시키는 근원이자 항상 존재하는 욕정의 유혹물로 여자를 규정하면서, 교회는남성지배 사회의 뒤에서 권력을 휘둘렀던 것이다. 그러나 이런 점이 이야기되어야 할 전부는 아니다. 다른 사회들은 여성을 틀어박혀 살게 하고 억압하는데에서 기독교 세계보다 더 많은 일들을 해왔으며, 기독교 교회는 최소한 가정생활에 대한 유일하지만 나름의 대안(이는 여성들이 근대에까지 선택할 수있었다)을 제공했던 것이다. 여성 종교사는 학문적 역량, 영적 능력, 행정적재능을 갖춘 빼어난 여성들로 점재해 있다. 최소한 소수의 양가 태생의 여성들의 지위 역시 13-14세기 기사도 규범에서 여성이 이상화되며 조금은 나아졌다. 여기에는 낭만적 사랑과 봉사 자격이라는 관념이 있었는데, 이는 더수준 높은 문명을 향한 단계였다.

실제로 그 어떤 기독교 교회도 다른 문명들이 여성들에게 부정했던 것만큼의 많은 것을 부정할 수는 없었다. 이런 이유로, 이후 세대들이 여성의 '해방'이라고 생각했던 것의 가장 깊은 뿌리는 서양 문화에 있다고 할 수 있다. 수많은 지역에서 서양 문화의 역할은 불온하고, 이국적이며, 혁명적이 될 것이었다. 그러나 중세에 그런 생각들은 심지어 유럽 여성의 삶에도 별반 영향을 미치지 못했다. 오늘날 아시아의 부유한 여성들과 가난한 여성들의 경우보다, 유럽 여성들은 살아가는 동안 그들 사이에서 더 평등했는데, 그것은 당시 남성들도 마찬가지였다. 여자들은 남자들보다 덜 오래 살았던 것 같은데, 그것은 분명 빈번한 출산과 높은 사망률 때문일 것이다. 중세의 다른 의학 분과들처럼, 산과(産科)는 아리스토텔레스와 갈레노스에 뿌리를 두고 있었다. 그보다 나은 것들이 존재하지 않았던 까닭이다. 그러나 남자들도 일찍 죽기는 마찬가지였다. 철학이 오늘날 육체적으로 고된 작업으로 생각되지는 않음에도, 토마스 아퀴나스는 47세까지만 생을 유지할 수 있었다. 이 47세 정도의 나이는 중세 도시의 20세 남자가 보통 기대하던 수명이었다. 그는 일단 거기까지 갔다는 점에서, 그리고 잔인한 유아사망률(이는 당시 평균수명을 33세 정도로 만들었고 근대 산업사회보다 2배 높은 사망률을 부과했다)을 피했다는 점에서 운이 좋았던 것이었다. 현재까지 파악 가능한 고대사회의 기준으로 판단해보았을 때에도, 이런 중세의 상황은 물론 결코 나쁜 것이 아니었다.

이는 엄청난 다양성의 시대였던 중세에 고안된 최신 도구 하나를 상기시켜준다. 즉, 중세는 인간 삶의 측면들의 약간 더 많은 것들을 측정해볼 수 있는 수단을 남겨주었다. 이 세기들에서 최초로 사실들의 집대성이 나왔는데, 이로부터 합리적 추산이라는 것이 이루어질 수 있었다. 1087년 정복자 윌리엄의 관리들이 잉글랜드로 나아가서 그 주민들을 조사하고, 둠즈데이 북에 그 구조와 부를 기록했을 때, 그들은 자신도 모르게 새로운 시대로 향하고 있었던 것이다. 대개 세금징수를 목적으로 했던 다른 자료들의 수집도 다음 세기들에 뒤따랐다. 그 일부는 농사와 사업을 양적으로 환산하는 최초의 장부들과 함께 지금까지 전해진다. 그것들 덕분에, 역사가들은 이전 시기보다 후기 중세 사회에 대해서 약간의 자신감을 더 가지고 말할 수 있다.

10

새로운 경계들, 새로운 지평들

중동에서 유럽인들은 서쪽의 기독교도들을 의미하기 위해서 비잔티움 국가에서 처음 쓰였던 용어인 "프랑크족"이라고 최근까지도 일컬어졌다. 이 말은 다른 곳에서도 유행했고, 1,000년이 지난 후에도 페르시아 만에서 중국에까지 다양하게 왜곡되고 잘못 발음되면서 여전히 사용되고 있다. 이는 단순한 역사적 호기심 이상의 일이다. 처음부터 비유럽인들은 서양 민족들의 다양성이 아닌 단일성에 끌렸고, 오랫동안 그들을 하나로 생각했다는 점을 상기하는 것은 유용하다.

이러한 생각의 뿌리들은 심지어 세계에 대한 유럽의 길고 성공적이던 공격의 그 먼 시작점들에서도 목격된다. 그때 유럽의 동쪽 경계와 북쪽 해변들에 대한 압력은 마침내 느슨해지는 것처럼 느껴졌다. 1000년 즈음까지 외부인들은 저지되었다. 그런 후 그들은 기독교화되기 시작했다. 짧은 시간 내에 폴란드, 헝가리, 덴마크, 노르웨이는 기독교도 왕들에게 통치받게 되었다. 최후의 거대한 위협이었던 몽골인들의 맹공은 (사실 여전히 미래에 있을 것이었지만) 당시로서는 상상할 수 없었던 일이었다. 또한 11세기 이슬람교도들이 유럽으로부터 밀려나던 현상은 이미 시작된 상태였다. 250년간 무슬림 통치하에 있었던 팔레르모는 최근 기독교화된 노르만인들에게 1071년에 정복되었다. 남부 유럽에 대한 이슬람 문명의 영향력은 8, 9세기 아바스 칼리프국의 몰락으로 인한 쇠퇴 때문에 줄어들었다.

이슬람교도들과의 싸움은 15세기까지 격렬하게 계속될 것이었다. 유럽인들에게는 그들 자의식의 가장 깊은 원천인 기독교에 의해서 형성된 단합과 열정이 있었다. 때로 지하드(Jihad) 혹은 성전(聖戰)이라고 표명되는 유사한 열정이 무슬림들 사이에서도 생성되었지만, 그 효과는 종교를 통해서 대단히 도덕적이고 영적인 계획으로 함께 묶여 있던 유럽인들보다 덜 광범위하고 덜 심오한 영향을 미치는 것 같았다. 기독교는 유럽인들의 정체성을 키웠다. 그러나 이는 단지 동전의 한 면일 뿐이다. 기독교는 또한 세속사회에 군림하던 전사계급의 약탈욕구에 허가증을 제공하기도 했다. 십자군전쟁은 약탈행위와 방종을 기독교 세계 내부의 전쟁에서는 얻을 수 없는 규모로 허락했다. 전사계급은 양심의 가책 없이 이교도들을 파괴할 수 있었다. 항상 대단한 약탈자였던 노르만인들은 남부 이탈리아와 시칠리아 섬을 아랍인들로부터 빼앗으면서 선봉에 섰는데, 그 과업은 1100년까지 실질적으로 완수되었다(거의 우연적으로 그들은 비잔티움 제국이 서유럽에 마지막으로 가지고 있던 속령들도 삼켜버렸다). 유럽에서 벌어졌던 이슬람교도들과의 또다른 큰 싸움은 에스파냐 역사의 서사시, 즉 재정복운동이었는데, 그것은 1492년 에스파냐 지역 최후의 무슬림 수도 그라나다가 가톨릭 군주들*의 군대에 의해서 함락되었을 때 그 정점을 이루었다.

에스파냐 사람들은 재정복운동을 하나의 종교운동으로 보게 되었고, 그렇게 그 운동은 11세기에 시작된 이래 전 유럽에 걸쳐 토지에 굶주린 전사들을 끌어들일 수 있었다. 그러나 '십자군(十字軍, The Crusades)'으로 기억되는 시리아와 팔레스타인에서 벌어진 일련의 거대한 모험들 역시 똑같은 서유럽의 종교적 부흥과 활력에 의지했다. 엄격하게 적용한다면, 그 명칭은 일반적으로 십자군전쟁 시기라고 여겨지는 2세기 남짓 동안의 사건들보다 훨씬 더 오래 지리하게 계속되었고, 지리적으로도 더 넓게 퍼져 있던 일련의 사건들을 포함한다. 십자군을 위해서 필요 불가결했던 것은 그 전쟁에 참여한 사람들은 면죄부를 받는다는 교황의 공인이었다. 이 면죄부는 그들이 사후 연옥에서 보내야 하는 시간을 줄여주는 것이었고, 만약 실제로 십자군전쟁 도중 사망한다면 그들에게 순교자의 신분을 허락하는 것이었다. 이런 바탕 위에서 늦게는 15세기까지도 십자군전쟁들은 계속 재개되었는데, 성지에서 위대한 공적을

---

* 카스티야의 이사벨 여왕과 아라곤의 페르난도 2세를 일컫는다/역주

이루리라는 야망으로 불타던 첫 번째 십자군들이 싸웠던 적들과는 아주 다른 적들에게 대항해서도 자주 개시되었다. 즉, 에스파냐의 무어인들, 발트 해 연안지역의 이교도 슬라브인들, 프랑스의 기독교 이단들, 심지어는 교황의 진노를 일으킨 기독교 군주들에게 대항해서까지 말이다.

그렇지만 처음 네 번의 십자군전쟁은 이후의 향방을 결정하는, 비교할 수 없을 만큼 가장 중요한 전쟁들이었다. 그 목적은 달성되지 못했지만(즉, 성지를 기독교 지배하로 다시 가져올 수 없었다), 그 전쟁들은 심대한 유산들을 남겼다. 레반트에서 그 전쟁들은 잠시나마 새로운 식민사회들을 건설했다. 그것들은 중대하게 그리고 아마도 치명적으로, 그 동쪽의 기독교 제국, 즉 비잔티움 제국에 상처를 입혔다. 무엇보다도 이 전쟁들은 서유럽인들의 심리와 자의식에 오래 지속될 흔적을 남겼다. 시기적으로 가장 일렀고, 동시에 가장 성공적이었던 십자군전쟁이 1096년에 시작되었다. 3년 내에 십자군들은 예루살렘을 수복했고, 그곳에서 그들은 여자와 아이들을 포함한 포로들에 대한 소름끼치는 학살을 통해서 평화의 복음(Gospel of Peace)의 승리를 기념했다.

반대로, 두 번째 십자군전쟁(1147-1149)은 (라인란트 지방의 유대인들에 대한) 성대한 학살과 함께 시작되었지만, 그것은 결국에는 재앙이었다. 비록 신성 로마 제국 황제와 프랑스 왕의 출정 때문에 이 전쟁이 이전 전쟁보다 더 큰 중요성을 부여받았지만 말이다. 두 번째 십자군전쟁은 사실 에데사를 빼앗겼던 일 때문에 촉발된 것이나 마찬가지였는데, 결국 이를 수복하는 데에 실패했고, 이 전쟁에 대한 가장 열렬한 옹호자였던 성 베르나르도에 대한 존경심을 떨어뜨리는 데에 큰 몫을 했다(이 전쟁 중에 영국 함대 하나가 아랍인들로부터 리스본을 빼앗아서 이를 포르투갈 왕의 손에 넘겨주는 부수적인 중요성이 있기는 했다). 그후 살라딘은 1187년도에 예루살렘을 이슬람 문명을 위해서 재탈환했다. 뒤따른 세 번째 십자군전쟁(1189-1192)은 동맹자들 간에 가장 큰 볼거리였다. 신성 로마 제국의 황제(전쟁 도중에 익사했다)와 영국, 프랑스의 왕들이 모두 참가했던 것이다. 그들은 서로 반목했고, 십자군들은 예루살렘을 수복하는 데에 실패했다. 어떤 거대군주도 교황 인노켄티우스 3세의 다음 십자군전쟁에 나가달라는 호소에 응하지 않았지만, 토지에 굶주린 많은 유력자들이 이에 응했다. 베네치아인들이 돈을 댄 원정군은 1202년에 출발했다. 그것은 비잔티움 국가의 왕조 문제들에 개입하게 되면서 단숨에 방향이 바뀌었는데, 이는 당시 폐위된 한 황제의 콘스탄티노플 재탈환을 도왔던 베네치아인들에게 적합한 상황을 제공한 셈이었다. 1204년 그 도시에 대한 끔찍한 약탈이 뒤따랐고 이것이 네 번째 십자군전쟁의 결말이었다. 그 업적은 콘스탄티노플에 '라틴 제국'을 건설한 것이었는데, 이는 그곳에서 단지 50년 동안만 유지되었다.

십자군전쟁은 13세기에도 몇 번 더 개시되었다. 그러나 그것들이 비잔티움 국가가 맞닥뜨릴 위험을 조금 더 미루어주기는 했지만, 팔레스타인의 마지막 기독교의 보루인 아크레가 1281년 무슬림들에게 함락된 후, 성지를 향한 십자군운동은 하나의 독립적인 힘으로서는 끝이 났다. 종교적 충동은 여전히 사람들을 움직일 수 있었지만, 최초 네 번의 십자군전쟁은 탐욕의 유쾌하지 않은 얼굴을 너무 자주 보여준 셈이었다. 그것들은 고귀하고 야비한 목적들의 특징적인 결합이라는 측면에서 그리고 무산되었던 정착형 식민주의라는 점에서, 유럽 해외 제국주의의 첫 사례가 되었다. 유럽인들은 에스파냐에서, 독일의 이교도 변경들에서 그들 정착지의 경계를 밀어내고 있던 반면에, 시리아와 팔레스타인에서는 유럽에서 더 이상 쉽게 구할 수 없는 땅과 물품들을 가지려고 했을 뿐만 아니라 그 멀고 이국적인 환경에 서양의 제도들을 이식하려고 했다. 그들은 이런 일들을 떳떳한 마음으로 행했다. 왜냐하면 그들의 적들은 정복을 통해서 기독교의 가장 신성한 성지들에 자리잡은 이교도들이었기 때문이었다. 『롤랑의 노래』에서는 "기독교도들은 옳고 이교도들은 그르다"라고 했고, 그것은 아마도 자신의 행동의 꺼림칙함에 대한 평범한 십자군 군사의 반응을 충분히 잘 요약한 것일 것이다.

첫 번째 십자군전쟁이 이룩한 그 짧막한 성공들은 당시 이슬람 세계가 취약하고 혼란스러웠던 과도기를 겪고 있었다는 사실에서 많은 부분이 연유했다. 프랑크족 국가들과 콘스탄티노플 라틴 제국의 그 허약한 이식물들은 오래 지속되지 않았다. 그러나 더 지속적인 영향을 미치게 될 결과들도 있었는데, 그것은 무엇보다도 기독교와 이슬람교 사이의 관계에 관한 것이었다. 즉, 매

우 비슷한 기원을 가지는 두 신앙 사이에, 이제는 결코 연결될 수 없는 이념적
인 분리의식이 수 세기 동안 만들어질 것이었다. 어느 학자가 이슬람교에 대
한 "오해의 홍수(flood of misrepresentation)"라고 적절히 칭했던 것이 일찍이
12세기에 서양 기독교 세계에서 착착 진행 중이었다. 무엇보다도 그것은 에스
파냐에서 가끔 그랬던 바와 같이, 그 두 종교가 공존할 가능성과 무슬림 학문
을 통해서 그곳 기독교 문화의 쇠퇴를 멈추게 할 가능성을 없애버렸다. 그러
나 기독교 세계의 분열 역시 십자군전쟁으로 인해서 더욱 격화되었다. 콘스탄
티노플의 약탈은 십자군들의 작업이었다. 게다가 십자군전쟁은 서구 기독교
에 새로운 성질의 유산, 즉 군사적 경향과 공격성을 가져다주었는데, 그것은
다가올 세기들(기술적 우월성 역시 활용할 수 있게 되었을 때)에 자주 분출될
것이었다. 이 안에, (이후 세속화되었을 때) 근대 세계정복의 문화에 힘을 불
어넣을 심성의 뿌리가 있었다. 재정복운동은 에스파냐인들이 아메리카 대륙

을 새로운 십자군전쟁의 전쟁터로 바라보기 전에는 좀처럼 완결될 수 없을 것이었다.

그러나 유럽은 이슬람의 영향을 결코 막을 수는 없었다. 이런 싸움들 속에서 유럽은 새로운 관습과 제도를 수입하고 발명했다. 이슬람과 만나는 어느 곳에서든지, 그것이 십자군전쟁터였건, 시칠리아 또는 에스파냐였건, 서유럽인들은 동경할 만한 것들을 발견했다. 때로 그들은 자신들의 나라에서는 구할 수 없는 사치품들, 즉 비단, 향수 사용, 새로운 식기들을 획득했다. 몇몇 십자군들이 얻었던 습관 한 가지는 목욕을 더욱 자주하는 것이었다. 이는 불운한 일일 수도 있었는데, 목욕탕들이 성적 방종과 결부되어 이미 꺼려지고 있던 유럽의 관습에 종교적 부정(不貞)이라는 오명까지 더해주었기 때문이다. 청결은 이후에 신실함과 거의 자동적으로 연결되는 개념이 되지만, 이는 당시까지는 아직 이루어지지 않았다.

중세 성기(盛期)의 군사적 기독교를 공고화시켰던 하나의 기구는 기사단(騎士團, military order of knighthood)이었다. 그것은 교단의 일원으로, 그리고 신앙을 위해서 싸운다는 계율을 받아들인 사람들의 일원으로 맹세한 군인들을 하나로 결집시켰다. 이런 기사단 중 몇몇은 여러 나라에서 기부재산을 가지며 매우 부유하게 되었다. 오늘날에도 존재하는 예루살렘의 성 요한 기사단(Knights of St John of Jerusalem)은 이슬람과의 전투들에서 수 세기 동안 최전선에 있을 것이었다. 성전 기사단(Knights Templar)은 그들을 두려워했던 프랑스 왕에 의해서 파괴될 정도로 큰 권력을 가지고 번창했고, 칼라트라바와 산티아고의 에스파냐 기사단들은 재정복운동 당시 최전선에 있었다.

또 하나의 기사단인 튜턴 기사단(Teutonic Knights)은 북쪽에서 활약했는데, 이 기사 수도사들은 독일의 발트 해와 슬라브인들의 땅을 침투하는 데에서 선봉에 섰다. 그곳에서도 역시 선교의 열정은 탐욕 및 곤궁함의 자극과 결합되어 그 지역 전체의 지도와 문화를 변모시켰다. 중동에서 실패했던 식민화 충동은 훨씬 더 북쪽에서 지속적인 성공을 거두었다. 독일인들의 동방으로의 팽창은 거대한 인구이동, 즉 수 세기에 걸친 남녀의 이주 물결을 포함했는데, 그들은 이 과정에서 숲을 개간하고, 농가와 촌락을 세우고, 도시를 건설하며, 자신들 및 자신들이 섬기는 수도원과 교회들을 지킬 요새를 구축했다.

1100년과 1400년 사이 독일인들이 이루었던 동방으로의 거대한 팽창은 새로운 경제적, 문화적, 인종적 지도를 만든 한편, 그것은 또한 두 개의 기독교 전통들의 통일을 가로막는 또다른 장벽을 세웠다. 서유럽의 교황 지배권은 중세 후기의 가톨릭교를 그 어느 때보다도 정교와 타협하기 어렵고, 또한 정교가 받아들이기 어려운 것으로 만들었다. 12세기 이래 러시아는 자신의 고유한 전통들과 특별한 역사적 경험에 의해서 점점 더 서유럽으로부터 분리되었다. 1240년 몽골의 키예프 점령은 1204년의 콘스탄티노플 약탈만큼이나 동방 기독교에 심각한 타격이었다. 그것은 또한 모스크바 공국의 공들을 파괴시켰다. 비잔티움 국가는 쇠락하고 독일인들과 스웨덴인들이 그들의 후방에 다다라 있는 상태에서, 러시아인들은 수 세기 동안 몽골과 그들의 타타르 계승자들인 금장 한국에 공물을 바쳐야 했다. 이런 유라시아 유목민족에 의한 장기간의 지배는 러시아를 대부분의 유럽으로부터 떼어냈던 또 하나의 역사적 경험이었다.

타타르 지배는 몽골 군대가 활발히 움직였던 남쪽 러시아 공국들에 가장 큰 영향을 끼쳤다. 러시아 내에 새로운 힘의 균형이 생겨났다. 키예프 쇠퇴 후 노브고로드와 모스크바가 새로운 중요성을 획득했던 것이다. 이 둘 모두 타타르인들에게 은, 군역, 부역의 형태로 공물을 바치기는 했지만 말이다. 다른 러시아 공들처럼 그들의 사절단도 볼가 강 유역 타타르의 수도 사라이를 방문해야 했고, 그 정복자들과 각각의 협정을 맺어야 했다. 이때는 러시아 국가의 왕위계승 패턴에서 가장 큰 변위와 혼란의 시기였다. 타타르 지배와 살아남으려는 몸부림, 이 양자 모두는 매우 전제적인 정치체제를 가진 국가들에 유리한 상황이 되었다. 그리하여 장래 러시아의 정치적 전통은 예전에 비잔티움 국가에서 온 제국적 관념의 유산에 의해서 만들어졌던 것과 같이, 이제 타타르 지배 경험에 의해서 형성되었다. 점차 모스크바는 새로운 중앙집중화 경향의 중심지로 부상했다. 그 과정은 일찍이 알렉산드르 넵스키의 아들(그는 모스크바 공국의 공이었다) 치세에서부터 식별될 수 있다. 그의 후예들은 타타르인들의 지지를 받았는데, 후자는 전자를 효율적인 세금징수자들로 생각했다. 교회조직은 아무 저항도 하지 않았고, 대주교 지위는 블라디미르에서 모스크바로 14세기에 이전되었다.

한편, 정교에 대한 새로운 도전이 유럽에서 일어났다. 유럽 대륙의 마지막 이교도 국가인 리투아니아인들이 14세기 후반 가톨릭으로 개종하고, 그들의 대공 브와디스와프 2세가 슬라브인들 땅의 넓은 지역을 자신의 속령으로 통합한 것이다. 그 땅에는 프로이센 지역, 폴란드 지역, 리투아니아인들이 3세기 동안 보유하고 있던 도시 키예프를 포함한 우크라이나 지역의 상당 부분이 해당되었다. 16세기부터 그들은 소위 폴란드-리투아니아 연방(聯邦)이라고 불렸던 곳에서 선출된 왕들을 포함한, 일종의 귀족 공화국을 형성했다. 러시아인들에게는 다행스럽게도, 리투아니아인들 역시 독일인들과 싸웠다. 1410년에 타넨베르크에서 튜턴 기사단을 박살낸 것이 바로 이들이었다.

콘스탄티노플의 멸망은 러시아에 거대한 변화를 야기했다. 동방정교회는 이제 그 중심을 비잔티움이 아니라 러시아에서 찾아야 했다. 곧 러시아의 성직자들은 그런 참혹한 사건들 안에 복잡한 목적이 담겨 있다고 느끼게 되었다. 그들은 비잔티움이 피렌체 공의회에서 종교적 타협을 추구함으로써 그 유산을 이미 저버렸다고 믿었다. 모스크바 대주교는 "콘스탄티노플은 무너졌다. 그 이유는 정교의 참 신앙을 버린 까닭이다.……세상에는 오직 하나의 참교회, 즉 러시아 교회만이 있을 뿐이다"라고 썼다. 몇십 년 후 16세기 초에, 한 수도사는 모스크바 공국의 통치자에게 꽤 새로운 어조로 글을 쓸 수 있었다. "두 개의 로마가 무너졌으나 세 번째가 서 있고, 네 번째는 세워지지 않을 것입니다. 세상에서 당신이 유일한 기독교 군주, 즉 모든 신실한 기독교인들의 주인이십니다."

비잔티움 국가의 최후가 찾아왔을 때, 다른 역사적 변화 역시 혼란과 타타르 지배로부터 러시아가 부상하는 것을 가능하게 했다. 15세기에 금장 한국은 내부 분열로 찢겨졌고, 리투아니아의 팽창은 멈추었다. 이것은 기회였고, 이 기회를 활용할 수 있는 능력을 가진 한 통치자가 1462년 모스크바 공국의 권좌에 오르게 되었다. 이반 대제(이반 3세, 재위 1462-1505)는 12세기 이래 영국과 프랑스가 가졌던 정의(定義)와 실재(實在)와 같은 것을 러시아에 부여했다. 어떤 이들은 그를 최초의 러시아 국가 통치자로 보았다. 영토합병은 그의 업적의 근간이었다. 모스크바 공국이 프스코프와 노브고로드의 공화국들을 삼켰을 때, 그의 권위는 최소한 이론상으로는 멀리 우랄 산맥에까지 확대된 것이었다. 그 공화국들을 지배하던 과두제 집권층은 강제추방을 당했고, 이반으로부터 봉사의 조건으로 땅을 받은 사람들로 대체되었다. 이 공화국들과의 무역을 독점해오던 한자의 독일 상인들도 역시 추방당했다. 타타르인들은 모스크바에서 또 한번의 공격을 1481년에 감행했지만 패퇴했고, 리투아니아에 대한 두 번에 걸친 침공으로 이반은 1503년에 백러시아와 소러시아*의 상당 부분을 차지하게 되었다. 그의 후계자는 1514년에 스몰렌스크를 취했다.

이반 대제는 '차르(Tsar)'라는 칭호를 택한 최초의 러시아 통치자였다. 그것은 제국적 과거를 의식적으로 불러낸 것으로, 그 어원인 카이사르(Caesar)의 유산에 대한 주장이었다. 1472년에 이반은 마지막 비잔티움 제국 황제의 조카딸과 결혼했다. 그는 "신의 은총을 통한 전제군주"라고 일컬어졌고, 그의 재위 기간 동안 채택된 쌍두 독수리는 1917년까지 러시아 통치자들의 표장의 일부로 남게 되었다. 이로써 러시아 군주정과 러시아 역사는 더욱 비잔티움 제국의 색채를 가지게 되었고, 더욱 서유럽과는 다른 것이 되었다. 1500년에 서유럽 사람들은 이미 러시아가 가진 독특한 종류의 군주정을 인식하고 있었다. 이반의 후계자 바실리 3세(재위 1505-1533)는 그 어떤 기독교 통치자들이 자신들의 신민들에 대해서 가졌던 권력보다도 훨씬 더 큰 전제적 권력을 그의 신민들에 대해서 가진다고 인정받았던 것이다.

상당 부분 나중에 깨닫게 된 것이지만, 유럽의 미래 중 일부는 아마도 1500년경에 이미 엿볼 수 있는 것 같다. 재정의(再定義)와 자각(自覺)의 거대한 과정은 수 세기 동안 이미 진행되어온 터였다. 유럽의 토지 한계들은 이제 다 채워졌다. 동방으로의 더 이상의 진출은 기독교 러시아의 공고화로 인해서 저지되었고, 발칸 반도에서는 이슬람 오스만 제국에 의해서 가로막혔다. 첫 번째 해외팽창의 파도, 즉 십자군은 사실상 약 1250년까지 다 사라졌다. 15세기 오스만 통치의 시작으로, 유럽은 다시금 지중해 동부와 발칸 반도에서 수

---

* Little Russia : 주로 우크라이나 및 그 인접 지방을 일컫는다/역주

세에 놓이게 되었다. 베네치아와 같이 동쪽의 영토들이 노출되어 불안했던 국가들은 그 영토들을 가능한 한 잘 돌보아야 했다. 한편, 다른 국가들은 그들의 대양 수평선들을 새롭게 바라보고 있었다. 서유럽과 나머지 세계와의 관계에서 새로운 시대가 열릴 참이었다.

1400년 유럽인들은 여전히 예루살렘을 세계의 중심으로 보았다. 비록 바이킹들이 대서양을 횡단한 적이 있었다고 하더라도, 여전히 사람들은 세계가 둥글기는 하지만 육지로 막힌 하나의 바다, 즉 지중해의 해안을 둘러싼 세 개의 대륙, 곧 유럽, 아시아, 아프리카로 구성되었다고 생각할 수 있었다. (몽골 팽창 이래로 가장 큰) 거대한 혁명이 바로 눈앞에 와 있었다. 그것은 이런 생각들을 영원히 일소시킬 것이었다. 다른 곳으로의 진출은 막혀 있었기 때문에, 그 혁명으로 가는 경로는 대양들 너머에 있었다. 유럽이 아시아와 만났던 최초의 직접 접촉은 바다에서보다는 육지에서 이루어졌었다. 중앙 유라시아의 대상로들은 그 접촉들의 주요 경로였고, 여기서 상품들은 서쪽으로 운반되어 흑해나 레반트 항구들에서 선적되었다. 다른 곳들에서, 15세기까지 배들은 감히 멀리 모로코 남쪽까지 나아가려는 시도를 거의 하지 않았다. 그때, 바다로의 모험의 커져가는 물결이 감지된다. 그것과 함께, 진정한 세계사의 시대가 시작되고 있었다.

이에 대한 하나의 설명은 기술적인 설명으로서, 이 변화가 새로운 도구들과 기능들의 획득을 통해서 이루어졌다고 말한다. 대양을 항해하기 위해서는 이전과는 다른 배들과 새로운 원거리 항해술이 필요했는데, 14세기 이래 이것들이 활용될 수 있었고, 그래서 대탐험이 가능해졌으며, 그것이 소위 '정찰의 시대(Age of Reconnaissance)'라고 불리는 15세기로 이어졌다는 것이다. 두 개의 중요한 변화가 선박의 설계에서 일어났다. 하나는 세부적인 것으로서, 선미타(船尾舵, sternpost rudder)의 도입이었다. 이것이 언제 도입되었는지 정확히는 알지 못하지만, 몇몇 배들은 1300년경에 그것을 가지고 있었다. 다른 하나는 좀더 점진적이고 복잡하게 이루어졌던 삭구(索具)의 개량 과정이었다. 이는 선박 크기의 증가와 함께 진행되었다. 보다 복잡해진 해상무역은 의심할 여지없이 그런 발달들을 자극했다. 1500년까지, 한 개의 돛과 돛대를 가진 가로돛식 북유럽의 통통한 윤곽선의 중세 외돛 상선은, 여러 종류의 돛과 세 개의 돛대를 가진 선박으로 진화했다. 주돛대에는 여전히 가로돛이 걸려 있었지만, 돛은 하나 이상이었다. 뒷돛대는 지중해 전통에서 차용한 큰 삼각돛을 가졌다. 앞돛대에는 가로돛을 더 달 수 있었지만, 또한 새롭게 발명된 세로로 치는 삼각돛들이 제1기움 돛대에 붙여졌다. 대형 삼각돛을 후미에 둔 상태에서, 이러한 앞돛들은 선박들의 방향 조정을 훨씬 더 용이하게 만들었다. 즉, 선박들은 훨씬 더 바람을 잘 받으며 항해할 수 있었던 것이다.

일단 이러한 혁신들이 흡수되자, 그 결실로 만들어진 선박들의 구조는 (세련되어지기는 하지만) 근본적으로는 변하지 않고 증기 추진력이 도래하기까지 그대로 유지되었다. 비록 콜럼버스는 작고 비좁다고 여겼겠지만, 그의 배들은 19세기 쾌속범선의 선장도 완벽히 이해할 수 있는 기계들이었을 것이다. 그 배들은 총들도 (비록 이후의 것들과 비교하면 매우 작은 것들이지만) 장착했기 때문에, 넬슨도 마찬가지로 그것들을 이해할 수 있었을 것이다.

1500년까지 몇 가지 중요한 항해술의 발전들이 또한 생겨났다. 바이킹들은 최초로 대양항로 항해법을 보여주었다. 그들은 이전에 유럽에서 사용이 가능했던 그 어느 것보다도 더 좋은 배들과 항해술을 가지고 있었다. 북극성과 태양(북쪽 위도에서, 이것들의 수평선 위로의 높이는 10세기 한 아일랜드 천문학자에 의해서 계산되어 있었다)을 이용하여, 그들은 위도선을 따라감으로써 대서양을 건넜던 것이다. 그후 13세기가 시작되었을 때, 두 가지 크나큰 혁신들이 생겨났다는 증거가 있다. 당시 지중해에서는 나침반이 널리 사용되었고(그것은 중국에서는 이미 존재했지만, 아시아에서 중동으로 전해진 것인지 [설사 그럴듯해 보여도] 혹은 어떻게 전해졌는지는 알려져 있지 않다), 1270년에는 해도(海圖)에 대한 최초의 언급이 나타났다. 그것은 십자군원정에 참여했던 배에서 사용된 것이었다. 이후 두 세기에 근대 지리학과 탐험이 탄생했다. 상업 이익에 대한 고려, 선교 열정, 외교 가능성들에 고무되어, 몇몇 공들은 그 연구를 지원하기 시작했다. 15세기에 그들은 직접 지도 제작자들과 수계 지리학자들을 고용하게 되었다. 이 공들 중 가장 유명한 이는 포르투갈 왕의 동생이었던 '항해자' 엔히크(1394-1460)였다. 이 이름은 영어권 학자들이 이후에 명명한 것인데, 그가 직접 항해한 곳은 아무 곳도 없었으므로 딱 들어맞는 표현은 아니다.

포르투갈인들은 대서양 쪽으로 긴 해안을 가지고 있었다. 그들은 육지로는 에스파냐에 둘러싸여 있었고, 이탈리아인들이 경험과 무력으로 장악하고 있던 지중해 무역으로부터 점차 차단당했다. 그들이 대서양으로 밀고 나가게 된 것은 거의 필연이었던 것으로 보인다. 그들은 엔히크 왕자가 일련의 해상 탐험들을 위한 장비를 갖추고 그 일을 시작했을 때, 이미 북쪽 영해에 익숙해지기 시작했었다. 그의 이러한 선도는 결정적인 것이었다. 복합적인 동기들로 인해서 그는 자국민들을 남쪽으로 돌렸다. 사하라에서 금과 후추를 구할 수 있다는 것은 알려져 있었다. 아마도 포르투갈인들은 그 위치를 찾을 수 있는 능력이 있었던 것 같다. 또한 어쩌면 오스만의 측면을 공격할 동맹자인 전설의 프레스터 존을 여기에서 찾을 가능성이 있을 것 같았다. 십자가를 위해서 획득될 개종자들, 영광, 땅이 분명히 있을 것이었다. 세계를 변화시키고 오늘날의 세상을 창출한 위대한 팽창에 유럽을 뛰어들게 만드는 큰일을 했음에도 불구하고, 엔히크는 철두철미한 중세인이었다. 그는 조심스럽게 그의 탐험들에 대한 교황의 인가와 승인을 구했다. 그는 성십자가의 조각을 가지고 북아프리카에 십자군원정을 갔고, 서지중해 해상운송로에 대한 이슬람의 지배를 끝냈던 1415년 포르투갈의 세우타 점령에 참여한 바 있었다. 그는 지리상 발견의 시대 초기를 지배했는데, 그 핵심은 체계적인 연구와 그에 대한 정부의 지원이었다. 그러나 그 정신은 기사도와 십자군전쟁의 세계에 뿌리박고 있었고, 이것이 엔히크의 사고를 형성시켰다. 그는 본인이 알고 있던 것보다 훨씬 더 많은 변화를 초래한 사람의 두드러진 예이다.

포르투갈인들은 꾸준히 남쪽으로 나아갔다. 그들은 아프리카 연안에 딱 달라붙어 항해하기 시작했지만, 그들 가운데 보다 대담한 이들은 마데이라 제도에 도착해서 이미 1420년대부터 그곳에 정착하기 시작했다. 1434년 포르투갈인 선장은 중요한 심리적 장애물이었던 보자도르 곶을 지나갔고, 이 일은 엔히크의 첫 번째 큰 업적이었다. 10년 뒤 그들은 베르데 곶을 돌아서 아조레스 제도에 자리를 잡았다. 그때까지 그들은 소형 범선을 완성했는데, 그 배는 대서양으로 나아갔다가 긴 반원형의 경로를 따라 돌아오는 귀항길에 맞바람과 역류와 싸울 만한 새로운 삭구를 사용했다. 1445년에 그들은 세네갈에 도착했다. 곧 그들의 첫 요새가 건설되었다. 엔히크는 1460년에 죽었지만, 그때 그의 나라 사람들은 더 남쪽으로 나아갈 준비가 되어 있었다. 1473년 그들은 적도를 지났고 1487년에는 희망봉에 도착했다. 앞에는 인도양이 놓여 있었다. 아랍인들은 인도양을 가로질러 오랫동안 무역을 해왔기 때문에, 그곳에는 수로 안내인들이 있었다. 또한 2세대 전에 중국인들이 이곳에 왔던 것에 대한 기억도 있었다. 인도양을 넘어, 더욱더 풍부한 향료의 원천들이 존재했다. 1498년 바스쿠 다 가마는 인도 영해에 마침내 닻을 내렸다.

그때 또다른 항해자인 제노바 출신의 콜럼버스는 아시아를 찾아서 대서양을 가로질렀는데, 그는 프톨레마이오스식 지리학 관점에 비추어 곧 그곳에 다다르리라고 확신했다. 그는 실패했다. 대신에 그는 에스파냐의 가톨릭 군주들을 위해서 아메리카 대륙을 발견했다. '서인도제도'라는 이름으로, 현대의 지도는 아시아에 있는 섬들을 발견했다는 그의 지속된 믿음을 기억하고 있다. 콜럼버스는 아프리카를 돌았던 포르투갈인들의 용감하지만 조심스러웠던 전진과는 매우 다른, 놀랄 만한 모험을 통해서 이를 이룩했다고 믿었다. 비록 그는 1493년의 훨씬 더 잘 준비되었던 두 번째 항해에서도 단지 그곳 섬들만을 탐험하는 수준에 그쳤지만, 포르투갈인들과는 달리 자신도 모르는 상태에서 하나의 대륙 전체를 실제로 발견한 셈이었다. 포르투갈인들은 이미 알려진 대륙을 새로운 경로를 통해서 도착했을 뿐이었다. 곧 그는 자신이 발견한 것이 아시아가 아닐지도 모른다는 점을 깨닫기 시작했다(비록 이후 두 번의 항해와 아메리카 대륙 본토 도착 이후에도 콜럼버스는 죽는 날까지 이를 인정하기를 거부했다). 1494년, 그 역사적으로 중요한 명칭인 '신세계(新世界, New World)'는 이 서반구에서 발견된 것에 처음으로 적용되었다(그러나 1726년 전까지는 아시아와 아메리카가 베링 해협 지역에서 붙어 있지 않다는 것을 인식하지 못했다).

그 두 모험적인 대서양 국가들은 수평선들이 넓어지던 세계에서 각각의 이해관계들을 파악하려고 노력했다. 유럽의 바다 밖에서 이루어진 유럽의 첫 교역 관련 조약은 포르투갈과 에스파냐에 의해서 1479년에 맺어졌는데, 그때 기니 만은 포르투갈인들의 것이 되었다. 이제 그들은 나아가서 세력권의 범위를 정하게 되었다. 교황은 아조레스 제도 서쪽 100리그 지점의 선을 따라서 그들끼리 세계를 분할했던 점에 근거하여 일시적인 판정을 해주었는데, 그것은 1494년의 토르데실랴스 조약에서 뒤엎어졌다. 이 조약은 베르데 곶 서쪽 370리그에 달하는 경도선 동쪽의 모든 땅은 포르투갈에, 그리고 그 선 서쪽의 모든 땅은 에스파냐에 주었다. 1500년에 인도양으로 가던 포르투갈 소함대 하나가 역풍을 피하기 위해서 대서양으로 들어갔고, 놀랍게도 토르데실랴스 조약이 정한 선의 동쪽에 위치해 있으면서도 아프리카는 아니었던 땅에 닿게 되었다. 그것은 브라질이었다. 그 이후로 포르투갈은 아시아뿐만이 아닌 대서양의 운명도 함께 가지게 되었다. 비록 포르투갈의 주력은 여전히 동쪽에 있었지만, 포르투갈을 위해서 일하는 이탈리아인 아메리고 베스푸치(1454-1512)는 그후 곧 남쪽으로 더 멀리 내려가서 섬들만이 아니라 새로운 대륙 전체가 유럽과 아시아 사이에 위치해 있다는 점을 서쪽 경로를 통해서 보여주었다. 머지않아서 그곳은 그의 이름을 따서 아메리카라고 불리게 되었고, 그 남쪽 대륙의 이름은 후에 북쪽 대륙에까지도 확장되어 적용되었다.

콜럼버스의 바하마 상륙 이후 30년이 지난 1522년, 에스파냐를 위해서 일하는 선박 한 척이 첫 세계일주를 완수했다. 항해했던 배의 선장은 포르투갈인 마젤란이었다. 그는 멀리 필리핀까지 갔다가 그곳에서 살해당했지만, 그의 이름을 본뜬 해협을 이미 발견하고 항해해나온 상태였다. 그와 처음부터 함께했던 선원들 중 18명은 살아남아서 다시 에스파냐에 이르렀다. 이 항해와 그것이 보여준 사실, 즉 모든 대양들이 서로 연결되어 있다는 점과 더불어, 유럽 시대의 도입부는 이제 끝을 맺었다고 간주될 수 있다. 약 1세기 동안의 발견과 탐험은 세계의 모양과 역사의 흐름을 바꾸어놓았다. 이때부터 대서양에 접근할 수 있었던 나라들은 육지로 둘러싸인 중부 유럽과 지중해 세력에게는 막혀 있는 기회들을 가질 것이었다. 우선적으로 이들은 에스파냐와 포르투갈을 의미했지만, 프랑스, 네덜란드, 영국이 곧 동참하여 이들을 넘어설 것이었다. 특히 영국은 새롭게 확장된 그 반구의 중심에 비할 데 없이 좋은 위치의 항구들의 집합이었는데, 그 항구들은 영국의 얕은 내륙지역으로부터 용이하게 접근할 수 있었으며, 향후 200년 동안 유럽이 이용하게 될 모든 대해상경로에 쉽게 닿을 수 있는 거리에 있었다.

이러한 변화들의 이면에 있던 진취성은 오직 넓어지던 항해술과 지리학 지식의 토양 때문에 가능한 것이었다. 이런 움직임의 새롭고 특징적인 인물 유형은 전문 탐험가와 항해자였다. 콜럼버스처럼, 초기에 그들 중 많은 이들은 이탈리아인들이었다. 새로운 지식 또한 이 항해들을 구상하고 성공적인 기술적 성취를 이루는 데에 기저를 이루었을 뿐만 아니라, 유럽인들이 새로운 방식으로 세계와 그들 간의 관계를 바라보도록 만들었다. 요약하면, 예루살렘은 더 이상 세상의 중심이 아니었다. 이제 사람들이 그리기 시작한 지도들은 그 투박함에도 불구하고, 실제 세계의 기본 구조를 보여주는 것이었다.

1400년, 한 피렌체 사람은 콘스탄티노플로부터 프톨레마이오스의 『지리학 (*Geographike Hyphegesis*)』 1권을 가져왔다. 그 책에 담긴 세계관은 1,000년 동안 사실상 잊혀졌었다. 2세기에 프톨레마이오스의 세계는 이미 카나리 제도, 아이슬란드, 스리랑카를 포함하고 있었는데, 이 모든 곳들이 그의 지도들에 위치해 있었다. 물론 인도양이 육지로 완전히 갇혀 있다는 오해도 있었지만 말이다. 그의 문헌의 번역(그 오해를 그대로 포함한 채 이루어졌다)과 처음에는 필사본으로, 다음에는 인쇄물로 나왔던 사본들의 증가(처음 인쇄된 1477년과 1500년 사이에 6개의 판이 있었다)는 더 나은 지도 제작에 큰 자극이 되었다. 아틀라스(atlas), 즉 인쇄된 지도들의 묶음이 책 형태로 철되어 있는 것이 16세기에 처음 만들어졌다. 이로써 그 어느 때보다도 더 많은 사람들이 세계에 대한 그림을 사거나 찾아볼 수 있었다. 더 나은 투영도법(投影圖法)의 등장으로, 항해 역시 더 간단해졌다. 여기에서 크게 기여한 인물은 네덜란드인 헤라르트 더 크레머르로서 그는 메르카토르(Mercator)로 기억된다. 그는 지도에 '아메리카'라는 단어를 처음으로 인쇄했고 오늘날에도 가장 친숙한 투영도법, 즉 유럽을 중앙에 두고 마치 펼쳐진 원통처럼 세계를 상상한 지도를 만들었다.

이러한 진보에서 가장 놀라운 것은 그것의 축적적이고 체계적인 성격이다. 세계사의 다음 국면에서 보이는 유럽의 팽창은 결코 전에는 없었던 의식적이고 계획된 것이었다. 유럽인들은 오랫동안 땅과 금을 원해왔다. 모험의 핵심에 놓여 있던 그 탐욕은 새로운 것이 아니었다. 가끔 그들을 고무시켰고, 때로 그들 행위의 원천들을 심지어 그 행위자들 자신들로부터도 감추어버렸던 종교적 열정 역시 새로운 것은 아니었다. 새로웠던 것은 지식과 성공으로부터 나왔던 점증하는 자신감이었다. 1500년에 유럽인들은 그들의 에너지와 자신감이 한없이 성장할 것만 같았던 시대의 시작점에 서 있었다. 세계는 그들에게 찾아오지 않았다. 그들이 세계로 나가서 그것을 쟁취했던 것이다.

과거와의 그러한 단절의 규모는 즉각적으로 인식되지는 않았다. 지중해와 발칸 반도에서 유럽인들은 여전히 위협을 느끼고 수세에 몰려 있었다. 항해술과 선박조종술은 여전히 갈 길이 멀었다. 예를 들면, 18세기까지는 정밀한 항해에 필요한 만큼 충분히 정확한 시간 기록자를 구할 수 없었던 것이다. 그러나 유럽과 나머지 세계 사이, 그리고 유럽 국가들 사이의 새로운 관계로 나아가는 길은 열렸다. 지리상 발견은 정복으로 이어질 것이었고, 그후 얼마의 시간이 지나면 유럽인들은 그 방대한 해외의 자원을 착취할 것이었다. 세계혁명은 시작되고 있었다. 1,000년이나 지속되었던 균형 상태는 끝이 나고 있었다. 이후 두 세기가 펼쳐지면서, 수천 척의 배들이 매해 매일마다 리스본, 세비야, 런던, 브리스틀, 낭트, 안트베르펜 그리고 수많은 다른 유럽 항구들에서 다른 대륙에서의 교역과 이윤을 찾아서 출항할 것이었다. 그들은 캘리컷, 광둥, 나가사키로 갈 것이었다. 때가 되면, 유럽인들은 그 자신들이 해외에 이미 자리잡았던 곳들, 즉 보스턴과 필라델피아, 바타비아와 마카오 출신의 배들에 의해서 합류될 것이었다. 그리고 그 모든 시간 동안, 단 한 척의 아랍 다우배도 유럽으로 오는 길을 찾지 않을 것이었다. 1848년 직전에야 한 중국의 범선이 템스 강에 들어왔다. 그리고 1867년이 되어서야, 즉 유럽인들이 대해상교역로를 만든 지 한참 후에야, 일본 선박 하나가 태평양을 건너 샌프란시스코에 도착했다.

1500년 유럽은 새로운 문명의 중심으로 분명히 인식될 수 있었다. 머지않아서 그 문명은 다른 땅들에 전파될 것이었다. 그 핵심은 여전히 종교였다. 이것이 가지는 제도적인 의미는 이미 다루었다. 즉 교회조직은 그 중심기구가 겪었

1500년 이전 설립된 유럽 대학교들
국경 표시는 1991년 말 기준

던 우여곡절에도 불구하고 사회적 규제와 통치의 거대세력이었다. 그러나 그것은 또한 문화의 후견인이자 모든 인간의 설교자, 즉 문명 자체를 전달하는 수단이자 담는 그릇이었다. 13세기 이래로, 오랫동안 수도사들이 지고 있던 기록, 가르침, 학습의 부담은 탁발 수사들에 의해서, 더욱 중요하게는 그 수사들이 때로 큰 역할을 했던 새로운 기관인 대학들에 의해서 공유되었다. 볼로냐, 파리, 옥스퍼드가 최초의 대학들이었고, 1400년까지 53개가 더 생겼다. 그렇지만 대학이 유럽의 미래에 대해서 가지는 중요성은 다음과 같은 사실에 있다. 즉 많은 속인들이 교육받게 된 때에도, 대학들은 역시 교회조직 아래의 기관에 의해서 계속해서 만들어지거나 종교로 채워질 것이라는 사실 말이다. 대학에서의 수업은 교회조직의 언어이자, 교육받은 이들의 공통어인 라틴어로 진행되었다. 라틴어가 과거에 누렸던 독보적 위치는 대학의 기념식들과 학위의 이름에 남아 있는 그 언어의 자취에서 여전히 기억되고 있다.

법학, 의학, 신학, 철학 모두가 이 새로운 기관으로부터 혜택을 입었다. 철학은 중세 초기에 거의 신학 속으로 사라졌다. 그후, 12세기에 그리스어를 라틴어로 직접 번역하기 시작하면서, 유럽의 학자들은 고대 철학의 저작들을 스스로 읽을 수 있게 되었다. 그 저작들은 이슬람의 자료로부터 구했다. 아리스토텔레스와 히포크라테스의 저서들이 라틴어로 번역되었을 때, 처음에는 의심을 받았다. 그 의심은 13세기에 들어와서까지 계속되었으나, 점차 세계에 대한 고대의 설명과 기독교적 설명을 조화시키려는 노력이 시작되었고, 무엇보다도 두 도미니크파인 알베르투스 마그누스(?1200-1280)와 그의 제자 토마스 아퀴나스(?1225-1274)의 작업 덕에, 그 조화와 통합이 실제로 가능하다는 점이 분명해졌다. 이렇게 서유럽은 고대의 유산을 되찾았고 기독교와 결합시켰다. 기독교 세계의 신 중심적 문화에 대해서 대조하고 비판적인 접근을 하는 대신에, 그것은 그 세계에 통합되었다. 이제 고대 세계는 기독교의 전조로 인식되기 시작했다. 수 세기 동안 인간들은 지적인 문제에 대한 권위를 구하기 위해서 종교 또는 고대의 문헌에 의지하게 될 것이었다. 후자 중에 독보적인 명망을 누렸던 이는 아리스토텔레스였다. 교회조직은 그를 성인으로 만들 수는 없었으나, 최소한 그를 일종의 선지자로서 대우했다.

이런 현상을 즉시 드러내는 증거는 중세 스콜라 철학의 놀랄 만큼 체계적이고 합리적인 성취였는데, 스콜라 철학의 그 명칭은 기독교 가르침의 의미를 파악해가고자 하는 지적인 노력에 부여된 것이었다. 스콜라 철학의 강점은 그것이 포용하는 범위에 있었는데, 이 점은 아퀴나스의 『신학대전(*Summa Theologica*)』(이 책은 최고의 성취 혹은 깨지기 쉬운 종합이라는 반대되는 평가를 동시에 받아왔다)에서 가장 탁월하게 제시되어 있다. 그것은 모든 현상을 설명하려고 노력했다. 스콜라 철학의 약점은 관찰과 실험에 대한 머뭇거림에 있었다. 스콜라 철학의 기독교로 인해서 중세의 정신은 논리적 사고를 강하게 훈련할 수 있기는 했지만, 고립되고 예사롭지 않았던 몇몇 사람들만이 권위를 뚫고 진정한 실험적 방법론에 이르는 가능성을 희미하게나마 엿볼 수 있었다.

그럼에도 불구하고 기독교가 이루었던 문화적 성취 내부에서, 초기 중세의 닫힌 세계로부터 벗어나려는 첫 징후들이 발견된다. 역설적이게도 기독교 세계는 그 해방의 징후들을 이슬람 문명권에 빚지고 있었다. 비록 오랜 시간 동안 평범한 사람들의 태도 속에는 아랍 문명에 대한 깊은 의심과 두려움이 존재했지만 말이다. 그리고 또한 그 문명에 대한 무지도 있었다. 1143년이 되어서야『코란』의 라틴어 번역본을 이용할 수 있었다. 신자들과 신앙심 없는 자들(양쪽 편 모두 같은 용어로 서로를 생각했다), 즉 기독교도와 이슬람교도 사이의 너그럽고 관용적인 관계는 오직 몇몇 지역에서만 가능했다. 무엇보다도 시칠리아와 에스파냐에서는 두 문화가 만날 수 있었다. 그곳에서는 12-13세기에 위대한 저작들의 번역 작업이 이루어졌다. 황제 프리드리히 2세(재위 1220-1250)는 (그가 이단들을 박해했음에도 불구하고) 팔레르모에 있는 그의 궁정에서 유대인들과 사라센인들을 환대했다고 알려지면서 가장 깊은 의심을 받았다. 과거 서고트족의 수도였던 톨레도 역시 또 하나의 특별히 중요한 중심지였다. 이러한 곳들에서 필경사들은 이후 6세기 동안의 라틴어 텍스트 베스트셀러들을 필사하고 다시 필사했다. 유클리드의 저서들은 필사, 재필사 그리고 인쇄되기 시작했다. 이로써 결국에 그 책들은 최소한 20세기까지는 『성경』을 제외한 그 어떤 책의 성공도 능가했으며, 19세기까지 서유럽 수학 교육의 근간이 되었다. 그런 방식으로 헬레니즘 세계는 다시 유럽인들의 사고를 비옥하게 만들기 시작했다.

대략적으로 말해서, 이슬람 세계가 전달했던 고대 문명은 서로 긴밀하게 관련이 있는 학문 분과들이었던 점성술, 천문학, 수학에서 시작되었다. 프톨레마이오스의 천문학은 이 경로를 타고 유럽에 이르렀고, 16세기까지 우주론과 항해술의 충분한 기초가 되었다. 이슬람의 지도 제작법은 사실 대부분의 중세 동안 유럽보다 앞서 있었고, 아랍의 선원들은 유럽인들이 자석을 항해술에 이용하기 훨씬 더 이전에 이미 이를 실행하고 있었다(비록 이를 위대한 대양의 발견들로 이끌고 간 것은 유럽인들이었지만 말이다). 고대의 천문 관측의인 아스트롤라베는 고대 그리스의 발명품이었지만, 그 사용법은 아랍 저작물들을 통해서 유럽에 퍼졌다. 초서가 그것의 사용에 관한 논문을 썼을 때, 그는 더 이른 시기에 나왔던 아랍의 것을 본보기로 삼았다. 새로운 숫자 읽는 법과 소수점(둘 다 인도에서 시작되었다)이 아랍의 자료들을 통해서 유럽에 도달했던 것은 어쩌면 가장 중요한 것이었다. 계산을 단순화시키는 데에 소수점이 얼마나 유용한가는 로마 숫자로 산수를 풀어보려고 해보면 쉽게 검증될 수 있다.

천문학을 제외한 다른 관찰과학 중에서, 이슬람으로부터 유럽에 전래된 것들 가운데 가장 중요했던 것은 의학이었다. 아리스토텔레스, 갈레노스, 히포크라테스의 의학서적들(그리스어를 직접 번역하는 작업은 1100년 이후에야 이루어졌다)에 접근할 수 있었던 것 이외에도, 아랍어 자료들과 교육자들이 아랍의 의사들에 의해서 쌓인 거대한 양의 치료법, 해부학, 약학 지식도 유럽의 의술에 전해주었다. 아랍 학문과 과학의 명망 덕에 좀더 민감하게 위험하고 전복적이었던 생각들도 더 쉽게 받아들여질 수 있었다. 즉, 아랍 철학과 신학 역시 유럽에서 연구되기 시작했던 것이다. 결국에는, 심지어 유럽의 예술조차 이슬람 문명의 영향을 받았던 것으로 보인다. 이후 회화를 변화시킬 원근법의 발견은 13세기 아랍 에스파냐로부터 전해진 것으로 알려져 있다. 유럽은 이런 교환의 대가로 (총포기술 외에) 이슬람 세계에 제공한 것이 별로 없다.

중세 유럽은 그 어떤 동시대의 원천보다도 이슬람 문명에 많은 것을 빚졌다. 그 인상적이고 이국적인 관심에도 불구하고, 마르코 폴로류의 여행이나 탁발 수사들의 중앙 아시아 선교여행들은 유럽을 거의 변화시키지 않았다. 세계의 다른 지역과 교역하는 물품의 양은 심지어 1500년에도 여전히 아주 적었다. 기술적으로, 유럽은 동아시아에는 오직 비단(이는 동로마 제국을 통해서 유럽에 들어왔다)과 종이 만드는 기술만을 빚졌다. 종이는 중국에서는 2세기에 만들어졌지만 유럽에 들어온 것은 13세기가 되어서였고, 그나마도 아랍 에스파냐를 거쳐서 전래되었다. 더 가까운 아시아로부터는 유럽에 전해진 것이 없었다. 인도의 수학처럼, 아랍의 도가니 속에서 정제되는 과정을 거치지 않고서는 말이다. 이슬람 문화의 침투성을 감안해볼 때, 이것은 일정 의미에서 이슬람 문명권이 대부분의 시대 동안 유럽을 그들 사이에 장벽을 만들며 동양으로부터 차단했기 때문이라기보다는, 중국과 인도가 단순히 너무 멀었기 때문이었던 것 같다. 어쨌든 중국과 인도로는 기독교 이전의 고대, 즉 서로 간의 왕래가 그만큼 어렵지 않았을 때에도 거의 접근할 수 없었던 것이다.

고대와 기독교의 재통합은 (비록 그것이 아퀴나스의 저작과 같은 작업에 와서야 분명해졌지만) 예전 테르툴리아누스의 질문, 즉 아테네가 예루살렘과 무슨 상관이 있느냐는 조소 섞인 질문에 대한 10세기 늦은 답변이었다. 중세 최고의 작품 중 하나(일부 사람들은 가장 최고라고 판단할 것이다)인 단테의 『신곡』에서는, 기독교 세계가 고대와 다시 접합된 것의 중요성이 이미 드러난다. 단테는 기독교적 진리의 세계인 지옥, 연옥, 낙원으로 가는 그의 여정을 그린다. 그러나 그의 안내자는 기독교인이 아닌 이교도, 즉 고대의 시인 베르길리우스이다. 이 역할은 단순히 포장하는 것 훨씬 이상의 것이다. 즉, 베르길리우스는 그리스도가 오기 전에 그를 예언했기 때문에, 진리에 이르는 권위 있는 안내자인 것이다. 이 고대 로마의 시인은 『구약성경』에 나오는 선지자들과 나란히 서는 인물이 된 것이다. 비록 고대와의 관련성이라는 관념은 결코 완전히 사라진 적이 없었지만(프랑크족 또는 브리튼 사람들을 트로이 사람들의 후손으로 관련지으려는 열정에 휩싸인 연대기 작가들의 시도가 보여주듯이), 단테의 태도에서는 한 시대를 만드는 그 무엇인가가 있다. 이렇게 기독교 세계가 고대 세계를 받아들인 것은, (물론 스콜라 철학의 대강의 종합이 먼저 있기는 했지만) 보통 더욱 급진적인 것으로 여겨져온 변화, 즉 14-16세기의 인문주의적 학문의 위대한 부활을 가능하게 했다. 그것은 라틴어가 오랫동안 지배했던 부활이었다. 최초의 그리스어 문법서는 1497년에 가서야 출간되었다.

문화사의 그 흐름에서 상징적인 인물은 로테르담의 에라스뮈스였다. 그는 한때 수도사였고, 이후 그의 시대 고전연구의 가장 중요한 주창자로서 당시의 시도적인 인문주의자들 대부분과 교류하는 인물이었다. 그러나 그는 여전히 고전학을 최고의 『성경』 연구를 위한 관문으로 생각했고, 따라서 그의 가장 중요한 책은 그리스어판 『신약성경』이었다. 신뢰할 만한 『성경』 텍스트를 출판했던 것의 효과는 실제로 혁명적일 것이었으나, 에라스뮈스는 기존의 종교 질서를 뒤엎으려는 의도는 전혀 가지고 있지 않았다. 우쭐대는 성직자들을 조롱하고 놀렸던 그의 활력과 기지에도 불구하고, 그리고 그의 책과 학문이 독자적인 사고를 자극했음에도 불구하고 말이다. 그의 뿌리는 15세기 저지대 국가들에서 등장했던 신비주의 운동, 즉 데보티오모데르나(devotio moderna) 의 경건함에 있었지, 이교도 고대에 있었던 것은 아니었다.

고대 저자들의 연구를 학습하기 시작하고 노골적으로 이교도 고대의 이상 들을 불러낸 이들 중 일부는 '중세(Middle Ages)' 또는 '중간기(a Middle Age)' 라는 관념을 만들면서 새로움에 대한 그들의 의식을 강조했다. 그들은 후대에 잃어버린 전통에서 '부활한' 이들, 즉 고전고대를 '재생(Renaissance)'시킨 사 람들로 간주되었다. 그러나 그들은 12세기 이래의 거대한 변화를 가능하게 했던 기독교 문명 내부의 문화 속에서 만들어진 이들이었다. 르네상스라고 말하는 것은 (그 용어를 사용하는 맥락의 한계들을 염두에 둔다면 유용할지도 모르나) 만약 중세 기독교 문명과의 급격한 단절을 나타내는 문화의 변동을 의미하는 것이라면, 그것은 역사를 왜곡하는 것이다. 르네상스는 유용한 신 화, 즉 사람이 자신의 생각을 분명하게 하고 따라서 더 효율적으로 행동할 수 있도록 도와주는 개념들 가운데 하나였으며, 지금도 그렇다. 르네상스가 무엇이든지 간에, 유럽 역사에서 중세로부터 분리되는 분명한 선은 존재하지 않는다. 우리가 중세의 경계를 나누기를 아무리 좋아한다고 해도 말이다.

그러나 강조점의 변화는 거의 모든 곳에서 눈에 띈다. 그것은 특히 그 시대 의 과거에 대한 관계 설정에서 드러난다. 13세기의 사람들은 16세기 사람들 과 마찬가지로, 고대의 위인들을 자신의 시대의 의복을 입고 있는 것으로 묘 사했다. 알렉산드로스 대왕은 한때 중세의 왕처럼 보였다. 이후 셰익스피어의 카이사르는 고대 로마 시대 시민의 겉옷인 토가(toga)가 아니라 르네상스 시 대의 몸에 딱 붙는 남성용 상의(doublet)와 바지(hose)를 입고 있었다. 즉, 과거 에 대한 이런 그림들 어디에도 진정한 역사에 대한 인식은 없으며, 과거와 현재의 인간 및 사물들 사이의 거대한 차이에 대한 의식도 없다. 대신에 역사 는 기껏해야 사례들의 집합으로 여겨졌다. 이 두 가지 태도 사이의 차이는 다음과 같다. 중세적 견지에서는 고대 역시 신의 계획의 표적들로 분석될 수 있고, 그 계획이 존재한다는 증표는 다시 한번 의기양양하게 교회의 가르침의 정당성을 입증하는 것이다. 이것이 성 아우구스티누스의 유산이었고 단테도 받아들이는 것이었다. 그러나 1500년이 되자 무엇인가 다른 것들 역시 과거에서 분별되고 있었는데, 그것은 마찬가지로 비역사적이기는 했지만 사람들이 느끼기에 그들의 시대와 상황에 더욱 유용해 보였다. 일부는 (심지어 이교도적이라도) 고전고대가 주는 영감을 기독교와는 다른 것으로 보았고, 그 결과 중의 하나는 고대의 저작물들에 새롭게 주목하게 된 것이었다.

르네상스라는 관념은 특히 예술에서의 쇄신과 연관된다. 후기 중세 유럽에는 많은 쇄신이 있었다. 그것은 12세기 이래의 그 어떤 위대한 문명 전통의 중심지들에서보다도 활력이 넘치고 창조적이었던 것 같다. 음악, 드라마, 시가에서 새로운 형식과 양식이 창출되어 오늘날까지도 여전히 우리를 감동시키고 있다. 15세기까지, 그것들은 결코 신에 대한 봉사에만 국한되지 않음이 이미 분명했다. 예술은 자율적이 되고 있었다. 이 변화의 궁극적인 완성은 르네상스의 주요 미학적 표현물이었는데, 그것은 양식상의 쇄신들(이들도 혁명적이기는 했다)을 훨씬 더 능가하는 것이었다. 그것은 기독교적 종합과 문화에 대한 교회의 독점이 무너지고 있음을 보여주는 가장 확실한 징표였다. 고대와 기독교 신화가 서로 서서히 분기하게 된 것은 그것의 한 표현이었다. 다른 표현들은 로망스어 및 프로방스어 연애시(이것은 많은 것을 아랍의 영향에 빚지고 있었다)의 등장, 새로운 도시들의 거대한 길드 회의소들과 같은 세속 건축에서의 고딕 양식의 채용 또는 교육받은 속인들을 독자로 하는 자국어 문학의 성장(아마도 초서의 『캔터베리 이야기[*Canterbury Tales*]』는 최상의 예일 것이다)이었다.

그러한 변화들이 언제 일어났는지는 쉽게 단정할 수 없다. 왜냐하면 그 쇄신의 수용은 항상 빠른 속도로 그 쇄신을 따라서 이루어지지 않았기 때문이다. 문학에서는, 특히 심각한 물리적인 한계로 인해서 할 수 있던 것이 제한되었는데, 그것은 오랜 텍스트 부족 현상 때문이었다. 16세기에 한참 들어와서야 초서 전집의 첫 번째 판이 인쇄되고 출간되었다. 그 무렵 하나의 사고혁명이 이미 의심의 여지없이 진행 중이었고(당시까지 그 혁명의 모든 추세는 형식적 부분들과 관계가 있었다. 그러나 그 혁명은 이 부분들을 모두 더한 것보다 훨씬 더 큰 것이었다), 그것은 거의 모든 것을 활자본 책의 도래에 빚진 것이었다. 심지어 『캔터베리 이야기』와 같은 자국어 텍스트도 인쇄술로 인해서 많은 숫자의 사본들을 쉽게 구할 수 있기 전까지는 폭넓은 일반 대중들에게까지 이를 수 없었다. 이 일이 실제로 벌어졌을 때, 책들의 영향력은 크게 확대되었다. 이는 모든 종류의 책들, 즉 시, 역사, 철학, 기술 그리고 무엇보다도 『성경』에 해당되었다. 그 영향은 지식과 사상의 전파라는 측면에서 글쓰기의 발명 이후 가장 심대한 변화였다. 즉, 그것은 이들 세기 동안의 가장 위대한 문화적 혁명이었던 것이다. 뒤늦게 깨닫게 된 것이지만, 그것은 오늘날도 여전히 진행 중인 정보 전파의 가속화가 시작되었던 지점으로 볼 수 있을 것이다.

이 새로운 기술은 중국에서 이미 다른 형태로 이용되고 있었다고 하더라도, 그곳으로부터는 어떤 자극도 받지 않았다. 물론 아주 간접적인 형태로, 즉 중국이 원래 종이를 이용할 수 있게 만들었다는 점에서 그들에게 빚을 졌다는 점을 제외하고는 말이다. 14세기부터, 유럽에서는 넝마가 양질의 종이를 만드는 데에 이용되었고, 이것은 인쇄혁명에 기여했던 요소들 중 하나였다. 여타 요소들은 인쇄의 원리 자체(직물에 이미지들을 찍어넣는 것은 아마도 12세기 이탈리아에서 시행되었을 것이다), 활자면에 목재 대신 주조금속을 활용하는 것(이미 놀이 카드, 달력, 종교적 이미지들에 인재[印材]로 사용되었다), 유성 잉크의 이용 가능성, 무엇보다도 금속활자의 사용이었다. 결정적이었던 것은 이 마지막 발명품이었다. 비록 세세한 사실은 잘 알려져 있지 않고, 목판활자 실험은 15세기 초반까지도 하를렘에서 계속되었지만, 금속활자 발명의 공헌을 마인츠의 다이아몬드닦이인 요하네스 구텐베르크(그의 이름은 전통적으로 금속활자와 자체와 결부된다)에게 돌리지 않을 그럴듯한 이유는 없는 것 같다. 1450년경, 그와 그의 동료들은 근대 인쇄술의 요소들을 결합시켰고, 1455년에 유럽에서 출판된 진정한 최초의 인쇄 책으로 모두가 인정할 만한 것, 즉 구텐베르크 『성경』이 등장했다.

구텐베르크 자신의 사업은 그때까지 실패작이었다. 그러나 새로운 상업시대의 전조가 되는 것은 그가 빈약한 자본을 가진 업자였다는 사실에서 나타난다. 장비와 활자를 축적하는 것은 비싼 사업이었고, 그가 돈을 빌렸던 한 동료는 그 빚을 갚으라고 구텐베르크를 법정에 고소했다. 구텐베르크는 불리한 판결을 받아서 인쇄기를 잃게 되었고, 따라서 구텐베르크 『성경』은 그것이 등장했을 때 그의 자산이 아니었다(다행히 그 이야기는 여기에서 끝나지 않는다. 결국에 구텐베르크는 그의 업적을 인정받아서 마인츠의 대주교에 의해서 귀족에 봉해졌다). 그러나 그는 혁명을 일으켰던 것이다. 1500년까지, 약 3만 5,000개의 개별 판들(초기 활자 간행본[incunabula]이라고 일컬어졌다)이 출판된 것으로 집계된다. 이는 아마도 150만 개에서 200만 개 사이의 사본을 의미할 것이다. 즉, 그때에 이미 전 세계의 필사본 책의 부수가 이보다 더 적었다. 다음 세기에는 15만 개에서 20만 개 사이의 개별 판들이 있었고, 아마도 사본들은 그보다 10배나 많이 출판되었을 것이다. 그러한 양적인 변화는 질적인 변화 하나와 합쳐진다. 금속활자 인쇄의 출현의 결과로 만들어진 문화와 그 이전의 문화는, 마치 그것이 라디오와 텔레비전을 당연시하는 문화와 다른 것만큼 달랐다. 근대는 인쇄의 시대였다.

최초로 인쇄된 유럽의 책이 『성경』, 즉 중세 문명의 핵심에 있는 종교서적이었다는 점은 흥미롭지만 놀랍지는 않다. 인쇄기를 통해서, 『성경』에 대한 지식은 전에 없이 전파될 것이었고 그것은 헤아릴 수 없는 결과들을 가져올 것이었다. 1450년에는 교구사제가 『성경』 하나를 소유하거나 심지어 이에 자유롭게 접근하는 것조차 매우 이례적인 일이었을 것이다. 한 세기 후에는, 그가 『성경』을 소유했을 가능성이 커졌고, 1650년이 되면 그가 『성경』을 가지고 있지 않다는 것이 놀랄 만한 일이 되었다. 첫 번째로 인쇄된 『성경』은 라틴어 불가타 『성경』의 텍스트들이었지만, 자국어 판들도 곧 뒤따라서 나오게 되었다. 독일어 『성경』은 1466년에 출간되었다. 카탈루냐, 체코, 이탈리아, 프랑스어 번역본들도 그 세기가 끝나기 전에 나왔다. 한편 영국인들은 『신약성경』이 그들의 언어로 출판되기를 1526년까지 기다려야 했다. 독실한 속인들과 성직자들은 모두 50-60년 동안 모은 자산을 종교적 텍스트들(그중 『성경』이 가장 중요한 것이었다)의 전파에 쏟아부었다. 수도원에는 심지어 출판사가 세워지기도 했다. 한편, 문법서들, 역사서들 그리고 무엇보다도 고대 저자들의 작품들(인문주의자들에 의해서 편집되었다)의 출판 역시 점점 더 늘어나게 되었다. 이탈리아로부터 나온 또 하나의 쇄신은 피렌체 학자들의 필사를 모델로 하여 만들어진 더 단순하고 더 분명한 활자체의 도입이었는데, 그들은 카롤링거 시대의 소문자체를 모방했다.

그 영향은 어떤 틀 내에 담겨질 수 없었다. 인쇄매체의 유럽 의식 지배가 그 결과가 될 것이었다. 일정 정도 선견지명이 있게도, 1501년 교황은 주교들에게 인쇄업을 통제하는 것이 신앙인의 순수성을 지키는 데에 핵심이 될 것이라고 완곡하게 말했다. 그러나 교리에 대한 어떤 특정한 위협(그 역시 중요한 것이었지만)보다는 더 많은 것이 이에 관련되었다. 책의 성격 자체가 변하기 시작했다. 한때는 진귀했던 예술, 즉 그 신비스러운 지식에 단지 몇몇만이 접근할 수 있었던 예술이 이제는 수많은 사람들을 위한 도구와 작품이 된 것이다. 인쇄술은 정부에는 소통의 새로운 통로들을, 예술가들에게는 새로운 매체를 제공할 것이었고(16세기 회화와 건축 양식의 전파는 판화가 점점 더 많이 이용 가능해지면서 그 어느 때보다 더 빨랐고 광범위했다), 기술의 전파에 새로운 추동력을 줄 것이었다. 읽고 쓸 줄 아는 능력과 교육에 대한 거대한 수요는 그것을 통해서 자극받을 것이었다. 그 어떤 하나의 변화도 이처럼 분명하게 한 시대의 끝과, 또 한 시대의 시작을 표시할 수 없다.

이 모든 것이 앞으로 다가올 세계사 시대에서의 유럽의 역할에 대해서 정확히 무엇을 의미했는지를 말하기는 매우 어렵다. 1500년경, 이런 것들에 대해서 생각해보려는 소수의 유럽인들에게 자신감을 줄 만한 것은 분명히 많이 있었다. 그들 문명의 근원은 유럽인들에게 그들은 시간을 항해하는 사람들이라는 점, 즉 미래를 향한 그들의 시선을 가르치는 종교에 있었다. 그 미래는 지나온 과거의 위난(危難)들을 숙고함으로써 그리고 하나의 공통된 목적을 자각함으로써, 약간 더 이해할 만한 것 그리고 약간 덜 무서운 것이 되었다. 따라서 유럽은 시간을 (비록 순환적인 것이지만) 끊임없는 압박으로서가 아니라 특정한 방향을 가진 지속적인 변화, 즉 진보로 인식했던 첫 번째 문명이 되었다. 『성경』에서 선택받은 사람들은 결국에는 어디론가로 나아가고 있었다. 그들은 수동적으로 견뎌야만 하는, 단순히 설명 불가능한 일들이 그들에게 벌어지는 사람들이 아니었다. 변화에 대한 이와 같은 간단한 수용으로부터 계속되는 변화와 함께 살아간다는 의지가 곧 생겨났고, 그것은 근대인의 특유한 점이 되었다. 세속화되고 그 기원으로부터 멀어진다면, 그러한 생각들은 매우 중대할 수 있었다. 과학의 발전은 곧 그 예가 되었다.

또다른 의미에서 기독교 유산은 또한 결정적이었다. 비잔티움 국가의 몰락 이후 유럽인들은 그들만이 유일하게 이를 보유하고 있다고 믿었다는 점에서 말이다(아니 '사실상' 유일하게 믿었던 것이다. 슬라브, 네스토리우스, 또는 콥트 기독교가 무엇인지에 대한 생각은 보통 사람들 사이에서는 거의 없었다). 심지어 오스만인들을 바로 마주한 상태에서도, 1500년의 유럽은 고대로부터 단지 혼돈스럽게 남겨진 잔재라는 암흑기의 인식을 이미 뒤로 한 상태였다. 그것은 새로운 지평들과 새로운 세계들을 향해가고 있었다. 위에서 보았듯이, 후기 중세 유럽인들은 그들이 예측할 수 있던 것보다 훨씬 더 많은 것들을 일구어냈다. 그러나 그런 암시들이 본격적인 형태로 전개되기 위해서는 시간이 필요했다. 즉, 1500년에는 여전히, 미래가 그들에게 있다는 점을 보여주는 것이 별로 없었다. 그들이 다른 민족들과 맺었던 위에서 언급한 접촉들은 결코 그들의 방식이 분명한 우위에 서 있음을 드러내지 않았다. 서아프리카의 포르투갈인들은 아마도 자신들이 목적을 위해서 그 토착민들을 조종하여 그들로부터 사금과 노예를 훔칠 수 있었을 것이지만, 페르시아나 인도에서 그들은 거대한 제국들의 존재 앞에 서서 그 장관에 자주 압도되기도 했던 것이다.

이제 막 밝아오기 시작하는 근대성의 흐릿한 빛 속에서, 종교의 무게는 여전히 유럽의 첫 번째 문명의 실제를 파악하는 데에 최상의 실마리로 남아 있다. 종교는 천천히 변화를 받아들이려고 하던 한 문화의 안정성에 중대한 역할을 했다. 그러나 아주 짧은 기간 동안만을 제외하고, 그 변화의 과정은 15세기 대다수의 유럽인들이 자각할 수 있던 종류의 것은 아니었다. 모든 사람들에게, 그들 삶의 가장 기저에 있던 결정 요인은 여전히 천천히, 그러나 계속 반복되는 계절의 흐름이었다. 그것은 그들의 노동과 여가, 곤궁함과 부유함, 그리고 집, 일터, 학교의 일상에 패턴을 정해주던 리듬이었다. 영국의 판사들과 대학교수들은 지금도, 원래 추수에 참여할 필요성 때문에 나누어졌던 연도 체계에 맞추어 근무한다.

단지 아주 특별하고 장기적인 관점에서만이, '혁명적인' 변화들이 계속 진행되었던 이 세기들에 대해서 정확히 말할 수 있다. 일부의 변화들은 진정 혁명적이었지만, 심지어 그들 중 가장 분명했던 변화들, 즉 도시의 성장, 전염병의 발발, 귀족가문들의 전치(轉置), 대성당 건축 또는 성의 붕괴조차도 모두 놀랄 정도로 변함없는 환경 속에서 발생했다. 1500년에 영국의 농민들이 갈고 있던 농토의 모양은 여전히 400년 이상 이전, 둠즈데이 북에 이를 기록했던 이들이 찾았던 농토의 모양들과 대체로 같았고, 1530년대 사람들이 라콕 수도원을 끝장내기 위해서 그곳의 수녀들을 찾아갔을 때, 그들은 이 귀족 출신 여인들이 여전히 3세기 전 귀족가문들에서 널리 사용되던 말인 노르만 프랑스어로 그들끼리 말하는 것을 보고 놀라움을 금하지 못했다.

그런 거대한 관성을 결코 망각해서는 안 된다. 그것은 중세 대부분의 남녀의 짧았던 생애들 때문에 더욱 깊게 새겨져 있었고 강력했다. 이 사회의 부식될 수 있는 토양 내에서도 아주 깊은 곳에서만 미래가 위치해 있었다. 아마도 그 미래와 과거와의 관계의 실마리는 현재의 삶과 다가올 세상, 즉 지상과 천상을 구분하는 근본적인 기독교의 이원론에서 찾을 수 있을 것이다. 이 이원론은 존재하는 것과 존재할지 모르는 것, 이상적인 것과 실제적인 것의 대조라는 위대한 가치관의 자극제가 될 것이었고, 결국에는 세속화되어 새로운 비판적 도구로서 기능할 것이었다. 그 가치 안에, 기독교는 그 자신에게 적대적으로 활용될 요소를 감추고 있었다. 왜냐하면 결국에 그것은 독립적인 비판적 자세를 가능하게 할 것이었기 때문이다. 그 자세는 아퀴나스와 에라스뮈스가 알던 세계와의 완전한 단절을 의미하는 것이었다. 그러나 독립적 비판이라는 관념은 아주 점진적으로 태어날 것이었다. 그것은 1300년부터 1700년까지 많은 개별적인 희미한 윤곽들에서 추적될 수 있을 것이지만, 그 윤곽들은 다시 한번 중세와 근대를 구분하는 명확한 선들은 설명적 편의를 위한 문제이지 역사적 실재는 아니라는 것을 보여줄 뿐이다.